Reichs-Strafgesetzbuch

nach seinen Abänderungen durch die neueste Gesetzgebung

Leipziger Kommentar

von

Dr. Dr. Ludwig Ebermayer
weiland Oberreichsanwalt i. R. und Professor an der Universität Leipzig

Dr. Adolf Lobe
Senatspräsident am Reichsgericht i. R.

und

Dr. Werner Rosenberg
weiland Reichsgerichtsrat i. R.

Fünfte, vermehrte und verbesserte Auflage

Band I:

Allgemeiner Teil

nebst systematischer Einführung

von

Dr. Adolf Lobe
Senatspräsident am Reichsgericht i. R.

Berlin und Leipzig 1933

Walter de Gruyter & Co.

vormals G. J. Göschen'sche Verlagshandlung — J. Guttentag, Verlagsbuchhandlung — Georg Reimer — Karl J. Trübner — Veit & Comp.

Archiv-Nr. 22 02 33.

Vorwort zur fünften Auflage.

Der Leipziger Kommentar zum Strafgesetzbuch ist durch den Tod seiner Mitarbeiter wiederholt schwer heimgesucht worden. Schon bei Beginn der Arbeiten im Mai 1916, zu denen sich die Reichsgerichtsräte Ebermayer, Lobe, Schmitt und Rosenberg zusammenfanden, starb Schmitt, ohne daß es diesem noch vergönnt gewesen war, ein Manuskript zu hinterlassen. Der für ihn neu hinzutretende Kollege Eichelbaum konnte wenigstens die erste Auflage mit herausgeben. Doch dann entriß auch ihn der Tod dem Kreise der Mitarbeiter. Die dritte und vierte Auflage wurde von Ebermayer, Lobe und Rosenberg allein herausgegeben. Als es sich darum handelte, die fünfte Auflage zu bearbeiten, wurde auch der liebe und wertvolle Kollege Rosenberg durch den Tod genommen. Ebermayer und Lobe entschlossen sich nun, diese Auflage allein zu bearbeiten und den von Rosenberg bisher bearbeiteten Stoff unter sich zu verteilen. Die Herausgabe der fünften Auflage glaubten sie mit dem Verlag wagen zu können, da nach den damals angestellten Erkundigungen ein neues Strafgesetzbuch nicht vor zwei Jahren zu erwarten war und man den Kommentar nicht vom Markt verschwinden lassen wollte. Da nahm der unerbittliche Tod auch Ebermayer die Feder aus der Hand, nachdem er zum größten Teil das Manuskript vollendet hatte. Es war ein schwerer, unersetzlicher Verlust, der den ihm befreundeten Mitarbeiter und den Verlag traf. Nun blieb der Unterzeichnete allein von den Mitarbeitern übrig. Als das Manuskript fast fertiggestellt und der Druck des Allgemeinen Teils schon weit vorgeschritten war, überraschte der Herr Reichsjustizkommissar Dr. Frank die juristische Welt durch die Mitteilung, daß das neue Strafgesetzbuch Ende dieses Jahres zu erwarten sei. Damit war die Herausgabe einer neuen Auflage, die das jetzt geltende StGB. erläuterte, unmöglich geworden. Wenn sich der Verlag und der unterzeichnete Verfasser trotzdem entschlossen haben, wenigstens den Allgemeinen Teil als ersten Band erscheinen zu lassen, so geschieht dies aus folgenden Erwägungen: Einmal sind die bis jetzt getroffenen Gesetzesänderungen, die diesen Teil berühren, vollständig berücksichtigt und es ist kaum zu erwarten, daß gerade hier das künftige Gesetzbuch noch wesentliche weitere Änderungen bringen wird. Jedenfalls können diese in einem Nachtrag bei Herausgabe des Besonderen Teils, also des zweiten Bandes, ergänzt werden. Sodann stehen die Erläuterungen, wie namentlich die Einführung erkennen läßt, durchweg auf dem vom neuen Recht eingenommenen Standpunkt der Vergeltungsstrafe, so daß der Kommentar schon jetzt der Auffassung des künftigen StGB. gemäß ist. Endlich durfte man hoffen, daß die Erläuterungen, die auf dem neuesten Stand der Wissenschaft und Rechtsprechung ruhen, ein immerhin wertvolles Hilfsmittel sein können für die Gestaltung des künftigen Gesetzbuchs, da aus ihm die Auswirkung für das Rechtsleben erkannt werden kann, die die neuen Bestimmungen haben werden. Hoffentlich ist es dem Unterzeichneten vergönnt, den zweiten Band mit den Erläuterungen des neuen StGB. herauszugeben.

Leipzig, im September 1933.

Adolf Lobe.

Einführung
in den Allgemeinen Teil des Strafgesetzbuches.

Das StGB. enthält weder in seinem besonderen noch in seinem allgemeinen Teile eine vollständige Regelung des ganzen strafrechtlichen Stoffes. Und vielfach verwendet es bei seinen Vorschriften Begriffe, die erst von der Wissenschaft und der Rechtsprechung mit Inhalt versehen werden müssen. So spricht es von vorsätzlichen und fahrlässigen Handlungen, ohne zu sagen, was es unter Vorsatz und Fahrlässigkeit versteht, und selbst über die wichtigste Frage des ganzen Strafrechts, wann eine Handlung dem Täter zur Schuld zuzurechnen sei und welche Natur die Strafe habe, schweigt es sich aus. Es gibt weiter zwar Vorschriften, wie die Strafe für Verwirklichungen von strafbaren Tatbeständen zu bemessen sei, wenn diese durch eine und dieselbe Handlung und wenn sie durch mehrere selbständige Handlungen geschehen. Wann aber die eine oder die andere, wann eine fortgesetzte Handlung, wann mittelbare oder unmittelbare Täterschaft vorliegt, darüber sagt es nichts. Und so versagt es in vielen anderen Fragen, namentlich auch bei den Rechtfertigungs- und Entschuldigungsgründen. Je nach der Stellung, die man zum Begriff des Rechts und zum Strafrecht im besonderen einnimmt, wird für diese vom StGB. nicht geregelten Stoffe die Entscheidung verschieden ausfallen, und notwendig dann auch die Auslegung der einzelnen gesetzlichen Bestimmungen beeinflussen.

Es soll hier in die allgemeinen strafrechtlichen Begriffe, die die Grundlage für die Vorschriften des StGB. bilden, eingeführt werden.

Über die allgemeinen Begriffe des Strafrechts sind von den neuesten Werken besonders aufschlußreich:

a) für die Rechtsprechung des Reichsgerichts: Schneidewin in „50 Jahre Reichsgericht" (1929) und Lichtigfeld, Entscheidungsgrundsätze d. höchstrichterl. Rechtsprechung auf d. Gebiete d. Strafrechts (1933);

b) für das Schrifttum: Die Reichsgerichtspraxis im deutschen Rechtsleben Bd. V (1929); die Abhandlungen in den Festgaben für Frank Bd. I und II (1930); für Richard Schmidt (1932); ferner Beling, Grundzüge des Strafrechts (1930); Finger, Strafrecht (1932); Gerland, Deutsches Strafrecht (1932); v. Hippel, Lehrbuch des Strafrechts (1932); v. Liszt-Schmidt, Lehrbuch des deutschen Strafrechts I (1932); Mezger, Strafrecht (1933, 2. Aufl.); Richard Schmidt, Grundriß des Deutschen Strafrechts (1931). Außerdem die Darlegungen in der neuesten 18. Auflage des Kommentars z. StGB. von Frank.

Übersicht.

Erster Teil.

Das Strafgesetz.

A. Die Bestandteile des Strafgesetzes.

Jedes Strafgesetz hat zum Gegenstand eine objektiv rechtswidrige und weiter eine verbotswidrige, endlich eine mit Strafe bedrohte Handlung. Das erheischt zunächst die Klarstellung des Wesens der Rechtsordnung, ihrer Gebote und Verbote und der Strafe.

§ 1. Die Rechtsordnung.

1. Das Zusammenleben von Menschen in einer Gemeinschaft zur Erreichung gemeinsamer Ziele verlangt einen Zustand der Ordnung. Ordnung ist die Abgrenzung bestimmter dem Ausleben des einzelnen vorbehaltener Freiheitskreise und Zuteilung bestimmter Anteile am Genuß der Umwelt (Güter), vorgenommen im Hinblick auf die Erreichung des gemeinsamen Zieles: dem friedlichen Zusammenleben. Der Zustand der Ordnung ist also ein untrennbarer Zustand des Gemeinschaftslebens selbst, eine Erschütterung jener bringt notwendig eine Erschütterung dieses. Der Wille zur Gemeinschaft ist daher seinem Inhalte nach zugleich ein Wille zur Ordnung; Sauer, Grundlagen der Gesellschaft (1924) S. 408.

2. Am Anfang der Entwicklung betätigte sich dieser Wille in den Bräuchen, die noch keine bindenden Regeln enthalten. Dann entwickeln sich diese zur Sitte, mit der das Gefühl der Gebundenheit eintritt und die Einsicht, sich anderen nebengeordneten Willen anpassen zu müssen. Sobald aber der in jedem Genossen lebende Wille zur Gemeinschaft als Wille aller Genossen empfunden wird, entsteht die Empfindung eines übergeordneten Willens, eines vom Einzelwillen verschiedenen Gemeinwillens zur Ordnung und erzeugt in dem Einzelnen das Unterwerfungsempfinden unter den Willen der Gesamtheit. Damit erlangt dieser Geltung.

3. Verstärkt wird dieses Unterwerfungsempfinden durch die Erkenntnis, daß die durch den Gemeinwillen bewirkte Ordnung des Zusammenlebens der Menschen die richtige ist, in rechter Weise erfolgt, wie es den Bedürfnissen der Gemeinschaft gemäß ist. Damit wird der Gesamtwille zum Rechtswillen, die Ordnung zur Rechtsordnung; Sauer a. a. O. S. 3, 414. Diese aus der Erfahrung gewonnene Erkenntnis bringt in den Gemeinschaftsgenossen das Gefühl und das Bewußtsein dafür zur Entwicklung, wie die Ordnung als richtige zum Wohle der Gesamtheit zu gestalten sei und so wird das Rechtsgefühl und Rechtsbewußtsein zum Gerechtigkeitsgefühl und zur Quelle auch künftiger Gestaltung der Rechtsordnung, einer Rechtsordnung, die aus dem natürlichen Gefühl der Volksgenossen entspringt (daher „Naturrecht“ genannt), nicht erst durch positive Satzungen entsteht. RGSt. **62** 67.

Daß diese Ordnung außer durch die suggestive Wirkung des Gemeinwillens selbst in ihrer Geltung noch durch eine andere Macht besonders garantiert wird, sei es von der Sippe, der Volksversammlung, den Priestern, den Fürsten, verstärkt zwar ihre Wirkung, ändert aber an dem Wesen der Ordnung nichts und jedenfalls wird nicht erst dadurch, daß eine Staatsmacht die Gebundenheit an den übergeordneten Willen gewährleistet, diese Ordnung zur rechtlichen. A. M. Rich. Schmidt, Einf. i. d. Rechtswissenschaft 2. Aufl. S. 43.

4. Soviel Beziehungen die Menschen zueinander haben, soviel Arten rechtlicher Ordnungen gibt es. Die Ordnung für den friedlichen Verkehr der Staaten untereinander bringt das Völkerrecht, die Ordnung für die Kriegführung das Kriegsrecht, die Ordnung der Beziehungen der Staatsgewalt zu den Gemeinschaftsgenossen das Staats- und Verwaltungsrecht, die Ordnung der Beziehungen der Staatsgewalt zu ihren ausführenden Organen das Disziplinarrecht; das Verfahren bei der Anspruchsverfolgung regeln die Prozeßordnungen, den Verkehr der Bürger untereinander als sich selbständig und gleichwertig gegenüberstehender Einzelner innerhalb der Gemeinschaft das sogen. bürgerliche Recht (Privatrecht), die Beziehungen der Gemeinschaft als solcher (abgesehen von ihrer Zusammenfassung als Staatsgewalt) zu ihren einzelnen Gliedern regelt das öffentliche Recht und in besonderer Weise der Teil des öffentlichen Rechts, der das Strafrecht bildet. Am deutlichsten tritt die Verschiedenheit und Selbständigkeit der Rechtsordnungen sogar in bezug auf dieselbe Art der Lebensverhältnisse hervor, wenn sie innerhalb verschiedener Staaten erfolgt. Vgl. StGB. § 4 Abs. 3; Nagler, Begriff der Rechtswidrigkeit in Festgabe f. Frank I, 350; Lobe, Einfluß des bürgerl. Rechts auf das Strafrecht in Festgabe f. Frank I, 37; beistimmend Hegler ebenda S. 272; Zitelmann, Arch. f. jur. Praxis 99, 15; Schubert, Die Extunc-Wirkung des bürgerl. Rechts (1928) S. 38; a. M. Coenders, Reichsgerichtspraxis V, 279; Mezger, Lehrb. S. 229; Oetker, Festgabe f. Frank I, 370; Alsberg in Festschrift f. Pinner (1932) S. 229, der sich aber zu Unrecht auf Zitelmann beruft. RGSt. **61** 247 steht nicht entgegen. Aber auch im Verhältnis der deutschen Rechtsordnungen gelten die Regelungen einer jeden zunächst nur für ihr eignes Gebiet, zuweilen hebt das das Strafgesetz besonders deutlich bei Verwendung von Begriffen hervor, indem es sagt: „im Sinne dieses Strafgesetzes“. So § 52 für Angehörige, § 8 für Ausland, RGSt. **44** 407. Das schließt nicht aus, daß unter Umständen aus der Regelung der einen Rechtsordnung auf besonderem Gebiete auch der Wille der anderen Rechtsordnung entnommen werden kann, ihr Gebiet in gleicher Weise zu ordnen. Unmittelbar aber wirkt die eine Rechtsordnung auf die andere außer bei besonderer Bezugnahme nicht ein. Diese besondere Bezugnahme spricht § 23 des Entw. aus: „Eine strafbare Handlung liegt nicht vor, wenn das öffentliche oder bürgerliche Recht die Rechtswidrigkeit der Tat ausschließt.“ Hierüber noch unten S. 26 Unrichtig ist die Auffassung von einer nur akzessorischen Natur des Strafrechts. Richtig auch v. Hippel, Lehrb. des Strafrechts (1932) S. 6.

5. Die in der Ordnung erfolgte Abgrenzung von Freiheitskreisen für den Einzelnen und Zuteilung bestimmter Anteile an den Genußgütern bewirkt einen **Ausgleich der widerstrebenden Interessen der Einzelnen** zur Ermöglichung des Gemeinschaftslebens in der Ordnung. Dieser Ausgleich verlangt eine **Abwägung der einzelnen Interessen** nach ihrem Werte sowohl im Verhältnis zueinander als im Verhältnis zu den Gesamtinteressen der Gemeinschaft, Oetker, Festgabe f. Frank I, 363. Jede Regel, die der Aufgabe der Herbeiführung des Interessenausgleiches durch gerechte Interessenabwägung dient, wird daher nach diesem Zweck in ihrem Inhalt und Umfang bestimmt und begrenzt. Die Vornahme des Ausgleichs widerstrebender Interessen der Rechtsgenossen durch Interessenabwägung ist mehrfach bekämpft worden, so namentlich von Neubecker, Zwang u. Notstand S. 314, H. A. Fischer, Rechtswidrigkeit S. 227, Hold v. Ferneck, Rechtswidrigkeit II 66. Man übersieht jedoch dabei, daß die Abwägung erfolgt in Hinblick nicht ausschließlich auf die Interessen des Einzelnen, sondern gleichzeitig auf das Interesse der Gesamtheit an dem Ausgleich. Zutreffend ist daher auch die Kritik an den vorgenannten Auffassungen von Henkel, Der Notstand nach gegenwärtigem und künftigem Recht (1932) S. 81.

6. Die von der Rechtsordnung hiernach vorgenommene Abgrenzung der Freiheitskreise der Einzelnen und Zuteilung bestimmter Anteile an den Genußgütern der Umwelt bedeutet die **Feststellung** dessen, was der Rechtsordnung gemäß und was ihr zuwider ist, Mezger, Lehrb. S. 164. Diese Feststellung ist die erste und gundlegende Funktion des Rechtsordnungswillens und bedeutet das **objektive Recht** selbst, Radbruch in JW. 1932, 3738. Denn die Feststellung ist keine nur lehrhafte Meinung, sondern, da sie vom Gesamtwillen der Rechtsgemeinschaft ausgeht, eine autoritative, die als ordnende Geltung beansprucht. Sie ist nicht nur etwas Vorgestelltes, vor einer Rechtsregel liegendes, nicht nur der „logische Grund" für das in der Norm enthaltene Gebot oder Verbot wie Finger, GerS. 88, 141 und Strafrecht S. 425 im Gesamten deutschen Recht herausgegeb. v. Stammler, Teil XII 1932 meint, sondern ein Wirkliches, das Leben Beherrschendes, Lobe in LZ. 1916 Sp. 640. Sogar Binding, ein Gegner dieser Auffassung, gesteht Normen II, 229 zu: „Der objektive Tatbestand bildet das Wesen jeder Rechtsordnung. Die äußere Störung führt zum Kampf gegen sie. Die Erkenntnis der Unverträglichkeit bestimmter Ausgestaltungen menschlichen Verhaltens mit den Bedürfnissen der Rechtsordnung — die also damit als schon vorhanden zugegeben wird! — bildet den Grund für die Aufstellung jeder Norm."

Die autoritative Feststellung des Rechtsordnungsgemäßen und Rechtsordnungswidrigen läßt sich auch als dessen „Normierung" durch den Rechtsordnungswillen bezeichnen, „Norm" hier aber nicht im Sprachgebrauch Bindings als Gebot oder Verbot aufgefaßt. In der Tat würde „Norm" auch die zutreffendere Bezeichnung für die Feststellung in dem hier verstandenen Sinne sein und in diesem Sinne wird sie auch überall verstanden, wo von „Bewertungsnormen" die Rede ist.

Diese Feststellung des objektiv Rechtmäßigen und Rechtswidrigen ist vor allem kein bloßer „Komplex von Imperativen", wie Thon, Rechtsnorm und subjektives Recht, und nach ihm viele andere meinen. Vgl. hierzu die Kritik Bindings in Krit. Vierteljahrsschr. 21, N. F. 2 S. 542. Das ist sie schon deshalb nicht, weil die Feststellung nicht, wie die Imperative, sich nur gegen menschliches Handeln richtet, sondern alles betrifft, was innerhalb der menschlichen Gemeinschaft für diese bedeutsam ist und der Einbeziehung in das Gefüge der Rechtsordnung bedarf. Das können Zustände und Geschehnisse der Umwelt sein, BGB. § 910; es kann das Verhalten von Tieren, von zurechnungsfähigen und unzurechnungsfähigen, schuldfähigen und schuldunfähigen Menschen betreffen, Mezger, Lehrb. S. 164; Beling, Lehre v. Verbr. S. 170; Nagler in Festschr. f. Binding II, 273 ff. v. Liszt-Schmidt I S. 175 ff. lehnt die Beziehung auf Zustände ab. Ebenso Goldschmidt, Deutsch. Juristentag Gutachten Bd. 34 II 430. Derartige rein objektive Feststellungen finden sich namentlich in den Staatsverfassungen und im Völkerrecht. In den anderen Rechtsgebieten sind sie erkennbar aus den Folgen, die an das nur objektiv Rechtswidrige (im Gegensatz zum schuldhaft Verbotswidrigen) geknüpft werden. So im bürgerlichen Recht etwa die Nichtigkeit eines Geschäftes, zuweilen sogar Schadenersatzpflicht, Anspruch auf Unterlassung, Beseitigung, Erfüllung. Auch die Regelung der Erbfolge, Vertretungsmacht usw. sind reine objektive Feststellungen. Im öffentlichen Recht läßt der Verlust von subjektiven öffentlichen Rechten die ihm zugrunde liegende Feststellung einer Rechtswidrigkeit erkennen. Und im Strafrecht bietet die Feststellung objektiver Rechtswidrigkeit die Grundlage für seine Gebote und Verbote, in der verschiedene Rechtsbehelfe gegen die durch sie herbeigeführten Rechtsgutverletzungen, wie z. B. Notwehr, Nagler, Festschr. f. Binding II, 23; Schoetensack, GerS. 1915, 11; Beling, Lehre v. Verbr. S. 170; Oertmann, DJZ. 1903, 327; Oetker, VDA. I, 264; Lobe, DJZ. 1916 Sp. 640; Frank S. 2; Sauer S. 231; Heinitz, Das Problem der materiellen Rechtswidrigkeit (1926) u. a. v. Liszt-Schmidt I S. 176 erblickt die Rechtswidrigkeit in der Übertretung eines Gebots oder Verbots der Rechtsordnung. Ebenso v. Hippel, Lehrb. S. 107. Wie sehr Rechtswidrigkeit und Verbotswidrigkeit verschiedene Dinge sind, zeigt sich auch, wenn letztere von ersterer ausdrücklich abhängig gemacht wird und für erstere das ausländische Recht maßgebend ist. So sind fremde Warenzeichen durch inländische Verbote gegen Nachahmung nur dann geschützt, wenn sie nach ausländischem Recht im Ursprungslande rechtlichen Schutz genießen, RGZ. **46** 125; Neumayer, ZStRW. **23** 441. Vgl. auch RGSt. **24** 360; **27** 135; **33** 256.

Mit der Feststellung, daß ein Etwas der Rechtsordnung gemäß sei, erlangt dieses den Rechtsschutz, den die Rechtsordnung dieser ihrer autoritativen Feststellung gibt. Seine Einfügung in die Rechtsordnung macht es zum Rechtsgut. „Die Rechtsordnung verwandelt ein Lebensgut in ein Rechtsgut", Oetker, ZStRW. **17** 495. Daß solche Güter nicht bloß körperliche Sachen, sondern auch immaterielle Gegenstände, Beziehungen zur Umwelt sein können, ist nicht zweifelhaft. Gut ist alles, was eine Beziehung zu einem Menschen hat und für ihn von Belang ist. Engelhard, Die Ehre als Rechtsgut im Strafrecht (1921) S. 73. Im übrigen gehen die Begriffe vom Rechtsgut weit auseinander Frank S. 6; v. Liszt-Schmidt (1927) S. 4; Binding, GrundrißS. 102; Loening, Grundriß S. 18.

7. Die autoritative Feststellung des Ordnungsgemäßen ist ein rein objektiver, nicht gefühlsmäßig begleiteter Vorgang. Sofern man sie vom Standpunkt des beurteilenden Menschen aus betrachtet, wird die Erklärung des Ordnungsmäßigen zum billigen, die des Ordnungswidrigen zum mißbilligen, Nagler in Bindings Festschr. II, 315; Schoetensack, GerS. 1915, 11; die Feststellung bekommt damit ein Wert- und Unwerturteil, wobei der Wert gemessen wird an der Bedeutung des Seins oder

Geschehens für das Wohl des Gemeinschaftslebens, dem jede Rechtsordnung dient, Oetker, Festgabe f. Frank I, 363. Man spricht dann von der Normierung als Ergebnis einer Bewertungsnorm. Zutreffend scheidet diese Goldschmidt von den Geboten und Verboten als bloßen Bestimmungsnormen, d. h. Imperativen. Über den Unterschied von Bewertungsnormen und Bestimmungsnormen vgl. auch v. Liszt-Schmidt (1932) S. 175; Mezger, GerS. 89, 207; Reichsgerichtspraxis V, 27; Lehrb. S. 164 mit reichen Literaturangaben; Goldschmidt, Festgabe f. Frank I, 436; Henkel, Der Notstand nach gegenwärtigem und künftigem Recht (1932) S. 67; v. Gemmingen, Die Rechtswidrigkeit des Versuchs S. 210. Die Auffassung Eberhard Schmidts und v. Liszt-Schmidt, daß die Bewertung und die Bestimmung nur zwei Funktionen der einen auf denselben Gegenstand gerichteten Norm seien, ist schon deshalb unmöglich, weil Gegenstand der Bewertungsnorm auch etwas ist, was der Bestimmungsnorm gar nicht zugänglich ist, wie unter 6 dargelegt. Die Bewertungsnorm muß daher der Bestimmungsnorm gegenüber etwas Selbständiges sein. Nur das ist richtig, daß jede Bestimmungsnorm ihrem Inhalt und Umfang nach von der Bewertungsnorm beeinflußt wird. E. Heinitz, Rechtswidrigkeit S. 20; Wolter, ZStRW. **48** 38; Sauer, Grundlagen a. a. O. S. 273 und Reichsgerichtspraxis I, 133; Mezger, Lehrb. S. 81; Engisch in Monatsschr. f. Kriminalpsychologie (1932) XXIII, 421; RGSt. **62** 65. Ohne gefühlsmäßige Färbung kann man das Ordnungsmäßige auch rein objektiv bezeichnen als rechtszweckgemäß und rechtszweckwidrig, Binding, Normen II, 232 Anm. 8.

8. Sowohl die Erklärung, es sei etwas der Rechtsordnung gemäß, wie die, es sei der Rechtsordnung zuwiderlaufend, setzt notwendig voraus, daß sich die Rechtsordnung in ihrer Regelung bewertend mit diesem Etwas befaßt hat. Insbesondere ist rechtswidrig nur das, was die Rechtsordnung ablehnt, als der von ihr getroffenen Regelung zuwiderlaufend verwirft. Nun ist es aber ein Irrtum, anzunehmen, daß die Rechtsordnung das gesamte menschliche Leben in allen seinen Zuständen und Verhältnissen ergreift. Damit würde sie etwas Unmögliches versuchen. Es gibt vielmehr rechtsfreie Gebiete, eine rechtliche Neutralität der Rechtsordnung gegenüber von Handlungen, die zur Aufrechterhaltung der Ordnung weder einer rechtlichen Mißbilligung noch einer rechtlichen Billigung bedürfen. Verfehlt ist es daher, schlechthin das Nichtrechtgemäße dem Recht zuwiderlaufenden gleichzustellen. Was „ohne Recht" geschieht, braucht nicht notwendig auch „wider das Recht" zu sein. Nur letzteres ist der Begriff von „rechtswidrig". Vgl. hierüber zutreffend Nagler, Der Begriff der Rechtswidrigkeit in Festgabe f. Frank I, 340 ff. Auch was unsittlich, gesellschaftswidrig, kulturwidrig usw. ist, ist darum noch nicht ohne weiteres rechtswidrig. Rechtswidrig ist es nur dann, wenn die Rechtsordnung es um dieser Eigenschaften willen in seine Regelung einbezogen und unmittelbar oder mittelbar auch dem Recht zuwiderlaufend erklärt hat. Das kann, wie z. B. in BGB. § 826, auch durch Blankovorschriften geschehen, Nagler a. a. O. S. 346.

9. Unfruchtbar ist die Unterscheidung zwischen materiellem und formellem Unrecht (wie sie u. a. auch v. Liszt-Schmidt I S. 176 vornimmt) und ersteres in der Verletzung und Gefährdung bestimmter Lebensinteressen zu finden. Diese geben zwar den Grund dafür, daß sich die Rechtsordnung und insbesondere die Strafrechtsordnung mit ihnen befaßt, aber nur wenn und soweit dies geschieht, wird die Gefährdung und Verletzung zur objektiven Rechtswidrigkeit, liegt Verletzung eines Rechtsgutes vor. Verbrechen bleibt immer nur das, was das Gesetz als solches erklärt, insofern mag man den Verbrechensbegriff immerhin als einen „formalen" bezeichnen. Das schließt nicht aus, den Täter einer solchen Straftat als Persönlichkeit vom soziologischen und psychologischen Standpunkt aus für die Strafzumessung und die Schuldfrage zu würdigen. Ganz einseitig Eberhard Schmidt in Österr. Richterztg. 1932, 198, vgl. auch RGSt. **56** 71.

§ 2. Die Gebote und Verbote.

1. Wie jeder Wille ein Streben nach Erfolg durch eigene Tätigkeit ist Lipps, Fühlen, Wollen und Denken S. 136, so strebt auch der ordnende Wille der Gemeinschaft zur Verwirklichung des geordneten Zustandes der Gemeinschaft. Es bedarf daher, um die Rechtsordnung und deren Feststellung des Rechtmäßigen und Unrechtmäßigen zur Lebensordnung zu machen, der Mittel zu ihrer Verwirklichung. Wer aber sonst kann das vom Rechtswillen als ordnungsgemäß Festgestellte in die Tat umsetzen, als der Mensch? Seiner Handlungen muß sich deshalb der ordnende Wille des Rechtes bedienen, und er schafft sich Mittel, um sich des Menschen Tätigkeit hierzu dienstbar zu machen, sein persönliches Wollen der Rechtsordnung gemäß zu gestalten.

In dreierlei Weise sucht er dieses Ziel zu erreichen.

Zum ersten übt der zur Rechtsmacht erhobene Gesamtwille in der Ausübung gegenüber den einzelnen Rechtsgenossen Selbstbeschränkung. Er setzt Schranken für seine eigene Einflußnahme auf die natürliche Betätigung des Menschen und schafft dadurch die sog. Freiheitsrechte und Gewährungen.

Zum anderen erhebt er den Einzelnen zum Mitinhaber, zum Teilhaber an seiner eigenen ordnenden Rechtsmacht. Er gibt ihm davon einen Anteil zur eigenen freien Verwendung, er soll damit selbst verwirklichen, was von der Rechtsordnung als ihr gemäß anerkannt ist, selbst abwehren, was ihr rechtswidrig erscheint. So schafft er die sog. subjektiven Rechte, zu denen auch die absoluten Abwehrrechte gehören, Lobe, Unl. Wettbew. als Rechtsverletzung I, 145 und GRUR. 1917, 16.

Zum Dritten sucht der Rechtswille das von ihm als rechtmäßig und rechtswidrig autoritativ Festgestellte dadurch durchzusetzen, daß er durch Erlaß von Geboten und Verboten die Gemeinschaftsgenossen unmittelbar zu einem das Rechtmäßige fördernden und das Rechtswidrige hindernden Tun verpflichtet. Damit stellt er neben die Freiheit und die subjektiven Rechte die Pflichten, Sauer, Grundlagen des Strafrechtes (1921) S. 298, 309; Grundlagen der Gesellschaft (1924) S. 453.

Die Interessen, deren Schutz die Gebote und Verbote dienen wollen, sind als Gemeinschaftsinteressen auch gesellschaftlicher, sittlicher, wirtschaftlicher, allgemein kultureller Natur und darum auch und häufig sogar zuerst durch Gebote der Sitte, Sittlichkeit oder Religion geschützt. Zu Normen des Rechts aber werden sie erst dann, wenn auch die Rechtsordnung sie als ihre Normen anerkennt und durch sie das Rechtgemäße fördern und Rechtswidrige hindern will. Etwas anderes wird im Grunde auch von M. E. Mayer S. 47 nicht behauptet, wenn er alle Rechtsnormen auf Kulturnormen zurückführt, nur ist mit „Kultur" das Material, aus dem das Recht seine Normen formt, zu unbestimmt bezeichnet. Das Recht selbst ist ja eine Erscheinung und ein Bestandteil der „Kultur".

2. Die Gebote und Verbote sind also von vornherein nur auf Verhütung von objektiv gegen die Rechtsordnung verstoßende Handlungen und auf Herbeiführung rechtmäßiger Handlungen gerichtet, W. Rosenberg, Zur Reform des StGB. § 59 in ZStRW. **23** 217. Auszuscheiden sind daher die Normen der Ethik, der Religion, die auf anderer Grundlage ruhen und ein anderes als rechtmäßiges Handeln des Menschen erzielen wollen. Es werden Handlungen, die nach den Feststellungen der Rechtsordnung überhaupt nicht rechtswidrig sind, gleichviel aus welchem Grunde, gar nicht von den Verboten und Geboten getroffen, Graf Dohna, Die Rechtswidrigkeit (1905) und Rechtsirrtum (1925). A. M. namentlich Nagler, Der heutige Stand der Lehre von der Rechtsw. (1911) S. 115; Frank S. 140.

3. Aber auch mit dem Umfang der Rechtswidrigkeit deckt sich nicht immer der Umfang der Gebote und Verbote. Er kann zwar nie größer sein als jener, ist aber häufig wesentlich kleiner.

Von vornherein ist das dort der Fall, wo sich die Feststellung nicht auf menschliche Handlungen bezieht, sondern Regelung der Zustände, Begründung von Erbfolge, Vertretungsmacht usw. enthält. Sodann kann der Gesetzgeber dem ordnungsliebenden Tun des Rechtsgenossen vertrauen und erwarten, daß er das von der Gesamtheit als ordnungsgemäß Erklärte befolgen, das wider die Ordnung Verstoßende unterlassen werde. Der freiwillig der Norm sich Fügende wird damit gleichsam zu einem „Organ der Rechtsordnung".

Der Gemeinschaftswille kann sich weiter auch begnügen, namentlich auf dem Gebiete des Privatrechtes, gewisse nachteilige Folgen an das rechtswidrige Verhalten zu knüpfen, wie Nichtigkeit, ohne dies zugleich zum Gegenstand eines Verbotes zu machen. So wird in BGB. § 826 eine gegen die guten Sitten verstoßende Handlung zwar auch zu einer gegen die Rechtsordnung verstoßenden rechtswidrigen Handlung erhoben, ein besonderes Verbot, sie zu unterlassen, besteht aber nicht, wie sich aus BGB. § 817 ergibt, wo der Verstoß gegen ein gesetzliches Verbot ausdrücklich von einem Verstoß gegen die guten Sitten geschieden wird, Schoetensack, GerS. 1915, 1ff., 13; Oertmann, DJZ. 1903 Sp. 327; Oetker, VDA. I, 264. Den gleichen Unterschied machen BGB. §§ 134 und 138. Nur dort, wo der Botmäßigkeit menschlichen Verhaltens gemäß der Feststellung der Ordnungsmäßigkeit und Ordnungswidrigkeit besonderer Nachdruck durch Begründung einer Pflichterfüllung gegeben werden soll, stellen sich Gebote und Verbote ein. Gebote und Verbote gibt es, ebenso wie Freiheitsrechte und subjektive Rechte, auf allen Gebieten des Lebens, die einer Regelung durch eine Rechtsordnung zuteil werden (§ 14), im Privatrecht so gut wie im öffentlichen Recht, dem Staatsrecht, Verwaltungsrecht usw. Man kann nicht sagen, daß alle Gebote und Verbote als solche dem öffentlichen Recht angehören, sofern die Unterscheidung nach dem zu regelnden Gebiete vorgenommen wird. Richtig ist nur das Selbstverständliche, daß sie, wie alle Rechtssätze, ihren Ursprung im Gemeinwillen haben, RGSt. **4** 13; RGZ. **53** 400. Immer aber ist das Gebot und Verbot gegenüber derjenigen Funktion der Rechtsordnung, die lediglich in der Feststellung des Rechtmäßigen und Rechtswidrigen besteht, etwas durchaus Selbständiges.

4. Auch die Rechtsordnung, die die Beziehungen der menschlichen Gemeinschaft als solcher zu ihren einzelnen Gliedern als Ordnung des öffentlichen Rechts regelt, enthält Gebote und Verbote neben der autoritativen Feststellung des gerade dieser Ordnung Gemäßen und Widersprechenden. Zum Ausgleich und zur Interessenabwägung stehen hier nicht nur die widerstrebenden

Interessen der Einzelnen zueinander, wie im Privatrecht, sondern der Ausgleich und die Abwägung gilt den Interessen der Rechtsgemeinschaft gegenüber diesem Interessenausgleich der einzelnen Rechtsgenossen. Hier wird von Bedeutung, welche Wirkung eine Interessenverletzung des Einzelnen auf das Gesamtinteresse der Gemeinschaft hat, und darnach trifft die Rechtsordnung die besondere Feststellung des in dieser Richtung Rechtgemäßen und Rechtswidrigen.

Für diese öffentlich-rechtliche Regelung der Rechtsordnung nun gilt vornehmlich, daß ihre Gebote und Verbote nur einen kleinen Ausschnitt aus dem ganzen großen Gebiete der objektiven Rechtswidrigkeit betreffen. Nur die Verletzung und Gefährdung besonders wesentlicher staatlicher Interessen und wichtiger Belange zur Aufrechterhaltung der Rechtsordnung werden durch Begründung besonderer Handlungspflichten geschützt, Frank S. 7. Denn das Verbot will — wie diese Rechtsordnung — nicht nur Rechtsgüter des Einzelnen, sondern zugleich das Gemeinwohl, die Interessen der Gesamtheit, die Lebensbedingungen der Gesellschaft schützen, Ihering, Zweck im Recht 1, 490; Exner, Gesellschaftliche und staatl. Strafjustiz, ZStRW. **1918** 16; Lammasch, Aufgaben der Strafrechtspflege in ZStRW. 15; van Calker, Ethische Werte im Strafrecht (1904); Stooß, Der Aufbau der strafrechtl. Tatbestände im Gesetz, Schweiz. Ztschr. f. Strafrecht (1927) S. 309; Wolf, Die Wertung der Rechtsgüter im Reichsstrafges. und ihre Umwertung durch die Reform; Sauer in JW. 1932, 3739.

Ein Beispiel für eine Beschränkung des Verbotes bietet StGB. § 180. Auch nach der Auffassung der öffentlich-rechtlichen Ordnung ist die Kuppelei rechtswidrig, nicht nur sittenwidrig. Das Verbot des § 180 richtet sich aber nur gegen die besondere Ausführung der Kuppelei als gewohnheitsmäßiger oder gewinnsüchtiger, weil gerade in ihr eine besonders starke Verletzung der Rechtsordnung erblickt wird.

5. Während die Verbote sich gegen ein die Rechtsordnung verletzendes Tun richten und deshalb ein solches verhindern wollen, richten sich die Gebote gegen das Unterlassen eines Tuns, das geeignet ist, die Aufrechterhaltung der Rechtsordnung zu fördern. Die Gebote schaffen also nicht erst ein Unterlassen, sondern nehmen das Unterlassen zu ihrem Gegenstand, machen das vorhandene Unterlassen zu einem pflichtwidrigen. Zutreffend sagt Sauer, Festgabe f. Frank I, 214: „Die Rechtsordnung kann zwar allgemein verbieten, eine gefährliche Handlung zu unterlassen, aber sie kann nicht ebenso allgemein gebieten, eine nützliche Handlung vorzunehmen.“ Es müssen daher immer besondere bestimmte Rechtsgebote zum Handeln erlassen sein, um eine bloße Unterlassung zur pflichtwidrigen zu machen, und es muß die Übertretung des Gebotes mit öffentlicher Strafe bedroht sein, um die Unterlassung zu einer Straftat im Sinne des Strafgesetzes zu machen, wie etwa in StGB. §§ 139, 145, 329 Abs. 2, 360 Nr. 10. Die Vernachlässigung einer durch andere als der in den Strafgesetzen enthaltenen Gebote begründeten Pflicht, wie Beamten-, Berufs-, Gewerbepflicht, auch einer nur durch das Sittengesetz gebotenen Pflicht, kann zwar das Vorliegen einer unechten Unterlassung, niemals aber eine Strafbarkeit der echten Unterlassung begründen. So auch Frank S. 19.

6. Von besonderer Bedeutung werden die auf dem Gebiete des öffentlichen Rechts bestehenden Gebote und Verbote, deren Übertretung mit öffentlicher Strafe bedroht ist. Wie allmählich die Entwicklung des Rechts durch die Rechtsüberzeugung der Gesamtheit der Volksgenossen aus dem ungesetzten Recht durch das gesetzte Recht vor sich ging und die Festsetzung dessen, was nach der Rechtsordnung rechtmäßig und rechtswidrig war, zum überwiegenden Teil durch das Gesetz festzustellen versucht wurde — was freilich niemals lückenlos und vollständig gelingt — so übernahm der Gesetzgeber die Aufstellung von Geboten und Verboten namentlich dort, wo diese mit Strafdrohungen bekleidet waren. Und als vollends der straf- und verfassungsrechtliche Grundsatz als Garantie staatsbürgerlicher Freiheit und Rechtssicherheit aufkam, daß keine Strafe ohne Gesetz verhängt werden dürfe, wie er in StGB. § 2 Abs. 1 und RV. Art. 116 verankert ist, wurde auch das mit Strafgarantie versehene Gebot und Verbot notwendig und zwangsläufig ausschließlich ein durch den Strafgesetzgeber erlassenes ihm vorbehalten. Wie er die Strafdrohung ausspricht, so erläßt er nunmehr auch allein das ihr zugehörige Gebot und Verbot, wenn beides, Norm und Strafdrohung auch ein für sich bestehendes selbständiges Rechtsgebilde bleibt.

Diese Selbständigkeit der Norm insbesondere auch gegenüber der Strafdrohung in einem Strafgesetz zwingt aber nicht, den Ursprung der Norm nun auch immer außerhalb des Strafgesetzes, das die Strafandrohung ausspricht, zu suchen. Vielmehr erläßt regelmäßig dieselbe Rechtsmacht, die die Strafandrohung ausspricht, mit ihr zugleich das Gebot oder Verbot, auf dessen Zuwiderhandlung sich jene bezieht. Der Drohende ist auch der Gebietende und Verbietende. Freilich wird das Gebot und Verbot im StGB. niemals ausdrücklich ausgesprochen, ist vielmehr nur aus dem Tatbestand, der Gesetzesvorschrift, der die Zuwiderhandlung bezeichnet, zu entnehmen. In Nebengesetzen dagegen ist die Trennung von Strafdrohung und Norm häufig. An der Identität des Drohenden und Verbietenden wird auch dadurch nichts geändert, daß die von ihm in seiner Strafdrohung aufgegriffene Norm schon vorher, sei es als Norm der Sitte, sei es als Norm einer früher bereits bestehenden Rechtsordnung vorhanden war; daß in der weiteren Rechtsentwicklung die Norm von der Strafdrohung vielleicht getrennt wird, Frank S. 3; daß ausnahmsweise die Strafdrohung an das von einem anderen Machthaber erlassene Gebot oder Verbot anknüpft, wie bei den Blankostrafgesetzen, RGSt. **46** 393; Hurwicz, Die Imperativentheorie (1910); Wolff, Verbotenes Verhalten (1923). Indem der Gesetzgeber das tut, erhebt er diese außerstrafrechtliche Norm zugleich zum Inhalt eines von ihm selbst gewollten Gebotes oder Verbotes. — Über diese ganzen Fragen besonders Binding, Die Schuld (1919) und Normen I, 59, 89, 133, 242; Beling, Lehre vom Verbrechen S. 117 in „Die Methodik der Gesetzgebung" (1922), die die Norm als außerhalb des Strafgesetzes begründet ansehen, eine Auffassung, die nicht für die Norm, wohl aber für die Feststellung der objektiven Rechtswidrigkeit zutrifft. Andererseits Wach, VDA. 6 S. 47, der die Norm allein im Strafgesetz begründet erachtet. Ebenso Allfeld S. 72; Hippel, ZStRW. **36** 510; **42** 416; Frank, Über den Aufbau des Schuldbegriffes (1907) S. 15 und Komm. S. 1 ff.; Merkel, ZStRW. **6** 496; Mezger, Lehrb. S. 185; Rich. Schmidt, Grundriß (1931) S. 89 u. a. Literaturangaben besonders bei Frank S. 3 und Mayer S. 176.

7. Adressat eines Gebotes und Verbots ist immer nur der Mensch. Sie wollen als Imperative die unmittelbare Herbeiführung eines als rechtmäßig festgestellten Zustandes und unmittelbare Verhinderung eines widerrechtlichen durch menschliche Tätigkeit bewirken, und beschränken sich ihrer Natur nach auf diese, da allein Menschen Pflichten auferlegt werden können. Dann müssen sie aber auch fähig sein, menschlichen Willen als Ursache menschlichen Tuns zu lenken und zu motivieren. Daraus folgt, daß sie sich nur an diejenigen Menschen richten können, von denen die Rechtsordnung selbst annimmt, daß ihr Wille durch das Gebot oder Verbot motiviert werden kann. Sie richten sich hiernach nur an Handlungsfähige, an solche, die fähig sind, ihre Handlungen normgemäß zu gestalten, Binding Normen I, 36; II, 133, 230. Wo es sich um Gebote und Verbote auf dem Gebiete des Strafrechtes handelt, müssen also strafrechtlich Handlungsfähige die Normadressaten sein, soweit Gebote und Verbote auf dem Gebiete des Privatrechtes in Frage kommen, privatrechtlich Handlungsfähige. Von anderen kann von vornherein Gehorsam nicht erwartet werden. Übersicht über die verschiedenen Meinungen hierüber bei A. Köhler, Strafrecht S. 314 ff. und Frank S. 2. Es kann also nur ein Mensch Subjekt einer Straftat sein. Früher bestand die Auffassung, daß sich auch Tiere, sogar leblose Gegenstände strafbar machen könnten, v. Amira, Tierstrafen und Tierprozesse (1891); A. Köhler, Strafrecht S. 172.

Soweit juristischen Personen Willensbildung und Tätigkeit zugestanden wird, gilt diese Annahme nur für andere Rechtsgebiete, namentlich das bürgerliche Recht, nicht für das Strafrecht, RGSt. **16** 121; **28** 103; **47** 90; RGSt. in JW. 1924, 823; OLG. Köln in JW. 1933, 233. Nach der Ansicht des RGSt. **26** 300 soll allerdings das Landesrecht für das ihm vorbehaltene Gebiet eine abweichende Regelung treffen können. Hiergegen mit Recht Binding, Handb. I, 310; v. Bar, Gesetz II, 155; Beling, Lehre v. Verbr. S. 8; Frank S. 4; v. Liszt-Schmidt I S. 121; Lilienthal in VDA. 5, 87; Mezger, Lehrb. S. 93. Eine Haftung für Geldstrafe ist nicht Strafe selbst. Eine Ausnahme bringt allerdings RAO. vom 13. Dezember 1919 § 357, RGSt. **61** 92. — Abzulehnen ist die Auffassung von Mayer, Allgem. Teil des Strafr. S. 83 und von Binder, Rechtsnorm und Rechtspflicht (1912) S. 27 und Abhdl. der Rechts- und Staatsw. Fakultät Göttingen (1927) 5. Heft, daß Gebote und Verbote „Entscheidungsnormen" seien, die sich lediglich an die Behörden richteten oder die überhaupt keinen Adressaten hätten. Dagegen auch Otto Mayer im Arch. f. öffentl. Recht 38, 117 und Goldschmidt, GerS. 1928, 702 und JW. 1928, 702; Frank S. 3;

8. Daß die Gebote und Verbote von den Bewertungsnormen, die zur Feststellung des objektiven Rechts dienen, zu unterscheiden sind, wurde bereits ausgeführt. Sie sind stets Bestimmungsnormen und begründen als solche unmittelbar Handlungspflichten. Über den Unterschied von „Bewertungsnorm" und „Bestimmungsnorm" vgl. auch v. Liszt-Schmidt I (1932), (1927) S. 175; Mezger, GerS. **87** 207 und die Reichsgerichtspraxis V, 27; Lehrb. (1931) S. 164. Ihre Übertretung ist Pflichtwidrigkeit. Nur weil die Gebote und Verbote sich allein auf objektive Rechtswidrigkeit beziehen, enthalten sie zugleich das Merkmal der Rechtswidrigkeit. Freilich wird ständig Rechtswidrigkeit und Pflichtwidrigkeit gleichbedeutend gebraucht. So z. B. auch Oetker, Festgabe f. Frank I, 383.

Wie Freudenthal will von der rechtlichen Bestimmungsnorm noch eine selbständige Pflichtnorm unterscheiden namentlich Goldschmidt, Österr. Ztschr. f. Strafr. IV (1913) S. 141; JW. 1922, 253 ff. und Festgabe f. Frank I, 428. Das äußere Verhalten werde hiernach durch die bestimmende Rechtsnorm, das innere durch die Pflichtnorm getroffen. Die Pflichtnorm gebiete, sich durch die rechtlichen Wertvorstellungen motivieren zu lassen, erfordere ein Wirksamwerden des Pflichtmotivs bei der Willensbildung. Die Rechtsnorm laute: „Du sollst nicht töten" (äußeres Verhalten). Die ihr entsprechende Pflichtnorm laute: 1. Lasse dich durch die Vorstellung, daß deine Willensbetätigung den Tod eines anderen verursachen würde, von ihr abhalten. 2. Stelle dir bei Vornahme einer tödlich wirkenden Willensbetätigung diese Wirkung vor" (inneres Verhalten). Eine solche Unterscheidung ist jedoch nicht begründet. Alle Gebote und Verbote sind als Bestimmungsnormen ihrer Natur nach Pflichtnormen. Wenn sie Pflichten für das äußere Verhalten begründen, womit es das Recht allein zu tun hat, so liegt darin von selbst inbegriffen die Verpflichtung, einen Willen zur Verursachung dieses Verhaltens zu erzeugen, und hierin wieder die Verpflichtung, die inneren Motivierungen so einflußkräftig werden zu lassen, daß sie diesen Willen erzeugen. Auf verschiedene selbständige Normen braucht diese Motivierungsverpflichtung nicht zurückgeführt zu werden, Hegler, Festgabe f. Frank I, 270; Finger, GerS. **97** 392; **98** 454; Engisch in Monatsschr. f. Kriminalpsych. (1932) XXIII, 424 ff.

§ 3. Die Strafe.

1. Mit der Ausbildung besonderer rechtlicher Gehorsamspflichten gegen Verbote und Gebote des Gemeinwillens tritt sofort die Frage auf, wie sich die gebietende Rechtsmacht dem Unbotmäßigen gegenüber zu verhalten habe. Dies ist überall der Fall, wo ein Gebietender die Befolgung seiner Gebote und Verbote durchsetzen will: so gegen einen Familienangehörigen der Vater, gegen den Sippenangehörigen der Sippenvorstand, gegen den Angehörigen eines bestimmten Kreises der zur Disziplinierung Befugte, für eine Volksgemeinschaft der Machthaber, Fürst usw. Hier handelt es sich um Zuwiderhandlungen gegen Gebote und Verbote auf dem Gebiete der öffentlichen Rechtsordnung. Die Zuwiderhandlung gegen die Anforderungen der Rechtsordnung bedeutet für diese Machteinbuße im Verhältnis zu dem Rechtsunterworfenen und Vertrauenseinbuße im Verhältnis zu dem durch die Zuwiderhandlung Verletzten, der sich auf den Schutz seiner Rechtsgüter durch die Rechtsordnung als Friedensordnung verlassen durfte. Diese Einbuße zu beseitigen und die Macht und das Vertrauen wiederherzustellen, ist der eigentliche Zweck aller Strafe, die diesen Zweck durch Zufügung eines der Einbuße äquivalenten Übels für den Rechtsbrecher erreichen will. Vgl. Walker, Die letzten Gründe von Recht, Staat und Strafe (1913); Frank, Arch. f. Ziv-Proz. Beilage Heft 3, 13. Band (1931) S. 47; Frh. v. Gemmingen u. ZStRW. 1932 (**Bd.** 52) S. 163, 169.

Nicht immer ist das Verhalten der Rechtsordnung gegen den Rechtsbrecher ein gleiches gewesen. Es gab Zeiten, wo die Rechtsordnung darauf verzichtetet den Unbotmäßigen unter ihren Willen zu zwingen, ihn aber aus der Rechtsgemeinschaft ausschloß, wie heute noch der Ausschluß aus einzelnen Gemeinschaftsverhältnissen ohne weiteres die Ausübung einer Zwangsgewalt der Gemeinschaft beseitigt. Dies war der Fall bei der Rechtsfolge der Friedlosigkeit. Damit wurde der Rechtsbrecher aus der Rechtsgemeinschaft ausgeschieden und nunmehr der Rache des Verletzten preisgegeben. Die Rache aber steht außerhalb allen Rechts. Solange Recht, Religion und Sitte ferner noch ein ungeschiedenes Ganzes waren, tritt auch nur eine Gesamtreaktion ein, die in der Regel die Natur des vorherrschenden Bestandteils annimmt, meist religiöser oder durch die Sitte bestimmter Art ist. Aber auch bei allmählichem Selbständigwerden des Rechts und seiner weiteren Entfaltung und der Scheidung von religiösen und Sittenvorstellungen läßt häufig noch das Recht die Reaktionen der Sitte oder Religion für seine Reaktionen vikariieren, bis erst mit Erreichung eines gewissen Grades der Vollendung auch der Organisation staatlicher Macht die Rechtsordnung als Gemeinwille selbst in eigenartiger Weise auf die Unbotmäßigkeit gegen seine Befehle reagiert: in der **Strafe.** Nagler, Die Strafe S. 82, Richard Schmidt, Grundriß des Strafrechts (1931) S. 7 ff. Sie tritt als besonderes Rechtsgebilde neben die der Verhütung und dem Ersatz dienenden Rechtseinrichtungen bei widerrechtlichen Handlungen, indem sie **Vergeltung** üben will. In diesem Sinne ist es richtig, wenn Mittermaier die Strafe etwas dem Verbrechen gegenüber zufälliges nennt, ZStRW. **1923** 5. Ebenso Gerland, Dtsch. Reichsstrafrecht (1932) 2; Mezger, Lehrb. S. 483 mit reichen Literaturangaben. Vgl. auch Kohler in GerS. **98** 1 ff.; Finger, GerS. **88** 293. Die Vergeltung ist der älteste und ursprüngliche Strafzweck, Schultz LZ. **1928** Sp. 295, und auch heute noch der Kern der Strafe. A. M. v. Liszt-Schmidt S. 31. Im Gegensatz zum Ferrischen Entwurf von 1921 ist auch im neuen Entwurf eines italien. StGB. das Vergeltungsprinzip wieder in den Vordergrund gerückt. Bunge, Die Reform des ital. Strafrechtes, DJZ. **1928** Sp. 138. Ebenso hält der Entwurf für ein deutsches StGB. an diesem Zwecke fest. Die Vergeltung ist keine persönliche Genugtuung des verletzten Inhabers des Rechtsgutes, keine Entgeltung für seinen Rechtsnachteil, keine Ablösung für die Friedlosigkeit, keine bloße Mißbilligung, kein Tadel. Dies nimmt z. B. Liszt-Schmidt S. 349 an. Über die zweifelhafte Etymologie des erst im 14. Jahrhundert auftretenden Worts Günther, Wiedervergeltung 1, 5. Gerland, Die Entstehung der Strafe (1925). Vergeltung ist Zufügung eines Übels, RGSt. **14** 161, als Mittel psychischer Einwirkung auf den Willen eines andern mit dem doppelten Zweck, diesem gegenüber einmal die Macht des eigenen Willens zu behaupten, und weiter dadurch einen Ausgleich für das durch dessen Mißachtung verletzte Gefühl der Minderung eigener Geltung zu bringen. Sie dient also der Durchsetzung der eigenen Persönlichkeit gegen Schmälerungen durch andre vermittels entsprechender Schmälerung dieser. Der Begriff der Verhältnismäßigkeit ist dem der „Vergeltung" daher immanent. Es besteht auch durchaus die Möglichkeit einer Gleichung. Der Unwert der Tat und der Unbotmäßigkeit für die Rechtsordnung und der Unwert des Strafübels für den Rechtsbrecher lassen sich vergleichen und dieser Vergleich wird jederzeit im Empfinden der Rechtsgenossen vorgenommen. Mezger, Lehrb. S. 484. Diese Verhältnismäßigkeit macht die Vergeltung zur gerechten, Richard Schmidt, Lehrb. S. 48. Das primitivste Bemessungsprinzip der Verhältnismäßigkeit bildete allezeit und noch heute für das natürliche Gefühl die Talion. Ein Rest hiervon ist die Todesstrafe. Meyer-Allfeld S. 21 ff. Vgl. Mattil, Die Strafzumessung im Lichte der Rechtsprechung, BayRpflZ. **1927** 133.

In der Natur der Vergeltung selbst ist nun nicht schon inbegriffen, daß der Vergeltende eine übergeordnete Stellung gegenüber demjenigen einnimmt, an dem er die Vergeltung ausübt. Vielmehr ist diese auch bei gleichwertigen und gleichstehenden Persönlichkeiten gegeben. Soll die Vergeltung zur Strafe werden, muß daher noch etwas weiteres hinzutreten: daß die Vergeltung geübt wird von einer dem andern übergeordneten Persönlichkeit. Sie ist Reaktion nicht eines gleichstehenden, sondern eines übergeordneten Willens und erfordert daher ihrem Begriffe nach, daß sie dem Ausgleich des durch Unbotmäßigkeit verletzten Machtgefühls eines Übergeordneten dient. Liegt das Moment des Ungehorsams daher im Begriff der Strafe und ist ohne ihn Vergeltung keine Strafe, so wird die Verhältnismäßigkeit der Vergeltung doch nicht in erster Linie nach der Stärke des unbotmäßigen Willens, sondern nach der Größe der Schmälerung, die die reagierende mißachtete Persönlichkeit erleidet, bemessen. Und diese bestimmt sich nach dem Interesse, das sie an der Befolgung ihrer Gebote hat, und damit nach dem Wert des Rechtsgutes für sie, das die verbotswidrige Handlung verletzt. Hiernach setzt jede Strafe, die als Vergeltung ein Mittel für psychische Einwirkung auf den Willen des andern ist, einen unbotmäßigen, dem Gebote oder Verbote des übergeordneten Willens zuwiderlaufenden Willen voraus, die Rechtsstrafe also, um die es sich hier handelt, eine Zuwiderhandlung gegen die durch die Rechtsnormen begründeten Rechtspflichten durch Auflehnung gegen ihre Verbote und Gebote. Ob und in welcher Weise der übergeordnete Rechtswille mit seiner Rechtsmacht reagieren will, hängt aber durchaus von Zweckmäßigkeitsgründen ab. Wenn auch die Rechtsordnung sich im ganzen der Strafe nicht enthalten kann, um ihren Rechtswillen als einen übergeordneten zu behaupten, so sind doch im einzelnen Gründe der Zweckmäßigkeit entscheidend. Nagler, Die Strafe S. 579. Dabei ist insbesondere zu bedenken, daß die Strafzufügung für den Staat selbst ein Übel bedeutet und daher immer zu erwägen ist, ob allgemeine kriminalpolitische Gründe notwendig machen, dieses Übel dem Staate aufzuerlegen. Es gibt deshalb viele Normen, die nicht durch Strafdrohungen gesichert sind, so namentlich im Staats- und Verfassungsrecht. Vgl. z. B. GVG. § 198 und manche, die nur in gewissem Umfange durch Strafdrohungen garantiert werden. Schon Entw. 19 erkannte an, daß diese Bestimmung der Gesetzgeber nur generell und typisch treffen kann, dabei aber Einzelfälle zweckwidrig mit betroffen werden. Er gestattet daher in solchen Fällen, wo eine Strafe unnötig und ungerecht erscheinen würde, von einer solchen abzusehen, Lobe, Gutachten z. 32. deutschen Juristentag, Bd. I, S. 138, 142. Ebenso Entw. § 76 Abs. 2: „Ein besonders leichter Fall" — in dem das Gericht von Strafe absehen kann, § 76 Abs. 1 — „liegt vor, wenn die Schuld des Täters so gering und die Folgen der Tat so unbedeutend sind, daß kein Bedürfnis für eine Bestrafung vorliegt". In § 351 für Übertretungen allgemein zugelassen. Auch die Art der Strafzufügung wird hiervon mit bestimmt. Zugleich bemißt sich diese aber auch nach den herrschenden Anschauungen der Kultur und Sitte, die im allgemeinen zu Milderungen geneigt ist, eine Neigung, die freilich ihre Grenze finden muß an dem Zweck der Strafe, den unbotmäßigen Willen zu brechen. Oft geht man deshalb auch in der Zubilligung einer Bewährungsfrist zu weit.

Ist die Strafe Vergeltung und soll sie dem Ausgleich verletzten Machtgefühls dienen, so setzt sie zwar das Vorliegen eines unbotmäßigen Willens gegen die Gebote und Verbote voraus, ist begrifflich insoweit aber nicht davon abhängig, daß die Verhängung der Strafe dem Rechtsbrecher auch als Vergeltung für seine Unbotmäßigkeit **angedroht** war. Wie es in der freien Entschließung der Rechtsmacht steht, ob sie für die Nichtachtung ihrer Gebote Vergeltung üben will oder nicht, so kann die Vergeltung auch geübt werden, ohne daß sie vorher angedroht war. Die Androhung der Strafe als Vergeltung ist nicht notwendige Voraussetzung ihrer Verhängung, im Gegensatz zum Gebot oder Verbot, das selbstverständlich vor der Handlung liegen muß, wenn diese eine Zuwiderhandlung gegen das Verbot oder Gebot sein soll. Daher ist zwar Adressat der Gebote und Verbote der Rechtsordnung immer nur der Rechtsunterworfene, nicht das Gericht, wie Binder, Rechtsbegr. u. Rechtsidee (1915) S. 188 meint, die Rechtssätze aber, die bestimmt sind, Strafen als Vergeltung für die Zuwiderhandlungen gegen die Verbote festzusetzen, begründen an sich nur die subjektiven Rechte des Staates zu strafen und knüpfen dieses Recht allein an die vorausgegangene Normübertretung. A. M. Friedrichs in HirthsAnn. **1923** 211, wonach es kein subjektives Recht auf Strafe, sondern nur eine Pflicht zu strafen geben soll. Nicht ist es daher auch begrifflich ausgeschlossen, daß dieses subjektive Recht gewährt wird, nachdem bereits die verbotwidrige Handlung verübt wurde. So ist es tatsächlich auch geschehen in RGes. v. 17. VII. 1881, indem es seine Strafrechte bereits auf die Zeit vor seinem Erlaß, auf den 1. VII. 1881 zurückverlegt, Binding Hdb. I S. 289; Nagler, Die Strafe S. 586. Wenn gleichwohl die neueren Strafgesetze, vgl. StGB. § 2 Abs. 1 u. RV. Art. 116, die Verhängung einer Strafe davon abhängig machen, daß auch die Strafdrohung vor der Tat erfolgt sein muß, so haben hierzu Billigkeits- und staatsrechtliche Zweckmäßigkeitserwägungen geführt. Außerdem die Erwägung, daß die Gebote und Verbote nunmehr durch vorgängige Androhung der Straffolgen verschärft sind, um durch diese allgemeine Drohung die Wirksamkeit der Verbote, vorbeugend zu wirken, zu verstärken, Rechtspr. **1** 17. Vgl. hierzu StGB. § 2 und die Erläuterungen daselbst. Dann muß wie das Verbot oder Gebot selbst auch dessen Verschärfung und Stärkung vor der Strafhandlung liegen. Denn gerade die Androhung der Folgen einer Zuwiderhandlung soll von dieser abhalten und die Befolgung der Normen gewährleisten, Sauer, Grundlagen der Gesellschaft (1924) 484 ff. und GerS. 1928 S. 27 „Die Strafe als Steigerung von Pflichten". Daraus ergibt sich von selbst, daß Adressat der Strafdrohung nun derselbe sein muß, an den sich die mit ihr ausgerüsteten Gebote und Verbote wenden. Kohler S. 87; Frank S. 3. Das Strafgesetz, das die Androhung bringt, wendet sich mit der Drohung an den Normunterworfenen und begründet gleichzeitig Rechte und Pflichten des Staates zur Verhängung der angedrohten Strafe, ohne die jene Drohung eine leere wäre.

2. Die Tatsache, daß die Zuwiderhandlung gegen die Gebote und Verbote der Rechtsordnung durch die Strafe vergolten wird, löst nach verschiedenen Richtungen hin psychische Wirkungen aus. Diese Wirkungen kommen schon der Androhung der Strafe zu, aber doch eben nur darum, weil mit der Verwirklichung der Drohung zu rechnen ist, Exner, Theorie (1914) S. 22; Mezger, Krit. Viertelj.-Schr. XX, 181. Fällt dieses Risikomoment bei einer Normübertretung weg, so verringert sich die Wirkung des Gebotes oder Verbotes selbst. Hier liegt die Bedeutung einer zuverlässigen Strafverfolgungstätigkeit des Staates und die Gefahr allzu weitherziger Amnestien, Begnadigungen und Erteilung von Bewährungsfristen. „Das Schwert der Justiz ist heute mit Watte umwickelt," ruft nicht mit Unrecht Hoche in Monatsschr. f. Kriminalpsychologie und Strafrechtsreform (1932) S. 554. Die Herbeiführung dieser psychischen Wirkungen der Vergeltung ist aber nur ein mitgewollter weiterer Erfolg. Von seiner Erreichung hängt der Begriff der Strafe als Vergeltung und die Statthaftigkeit ihrer Zufügung nicht ab.

a) Die nächste Wirkung der Vergeltung durch Zufügung des Strafübels ist die auf das Gefühlsleben des Bestraften selbst. Vgl. auch Kröpp in MonSchr. f. KrimPsychol. 1932 S. 641 ff. Sie ist eine doppelte. Bei Tätern, bei denen das Gefühl des begangenen Unrechtes noch nicht ganz geschwunden ist, bringt sie das Gefühl der Entsühnung, einer Befreiung vom Gewissensdruck und den Glauben, wieder ein gleichberechtigtes Mitglied der Gemeinschaft der Rechtsgenossen durch die Abbüßung der Strafe zu werden. Für dieses Gefühl der Entsühnung ist besonders bedeutsam, daß die Strafe nach ihrer Bemessung als angemessen und gerecht empfunden werden kann. Dieses Gefühl kann auch bei dem zum Tode Verurteilten vorhanden sein, der seine Tat bereut.

Bei Tätern, die das Strafübel noch als Leid zu empfinden vermögen (es gibt auch solche, die das Gefängnisleben als sicheren Hort in den Stürmen des Lebens vorziehen), soll sodann dieses Übel und die Erinnerung daran für die Zukunft Motive schaffen, die wenigstens für die äußere Befolgung der Gebote und Verbote — mit der es das Recht allein zu tun hat — wirken. Man spricht hier von Spezialprävention, insbesondere von Abschreckung. Das ist die beabsichtigte Wirkung der meisten zeitlichen Strafen. Aber die Motivierbarkeit des Verbrechers durch Strafe hat freilich ihre Grenzen nicht zum wenigsten durch die Notwendigkeit, auch im Verbrecher die Persönlichkeit und Menschenwürde zu achten, Mezger, Lehrb. S. 505, 511. Sie entfällt nur bei der Todesstrafe und der lebenslänglichen Freiheitsstrafe. Da die Wirkung der Vergeltung aber nicht der einzige Strafzweck ist, ist mit dem Wegfall dieser Wirkungsmöglichkeit noch nicht die Berechtigung der Vergeltung selbst verneint. Vor allem bleibt die Wirkung der Abschreckung für die Strafandrohung bestehen und ist gerade bei diesen härtesten Strafen regelmäßig die stärkste. Zuweilen vermag aber die Wirkung der Strafe für die Zukunft motivierend auf gesetzestreues Verhalten dadurch zu wirken, daß auch eine Umstellung im Gefühlsleben des Täters, eine dauernde Gesinnung erzeugt wird, die künftig dieses Verhalten betätigen läßt. Dann ist diese weitere Wirkung zugleich als eine Besserung nach der Seite des rechtmäßigen Handelns zu bewerten. Und insoweit ist die Vergeltung in ihrer Wirkung gleichzeitig ein Mittel der Erziehung Radbruch in JW. 1932, 3037. Sicher soll die Gestaltung der Strafverbüßung diese erwünschte Wirkung der Strafe ermöglichen und fördern. Unmittelbarer oder gar alleiniger Strafzweck ist sie aber nicht, schon weil es unmöglich ist, überhaupt festzustellen, ob eine Besserung als Gesinnungswechsel erfolgt ist oder nicht. Ausgeschlossen erscheint sie von vornherein bei den sog. „echten Überzeugungstätern". Keinesfalls aber darf die Art und Dauer der Strafe mit Rücksicht auf diese Nebenerfolge bemessen werden. Sie würde als Strafe ungerecht werden. Vgl. hierzu die Vereinbarung über Beseitigung der Sonderbehandlung der Überzeugungstäter in Bek. v. 25. IV. 1933 (RGBl. I, 232).

b) Als weitere Wirkung der Vergeltung kommt in Betracht diejenige, die sie ausübt auf das Gefühlsleben des Einzelnen, der durch die Straftat in seinen Rechtsgütern und Lebensinteressen verletzt worden ist. Wenn die Staatsgewalt dem Verletzten mit geringen Ausnahmen (StGB. § 199, § 233) die Ausübung der eigenen Vergeltung untersagt und die der Rache von vornherein in unserer heutigen Friedens- und Rechtsordnung ausgeschlossen ist, so muß eine Entspannung der durch die Straftat verursachten Gefühlserregung bei dem Verletzten durch eine angemessene Vergeltung durch die übergeordnete Staatsgewalt vorgenommen werden, soll nicht bei diesem das Gefühl der Schutzlosigkeit und Preisgabe an den Verbrecher eintreten. Der Wert des angegriffenen Rechtsgutes für den Verletzten ist daher auf diesem Grunde für die Bemessung der Vergeltung ebenfalls von Bedeutung. Denn davon hängt das Gefühl des Verletzten ab, des Schutzes der Rechtsordnung teilhaftig zu sein und an der Aufrechterhaltung dieses Gefühles hat die Rechtsordnung selbst ein wesentliches Interesse, Mezger, Lehrb. S. 505.

c) Endlich hat die Vergeltung noch eine Wirkung auf die Gesamtheit aller Rechtsgenossen. Man spricht hier von Generalprävention. Es liegt im Wesen der Rechtsordnung, die Handlungen der Menschen in ihrer Willkürlichkeit zu beschränken (§ 1) und ihnen Pflichten aufzuerlegen durch Gebote und Verbote (§ 2). Ebenso aber liegt es in der Natur des Menschen, durch seine Triebe und Veranlagungen und durch seine Selbstsucht diesen Zwang und diese Schranken zu durchbrechen und das Ich wider die Anforderungen der Gesamtheit und ihrer Ordnung zur Geltung zu bringen, Mezger, Lehrbuch S. 503; v. Hippel, Dtsch. Strafr. I, 511 ff. Es gilt sonach, diese Selbstsucht in Selbstzucht umzuwandeln. Wie die Vergeltung und ihre Androhung den Einzelnen, der bereits Rechtsbrecher geworden ist, für künftiges Wohlverhalten umstimmen soll, so ist es Aufgabe der Strafandrohung und ihrer Verwirklichung bei Zuwiderhandlungen, alle Rechtsgenossen als mögliche Rechtsbrecher von vornherein zur Achtung vor den Geboten und Verboten zu bestimmen und vom Rechtsbruch abzuhalten und dadurch die Rechtsordnung aufrechtzuerhalten. Man spricht hier mit Vorliebe von der Abschreckung durch die Strafdrohung. Eingehend über die Natur der Generalprävention namentlich auch Richard Schmidt, Grundriß des Strafrechts (1931) S. 45. Über die verschiedenen Zwecke und Wirkungen der Strafe ferner Binding, Grundriß d. gem. Strafr. (1890); Merkel, Vergeltungsidee und Zweckgedanke (1892); Oetker, Rechtsgüterschutz und Strafe, ZStRW. **1917** 493; Beling, Vergeltungsidee und ihre Bedeutung (1908); Köhler, Der Vergeltungsgedanke und seine praktische Bedeutung (1900); v. Weber, Vergeltung als Strafzweck, Prager Jur. Ztschr. Bd. 7 (1927); Radbruch in JW. 1932, 3037; v. Liszt-Schmidt I S. 364 ff.

3. Keine psychische Wirkung der Strafe als Vergeltung, sondern lediglich eine tatsächliche Wirkung des Vollzuges gewisser Strafarten ist die Ausschaltung des Täters aus der menschlichen Lebensgemeinschaft und Sicherung der Rechtsgenossen vor der Gefahr weiterer Verübung von Verletzungen durch den Rechtsbrecher. Am durchgreifendsten ist diese Ausschaltung bei der Todesstrafe; die Sicherung bei den Freiheitsstrafen ist vorhanden für die Zeit der Freiheitsentziehung. Hoche in Monatsschr. a. a. O. S. 557.

Bei dem Vollzug der Freiheitsstrafe bietet sich nun die Möglichkeit, erzieherisch und bessernd auf den Sträfling einzuwirken. Diese Einwirkungen durch Erziehungsmittel während der Strafzeit haben aber mit der möglichen psychischen Wirkung einer Besserung durch die Vergeltung, wie sie oben unter 2a erwähnt wurde, gar nichts zu tun, liegen vielmehr vollkommen außerhalb dieser Wirkung.

Es ist hiernach vollkommen unzulässig, die Sicherung und die Anwendung von Erziehungs- und Besserungsmitteln als Strafzweck, vollends nicht als einzigen Strafzweck, wie neuerdings vielfach geschieht, hinzustellen. Die Erreichung dieser Zwecke würde notwendig den Vergeltungszweck beseitigen, den Begriff der Strafe fälschen und diese zu einer ungerechten machen. Ganz unvereinbar sind sie mit einer Strafe, die nach der Verschuldung des Täters bemessen werden soll. Die Gefahr der Wiederholung verbrecherischer Tätigkeit ist nicht von der Schwere des Rechtsbruches abhängig. Soll die Strafe eine gerechte und angemessene Vergeltung dieses sein, so kann die Dauer einer Freiheitsstrafe nicht nach dem Gesichtspunkt der Sicherung bemessen werden. Und das gilt ebenso für die Erziehung und Besserung. Sie kann nicht auf unbestimmte Dauer fortgesetzt werden, bis nach Meinung der Vollzugsbeamten eine Besserung eingetreten ist, denn das würde über die Zufügung einer angemessenen und gerechten Vergeltung hinausgehen. Zu beachten ist auch, daß alles dies nur bei Freiheitsstrafen in Betracht kommt, für Geldstrafen ohne weiteres ausscheidet. Dann kann es aber auch nicht begrifflich zum Strafzweck gehören.

So richtig es nun ist, daß es eine wichtige Aufgabe ist, die Gesellschaft vor der schädlichen Tätigkeit der Verbrecher zu sichern, wenn die Gefahr ihrer Ausübung besteht, und daß man als weitere Aufgabe des Staates im Interesse der Gesellschaft und des Gemeinschaftslebens anerkennen kann, den mit verbrecherischen Neigungen behafteten Menschen zu bessern und zum Wohlverhalten zu erziehen, auch zweckmäßig für diese Tätigkeit zunächst die Zeit benutzt, in der er als Strafgefangener ohnehin zur Verfügung steht, so darf man doch nicht übersehen, daß es sich hierbei um völlig selbständige, von der Strafe grundverschiedene Maßnahmen und Aufgaben handelt und eine Verquickung mit dem Strafzweck unzulässig ist. Es handelt sich hier um polizeiliche Vorbeugungsmaßnahmen, nicht um Strafmaßnahmen.

Solange freilich gesetzliche Vorschriften darüber fehlen, wie den besonderen Zwecken der Sicherung vor dem Verbrecher und der Besserung des Verbrechers durch besondere, nicht mit der Strafe verquickte Maßnahmen zu dienen ist (Entw. §§ 55—64 bringt sie), solange wird in gewissem Umfange eine Neigung bestehen, der Strafe auch die Aufgaben der Sicherung und Besserung zu übertragen, ihr also eine dualistische Gestaltung zu geben, Frank, Vergeltungsstrafe und Schutzstrafe (1908); Grünhut, ZStRW. **50** 285; Mezger, Festgabe f. Frank I, 537. Das wird auch vom RG. zugestanden, RGSt. **58** 106; RGSt. in JW. **1929** 1005. Das Vordrängen dieser Zwecke darf aber den Vergeltungszweck nach Maßgabe der Schuld nicht beseitigen. Deshalb kann der Billigung nicht zugestimmt werden, die Mezger a. a. O. dem Urteil eines Schwurgerichts zuteil werden läßt, das an Stelle der für die Schuld angemessenen zeitlichen Strafe eine lebenslängliche Zuchthausstrafe nur um deswillen verhängt, weil „der widernatürliche Trieb den Angeklagten zu einer bleibenden schweren Gefahr für die Gesellschaft mache". Dieser Gefahr zu begegnen ist nicht Aufgabe der Strafe. Es war deshalb zu begrüßen, daß schon Entw. 19 die Durchführung solcher besondrer Maßnahmen zur Besserung und Sicherung neben der Strafe vorsah, vgl. hierzu Lobe, „Die Maßregeln der Besserung und Sicherung nach dem Entwurf eines StGB." in JW. **1921** 786 ff. und der Amtl. Entw. im 7. Abschnitt dem folgt. Schläger, Die biolog. Untersuchung der Verbrecher, LZ. **1928** Sp. 245. Eine eingehende Übersicht über die verschiedenen Auffassungen bei Meyer-Allfeld, Lehrb. d. Strafr., 8. Aufl. (1922) S. 2 ff.; Gerland, Grundlagen des Strafrechts (1922) 2, 13, 16; Sauer, Grundlagen des Strafrechts (1921) 86; R. Schmidt, Einführung in die Rechtswissenschaft, 2. Aufl. 410 und Grundriß des Strafrechts (1931) S. 44; Mezger, Lehrb. S. 485 ff.; Mittermaier in ZStRW. **1923** 4. Ferner: Buerschaper, Der Besserungsgedanke im künft. Strafvollzug, ZStRW. **1923** 443; Kitzinger, Sicherung durch oder neben Freiheitsstrafe, ZStRW. **1924** 554; Graf Dohna, Die Sicherungsstrafe in ZStRW. **1923** 41. Eine besondre Stellung nimmt das Steuer- und Wirtschaftsstrafrecht ein. Eine Verdrängung der Kriminalstrafe durch eine sog. Sozialbuße findet sich im Arbeitsrecht, z. B. § 18 Ges. über die Beschäftigung Schwerbeschädigter v. 12. I. 23 (RGBl. I 57), § 37 Hausarbeitsges. v. 30. VI. 23 (RGBl. I 472). Eine Buße im gewöhnlichen Sinne liegt aber hier nicht vor. Mannheim in JW. **1924** 1011.

Die gesetzlichen Bestimmungen über die Strafe lassen erkennen, daß für sie maßgebend ist einmal die Tat in ihrer objektiven Gestaltung als Verletzung der Rechtsordnung und Gefährdung des Gemeinschaftslebens, dessen Ordnung das Recht dienen will. Diese Bewertung der objektiven Straftat drückt sich im Strafrahmen aus, der dem Richter zur Verfügung gestellt wird, besonders dort, wo nur eine absolute Strafe angedroht wird, wie in § 211. Sie stellt die typische Strafbemessung der Tat dar, v. Liszt-Schmidt S. 403; Beling, Grundriß S. 74, 94; Rosenfeld, VDA. Bd. III, 93; v. Calker ebenda S. 173; Radbruch ebenda S. 189. Auch in den Strafschärfungs- und Strafmilderungsgründen, die das Gesetz aufstellt, zeigt sie immer die Bewertung der Tat als objektive Erscheinung für die Rechtsgemeinschaft, Beling, Grundzüge S. 74. Innerhalb des gesetzlichen Strafrahmens kommt dann die Zumessung der Strafe durch den Richter zur Geltung und damit die Berücksichtigung der Persönlichkeit des Täters in allen seinen Beziehungen zur Tat, wie Zurechnungsfähigkeit, Charakteranlage, Beziehungen zur Umwelt, körperliche oder geistige Behinderungen in der Willensfreiheit, kurz: der Schuld. Dieser Berücksichtigung dienen auch die mildernden Umstände bei einzelnen Straftaten, v. Liszt-Schmidt S. 416; Allfeld S. 286; M. E. Mayer S. 488; Radbruch in VDA. Bd. III, 197. Der Strafrahmen hat sonach die Tat, die innerhalb dieses Rahmens zugemessene Strafe den Täter im Auge, sowohl nach der Wirkung der Strafe als Vergeltung wie als Wirkung der Abschreckung. Merkmale, die zur Bildung eines verbotenen Tatbestands selbst dienen und daher schon bei Aufstellung des Strafrahmens berücksichtigt worden sind, dürfen nicht noch einmal zur Bemessung der Strafe innerhalb des Strafrahmens verwertet werden. RGSt. **57** 379; **59** 423. Das Schrifttum über die richterliche Strafzumessung ist reich: Exner, Über Gerechtigkeit im Strafmaß (1920) und zur Praxis d. StrZumessung in Monatsschr. f. KrimPsychol. XVII (1926), 365; Sauer, Grundriß S. 645; Bohne, ZStRW. **47** 439; Rosenfeld, VDA. Bd. III, 144; Mezger, Lehrb. S. 498; und in Festgabe f. Frank I, 519; Beling, Grundzüge S. 94; Finger, Die richterliche Strafzumessung, Verhandl. d. 29. (1908) Dtsch. Juristentags Bd. II, 37; Birkmeyer, JW. 77 (1911) S. 353; Rich. Schmidt, Grundriß (1931) S. 196 ff.; v. Weber in Prager Jur. Ztschr. (1931) Heft 10/11 (mit Literaturangaben).

Im Entwurf sind in § 69 allgemeine Strafbemessungsgründe in großer Anzahl aufgeführt, außerdem in § 74 allgemeine mildernde Umstände zugelassen.

4. Ob die Androhung eines Übels Strafe ist, hängt nicht davon ab, daß das Übel Strafe genannt wird. So findet sich namentlich in Nebengesetzen, wie § 18 des Schwerbeschädigten Ges. v. 12. I. 23 (RGBl. I, 58) dafür auch der Ausdruck Buße. Schwarz in Stengleins Komm. der strafr. Nebenges. II, 795. Vgl. RGSt. **60** 60 (dahingestellt); **64** 193 (Ordnungsstrafe); RGSt. in JW. **1933** 222 (der Strafe verwandt).

B. Die Form und der Inhalt des Strafgesetzes.

§ 4. Der Tatbestand.

1. Das Verbot und Gebot einer Handlung und die an seine Zuwiderhandlung geknüpfte Festsetzung einer Straffolge bilden die unlöslich zusammengehörigen beiden Bestandteile des **Strafgesetzes**. Weder das Gebot oder Verbot noch die Straffatzung bilden für sich allein das „Strafgesetz“. Erstere nicht, weil das wichtigste hierzu fehlt, die Strafandrohung; letztere nicht, weil sie keinen Inhalt haben würde. Es kann keine Strafe gedroht werden als Vergeltung, ohne daß zugleich bestimmt würde, wofür Vergeltung verübt werden soll. Daher können zwar Verbote und Gebote auch selbständig ohne Zusammenhang mit einer Strafandrohung bestehen, eine Strafandrohung ohne jene aber niemals. Nur Norm und Straffatzung vereint bilden das „Strafgesetz“ im Sinne des StGB.

Dies schließt freilich nicht aus, daß gesetzestechnisch ein Strafgesetz auch in einer Form gestaltet werden kann, die sowohl den Bestandteil der Norm als die der Straffatzung einzeln für sich zum Ausdruck bringt. Das ändert aber nichts daran, daß erst in ihrer Zusammenfügung das ganze Strafgesetz vorliegt. Zuweilen wird das Verbot oder Gebot nicht ausdrücklich als solches bezeichnet, sondern nur mittelbar erkennbar gemacht, indem nur die verbotene Handlung als Voraussetzung der Strafzufügung beschrieben wird. „Wer tötet, wird bestraft.“ Dieser Form huldigt in der Regel das StGB., da es sich bei ihm meist um einen althergebrachten Normenbestand handelt, so daß es der Betonung des Umstandes, daß die gekennzeichnete Handlung durch einen Rechtsbefehl geboten oder verboten sei, ebensowenig erst bedarf, wie der Darlegung, daß sich dieser Befehl auf eine objektiv rechtswidrige Handlung beziehe. Über die Selbständigkeit der Norm gegenüber der Straffatzung und beide als Bestandteile des Strafgesetzes s. die früheren Ausführungen, ferner namentlich Binding, Normen I S. 3 ff., 59. Vgl. auch die Ausführungen des Oberreichsanwalts zu RGSt. **57** 408. Nur wenn eine neue Rechtspflicht auftritt, wird auch die ausdrückliche Aufstellung eines sie begründenden Gebots oder Verbots erforderlich, Binding, Normen I S. 142. Auch wenn etwa das Verbot nicht nur öffentlich-rechtlichen Inhalts ist, sondern gleichermaßen dem Privatrecht angehört und neben den Straffolgen privatrechtliche Folgen an die Zuwiderhandlung geknüpft werden, erscheint eine ausdrückliche Hervorhebung zweckmäßig, so im UWGes. Deshalb bevorzugen die strafrechtlichen Nebengesetze die äußerliche Trennung des Verbots und Gebots von der für ihre Zuwiderhandlung angeordneten Strafdrohung. So sagt Weinges. v. 25. VII. 30 (RGBl. I 356) in § 9: „es ist verboten, Wein nachzumachen“ und § 26: „mit Gefängnis ... wird bestraft, wer vorsätzlich den Vorschriften des ... § 9 ... zuwiderhandelt“. Erst die Verbindung des § 9 und des § 26 bildet jedoch das „Strafgesetz“, nicht etwa § 26 allein. Durch die Bezugnahme der Straffatzung werden die Gebote und Verbote zum unlöslichen Bestandteil des Strafgesetzes, die Straffatzung würde ohne deren Einfügung jedes greifbaren Inhalts entbehren, RGSt. **37** 391, 3 **D** 325/15 28. VI. 15 (LZ. **1915** 1230[3]). Mit der Strafdrohung macht ferner der Gesetzgeber die mit Strafgarantie umgebene Norm in der Regel zu der seinen, v. Hippel, ZStRW. **36** 510, **42** 416; Mezger, ZStRW. **42** 368 und Lehrbuch S. 196; Richard Schmidt, Grundriß S. 88; Beling, Grundzüge des Strafrechts S. 25; Frank S. 3; Kitzinger, GS. **35** 54 und Jurist. Aphorismen (1923). Zuweilen findet sich in demselben Gesetz sogar eine zeitliche Trennung von Verbot und Straffatzung. So tritt nach der BVO. vom 13. XI.

15 über das Verbot der Ausfuhr und Durchfuhr von Gold (RGBl. 763) gemäß § 4 das Verbot des § 1 am Tage der Verkündung, die Strafandrohung des § 2 aber erst mit dem 15. XI. 15 in Kraft. Eine noch weitere, sowohl räumliche als auch zeitliche Trennung der zueinander strebenden Bestandteile eines Strafgesetzes findet sich in den sog. Blankettstrafgesetzen oder Blankostrafgesetzen; Binding Normen I S. 162; Oetker, GerS. **64** 155; Beling, Lehre vom Verbrechen S. 162; Neumann, Das Blankostrafgesetz (1908); Otto Mayer, Dtsch. Verwaltungsrecht I 306; Alsberg, Preistreibereirecht (1919) S. 205. Hier wird ebenfalls in der Strafsatzung auf ein außer ihr liegendes selbständiges Verbot oder Gebot verwiesen. Der Umstand aber, daß diese bei Erlaß der Strafsatzung bereits bestanden oder erst später erlassen werden, daß sie häufig von andern Machtquellen ausgehen als die ist, die die Strafsatzung erläßt, ändert daran nichts, daß erst beide zusammen das „Strafgesetz" bilden. Alles, was RGSt. **37** 391 so zutreffend sagt, gilt mit völlig gleichem Recht auch von den Blankettstrafgesetzen. Mit der Behauptung, das Blankettstrafgesetz „setze eine solche Norm voraus", 4 D 702/15 7. I. 16, ist daher nichts dagegen bewiesen, daß erst mit der Norm zusammen ein vollständiges Strafgesetz vorliegt. Denn jede Strafdrohung setzt eben ein Verbot voraus. Durch seine Bezugnahme erhebt die reichsgesetzliche Strafsatzung auch das nicht reichsgesetzliche, vielleicht nur verwaltungsrechtliche Verbot eines bundesstaatlichen Organs, eben zum Bestandteil eines Reichsstrafgesetzes. Dies wird vom RG. in seiner Rechtsprechung verkannt, und es werden daher daraus zu StGB. § 2 Abs. 2 und in der Beurteilung der Unkenntnis des Verbotenseins einer Handlung unrichtige Schlüsse gezogen. Vgl. zu StGB. § 2 Abs. 2. Eine eigenartige Bezugnahme auf Normen andrer Gesetze und Verordnungen brachte die SchleichhandelVO. v. 7. III. 18 (RGBl. 112), indem sie für Tatbestände der Verkehrsregelungsvorschriften in jenen Gesetzen und Verordnungen einen Strafschärfungsgrund für vorsätzliche Verfehlungen dahin schaffte, daß sie der erhöhten Strafe der SchleichhVO. dann unterliegen sollten, wenn sie „beim gewerbsmäßigen Erwerbe", zur Weiterveräußerung bestimmter Lebens- oder Futtermittel begangen wurden. Mit Recht verneint RGSt. **53** 68, **54** 145, **55** 122 (124), 193 (196), **56** 112 hier Idealkonkurrenz. Wenn es Gesetzeskonkurrenz annimmt, so ist dagegen nichts zu sagen. In noch weitergehendem Sinne wollen manche von einem Blankett sprechen, wenn die Strafdrohung auf ein „rechtswidriges" und „widerrechtliches" Verhältnis hinweist, das von außerstrafrechtlichen Vorschriften bestimmt wird, Frank S. 3, 5 und 6; Beling, Die Lehre vom Verbrechen S. 104; Binding, Normen I, 70. Das ist aber bei jedem Delikt der Fall. Richtiger ist es, den Begriff des Blankettgesetzes auf die Bezugnahme auf außer ihm stehende Normen zu beschränken.

2. Bilden die Bestandteile eines jeden Strafgesetzes einmal das Verbot oder Gebot für ein bestimmtes Handeln, sodann die Strafandrohung für die Zuwiderhandlung gegen diese Normen, verbunden endlich mit der Begründung eines Rechtes und einer Pflicht des Staates, die Zuwiderhandlung zu strafen, so ist es Aufgabe des Strafgesetzes, Anfang und Inhalt dieser Bestandteile, nämlich der Gebote und Verbote und der Voraussetzungen für die Begründung eines Strafrechtes und einer Strafpflicht anzugeben. Dieser dreifachen Aufgabe sucht der **Tatbestand des Strafgesetzes** gerecht zu werden. Es ist verfehlt, die Aufgabe und den Inhalt des Tatbestandes nur in der ersten Richtung zu erblicken und aus ihm die anderen Aufgaben auszuscheiden, wie Beling, Lehrb. vom Verbr. S. 51 ff. tut. Hierzü Mezger, Lehrb. S. 177. Letzteren dient z. B. der Tatbestand in StGB. §§ 102, 103, 170, 172. Der Tatbestand hat hiernach „deskriptiven" und zugleich „normativen" Charakter. Hierzu Radbruch in Festgabe f. Frank I, 158 ff.; ferner Hegler, ebenda S. 273 ff. Für den konkreten Lebensvorgang schlägt Beling, Grundzüge S. 28 „Sachinhalt" statt „Tatbestand" vor. Letztere Bezeichnung hat sich aber eingebürgert. Dieser im einzelnen Gesetz wiedergegebene Tatbestand ist jedoch nicht die einzige Erkenntnisquelle, weil er die Straftat nicht vollständig charakterisiert. Vielmehr bringt diese Erkenntnis erst der Zusammenhalt mit anderen Vorschriften und zwar zunächst des sog. Allgemeinen Teiles des StGB. selbst, in denen die für jede Zuwiderhandlung gemeinsamen Erfordernisse sowohl hinsichtlich des Inhaltes des Gebots oder Verbots wie des Strafanspruches und der Auslösung der Strafpflicht und des Strafrechtes angegeben werden. So z. B. StGB. §§ 51 ff., § 59 — § 4 Nr. 3. Aber auch alle außer dem StGB. in der objektiven Rechtsordnung enthaltenen Regelungen über Rechtmäßigkeit und Rechtswidrigkeit (mißverständlich „übergesetzlich" statt „außergesetzlich" genannt) sind für den Tatbestand zu beachten, nicht minder die Entschuldigungs- und Strafausschließungsgründe. Zu unterscheiden sind ferner die Bedingungen für die Entstehung des Strafklagerechtes, wie z. B. Auflösung der Ehe, RGSt. **15** 122; Ermächtigung, Exterritorialität usw. und den Untergang eines entstandenen, z. B. StGB. § 46.

Bei der Feststellung von Tatbestandsmerkmalen, namentlich den nicht in dem einzelnen Gesetz ausgedrückten, pflegt man zwischen positiven und negativen Tatbestandsmerkmalen zu unterscheiden, Merkel, Lehrb. (1889) S. 82; Frank S. 139, 187; Baumgarten, Der Aufbau der Verbrechenslehre (1913) S. 231; Kitzinger, Jur. Aphorismen (1923) S. 43; Zimmerl, Zur Lehre vom Tatbestand (1928) S. 66. Als negativer Tatbestand wird z. B. der Mangel der Einwilligung in § 218 Abs. 4 und die Unbescholtenheit in § 182 hingestellt, Radbruch in Festschr. f. Frank I, 164. Aber ebensogut kann man die Einwilligung und die Bescholtenheit als positive, die Strafe oder Rechtswidrigkeit ausschließende Merkmale ansehen. Die Unbescholtenheit bezeichnet als Verletzte ein ehrbares keusches Mädchen, also sicher ein positives Merkmal. Und in § 218 Abs. 4 bildet die Qualifikation die Verletzung des Selbstbestimmungsrechtes, des freien Willens, ebenfalls ein positives Merkmal. Die ganze Unterscheidung hat nur didaktischen und systematischen Wert: zur Feststellung des gesetzlichen Tatbestandes, worauf es ankommt, dienen beide Merkmale.

a) Der Tatbestand will mit seiner Beschreibung der Handlung, in der das Gesetz die Zuwiderhandlung, die Missetat gegen die mit Strafdrohung ausgestatteten Gebote und Verbote erblickt, den Inhalt und Umfang dieser Normen feststellen. Da diese von vornherein ein objektiv rechtswidriges Handeln zum Gegenstand haben, so will der Tatbestand nicht erst diese objektive Rechtswidrigkeit schaffen. Das hat die vor der Norm liegende objektive Rechtsordnung getan. Wohl aber will er den Ausschnitt kennzeichnen aus dem ganzen Gebiete der Rechtswidrigkeit, auf den sich das Verbot und Gebot bezieht, und der damit auch als Rechtswidrigkeit für die Strafrechtsordnung anerkannt wird. Wenn Mezger, Lehrb. S. 179 sagt, „eine Handlung sei deshalb allein, weil sie ‚tatbestandmäßig' sei, noch nicht rechtswidrig", so übersieht er, daß sich der Tatbestand eines Strafgesetzes überhaupt nur mit rechtswidrigen Handlungen befaßt. Es handelt sich eben nicht um einen absolut genommenen Tatbestand, sondern um den besonderen eines Strafgesetzes. Die Rechtswidrigkeit der Handlung, auf die sich das Gebot oder Verbot bezieht, ist darum auch kein getrennter, selbständiger, besonderer Bestandteil des Tatbestandes; als Eigenschaft der vom Tatbestand bezeichneten Handlung ist sie dessen immanenter selbstverständlicher und notwendiger Bestandteil. RGSt. **58** 249; **61** 247; **63** 218. „Der Tatbestand ist ein konkreter Niederschlag der Rechtswidrigkeit", Sauer, Grundlagen S. 307; Finger, Strafrecht S. 457. Die Eigenschaft der Rechtswidrigkeit bedeutet hier der ideelle Zustand einer Bewertung. Über die verschiedenen Meinungen hierüber Frank S. 5. Auch Freudenthal, Vom Werte des allgem. Verbrechentatbestandes, ZStRW. **1927** 290; Mezger in Festschr. f. Träger S. 191 und Lehrb. S. 176; Beling, Lehre vom Verbrechen; Radbruch in Festschr. f. Frank I, 163 ff.; Finger, Strafrecht S. 461. Nur die Handlungsmerkmale des Tatbestandes kommen für die Feststellung des Inhaltes und Umfanges der Gebote und Verbote in Betracht, die diese als „Zuwiderhandlung", somit als unbotmäßiges Handeln, als vorsätzliche oder fahrlässige Auflehnung gegen Gebote und Verbote erkennen lassen. Denn nur gegen solche kann sich schon begrifflich die Strafdrohung als Androhung einer Vergeltung richten, Beling, Lehre vom Verbrechen S. 52; Rißler, Festgabe f. Frank II, 2. A. M. Mezger, Lehrb. S. 177. Auch das Vorstadium der tatbestandmäßigen Handlung, der Versuch, ist als vom Gebot oder Verbot getroffen anzuerkennen, Zimmerl, GerS. **98** 387. A. M. z. B. Beling, Lehre vom Verbr. S. 329. Diese Merkmale können, wie bei Sonderdelikten, auch Eigenschaften der Personen sein, an die sich ausschließlich die Gebote und Verbote richten, also Eigenschaften des Täters, Frank S. 145, so die Beamten, StGB. §§ 331 ff.; Ausländer § 296a; die Schwangeren usw. Nach Ritter, Festgabe f. Frank II, 26 sollen auch die in §§ 87 (Deutscher), 139 (Kenntnis), 154 Abs. 2 (Verurteilung), 210 (Zweikampf) angeführten Merkmale Deliktsmerkmale sein und deshalb von Vorsatz oder Fahrlässigkeit umfaßt werden müssen. Vgl. auch Binding, Handb. I, 591. Richtiger werden die angegebenen Ereignisse aber wohl als Voraussetzungen für die Entstehung des Strafanspruches anzusehen sein (s. unter b). Die Merkmale können auch Eigenschaften des geschützten Gutes sein, das ein Verbot oder Gebot im Auge hat, so z. B. das Eigentum einer Sache, ihre Zweckbestimmung, bei Personen ihre Freiheit, ihre Unbescholtenheit, ihre Kindlichkeit usw.

Bei der Beschreibung der verbotenen oder gebotenen Handlung zur Feststellung des Inhaltes und Umfanges dieser Normen bedient sich der Gesetzgeber häufig der Begriffe, die schon eine andere Rechtsordnung als die Strafrechtsordnung, insbesondere die Privatrechtsordnung, geschaffen hat und die der Strafgesetzgeber vorfindet. Hier ist zu prüfen, ob das Gebot oder Verbot des Strafgesetzes die bürgerlich-rechtliche Einrichtung mit der Aufnahme ihres Begriffs schlechthin ergreifen will, gleichviel wie diese geregelt ist und stets in der jeweilig vom bürgerlichen Recht geregelten Weise, so daß auch deren spätere Veränderungen einbegriffen werden, oder ob es den Begriff zur Bestimmung des Umfanges und Inhaltes der strafrechtlichen Norm nur gerade auf die Einrichtung beziehen will, wie sie bei Erlaß des Strafgesetzes vorlag, so daß also etwaige spätere Änderungen, die das Privatrecht vornimmt, nicht auch ohne weiteres unter die strafrechtliche Norm fallen, Hellmuth Mayer, Untreue S. 124, 249; Lobe, Der Einfluß des bürgerl. Rechts auf das Strafrecht in Festgabe f. Frank I, 36 ff.; Hegler, ebenda S. 275. Weiter ist aber auch zu beachten, daß der Ausdruck, den das Strafgesetz in seinem Tatbestand gebraucht, zwar dem Wortlaut nach einem Ausdruck des bürgerlichen Rechtes gleich sein kann, daß aber gleichwohl die Begriffe, die beide Rechtsordnungen damit verbinden, verschieden sein können. Hierauf weist schon das EG. z. BGB. hin. So gilt die Begriffsbestimmung von „Sache" in BGB. § 90 nur „im Sinne des BGB.", nicht für StGB. § 266 Nr. 1. RGSt. **38** 190; auch der Begriff der „Beweglichkeit" der Sache, den das BGB. für Seeschiffe, Zubehör aufstellt, gilt nicht für StGB. § 242, RGSt. **18** 130. Ebensowenig gilt er für die Möglichkeit eines „Angriffs" nach § 53 Abs. 2 (Tierangriff). Der Begriff des „Besitzes" ist für StGB. verschieden von dem des BGB. Das Wort „verfügen" in StGB. bezeichnet nicht den technischen Begriff des BGB. Besonders bei familienrechtlichen Vorschriften weicht häufig das StGB. von den Begriffen des BGB. ab, EG. z. BGB. Art. 33, RGSt. **60** 247. Die Präsumtion des BGB. § 1591 und § 1593 ist für das Strafrecht nicht maßgebend. Einzelne Beispiele bringt auch Alsberg, Die Auslegung der Handelsstrafgesetze in Festschr. f. Pinner (1932). Bestritten ist, ob für das Verlobtenverhältnis das bürgerliche Recht maßgebend sei, RGSt. **35** 49 verneint es. Andererseits wird der Begriff des bürgerlichen Rechts zweifellos auch in gleicher Bedeutung vom Strafgesetz und seinem Tatbestand übernommen. So namentlich bei allen vermögensrechtlichen Verhältnissen. Bei diesen kommt es dann darauf an, wie sich die Rechte zur Zeit der Tat verhielten, ob z. B. bei Diebstahl das verletzte Eigentumsrecht bei dem Angegriffenen vorlag, wobei unter Umständen auch das internationale Privatrecht maßgebend ist, RGSt. **17** 135. Nach der Vollendung der Straftat eingetretene Rechtsänderungen sind ohne Einfluß. Dabei ist zu beachten, daß für gewisse Straftaten die Vollendung der Handlung erst mit Eintritt des gewollten Erfolges stattfindet, Binding, Normen II, 83; Abhandlungen I, 98, 116. Von besonderer Bedeutung wird die bürgerlich-rechtliche Regelung der Rückwirkung für die Vergangenheit bei genehmigungsbedürftigen und bei anfechtbaren Rechtsgeschäften. Die Beantwortung dieser Frage wird sehr verschieden gegeben und hängt vom Begriff der Rückwirkung ab. Allein praktisch und rechtlich möglich ist die Annahme, daß die Regelung der Rückwirkung, die das bürgerliche Recht für seine Rechtszwecke bringt, für das Strafrecht ohne Wirkung ist. Hierüber und über den Einfluß des bürgerlichen Rechtes auf das Strafrecht überhaupt und noch in anderen Beziehungen Näheres bei Lobe in Festgabe f. Frank I S. 33 ff.

b) Der Tatbestand will weiter mit seiner Anführung bestimmter Umstände den *Umfang der Strafdrohung* angeben und die *Voraussetzung bestimmen, unter denen ein Strafrecht und eine Strafpflicht des Staates entsteht.* Man spricht hier im Gegensatz zu den Deliktsmerkmalen von *objektiven Bedingungen der Strafbarkeit.* Das sind Umstände, die außerhalb derjenigen Bestandteile des Tatbestandes liegen, die nur den Inhalt und Umfang der Gebote und Verbote angeben sollen, aber deren Angabe in gleicher Weise zum Tatbestand des Strafgesetzes gehört, Frank S. 145; Rittler a. a. O. S. 19. Hierunter können auch wieder *persönliche Eigenschaften* des Normunterworfenen gehören, wie z. B. bei StGB. § 247 Abs. 2, die Eigenschaft als Deutscher bei Auslandtaten nach StGB. § 4 Nr. 3; Rückfall, Scheidung der Ehe, §§ 170, 172. Ferner gehören hierher die Fälle, in denen die Strafbarkeit vom Eintritt eines

Ereignisses abhängt, dies kann auch ein Erfolg einer Tat sein, der nicht gewollt ist, oder der nicht verursachte Erfolg einer fremden Tat, an der man irgendwie beteiligt war, ohne Mittäter oder Gehilfe zu sein. Das Fehlen dieser Voraussetzungen nimmt der Handlung zwar nicht den Charakter des Verbotenseins, wohl aber der Strafbarkeit. Wie der Umfang der Rechtswidrigkeit größer ist als der Umfang der Normwidrigkeit, so ist auch der Umfang der Normwidrigkeit größer als der Umfang der Strafbarkeit. Das Fehlen der letzteren bringt daher für sich allein noch nicht auch eine Verneinung der Verbotwidrigkeit und erst recht nicht der Rechtswidrigkeit, RGSt. **38** 75. Soweit es sich bei den Voraussetzungen für die Strafbarkeit darum handelt, gleichzeitig eine Voraussetzung für die Strafandrohung zu schaffen, muß diese Voraussetzung schon bei Begehung der Zuwiderhandlung gegeben sein. Denn es handelt sich bei dieser um die Zuwiderhandlung eines mit einer Strafdrohung verschärften Verbotes oder Gebotes und somit einer Norm von stärker motivierender Kraft, als sie einer nicht mit einer Strafdrohung ausgestatteten zukommt. Die Auffassung des Gesetzes kann hier nur sein, daß erst dann Strafe eintreten soll, wenn trotz dieser verstärkten Motive die Zuwiderhandlung begangen worden ist.

Es ist aber auch möglich, daß die Strafbarkeitsbedingung lediglich dazu dient, das Strafrecht und die Strafpflicht des Staates überhaupt oder in gewissem Umfange festzusetzen und als Bestandteil einer Strafdrohung nicht angesehen werden kann. So wenn nur der schließliche Erfolg einer Handlung, auch der schuldlose, nicht von Vorsatz oder Fahrlässigkeit umfaßte, die Strafbarkeit bedingt.

§ 5. Umfang der objektiven Rechtmäßigkeit und Widerrechtlichkeit.

A. Allgemeines.

1. Ist es richtig, daß für verschiedene Gebiete der menschlichen Lebensverhältnisse je besondere rechtliche Ordnungen bestehen (§ 1), so beschränkt sich notwendig die Feststellung der Rechtmäßigkeit und Rechtswidrigkeit durch die eine Rechtsordnung auf diese und das von ihr geregelte Gebiet. Jede Rechtsregel läßt sich immer nur aus dem Zweck und Sinn derjenigen Rechtsordnung verstehen, der sie angehört. Daher kann recht wohl ein Geschehen, Verhalten und ein Zustand nach der einen Rechtsordnung rechtswidrig, nach der anderen rechtmäßig sein, beide Feststellungen sind unabhängig voneinander, Zitelmann, Ausschluß der Widerrechtlichkeit, Arch. f. jur. Praxis (1906) 99, 15; Lobe, Der Einfluß des bürgerlichen Rechts auf das Strafrecht, Festgabe f. Frank I, 33, 59; Schubert, Die Ex-tunc-Wirkung des bürgerl. Rechts (1928) S. 38; Nagler, Festgabe f. Frank I, 350. Sonach kann auch eine nach bürgerlichem Recht rechtmäßige Handlung, die der Erfüllung einer privatrechtlichen Verpflichtung dient, wie die Herausgabe fremden Eigentums, gleichwohl nach der Strafrechtsordnung rechtswidrig und nach StGB. § 49 verboten sein. „Das strafrechtliche Verbot steht dem bürgerlich-rechtlichen Anspruch entgegen," RGSt. **56** 170. Es stünde auch nichts entgegen, den Tierangriff nach bürgerlichem Recht BGB. § 228 als Notstandslage, nach StGB. als einen Notwehr begründenden Angriff anzusehen.

Die einzelnen Rechtsordnungen, wie die Privatrechtsordnung, die öffentliche Rechtsordnung, sind nun freilich Teile eines größeren Ganzen der gesamten Rechtsordnung, v. Liszt, Die Grenzgebiete zwischen Privatrecht und Strafrecht, Beitr. z. Erl. des dtsch. Rechts (1889), Heft 5, 8. Diese Zusammengehörigkeit erfordert eine harmonische Abstimmung zueinander. Aber das ist in erster Linie Aufgabe des Gesetzgebers. Sie kann jedoch auch gefunden werden durch Aufdeckung der den verschiedenen Rechtsordnungen gemeinsamen Bewertungsnormen. Dann ist es diese Gemeinsamkeit der Rechtmäßigkeit oder Rechtswidrigkeit, in jeder einzelnen Rechtsordnung, die die gleiche Wirkung für alle bringt, nicht wirkt die eine von sich aus auf die andere hinüber. Die Annahme der Rechtmäßigkeit in der Privatrechtsordnung hat als solche keinen Einfluß auf die Strafrechtsordnung. Nur wenn bei dieser die gleiche Annahme festzustellen ist, die nicht ausdrücklich ausgesprochen zu sein braucht, wird sie für diese bedeutsam, Lobe a. a. O. S. 56. Zustimmend Hegler, Festgabe f. Frank I, 274 (aber S. 181); Mezger, Lehrb. S. 174. A. M. Finger in Festgabe f. Rich. Schmidt (1932) S. 50.

Der Gesetzgeber hat die Herstellung der Übereinstimmung unternommen in EG. z. BGB. Art. 34 unter II, VI und V, VIII, IX.

2. Das StGB. unterscheidet nicht zwischen rechtswidrigen, verbotswidrigen und strafbaren Handlungen, demgemäß auch nicht zwischen Rechtfertigungsgründen, Entschuldigungsgründen und Strafausschließungsgründen. Es beschränkt sich darauf, einige von all diesen drei verschiedenen Gründen unter dem gemeinsamen Titel: „Gründe, welche die Strafe ausschließen oder mildern" zu behandeln. Diese Zusammenfassung zwingt aber nicht, davon abzusehen, die einzelnen Gründe ihrem Wesen nach zu untersuchen, Frank S. 136; RGSt. **11** 56. In Entw. § 25 wird zwischen Rechtswidrigkeit und Strafbarkeit bei Notstand unterschieden.

Wann Rechtmäßigkeit und Rechtswidrigkeit auf dem Gebiet der Strafrechtsordnung vorliegt, ist unmittelbar in den einzelnen Strafbestimmungen nicht gesagt. Es ist dagegen mittelbar aus dem Tatbestand dadurch zu entnehmen, daß dieser Inhalt und Umfang des strafrechtlichen Gebotes und Verbotes angibt, diese Normen sich aber eben nur auf rechtmäßiges und rechtswidriges Tun beziehen. Sodann lassen die wenigen Vorschriften darüber, wo die Annahme einer Rechtswidrigkeit ausgeschlossen sein soll, erkennen, welche Begrenzung dieser gegeben wird. Aber diese Vorschriften des StGB. §§ 53, 193 treffen nicht das ganze Gebiet der Strafrechtsordnung. Darüber hinaus liegen die nicht vom Gesetz festgestellten Rechtswidrigkeiten und Rechtmäßigkeiten nach der Rechtsordnung. Man bezeichnet dieses gesetzesfreie Gebiet gemeinhin als „übergesetzliches". Es sollte richtiger „außergesetzliches" genannt werden. So ist beispielweise der Notstand im StGB. nur nach der Seite des Ausschlusses der Pflichtwidrigkeit geregelt, nicht nach der Seite des Ausschlusses der Rechtswidrigkeit. Letztere ist dagegen zum Teil im BGB. behandelt, RGSt. **61** 247. Hier überall ist daher Ergänzung aus dem ungesetzten Recht der Rechtsordnungen geboten, zu dem auch das Gewohnheitsrecht gehört, Lilienthal, Künstliche Fehlgeburt (1918) S. 392; v. Liszt-Schmidt I S. 186; Mezger, Lehrb. S. 202, 231; Eberhard Schmidt, ZStRW. **49** 350. Kein Gesetz aber vermag die gesamte Rechtsordnung auszuschöpfen, Nagler, Rechtswidrigkeit S. 73; Graf z. Dohna, Rechtswidrigkeit (1905) S. 48; Recht u. Irrtum (1915) S. 9.

Man spricht hier auch von Rechtfertigungsgründen, Unrechtausschließungsgründen, objektiven Strafausschließungsgründen, negativen Tatbestandsmerkmalen. Alle diese Kategorien sind aber nur formeller Natur und gesetzestechnische Ausdrucksweisen. Es bedeutet nicht eine Ausnahme von einer an sich weitergreifenden Regel, sondern als Verneinung der Rechtswidrigkeit die Bejahung der Rechtmäßigkeit. Es wird allein der Umfang der Rechtswidrigkeit begrenzt. Nicht besteht etwa eine Präsumtion für die Rechtswidrigkeit, wenn die sog. Ausnahmen nicht feststellbar sind, Kohlrausch, Irrtum und Schuldbegriff S. 67; Binding, Grundriß S. 183. — Für die Auffassung der Ausnahme Frank S. 139 und die daselbst angeführte Literatur. Auch der Entwurf § 23 spricht von einem „Ausschluß“ der Rechtswidrigkeit.

3. Ist der immanente Zweck der ganzen Rechtsordnung der Ausgleich widerstrebender Einzelinteressen unter Wahrung der Gesamtinteressen aller Rechtsgenossen (§ 1), so bestimmt sich darnach Inhalt und Umfang der objektiven Rechtmäßigkeit und Rechtswidrigkeit, gleichviel, ob er im Gesetz Ausdruck gefunden hat oder nicht. Was der dem Ausgleich dienenden Feststellung der objektiven Rechtsordnung über die Zuteilung des Freiheitskreises und des Anteiles an den Genußgütern der Einzelnen widerspricht, ist objektiv rechtswidrig. So namentlich auch RGSt. **56** 168, das deutlich zwischen einem Verstoß „gegen das Recht“ und zwischen Schuld unterscheidet. Ebenso RGSt. **20** 190; **36** 78; **62** 137. Denkschr. z. Entwurf 1919 S. 32 „Die Rechtswidrigkeit der Tat ist etwas Objektives“. So auch die allgemeine Meinung. Vgl. Literatur bei Mezger, Lehrb. S. 164, 167.

Auch wenn das objektive Recht den Ausgleich unter Berücksichtigung subjektiver Momente vollzieht, was zuweilen geschieht — Hegler, ZStRW. **36** 31; Festgabe f. Frank I, 260; Mezger, GerS. 89, 257 und Lehrb. S. 170; Eberhard Schmidt, ZStRW. **49** 390 — wird objektiv gegen diesen Ausgleich verstoßen, wenn die vorausgesetzten subjektiven Merkmale für die Annahme der Rechtmäßigkeit fehlen oder die für die Annahme der Rechtswidrigkeit erforderten vorliegen, etwa die Absicht der Erregung unzüchtiger Gefühle usw.

Rechtswidrig ist hiernach jede Gefährdung und Verletzung eines Rechtsgutes entgegen der durch die Rechtsordnung gewordenen Zuteilung. Da die Rechtsordnung nur bezweckt, die äußeren Lebensverhältnisse zu regeln, so berücksichtigt sie bei den menschlichen Handlungen den sie verursachenden Willen mit seinen geistigen und seelischen Begleiterscheinungen (innerer Tatbestand der deliktischen Handlungen) auch nur insoweit, als er sich in gefährdenden oder verletzenden Handlungen ausgewirkt hat. Der Wille allein und die geistige und seelische Verfassung des Menschen als solche ohne Beziehung zu einer Handlung liegen außerhalb des Bereichs, dessen Regelung der Rechtsordnung obliegt. Wo das Gesetz von Rechtswidrigkeit spricht, bezeichnet es auch nur den äußeren Tatbestand. RGSt. **58** 249; **61** 247; **63** 218. Das führt mit Notwendigkeit dazu, für die Rechtswidrigkeit des Versuchs einer Straftat zu erfordern, daß deren Ausführungshandlungen in der Wirklichkeit bereits begonnen haben, denn nur dann liegt in der nach der allgemeinen Lebenserfahrung regelmäßig vorhandenen Möglichkeit ihres Fortschreitens bis zur Vollendung eine Gefährdung der durch die Handlung angegriffenen Interessen und Rechtsgüter vor (objektive Theorie). Wenn dagegen die subjektive Theorie einen rechtswidrigen Versuch schon dann für vorliegend ansieht, wenn der Täter die Vorstellung hat, einen rechtswidrigen Erfolg mit seiner Handlung herbeizuführen und eine von dieser Vorstellung getragene Willens„betätigung“ auch dann annimmt, wenn die Handlung derart ist, daß sie schlechthin (absolut) untauglich ist, den Erfolg herbeizuführen, sei es wegen des untauglichen Mittels, sei es wegen des Fehlens eines der Verletzung zugänglichen Rechtsgutes, so wird der Versuch nicht mehr als Gefährdung eines Rechtsguts aufgefaßt, sondern lediglich als Kundgebung eines Entschlusses, ein Verbrechen auszuführen. Jedenfalls liegt dann überhaupt gar keine Betätigung eines Willens vor, wie oft behauptet wird, sondern nur eine Kundgebung eines Willens. Das wird auch von Schuschnigg JW. 1933 S. 402 zugegeben, freilich verfehlt damit gerechtfertigt, daß „nicht die Tat, sondern der Täter zu bestrafen sei". Die Betätigung eines Willens kann nur darin bestehen, daß die gewollte Handlung wirklich ausgeführt wird. Andernfalls glaubt der Täter seinen Willen zu betätigen, tut es aber nicht. Nur bei der aberratio ictus liegt noch eine wirkliche Betätigung vor. So wenig der Glaube einer Frau, schwanger zu sein, die Schwangerschaft bringt, so wenig kann der Glaube, sie zu beseitigen, eine „Betätigung" des Abtreibungswillens sein. Überall liegt nur ein Putativdelikt vor, das das Rechtsgut eines anderen nicht gefährdet. Wo kein Embryo vorhanden ist, kann für ihn auch nicht die Gefahr der vorzeitigen Lösung vom Mutterleibe herbeigeführt werden. Daß diese objektive Theorie auch dem geltenden StGB. § 43 zugrunde liegt, ergibt deutlich der Wortlaut dieser Vorschrift. Wie sollte anders dieses Erfordernis gekennzeichnet werden als indem der „Anfang der Ausführung" einer Handlung verlangt wird?

Nun liegt freilich in der Gefährdung oder Verletzung des Rechtsgutes eines anderen gleichzeitig eine Verletzung der Gesamtinteressen aller Rechtsgenossen, eine Gefährdung der Geltung der Rechtsordnung selbst. Hierauf macht richtig auch v. Gemmingen, Die Rechtswidrigkeit des Versuchs (1932) S. 160 aufmerksam.

Eine derartige Gefährdung ihrer Geltung kann nun allerdings unter Umständen auch schon dadurch eintreten, daß ein verbrecherischer Wille nicht nur in der Ausführung begriffen ist und diese begonnen wird, sondern auch dadurch, daß er kundgegeben wird. Damit kann sich der Täter als ein Mensch hinstellen, von dem auch einmal die wirkliche Ausführung seines Willens erwartet werden kann. In dieser Kundgebung liegt dann ebenfalls eine Gefährdung, aber nicht schon des Rechtsgutes des Einzelnen, sondern allein des Rechtsfriedens der Allgemeinheit. Dadurch wird jedoch die bloße Kundgebung noch nicht zur Betätigung und zum wirklichen Versuch einer Straftat, bleibt vielmehr nur ein in der irrigen Vorstellung vermeintlicher Versuch. Die hierdurch verursachte Gefährdung des Rechtsfriedens sollte daher nicht, wie es das RG. tut, mit der falschen Flagge des Versuchs gedeckt, sondern als das hingestellt werden, was sie wirklich ist: eine eigene und selbständige Gefährdungshandlung, und es ist Sache des Gesetzgebers, in schweren Fällen hiergegen mit Strafe zu reagieren, dem Richter ist es nach dem Grundsatz des StGB. § 2 Abs. 2 verboten. Im Entwurf § 26 ist es nicht gelungen, eine gesetzliche Regelung der Anwendung von absolut untauglichen Mitteln zu bringen, obwohl er die subjektive Theorie, wie sie das RG. ausgebildet hat, aufnimmt. Was er unterläßt, soll vielmehr nach Abs. 3 der Richter „nach freiem Ermessen" tun.

4. Der Ausgleich der widerstrebenden Interessen erfolgt zunächst unter der Voraussetzung, daß die verschiedenen einzelnen Rechtsgüter nebeneinander Bestand haben. In dem dieses Nebeneinander ermöglichenden Umfang werden die Rechtsgüter anerkannt und erfolgt die Zuteilung ihres Genusses an die Einzelnen. Das kann auch in der Weise geschehen, daß der Ausgleich verschiedenen Gutsinhabern gegenüber verschieden vorgenommen wird, so daß dem einen gegenüber die Gutsverletzung Rechtswidrigkeit bleibt, dem anderen gegenüber wegfällt, Relativität der Rechtmäßigkeit und Rechtswidrigkeit, Oetker in Festgabe f. Frank S. 369. Sie kann sogar für die einzelnen unselbständigen Akte einer einheitlichen natürlichen Handlung, erst recht bei fortgesetzter Handlung verschieden sein. RGSt. **60** 404. Der von der Rechtsordnung vorgenommene Ausgleich wird immer von den sozialen, wirtschaftlichen und kulturellen Auffassungen abhängen und mit diesen wandeln. Nach Art. 4 der RV. sind sogar die Regeln des Völkerrechtes dabei mit maßgebend. Grundsätze enthält auch die RV.

5. Nun können aber die Lebensverhältnisse sich so gestalten, daß ein Gefahrzustand dahin entsteht, daß ein Rechtsgut in diesem anerkannten Umfange ganz oder teilweise nur bestehen kann, wenn ein anderes Rechtsgut vernichtet oder doch beschränkt wird. Dann erwächst eine Gefahrengemeinschaft und damit Rechtsgüternotstand. Für ihn kann die von der objektiven Rechtsordnung getroffenen Regelung zum Zwecke des Ausgleiches der verschiedenen Interessen nicht in ihrem alten Umfange bestehen bleiben, es muß vielmehr eine anderweite Ausgleichung stattfinden. Lediglich als Richtlinien für diesen Ausgleich, soweit er im ungesetzten Recht beruht und vom Richter als dessen Inhalt zu erforschen ist, kommen hier folgende in Betracht. Hierbei ist von vornherein zu beachten, daß es sich nicht um feste starre Regeln handelt, sondern um der Abwandlung nach dem besonderen Fall fähige Erwägungen, wie ein Ausgleich vorzunehmen sei. So zutreffend Eberhard Schmidt, ZStRW. **49** 374; Goldschmidt, Prozeß als Rechtslage S. 160. Als allgemeiner Grundsatz ist aufzustellen

A. daß der Ausgleich so zu finden ist, daß er für den Einzelnen und die Gesamtinteressen der Rechtsgenossen das kleinere Übel enthält, Oetker, VDA. II, 331 und Festgabe f. Frank I, 359 ff., Siegert Notstand und Putativnotstand (1931) S. 25. Dies liegt in der Regel in folgenden Fällen vor:

a) Das für die Gesamtheit der Rechtsgenossen wertvollere Rechtsgut kann nur auf Kosten des minder wertvollen erhalten werden; das minderwertvolle für das wertvollere ganz oder teilweise zu opfern, ist dann das kleinere Übel (Güterabwägungstheorie). Eingehend hierüber Eb. Schmidt, ZStRW. **49** 350. Finger, Strafrecht S. 481; Grünhut, ZStRW. **50** 455; Wachinger, Festg. f. Frank I, 469. Unter Rechtsgut ist hierbei alles das zu verstehen, was vom Recht für jemandes Genuß zugeteilt wird, also z. B. nicht nur das Eigentum einer Sache, sondern auch ihre ausschließliche Gebrauchsmöglichkeit, die Freiheit von persönlichen Beschränkungen usw. Vgl. das Beispiel, das Henkel, Der Notstand nach gegenwärtigem und künftigem Recht (1932) S. 79 gibt: „Der Eigentümer eines Kahnes darf jemandem, der sich in Gefahr des Ertrinkens befindet, nicht verwehren, daß er den Kahn zu seiner Rettung benutzt". Hier kann das Rechtsgut des Lebens des Einen nur erhalten werden unter Aufopferung des Rechtsgutes des Anderen, das in der ausschließlichen Gebrauchsberechtigung des Kahnes besteht. Dieser Grundsatz hat in BGB. § 904 für das bürgerliche Recht Ausdruck gefunden. Er ist jedoch ein allgemein gültiger und deshalb auch für das Strafrecht anzuerkennen. Gegen BGB. § 904 stellen sich namentlich Hold v. Ferneck, Rechtswidrigkeit II, 78 und v. Bar, Gesetz u. Schuld III, 241. Da der Maßstab der Wert des Rechtsgutes für die

Gesamtheit der Rechtsgenossen ist, so folgt daraus, daß die Wertbemessung der geltenden Rechtsordnung zu entnehmen ist, RGSt. **23** 116; **37** 150; **61** 242, 254; KG. 28. III. 28; Höchstr. Rechtspr. 1928 Nr. 1256; Beling, Grundzüge § 10; ZStRW. **18** 276; **44** 236; Binding, Handb. 1, 760; Lehrb. 1, 38; van Calker S. 14; Dohna, Recht u. Irrtum (1925) S. 11; Heimberger, VDA. 4, 3—11; Köhler S. 371; Oetker, VDA. 2, 330; Frank S. 140, 153, 155; Oetker, Festgabe f. Frank I, 364 bemerkt freilich sehr richtig, daß eine Taxordnung sich aus dem Gesetz nur in sehr unsicherer Weise feststellen lasse. Ebenso Henkel a. a. O. S. 82. Die aus der Rechtsordnung zu entnehmende Wertbemessung ist allerdings nicht immer die aus dem Gesetz ersichtliche. Deshalb ist diese auch nicht schlechthin maßgebend. Es ist auch das gesellschaftliche Werturteil zu beachten, Merkel, Kollision S. 78. Ausschließlich auf das Interesse der Beteiligten unter Nichtbeachtung des Interesses der Gesamtheit wollen abstellen Hold v. Ferneck, Rechtswidrigkeit II, 89; v. Weber, Das Notstandsproblem und seine Lösung in den Strafgesetzbuchentwürfen von 1919 und 1925 (1925) S. 5 u. a. Immerhin ist der Grundsatz ein selbstverständlicher, der sich aus dem immanenten Zwecke der Rechtsordnung ergibt und auch in einzelnen Bestimmungen des bürgerlichen und des Strafrechts zum Ausdruck kommt, BGB. §§ 227, 904; EG. z. BGB. Art. 46, III; Reichspostges. v. 1871 § 17 u. a. Die vorzunehmende anderweite Ausgleichung durch die Rechtsordnung bewirkt dann, daß die Verletzung eines Gutes, insoweit als dessen rechtliche Zuteilung und Anerkennung nunmehr beseitigt oder vermindert worden ist, auch nicht mehr rechtswidrig sein kann.

b) Aber ein Rechtsgüternotstand durch Gefahrengemeinschaft kann nicht nur durch Gefährdung sowohl eines wertvolleren als eines minderwertvollen Gutes stattfinden, sondern auch durch Gefährdung von Gütern, die nach dem Gesetz und der Auffassung der Rechtsordnung gleichwertig sind. Hier kann der Widerstreit der Interessen, deren Ausgleich der Rechtsordnung obliegt, nicht mit Zuhilfenahme des Grundsatzes der Güterabwägung nach dem Interesse der Einzelnen vorgenommen werden. Entscheidend ist vielmehr, ob es für die Gesamtheit der Rechtsgenossen besser ist, wenn, da beide Güter nicht gleichzeitig zu erhalten sind, wenigstens eines von ihnen erhalten bleibt, wennschon auf Kosten des anderen, oder ob es gleichgültig ist, daß beide untergehen. Die Entscheidung kann im allgemeinen nur dahin gehen, daß wenigstens eines der Rechtsgüter zu erhalten ist. Dann kann die damit notwendig verbundene Verletzung des anderen aber keine rechtswidrige sein. Dieser Grundsatz kommt auch dann zur Geltung, wenn man nicht, wie das RGSt. **61** 242, das mütterliche Leben höher einschätzen will, als das des Embryo.

c) Es kann weiter ein Lebensverhältnis dahin entstehen, daß für mehrere Rechtsgüter kein gleichmäßiger Gefahrzustand begründet wird, sondern für das eine Rechtsgut die Gewißheit des künftigen Unterganges, gleichviel ob das andere gerettet wird oder nicht, oder doch die überwiegende Wahrscheinlichkeit. Dann ist die Herbeiführung des Unterganges, dieses Rechtsgutes zur Rettung des anderen nur eine Beschleunigung. Zutreffend sagt Oetker, Festgabe f. Frank I, 373, daß hier mehr als eine bloße Gefahrengemeinschaft vorliege, weil die Größe der Gefahr für beide Rechtsgüter insofern verschieden sei, daß nur für das eine eine Rettungsmöglichkeit bestehe. („Von zwei durch ein Seil verbundenen Bergsteigern hängt der eine über dem Abgrund und muß sicher den anderen nach sich ziehen, falls dieser nicht das Seil zerschneidet.") Dieses Beispiel zeigt aber zugleich, daß tatsächlich keine andere Rettungsmöglichkeit vorliegen darf, etwa durch rechtzeitige Hilfe hinzueilender Dritter oder dauernde Widerstandsmöglichkeit des Haltenden gegen das Herabziehen durch den Hängenden. Vgl. auch das von Henkel a. a. O. S. 90 gebrachte Beispiel, daß die schiffbrüchige, dem Durst- und Hungertode nahe Mannschaft auf hoher See den bereits völlig erschöpften Schiffsjungen tötet, um sich von seinem Körper zu nähren und das Leben zu fristen. Dann erscheint die bloße Beschleunigung des sicheren Unterganges des einen Rechtsgutes gegenüber der Rettung des anderen als das kleinere Übel, vgl. auch Henkel a. a. O. S. 92. Das gilt selbst dann, wenn das dem Untergang geweihte Rechtsgut das weit wertvollere ist, als das zu rettende. Die Güterabwägung hat hier keinen Raum.

B. Daß die Abwägung der Interessen der Einzelnen nicht das Gesamtinteresse aller Rechtsgenossen verletzt und keine Störung des Rechtsfriedens bringt. Denn der von der Rechtsordnung vorzunehmende Ausgleich hat stets im Hinblick auf diesen zu erfolgen, deshalb darf seine Durchführung auch nur mit den für den Rechtsfrieden der Allgemeinheit angemessenen Mitteln erfolgen. In dieser Beschränkung ist die Angemessenheit zu bestimmen, nicht darnach, ob sie für das Interesse des Einzelnen angemessen ist, Sauer, Grundlagen S. 292; Manigk, Handwb. d. R. III, 309; Henkel a. a. O. S. 89.

Faßt man die „Zwecktheorie" nicht in dem Sinne, daß „der Zweck das Mittel heilige", was auch RGSt. **61** 242 ablehnt, sondern als Beschränkung des Mittels bei Vornahme des Ausgleiches der Interessen nach a—c auf das angemessene, d. h. mit dem Rechtsfrieden verträgliche Mittel, so ist gegen ihre Grundsätze nichts zu sagen. Ein allgemeiner selbständiger Unrechtausschließungsgrund ist die Anwendung eines angemessenen Mittels zur Erreichung eines rechtlich anerkannten Zwecks nicht. Denn auch das für den Erfolg angemessene Mittel kann Wirkungen nach anderen Richtungen haben, die es in Hinblick auf diese unangemessen, d. h. den Rechtsfrieden störend beurteilen lassen. Eine Vereinigung der Güterabwägungstheorie mit der Zwecktheorie bringt Eberhard Schmidt, ZStRW. **49** 374, ferner von Liszt-Schmidt I, 187, 213; zustimmend Grünhut in ZStRW. **51** 461; Henkel, Notstand (1932) S. 88. Näheres über die Literatur der ganzen bestrittenen Frage bei Frank S. 140; Mezger, Lehrb. S. 242. Ferner RGSt. **61** 242. Über die Grenzen des übergesetzlichen Notstands auch Grünhut in ZStRW. **51** 453 ff.

Diese Einschränkung des reinen Güterabwägungsprinzips führt zu folgenden Regeln.

a) Auch bei Berücksichtigung des Grundsatzes der Wahl des kleineren Übels muß die Verletzung oder Vernichtung des Rechtsgutes, die eine Bedingung für die Erhaltung des anderen Rechtsgutes ist, dem Inhaber des zu verletzenden oder zu vernichtenden Rechtsgutes zugemutet werden können. Die Zumutbarkeit bildet nicht nur eine Grenze für ein Gebot oder Verbot, das nicht mehr verlangen kann, als zu leisten der Rechtsunterworfene im Durchschnitt seiner menschlichen Natur nach imstande ist. Die Zumutbarkeit bildet auch eine Grenze für das, was von der Rechtsordnung als rechtgemäß festgestellt werden darf. Wie bei dem Gebot und Verbot der Gebietende und Verbietende es ist, der die Erfüllung der darin auferlegten Pflicht dem Rechtsunterworfenen „zumutet", so ist es auch bei der Festsetzung des der Gemeinschaftsordnung gemäßen die Rechtsordnung selbst, die bestimmt, was und inwieweit es als rechtgemäß und rechtswidrig anerkannt werden kann, Oetker, Festgabe f. Frank I, 385. Nicht ist es etwa gefühlsmäßig festzustellen. Nur wenn es sich um Blankettvorschriften oder um komplexe Begriffe handelt, die aus der Auffassung des Verkehrs auszufüllen oder nach der des Lebens zu verstehen sind, kann nach ihnen die Zumutbarkeit bestimmt werden. Sind Gegenstand für diese Feststellung nur menschliche Handlungen, so erwächst auch für sie die Frage, welche Handlungen vom Rechtsunterworfenen mit Rücksicht auf seine menschliche Natur überhaupt erwartet werden können, bis zu welchem Maße zum Zwecke der von der Rechtsordnung vorgenommene Ausgleich widerstrebender Interessen die Interessen des einen zugunsten des anderen beschränken kann, um die Rechtsordnung aufrecht zu erhalten. Denn es ist klar, daß eine Einschränkung des Interessenkreises des Rechtsgenossen nicht weitergehen kann, als sie ertragbar für ihn ist oder unbedingt im Gesamtinteresse gefordert werden muß. Eine darüber hinausgehende Einschränkung kann die Rechtsordnung ihnen nicht zumuten, sie daher auch nicht als der Ordnung des Gemeinwohles gemäß feststellen. In diesem Sinne wird die Zumutbarkeit auch als Bestimmungsmerkmal für die Rechtswidrigkeit der Nothandlung in Entw. § 25 angesehen. Dieselbe Auffassung hat Engisch, Vorsatz und Fahrlässigkeit S. 449 und in Monatsschr. f. Kriminalpsychologie XXIII (1932) S. 427, dahin gestellt, ob die Bezugnahme auf die Arbeitszeitverordnung vom 21. XII. 23 zutrifft und dort nicht ein Schuldausschließungsgrund vorliegt.

Eine solche Zumutbarkeit findet aber an dem Selbsterhaltungstrieb des Menschen, des stärksten in ihm liegenden Triebes, bei dem Durchschnittsmenschen seine Grenze. Seine Nichtbeachtung kann das Recht nur demjenigen gegenüber vornehmen, von dem es kraft seines besonderen Berufes oder seines besonderen Amtes auch die Überwindung dieses Triebes verlangen muß, wenn die Interessen des Gemeinwohles gewahrt werden sollen, wie vom Soldaten und bestimmten öffentlichen Organen und Beamten, Oetker, Festgabe f. Frank I, 362. So darf nach Art. 5 der Berufspflichten des deutschen Soldaten dieser niemals Furcht vor persönlicher Gefahr an dem Erfüllen seiner Berufspflichten hindern, RGSt. **63** 422. Die Nächstenliebe und Liebe zu den Angehörigen geht über das Recht hinaus und gehört der Ethik und Sittlichkeit an. Das schließt aber nicht aus, daß auch diese das Recht als so stark wirkende Einschränkung bei der Feststellung des Rechtswidrigen einer Handlung ansehen kann, daß es sich scheut, eine Rechtsgutsverletzung, die eine Betätigung der Nächstenliebe und Angehörigenliebe enthält, als rechtswidrig festzustellen.

b) Das Interesse der Allgemeinheit kann erheischen, daß Gewähr für die Richtigkeit einer Abwägung der widerstreitenden Interessen gegeben sei, deshalb kann die Rechtsordnung die Rechtmäßigkeit einer Güterverletzung wegen Güternotstandes und Minderwertigkeit des verletzten Rechtsgutes nur dann anerkennen, wenn diese Gewähr gegeben ist. Das ist der Gedanke, der RGSt. **62** 138 und **64** 104 zugrunde liegt. Deshalb ist der Widerspruch, der gegen dieses Urteil vorgebracht wird, Eberhard Schmidt ZStRW. **49** 350; Frank S. 153; Mezger S. 242; Goldschmidt, JW. 1927, 2022, nicht gerechtfertigt.

B. Einzelne Fälle rechtmäßigen Handelns.

1. Die Notwehr und Notwehrhilfe. Besteht der Ausgleich widerstrebender Interessen in der Abgrenzung gewisser Freiheitsbezirke des Handelns und der Zuteilung bestimmter Anteile am Genuß von Gütern, so bedeutet jede Beeinträchtigung des Freiheitsbezirkes und der Genußmöglichkeit eines Rechtsgutes zunächst einen Angriff auf diese Güter. Soweit der Angriff in die zugemessene Befugnis des Angegriffenen eingreift, ist er somit rechtswidrig. Dann muß folgerichtig jede Abwehr dieses Angriffes rechtmäßig sein. Über den Begriff des Angriffs herrscht Streit. Vgl. hierzu v. Liszt-Schmidt I, S. 194 Anm. 2. Zutreffend v. Hippel, Strafrecht II 204 u. Lehrb. 111; auch die rechtswidrige Erhaltung eines zu beseitigenden Zustands enthält einen Angriff. Ebenso Finger, Strafrecht S. 469. Der Angriff auf die Rechtsgüter der Rechtsgenossen enthält aber weiter auch einen Angriff auf die Rechtsordnung selbst, indem der in ihr festgestellte Ausgleich nicht beachtet wird. Wer die Abwehr eines rechtswidrigen Angriffes gegen sein Recht unternimmt, handelt daher nicht nur im eigenen Interesse, zum Selbstschutz, sondern zugleich als Schützer der Rechtsordnung. Das Interesse der Gutsbewahrung im Umfang der durch die Rechtsordnung festgesetzten Zuteilung verbindet sich mit den Allgemeininteressen an der Aufrechterhaltung der Rechtsordnung durch Bekämpfung des Unrechtes, Oetker, Festgabe f. Frank I, 360, 362. Allerdings ist es richtig, was Frank S. 161 sagt, daß der Abwehrhandelnde meistens lediglich seine Interessen schützen will und nicht daran denkt, einen Kampf des Rechtes gegen das Unrecht auszufechten. Das ändert aber nichts an der Tatsache, daß er dies, wenn auch ungewollt, tut und daß die Rechtsordnung bei Beurteilung der Abwehrhandlung auch diesen Erfolg mit beachtet. Nach beiden Gesichtspunkten kommt es auf ein Wertverhältnis zwischen dem Rechtsgut, das durch den Angriff bedroht ist, und dem, das durch die Verteidigung bedroht wird, grundsätzlich nicht an. Denn letzteres hat sich durch Überschreitung des zugewiesenen Rechtskreises dem Angegriffenen gegenüber (relativ) außerhalb des Rechtsschutzes gestellt und der durch die Rechtsordnung geschaffene Ausgleich wird verletzt, auch wenn der Wert des durch die Verteidigung verletzten Rechtsgutes größer ist, als der des durch den Angriff verletzten Gutes. Gleichwohl geht die starre Durchführung dieses an sich richtigen Grundsatzes wider das Rechtsgefühl; Oetker, VDA. 2, 294 und Festgabe f. Frank I, 361 will die Abwehr bloßen Unfuges ausscheiden. Geht man aber vom Gesichtspunkt der Aufrechterhaltung der Rechtsordnung und der Schwere ihrer Verletzung aus, so muß man zugeben, daß es Verletzungen gibt, die nicht nur den Einzelnen, sondern die Rechtsordnung selbst ganz unbedeutend berühren, während die Abwehr durch die hierzu erforderlichen Handlungen nicht nur sehr wertvolle Güter des Einzelnen, sondern den ganzen Interessenausgleich der Rechtsordnung schwer verletzen würden. Dann aber ist anzunehmen, daß die Rechtsordnung auch dem Inhaber des bedrohten Rechtsgutes zumutet, ausnahmsweise auf den ihm an sich zustehenden Selbstschutz zu verzichten. Hier kommt zur Geltung, daß tatsächlich die Abwehr auch dem Schutze der Rechtsordnung dient. Die Zulässigkeit der Abwehr kann daher auch durch deren Interessen eingeschränkt werden. Dies trifft gewiß bei den von Oetker hervorgehobenen Unfugshandlungen zu, weiter aber auch bei anderen geringen Verletzungen. Es geht nicht an, jemanden, der eine Stecknadel stehlen will, totzuschießen, selbst wenn der Diebstahl anders nicht verhütet werden könnte. Immerhin ist mit Zulassung solcher Ausnahmen vorsichtig zu verfahren. Vgl. auch v. Hippel, D. Strafr. Bd. 2, 210; u. Lehrb. S. 113; Finger, Strafrecht S. 471 RGSt. **16** 69; **32** 392; **48** 309; **54** 200.

Wenn gesagt wird, es komme darauf an, ob der Angegriffene „ohne jede Preisgabe eigner Interessen dem Angriff ausweichen könne", so ist dies nicht richtig, denn dann läge überhaupt kein Angriff vor. Entscheidend ist, ob diese Preisgabe zuzumuten ist unter Abwägung der schweren Schädigung des allgemeinen Interesses durch die Abwehr.

Das StGB. hat die Notwehr in § 53 geregelt, MilStGB. in § 124, BGB. in § 227. Einen besonderen Fall des Selbstschutzes behandelt BGB. § 859 Abs. 1 und die Nothilfe BGB. § 227 Abs. 2. Nach § 53 sind alle Güter wehrfähig, RGSt. **29** 240; **48** 215 (Verlöbnis), auch die Lebensinteressen des Staates, RGSt. **63** 215, was in RGSt. **56** 268 noch offengelassen war und in **64** 101 dahingestellt gelassen wird. Im Schrifttum wird Staatsnotwehr fast allgemein anerkannt, Hartung, Jur. Rundschau 1931, 61; Eberhardt Schmidt in Mitt. d. JKV. 1931, 157; Wachinger, ebenda 128; Oetker, GerS. 79, 416; 99, 156; Binding, Handb. S. 737; v. Hippel II, 204; Lehrb. S. 112; Henkel, Der Notstand usw. (1932) S. 107. Bedenken dagegen erhebt gegen die unmittelbare Anwendung von § 53 auf den Staatsnotstand Stuck in GerS. 101 (1932) S. 161, der den Staat hinreichend durch seine eigenen Organe geschützt erachtet und wegen der unannehmbaren Folgen. Außerdem sei der Staat kein „anderer" i. S. dieser Vorschrift, das sei nur ein dem Täter rechtlich koordiniertes Rechtssubjekt. In ganz besonderen Fällen erkennt aber auch Stuck die analoge Anwendung des § 53 als zulässig an, nämlich dann, „wenn das ordnungsmäßige Funktionieren der Staatsmaschine aussetzt." Vgl. auch Oetker, GerS. 97, 412. Der Ausschluß der Rechtswidrigkeit der Abwehr beschränkt sich aber nicht auf die dort verlangten weiteren Voraussetzungen der Notwehr. So kann jede unlautere Wettbewerbshandlung durch eine Handlung abgewehrt werden, die dahin zielt, den lauteren Wettbewerb wieder herzustellen, und es kommt dann nicht darauf an, ob die Stärke der Notwehr notwendig war und auch eine mildere Weise genügt hätte oder ob gar rechtzeitig gerichtliche Hilfe zu erlangen gewesen wäre. Auch zur Beseitigung eines die Erwerbstätigkeit unlauter beeinträchtigenden Zustandes ist eine Verletzung der Rechtsgüter des den Zustand Verursachenden nicht rechtswidrig, selbst wenn die Angriffshandlung bereits beendigt ist. Das gilt nicht nur für den unlauteren Wettbewerb. Bestritten ist, ob gegen einen Tierangriff Notwehr zulässig sei. Daß die von einem solchen drohende Verletzung objektiv rechtswidrig ist, kann nicht bezweifelt werden. Denn die Feststellung des Rechtgemäßen und Rechtswidrigen bezieht sich nicht nur auf menschliche Handlungen, wie dies für die Zuwiderhandlung gegen Gebote und Verbote geschieht, sondern auf alle Zustände und Verhältnisse des Lebens und der Umwelt, soweit sie menschliche Interessen berühren (§ 1), Mezger, Lehrb. S. 164, also damit auch auf das Verhalten lebloser Dinge, erst recht auf das Verhalten von Lebewesen, gleichviel ob sie Tiere oder Menschen sind. Dann steht nichts entgegen, auch von Tieren ausgehende Gefährdungen und Verletzungen von Rechtsgütern anderer als Angriffe auf sie anzusehen; jedenfalls entsteht damit das Bedürfnis des Schutzes vor ihnen und der Vornahme von Verteidigungshandlungen in gleichem Maße, wie gegen Angriffe, die von Menschen ausgehen. Auch wäre ihnen gegenüber eine Beschränkung nach dem Werte des angreifenden Tieres und des Wertes des angegriffenen Rechtsgutes nicht am Platze. BGB. § 228 zwingt schon für das bürgerliche Recht nicht, den Tierangriff nicht als Angriff i. S. von § 227 anzusehen. Die „durch eine Sache drohende Gefahr" ist in § 228 nur diejenige, die durch ihr bloßes Dasein und ihr Verhältnis zum Rechtsgut gebracht wird, wie beim Notstand, nicht eine Gefahr, die durch eine Betätigung erzeugt wird, wie es ein Angriff erfordert. Im übrigen würde die nach ganz anderen Erwägungen getroffene Regelung des BGB. § 228 keinen Einfluß auf die Regelung haben, die das StGB. erfordert. So auch Frank S. 161; Oetker, Festgabe f. Frank I, 371; v. Hippel, Dtsch. Strafr. Bd. 2, 208, Lehrb. 112; Gerland S. 113. A. M. namentlich v. Liszt-Schmidt I, S. 195 Anm. 5; Finger, Strafr. S. 470, der aber gleichwohl die Abwehr gestattet, auch gegen Angriffe Unzurechnungsfähiger Notwehr zuläßt; RGSt. **27** 44; **34** 295; **36** 230. Im übrigen über Notwehr Erläuterungen zu § 53.

2. Notstand. Der Kampf der verschiedenen Auffassungen darüber, ob der Notstand einen objektiven Rechtfertigungsgrund oder nur einen subjektiven Entschuldigungsgrund abgebe, ist namentlich von Henkel, Der Notstand nach gegenwärtigem und künftigem Recht (1932) eingehend dargelegt worden, ebenso die verschiedenen Versuche, ihn aus einem einheitlichen Gesichtspunkt heraus zu erklären (Einheitlichkeitslehre, Unterscheidungslehre). Einen einheitlichen Notstandsbegriff nimmt auch Siegert, Notstand und Putativnotstand (1931) an, aber er vermag das nur, indem er die beiden verschiedenen Merkmale der Interessenkollision und der Motivation in die Begriffsbestimmung hineinnimmt. Die lange Zeit herrschende Auffassung, daß der Notstand in StGB. §§ 52, 54, BGB. §§ 228, 904 eine abschließende Regelung gefunden habe, kann als überwunden angesehen werden. Ein außergesetzlich (übergesetzlich) geregelter Notstand ist jetzt allgemein anerkannt, Eberhard Schmidt in ZStRW. **49** 350 und Mitteil. der JKV. 1931, 131; Wachinger, Festgabe f. Frank I, 469 und Mitteil. der JKV. 1931, 103; Grünhut in ZStRW. **51** 455 und RGSt. **61** 242; **62** 137; **63** 224; **64** 104. Damit ist die Unterscheidungslehre (Differenzierungstheorie) zum Siege gelangt und es ist anerkannt, daß der Notstand teils als Rechtfertigungsgrund, teils als Entschuldigungsgrund zu begreifen ist, Mezger, Lehrb. S. 370; v. Liszt-Schmidt I S. 201; Grünhut ZStRW. **51** 456; v. Hippel, Lehrb. S. 118. Im StGB. wird der Notstand nur als Schuldausschließungsgrund behandelt; RGSt. **28** 164; **57** 268; **60** 88; **61** 249; **62** 137; **63** 34; **64** 31. Soweit er als Rechtfertigungsgrund in Betracht kommt, gehört die Regelung ganz dem außergesetzlichen Recht an. Die Behandlung seiner irrigen Annahme (Putativnotstand) richtet sich insoweit nach den allgemeinen Regeln des § 59. Aber auch der Entschuldigungsgrund wird nicht vollständig im StGB. und BGB. geregelt, fällt vielmehr ebenfalls zum Teil in das außergesetzliche Rechtsgebiet. Im übrigen können auch beide Gründe zusammentreffen, Henkel a. a. O. S. 28. Festzuhalten ist immer, daß der außergesetzliche Rechtfertigungsgrund dem außergesetzlichen Entschuldigungsgrund vorgeht, da Gebote und Verbote sich überhaupt nur auf objektiv rechtmäßige oder rechtswidrige Handlungen beziehen. Im Entwurf § 25 wird der Notstand auch als Rechtfertigungsgrund anerkannt und dabei die Güterabwägung zur Grundlage genommen.

Wie der Notstand als Entschuldigungsgrund, so muß er auch als außergesetzlicher Rechtfertigungsgrund als persönlicher angesehen werden (Relativität).

Das RG. bekennt sich zur Begründung des außergesetzlichen Notstandes zu dem Güterabwägungsprinzip, wonach das minderwertige Rechtsgut schlechthin dem höherwertigen zu weichen hat, ebenso wie die höhere

Pflicht auf Kosten der minderhohen zu erfüllen ist. Soweit nicht mehr Güterabwägung in diesem Sinne in Frage kommt, liegt auch kein Rechtfertigungsgrund sondern höchstens ein Schuldausschließungsgrund vor. Die Wertbemessung soll sich ausschließlich nach der im geltenden Gesetz vorgenommenen richten, RGSt. **20** 191; **23** 116; **36** 80; **37** 150; **56** 170; **59** 407; **60** 295; **61** 254; RMG. **17** 41; RGZ. **53** 317. Über die notwendige Abwandlung des reinen Güterabwägungsprinzips s. oben. Über Gefahrgemeinschaft namentlich Oetker, VDA. II, 330; v. Weber, Das Notstandsproblem und seine Lösung in den Strafgesetzentwürfen von 1919 und 1925 S. 26; Hueck in Iher. Jahrb. f. Dogm. 68, 205. Es wird oft zwischen primärer und sekundärer Gefahrgemeinschaft unterschieden, Köhler, Notstand S. 26 und Broglio, Der strafrechtl. Notstand im Lichte der Strafrechtsreform, Bonner rechtswiss. Abhdl. (1928) Heft 4, 21 erkennen auch die sekundäre Gefahrgemeinschaft an, Henkel a. a. O. S. 90 will nur die von Anfang an bestehende gelten lassen, andernfalls liege eine unberechtigte Abwälzung der Gefahr auf einen unbeteiligten Dritten vor. Aber die Unbeteiligtheit hört auf in dem Augenblick, wo auch er in die Gefahrzone eintritt (Motorfahrer kommt in Gefahr, entweder einem entgegenkommenden Auto auszuweichen und dabei einen Fußgänger zu überfahren, oder dem Fußgänger auszuweichen und dadurch sich selbst durch das Auto zu gefährden), es gelten deshalb von nun ab alle Grundsätze der Gefahrgemeinschaft. In ihr findet überall eine Abwälzung der Gefahr auf einen anderen statt. Ob es sich um Gefahrgemeinschaft zwischen Menschen oder zwischen Sachgütern handelt, ist gleichgültig. Es gelten auch für letztere die gleichen Grundsätze.

Was vom Notstand zwischen Menschen und Sachgütern gilt, gilt auch vom Pflichtennotstand. Auch er ist nach der Wahl des kleineren Übels und nach der objektiven Bedeutung der Pflichten zu entscheiden. So RGSt. **60** 296; **61** 254. Besteht ein Widerstreit zwischen Rechtspflicht und sittlicher Pflicht, so geht die erstere zweifellos vor für die Frage der Rechtmäßigkeit, wenn sie auch gegenüber der sittlichen Pflicht als die bedeutsamere erscheint. Möglicherweise kann aber noch ein Entschuldigungsgrund vorliegen. Bestritten ist, ob die sittliche Pflicht bei der Kollision mit der Rechtspflicht nicht vorgeht, wenn jene als die bedeutsamere angesehen werden muß. Verneint wird dies von Oetker, VDA. II, 358 und Böhm, Der Grund der Straflosigkeit der Notstandshandlung (1911) S. 56, die schlechthin der Rechtspflicht den Vorzug einräumen; bejaht von Henkel a. a. O. S. 97. Es sind auch hier die Richtlinien zu beachten, die bei der Einschränkung der Güterabwägung geboten sind. Insbesondere kann die Unterlassung einer Pflichterfüllung nach Rechtsgebot oder Rechtsverbot, die nur präventivpolizeilichen Erwägungen entspringt, wie etwa StGB. § 139, recht wohl gerechtfertigt, nicht nur entschuldigt sein, wenn sie bei Erfüllung einer wichtigen sittlichen Verpflichtung geschieht. Während StGB. §§ 52 und 54 die Notstandsfähigkeit auf die Rechtsgüter von Leib und Leben beschränken, erstreckt BGB. § 904 sie auf alle Rechtsgüter ohne jede Einschränkung. Dieser im BGB. zum Ausdruck gelangte Rechtsgedanke muß auch für die außergesetzliche Strafrechtsordnung Geltung beanspruchen und kommt auch im Entwurf § 25 Abs. 1 zum Ausdruck. Darnach sind alle Arten privater Rechtsgüter und Interessen im Notstand schutzfähig, Henkel a. a. O. S. 106. Vgl. hierzu Eberhard Schmidt, ZStRW. **1929** 350; Grünhut, ZStRW. **1931** 568; v. Hippel, Strafrecht II, 228; Stock in GerS. **101** 173; RGSt. **61** 243, 252; **62** 46, 157.

Hier besonders ist aber eine sorgfältige Güterabwägung geboten, namentlich ist einer Rechtspflicht nicht schon deshalb schlechthin die Befolgung zu versagen, weil diese einen Vermögensschaden bringen kann. So zutreffend auch Kitzinger in JW. 1933, 406 gegen RGSt. **58** 97. Andererseits geht StGB. in der Zulassung von Notstandseingriffen in private Rechtsgüter, von denen die Bedrohung ausgeht, weiter als BGB. § 904. Nach StGB. §§ 52 und 54 kann jedes Interesse zur Rettung aus Leibes- und Lebensgefahr verletzt werden, auch persönliche Rechtsgüter, nach BGB. § 904 dagegen werden nur Eingriffe in fremde Sachgüter der Rechtswidrigkeit entkleidet. Nach Entwurf § 25 Abs. 3 sollen Einwirkungen auf Leib oder Leben nur zum Schutze von Leib oder Leben zulässig sein. Mit Recht rügt Oetker Festgabe f. Frank I, 385, daß diese Beschränkung über das Ziel hinausschießt. Auch hier genügt es, die eben dargelegten Grundsätze über die Bewirkung des kleinsten Übels und die Einschränkungen der Güterabwägung zur Anwendung zu bringen. Es ist nicht einzusehen, warum geringfügige Einwirkungen auf den Körper eines anderen auch außerhalb einer Notwehr rechtswidrig sein sollen, wenn sie zur Abwendung eines Verlustes wertvoller Sachgüter notwendig werden. Da der Entwurf noch nicht Gesetz ist, muß hiernach der außergesetzliche Rechtszustand beurteilt werden.

Bestritten ist, inwieweit Rechtsgüter der Allgemeinheit, zu denen auch die öffentlichen Interessen des Verkehrs, der Gesundheit, der Lebensinteressen des Staates selbst gehören, überhaupt notstandsfähig sind und ob auch zur Wahrung privater Interessen vorgenommene Eingriffe in Rechtsgüter der Allgemeinheit und Verletzung öffentlicher Interessen die Rechtswidrigkeit ausschließen.

Auch Rechtsgüter der Allgemeinheit sind grundsätzlich notstandsfähig, wennschon der Fall des wirklichen Notstandes und der Notwendigkeit ihrer Bewahrung durch Eingriffe seitens Privater in die Rechtsgüter Privater nicht leicht gegeben ist. v. Liszt-Schmidt I, 208. RGSt. **62** 46 hat den Notstand, in den das Wirtschaftsleben bei Befolgung behördlicher oder gesetzlicher Vorschriften gelangen kann, als übergesetzlich rechtfertigenden Grund anerkannt. Für andere Fälle des sog. eigentlichen „Staatsnotstandes“ RGSt. **63** 215. RGSt. **62** 67 erklärt als „Grundgedanken jeder Rechtsordnung: Das Wohl des eigenen Staates wahrzunehmen, ist für jeden Staatsbürger das höchste Gebot.“ Vgl. hierzu Stock a. a. O. S. 176. RGSt. **64** 101 hat sich noch nicht grundsätzlich ausgesprochen, die Möglichkeit aber auch nicht abgelehnt. Wenn man den Schutz durch Notwehr zuläßt, kann man auch die Abwehrmöglichkeit bei Notstand nicht versagen. Ebenso Henkel, Der Notstand a. a. O. S. 109. Beling, Festgabe f. Rümelin; Siegert in LZ. 1932 Sp. 942. Ebenso muß nach den allgemeinen Grundsätzen bei der Notstandsbeurteilung auch ein Eingriff in öffentliche Rechtsgüter oder Interessen als rechtmäßig anerkannt werden. Das wird schon nach dem geltenden Gesetzesrecht des § 54 von RGSt. **61** 212 anerkannt und gilt erst recht auf Grund der außergesetzlichen Rechtsordnung. Dahingestellt gelassen in RGSt. **63** 34; RGZ. **88** 215; RG. in DRZ. 1932 S. 10 lehnt den überverfassungsgesetzlichen Notstand ab, ebenso Lewin in DRZ. 1932 S. 12; Thoma, Handb. d. D. Staatsr. II S. 232. Bei der hier gleichfalls maßgebenden Güterabwägung und Abwägung der Bedeutung kollidierender Pflichten werden namentlich die rein präventivpolizeilichen Vorschriften und Gefährdungsverbote häufig die minder bedeutende Pflicht begründen gegenüber der Rettung eines wertvollen Rechtsgutes aus der Not.

Unglaublich die Verkennung in dem von Löffler, Rechtswidrigkeit, Notwehr und Notstand in dtsch. Strafgesetzentwurf (1921) S. 29 mitgeteilten Fall, in dem ein Lehrer, der einen Kollegen vor dem Tode des Ertrinkens gerettet hatte, ein Strafmandat wegen Badens an unerlaubter Stelle erhielt. Bedenklich auch RGSt. in Deutsche Strafrechtszeitung 16, 254. Vgl. hierzu Henkel a.a.O. S. 105. Zu der ganzen Frage noch Oetker, GerS. 97, 411; 99, 156; Mezger, S. 242; Hartung, JR. 1931 S. 61; Radbruch, Justiz V S. 125; Grimm, Justiz V, 329; Großhut, Staatsnot u. Staatsnotrecht in Württemb. Ztschr. f. Verwaltung u. Verwaltungsrechtspflege 1932 S. 177.

Über Putativnotstand gilt dasselbe wie über Putativnotwehr, insoweit außergesetzlicher Notstand in Frage kommt.

3. Selbsthilfe, BGB. §§ 229 ff., 561 Abs. 1 (Pfändungsrecht des Vermieters), § 859 (Selbstschutz des Besitzers), § 867 u. § 1005 (Aufsuchen einer Sache), § 910 Abs. 1 u. 2 (Aneignungsrecht am Überfall), § 962 (Verfolgung eines Bienenschwarms), § 997, HGB. §§ 706 ff. (Fälle der großen Haverei), EG.BGB. Art. 89, 130; Lobe in Hdwb. RW. V, 431.

4. Vorläufige Festnahme auf frischer Tat nach StPO. § 127.

5. Bergungsrecht; Prisen- und Beuterecht im Seekriege nach StrandungsOrdn. v. 17. V. 1874 §§ 4 ff.

6. Wahrung berechtigter Interessen bei Beleidigung, StGB. § 193; BGB. § 824 Abs. 2; UnlWGes. § 14 Abs. 2: RGSt. **5** 57; **16** 140; **29** 403; **59** 414; **62** 83; **63** 92, 204; **64** 13, 135; **66** 2; Lobe, Die Wahrnehmung berechtigter Interessen in Festgabe f. Rich. Schmidt (1932) S. 79 und die gem. M. — Eingehend namentlich auch Kempermann, Die Wahrnehmung berechtigter Interessen als allgemeiner Rechtfertigungsgrund (1932). Ein allgemeines Recht, die Wahrheit zu sagen, wie Klee in Festgabe f. Frank II, 370 annimmt, gibt es freilich nicht. Als Schuldausschließungsgrund halten sie Kern, Strafr. Abhdl. Heft 144 S. 64 und Liepmann in Monatsschr. f. Kriminalpsych. (1926) S. 385. Die Anerkennung als Rechtfertigungsgrund ist nur eine Anwendung des für den Interessenausgleich geltenden Grundsatzes der Güterabwägung. RGSt. **65** 427. Dieser Rechtfertigungsgrund ist auf Äußerungen beschränkt, die inhaltlich ehrverletzend sind. Beleidigungen der Form nach genießen den Schutz nicht, wie RGSt. **60** 335 annimmt. Doch trifft dies nicht zu, wie schon Sauer, Die Ehre u. ihre Verletzung (1915) S. 216 hervorhebt. Ebenso Kempermann a. a. O. S. 25. Nach Kempermann beschränkt sich die Anwendung überhaupt nicht auf Beleidigungen, sondern ist auszudehnen auch auf Körperverletzungen. Insoweit kommt jedoch nicht StGB. § 193 in Frage, das verbietet dessen klare Fassung, sondern nur der außergesetzliche Rechtfertigungsgrund der Güterabwägung. Verschieden ist die Abwägung bei öffentlich aufgestellten Behauptungen und bei Anzeigen an die zuständige Behörde, RGSt. **66** 3.

7. Wahrheitsgetreue Parlamentsberichte und ihrer Ausschüsse, Reichsverf. Art. 30. Käckell ZStRW. **41** 685.

8. Amtshandlungen, die zur Durchführung der gesetzlichen staatlichen Funktionen dienen, Hinrichtungen, Einsperrungen, Verhaftungen, Wegnahme von Sachen, Betreten von Wohnungen, z. B. StPO. § 105. Kleinfeller, VDA. 1, 269; Hofacker in Preuß. Verwaltungsblatt 1924, 477; R. Schmidt, Grundriß S. 125; Frank S. 141. Auch ein Pfarrer kann nach Landesrecht

zum Betreten von Wohnungen befugt sein. Für ihn kann auch die Unterlassung der Anzeige einer strafbaren Handlung nicht widerrechtlich sein, Ges. v. 3. VI. 14, § 9 Abs. 2 (RGBl. 1914 S. 195); nach Personenstandsges. § 67 Abs. 2 kann er ohne vorausgegangene standesamtliche Eheschließung in Notfällen eine Trauung vornehmen.

9. Besondere behördliche Erlaubnis zur Vornahme einer ohne diese rechtswidrigen Handlung, sofern die Erlaubnis von der Behörde im Rahmen ihrer gesetzlichen Zuständigkeit erteilt ist. RGSt. **1** 88; RGes. 18. II. 27; Mezger, Lehrb. S. 226.

10. Besonderen behördlichen Auftrag zur Vornahme einer Rechtsgüter verletzenden Handlung im öffentlichen Interesse, z. B. auf Grund des Impfges. v. 8. IV. 74, des Ges. betr. Bekämpfung gemeingefährlicher Krankheiten v. 30. VI. 00; Ges. z. Bekämpfung von Geschlechtskrankheiten v. 18. II. 1927 begründet einen Untersuchungs- und Behandlungszwang. Vgl. hierzu VO. der Reichsreg. v. 11. IX. 27 (RGBl. I, 208). Dagegen nicht die Zwecke der Justiz und Polizei, Lilienthal S. 394. So kann auch zur Entnahme einer Blutprobe niemand gezwungen werden, RGSt. **66** 273.

11. Die Befolgung des dienstlichen rechtmäßigen Befehls des Vorgesetzten, soweit dessen verbindliche Kraft reicht. Auch der nichtrechtmäßige Befehl kann verbindliche Kraft haben, bildet dann aber nur einen Schuldausschließungsgrund für den zum Gehorchen Verpflichteten, macht die gebotene Handlung nicht zu einer rechtmäßigen. Siehe Schuldausschließungsgründe. Mezger, Lehrb. S. 226 und GerS. 89, 303; Frank S. 144; Hegler, ZStRW. **36** 215; Mayer S. 335; v. Liszt-Schmidt I, S. 210 mit Schrifttum auch über abweichende Ansichten der bestrittenen Frage. Nach Anl. 7 zu den Ausführungsbestimmungen für die Bildung einer vorläufigen Reichswehr v. 31. III. 19 (Armee-VOBl. S. 264, 278) ist jeder Offizier Vorgesetzter aller Unteroffiziere und Mannschaften. Dabei ist es in VO. vom 10. XII. 20 über das Vorgesetztenverhältnis der Soldaten des Reichsheeres und der Marine (HVOBl. S. 989) verblieben. Vgl. auch Ges. v. 2. VII. 27 über Waffengebrauch des Grenzpersonals, v. Reinhard, Der Waffengebrauch (1910); Thiele, Die Waffengewalt der Polizei (1912). Eine Prüfung des Befehls des Vorgesetzten auf seine Zulässigkeit ist ausgeschlossen, RMG. 8, 140. Die bindende Kraft des Befehls ist durch MStGB. § 47 beschränkt: wenn dem Untergebenen bekannt ist, daß der Befehl des Vorgesetzten eine Handlung betrifft, die ein bürgerliches oder militärisches Verbrechen oder Vergehen „bezweckt", trifft den Untergebenen neben dem Vorgesetzten die Verantwortung, vgl. auch SeemannsOrdn. 1902 § 146. Hieraus folgt, daß der nicht rechtmäßige Befehl die Rechtswidrigkeit nicht aufheben kann; v. Hippel, Zum Waffenrecht der Forstbeamten in Ztschr. f. Forst- u. Jagdwesen (1908).

12. Erziehungs- und Disziplinarrechte. Das Züchtigungsrecht beruht zunächst auf familienrechtlicher Grundlage, BGB. §§ 1627, 1631, 1634, 1635, 1685, 1686, 1707, 1797, 1800. Auch die uneheliche Mutter hat es, die Stiefmutter als Beauftragte ihres Mannes. Der Ehemann hat kein Züchtigungsrecht gegen die Ehefrau. Über den Umfang RGSt. **41** 99. Ferner gibt GewO. § 127a und SeemannsO. § 691 ein Züchtigungsrecht. GewO. § 154 schließt es in Apotheken und Handelsgeschäften aus. Das Züchtigungsrecht des Dienstberechtigten gegenüber dem Gesinde ist beseitigt. EG.BGB. Art. 95. Vgl. die Erläuterungen zu § 59 und Kaufmann,

Das Züchtigungsrecht der Eltern und Erzieher (1910), ferner Anm. 11 zu § 223. Zum Züchtigungsrecht des Lehrers RGSt. **20** 371; **33** 72; **35** 182; **40** 432; **42** 142, 221; **43** 277; **45** 1; **61** 191; **65** 263; Rspr. **9** 165. Da der Lehrer auch Erzieher sein soll, ist sein Züchtigungsrecht anerkannt an Volksschulen und gewissen Fortbildungsschulen, für höhere Schulen mindestens in den Unterklassen. Das Züchtigungsrecht ist nicht einheitlich geregelt, insbesondere deckt sich nicht immer die Rechtswidrigkeit der Disziplinarordnung mit der der Strafrechtsordnung nach dem Landesrecht. Dem Lehrer steht auch bei Verbot der Züchtigung ein Notwehrrecht zu. Ein Erziehungsrecht fremden Kindern gegenüber besteht nicht, daher auch kein Züchtigungsrecht, das überdies Kindern gegenüber, deren körperliche und seelische Verfassung dem Dritten unbekannt ist, auch bedenklich wäre. Die ganze Frage ist sehr bestritten, vgl. hierüber Heimberger, VDA. 4, 23; Finger, Das Züchtigungsrecht und dessen Mißbrauch (1881) und Strafrecht S. 474; Kaufmann, Das Züchtigungsrecht (1910); Havenstein, GA. 51, 241; Oetker, GS. 87, 419; Plüschke, Körperl. Züchtigung der Schüler (1910); v. Liszt-Schmidt I, S. 211 mit reichhaltigem Schrifttum; Voltz in ZStRW. **50** 339; Mezger, Lehrb. S. 229; Gerland, D. Strafrecht S. 157; Olsh., Anm. 10 zu § 223 u. A. lehnen es ebenfalls ab. Dagegen sagt OLG. Jena GA. 60, 498: „Das Recht der Eltern auf Züchtigung muß zurücktreten gegen das Recht der Allgemeinheit auf Zucht und Ordnung. Auch ihr entgegenstehender Wille verdient da keine Beachtung." Ihm beistimmend Kempermann, Wahrnehmung berechtigter Interessen a. a. O. S. 26. Auch hier kann aber die Notwehr eine Züchtigung rechtfertigen. Wenn das Erziehungsrecht als ganzes übertragen worden ist, was zulässig ist, so ist damit ohne weiteres auch das Züchtigungsrecht mit übertragen. Eine solche Übertragung kann auch an den Lehrherrn und Dienstherrn erfolgen und dann aus diesem Grunde ein Züchtigungsrecht geben. Sie ist für die Stiefmutter zu vermuten. Die Übertragung kann auch stillschweigend geschehen. Aber der Auftrag des Gewalthabers zur Operation an einem Kinde berechtigt den Arzt noch nicht, es durch Schläge zur Duldung der Operation zu zwingen, also Zuchtmittel anzuwenden, RGSt. **61** 393. Auch die Übertragung der Ausübung des Züchtigungsrechtes allein ist zulässig, RGSt. **33** 32; **41** 99; **61** 393; Rspr. **4** 38; KG. in GA. 69, 116. Sie darf aber nicht gegen die guten Sitten verstoßen. Dagegen hindert ein Landesgesetz, das dem Lehrer verbietet, die Schüler zu züchtigen, nicht die nach Reichsgesetz zulässige Übertragung seitens der Eltern auf den Lehrer, RGSt. **61** 191. Auch durch Gesetz kann die Übertragung erfolgen, BGB. § 1666; JugendwohlfGes. 9. VII. 1922 (RGBl. I S. 633) u. EG. v. 9. VII. 22, VO. 14. II. 24 (RGBl. I, 110). Ferner Preuß. Ges. über Fürsorgeerziehung Minderjähriger v. 2. VII. 00 (GS. S. 264). RGSt. **42** 347. Die Ausübung eines Berufs gibt an sich noch keine Berechtigung zu einem disziplinellen Züchtigungsrecht.

13. Ein besonderes Berufsrecht des Arztes wird häufig angenommen, um zu Heilzwecken Eingriffe in die körperliche Unversehrtheit vorzunehmen. So Finger 1, 410; Strafrecht 474 und ZStRW. **20** 32; Kohl, ZStRW. **29** 370. Auch ein Gewohnheitsrecht wird angenommen, so Oppenheim, Das ärztl. Recht zu körperl. Eingriffen (1892); Gerland S. 121; Rich. Schmidt, Grundriß S. 127 und Verantwortlichkeit des Arztes für verletzende Eingriffe (1900). Das Recht hat sich bisher einer Regelung durch Gesetz enthalten. Der Entwurf eines StGB. von 1917 § 263, den die deutsch-österreichische parlamentarische Strafrechtskommission in Wien wieder aufgenommen hat, bestimmt unter der Überschrift „Heilbehandlung": „Eingriffe und Behandlungen, die der Übung eines gewissenhaften Arztes entsprechen, sind keine Körperverletzungen im Sinne dieses Gesetzes." Ein solches Gewohnheitsrecht und Berufsrecht des Arztes gibt es jedoch nicht. Richtig ist aber schon jetzt, daß eine Heilbehandlung niemals eine „Mißhandlung" i. S. von § 223 sein kann und deshalb, gleichviel ob sie eigenmächtig oder mit Einwilligung des Patienten erfolgt, als solche keine Körperverletzung ist. Diese Schlußfolgerung wird freilich von v. Liszt-Schmidt I S. 214 als völlige Verkennung des Problems abgelehnt. Dagegen kann eine Körperverletzung i. S. von § 223 nicht nur in körperlicher Mißhandlung, sondern auch in Verletzung körperlicher Unversehrtheit bestehen. Diese allerdings geschieht auch bei der Heilbehandlung, die Heilbehandlung schließt sie also nicht schon begrifflich aus. Aber es muß angenommen werden, daß das in § 223 ausgesprochene Verbot sich seinem Zweck und Sinn nach nicht auf sie beziehen soll. Dies gilt nicht nur für den approbierten Arzt, sondern für jeden, der eine Heilbehandlung ausübt, Heimberger in Festgabe f. Frank S. 404. Das schließt jedoch nicht aus, daß auch eine Heilbehandlung rechtswidrig sein kann. Und ob diese rechtswidrige Handlung dann außerdem noch unter ein anderes Verbot als das der Körperverletzung fällt, dessen Zuwiderhandlung mit Strafe bedroht ist, oder ob andere die Rechtswidrigkeit ausschließende Gründe vorliegen, ist eine Frage des besonderen Falles. Die Verneinung der Körperverletzung bedeutet noch nicht Bejahung der Rechtmäßigkeit, was meist übersehen wird, auch von Rich. Schmidt, Grundriß S. 126 Anm. 2. Diese Frage taucht namentlich auf bei einer eigenmächtigen Heilbehandlung. Die ganze Frage ist sehr bestritten. Als Körperverletzung sieht auch die Heilbehandlung begrifflich stets an RGSt. **25** 375; **38** 34; **61** 242; RGZ. **68** 437, wo auf die Einwilligung abgestellt wird; v. Liszt-Schmidt I S. 214; Finger I, 407; Sauer, Grundlagen S. 337; Beling, Verbrechen S. 151; Schwarz S. 5; Wachenfeld S. 129. Dagegen verneinen das Vorliegen einer Körperverletzung Binding, Lehrb. I, 53; Kitzinger, GS. 55, 87; Heß, Die Ehre und Beleidigung (1891); Straß, Chirurg. Operation und ärztl. Behandlung (1898); Kahl, ZStRW. **29** 362; Torp, ZStRW. **23** 86; Kohlrausch S. 97; Löffler, VDB. 5, 247; Heimberger in Festgabe f. Frank, Bd. I, 402; Frank S. 478. Über den Stand der Rechtsprechung und Rechtswissenschaft eingehend Ebermayer, Arzt u. Patient in der Rechtspr. (1924) S. 122 und v. Liszt-Schmidt I, 214 ff. Ein Recht zu medizinischen Versuchen an Menschen besteht nicht. v. Bar, Mediz. Forschung u. Strafrecht in Festschr. f. Regelsberger (1901); Frank S. 479.

Die Operation ist eine Heilbehandlung nicht nur dann, wenn sie die Krankheit völlig beseitigt, sondern schon dann, wenn sie das Fortschreiten der Krankheit, sei es auch nur für Zeit, hemmt, oder beseitigen und hemmen soll. Ob sie Erfolg hat oder nicht, kann an der Natur einer Heilbehandlung weder bei der Operation noch bei einer anderen Heilbehandlung etwas ändern. Der Ansicht Belings, ZStRW. **44** 220, ist nicht beizupflichten. Nicht deutlich die Stellungnahme Franks S. 478, der sie in solchem Falle immer als widerrechtlich ansieht. Die Rechtmäßigkeit und Widerrechtlichkeit hängen aber von anderen Faktoren ab als vom Erfolg. Der Umstand, daß die Heilung oder Hemmung auch durch andere ärztliche Heilmittel herbeigeführt werden kann, steht der Natur einer Heilbehandlung nicht entgegen und begründet jedenfalls noch keine Mißhandlung, Ebermayer in diesem Komm. zu § 223. A. M. Beling, ZStRW. **44** 220; v. Liszt-Schmidt I S. 254 ff.; Frank S. 478. Darum kann eine solche Operation immerhin u. U. rechtswidrig sein, möglicherweise auch unter ein Strafgesetz fallen. Frank S. 479. Näheres hierzu Radbruch, Geburtshilfe u. Strafrecht (1907) S. 5; Löffler a. a. O. S. 244; Ebermayer, Arzt u. Patient (1924). Ein Operationszwang besteht nicht, Gerland, D. Strafr. S. 159. Nur ein Impfzwang wird durch das Impfgesetz begründet, ferner nach Ges. zur Bekämpfung der Geschlechtskrankheiten v. 18. II. 27 §§ 2, 9.

14. Tötung zur Befreiung von unheilbarem Leiden (Euthanasie, Sterbehilfe). Vgl. hierzu Binding, Handb. I S. 80, Lehrb. I S. 53 und seine letzte Schrift „Die Fragen der Vernichtung lebensunwerten Lebens" (Binding u. Hoche) 1920, S. 16 ff. Ferner A. Köhler, Lehrb. S. 400, Keßler DJZ. **1915** 203, Elster ZStRW. **36** 395; Meyer-Allfeld S. 145, Sauer, Grundlagen des Strafrechts (1921) S. 338; Heyn, Über Arzthilfe in Ztschr. f. Medizinalbeamte 34 Nr. 14; Klee, Die Freigabe der Vernichtung lebensunwerten Lebens, Ärztl. SachverstZtg. XXVII Nr. 1; Beling, Unschuld, Schuld, Schuldstufen, S. 21; Peckmann, Euthanasie in Monatsschrift für Kriminalpsychol. u. Strafrechtswissenschaft 1923, 178 (mit Literaturangaben); Ebermayer, Arzt und Patient, S. 261; Heimberger in Festgabe f. Frank I, 417; v. Liszt-Schmidt I, S. 216. Eine gesetzliche Regelung der Sterbehilfe ist nicht erfolgt und auch im Rechtsausschuß des Reichstages bei Beratung des Entw. d. StGB. nicht gelungen. Die Sterbehilfe bildet sonach für sich keine rechtmäßige Handlung. Nach v. Liszt-Schmidt a. a. O. soll sie nur „in den engsten Grenzen" als rechtmäßig angesehen werden können — ohne daß er freilich diese Grenzen absteckt. Wenn sie dagegen in Form der Beihilfe zum Selbstmord geleistet wird, ist sie als diese Beihilfe nicht rechtswidrig. Die Verabreichung eines bloß schmerzstillenden Mittels zur Erleichterung des Sterbens, nicht zu dessen schnellerem Herbeiführen, ist lediglich Heilbehandlung, keine Verursachung des Todes, kommt daher für die Frage, ob dessen Verursachung gegebenenfalls nicht widerrechtlich sein kann, überhaupt nicht in Betracht. Vgl. Ebermayer, Haftung des Arztes S. 37; Derselbe, Der Arzt im Recht (1930) S. 118; Mezger, Lehrb. S. 215.

15. Die Selbstverletzung insbesondere die Selbsttötung. Das Recht betrachtet den Menschen als Herrn über sein Dasein und beläßt ihm die Freiheit, zu sterben. Rupp, Das Recht auf den Tod (1913). Daher ist die Vernichtung des eigenen Lebens nicht rechtswidrig. Auch hier liegt keine Ausnahme vom Tötungsverbot des StGB. vor, denn dieses richtet sich nur gegen die Tötung des Nebenmenschen, Binding, Freigabe usw. S. 14; Mezger, Lehrb. S. 208. Ist aber die Selbsttötung keine widerrechtliche Handlung, so ist auch jede Form der Teilnahme daran nicht widerrechtlich, solange das Gegenteil nicht als Wille des Gesetzgebers erkennbar ist oder die Teilnahme gleichzeitig andere Rechtsgüter verletzt. Das StGB. spricht sich hierüber nicht aus. Der Fall liegt anders als etwa bei der Teilnahme an der Selbstbefreiung des Gefangenen. Denn diese ist an sich rechtswidrig und bleibt nur aus menschlichen Gründen straflos, eine Teilnahme Dritter greift immer in das Verwahrungsrecht des Staates ein. Sofern aber die Selbsttötung nur ein höchstpersönliches Rechtsgut, das eigene Leben, vernichtet, richtet sich auch die Teilnahme daran nur gegen das der unbeschränkten Verfügung des Lebensträgers vorbehaltene Rechtsgut selbst. Aber die Teilnahme an der Selbsttötung darf nicht in Täterhandlung übergehen. Das ergibt sich als Meinung des StGB. aus § 215. Wenn es dort die Tötung auf ernstliches Verlangen bestraft wissen will, so bezieht sich das Verbot nicht nur auf die Alleintäterschaft, sondern auch auf die Mittäterschaft.

Dann aber ist eine Mittäterschaft ohne die besonderen Voraussetzungen des § 216 nicht nur rechtswidrig, sondern nach § 211 oder § 212 voll strafbar. So auch Binding, Freigabe usw. S. 14. Dagegen bleiben Anstiftung und Beihilfe zur Selbsttötung als unverboten straflos. Ist die Selbsttötung kein Delikt, so ist, wie das StGB. die Anstiftung gestaltet hat, auch die Anstiftung hierzu keine Anstiftung zu einer vom Angestifteten begangenen strafbaren Handlung. Dasselbe gilt von der Beihilfe und auch von § 49 a. Das ist freilich nicht unbestritten. Vgl. hierzu v. Liszt-Schmidt I, S. 219. Entw. § 248 bestimmt: „Wer einen andern verleitet, sich selbst zu töten, wird, auch wenn der andere nur versucht hat, sich zu töten, mit Gefängnis bestraft." Der Umstand, daß das Recht die Selbsttötung nicht als eine rechtswidrige Handlung betrachtet, bedeutet aber noch nicht, daß es sie als rechtmäßige, rechtlich zu billigende Handlung ansieht. Vielmehr fällt sie in den rechtsfreien Raum. Da sie aber dem Täter freisteht, ist die Nötigung zur Unterlassung des Selbstmordes mangels besonderer rechtlicher Befugnisse widerrechtlich und verstößt gegen StGB. § 240. Die Frage ist jedoch sehr bestritten. Bejaht wird die Widerrechtlichkeit der Nötigung von Binding I, 717; v. Bar, Ges. u. Schuld 3, 37; verneint von Lilienthal, ZStRW. **20** 446; Rosenfeld, VDB. 5, 415; Köker, GA. 496; Rich. Schmidt, Grundriß S. 128. Von dieser Nötigung ist jedoch zu unterscheiden die nach beendeter Vornahme der Selbsttötungshandlung unternommene Rettung aus Todesgefahr. In gleicher Weise ist auch die Selbstverstümmelung, wie überhaupt die eigene Verletzung seines Körpers, nicht rechtswidrig, a. M. Schmidt, Grundriß S. 128. Eine Ausnahme bildet nur § 142, der aber heute gegenstandslos geworden ist. Diese Verfügung über den eigenen Körper hat ihre Grenze dort, wo sie sittenwidrig und gesellschaftswidrig wird und dieser Umstand auch vom Recht zur Rechtswidrigkeit erhoben worden ist. Durchaus von der Selbstverletzung zu unterscheiden ist die Einwilligung in die Verletzung durch einen Dritten, v. Hippel II, 248; Mezger, Lehrb. S. 208. — A. M. v. Liszt-Schmidt S. 219.

16. Die Einwilligung. Schrifttum hierüber bei Meyer-Allfeld S. 140 Anm. 28; Frank S. 141; Finger, Strafr. S. 475; v. Liszt-Schmidt I, S. 257; v. Hippel, Lehrb. S. 121 und Mezger, Lehrb. S. 207. Ferner: Binding, Handb. I, 707; Beling, Grundriß S. 13; Gerland, Die Selbstverletzung und die Verletzung des Einwilligenden, VDA. 2, 1908; Gudrian, Die Beihilfe zum Selbstmord und die Tötung des Einwilligenden (1899); Hiller, Das Recht über sich selbst (1908); Honig, Die Einwilligung des Verletzten (1884); Löffler, Die Körperverletzung, VDB. 5, 1905; Pfersdorf, Die Einwilligung des Verletzten als Strafausschließungsgrund (1897); Graf Dohna, Recht und Irrtum S. 14. Eine allgemeine Regelung der Wirkung der Einwilligung kennt weder das geltende StGB. noch der Entwurf eines neuen. Eine besondere ist nur bei der Körperverletzung vorgesehen. § 264: „Wer eine Körperverletzung mit Einwilligung des Verletzten vornimmt, wird nur bestraft, wenn die Tat trotzdem gegen die guten Sitten verstößt". Der Satz „volenti non fit iniuria" ist für die Frage, ob eine Handlung rechtmäßig sei, nur dann von Bedeutung, wenn die Einwilligung einem Willen entspringt, der vom Recht als maßgebend anerkannt wird, und zwar, wenn es sich um die Wirkung für die Strafrechtsordnung handelt, daß sie von dieser als maßgebend anerkannt wird. Diese Anerkennung ist aber nicht notwendig daraus zu entnehmen, daß ein Antragsvergehen vorliegt; Hofmann in GerS. 101 S. 251; a. M. v. Liszt-Schmidt u. Frank. Die Verfügung über den eigenen Körper ist nicht ausschließlich Sache des Einzelnen, wie sich auch aus StGB. § 142 und

§ 175 ergibt, Lilienthal S. 394; Zitelmann, ArchZivPrax. 99, 42; A. Fischer, Die Rechtswidrigkeit (1911) S. 271, wollen in der Einwilligung ein Rechtsgeschäft sehen und beurteilen dessen Gültigkeit nach den Regeln des bürgerlichen Rechts. Es scheint jedoch zutreffender, diese auch in der Literatur nicht unbestrittene Ansicht abzulehnen, so auch Kiehl, GA. **54** 357; Honig, Die Einwilligung des Verletzten (1919) S. 158; Mezger, GerS. 89, 276 u. Lehrb. S. 208; Frank S. 141 und mit dem RG. lediglich darauf abzustellen, ob die Person, in deren rechtliche Interessen durch die Handlung eingegriffen wird, die genügende geistige Reife und Urteilskraft besitzt, um sich der Bedeutung des Angriffs auf ein ihr gehöriges Rechtsgut und der Gestattung seiner Verletzung klar zu sein. Entscheidend hierfür ist aber nicht die Geschäftsfähigkeit zu bürgerlich-rechtlichen Handlungen, die nach ganz andern Gesichtspunkten geordnet ist, sondern die Reife des Geistes für beachtliche Willenskundgebungen auf dem Gebiete des sozialen Lebens, Rechtshandlungstheorie, Mezger, Lehrb. S. 208, 211, RGSt. **10** 372, **29** 398, **38** 34, **41** 392. Es kommt darauf an, ob ein für die Gebote und Verbote des Strafrechts beachtlicher Wille vorliegt, RGSt. **2** 442, **6** 61, **25** 375, 381, **51** 63, **60** 34, **61** 252. Dies kann auch bei einem bürgerlich-rechtlich nicht Geschäftsfähigen der Fall sein, aber auch bei einem, dem die strafrechtlich volle Zurechnungsfähigkeit noch fehlt, Frank S. 143; Mezger, Lehrb. S. 211. Nicht rechtlich anerkannt ist aber ein solcher Wille dann, wenn die Einwilligung entweder einen Verstoß gegen die guten Sitten enthielte — insoweit übereinstimmend mit dem bürgerlichen Recht — RGSt. in JW. **1928** 2229, etwa bei einer frivolen Wette, v. Liszt-Schmidt I S. 218, oder wenn die Handlung, zu der eingewilligt wird, dem Einwilligenden selbst zu begehen verboten ist, oder endlich, wenn die Einwilligung sich auf die Verletzung eines Rechtsguts bezieht, über das der Einwilligende gar nicht verfügen kann, so z. B. hinsichtlich der Einwilligung der Mutter in die Abtreibung des Fötus, Ebermayer, Arzt und Patient S. 255, RGSt. **61** 253, bei Eingriffen in die Rechtsgüter des Allgemeinrechtes, OLG. Celle in GA. **63** 143; RGSt. **2** 242, **14** 202. Nur wenn das Rechtsgut Gegenstand des privatrechtlichen Verkehrs ist, kann für die Einwilligung seiner Verletzung das bürgerl. Recht in Frage kommen. Aber auch hier nur dann, wenn die Verletzung die Bedeutung einer privatrechtlichen Verfügung hat, was nicht notwendig der Fall zu sein braucht. Ist die Einwilligung kein bürgerlich-rechtliches Geschäft, so hängt die strafrechtliche Wirkung auch nicht von der Erfüllung der Vorschriften des BGB. über ihren Abschluß ab, wie Zitelmann annimmt, Lobe, Einfluß des bürgerl. Rechts auf das Strafrecht in Festgabe f. Frank I, 40. Die vom Strafrecht gewollte Wirkung erfordert daher kein Zugehen der Erklärung nach BGB. § 130 und tritt ein, auch wenn sie der Täter nicht gekannt hat oder hätte kennen müssen. Es liegt solchenfalls möglicherweise ein Putativdelikt vor; Mezger, GerS. 89, 273 ff. Ja, nicht einmal die Erklärung der Einwilligung ist für die strafrechtliche Wirkung nötig, es genügt, daß die Einwilligung in die Verletzung tatsächlich vorhanden war, das Rechtsgut also der Verletzung vom Inhaber preisgegeben war. Ein Irrtum, der diese Preisgabe beseitigen würde, läßt auch eine ernstliche Einwilligung nicht zustande kommen, Schrey, Gegenstand der Einwilligung S. 56 ff. (Willensrichtungstheorie gegen Willenserklärungstheorie). So Mezger, GerS. 89, 277 und Lehrb. S. 210; v. Liszt-Schmidt S. 27. Das bloße Geschehenlassen genügt freilich nicht, Schrey, Gegenstand der Einwilligung des Verletzten, Strafr. Abh. Heft 248 (1928) S. 23 Anm. 59. Auch eine Stellvertretung im Willen ist für das Strafrecht nicht möglich, Mezger, Lehrb. S. 211; Finger, Strafr. S. 479. — Eine nachträgliche Einwilligung bildet keinen Rechtfertigungsgrund.

In Betracht kommen folgende Straftaten:

Einmal solche, die begrifflich einen Angriff auf den freien Willen voraussetzen, bei denen er ein ausdrückliches Tatbestandsmerkmal bildet. So z. B. Notzucht §§ 176 Nr. 1, 177, Entführung §§ 236, 237, Nötigung § 240, Erpressung § 253, Freiheitsberaubung § 239 Abs. 1 und Abs. 2 im ersten Falle, Hausfriedensbruch § 123, Widerstand § 113, Diebstahl §§ 242, 234, 297. Umgekehrt kann die Einwilligung auch gerade ein Tatbestandsmerkmal einer Straftat sein, §§ 142, 182, 201, 302 a. Überall in diesen Fällen bildet die Einwilligung keinen die sonst vorliegende Rechtswidrigkeit ausschließenden Grund. Da die Entführung nach § 237 einen Eingriff in die Muntgewalt des Gewalthabers bedeutet, vermag die Einwilligung der Entführten selbst keinen Rechtfertigungsgrund abzugeben.

Sodann solche, die dem Verbotszwecke nach stillschweigend einen widerstrebenden Willen voraussetzen. Hier wird die bewilligte Rechtsgüterverletzung aber nur dann zu einer rechtmäßigen, wenn dadurch lediglich private Interessen berührt werden und das Rechtsgut nicht zugleich auch um seiner Bedeutung willen, die es für den öffentlichen Nutzen hat, geschützt wird. Muß eine solche öffentliche Interessengemeinschaft am unversehrten Bestand des Rechtsgutes anerkannt werden, so entfällt demgegenüber die Bedeutung des privatrechtlichen Interesses und der Einwilligung zu seiner Verletzung, vgl. Gerland, Grundfragen des Strafrechts (1918) S. 524; v. Liszt-Schmidt I S. 217; Wachenfeld, Lehrb. S. 132; Honig, Die Einwilligung des Verletzten S. 116; A. Köhler, Lehrb. S. 402 ff.; Sauer, Grundlagen des Strafrechts S. 336; Frank 136. Ob neben dem privaten Interesse noch ein für die Allgemeinheit wichtiges Interesse an der Erhaltung des Rechtsguts vorliegt und inwieweit dieses reicht, kann nur von Fall zu Fall in Hinblick auf das einzelne Delikt beurteilt werden, v. Bar **3** 58. A. Köhler, Lehrb. S. 404. Als Strafmilderungsgrund ist die Einwilligung anerkannt in §§ 216, 218, 219 (vgl. dagegen § 220), 142. Hervorzuheben sind:

a) Das Leben ist zwar ein Rechtsgut, das der freien Verfügung des Lebensträgers unterliegt — s. Nr. 15 —, es ist aber zugleich für die Volksgemeinschaft von Bedeutung, daher kann die Einwilligung in seine Verletzung durch einen Andern der Tat den Charakter der Rechtswidrigkeit nicht nehmen. So auch Finger, Strafr. S. 478. Daß dies die Auffassung auch des Gesetzes ist, ergibt sich deutlich aus § 216, wonach das ernstliche Verlangen nach Tötung durch einen Andern, also mehr als bloße Einwilligung, nur einen Strafmilderungsgrund abgibt, RGSt. **2** 442. Auch auf das Leben des Ungeborenen darf die Schwangere nicht verletzend einwirken, wie aus § 218 erhellt. Es kommt hier nicht nur ein Eingriff in ihren Körper, sondern ein solcher in den Körper der Leibesfrucht in Frage, über den sie nicht verfügen kann, RGSt. **61** 252.

b) Die Unversehrtheit des Körpers kann, wenn sie geringfügig ist und wesentliche Allgemeininteressen nicht verletzt werden, preisgegeben werden, so bei sportlichen Veranstaltungen. Viele lassen entscheiden, ob sie auf Antrag strafbar ist oder nicht, so Schwartz zu § 223 Nr. 5 a, Frank 142, Pfersdorff, Einwilligung S. 35, wogegen zutreffend Gerland, VDA. 2 S. 497 und 508 Nr. 8; Kiehl GA. **54** 366; Sauer, Grundlagen 336. Jedenfalls ist auch bei Antragsdelikten maßgebend, ob die Einwilligung nicht gegen die guten Sitten verstößt. Finger, Strafrecht S. 477. Soweit es sich dagegen um schwere und gefährliche Körperverletzungen i. S. von §§ 223 a ff. handelt — immer von Heilbehandlung abgesehen — muß die körperliche Unversehrtheit ebenso wie das Leben des Einzelnen als ein Gut betrachtet werden, an dessen Erhaltung die Allgemeinheit ein eignes Interesse hat. Dann aber vermag die Einwilligung sie nicht zur rechtmäßigen zu stempeln. Ein besondrer Fall eines solchen danebenstehenden öffentlichen Interesses ist § 142. Die Frage ist bestritten, vgl. hierüber bei A. Köhler, Lehrb. S. 406 Anm. 2; a. M. Mezger, Lehrb. S. 216. Einwilligung in Hypnotisieren bedeutet nicht einwilligen in dessen schädliche Folgen. Für Einwilligung in sadistische Handlungen gilt das allgemeine für Körperverletzungen. Vgl. hierüber auch Bohne in JW. 1928 S. 2229 und 1929 S. 1015. Ebenso für Körperverletzungen bei sportlichen Betätigungen. Daß hier den schweren Körperverletzungen bei Boxkämpfen regelmäßig eine andere Beurteilung zuteil wird, ist zwar Tatsache, bleibt aber falsch und bedauerlich. Vgl. auch Hofmann in GerS. 101 S. 249 u. JW. 1933, 417. Die Sterilisation der Frau durch Entfernung des Eierstocks und des Mannes durch Kastration wird nicht dadurch der Rechtswidrigkeit und Strafbarkeit nach StGB. §§ 224, 225 entkleidet, daß sie vom Arzt auf Wunsch und mit Einwilligung des Verletzten vorgenommen wird. Sie verstößt **in der Regel** nicht nur gegen die guten Sitten, die Volksgemeinschaft hat auch ein Interesse daran, daß zeugungsfähige Volksgenossen ihr angehören. RGSt. **2** 442, **6** 61, **24** 369, **28** 200, **41** 392, **55** 188, **60** 257 lassen die Einwilligung überhaupt nicht gelten. Bei der deutsch-österr. parlamentarischen Strafrechtskonferenz wurde die Vorschrift des Entw. des § 264 aufgenommen: „Wer eine Körperverletzung mit Einwilligung des Verletzten vornimmt, wird nur bestraft, wenn die Tat trotzdem gegen die guten Sitten verstößt.“ **Ob Sterilisation im Einzelfall aus eugenischen oder sozialen Gründen nicht gegen** die guten Sitten verstößt, läßt auch die neueste Novelle zum StGB. offen.

c) Die Freiheit ist im allgemeinen ein verzichtbares Rechtsgut, auf ein Gewohnheitsrecht braucht man mit Frank S. 142 nicht erst zuzukommen. Mezger, Lehrb. S. 217; Olsh. § 239 Nr. 8; Honig, Die Einwill. des Verletzten Teil I (1919) S. 172. Führt ihre Beraubung aber zu den in Abs. 2 und 3 des § 239 hervorgehobenen schweren Folgen oder zu der dort genannten längeren Dauer, so widerspricht dies dem Gemeininteresse und wird auch durch eine Einwilligung nicht rechtmäßig.

d) Auch die Einwilligung in den Ehebruch hebt dessen Rechtswidrigkeit nicht auf. A. M. Binding 1 715; Keßler GerS. **38** 571; Kries ZStRW. **7** 532; Frank 391; Mittermaier VDB. 4 99; v. Liszt-Schmidt I, 217; Merkel S. 395. Die Ehe erzeugt eben nicht nur private verzichtbare Rechte, ihre Reinhaltung dient öffentlichen Interessen, schon wegen des Personenstandes der Kinder. Wie hier auch Hälschner 2 473; Wachenfeld 455; Schwartz zu § 172 Anm. 1; Köhler, Strafantr. 49; Olsh. zu § 172 Anm. 1; M. Cohn, Ehebr. S. 44; Kiehl GerS. **54** 365; Mezger S. 217; RGSt. **14** 202; **25** 119 und RG. in GA. **37** 292; **41** 386; **54** 305; DStZ. **9** 54. Allerdings ist nach BGB. § 1565 Abs. 2 das Recht des Ehegatten auf Scheidung bei Einwilligung ausgeschlossen und damit eine Voraussetzung für die Strafbarkeit beseitigt.

e) Die Ehre kann jemand selbst verkleinern, darum auch in ihre Verletzung durch Dritte einwilligen. So jetzt auch v. Liszt-Schmidt (1927) S. 510; Binding 1 725; Frank S. 403. Nur muß er sich darüber klar sein, welche Bedeutung dieser Einwilligung zukommt, RGSt. **10** 372; **29** 398; **41** 393. Wie die

Ehre kann auch im besonderen die Geschlechtsehre willentlich einer Verletzung preisgegeben werden. Doch ist gerade hier zu prüfen, ob das volle Verständnis für die Einwilligung vorliegt, RGSt. **41** 393, **60** 34 und ob nicht die Handlung trotz der Einwilligung verboten ist, so z. B. wenn die Herbeiführung der Einwilligung selbst zum Tatbestandsmerkmal des Delikts erhoben ist, wie bei § 182 durch Verführung, bei § 176 Nr. 1 und § 177 durch Drohung, wenn trotz der Einwilligung ein andres Rechtsgut mitverletzt wird, wie z. B. bei §§ 235, 237 die elterliche oder vormundschaftliche Gewalt. Im allgemeinen können Kinder nicht darüber verfügen.

f) Vermögensrechtsverletzungen sind nicht rechtswidrig, soweit der Berechtigte auf die Vermögensteile verzichten und über sie verfügen kann. So ist Diebstahl, Unterschlagung, Sachbeschädigung ausgeschlossen, wenn der Eigentümer in die Aneignung oder Zerstörung der Sache vorher willigt. Für die Frage, wer Eigentümer einer Sache ist und ob Eigentum an einer Sache besteht, ist ausschließlich das bürgerliche Recht maßgebend, RGSt. **3** 35, 152, 344; **21** 364; **50** 183. Ein wirtschaftliches Eigentum i. S. von RAbgO. § 80, das dem Eigenbesitz des BGB. gleichsteht, ist kein Eigentum i. S. des Strafrechts, Wietfeld u. Hagelberg in JW. S. 2414 u. 2416. Auch ein kriminalistisches Eigentum gibt es nicht, v. Liszt-Schmidt S. 639. Über Unsicherheit der Rechtsprechung bei Eigentumserwerb an einer Geldsumme mit Recht Hellmuth Mayer, Untreue S. 292. Auch die Frage, ob eine Sache herrenlos ist, beantwortet sich nach BGB., RGSt. **39** 26; **42** 75; ebenso der Eigentumsvorbehalt und das Zurückbehaltungsrecht, RGSt. **35** 150; **37** 118. Eine nachträgliche Genehmigung vermag jedoch nicht rückwirkend die bei der Tat vorliegende Rechtswidrigkeit zu beseitigen. Dagegen wird eine Brandstiftung auch durch die Einwilligung des Eigentümers nicht rechtmäßig, denn sie ist nach § 306 strafbar um ihrer Gemeingefahr willen. Ebenso besteht an Gegenständen der Verehrung einer Religionsgesellschaft, an öffentlichen Denkmälern ein öffentliches Interesse, so daß die Einwilligung des Eigentümers ihre Zerstörung nicht rechtmäßig macht. Hinsichtlich der Urkundenfälschung und des Einflusses der Einwilligung in die Unterzeichnung mit fremdem Namen vgl. zu § 267.

17. Geschäftsführung. Die Geschäftsführung ist eine bürgerlichrechtliche Einrichtung und zu den besonderen Zwecken des Verkehrs auf diesem Rechtsgebiete als Rechtsinstitut anerkannt. Sie kann nicht ohne weiteres in gleicher Weise auf das Gebiet der Handlungen übertragen werden, die durch Gebote und Verbote mit Strafandrohung geregelt werden, wie W. Rosenberg GerS. 62, 73; Zitelmann, ArchZivPrax. 1899, 102; Ahrens, Geschäftsführung ohne Auftrag; Mezger, GerS. 89, 123, 292 wollen; in Lehrb. S. 222 lehnt er jedoch die Herübernahme der zivilrechtlichen Figur der Geschäftsführung ab und setzt an deren Stelle mit Klee, GA. 69, 166 die mutmaßliche Einwilligung, von der aber Frank S. 144 mit Recht bemerkt, daß sie nur die Schuld, nicht die Rechtswidrigkeit ausschließen könne, wie Zitelmann, ferner v. Hippel in Reichsgerichtsfestgabe V, 2 ff. mit Wiedergabe der verschiedenen Ansichten im Schrifttum und Lehrb. S. 123; Finger, Strafr. S. 479. Auch RGSt. **61** 256 sagt: „Die Gleichstellung des mutmaßlichen Willens mit dem wirklichen Willen der Schwangeren entspricht dem in BGB. § 677 zum Ausdruck kommenden Rechtsgedanken.“ Dieser „Rechtsgedanke“ gilt aber nur für das bürgerliche Recht zur Erfüllung der Zwecke der bürgerlichen Rechtsordnung und ist zum Ausschluß der objektiven Rechtswidrigkeit nicht geeignet. Graf Dohna GerS. 65, 310 u. a. Dagegen wie hier auch Hegler, ZPO. 36, 42 und A. Köhler, Lehrb. S. 388; Frank S. 144. Sofern freilich die Rechtswidrigkeit eines Tuns dadurch ausgeschlossen wird, daß jemand in Ausübung seines privaten Rechtes über eine Sache verfügt, oder sonst tätig wird, so kann, weil diese Handlung zunächst auf bürgerlich-rechtlichem Gebiet liegt, auch eine nach bürgerlichem Recht zulässige Geschäftsführung eines Dritten sie rechtmäßig erscheinen lassen, so daß sie überhaupt nicht unter die strafrechtlichen Gebote und Verbote fällt. Übereinstimmend wird angenommen, daß jemand vom Namensträger ermächtigt werden kann, mit dessen Namen eine Urkunde zu zeichnen, RGZ. **74** 69; RGSt. **37** 196. Dann ist die Rechtswidrigkeit der Zeichnung mit fremdem Namen ausgeschlossen, die Zeichnung ist keine falsche. Inwieweit die Einschränkung richtig ist, daß die Zeichnung falsch werde, obwohl sie im Einverständnis mit dem Vollmachtgeber geschieht, wenn sie vorgenommen wird, um im Rechtsleben zu täuschen, kann hier dahinstehen, RGSt. **37** 196 und **43** 348. Denkbar ist nun bei derartigen Unterzeichnungen mit fremdem Namen, daß diese in auftragloser, berechtigter Geschäftsführung erfolgen, etwa die Ehefrau zeichnet für ihren Mann, ein Freund für den anderen eine Quittung usw., um keine Verzögerung im Empfang des Geldes oder anderer Sachen eintreten zu lassen (vgl. den Fall 97 der „Praktika" von Graf zu Dohna 1921). Soweit diese Geschäftsführung zulässig ist, macht sie die Namenszeichnung rechtmäßig, und es entfällt damit der Tatbestand der Urkundenfälschung. Ein Irrtum über diese Befugnisse wäre auch nach der reichsgerichtlichen Auffassung ein Irrtum über Rechte außerhalb des Strafgesetzbuches und daher nach § 59 zu beachten.

18. Nicht aus dem Gesichtspunkt der Geschäftsführung heraus, die immer den Willen des Geschäftsherrn, BGB. §§ 677, 678, berücksichtigen muß und wobei die Ausnahme in § 679 nur im Interesse besonderer Pflichten gemacht ist, müssen Handlungen in folgenden Fällen als rechtmäßig angesehen werden. Wenn die Rechtsordnung bestimmten Interessen dadurch Schutz verleiht, daß sie ihre Verletzung als widerrechtlich erklärt und sogar durch Verbote unter Strafdrohung untersagt, kann sie die Förderung dieser Interessen nicht für rechtswidrig erklären. Das Verbot bezieht sich daher von vornherein nicht auf sie. Gesellschaftszwecke, die rechtlich anerkannt sind, lassen die sie fördernden Handlungen als rechtmäßig erscheinen, wenn diese bei Abwägung wichtiger sind als etwaige Güterverletzungen durch diese Handlungen, die gerade den Interessen desjenigen dienen sollen, deren Verletzung als rechtswidrig aus einem Strafgesetz erkannt wird. Hierbei kommt es auf den Willen desjenigen, dessen Interessen von der Strafrechtsordnung geschützt werden, nicht an, da dieser Schutz vielfach auch gegen dessen Willen gegeben wird (vgl. oben unter 17).

So bei dem von Frank 144 angeführten Fall, daß jemand ein weidwund geschossenes Tier auf fremdem Jagdgebiet erlegt, um es dem Jagdberechtigten auszuhändigen. Hier fehlt übrigens auch schon der rechtswidrige Vorsatz, Nagler S. 467.

19. Der bloße Umstand, daß ein vom Gesetz gebilligter Zweck durch eine hierzu geeignete und angemessene Handlung zu erreichen versucht wird, vermag diese, sofern sie im übrigen gegen ein gesetzliches Verbot verstößt, noch nicht zu einer rechtmäßigen zu machen. Der Zweck heiligt nicht die Mittel. RGSt. **61** 253. Vgl. Heimberger, VDA. 4, 4; Kohlrausch ZStRW. **25** 661; Beling, Die Lehre vom Verbrechen S. 141, Binding, Lehrb. 1, 55; Oertmann, Rechtsordn. und Verkehrssitte (1914); a. M. Meyer-Allfeld S. 201; v. Liszt-Schmidt I S. 231, namentlich hinsichtlich der Heilbehandlung; Graf Dohna, Die Rechtswidrigkeit (1905). Beim einzelnen Delikt ist jedoch zu untersuchen, ob auf solche Handlungen nach dem Zwecke des Gebots und Verbots diese Anwendung finden wollen oder nicht. So bei staatlicher Zulassung eines Gewerbes. Sofern die Handlung zur Erreichung des Zwecks aber zugleich unbedingt notwendig ist, wird häufig der Fall des Pflichten- und Güternotstands vorliegen und aus diesem Grunde dann die Rechtswidrigkeit entfallen. Vgl. Lilienthal, Künstl. Fehlgeburt (1918) S. 392. Vgl. die Ausführungen über Notstand. Ferner gehört hierher die Ausübung der Menschenhilfe, die keinen Angriff gegen eine Person, sondern im Gegenteil aber Hilfe für sie bringt und, wenn sie angemessen und den Zwecken der Rechtsordnung gemäß ist, darum nicht rechtswidrig sein kann, v. Hippel, Lehrb. S. 123.

§ 6. Pflichtmäßigkeit und Pflichtwidrigkeit.

A. Umfang der Gebote und Verbote.

1. Während die objektive Rechtmäßigkeit und Rechtswidrigkeit auch aus der außergesetzlichen Rechtsordnung zu entnehmen ist, beruht die für das Gebiet des Strafrechtes in Betracht kommende Pflichtwidrigkeit auf den Geboten und Verboten des gesetzten Rechtes, und da sie mit Strafdrohungen versehen sind, ausschließlich auf denen, die in den Strafgesetzen zum Ausdruck gekommen sind. Es ist daher die erste Aufgabe für die Feststellung, ob eine Zuwiderhandlung gegen ein gesetzliches Gebot oder Verbot vorliegt, den Umfang dieser Normen aus dem Tatbestand des Gesetzes und dem erkennbaren Zweck der Vorschrift festzustellen.

2. Der Umfang erstreckt sich zunächst auf alle auf Verwirklichung des rechtlichen Tatbestandes gerichteten Handlungen, gleichviel in welchem Stadium der Verwirklichung sie sich befinden und ob sie Vorbereitungshandlungen oder Versuche geblieben oder ob die Straftat vollendet worden ist, gleichviel auch, ob, wie bei den sog. Absichtsdelikten, die juristische Vollendung schon eintritt, ohne daß der beabsichtigte Erfolg eingetreten ist. Auch die zu dessen Erreichung fortentwickelte Tätigkeit fällt noch unter das Verbot, so daß ihre Idealkonkurrenz mit einer anderen Straftat möglich ist, RGSt. **44** 32. Gleichgültig ist auch, ob die Handlung eine Täterhandlung im engeren Sinne oder eine Teilnehmerhandlung ist. Wenn der Gesetzgeber die Verursachung eines rechtswidrigen Erfolges verbietet, verbietet er damit das Setzen jeder Art von Bedingungen, auch der hierfür mitwirkenden. Inwieweit diesem alles umfassenden Gebot oder Verbot dann Strafdrohungen als Sanktionen beigefügt sind, ist eine Frage der Kriminalpolitik, E. Mayer S. 341 spricht hier von Strafausdehnungsgründen. Vgl. Graf zu Dohna, ZStRW. **52** 98.

3. Der Umfang der Gebote und Verbote ist von vornherein eingeschränkt

a) auf gewisse Arten von rechtswidrigen Handlungen. Unzutreffend ist es, für den Fall, daß diese besondere Art, die die Norm im Auge hat, nicht vorliegt, die Denkform der Regel mit Ausnahmen ausschließlich anzuwenden, Hertz, Unrecht I, 95; Hofacker, Rechtswidrigkeit und Kriegsverbrechen (1921) S. 12; a. M. Binding, Normen I, 127. Das Verbot der Tötung denkt nicht daran, die durch den Scharfrichter, den Soldaten in der Schlacht verübten Tötungen als Ausnahmen von seinem Befehl anzusehen: es faßt diese Art Tötungen von vornherein nicht ins Auge, sie liegen völlig außerhalb des von ihm zu regelnden Gebietes der Lebensverhältnisse. Ebenso läßt das Verbot der Körperverletzung die Heilbehandlung, das Verbot der Abtreibung die ärztliche Unterbrechung der Schwangerschaft als Heilbehandlung der Mutter außer Betracht. So auch Entwurf § 263: „Eingriffe und Behandlungen, die der Übung eines gewissenhaften Arztes entsprechen, sind keine Körperverletzungen im Sinne dieses Gesetzes." Und § 254: „Eine Abtreibung i. S. dieses Gesetzes liegt nicht vor, wenn ein Arzt eine Schwangerschaft unterbricht, weil es nach den Regeln der ärztlichen Kunst zur Abwendung einer ernsten Gefahr für das Leben oder die Gesundheit der Mutter erforderlich ist." Es wird also kein Rechtfertigungsgrund oder Entschuldigungsgrund geschaffen, sondern verneint, daß das Verbot der Abtreibung hier überhaupt diese Handlung ergreift, Heimberger, Arzt u. Strafrecht in Festgabe f. Frank I, 389. Entgegen der ständigen Rechtsprechung des RG. bezieht sich das Verbot des Zweikampfes auch nicht auf die studentischen Schlägermensuren, sofern bei ihnen Schutzmaßregeln gegen die Wirkung des Gebrauchs der tödlichen Waffen auf Leben und Gesundheit angewendet werden und die Gefahr, um derentwillen das Verbot ausgesprochen ist, ausgeschaltet ist. Zweifelhaft ist auch, ob das Verbot der Tötung die sog. Sterbehilfe ergreifen will.

Häufig hebt das Gesetz selbst noch ausdrücklich hervor, daß das Verbot, ein bestimmte Handlung vorzunehmen, diese nur erfassen will, soweit sie widerrechtlich ist, d. h. gegen die objektive Rechtsordnung verstößt oder gar ein subjektives Recht verletzt. Diese besondere Hervorhebung erfolgt aus praktischen und gesetzestechnischen Erwägungen in den Fällen, wo es verhindern will, aus dem allgemein gefaßten Verbot den Schluß zu ziehen, daß mit ihm etwa zugleich erst eine Feststellung allgemeiner Rechtswidrigkeit verbunden werde. Sie bedeutet lediglich den besonderen Hinweis auf die jedem Verbot von selbst innewohnende Beschränkung auf eine objektiv rechtswidrige Handlung. So § 267, § 242, § 303, § 239. Vgl. auch Binding GerS. 76, 11; Mittermaier ZStRW. **44** 9; Beling, Lehre v. Verbr. 148. Ganz verfehlt ist die in RGSt. **58** 249 zutage tretende Anschauung, die überdies mit RGSt. **2** 377 in Widerspruch steht. Zutreffend KG. III. 8. 28, Höchstr. Rechtspr. 1928 Nr. 1256. Daß das Verbot, einen Menschen einzusperren, an sich unbeschränkt laute und die Einsperrung etwa durch einen Gefängniswärter zur Vollstreckung rechtskräftiger Freiheitsstrafe nur eine Ausnahme hiervon sei, ist nicht die Meinung. Das Verbot richtet sich von vornherein nur gegen widerrechtliche Einsperrung, andernfalls müßte es selbst sagen, wann die Ausnahme von seiner Regel vorliegt. Die Frage, ob eine Einsperrung widerrechtlich ist oder nicht, wird aber weder von der Norm des § 239 noch überhaupt allein vom Strafrecht entschieden, sondern von der Gesamtheit der Vorschriften der Rechtsordnung, darunter einzelnen des Verwaltungsrechts, der Prozeßordnungen, des Familien- und Vormundschaftsrechts usw., M. E. Mayer S. 53. Vgl. RGSt. **37** 127. Deren Vorschriften haben aber nicht den Zweck, Ausnahmen von einem Verbot des § 239 zu bilden, sie bestehen vielleicht längst vor dem Verbote, sondern sind völlig unabhängig von ihm in Verfolgung selbständiger Zwecke, die der Regelung des ihnen unterliegenden Gebiets entsprechen. Daher ist zwar notwendig jeder verbotswidrige Tatbestand auch ein rechtswidriger, RGSt. **5** 152, **29** 403; keineswegs aber ein rechtswidriger immer auch ein verbotswidriger. Vgl. auch Graf Dohna, ZStRW. **07** 338. Nach v. Hippel ZStRW. **1921** 416 soll dagegen nur die Strafdrohung die Tat als widerrechtlich — vorbehaltlich besonderer Ausnahmen — kennzeichnen. Daß aus praktischen gesetzestechnischen Gründen Umstände, die eine Rechtswidrigkeit ausschließen, zuweilen als Ausnahmen von Verboten hingestellt werden, wie z. B. bei der Notwehr, darf nicht irremachen. Vgl. auch Sauer, Grundlagen des Strafrechts (1921) S. 319. Erkennt man, daß das Verbot sich von vornherein zwar nur auf eine rechtswidrige, aber nicht auf jede rechtswidrige Handlung bezieht, so kommt man zu einer nach dem Zweck des Verbots gerichteten Auslegung über seinen Umfang und so zu einer richtigen Rechtsfindung häufig auch ohne auf das außergesetzliche Recht zurückgreifen zu müssen. Diese Auslegung nach dem Zweck und der Aufgabe der Rechtsordnung, der Rechtsgemeinschaft zu nützen, nicht zu schaden, RGSt. **62** 65, nicht philologisch nach dem Wortlaut, befiehlt geradezu § 4 der RAbgO.: „Bei Auslegung der Steuergesetze sind ihr Zweck, ihre wirtschaftliche Bedeutung und die Entwickelung der Verhältnisse zu berücksichtigen." Hinzuzufügen ist, daß auch das Rechts- und Billigkeitsgefühl, das im Volke lebende Rechtsbewußtsein bei Feststellung des Umfanges und Inhaltes der Norm zu beachten ist. Einschränkend hierzu v. Liszt-Schmidt S. 174. Alle Normen tragen einen relativen Charakter an sich, wollen nicht starr und unbedingt gelten. Gute Richtlinien für diese Auslegung der Gebote und Verbote insbesondere nach dem Zweck des Gesetzes finden sich RGSt. **8** 50, 364; **22** 208; **33** 262; **38** 227; **45** 424; **51** 343; **59** 314; **62** 369; **63** 85, 197, 275; **64** 388. Auch Sauer, Reichsgerichtspraxis I, 147; Mezger, Lehrb. S. 175; Alsberg in Festschr. f. Pinner (1932).

b) Zweifelhaft ist, ob gewisse Handlungen, die zufolge ihrer Eigenart und der mit ihr verbundenen Rechtfertigungen zum Handeln rechtmäßig sind und deshalb nicht unter das Gebot oder Verbot fallen, dann ohne weiteres unter dieses zurückfallen, wenn sie unter Überschreitung ihrer Befugnisse rechtswidrig werden. So bringt ein Züchtigungsrecht, die Heilbehandlung eine Einschränkung für das Verbot der Körperverletzung, die Erfüllung einer Amts- oder Dienstpflicht eine solche etwa des Verbotes der Freiheitsberaubung, die Beobachtung von Spiel- und Kampfregeln beim Sport eine Einschränkung des Verbotes der Körperverletzung.

Dem Völkerrecht entsprechende Handlungen sind niemals rechtswidrig, daher sind auch Kriegshandlungen, die Rechtsgüter des Feindes vernichten, nicht rechtswidrig, wenn sie sich im Rahmen der völkerrechtlichen Vorschriften bewegen. Sofern die Kriegshandlungen aber wider die völkerrechtlichen Regeln verstoßen, werden sie rechtswidrig, und ebenso werden alle die anderen vorerwähnten Handlungen rechtswidrig, wenn sie das Züchtigungsrecht, die Amtsbefugnisse, die Spielregeln, die Regeln der Heilbehandlung überschreiten. Auch als rechtswidrige Handlungen bleiben sie aber nach wie vor möglicherweise Kriegshandlungen, Züchtigungen, Amtshandlungen. Die Züchtigung kann über das zulässige Maß hinaus gehen, aber die Natur als Züchtigung behalten.

Gleiches gilt von der Erfüllung einer Amts- oder Dienstpflicht. Innerhalb der im Amt oder Dienst liegenden Befugnisse entfällt jede Rechtswidrigkeit. Überschreitet die Handlung des Beamten aber die Befugnisse seines Amts, so wird sie nicht mehr von diesem gedeckt und somit rechtswidrig. Gleichwohl hört auch sie damit nicht notwendig auf, Amtshandlung zu sein. Der Richter, der irrtümlich Fluchtverdacht annimmt und Haftbefehl erläßt, nimmt eine Amtshandlung vor. Sobald es sich um Widerstand gegen eine solche an sich rechtswidrige Amtshandlung handelt, wird dies nicht verkannt. Auch die widerrechtliche Amtsausübung bleibt also Amtsausübung, ihre Unrechtmäßigkeit hebt ihre Hoheitsnatur noch nicht ohne weiteres auf. Auch regelwidriges Spielen und Kämpfen kann immer noch ein Spielen und Kämpfen sein. Allen diesen Fällen ist also gemeinsam, daß eine Handlung rechtswidrig ist, gleichwohl aber noch ihre gewisse Eigenart behält, Erziehungsmaßregel, Spielhandlung, Heilbehandlung, Amtshandlung, Kriegshandlung bleibt. Hier erhebt sich nun die schwierige und kaum einheitlich zu beantwortende Frage, ob das Gebot oder Verbot solche Handlungen von besonderer Eigenart überhaupt und schlechthin nicht treffen will, gleichviel, ob sie widerrechtlich sind oder nicht, und ob es sich von vornherein nur auf ganz andersartige Handlungen beschränkt, oder ob das Verbot auch diese Handlungen trotz ihrer eigenartigen Natur um ihrer Widerrechtlichkeit willen und wegen der Verletzung gleicher Rechtsgüter, wie sie sonst geschützt werden, in seinen Umkreis einbezieht und damit den widerrechtlichen Handlungen andrer Art gleichstellt. Die Rechtswissenschaft überwiegend und in ständiger Rechtsprechung das Reichsgericht bejahen die Frage in letzterem Sinne. Dagegen Hofacker, Rechtswidrigkeit und Kriegsverbrechen. Danach sind Züchtigungshandlungen, die nicht im Einklang mit den Dienstanweisungen des Lehrers, dem Maß des BGB. stehen und deshalb widerrechtlich sind, vorsätzliche oder fahrlässige Körperverletzungen i. S. von StGB. § 223, RGSt. **34** 118, dasselbe gilt von Überschreitungen hoheitlicher Handlungen, ärztlichen Handlungen, RGSt. 38 34, Spielhandlungen und ist von besonderer Bedeutung geworden für die sog. „Kriegsverbrechen". Das RG. führt in seinem Urt. vom 26. VII. 21 (abgedruckt im „Weißbuch" Aktenstück des Reichstags Nr. 2584) aus: „Eine Überschreitung der völkerrechtlichen Grenzen der Kriegführung ist strafbar, sofern im übrigen der Tatbestand einer strafbaren Handlung gegeben ist. Dem Willen des Staates, der den Krieg führt und dessen Gesetze für die Frage der Rechtmäßigkeit oder Widerrechtlichkeit entscheidend sind, entspricht die Tötung des Gegners im Kriege nur insoweit, als sie unter den Voraussetzungen erfolgt und die Bedingungen und Schranken einhält, die das Völkerrecht aufstellt". — Eine besondere Strafandrohung für Völkerrechtsverletzungen kennt das deutsche Strafrecht nicht. Sofern für sie also überhaupt nicht der Staat allein — wie ebenfalls angenommen wird — sondern die Einzelperson haftet, kann dies nur geschehen, wenn das gemeine Strafrecht die völkerrechtswidrigen Handlungen so wie das RG. annimmt, ergreift. Vgl. auch Verdroß, Die völkerrechtswidrige Kriegshandlung und der Strafanspruch der Staaten S. 26, 27 und 43. Gegen diese Annahme Hofacker, Rechtswidrigkeit und Kriegsverbrechen S. 27 ff.; die Leipziger Kriegsprozesse in ZStRW. **1922** 649; Zaeschmar in Nachrichten der Marine-Offizier-Hilfe **1921** Nr. 34; Wegener, Die Rechtswidrigkeit der Kriegsverbrechen in ZStRW. **1924** 683 und die dort angeführte reichhaltige Literatur. Derselbe in Hamb. Schriften z. ges. Strafrechtswiss. Heft 7 (1925). — Die Frage läßt sich nicht so einheitlich behandeln, wie RG. und die überwiegende Meinung glaubt. Es kommt auf die Art der Rechtsverletzung und auf die Art der Handlung im einzelnen Falle an und kann nur bei den Einzeldelikten untersucht werden.

c) Eine Beschränkung des Umfangs der Gebote und Verbote findet sich ferner, wo in den Fällen der notwendigen Teilnahme (siehe daselbst) diese Gebote und Verbote sich nur gegen die Tätigkeit der einen Seite richten, die zur Erfüllung des Tatbestandes ein für alle mal notwendige korrespondierende Tätigkeit der andern Seite aber nicht mitumfaßt. Soweit das korrespondierende Mitwirken im obigen Sinne notwendig ist, fällt es dann nicht unter die allgemeinen Vorschriften des StGB. §§ 47, 48, 49. Binding, Lehrb. 1, 442; 2, 59; Wachenfeld S. 421; v. Kries ZStRW. **7** 536; A. Köhler S. 506; Freudenthal, Die notwendige Teilnahme am Verbrechen (1901), S. 107, 109; Frank S. 111, RGSt. **8** 294, **25** 369; Rechtspr. **10** 713. Nach v. Liszt-Schmidt I, 325 ist der Begriff „wenig förderlich".

Bestritten ist, ob eine Teilnahme an einem Verbrechen, dessen Tatbestand nur aus der einen Seite der Begegnungshandlung gebildet wird, die korrespondierende Tätigkeit des andern Teils aber nicht einbezieht, dann zur verbotenen Teilnahme nach §§ 47 ff. an der Straftat werden kann, wenn sie über das Maß der unbedingt notwendigen Teilnahme, wie sie in der korrespondierenden Tätigkeit liegt, hinausgeht. Das RG. bejaht dies in ständiger Rechtsprechung, RGSt. **1** 350, **2** 439, **3** 140, **4** 60, **5** 275, 435, **6** 286, **8** 294, **12** 122, **21** 375, **23** 69, 242, **25** 369, **29** 304, **34** 273, **39** 134, **51** 131, **52** 3, **61** 32; ebenso Berner 613. Abweichend RGSt. **42** 382 und Freudenthal, Die notwendige Teilnahme am Verbrechen (1901, S. 110 ff., 190; A. Köhler 508; Allfeld 213; Mayer 386; Binding, Lehrb. I 442; Frank S. 111 ff. Olshausen, Klee, Der Erpressungsbegriff (1911) S. 34. Die Auffassung des Reichsgerichts verdient den Vorzug. Wenn der Gesetzgeber einen für rechtswidrig erachteten Erfolg, der durch das Zusammentreffen zweier gegenseitiger korrespondierender Tätigkeiten hervorgerufen wird, dadurch verhindern will, daß er aus kriminalpolitischen Gründen nur die eine Seite der Tätigkeit verbietet, so richtet sich das Verbot auch gegen jede Teilnahme an dieser den Erfolg herbeiführenden Tätigkeit, wie sie die Anstiftung und Beihilfe hierzu darstellt. Daß auch eine zum Erfolg notwendig korrespondierende Gegentätigkeit, die aber keine Teilnahmehandlung an jener ist, aus kriminalpolitischen Gründen straflos bleibt, kann daran nichts ändern. Namentlich ist es nicht zutreffend, wie Freudenthal a. a. O. S. 117 will, daß die Teilnahmehandlung an der verbotenen einen Seite der korrespondierenden Tätigkeit im Verhältnis von Gefährdung zur Verletzung in bezug auf die andre unverbotene korrespondierende Tätigkeit steht. Diese Relation trifft nur für die verbotene Tätigkeit zu. Vgl. namentlich RGSt. **23** 69.

Es können aber andre besondre Erwägungen dazu führen, die Teilnahme an einer strafbaren Handlung zuweilen nicht unter die Strafvorschriften des StGB. fallen zu lassen und insoweit eine Beschränkung des Verbots anzunehmen. Es gibt Handlungen, die vom Gesetz verboten werden, um unter allen Umständen ein bestimmtes Rechtsgut des Trägers zu schützen, auch gegen seinen eignen, insoweit also nicht für maßgebend erachteten Willen. Nach v. Kries, Beitrag zu der Lehre von der Teilnahme ZStRW. **7** 527, sollen die Personen, zu deren Schutz ein Strafgesetz erlassen ist, nicht von der Schärfe des Gesetzes, das sich nicht gegen sie richtet, getroffen werden, und auch RGSt. **18** 281 sagt, daß §§ 47 ff. eine Anwendung auf diejenigen Personen nicht zulassen, zu deren Schutze die einzelnen Schutzvorschriften erlassen sind. Hierher gehören StGB. §§ 174, 237, 302 a—c. Nur für die Kuppelei nimmt RG. in ständiger Rechtsprechung an, daß der Verkuppelte strafbarer Anstifter und Gehilfe an seiner eignen Verkuppelung sein könne, RGSt. **3** 140; **4** 252; **6** 288; **20** 12; **22** 53; **23** 69; **25** 369. RGSt. in HRR. 3, 2; Olsh. Anm. 7 zu § 120 verneint dies jedoch für die Mittäterschaft, RGSt. in GA.

47, 291. Wie das RG. Beling, ZStRW. **18** 271 u. Ebermayer in diesem Kom. Über die Anfechtbarkeit dieser Begründung zutreffend Freudenthal a. a. O. S. 201; Binding, Lehrb. 2, 591; Schwarz, Anm. 9 zu § 180; Beling ZStRW. **18** 271; Frank S. 112; Olsh. Anm. 14b zu § 180; v. Liszt-Schmidt I S. 108 Anm. 5; Gerland 313; Dohna in Festgabe f. Frank Bd. II S. 470. In der Tat kann sich ein Verbot, das nur die Verletzung und Gefährdung eines Dritten verbietet, um diesem Schutz zuteil werden zu lassen, ihn also ausschließlich als Schutzobjekt behandelt, nicht gleichzeitig gegen ihn als einen von dem Schutzobjekt verschiedenen Handelnden richten.

d) Eine weitere *Einschränkung des Umfanges der Gebote und Verbote* findet noch in folgenden Fällen statt:

aa) *Allgemein* wird die Erfüllung der durch die Gebote und Verbote dem Rechtsgenossen auferlegten Pflicht, ihnen gemäß sich zu verhalten, von vornherein beschränkt auf ein solches Verhalten, das ihm billigerweise *zugemutet werden kann.* Dabei ist zu beachten, daß sich die Norm an den *Durchschnittsmenschen* richtet und die normale Motivation eines solchen im Auge hat. Das Verbot verlangt nichts Übermenschliches, und das Gesetz verzichtet von vornherein überhaupt auf Erlaß eines Verbotes, dessen Befolgung es nicht erwarten kann. Mit Rücksicht auf die *typischen Fälle* des Verbotes oder Gebotes gilt es dann abzuwägen, ob eine Motivierungslage vorliegt, die das Motiv der rechtlichen Pflichterfüllung überwiegt und damit deren Grenze bestimmt, oder ob dies nicht der Fall ist; vgl. auch Finger in GerS. **98** 459. Dies kann sowohl bei den verschiedenen Deliktsarten überhaupt, als für die besonderen Pflichten bestimmter Kreise verschieden sein, so z. B. für Beamte, Soldaten usw. unter allen Umständen die Erfüllung der Rechtspflicht beanspruchen und entgegenstehenden Motivierungen die Beachtung versagen. So kann das Verbot der Tötung unbedingtere und unbegrenztere Geltung beanspruchen, als etwa das Verbot einer Körperverletzung oder Sachbeschädigung, das Verbot der Verletzung unbegrenzter sein als das der Gefährdung. In dieser Weise hat auch das RG. wiederholt die „Zumutbarkeit" als *Grenze der Normgeltung und Bestimmung ihres Inhaltes und Umfanges* angesehen. So z. B. RGSt. **58** 97 für den Umfang der Einschreitungspflicht des Ehemannes gegen die Ehefrau nach BGB. § 1358 und demgemäß für den Umfang des Verbotes der Kuppelei, indem dort ausdrücklich erklärt wird, nicht erst Notstand entschuldige, *es gelte das Verbot nicht schlechthin,* sondern *nur, wenn ihm nach der gesamten Sachlage* gemäß BGB. § 1354 *zugemutet* werden dürfe, einzuschreiten." Und ganz deutlich spricht RGSt. **60** 103: „Dem in StGB. § 257 ausgesprochenen Verbot *ist da eine Grenze gezogen, wo dem Handelnden nicht mehr zugemutet werden kann, dem Verbot Folge zu leisten*... es kann zwar möglicherweise eine strafbare Handlung *anderer* Art vorliegen, *nicht aber strafbare Begünstigung.*"

So beim *Konflikt der Pflichten* allgemein nach § 54. Der sprechendste Fall ist hier der *Trieb der Selbsterhaltung* und die *Liebe zu Angehörigen,* StGB. § 52, wie die *Selbstbefreiung des Gefangenen.* Daß der Bruch des amtlichen über ihn verhängten Gewahrsams, auch wenn er vom Gefangenen selbst vorgenommen wird, wider das Recht läuft, schon weil er ein subjektives Recht des Staates verletzt, kann nicht zweifelhaft sein. Auch die Selbstbefreiung ist rechtswidrig. Aber das Gesetz respektiert den in jedem Menschen wohnenden Freiheitsdrang und verbietet nur anderen, an der Befreiung eines Gefangenen mitzuwirken, nicht dem Gefangenen selbst, sich zu befreien. Eine Ausnahme hiervon, oder vielmehr eine Erstreckung dieses Verbots auch auf den Gefangenen selbst findet sich nur MStGB. §§ 79, 159 und auf Begehung der Selbstbefreiung in der Form der Meuterei, § 122. Streit herrscht nun darüber, ob die Teilnahme des Gefangenen selbst an einer verbotenen Befreiungshandlung Dritter zu seinen Gunsten, §§ 120, 121, strafbar ist oder ob sich die diese Befreiung verbietende Norm gegenüber den Teilnahmehandlungen, die vom Gefangenen selbst ausgehen, Beschränkung auferlegen will. Logisch denkbar und rechtlich möglich ist beides. Das RG. sagt Rechtspr. **4** 812 an sich zweifellos zutreffend: „Die dem Freiheitsdrange eines Menschen Rechnung tragende Intention des Gesetzgebers nötigt nicht zu der Forderung, daß auch jene Handlungen eines Gefangenen sich der Straflosigkeit zu erfreuen haben, welche die Ursache der verbrecherischen Tätigkeit eines Dritten geworden sind. . . . Die Logik steht jener Anwendung (der §§ 120, 121) nicht entgegen." Ebenso RGSt. **3** 140; **4** 60; **23** 69; **25** 369; **57** 419. Andere lassen dagegen das Motiv der Straflosigkeit für die Selbstbefreiung so stark wirken, daß sie annehmen, das Verbot wolle auch die vom Gefangenen vorgenommenen Teilnahmehandlungen am fremden strafbaren Tun zum Zweck seiner Befreiung nicht mit umfassen, und sie lassen deshalb die Vorschriften von StGB. §§ 48, 49 ausscheiden. Die Begründung für diese Annahme ist verschieden. Vgl. Binding, Handbuch I, S. 361; Freudenthal, Die notwendige Teilnahme am Verbrechen, S. 110; A. Köhler S. 507 erklärt: „da der Schwerpunkt der Teilnahme im geltenden Recht in der Beförderung des verbotenen Erfolgs, nicht aber in der Hereinziehung andrer in das Verbrechen liegt, kann derjenige, dem die Erfolgsverursachung persönlich nicht verboten ist, auch nicht wegen Benutzung andrer Kräfte zu seiner Herbeiführung gestraft werden. Ist er kein tauglicher mittelbarer Täter, dann ist er auch kein tauglicher Anstifter und Gehilfe." Dem dürfte beizupflichten sein, soweit sich die Handlung des Dritten ausschließlich auf die Befreiung beschränkt. Verletzungen anderer Rechtsgüter zum Zwecke der Durchführung der Befreiung bleiben wie für den sich selbst befreienden Gefangenen so auch für den Dritten strafbar. Hält man den natürlichen Trieb nach Freiheit überhaupt für so berücksichtigungswert, daß der Gesetzgeber mit seinen Verboten vor ihm haltmacht, so deckt er auch die Teilnehmer an der Tätigkeit eines Dritten zum Zwecke seiner Befreiung. Damit ist aber keineswegs gesagt, daß jede Selbstbegünstigung, auch anderer Art, dieselbe Nachsicht verdient und Teilnahme an einer strafbaren Begünstigung nach § 257 schlechthin deshalb straflos sei, weil sich die Begünstigung des Dritten auf den Teilnehmer bezieht. Hergt GerS. **76** 343; Hegler in JW. **1924** 1597; RGSt. **4** 60; **22** 106; **59** 34; **60** 346; **61** 31; GerS. **58** 461; 1 D 927/23, 1. II. 24; JW. **1924** 1597[1]. — 3 D 936/24 15. I. 25. Andrerseits hält 1 D 922/24 23. XII. 24 die Begünstigung des einen Mittäters durch den andern, um ihn der Bestrafung zu entziehen, dann als mittelbare Selbstbegünstigung für straflos, wenn er nur dadurch selbst straflos bleiben kann. RGSt. **21** 375; **60** 102; 3 D 63/25, 25. VI. 25. Ob es dem Täter dabei mehr auf die Selbstbegünstigung als auf die Begünstigung des Teilnehmers an der Vortat ankommt, ist nicht entscheidend. Es genügt, daß die Begünstigungshandlung nur überhaupt darauf gerichtet war, auch sich selbst der Bestrafung zu entziehen. RGSt. **60** 101; **63** 233, 240.

bb) Diese Begrenzung des Umfanges der Norm von vornherein auf die regelmäßig vom Gesetz unterstellte Zumutbarkeit der Befolgung bei den

Normunterworfenen in den typischen Fällen ist zu unterscheiden von der besonderen Nichtzumutbarkeit für den einzelnen Täter als Schuldausschließungsgrund für die Nichtbefolgung des Gebotes oder Verbotes trotz dessen geltendem Umfang. Von Bedeutung wird dies für die Beurteilung der Fahrlässigkeit. Der Umfang der Sorgfaltspflicht, die zu beachten das Gesetz auferlegt, richtet sich nach dem objektiven Maßstab: es ist diejenige, die jedem Durchschnittsmenschen bei Begehung in Betracht kommenden Betätigung mit Rücksicht auf die Verkehrs- und Lebensbedürfnisse von Rechtsgenossen zugemutet werden, die zu beachten also die Lebensverhältnisse verlangen. Handelt es sich um eine besondere Sorgfaltspflicht bei bestimmten Arten der Betätigung eines Amtes, Berufes oder Gewerbes, so bildet den Maßstab für deren Umfang diejenige, die jedem Zugehörigen dieses Amtes oder Berufes zuzumuten ist. Von diesem Umfange der Norm ist dann durchaus zu unterscheiden, ob eine Verletzung der durch sie begründeten Pflicht nach den besonderen persönlichen Verhältnissen des Einzelnen entschuldbar ist, weil unter diesen Umständen ihm ihre Befolgung nicht mehr zugemutet werden kann. Die Feststellung des Umfanges der Sorgfaltspflicht gehört zur Feststellung des Inhaltes und Umfanges der Norm und begründet die Möglichkeit einer objektiv verbotswidrigen Handlung, die Feststellung der Zumutbarkeit im letzteren Sinne dient der Feststellung der schuldhaften Zuwiderhandlung. Siehe hierzu auch Mezger, Lehrb. S. 371 und unten unter Fahrlässigkeit.

e) Gebote und Verbote richten sich endlich häufig von vornherein nur an einen bestimmten Kreis von Menschen, Inländer, Ausländer, Gewerbetreibende, Beamte usw., Hofacker, Die Staatsverwaltung und die Strafrechtsreform (1919) S. 328, ebenso wie sie umgekehrt auch von vornherein an diese bestimmten Kreise sich nicht wenden, bestimmt geartete Tätigkeiten nicht regeln wollen. Es liegt dann auch hier Selbstbeschränkung des Geltungsgebietes der Normen, keine Setzung von Ausnahmen einer vorausgesetzten umfänglicheren Geltungskraft vor.

B. Schuldlose Handlungen.

I. Ein Schuldausschließungsgrund kommt erst in Frage, wenn feststeht, daß die Handlung zunächst eine objektiv-rechtswidrige ist, weiter, daß sie auch vom Verbot oder Gebot getroffen wird, also objektiv eine Zuwiderhandlung gegen die Norm darstellt. Hier ist namentlich der Umfang des Geltungsbereiches der Gebote und Verbote zu beachten. Wo diese von vornherein nicht gelten wollen, ist eine Zuwiderhandlung gegen sie sowohl objektiv als subjektiv, d. h. schuldhaft, naturgemäß ausgeschlossen. Beling, Grundzüge S. 17. Es kommen also nur Umstände in Frage, die unbeschadet der Geltung der Gebote und Verbote im allgemeinen und für jedermann im vorliegenden besonderen Fall den Einzelnen von der Gehorsamspflicht entbinden, weil ihre Befolgung in diesem besonderen Falle nicht zumutbar ist. v. Liszt-Schmidt I S. 283 ff. Diese ausnahmsweise Befreiung von der Gehorsamspflicht schließt in gleicher Weise die Schuld aus, wie das Fehlen der allgemeinen Erfordernisse für eine Schuld ist, also in ihrer Wirkung diesen gleich. So zutreffend Mezger, Lehrb. S. 265 ff., 363 und Reichsgerichtspraxis V, 26; Frank S. 139; RGSt. **23** 116; **36** 334;

57 268; **60** 88. Über die allgemeinen Voraussetzungen der Annahme einer Schuld s. S. 92. Wenn in StGB. § 58 und in Jugendgerichtsgesetz § 2 und § 3 als besondere Schuldausschließungsgründe die dort bezeichneten Umstände aufgeführt sind, so schließt das nicht aus, daß ihr Fehlen eine positive Voraussetzung jeglicher strafrechtlicher Schuld bildet.

II. Als besondere Entschuldigungsgründe sind vom Gesetz anerkannt verschiedene Zwangslagen, die die Motivierung des Willens gegen die Befolgung der Rechtspflichten in Gemäßheit der Normen beeinflussen. So

a) die Zwangslage nach § 52. Während anfänglich das RG. **57** 268; **60** 88; **64** 31 diese als Ausschluß der Rechtswidrigkeit behandelte, erkennt es jetzt RGSt. **61** 242; **66** 225 (249) sie als bloßen Schuldausschließungsgrund an, Mezger, Lehrb. S. 366; Frank S. 156, Vis absoluta gehört natürlich nicht hierher, v. Liszt-Schmidt I, 287.

b) die Zwangslage, die durch einen rechtswidrigen, aber bindenden Befehl geschaffen wird, Mezger, Lehrb. S. 227; Hellmuth Mayer in Festgabe f. Frank I, 598. Jetzt auch Frank S. 144. Nach Reichsbeamtengesetz §§ 10 und **13** ist der rechtswidrige Befehl nicht bindend, RGSt. **6** 433; **54** 337; **56** 418; **59** 335. Der Irrtum hierüber ist zwar Strafrechtsirrtum, der Irrtum über die Rechtswidrigkeit des Befehls aber ein solcher nach StGB. § 59. Vgl. auch RGSt. **59** 330.

c) Notwehrüberschreitung nach StGB. § 53 Abs. 3 bei Bestürzung, Furcht oder Schreck, Frank S. 163, v. Liszt-Schmidt I S. 287; Mezger S. 364.

d) Der Notstand nach der Regelung des StGB. § 54, RGSt. **66** 225, Frank S. 167; v. Liszt-Schmidt I S. 285; Mezger, Lehrb. S. 367; Henkel, Der Notstand usw. (1932). Goldschmidt, Der Notstand ein Schuldproblem V 48 ff. Der Putativnotstand schafft für denjenigen, der irrtümlich einen Notstand annimmt, dieselbe Zwangslage wie ein wirklich vorhandener. v. Liszt-Schmidt I S. 288. Aber StGB. § 59 ist hier maßgebend. Nach Oetker, Festgabe f. Frank I S. 367 ff. ist der Notstand kein „Entschuldigungsgrund", er bewirkt nur das „Unverbotensein des Notstandsakts", bringt also eine Beschränkung der Verbotsnorm nach ihrem Inhalt und Umfang. Der Ausschluß der Rechtswidrigkeit für gewisse Notstandsfälle ist im außerhalb des StGB. bestehenden Recht begründet. In diesem liegt auch die Ausdehnung durch den Begriff der Zumutbarkeit und Nichtzumutbarkeit.

e) Als Milderungsgrund wird der besondere Notstand des § 248 a behandelt. In § 130 des MStGB. bildet Hunger und Not überhaupt einen Entschuldigungsgrund für Übertretung des Plünderungsverbots.

f) Der Irrtum über die Pflichtwidrigkeit der Handlung. Er ist nur die Verneinung der Kenntnis von der Pflichtwidrigkeit, die allein die strafrechtliche Schuld begründet. Das StGB. § 59 behandelt nur den Irrtum über die Pflichtwidrigkeit, der auf Unkenntnis der Tatbestandsmerkmale beruht, die die verbotene oder gebotene Tat bestimmen. Wenn das Strafgesetz die Pflichtwidrigkeit besonders hervorhebt, kann es dabei auch auf eine außerstrafrechtliche Pflicht hinweisen, so wie § 356 auf die Berufspflicht des Anwaltes. Dann liegt auch nach der Auffassung des RG. ein beachtlicher Tatsachenirrtum vor, 1 D 701 18. XII. 28 in GerS. 99 S. 434. Selbstverständlich kann er aber auch vorliegen, wenn die Tatbestandsmerkmale bekannt sind, die Tat aber nicht als verboten erkannt wird (Subsumtionsirrtum). Vgl. hierzu Frank S. 183.

Entwurf § 20 Abs. 2 berichtigt hier wenigstens in etwas das geltende Recht. Näheres bei StGB. § 59.

g) Zweifelhaft ist, ob § 67 Abs. 2 des Personenstandsgesetzes v. 6. II. 75 (RGBl. 23) einen Rechtfertigungsgrund oder einen Schuldausschließungsgrund enthält. Der Ausdruck „eine strafbare Handlung ist nicht vorhanden", gibt keinen Anhalt, da auch im StGB. für beide derselbe Ausdruck gebraucht wird. Mit Rücksicht darauf, daß im Gesetz selbst das Motiv angegeben wird, das die an sich verbotene Handlung ausnahmsweise zur straflosen macht, ist wohl richtig nach Goldschmidt, Österr. Ztschr. 4, 163; Hegler, ZStRW. **36** 215 und v. Liszt-Schmidt I S. 28, anzunehmen, daß lediglich ein Schuldausschließungsgrund vorliegt.

III. Außerhalb des Gesetzes muß aber überhaupt als allgemeine Entschuldigung gelten die Nichtzumutbarkeit. Hier handelt es sich um einen Entschuldigungsgrund für den Einzelnen bei der Nichtbefolgung einer durch Gebote oder Verbote auferlegten Pflicht. Diese besteht an sich in vollem Umfange auch für ihn, die besonderen allein für ihn vorliegenden Umstände bewirken aber, daß die Pflichtverletzung subjektiv nicht zur Schuld zugerechnet wird, nicht vorwerfbar ist. v. Liszt-Schmidt I, 283; Frank, Aufbau des Schuldbegriffs (1907); Freudenthal, Schuld und Vorwurf (1922). Das StGB. hat in den oben angeführten Fällen nur einzelne Umstände behandelt, die eine Befolgung der Normen wegen der Nichtzumutbarkeit entschuldigen. Aber sie sind nicht als ausschließliche und abschließende aufgeführt, sondern es ist darüber hinaus die Nichtzumutbarkeit als allgemeiner außerstrafgesetzlicher Entschuldigungsgrund anzuerkennen. Der Umstand, daß die Gebote und Verbote nur auf Gesetz beruhen, schließt nicht aus, daß die Entschuldigungsgründe für ihre Nichtbefolgung außergesetzlichen Regeln entnommen werden können. A. M. Frank, Vorb. II 2 zum 4. Abschn. S. 137; Grünhut, ZStRW. **51** 66; Wachinger, Festgabe f. Frank I, 494. RGSt. **66** 399. In früheren Entscheidungen hat allerdings das RG. diesen außergesetzlichen Entschuldigungsgrund nicht abgelehnt, wie auch Henkel, Der Notstand (1932) S. 26 annimmt u. aus RGSt. **58** 97 erhellt. Ebenso erkennt es ihn für fahrlässiges Handeln an. Kitzinger, JW. 1933 S. 406, der im übrigen mit Recht auf das Bedenkliche des Urteils in RGSt. **58** 97 hinweist.

Wann das Unterliegen der motivierenden Kraft des rechtlichen Verbotes oder Gebotes durch andere Motivationen einen Entschuldigungsgrund abgeben darf, ist nicht nach dem Gefühl, nicht aus lediglich moralischen Erwägungen, auch nicht aus Anforderungen der Sitte zu finden, erst recht nicht aus rein egoistischen Erwägungen des Täters über ihn etwa treffende Nachteile, oder die Notwendigkeit, wider seine politischen, oder religiösen und sittlichen Überzeugungen zu handeln, sondern allein aus der Auffassung der Rechtsordnung. Wie es der Gesetzgeber ist, der durch seine Gebote und Verbote dem Rechtsunterworfenen die Befolgung zumutet, so kann es auch nur das Gesetz oder die hinter ihm stehende Rechtsordnung sein, die eine Ausnahme von der Befolgungspflicht ausspricht, indem sie die Befolgung nicht mehr beansprucht, „nicht zumutet". So mutet diese den Rechtsgenossen zu, unter allen Umständen die Nachteile gesellschaftlicher Anschauungen über Ablehnung des Zweikampfes auf sich zu nehmen. Die von ihr vorgenommene Bewertung der Rechtsgüter und der hierzu dienende Schutz durch die objektive Rechtsordnung und die Gebote und Verbote ist zu beachten, soweit nicht die Rechtsordnung selbst Grenzen steckt und Entschuldigungen für die Zuwiderhandlung kennt. Solche Entschuldigungsgründe werden namentlich in § 52 und § 54 aufgestellt. Sie beruhen auf der Würdigung des Selbsterhaltungstriebes einerseits und der Nächstenhilfe andererseits. In dieser Richtung ist daher als der Grundauffassung des Rechtes entsprechend auch eine Ausdehnung der Entschuldigungsgründe und die Annahme der Nichtzumutbarkeit zur Verletzung jener beiden Triebe und menschlichen Gefühle zulässig. Auf dieser Erwägung beruhen daher auch die sog. „übergesetzlichen Notstandsannahmen. Vgl. z. B. Oetker in Festgabe f. Frank I, 362 ff. Im übrigen macht Mezger, Lehrb. S. 372 mit Recht darauf aufmerksam, daß hier größte Vorsicht in der Anwendung des Grundsatzes geboten ist. Zuweit geht oft Freudenthal, Schuld und Vorwurf (1922). Vgl. ferner Marcetus, Der Gedanke der Zumutbarkeit in Strafr. Abhdl. (1928) S. 243 und die Besprechung dieser Schrift von Finger in GerS. 98, 454.

§ 7. Strafbarkeit und Straflosigkeit.

I. Trotz dem Vorliegen einer objektiv rechtswidrigen und subjektiv pflichtwidrigen, schuldhaften Handlung, also einer Straftat, kann diese straflos bleiben, weil die Bedingungen für die **Entstehung** eines Strafanspruches, die das Gesetz verlangt, von vornherein fehlen, Rechtspr. d. RG. **3** 257. Diese Bedingung kann für alle strafbaren Handlungen erfordert werden, es kann aber auch eine Bedingung nur für die besondere Straftat sein, endlich nur eine Bedingung für den bestimmten einzelnen Täter. Fehlen diese Bedingungen, so kann eine Strafe nicht eintreten. Positiv ausgedrückt: Beim Vorliegen besonderer Tatumstände, die diese Strafbarkeitsbedingungen ausschließen, spricht man von Strafausschließungsgründen, Frank S. 145. Immer handelt es sich um außerhalb des Tatbestandes liegende Umstände. Sie verändern nicht den deliktischen und schuldhaften Charakter der Handlung, verhindern aber wegen ihrer kriminalpolitischen Bedeutung die Entstehung eines Strafanspruches.

1. Straflos bleibt jede Straftat, wenn die Strafe vor ihrer Begehung nicht gesetzlich bestimmt war, StGB. § 2. Näheres bei den Erläuterungen hierzu. Hierunter fallen auch die sog. leges imperfectae, Gebote oder Verbote ohne Strafdrohung.

Nach der — jedoch abzulehnenden, vgl. Lobe, PreistreibereiVO. S. **24** ff. — Auffassung des RG. soll auch der Strafrechtsirrtum soweit er nach der VO. vom 18. I. 17 zu beachten ist, einen bloßen Strafausschließungsgrund, keinen Schuldausschließungsgrund bilden. Ebenso der Mangel an Einsicht nach § 3 des Jugendgerichtsgesetzes vom 16. II. 23 (RGBl. I, 135), darin wird allerdings die Natur als Strafausschließungsgrund ausdrücklich anerkannt. Ebenso wird in dem Strafrechtsirrtum der ReichsabgOrdn. § 358 ein bloßer persönlicher Strafausschließungsgrund geschaffen, RGSt. **64** 25.

In § 20 des Entwurfs wird der Rechtsirrtum leider ebenfalls nur als Strafausschließungsgrund behandelt.

2. Straflos bleiben die bestimmten Straftaten nach StGB. §§ 102, 103, wenn nicht die Gegenseitigkeit verbürgt ist, die Nichtanzeige drohender Verbrechen nach § 139, wenn das Verbrechen weder begangen noch versucht worden ist, die Straftat nach § 186, wenn die Wahrheit erweislich

ist, das Verheimlichen oder Beiseiteschaffen von Vermögensstücken usw. nach KO. § 239, wenn keine Zahlungseinstellung oder Konkurseröffnung erfolgt ist, RGSt. **45** 88. Ebenso ist in § 111 und § 210 der Eintritt des Erfolges der verbotenen Handlung ausnahmsweise nicht Deliktsmerkmal, sondern Voraussetzung der Strafbarkeit. So auch Frank S. 145. Ferner bleiben straflos nach RV. Art. 30 die wahrheitsgetreuen Berichte über die Verhandlungen in den öffentlichen Sitzungen des Reichstages, eines Landtages oder ihrer Ausschüsse. Bericht ist die erzählende Darstellung eines historischen Vorganges in seinem wesentlichen Verlaufe, RGSt. **18** 207. Wahrheitsgetreu ist er nur, wenn er den Vorgang, den er schildern will, richtig und inhaltlich vollständig, ohne Färbung, wiedergibt. Daß er den ganzen Vorgang schildert, ist nicht nötig, es genügt der Bericht über einen Teil, nur muß dieser als Teilbericht erkennbar sein. Bemerkungen über den Vorgang sind keine Schilderungen des Vorganges mehr, RGSt. **15** 32. Die Vorschrift bezieht sich nur auf deutsche Vertretungen.

Das Privileg ist jetzt auch auf Berichte über Verhandlungen von Ausschüssen ausgedehnt worden, doch nur, wenn diese Verhandlungen öffentlich waren. Berichte über Verhandlungen in Provinziallandtagen, Stadtverordnete, Arbeiter- und Soldatenräte sind nicht privilegiert, ebensowenig über Gerichtsverhandlungen, RGSt. **1** 19; **3** 303; **19** 238. Straffrei ist nur der Inhalt der Berichte; ob mit ihm ein formales Preßdelikt begangen wird, ist eine andere Frage, RGSt. **28** 49.

3. Straflos bleiben Straftaten mit Rücksicht auf die Person des Täters. Aus staatsrechtlichen Gründen war früher das inländische Staatsoberhaupt eines monarchischen Staates privilegiert. RV. Art. 109 hat das Privileg für die Zukunft den deutschen Fürsten entzogen, ihre während der Regierungszeit etwa begangenen Handlungen bleiben jedoch straffrei, Meyer-Allfeld S. 90. Die §§ 11 und 12 sind in RV. Art. 36 und 30 aufgenommen worden, daher schon im Entwurf nicht wieder erwähnt.

Persönliche Strafausschließungsgründe enthält ferner RV. Art. 36: Kein Mitglied des Reichstages oder eines Landtages darf zu irgend einer Zeit wegen seiner Abstimmung oder wegen der in Ausübung seines Berufs getanen Äußerungen gerichtlich oder dienstlich verfolgt oder sonst außerhalb der Versammlung zur Verantwortung gezogen werden.

a) Zu den Privilegierten gehören auch die Mitglieder der Bürgerschaften der freien Städte Hamburg, Lübeck, Bremen, a. M. Binding, Hdb. I, 674, nicht aber die Mitglieder ihrer Senate, die Regierungsvertreter, ebensowenig die Mitglieder von Arbeiter- und Soldatenräten, Betriebsräten, örtlichen Vertretungen, wie Ratsversammlungen und Stadtverordnetenversammlungen, kirchlichen Synodalversammlungen.

b) Als privilegierte Handlungen sind bezeichnet die Abstimmungen, die ihrer Natur nach nur innerhalb der Versammlung erfolgen, und Äußerungen („Wortprivileg"), die in Ausübung des Berufes getan sind, d. h. des parlamentarischen Berufs als Volksvertreter, zum Zwecke der Erfüllung der ihnen als solchen zukommenden Aufgaben. Daher scheiden aus Äußerungen, die nur gelegentlich einer solchen Berufsausübung oder zwar in der Versammlung, aber nicht in der Berufsausübung, sondern etwa im Privatgespräch mit anderen, gefallen sind, ebenso

Tätlichkeiten, RGSt. in DJZ. 1913, 856. Ob die „Äußerungen" mündlich, schriftlich oder durch konkludente Handlungen (mimisch) erfolgen, ist belanglos, nur dürfen sie letzterenfalls nicht zu Tätlichkeiten ausarten. Nicht notwendig ist, daß die Äußerung gerade in der Vollversammlung geschieht, sie kann auch in Ausschüssen, Kommissionen usw. fallen. Die Tätigkeit außerhalb des Reichstages jedoch, in Wahlversammlungen usw., ist nicht straffrei.

c) Im Gegensatz zu Art. 37 darf die Verfolgung niemals, auch nicht nach Aufhören der Abgeordnetenstellung stattfinden, eben weil von vornherein kein Strafanspruch entstanden ist, und zwar weder eine strafgerichtliche noch eine disziplinarrechtliche, noch eine zivilrechtliche. Doch wird die Stellung zur Disposition politischer Beamter für zulässig erachtet, Arndt, Verf. d. dtsch. R. S. 71. Die Disziplinierung durch den Reichstag oder Landtag selbst bleibt natürlich offen.

II. Ein entstandener Strafanspruch kann wieder **wegfallen**, wenn der Täter ein besonderes Verhalten betätigt oder bestimmte Umstände eintreten. So

1. beim Rücktritt vom Versuch und tätiger Reue nach § 46, RGSt. **56** 149, 210. Dies gilt nicht nur für den Haupttäter, sondern auch für alle Teilnehmer, Binding, Handbuch I, 221.

2. Anzeige eines Komplottierenden. MStGB. § 105. VO. des Reichspräsidenten vom 19. XII. 32 (RGBl. I, 548) § 9 Nr. 1.

3. Einen Verzicht auf den entstandenen Strafanspruch enthält auch § 2 Abs. 2. Siehe Erläuterungen ebenda.

Eine besondere Stellung nimmt § 7 des Ges. **über Verschärfung der Strafen gegen Schleichhandel,** Preistreiberei und verbotene Ausfuhr lebenswichtiger Gegenstände vom 18. XII. 20 (RGBl. 2107) ein, der durch Art. II Nr. 14 der VO. zur Ausführung des Art. VI Abs. 3 des Notgesetzes vom 13. VII. 23 (RGBl. I 699) nicht aufgehoben worden ist. Diese Vorschrift geht über die Tragweite der Vorschrift des StGB. § 2 Abs. 2 — den sie zunächst gegenüber der Auffassung von der Unanwendbarkeit auf temporäre Rechtsvorschriften auch auf diese ausdehnen wollte — hinaus und nähert sich einer Niederschlagung der schwebenden Verfahren, ohne völlig in eine solche überzugehen. Sie ist auch noch in der Revisionsinstanz zu beachten. Die Vorschrift des § 7 bringt einen wesentlich auf sachlich-rechtlichem Gebiete liegenden **Strafaufhebungsgrund;** RGSt. **55** 193, 150. 1 D 1873/20 7. VII. 21; 2 D 501/21 15. XI. 21; 3 D 889/20 14. III. 21; 4 D 228/21 1. XI. 21; 5 D1234/20 14. I. 21. **Verkehrsregelung** ist der Inbegriff von Vorschriften, die den öffentlichen freien Verkehr mit Waren, den freien Handel nicht mehr völlig sich selbst überlassen, sondern um gemeinwirtschaftlichen Zwecken zu dienen in irgendeiner Weise von sich aus bestimmen, welche Wege die Zuführung der Ware vom Erzeuger bis zum Verbraucher (d. i. im „Verkehr") gehen und unter welchen Formen und Bedingungen oder Einschränkungen diese Zuführung sich vollziehen oder unterbleiben soll, RGSt. **56** 197, 217; Recht 1922 Nr. 1047. Alle diese Zuführung regelnden Vorschriften fallen darunter, aber auch nur diese, nicht Vorschriften, die zum Schutze anderer Interessen getroffen worden sind. Häufig freilich wollen Vorschriften sowohl die Zuführung der Waren regeln als andere Interessen schützen. Der dann über die Verkehrsregelung hinausreichende Zweck ändert an deren Natur nichts. Unter die Verkehrsregelung fallen sonach die Vorschriften über Untersagung des Handels, RGSt. **56** 405, **58** 159; über Handelserlaubnis, RGSt. **53** 61, **54** 145, 347, **55** 129, 255, **56** 109, 217, **57** 179; Monopole, RGSt. I in JW. **1924** 822[14], Anordnung von Höchstpreisen. Dagegen sind keine Verkehrsregelung die Vorschriften über Ein- und Ausfuhr. Ebenso Alsberg 218, a. M. in ständiger Rechtsprechung das Reichsgericht, RGSt. **56** 197, 219; JW. **1923** 933[7]. Auch allgemeine Bestimmungen der PreistrVO. über den Zahlungsverkehr sind keine solche einer Verkehrsregelung für Waren, RGSt. **56** 73, 237; JW. **1923** 838[6]. Bestritten war, ob die Verkehrsregelung vor dem 1. Januar 1921, dem Inkrafttreten des Gesetzes, aufgehoben sein muß und spätere Aufhebungen nicht in Betracht kommen, oder ob auch nach dem 1. Januar 1921 erfolgte Abänderungen zu berücksichtigen sind, sofern sie nur vor dem rechtskräftigen Urteil (also auch in der Revisionsinstanz) stattgefunden haben. Letztere Auffassung wurde vorübergehend vertreten von 4 D 601/21 17. VI. 21 in JW. **1921** 1249[2] im Gegensatz zu den übrigen Senaten des RG. unter teilweiser Billigung des Schrifttums. Der 4. Strafsenat hat aber inzwischen seine Sonderauffassung aufgegeben und sich der Meinung der übrigen Senate angeschlossen, wonach nur die vor dem 1. Januar 1921 erfolgten Aufhebungen von Verkehrsbeschränkungen in Betracht kommen, 4 D 1977/20 1. XI. 21. Für den Grundsatz des § 2 Abs. 2 StGB. ist hier kein Raum, RGSt. **50** 292, 303, 400, **51** 150, **52** 327.

4. StGB. §§ 5—7.

5. Die Verjährung stellt in ihrer materiell-rechtlichen Wirkung gleichfalls einen Verzicht auf den Strafanspruch dar. Näheres bei § 66; v. Hippel, Lehrb. S. 180.

6. Endlich enthalten einen teilweisen Verzicht auf Strafe alle die Fälle, in denen diese in eine mildere umgewandelt werden muß oder kann: StGB. §§ 21, 44 Abs. 4, 49, 157, 158. § 74 Abs. 2 (Umwandlung in eine Gesamtstrafe), oder in denen eine Ersatzstrafe eintritt, StGB. §§ 29 und 27b.

C. Zusammentreffen von Strafgesetzen (Gesetzeskonkurrenz).

§ 8. Strafenkonkurrenz.

1. Es kommt vor, daß der Gesetzgeber ein und dieselbe Norm in verschiedenen Strafgesetzen aufstellt und die Zuwiderhandlung gegen sie in besonderer Gestaltung und Ausführung behandelt und dann in jedem Gesetz eine Strafdrohung für die Zuwiderhandlung gegen dieselbe Norm ausspricht. Dann enthalten mehrere Strafgesetze denselben Tatbestand und für seine verbotene Verwirklichung mehrere Strafdrohungen.

Dann sind nicht mehrere „Strafgesetze" i. S. von § 73 verletzt, weil diese Vorschrift unter „Strafgesetz" den gewöhnlichen Begriff, nämlich die Zusammensetzung von Norm und Strafdrohung versteht. Hier aber liegen nicht mehrere Normen und sonach nicht mehrere Straftaten, sondern nur eine vor, die zwar auch mehreren Strafgesetzen zugrunde liegt, aber bei ihnen die gleiche ist. Nur der andere Bestandteil des Strafgesetzes, die Strafsatzung, ist in verschiedenen Gesetzen eine besondere. Daher findet kein Zusammentreffen mehrerer strafbarer Tatbestände durch eine natürliche Handlung, also keine Deliktskonkurrenz statt, wie sie § 73 voraussetzt, sondern eben nur ein Zusammentreffen von Strafsatzungen. RGSt. **18** 193; **57** 330; **59** 111; **60** 122. Über das Schrifttum bei Idealkonkurrenz S. 172. Ferner Richard Schmidt, Grundriß S. 204; v. Liszt-Schmidt I S. 356 ff. Der richtigere Ausdruck wäre daher „Strafenkonkurrenz".

2. Für die Anwendung der mehreren Strafdrohungen für Zuwiderhandlungen gegen ein und dieselbe Norm gilt folgendes:

a) Werden in mehreren Strafgesetzen für dieselbe Zuwiderhandlung verschiedene Strafen angedroht, die miteinander kumuliert werden können, wie z. B. die Konfiskation neben Gefängnis und Geldstrafen, Einziehung usw., so werden diese Strafen nebeneinander verhängt, VZollGes. § 134. 1 D 251/23 27. IV. 23. Solches liegt häufig vor, wenn mehrere Blankettgesetze durch dieselbe Norm ausgefüllt werden, oder wenn ein Blankettgesetz durch eine Norm ausgefüllt wird, die schon in einem anderen Gesetze mit einer Strafdrohung bedacht ist. So das Einfuhrverbot nach Ges. v. 3. VI. 1900 §§ 26 Nr. 1, 27 Nr. 4, 28 und das VZollGes. v. 1. VII. 1869; RGSt. **49** 127. Hierzu Reichardt GS. **84** 14.

b) Werden in den verschiedenen Gesetzen verschieden schwere Strafen angedroht, die nicht miteinander kumuliert werden können, so findet dasjenige Anwendung, das die härtere Strafe androht, wobei aber § 73 keine entsprechende Anwendung findet. Binding Hdb. 1, 350.

c) Werden in den mehreren Strafgesetzen für die Zuwiderhandlung gegen ein und dieselbe Norm die gleichen Strafen angedroht, so ist es gleichgültig, nach welchem Gesetz die Strafe zugemessen wird. Die Strafdrohungen stehen dann im Verhältnis der **Alternativität** zueinander. Binding Hdb. 1, 352, Normen 1, 201. Gegen den Begriff der Alternativität M. E. Mayer 502; Finger 1, 377, der entweder einen Fehler der Gesetzgebung oder eine gegenseitige Subsidiarität annimmt, Schwartz 8; Frank 233. Vgl. auch zum Begriff Honig, Straflose Vortat S. 113 und Beling, Lehre v. Verbr.; v. Hippel II, 526; Mezger 473. Ein praktisch bedeutungsvoller Unterschied zwischen „gegenseitiger Subsidiarität" und „Alternativität" ist allerdings nicht zu erkennen. Fälle der Alternativität sind: §§ 80, 185, 104 und 211; § 306 und § 5 des Sprengstoffges. v. 9. VI. 84; § 298 und Seemannsordn. § 81. Keine Alternativität: § 348 Abs. 2 und § 133, RGSt. **2** 425; § 257 und § 120 (wegen Verschiedenheit des Rechtsgutes), RGSt. **7** 244; RAbgO. § 438 und Steuerzuwiderhandlungen RGSt. **61** 89, 92. Über Verhältnis von § 134 zu § 135 des VZollGes. RGSt. **60** 171. RGSt. **66** 336 läßt die Möglichkeit der Annahme einer Alternativität dahingestellt. v. Liszt-Schmidt I S. 357 versteht unter Alternativität Straftatbestände, die einen Rechtsgutschutz angedeihen lassen unter Aufstellung widerstreitender Merkmale, so daß sich die Tatbestände gegenseitig ausschließen.

3. **Gesetzeskonkurrenz** liegt hiernach vor in folgenden Fällen:

a) Bei Blankettgesetzen, die durch ein und dieselbe Norm ausgefüllt werden. Siehe unter 2 a.

b) Wenn die Normen des inländischen und des ausländischen Rechts die gleichen sind, ihre Übertretung sonach dieselbe Straftat verwirklicht, aus der Zuwiderhandlung beider Normen aber sowohl für den inländischen wie für den ausländischen Staat je selbständige Strafansprüche entstehen, § 4 und § 5. Binding Hdb. 1, 440. Dann findet jede Strafdrohung grundsätzlich unabhängig von der anderen Anwendung. Aus Billigkeitsgründen wird aber die Strafe nur einmal vollstreckt.

c) Der Umstand, daß der Tatbestand, an den die Strafdrohungen in den mehreren Gesetzen geknüpft ist, hinsichtlich der Strafbarkeitsmerkmale Verschiedenheit zeigt, steht der Annahme einer Gesetzeskonkurrenz nicht entgegen, wenn nur die Deliktsmerkmale und die Norm, gegen die zuwidergehandelt wird, in diesen Gesetzen dieselben sind. Binding I S. 353; Frank 231; RGSt. **2** 279; **31** 150; **42** 383; **49** 127; **61** 270. Fälle von solcher Gesetzeskonkurrenz sind z. B. KO. § 239 und § 240, § 242 und § 249, § 25 Abs. 1 Nr. 2 des SchußwaffenGes. und § 5 der VO. des Reichspräs. v. 28. III. 31 (RGBl. I, 79); PreistrVO. 13. VII. 23 § 9 (Schleichhandel) und die Verkehrsregelungsvorschriften, RGSt. **53** 68, 296; **54** 145; **56** 112; **57** 180. §§ 350 und 351 1 D 273/26 8. X. 26 §§ 243 u. 244 1 D 617/26 22. X. 26. Verneint wird sie für § 350 und § 353, RGSt. **61** 37; für § 271 und § 267, RGSt. **39** 346; **61** 412. Unrichtig die Annahme von Idealkonkurrenz in RGSt. **42** 203; Rechtspr. **10** 333. Abweichend auch Olsh. S. 417; Merkel S. 271; Beling, Verbr. S. 311; Eckstein GS. **84** 463. Gefunden wird immer die Strafe aus dem Gesetz, das die schwersten Strafbarkeitsmerkmale als Strafschärfungsgründe aufstellt und die härteste Strafe deswegen androht. Außerdem noch vorhandene Strafbarkeitsmerkmale in dem anderen Gesetz wirken, wenn sie vorliegen, dann nur als Strafzumessungsgründe innerhalb des schwereren Strafrahmens. Sofern die Strafbarkeitsmerkmale Strafmilderungsgründe sind, ist die Strafe aus dem Gesetz zu entnehmen, dessen Strafrahmen der mildeste ist, sofern dessen Strafbarkeitsmerkmale gegeben sind. Frank S. 231. Beim Zusammentreffen von Strafschärfungs- und Strafminderungsmerkmalen ist im Einzelfall zu prüfen, welcher Strafrahmen auf die Tat anzuwenden ist, wobei innerhalb dieses Rahmens die verschiedenen Merkmale als Strafzumessungsgründe zu verwerten sind. Binding, Grundriß S. 142; Normen 2 983; 1 147; Schwartz Nr. 7 a; Oertmann GerS. **35** 26; Frank S. 231; RGSt. **2** 337.

§ 9. Spezialität.

Der Fall der Spezialität wird gemeinhin unter die Gesetzeskonkurrenz gerechnet. v. Liszt-Schmidt I S. 356 nennt sie „scheinbare Gesetzeskonkurrenz". Er liegt vor, wenn mehrere Normen in der Weise zusammentreffen, daß die eine zwar begrifflich die andere mitumfaßt, weil diese nur einen besonderen Fall von ihr ergreift, daß aber eben für diesen besonderen Fall nur die Sonderregelung gelten will, und daher die allgemeine Norm verdrängt. Lex specialis derogat legi generali. Mezger, Lehrb. S. 471. Einheit der Handlung ist immer Voraussetzung für das Vorliegen eines Spezialitätsverhältnisses. Die Tatbestandsmerkmale von lex specialis enthalten alle der lex generalis, aber noch einige unter sie begrifflich fallende dazu. Erstere werden oft nur zusammenfassend bezeichnet, § 215 gegenüber § 212. Auch werden Teilnahmehandlungen zu Sonderdelikten erhoben, §§ 141, 210, 357. Zuweilen findet sich die Spezialvorschrift auch in einem anderen Gesetz als dem, das die Generalregel enthält, RepSchGes. §§ 1—8 über Verkehr mit Edelmetallen vom 29. VI. 26. RGSt. **6** 243; **7** 116; **9** 261; **12** 223; **14** 386; **17** 203; **19** 252; **35** 56; **36** 131; **39** 29; **41** 61, 277—286, 340; **54** 289; RMG. **20** 123. Die Frage, ob der Tatbestand des § 176 ³ oder § 177 gegenüber dem von § 185 (tätliche Beleidigung) der engere sei, wird von RGSt. **19** 250; **45** 344; **65** 337 bejaht, vom RGSt. **24** 202; **46** 302 verneint. Zwischen § 348 Abs. 2 und § 354 besteht Ideal-, nicht Gesetzeskonkurrenz, RGSt. **49** 136. Nicht ohne Berechtigung verneinen Wachenfeld 105; Allfeld 260 u. a. für den Fall der Spezialität die Zulässigkeit der Annahme einer Gesetzeskonkurrenz. Ein Zusammentreffen verschiedener geltender Gesetze liegt ja auch in der Tat nicht vor, wenn das eine das andere verdrängt. In der Sache selbst besteht keine Meinungsverschiedenheit. Eine Folge hiervon ist, daß, wenn das spezielle Gesetz ein Antragsdelikt ist, das allgemeinere Gesetz aber nicht, bei Fehlen des Antrags nicht das allgemeinere Delikt als Offizialdelikt verfolgt werden kann. Ebenso ist, wenn beide Antragsdelikte sind, wegen der Spezialdelikte aber kein oder kein rechtswirksamer Antrag vorliegt, auf einen Antrag wegen des allgemeineren Delikts keine Strafverfolgung zulässig. Denn das allgemeinere Strafgesetz bleibt durch das besondere verdrängt, auch wenn die prozessualen Voraussetzungen für dessen Verfolgung fehlen. RGSt. **19** 252. Vgl. im übrigen Lent, Die Gesetzeskonkurrenz im bürgerl. Recht (1912) I S. 12; Honig, Vor- u. Nachtat S. 23; M. E. Mayer 502; Allfeld S. 236; Mezger, Lehrb. S. 472; v. Liszt-Schmidt I S. 357.

§ 10. Subsidiarität der Strafgesetze.

Verschieden von der eigentlichen Gesetzeskonkurrenz und Spezialität ist auch die Subsidiarität von Strafgesetzen und der in ihnen enthaltenen Normen und Strafsatzungen. Lex primaria derogat legi subsidiariae. Binding I S. 355. Heyden, Die Subsidiarität der Strafges. (1907). Meyer-Allf. 236; Frank 231. Von Olsh. 411 wird auch sie als Fall der Gesetzeskonkurrenz angesehen, ebenso Köhler 552; Beling, Grundzüge 75. Sie liegt vor, wenn ein Gesetz nur angewendet werden will, falls kein anderes anzuwenden ist, wenn der Schutz des Rechtsguts nicht schon mit dem einen Gesetz vollständig erreicht wird. v. Liszt-Schmidt I 357. Auch hier können subsidiär sein:

A. die Normen,

a) wenn dieselbe Handlung nur soweit verboten wird, als sie nicht bereits durch ein anderes mit Strafdrohung versehenes Verbot getroffen wird; so ist § 49a subsidiär den §§ 85, 110, 111, 112, 159, 201, 357; RGSt. **9** 261, **29** 12, das hinsichtlich § 333 die Subsidiarität von § 49a verneint, RGSt. **48** 161. Dagegen angenommen mit UWGes. § 12 Abs. 1 und ebenso Abs. 2 gegenüber § 332, RGSt. **58** 186, 1 D 146/24 20. V. 24. Häufig wird in den Strafgesetzen selbst die Subsidiarität betont, „ausdrückliche Subsidiarität", „sofern nicht die Tat nach anderen Vorschriften mit schwererer Strafe bedroht ist", so VZollGes. § 134, RGSt. **38** 386, **44** 1; RGes. betr. Wetten bei öffentl. Pferderennen v. 4. VII. 05; 4 D 412/22 9. I. 23, § 3 der ZugabeVO. v. 9. III. 32 (RGBl. I S. 121), zuweilen liegt auch nur eine „stillschweigende Subsidiarität" vor. Es geht dann immer das eine Strafgesetz als das stärkere dem andern vor. Subsidiär ist auch die zum selbständigen Delikt erhobene Vorbereitungshandlung gegenüber der vollendeten Straftat, so z. B. StGB. §§ 146 und 151; RAbgO. § 405 Abs. 1 und Abs. 3; RGSt. **66** 218. Ein eigenartiger Fall in diesem Sinne ist der Tatbestand des Fälschens oder Gebrauchmachens von gefälschten Personalpapieren nach Art. 5 der VO. Nr. 122 der Intern. Rheinlandkommission, v. 21. IX. 22 im Verhältnis zu dem der sog. Legitimationsfälschung nach StGB. § 363. § 5 der gen. VO. schließt die Anwendung des StGB. aus, es besteht weder Gesetzeskonkurrenz noch Tateinheit. 1 D 731/24 7. X. 24. Ferner § 223a gegenüber MStGB. §§ 122, 125; RGSt. **60** 96; § 263 gegen RAbgO. § 359; RGSt. **60** 97. Andre Fälle RGSt. **51** 257; **57** 330; **59** 111; **61** 412. Nicht zutreffend deshalb Honig, Straflose Vor- und Nachtat S. 31, daß Subsidiarität stets mehrere Handlungen voraussetze, und unberechtigt die Kritik an Binding Hdb. I, 355. Nach Honig soll Subsidiarität stets ein Fall strafloser Vor- oder Nachtat sein. Er zählt außerdem die Konsumtion zur Subsidiarität.

b) Wenn die eine Handlung nur dann verboten werden soll, wenn eine andere Handlung nicht ebenfalls verboten ist und bereits einen Strafanspruch erzeugt hat. Das kann stattfinden bei Verboten der geringeren Verletzung (Körperverletzung) gegenüber der weitergehenden Verletzung (Tötung); bei Verboten der Gefährdung (Vergiftung nach § 229) eines bestimmten Rechtsguts gegenüber dem Verbot seiner Verletzung (Tötung bzw. Körperverletzung); Herausforderung zum Zweikampf gegenüber Verübung des Zweikampfes, Tötung gegenüber Zweikampf (§§ 201 und 205), RGSt. **42** 420. Über Aussetzung vgl. Binding Handb. I S. 358. Ein Gefährdungsdelikt kommt als besondere Straftat nur dann nicht mehr in Betracht, wenn das geschützte Rechtsgut das gleiche ist, RGSt. **59** 113. Sofern es sich um Erzeugung einer Gemeingefahr handelt, liegt jedoch Idealkonkurrenz vor, weil hier zwei verschiedene Rechtsgüter in Betracht kommen, ebenso wenn die Handlung zwecks Generalprävention ohne Beziehung auf ein bestimmtes Rechtsgut verboten ist (rasches Fahren) gegenüber der hierdurch verursachten verbotenen Verletzung. § 366 Nr. 2 und § 230. Auch bei § 139 liegt keine Subsidiarität vor, Honig, Straflose Vor- und Nachtat S. 40; Freymann, Das Zusammentreffen von Verletzungsdelikt und Gefährdungsdelikt (1912) 36, 48. Weitere Literatur bei Frank 232, der das Hetzen von Hunden zutreffend unter die Generalprävention rechnet, § 366 Nr. 6, § 368 Nr. 5. Dagegen geht das Vergehen der Waffenführung in dem Verbrechen der Tötung auf, wenn die Waffe von vornherein als Werkzeug zur Tötung genommen wurde und somit eine Vorbereitungshandlung für diese bildet. Für ein gesondertes Vergehen der Waffenführung ist dann kein Raum. 1 D 1572/32 20. XII. 32.

c) Wenn es sich um Zuwiderhandlung gegen verschiedene Normen handelt, die alle einen einheitlichen Zweck bei dem Rechtsgüterschutz verfolgen, wie es bei den verschiedenen Verboten der Fall ist, die etwa im Bankbruch zusammengefaßt sind, RGSt. **6** 94. Hierher gehört auch der Fall, daß ein militärisches Verbot aus § 9 b des BelZGes. inhaltlich den gleichen Tatbestand aufstellt, wie er bereits in der Verbotsnorm eines bestehenden Strafgesetzes vorgesehen ist. Dann kommt dasjenige allein zur Anwendung, das die höhere Strafe androht, 1 D 498/17 7. I. 1918.

B. Nur die **Strafdrohungen**

sind subsidiär, wenn es sich um verschiedene Teilnahmeformen und um verschiedene Entwicklungsformen bei der Zuwiderhandlung gegen dieselbe Norm handelt. a) So sind alle Strafdrohungen für den Versuch denen über Vollendung, für die Vorbereitung denen über Versuch und Vollendung subsidiär. RGSt. **19** 15; **59** 425. Dasselbe gilt auch, wenn der Versuch oder die Vorbereitung zur selbständigen Straftat ausgestaltet worden sind, z. B. §§ 201, 205. § 49 b, § 83, RGSt. **59** 377. Der Gesetzgeber bringt dieses Aushilfsverhältnis oft zum Ausdruck, z. B. § 49 b durch „schon". Frank 231. Meyer-Allfeld 235 nimmt hier einen Fall der Konsumtion, nicht der Subsidiarität an. Vgl. hierzu Honig, Straflose Vor- und Nachtat S. 38. Eine Ausnahme von Subsidiarität muß aber in folgendem Fall angenommen werden. Sofern die Handlung, soweit sie sich noch im Stadium des Versuchs befindet, Strafbarkeitsmerkmale zu verwirklichen versucht, die die Strafe erhöhen würden, wenn sie verwirklicht worden wären, sie sich dann aber ohne diese Verwirklichung zu vollenden, in die Verwirklichung eines Tatbestandes und seine Vollendung fortsetzt, die die Strafbarkeitsmerkmale nicht mehr enthält, z. B. ein Diebstahl wird versucht zunächst mittels Erbrechens von Behältnissen und dann unter Abstandnehmen hiervon (weil der Schlüssel hierzu gefunden wird) vollendet als einfacher Diebstahl, so kann nicht angenommen werden, daß die härtere (Zuchthaus-)Strafe für den Versuch gegen die mildere (Gefängnis-)Strafe der Vollendung hat zurücktreten wollen. Es liegt aber auch nicht Idealkonkurrenz vor, wie RGSt. **15** 281, **30** 67, **55** 129 und ihnen folgend OLGH. 411 annehmen, denn es kommt nur eine Straftat, vollendeter Diebstahl, kein Zusammentreffen von versuchtem Diebstahl mit vollendetem Diebstahl, in Betracht. Für diesen vollendeten Diebstahl aber liegt Gesetzeskonkurrenz zwischen den Strafsatzungen für qualifizierten versuchten und für vollendeten einfachen Diebstahl vor, lediglich die Strafrahmen des § 243 Nr. 2, § 44 und die des § 242 treffen zusammen. Es ist deshalb wegen vollendeten (nicht versuchten) Diebstahls i. S. von § 242 aber aus dem Strafrahmen des § 243 Nr. 2, § 44 als dem härteren die Strafe zu entnehmen. Dasselbe gilt für die schwere Urkundenfälschung. RGSt. **58** 214 sagt zutreffend und in Übereinstimmung mit den vorstehenden Ausführungen: „Der Täter hat in einer natürlichen Handlung, die unter erschwerenden Umständen begonnene Straftat ohne erschwerende Umstände zur Vollendung gebracht. Die Fortsetzung des widerrechtlichen Tuns kann nicht die Wirkung haben, daß das gesamte Verhalten strafrechtlich milder beurteilt wird, als es ohne Fortsetzung hätte geschehen müssen. Es ist vielmehr die für die versuchte schwere Straftat geltende strengere Strafdrohung anzuwenden." Das Urteil verläßt aber diese richtige Grundlage dann, indem es Idealkonkurrenz zwischen versuchter und vollendeter Handlung annimmt. Ebenso ist, wenn vollendeter einfacher Diebstahl in versuchten schweren Diebstahl übergeht, nur wegen des letzteren zu strafen, Binding I S. 547. Ganz gleich liegt es, wenn eine Vorbereitungshandlung zum selbständigen Delikt erhoben worden ist und sich in eine nach den allgemeinen Vorschriften strafbare Täter- oder Teilnahmehandlung fortsetzt. Dann wird die ganze, vorbereitende und ausführende Tätigkeit von zwei konkurrierenden Strafdrohungen betroffen und es kommt für sie allein das schwerere Strafgesetz zur Anwendung. So ist in § 218 Abs. 4 das gewerbsmäßige Verschaffen von Abtreibungsmitteln für sich allein unter Strafe gestellt, auch wenn diese hierzu gar nicht verwendet worden sind. Geschieht dies aber, so setzt sich diese vorbereitende Tätigkeit in die Teilnahmehandlung der Beihilfe fort. Es liegt dann nicht etwa Idealkonkurrenz zwischen § 218 Abs. 4 und § 43, § 218 Abs. 1 vor, sondern Gesetzeskonkurrenz. Die Beihilfe absorbiert die bloße Vorbereitungshandlung, aber die Strafe für sie wird aus § 218 Abs. 4 entnommen. b) Die Strafdrohungen für Anstiftung und Beihilfe sind denen für die Täterschaft gleichfalls subsidiär, RGSt. **10** 406, **26** 199, **27** 273, **33** 401, **44** 208, **47** 372 (Rechtspr. **9** 631 wird aufgegeben), **48** 207, **56** 60, **59** 28, RMG. **8** 247. A. M. allerdings RGSt. **17** 227, **23** 300, **34** 5, **48** 206; Rechtspr. **4** 545. Bei mehrfacher Beteiligung einer Person an derselben Straftat kommt nur diejenige Teilnahmeform in Betracht, die mit der schwersten Strafe bedroht ist, RGSt. **27** 273, **33**

401, **36** 25, **44** 208, **47** 372, **48** 207. Daher tritt die Strafe der Beihilfe gegen die Strafe der Anstiftung zurück.

C. **Das ganze StGB.** ist ferner subsidiär dem **Militärstrafgesetzbuch v. 20. VI. 1872**, das stets dem StGB. vorgeht. Idealkonkurrenz zwischen beiden, wie RMG. **16** 40 meint, ist ausgeschlossen. Die Subsidiarität des StGB. kann aber durch Auslieferungsverträge beseitigt werden, sofern in diesen vereinbart wird, daß nicht das MStGB., sondern das allgem. StGB. Anwendung finden soll, RMG. **21** 271, Olsh. 85. Nach § 2 des MStGB. finden die allgemeinen Bestimmungen des StGB. entsprechende Anwendung und nach § 3 die „allgemeinen Strafgesetze" sowohl des Reichs wie der Länder auf die nicht militärischen Vergehen und Verbrechen. **Militärpersonen** sind die des aktiven Dienstes, MStGB. § 4 und das Verzeichnis v. 1. VIII. 08 (RGBl. 483). Einzelne nicht zum Soldatenstande gehörende Personen unterstehen ebenfalls dem MStGB. Über republikanische Soldatenwehren RGSt. **54** 312. Das jetzige Heer ist ein Söldnerheer, die Einstellung erfolgt auf Grund eines zwischen der zuständigen Kommandostelle und dem Freiwilligen abgeschlossenen Vertrags, der bei Minderjährigen der Genehmigung des gesetzlichen Vertreters bedarf. Ges. über die Bildung einer vorläufigen Reichswehr v. 6. III. 19 (RGBl. 295) und Wehrgesetz v. 23. III./18. VI. 21 (RGBl. 329, 787). RGSt. **56** 19. Die Strafen der VO. über das Zugabewesen v. 9. III. 32 (RGBl. I 121) sind denen aus § 4 des UWGes. subsidiär.

§ 11. **Aufzehrung (Konsumtion)** einer Strafdrohung durch die andere.

Binding I S. 363; Lentz, Die Gesetzeskonkurrenz 1 S. 17; Sauer, Grundlagen S. 480; Honig, Straflose Vor- und Nachtat (1927) S. 65 ff. Sie ist von der Gesetzeskonkurrenz zu scheiden, RGSt. **47** 388; a. M. Olsh. S. 411. Ebensowenig ist § 73 anzuwenden, es gilt vielmehr: lex consumens derogat legi consumtae. Frank S. 232; v. Liszt-Schmidt I 357; Mezger 473; v. Hippel, Lehrb. S. 175 gegen diesen Begriff.

1. Wenn verschiedene strafbare Tatbestände zu einem neuen einheitlichen Delikt zusammengesetzt worden sind, so geht die besondere Strafdrohung für die Einzeltaten in der Strafdrohung für die aus ihnen zusammengesetzte Straftat unter. Die als Mittel zur Durchführung der ganzen Tat dienende Einzeltat verschmilzt mit dieser zu einer Einheit, wenn sie zu den gesetzlichen Merkmalen des zusammengesetzten Tatbestands gehört, z. B. die Strafdrohungen wegen Nötigung und wegen Diebstahls werden durch die Strafdrohung wegen Raubes aufgezehrt, die des Hausfriedensbruchs durch die Strafdrohung wegen Einbruchsdiebstahls, Köhler S. 565; Meyer-Allfeld S. 237; Sauer, Grundlagen 480; Rechtspr. **3** 251; RGSt. **9** 81; **11** 166; **24** 272; **40** 430; **47** 27; **53** 279; **54** 289; **55** 240; **57** 403; **59** 417. Dagegen RGSt. **15** 14. Verneint wird die Aufzehrung bei schwerem Hausfriedensbruch, weil dieser jedenfalls nicht vom Gesetz als notwendige oder auch nur regelmäßige Begehungsform von Einbruchsdiebstählen vorausgesetzt werde, RGSt. **47** 27. Ebenso wird zwischen Sachbeschädigung und Einbruchsdiebstahl Idealkonkurrenz angenommen, weil der Einbruch auch ohne Sachbeschädigung erfolgen kann, diese sonach nicht mit dem Diebstahl zu einer Einheit verschmolzen ist, RGSt. **15** 14.

2. Ein Fall der Zusammenfügung zu einem einheitlichen Delikt liegt auch bei dem Tatbestand des Sammeldelikts (Kollektivdelikts) vor. Allfeld, Lehrb. S. 235. Das RG. übersetzt den Ausdruck neuerdings in „Sammelverbrechen", den Köhler, GerS. 1928 S. 96, besser mit „Hangverbrechen" zu übersetzen vorschlägt, ein Ausdruck, der aber nur für Gewohnheitsverbrechen paßt. RGSt. **4** 390; **8** 16; **24** 243; **53** 60; **56** 55. Auch hier verschmelzen alle Einzelhandlungen, ihre Selbständigkeit hört auf, sie werden nur Bestandteil des Gesamtdelikts.

3. Dasselbe gilt, wenn der Tatbestand eines Delikts als Strafschärfungsgrund für ein anderes verwendet wird, z. B. mit Marterung (Körperverletzung) verbundener Raub, Frank S. 232.

4. Zuweilen hat der Gesetzgeber es unterlassen, einen zusammengesetzten neuen Verbrechenstatbestand aus zwei bereits vorhandenen anderen Verbrechenstatbeständen zu bilden. Er setzt aber stillschweigend voraus, daß die Bestrafung wegen Verwirklichung des einen zugleich die Bestrafung wegen Verwirklichung des anderen in sich begreift wegen der tatsächlichen Zusammengehörigkeit der Taten. Regelmäßig nimmt ja der Umstand, daß die eine Tat das Mittel zur Begehung einer anderen bildet, diesen Handlungen allerdings noch nicht ihre Selbständigkeit, so daß beide im Verhältnisse der Realkonkurrenz zueinander stehen. Wenn aber die Begehung der einen Straftat das dem gewöhnlichen Hergang entsprechende Mittel zur Begehung der anderen ist und nach dem gewöhnlichen Laufe der Dinge auch als regelmäßig vorhanden vom Gesetz angenommen wird, RGSt. **24** 272; **58** 2, so umfaßt die Strafe, die wegen des herbeigeführten verbotenen Erfolgs angedroht ist, auch die Vortat, die das Mittel für diese Herbeiführung bildete. Vortat und Haupttat werden begrifflich und gesetzestechnisch als Einheit angesehen. So erfolgt die unerlaubte Brieföffnung nach § 299 nicht notwendig, aber nach dem gewöhnlichen Lauf der Dinge regelmäßig durch Verletzung des Umschlags, also Sachbeschädigung, es findet aber keine besondere Strafe aus § 303 statt. Der Grund ist, weil diese Straftat an Bedeutung völlig hinter der Haupttat zurücktritt. Beling, Grundzüge S. 76. Honig, Straflose Vor- und Nachtat (1927) S. 80; Mezger, Lehrb. S. 476. In der Regel ist das auch der Fall bei der Aufforderung an den zuvor angestifteten Dieb, ihm die zu stehlende Sache zu bringen. In der Praxis wird meist Handlungseinheit, zuweilen auch Handlungsmehrheit angenommen. RGSt. **19** 354; **32** 394; Rechtspr. **9** 197. Richtiger ist, die Anstiftungsstrafe durch die Hehlerstrafe konsumieren zu lassen. Im Einzelfalle ist es nicht leicht festzustellen, in welchem Wertverhältnis zueinander Vortat und Haupttat vom strafpolitischen Standpunkt aus stehen.

5. Umgekehrt wie zu 4 kann nicht die Vortat, sondern gerade die Nachtat diejenige sein, die von der Strafe der Vortat mit umfaßt wird. Sie ist nicht straflos, es ist daher nicht richtig von einer „straflosen Nachtat" zu reden, wie Baumgarten in Festgabe f. Frank II S. 202 will. Sie wird nur nicht noch mit besonderer Strafe belegt, weil sie bereits von der Strafe der Vortat mit umfaßt wird. Zutreffend spricht Frank daher S. 241 von einer „vorbestraften Nachtat". RGSt. **62** 61. Dieses Verhältnis liegt dann vor, wenn durch die der Haupttat folgende Nachhandlung derselben Täter kein neuer Eingriff in ein andres Rechtsgut verübt, vielmehr der bereits vollendete Eingriff in dasselbe Rechtsgut durch neue Eingriffe, die vielleicht an und für sich verboten sind und strafbar wären, nur ausgenutzt, gesichert und verwertet wird. Honig, Straflose Vor- und Nachtat S. 82 ff.

Die Nachtat darf aber keinen neuen Schaden anrichten, der nicht bereits durch die Haupttat verursacht ist. Frank S. 241; RGSt. **49** 405. So ist die Abhebung der Beträge aus einem gestohlenen Sparkassenbuch nur die Verwirklichung des schon erlangten Genusses, kein neues selbständiges Delikt, RGSt. **5** 253; **24** 408; **35** 64; **38** 193; **39** 239; **43** 60, 65; **48** 290; **49** 16; Rechtspr. **10** 488; 3 D 464/17 10. XII. 17; 4 D 693/17 9. IX. 1917; 1 D 404/23 12. VII. 23. Keine strafbare Sachbeschädigung der gestohlenen Sache, keine strafbare Verfügung über eine gehehlte Sache, RGSt. **39** 239; **58** 207; **59** 174. 4 D 322/16 20. VI. 16; keine Verletzung des Briefgeheimnisses bei Erbrechen eines gestohlenen Briefes, RMG. **10** 250. Dagegen kann Diebstahl und Betrug zusammenfallen, RGSt. **50** 46, 254. Über das Verhältnis von § 271 zu § 273 RGSt. **58** 34; 5 D 1903/06 19. III. 07. Vgl. Zimmer, Der Zueignungsbegriff (1913) S. 140, dagegen Sauer, Schließen sich Diebstahl und Sachbeschädigung aus? (1908) S. 107; GA. **63** 284; Alberti GerS. **76** 262; Oetker GerS. **66** 334; Honig a. a. O. S. 84.

6. Stehen neben der Verletzung eines bestimmten Rechtsguts noch bestimmte Gefährdungshandlungen ebendesselben unter Strafe (Aussetzung — Zweikampf — Tötung) so gehen letztere in der ersteren auf, wenn sie als Mittel zur Begehung für sie verübt werden. RGSt. **59** 113. Der Vorsatz der Gefährdungsdelikte enthält zugleich als bedingten den Vorsatz der Verletzung. Das kann auch stattfinden bei Polizeiübertretungen, die nicht reine Ungehorsamsdelikte sind und die nicht als bloß anderen Straftaten subsidiär aufzufassen sind, z. B. § 368 Nr. 5. Binding, Hdb. I S. 363 und Gefährdungshandlung in GerS. **86** 369.

7. Wenn die Tatbestände zweier verschiedener Delikte zu einer neuen Einheit, einem neuen selbständigen Delikt verschmolzen worden sind und dadurch ihre Selbständigkeit verloren haben, so kommen für die Zulässigkeit der Strafverfolgung auch nur die für das Gesamtdelikt geordneten Prozeßvoraussetzungen in Betracht. Ist etwa das Gesamtdelikt von einem Strafantrag abhängig, so unterbleibt die Strafverfolgung, wenn er fehlt, überhaupt, sie kann nicht wegen eines Teils des Tatbestands erfolgen, der für sich sonst von Amts wegen zu verfolgen wäre oder für den ein Antrag vorliegt. Hiervon geht auch RGSt. **15** 14 aus.

8. Die Annahme der Straferstreckung auf die Vortat oder Nachtat läßt die besondere Bestrafung dieser Taten selbstverständlich nur entfallen, wenn die Haupttat überhaupt bestraft wird. Hindert der Mangel einer Prozeßvoraussetzung, etwa des Strafantrags, die Bestrafung der Haupttat, so steht der Bestrafung der Vortat oder Nachtat nichts entgegen, wenn für sie die Prozeßvoraussetzungen vorliegen.

Überall wo bei Spezialität, Subsidiarität, Konsumtion nur ein Strafgesetz Anwendung findet und Idealkonkurrenz ausgeschlossen ist, kommen allein die Strafrechtsfolgen dieses angewendeten Gesetzes in Betracht. Pflaum, Über Gesetzeskonkurrenz (1898).

Zweiter Teil.

Die Straftat.

A. Die Handlung.

§ 12. Das menschliche Verhalten.

1. Gebote und Verbote suchen dem Rechtsgüterschutz und der Verwirklichung der objektiven Rechtsordnung dadurch zu dienen, daß sie ein bestimmtes menschliches Verhalten erfordern, das der Rechtsordnung gemäß ist. Dieses Verhalten ist also Gegenstand des Gebotes und Verbotes. Es wird im Tatbestand des Strafgesetzes, das diese Normen ausspricht, typisiert und gekennzeichnet und stellt daher, wenn es diesem typisierten Tatbestand entspricht, eine Tatbestandsverwirklichung dar. Nur insoweit kommt es auch für die Strafrechtsordnung in Betracht. Selbstverständlich muß es aber die allgemeinen Merkmale eines solchen Verhaltens tragen, von dem das tatbestandsmäßige Verhalten als besonderes herausgehoben wird, Beling, Grundriß S. 34; Radbruch, Festgabe f. Frank I 162. Als solches kann nur ein gewolltes Verhalten in Betracht kommen. Denn nur an den Willen des Menschen richtet sich das Gebot oder Verbot mit dem Zweck, für seine Bildung Motivierungselemente zu schaffen. Insofern kann man es mit Baumgarten, Der Aufbau der Verbrechenslehre (1913) S. 114 auch als „Willensakt" bezeichnen. Ist der Wille als Ursache ausgeschaltet, wie bei Bewußtlosigkeit oder sonstiger Behinderung freier Wirkungsmöglichkeit, StGB. § 51, oder bei unwiderstehlicher Gewalt auf das körperliche Verhalten (vis absoluta), so liegt überhaupt kein Verhalten als Gegenstand für ein Gebot oder Verbot vor, Sauer in Festgabe f. Frank I, 218. Dasselbe gilt für die sog. Reflexbewegungen, die nicht durch den Willen, sondern unmittelbar durch einen physischen Reiz ausgelöst werden, Finger, Lehrb. I (1904) S. 272; v. Liszt-Schmidt I S. 154. Von diesen ist jedoch das impulsive Handeln zu unterscheiden, Hoch, Handb. d. gerichtl. Psychiatrie (1909) S. 528.

2. Das „Verhalten" ist zutreffend von Frank S. 11 als Oberbegriff für Tun und Nichttun hingestellt worden, Sauer, Grundlagen d. Strafr. S. 417 ff., Mezger, Lehrb. S. 102. Beides wird auch als Handlung bezeichnet, vgl. StGB. § 329 Abs. 2, im Entw. z. StGB. meist als „Tat". Ein begrifflicher Unterschied kann nicht gemacht werden. Finger, Strafrecht 444, will Körperbewegungen, die nicht Träger eines Sinnhaften seien, als „Tun" bezeichnet wissen. Da das Nichttun ebenso wie die Handlung nur als gewolltes Gegenstand des Verbotes oder Gebotes ist, so wird es als solches zur Unterlassung. Finger, Strafrecht 445.

3. Da nur ein gewolltes Verhalten in Betracht kommt, so erscheint es als eine Auswirkung des Willens, als ein Willensakt, der Wille somit als Ursache des Verhaltens, nicht als bloße Begleiterscheinung der Handlung, die ja dann eine andere Ursache haben müßte. Vgl. Mezger, Lehrb. S. 96, 106. Das wird erst neuerdings wieder von Finger in GerS. 102, 139 geleugnet. Freilich kommt dieser Wille für das Strafrecht nur in Betracht, sofern und soweit er Ursache für eine Handlung oder Unterlassung geworden ist. Gedanken sind zollfrei. Beling, Grundriß S. 12; M. E. Meyer S. 115; Mezger S. 108.

Zuweilen umfaßt das Gebot oder Verbot nur diesen Erfolg der Willensauswirkung, der in dem bloßen Tun oder Unterlassen besteht, weil schon dieses für sich genommen mit der Rechtsordnung nicht vereinbar ist. Man spricht hier von Formaldelikten — einen Ausdruck, den v. Hippel, Lehrb. S. 97, mit Recht für unglücklich hält — oder einfachen Tätigkeitsdelikten, Beispiel: § 173, § 175, § 180, § 361 Nr. 3; Frank S. 10. Der Begriff wird von v. Liszt-Schmidt u. a. überhaupt abgelehnt. In der Tat wird auch hier meistens ein äußerer Erfolg durch Beeinträchtigung des Empfindungslebens der Rechtsgenossen nach irgend einer Richtung hin hervorgebracht, z. B. § 360 Nr. 11, 13.

In den meisten Fällen aber bringt das menschliche Verhalten, Tun oder Unterlassen, einen weiteren Erfolg in der Außenwelt. Dieser ist dann der Endpunkt der Handlung, bestimmt ihre Natur und gehört zu ihr, Mezger, Lehrb. S. 95. Um seinetwillen wird die Handlung als Verursachung dieses Erfolges geboten oder verboten.

4. Es erheben sich hiernach folgende Fragen:

I. Wann ist ein menschlicher Wille Ursache einer Handlung und ihres Erfolges?

II. Wann ist eine Handlung Ursache eines Erfolges?

Die Beantwortung ist die gleiche für rechtmäßige und unrechtmäßige, schuldlose und schuldhafte Handlungen, ist also allgemein und unabhängig von ihrer rechtlichen Bewertung zu treffen.

§ 13. Der Wille als Handlungsursache.

1. Die Beantwortung der Frage, wie der Wille zur Ursache einer menschlichen Handlung wird, ist die gleiche für unverbotene wie für verbotene Handlungen, daher insoweit zunächst vom rein psychologischen, nicht juristischen Standpunkt aus zu untersuchen. Graf Dohna ZStRW. **07** 331. Von Binding Normen 2 S. 334 II wird dies perhorresziert. Diese Feststellung ist jedoch noch nicht gleichbedeutend mit der Feststellung, daß die Handlung selbst und die von ihr etwa weiter verursachten Erfolge auch gewollt sind. Dagegen nimmt Binding Normen 2 S. 317 an, weil der Wille das kausale Moment im Menschen sei, sei das vom Menschen durch eine Handlung Verursachte stets gewollt, möge er es sich vorgestellt haben oder nicht. Vgl. hierzu M. E. Mayer S. 112. Die Bewegung der Körperteile wird durch die sog. motorischen Nerven hervorgerufen, die ihre Erregung vom Rückenmark und Hinterhirn aus finden und insoweit unmittelbar auf einem Wollen als seelischen Vorgang nicht notwendig beruhen. Nur solche Bewegungen sind vom seelischen Vorgang des Wollens verursacht und ständig begleitet, die auf den sog. Pyramiden- oder Willensbahnen, die die Großhirnrinde mit dem Rückenmark verbinden, von der Großhirnrinde aus als deren äußere körperliche Seite des inneren seelischen Seins angeregt werden. In welcher Weise diese Übertragung erfolgt, entzieht sich unserer Kentnis. Wundt, Essays. Gehirn und Seele, S. 118. Immerhin kann sie als Entladung eines seelischen Spannungsverhältnisses angesehen werden, das bei dem Willensvorgang entsteht, Lipps, Fühlen, Wollen, Denken S. 153; Wundt, Völkerpsychologie Bd. 9 S. 219 ff. Diese Erregung der motorischen Nerven durch einen inneren Willensvorgang (Innervation) ist die in der materiellen äußeren Erscheinungswelt erkennbare Ursache von Körperbewegungen, die ihrerseits wieder in der inneren Willenstätigkeit der Seele ihre Ursache findet. Sowohl die Willensvorgänge wie ihre Auswirkung durch Innervation auf die motorischen Nerven können nun stattfinden, ohne daß man sich des Wollens und der Verursachung durch es bewußt ist. Auch ein unbewußtes Wollen kann ursächlich für eine Körpertätigkeit und die hierdurch weiter verursachte Folge sein. Daß es überhaupt ein unbewußtes Wollen gibt, lehrt die Erfahrung. Es sei an die hochgradigen Affektzustände erinnert, an „gedankenloses“, d. h. solches Tun, bei dem sich dessen verursachendes Wollen nicht im Blickpunkt des Bewußtseins befindet, an die zahlreiche Willensimpulse erfordernden komplizierten Tätigkeiten nach erfolgter Einübung, bei der man sich der anregenden einzelnen Willensimpulse nicht mehr bewußt wird, Wundt, Völkerpsychologie Bd. 9 S. 292. Noch weniger ist erforderlich, daß die weiteren Auswirkungen des durch Willensregungen verursachten Handelns, die nach den naturgesetzlichen Kausalzusammenhängen hervorgebracht werden, bei der Innervation bewußt geworden sind. Binding Normen 2, 296.

2. Wird das Wollen als seelisches Geschehen und dessen Erregung auf die motorischen Nerven (Innervation) als innerer Vorgang und die ihm folgende Tätigkeit als äußerer Vorgang vom Wollenden wahrgenommen, d. h. tritt alles dies in den Blickpunkt des Bewußtseins, so ist damit auch die Möglichkeit gegeben, diese Wahrnehmungen als Erinnerungsbilder zu reproduzieren, d. h. **Vorstellungen** von ihnen sich zu schaffen, Lipps, Fühlen, Wollen, Denken S. 126. Es gibt keine unbewußten Vorstellungen, wie Mezger, Jurist als Psychologe in GerS. 85 (1917) 363 ff. annimmt, wohl aber unbewußte gefühlsmäßige Nachwirkungen von Vorstellungen, und diese Gefühle allerdings sind ebenfalls von Einfluß auf die Willensbildung. So entsteht zunächst weiter auch die Vorstellung des ursächlichen Zusammenhangs zwischen dem Wollen und dem äußeren Tun und dessen weiteren Folgen als einem Erfolge jenes. Wird bewußt wahrgenommen, daß auf bestimmtes Geschehen ein bestimmtes anderes Geschehen folgt und diese Wahrnehmung wiederholt, so greift die durch das erste Geschehen und seine Wahrnehmung im Gehirn erzeugte Erregung nach dem Gesetz der Assoziation von selbst auf die Partien des Gehirns über, die nach jener Erregung regelmäßig durch das zweite Geschehen und seine Wahrnehmung ebenfalls erregt zu werden pflegten. Kommt dann zu dieser durch das erste Geschehen bereits vorbereiteten Erregung noch diejenige durch das zweite folgende Geschehen und seine Wahrnehmung hinzu, so verschmelzen beide Erregungen zu einer Gesamterregung derart, daß diese Gesamterregung schon als durch das erste Geschehen allein hervorgerufen empfunden wird. Diese Empfindung von der Einheit der Erregung aber bringt die Vorstellung von der Notwendigkeit der Zusammengehörigkeit auch des sie auslösenden Geschehnisses mit sich, so daß die Folge des zweiten nach dem ersten nunmehr als Erfolg aus dem ersten beurteilt wird, mit andern Worten, dieses als Bedingung des zweiten vorgestellt wird. Ein derart als Bedingung vorgestellter Wille für eigene Tätigkeit und die ihr folgenden Geschehnisse läßt dann diese Tätigkeit selbst und ihre Folgen als gewollt erscheinen. Hiernach können Geschehnisse zwar durch Willensregungen verursacht sein, **gewollt** aber sind sie für das Rechtsleben nur, soweit diese Verursachung durch den Willen **vorgestellt** worden ist.

So auch Gerland 100; v. Calker 35. Und umgekehrt können Geschehnisse selbstverständlich vorgestellt sein, gewollt aber sind sie nur, wenn sie als Erfolge von Willensregungen vorgestellt worden sind, so auch Mezger, Lehrb. S. 264, 303 v. Hippel VDB. V, 457. Ein Tun und ein Geschehnis ist also gewollt nur dann und nur insoweit, als es als durch eine Willensregung verursacht vorgestellt ist.

Die Verursachung kann tatsächlich weitergreifen, als die Vorstellung den Kausalverlauf umfaßt. Dann beschränkt sich nicht das verursachte, wohl aber das gewollte Tun auf den Umfang des als durch den Willen verursacht vorgestellten. Das über die Vorstellung hinausgehende Tun und Geschehen ist verursacht, aber nicht gewollt. Die Verursachung kann aber auch gegenüber der Vorstellung von ihrer Auswirkung zurückbleiben. Dann ist der vorgestellte weitergehende Erfolg gewollt, aber nicht verursacht. Die Vorstellung kann endlich auch einen andern Erfolg als den eingetretenen als durch den Willen verursacht erfassen. Dann ist der gewollte Erfolg nicht verursacht und der verursachte Erfolg nicht gewollt.

3. Wird die Vorstellung vom Eintritt eines Geschehens als eines vom Willen verursachten zum Element der Willensbildung gemacht, wird sie ein derartiger Bestandteil des Willensvorgangs, daß sie eine bestimmende Wirkung auf das Wollen ausübt, so wird der Abschluß der Willensbildung als neue psychische Schöpfung zum Entschluß. Dieser Entschluß kann zunächst ein bloßes inneres latentes Element eines seelischen Vorgangs bleiben. Wird er aber weiterhin zum Anstoß zu einer Willensregung dahin, den Entschluß und damit das sich in ihm Vorgestellte in der Welt der Erscheinung zu verwirklichen, so wird dieses Wollen zum **Vorsatz.** Wundt, a. a. O. S. 275. Binding Normen 2 S. 395. Doerr in Festgabe f. Frank II S. 212. Vorsatz ist somit ein bestimmt geartetes Wollen, nämlich das aus der Vorstellung gebildete, ursächlich für die Verwirklichung dieser Vorstellung in der Welt der Erscheinung zu werden; Binding Normen 2 S. 320. Zum Element der Willensbildung wird eine solche Vorstellung aber sowohl dann, wenn sie unmittelbar den Willen als Motiv bestimmt, als wenn sie die Willensbildung mit bestimmtem Inhalt in anderer Richtung nicht hindert, sonach ein Gegenmotiv gegen die Hinderung erzeugt und dieses Element der Willensbildung wird. Frank 179; RGSt. **5** 314; **16** 363; **18** 167. Ferner Bünger, Vorstellung und Wille als Element der subj. Verschuldung, in ZStRW. **6** 333 ff. — Ist der Entschluß eine psychische Tatsache, die das Ergebnis einer Willensbildung ist, so ist der Vorsatz als eine durch den Entschluß angestoßene Willensregung eine dauernd die körperliche Tätigkeit begleitende und daher immer von neuem in Bewegung setzende psychische Erregung. Frank S. 239 und Honig, Studien 123 halten es für unmöglich, einen Unterschied zwischen Entschluß und Vorsatz durchzuführen. Der Umstand, daß die Körperbewegung mit dem Willen derart in funktionellem Zusammenhang steht, daß sie von einem Willen bestimmten Inhalts begleitet wird, schließt nicht aus, daß der Wille den ständigen Anstoß zu ihr gibt und damit zu ihrer Ursache wird, die Handlung somit eine Auswirkung eines Willensakts ist. Die Bedenken Fingers GerS. 102 S. 139 gegen diese auch von Mezger geteilte Annahme erscheinen nicht begründet.

Nach der sog. Willenstheorie ist Vorsatz bloß das Wollen eines Erfolgs trotz der Vorstellung von der kausalen Bedeutung des eigenen Verhaltens; Allfeld 145; Beling, Grdz. 51; Berolzheimer, Rechtsphil. 5, 68; Birkmeyer, Rechtsenzykl. S. 1125; v. Hippel, Grenze v. Vorsatz u. Fahrlässigkeit

S. 74; Lehrb. S. 132; v. Rohland, Willenstheorie und Vorstellungstheorie S. 16. Nach der Vorstellungstheorie ist Vorsatz bloß die Vorstellung des Erfolgs, die die Willensbetätigung lediglich begleitet; Becker, Theorie des Strafr. 253; Frank ZStRW. **10** 217; Köhler, Studien 1, 68; Liepmann, Einleitung 141, Lucas, Subjekt. Verschuldung S. 8; Wachenfeld S. 148; Hälschner 192; Sauer, Grundlagen S. 609, 614—625. Näheres bei Binding Normen II S. 388 ff. und Literaturübersicht S. 400. Mit Recht macht Köhler GerS. 1928 S. 29 hier geltend, daß eine solche nur begleitende Vorstellung höchstens einen Wunsch, keinen Vorsatz begründen könne. An die Stelle beider Theorien setzt M. E. Mayer S. 102 ff. und 240 und Schuldhafte Handlung (1901) die von ihm sogenannte Motiventheorie. „Motive sind Vorstellungen, die kraft der von ihnen ausgelösten Lust- und Unlustgefühle auf den Willen einwirken." Im wesentlichen übereinstimmend Binding Normen 2 S. 18 und Wundt a. a. O. 278 ff. unter der nötigen Beschränkung der Bedeutung der Motive für die Willensbildung. Vgl. jetzt Frank 181, der mit Recht erklärt: „Die Vorstellung ist nicht Vorsatz, aber sie macht den Willen zu einem vorsätzlichen," und daher meint, daß ein sachlicher Gegensatz zwischen beiden Theorien nicht mehr besteht. Ebenso Binding, Die Schuld im Strafrecht (1919) S. 47. Im Wesentlichen auch v. Liszt-Schmidt I S. 254, Frank, Über den Aufbau des Schuldbegriffs (1907) S. 22. Ferner Köhler GerS. 1928 S. 29; A. Merkel (1889) Lehrb. S. 79; Hagen in ZStRW. **19** 172. Die Rechtsprechung des RG. huldigt der Willenstheorie: Vorsatz ist das bewußte Wollen aller Merkmale des äußeren Tatbestandes, RGSt. **48** 134; **50** 422; **51** 311; **53** 274; **54** 196; **55** 96, 220; **58** 249; **61** 258; **62** 5; **63** 101, 218; **64** 30.

4. Im Gegensatz zum Handeln mit Vorsatz im rein psychologischen Sinne und ohne ethische oder rechtliche Färbung, anders als in der Rechtssprache, wie er sich auch im rechtlich nicht geregelten Alltagsleben namentlich bei der Bezeichnung des bewußten Willens durch „mit Absicht", „absichtlich", „um zu" findet („ich bin absichtlich zu Hause geblieben", „ich gehe in die Stadt, um meinen Freund zu besuchen"), steht das Handeln **ohne Vorsatz**, das zwar durch den Willen verursacht ist, aber dessen Ursächlichkeit für den Erfolg nicht erkannt und nicht vorgestellt wurde („ich habe es nicht mit Willen getan"). Es ist das Handeln „ohne Absicht", „unabsichtlich", „aus Versehen", „ungewollt". Auch dieses unabsichtliche, unvorsätzliche Tun erfolgt ebenso wie das Vorsätzliche im rein psychologischen Sinne zunächst ohne ethische oder rechtliche Färbung — (Ich bin aus Versehen in den falschen Zug gestiegen, ich habe unabsichtlich meine Sachen, meinen Körper verletzt, vergessen, meinem Freund zu schreiben) — und ist insoweit durchaus nich gleichbedeutend mit „fahrlässig", in dem immer eine sittliche oder rechtliche Bewertung liegt. Köhler GerS. 1928 S. 9.

Die Unterscheidung zwischen dem gewollt und dem ungewollt Verursachten drängte sich dem Menschen freilich zuerst bei der Frage der Haftung auf, findet ihre älteste Anwendung sonach begreiflicherweise bei Übeltaten. Binding Normen IV S. 11. Von Begehung von Übeltaten, schädigenden Handlungen stammt auch die alte deutsche Bezeichnung „vare" oder „fare" für den bewußt auf Schädigung gerichteten Willen, die böse Absicht, und die Bezeichnung „farelose" als einer bloßen Verneinung eines solchen Willens. Aus letzterer ist nachmals die Bezeichnung **„fahrlässig"** entstanden, und deren Folgen sind „Ungefährwerke" genannt worden.

§ 14. Die Zurechnung der Handlung.

Als Ursache für ein Handeln kommt für das Strafrecht nur ein solcher Wille in Betracht, der durch Gebote oder Verbote motivierbar ist, Gerland, Strafrecht S. 93. Nur einem solchen Willen wird von der Strafrechtsordnung die durch ihn verursachte Tat zugerechnet.

I. Jedes „Zurechnen" ist eine von der Rechtsordnung vorgenommene Beurteilung, eine von dieser erfolgte Verknüpfung zweier Ereignisse zu einem kausalen Geschehen. Das gilt wie für die Zurechnung eines äußeren Erfolges zu einer Handlung als Ursache, so auch für die Zurechnung einer Handlung zu einem Willensakt als Ursache. Darin liegt zunächst die Erklärung, daß die Willensbildung derart beschaffen ist, daß sie und die von ihr ausgehende Verursachung rechtlich bedeutsam sei. Die Zurechnung ist also ein Rechtsbegriff, eine rechtliche Wertung des Zustandes eines Menschen bei seiner Willensbildung für die Wirkung der Willensbetätigung. Diese rechtliche Wertung erklärt den Menschen für zurechnungsfähig und ist insoweit ohne jede Wertung für eine moralische oder rechtliche Schuld. Zumeist wird sie als Bestandteil, nicht als Voraussetzung für die Schuld behandelt. Sie kann für das Gebiet des bürgerlichen Rechtes durchaus verschieden sein von dem des Strafrechtes. Sie ist auch nicht gleichbedeutend mit der Fähigkeit an sich, zu handeln. Auch das Kind und der Geisteskranke können handeln, sogar vorsätzlich handeln, zurechnungsfähig im Rechtssinne sind sie gleichwohl nicht, Mezger, Lehrb. S. 267. Erfordernis für jede Art Zurechnung zu einem Willen als Ursache ist, daß die Erzeugung eines Willens durch eine Willensbildung erfolgt, wie sie die Rechtsordnung für den von ihr zu beachtenden Willen voraussetzt. Diese Voraussetzung aber ist, daß die Vorstellung von dem Erfolg der durch den Willen ausgelösten Handlung als Motiv ein mögliches Element der Willensbildung ist und daß diese Vorstellung derart an Stärke gewinnen kann, daß sie das Übergewicht über andere der Willensbildung dienende Elemente erlangt und dadurch die Entscheidung über den Inhalt des Willens als eines Erzeugnisses der Willensbildung herbeiführt. Nur ein Wille, bei dem die Vorstellung vom Erfolg seiner Auswirkung entscheidendes Motiv für seine Bildung geworden ist, kann für das Recht als Ursache für den Erfolg angesehen werden. Die Möglichkeit, der Vorstellung vom Erfolg dieses Übergewicht zu verschaffen, setzt aber eine Persönlichkeit voraus, die zunächst die Erfahrung besitzt, daß ein Ereignis und ein Tun der Erfolg einer Willensauswirkung sein kann, und die genügende geistige Reife und Kraft, diese Erfahrung zur Stärkung der Vorstellung bei der Erhebung zum ausschlaggebenden Motiv zu verwerten. Vgl. auch Gerland, Strafr. S. 94.

Alles dies ist abhängig von der Beschaffenheit der gesamten Persönlichkeit des Handelnden. Damit ist die Tat Ausdruck des Charakters einer Person und dieser „adäquat", Mezger, Lehrb. S. 275. Darnach kann sowohl die Erfahrung, als die geistige Reife und Kraft, die Vorstellungen zu verwerten, sehr verschieden sein. Sie ist verschieden in den verschiedenen Altersstufen und verschieden nach den verschiedenen körperlichen und geistigen Zuständen des Menschen, die eine Beeinträchtigung des Denkens und Fühlens und damit der Willensbildung bringen können, dadurch aber den Zustand größerer oder geringerer „Unzulänglichkeit" zur Erzeugung des Übergewichtes bestimmter Vorstellung bringen. Vgl. auch Aschaffenburg,

Reichsgerichtspraxis V, 244. Inwieweit dieser unzulängliche körperliche und geistige Zustand vorliegt, ist zu beurteilen Sache des ärztlichen Gutachters, namentlich des Psychiaters. Ob aber diese dann festgestellte Fähigkeit noch ausreicht, den so gebildeten Willen als einen für das Recht, hier also das Strafrecht, bedeutsamen anzuerkennen und ihm die Verursachung zuzurechnen, ist Sache des Gesetzes und des Gerichts. Ist dieser Zustand in einem solchen Grade vorhanden, daß ein Wille gebildet werden kann, dem das Recht Beachtung schenkt, so ist auch volle Zurechnungsfähigkeit gegeben, denn nur bei dieser kann eine Zurechnung erfolgen. Eine geminderte Zurechnungsfähigkeit und geminderte Zurechnung ist ein rechtliches Unding. Es gibt nur Zurechnungsfähigkeit oder Unzurechnungsfähigkeit. So auch Finger, Strafrecht S. 498. Gemindert können nur sein die seelischen und geistigen Kräfte bei der Willensbildung. Genügen diese aber noch, so ist auch volle Zurechnungsfähigkeit da. Das schließt nicht aus, daß an die zuzurechnende Tat verschiedene Rechtsfolgen geknüpft werden, je nachdem sie durch einen Willen verursacht ist, bei dessen Bildung volle oder geminderte Kräfte mitgewirkt haben. Vgl. hierzu Kohler, GerS. 1928, 25, dessen Ausführungen in Anm. 2 zwar für die Zurechnung zur Schuld gemacht sind, aber für die Zurechnung zum Willen überhaupt zutreffen.

Dagegen hat die Annahme einer Teilzurechnung (teilweisen Zurechnungsfähigkeit) ihre Berechtigung. Die geistige und sittliche Reife entwickelt sich zu der Stärke, an die das Recht die Zurechnung knüpft, erst allmählich und durchaus nicht gleichmäßig und gleichzeitig für alle Normübertretungen. Es ist durchaus möglich, daß sie z. B. für Eigentumsdelikte vorhanden ist, für gewisse Sittlichkeitsdelikte und Angriffe auf Rechtsgüter der Allgemeinheit noch fehlt. Dann kann ein Wille, der als Ursache für jene Handlungen in Betracht kommt, als rechtlich bedeutsam anerkannt und die Zurechenbarkeit festgestellt werden, während gleiches für einen Willen bei diesen Handlungen nicht möglich ist.

II. Unzurechnungsfähig, d. h. der Möglichkeit strafrechtlicher Zurechnung enthoben, sind schlechthin nach JGG. § 2 alle Personen, die noch nicht 14 Jahre alt sind und nach StGB. § 51 Geisteskranke. Ob es möglich ist, in hypnotischem Zustand Handlungen zu suggerieren, die in posthypnotischem Zustand auszuführen sind, ist eine Frage der psychologischen Wissenschaft. Bei ihrer Bejahung wäre die Zurechnung zu verneinen. Wenn sich jemand bewußt in einen bewußtlosen Zustand versetzt und dies tut in der Absicht oder der Erwartung, dann in diesem Zustand eine Straftat zu begehen, so kann gegen die Zurechnung dieser Tat als einer verantwortlichen nichts eingewendet werden. Er wird dadurch zum mittelbaren Täter, indem er sich selbst als unzurechnungsfähigen unmittelbaren Täter gebraucht. Bei Jugendlichen nach JGGes. § 1, bei anderem Vorliegen möglicher geistiger Entwickelungshemmungen nach StGB. § 58, wie Taubstummen, ist besonders zu prüfen und festzustellen, ob die für die Zurechnung erforderliche geistige und sittliche Reife vorliegt oder nicht.

§ 15. Die Handlung als Erfolgsursache.

1. Im Begriff des Erfolgs liegt, daß er nicht nur zeitliche Folge (post hoc), sondern Folge aus einem Ereignis, das herausgebildete, bewirkte Ergebnis „eines fortlaufenden Geschehens als eines Entwicklungsvorgangs, eben „Erfolg“ ist. Engisch, die Kausalität als Merkmal der strafrechtl. Tatbestände (1931) S. 21 fordert „gesetzmäßige Bedingung“ und versteht darunter das naturgesetzmäßige Verbundensein zwischen Verhalten und Erfolg. Der Erfolg muß also das Erzeugnis wirkender Kräfte gewesen sein und zwar stets einer *Mehrheit zusammenwirkender Kräfte* schon um deswillen, weil jede Kraft nicht nur einen Ausgangspunkt, sondern auch einen Gegenstand, eine ihr entgegenstehende Gegenwirkung braucht, um überhaupt in die Erscheinung treten zu können. Vgl. auch M. E. Mayer S. 137. Doerr, Deutsch. Strafrecht S. 39. Genzmer, Der Begriff des Wirkens (1903) S. 9; Horn, Der Kausalitätsbegriff in der Philosophie und im Strafrecht (1893) S. 15. Staffel, Zur Fortbildung der Lehre von der adäquaten Verursachung in Gruchots Beitr. 65 (1921) S. 418. Nun gilt aber in der Welt der natürlichen Erscheinungen das Gesetz des πάντα ῥεῖ und die Reihe des Geschehens und Wirkens ist nach dem Anfang und dem Ende hin unendlich. Es kommt somit auf den Gesichtspunkt an, aus dem, und den Zweck, zu dem ein *Ausschnitt aus diesem unendlichen Geschehen* als ein *in sich abgeschlossener Vorgang* betrachtet wird, und es kann sich daher nur darum handeln, festzustellen, welches der Anfang und welches das Ende gerade *dieses in Betracht gezogenen Geschehens* ist. Lediglich *in dieser Beschränkung* läßt sich dann die Frage nach Ursache und Erfolg (Wirkung) beantworten. Für das Rechtsleben sind diese Geschehnisse durch den Zweck der Rechtsordnung bestimmt. Der *Erfolg* wird als Ereignis vom *Gesetz* festgelegt. Er besteht immer entweder in einer der Rechtsordnung zuwiderlaufenden *Veränderung des Zuständlichen* eines Seins, das als Rechtsgut oder rechtliches Interesse geschützt und in seiner Integrität bewahrt bleiben soll: dem Tod eines Menschen, einer Sachbeschädigung, einer Körperverletzung, einer Nötigung, ebenso aber auch ein Zustand der Innenwelt, eine psychische Veränderung (wie z. B. bei der Anstiftung) oder in einer von der Rechtsordnung gewollten Veränderung zur Wiederherstellung eines von ihr mißbilligten Zustandes. Dieses vom Recht mißbilligte oder gebilligte Ereignis ist der Endpunkt des in Betracht gezogenen Geschehens, das darüber hinausgehende weitere Geschehen, das vielleicht wieder Wirkung dieser Veränderung ist, interessiert nicht. Es ist *der* Erfolg, um den es sich handelt. An den Eintritt dieses Erfolges werden verschiedene Rechtsfolgen geknüpft, je nachdem seine Bedingung ein schuldloser oder schuldhaft menschlicher *Wille* ist oder ein anderes Ereignis. Hiernach ist der *Endpunkt* des rechtlich gewürdigten Ausschnittes aus dem unendlichen Geschehen stets *vom Gesetz selbst bestimmt*. So auch Mezger, Lehrb. S. 96. Anders verhält es sich mit dem *Anfangspunkt* dieses Vorgangs, von dem die Auslösung der den Erfolg herbeiführenden Kräfte erfolgt. *Wie weit in die Vergangenheit* des wirkenden Geschehens von dessen Endpunkt, dem Erfolg, aus *zurückzugehen* ist, um zu derjenigen Bedingung in der unendlichen Reihe der Vorbedingungen für den Erfolg zu gelangen, die *für den zu beurteilenden Lebensvorgang* als „*Ausgangspunkt der Wirkung* zu betrachten ist, *weil das vor ihm liegende Geschehen für die Beurteilung des Ausschnittes als eines in sich abgeschlossenen selbständigen Vorgangs nicht weiter in Betracht kommt*, bestimmen nur die *praktischen Bedürfnisse des Rechtslebens*, nicht andere, philosophische, logische, naturwissenschaftliche. Auszuscheiden ist dabei von vornherein der Begriff der Ursache als *Gesamtheit aller* wirkenden Kräfte. Denn wenn schon in Wahrheit und naturwissenschaftlich betrachtet der Erfolg das Ergebnis dieses Zusammenwirkens ist, so kommt es doch für das Recht darauf an, das *Wirken einzelner* als besonderen

Vorgang herauszuheben. Sigwart, Logik II 581. L. Wolter, Zur Methodologie des sog. Kausalproblems, Arch. f. Rechts- u. Wirtschafts-Philosophie 1926 S. 567; Frank S. 13.

Hierzu gehört zunächst die Unterscheidung zwischen Bedingungen und Ursachen einer Wirkung. Jede Wirkung hat das Vorhandensein von Kräften zur Voraussetzung, ohne deren Betätigung sie überhaupt nicht möglich wäre. Ohne die Schwerkraft fällt kein Stein, ohne das Beharrungsvermögen rollt keine Kugel. Daß es aber die Schwerkraft ist, die den fallenden Stein auf den Körper eines Menschen aufschlagen und ihn verletzen läßt, wollen wir nicht wissen, wenn wir nach der Ursache des Falles fragen. Daher bildet das Vorhandensein von wirkenden Kräften überhaupt die selbstverständliche notwendige Bedingung für das Zustandekommen einer durch sie hervorzurufenden Wirkung und ihr Vorhandensein wird nicht unter der Ursache verstanden, nach der man bei der eingetretenen Wirkung für die rechtliche Beurteilung forscht. Die Feststellung, daß eine oder mehrere Kräfte oder Kraftträger als notwendige Bedingung für ihr Wirken überhaupt da waren, bringt uns daher nicht weiter. Daß ihr Dasein conditio sine qua non der Wirkung sein muß, macht sie noch nicht zur Ursache der Wirkung für den für das Recht in Betracht kommenden Vorgang. Für den vom Erfolg ausgehenden, rückschauenden Beobachter zeigen sich stets mehrere, nähere und entferntere wirkende Kräfte als Bedingungen. Damit zerfließt zugleich die Auffassung eines einheitlichen in sich abgeschlossenen Vorganges als eines Ausschnittes aus der unendlichen Reihe des Geschehens für die rein historische oder naturwissenschaftliche und logische Betrachtung. Das Recht aber hat es nur mit bestimmten abgeschlossenen Vorgängen zu tun, die es strafrechtliche Haftung begründen läßt, v. Liszt-Schmidt I S. 162; Mezger, Lehrb. S. 117, es will daher einen Anfangspunkt des Vorganges festgestellt wissen. So auch Beling, Grundriß S. 35, 37. Es muß daher bei der Bedingung Halt machen, die als letzte (rückschauend) noch für den Vorgang in Betracht kommt, über die hinaus aber das Recht sich nicht mehr interessiert. Diese für den beurteilten Lebensvorgang nach der strafrechtlichen Betrachtungsweise den Anfang bildende Bedingung ist dann die Ursache. Ursache und Bedingung sind hiernach nicht in ihrem Wesen verschieden, sondern lediglich in ihrer Wertung bei bestimmter Betrachtung. Daß die Handlung eines Menschen, oder ein anderer Zustand oder ein Geschehen nicht hinweggedacht werden kann, ohne daß zugleich der Erfolg entfiele, ist die Voraussetzung für beide, RGSt. 66 184, zur Ursache wird sie erst durch die rechtliche Wertung. Und da für das Recht als die Ursache in erster Linie Handlungen von Menschen in Betracht kommen, so ergibt sich, daß für diese der Anstoß zum Handeln, der menschliche Wille des Handelnden zunächst als Ursache für das Recht in Betracht kommt und nur ausnahmsweise über ihn hinaus eine vor ihm liegende Bedingung (wie bei Anstiftung, mittelbarer Täterschaft) für die Zurechnung als Ursache bewertet wird. Vgl. auch Beling, GerS. 101 (1932) S. 6. Finger, GerS. 102 will „zwischen Wille und Körperbewegung keinen Trennungsstrich ziehen" und übersieht, daß nicht jeder Wille sich in einer Körperbewegung auswirkt. Die Fassung eines Entschlusses kann zunächst intern bleiben. Gegen Beling, GerS. 101 S. 5 nimmt Eberhard Schmidt, Festgabe f. Frank II, 106, zutreffend an, daß der Deliktbestand grundsätzlich jedes Kausalwerden eines verbotenen Erfolges umfasse, also auch die mittelbare Täterschaft treffe.

Es fragt sich dann, wann kann von einer Kräfte auslösenden und so zu einem bestimmten Erfolg führenden Handlung gesagt werden, sie komme als Ursache in Betracht. Liszt-Schmidt I S. 157 Anm. 1, 160. Antwort hierauf will die Lehre vom Kausalzusammenhang geben. Übersicht über die Lehrmeinungen Traeger, Der Kausalbegriff im Straf- und Zivilrecht (1904); Tarnowski, Die systematische Bedeutung der adäquaten Kausalitätstheorie für den Aufbau des Verbrechensbegriffes (1927); ferner Mezger, Lehrb. S. 109; Frank S. 11; Eberhard Schmidt in Festgabe f. Frank II, 115, Finger, Strafrecht 447.

2. Am weitesten zurück in die Vergangenheit geht die **auch von den Strafsenaten des RG. vertretene Auffassung v. Buris**, wonach jede conditio sine qua non als gleichwertig und als Ursache anzusprechen ist, **Bedingungs- oder Äquivalenztheorie**, RGSt. führt in 1 D 527/16 25. I. 1917 z. B. aus: „Im strafrechtlichen Sinne gilt jede Handlung oder Unterlassung als Ursache, die nicht weggedacht werden kann, ohne daß dadurch der rechtswidrige Erfolg entfiele. Trifft dies zu, so hört die Ursache nicht auf, Ursache zu sein, wenn außer ihr noch andere Ursachen mehr oder weniger zur Herbeiführung des Erfolgs beigetragen haben. Auf den Grad der Verursachung kommt es nicht an." Auch nicht darauf, ob diese anderen Tatsachen in menschlichem Tun oder anderem Geschehen bestehen. Alle Bedingungen sind gleichwertig. Vgl. ferner RGSt. **1** 373, **5** 29, **6** 249, **7** 332, **9** 148, **15** 151, **19** 141, **27** 80, **34** 91, **44** 230 (Verein. Strafsen.), **54** 349, **56** 343, **57** 48, 285, 392, **58** 130, 366, **59** 110, **61** 318, **63** 392, **64** 316, 370; Rspr. **3** 641; RMG. **8** 274, **13** 36, 215, **18** 55, **20** 236; BayObLGSt. **6** 73. Auch die Abwendbarkeit des Erfolgs ist danach unerheblich, RGSt. **4** 243, **22** 173, **27** 80. Ebensowenig das Dazwischentreten Dritter, RGSt. **1** 373, **6** 249, **7** 332, **34** 91; RGSt. **57** 148 nur vorübergehend abschwächend. Schneidewin in 50 Jahre RG. (1929) S. 272. Ebenso v. Buri GerS. **29** 269; ZStRW. **1** 400; Die Kausalität (1873); v. Liszt-Schmidt I 162; Beling, Grdz. 30; Mayer 139; J. Mill, System der ded. u. indukt. Logik; M. E. v. Brunneck, Die herrschende Kausalitätstheorie (1897) S. 32; Finger **1** 275; Hartmann, Das Kausalproblem (1900); Hälschner **1** 227; v. Lilienthal 28; Gerland 91; van Calker 22; Zeiler, ZStRW. **27** 493 P. Merkel, Zur Abgrenzung von Täterschaft und Beihilfe (1925) 13; über ausländische Auffassungen vgl. G. Kück, Die Lehre vom Kausalzusammenhang im ausl. Strafrecht (1911). Besonders weit geht Fischer, Das kausale Element im sog. Begehungsdelikt durch Unterlassung, ZStRW. **23** 467, wonach „grundsätzlich von einem Faktor, damit er i. S. des Strafrechts als Ursache gilt, nichts weiter verlangt werden könne, als daß er den Eintritt des Erfolges ermögliche, nicht daß darin ein zwingendes Hinwirken auf den Erfolg liege". Zutreffend bemerkt Staffel, Zur Fortbildung der Lehre von der adäquaten Verursachung a. a. O. S. 425, eine andere conditio sine qua non als die aus einer Wahrscheinlichkeit abgeleitete existiere nicht. Ihre praktische Korrektur erhält meistens dieser weitgehende Ursachenbegriff, der die logische Gleichwertigkeit aller Bedingungen mit der juristischen und praktischen annimmt (Mezger in StRZ. **1921** 205), durch die Beschränkung, die die für die Strafe allein maßgebende Zurechnung zur Schuld bringt. Für das Strafrecht kommt es aber nicht auf die logische Rechtfertigung des allgemeinen Begriffs „Ursache" an, sondern darauf, darzutun, welche Handlungen nach den Bedürfnissen des Lebens verboten und erlaubt sind, wo für sie also die Verursachung beginnt und aufhört. Vgl. auch Kriegsmann GerS. **68** 315; Kitzinger, Aphorismen 25. Mit Recht machen auch Allfeld, Lehrb. (1922) S. 111 und Honig in Festschr. f. Frank I

S. 177 darauf aufmerksam, daß das Schuldmerkmal nicht immer eine notwendige Begrenzung des Grundsatzes von den gleichartigen Bedingungen bringt. Über Verdienst und Mängel der Äquivalenztheorie namentlich auch Mezger, Lehrb. S. 114. Ferner Engisch, Die Kausalität als Merkmal der strafrechtlichen Tatbestände (1931).

3. **Andere Auffassungen** suchen aus der Unendlichkeit dieser Zahl von Bedingungen, die nicht weggedacht werden können, ohne daß der Erfolg entfiele, und zu denen schließlich die Erschaffung der Welt selber als letzte Ursache gehört, einige herauszuheben und bezeichnen sie dann allein als „Ursache". Übersicht bei Köhler 185.

a) Nach Oertmann soll die letzte Bedingung Ursache sein. Dieser seien frühere Handlungen Dritter gleichzustellen, wenn sie die spätere Handlung durch Zwang oder Irrtum hervorgerufen haben, GerS. 439. Diese Ansicht kann jetzt in der Wissenschaft als aufgegeben angesehen werden. Beling, Grundrecht S. 35. Ebenso die von Stübel u. Feuerbach vertretene Ansicht ist, wonach Ursache nur diejenige Bedingung ist, die den Erfolg notwendig und unter allen Umständen nach sich zieht.

b) Nach Birkmeyer GerS. **37** 255 und „Über Ursachenbegriff und Kausalzusammenhang" (1885) ist Ursache die wirksamste Bedingung, die mehr als die übrigen zum Erfolg beigetragen hat (Übergewichtstheorie). Dagegen Merkel 103; Thyrén, Abhl. a. d. Strafrecht (Lund 1894) 1, 91; Givanowitsch, Du principe de causalité efficiente (Paris 1908) 40 ff.

c) Binding Normen I S. 113 und Normen II S. 472 bestimmt „Verursachung" als die Herbeiführung des Übergewichts der positiven Bedingungen über die negativen Bedingungen durch den menschlichen Willen, beschränkt sich also streng auf die Bestimmung, wann der menschliche Wille Ursache ist, weniger darauf, was der Begriff der Ursache an sich ist. Er sieht in den positiven Bedingungen die „zum Erfolg hinstrebenden Umstände", in den negativen die „ihn abhaltenden Umstände", S. 491; S. 628 ergänzt er sich dahin: „Die Kausalitätsursache wird nur kritisch, wenn die zwecks Veränderung der Lage vom Angeklagten ergriffene Handlungsweise nicht weggedacht werden kann, ohne daß der Erfolg unterblieben wäre. Dann ist zweifellos in dem Erfolg ein Koeffizient seines Willens enthalten. Nun erst erhebt sich die Frage: Bedingung oder Ursache? Ursache ist der Wille, wenn die ganze Veränderung als Erfolg der Handlung des Angeklagten betrachtet werden muß, wenn seine Energie es war, die den Sieg über die negativen Bedingungen davongetragen hat. Die Bemessung dieser Energie beruht wesentlich auf individueller Schätzung." — Vgl. Givanovitsch, Du principe de causalité efficiente (1908) S. 48. Gegen Binding M. E. Mayer S. 144.

d) Kohler, Studien aus dem Strafrecht 1 S. 83 ff. (1890). GA. **51** 327 und Wachenfeld 89 sehen ähnlich wie Binding als Ursache die Entfesselung der auf den Erfolg hinlenkenden Kraft, das die Richtung auf ihn bestimmende Element, „Qualitätentheorie". Dagegen Traeger, Der Kausalbegriff (1904) 95 und Thyrén a. a. O. 1 58.

e) A. Riehl, Der philosophische Kritizismus Bd. 2 S. 267 (1879) setzt den ruhenden Zustand in Gegensatz zu dem veränderten, bewegten Zustand, und erklärt diesen für die Ursache, wenn er bewegend und verändernd in einen andern unbewegten Zustand eingreift. Ursache und Wirkung sind die zu notwendiger Suggestion in der Zeit verknüpften Veränderungen. So auch Fischer, Das kausale Element im sog. Begehungsdelikt durch Unterlassung, ZStRW. **23** 459; Erfolg verursachen heißt, seinen Eintritt ermöglichen durch Hervorbringen einer Veränderung, durch die die Entstehung des Erfolgs bedingt ist. Diese Veränderung ist Umschaffung eines Zustandes in den andern, durch den die Entstehung immer weiterer Zustände bedingt wird. Ebenso v. Rohland VDA. 1 S. 349, Kohler, Wachenfeld u. a. Auch Binding Normen II S. 627 stellt auf die Veränderung der Lage ab, die der Täter vorfand und in die er eingriff, und scheidet die „Vorhandlungen, die zur Schaffung der von ihm abzuändernden Lage notwendig waren, vollständig aus. Nur bez. der nach Beginn der Handlung eingetretenen Abänderung werde die Verursachungsfrage bedeutsam". Gegen den Unterschied von bewegten und unbewegten Zuständen E. Hartmann, Das Kausalproblem (1900) S. 38 ff.

4. Von einem andern Gesichtspunkt aus sucht die von Kries, Die Prinzipien der Wahrscheinlichkeitsrechnung (1886) und Über den Begriff der objektiven Möglichkeit, Vierteljahrsschr. d. wissensch. Philosophie XII (1888) und ZStRW. **9** 528 begründete und schon von v. Bar, Die Lehre vom Kausalzusammenhang im Recht, besonders im Strafrecht (1871) angedeutete, auch von Thon, GerS. (1881) 317 berührte Lehre von der **adäquaten Verursachung** dem Problem beizukommen **(Adäquanztheorie)**. Um die uferlose Ausdehnung der Gleichwertigkeit aller Bedingungen nach dem Grundsatz der conditio sine qua non (zu 2) einzuschränken, beläßt sie es zwar begrifflich dabei, daß jede Bedingung als Voraussetzung für den Erfolg von Bedeutung ist, sofern sie nicht weggedacht werden kann, ohne daß der Erfolg entfiele, umgrenzt aber den Kreis des in Betracht kommenden Geschehens nach dem Gesichtspunkt der Häufigkeit und Wahrscheinlichkeit der Folgen, die diese Bedingungen nach den Erfahrungen und der Regel des Lebens und Kenntnissen des Naturgeschehens nach sich ziehen, die daher den Bedingungen „angepaßt", „angemessen" (adäquat) erscheinen und somit nach dem Erfahrungsschatz der Menschen den typischen Verlauf der von den Bedingungen ausgelösten Wirkungen darstellen und daher berechenbar sind. Das bedeutet keineswegs eine Verwechselung von Ursache und Schuld, wie Beling, Grundriß S. 35 meint. Nur den innerhalb dieses zu bestimmenden Kreises oder Spielraums gelegenen Bedingungen, die eine spezifische Gefahr des Erfolges bilden, wird dann der Erfolg als von ihnen verursacht zugerechnet. Es wird also aus den unendlich vielen Bedingungen durch Zurechnung zur Verursachung eine Anzahl herausgehoben, ähnlich, wie dann der so verursachte Erfolg wieder dem Urheber zur Schuld verantwortlich zugerechnet wird. Baumgarten ZStRW. **37** 521; Frank 12. Im einzelnen wird dieser Gedanke verschieden ausgestaltet, Liepmann GA. **52** 326 ff.; Finger, Strafrecht 450. Radbruch, Die Lehre von der adäquaten Verursachung (1902). Sauer, Grundlagen S. 609. Ferner zu beachten Rosin, Über die Betriebsgefahr im „Recht der Arbeiterversicherung" (1890/92). Vertreter dieser Theorie sind namentlich außer v. Kries: Merkel, Liepmann-Heß, Hartmann, v. Rohland, Traeger, Graf z. Dohna, Larenz, Kriegsmann, Krückmann, Rümelin, Litten, R. Schmidt, Kisch, Rumpf, Zitelmann, Köhler, Oertmann, Meyer-Allfeld, Sauer, Baumgarten, Tarnowski, Die system. Bedeutung der adäquaten Kausalitätstheorie für den Aufbau des Verbrechensbegriffs (1927), v. Hippel, Lehrb. S. 93. Ihre Würdigung namentlich bei Mezger, Lehrb. S. 121, der ausführt: „Auch für das Strafrecht ist kausal für den konkreten Erfolg jede Bedingung, die nicht hinweggedacht werden kann, ohne daß damit dieser Erfolg entfiele. Aber strafrechtliche Haftung begründet nur der adäquate Kausalzusammenhang, wenn dieser rechtlich erheblich, relevant ist (Relevanztheorie)". Das bedeutet sachlich nichts anderes als die oben aufgestellte Ansicht, daß eben für das Strafrecht (d. h. strafrechtliche Haftung) die „Ursache" enger zu bestimmen ist nach der Regel des Lebens. Im übrigen hat auch Honig in Festgabe für Frank I, 179 recht, wenn er sagt: „es trete zu dem Kausalurteil als weiteres selbständiges Urteil das über die objektive Zurechnung hinzu, das zu prüfen habe die Bedeutsamkeit des Kausalzusammenhanges für die Rechtsordnung." Die Feststellung der für das Recht in Betracht kommenden „Ursache" durch Heraushebung der unendlichen Anzahl von Bedingungen wird als objektive Zurechnung oder imputatio facti bezeichnet. Sie ist durchaus zu unterscheiden von der Zurechnung zur Schuld, die mißverständlich allein als imputatio iuris bezeichnet wird. Tatsächlich ist jede Zurechnung immer eine imputatio facti et iuris! Die Verknüpfung eines Geschehens mit einer Person liegt nur bei menschlichen Handlungen vor. Sie kann aber auch mit anderen Tatsachen und Ereignissen stattfinden, wenn es gilt, diese als Ursache festzustellen. Das übersieht Honig a. a. O. S. 179 Anm. 2. Gegen die adäquate Verursachung namentlich v. Liszt-Schmidt I S. 162, Kohler, GA. **51** 327; Binding, Normen 2 480. Gerland 92 u. a. **Die Zivilsenate des Reichsgerichts haben diesen Ursachenbegriff aufgenommen.** RGZ. **69** 57, 344, **78** 270, **81** 359, **105** 264. LZ. **1916** 1250 u. a. fordern für einen rechtlich beachtlichen Zusammenhang der Ereignisse, daß die nur mittelbar eingetretene Folge nicht in einem so entfernten Zusammenhang mit dem als Ursache in Anspruch genommenen Ereignisse stehen darf, daß er nach der Auffassung des Lebens vernünftigerweise nicht mehr in Betracht gezogen werden kann. Niemand haftet für völlig außergewöhnliche Wirkungen seiner Tat, für unberechenbaren Zufall. Hierbei werden wieder verschiedene Standpunkte eingenommen:

a) Der Täter muß den Erfolg nach seinem Erfahrungswissen als möglichen und wahrscheinlichen voraussehen (Subjektiv-Adäquattheorie), v. Bar **2** 199, 201; v. Kries, Prinzipien der Wahrscheinlichkeitsrechnung (1886) und über den Begriff der objekt. Möglichkeit, Vierteljahrsschrift f. wissensch. Philos. 12 (1888) 181 ff., Merkel-Liepmann 121.

b) Der verkehrserfahrene Mensch muß den Erfolg als Folge der Bedingung als erfahrungsgemäß eintretend voraussehen können, Allfeld 164; Kriegsmann, GerS. **68** 134; v. Rohland, Prakt. Kausallehre 46. Träger, Kausalbegriff 159 läßt die Bedingungen gelten, die dem einsichtigsten Menschen oder dem Täter (etwa kraft seines überdurchschnittlichen Wissens) zur Zeit der Tat als den Erfolg herbeiführend bekannt waren. Hartmann, Kausalproblem mit besonderer Berücksichtigung des Verursachungsbegriffs des StGB. S. 51. So auch RGZ. **81** 359.

c) Der objektive Beobachter (Richter) muß die bei der Handlung schon vorliegenden Bedingungen haben erkennen und mit den später eintretenden haben rechnen können. Diese „nachträgliche Prognose" soll der Richter vornehmen. Rümelin, ArchZivPrax. **90** 171; Meyer-Allf. S. 109. Dagegen Radbruch, Die Lehre von der adäquaten Verursachung (1902), Träger, Der Kausalbegriff (1904), Liepmann, GA. **52** 23; M. L. Müller, Die Bedeutung des Kausalzusammenhangs (1912) S. 29.

5. Die Theorie der adäquaten Verursachung gestattet, außer der menschlichen Handlung auch andere Umstände zu berücksichtigen, RGSt. **5** 29. Auch

das konkurrierende Verschulden Dritter oder des Verletzten selbst schließt die Annahme einer Verursachung nicht aus, RGSt. **1** 373; **6** 249; **7** 332. Denn alles dies liegt nicht außer dem gewöhnlichen Lauf der Dinge. Frank 14 ff.

§ 16. (Scheinbares) Unterlassen als Erfolgsursache.

1. Ein Zuwiderhandeln gegen ein Verbot kann nicht nur durch Körperbewegung, sondern auch durch gewollte Körperruhe verübt werden, und es entsteht dann die Frage, worin solchenfalls die Verursachung eines verbotenen Erfolgs besteht. Man spricht hier von **unechten Unterlassungsdelikten, delicta commissiva per omissionem.** Daß durch solche Unterlassungen rechtswidrige Erfolge verursacht werden können, wird wiederholt vom StGB. anerkannt, z. B. § 322 Abs. 1 und 2, wo das Nichtaufstellen von Feuerzeichen als Ursache für die Strandung des Schiffes und direkt als Handlung bezeichnet wird. Entw. 19 § 16 bestimmte: „Wegen Herbeiführung eines Erfolges durch Unterlassung ist nur strafbar, wer rechtlich verpflichtet war, den Eintritt des Erfolges durch Handeln zu verhindern. Diese Pflicht besteht auch für den, der durch seine Tätigkeit die Gefahr des Eintritts des Erfolgs herbeigeführt hat." Eine entsprechende Vorschrift Amtl. Entwurf v. 1927, § 22: „Wer es unterläßt, einen Erfolg abzuwenden, ist nur strafbar, wenn er rechtlich verpflichtet ist, den Eintritt des Erfolgs zu verhindern. Wer durch sein Tun die Gefahr herbeiführt, daß ein bestimmter Erfolg eintritt, ist verpflichtet, ihn abzuwenden." Im Entw. nach den Beschlüssen der deutschen und österreichischen Strafrechtskonferenzen ist diese Vorschrift nicht wieder aufgenommen worden. Vgl. hierzu „Unterlassene Lebensrettung" von Kleinfeller in StRZ. **1921** 197.

2. Auch hier begegnen verschiedene Auffassungen. Eine Übersicht bringt Meyer-Allfeld 113 ff. und auch Frank 16 ff. der hier überhaupt ein noch ungelöstes Problem sieht, S. 19. v. Liszt (1919) S. 139 hielt den Streit um die Kausalität der Unterlassung für einen der unfruchtbarsten, Sauer, Grundlagen S. 264 für einen der wichtigsten. Eingehend Kantorowicz, Unechtes Unterlassungsdelikt und unbewußtes Fahrlässigkeitsdelikt in Strafrechtl. Abhandlungen Heft 27 (1931), herausgeg. v. Schoetensack. Ferner v. Liszt-Schmidt I S. 170; Finger, Strafrecht 453. Sie nehmen an, daß die Kausalität durch Unterlassung nur eine Denkform sei, durch die strafrechtlich gleichwertige Erscheinungen zu einer Einheit verbunden werden, nicht über ein physisches Sein und Denken es sich handele.

a) Nach der sog. Interferenztheorie (so genannt seit Landsberg, Die sog. Kommissionsdelikte usw. (1890) beruht die Verursachung in der Vornahme eines Willensentschlusses als inneren Seelenvorgangs. Sie schließt sich im übrigen der Theorie der conditio sine qua non an. Ist diese Vornahme des Entschlusses, nicht zu handeln, eine nicht wegzudenkende Bedingung für den Eintritt des Erfolgs, soll dieses Nichthandeln Ursache geworden sein; v. Buri ZStRW. **1** 400, van Calker 23; Frank S. 16; Binding, Normen 2, 226; RGSt. **57** 149; dagegen v. Bar **2** 251; v. Liszt-Schmidt S. 163; Traeger, Das Problem der Unterlassungsdelikte (1913); Clemens, Das Unterlassungsdelikt (1912); Radbruch, Über den Schuldbegriff ZStRW. **24** 346.

b) Nach Luden, Abhandl. **2** 227 soll die statt der unterlassenen und während der Unterlassung anderweit vorgenommene Tätigkeit die Ursache für den Erfolg bilden. Dagegen mit Recht schon v. Bar 2 249.

c) Nach Merkel-Liepmann 134 soll die Ursache in einem vorangegangenen Tun des Unterlassenden liegen. Dann müßte folgerichtig, wenn dieses Tun schuldlos begangen wurde, ein dolus subsequens aber nicht beachtlich ist, ein späteres schuldhaftes Unterlassen gleichwohl unberücksichtigt bleiben, weil es nicht ursächlich wurde. Diese Folge zieht in der Tat Kraus ZStRW. **23** 789.

d) Nach Binding Normen 2, 577 trägt die Vorhandlung einen doppelten Charakter: zur Hälfte fördert sie die Gefahr, zur Hälfte hindert sie die Gefahr. Das Setzen der abhaltenden Bedingungen durch sie soll nach Ansicht des Handelnden ein Äquivalent für das Schaffen positiver (fördernder) oder das Vernichten negativer (hindernder) oder das Verhindern der Entstehung negativer Bedingungen sein und diese Absicht muß sich realisiert haben, das Äquivalent muß die Wirkung der Förderung suspendieren. Dies tut es aber nur solange es erhalten bleibt, die selbstgesetzte Förderung hemmt. Dann bedeutet Unterlassung Aufgeben dieses Äquivalents, und darin liegt die Verursachung, indem durch Nichthemmen der selbstgesetzten Kausalität ihr Lauf gelassen wird. Gerland 128; RGSt. **24** 339.

e) Andre, wie Beling, Lehre vom Verbrechen 224, Grundriß S. 38, erblicken eine Verursachung schon darin, daß ein Erfolg nicht gehindert wurde, obwohl er gehindert werden konnte und stellen nur die Frage der Rechtswidrigkeit und der Schuld darauf ab, ob man verpflichtet war zu hindern oder nicht.

f) Nach Wachenfeld 95 liegt das kausale Element in der Übernahme der Herrschaft über einen bereits angeregten Kausalitätsvorgang. Hiermit berührt er sich mit Binding a. a. O. S. 561, der das Wesen der Handlung darin sieht, „daß der Urheber sich mittels ihrer als eine zur Abhaltung bestimmter schädlicher Erfolge wirkende Bedingung, als ein „Garant" dagegen aufstellt.

g) Vielfach wird endlich auf die Erwartung vom Standpunkt des Interessenten abgestellt. Die Unterlassung der Handlung, die den Gang der Ereignisse durchkreuzen würde, wenn sie vorgenommen wäre, wird zur verursachenden Unterlassung, wenn der Interessent ihre Vornahme erwarten durfte, Allfeld 172; Merkel-Liepmann 135; A. Köhler 215. Diese Erwartung ist insbesondere dann vorhanden, wenn der Unterlassende zuvor ein Geschehen in der Natur in Lauf gesetzt hat oder wenn das Gesetz das Tun geradezu gebietet, Stöckmann, Über Kausalität und Verantwortung i. Strafr. 38.

h) Endlich wird als besonderer Fall, in dem die Handlung zu erwarten war, der betrachtet, daß eine Rechtspflicht zu ihrer Vornahme bestand. So auch Entw. 19 § 16 Amtlicher Entwurf § 22 und Meyer-Allfeld 116, Liepmann 79. Eine bloß sittliche Pflicht zum Handeln genügt nicht. RGSt. **51** 127; **66** 73. Man mußte nach Lage der Sache mit ihrer Befolgung rechnen dürfen. Frank 21. Diese Auffassung reicht schon an das echte Unterlassungsdelikt heran. Der gestrichene Entw. § 22 lautete: Wer es unterläßt, einen Erfolg abzuwenden, ist nur strafbar, wenn er rechtlich verpflichtet war, den Eintritt des Erfolges zu verhindern. Wer durch sein Tun die Gefahr herbeiführt, daß ein bestimmter Erfolg eintritt, ist verpflichtet, ihn abzuwenden.

Nach der Meinung vieler ist das Unterlassen überhaupt nicht kausal, das Gesetz stellt nur die Nichtverhinderung des Erfolgs dem Bewirken gleich.

„An Stelle der Wirklichkeit tritt eine normative Wertung, ob die Vorstellung der erfolgsabwendenden Handlung, die die Kausalität der Unterlassung vermittelt, der Rechtsordnung entspricht oder nicht", Kantorowicz, Unechtes Unterlassungs- und unbewußtes Fahrlässigkeitsdelikt, Schoetensacks Strafrechtl. Abhandlungen Heft 297 (1931) S. 15; Sauer, Grundlagen S. 447 und Festgabe f. Frank I, 206; Honig ebenda I, 190; Mezger S. 136; Finger S. 290; v. Liszt-Schmidt 163. Dagegen mit Recht Frank 16; Höpfner ZStRW. 36 106.

3. In Wahrheit liegt in allen diesen Fällen kein bloßes Nichttun, überhaupt kein bloßes Unterlassen vor, sondern ein sehr energisches Tun. Nur das Wesen dieses Tuns und sein Inhalt ist von dem unmittelbaren Auslösen einer kausalwirkenden Naturkraft verschieden. Keineswegs darf das unechte Unterlassungsdelikt von dem Begriffe der Kausalität ausgenommen werden, wie fast allgemein geschieht. Auch StGB. kennt nur einen Begriff der Verursachung, z. B. § 230.

Geht man davon aus, daß jede Wirkung der Kreuzungspunkt mindestens zweier raumzeitlich wirkenden Kräfte ist, so wird jede die Zeit und Richtung der einen Kraftwirkung beeinflussende dritte Kraft, die in einer zeitlich vorher stattfindenden Kreuzung auf sie trifft, die Entstehung des zweiten Kreuzungspunktes, also den durch das Zusammentreffen jener ersten beiden Kräfte entstehenden Erfolg verhindern. Es findet dann überhaupt keine Verursachung dieses Erfolgs statt. Sofern nun aber wieder jene dritte Kraft ebenso durch ein Zusammentreffen mit einer vierten in ihrer Einwirkung auf eine der beiden ersten Kräfte gehindert wird, steht der Auswirkung dieser und ihrem Zusammentreffen in einem Kreuzungspunkt kein Hindernis mehr entgegen. Daher wird die Auslösung einer eine andere in ihrer Wirkung hindernden Kraft zur entfernteren Ursache für diejenige Kraftwirkung, die nun durch jene behinderte Kraft ihrerseits nicht mehr gehindert wird. Diese Ursacheneigenschaft liegt aber nicht nur dann vor, wenn eine Kraft a die Auswirkung einer Kraft b tatsächlich schon hindert, sondern auch dann, wenn eine Kraft a derart in Bewegung gesetzt wird, daß sie die Auswirkung einer Kraft b bei ihrem Fortwirken so rechtzeitig hindern würde, daß sie zu einem bestimmten Erfolg nicht mehr beitragen kann. Beispiel: Die Auslösung der Schwerkraft eines Steines führt dessen Fall herbei. Im ungehinderten Weiterfallen würde er die Bewegungsrichtung eines Menschen in bestimmtem Zeitpunkt kreuzen, mit diesem zusammentreffen und ihn verletzen. Wäre nun in der Fallrichtung des Steins ein Balken schon vorgeschoben gewesen, ehe der Stein die Bewegungsrichtung des Balkens erreichte, so daß er auf diesen auftrifft und damit im Weiterfallen verhindert oder doch in seiner Richtung abgelenkt wird, so wird das Zustandekommen der Kreuzung mit der Bewegungsrichtung des Menschen verhindert, die Verursachung einer Körperverletzung durch den Fall ausgeschlossen (Unterbrechung des Kausalzusammenhangs). Wenn dann etwa durch Zurückziehen des Balkens der Stein von neuem wieder zu Fall gebracht wird, so wird das Zurückziehen zur neuen Ursache des Fallens und möglicherweise einer anderen etwa doch noch herbeigeführten Körperverletzung. Die den früheren Fall verursachende Kraft wirkt hierbei nur als neu einsetzende Kraft mit. War dagegen der Balken beim Beginn des Falls des Steins noch nicht so weit vorgeschoben, daß er dessen Richtung kreuzte, war jedoch bereits die Bewegung so eingeleitet, daß sie in ihrem ungehinderten Weiterwirken den Balken vor seiner Kreuzung mit der Bewegungsrichtung des Steins in dessen Fallrichtung bringen mußte, so war schon dadurch eine Lage von verschiedenen Kraftwirkungen geschaffen, die in ihrem ungehinderten Weiterwirken einen Zustand herbeiführte, der dem gleichkam, daß der Balken vor der Kreuzung mit dem fallenden Stein in der Fallrichtung vorhanden war und damit dessen Weiterfallen hinderte. Wird daher die Fortbewegung des Balkens gehemmt, bevor er die Fallrichtung kreuzt, so wird damit eine andere Lage der wirkenden Kräfte geschaffen, eine im entscheidenden Moment dem fallenden Stein sonst entgegenwirkende Kraft wird an dieser ihrer Wirkung gehindert. Damit aber wird diese die Fortbewegung des Balkens hindernde Kraft zur Ursache, daß der Stein nunmehr ungehindert weiterfällt, und somit zur weiteren Ursache für dessen Zusammentreffen mit dem Menschen. Dieses Ursachenverhältnis ist selbstverständlich genau dasselbe, ob der Balken durch einen Menschen vorgeschoben und in seinem Weiterschieben gehindert wird, oder ob etwa bloße Naturkräfte, etwa Wasserkraft, Wind u. a. das Vorschieben bewirken und das Weiterschieben hindern. Würde z. B. durch Wasserkraft der Balken vorgeschoben werden und bei ungehindertem Weiterwirken der Wasserkraft das Fallen des Steins aufgehalten haben, so würde, wenn etwa der Sturm einen Ast bricht, dieser ins Wasser fällt und die weitere Vorschiebung des Balkens durch die Wasserkraft hindert, so daß er nun nicht mehr den fallenden Stein aufhalten kann, unbedenklich der hindernde Ast und der ihn abbrechende Sturm als Ursache dafür anzusprechen sein, daß der Stein den Menschen traf. Denn durch den Sturm ist in einen Kausalverlauf von Kraftwirkungen eingegriffen worden, und an dessen Stelle ein anderer Kausalverlauf hergestellt worden, der nun erst das Zusammentreffen des Steins mit dem Menschen ermöglichte, während der vorher vorhandene Kausalverlauf dieses ausschloß.

Nun kann auch ein Mensch durch seine Handlungen einen Kausalverlauf von Kräften in Bewegung setzen, die bei ihrem Weiterwirken eine andere Kraft in ihrem Wirken hemmen und dadurch den Eintritt eines Erfolges bestimmter Art, den jene andere Kraft bringen würde, ausschließen. Diejenige Kraft, die dann dieses Weiterwirken der hemmenden Kräfte ihrerseits wieder hemmt, wird nach dem Dargelegten damit zur Ursache für den von der nunmehr ungehemmt wirkenden Kraft hervorgebrachten Erfolg.

Diese hemmende Kraft kann aber auch derselbe Mensch anwenden, der zuvor die für Hemmung einer dritten Kraft dienende andere Kraft in kausale Bewegung gesetzt hat. Bestand dieses Inbewegungsetzen einer Kraft zur Hemmung einer dritten Kraft, die ungehemmt einen Erfolg herbeiführen würde, in der Verwirklichung eines Willens durch ein Tun, so kann nun gleichfalls in der Verwirklichung eines entgegengesetzten Willens, in einem **gewollten Nichttun,** die Hemmung der Weiterwirkung jener ersten Kraft, **die Hinderung des Tuns** liegen und dann wird das gewollte Nichttun (das Unterlassen) als **Hemmung** des ursprünglich gewollten und bereits in der Verwirklichung begriffenen Tuns zur Ursache.

Ein auf die äußere Tätigkeit der rechtzeitigen Hemmung einer Kraft gerichtetes Wollen bedeutet daher selbst schon das Vorhandensein einer diese Kraft hemmenden Kraft, die das Zusammentreffen jener mit einer dritten und somit den hierdurch bewirkten bestimmten Erfolg hindert. Und wird dieses auf körperliches Tätigwerden gerichtete Wollen in ein auf Körperruhe gerichtetes Wollen umgewandelt, so bedeutet diese Umwandlung ein neues Wollen mit anderem Inhalt und damit zugleich die Vernichtung der ursprünglichen hemmenden Kraft. Diese **Umwandlung des Willens** aber ist dann die Ursache für das nunmehr ungehemmte Wirken der Kräfte, die in ihrem Zusammentreffen den Erfolg zeitigen. Vgl. auch Peterson, Untätigkeit und Energie S. 108. Binding Normen 2 S. 555, 588; Sauer, Grundlagen S. 453.

Wie nun aber von den entfernt liegenden Ursachen nach der adäquaten Verursachungstheorie nur diejenigen für das Rechtsleben als relevante Ursachen in Betracht gezogen werden, deren Einfluß auf den Erfolg zur Zeit der Tat einem einsichtigen Menschen erkennbar war, so auch hier. Nur diejenige auf ein Tun oder Nichttun gerichtete Willensumwandlung kommt für das Rechtsleben als Ursache in Betracht, die voraussehbar eintreten konnte und als solche eine Hemmungsbeseitigung für eine auf den Erfolg hinwirkende Kraft bedeutete. Dies aber setzt vor allem voraus, daß zunächst der auf Hemmung gerichtete Wille nach außen erkennbar in die Erscheinung getreten und mit seiner Verwirklichung begonnen worden ist. Nur bei einem derartigen Willen kann auch mit einer Umwandlung in entgegengesetztem Sinne, d. h. dem Nichthemmen, dem Unterlassen der Hemmung, gerechnet werden. Ein nach außen nicht erkennbar gemachter Wille ist nicht in Betracht zu ziehen, auch wenn er noch so ernstlich vorhanden war und daher zur Zeit seines Bestehens in Wirklichkeit die Hemmung durch seine Verwirklichung bei ungehindertem Fortwirken in Aussicht stand. Insbesondere kann ein solcher Hemmungswille durch ein vorausgehendes Verhalten erkennbar geworden sein. v. Liszt-Schmidt I S. 173. Ein solches Verhalten ist gegeben, wo das Eingreifen durch Vertrag übernommen worden war, was auch durch konkludente Handlungen geschehen kann, RGSt. **10** 100; **24** 339; **37** 162; **38** 123; **46** 25, 337; **60** 77; **63** 392. Ebenso verhält es sich, wenn eine Amts- oder Dienstpflicht, Fürsorgepflicht, Obhutpflicht, Berufs- und Gewerbepflicht vorliegt und mit ihrer sorgfältigen Ausübung im Verkehr gerechnet werden kann, vgl. RGSt. **64** 317. Das Bestehen dieser Pflicht, zu handeln, begründet eine Ursache für die dadurch bewirkte Unterbrechung eines schädigenden Kausalverlaufs, die Verletzung dieser Handlungspflicht also eine Hemmung dieser Unterbrechung. Über den Umfang solcher Pflichten und eine etwaige Erweiterung aus dem Gesichtspunkt der Mitgliedschaft menschlicher Gemeinschaft und des Allgemeininteresses, Sauer in Festgabe f. Frank I, 227. Verfehlt ist es, hier immer eine Verletzung von Rechtspflichten zu verlangen. Jede Pflicht, auch eine rein sittliche oder gesellschaftliche Pflicht genügt, um die Erwartung eines ihr entsprechenden Tuns zu begründen und durch ihr Bestehen schon eine Kausalreihe auszulösen, die eine andere in ihrem Fortwirken hindert. Dann bedeutet auch die Nichtausübung einer solchen Pflicht, auf deren Erfüllung man sich verkehrsüblich verlassen durfte, eine Hemmung jener den ersten Kausalverlauf abändernden Tätigkeit. Mit Unrecht wird dies alles aus dem Gesichtspunkt der echten Unterlassung gewürdigt. Diese Fälle sind keine echten Unterlassungen, sondern unechte. So z. B. RGSt. **66** 73, 74.

§ 17. Echte Unterlassung.

Die echte Unterlassung besteht im bloßen Nichtfassen und Nichtverwirklichen eines Entschlusses zu einem Tun, das in einen bestehenden Kausalverlauf eingreifen könnte. Ihr Wesen ist also schlechthin das Nichteingreifen in den Kausalverlauf. v. Hippel, Dtsch. Strafr. Bd. 2, S. 157; Finger, Strafr. 452. Während bei der unechten Unterlassung in den durch Dritte eingeleiteten Kausalverlauf bereits dadurch eingegriffen war, daß ein ihn abändernder Kausalverlauf eingeleitet wurde und nunmehr ein weiteres Eingreifen erfolgte, indem dieser abändernde Kausalverlauf gehemmt und dadurch erst die Weiterentwicklung jenes ersten Kausalverlaufes wieder ermöglicht wurde, fehlt es hier schon an der Hervorbringung einer Tätigkeit, die den ursprünglichen Kausalverlauf abändern konnte. Es ist daher auch für eine diese hemmende Tätigkeit kein Raum, es bleibt lediglich das reine Nichttun, das Nichteingreifen übrig. Das Nichtunterbrechen ist dann der Erfolg dieses Nichttuns, das damit zum Omissivdelikt wird. Binding, Normen 2, 99 ff.; v. Liszt-Schmidt I S. 170 ff. Aber das Nichttun kann für sich allein niemals eine Kausalität begründen, es liefert keinen Kraftbeitrag zum Erfolg, wie v. Hippel, Strafr. Bd. 2 S. 159 zutreffend sagt. Er zieht daraus aber nicht die richtige Folge, daß die echte Unterlassung nicht kausal sein kann, was natürlich nicht ausschließt, daß sie als Verstoß gegen ein Gebot verantwortlich machen kann. Graf z. Dohna in ZStRW. **51** 63. Auch hier ist Willkürlichkeit und Freiheit des Unterlassens wie bei jeder Handlung notwendige Voraussetzung. Wer durch physische Gewalt gezwungen nicht handelt oder zum Handeln unfähig ist, etwa des Schwimmens unkundig ist, „unterläßt" das Eingreifen in den Kausalverlauf nicht. Sauer, Festgabe f. Frank I, 213, 227; Frank S. 17; RGSt. **51** 127; **58** 130. Für Vorsatz und Fahrlässigkeit, objektive und subjektive Rechtswidrigkeit und Pflichtwidrigkeit gelten keine anderen Grundsätze, als bei dem Zuwiderhandeln gegen Verbote. Im Gegensatz zum unechten Unterlassungsdelikt kommen hier nur Rechtsgebote, nicht Gebote der Sitte, Gesellschaft oder Ethik zur Begründung der Rechtswidrigkeit und Pflichtwidrigkeit in Betracht. RGSt. **66** 74. Beispiele echtem Unterlassungsdelikts sind StGB. §§ 139, 346, Sprengstoffgesetz § 13. Die meisten Übertretungen des StGB. sind Unterlassungsdelikte.

Die echte und unechte Unterlassung kann auch fahrlässig begangen werden. Gerland 128; 1 D 818/23 28. III. 24. Ob die Unterlassung rechtswidrig und strafbar pflichtwidrig ist, hängt davon ab, ob eine Strafvorschrift ein Tun gebietet. Das Vorhandensein eines Gebots zum Handeln begründet nicht erst die Unterlassung selbst, sondern macht diese nur zur gebotswidrigen Unterlassung.

§ 18. Unterbrechung des Kausalzusammenhangs.

Der Ausdruck ist, wörtlich genommen, natürlich verfehlt, denn ein Kausalzusammenhang ist entweder vorhanden oder nicht vorhanden, kann aber, wenn er vorhanden ist, nicht unterbrochen werden, M. E. Mayer 155; Löffler, Schuldformen 2; Köhler 186. Der Ausdruck will besagen, daß die Entwicklung eines Geschehens zu einem bestimmten Erfolg, der, wenn er eingetreten wäre, dann mit diesem im Kausalzusammenhang stände, abgebrochen, gehemmt wird, so daß es eben zum Abschluß der Entwicklung nicht kommt. Pomp, Die sog. Unterbrechung des Kausalzus. (1911) 17; Wiechowski, Die Unterbrechung des Kausalzusammenhangs (1904); v. Liszt-Schmidt I S. 166. RGSt. **19** 141. Diese Hemmung kann, wie durch jedes Naturgeschehen, so auch durch eine menschliche Handlung, sei es vorsätzliche, fahrlässige oder durch ein nichtwillentliches Tun bewirkt werden. Übereinstimmend Doerr, Strafrecht S. 42. Beruht der ursächlich herbeigeführte Erfolg im Zusammentreffen verschiedener zeiträumlich wirkender Kräfte in einem Kreuzungspunkt, so wird der ursächliche Zusammenhang dann nicht herbeigeführt, wenn durch eine anderweite Kraftwirkung auf eine jener wirkenden Kräfte ihr Zusammentreffen verhindert wird. Dadurch wird nicht ausgeschlossen, daß die eine der beiden Kräfte mit einer anderen wirkenden Kraft, auch der, die die eine von ihnen ursprünglich gehemmt hat, zusammentrifft und nun mit ihr den gleichen Erfolg herbeiführt. Dann scheidet nur die gehemmte Kraft als Ursache für den eingetretenen Erfolg aus. War der Fall des Steines durch das Vorschieben des Balkens aufgehalten, so hat die Kraft, die die Schwerkraft ausgelöst hat, nicht bis zum Zusammentreffen des ihre Richtung kreuzenden Menschen gewirkt, der Kausalzusammenhang ist durch das Vorschieben des Balkens „unterbrochen". Wird durch das Zurückziehen des Balkens von neuem die Schwerkraftwirkung auf den Stein ausgelöst und dadurch dessen Fall verursacht, ihm dabei aber eine Richtung gegeben, die den fallenden Stein noch den weiterschreitenden Menschen treffen läßt, so ist nunmehr nur die neue Auslösung der Schwerkraft, nicht mehr die frühere als Ursache des Zusammentreffens mit dem Menschen anzusprechen. Denn jene frühere Auslösung gab dem Steinfall eine andere Richtung und hätte in einem anderen Kreuzungspunkt zum Zusammentreffen geführt, als durch die neue Auslösung geschehen ist.

Völlig verschieden hiervon ist das Hinzutreten einer neuen auf denselben Erfolg hinwirkenden Kraft, die das Wirken der bisher vorhandenen Kraft nicht erst hemmt und dann ersetzt, an ihre Stelle tritt, sondern ihr verstärkend zur Seite tritt und nun gemeinsam mit ihr den bereits durch jene eingeleiteten Kausalerfolg herbeiführt. Dann ist der Kausalzusammenhang gerade nicht unterbrochen, wie Frank S. 75 zutreffend sagt, RGSt. **58** 366; **61** 318. Daß es mehrere Ursachen geben kann, wurde gezeigt, RGSt. **61** 319. Es kommt sonach hier lediglich darauf an, ob — vom Gesichtspunkt der Äquivalenztheorie aus gesehen — das Recht beide als Ursachen gelten läßt, oder den Erfolg nunmehr nur der neu hinzutretenden allein zurechnen will. Sofern die hinzutretende Ursache in einer menschlichen Handlung besteht, die selbständig eine Mitursache bildet (Kollateralmitwirksamkeit), hat man stets verneint, daß sie nunmehr für die rechtliche Zurechenbarkeit als alleinige beachtliche Ursache anzusehen sei, wenn sie eine Fahrlässigkeit war, dagegen wurde bisher auch vom RG. eine vorsätzliche Handlung als nunmehr allein in Betracht kommende Ursache gewertet. Ebenso Dachenfeld, ZStRW. **1918** 114 u. a. Diese Ansicht hat das RGSt. **61** 319; **64** 316 aufgegeben. RGSt. **61** 320 heißt es: „Selbst wenn der Brand vorsätzlich von einem Dritten gelegt worden wäre, würde der von dem Angekl. (vorher) in Gang gesetzte Ursachenverlauf durch diese vorsätzliche Handlung eines Dritten nicht unterbrochen worden sein." Verfehlt ist hier nur der Ausdruck „unterbrochen". Etwas anders verhält es sich, wenn sog. Deszendenzmitwirkung vorliegt, d. h. wenn die neu hinzutretende, eine Mitursache bildende Handlung durch die vorausgegangene menschliche Handlung erst hervorgerufen worden ist, eine Vorbedingung für sie bildet, Loening, Grundriß S. 13ff. RGSt. **1** 373; **6** 249; **29** 218; **34** 91, 93; **56** 343; **58** 366; **61** 318; **63** 387; **64** 318. Ist die neu hinzutretende Handlung eine vorsätzliche, so soll nach der überwiegenden Meinung der Rechtswissenschaft die frühere Handlungsursache als Vorbedingung ausscheiden und ein Rückgriff auf sie unzulässig sein und die Haftung hierfür nur als Teilnahme in Betracht kommen, Frank S. 14; M. E. Mayer, Der Kausalzusammenhang zwischen Handlung und Erfolg im Strafrecht S. 102; Hartmann, Das Kausalproblem im Strafrecht, Strafr. Abhdl. Heft 27 S. 96; Pomp, Die sog. Unterbrechung des Kausalzus. Strafr. Abhdl. Heft 134, 52; Traeger, Der Kausalbegriff in Straf- und Zivilrecht S. 180 u. a. Das RG. erkennt in RGSt. **64** 318 ein solches Verbot des Rückgriffes in dieser Allgemeinheit nicht an. Wo das Strafgesetz für die Beurteilung dieser sog. Vorbedingungen als Mitursache jedoch besondere Bewertungen herausgebildet hat, wie Anstiftung, Beihilfe, ist die Mitursache nach diesen Sondervorschriften zu beurteilen. Der Vorwurf Gerlands, Strafrecht (1932) S. 118 Anm. 2, daß dies RGSt. **64** 319 übersehen habe, obgleich es meint, durch die Vorbedingung sei der Entschluß der Mutter zur Tötung ihres Kindes bestärkt und ein Hindernis für die Ausführung beseitigt worden, muß als berechtigt anerkannt werden.

B. Die Schuld.

§ 19. Der schuldhafte Wille als Vorsatz.

1. Für das Strafrecht kommt der Wille als Ursache nur für solche Handlungen in Betracht, die objektiv wider die Rechtsordnung verstoßen, „rechtswidrig" sind, und gleichzeitig objektiv einem Gebot oder Verbot zuwider sind und damit eine Zuwiderhandlung bedeuten.

Zum Vorsatz wird nun der Wille nur dadurch, daß er von der Vorstellung begleitet wird, für einen Erfolg Ursache zu werden und daß eben diese Vorstellung die Willensbildung beeinflußt. Er wird dadurch zum bewußten Willen und der durch ihn herbeigeführte Erfolg gewollter Erfolg. Daraus folgt, daß auch die Vorstellung davon, einem Gebot oder Verbot zuwider zu handeln, vorliegen muß, soll die Zuwiderhandlung als gewollt angesprochen werden. Besteht ein Verbot, Pferde über die Grenze aus- und einzuführen, so kann bloß dieses Aus- und Einführen als Handlung an sich gewollt sein, wenn die Vorstellung des Verbotenseins fehlt. Erst wenn der Wille auch darauf geht, diesem Verbot zuwider die Aus- und Einführung vorzunehmen, ist diese auch als Zuwiderhandlung gewollt. Es kommt also auf den Inhalt der Vorstellung und der Willensrichtung an, ob ein Vorsatz — und ebenso eine Fahrlässigkeit — rechtlich belanglos ist oder strafrechtlich für die Schuldfrage von Bedeutung ist. Weder Vorsatz noch Fahrlässigkeit sind an sich schon Schuldformen. Beide können Beziehungen zur Handlung nur als bloßer Tätigkeit haben; erst wenn sie zur Zuwiderhandlung gegen Gebote und Verbote in Beziehung treten, taucht die Frage der Schuld auf. So jetzt die gem. Meinung. Frank, Aufbau der Schuld; Mezger, Lehrb. S. 266; Radbruch, ZStRW. **24** 348; Goldschmidt, Österr. Ztschr. f. Strafr. 4 147 und Festgabe f. Frank I, 431; A. Merkel S. 80; P. Merkel in JW. 1924, 1677; 1925, 893; Berg, Der gegenwärtige Stand der Schuldlehre im Strafrecht, Strafr.Abhdl. Breslau 1927 S. 64; Schmitt, Über Schuld und Schuldarten, ebenda 1910, 104; v. Hippel, ZStRW. **51** 154 ff. und Lehrb. S. 139. Indem dieses vorsätzliche und fahrlässige Zuwiderhandeln, das nur bei einem menschlichen Handeln in Frage kommt, als „Schuld" bezeichnet wird, wird damit zugleich ein Werturteil über das Handeln gefällt, das je nach dem Wertmesser, dessen Gebiet dieser angehört und dem das Gebot oder Verbot, dem zuwidergehandelt wird, entspringt, ein religiöses, sittliches, sittengemäßes sein kann. So zutreffend auch Finger,

Strafrecht S. 486, 489. Da es sich hier nur um Gebote und Verbote des Rechts handelt und die Zuwiderhandlung gegen solche allein in Frage steht, bedeutet für das Strafrecht Schuld immer Vorwerfbarkeit der Zuwiderhandlung gegen Rechtsgebot und Verbot.

So ergeben sich als Voraussetzungen für die Schuld einer vorsätzlichen Handlung, die den Tatbestand eines Strafgesetzes verwirklicht, dreierlei: einmal, daß der Täter die Vorstellung davon besitzt, daß ein Gebot oder Verbot der für das Strafrecht in Betracht kommenden Art für die vorzunehmende Handlung besteht; daß er weiter die Vorstellung davon besitzt, daß er mit seiner Handlung diesem Gebot oder Verbot zuwiderhandelt; daß endlich die Tatsache, daß die Vorstellung vom Zuwiderhandeln zum entscheidenden Motiv für seine Willensbildung geworden ist, ihm zum Vorwurf gemacht werden kann, weil er der Pflicht, dem Gebot oder Verbot zu gehorchen, sich bewußt war. Eingehend hierüber auch v. Liszt-Schmidt I S. 224 ff. Die Kenntnis der Strafbarkeit ist dagegen nicht erforderlich. Mezger S. 330 und die allgemeine Meinung. A. M. Oertmann, GerS. 30, 31; v. Buri, GerS. 28, 168. In ihrer Zusammenfassung ergeben diese Momente das Bewußtsein der Pflichtwidrigkeit.

Ist die Rechtswidrigkeit in dem früher dargelegten Sinne und die Verletzung subjektiver Rechte Dritter von der durch Verbote und Gebote begründeten Pflichtwidrigkeit zu unterscheiden und sind von letzteren Normen diejenigen wieder herausgehoben, die Normen des öffentlichen Rechtes sind und das Verhältnis des Einzelnen zur Gesamtheit um des Wohles der Gesamtheit willen regeln wollen, wird ferner nur wegen Zuwiderhandlungen gegen sie, wegen Gefährdung und Verletzung der Lebensbedingungen der Gesamtheit nach dem Befinden mit Strafe von der Rechtsordnung reagiert, so kann es nicht genügen, daß sich der Täter bewußt ist, im allgemeinen gegen die Rechtsordnung zu verstoßen oder eine lediglich durch die Privatrechtsordnung begründete Pflicht zu verletzen, etwa Lieferungsverträge nicht zu erfüllen; vgl. auch Binding, Normen 2, 942: vielmehr ist das Bewußtsein davon zu erfordern, darüber hinaus auch eine Pflicht gegenüber der Gesamtheit, eine von der Rechtsordnung im Interesse der Allgemeinheit aufgestellte Norm zu verletzen. Im Falle des § 329 also muß der Täter wissen, daß er nicht nur privatrechtlich dem Besteller gegenüber gebunden ist, sondern daß für ihn außerdem noch eine zum Wohle der Gesamtheit begründete Verpflichtung besteht, diese privatrechtliche Verpflichtung zu erfüllen. Er muß wissen, daß er einer im öffentlichen Recht ruhenden, sein Verhalten der Gesamtheit gegenüber regelnden Verpflichtung zuwiderhandelt. Dieses Bewußtsein von der Pflichtwidrigkeit der Handlung kann fehlen, wenn jemand glaubt, lediglich einer bürgerlich-rechtlichen Pflicht Genüge leisten zu müssen und verkennt, daß die Normen des öffentlichen Rechts vorgehen, RGSt. **56** 171. Daß sich der Täter der Norm, die die Handlungs- oder Unterlassungspflicht begründet, in ihrer bestimmten Fassung und Gegebenheit bewußt gewesen sei, ist dabei allerdings nicht zu verlangen, vielmehr genügt es, wenn er sich bewußt war, die in Betracht kommende bestimmte Pflicht gegenüber der Gesamtheit der Rechtsgenossen zu verletzen, die durch irgendeine Rechtsnorm begründet ist. Die richtige Subsumtion unter die einschlagende Rechtsnorm erfordert Rechtskenntnis, die ihm nicht zuzumuten ist, Gerland, Strafrecht S. 122, 130; Eberhard Schmidt in Festgabe

s. Frank II, 131; Hellmut Feisinger a. a. O. S. 53; RGSt. **12** 132; **20** 150; RGSt. in HöchstRR. 1932 Nr. 574. Nur Pflichtenkenntnis ist die Voraussetzung seiner Schuld. Wenn Binding, Normen 2, 803 verlangt, „der Täter müsse seine Handlung gerade als der Norm zuwiderlaufend erkannt haben, unter die sie wirklich falle", so gibt er dieses Erfordernis S. 805 selbst wieder preis, wenn er genügen läßt, daß der Täter „seine Handlung als verboten erkannt habe", und erklärt, daß er sie damit „unwillkürlich unter die Norm stelle" — mit anderen Worten eben unwissentlich hinsichtlich der Subsumierung handle.

Dagegen muß allerdings gefordert werden, daß sich der Täter dessen bewußt sei, eine durch die deutsche Rechtsordnung begründete Pflicht zu verletzen. Ein Irrtum hierüber kann keine Schuld der deutschen Rechtsordnung gegenüber begründen, v. Rohland, Intern. Strafr. S. 125 ff.; Binding, Normen II, 939. — A. M. Beling, Verbrechen S. 180.

2. Zum Bewußtsein der Pflichtwidrigkeit der Handlung in diesem Sinne gehört nicht die Kenntnis der Umstände, bei deren Vorliegen das Gesetz ein solches zunächst annimmt, weil es hier die Fähigkeit dazu voraussetzt und an deren Vorhandensein es deshalb die Zurechnung zur Schuld knüpft, also z. B. geistige und körperliche Gesundheit, StGB. § 51, Strafmündigkeit nach JGG. § 2. Es genügt vielmehr, daß dieses Bewußtsein der Pflichtwidrigkeit selbst vorhanden ist und die Voraussetzungen für die Zurechnung tatsächlich vorliegen. Deshalb berührt ein Irrtum des Täters über das Vorliegen der Voraussetzungen über die Zurechenbarkeit das tatsächlich vorhandene Bewußtsein der Pflichtwidrigkeit nicht. Wer sich für geisteskrank i. S. von StGB. § 51 hält, es aber nicht ist und tatsächlich das Bewußtsein der Pflichtwidrigkeit hat, kann sich auf diesen nur die rechtliche Zurechenbarkeit berührenden Irrtum nicht als auf einen Schuldausschließungsgrund berufen. Ebenso wer tatsächlich 14 Jahre alt ist, aber glaubt, nur 13 Jahre alt zu sein. So zutreffend Frank S. 185; Binding, Grundriß S. 109; Finger 1 247; Allfeld S. 165; Beling, Lehre vom Verbrechen S. 186.

In gleicher Weise gehört das Bewußtsein der Strafbarkeit nicht zum Bewußtsein der Pflichtwidrigkeit, die erst die Voraussetzung für die Straffolge ist, RGSt. **2** 268; **57** 179; Gerland, Strafrecht S. 131.

3. Die beiden ersten Voraussetzungen der Schuld: Kenntnis vom Vorhandensein eines Gebotes oder eines Verbotes und Bewußtsein, diesen Normen zuwiderzuhandeln, verlangen eine gewisse Verstandesreife, die Fähigkeit, die Vorstellung von der Zuwiderhandlung zum ausschlaggebenden Motiv für die Willensbildung zu machen, verlangen eine genügende Willensreife, d. i. die Fähigkeit, das vorgestellte Motiv so erstarken zu lassen, daß es über andere die Herrschaft erlangt, RGSt. **58** 100. Insoweit sind diese Voraussetzungen mit den allgemeinen jeder Handlung und ihrer Zurechnung zum Willen gemeinsam.

Das besondere gegenüber anderen Motiven der Willensbildung ist hier nur, daß dies eine Vorstellung von der Pflichtwidrigkeit der Handlung ist. Wie bei anderen Motiven muß aber auch hier vorliegen die Fähigkeit, die Vorstellung in ihrer Eigenart, hier also das Pflichtwidrige der vorgestellten Tat zu erkennen, und die Fähigkeit, diese Vorstellung zum ausschlaggebenden Motiv der Willensbildung zu machen. Dies wird in § 3 des Jugendgerichtsgesetzes vom 16. II. 23 (RGBl. I, 135) für Jugendliche ausdrücklich hervorgehoben, muß aber als Voraussetzung der Zurechenbarkeit allgemein und für jedermann gelten. Das Fehlen dieser

Voraussetzung wird nach § 2 desselben Gesetzes präsumiert und daher derjenige, der bei Begehung der Handlung noch nicht 14 Jahre alt war, schlechtweg als strafunmündig behandelt. Für den Taubstummen wird die Fähigkeit („die zur Erkenntnis der Strafbarkeit einer von ihm begangenen Handlung erforderliche Einsicht") dagegen positiv hervorgehoben, wenn ihr Fehlen auch als Schuldausschließungsgrund hingestellt wird. Im Anschluß an § 3 JGG. fordert auch Entw. § 13 für die Zurechnungsfähigkeit zur Schuld die „Fähigkeit, das Unrechtmäßige der Tat einzusehen und die Fähigkeit, nach dieser Einsicht zu handeln." Auch diese Fähigkeiten können in größerem oder geringerem Maße vorhanden sein. Sind sie gemindert, so liegt „verminderte Zurechnungsfähigkeit" vor, für die hinsichtlich der Zurechnung dasselbe gilt, wie für die Zurechnung zum Willen überhaupt. Gerade die Fähigkeit, das Motiv, eine verbotene Handlung zu unterlassen, zur Geltung zu bringen, erfordert jedenfalls eine besondere Charakterstärke.

Immer ist die hier in Betracht kommende Fähigkeit eine Auswirkung und ein Wesensbestandteil der gesamten Persönlichkeit, daher kann man sagen, „die Tat sei der Persönlichkeit adäquat," Mezger, Lehrb. S. 275; Gerland, Lehrb. S. 126. Das hat aber damit nichts zu tun, ob die Willensbildung ein Vorgang im Menschen ist, der in Freiheit erfolgt oder zwangsläufig und ob nur jener den Vorwurf der Schuld verdient, wobei durchaus nicht von einer moralischen sondern nur einer verantwortlichen rechtlichen Schuld aus einer rechtlichen Verpflichtung die Rede sein kann.

4. Liegt die Zurechnungsfähigkeit vor, so muß für die Annahme einer strafrechtlich bedeutsamen Schuld doch noch folgendes hinzukommen: die Möglichkeit, die Willensbildung dem gegen ein gesetzliches Gebot oder Verbot Handelnden vom Standpunkt des Rechts aus vorwerfen zu können. Frank, Über den Aufbau des Schuldbegriffs; v. Liszt-Schmidt I S. 225. Über die Voraussetzungen dafür, wann eine solche Vorwerfbarkeit angebracht ist, vgl. namentlich Schumann, Um das Wesen der Strafrechtsschuld (Hamb. Schriften 1, Strafrechtswissenschaft (1924) Heft 10. Dieser Vorwurf ist ein tadelndes Urteil der Rechtsgenossen und des Gesetzgebers, und gründet sich darauf, daß die Rechtsnormen nicht in der von ihnen gewollten Weise zu Motiven bei der Willensbildung herangezogen und verwertet worden sind, vielmehr die ihrer Befolgung entgegenstehenden Motive die Oberhand gewonnen haben. M. E. Mayer, Lehrb. S. 246 und Schuldhafte Handlung S. 141; Goldschmidt, Notstand S. 146; Exner, Fahrlässigkeit S. 176; Mittermaier, ZStRW. 32 415. Aus Normen der Ethik und Sittlichkeit und ihrer Nichtbefolgung ist die Vorwerfbarkeit der Nichtbefolgung von Rechtspflichten nicht herzuleiten, Frank S. 138; Schumacher, Um das Wesen der Strafrechtsschuld. Hamb. Schriften z. ges. Strafrechtsw. Heft 10 S. 38. A. M. Hellmut Feisenberger S. 277, der die Berücksichtigung der Kulturnormen auch bei Auseinanderfallen der Rechts- und Sittenpflicht verlangt. Für die Berechtigung, einen solchen Vorwurf zu machen, wird nun aber die Stellungnahme zum Determinismus oder Indeterminismus entscheidend.

Berechtigt ist ein Vorwurf, eine Handlung vorgenommen zu haben, immer nur dann, wenn der Handelnde auch anders hätte handeln können und wenn dieses Andershandeln ihm **zuzumuten** war. Zuzumuten ist aber nach dem Willen des Gesetzes, daß seine Gebote und Verbote hinreichende Motivationen für das gesetzmäßige Verhalten abgeben. Sind es andere Motive, die als Ergebnis seines Charakters und seiner Persönlichkeit die Oberhand gewinnen, so dürfen diese doch immerhin nicht so stark sein, daß die Motivierung durch die Rechtsnormen nicht mehr erwartet werden konnten. Als Maßstab nennt das Gesetz den normalen Durchschnittsmenschen, v. Liszt-Schmidt S. 276. Kohlrausch, Sollen und Können S. 22. Kohlrausch, Über Strafrechtsreform (1927) S. 21; Dohna, DJZ. 19 Sp. 148; Köhler, GerS. 1928 S. 26. Erwartet werden kann ein Andershandeln, zugemutet werden kann ein solches aber nur dann, wenn für den Handelnden die Möglichkeit bestand, es vorzunehmen. Diese Möglichkeit des Handelns schließt notwendig die Freiheit in sich, über die Willensbildung die freie Verfügung zu haben und frei zu entscheiden, aus welchen Motiven und Elementen der Gesamtwille gebildet werden soll, mit a. W. die Willensfreiheit, oder, wie Hegler ZStRW. **36** 184 sagt, die Tatherrschaft. Willkürhandlungen sind immer das Ergebnis einer Wahl aus einer Mehrheit von gefühlsbetonten Vorstellungen, im Gegensatz zu Triebhandlungen, bei denen nur ein Motiv ohne Widerstand eines andern vorliegt, hervorzurufen, teils durch einen Affekt, teils durch gewohnheitsmäßige Assozialtriebe. Vgl. auch Ladig in ZStRW. **51** 184. Erfolgt die Willensbildung aus den Motiven zwangsläufig und hat der Mensch über diese und ihre Verwendung zu Elementen des Willens keine Verfügungsmacht, so kann man eine andere als diese zwangsläufige Willensbildung ihm auch nicht zumuten und daß sie nicht geschehen ist, ihm tadelnd nicht vorwerfen. Ein subjektives Verschulden setzt daher notwendig die Freiheit bei der Willensbildung voraus. Frank, Aufbau des Schuldbegriffs (1907) S. 11; Komm. S. 136; wo zutreffend hervorgehoben wird, daß das Gesetz, wenn es die Unfreiheit des Willens als Entschuldigungsgrund ansieht, § 52, § 54 notwendig in der Freiheit des Willens den Grund für die Schuld erblicken muß. Hegler, ZStRW. **36** 184, Freudenthal, Schuld und Vorwurf (1922); Dohna ZStRW. **32** 326. Vgl. die Kritik von Kadečka in der österr. Gerichtszeitung (1928) S. 257. Kitzinger, Aphorismen (1923) S. 33; Sauer S. 552; E. Wolf, Strafrechtl. Schuldlehre (1928) S. 128; v. Bar, Gesetz II, 1; Binding, Normen II, 16; Allfeld S. 14; Petersen, Willensfreiheit, Moral und Strafrecht (1905). v. Hippel, Strafr. Bd. 2 S. 289 ff. — Unabhängig für die Frage der strafrechtlichen Schuld hält Willensfreiheit und Willensunfreiheit Mezger, Lehrb. S. 251; v. Liszt-Schmidt I 30; Richard Schmidt, Grundriß (1932) S. 96. Gerland, Lehrb. S. 124 sieht das Schuldmoment nicht im Willen, sondern in der Motivation bei der Willensbildung, was an sich richtig ist, erkennt die Motivation aber als Folge des gesamten Wesens des Menschen an, was wiederum richtig ist. Wenn er aber schon in dieser „Eignung zur rechtswidrigen Tat" die Schuld sieht und für Nichteignung das Vorhandensein einer Willensfreiheit leugnet, so hat er einen andern Schuldbegriff. Ebenso hält Weigelin in GerS. 98 S. 107 die Willensfreiheit nicht für die notwendige Voraussetzung sittlich-rechtlicher Verantwortlichkeit.

Bei Abgrenzung der Schuld nach dem Umfange und Grade der Vorwerfbarkeit, sonach also nach dem Umfange der Willensfreiheit, innerhalb deren ein anderes Handelnkönnen für den Täter möglich war, ist selbstverständlich eine Veranlagung pathologisch und geistig abnormer Zustände, überhaupt die ganze Ätiologie des einzelnen Verbrechens zu berücksichtigen. Aschaffenburg, Das Verbrechen und seine Bekämpfung S. 225; Rechtspraxis des RG. V S. 242 ff.; Köhler, GerS. 1928 S. 96. Über die strafmildernde Suggestion bei Massenverbrechen, Nagler, GerS. 1928 S. 188. Die Willensfreiheit und die Tatherrschaft kann mehr oder minder groß sein, dann ist auch die Zumutbarkeit und damit die Schuld verschieden, Schumann a. a. O. S. 9,

42. Lediglich aus der Nichtbefolgung der Rechtsnorm ist der Tadel zu entnehmen: Gebote der Sitte, der Religion, der Sittlichkeit allein vermögen niemals die Rechtsschuld zu begründen, ebensowenig zu beseitigen. Sie können höchstens die Vorwerfbarkeit vertiefen oder abschwächen. Vgl. auch Schumann a. a. O. Einleitung XVII 9. Diese „individuelle" Schuld kann die in der bewußten Normübertretung liegende Rechtsschuld vielleicht modifizieren aber nicht aufheben, a. M. Schumann a. a. O. S. 39. Wenn Goldschmidt nicht das Wollen der Pflichtwidrigkeit für den Vorwurf ausreichen läßt, sondern darüber hinaus ein pflichtwidriges Wollen verlangt, so greift er über das Gebiet des Rechts hinaus, wenn er diese Pflichtwidrigkeit auf andere Normen stützt. Goldschmidt, Das Notstandsproblem und die Strafgesetzentwürfe. Hingegen auch Kriegsmann, ZStRW. **35** 316; Schumann a. a. O. S. 49, 50. Immerhin kann freilich die Rechtspflicht selbst relativ gestaltet sein, nur bestehen wollen, wenn nach den Umständen des Falles ihre Befolgung zumutbar ist, in ihr zugleich eine Selbstbeschränkung ihrer Geltung liegt. Es sind sonach starre unbedingte Rechtspflichten, und nachgiebige, relative zu unterscheiden. Zu letzteren gehören die Pflichten des Ehemannes gegenüber seiner Ehefrau, sie von Straftaten zurückzuhalten. Vgl. hierzu einerseits RGSt. **22** 332 und andrerseits RGSt. **58** 97, 226.

Das geltende Strafgesetzbuch steht jedenfalls auf dem Boden der Willensfreiheit. Dies ergibt sich nicht nur aus der Begriffsbestimmung über die Zurechenbarkeit in § 3 des Jugendgerichtsgesetzes, sondern daraus, daß es die Strafe als **Vergeltung** für ein schuldhaftes Handeln ansieht. Das war die Auffassung des code pénal von 1840 und dem preuß. StGB. von 1851, Kants, Feuerbachs, Hegels und blieb es im Norddeutschen und Deutschen StGB. Vergeltung aber hat nur dort einen Sinn, wo eine auf freiem Willen beruhende Handlung vorliegt und in der bewußten oder fahrlässigen Übertretung einer Rechtsnorm kraft freien, zurechenbaren Willens Vorwerfbarkeit liegt. Schumann a. a. O. S. 63. Entkleidet man die Strafe des Begriffsmerkmals der Vergeltung und erblickt man in ihr nur die Zufügung eines Übels als Folge eines verbotswidrigen Verhaltens und als Mittel für die Erzielung künftigen Wohlverhaltens, so läßt sich diese allerdings auch vom Standpunkt des Determinismus aus rechtfertigen. Denn die Androhung dieses Übels will nur die Wirksamkeit der schon durch die Norm der Willensbildung gegebenen Motive verstärken und diese Verstärkung setzt notwendig die Gewißheit voraus, daß das Übel auch der Zuwiderhandlung folgen werde. Für die Bedeutung der Norm und der Androhung von Übeln als Motiv bildendes Willenselement ist es aber gleichgiltig, ob der Wille frei oder unfrei ist. Die Erfahrung, daß auch für den unfreien Willen die Norm und die Strafdrohung ein seine Bildung beeinflussendes Motiv sein kann, je nach dem Gesamtcharakter des Menschen, würde für sich allein schon diese Zufügung rechtfertigen. Nur müßte die Abmessung dann nicht wie bei der Vergeltung, nach dem Grade der Verschuldung geschehen, sondern allein Rücksicht auf die Stärke der Gegenmotive nehmen, die bei der Begehung der verbotenen Handlung wirksam geworden sind. Diese wären dann mit Recht zwar maßgebend für den Strafrahmen, nach dem für die Straftat die Androhung der Strafe erfolgt. Für die Zufügung der Strafe im Einzelfall könnten dann aber nur General- oder Spezialpräventions-Gesichtspunkte maßgebend sein. Damit würde aber eine Nebenwirkung zur Hauptwirkung erhoben, ohne daß doch diese Übelzufügung imstand wäre, allein das Präventionsbedürfnis völlig zu befriedigen. Köhler, GerS. 1925 S. 124. Vgl. auch Aschaffenburg, Rechtspraxis des RG. V S. 251. Gerade für eine jetzt so besonders betonte Auffassung, daß nicht die Tat, sondern der Täter Objekt der Strafe sei, sollte ihre Natur als Vergeltung besondere Bedeutung behalten.

5. Die innere Freiheit des Willens bildet sonach eine Voraussetzung der Schuld. Es ist aber gleichgiltig, ob man sie als bloße Voraussetzung oder als Wesensbestandteil der Schuld selbst ansieht, als Schuldmerkmal; Mezger in Festgabe f. Frank I, 382. Deshalb ist auch auf den Unterschied von „schuldunfähig" und „schuldlos" kein Gewicht zu legen, wie Merkel in Festgabe f. Frank II S. 145 Anm. 1 will und als Durcheinanderwerfen rügt, wenn es geschieht. Wie die äußere Freiheit des Handelns ist auch diese innere Freiheit für die Zurechnung erforderlich. Erstere wird in StGB. §§ 52, 54, letztere in § 51 behandelt. Näheres dort. Diese innere Freiheit kann vorliegen, wenn sich jemand bewußt oder fahrlässig in den Zustand innerer Unfreiheit selbst setzt, um sich in diesem unzurechnungsfähigen Zustand als Werkzeug für eine rechtswidrige Tat zu benutzen, actio libera in causa = in actu unfrei, in causa (bei der Verursachung) frei. RGSt. **22** 413; **60** 29; Frank S. 151.

6. Das StGB. spricht sich über die innere Tatseite der Straftaten, der Schuld außer in StGB. § 59 nicht aus, dort aber ist die Regelung unvollständig. Die Auffassung, daß zur Annahme einer Schuld in strafrechtlichem Sinne das Bewußtsein einer Pflichtverletzung öffentlich-rechtlicher Normen (nicht etwa „metarechtlicher Normen") erforderlich sei, teilen Simmel, Einleitung i. d. Moralwissenschaft I S. 260; die abhaltende Wirkung der Gebote und Verbote ist ohne ihre Kenntnis nicht denkbar und nicht zu erwarten. Liepmann S. 130; Mayer S. 234; Finger 1, 261; Graf zu Dohna GerS. 65, 320 und ZStRW. **32** 322; v. Hippel, VDA. **3** S. 593; Allfeld, die Bedeutung des Rechtsirrtums im Strafrecht (1904); Gerland, Strafr. S. 129; Eberhard Schmidt in Festgabe f. Frank II, 131 („Bewußtsein des Nicht-Sein-Sollenden!") Nach Finger, Österr. Strafrecht I (1912) S. 327 und Strafr. S. 491 besteht das Wesen der Schuld nicht im „Wollen des Nicht-Sein-Sollenden", sondern im „nicht sein sollenden Wollen". Im Anschluß daran findet Goldschmidt, Österr. Ztschr. f. Strafr. IV (1913) S. 141, „Das normative Schuldelement nicht im Wollen des Pflichtwidrigen", sondern im „pflichtwidrigen Wollen". Damit wird auf die Willensbildung durch Motivierung abgestellt, die nicht in das Gebiet des Rechts, sondern der Sittlichkeit gehört. „Die Rechtsordnung interessiert sich für das innere Verhalten erst, wenn es ein den Sollvorschriften zuwiderlaufendes äußeres Verhalten nach sich zieht," sagt Finger selbst GerS. 102 S. 142. Vgl. auch Schmitt, Über Schuld und Schuldarten, Breslauer Strafr. Abhdl. (1910) S. 55. Häufig wird ein Unterschied zwischen objektiver Rechtswidrigkeit und Pflichtwidrigkeit nicht gemacht und im Verbot oder Gebot ausschließlich der Ausdruck der Rechtswidrigkeit in der Funktion als Bewertungsnorm gefunden. Daraus erklärt es sich, daß zur Schuld das Bewußtsein der Rechtswidrigkeit verlangt wird. So namentlich Binding, Grundriß S. 116; Normen 2, 132, 949; 3, 231, 238, 345; Hälschner 1, 296; Beling, Die Lehre vom Verbrechen S. 178 und Grundriß (1930) S. 43; Mezger, Lehrb. S. 331 ff.; Rich. Schmidt, Grundriß (1931) S. 129 ff., der jedoch dem Rechtsirrtum nur beschränkten Einfluß auf die Schuldzurechnung zugesteht. Oetker, Rechtsirrt. §§ 9, 14, 15; Allfeld, Rechtsirrt. im Strafrecht 4 ff.; Sauer, Grundlagen des Strafrechts S. 588 und ZStRW. **51** 169; Köhler S. 301; Doerr S. 55;

Mittermeier S. 42; Olshausen zu § 59 Note 30 ff. — Da Binding die Norm außerhalb des Strafgesetzes liegend sieht und von diesem unabhängig hält, kann er natürlich sagen: „Die Schuld ist vom Dasein eines Strafgesetzes völlig unabhängig", Normen I S. 259. Deswegen brauchte er die Schuld aber nicht in das Gebiet der Ethik zu verweisen, wie Hellmut Feisenberger, Das Unrechtsbewußtsein (1932) S. 20 meint. Denn die Normen sind auch bei Binding, Rechtsnormen, keine Normen der Ethik.

Andere geben zu, daß außer der vorsätzlichen und fahrlässigen Verwirklichung des — objektiven, von der Rechtsnorm verbotenen — Tatbestandes noch ein subjektives Verschulden des Täters vorhanden sein muß, eine subjektive Beziehung zur Tat, die gestattet, sie ihm vorzuwerfen, zur Schuld anzurechnen. Aber sie erfordern nicht, daß der Täter sich bewußt sei, einer Rechtspflicht zuwiderzuhandeln, sondern lassen es genügen, wenn er — bei Identität der Rechtspflicht mit anderen Pflichten, sei es des Sittengesetzes, der Kultur, der Gesellschaft — nur überhaupt weiß, irgendeiner Pflicht zuwiderzuhandeln, gleichviel, ob er auch darüber unterrichtet ist, daß diese vom Recht zur seinigen erhoben worden ist. So besonders M. E. Mayer, Rechtsnormen und Kulturnormen, Lehrb. S. 201, 206. Heims ZStRW. **40** 380; **41** 74; Hegler ebenda **36** 198. Neuerdings besonders lebhaft vertreten von Hellmut Feisenberger a. a. O. S. 28 ff., der zum Unrechtbewußtsein das Bewußtsein einer Pflichtwidrigkeit im allgemeinen Sinne, also wider irgendeine Pflicht zu verstoßen genügen lassen will. Aber er gibt doch zu, daß, wo das Recht Normen trifft, die sittlich oder sonst indifferent sind, die Kenntnis der Rechtsvorschriften vorliegen muß, S. 50. Wieder andere erklären es für hinreichend, daß der Täter sich bewußt sei, einem anderen ein Übel zuzufügen.

Noch weiter gehen diejenigen, die zur Vorwerfbarkeit das bloße Kennenmüssen, sei es der Rechtswidrigkeit, sei es gar nur der Sozialschädlichkeit oder Unsittlichkeit im allgemeinen genügen lassen. So Paul Merkel, Schuld, Vorsatz, Fahrlässigkeit, Irrtum in JW. 1924, 1677; 1925, 896; ZStRW. **43** 317; Rümelin, ZStRW. **41** 495; Mayer ebenda **32** 497; Frank S. 186.

Diese Auffassungen verkennen, daß die Normenkreise der Sittlichkeit, Sitte und Gesellschaft sich mit dem des Rechts inhaltlich zwar vielfach decken, immerhin aber doch in ihrem Wesen und oft auch im Inhalt verschieden vom Normenkreis des Rechts als einer das äußere Zusammenleben der Menschen in einer Gemeinschaft regelnden Ordnung sind. Sie übersehen auch weiter, daß jeder Normenkreis gegen die Mißachtung seiner Gebote und Verbote auf seine eigene Weise reagiert. So reagiert gegen die Normen von Sitte und Gesellschaft diese durch gesellschaftliche Boykottierung und Infamierung, etwa bei Ablehnung einer Herausforderung zum Zweikampf, während umgekehrt die Rechtsordnung gerade dessen Annahme mit ihrer Rechtsstrafe bedroht. Vgl. Exner, Gesellschaftl. und staatl. Strafjustiz, ZStRW. **1918** 2 ff. Es trifft nur dort die Rechtspflicht mit der Sittenpflicht zusammen, wo es sich um althergebrachten eisernen Bestand von Normen der Rechtsordnung handelt. Wo diese neue und von Normen der Sitte oder Gesellschaft verschiedene Normen aufstellt, muß schon aus diesem Grund das Aushilfsmittel, auf jene zurückzugreifen, versagen. Auch der Inhalt und das Wesen der Pflichtverletzung und die in ihr liegende Schuld ist durchaus verschieden, je nachdem es sich um Unbotmäßigkeit gegen Vorschriften der Rechtsordnung oder um Verletzung von Geboten der Sitte oder Sittlichkeit handelt. Vor allem aber will die Strafe als Rechtsstrafe eben nur Vergeltung wegen Mißachtung der Rechtsordnung durch Verletzung von Rechtspflichten sein, nicht Vergeltung wegen Verletzung anderer Pflichten. Endlich läßt auch die IrrtumsVO. v. 18. I. 17 deutlich erkennen, daß es sich um Kenntnis von Rechtsnormen handeln muß, denn in ihr wird der Täter für straffrei erklärt, wenn er die Tat schuldlos für erlaubt gehalten hat. Damit ist aber die Annahme gemeint, daß die Tat nicht gegen ein Strafgesetz oder eine öffentlich-rechtliche Norm verstoße. Das Bewußtsein, unanständig oder nach dem bürgerlichen Recht verboten zu handeln, wird nicht schon als Bewußtsein von der Unerlaubtheit bewertet, RGSt. **58** 320. Die von Alsberg in JW. 1924, 1798 erhobenen Bedenken sind nicht begründet. Vgl. im übrigen v. Rohland, Die soziol. Strafrechtslehre S. 48 ff.; van Calker, ZStRW. **32** 157: „Grundlage aller Schuld ist die Gleichgültigkeit gegen die Normen des Rechts." — Freudenthal, Schuld und Vorwurf im geltenden Strafrecht 1922. Hierzu Kritik Goldschmidts in DStZ. 1922, 250. Nicht ganz in Einklang mit der von Frank S. 186 vertretenen Auffassung scheint seine Begriffsbestimmung des Vorsatzes S. 179 zu stehen: „Ein Schuldelement ist der Vorsatz deshalb, weil der Täter die Rechtspflicht versäumt hat, sich durch Vorstellung (Kenntnis, Voraussicht) der Tragweite der Handlung von ihr abhalten zu lassen."

Vollends weit geht man bei den sog. Formaldelikten, besonders den Zoll- und Steuerdelikten (Vereinszollgesetz § 137; Wechselstempelsteuergesetz v. 14. III. 00 § 19); Tabaksteuerges. v. 12. IX. 19 § 70, aber auch zu StGB. § 186, § 190 begnügt sich das RG. schlechthin mit der Verwirklichung des verbotenen objektiven Tatbestandes durch den Willen als Ursache und sieht sogar vom Erfordernis des Vorsatzes oder der Fahrlässigkeit für die Handlung als solche ab, RGSt. **7** 240; **8** 182, 390, 414; **21** 259; **29** 73; **30** 363; **35** 309; 3 D 22/24 28. II. 24. Für Zoll- und Steuerdelikte soll auch im Einführungsgesetz zum neuen StGB. ein Vorbehalt gemacht werden. Vgl. aber Reichsabgabenordnung v. 13. XII. 20 (RGBl. 1993) § 358. Vgl. hierzu Binding, Normen II, 1182 ff. und GerS. 88, 22. (In anderer Bedeutung wird „Formaldelikt" im Gegensatz zum Erfolgsdelikt gebraucht, Frank S. 10.) Auf Polizeidelikte ist dieser Grundsatz nicht auszudehnen. Diese reinen Erfolgsdelikte sind atavistische Erscheinungen. Wie im Zivilrecht knüpfte man ursprünglich auch im Strafrecht die Haftung allein an die Verursachung eines Erfolges. Die Beachtung des inneren Willensvorgangs als einer Schuld ist erst ein Ergebnis der Entwicklung.

Endlich lehnen sowohl das Erfordernis des Bewußtseins einer Pflichtwidrigkeit oder einer Rechtswidrigkeit, wie das Bewußtsein einer Sittenwidrigkeit oder Sozialschädlichkeit grundsätzlich ab namentlich Lucas, Subjektive Verschuldung S. 66; v. Bar, Gesetz und Schuld II S. 390; v. Wächter S. 146; Geyer 1, 111; v. Lilienthal S. 31; Wachenfeld S. 152; Klee, Strafr. Vorsatz S. 14; Hold v. Ferneck, Die Idee der Schuld (1911); Schwarz zu § 59 Note 7 c; Ebermayer in JW. 1922, 240; Heinemann, Die Bindingsche Schuldlehre (1896) § 5; F. Stienen, MonSchr. f. KrimPsychol. 17 S. 205. Es wird nur Vorsatz und Fahrlässigkeit für die Begehung der Handlung, nicht der Zuwiderhandlung verlangt, die Vorstellung, daß sie gegen ein Gebot oder Verbot verstoße, nicht erfordert. Nicht einmal der Umstand, daß der Täter zur Zeit der Tat das Gesetz noch gar nicht wissen konnte, soll entschuldigen. **So das RG.** RGSt. **1** 88, **2** 268, **4** 126, **8** 183, **12** 103, **15** 158 („Die Schuldbarkeit des Vorsatzes wird lediglich durch die objektive Rechtswidrigkeit bedingt!"), **16** 87, **17** 43, **19** 49, 87, **20** 393, **22** 300, 417, **25** 150, **28** 139, **37** 139, **39** 344, **41** 331, **43** 400, **44** 327, **48** 128, 134, **49** 418, **50** 32, 422, **51** 13, **53** 83, **54** 161, 196, **55** 96, 220, **56** 409, **57** 268, 407 (sehr unklar! Hier prägt das RG. den unverständlichen Satz: „Nur das gesetzwidrige Verhalten muß schuldhaft sein, nicht das Begehen einer Gesetzwidrigkeit"), **58** 249, **59** 258, **60** 89, **61** 242, 258. Es huldigt insoweit dem — mißverstandenen — Satze: „ignorantia iuris nocet". Das Mißverständnis hat schlagend nachgewiesen Engelmann, Irrtum und Schuld nach der italienischen Lehre und Praxis des Mittelalters (1922). Danach hat der Rechtsirrtum sowohl bei den Römern als bei den Italienern stets den dolus ausgeschlossen und nach Befinden nur die Strafe wegen culpa gelassen. Aus diesem Grunde hieß es, ignorantia nocet. Vgl. namentlich S. 250 ff. Dabei wird verkannt, daß das Gesetz das vorsätzliche Zuwiderhandeln gegen seine Verbote bestrafen will, worin allein die Schuld begriffen ist, das vorsätzliche Handeln als solches für das Recht ohne Belang ist und Schuld überhaupt nicht enthält. Auch aus dem bereits hervorgehobenen Wesen und Zweck der Strafe ergibt sich, daß sie dort keinen Sinn hat, wo ein unbotmäßiger Wille fehlt. Und wozu wurde in § 56, jetzt JGG. § 3, für die Zurechnungsfähigkeit die zur Erkenntnis der Schuld erforderliche Einsicht verlangt, wenn diese doch nicht zur Einsicht in das Unrecht zu führen braucht, um strafbar zu machen? Dagegen namentlich Binding Normen III S. 15 ff.; Engelmann, Rechtsirrtum u. dolus im röm. u. gem. ital. Recht, GerS. **86** (1918) 161 ff., Gretener in GerS. **87** 41. Andrerseits Liepmann, Gedanken über Rechtsirrt. i. Strafr. ZStRW. **1916** 21 ff. und **1918** 115 ff. Vom **RG.** wird ein Irrtum, der auf einem nicht dem Strafgesetz, sondern einem anderen Gesetz angehörigen Rechtssatze beruht, als Tatirrtum, nicht als Rechtsirrtum, sondern als außerstrafrechtlicher behandelt und der Regel des § 59 unterstellt, RGSt. **3** 49; **42** 142, 144; **66** 278; Rechtspr. **2** 546; **7** 579, 649.

Sehr übel und zu fortwährenden Mißverständnissen führend ist der Sprachgebrauch des RG., eine vorsätzliche oder fahrlässige Handlung schon um deswillen als „schuldhafte" zu bezeichnen, weil sie objektiv widerrechtlich ist, ohne den Vorsatz auch hierauf zu beziehen, vgl. das oben angeführte Urteil RGSt. **15** 158.

Der Grund, aus dem das RG. und die seine Auffassung teilenden, wie Lucas DJZ. 1914 Sp. 252, dazu kommen, die Strafe entweder auch theoretisch als reine Erfolgshaftung für ein objektives Unrecht anzusehen, oder doch praktisch zum gleichen Ergebnis gelangen, indem sie eine unwiderlegbare gesetzliche Vermutung der Kenntnis der Gebote und Verbote aufstellen oder endlich „einen das Strafgesetz selbst betreffenden Irrtum grundsätzlich als auf einem Verschulden beruhend ansehen" und Vorsatz und Fahrlässigkeit als Indizien der Schuld bewerten, Wegener, Handwb. d. Rechtsw. Bd. VI 368, RMG. **12** 233, liegt in der Furcht, die Autorität des Gesetzes könne bei Zulassung der Unkenntnis der Verbote als Entschuldigungsgrund leiden. „Die Staatsnotwendigkeit erfordere, die Nichtkenntnis der Verbote nicht zu berücksichtigen, da deren Wirksamkeit von ihrer Kenntnis nicht abhängig gemacht werden könne", RMG. **13** 274. „Der Staat würde sein Strafrecht abhängig machen von den schwankenden Rechtsansichten und der größeren oder geringeren Empfindlichkeit seiner Untertanen" Lucas, Subj. Versch. S. 78. Die Kriegsrechtsprechung hat das Gegenteil gelehrt. Auch andere Strafgesetzbücher getrauen sich, das Bewußtsein von der Rechtswidrigkeit der Handlung für den Vorsatz zu verlangen, so StGB. für Kanton Bern v. J. 1866 Art. 27. Der Einwand aber, lügenhafte Berufung auf Unkenntnis des Verbots würde die Justiz lahmlegen, ist nicht ernst zu nehmen. Als ob der Richter diese Lüge ohne weiteres glauben müßte!

7. Das **RG.** hat in früheren Entscheidungen gleichfalls für die Schuld beim Vorsatz das Bewußtsein, verbotswidrig zu handeln, verlangt. RGSt. **8** 106: „Das Bewußtsein der Widerrechtlichkeit seiner Handlungsweise hat derjenige, der vermöge Rechtsirrtums nicht weiß, daß dieselbe gegen ein Gesetz verstößt, ebensowenig, wie derjenige, der vermöge eines faktischen Irrtums nicht weiß, daß es an dem Vorhandensein einer Tatsache fehlt, von welcher das ihm bekannte Gesetz das Erlaubtsein der Handlung abhängig gemacht hat"; RGSt. **16** 153: „da aber jedes vorsätzliche Delikt auch das Bewußtsein der Rechtswidrigkeit erfordert . . ."; weiter RGSt. **52** 99 (in bezug auf Unterlassungsdelikte): „Vorsätzlich kann nur derjenige Ungehorsam begehen, der Kenntnis von dem Befehl hat oder doch mit dem Bestehen eines solchen rechnet. Dieses Bewußtsein gehört unerläßlich zum Vorsatz . . ." Ferner zu vgl. RGSt. **3** 184, **4** 13, **17** 319, **28** 100, **39** 200, **47** 284 und RMG. **3** 106. Auch die Oberen Landgerichte haben das früher getan. Vgl. Nachweise bei Olsh. Anm. 31 zu § 59. Von der früheren richtigen Auffassung hat das RG. sich leider ohne Grund entfernt und ist dadurch zu widerspruchsvollem Verhalten genötigt worden. Selbst da, wo das Bewußtsein der Pflichtwidrigkeit vom Gesetz verlangt wird, wie RAbgO. § 358, geht es davon aus, daß dieses zunächst vermutet werde, RGSt. **66** 346. Denn es **vermag** das **RG.** selbst **seinen Grundsatz**, daß Rechtsirrtum unbeachtlich sei, **nicht durchzuführen.** Es erkennt folgende **Ausnahmen** an:

a) Wo das Wort „rechtswidrig", „widerrechtlich" usw. im Tatbestand vorkommt, wird es als Tatumstand nach § 59 aufgefaßt; RGSt. **4** 328, **8** 104, **12** 194, **19** 87, **20** 393, **37** 139, **49** 140, **56** 171, **57** 339, **58** 249; neuerdings recht übel 4 D 834/23 14. III. 24 in JW. **1924** 1530 [11], welches Urteil mit Recht von Coenders ebenda kritisiert wird. Das RG. selbst will allerdings hier eine Ausnahme nicht erblicken und indem es beachtlichen Rechtsirrtum nur insoweit in Betracht kommen läßt, als dem Merkmal der Pflichtwidrigkeit ein Hinweis auf ein Rechtsverhältnis außerhalb des Strafgesetzes zu entnehmen ist, tut es dies auch nicht, wie RGSt. **58** 249 ausführt. Hierauf weist zutreffend Hellmut Feisenberger a. a. O. 65 hin. Aber in dieser Zuweisung zum außerstrafrechtlichen Gebiet liegt schon eine Milderung des Grundsatzes. Über die Frage der Zweckmäßigkeit der Aufnahme des besonderen Merkmals der Widerrechtlichkeit bei einzelnen Tatbeständen vgl. ferner M. E. Mayer S. 12; v. Liszt-Schmidt S. 147; Gerland S. 101; Kohlrausch, Irrt. u. Schuldbegriff S. 73; Nagler, Rechtswidrigkeit S. 287; Mezger S. 180.

b) Wo es sich um Verbote und Gebote zur Ausfüllung von Blankettstrafgesetzen handelt, wird unter der unrichtigen Begründung, hier seien diese Normen nicht Bestandteile des Strafgesetzes, es komme daher ein außerstrafrechtlicher Irrtum in Frage, die Kenntnis der Normen erfordert; 1 D 153/18 10. VI. 1918; RGSt. **42** 26, 142, 357, **46** 6, **54** 4, **57** 15; andererseits S. 179, RMG. **2** 212, **7** 176, **12** 231, **20** 183, **21** 22, 69, vgl. zu § 59. Von besonderer Bedeutung wird dies für die Konterbande des VZollGes. § 134. Hier nimmt das RG. in ständiger Rechtsprechung an, daß diese Strafe abhängig sei von dem Bewußtsein des Täters, daß ein Verbot bestehe und er diesem Verbote zuwider handle, RGSt. **21** 60, **31** 419. Vgl. auch 1 D v. 2. XII. 15 und 3 D v. 19. XII. 15. Im übrigen herrscht in der Rechtsprechung des RG. über die Frage, was im einzelnen Falle nun strafrechtlicher, was außerstrafrechtlicher Irrtum sei, die größte Unsicherheit, so daß hierüber eine grundsätzliche Darstellung zu geben unmöglich ist. Vgl. die Beispiele bei Binding Normen III S. 367, 358, 371 ff., Kohlrausch, Irrtum S. 168 ff. Gegen die ganze Unterscheidung u. a. Kohlrausch, Irrtum S. 118 ff.; Galli GerS. **67** 372, **68** 62; v. Bülow GerS. **59** 4; GA. **45** 321; W. Rosenberg ZStRW. **23** 230; Ebermayer LZ. **1918** 796; Lobe LZ. **1916** 640 ff. und Dtsch. Richterzeitung 5 150; Frank 183; Olsh. Note 31 zu § 59.

c) Wo es sich um Irrtum über die Rechtswidrigkeit handelt und diese kraft besonderer gesetzlicher Vorschrift zu verneinen ist, beseitigt auch der unentschuldbare Irrtum über das Vorliegen einer besonderen Befugnis zum Handeln den Vorsatz. So:

die irrige Annahme von Notwehr, RGSt. **19** 301, **21** 189; RMG. **1** 69, **2** 21, 212, **18** 240; von Notstand RGSt. **36** 334;

die irrige Annahme von erlaubter Selbsthilfe, RGSt. **16** 150, **19** 298, **25** 150; RMG. **2** 212;

die irrige Annahme eines Züchtigungsrechts, RGSt. **4** 98, **33** 32, 72. Vgl. Eckstein GA. **56** 281;

die irrige Annahme zur Befugnis, eine Körperverletzung begehen zu dürfen, RGSt. **23** 374, **34** 446;

die irrige Annahme gemäß einer bürgerlich-rechtlichen Pflicht handeln zu müssen, 1 D 339/21 6. X. 21; RGSt. **56** 27;

die irrige Annahme des Arztes in Einwilligung zu einer Operation;

die irrige Annahme der Voraussetzungen des § 193, RGSt. **6** 405. Weitere Beispiele bei Binding Normen II S. 973.

8. Die unwiderlegbare Präsumtion von einer Kenntnis aller gesetzlichen Gebote und Verbote mußte Schiffbruch leiden, als die Hochflut an Kriegsnotverordnungen über das deutsche Volk hereinbrach. Es zeigte sich deutlich, daß ihre Unkenntnis und ihre unbewußten Übertretungen entschuldbar sein können. Um insoweit die Rechtsprechung des RG. in ihren Folgen zu korrigieren, wurde deshalb auf Drängen von verschiedenen Seiten die **„BVO. v. 18. I. 17 über die Verfolgung von Zuwiderhandlungen gegen die Vorschriften über wirtschaftliche Maßnahmen"** (RGBl. S. 58) erlassen. Sie tut aber nur halbe Arbeit, insofern sie nur den unverschuldeten Irrtum über das Bestehen oder die Anwendbarkeit einer Vorschrift, die auf Grund des § 3 des Ermächtigungsgesetzes vom 4. August 1914 (RGBl. S. 327) erlassen worden ist, als Entschuldigungsgrund anerkennt und im übrigen von der Auffassung des Vorsatzes und der Fahrlässigkeit ausgeht, die das RG. hat, wonach dieser sich lediglich auf den objektiven Tatbestand, nicht auf dessen Verbotensein richtet. Dies führt zu dem unerfreulichen Ergebnisse, daß verschuldeter Irrtum über das Verbotensein nach wie vor zu einer Annahme vorsätzlicher Begehung des Delikts führt und die einer Fahrlässigkeit ausschließt, obwohl in Wahrheit nur eine fahrlässige Zuwiderhandlung übrig bleibt. Binding Normen III S. 391 will auch die BVO. in diesem Sinne ausgelegt wissen. Ebenso will er sie durch Analogie auf alle Kriegsnotverordnungen ausdehnen, auch soweit sie nicht auf dem Ermächtigungsgesetz beruhen, auf das die BVO. ausdrücklich ihre Anwendbarkeit beschränkt. Vgl. Lobe LZ. **1916** 641, 718, **1917** 225; Binding LZ. **1917** 1, 297; Schäfer LZ. **1917** 425; K. Mayer DJZ. **1917** 179; v. Hippel StRZ. **1917** 14; Goldschmidt JW. **1917** 183; Binding Normen III S. 387 ff.; Lobe, Preistreiberei S. 23.

9. **Ausgedehnt** wurde die VO. v. 18. I. 17 später

1. durch die VO. der Reichsregierung vom 12. II. 20 (RGBl. 230) Art. I auf Zuwiderhandlungen, die a) gegen Vorschriften begangen sind, die auf Grund des Ges. über eine vereinfachte Form der Gesetzgebung für die Zwecke der Übergangswirtschaft vom 17. IV. 19 (RGBl. 394) erlassen sind oder noch erlassen werden, b) gegen Vorschriften, die auf Grund der die wirtschaftliche Demobilmachung betr. Befugnisse nach Maßgabe der VO. der Reichsregierung über den Erlaß von Strafbestimmungen durch das Reichsamt für die wirtschaftl. Demobilmachung v. 27. XI. 18 und des Erlasses v. 26. IV. 19 (RGBl. 1918 S. 1339; 1919 S. 438) ergangen sind oder noch ergehen werden; c) gegen Vorschriften, die vom Rate der Volksbeauftragten oder von der Reichsregierung in der Zeit vom 9. XI. 18 bis zum 9. II. 19 erlassen sind.

2. durch Gesetz v. 6. II. 21 über den Erlaß von Verordnungen für die Zwecke der Übergangswirtschaft (RGBl. 139) auf Zuwiderhandlungen, die begangen sind, a) gegen Vorschriften auf Grund des Ges. über die vereinfachte Form der Gesetzgebung für die Zwecke der Übergangswirtschaft v. 3. VIII. 20 (RGBl. 1493), b) gegen Vorschriften, die von dem auf Grund des Ges. v. 6. II. 21 eingesetzten Ausschüsse erlassen worden sind oder noch erlassen werden. Das Ges. v. 6. II. 21 ist jedoch am 1. IV. 21 außer Kraft getreten, das Ges. v. 3. VIII. 20 am 1. XI. 20.

3. durch Art. III der VO. zur Ausführung des Art. VI Abs. 3 des Notgesetzes v. 24. II. 23 (RGBl. I S. 147) vom 13. VII. 23 (RGBl. I S. 699) auf die Verordnungen über Preistreiberei, gegen verbotene Ausfuhr lebenswichtiger Gegenstände, über Handelsbeschränkungen, über den Verkehr mit Milch und Fleisch, über Notstandsversorgung, über Preisprüfungsstellen, über Auskunftspflicht, über Wuchergerichte. — Auf Verordnungen, die auf Grund von RV. Art. 48 ergehen, findet die IrrtumsVO. keine Anwendung, 6 a D 541/22 19. X. 22.

4. Den in der VO. ausgesprochenen Grundsatz hat endlich auch die Reichsabgabenordnung in § 358 aufgegriffen, 1 D 461/22 17. X. 22; RGSt. **66** 346. Er wird auch im neuen Preuß. Polizeiverwaltungsges. v. 1. VI. 31 in § 33 Abs. 2 ausdrücklich anerkannt, wenn dort für die Straffestsetzung gefordert wird, „daß der Betroffene die Polizeiwidrigkeit seines Verhaltens kannte oder kennen mußte".

5. Noch weiter geht das Reichsentwertungsgesetz v. 4. VI. 23 (RGBl. I 305), in dessen § 62 es geradezu heißt: „Mit Gefängnis wird bestraft 1. wer einem der Verbote des § 11 vorsätzlich und mit dem Bewußtsein der Rechtswidrigkeit zuwiderhandelt."

Streit ist, ob VO. v. 18. I. 17 einen Schuldausschließungsgrund oder nur einen persönlichen Strafausschließungsgrund aufstellt. Für erstere Ansicht Binding, Lobe a. a. O., Doerr, Dtsch. Strafrecht I, Frank 186, v. Liszt-Schmidt I 260, Goldschmidt, Sauer, v. Hippel u. a.; ursprünglich auch RG. Die gem. Meinung hält dagegen an der Auffassung eines bloßen Strafausschließungsgrundes fest, Alsberg, Preistreibereirecht (1919) S. 222; K. Meyer, ZStRW. **38** 360; Feisenberger, ZStRW. **38** 855, so jetzt auch RGSt. **53** 81, 320; **56** 411; **57** 14; **61** 238; **64** 25 (für RAbgO.); LZ. **1919** 1181; JW. **1920** 389 [2]. 1 D 204/18 13. VI. 18; 1 D 20/20 8. III. 20; 1 D 461/22 17. X. 22. Hiergegen auch Merkel in d. Anm. das. Auch ein Irrtum über die Rechtsgültigkeit einer VO. enthält einen Irrtum über den Bestand und die Anwendbarkeit eines Verbots, RGSt. **56** 254.

10. In einigen Fällen sind vom Gesetze widerlegliche **Schuldvermutungen** aufgestellt: StGB. § 361 Nr. 8; Preßgesetz v. 1874 § 20; Sprengstoffgesetz v. 9. VI. 89 § 8; Spielkartenstempelgesetz v. 3. VII. 78 § 10 Abs. 2; Vereinszollges. § 153; HGB. § 315 Abs. 3; Gesetz über private Versicherungsunternehmungen v. 12. V. 01, § 109 Abs. 3; Süßstoffgesetz v. 7. VII. 02, § 8; Weinsteuergesetz v. 26. VII. 18, § 24; BranntweinMonopolGes. § 128, RGSt. **62** 51. In solchen Fällen genügt der bloße Zweifel am Vorsatz des Angeklagten nicht, um diesen zu seinen Gunsten zu verneinen, vielmehr muß er dann vermutet werden. Nur die bestimmte Überzeugung von seinem Mangel entschuldigt. 1 D 439/21 3. X. 21. Die Vermutung einer vorsätzlichen oder fahrlässigen Mitverschuldung Dritter hinsichtlich der Zollvergehen von Angestellten, RGSt. **21** 332, **27** 325, **32** 380 bedeutet jedoch nur, daß für eine fremde Straftat strafrechtliche Haftung die Folge sein soll, nicht, daß eine eigene strafbare Handlung zugrunde liegt, RGSt. **16** 109. Nach RGSt. **54** 76 soll daraus sogar folgen, daß mangels Vorliegens einer „Straftat" hier die AmnestieVO. v. 3. XII. 18 (RGBl. 1393) keine Anwendung finden solle. Dem ist jedoch nicht beizustimmen, vielmehr ist eine mindestens entsprechende Anwendung der AmnestieVO. auch hier geboten. Im übrigen enthält diese Haftung für fremde Schuld, wie sie uns in diesen Gesetzen entgegentritt, einen letzten Ausläufer der Kollektivverantwortlichkeit, wie sie sich in primitiveren Kulturverhältnissen gefunden haben. Makarewicz, Einführung in die Philosophie des Strafrechts (1906) S. 33. Über Täter-Garantenschaft namentlich Oetker, Strafrechtl. Haftung des verantwortl. Redakteurs (1893) u. GerS. 100 S. 29.

11. Für die künftige Regelung in einem neuen Strafgesetzbuch hatte v. Hippel VDA. 3 S. 373 ff. im Anschluß an eine Auffassung des Holländers van Hamel In leidning tot de studie van het Nederlandsche Strafrecht I einen Vermittlungsvorschlag gemacht zwischen der Rechtsprechung des RG., wonach sich der Vorsatz nur auf die Handlung als solche, nicht ihre Eigenschaft als Zuwiderhandlung bezieht, und dem Erfordern, daß der Vorsatz die Handlung als Zuwiderhandlung ergreift und folglich das Bewußtsein von ihrem Verbotensein vorliegen müsse. Danach beziehe sich zwar der Vorsatz nur auf die Handlung als solche; um ihn zum schuldhaften zu machen, müsse aber freilich noch eine Beziehung zur Eigenschaft als Zuwiderhandlung hinzukommen. Dazu genüge schon fahrlässige Unkenntnis der Rechtswidrigkeit, und nur schuldlose Unkenntnis über das Verbotensein der Handlung schließe jegliche Schuld aus. Gebilligt wird diese Regelung von Hellmut Feisenberger a. a. O. S. 57. Vgl. hierzu v. Hippel ZStRW. **51** 158 u. Lehrb. S. 141. Dies ist, sobald man den Vorsatz eben nur auf die natürliche Handlung als solche bezieht, zweifellos richtig. Sobald man aber, wie es allein richtig ist, Vorsatz und Fahrlässigkeit auf das Zuwiderhandeln gegen Verbote und Gebote bezieht, kann ein vorsätzliches Zuwiderhandeln nur vorliegen, wenn das Verbot gekannt und die Handlung als darunter fallend erkannt wird. Ist dies schuldhafter (fahrlässiger) Weise nicht der Fall, so enthält das vorsätzliche Handeln immer nur ein fahrlässiges Zuwiderhandeln, und es ist ungereimt, es in zwei verschiedene Schuldformen zu trennen. Diese Trennung nimmt freilich auch die VO. v. 13. I. 1917 vor, indem sie nur zum Teil den Standpunkt des RG. korrigiert. Gegen das ganze Vorgehen erhebt mit Recht Binding GerS. **87** Heft 2/3 seine warnende Stimme. Ebenso Beling, Unschuld S. 34; Lehre v. Verbr. S. 185; Sauer, Grundlagen S. 609; Gerland S. 105; v. Liszt-Schmidt S. 266; Allfeld S. 167; Alsberg in Re-

form des Strafrechts (1926) S. 66. Der Entwurf § 20 Abs. 2 lautet jetzt: „handelt der Täter vorsätzlich, aber in einem entschuldbaren Rechtsirrtum, der ihn das Unrechtmäßige seiner Tat nicht erkennen läßt, so ist er straffrei; ist der Irrtum nicht entschuldbar, so ist der Täter strafbar, aber milder zu bestrafen". Neuerdings will auch Graf zu Dohna in Recht und Irrtum S. 19 eine unterschiedliche Behandlung von Tatsachenirrtum und Rechtsirrtum eintreten lassen. Siehe zu der ganzen Frage auch Gerland, Entw. 1925 S. 33; Wachenfeld in GerS. **69** 262; Beling GerS. **91** 367. Vgl. auch Graf Gleispach in MonSchr. der KrimPsychol. 16 S. 234; Ebermayer in LZ. 1918, Sp. 801; v. Hippel in LZ. 1918 Sp. 1032.

§ 20. Arten des Vorsatzes.

I. Absicht.

1. Nach der einen Ansicht sollen Absicht und Vorsatz stets in verschiedenem Sinne im StGB. gebraucht werden, Berolsheimer, Entgeltung S. 412; Ortloff GerS. **34** 416 u. a. Und zwar soll nach der Meinung der meisten Absicht nur den bestimmten Vorsatz, dolus directus, bedeuten und den dolus indirectus ausschließen. Es wird ein bestimmter Endzweck erfordert, wobei wiederum streitig ist, ob er der alleinige und der allerletzte Endzweck sein muß oder ob er andre neben sich duldet, und häufig wird dieser Endzweck geradezu dem Beweggrund gleichgestellt. Entw. § 20 Abs. 2 bestimmt: „Absichtlich handelt der Täter, wenn es ihm darauf ankommt, den im Gesetz bezeichneten Erfolg herbeizuführen". Die Vorschrift will diejenigen Fälle treffen, in denen der Täter den betreffenden Erfolg um seiner selbst willen oder als Mittel zum Zweck erstrebt. Gegen-E. § 21: Absicht liegt vor, wenn die Vorstellung eines im Gesetz bestimmten Erfolges Beweggrund der Begehung der Handlung ist." Nach der andern Ansicht hat diese Bedeutung der Ausdruck Absicht häufig, aber nicht notwendig. „Bei der Feststellung des Sinnes, in welchem der Ausdruck gebraucht wird, kommt die Natur der strafbaren Handlung und der Zweck der Strafbestimmung in Betracht", RGSt. **1** 174, **27** 219. — Die Feststellung, welcher Sinn im Einzelfalle verstanden werde, ist danach sehr unsicher. Nach der dritten Ansicht bedeutet Absicht ein inneres Streben überhaupt, gleichviel ob auf etwas Mögliches oder Unmögliches gerichtet, so daß dann auch die irrtümlich auf einen Erfolg gerichtete Absicht, der Putativdolus, in Betracht kommt. Vgl. dagegen Binding Normen III S. 1165, 1175. — Zu der Frage weiter: M. E. Mayer S. 43; Thomsen, Untersuchungen über Begriff des Motivs; Wach VDA. **6** 57; Gerland 101 und Strafrecht (1932) S. 131; Liepmann 120; eingehende Angaben über das Schrifttum finden sich in den Bemerkungen von Hegler in JW. 1923, 608[3]. Ferner v. Liszt-Schmidt I S. 253, Frank 179, 192, Runck, Dolus eventualis (1929) S. 30.

2. Nachdem die ursprüngliche Bezeichnung vâre und geverlich für das bewußte schuldhafte Wollen außer Gebrauch gekommen war, wurde das Wort „fürsetzlich", „Fürsatz", das ursprünglich „Vorbedacht" bezeichnete, allgemein auch für nicht vorbedachtes, aber bewußt schuldhaftes Wollen im 18. Jahrhundert üblich, so schon CCC. u. Cod iur. Bavar. Hieraus ist das Wort „Vorsatz" entstanden, das völlig gleichwertig mit dem aus dem älteren „Absehen" ebenfalls im 18. Jahrh. gebildeten Worte „Absicht" verwendet wurde. „Böser Fürsatz" und „böse Absicht" werden wechselweise gebraucht, Nachweise bei Binding Normen II S. 335, 1153. Begrifflich bedeuten auch beide Ausdrücke dasselbe: die Bezugnahme auf das zu erreichende Ziel, das man sich als Erfolg seiner Handlung „vorsetzt", auf das man „absieht".

Zutreffend sagt Bar, Gesetz u. Schuld II S. 295: „Niemand ist bisher gelungen, einen prinzipiellen Unterschied zwischen Vorsatz und Absicht festzustellen." Ebenso M. E. Mayer, Schuldh. Handlung S. 137, Binding Normen II S. 1153; Meyer-Allfeld S. 171. Über die verschiedenen Versuche, solche Unterschiede herauszudeuteln, vgl. die Übersicht bei Binding Normen II S. 1154. Ferner v. Rohland, Willenstheorie S. 22; Hagen ZStRW. **19** 166. Ebenso wird in der Umgangssprache „vorsätzlich" und „absichtlich" durchaus gleichbedeutend verwendet.

Das StGB. macht ebenfalls keinen Unterschied und verbindet mit Absicht nicht immer denselben Begriff, wie auch RGSt. **50** 56 anerkennt. In § 40 werden unter „vorsätzlichen" Verbrechen auch die „absichtlichen" begriffen; in § 43 wird der Versuch des vorsätzlichen Verbrechens Versuch des beabsichtigten genannt, ebenso in § 46 Nr. 1; in § 48 wird als Mittel für vorsätzliche Bestimmung die absichtliche Herbeiführung eines Irrtums bezeichnet. Auch wo rechtswidrige Absicht, absichtlich, allein hervorgehoben ist, bedeutet dies nichts anderes als Vorsatz, vorsätzlich, so § 267, RGSt. **2** 376; § 288, § 289 (RGSt. **21** 312, **25** 154 schließen hier allerdings dol. event. aus), § 348 u. a. Besonders gilt dies für die Nebengesetze; so ist „absichtlich" in § 146 Genossensch.-Ges. = „vorsätzlich", 3 D 484/17 17. XII. 17. KD. § 239, RGSt. **66** 89. Auch „Entschluß" ist gleichbedeutend mit „Vorsatz", so namentlich in § 43; van Calker 53; v. Hippel, Lehrb. S. 136; 1 D 424/24 20. V. 24 in JW. **1924** 1721[1]. Vgl. hierzu auch v. Liszt-Schmidt S. 245. Auch „wissentlich" wird zuweilen für vorsätzlich genommen, §§ 49, 257, 270, RGSt. **66** 298, 302.

3. Zu der Meinung, unter Absicht sei der **Beweggrund** zu verstehen, haben namentlich die Tatbestände geführt, bei denen der Vorsatz auf einen weiteren, über die Handlung hinausgehenden Erfolg gerichtet ist, die Vollendung des Delikts aber bereits in einem früheren Versuchsstadium, schon bei Erreichung eines Zwischenerfolgs, der in der Regel zugleich als Mittel für die Erreichung des gewollten Enderfolgs gedacht ist, vom Gesetzgeber angeordnet wird. Zuweilen wird dieser weitergehende Vorsatz auch durch „um — zu" bezeichnet, in UWGes. § 1 „zu Zwecken des Wettbewerbs", RGSt. **47** 129. Vgl. auch Eichelbaum, Absicht und verwandte Begriffe im Strafrecht, LZ. **1916** 988, der aber mit Unrecht darin einen begrifflichen Unterschied sieht. Immer handelt es sich auch hier um Bestimmung des Ziels, auf das das ganze Handeln gerichtet ist, also um Bezeichnung des Willensinhalts, niemals soll damit der Beweggrund, aus dem der Entschluß hervorgegangen ist, bezeichnet werden. Das tritt z. B. klar zutage bei den Amnestien, bei denen die Triebfeder des Handelns aber nicht das Ziel politischer Natur zu sein braucht, Wichardt, JW. 1933 S. 76. Nur das ist richtig, daß die Vorstellung des Ziels eine bestimmende Wirkung auf die Bildung des Willens gehabt haben, ein Element des Wollens geworden sein muß, das diesem seinen Inhalt gibt. Das ist aber auch beim Vorsatz notwendig der Fall und bedeutet somit keinen Unterschied von der Absicht. Vgl. oben unter VII, 3. So in §§ 133 Abs. 2, 140 Nr. 1, RGSt. **33** 400; §§ 243 Nr. 7, 265, 313 Abs. 2. Daß freilich die Vorstellung von der Erreichung eines bestimmten Ziels derart von ausschlaggebender und besonders starker motivierender Kraft sein kann, daß sie vornehmlich in dem Blickpunkt des Bewußtseins sich befindet, ist richtig. Insoweit kann man von einem strebenden und „nicht strebenden" Vorsatz sprechen. Das bedeutet aber keinen Wesensunterschied, sondern nur einen Gradunterschied des Vorsatzes. Vgl. auch Runck, Dolus eventualis (1929). Ziel und Beweggrund ist etwas völlig Verschiedenes, beide fallen nicht

begrifflich zusammen; a. M. Meyer-Allfeld S. 172. Das RG. nimmt in manchen Fällen allerdings an, daß Absicht nur die Vorstellung eines Erfolges sei, die den Beweggrund zum Handeln abgab, RGSt. **11** 380, **16** 150, **33** 400, **50** 55, **54** 351, **55** 257; dagegen richtig RGSt. **50** 261, 272, **51** 29. Hiergegen wieder Alsberg JW. **1918** 713 u. Weber LZ. **1919** 413. Selbstverständlich ist aber nicht ausgeschlossen, daß der Wunsch, das Ziel zu erreichen und das bei der Erreichung vorgestellte Lustgefühl auch zum Beweggrund des ganzen Handelns werden kann. Da in diesen Fällen die Handlung, in der bereits die Beendigung des Delikts erblickt wird, zugleich als Mittel für einen als bestimmt durch sie zu verwirklichenden Erfolg vorgestellt wird, so kann auch nur ein bestimmter Vorsatz in Frage kommen. Für einen bedingten oder unbestimmten Vorsatz ist bei der besonderen Ausgestaltung des Verbrechenstatbestandes kein Raum. Wer eine Handlung mit der Vorstellung begeht, sie solle als Mittel zur Erreichung eines weiteren jenseits des Tatbestands liegenden vorgestellten Erfolgs dienen, will diesen Erfolg von vornherein bestimmt. RGSt. **1** 172, **2** 376, **7** 282, **21** 312, **25** 154, **27** 217, 241. Aus diesem Grunde, nicht weil unter Absicht an und für sich nur der dolus directus zu verstehen sei, ist daher bei solchen zusammengesetzten Delikten nur dieser in Frage. Für diese Form von Delikten ist der Name „Absichtsdelikte" aufgekommen. Thomson, Strafr. I S. 127. Binding Normen II S. 1159; vgl. auch Rich. Schmidt, Grundriß (1931) S. 104; Mezger, Lehrb. 172; Gerland, Strafrecht S. 131; Frank S. 192; Hegler, ZStRW. **36** 31. Über mittelbare Täterschaft bei diesen siehe unten. Es steht natürlich nichts entgegen, daß der künftige Gesetzgeber einen sprachlichen Unterschied macht und unter Absicht die Straftaten versteht, bei denen die Vorstellung ihres Erfolges den Beweggrund für ihr Handeln bildete. Das soll aber in Entw. § 18 Abs. 2 nicht geschehen.

4. Der Vorsatz kann auf **Verletzung** eines Rechtsguts und auf **Gefährdung** gehen. Da jede Verletzung notwendig ein Gefährdungsstadium durchlaufen haben muß, so hat der Vorsatz aller Gefährdungsverbrechen auch den bedingten Verletzungsvorsatz zum Begleiter, Binding GerS. **86** 333, Normen II S. 877; RGSt. **28** 200, **43** 383. A. M. v. Liszt-Schmidt S. 247 Anm. 15.

II. Überlegter (dolus praemeditatus) und **unüberlegter Vorsatz** (dolus repentinus).

Bei der Überlegung muß sich der Täter der zur Tat drängenden und der von ihr abhaltenden Motive bewußt sein und sie gegeneinander abwägen. Das ist bei jeder Willensbildung der Fall. Es kommt also für den ersteren die bei Bildung des Entschlusses zur Tat vorhandene ruhige und besonnene Verstandestätigkeit zur Anwendung im Gegensatz zum plötzlich gefaßten Entschluß. RGSt. **42** 260. Diese Überlegung im Stadium der Entschlußfassung ist auch beim Mord erforderlich, wenn schon § 211 darüber hinaus auch noch die überlegte Ausführung verlangt, also eine erst nach dem Entschluß einsetzende die Handlung begleitende Willensbetätigung. RGSt. **3** 296, **8** 276, **32** 253. A. M. RGSt. **36** 26, **42** 262. Die ganze Unterscheidung hat sonst nur für die Strafzumessung wegen der Schwere der Schuld und Stärke des bösen Willens Bedeutung. Gerland, Strafrecht S. 132.

III. Dolus directus.

Der Vorsatz, für den die Vorstellung nur **eines** bestimmten **Erfolgs** als vom Willen verursacht bei seiner Bildung mitbestimmend war (dolus directus, determinatus), wird in der Regel als „der auf Verwirklichung sämtlicher Tatbestandsmerkmale des Verbrechens gerichtete Wille" definiert. Dagegen wendet mit Recht v. Liszt ein, daß man wollen nur ein Zukünftiges könne, was gegenwärtig sei könne man nur wissen, nicht wollen. Deshalb ist die „Verwirklichung" des Tatbestandes der strafbaren Handlung nur soweit möglich, als es sich um künftige Änderungen im Zustand der Außenwelt handelt, die bereits vorliegenden Tatbestandsmerkmale können nur gewußt werden, z. B. daß die Sache eine fremde, eine gepfändete sei, daß jemand Beamteneigenschaft habe, die Frauensperson Ehefrau, unter 14 Jahren, schwanger sei usw. v. Hippel VDA. 3 521; Binding Normen II S. 808. Daher Entw. § 17: „vorsätzlich handelt, wer den Tatbestand der strafbaren Handlung mit Wissen und Willen verwirklicht". Das Wissen solcher Tatumstände gehört aber insofern zum Vorsatz, als es ein Element bei der Willensbildung darstellt und auch aus diesem Wissen die neue Willensschöpfung des Vorsatzes sich ergibt. Es muß aber genügen, daß dieses Wissen zur Vorsatzbildung beigetragen hat und dieser selbe Vorsatz die Ursache für die Handlung wurde. Daß das Wissen noch zur Zeit der Handlung, d. h. der Innervation des Willens auf die motorischen Nerven im Blickpunkt des Bewußtseins war, ist nicht erforderlich, das kann infolge der Erregung bei der Tat vielleicht nicht der Fall sein. A. M. Binding Normen II S. 810. Ist aber nicht nur das Wissen, sondern der ganze Willensimpuls verschwunden, und ist ein neuer Vorsatz bei der Tat vorhanden, so genügt selbstverständlich ein früheres Wissen nicht. Vgl. Frank, Aufbau S. 89. Nicht erforderlich ist, daß das Wissen sich auf sich selbst bezieht, die Besonderheit von psychischen Zuständen, Zurechnungsfähigkeit, die Gewohnheitsmäßigkeit, ehrlose Gesinnung usw. erfaßt. Allfeld 141; a. M. Finger 246. Ebensowenig braucht sich das Wissen auf die Strafbarkeitsbedingungen, wie Antrag, Schadenverursachung in § 329 Abs. 2, Konkurseröffnung nach KO. § 239, Rückfall nach § 244 usw. zu erstrecken. In letzterer Hinsicht abweichend RG. vgl. Anm. zu § 244.

IV. Vorsätze, für die die Vorstellung von **mehreren Erfolgen** als vom Willen verursacht bei ihrer Bildung mitbestimmend waren, werden folgende unterschieden:

a) dolus alternativus. Der Täter stellt sich vor, daß der Wille entweder nur für den einen oder nur für den andern Erfolg die Ursache werden kann, und es ist ihm gleichgültig, welcher eintritt. Ausschlaggebendes Motiv zur Willensbildung ist hier sowohl die Vorstellung von dem einen wie dem anderen Erfolg. Gewollt ist nur der durch Handlung verursachte Erfolg, nicht auch der vorgestellte nichteingetretene, insbesondere liegt keine Konkurrenz mit dem Versuch vor. Geyer 1 112; Allfeld 150; Binding Normen II S. 836. Von Binding a. a. O. S. 841 auch als dolus generalis bezeichnet, wenn die Alternative nicht klar erfaßt ist. Die Vorstellung geht aber immer dahin, das nur der eine oder der andere Erfolg eintritt, nicht etwa beide Erfolge als ein Gesamterfolg.

b) dolus indeterminatus im engeren Sinne, gelegentlich auch dolus generalis genannt, Wachenfeld 154. Der Täter stellt sich mehrere Erfolge als mögliche Wirkung seines Willensimpulses vor und er verwendet alle zur Bestimmung seines Willens. Hier wird aber auch die Möglichkeit des Eintritts aller Erfolge angenommen, anders als bei a und daher die Vorstellung vom Gesamterfolg zum ausschlaggebenden Motiv der Willensbildung. So bei der sog. Kollektivbeleidigung ohne nähere Kenntnis der Anzahl von Personen, Schütze 119.

Der dolus indeterminatus im weiteren Sinne ebenfalls zuweilen auch dolus generalis genannt, wird dagegen zu Unrecht unter den Vorsatzbegriff gestellt. Man versteht darunter ein Handeln unbekümmert darum, welche Folgen aus ihm erwachsen. Da diese dann aber nicht vorgestellt sind, sind sie auch nicht gewollt. Nach anderen wird unter dolus generalis ein Wille nur mit der Vorstellung von einem bestimmten Erfolg verstanden, seine Verwirklichung aber in einer andern als der vorgestellten Handlung gefunden, z. B. A. will B. töten, schlägt ihn mit dem Beil auf den Kopf und hält ihn für tot. Er zündet das Haus an, um B. zu verbrennen und die Tatspuren zu verwischen, und tötet nun erst den bis dahin noch lebenden B. Dann liegt tatsächlich nur Versuch in Zusammentreffen mit fahrlässiger Tötung vor. Es kann hier also Vorsatz und Fahrlässigkeit zusammentreffen. Ebenso Meyer-Allfeld 177.

c) dolus indirectus wird entweder als gleichbedeutend mit dolus eventualis gebraucht, oder — unrichtig — zur Bezeichnung einer fahrlässigen Verursachung eines Erfolges, der über den gewollten hinausgeht, vgl. v. Bar 2 278; Hälschner, System des preuß. Strafr. 1 132; oder zur Bezeichnung eines Gefährdungsdolus, so Klee, Der dolus indirectus S. 34.

d) dolus eventualis auch bedingter Vorsatz genannt, charakterisiert der Entw. § 17 dahin: „Vorsätzlich handelt, wer ... die Verwirklichung (des Tatbestandes) zwar nur für möglich hält, jedoch für den Fall der Verwirklichung mit ihr einverstanden ist". Dies entspricht der Rechtsprechung des RG., das zum vorsätzlichen Handeln erfordert, daß der Täter sich bewußt sei, ein bestimmter Erfolg werde eintreten, und daß er trotzdem die Handlung vornimmt; handle der Täter aber bloß auf die Gefahr hin, ein solcher Erfolg könne möglicherweise eintreten, so bedürfe es, um ihn wegen vorsätzlichen Handelns verantwortlich zu machen, noch des Nachweises, daß er die Tat auch für den Fall, daß sie den nur als möglich vorgestellten Erfolg herbeiführen werde, gewollt habe, 4 D 527/12 v. 11. VI. 12; 4 D 70/17 v. 9. III. 17; RGSt. **6** 278, **7** 283, **9** 417, **12** 297, **16** 363, **18** 309, **19** 90, **20** 236, **21** 420, **22** 393, **25** 222, **28** 190, **32** 302, **33** 4, **39** 6, **46** 227, **49** 142, **55** 205, **59** 3, — Recht 1913 Nr. 2365; 1914 Nr. 2794. Wach hält StRZ. 8 71 die ausdrückliche Erwähnung des dol. event. im Entw. für überflüssig. Vgl. hierzu v. Hippel, VDA. III 373 und ZStRW. **1921** 429. Im Amtlichen Entwurf findet sie sich auch nicht. Mit Recht erklärt Frank S. 191 gegen Liepmann, Reform des D. Strafr. (1921) und Hoegel ZStRW. **37** 826, daß der Begriff des dolus eventualis nicht zu entbehren sei. Frank ZStRW. **10** 209. Über die Entwicklung der Billigungstheorie des RG. namentlich v. Bar, Ges. und Schuld II, 323. Diese Einwilligungstheorie ist die herrschende. Gegner sind namentlich Loeffler, Binding Normen II S. 816, Lucas ZStRW. **31** (1911) S. 556; Großmann, Die Grenze von Vorsatz u. Fahrlässigkeit (1924) Hamb. Schriften Heft 6. Es genügt also keinesfalls die Feststellung, der Täter habe sich die Möglichkeit des Eintritts des Erfolgs vorgestellt. Dies reicht nicht einmal für die Fahrlässigkeit aus, RGSt. **16** 363, **17** 207; RMG. **3** 296, **6** 115; RMG. Nr. 1006 v. 29. XI. 17; es muß vielmehr hinzukommen, daß auch die Vorstellung vom möglichen Erfolge bestimmend für die Willensbildung dahin geworden ist, ursächlich durch den Willen für die Handlung und damit auch möglicherweise für den vorgestellten Erfolg zu werden; der Täter will dann auch den nur als möglich vorgestellten Erfolg. Rechnet er im Gegenteil damit, daß der als möglich vorgestellte Erfolg dennoch nach den Umständen des Falles nicht eintreten werde, so hat er diesen auch nicht in seinen Willen einbezogen. Beling, Techn. u. Verbr. S. 194. Nichts andres als dies wollen die häufig hierfür gebrauchten Ausdrücke besagen: der Täter billige diesen Erfolg, sei mit seinem Eintritt einverstanden. RGSt. **21** 420; **33** 4; **55** 204; 1 D 742/24 12. XII. 24. Sie sind allerdings nicht ganz treffend, denn auf das Billigen und Einverstandensein an sich kommt es nicht an. Auch eine Gleichgültigkeit des Täters gegen den Erfolg vermag die Vorstellung von ihm als bestimmend auf den Willen einwirken zu lassen, M. E. Meyer 243. Es wird aber daraus entnommen, daß die Vorstellung eines gebilligten Erfolgs bestimmend für die Willensbildung geworden ist, Binding Normen II S. 863 ff., 395. Gegen den Ausdruck Bierling, Prinzipienlehre III S. 177. Die Billigung und das Einverständnis dienen also als Beweisumstände für den daraus zu folgernden Willensinhalt. Nicht anders verhält es sich mit der sog. „Frankschen Formel": „Kommt man zum Ergebnis, daß der Täter auch dann gehandelt hätte, wenn er den Erfolg als gewissen und notwendigen, nicht nur als möglichen sich vorgestellt hätte, jene Vorstellung ihn also nicht vom Handeln abgehalten hätte, so liegt Vorsatz vor." Frank ZStRW. **10** 217, Aufbau des Schuldbegriffes S. 22 ff. u. Komm. S. 190. Ebenso v. Hippel, VDA. III S. 500 und Grenze von Vorsatz und Fahrlässigkeit 111; v. Liszt-Schmidt I S. 260; Wachenfeld 149 und RGSt. **21** 420, **25** 5, **33** 4, **39** 87, **46** 227. Gegen sie namentlich Binding Normen II S. 397; M. E. Mayer, Schuldhafte Handl. S. 173; Thyrén, dolus und culpa S. 81; Löffler, VDA. V S. 368. — Weiteres Schrifttum bei Meyer-Allfeld 172 und Frank 190; Runck, dolus eventualis (1929). Sauer, ZStRW. **51** 181 stellt folgende Klimax auf:

a) direkter Vorsatz = Bewußtsein der Gewißheit der Tatbestandsverwirklichung,
b) eventueller Vorsatz = Bewußtsein der nahen Wahrscheinlichkeit,
c) bewußte Fahrlässigkeit = Bewußtsein der entfernten Möglichkeit,
d) unbewußte Fahrlässigkeit = Nichtbewußtsein, für den indirekten Dolus wird dabei aber das Erfordern des Wollens des mit naher Wahrscheinlichkeit erwarteten Erfolgs nicht beachtet. Auch eine solche braucht man nicht zu wollen. Vgl. auch v. Liszt-Schmidt I, 261.

Der dolus eventualis bezieht sich auch auf die Kenntnis vom Verbotensein der Handlung, betrifft das sog. Handeln im Rechtszweifel. Binding Normen II S. 860. Ausgeschlossen ist er dort, wo das Gesetz Handeln wider besseres Wissen verlangt, §§ 164, 187, 189, 278 nicht schon durch das Erfordern des wissentlich allein, das häufig nur für vorsätzlich gebraucht wird; RGSt. **16** 363, **18** 88, **32** 302. Es kommt hier auf das einzelne Delikt an; RGSt. **49** 193, **54** 351. Ausgeschlossen ist er allerdings häufig dort, wo das Gesetz ein absichtliches Handeln fordert. Damit wird die Vorstellung verlangt, daß ein Erfolg bestimmt eintrat und nur diese Vorstellung den Ausschlag für den Entschluß gibt, vgl. oben unter 3. Aber auch dies trifft nicht immer zu. So ist in HGB. § 312 „absichtlich" gleichbedeutend mit „vorsätzlich" und umfaßt auch den bedingten Vorsatz, RGSt. **66** 255, 261. Ebenso RGSt. **7** 282; **26** 137; **38** 5; **39** 341; **49** 366; **53** 194.

e) Zuweilen spricht man noch von einem dolus ex re. Dieser ist jedoch keine besondere Art des Vorsatzes, auch keine praesumtio doli, sondern er besagt, daß sein Beweis aus den vorliegenden Umständen sich ergibt, aus der ganzen Sachlage (ex re). So namentlich bei § 259.

V. Dolus subsequens als nachträgliche Billigung des unvorsätzlich verursachten Erfolgs ist überhaupt kein Vorsatz mehr, v. Bar 2, 352; Hälschner 1 S. 239; Binding Normen II S. 599 ff. Dagegen ist die vorsätzliche Nichtabwendung eines Erfolgs, für den unvorsätzlich die Ursache gesetzt wurde, gegebenenfalls vorsätzliche Begehung durch Unterlassung.

§ 21. Der Irrtum.

1. Zutreffend sagt Frank 193, die Irrtumslehre ist nur die Doluslehre vom negativen Standpunkt aus betrachtet. Ebenso Graf z. Dohna, Schuld und Irrtum (1925) S. 17, 26. Mezger S. 306. Der Irrtum im eigentlichen Sinne **(error)**, die falsche Vorstellung über Tatsachen und Rechtsverhältnisse, kommt nach der positiven Seite für das Strafrecht überhaupt nicht in Betracht. Er kann als Rechtsirrtum keine Rechtswidrigkeit und kein Verbotensein einer Tat schaffen, wenn sie es objektiv nicht ist, und er kann kein Tatbestandsmerkmal oder Strafschärfungsmerkmal verwirklichen, wenn der Täter ein solches nur irrig annimmt. Es liegt dann stets ein Wahnverbrechen vor. RGSt. **47** 151; Gerland 106, 187; Frank 193. — Vgl. StGB. § 43.

2. Von Bedeutung ist nach StGB. § 59 nur das Nichtwissen von rechtlich erheblichen Tatsachen und Rechtsverhältnissen **(ignorantia)**. Den Irrtum über das Verbotensein der Handlung (ignorantia iuris) hält ja das RG. für unbeachtlich. Es rechnet aber in ständiger Rechtsprechung Rechte, Rechtsverhältnisse und rechtliche Beziehungen, die auf außerstrafrechtlichem Gebiete liegenden Tatumstände des § 59 zu, RGSt. **42** 26; **46** 6; **54** 4; **56** 17; ob ein solches außerstrafrechtliches Gebiet vorliegt, richtet sich nicht notwendig danach, ob es außerhalb des Strafgesetzes behandelt ist. So kann ein Irrtum über Steuerpflichten ein außerstrafrechtliches Rechtsverhältnis betreffen, RGSt. **64** 25. Die ganze Unterscheidung, die das RG. bei der Irrtumslehre vornimmt, entbehrt der Berechtigung. Olsh. Anm. 2 zu § 59. Zweifelhafte Fälle führt auch Hellmut Feisenberger a. a. O. S. 81 an. Der Einfluß des Nichtwissens von Verboten und Geboten oder des Unterfallens der Handlung unter diese (Subsumtionsirrtum) wird bedeutsam für die Feststellung der Schuld, des Vorsatzes und der Fahrlässigkeit und ist im Zusammenhang mit diesen zu prüfen. In RAbgOrdn. § 358 wird ein über die Vorschrift des § 59 hinausgehender Strafrechtsirrtum als persönlicher Strafausschließungsgrund zugelassen, RGSt. **64** 25, nach der Auffassung des RG. auch in der Irrtumsverordnung, RGSt. **53** 85; **57** 16, 181; **58** 328; **59** 369. Als besondere Einzelfälle sind noch hervorzuheben:

a) **error in objecto** liegt vor bei Verwechselung des Angriffsgegenstandes.

Liegen bei dem tatsächlich Angegriffenen dieselben Eigenschaften vor, die die Handlung zu der verbotenen stempeln, wie bei dem vorgestellten Gegenstand, so ist die Verwechselung für die volle Verwirklichung des deliktischen Tatbestands einflußlos. Die Erfolge sind einander gleichwertig.

Mezger, Lehrb. S. 311; v. Bar, Gesetz II 366. Fall Rose Rosahl: Rosahl stiftet Rose an, Schliebe zu töten, Rose lauert diesem auf, verwechselt ihn aber mit dem daherkommenden Harnisch und erschießt letzteren. GA. **8** 156; RGSt. **18** 337, **19** 179. Das Verbot geht auf Tötung eines Menschen, gleichviel wer dieser ist. Einen Menschen aber wollte Rose töten und hat er getötet. Damit ist der Tatbestand des Delikts vorsätzlich verwirklicht.

Schlägt der Vater einen fremden Jungen, weil er ihn in der Dunkelheit für seinen eigenen hält, so bedeutet hier die Verwechselung des Objekts zugleich Nichtwissen der — objektiven — Widerrechtlichkeit und wird um deswillen zu einer schuldlosen Handlung. Frank S. 188. Eine Mutter, die ihr Kind in der Geburt tötet, weil sie es irrtümlich für ein außereheliches hält, irrt über ein Strafbarkeitsmerkmal. Wer einen weggenommenen Gegenstand für Eigentum seines Ehegatten hält, ist nach StGB. § 247 straflos, Mezger, Lehrb. S. 313.

b) **aberratio impetus seu ictus** (Fehlgang) ist in Wahrheit kein Fall des Irrtums. Der Täter hat keine falsche Vorstellung zur Willensbildung verwendet. Ein Fehlgehen der Tat liegt vor, wenn ohne Verwechselung des Angriffsgegenstandes wie bei a der vorgestellte Erfolg durch Dazwischentreten von Umständen, die den vorgestellten Kausalverlauf ändern, nicht an dem vorgestellten Gegenstand, wohl aber an einem andern nicht vorgestellten Gegenstand eintritt, der dieselben Eigenschaften besitzt und an sich geeignet wäre, den deliktischen Tatbestand zu verwirklichen. A. schießt mit Tötungsvorsatz auf B., trifft und tötet aber C., der in die Schußlinie kommt. Dann liegt nur Versuch der Tötung des B. vor. Ob außerdem fahrlässige Tötung des C. oder unverschuldeter Zufall anzunehmen ist, hängt von den Umständen ab. RGSt. **2** 335, **3** 384, **18** 337, **19** 179, **54** 350, **58** 27; Recht 1915 Nr. 1436, Olshausen § 59 Nr. 27; Allfeld 177; Mezger S. 314. A. M. Frank 188, Finger **1** 254 und Bindings Festschrift (1911) 268; M. E. Mayer 331, Gerland 107, Beling, Lehre vom Verbrechen 325, Birkmeyer 36, v. Liszt-Schmidt 254 u. a., die vorsätzliche Tötung des C. annehmen. Ist das Objekt dem vorgestellten in seinen Eigenschaften nicht gleichwertig, würde also, wenn der Täter es sich vorgestellt hätte, eine andere Tat vorliegen, etwa statt Tötung Sachbeschädigung, so nehmen auch diese nur Versuch in Zusammentreffen evtl. mit Fahrlässigkeit an. Die Fälle des aberratio ictus sind aber beidemal rechtlich gleich zu würdigen.

§ 22. Der schuldhafte Wille als Fahrlässigkeit.

1. Neben der Form der Willensbildung, daß sich der Täter den Erfolg vorgestellt und die Vorstellung hiervon als Element für seine Willensbildung verwendet, sie bestimmend auf ihn hat einwirken lassen (Vorsatz), finden sich zwei andere: a) der Täter hat sich den Erfolg ebenfalls vorgestellt, aber nicht für die Willensbildung verwendet, nicht gewollt. b) Der Täter hat sich den Erfolg nicht einmal vorgestellt, folgeweise auch nicht für seine Willensbildung verwenden können, somit ebenfalls nicht gewollt. Beide Male kann dieses nicht Verwenden einer Vorstellung von dem möglichen Erfolg seiner Handlung, das den verursachenden Willen mit Hinblick auf den Erfolg zum unvorsätzlichen „vareloſen" macht, ihm als Verschuldung zugerechnet werden. Schrifttum bei Meyer-Allfeld 177 ff., v. Liszt-Schmidt I S. 272; Olshausen S. 321; Exner, Fahrlässigkeit S. 173, 207. Von manchen Seiten, z. B. Baumgarten, Aufbau S. 116, wird die Fahrlässigkeit als Schuldform geleugnet. Im Gesetz und für

die Strafzumessung wird diese nur für die psychologische Einstellung in Betracht kommende Unterscheidung von bewußter und unbewußter Fahrlässigkeit nicht vorgenommen. v. Liszt-Schmidt S. 258.

Zu a. **Bewußte Fahrlässigkeit** luxuria „Geilheit" der CCC., culpa dolo proxima. Sieht der Täter voraus, daß ein bestimmter Erfolg eintreten kann, läßt er diese Vorstellung aber nicht auf seine Willensbildung bestimmend einwirken, so ist denkbar, daß die Ablehnung, sie zur Willensbildung zu verwenden, und zwar in dem Sinne, den Vorsatz zu fassen, die Handlung nicht vorzunehmen, darauf beruhen kann, daß der Täter annimmt, der Erfolg werde gleichwohl bei den vorliegenden Umständen nicht eintreten; oder der Erfolg sei nicht pflichtwidrig, die durch den unbeeinflußten Willen erzeugte Handlung nicht verboten. Besteht hier die Möglichkeit, sich der Pflichtwidrigkeit bewußt zu werden, so liegt Fahrlässigkeit auch dann vor, wenn das Handeln selbst vorsätzlich geschieht. Liszt-Schmidt 274; Allfeld 181; Beling, Grundzüge 52; Olsh. S. 322, 326. A. M. RGSt. **9** 422. Ebenso ist denkbar, daß der Täter glauben darf, jederzeit es in der Hand zu haben, dem Umschlagen der Gefährdung in eine Verletzung entgegentreten zu können. Die Handlung bleibt daher zwar eine gefährliche Handlung, nicht ist aber schlechthin die Vornahme gefährlicher Handlungen verboten. RGSt. **57** 173. Sie kann sogar geboten sein um der Wahrscheinlichkeit oder Möglichkeit willen, andere Gefahren abzuhalten, so z. B. alle die Gefährdungshandlungen zu Heilzwecken. Fehlen aber derartige berechtigende Gründe, so wird die Nichtverwendung der Vorstellung, die zur Abhaltung von der Handlung dienen kann, schuldhaft, nicht selten sogar frivol. Bewußte Fahrlässigkeit ist immer strenge vom dolus eventualis zu scheiden. Ihr fehlt das in diesem enthaltene Wollen, die Billigung des als möglich vorgestellten Erfolgs. Kohlrausch, Reform **1** 208. Diese Grundsätze gelten auch für das Unterlassungsdelikt, RGSt. **58** 130.

Zu b). **Unbewußte Fahrlässigkeit** (negligentia, imprudentia, Nachlässigkeit, Gedankenlosigkeit, Unvorsichtigkeit). Sieht der Täter nicht einmal voraus, daß seine Handlung einen Erfolg haben kann, dessen Vorstellung ihn, wenn er sie gehabt hätte, zur Abhaltung von der Handlung hätte bringen können und sollen, so handelt er nicht mit der nötigen Vorsicht, er handelt „unvorsichtig". Dann kommt es darauf an, welches die Gründe des Nichtvoraussehens sind. Liszt-Schmidt I S. 274. Liegen sie darin, daß die Vorstellungen von dem eingetretenen Erfolg nicht so naheliegend assoziiert mit der Vorstellung von der Handlung waren, daß sie von selbst eintreten mußten, weil erfahrungsgemäß der Erfolg nicht mit der Handlung verknüpft zu sein pflegt, so war der Erfolg auch nicht „voraussehbar". War jedoch die Vorstellung vom Erfolg mit der Vorstellung von der Handlung infolge der Erfahrung so nahe assoziiert, daß sie einzutreten pflegt, besonders bei typischem Verlaufe, und wurde sie nur deshalb nicht in den Blickpunkt des Bewußtseins gerückt, weil andre in ihm befindliche Vorstellungen sie verdrängten, so kommt in Frage, ob es dem Täter zur Schuld zugerechnet werden kann, daß er diese andern verdrängenden Vorstellungen zur Herrschaft ließ, als er die Willensbildung Ursache für eine bestimmte Handlung und evtl. deren fortdauernde Verübung werden ließ. Dies kann verneint werden, wenn diese andern Vorstellungen von außen so plötzlich und so stark auf ihn eindrängen, daß sie allein im Blickpunkt des Bewußtseins bleiben (Schreck, Furcht usw.) oder infolge ihrer Frische gegenüber andern in ihrer Intensität bereits geschwächten, lange Zeit aufrecht erhaltenen und dadurch ermüdeten Vorstellungen letztere überwinden, oder wenn sie vor allem andern um deswillen die stärker gefühlsbetonten und daher den Willen bestimmenden sind, weil sie der Vorstellung pflichtmäßigen Tuns entsprechen. Trifft dies aber nicht zu und besteht womöglich noch eine besondere Verpflichtung für den Täter kraft übernommenen Amts oder Geschäfts oder Berufs, bei Vornahme der diesen entsprechenden Handlungen seine Aufmerksamkeit auf diese zu richten und den Erfolg vorauszusehen und für den rechtmäßigen Erfolg die nötigen Vorsichtsmaßregeln zu treffen, um dies zu ermöglichen aber handlungsfremde Vorstellungen nicht in den Blickpunkt des Bewußtseins derart gelangen zu lassen, verdrängen aber trotzdem Vorstellungen, die an sich mit der Handlung, um deren Verursachen durch den Willen es sich handelt, nichts zu tun haben, die nahe assoziierte Vorstellung vom Erfolg der Handlung, so beruht dies dann auf einer sei es dauernden (Charakteranlage), sei es vorübergehenden seelischen Zuständlichkeit, die das Verdrängen der Vorstellung über den möglichen Erfolg als Schuld erscheinen läßt. Denn mangels hinreichender Gründe, wie Schreck, Furcht, Ermüdung ist es jedem Handelnden zuzumuten, sich den Erfolg seiner Handlungsweise vorzustellen. Vgl. auch Frank S. 194. Eine Willensbildung, die sich unter solchen der Handlung fremden Vorstellung vollzogen hat, ist um dieser Verdrängung der der Handlung assoziierten Erfolgsvorstellung willen schuldhaft, wenn sie Ursache für eine verbotene Handlung wird, und in diesem Sinne kann man dann auch von einem ungewollten (nicht vorgestellten) Erfolg als einem durch einen schuldhaften unbewußten Willen verursachten sprechen. Ähnlich M. E. Mayer 246. Eine eingehende Darstellung über die geschichtliche Entwicklung des Fahrlässigkeitsbegriffs bringen Binding Normen IV, Liszt-Schmidt I 258, Frank 193. Über das Wesen der Fahrlässigkeit ferner Mezger, Lehrb. S. 351 ff. und GerS. 89 S. 254; Gerland, Lehrb. S. 139; Exner, Das Wesen der Fahrlässigkeit S. 64; Engisch, Untersuchung über Vors. u. Fahrl. S. 413. Die Fahrlässigkeit läßt also durchaus nicht den psychischen Wirklichkeitswert vermissen, wie Kantorowicz ebenso wie für die Kausalität der Unterlassung annimmt, a. a. O. S. 18. Vgl. auch v. Liszt-Schmidt I S. 275.

2. Für die Beurteilung der Fahrlässigkeit ist ein objektiver und ein subjektiver Maßstab geboten.

a) Objektiv ist von den Anforderungen auszugehen, die die Gebote und Verbote an einen Durchschnittsmenschen stellen, wie er in den in Betracht kommenden Lebenslagen und Verhältnissen sein Verhalten einrichten **soll**, welches Maß von Aufmerksamkeit in diesen Lagen von jedermann erwartet und gefordert werden muß, um die Befolgung der Gebote und Verbote zu erzielen. Das ist die Zumutung der verkehrsüblichen Aufmerksamkeit, die das Recht für alle Rechtsunterworfenen stellen muß, RGSt. **30** 25; **36** 82, 342; **58** 227; Rechtspr. **4** 165. Der Umfang der Gehorsamspflicht geht nicht weiter, „als billigerweise ihre Erfüllung vom Handelnden gefordert werden darf". Dies wird von Hellmut Feisenberger a. a. O. S. 75 nicht ganz richtig gewürdigt. Die besonderen Berufspflichten können diesen Umfang erweitern, eine erhöhte Sorgfaltspflicht fordern, RGSt. **58** 133, ebenso können noch Ort und Zeit eine erhöhte oder verminderte Sorgfalt fordern (für den Kraftwagenverkehr z. B. Dunkelheit, Kreuzung von Verkehrswegen,

Ausgang von öffentlichen Gebäuden und Schulen, freie Landstraße). Erst wenn dieser Umfang der durch Gebote und Verbote begründeten Handlungspflicht feststeht, kommt in Frage, ob ihr zuwider gehandelt ist und ob dies schuldhaft geschah. Das wird besonders wichtig, wenn es sich um Ausübung einer Tätigkeit handelt, die innerhalb eines gefährlichen Betriebes geschieht. Ist dieser gefährliche Betrieb ein von der Rechtsordnung gebilligter, so trägt die Betriebsgefahr auch die Allgemeinheit, und die allein schon mit der Ausübung des Betriebes notwendig verbundene Gefährdung darf dann nicht dem Ausübenden zur Fahrlässigkeit angerechnet werden. Nur soweit er die Betriebsregeln nicht beachtet und dadurch die Betriebsgefahr erhöht, kann ihm eine durch die Außerachtlassung der Betriebsregeln verursachte Verletzung als Zuwiderhandlung gegen das Gebot oder Verbot objektiv zugerechnet werden. Immer hat das Gebot und Verbot aber die Möglichkeit der Betriebsausübung so, wie es ihrer Art nach gemäß ist, im Auge und erfordert nicht eine Ausübung in einer Art und Weise, die den Betrieb lähmt und seiner Vorteile völlig entkleidet. So verlangt das Gesetz nicht, daß ein Kraftwagen so langsam fährt, daß er jederzeit sofort zum Halten gebracht und die Verletzung von Fußgängern ausgeschlossen wird. Es ist richtig, daß die Straße gemeinsam dem Kraftwagen und dem Fußgänger offensteht, aber diese Gemeinsamkeit bedeutet nicht die Gleichheit im Umfang der Benutzung. Ist ein Kraftwagenverkehr zugelassen, so ist auch die damit verbundene typische Gefahr, mit der bei diesem Verkehr gerechnet werden muß, zugelassen. Solange sich nun der Ausübende bei der eine Betriebsgefahr enthaltenden Tätigkeit innerhalb der für diese geltenden Regeln hält, handelt er nicht wider das Verbot, und er darf davon ausgehen, daß auch die anderen durch die Betriebsgefahr gefährdeten Personen das zur Abwendung der Gefahr notwendige Verhalten betätigen, insbesondere die gegebenen Regeln auch von ihnen beobachtet werden. Es ist der vom RG. ausgesprochene Grundsatz, daß z. B. der Kraftwagenführer auch mit gesetzwidrigen und fahrlässigen Handlungen anderer Wegbenützer und mit dem Versagen getroffener behördlicher Schutzvorschriften zu rechnen verpflichtet sei, in dieser Allgemeinheit durchaus abzulehnen. Wenn die bloße Möglichkeit, daß dies vorliegt, schon die Ausübung des Kraftwagenverkehrs einschränkend beeinflussen soll, so wird eben dann diese Art des Verkehrs überhaupt unmöglich gemacht. Die Natur eines gefährdenden Betriebes bringt es mit sich, daß das Risiko immer für eine solche Möglichkeit besteht, die Möglichkeit des Eintrittes ist daher immer voraussehbar. Mehr als diese Möglichkeit ist auch nicht anzunehmen, wenn die Passanten Kinder, Kranke, Alte usw. sind. Auch von ihnen ist zu fordern, daß sie derart behütet oder erzogen sind, oder sich selbst bewahren, daß sie die typische Verkehrsgefahr nicht durch ihr Verhalten erhöhen. Für Kinder ist nur dort eine Einschränkung zu machen, wo verkehrsüblich diese besonders ihren unbehüteten Aufenthalt nehmen, wie in kleinen Ortschaften auf der Straße, beim Ausgang der Schule, für Erwachsene beim Ausgang aus öffentlichen Gebäuden, Kirchen usw. Hier bringt die Anhäufung einer Mehrzahl von Personen eine erweiterte Benutzung der Fahrstraße mit sich, die auch den Verkehr mit Fahrzeugen notwendig einschränken muß. Und in Städten beschränkt diese notwendige größere Benutzung der Straße durch Fußgänger und andere Kraftwagen auch die freie Benutzungsmöglichkeit durch diese und erfordert daher eine maßvollere Ausübung als auf freier Landstraße. Verkehrsüblich also muß der Fahrer damit rechnen dürfen, daß kein Eisenbahnzug kommt, wenn die Schranke des Bahnüberganges offen ist, und es ist ganz abwegig, zu sagen, der Kraftwagenfahrer müsse damit rechnen, daß es pflichtwidrig unterlassen worden sei, sie zu schließen. Und ebenso muß er bei den Passanten und Gegenfahrern damit rechnen dürfen, daß diese vorschriftsmäßig die richtige Wegseite benutzen. Andernfalls ist jede Verkehrsregelung überflüssig. Das RG. verkennt in vielen seiner Urteile diesen für den Verkehr allein möglichen Standpunkt, wenn es z. B. in RGSt. **61** 121 verlangt: „Der Kraftfahrer müsse sein Verhalten auf die Möglichkeit eines unerwarteten Zufalles einrichten!“ Erst wenn der Kraftfahrer sieht oder sehen mußte, daß tatsächlich der Mitbenutzer der Straße, sei es Gegenfahrer oder Passant, die auch für ihn geltende Verkehrsregelung nicht einhält, muß er von da ab das Seine tun, die hierdurch hervorgerufene Vergrößerung der Betriebsgefahr zu beseitigen und den Umschlag in eine Verletzung zu vermeiden. Tut er das hierfür Mögliche und Erforderliche, so ist die dennoch etwa eintretende Verletzung nicht ihm als Fahrlässigkeit zuzurechnen, sondern allein demjenigen, der durch sein Verhalten die Vergrößerung der Gefahr herbeigeführt hat, IV. ZS. 711/25 vom 29. IV. 26. So zutreffend auch Exner in Festgabe f. Frank I, 582. Hierbei ist freilich zu beachten, daß der Inhalt der Pflicht, die sich aus der Ausübung eines als berechtigt anerkannten gefährlichen Betriebs ergeben, nicht schlechthin aus den von der Polizei oder dem Gesetzgeber für ihn aufgestellten Regeln erkennbar ist. Sie kann größeren und kleineren Umfang haben. Namentlich kann die allgemeine Sorgfaltspflicht, die sich für den Kraftwagenverkehr aus StGB. § 222 ergibt, im Einzelfall weiter gehen, als § 28 der KraftfahrzVO. z. B. über die Pflicht zur Beleuchtung verlangt, 1 D $\frac{1438}{32}$ 10. I. 33.

b) Die Außerachtlassung der verkehrsüblichen und erforderlichen Aufmerksamkeit und Sorgfalt bei einer Handlung muß die Ursache für eine Verletzung durch die Handlung geworden sein. Es gelten hier dieselben Grundsätze wie für jede vorsätzliche Verletzung: die der adäquaten Verursachung, RGSt. **29** 218; **34** 94; **56** 350. Erfolgt die Bildung eines Willens zur Vornahme einer Handlung unter Außerachtlassung und Nichtbeachtung der Motive, die jene Willensbildung hindern oder ihr eine andere Richtung geben, so ist diese fehlerhafte Willensbildung zunächst die Ursache für die Handlung und weiter für den durch die Handlung herbeigeführten Erfolg. Nichts anderes will auch das RG. sagen, wenn es verlangt, daß der Erfolg „durch die Pflichtwidrigkeit“ herbeigeführt sei, nämlich durch die pflichtwidrige Willensbildung, genau so wie bei jeder pflichtwidrigen Handlung.

Der Ursachenzusammenhang erfordert hiernach, daß für die Herbeiführung des Erfolges gerade die Art und Weise der Ausführung einer Handlung wirksam geworden ist, die sich als Pflichtwidrigkeit in dem unter a) bezeichneten Sinne darstellt, die eine Auswirkung des Willens ist, der fehlerhaft gebildet wurde. Mit Recht verneint daher den Ursachenzusammenhang das RG., wenn nicht der fehlerhafte Alkoholgenuß des Kraftwagenfahrers, sondern andere von ihm nicht beeinflußte Umstände auch bei einem nüchternen Fahrer den Unfall herbeiführten, 1 D 253/29. Die Rüge Exners in Festgabe f. Frank I, 585, daß nicht der Ursachenzusammenhang fehle, sondern der Schuldzusammenhang unterbrochen sei, scheint deshalb nicht begründet. Der Alkoholgenuß ist hier in der Tat nicht Bedingung für den Unfall geworden. Wenn plötzlich jemand in die Fahrbahn vor den heranfahrenden Kraftwagen springt, und dadurch verunglückt, gleichviel, ob der Führer pflichtwidrig übermäßig schnell oder mit zulässiger Schnelligkeit fuhr, so ist nicht das Übermaß Bedingung des Unfalls geworden. Anders liegt der Fall dagegen, wenn bei einer Operation der Arzt Kokain wider die Regeln der ärztlichen Kunst verwendet und infolge des Kokains der Patient stirbt. Dann vermag der Umstand, daß bei einer den Regeln ärztlicher Kunst entsprechenden Verwendung von Novokain gleichfalls der Tod eingetreten wäre, den Ursachenzusammenhang zwischen Tod und Verwendung von Kokain nicht zu beseitigen. Da Novokain nicht verwendet wurde, kann es auch den Tod nicht verursacht haben, seine Verwendung wäre eine ganz andere Handlung gewesen. Und es ist nicht einzusehen, wie der Umstand, daß diese Handlung den gleichen schädlichen Erfolg gehabt hätte, wenn sie vorgenommen worden wäre, nicht nur die Verursachung, sondern auch die Schuld der tatsächlich vorgenommenen Handlung aufheben sollte, wie das RG. tatsächlich annimmt in dem Urteil 1 D 555/26, das Exner a. a. O. mitteilt. In einem anderen Urteil hat gerade das RG. selbst erwogen: „Dieser Fall ist aber nicht eingetreten, er ist also auch nicht Ursache für den Tod geworden", Exner a. a. O. S. 575 Anm. 1. Nicht zu billigen ist im übrigen, wenn dabei das RG. für den von ihm angenommenen Schuldausschließungsgrund „den Nachweis einer an Gewißheit grenzenden Wahrscheinlichkeit" verlangt. Mit Recht sieht Exner hierin eine unzulässige Umkehrung der Beweislast. Es darf nicht Verursachung und Verschuldung angenommen werden, weil nicht das Gegenteil feststellbar ist. Hier wie überall gelten die Grundsätze des RGSt. **51** 127, wonach für die Annahme eines ursächlichen Zusammenhanges erforderlich ist eine an Sicherheit grenzende Wahrscheinlichkeit nach den Erfahrungen des Lebens. Die Tatsache, daß der Täter gegen eine Polizeivorschrift verstoßen hat, reicht nicht aus, um ohne weiteres einen Ursachenzusammenhang zwischen dem Verstoß und dem Erfolg festzustellen.

c) Subjektiv ist für die Annahme einer Fahrlässigkeit maßgebend, ob der Handelnde die Vorstellung davon haben konnte, daß er pflichtwidrig i. S. zu a) handle, daß diese pflichtwidrige Handlung den verbotenen Erfolg haben werde, für ihn also voraussehbar war und daher die Möglichkeit bestand, ihn durch Unterbleiben der verbotenen Handlung zu vermeiden. In der Herbeiführung eines erkennbar vermeidbaren Erfolges liegt die Schuld; RGSt. **28** 272, **41** 119.

Wie bei einer vorsätzlichen Handlung das Bewußtsein der Pflichtwidrigkeit, so ist bei einer fahrlässigen Handlung mindestens eine zur Schuld zuzurechnende Unkenntnis der Pflichtwidrigkeit erforderlich. Schuldhaft ist diese immer, wenn die Möglichkeit bestand, sich diese Kenntnis zu verschaffen und diese Verschaffung dem Täter zumutbar ist. RGSt. **30** 25; **36** 78, 334; **58** 27. Aber die Kenntnis von der Pflichtwidrigkeit des Tuns, etwa des Verstoßes gegen eine Polizeiverordnung, reicht für sich allein nicht aus, um Fahrlässigkeit zu begründen, RGSt. **3** 208; **41** 119; **56** 349; **57** 148; Frank S. 195. Vielmehr muß die Voraussehbarkeit des Erfolges hinzukommen. Für die Voraussehbarkeit kann nur ein solcher Erfolg in Frage kommen, der unter Berücksichtigung der adäquaten Verursachung zurechenbar ist. „Unerwartete Zufälle" sind nicht voraussehbar, wie RGSt. **61** 121 meint. Das Wissen darum, daß sie eintreten können, ist noch kein „Voraussehen" des Eintrittes. So kann auch für ein verbotswidriges Verhalten, etwa die Unterlassung der Beleuchtung eines Wagens, die Voraussehbarkeit für den Schaden fehlen, der durch den Zusammenstoß mit einem übermäßig schnell fahrenden Fahrzeug herbeigeführt wird. Es ist möglich, daß nach Lage der Sache nur mit einem ordnungsmäßig fahrenden Fahrzeug gerechnet zu werden braucht. Der Täter muß endlich die Fähigkeit haben, den Erfolg und seine Vermeidbarkeit vorauszusehen. Hierbei sind seine geistigen Fähigkeiten und etwaige Erregungs- und Ermüdungszustände und ihre Wirkung auf die Aufmerksamkeit und Überlegung zu berücksichtigen, RGSt. **3** 208; **6** 249; **8** 66; **12** 317; **15** 345; **30** 25; **36** 78, 334; **38** 411; **39** 5; **50** 37; **52** 331; **56** 343; **58** 27; **59** 355; **64** 263. Auch ein Irrtum des Handelnden kommt für die Voraussehbarkeit und die Nichtkenntnis der Pflichtwidrigkeit in Betracht. Er entschuldigt aber dann nicht, wenn er vermeidbar war und seine Beteiligung dem Täter zuzumuten war. Das ist der Fall, wenn für ihn äußere Anhaltspunkte vorlagen, die eine Aufklärung bringen konnten und ihre Beachtung dem Handelnden möglich war. Fehlen dem Täter die erforderlichen Kenntnisse und Fähigkeiten für die sachgemäße Vornahme einer Handlung und der dabei zu beobachtenden Sorgfalt und Vorsicht, so kann die Unvorsichtigkeit und Schuld schon darin liegen, daß er trotz Mangels dieser Fähigkeiten die Handlung vornimmt, wenn ihm zuzumuten ist, daß er das Vorhandensein besonderer Fähigkeiten für die Handlung erkannte und daß er sie in Kenntnis ihres Mangels unterläßt, RGSt. **30** 25; **36** 334; **66** 280; Franz Leonhard, Fahrlässigkeit und Unfähigkeit (1913). Endlich muß dem Täter selbst bei dem Vorliegen aller dieser Umstände zumutbar sein, daß er sich dadurch von seinem Handeln abhalten läßt, was z. B. bei einer Zwangslage, in der er sich befindet, nicht der Fall zu sein braucht. Hier hat RGSt. **30** 25 zum ersten Male den Begriff der Zumutbarkeit in seiner Rechtsprechung angewendet.

Die Vorstellbarkeit vom Erfolg braucht sich nicht gerade auf den besonderen eingetretenen zu beziehen, es genügt, wenn der Täter sich einen Erfolg dieser Art, wie er dann eingetreten ist, vorstellen konnte, aber immerhin muß auch er im Rahmen der gewöhnlichen Erfahrung liegen. Ein Erfolg, der außerhalb der gewöhnlichen Erfahrung eintritt, braucht nicht vorgestellt zu werden. Köhler, Dtsch. Strafr. (1917) Allg. Teil S. 199; Honig in Festgabe f. Frank I, 177; Exner ebenda S. 575; RGSt. **6** 249; **15** 345; dagegen RGSt. **54** 351 (fahrlässige Verletzung eines Bluters). Die Voraussehbarkeit des konkreten Kausalverlaufes und aller Zwischenglieder der Art und Weise des Vorganges ist ebensowenig erforderlich, RGSt. **19** 53; **24** 417; **29** 218; **34** 93; **35** 131. Nur müssen diese Zwischenglieder immer im Rahmen der gewöhnlichen Erfahrung liegen, RGSt. **29** 218; **34** 94; **56** 350; **61** 318; das gilt zunächst für den Hinzutritt des fahrlässigen Verhaltens einer anderen Person zur eigenen fahrlässigen Tätigkeit, die schon für sich unmittelbar den schädlichen Erfolg herbeiführen konnte. Konnte der Täter die Verletzung als unmittelbare Folge seines Verhaltens voraussehen, so ist sie ihm auch dann zuzurechnen, wenn der Erfolg durch fremde Fahrlässigkeit herbeigeführt wurde, diese aber immerhin im Rahmen der gewöhnlichen Erfahrung lag. Ist weiter die eigene Tätigkeit für sich allein nicht gefährlich, hat sie aber voraussichtlich eine Verletzung zur Folge, wenn eine unvorsichtige Handlung eines Dritten hinzukommt, so liegt eigenes fahrlässiges Handeln nur dann vor, wenn dieses Hinzutreten voraussehbar war, Exner, Festgabe f. Frank I, 577. Anders verhält es sich jedoch, wenn zu dem fahrlässigen Handeln ein vorsätzliches Handeln eines Dritten **hinzutritt** und **dieses** nun den Erfolg herbeiführt. Freilich hat auch das fahrlässige vorausgehende Handeln eine Bedingung für den Erfolg gesetzt. Diese zurückliegende Bedingung wird aber vom Gesetz nicht berücksichtigt, es sei denn, daß sie eine Anstiftung oder Beihilfe enthält. Das Recht macht für die Bewertung einer Bedingung als Ursache bei derjenigen halt, die in dem Vorsatz für eine Straftat begriffen ist. So auch Beling in GerS. 101, 12 gegen die gegenteilige Auffassung in RGSt. **64** 370; **63** 382, 387; **58** 366; **61** 318. Vgl. über diese bestrittene Frage Köhler in JW. 1927 S. 2804; Zeiler in v. Liszts Ztschr. **49** 235; Mezger in Reichsgerichtspraxis V, 18; Schneidewin in Fünfzig Jahre Reichsgericht S. 272; v. Hippel, Dtsch. Strafrecht 2, 141 ff.; Exner, Festgabe f. Frank II, 591, Kern in JW. 1930, 2962.

Der Entw. § 19 bestimmt: „Fahrlässig handelt, wer die Sorgfalt außer acht läßt, zu der er nach den Umständen und nach seinen persönlichen Verhältnissen verpflichtet und fähig ist, und deshalb nicht voraussieht, daß sich der Tatbestand der strafbaren Handlung verwirklichen könne, oder, obwohl er dies für möglich hält, darauf vertraut, daß es nicht geschehen wird."

3. Das StGB. kennt keine fahrlässigen **Verbrechen**. Das fahrlässige **Vergehen** wird nur dort bestraft, wo dies **ausdrücklich** angeordnet ist. Bei **zusammengesetzten** Tatbeständen ist bestritten, ob auch der **Erfolg** nur bei fahrlässiger Verursachung als strafschärfend zu berücksichtigen sei, so namentlich Binding Normen I S. 366, IV S. 217 ff., Wach, VDA. **6** 11, oder ob der Erfolg als solcher, sofern er nur mitverursacht ist, strafschärfend wirkt, wie die herrschende Lehre annimmt, Radbruch, VDA. **2** 233. Dies ist bei der vom RG. befolgten Ursachenlehre besonders bedenklich. Das RG. selbst verlangt hier, daß die Ursächlichkeit gerade für den Erfolg sicher nachgewiesen werde, RGSt. **44** 137; **61** 272; **63** 6; **64** 143. Diese lediglich durch den **Erfolg** qualifizierten Straftaten sind aus Schuldpräsumtionen entstanden; Wuttig, Fahrlässige Teilnahme S. 40. Bei ihnen soll nach der sog. **Relevanztheorie** auch der adäquate Zusammenhang zwischen Ursache und Erfolg nicht genügen, vielmehr „nur im Rahmen der eigentümlichen Begünstigung von Erfolgen der schwereren Art gelegener Zusammenhang gefordert werden, Mezger, Lehrb. S. 124; Frank S. 15; Kohler, GA. **51** 329; Gerland, Lehrb. S. 106. Das RG. verneint nicht nur das Erfordernis der Fahrlässigkeit, sondern auch der Relevanz in diesem Sinne, was zu einer unbilligen Härte führt, RGSt. **5** 29; **27** 93. Entw. § 21 bestimmt: „Die an eine besondere Folge der Tat geknüpfte höhere Strafe trifft den Täter nur, wenn er die Folge wenigstens fahrlässig herbeigeführt hat."

Eine **Ausnahme** machen nur solche Vergehen, die rechtsstörender oder rechtsgefährdender Natur sind und aus Handlungen bestehen, die **erfahrungsgemäß regelmäßig aus Unachtsamkeit** begangen werden. Dann sollen die Strafdrohungen sowohl für die fahrlässige als für die vorsätzliche Verübung gelten, so § 330 und § 145, RGSt. **45 394**. Binding Normen IV S. 285. Diese Grundsätze gelten auch für **Übertretungen** und es ist nicht richtig, **allgemein** den Grundsatz aufzustellen, bei Zuwiderhandlungen wesentlich polizeilicher Natur reiche Fahrlässigkeit aus, wie die gem. Mein. will. Vgl. Binding Normen IV S. 286; Köhler S. 287. Die Frage kann immer nur für die einzelne Vorschrift entschieden werden. RGSt. **38** 104, 394; **48** 321; **49** 116. Nach § 5 Abs. 3 des Sprengstoffgesetzes wird die fahrlässige Tötung sogar mit dem Tode bestraft. Nach Gerland Lehrb. S. 143 liegt hier jedoch nur ein Redaktionsfehler vor, es ist dolus eventualis gemeint. Nach

Entw. § 16 Abs. 3 soll fahrlässiges Handeln immer nur dann strafbar sein, wenn es das Gesetz ausdrücklich mit Strafe bedroht.

4. Verschiedene Schuldgrade bei der Fahrlässigkeit, insbesondere eine dreigliedrige Teilung der culpa wie im Zivilrecht, sind dem StGB. unbekannt. Annalen **9** 226; RGSt. **16** 363, **38** 410. Dagegen kennt das StGB. eine qualifizierte Fahrlässigkeit insoweit, als besondere Amts-, Berufs- oder Gewerbepflichten außer acht gelassen werden, § 230 Abs. 2. Gerland, Lehrb. S. 143. In Nebenstrafgesetzen findet sich zuweilen auch der Begriff der groben Fahrlässigkeit, z. B. Gesetz über die Beschäftigung Schwerbeschädigter v. 12. I. 23 § 18.

5. Auch Unterlassungen können fahrlässig geschehen. Wenn jemand zur Abwendung eines schädlichen Erfolges kraft seiner Beziehungen zum Handelnden oder zum Gefährdeten verpflichtet ist, so handelt er fahrlässig pflichtwidrig, wenn er die Abwendung unterläßt, und der nicht abgewendete Erfolg, mag er auch vorsätzlich durch einen Dritten herbeigeführt worden sein, ist ihm dann zuzurechnen, Exner, Festgabe f. Frank I, 595. So lag der Fall RGSt. **39** 397 und **64** 319. In letzterem Falle brauchte auf die — unrichtige — fahrlässige Verursachung einer vorsätzlichen Straftat gar nicht zugekommen zu werden. Der Gedanke der fahrlässigen Unterlassung einer Verhinderung einer Straftat liegt auch dem Vergehen nach StGB. § 345 zugrunde, worauf Exner, Festgabe f. Frank I, 595 mit Recht aufmerksam macht. Dort ist sie zu einem Sonderdelikt erhoben.

6. Für Begehung einer Straftat im Fortsetzungszusammenhang wird allgemein die Möglichkeit fahrlässigen Handelns verneint, RGSt. **41** 98, **53** 226, **57** 130; 4 D 465/24 30. V. 24. Sie ist jedoch anzuerkennen je nach der besonderen Lage des Falles, so namentlich bei bewußter Fahrlässigkeit, bei mangelnder Vorsicht, bei vorsätzlichem fortgesetzten Handeln (z. B. ungenügend Ausgebildeter übernimmt fortlaufend Heilbehandlung).

7. Auch mittelbare fahrlässige Täterschaft ist möglich, so in dem RGSt. **59** 355 entschiedenen Falle. Exner, Festgabe f. Frank I, 571; vgl. im übrigen die Ausführungen bei der mittelb. Täterschaft.

8. Es ist rechtlich auch nicht ausgeschlossen, daß mehrere Personen hinsichtlich eines in Mittäterschaft ohne ihren Willen herbeigeführten Erfolgs als fahrlässige Täter bestraft werden. Exner a. a. O. S. 572, 573. Nach RGSt. **10** 8 soll allerdings nur Einzeltäterschaft angenommen werden.

C. Täterschaft.

a) Willensverwirklichungen durch einen Täter (Eintäterschaft).

§ 23. Wesen der Täterschaft.

1. Die unmittelbare und erste Verwirklichung des Willens geschieht durch Innervation auf die motorischen Nerven und durch diese wird dann weiter auch **Körperbewegung** oder **Körperruhe** hervorgebracht. Erstere wird in diesem Falle als „Tätigkeit", „Tun", letztere als „Unterlassung", beide werden zusammengefaßt auch als „Handlung" bezeichnet. Im ursprünglichen Wortsinne ist die Bezeichnung „**Handlung**" hergenommen von dem wesentlichsten Werkzeug zur Willensverwirklichung, der Hand. Darum ist Handlung im engeren und eigentlichen Sinne zunächst nur die Körpertätigkeit, die mit dem Körper ausgeführte Bewegung (der Hand usw.). Vgl. auch Höpfner, Einheit und Mehrheit der Verbrechen I S. 120. So bezeichnet „schwören"

die reine Tätigkeit an sich, das falsche schwören ist ein „schlichtes Tätigkeitsdelikt". Von der „Unterlassung" als gewollter Körperruhe ist die bloße „Untätigkeit" zu unterscheiden. Wie vorsätzlich und gewollt nur etwas ist, was vorgestellt war, so muß auch das Nichttun vorgestellt und die Vorstellung vom Nichttun bestimmend auf den Willen eingewirkt haben, in ihn einbezogen worden sein. Dabei wird notwendig zugleich auch die Vorstellung von einem Tun, und da nur etwas Bestimmtes getan werden kann, die Vorstellung von diesem bestimmten Tun als Gegenvorstellung auftauchen und somit die Vorstellung vom Nichttun in die Vorstellung, etwas anderes ebenfalls Vorgestelltes nicht zu tun, sich verwandeln. Wie man nur „etwas" tun kann, ein abstraktes, gegenstandsloses Tun unmöglich ist, so kann man auch nur „etwas" unterlassen, d. h. ein bestimmtes gegenständliches Tun nicht tun. Immer aber ist auch dieses Willensverwirklichung. Es erfordert dieses Unterlassen sogar häufig einen stärkeren Willen als ein Tun. Durchaus abzuweisen ist die Auffassung, als setze eine Unterlassung immer erst ein Gebot zum Tätigwerden voraus und als gebe es eine Unterlassung nur als ein pflichtwidriges Nichttun. Ob das gewollte Verhalten der Körperruhe, die Unterlassung, wider die Rechtsordnung verstößt und verboten oder geboten ist, ist ebenso eine Frage für sich, wie bei den Willensverwirklichungen durch Körperbewegung, durch Tätigkeit. M. E. Mayer S. 108, 131. Dagegen namentlich Radbruch, Der Handlungsbegriff S. 131. Die Verkennung des Wesens der Unterlassung als etwas von Verboten und Geboten Unabhängigen zeigt RGSt. **52** 99 und hat das Gericht zu den Ausführungen über das Bewußtsein der Rechtswidrigkeit verführt, die mit der ständigen Rechtsprechung des RG. in Widerspruch stehen. Ebensowenig ist der Begriff auf den Gegensatz von einem erwarteten Tun abzustellen, wie vielfach geschieht, z. B. auch Stockmann, Über Kausalität usw. S. 38; Träger, Problem der Unterlassungsdelikte S. 21. Über den Handlungsbegriff (einschließlich Unterlassung) s. namentlich Binding Normen II S. 82; Handb. I 565; Becker, Theorie des Strafr. 1, 244; Bünger ZStRW. **6** 201; Lammasch, Grünh. 7; 9, 90; M. E. Mayer 101; Eltzbacher, Die Handlungsfähigkeit 78; Bierling, Zur Prinzipienlehre 2, 47; 3, 16; Sauer, Grundl. 417; Hegler ZStRW. **36** 24; Wachenfeld 73; Mittermaier ZStRW. **44** 11; Baumgarten, Willensakt. Aufbau der Verbrechenslehre (1913) 114; Gerland 85.

Daß die unmittelbar durch den Willensanstoß ausgelöste eigene Handlung oder Unterlassung des Wollenden naturnotwendig nur eine solche sein kann, die „als eigene gewollt" ist, liegt auf der Hand. Meist begnügt man sich mit dieser Begriffsbestimmung einer Täterschaft und namentlich die sog. „subjektive Theorie", wie sie auch vom Reichsgericht vertreten wird, stellt auf diese innere Willenrichtung allein ab. Nach dem Vorgang v. Buris, Die Lehre von der Teilnahme (1860) spricht man zur Kennzeichnung des Täterwillens auch von einem animus auctoris, oder wie das RG.: „Täter ist, wer die Tat als seine eigne wolle," RGSt. **2** 160; **3** 181; **53** 138; **55** 60. Das Wesentliche für die Täterschaft ist aber nicht nur das Vorliegen eines Willens des Inhaltes, die Tat als eigene zu begehen, sondern die Verwirklichung dieses Willens muß weiter auch dadurch erfolgen, daß er ausgeführt wird unter seiner Herrschaft, daß der Wille auch die seiner Verwirklichung dienende Ausführung beherrscht und lenkt. Nur wenn dieses Tatsächliche hinzukommt, kann überhaupt von einer eigenen Tätigkeit und einem Willen, die Tat „als eigene" zu begehen, die Rede sein. Wer

Täter ist, bestimmt sich hiernach nach diesen beiden subjektiv-objektiven Merkmalen. Subjektiv: Die den Willen begleitende und seine Richtung gebende Vorstellung geht dahin, den Erfolg durch seine vom Willen ausgelöste Handlung herbeizuführen, den Erfolg also zu wollen; objektiv: die vom Willen ausgelöste Handlung muß in ihrer Ausführung tatsächlich vom Willen beherrscht und gelenkt werden. Damit wird auch eine hinreichende Abgrenzung der Teilnahme von der Täterschaft ermöglicht. Bei der Teilnahme fehlt die Beherrschung der die Herbeiführung des Erfolges bezweckenden Ausführungshandlung, diese wird vielmehr durch den Willen eines anderen ausgelöst und beherrscht. So richtig es ist, daß demnach lediglich vom Standpunkt der Kausalität aus keine Unterscheidung zwischen Täterschaft und Teilnahme zu finden ist und namentlich der Umstand, ob die Verursachung physisch oder psychisch vermittelt ist, wie Frank will, hierzu auch Merkel in Festgabe f. Frank II S. 135, keine Unterscheidung abgibt, so wenig braucht man jedoch auf jede erkenntnistheoretische Begriffsbestimmung zu verzichten, wie Rosenfeld, Festgabe f. Frank II, 169 erklärt. Irreführend, weil nicht erschöpfend, ist daher für die Täterschaft das bloße Verlangen nach einem „animus auctoris". Zutreffender dürfte, um auch die objektive Seite zu bestimmen, der „animus domini" erfordert werden in Verbindung mit dem entsprechenden wirklichen dominare bei der Ausführung. Auch bei reinen Körperbewegungen spricht man ja von „beherrschten" und „unbeherrschten" und läßt nur die ersteren als verantwortliche Täterhandlungen gelten.

2. Besteht die Zustandsveränderung in der materiellen Außenwelt oder im psychischen Eindruck in der Seele anderer Personen, so spricht man von Erfolgsdelikten oder „**Materialdelikten**", Beling, Grundzüge A 26. Der Erfolg kann sowohl eine Verletzung des Rechtsgutes sein, als die Herbeiführung eines Gefahrzustandes für dieses.

Hier wird die Tätigkeit zur unmittelbaren Ursache dieser Zustandsveränderung, und der unmittelbar für die Handlung wirkende Wille rückt im Hinblick auf diesen Erfolg in die Stelle der mittelbaren Ursache zurück. Die Frage, ob etwas mittelbare oder unmittelbare Ursache ist, ist ja überhaupt immer nur relativ zu verstehen und bestimmt sich nach dem besonderen Ausschnitt, den man aus der unendlichen Reihe des kausalen Geschehens herausnimmt. Bei dieser Tätigkeit ist nun zu unterscheiden:

a) Die Tätigkeit bringt den Erfolg ohne Dazwischentreten anderer mitwirkender Kräfte der äußeren Natur unmittelbar hervor, so daß Beendigung der Tätigkeit und Hervorrufen des Erfolges zeitlich zusammenfallen. So namentlich bei den durch mündliche Äußerungen hervorgerufenen psychischen Wirkungen bei einem anderen, wie Erstatten einer falschen Anzeige, StGB. § 164; Schwören eines Eides § 152; Beleidigung § 185. Die Tätigkeit kann aber auch in der Schaffung eines Bildes bestehen. Hier liegt überall die Tätigkeit in dem Zurkenntnisbringen, der Erfolg in der Kenntnisnahme und ihrer Wirkung auf die Psyche des Kenntnisnehmenden. Binding, Handb. I, 434, 271; M. E. Mayer S. 119. Vielfach werden diese Handlungen unrichtig als Handlungen ohne Erfolg angesehen, Loening S. 12. Sie sind jedoch wahre Erfolgshandlungen.

b) Die Tätigkeit kann den Erfolg auch erst bringen, wenn sie noch andere Kräfte in Bewegung setzt. Dann sind diese die unmittelbare Ursache des Erfolgs, und die Tätigkeit rückt ein in die Stelle der mittelbaren Ursache, die noch weiter zurück vor ihr schon die Willensregung einnimmt. Auch diese unmittelbare Herbeiführung des Erfolges durch die hinzutretenden weiteren Kräfte der äußeren Natur ruht auf den sämtlichen vorausgegangenen mittelbaren Verursachungen, sodaß der Erfolg zugleich als Wirkung auch der vorausgegangenen mittelbaren Verursachungen erscheint.

3. Die den Erfolg herbeiführende Handlung kann sowohl nach der inneren als nach der äußeren Seite verschieden sein.

A. Der innere Tatbestand.

a) Bei vielen Erfolgsdelikten genügt der schlichte Wille, der „nackte Vorsatz", die Ursache für die Herbeiführung eines Erfolges zu setzen, z. B. § 212.

b) Bei anderen Delikten erfordert die Verbotswidrigkeit einen besonders gearteten Willen und Vorsatz. So die Fortdauer der Überlegung nicht nur bei der Fassung, sondern auch bei der Ausführung des Entschlusses nach § 211, also einen besonders starken verbrecherischen Willen. Ferner die gleichzeitige Begleitung von Gefühlserregungen, Absichten, besonderen Willensinhalten, Begierden als Beweggründen. Über „Geldgier" RGSt. in JW. 1932, 3347. Man spricht hier von „Tendenzdelikten". Mezger, Lehrb. S. 172, 427. So §§ 164, 167: „wider besseres Wissen", § 235; Nachgiebigkeit gegen fremden Willen, § 216; Absicht, sich der Ergreifung auf frischer Tat zu entziehen, § 214; Gereiztheit und Hingerissensein zur Tat, § 213; Absicht, durch Wiederholung ein Geschäft aus der Herbeiführung des Erfolges zu machen, § 144, oder sich einen wiederkehrenden Erwerb zu verschaffen, also gewerbsmäßig zu handeln, §§ 260, 275, 294, 302 d, oder schlechthin in gewinnsüchtiger Absicht, § 169, oder Gewohnheitsmäßigkeit, §§ 150, 180, 181 usw. Die Absicht, die Herbeiführung des Erfolges als Mittel zur Erreichung eines besonderen Zweckes zu benutzen, §§ 242, 263. Zuweilen erfordert das Delikt eine Geilheit, die die Handlung begleiten muß und aus der sie entspringt, wie bei den unzüchtigen Handlungen.

B. Der äußere Tatbestand.

a) Bei vielen Erfolgsdelikten ist das Mittel, das zur Herbeiführung des Erfolges verwendet wird, die Betätigungs- und Ausführungsart, gleichgültig, daher fungibel, und sämtliche unter das Verbot fallend anzusehen. Es handelt sich um ungebundene Mittel, um reine Erfolgsdelikte oder Verursachungsdelikte, Frank S. 105; Eberhard Schmidt, in Festgabe f. Frank II, 112. So umfaßt das „Töten" alle Arten von Ausführungshandlungen, die den Tod eines Menschen herbeiführen, § 211. Auch bei der Anstiftung nach § 48 ist die Aufzählung von Ausführungshandlungen zur Bestimmung eines anderen nur beispielsweise erfolgt. Von Frank S. 103 wird die Ausführung aber auf die Anwendung physischer Mittel beschränkt und die psychische Einwirkung auf eine Mittelsperson als Täterschaft verneint.

b) Bei anderen Erfolgsdelikten dagegen ist eine besondere Art der Ausführung erforderlich, um den verbotenen Tatbestand zu verwirklichen. Es handelt sich hier überall um gebundene Mittel. Sie werden auch Begehungsdelikte, Tätigkeitsdelikte genannt.

aa) Dies trifft zunächst dort zu, wo die besondere Natur des Rechtsgutes die besonders geartete Verletzung bedingt und naturgemäß die Anwendung einer besonderen Art der Ausführung und der Mittel erfordert. Diese Mittel können wieder ihrer Art nach mehr oder weniger bestimmt sein. So kann der Personenstand, also das familienrechtliche Verhältnis einer lebenden oder verstorbenen Person, zu anderen lebenden Personen, RGSt. 13 129, nicht nur durch Unterschiebung oder vorsätzliche Verwechselung eines Kindes, sondern auch „in anderer Weise“ erfolgen. Immer aber muß diese Weise objektiv geeignet sein, den Personenstand zu verändern oder zu unterdrücken. So kann die Tat des § 229 nur durch Beibringung von Gift und anderen Stoffen, die die Gesundheit zu zerstören geeignet sind, begangen werden. So kann Ehebruch und Blutschande, ebenso Notzucht nur durch geschlechtliche Vereinigung zweier Personen verschiedenen Geschlechts begangen werden. Dabei muß bei Ehebruch die eine Person ein Ehegatte, § 172, bei Blutschande ein Verwandter oder Verschwägerter der in § 173 bezeichneten Art sein, bei Notzucht muß der Beischlaf durch Nötigung der Frauensperson erzwungen sein. Als Mittel der Begehung für die Notzucht scheidet also die zum Beischlaf genötigte Mannesperson aus. Dagegen ist nichts darüber gesagt, ob der Nötigende auch der männliche Beischläfer sein muß. So kann widernatürliche Unzucht nur durch beischlafsähnliche Handlungen zwischen Personen männlichen Geschlechts oder von Menschen mit Tieren begangen werden, § 175. Beischlafsähnliche Handlungen zwischen Personen weiblichen Geschlechts (lesbische Liebe) scheiden also aus.

bb) Bei anderen Erfolgsdelikten ist die Herbeiführung eines Erfolges nur um des besonderen angewendeten Mittels willen verboten, §§ 49a Abs. 3, 110, 114, 122, 176 Nr. 1, 229, 240, 263, 311 u. a. Mezger, Lehrb. S. 416, 417. Oder das angewendete Mittel bringt eine Qualifizierung der verbotenen Tätigkeit, wie bei § 223a, § 243.

Weiter sind hierher auch zu rechnen die sog. Kumulation oder alternative Mischdelikte, die mehrere Spielarten eines Falles geben, Binding, Handb. I, 560; Wertheimer, Die Mischgesetze des Dtsch. StGB., Strafr. Abhdl. 47 (1903); Mezger, Lehrb. S. 195.

cc) Bei manchen Erfolgsdelikten wird zwar keine besonders geartete, aber eine persönliche Betätigung dessen verlangt, der durch seinen Willen Urheber der Handlung geworden ist, sei es, daß die gesamte Ausführung, sei es, daß ein Teil von ihr persönlich erfolgen muß. Man spricht hier allgemein aber weniger schön auch von eigenhändigen Verbrechen. Hierzu zutreffend Goldschmidt in JW. 1933 S. 419. Letzteres liegt vor, wenn die ganze Ausführungshandlung aus verschiedenartigen Tätigkeiten besteht (Zweiaktige Delikte), z. B. aus Beischlafsausübung und Nötigung zur Duldung des Beischlafes, RGSt. 24 86. Ursprünglich kannte das bürgerliche Recht wie das Strafrecht überhaupt nur den Begriff der höchstpersönlichen Täterschaft, Wilda, Strafrecht der Germanen S. 610, zu der natürlich auch die Verwendung von Werkzeugen gehörte. Unstreitig gehören zu den persönlichen Delikten alle echten Unterlassungsdelikte. Über die anderen sind die Auffassungen geteilt. Nach Frank S. 103 soll jede nach dem Tatbestand des Gesetzes besonders beschriebene Ausführungshandlung (b), jedes sog. „Begehungsdelikt“, die eigenhändige Tätigkeit erfordern und Täter nur sein, wer dieses selbst ausübt. Andere beschränken das Erfordern der persönlichen oder eigenhändigen Täterschaft auf solche Begehungsdelikte, die eine besondere physische Eigenschaft verlangen, wie namentlich für manche Fleischesverbrechen. Die Frage ist für jedes Delikt besonders zu prüfen, ob nach der Natur der verbotenen Handlung und nach dem Zweck des Verbotes diese nur eigenhändig ausgeübt werden kann. Für §§ 153, 154, 160 ist das unbestritten, RGSt. **61** 201, für Notzucht bestritten und z. B. von Kohlrausch, Komm. z. § 177, angenommen, daß sie auch eine Frau begehen kann. Bei aus mehreren verschiedenartigen Tätigkeiten zusammengesetzten Delikten kann möglicherweise die eine Tätigkeit nur eigenhändig, die andere auch durch andere begangen werden. Beispiele bei Engelsing, Strafr. Abhdl. (1926) Heft 212; ferner über die ganze Frage Binding Normen IV S. 595 und Abhdl. I, 205; Beling, Lehre vom Verbrechen S. 236; Mezger Lehrb. S. 417; Höpfner, ZStRW. **22** 205; Eberhard Schmidt in Festgabe f. Frank II, 119; Feisenberger in ZStRW. **1917** 530. Sodann RGSt. **37** 92; **43** 293. Über Einsteigen S. 134.

C. Von den eigenhändigen Delikten zu unterscheiden sind die Sonderdelikte. Bei ihnen richtet sich die Norm auf einen bestimmten Kreis von Personen (Beamte, Gewerbetreibende), die kraft ihres Amtes oder ihrer Stellung allein fähig sind, das geschützte Rechtsgut zu verletzen, Finger 1, 337; Engelsing, Strafr. Abhdl. (1926) S. 212. Daß Notzucht kein Sonderdelikt ist, bemerkt Frank S. 109 zutreffend.

§ 24. Mittelbare Täterschaft.

Sie ist

a) eine besondere Form der Täterschaft, keine Form der Teilnahme. Über sie eingehend Hegler in Festgabe f. Rich. Schmidt (1932), S. 51 und in Reichsgerichtspraxis V, 305; Eberhard Schmidt in Festgabe f. Frank II, 106, 120; Paul Wolf in Strafr. Abhdl. 225 (1927); Petri ebenda Heft 125 (1911); M. E. Mayer, Lehrb. S. 376; ferner: Binding Lehrb. I S. 25; Nagler, Teilnahme am Sonderdelikt S. 43; Flegenheimer, Das Problem des dolosen Werkzeugs S. 38; Coenders, Strafr. Grundbegriffe S. 178; Simons GerS. **101** 241; Zimmerl ZStRW. **49** 45 leugnet den Begriff der mittelbaren Täterschaft; v. Hippel, Lehrb. S. 166. — Der Ausdruck stammt von Stübel, Teilnahme S. 28. Andre sprechen von „fingierter Täterschaft", Rosenfeld in Festgabe f. Frank II, 162. Im StGB. wird die mittelbare Täterschaft nicht erwähnt, ebensowenig im Entwurf. Dieser glaubt, eine Bestimmung über mittelbare Täterschaft entbehren zu können, weil er den Begriff der Anstiftung erweitert und die Strafbarkeit des Teilnehmers unabhängig stellt von der Strafbarkeit des die Tat Ausführenden. Darüber, daß der Begriff der mittelbaren Täterschaft gleichwohl nicht zu entbehren ist, Hegler in Reichsgerichtspraxis V, 320. Der Entw. 1919 bestimmte in § 26: „Mittelbarer Täter ist, wer vorsätzlich veranlaßt, daß eine Straftat durch einen anderen zur Ausführung gelangt, der diese Tat nicht selbst vorsätzlich begeht oder nicht zurechnungsfähig ist..." Diese Begriffsbestimmung ist jedoch zu eng, insbesondere trifft sie nicht den Fall des dolosen Werkzeuges (Gehilfen) und des zwar vorsätzlich, aber entschuldbar Handelnden, wo nach der Rechtsprechung des RG. gleichfalls mittelbare Täterschaft begründet ist. Vgl. RGSt. **1** 250; **31** 80; **39** 37; **41** 64; **44** 71; **57** 274; **63** 313; **64** 30; **66** 6.

Keine Täterschaft, also auch keine mittelbare, liegt vor, wenn der Mensch überhaupt nicht handelt, sondern die Eigenschaft eines leblosen Werkzeuges zeigt, so wenn er von einem anderen gestoßen wird und allein durch die ihm mitgeteilte Bewegung einen anderen verletzt. Dann handelt der Stoßende nicht mittelbar in dem hier in Betracht kommenden Sinne, sondern unmittelbar,

Frank S. 106. Das gleiche gilt für den, der durch vis absoluta gezwungen handelt, d. h. eben im strafrechtlichen Sinne willentlich überhaupt nicht handelt, Kohlrausch, Vorbem. 1 in Komm. StGB. 51.

b) Eine mittelbare Täterschaft setzt immer voraus,

aa) daß der äußere Tatbestand eines Deliktes durch die Ausführungshandlung eines Dritten willentlich (vorsätzlich oder fahrlässig) verwirklicht worden ist. Nur soweit dies die Ausführungshandlung tut, ist mittelbare Täterschaft möglich. Erfordert der verbotene Tatbestand demnach die Ausführung in bestimmter Weise und mit gebundenen Mitteln, so muß diese Art der Ausführung der Ausführende selbst vornehmen und die besonderen Umstände, die zur verbotenen Ausführung gehören, müssen für ihn vorliegen. Wird der äußere Tatbestand eines Delikts also einmal durch die geschlechtliche Vereinigung von Personen verschiedenen Geschlechts verwirklicht, wie bei Ehebruch, Blutschande, Notzucht, so muß diese beidem Ausführenden gegeben sein: er muß bei der geschlechtlichen Vereinigung anderen Geschlechts sein. Sodann müssen für ihn die Umstände vorliegen, die die Beischlafshandlung zu der verbotenen machen: er darf nicht der Ehegatte des anderen Beischläfers sein, er muß mit dem anderen in dem vorgesehenen Verwandtschafts- oder Schwägerschaftsverhältnis stehen, er muß ein Mann sein, der mit der gezwungenen Frau den Beischlaf ausübt. Diese für den Ausübenden notwendigen Tatbestandsmerkmale können nicht durch deren Vorhandensein bei dem die Ausübung Veranlassenden (mittelbaren Täter) ergänzt werden. Denn dessen Tätigkeit besteht überhaupt nicht in der Ausführung, sondern allein in der psychischen Veranlassung des Ausführenden.

bb) daß die Ausführungshandlung durch die psychische Beeinflussung des Willens des Ausführenden von einem Dritten (dem mittelbaren Täter) hervorgerufen worden ist.

Da auch die Ausführungshandlung „Handlung" und daher Willensbetätigung sein muß, so bildet die Hervorbringung eines solchen Willens bei dem Ausführenden eine Bedingung auch für diese Ausführung und deren Erfolg. Diese Beeinflussung des Willens des Ausführenden kann nur eine psychisch vermittelte sein, da der Wille selbst eine Betätigung der Psyche ist. Da die Beeinflussung für den endlichen Erfolg nicht weggedacht werden kann, ohne daß dieser entfiele, so ist diese Willensbeeinflussung eine Bedingung des Erfolges. Bedingung aber wird nur die Beeinflussung des Willens des Ausführenden, die gerade einen hierauf gerichteten Willen hervorruft. Der Inhalt des Beeinflussungswillens muß sich also mit dem Inhalt des beeinflußten Willens decken. Ist dies nicht der Fall, mißversteht etwa der andere den Veranlassenden, so wird dessen Irrtum die Bedingung. Gewollte Bedingung für den Erfolg wird die Beeinflussung nur insoweit, als dieser Erfolg bei der gewollten Beeinflussung auch in der Vorstellung des Beeinflussenden vorhanden war, und zwar wenigstens mit einer gewissen Bestimmtheit, RGSt. **66** 7.

Der psychisch Beeinflußte wird gern als „Werkzeug" des Beeinflussenden bezeichnet, was natürlich nur in übertragenem Sinne zu verstehen ist. Besser dürfte die Bezeichnung „Mittler" sein, da hier das „Werkzeug" kein toter Gegenstand, sondern ein willentlich handelnder Mensch ist.

Der Mittler kann auch der Verletzte selbst sein. Er kann durch seine eigene Tätigkeit die Handlung ausführen, zu der er durch einen anderen (den mittelbaren Täter) veranlaßt worden ist, Mezger, Lehrb. S. 430. Gerland,

Deutsches Reichsstrafgesetzb. S. 118 bringt als Beispiel: A. veranlaßt B. verdorbene Speisen zu essen.

cc) Bestritten ist, ob die Annahme mittelbarer Täterschaft voraussetzt, daß der Täter die verletzende Handlung der Mittelsperson seinerseits veranlaßt habe (psychische Vermittlung), oder ob schon jedes Setzen einer mitwirkenden Bedingung für den Erfolg, also auch bloße Beihilfe zur Tat des unmittelbar Handelnden zur Annahme mittelbarer Täterschaft genügt. Letzteres bejaht z. B. Frank S. 106; Exner in Festgabe f. Frank I, 571, es muß aber verneint werden, da bloße Beihilfe niemals Täterschaft sein kann, die den animus domini über die Tat erfordert. Nicht beizutreten ist auch der vom RGSt. **58** 366, **64** 378, JW. 1927, 2804 aufgestellten neuen Ansicht, daß eine fahrlässige Verursachung einer vorsätzlich begangenen Straftat eines Dritten fahrlässige mittelbare Täterschaft sei. Allerdings kann mittelbare Täterschaft auch durch ein doloses Werkzeug, d. h. einen unmittelbar dolos Handelnden ausgeübt werden, dies aber nur, wenn sich das dolose Werkzeug völlig in den Dienst des Veranlassers stellt, so daß dieser die Herrschaft auch über sein Tun hat. Die bloße psychische Verursachung einer vorsätzlichen Straftat bringt diese Herrschaft aber noch nicht, vollends nicht, wenn sie nur fahrlässig geschieht. Eine solche bloße Verursachung ist nur als Anstiftung, eine Mitwirkung als Beihilfe strafbar; fahrlässige Anstiftung und Beihilfe ist nicht strafbar, nichts anderes wäre aber fahrlässige Verursachung und Beihilfe. Gegen diese Entscheidung des RG. schon Köhler in JW. 1927, 2804 Anm. 8, der auch mit Recht betont, daß Ursache eines rechtswidrigen Erfolges nicht schon jeder werde, der einem anderen Gelegenheit bietet, auf bewußtes eigenes Risiko sich in eine bestimmte Gefahr zu begeben. Ebenso mit durchschlagenden Gründen Exner in Festgabe f. Frank I, 592; ferner Beling, GerS. **101** 12 über RGSt. **64** 370, Mezger, Reichsgerichtspraxis V, 18; Kern in JW. 1930, 2962; v. Hippel, D. Strafr. 2, 151, 462. Die Rechtsprechung des RG. wird gebilligt von Schneidewin, „50 Jahre RG." S. 272 und Zeiler in ZStRW. **49** 235,

dd) daß die Ausführungshandlung dem Willen des Veranlassers der Handlung durch den Ausführenden zuzurechnen ist.

Ob und inwieweit die Zurechnung eines Erfolges zu einer seiner Bedingungen in ihrer unendlichen Reihe erfolgen soll, ist eine Frage, die nach dem Grundsatz der adäquaten Verursachung zu entscheiden ist und nach der Wertung, die auch für die entferntere Bedingung das Strafgesetz gibt, so daß es sie als Ursache behandelt. Daß diese Zurechnung in verschiedener Weise erfolgen kann, erhellt schon aus der Unterscheidung von Vorbereitungshandlung und Versuch. Und daß auch eine entferntere Bedingung, die in der Beeinflussung eines fremden Willens liegt, Bedeutung gewinnen kann, ergibt die Bestrafung der Anstiftung als besonderer Form dieser Beeinflussung und der Beihilfe. Für eine psychische Beeinflussung, die nicht vom StGB. als Anstiftung oder Beihilfe besonders ausgestaltet, aber ebenfalls eine Bedingung für eine Straftat geworden ist, fehlt, wie oben gesagt, eine besondere gesetzliche Vorschrift. Es ist daher aus den allgemeinen Grundsätzen zu folgern, in welchen Fällen auch an diese Vorbedingung eines Erfolges dessen Zurechnung zu knüpfen ist, so daß sie als Ursache des Erfolges angesehen wird und dadurch eine Täterschaft begründet. Hegler weist als wichtige Richtlinie für die Beurteilung auf das Übergewicht hin, daß der Beeinflussung als der entfernteren Bedingung der Willensbildung gegenüber dieser selbst für den Erfolg zukommen kann, so daß jene, nicht diese als Hauptsache für die rechtliche Bewertung erscheint, Reichsgerichtspraxis V, 305. Auch Rosenfeld in Festgabe f. Frank II, 162 spricht von dem Beeinflussenden als Hauptbeteiligten. Eberhard Schmidt in Festgabe f. Frank II, 121 macht Bedenken hiergegen geltend. Hierher gehören dann notwendig alle Fälle, in denen rechtlich der Wille des unmittelbar Ausführenden so beschaffen ist, daß ihm die Straftat nicht zuzurechnen ist, der Wille für diese Zurechnung wegfällt, der Wollende „als Täter nicht in Betracht kommt", RGSt. **25** 397; **31** 81; **39** 37, 298; **41** 61; **48** 335. Dann wird auf das Wirken des Veranlassenden, soweit dieser strafrechtlich verantwortlich bleibt, zurückgegriffen. Denn dieser ist nunmehr nach Wegfall der Verantwortlichkeit des unmittelbar Ausführenden der allein Verantwortliche. Die von ihm für den Erfolg gesetzte Bedingung wird zur Ursache.

Grundsätzlich kann nun bei allen Delikten dieses Übergewicht bei dem Veranlassenden liegen und die Tatsache der Willensbildung bei dem Veranlaßten dagegen zurücktreten, daher sind alle Delikte in mittelbarer Täterschaft begehbar. So auch Eberhard Schmidt in Festgabe f. Frank II, 128; Merkel, ebenda S. 142; Hegler in Reichsgerichtspraxis V, 314; Engelsing, Strafr. Abhdl. (1926) Heft 212; v. Bar, Ges. und Schuld im Strafrecht II, 636; Allfeld, Lehrb. S. 215; Winter, Die mittelbare Täterschaft (1917) S. 40. Ausgenommen aber sind die eigenhändigen, höchstpersönlichen Delikte und echten Sonderdelikte, bei denen aus der Natur und dem Zweck des Verbotes erhellt, daß die eigenhändige Begehung das Übergewicht über alle anderen vorausgehenden Bedingungen bildet, der eigenhändig Ausführende der Hauptbeteiligte ist, vgl. hierzu auch zutreffend M. E. Mayer, Lehrb. S. 378, oder, wie beim Sonderdelikt, der Täter, also auch der mittelbare Täter, besondere Eigenschaften haben muß. Die Beschränkung aber weiter auszudehnen und die Möglichkeit einer mittelbaren Täterschaft schlechthin bei allen Straftaten auszuschließen, bei denen die Ausführung irgendwie in bestimmter Weise erfolgen muß, an bestimmte Arten und Mittel „gebunden" ist, und auf die reinen Erfolgsdelikte zu beschränken, wie Frank S. 103 und ähnlich auch Beling, Lehre v. Verbr. S. 236 will, dafür liegt kein ausreichender Grund vor. Hiergegen auch Eberhard Schmidt in Festgabe f. Frank II, 110.

Voraussetzung für die Zurechnung des Erfolges an den die Ausführung Veranlassenden als Täter ist hiernach A. Wegfall der Zurechnungsmöglichkeit für den Veranlaßten, B. Vorliegen der Tätereigenschaft bei dem Veranlasser.

A. Wegfall des unmittelbar Ausführenden als Täter.

a) Wenn die Zurechenbarkeit des unmittelbar Handelnden für die strafrechtliche Beurteilung fehlt, Frank 107. Das ist der Fall, wenn er noch nicht 14 Jahre alt ist, RGSt. **53** 180, oder als Jugendlicher im Sinne des Jugendgerichtsgesetzes vom 16. II. 23 §§ 2 und 3 noch so unentwickelt geblieben ist, wie dies bei einem Kind unter 14 Jahren gesetzlich präsumiert wird. Ob bei diesen Personen außerdem eine Unzurechnungsfähigkeit etwa nach § 51 vorliegt oder nicht, ist für das Kind unter 14 Jahren nicht erst zu prüfen, wie unrichtig RGSt. **6** 186 tut. Vgl. auch v. Hippel, ZStRW. **32** 111. Dies wird aber nötig für den Jugendlichen wegen § 3 des angez. Ges., wonach die Strafbarkeit der Anstiftung von der in § 3 präsumierten Unzurechnungsfähigkeit allgemeiner Art nach § 4 nicht berührt wird. Für diesen Fall der Anstiftung kommt dann eine etwaige Unzurechnungsfähigkeit aus anderen Gründen, StGB. §§ 51, 58 allerdings auch für den Anstifter in Betracht. Die Annahme einer mittelbaren Täterschaft bleibt bei dem Ausschluß der strafbaren Anstiftung also auch für die unmittelbare Ausführung durch einen Jugendlichen zulässig, Mezger, Lehrb. S. 450; v. Liszt-Schmidt S. 317; RGSt. **61** 265. Die Zurechnungsfähigkeit kann endlich auch bei jedem Erwachsenen für die konkrete Tat bei Vorliegen der in §§ 51, 58 hervorgehobenen Umstände ausgeschlossen sein, RGSt. **11** 56; **18** 419; **21** 14; **31** 80; **39** 298; **40** 21.

b) Wenn der unmittelbar Handelnde nicht rechtswidrig handelt. Daß dies neben dem Mangel des Vorsatzes ein selbständiger Grund für die Annahme mittelbarer Täterschaft sei, wird allerdings von Eberhard Schmidt in Festgabe f. Frank II, 123 bestritten, aber S. 124 selbst als solche behandelt. Das ist unbestritten, wenn bei einer im übrigen rechtswidrigen Tat der Ausschluß der Rechtswidrigkeit im besonderen Fall lediglich in der Person des Handelnden und seiner Beziehung zur Tat liegt, wie bei StGB. §§ 53, 193; RGSt. **64** 23. Persönliche Rechtfertigungsgründe werden auch in RGSt. **24** 305; **25** 359 anerkannt. Wer einen anderen veranlaßt, einen Dritten zu töten in der Annahme, er werde die Tötung in einer für ihn vorhandenen Notwehr vornehmen, ist mittelbarer Täter, v. Hippel, Dtsch. Strafr. II, 471; v. Michael, Der Mensch als Werkzeug (1914) S. 35; Paul Wolf, Strafr. Abhdl. 225 S. 169. Dasselbe gilt von einem die Rechtswidrigkeit ausschließenden Notstand. Nach Mezger, Lehrb. S. 427 soll § 193 einen Unrechtausschließungsgrund nicht nur für die Person des Interessewahrnehmenden, sondern für alle Beteiligten bilden, die Tat objektiv schlechthin rechtmäßig machen. Dem ist nicht beizutreten. Die Rechtswidrigkeit kann aber für den Ausführenden nicht nur infolge eines Ausschließungsgrundes fehlen, sondern weil überhaupt an und für sich die Tat nicht rechtswidrig ist, soweit sie als Tat des unmittelbar Handelnden in Betracht kommt. So bei Selbstmord, bei Ausübung einer nur einem Beamten verbotenen Tätigkeit, wie § 348 Abs. 2 usw. Das schließt nicht aus, daß sie als Tat des mittelbaren Täters rechtswidrig sein kann. Hierüber unten. Eberhard Schmidt in Festgabe f. Frank II, 124.

Der unmittelbar Handelnde handelt aber auch nicht rechtswidrig, wenn er zwar den vollen äußeren Tatbestand verwirklicht, was immer geschehen sein muß, aber nicht den inneren Tatbestand in dem vom Gesetz erforderten Umfange. Liegen bei dem die Tat unmittelbar Ausführenden die zur Verbotswidrigkeit erforderlichen Tendenzen und den Willen begleitenden Seelenzustände (3 A b) nicht vor, so fehlt der Ausführungshandlung die Rechtswidrigkeit nur wegen Mangels des inneren Tatbestandes. Ist dieser innere Tatbestand aber bei der Willensbestätigung des Veranlassers vorhanden, so kann dieser Umstand die Tätigkeit ergänzen, der von ihm gesetzten Bedingung zum Erfolg das Übergewicht geben, er als Hauptbeteiligter erscheinen und daher die mittelbare Täterschaft begründen. Gehört z. B. zur Erfüllung des verbotenen Tatbestandes, daß die Herbeiführung des Erfolges in einer bestimmten Absicht vorgenommen wird, so wird er vom Ausführenden nicht erfüllt, wenn diese Absicht bei ihm fehlt, er kann dann nicht Täter der verbotenen Handlung sein, seine Tätigkeit ist keine eigne Zuwiderhandlung gegen das Verbot. Fehlt dem unmittelbar Ausführenden bei der Wegnahme einer Sache die Absicht, sie sich zuzueignen, so hat er nicht den Diebstahlsvorsatz nach § 242. Eberhard Schmidt in Festgabe f. Frank II, 127. Das gilt nicht nur für die deliktbegründenden Umstände, sondern auch für die nur erschwerenden, für die Qualifikationen.

c) Wenn der unmittelbar Handelnde nicht schuldhaft handelt, so bei

Ausschluß von Schuldgründen, wie StGB. §§ 52, 54, bindendem Befehl, Irrtum über Tatumstände, gleichviel ob er auf Fahrlässigkeit beruht oder nicht, Frank S. 106; Eberhard Schmidt in Festgabe f. Frank II S. 124; RGSt. **1** 146; **31** 80; **35** 322; **39** 298; **47** 147; **57** 274.

Wenn die Qualifikation der Tat verlangt, daß der Ausführende selbst gerade bei der Ausführung eine bestimmte psychische Betätigung entfaltet, so bei § 211, so kann das Fehlen dieses psychischen Zustands nicht durch ein Vorliegen bei der Tätigkeit des Veranlassers ergänzt werden. Denn es wird hier nicht ein Vorliegen eines psychischen Zustandes als selbständiges Deliktsmerkmal erforderlich, sondern eine bestimmte psychische Begleiterscheinung gerade der Ausführungshandlung. Diese besondere Art der Ausführung ist Deliktsmerkmal, und sie kann nicht vom Veranlasser, der nicht ausführt, ergänzt werden. Hiernach ist mittelbare Täterschaft bei Mord nicht möglich.

d) Wenn der unmittelbar Handelnde nicht den Tätervorsatz, sondern nur den Gehilfenvorsatz hat, doloses Werkzeug ist. Die Auffassung des Mittlers als Gehilfen des mittelbar Handelnden und die Verneinung der Zurechnung zur Täterschaft entspricht der natürlichen Lebensauffassung und hat auch in UWGes. § 4 Abs. 2 gesetzliche Anerkennung gefunden. Hier gilt das von Hegler aufgestellte Prinzip des Übergewichtes ganz besonders. Es handelt sich nicht um den Rechtsbegriff der Stellvertretung, es findet keine Vertretung im Willen statt. Aber es ist möglich, daß jemand seine Arbeitskraft und Tätigkeit einem Dritten derart zur Verfügung stellt, daß dieser die Herrschaft über sie erhält und die ganze Ausführung, Art, Umfang und Ende nun nach dessen Willen sich richtet, den der Ausführende zu dem seinen macht, Binding, Abhdl. I, 270. Dies kann auch dort vorliegen, wo keine hypnotische Beeinflussung, wo sie freilich am augenscheinlichsten ist, gegeben ist. Auch der Gehilfe kann sich so sehr des eigenen Willens begeben, daß seine Handlung als Verwirklichung des fremden Willens erscheint und der Herr, nicht der Diener als Täter anzusehen ist. Verwandte Verhältnisse beim dressierten Tier, beim Sklaven, bei Soldaten und Beamten bei bindendem Befehl. Die Zurechnung zur Täterschaft entfällt für den Ausführenden nur so lange, als seine Indienststellung für den Dritten währt. Sobald er den Gehilfenvorsatz aufgibt, wird er Täter, und die Möglichkeit, den Veranlasser als mittelbaren Täter heranzuziehen, entfällt. Dieser kann aber Anstifter werden. Die Möglichkeit der Täterschaft darf natürlich für den Ausführenden nicht aus anderen Gründen ausgeschlossen sein, wie z. B. bei Kindern. Dann steht dem Rückgriff auf den Veranlasser als auf den mittelbaren Täter nichts entgegen, RGSt. **57** 274, das zu Unrecht von Mezger, Lehrb. I, 429 getadelt wird.

Bejaht wird die Möglichkeit einer mittelbaren Täterschaft auch bei einem dolosen Werkzeug in ständiger Rechtsprechung vom Reichsgericht, RGSt. **1** 146; **3** 95; **28** 109; **31** 80, 82; **39** 37; **40** 390, 392; **41** 61; **42** 151; **44** 69; **52** 153; **53** 12, 45; **55** 283; **57** 274; **62** 390; **63** 313; Binding, Abhdl. I, 270; Klee, Arch. f. Str. 67, 104; Nagler, Sonderdelikte S. 66; Rosenfeld in Festgabe f. Frank II, 180; Beling, ZStRW. **28** 595; Högel, ZStRW. **37** 668; jetzt auch Eberhard Schmidt in Festgabe f. Frank II, 122; Mezger, Lehrb. S. 478; Gerland, Dtsch. Reichsstrafges. S. 119. Verneint von Frank S. 107, 108; Wachenfeld ZStRW. **40** 144; Flegenheimer, Das Problem des dolosen Werkzeuges (1913) S. 44.

B. Vorliegen des inneren Tatbestandes bei dem Veranlassenden, wie er für einen Täter erforderlich ist.

a) Der Veranlasser muß zurechnungsfähig sein. Daher kann ein

Kind unter 14 Jahren, ein nicht voll entwickelter Jugendlicher, ein nach §§ 51 und 58 Unzurechnungsfähiger nicht mittelbarer Täter sein. Mangelt die Zurechnungsfähigkeit auch dem Ausführenden, so liegt dann überhaupt keine verantwortliche Täterschaft vor, soweit nicht etwa ein weiterer Rückgriff auf einen Vorveranlasser möglich ist.

b) Der Veranlasser muß rechtswidrig handeln. Die Veranlassung ist rechtswidrig, wenn sie Bedingung dafür wird, daß die mittelbar veranlaßte Ausführungshandlung rechtswidrig ist. Diese kann, auch wenn sie für den Ausführenden nicht rechtswidrig ist, „sehr wohl dadurch rechtswidrig werden, daß sie als Mittel zur Herbeiführung eines rechtswidrigen Erfolges verwendet wird, den der Veranlasser nicht herbeiführen darf, und damit in die Verwirklichung eines strafbaren Tatbestandes eingegliedert wird", RGSt. **62** 390; **64** 23; Hegler, Festgabe f. Rich. Schmidt S. 54, 59; Mezger, Lehrb. S. 426; Kohlrausch, Komm. z. StGB. S. 60. — A. M. Eberhard Schmidt in Festgabe f. Frank II, 123. Selbsttötung ist nicht rechtswidrig, daher Anstiftung zu ihr auch nicht strafbar. Die Herbeiführung der Selbsttötung durch mittelbare Täterschaft bleibt immer die Verursachung einer Selbsttötung, nicht die Verursachung der Tötung eines anderen. So Mezger, Lehrb. S. 417, 426. Eberhard Schmidt in Festgabe f. Frank II, 125 sieht darin jedoch mittelbare Täterschaft in Begehung der Tötung eines anderen, wobei der andere Verletzte selbst als Mittel für die Ausführung benutzt wird. Dann liegt für den mittelbaren Täter eine rechtswidrige Tat vor. Zuweilen wird auch die Herbeiführung einer Notwehrlage durch den zum Angriff Gereizten unter dem Gesichtspunkt mittelbarer Täterschaft des Anreizenden behandelt, v. Hippel I, 471; Hegler, Festgabe f. Rich. Schmidt S. 62; Mezger, Lehrb. S. 426 Anm. 4. Die in dieser Notlage vom Anreizenden begangene Verletzung des Gereizten ist aber keine Handlung eines mittelbaren, sondern eines unmittelbaren Täters.

c) Der Veranlasser muß schuldhaft handeln. Hierzu gehört vor allem, daß er bei dem Ausführenden der Tat den Willen zur Ausführung in der Absicht erzeugt, den dadurch herbeigeführten verbotenen Erfolg zu verursachen und den Ausführenden und die Ausführung hierfür als Mittel und Werkzeug zu benutzen, daß er dessen Tätigkeit „in seine Dienste nimmt", Hegler, Reichsgerichtspraxis V, 317. Sein Vorsatz hat also einen doppelten Inhalt: er geht auf Erzeugung eines Handlungswillens bei dem Veranlaßten und auf Herbeiführung des Erfolges der Handlung jenes durch diesen Veranlaßten als Mittel. Da der Erfolg verboten ist, ist auch die ihn bedingende Herbeiführung durch Veranlassung eines ihn mittelbar Ausführenden verboten. Das Verbot umfaßt jede Art der Verursachung, richtet sich also auch gegen den mittelbaren Täter. Erfolgt diese Veranlassung in bewußter Fahrlässigkeit, so ist eine fahrlässige mittelbare Täterschaft möglich. So auch Frank S. 108, 110; Hegler, Reichsgerichtspraxis V, 317; RGSt. 1, 148. Im übrigen dürfen auch bei dem mittelbaren Täter keine Schuldausschließungsgründe vorliegen.

Für den Irrtum des mittelbaren Täters als Schuldausschließungsgrund gilt folgendes. Hält der Veranlasser den Veranlaßten irrtümlich für einen geeigneten Mittler, etwa weil er irrtümlich annimmt, er sei unzurechnungsfähig oder er handle unter Ausschluß von Rechtswidrigkeit oder Schuld oder mit dem Gehilfenvorsatz, während in Wahrheit der Veranlaßte Täter bleibt, so ist tatsächlich eine mittelbare Täterschaft unmöglich, und die Veranlassung erweist sich rechtlich als Anstiftung nach StGB. § 48. Der Veranlasser hat sich über das Vorliegen eines Tatumstandes geirrt, der den gegenüber der Anstiftung weiteren Tatbestand der mittelbaren Täterschaft zu begründen geeignet wäre, StGB. § 59. Es kann hiernach nur aus StGB. § 48 wegen Anstiftung gestraft werden, sofern sonst deren Voraussetzungen vorliegen. Ebenso Eberhard Schmidt in Festgabe f. Frank II, 131 und Entw. § 29. Hält dagegen der Veranlasser den Veranlaßten irrtümlich für keinen geeigneten Mittler, etwa weil er ihn irrtümlich für zurechnungsfähig, rechtswidrig und schuldhaft, nicht mit Gehilfenvorsatz handelnd ansieht, während er alles dies nicht ist und daher an sich ein geeignetes Werkzeug für einen mittelbaren Täter abgeben könnte, und faßt er deshalb den Vorsatz der psychischen Beeinflussung im Wege der Anstiftung, so kann hier gleichwohl keine mittelbare Täterschaft angenommen werden, denn es fehlt bei dem Veranlasser der hierzu erforderliche Vorsatz. Der Veranlasser will den Veranlaßten nicht als Mittel benutzen, dessen Tätigkeit nicht in seinen Dienst stellen, nicht von seinem Willen beherrschen lassen, sondern den Veranlaßten zur eigenen, selbständigen Tätigkeit bringen, ihn „anstiften". Eine Anstiftung ist aber bei der Auffassung des geltenden Rechtes über ihre Akzessorietät ausgeschlossen, da die Tätigkeit des Veranlaßten keine strafbare Haupttat ist und Entw. § 31 nicht als Recht gilt. Der irrtümlich gefaßte Inhalt des Vorsatzes beim Veranlasser kann aber nach StGB. § 59 in seinem weiteren Umfange nicht in Betracht kommen, es geht nicht an, den Anstiftungsvorsatz in einen Tätervorsatz zu verwandeln. Folglich bleibt, so unerfreulich es ist, diese Veranlassung straflos. So auch RGSt. **11** 60; **40** 25; **52** 198. A. M. Eberhard Schmidt in Festgabe f. Frank II, 131.

Bei dem Veranlasser müssen sämtliche für den inneren Tatbestand des Delikts erforderten Umstände vorliegen. Während der Ausführende alle äußeren Tatumstände verwirklichen muß und diese beim Veranlasser, da er eben nicht ausführt, nicht gegeben sein können, müssen die inneren Tatbestandsmerkmale, deren Fehlen beim Ausführenden gerade die Zurechnung seiner Handlung für ihn ausschließt, bei dem Veranlasser vorhanden sein. Denn er tritt für diese an die Stelle des Ausführenden und erst der Zusammenhalt der inneren Tatbestandsmerkmale bei dem Veranlasser und der äußeren bei dem Veranlaßten bringt die Verwirklichung des gesamten strafgesetzlichen Tatbestandes. Das wird von Bedeutung für die obenerwähnten sog. Tendenzdelikte. Hat der Veranlasser der rechtswidrigen Wegnahme einer Sache durch den Veranlaßten die Absicht, sie sich rechtswidrig zuzueignen, und nicht der Wegnehmende, dessen sich der Veranlasser für die Besitzerlangung bedient, so ist er der Dieb, RGSt. **39** 37; **41** 61; v. Liszt-Schmidt S. 359; Wolf a. a. O. S. 72; Mezger, Lehrb. S. 427; Eberhard Schmidt in Festgabe f. Frank II, 128. Hat nicht der die Tat unmittelbar Ausführende, sondern der sie Veranlaßende die Absicht geschlechtlicher Erregung nach § 176, den Willenszustand einer Gewöhnung bei § 180, der Gewerbsmäßigkeit bei § 260, so ist der Veranlassende mittelbarer Täter, da durch ihn der erforderliche innere Tatbestand neben dem vom Ausführenden verwirklichten äußeren und somit der ganze Tatbestand des Delikts verwirklicht wird, v. Liszt-Schmidt S. 319; Mezger, Lehrb. S. 428; a. M. Wachenfeld, ZStRW. **1918** 321. Die ganze Frage ist sehr bestritten. Über die verschiedenen Meinungen Beling in ZStRW. **28** 589 und Frank S. 107. Bestritten ist namentlich, ob das Einsteigen beim Diebstahl nach § 243 Nr. 2 lediglich ein die Ausführung bestimmendes Tatbestandsmoment ist oder nur ein Symptom für einen besonders intensiven Willen bildet, eine gesteigerte Schuld begründet. Wäre letzteres anzunehmen, so könnte das Einsteigen, um qualifizierend zu wirken, nicht in mittelbarer Täterschaft vorgenommen werden, Hegler, Reichsgerichtspraxis V, 314 Anm. 35. Es trifft aber nicht zu. Hiergegen mit Recht auch Eberhard Schmidt in Festgabe f. Frank II, 129, der darauf hinweist, daß auch bei dem, der einen anderen zum Einsteigen veranlaßt, eine erhöhte Schuld vorliegt. Hierüber noch unten.

Nicht überall aber kann der mangelnde innere Tatbestand bei dem Ausführenden durch den inneren Tatbestand des Veranlassers ergänzt werden, wie bereits oben ausgeführt. Wird ein besonderer innerer Tatbestand, ein besonderes psychisches Verhalten, gerade für die Ausführung verlangt, wie in § 211 die Ausführung der Tötung mit Überlegung, so kann diese Überlegung, wenn sie beim Ausführenden fehlt, nicht durch eine Überlegung bei Veranlassung des Ausführenden ergänzt werden. Sie würde damit nicht zur Überlegung bei der Ausführung, die der mittelbare Täter gar nicht vornimmt.

Zuweilen wird behauptet, mittelbarer Täter könne nur sein, wer auch als unmittelbarer Täter die Ausführungshandlung vornehmen könne. So Frank S. 108. In dieser Allgemeinheit trifft das nicht zu. Daß auch jemand, der eine Ausführungshandlung wegen physischen Unvermögens oder rechtlicher Beschränkung nicht vornehmen kann, einen anderen, der diese Fähigkeit besitzt, veranlassen kann, sie vorzunehmen und damit eine Bedingung für die Herbeiführung ihres Erfolges setzt, ist unbestreitbar und für die Form der Anstiftung vom Gesetz anerkannt. Sofern sich aber das Verbot auf jeden erstreckt, der den mißbilligten Erfolg irgendwie herbeiführt, ist kein Grund, den Rückgriff auf den Veranlasser um deswillen bei Wegfall der Zurechnung an den unmittelbar Ausführenden auszuschließen, weil der Veranlasser die Ausführung nicht selbst vorzunehmen imstande ist. Denn seine Tätigkeit besteht ja nicht in der Ausführung, sondern in der Veranlassung. Diese aber liegt vor, gleichviel ob er die Ausführung selbst vorzunehmen vermag oder nicht. Bedingung für den Erfolg ist die Veranlassung hier wie dort. Übt der geisteskranke A. mit seiner Schwester B. den Beischlaf aus, so werden die geschützten sexualhygienischen und eugenetischen Interessen, die jene Inzucht verbieten, verletzt, und jeder, der diese Beischlafsausübung durch den unzurechnungsfähigen A. veranlaßt, ist, wenn er diesen Erfolg der verbotenen geschlechtlichen Vermischung herbeiführen wollte, mittelbarer Täter der Straftat nach § 173, denn er führt den verbotenen Erfolg herbei, den er unmittelbar gerade nicht herbeiführen kann, wenn er nicht ebenfalls der Bruder der B. ist. Wer einen gutgläubigen Dritten zum Beischlaf mit der Ehefrau eines anderen veranlaßt, bewirkt, daß die Ehe gebrochen wird und das Treuverhältnis zwischen Gatten und die Sicherheit des Nachweises der Abstammung der Abkömmlinge gefährdet wird. Kann diese objektive Verwirklichung des Tatbestandes nach § 172 dem Beischläfer nicht zur Schuld zugerechnet werden, so liegt kein Grund vor, den sie schuldhaft herbeiführenden Veranlasser vom Rückgriff auszuschließen und seine Täterschaft um deswillen zu verneinen, weil er etwa selbst der Ehemann der Frau ist. Wer einen Geisteskranken veranlaßt, eine Frau durch Gewalt zur Duldung des Beischlafes zu zwingen, setzt zur Herbeiführung der Verletzung der Freiheit und Geschlechtsehre der Frau eine Bedingung und wird zum mittelbaren Urheber der Tat, wenn die vom unmittelbaren Täter gesetzte Bedingung diesem nicht zuzurechnen ist. Ob der Veranlasser der Tat ein Mann oder eine Frau ist, wie es für den die Tat Ausübenden erforderlich ist, ist für die Frage, ob seine Veranlassung eine Bedingung setzt, gleichgültig und wäre nur dann von Bedeutung, wenn die Notzucht ein Sonderdelikt wäre, was jetzt wohl allgemein verneint wird, Eberhard Schmidt in Festgabe f. Frank II, 130; Hegler in Reichsgerichtspraxis V, 314; Frank S. 109. Richtet sich das Verbot, einen Erfolg herbeizuführen, dagegen nur an einen bestimmten Kreis von Personen mit besonderen rechtlichen oder psychischen Eigenschaften, so können auch nur diese das Verbot übertreten und dadurch schuldhaft tätig werden. So liegt es bei den Sonderdelikten und dort, wo eigenhändige Ausführung vom Verbot gefordert wird, Binding, GerS. 76, 96; v. Liszt-Schmidt S. 321; RGSt. **28** 109; **44** 69. Nur wer Beamter ist, kann hiernach als mittelbarer Täter für ein Beamtendelikt in Frage kommen, dessen Ausführungshandlung von einem Nichtbeamten nicht rechtswidrig und straflos oder von einem Beamten, der unzurechnungsfähig ist, vorgenommen wird, Eberhard Schmidt in Festgabe f. Frank II, 126; a. M. Hegler, Reichsgerichtspraxis V, 314. Ein Nichtarzt kann nicht als mittelbarer Täter ein ärztliches Zeugnis ausstellen, indem er sich eines Arztes als Mittel bedient, Nagler, Teilnahme am Sonderverbrechen S. 71; Kohler, Studien I, 134; Borchert, Strafrechtl. Verantwortung S. 106; Höpfner, ZStRW. **22** 209; RGSt. **28** 109; **41** 40; **44** 71. Auch die Abtreibung nach § 218 kann nur eine Frau vornehmen, und nur gegen diese richtet sich das Verbot. Ein Dritter kann sich der Schwangeren nicht als mittelbarer Täter bedienen.

Als Sonderdelikt muß auch § 174 Nr. 1 angesehen werden, da das Verbot sich nur gegen den Vormund richtet, der allein seine Pflicht gegen den Pflegebefohlenen verletzen kann, Eberhard Schmidt, Festgabe f. Frank II, 130. Der Umstand, daß die Ausführungshandlung aber nur von bestimmten Personen vorgenommen werden kann, wie etwa bei § 175 Nr. 1 nur zwischen Personen männlichen Geschlechts läßt nicht immer notwendig darauf schließen, daß auch das Verbot sich nur an solche Personen richtet und nicht auch an die Veranlasser jeder Art, die eine derartige Ausführungshandlung (mit gebundenen Mitteln) ausüben. So kann § 175 Nr. 1 nicht mit Eberhard Schmidt a. a. O. als Sonderdelikt angesehen werden. Dieser Grundsatz gilt auch für die Qualifikation einer Straftat. Bestritten ist die Bedeutung des „Einsteigens" nach § 243 Nr. 2. Nach der Auffassung des RGSt. **24** 86; **52** 128; **56** 48 soll diese besondere Ausführungsform ein eigenhändiges Handeln erfordern und die Begehung durch mittelbare Täterschaft daher ausschließen. Gegen diese Auffassung zutreffend Frank S. 523; Eberhard Schmidt in Festgabe f. Frank II, 128; Merkel ebenda S. 143. Das Einsteigen verletzt durch die Art der Begehungshandlung den erhöhten Rechtsfrieden, auch wenn der die Sache Wegnehmende der unmittelbare nicht zurechnungsfähige Handelnde ist. Diese ganze Art der Wegnahme muß daher dem mittelbaren Täter zugerechnet werden, wenn er sie gewollt hat. Sie ist lediglich eine besondere Ausführungsform der Wegnahme, deren sich in dieser vorliegenden Weise der Veranlasser bedient.

Dagegen ist dort immer ein persönliches Handeln nötig, wo das Gesetz eine besondere Willensregung und ein besonders psychisches Verhalten gerade bei der Ausübung erfordert, wie bei § 211. Die Überlegung muß im Zeitpunkt der Ausübung vorhanden sein, d. h. hier Klarheit über das Tun und die widerstreitenden Motive herrschen, RGSt. **42** 260; **63** 102. Da die Überlegung aber die Ausübung begleiten muß, kann sie nicht von einer Überlegung des Veranlassers, der nicht ausübt, ergänzt werden. Hierzu kommt noch, daß das Erfordernis der Überlegung immer das Vorliegen eines schuldhaften Vorsatzes, dessen Steigerung und Verstärkung sie ist, voraussetzt. Eine Tötung, die zwar mit Überlegung erfolgt, aber unter einem die Zurechenbarkeit ausschließenden Grunde, etwa in Notstand, auf bindenden Befehl, ist keine schuldhafte Handlung, die Überlegung bildet dann auch keine Steigerung einer Schuld. Hiernach kann wohl die Tötung nach § 212, nicht aber Mord nach § 211 durch mittelbare Täterschaft begangen werden.

§ 25. Handeln im Fortsetzungszusammenhang (delictum continuatum).

Der Begriff steht weder im Schrifttum noch in der Rechtsprechung völlig einheitlich fest. Geschichtlicher Überblick bei Doerr, Das fortges. Delikt (1908) und Festgabe f. Frank II S. 210, Honig, Studien 61, Höpfner, Einheit und Mehrheit der Verbrechen (1901, 1908). Ferner v. Bülow, Zur Lehre vom fortges. Verbr. GerS. **01** 177. Liszt-Schmidt S. 339; Meyer-Allf. S. 231; Frank 238; v. Hippel II S. 533 und Lehrb. S. 177; Mezger, Lehrb. S. 464; Binding **1** 540; Sauer, Grundlagen S. 488; Merkel, Zur Lehre vom fortges. Verbrechen (1862); Neuburger, Das fortges. Verbrechen (1896); Rathenau, Zur Lehre vom fortges. Verbrechen (1896); Farnbacher, Der Begriff des sog. fortges. Verbrechens (1892); Rumpf, Der Strafrichter (1913) II S. 227; Nickel, Der Begriff des fortges. Delikts in Untersuchungen zur deutsch-österr. Rechtsvergleichung (1931) Bd. 5. Diese gibt namentl. S. 8 ff. einen Überblick über die geschichtliche Entwicklung. Beling a. a. O. S. 97 lehnt jede Begriffsbestimmung ab und will das fortgesetzte Delikt nur als einen dem richterlichen Ermessen anheimgegebenen Wertbegriff erfassen. Es läßt sich bei der wissenschaftlichen Begründung eine rein objektive Theorie unterscheiden, die nur aus äußeren Merkmalen der Zusammengehörigkeit den Begriff der fortgesetzten Handlung erfaßt, und eine objektiv-subjektive Theorie, die außerdem auch eine bestimmte Art einheitlichen Vorsatz erfordert. Letzterer Ansicht huldigt RG. Hierüber Mezger, Lehrb. S. 464. Der Begriff ist eine Schöpfung der Rechtsprechung und stellt sich als eine entsprechende Erweiterung der einheitlichen natürlichen Handlung dar. Entw. 19 § 37 hatte ihn aufgegriffen, der Entwurf erwähnt ihn ebensowenig wie das geltende StGB.

Dieses weist aber mittelbar auf diesen Begriff hin, wenn es in § 74 von mehreren selbständigen Handlungen spricht, also annimmt, daß mehrere Handlungen auch unselbständig sein können. Ebenso Entw. § 65; Beling, Grundzüge (1930) S. 97. Die in StGB. § 243 Nr. 6 und § 250 Nr. 2 erwähnte „fortgesetzte Begehung" von Raub und Diebstahl ist kein fortgesetztes Verbrechen in dem hier in Betracht kommenden Sinne, vgl. RGSt. **66** 238, daß das StGB. das fortgesetzte Delikt nicht erwähnt, bedeutet nicht, wie z. B. Oppenhoff, Ortloff und Buri annehmen, daß es den Begriff nicht anerkennen will; RGSt. **9** 426; **15** 371; **44** 227. Manche Schriftsteller verzichten auf eine Begriffsbestimmung, z. B. Finger, Lehrb. S. 373; Graf z. Dohna in Aschrott-v. Liszt, Die Reform des StGB. (1910) S. 411; dagegen fordert sie Stenglein GerS. **54** 463. Immer aber bedarf es für die Annahme eines fortgesetzten Delikts im Urteil einer besonderen Begründung, während dies im allgemeinen bei der selbständigen Handlung nicht nötig ist, RGSt. **53** 275. — Schädlich ist der Erfassung des Begriffes der Ausdruck „fortgesetztes Delikt" geworden. Die Tatbestandsmerkmale, die das Delikt bilden, werden auch hier vielmehr nur einmal verwirklicht, es liegt nur eine Straftat vor.

Es ist zu unterscheiden: Der Tatbestand eines Deliktes kann

a) durch einen einzigen Tätigkeitsakt verwirklicht werden, so daß dieser allein die verbotene Handlung darstellt und den gewollten Erfolg herbeiführt. So ein Schimpfwort, ein Schlag gegen den Körper des Anderen, Abgabe eines tödlichen Schusses,

b) durch mehrere Tätigkeitsakte, die eine Reihe von Versuchsakten für die Ausführung der ganzen einheitlichen Verursachungstätigkeit für den gewollten Erfolg bilden. Einheit des Entschlusses und des zum Ziel der Tätigkeit gesetzten Erfolges lassen die verschiedenen Akte des Versuches zu einer einzigen Handlung schon nach der natürlichen Auffassung zusammenfassen. Überdies kommt auch hier der Grundsatz der Subsidiärität der Strafdrohungen zur Anwendung. Vgl. oben S. 66 Baumgarten in Festgabe f. Frank II, 197. Dies gilt besonders für die Straftaten, die in der Entwicklung ihrer Verwirklichung meherere Stadien durchlaufen, von denen zuweilen jedes einzelne Stadium, für sich betrachtet und nicht in die Entwicklungsreihe eingeschlossen, den Tatbestand eines besonderen Strafgesetzes bildet. So kann eine Tötung nicht anders als durch Gesundheitsbeschädigung gedacht werden, RGSt. **44** 323. Versuch eines Totschlages kann eine Körperverletzung nach § 223 a sein. Es liegt aber nur eine Handlung vor, die nach dem schwersten Gesetz zu werten ist, namentlich ist auch Idealkonkurrenz ausgeschlossen, RGSt. **61** 375.

c) durch mehrere Tätigkeitsakte, die jeder für sich über den Versuch hinausgehen und eine vollendete Straftat darstellen, wegen ihrer inneren und zeitlichen Zusammengehörigkeit in ihrer Gesamtheit aber nach der natürlichen Auffassung als eine Handlung sich darstellen und so auch vom Gesetz gewertet werden. Man spricht hier auch von „gesetzlicher Einheit". Vgl. unten S. 151. Das Gesetz bedient sich hier häufig selbst eines Ausdruckes, der auf eine Mehrheit von Akten hinweist. So „unzüchtige Handlungen", „Fälschung von Banknoten"; aber auch ohne diesen Hinweis bilden unmittelbar hintereinander folgende Schläge, ausgestoßene Beleidigungen gegen dieselbe Person, Wegnahme mehrerer Sachen, eine natürliche Einheit einer Handlung. Das gilt auch, wenn eine durch einen Eid gedeckte Aussage in mehreren Punkten falsch ist, RGSt. **61** 225. Auch mehrfache Hilfeleistungen zur Begehung der einen Straftat wird als eine einzige Beihilfehandlung angesehen. Das gilt aber nicht für mehrfache Begünstigung nach § 258, da die Begünstigung eine selbständige Straftat ist. Nur wenn die Begünstigung vor der Tat zugesagt worden ist und als Beihilfe daher bewertet werden kann, kann sie auch als Einheitstat angesehen werden. RGSt. **57** 307.

d) An diese letztgenannte Begehungsart durch mehraktige Tätigkeiten reiht sich die Verwirklichung einer einzigen Straftat durch Begehung verschiedener Tätigkeitsakte, die in Fortsetzungszusammenhang stehen und wegen dieses Zusammenhanges sich von allen übrigen Handlungen als eine Einheit abheben. Sie stellen in ihrer Zusammenfassung eine einheitliche Reihe dar, weil sie innerlich und äußerlich verbunden sind, so daß nun diese Reihe der Tätigkeitsakte zwar nicht eine natürliche Handlung im obengenannten Sinne ist, sich aber doch als etwas Zusammengehöriges, Selbständiges, von anderen nicht zur Reihe gehörigen Handlungen Verschiedenes für die Betrachtung abhebt und so ähnlich wie eine natürliche Handlung, die aus mehreren Tätigkeitsakten besteht, auch vom Recht behandelt werden kann. Es liegt hier keineswegs nur eine durch rechtliche Fiktion gefundene Einheit vor, so RGSt. **17** 228; **43** 357, oder „künstliche Konstruktion", und RGZ. **134** 335, das diese Fiktion gar nur für das Strafrecht gelten läßt und den Begriff der fortgesetzten Handlung für das Zivilrecht ablehnt. Hiergegen Lobe in MuW. XXXII, 109. Vielmehr handelt es sich um eine in der Wirklichkeit tatsächlich vorhandene Einheit, nämlich die Zusammengehörigkeit in einer Reihe, die das Abbild einer natürlichen Handlungseinheit gibt und immer nur, wie jene, den Deliktstatbestand einmal verwirklicht. Sie kommt aber nur in Betracht, wo eine einheitliche natürliche Handlung im vorgen. Sinne nicht vorliegt, RGSt. **57** 140. Der Zusammenhang ist loser, nach der Zeit betrachtet, als bei diesen, RGSt. **1** 450; **4** 187; **10** 53; **17** 103; **53** 226; **64** 279. Das RG. beachtet zu wenig diese Seite der Wirklichkeit, wenn es neuerdings das fortgesetzte Delikt nur als eine juristische Handlungseinheit ansieht, RGSt. **51** 305; **53** 274; **57** 163; **59** 168; **64** 279.

Von Vielen wird die Wirklichkeit einer Einheit in diesem Sinne geleugnet, besonders von Honig, Studien VII, 11 ff.; v. Hippel II, 501 ff.; Mezger, Lehrb. S. 460. Manche lassen das Gewohnheitsrecht Schöpfer dieses Begriffs sein, Baumgarten, Festgabe f. Frank II, 204, erklärt das fortgesetzte Delikt als „grundsätzliche Forderung der Rechtsvernunft". Verfehlt ist es, auf die in Fortsetzungszusammenhang begangene Handlung StGB. § 73 unmittelbar oder entsprechend anzuwenden, wie vielfach geschieht (auch RG. hielt sich früher nicht immer hiervon frei, z. B. RGSt. **44** 227, richtig aber RGSt. **49** 392; 1 D 705/21 17. XI. 21; 1 D 30/23 13. II. 23). Denn es wird durch ein und dieselbe Handlung, zunächst ebenso wie bei einer natürlichen Handlung, stets nur ein deliktischer Tatbestand, wenn schon stoßweise, verwirklicht und nur ein Strafgesetz verletzt, nicht mehrere, wie § 73 voraussetzt. Ebensowenig wird dasselbe Strafgesetz mehrmals verletzt; auch gleichartige Idealkonkurrenz liegt nicht vor. Das schließt selbstverständlich nicht aus, daß durch die eine im Fortsetzungszusammenhang begangene Handlung auch mehrere deliktische Tatbestände verwirklicht, z. B. mehrere Beleidigungen begangen werden können, und aus diesem Grunde dann § 73 anzuwenden ist, RGSt. **57** 163. Es ist hiernach zutreffend, zwischen einheitlicher Handlung im natürlichen Sinne mit geteilter Ausführung und einer im Fortsetzungszusammenhang begangenen Handlung, bestehend aus einer einheitlichen Reihe von Einzelakten, zu unterscheiden; so RGSt. **44** 223; **51** 233; besonders **58** 113. Auch Klee in Anm. JW. **1921** 839[1]. Da nun Handlung die Verwirklichung der zur Willensbildung benutzten Vorstellung durch das vom Willen verursachte einheitliche Tun ist, so muß dasselbe auch für die in einer Reihe zu einem Ganzen zusammengefaßten einzelnen Tätigkeitsakte zutreffen.

II. Wie bei jeder Handlung ist auch bei der im Fortsetzungszusammenhang begangenen sowohl der innere als der äußere Tatbestand bedeutsam. Keiner macht für sich allein eine Handlung zur fortgesetzten, und jedenfalls darf die äußere Tatseite niemals übersehen werden, Feisenberger, ZStRW. **1918** 85.

A. Der äußere Tatbestand.

Die Einheit der Handlung beruht, wie bei jeder Handlung, zunächst auf der äußeren Tatseite. Für sich betrachtet liegen mehrere selbständige Betätigungsakte vor. Ihre Beziehung zu einander und gegenüber der Außenwelt zwingen aber die Betrachtung auf, daß diese Mehrheit miteinander eine Reihe bildet, innerhalb deren der einzelne Akt seine Selbständigkeit verliert und nur noch als unselbständiger Reihenakt erscheint, und daß die in einer solchen Reihe zusammengefaßte Mehrheit ihrerseits nach außen hin sich als etwas Einheitliches, die Gesamtheit der Einzelakte umfassendes Ganzes darstellt, RGSt. **49** 394. Dann bildet diese Handlungsreihe in gleicher Weise eine „Handlung“, wie es ein natürlich einheitlicher Tätigkeitsakt ist. Ob eine solche selbständige Reihe, die die in ihr betätigten Einzelakte der Selbständigkeit beraubt, anzunehmen ist, hängt von dem Tatbestand ab, der durch sie verwirklicht wird, ist also insoweit immer relativ. Deshalb ist nicht ausgeschlossen, daß für eine andere rechtliche Beurteilung eine derartige Zusammenfassung in eine fortgesetzte Handlung ausgeschlossen ist und für diese die Einzelakte ihre Selbständigkeit bewahren, als Mehrheit selbständiger Handlungen in Betracht kommen, RGSt. **44** 227; **47** 308; **50** 243; **54** 318; **57** 189. So kann die Zusammenfassung zu einer Einheit regelmäßig zufolge des einheitlichen Vorsatzes nur für den Haupttäter geboten sein, hinsichtlich der Teilnehmer und Begünstiger aber nicht vorliegen, RGSt. **17** 227; **34** 47; **56** 326; **57** 82. Dazu ist zunächst erforderlich:

a) daß die Einzelakte gleichartig sind und jeder für sich dasselbe Delikt bereits vollständig verwirklicht. Soweit nur eine Teilverwirklichung des Delikts vorliegt, kommt nur Versuch in Frage, RGSt. **1** 450; **9** 346, 426; **10** 53; **13** 285; **15** 23, 370; **17** 103; **18** 317; **20** 316; **22** 235; **26** 175; **27** 20; **30** 163; **35** 46; **38** 55; **39** 221; **41** 98; **43** 136; **44** 223; **49** 91; **51** 305; **53** 274; **55** 130; **56** 323; **57** 140; **59** 262; **61** 89, 201; **62** 2; **64** 20. Jeder Einzelakt kann auch bereits einen beendigten Versuch darstellen, RGSt. **39** 221. Dadurch wird die Selbständigkeit der Handlung nicht aufgehoben, daß sie als Mittel zur Verübung einer weiteren Straftat dienen soll und der Vorsatz von vornherein hierauf gerichtet war. Das bloße subjektive Ermessen vermag solche zusammengesetzte Tatbestände nicht zu einem neuen, vom Gesetz nicht anerkannten Verbrechen zu gestalten, RGSt. **17** 111. Dies reicht nicht einmal zur Annahme einer Idealkonkurrenz aus. Zur Gleichartigkeit der einzelnen Tätigkeitsakte genügt, daß jeder geeignet ist, die Handlung darzustellen, die vom Gesetz für geeignet zur Hervorbringung des verbotenen Erfolgs gehalten wird. Es muß also zunächst Einheit des übertretenen Gebots oder Verbots bestehen. Die Ausführungsweisen können verschieden sein. Das richtet sich jeweils nach dem in Frage kommenden Tatbestand. Meineid und Anstiftung zum Meineid sind keine gleichartigen Handlungen. Dort liegt Bejahung der eigenen Tat, hier Anstiftung zu fremder Tat vor, daher Fortsetzungszusammenhang unmöglich, RGSt. **61** 201. Daher sind alle Weisen, in denen der Tatbestand des nämlichen Deliktes verwirklicht werden kann, im allgemeinen gleichartig, RGSt. **26** 175, **27** 19, **38** 55, **49** 202, **51** 171, 305; 4 D 1407/13 30. I. 14, 4 D 622/17 4. XII. 17, 4 D 652/17 7. XII. 17. So alle Weisen, in denen jemand einen Irrtum erregen kann, StGB. § 263, so die nach § 242 erforderliche verschiedenartige Wegnahme von Sachen, es kann auch schwerer und einfacher Diebstahl in Fortsetzungszusammenhang begangen werden, RGSt. **53** 263. Auch Kauf und Verkauf können eine fortgesetzte Handlung bilden, wenn jeder, wie etwa bei Preistreiberei, Höchstpreisüberschreitung, Kettenhandel, den strafrechtlichen Tatbestand zu verwirklichen geeignet ist. RGSt. **50** 87, **51** 251, 305. Ebenso gewerbsmäßiges Feilhalten und Verbreiten von Waren, RGSt. **46** 60. Häufig wird aber gerade hier je ein selbständiger Vorsatz vorhanden sein, RGSt. **54** 61. Auch eine fortgesetzte Sittenverletzung bei

Verschiedenheit der Ausführungsformen ist möglich, RGSt. **49** 208. Das Unterfallen der Handlung unter dasselbe Verbot ist notwendig, unter dasselbe Strafgesetz ist aber gleichwohl nicht unbedingt erforderlich und andererseits nicht unbedingt ausreichend. Denn es kann dieselbe Normübertretung in verschiedenen Strafgesetzen zu verschiedenartigen Straftaten ausgestaltet worden sein, z. B. § 185 und § 186, RGSt. **55** 130, und es können durch dasselbe Strafgesetz Übertretungen verschiedener Normen bedroht sein, 1 D 359/24 15. IV. 24. Das eine Strafgesetz kann auch nur eine Qualifikation oder Privilegierung der im anderen Strafgesetz verbotenen Tat bringen, § 243, § 370 Nr. 5. Enthält ein Strafgesetz mehrere Tatbestände, so ist zu untersuchen, ob diese unter einen gemeinsamen Deliktbegriff fallen und in diesem Sinne gleichartige Begehungsformen desselben Deliktes sind oder nicht, 4 D 62/217 4. XII. 17, RGSt. **49** 208; **56** 323. — Dagegen ist ein Fortsetzungszusammenhang zwischen Verwirklichung verschiedener Delikte ausgeschlossen, so zwischen Diebstahl und Unterschlagung. Der Dieb nimmt die fremde Sache, wer sie unterschlägt, behält sie. Die Handlung ist ungleichartig, RGSt. **58** 228. Ebenso Anstiftung zum Meineid und Meineid, RGSt. **61** 201.

b) Die gleichartigen Handlungen müssen sich ferner gegen dasselbe Rechtsgut richten, worunter aber nicht dasselbe konkrete angegriffene, sondern ein gleichartiges abstraktes zu verstehen ist. RGSt. **10** 53; **17** 228; **20** 316; **27** 19; **41** 98; **43** 134; **48** 186; **51** 305; **53** 275; **55** 134; **56** 323; **57** 140; **59** 98. In § 173 und § 176 Nr. 3 werden verschiedene Rechtsgüter geschützt, daher kein Fortsetzungszusammenhang, RGSt. **59** 262; **61** 201. Dasselbe Rechtsgut, die äußere Sicherheit des deutschen Reiches, liegt auch bei der in § 92 Abs. 1 Nr. 1 und SpionGes. v. 1914 §§ 1 Abs. 2 und 3 vor. Da auch die Betätigungsarten die gleichen sind, kann fortgesetzte Handlung vorliegen, RGSt. **56** 323; **58** 228; GA. **47** 156. Nicht so zwischen Diebstahl und Sachbeschädigung. Das Rechtsgut muß einer quantitativ oder intensiv größeren oder geringeren Verletzung zugänglich sein, RGSt. **17** 103, 111; **27** 20. Manche Straftaten sind bereits in sich abgeschlossen, daß eine in Fortsetzungszusammenhang begehbare Möglichkeit ihrer Natur nach ausgeschlossen ist. Das gilt z. B. vom Meineid. Eine Zusammenfassung mehrerer Meineide zu einer Fortsetzungstat ist auch dann nicht zulässig, wenn die Eide in demselben Rechtsstreit geleistet werden. RGSt. **43** 219 kann nicht beigetreten werden. Daß die Träger des verletzten Rechtsgutes verschieden sind, schließt die Einheitlichkeit nicht aus. Nur dann, wenn es sich um höchstpersönliche Rechtsgüter handelt, wie Ehre, insbesondere auch Geschlechtsehre, geschlechtliche Unversehrtheit bei Kindern, körperliche Unversehrtheit, Freiheit, Leben, müssen auch die Träger dieser Rechtsgüter dieselben sein. Es gilt hier dasselbe wie bei den einaktigen Handlungen, RGSt. **10** 53; **18** 317; **27** 19; **31** 150; **32** 138; **44** 229; **43** 136; **53** 274; **66** 222; Rechtspr. **5** 607; 4 D 1455/13 28. IV. 14; 1 D 51/17 1. III. 17; 4 D 535/22 16. I. 23. So können auch die bei verschiedenen Frauenspersonen vorgenommenen Fruchtabtreibungen nicht im Fortsetzungszusammenhang miteinander stehen. Jede Frucht stellt ein höchstpersönliches Rechtsgut dar, RGSt. **59** 98. Ein Fortsetzungszusammenhang zwischen unzüchtigen Handlungen mit verschiedenen Kindern ist rechtlich unmöglich. RGSt. **53** 275. Das Vermögen ist kein höchstpersönliches Rechtsgut. Ebensowenig der staatliche Strafanspruch, um dessen Verletzung es sich bei der Begünstigung handelt. Deshalb kann ein gegen mehrere gerichteter Strafanspruch durch Begünstigungsakte in Fortsetzungszusammenhang verletzt werden, RGSt. **43** 135; **49** 67; **57** 353.

c) Weiter muß die ganze Reihe der einzelnen Tätigkeitsakte sich äußerlich als ein in sich abgeschlossener, einheitlicher Vorgang darstellen, 4 D 98/8 22. II. 18; RGSt. **44** 226; **52** 233; **55** 135; es muß sonach eine gewisse Kontinuität der ganzen Handlungen in die Erscheinung treten und es ist jedenfalls bei längeren zeitlichen Zwischenräumen zwischen den Einzelhandlungen die dennoch vorhandene Zusammengehörigkeit zu einer Reihe besonders zu begründen, RGSt. in JW. **1928** 2269. Sehr wichtig hier RGSt. **26** 175; **32** 338. Ferner **9** 346; **15** 26. Wann dies anzunehmen sei, ist wiederum Tatfrage. Hierzu Frank S. 240. Als solcher einheitlicher Vorgang kann er in die Erscheinung treten, wenn er im Rahmen und auf Grund derselben Gelegenheit, während der Dauer eines längere Zeit hindurch bestehenden Verhältnisses (Amt, Dienstverhältnis, Gewerbebetrieb, RGSt. **53** 44, einer in derselben Zeitung vorgenommenen Ankündigung, RGSt. **47** 202) sich abspielt. So namentlich Frank S. 240, Mayer S. 166; auch Baumgarten, Festgabe f. Frank II, 204 u. a. Dann kann dieses bestehende Verhältnis, die gegebene Lage, die Vorstellung von der Zusammengehörigkeit der Handlungen bringen. Notwendig ist dies aber keineswegs, und deshalb vermag die Ausnutzung eines solchen Verhältnisses für sich allein noch nicht einen Fortsetzungszusammenhang zu begründen, wie umgekehrt die Ausnutzung verschiedener Gelegenheiten ihn nicht zu hindern vermögen. Örtliche Kontinuität ist nicht erforderlich, Rechtspr. **5** 607; Doerr, Festgabe f. Frank II, 213.

d) Endlich muß jeder einzelne Tätigkeitsakt eine Teilverwirklichung darstellen, die schon für sich strafbar ist. Daher können straflose Vorbereitungshandlungen oder sonst aus besonderen Gründen straflose Akte nicht mit anderen zu einer im Fortsetzungszusammenhang begangenen Handlung einbezogen werden, 1 D 147/24 11. III. 24. Handlungen, die nicht strafbar sind, begründen keinen Fortsetzungszusammenhang und können, wenn sie dazwischen liegen, möglicherweise auch den Zusammenhang der strafbaren Tätigkeit unterbrechen, RGSt. **39** 146; **47** 203, 399; **54** 299; **55** 129; **59** 262.

Da das RG. die fahrlässige Begehung einer Fortsetzungstat ablehnt, so nimmt es auch an, daß diese auch nicht mit vorsätzlich begangener strafbarer Handlung in Fortsetzungszusammenhang gebracht werden kann, RGSt. **52** 262. Auch straffschärfende Umstände, die nur bei einem unselbständigen Einzelakt vorliegen, dürfen nicht ohne weiteres als gegeben für alle Einzelakte und den ganzen Umfang des fortgesetzten Delikts behandelt werden, RGSt. **54** 46. Das wird auch von Bedeutung für die Teilnahme, die sich nur auf einzelne Akte beschränkt, RGSt. **57** 82. Umgekehrt begründen Strafmilderungsgründe, die bei einem unselbständigen Akt vorliegen, nicht die Milderung für die ganze fortgesetzte Straftat, RGSt. **20** 227; **31** 150; **43** 220; Mayer S. 168 verneint in solchen Fällen überhaupt einen Fortsetzungszusammenhang.

B. Der innere Tatbestand.

Erforderlich ist:

a) Einheitlichkeit des Vorsatzes, aus dem die gesamten einzelnen Tätigkeitsakte fließen. Auch bedingter Vorsatz genügt, RGSt. in LZ. **1920** 962. Doerr in Festgabe f. Frank II, 212. Deshalb betrifft die Rüge, daß nicht Einzelakte zu einer einheitlichen Straftat zusammengefaßt seien, auch die Schuldfrage. 1 D 1/22 7. XI. 22. Der Vorsatz muß sich auf die bestimmten Tätigkeitsakte beziehen, die Handlung nach den konkreten Umständen umfassen. Ein bloß allgemeiner Plan, ein vorgefaßter Entschluß dahin, bei sich bietender Gelegenheit zu stehlen, Unzucht zu treiben, ein nur der Gattung nach bestimmtes Vergehen zu verüben, etwa „bestechlich zu sein“, genügt nicht für diesen Vorsatz, wie dieser Entschluß ebensowenig schon Vorsatz zur Begehung einer einaktigen Handlung wäre, RGSt. **9** 349; **10** 53; grundlegend namentlich **15** 23; **22** 236; **23** 303; **26** 175; **30** 163; **31** 150; **44** 395; **45** 70; **51** 305; **58** 183; **59** 54, 169, 290; **61** 201. JW. **1923** 297[4], 757[2]. 4 D 805/17 12. IV. 18; 4 D 221/13 30. V. 13; 1 D 423/16 12. VIII. 16; 4 D 993/18 14. II. 19. Auch genügt nicht ein Entschluß, „sich für die Zukunft in bestimmter Weise zu verhalten“, „bei sich bietender Gelegenheit die Straftat zu wiederholen“, also neue selbständige Straftaten zu begehen, RGSt. **45** 71. Doerr, Das fortges. Delikt (1908) S. 94. Der Entschluß geht dem Handeln zeitlich voraus, der Vorsatz begleitet sie, RGSt. **24** 165. Erst recht genügt nicht eine allgem. verbrecherische Gesinnung, RGSt. **23** 303. Der Vorsatz erfordert die Vorstellung und das Wollen eines nach Zeit, Ort und Gegenstand bestimmten Verhaltens, das die wesentlichen Merkmale des Tatbestandes eines Deliktes enthält, auch hier. Der Gegensatz zum einheitlichen bestimmten Vorsatz, der das Bewußtsein der konkreten Wirksamkeit enthält, ist der allgemeine, unbestimmte Entschluß, bei künftiger Gelegenheit gleiche, in ihrer konkreten Gestalt noch gar nicht vorgestellte Straftaten zu begehen, v. Bülow a. a. O. S. 177. Abweichend Alsberg, PreistrVO. (7. Aufl.) S. 298 und JW. **1923** 297, 757. Deshalb geht es auch zu weit, anzunehmen, daß schon um deswillen Straftaten auf einem einheitlichen Entschluß beruhen, weil sie die Ausnutzung derselben Gelegenheit oder desselben dauernden Verhältnisses beabsichtigen. So Kohler, GA. **53** 110; v. Liszt-Schm. § 55; Köhler 54; Frank 240. Dagegen Doerr in Festgabe f. Frank II S. 218. Damit gerät man aber ins Uferlose, eine derartige Ausdehnung des Begriffs Handlung führt schließlich dazu, daß ein Verbrecher sein ganzes Leben lang nur noch eine Handlung verübt. Die Praxis neigt freilich aus Bequemlichkeitsgründen sehr zu dieser Auffassung. Mit Recht ist ihr das RG. entgegengetreten. Das schließt nicht aus, daß objektiv ein einheitlicher Vorgang durch ein solches Verhältnis begründet werden kann. Auch eine Einheit des außertatbestandlichen Zieles und Zweckes der mehreren Handlungen genügt nicht, RGSt. **15** 23; **32** 384; **45** 70; **51** 4; Frank S. 239.

b) Umfang des Vorsatzes. Der Vorsatz darf sich von vornherein nicht nur auf Vornahme des ersten Tätigkeitsaktes als eines einmaligen richten, noch darf dessen Erfolgsvorstellung allein bestimmend auf den Willen einwirken. Vielmehr muß sich der Wille von vornherein als Gesamtvorsatz auf die Begehung mehrerer Tätigkeitsakte richten. Es muß die Fortsetzung der Tätigkeit gewollt sein und demzufolge auch die Vorstellung, die in den Willen aufgenommen wird, sich auf den Gesamterfolg aller einzelnen Tätigkeitsakte richten, sofern dieser Erfolg als äußerliches besonderes Ereignis sich von der Handlung abhebt, also jedenfalls bei den sog. Erfolgsdelikten. Dieser Vorsatz muß das Ziel, das durch den Willen und die verschiedenen Einzelhandlungen erreicht werden soll, in seinem Endergebnis umfassen, in derselben Weise, wie dies beim Erfolg der Handlung durch einen Tätigkeitsakt oder mehrere eine natürliche Handlungseinheit bildende erforderlich ist, z. B. bei Körperverletzung durch mehrere Schläge die Vorstellung, jemanden eine Tracht Prügel zu versetzen. In diesem Vorsatz liegt aber die Vorstellung davon, daß die Einzeltätigkeit die Natur eines unselbständigen Einzelaktes gewinnt, begriffen; a. M. RGSt. **9** 344; **17** 113; **50** 144; **57** 352; **58** 21. Ist auch eine genaue Bestimmung des Erfolges in allen Einzelheiten nicht immer möglich, so muß er doch annähernd als bestimmtes Ereignis in die Vorstellung aufgenommen worden sein, irgendwie näher bestimmt durch Zeit, Ort und Gelegenheit, unter der die einzelnen Tätigkeitsakte vor sich gehen. Beim Diebstahl ist die Vorstellung von einer durch die einzelnen Wegnahmetätigkeiten angeeigneten Gesamtmenge jedenfalls soweit erforderlich, daß der Vorsatz von vornherein auf die Wegnahme einer größeren Menge geht, als die durch den ersten Akt weggenommene darstellt (Haufen Kohlen im Keller, Wein im Faß); der Gesamterfolg kann auch durch Ort, Zeit und Gelegenheit, in der die einzelnen Akte vorgenommen werden sollen, bestimmt und begrenzt werden (alle während der Amtstätigkeit beim Postschalter abgegebenen Briefe) 4 D 411/18 28. V. 18; 4 D 96/18 22. II. 18; 4 D 805/17 12. IV. 18 (hierzu Feisenberger in ZStRW. **1918** 85); 4 D 914/14 26. XI. 15; 4 D 552/17 5. X. 17; RGSt. **9** 349; **15** 23; **17** 332; **20** 312; **22** 236; **26** 162, 175; **30** 164; **44** 396; **45** 70; **46** 17; **51** 308; **55** 134; **57** 352; **58** 20, 183; **59** 54; **61** 201; **64** 279; **66** 47. Das Erfordernis eines auf einen Gesamterfolg gerichteten Willens ist in dem Schrifttum bestritten. Beistimmend Köhler S. 540; Gerland, Deutsches Reichsstrafr. (1932) S. 209; Binding I, 540. Ablehnend Doerr, Fortges. Del. S. 95 und Festgabe f. Frank II, 212; Mezger, Lehrb. S. 466; v. Liszt-Schmidt S. 352; Frank S. 240. Hiernach kann die Annahme eines im Fortsetzungszusammenhang begangenen Diebstahls einer größeren Menge u. U. nachteilig für den Angeklagten sein, wenn dadurch die Anwendung von § 370 Nr. 5 ausgeschlossen wird. RGSt. **50** 398. Man darf aber die Frage, ob ein fortgesetztes Delikt vorliegt, nicht danach entscheiden, ob dessen Annahme für den Angeklagten günstiger ist, wie vielfach geschieht. Richtig RGSt. **49** 397. Sofern es sich um Handlungen handelt, bei denen der Erfolg nicht in einem äußerlich sichtbaren Ereignis, einer Zustandsänderung der äußeren Umwelt, besteht, muß jedenfalls eine Vielheit solcher Einzelhandlungen als ein zusammengehöriges Ganzes, als ein Gesamtunternehmen vorgestellt worden sein, wobei natürlich nicht erforderlich ist, daß darunter von vornherein eine bestimmte Anzahl begriffen wird. RGSt. **51** 174, 233; **55** 135; 1 D 1036/21 v. 23. I. 22. So ist es z. B. bei dem Vorsatz, Handlungen als Betätigungen eines verbotenen Gewerbebetriebs auszuführen. RGSt. **53** 44. Das Gesetz selbst kommt dieser Auffassung entgegen, wenn es sein Verbot, wie in §§ 174 und 176 gleich auf eine Mehrheit von „unzüchtigen Handlungen" erstreckt. Hiernach ist die Hinterziehung der Einkommensteuer eines jeden Jahres, auch wenn sie fortgesetzt wird und von vornherein der Entschluß gefaßt worden war, dies zu tun, keine im Fortsetzungszusammenhang begangene einheitliche Handlung, wenn für jedes Jahr der Steuererklärung ein neuer selbständiger Vorsatz erfordert wird, RGSt. **46** 16. Denn es liegt kein Gesamtunternehmen vor, vielmehr sind nur Einzelunternehmungen vorhanden. 4 D 185/22 13. II. 23; 4 D 317/22 11. V. 23. Das gilt aber nicht für alle Steuergesetze, z. B. das Branntweinsteuerges. v. 15. VII. 09, RGSt. **50** 83. — Dagegen wird die Möglichkeit eines Fortsetzungszusammenhangs nicht dadurch ausgeschlossen, daß bei Vorhandensein derselben Norm, gegen die in einem Gesamtunternehmen zuwidergehandelt wird, die Strafdrohungen wechseln, RGSt. **50** 398; **51** 173; **56** 56; JW. **1924** 1160[1].

c) Beziehungen des Vorsatzes zu den Einzelakten der Tätigkeit. Sofern sich die Einzeltätigkeiten unmittelbar aneinanderreihen, ließe sich vielleicht sagen, daß die Innervationen, auf denen sie beruhen, Ausfluß desselben einen Vorsatzes sind und keines eigenen besonderen Vorsatzes bedürfen, etwa wenn aufeinanderfolgende Schläge ausgeteilt, eine Flut von Schimpfworten ausgestoßen wird. So bei einer Handlung im natürlichen Sinne. Wenn jedoch zwischen den Einzelakten sich ein gewisser Zwischenraum zeigt, bedarf zweifellos jede Einzelbetätigung insoweit auch eines neuen Willensimpulses und neuen Vorsatzes. Gleichwohl läßt sich auch dann von einer Einheit des ganzen Willensvorgangs reden, wenn der die Einzeltätigkeit verursachende Vorsatz unter der Einwirkung des vorausgegangenen Gesamtentschlusses steht und diesen als Element zu seiner Willensbildung in sich aufgenommen hat, Wundt, Völkerpsychologie a. a. O. S. 275. RGSt. **10** 53, 205; **34** 7; **58** 183. 1 D 613/23 9. X. 23. Wie der erste Gesamtvorsatz nicht nur aus der Vorstellung gebildet ist, lediglich die erste Einzeltätigkeit zu verüben, sondern zugleich die folgenden und den Enderfolg aller umfaßt, so ist der Vorsatz, der diese einzelnen Teilhandlungen auswirkt, von der Vorstellung gebildet, daß diese Handlung nur ein Teil der ganzen von Anfang an vorgestellten Handlungsweise sei und nach rückwärts und vorwärts sich an die vom Gesamtvorsatz mitumfaßten Einzelhandlungen anreihe, so daß der neue Vorsatz „an das bisherige Wissen und Wollen anknüpfe", Doerr, Festgabe f. Frank II, 212. Er ist ein Teilvorsatz, RGSt. **45** 70. Es besteht sonach bei diesen Vorsätzen für die Einzelakte die Vorstellung der Zusammengehörigkeit und Unselbständigkeit, der Abhängigkeit vom vorausgegangenen Gesamtvorsatz. Sie gehen auf stoßweise Verwirklichung des Gesamtvorsatzes durch mehrere Einzelhandlungen zur Herbeiführung des von Anfang an vorgestellten und in jedem Teilvorsatz wieder wirksamen Vorsatzes auf den Gesamterfolg. 4 D 411/18 28. V. 18. RGSt. **51** 308; **64** 20; **66** 239. Der Täter muß bei Begehung des Einzelaktes das Bewußtsein haben, daß er nur ein Glied einer einheitlichen Kette ist. Ob ein einheitlicher Gesamtvorsatz oder einzelne völlig selbständige Vorsätze für jede einzelne Handlung vorliegen, ist lediglich Sache tatsächlicher Feststellung und von der Revision nicht nachprüfbar. Insbesondere können eintretende Gegenvorstellungen bewirken, daß ein voller selbständiger Vorsatz notwendig wird. Dies kann der Fall sein bei einer in die Zwischenzeit zwischen die Wiederholungshandlungen fallenden Verurteilung wegen dieser Tat, auch wenn keine Rechtskraft eingetreten ist, ja sogar schon bei einem Eröffnungsbeschluß, RGSt. **58** 371. Notwendig braucht die Verurteilung diese Wirkung aber nicht zu haben, vielmehr kann der einheitliche Vorsatz trotzdem auch darüber hinaus fortbestehen, RGSt. **53** 44. Dies wird namentlich häufig bei bloß polizeilichen Maßnahmen und Strafauflagen der Fall sein, RGSt. **49** 353. Ein gutes Kennzeichen gibt Binding, Handb. I, 523, 526: Die Wiederholung der Tätigkeit erfolgt, um wiederholt denselben Erfolg herbeizuführen, weil bereits der herbeigeführte frühere Erfolg voll befriedigt hatte = selbständige Handlung; die Wiederholung erfolgt, um den noch nicht voll herbeigeführten Erfolg noch herbeizuführen, weil der nur teilweise herbeigeführte Erfolg noch nicht voll befriedigt hatte = unselbständiger Teilakt. Wenn trotzdem bei einem rechtskräftigen Urteil angenommen wird, daß mit ihm die fortgesetzte Handlung zum Abschluß gekommen ist, so betrifft diese Annahme den äußeren Tatbestand und beruht darauf, daß die nach dem Urteil liegenden, noch nicht abgeurteilten Handlungen notwendig einer anderweiten Aburteilung zugänglich sein müssen, RGSt. **20** 316; **42** 372; **47** 308; **49** 353; **51** 253; **53** 44.

d) Hat die Betätigung einer fortgesetzten Handlung bereits ihren Anfang genommen, bevor der Täter überhaupt strafmündig war und setzt er diese fort, nachdem er es geworden ist, so liegt eine strafbare in Fortsetzungszusammenhang begangene Tätigkeit überhaupt erst mit Eintritt in das Alter der Strafmündigkeit vor und es müssen die vorher liegenden Teilakte außer Betracht bleiben. Da der Vorsatz aber für die nach ihm liegenden Teilakte aufrecht erhalten wurde, liegt für diese eine vorsätzliche Tätigkeit vor. Entsprechend ist zu verfahren, wenn es sich um die Altersgrenze von 18 Jahren bei der Begehung einer fortgesetzten Straftat eines Jugendlichen handelt. Liegen die Schuldausschließungsgründe nach § 3 des Jugendgerichtsgesetzes nicht vor, so sind die Vorschriften von § 9 bei Festsetzung der Strafe für die gesamte Straftat zu berücksichtigen, RGSt. **66** 36. Auch fahrlässig kann eine Handlung im Fortsetzungszusammenhang begangen werden. **Anders** in ständiger Rechtsprechung **RG.**, z. B. 1 D 73/18 3. VI. 18, 4 D 465/24 30. V. 24; RGSt. **41** 98; **47** 332; **52** 262; **53** 266; **57** 120; **59** 53, 287 und ein Teil des Schrifttums z. B. Doerr, Fortges. Delikt S. 104 und Festgabe f. Frank II S. 212; Gerland, Dtsch. Strafr. S. 210; Schwartz, Anm. 6 zu § 73. Dagegen bereits dahingestellt gelassen von 3 D 494/16 12. II. 17, und 4 D 396/13 4. VII. 13 bei einem fortgesetzt pflichtwidrigen Unterlassen einer gebotenen Überwachung; und bejaht von Rechtspr. **2** 770; **9** 7; 5 D 1155/10 3. III. 11; 5 D 803/13 3. II. 14; 3 D 336/16 23. X. 16 (JW. **17** 47). Da aber die fahrlässige Herbeiführung eines Erfolges nicht gewollt ist und nicht auf Vorsatz beruht, im übrigen aber das Tätigwerden vorsätzlich sein kann, so kann, soweit die Handlung vorsätzlich ist, auch eine Begehung im Fortsetzungszusammenhang stattfinden, und diese vorsätzliche Handlung kann dann den über die Vorstellung hinaus verursachten Erfolg durchaus fahrlässig verursacht haben. Wie hier auch Köhler, Strfr. S. 544; Kohler, GA. 53, 16. — Olsh. zu § 73 Nr. 8 a; Binding Hdb. I, 537; M. E. Mayer S. 171; Wachenfeld 112; Frank 240; Beling, Verbrechen S. 370; v. Liszt-Schmidt 235 Anm. 2; Meyer-Allf. 233; Feisenberger in ZStRW. **17** 533; Lobe, BVO. gegen Preistreiberei S. 123.

C. Begangen wird eine Fortsetzungshandlung trotz ihrer Zusammenfassung als eine rechtliche Einheit immer im Wege der Betätigung unselbständiger Einzelakte. Die Begehung beginnt also zeitlich mit dem ersten Einzelakte und endigt mit dem letzten, die ganze zusammengefaßte Handlung abschließenden Einzelakt, RGSt. **10** 203; **15** 370; **20** 226; **38** 387; **40** 319; **43** 357; **44** 273; **47** 308; **50** 244, 346; **51** 171; **53** 318; **56** 56. Erstreckt sich die fortgesetzte Tätigkeit zwischen Beginn und Abschluß über mehrere Orte, so wird sie nach den Grundsätzen, wie sie auch bei einer natürlichen Handlung gelten, überall dort begangen, wo nur ein Teil der Tätigkeit begangen worden ist, RGSt. **1** 274; **3** 316; **10** 420; **11** 20, 245; **20** 147; **23** 155; **39** 258; **48** 60; **50** 423; **57** 144. Auf eine teils im Ausland, teils im Inland begangene fortgesetzte Handlung findet sonach das inländische Gesetz auf die ganze einheitliche Handlung Anwendung, RGSt. **50** 425. Rechtlich bedeutsam wird zuweilen schon der Beginn der fortgesetzten Handlung, so bei § 245, RGSt. **50** 245, zuweilen erst der Abschluß der Handlung, also nur bei Vollendetsein der ganzen Handlung eine begangene Handlung angenommen, RGSt. **47** 308. So bei der Verjährung, RGSt. **46** 19, und bei Anwendung eines während der Begehungszeit geänderten Strafgesetzes nach § 2, RGSt. **43** 355; **44** 273; **50** 246, 348; **56** 54. Vgl. hierzu aber die Erläuterungen zu § 2. Diese für § 2 vom Reichsgericht entwickelten Grundsätze wendet es auch auf § 9 des Jugendgerichtsgesetzes an, RGSt. **66** 36. Vgl. oben zu Vorsatz.

D. Zum Abschluß kommt die in Fortsetzungszusammenhang begangene Handlung erst mit dem letzten zu ihr gehörigen Einzelakt, RGSt. **10** 203, **15** 370, **20** 226, **38** 387, **40** 319, **43** 357, **44** 273, **47** 308, **50** 346, **51** 171, **54** 318, **56** 56. Über die hieraus gezogenen Folgerungen für die Begangenschaftszeit vgl. § 2 StGB., für die Verjährung § 67 Abs. 4, 1 D 30/23 13. II. 23. Ist der Gesamterfolg bereits durch die Handlung eingetreten, das Delikt also vollendet, so kann ein nachfolgender Versuch nicht noch in Fortsetzungszusammenhang treten, RGSt. **59** 426. Wirkung für § 79 vgl. RGSt. **59** 169.

Zum Abschluß kommt weiter ein Fortsetzungszusammenhang, wenn der Vorsatz zum weiteren Tätigwerden in diesem Zusammenhang aufgegeben wird. Eine solche Aufgabe des Vorsatzes ist nicht schon darin zu finden, daß der Vorsatz der Eintäterschaft sich in den der Mittäterschaft verwandelt, RGSt. **56** 326, 328. Der Umstand, daß der Gesamtvorsatz für die einzelnen unselbständigen Akte jeweils einen besonderen Willensanstoß auslösen muß, bedeutet gleichfalls keine Aufgabe des Gesamtvorsatzes, vielmehr ein Festhalten und eine Betätigung eben desselben, RGSt. **58** 183; **66** 50.

Dagegen kann, aber braucht nicht notwendig eine Aufgabe des Vorsatzes zu erfolgen, wenn eine polizeiliche Strafverfügung oder ein gerichtliches Urteil eine Strafe wegen des bisherigen Tuns verhängt. Insbesondere ist diese Wirkung der Warnung nicht notwendig an die Rechtskraft des Urteiles gebunden, und es ist in dieser durch die Warnung hervorgerufenen Änderung des Vorsatzes nicht der Grund für den Abschluß des Fortsetzungszusammenhanges zu finden, wie das RG. zuweilen meint, RGSt. **20** 317; **25** 210; **36** 42; **42** 373; **49** 353; **53** 44; **58** 371. Es kann auch ein nicht rechtskräftiges Urteil oder eine bloße polizeiliche Strafverfügung diese Wirkung haben, sie kann aber auch trotz dieser nicht rechtskräftigen Entscheidungen ausbleiben. Jedenfalls unterbricht nicht jede Erkenntnis rechtsnotwendig den Fortsetzungszusammenhang, so jetzt auch RGSt. **66** 46. Ob der Vorsatz tatsächlich ein anderer geworden ist oder nicht, ist Tatfrage. Wird etwa gegen ein Urteil bewußt grundlos und nur deshalb Revision eingelegt, weil man glaubt, bis zu Entscheidung des Revisionsgerichtes und wegen des Ausstehens der Rechtskraft noch im Forsetzungszusammenhang handeln zu können, so läge tatsächlich auch ein neuer Vorsatz vor und der Fortsetzungszusammenhang wäre unterbrochen. Für diesen Fall erkennt das auch RGSt. **49** 353 an, nur daß hier keine Ausnahme von der Wirkung des rechtskräftigen Urteils vorliegt, da ein solches gar nicht vorhanden ist.

Zum Abschluß kommt dagegen eine fortgesetzte Handlung immer durch eine rechtskräftige Entscheidung, gleichviel, ob die nach ihr liegende Tätigkeit noch von einem früheren einheitlichen Vorsatz umfaßt wird oder nicht, RGSt. **51** 254; **66** 47. Die vor und die nach der rechtskräftigen Entscheidung begangenen Teilakte können daher nicht mehr zu einer einzigen Fortsetzungshandlung zusammengefaßt werden, RGSt. **20** 317; **25** 210; **36** 42; **42** 373; **49** 353; **51** 253; **53** 44; **58** 371. Für die nachfolgenden Handlungen kann dann aber eine Zusammenfassung in einer neuen fortgesetzten Handlung geschehen. Ist das Taturteil das einzige geblieben und durch ein Rechtsmittel nicht angefochten worden, so muß der Zeitpunkt des Erlasses des Urteils, nicht erst der Zeitpunkt des Fristablaufes für die Anfechtungsmöglichkeit als Endpunkt des Fortsetzungszusammenhanges angesehen werden. Ist dagegen das Urteil mit dem Rechtsmittel der Berufung angefochten, so ist das Berufungsurteil in der Lage und verpflichtet, auch etwa nach dem ersten Urteil liegende Handlungen daraufhin zu prüfen, ob sie von dem Fortsetzungszusammenhang ergriffen werden oder nicht. Hat das erste Taturteil die Wirkung gehabt, den ursprünglichen Gesamtvorsatz durch die in ihm liegende Verneinung zu beseitigen und sind die gleichwohl später noch begangenen Handlungen Ausflüsse eines neuen Vorsatzes, so kommen diese als nicht zur Anklage gezogene Handlungen für das Berufungsurteil überhaupt nicht in Betracht. Es bleibt bei der Beendigung der fortgesetzten Handlung zur Zeit des ersten Urteils infolge der dadurch herbeigeführten Aufgabe des Vorsatzes. Hat jedoch das erste Taturteil für sich nicht die Wirkung gehabt, den ursprünglichen Gesamtvorsatz zu beseitigen, und bleiben auch die nach seinem Erlaß betätigten Handlungen als Ausflüsse dieses Gesamtvorsatzes Akte des fortgesetzten Delikts, so sind sie von der Anklage, die das ganze fortgesetzte Delikt ergreift, mitumfaßt und müssen auch vom Berufungsgericht mit abgeurteilt werden. Die Beendigung der fortgesetzten Handlung tritt solchenfalls also nicht schon mit dem Zeitpunkt des ersten Urteils ein, sondern erst mit dem Zeitpunkt des Berufungsurteiles, sofern dieses Rechtskraft erlangt, und als Folge dieser Rechtswirkung. Ist auch das Berufungsurteil mit der Revision angefochten, so bleiben die nach dem Berufungsurteil begangenen Handlungen außer Betracht, wenn die Revision verworfen wird. Der Fortsetzungszusammenhang endet nicht erst mit dem Zeitpunkt des Erlasses des Revisionsurteiles, sondern mit dem Zeitpunkt des Erlasses des — nun rechtskräftigen — Berufungsurteiles. Führt dagegen die Revision zur Aufhebung des Berufungsurteiles, so steht das Berufungsgericht bei der neuen Verhandlung wiederum vor der Aufgabe, zu prüfen, ob die inzwischen fortgesetzten Handlungen mit den früheren in Fortsetzungszusammenhang stehen oder nicht. Ersteres ist durchaus möglich, wenn sie noch vom früheren Gesamtvorsatz umfaßt werden. So auch RGSt. **66** 49 unter Ablehnung der entgegenstehenden Ansicht RGSt. **49** 353 und 1 D 22/29 7. VI. 29.

E. Dieselbe Person kann sich auch nur an einem Teil von Einzelakten beteiligen, oder an einem Teil von Einzelakten, die die fortgesetzte Handlung bilden, als Mittäter, Anstifter, Gehilfe, an einem anderen Teil als Begünstigter, Doerr, Fortgeſ. Delikt S. 209; Frank S. 243. Die einzelnen Teilnahmehandlungen können je nach der Beschaffenheit des Vorsatzes und der äußeren Tatseite unter sich real konkurrieren oder auch ihrerseits eine fortgesetzte Handlung bilden, RGSt. **17** 227; **23** 300; **34** 5, 47; **56** 326; **57** 189; 1 D 533/24 26. IX. 24; 1 D 823/24 30. I. 25. Es ist aber auch denkbar, daß Handlungen, die sich äußerlich zunächst als Beteiligungen an einem oder mehreren Einzelakten darstellen, als Teilnahmehandlungen an der ganzen fortgesetzten Tat gewollt sind, wenn diese als solche erkannt ist, RGSt. **48** 206. Dann findet im Gegensatz zum erstgenannten Fall zwischen den mehreren Teilnahmeformen kein Zusammentreffen nach StGB. § 73 oder § 74 statt, vielmehr sind alle Teilnahmehandlungen wie bei einem eintätigen Delikt als eine einzige Teilnahme zusammenzufassen, 3 D 280/21 4. IV. 21 in JW. 1921, 839[2] und 1 D 1095/21 22. XII. 21. Ausgeschlossen ist es nach positiver Gesetzgebung, Teilnahmehandlungen dann in ein fortgesetztes Delikt zusammenzufassen, wenn diese als selbständige Handlungen rechtlich angesehen werden müssen, wie es wegen des Grundsatzes der Akzessorietät bei Beihilfehandlungen zu mehreren selbständigen Straftaten der Fall ist, RGSt. **4** 97; **11** 59; **54** 165; Rechtspr. **3** 684. Dann tritt die Natur der Verbrechenseinheit des fortgesetzten Delikts gegenüber der Wirklichkeit der selbständigen Teilnahmehandlungen zurück, RGSt. **17** 227; **23** 300; **26** 361; **34** 5; **48** 206; **56** 326; **57** 81, 189; **58** 117; Frank S. 238; Olshausen Anm. 9 k zu § 73.

F. Innerhalb einer im Fortsetzungszusammenhang begangenen Straftat, in der es nur unselbständige Einzelakte gibt, kann nicht noch von einem gewohnheitsmäßigen Handeln gesprochen werden, da dieses mehrere selbständige Handlungen voraussetzt. So mit Recht 1 D 348/21 11. VII. 21 gegen RGSt. **34** 310. Nur das ist natürlich denkbar, daß eine im Fortsetzungszusammenhang begangene einheitliche Straftat ein Teil eines gewohnheits- oder gewerbsmäßigen Tuns wie auch etwa eines Bandendiebstahls, sein kann RGSt. **56** 90. Die Festsetzung der Gewerbsmäßigkeit (z. B. Schleichhandel) dagegen ist mit der Annahme eines Fortsetzungszusammenhangs nicht unvereinbar, RGSt. **56** 55; **58** 19; Frank StGB. S. 238. Der Tatbestand einer gewerbsmäßigen Straftat ist dann gegeben, wenn sie mit dem Willen begangen wird, sich durch wiederholte Begehung selbständiger Handlungen einen fortgesetzten Erwerb zu verschaffen, nicht genügt ein Wille auf stoßweise Verwirklichung in einer Handlung durch Wiederholung unselbständiger Einzelakte. Dort wird durch Gesetz, hier kraft einheitlichen Vorsatzes ein Gesamtvorgang zu einer Einheit zusammengeschlossen. Allerdings kann nun aber auch der Wille dahin gehen, schon die unselbständigen Einzelakte jeweils als dauernde Einnahmequelle zu benutzen. Dann muß hinzukommen, daß sich die Fortsetzungstat auch auf einen längeren Zeitraum erstreckt, so daß in Wahrheit von einer „dauernden" Einnahmequelle gesprochen werden kann. Solchenfalls kann das fortgesetzte Handeln auch als ein gewerbsmäßiges angesprochen werden. RGSt. **53** 42; **57** 368 (unter teilweiser Aufgabe von 1 D 174/22 26. V. 22 in JW. **1922** 1043 Nr. 61; **58** 21, 23; **60** 224; 1 D 114/23 III. 23.

G. Zu unterscheiden ist die im Fortsetzungszusammenhang begangene eine Handlung von dem Kollektivdelikt, bestehend in der Gewerbs- und Gewohnheitsmäßigkeit der Verübung. Letztere ist nicht gleichbedeutend mit jener. Die gewerbs- und gewohnheitsmäßigen Delikte werden begrifflich nicht durch die Einheit des Vorsatzes zusammengehalten, wie die im Fortsetzungszusammenhang begangene Tat, sondern nur durch die einheitliche auf eine dauernde Erwerbsquelle gerichtete Absicht oder durch die Gewöhnung.

H. Prozessuales. Da die in Fortsetzungszusammenhang begangene Handlung eine einheitliche Handlung ist, so kommt sie als solche Einheit auch für den Grundsatz ne bis in idem sowohl bei der Klageerhebung als bei der Rechtskraftwirkung des Urteils in Betracht. In dieser Einheit sind alle Einzelakte notwendig inbegriffen. Daraus ergibt sich, daß ein Urteil über eine in Fortsetzungszusammenhang begangene Tat ohne weiteres auch alle ihre Einzelakte ergreift, gleichviel ob sie bei seinem Erlaß bekannt und Gegenstand der Verhandlungen waren oder nicht, ob das Gericht in der Lage war, sich von ihnen Kenntnis zu verschaffen oder nicht.

Für die Verurteilung wird das vom RG. anerkannt. Die Verurteilung und Bestrafung erledigt alle in der Zeit vor dem Erlaß des endgültigen Taturteils (Berufungsurteils) betätigten Einzelakte einer fortgesetzt begangenen Straftat, auch wenn sie unbekannt waren und vielleicht für die Strafzumessung von erheblicher Bedeutung gewesen wären, sie brauchen daher auch im Urteil keine Erwähnung gefunden zu haben, RGSt. 7 32, 229; 8 135; **9** 344; **24** 420; **26** 162; **28** 283; **32** 57; **41** 108; **42** 372; **44** 392; **45** 70; **47** 397; **49** 353; **51** 253; **53** 44; **54** 333; **57** 21; **66** 50; v. Lilienthal in JW. 1921, 846. Das Revisionsurteil hat sich nicht mit tatsächlichen Feststellungen zu befassen, ergreift daher die etwa über das letzte Taturteil hinausgehenden Einzelakte einer weiteren fortgesetzten Handlung nicht. Diese kommen als Bestandteile einer fortgesetzten Handlung nicht in Betracht. Die Rechtskraftwirkung stellt ihre Selbständigkeit her.

Für die Freisprechung nimmt das RG. folgenden Standpunkt ein. Es hält die einheitliche im Fortsetzungszusammenhang begangene Handlung als Gegenstand der Strafklage und das Urteil für etwas Verschiedenes von den sie bildenden Einzelakten und nimmt an, daß die Freisprechung von jener nur die Verneinung des Fortsetzungszusammenhanges bedeute, im übrigen aber die Beurteilung über das Vorliegen der nunmehr als selbständige Handlungen anzusehenden Einzelakte nicht enthalte.

Daher nimmt es an, daß die Freisprechung von einer unter Anklage gestellten fortgesetzten Straftat zwar, wie eine Verurteilung, alle vorausgegangenen Einzelakte als solche ergreife, gleichviel ob sie bekannt und Gegenstand der Verhandlung waren oder nicht und daher eine neue Strafverfolgung unter dem Gesichtspunkt ihrer Zusammenfassung als ein fortgesetztes Delikt ausgeschlossen ist. Aber einer Strafverfolgung und Verurteilung wegen eines im Urteil nicht berücksichtigten Einzelfalles als einer selbständigen Straftat soll nichts im Wege stehen, Rechtspr. 7 670; RGSt. **23** 230; **24** 419; **26** 299; **41** 108; **47** 400; **51** 254; **54** 333. Die Ansicht des RG. ist im Schrifttum lebhaft als im Widerspruch mit der Wirkung der materiellen Rechtskraft stehend bekämpft worden, so Doerr S. 216; Ehrhardt, Handlungsfreiheit und Handlungsmehrheit im geltenden Recht usw. in Strafr. Abhdl. v. Lilienthal Nr. 214 (1925) S. 65; v. Beling, Dtsch. Strafprozeßrecht 267 und JW. 1925, 1010; Nickel a. a. O. S. 72. Kern in JW. 1933 S. 456 in Anm. 47 zu dem dort abgedruckten Urt. des RGSt. **66** 22. Jedoch mit Unrecht. Wenn ein Urteil über ein fortgesetztes Delikt auch die unbekannten, vor dem Urteil liegenden Einzelakte ergreift, so beruht das ausschließlich auf ihrer Verbindung mit den anderen, zu einer Einheit zusammengefaßten, unselbständigen Einzelakten; RGSt. **66** 22/23. Wird vom Urteil das Vorliegen einer solchen Verbindung verneint, durch Freispruch von der im Fortsetzungszusammenhang begangenen Straftat, so fällt damit ohne weiteres die Möglichkeit der Rechtskraftwirkung auf diese als selbständige Handlungen anzusehenden, daher nicht zur Strafverfolgung begangenen Handlungen fort. Diese unbekannten Handlungen stehen also neuer Strafklage, sei es als selbständige, sei es als unselbständige Einzelakte einer anderen fortgesetzten Handlung offen, RGSt. **7** 32; **23** 230; **24** 419; **41** 108; **47** 397; **54** 333. Die Freisprechung unter Verneinung des Fortsetzungszusammenhangs bedeutet aber zugleich auch die Freisprechung von den sämtlichen bekannten Einzelakten als selbständigen Handlungen. Denn würde bei ihnen nur der Fortsetzungszusammenhang zu verneinen sein, so müßte unbedingt die Verurteilung wegen der nunmehr als selbständig anzusehenden Handlungen zu erfolgen haben oder eine nur einen Teil davon ergreifende Freisprechung. RGSt. **33** 142; **38** 428; **51** 81; **57** 302; hierzu Weber in JW. 1933 S. 409 und das dort eingezogene Schrifttum, insbesondere Golzen in DRZ. 1931, 51 ff. Erstreckt sich daher die Rechtskraftwirkung der Freisprechung auch auf diese bekannten Handlungen in ihrer Eigenschaft als selbständige, so ist eine neue Verfolgung sowohl als selbständige Einzelhandlung als eine Einbeziehung zu einer anderen fortgesetzten Straftat unmöglich. Es ist ihre Natur als unselbständiger Einzelakt einer fortgesetzten Handlung, wie als selbständige Straftat rechtskräftig verneint. Aus denselben Erwägungen kann auch bei einer Verurteilung einer als Einzelakt unter Anklage gestellten Handlung als einer selbständigen Straftat deren spätere Einbeziehung als unselbständiger Einzelakt in eine andere fortgesetzte Handlung nicht mehr erfolgen, wie 3 D 1153/23 24. X. 24 einmal angenommen hat. Richtig verneint auch RGSt. **26** 162; **42** 373; 4 D 421/17 12. X. 17.

Der Umstand, daß der Eröffnungsbeschluß die Handlung als eine selbständige ansieht, sie sich nach dem Ergebnis der Hauptverhandlung aber im Fortsetzungszusammenhang begangen erweist, gebietet nicht den Hinweis nach StPO. § 265.

Erfolgt die Niederschlagung eines unselbständigen Einzelaktes einer fortgesetzten Straftat, so kommt es auf den Willen des Niederschlagenden an, ob damit die ganze fortgesetzte Handlung getroffen werden soll oder nicht. Rechtsnotwendig ist keines von beiden. Fällt zufolge der Niederschlagung nur der Einzelakt fort, so können die anderen Einzelakte gleichwohl in ihrem Zusammenhang bestehen bleiben, es ist freilich auch möglich, daß damit der ganze Zusammenhang zerrissen wird, RGSt. in LZ. 1914 Sp. 288; Frank S. 244; Ilse Ehrhardt, Handlungseinheit und Handlungsmehrheit (1926). — Über die Wirkung einer während des Laufes der fortgesetzten Handlung und vor ihrem Abschluß eingetretenen Amnestie Erl. bei § 2 und RGSt. **54** 318; Beschl. des RGSt. vom 23. XI. 28 14a J. 88/24; Olshausen Anm. 9 zu § 73. Ein einzelner Akt der Fortsetzungshandlung kann nicht mit der Revision angegriffen werden. RGSt. **57** 84.

§ 26. Das Dauerverbrechen und Zustandsverbrechen.

1. Dauerverbrechen. v. Bar 3, 408; Loening, VDA. 1, 439; Höpfner 1 S. 250; Frank 242; Gerland, Dtsch. Reichsstrafr. S. 209. Es ist begrifflich die Verwirklichung des Tatbestandes durch eine während eines gewissen Zeitraums ununterbrochen fortdauernde Willensbetätigung. Der Wille wird hier nicht nur durch eine die juristische Vollendung des Delikts herbeiführende Tätigkeit verwirklicht, sondern darüber hinaus noch durch Aufrechterhaltung des gewollten Erfolgs als eines dauernden, so daß durch dieses **Aufrechterhalten** die Betätigung ihren Fortgang nimmt, z. B. der Eingesperrte wird eingesperrt gehalten, RGSt. **25** 147, der Hausfriedensbruch wird durch dauerndes Verweilen im umfriedeten Raum aufrecht erhalten; Fahnenflucht, RGSt. **27** 158, **38** 417; **49** 275; **50** 219; unzüchtige Gegenstände werden dauernd feilgehalten. Dauernder strafbarer Besitz von Waffen, RGSt. **58** 13. M. E. Mayer S. 126 sieht nicht im Aufrechterhalten das Wesen des Delikts, sondern im Zustand und unterscheidet es darum nicht von dem Zustandsdelikt. Die Aufrechterhaltung kann auch durch ein von selbst fortwirkendes Mittel bewirkt werden, nur muß die Fortwirkung des Mittels vom Willen des Täters abhängen. Vgl. hierzu Loening, VDA. 1, 439 einerseits und v. Bar, Ges. und Schuld 3, 409 andererseits. Ferner Frank S. 242. Sie kann auch fahrlässig begangen werden, RGSt. **59** 53, 287. Die echten Unterlassungsdelikte sind zumeist Dauerverbrechen, sofern nicht die Handlung nur zu einer ganz bestimmten Zeit geboten war und nach dieser Zeit eine Handlungspflicht nicht weiter besteht, RGSt. **8** 390; **43** 130; Binding, Hdb. I, 840; Normen II, 514; Allfeld S. 255. Das Dauerdelikt wird nicht notwendig so lange begangen, bis der rechtmäßige Zustand wieder hergestellt wird, sondern so lange, wie der unrechtmäßige aufrechterhalten wird. Das kann auch durch Verhinderung des Eintritts des rechtmäßigen Zustandes geschehen. Eine Dauerstraftat kann durch Inkrafttreten einer auf die gleiche Handlung bezüglichen neuen Norm und deren Übertretung unterbrochen werden, RGSt. **56** 283. Die Verjährung beginnt erst mit dem Ende der Aufrechterhaltung des rechtswidrigen Zustandes, RGSt. **43** 285. Der Umstand, daß für das Dauerdelikt zwei Momente in Betracht kommen: die juristische Vollendung und die Aufrechterhaltung des Erfolgs gibt die Möglichkeit, daß zu der nach der rechtlichen Vollendung der Tat gewährten Begünstigung noch eine während der Aufrechterhaltung geleistete Beihilfe hinzutreten kann, RGSt. **17** 227; **50** 219; Frank S. 243.

2. Hiervon verschieden sind die sogenannten **Zustandsverbrechen.** A. Köhler S. 538; Liszt-Schmidt S. 337; M. E. Mayer S. 126 hält den Begriff für überflüssig, s. auch Frank 242. Sie liegen vor, wenn mit der Herbeiführung des verbrecherischen Erfolgs das deliktische Verhalten zu Ende ist und auch — anders als beim Dauerverbrechen — ein Aufrechterhalten des hierdurch geschaffenen Zustands nicht stattfindet, dieser Zustand aber als rechtswidriger von selbst fortdauert, z. B. das Siechtum bei der Körperverletzung, die Aneignung beim Diebstahl, die falsche Anzeige nach StGB. § 164. Die Vollendung der verbotenen Handlung und die Verwirklichung des verbrecherischen Tatbestands tritt hier schon mit Herbeiführung des Zustandes ein, nicht erst mit seiner Wiederaufhebung. Das wird von Bedeutung für den Beginn der Verjährung, Frank S. 242.

§ 27. Besondere Deliktseinheiten.

(Sammelstraftaten, Kollektivdelikte.)

Von diesen schon nach der natürlichen Auffassung gegebenen Deliktseinheiten des fortgesetzten Delikts, Dauerdelikts und Zustandsdelikts sind **Deliktseinheiten** zu unterscheiden, die lediglich kraft **besonderen Gesetzeswillens** geschaffen werden und aus dem einem Verbote zugrunde liegenden Tatbestande selbst zu erkennen sind, **Kollektiv-** oder **Gesamtdelikt.** An sich liegen hier selbständige Einzelhandlungen vor mit jeweils besonderem, neugefaßtem Vorsatz. Das Gesetz faßt sie aber zu einer Einheit zusammen und schließt damit auch die Möglichkeit einer Realkonkurrenz unter sich aus, 4 D 302/22 7. XII. 22; RGSt. **21** 64; **34** 136; **41** 110. Entfällt das besondere einigende Band, so stehen die Einzelhandlungen auch rechtlich wieder als selbständig da, RGSt. **66** 22. Ist wegen einer solchen Gesamthandlung Anklage erhoben, so betrifft diese, wie bei der fortgesetzten Handlung, alle Einzelhandlungen, die in den Bereich der Gesamthandlung bis zum Urteil fallen, RGSt. **7** 34; **58** 370, auch wenn sie erst nach dem Eröffnungsbeschluß begangen sind. Es gilt hier alles entsprechend, was zum fortgesetzten Delikt früher gesagt worden ist. Ferner unten unter Prozessuale. Zu ihnen gehören:

a) die in KO. §§ 239 und 240 vorgesehenen Handlungen und Unterlassungen eines Schuldners als Bankrott, sofern sie bei ein und derselben Zahlungseinstellung oder Konkurseröffnung unter sich zusammentreffen. Sie sind zwar für sich genommen selbständige Handlungen, durch ihre Beziehung zur Zahlungseinstellung und Konkurseröffnung werden sie aber zu einem einheitlichen

Delikt verschmolzen. Alle die vom Recht mißbilligten Einzelhandlungen machen nur seinen einen Konkurs zum Bankrott. RGSt. **2** 337; **13** 235; **29** 344; **35** 288; **48** 118. Rechtspr. d. RG. **2** 210. Dieser Gesichtspunkt trifft auf dritte Personen nicht zu. Ihre Beteiligung an den Einzelhandlungen werden nicht Teile des Konkurses, RGSt. **29** 304, 308, **66** 269.

b) Manche Tatbestände setzen sich aus einer Mehrheit einzelner Delikte zusammen, und diese Mehrheit bildet in ihrer Zusammensetzung ein besonderes Delikt: Zusammengesetzte Verbrechen, wie Raub, zusammengesetzt aus Diebstahl und Nötigung, Binding, Lehrb. 1, 15; Meyer-Allfeld S. 213; M. E. Mayer S. 102. Das hierdurch neugebildete Delikt schließt dann die Sonderbehandlung der einzelnen zusammengefügten Straftaten aus. Mezger, Lehrb. S. 195.

c) Es kann eine Straftat zum Mittel der Begehung einer anderen Straftat werden, ohne daß sie ausdrücklich zum gesetzlichen Merkmal dieser geworden ist, aber als gewöhnliches Mittel zu ihrer Begehung stillschweigend vorausgesetzt wird (straflose Vortat). Dann erstreckt sich die Bestrafung der zweiten Straftat mit auf die Bestrafung der ersten Vortat, und diese kommt als selbständige nicht mehr in Betracht, so Einbruchsdiebstahl nach § 243 Nr. 2 und Sachbeschädigung nach § 303, Mezger S. 403, 467; Honig, Straflose Vor- und Nachtat (1927); Frank S. 232; v. Liszt-Schmidt I S. 354; RGSt. **40** 430; **53** 279.

d) Es kann eine Handlung die nachträgliche Verwirklichung der Absicht sein, deren Vorliegen bei einer vorausgegangenen Handlung diese zur Straftat macht, z. B. § 263 Irrtumserregung in der Absicht, sich einen Vermögensvorteil zu verschaffen. Die Bestrafung dieser Straftat deckt dann die nachfolgende Erlangung des Vermögensvorteils als nicht mehr besonders strafbare Nachtat. v. Liszt-Schmidt I S. 354; RGSt. **48** 290; **49** 16, 406; **50** 254; **60** 371; **64** 281. Keine unselbständige Nachtat bei RGSt. **43** 60.

e) Manche Tatbestände setzen sich zwar nicht aus einer Mehrheit einzelner Delikte, aber doch aus einer Mehrheit an und für sich selbständiger Betätigungen zusammen: mehraktige Delikte, wie Urkundenfälschung, § 267. Diese besteht zunächst in der Fälschung oder Verfälschung einer Urkunde, zu der aber als zweiter Akt deren Gebrauch hinzukommen muß, um die Straftat zu verwirklichen. Ebenso z. B. § 146, Mezger, Lehrb. S. 194.

f) Die vom Gesetz verbotene Tätigkeit wird zuweilen vom Gesetz selbst als Inbegriff einer Mehrheit gleichartigen Tuns zusammengefaßt, z. B. Zweikampf, Kuppelei, RGSt. **42** 203 (im Gegensatz zu RGSt. **6** 133), unzüchtige Handlungen, Mißhandlungen, Schlägerei, das Leben gefährdende Handlungen usw., Meyer-Allfeld S. 231. Auch das Vergehen der Hinterziehung oder Gefährdung der Einkommensteuer umfaßt alle darauf bezüglichen Handlungen desselben Jahres, RGSt. **49** 173.

Eine Zusammenfassung von mehreren Tätigkeitsakten zu einer Deliktseinheit ist möglich, wenn das durch sie verletzte Rechtsgut ein unpersönliches ist, auch wenn die Rechtsgüter verschiedenen Personen gehören. Dagegen ist sie nicht zulässig, wenn es sich um Verletzung höchstpersönlicher Rechtsgüter handelt, wie Leben, Körperintegrität, Ehre, Freiheit. Die Verletzung dieser bildet immer ein besonderes Delikt, die Verletzung mehrerer Personen eine Deliktsmehrheit, und es ist daher Begehung in Idealkonkurrenz möglich. Ob es möglich ist, auch einzelnen Gegenständen solchen individualisierenden Wert beizumessen, daß ihre Verletzung immer ein einziges Delikt bildet, ist zweifelhaft. Baumgarten in Festgabe f. Frank II S. 199.

g) Hierher gehört auch das Unternehmen nach § 214. Darunter ist nicht nur das gesamte auf die Ausführung der strafbaren Handlung bis zu ihrer Vollendung gerichtete Verhalten des Täters zu verstehen, sondern darüber hinaus noch die Vornahme aller seiner Schritte, die sich unmittelbar anschließen und dazu dienen sollen, ihn selbst und die Früchte seines Verbrechens in Sicherheit zu bringen, und zwar so lange als noch von Ergreifung auf frischer Tat gesprochen werden kann, RGSt. **58** 226; **60** 67.

h) Bei einzelnen Straftaten wird ihr gewerbs- und gewohnheitsmäßiger Betrieb zu einem Gesamt- oder Kollektivdelikt zusammengefaßt, so daß in diesem Betriebe die einzelnen als Betätigungen dieses Betriebes allein noch in Betracht kommen. Frank S. 237; Wachenfeld, Theorie S. 91. In diesem Sinne verlieren sie allerdings ihre Selbständigkeit, sie werden aber noch nicht zu derart unselbständigen Einzelakten, wie es bei einem fortgesetzten Delikt der Fall ist, was in RGSt. **58** 20 nicht scharf geschieden wird. Die Gewerbs-, Gewohnheits- und Geschäftsmäßigkeit vermag auch nicht von selbst und bei jedem Delikt eine Delikteinheit zu begründen, wie es bei einem Fortsetzungszusammenhang geschieht, sondern nur bei den besonders im Gesetz bezeichneten Straftaten kraft dieser gesetzlichen Anordnung. So schafft der gewerbsmäßige Betrieb ein Kollektivdelikt bei den Straftaten zu §§ 181a, 218 (RGSt. **61** 147), 260 (RGSt. **58** 19), 285 (RGSt. **56** 246; **62** 172), 294, 302d, 302e, 361 Nr. 6; die Gewohnheitsmäßigkeit bei den Straftaten nach §§ 150, 180, 181, 181a, 260 (RGSt. **58** 19; **59** 143) die Geschäftsmäßigkeit bei § 144 (RGSt. **61** 47, 51). Die Zusammenfassung in ein Kollektivverbrechen begründet hier überhaupt erst eine Straftat (wirkt konstitutiv). Daneben kann die Gewerbs-, Gewohnheits- und Geschäftsmäßigkeit, wenn sie bei einer Einzelhandlung vorliegt, auch noch als qualifizierte Begehungsart erscheinen, ist dann aber kein Kollektivdelikt, a. M. Gerland, Dtsch. StGB. S. 211. Eine Handlung wird gewerbsmäßig verübt, wenn sie in der Absicht ausgeübt wird, sich durch wiederholte Begehung eine dauernde Einnahmequelle, nicht nur einen einmaligen Vermögensvorteil zu verschaffen, RGSt. **53** 59, **56** 55, **58** 20, **66** 21; Kohlrausch Kom. S. 104. Gewinnsucht gehört nicht zum Begriff, RGSt. **33** 237. Es kann auch schon eine einzige Handlung genügen, RGSt. **12** 388, wenn bei ihr bereits die Wiederholung beabsichtigt ist, RGSt. **51** 100; **53** 60; **54** 184; **58** 20. Liegt eine im Fortsetzungszusammenhang begangene Handlung vor, so wird sie zur gewerbsmäßigen, wenn diese Wiederholungsabsicht bei Beginn der Fortsetzungshandlung vorlag. Gewerbsmäßigkeit und Fortsetzungszusammenhang ist etwas durchaus verschiedenes und schließt einander nicht aus, RGSt. **56** 54, 328; **58** 21, 23; **59** 142; **60** 224. Bestritten ist, ob die Einzelhandlung selbst auf die Erzielung einer Einnahme gehen muß, oder ob es genügt, wenn sie überhaupt innerhalb eines Gewerbebetriebs und als Ausfluß eines solchen vorgenommen wird, ohne gerade selbst eine Einnahme zu bringen. Die Frage ist nicht allgemein, sondern nach Zweck und Sinn des besonderen Gesetzes zu entscheiden. In letzterem Sinne spricht für gewisse Rechtsgebiete RGSt. **10** 401, 404; **11** 333; **37** 369; **46** 327; im ersteren Sinne für die Arbeitsvermittlung nach §§ 54, 254 des Ges. über Arbeitsvermittlung und Arbeitslosenversicherung v. 16. VII. 27 (RGBl. I, 187), RGSt. **66** 293.

Eine Handlung ist geschäftsmäßig, wenn sie in der Absicht der Wiederholung begangen wird und um mit ihr eine Beschäftigung zu betätigen, gleichviel welcher Art und welchen Berufs. Die Absicht, eine Einnahmequelle aus ihr zu machen, braucht nicht vorzuliegen; Frank S. 234; Gerland, Strafr. S. 211; RGSt. **53** 59; **55** 20; v. Liszt-Schmidt S. 235 erfordert auch hier die Absicht, sich einen Vermögensvorteil zu verschaffen.

Eine Handlung ist gewohnheitsmäßig verübt, wenn ihre Betätigung der Ausfluß eines durch Übung entwickelten Hanges ist. Erforderlich ist also eine wiederholte Verübung desselben Vergehens. Diese Übung kann auch in Form einer fortgesetzten Handlung erfolgen. Deren unselbständige Einzelakte bedeuten aber erst die Ausübung nur einer Handlung, keine Wiederholung. Die Betätigungen dieser unselbständigen Akte einer strafbaren Handlung vermögen also für sich allein noch keine Gewohnheitsmäßigkeit zu begründen, wie RGSt. ebenso wie bei der Gewerbsmäßigkeit auch für die Gewohnheitsmäßigkeit annimmt. Das wäre nur dann möglich anzunehmen, wenn man zur Gewohnheitsmäßigkeit nicht die Wiederholung der Straftat verlangt, wie Gerland, Strafr. S. 210 will. Nur die Wiederholung der ganzen Straftat aber schafft eine solche bleibende Seelenverfassung des Täters, die ihn zur ständigen Wiederholung veranlaßt, RGSt. **32** 394; **34** 310; **53** 59; **58** 24; **59** 143. Ebensowenig braucht eine Begehung im wiederholten Rückfall schon eine gewohnheitsmäßige zu sein, RGSt. **66** 333. Die Gewohnheits- und Gewerbsmäßigkeit braucht auch nicht nur aus strafbaren Handlungen gefolgert zu werden. Daher sind auch verjährte, begnadigte, im Ausland begangene Handlungen heranzuziehen, v. Liszt-Schmidt I S. 355, RGSt. **5** 398; a. M. RGSt. **5** 370; Binding I, 826; v. Risch in ZStRW. **9** 268. Die Gewohnheitsmäßigkeit bildet keinen Teil des Vorsatzes, RGSt. **59** 143. Nach Gerland S. 210 genügt der bloße Hang, gleichviel wie er erworben ist.

Im Entwurf wird die Gewerbsmäßigkeit gleichfalls sowohl zur Bildung eines Kollektivdelikts als zum bloßen Erschwerungsmerkmal verwendet: § 305 (gewerbsmäßige Kuppelei), § 308 (gewerbsmäßiger Frauen- und Kinderhandel) sind Kollektivdelikte, § 344 (gewerbsmäßiger Betrug) ist Betrug unter Erschwerung. — Die Gewohnheitsmäßigkeit bildet im Entwurf nur noch einen allgemeinen und fakultativen Strafschärfungsgrund, § 78. Dabei wird zugleich eine Präsumtion für die Annahme eines Gewohnheitsverbrechers aufgestellt. Ausgenommen sind hiervon jedoch gewisse politische Straftaten, §§ 86—117, 166, 169—171, 175, 180, 317, 319, 320.

Prozessuales.

Ist wegen eines gewerbsmäßigen Delikts Anklage erhoben, so hat das Gericht, wie bei dem fortgesetzten Delikt, auch solche im Eröffnungsbeschluß nicht erwähnte Handlungen zu berücksichtigen, die den Charakter der Gewerbsmäßigkeit an sich tragen und dadurch in den Rahmen der zur Anklage gestellten Sammeltat fallen, RGSt. **7** 32, **66** 21; Rechtspr. **8** 134. Da die Natur der Sammelstraftat die einheitliche Aburteilung fordert, müssen auch die bei einem Gericht schon anhängigen Klagen wegen dieser Straftaten ohne Rücksicht auf ihre Gewerbsmäßigkeit in das Verfahren wegen der Sammelstraftat einbezogen werden, RGSt. **31** 286; **33** 11; **41** 108. „Eine anhängige Strafklage wegen einer gewerbsmäßigen Straftat begründet die Einrede der Rechtshängigkeit gegenüber der Anhängigmachung des von ihr umfaßten Einzelfalles, aber nicht umgekehrt," RGSt. **66** 22. Wegen des Ergreifens bekannter und unbekannter Einzelhandlungen einer gewerbsmäßig begangenen Straftat und der Wirkung der Verurteilung und Freisprechung RGSt. **66** 22.

b) **Mehrtäterschaft.**

§ 28. Mittäterschaft.

Der Tatbestand einer Straftat kann auch durch das Zusammenwirken mehrerer Täter verwirklicht werden. Eine solche Mehrtäterschaft als Miturheberschaft liegt vor bei der Mittäterschaft.

Auch die Mittäterschaft ist echte Täterschaft, keine Teilnahme im eigentlichen und engeren Sinne an einer fremden Täterschaft. So die allgemeine Meinung RGSt. **42** 6. A. M. Finger Strafrecht S. 545 unter Betonung der Überschrift zum 3. Abschn. und § 50 StGB. Sie muß also alle Merkmale einer Täterschaft sowohl nach der inneren als nach der äußeren Seite haben; so auch Merkel in Festgabe f. Frank II, 141, nämlich den Willen, durch eine vom Wollenden ausgehende Handlung einen Erfolg herbeizuführen und die Beherrschung und Lenkung dieser Ausführungshandlung durch den Wollenden, wodurch sich die Täterschaft von der Teilnahme unterscheidet. Das StGB. behandelt die Mittäterschaft allerdings unter dem Abschnitt der Teilnahme. Derselben Ungenauigkeit macht sich Entw. § 28 schuldig. Darunter ist aber dann nur eine solche im weiteren Sinne der „Beteiligung an fremder Tat" zu verstehen, die auch bei dem vorliegt, der bei ihr in irgendeiner Form, sei es der Mittäterschaft, Anstiftung oder Beihilfe, mitwirkt, Mezger, Lehrb. S. 422.

Das Besondere der Mittäterschaft gegenüber der Eintäterschaft liegt nun in folgendem:

a) Der Erfolg muß durch die gemeinschaftliche Tätigkeit beider Täter herbeigeführt worden sein derart, daß er Gesamterfolg dieser vereinten Tätigkeit ist. Jeder der Täter muß eine ihm als Ursache zuzurechnende Bedingung für den Erfolg gesetzt haben, ohne deren Vorliegen der Erfolg nicht eingetreten wäre, zugleich muß der Erfolg aber nur dadurch eingetreten sein, daß das Zusammenwirken beider Bedingungen ihn herbeiführte. Ist der Erfolg allein durch die Handlung des einen Täters herbeigeführt worden und ist die des anderen Täters ohne kausale Bedeutung für den Erfolg gewesen, so liegt auch kein Gesamterfolg vor. So zutreffend Frank S. 113; Gerland, Strafr. S. 195. Wenn der eine Täter den Angegriffenen nur unerheblich am Körper verletzt, der andere ihm aber eine Wunde beibringt, die allein zur Ursache seines Todes wird, so liegt keine in Mittäterschaft begangene Tötung vor. Wohl aber, wenn der Verletzte an Blutverlust stirbt infolge von Stichen, von denen jeder einzelne für sich genommen nicht tödlich ist, die zusammen aber den tödlichen Blutverlust bringen. Der Annahme eines gemeinsam herbeigeführten Erfolgs steht bei § 263 nicht entgegen, daß der eine Täter seinen Genossen, der andere nur sich selbst einen rechtswidrigen Vermögensvorteil zu verschaffen beabsichtigte, RGSt. **59** 106.

Wenn Entwurf § 28 bestimmt: „Wenn mehrere eine Tat gemeinschaftlich ausführen, wird jeder von ihnen als Täter bestraft", so wird darin nichts anderes bestimmt, wie Frank S. 113 meint. Denn die Tötung ist eben nicht gemeinschaftlich ausgeführt worden. Dieselbe Auffassung läßt RGSt. **62** 320 erkennen, wenn es sagt: „Wenn das gemeinschaftlich Ausgeführte nicht ausreicht, um in der Person des einen alle Voraussetzungen der Täterschaft zu begründen, so ist die Annahme einer Mittäterschaft ausgeschlossen." Eine der ersten Voraussetzungen für die Täterschaft ist aber die Verursachung.

b) Der Gesamterfolg muß durch gemeinschaftliche Ausführung erzielt sein, wie § 49 ausdrücklich hervorhebt, v. Liszt-Schmidt I, 334; v. Hippel, Lehrb. S. 163. Indem das Gesetz eine gemeinschaftliche Ausführung verlangt, stellt es nicht nur auf die subjektive Seite, sondern auch auf die objektive Seite ab. Es muß eine solche Ausführung sein, die diese zu einer Täterhandlung macht, also eine vom Willen des Handelnden beherrschte und gelenkte. Der Begriff der „Ausführung" findet sich auch an anderer Stelle des StGB., §§ 43, 46 Nr. 1, 211, 212, und es muß angenommen werden, daß er überall in gleichem Sinne verwendet wird. Namentlich steht die Ausführung im Gegensatz zur Vorbereitung, Rosenfeld in Festgabe f. Frank II, 170. Es ist daher nicht zutreffend, wenn RGSt. **35** 17; **53** 138; **54** 155, 248; **56** 329; **57** 145; **58** 279; **59** 80; **63** 101; **64** 274 auch das Mitwirken schon durch eine bloße Vorbereitungshandlung genügen läßt. Damit setzt es sich über die ausdrückliche Vorschrift des Gesetzes hinweg. Zu welchen Folgerungen dies führt, zeigt RGSt. **57** 145, wonach eine in Deutschland verübte Vorbereitungshandlung zwecks Verwirklichung einer in Mittäterschaft zu begehenden Straftat diese völlig im Ausland betätigte Handlung des „Mittäters" als im Inland ausgeführt erachtet. Wo eine Ausführung seitens eines mittelbaren Täters durch einen nichtverantwortlichen unmittelbar Handelnden möglich ist, kann auch diese gemeinschaftlich mit einem anderen unmittelbaren oder mittelbaren Täter erfolgen. Auch durch eine fortgesetzte Handlung des einen Mitwirkenden ist die gemeinschaftliche Ausführung mit dem anderen möglich, 1 D 829/24 30. I. 25, ebenso natürlich die Ausübung in Fortsetzungszusammenhang bei allen Mitwirkenden, 1 D 54/29 31. V. 29. Ist zur Verwirklichung eines verbotenen Tatbestandes eine subjektiv gefärbte Ausführung erforderlich oder eine von bestimmten Absichten begleitete, so muß diese für jeden Mittäter gegeben sein, Rosenfeld, Festgabe f. Frank II, 170 ff. So ist Mittäterschaft bei Unterschlagung oder Diebstahl nur dann vorhanden, wenn jeder der Handelnden die Absicht hat, sich die Sache anzueignen, wenn schon genügt, daß der eine zugleich auch für den anderen das entsprechende Aneignungsverhältnis mit begründen will, RGSt. **53** 162; **55** 266; **59** 81, 104; **62** 320. Soweit die begleitenden Umstände oder die besondere Färbung der Ausführung nur Erschwerungsgründe für die Straftat bilden, sind diese nur für den Mittäter anzuwenden, bei dem sie vorliegen, und Mittäterschaft bleibt für die Ausführung übrig, die auch ohne die Erschwerungsgründe stattfinden kann. So ist Mittäterschaft bei § 211 nur vorhanden, wenn beide die Ausführung mit Überlegung vornehmen. Handelt nur der eine dabei mit Überlegung, so beschränkt sich die Mittäterschaft auf § 212 für den einen, und nur der andere ist Täter nach § 211. 2 D 1058/32 29. X. 32.

Die Gemeinschaftlichkeit der Ausführung erfordert nicht, daß jeder Mitwirkende allein den ganzen Tatbestand durch seine Ausführung verwirklicht, RGSt. **59** 80. Vielmehr wird gerade das Zusammenwirken zu dem Zwecke vorgenommen, durch Verteilung der Rollen jedem nur einen Teil der Ausführung zuzuweisen. Immer muß dann aber die Zusammenfügung der Teilausführungen die Verwirklichung des ganzen Tatbestandes ergeben und die Ursache des Gesamterfolges geworden sein. Eine solche Teilausführung liegt daher nicht vor, wenn der eine die Verwirklichung des ganzen Tatbestandes ausführt, der andere nur vor dieser Ausführung liegende Handlungen. Auch die Teilausführung muß noch eine Ausführungshandlung sein. A. M. Rechtspr. **6** 644; RGSt. **9** 75; **54** 247; **58** 279; **66** 240, wonach nicht erforderlich sein soll, daß jeder Tatgenosse ein Tatbestandsmerkmal verwirklicht. Falsch ist es, wie die subjektive Theorie und mit ihr das Reichsgericht tut, lediglich den Willen, das Vorliegen eines sog. animus auctoris, entscheiden zu lassen. v. Hippel, Lehrb. S. 163. Eine erst nach Beendigung der Ausführungshandlung, die zur Erfüllung des Tatbestandes ausreicht, vorgenommene Tätigkeit kann daher keine Mittäterschaft begründen, RGSt. **35** 15; **58** 93. A. M. 3 D 636/25 25. I. 26. Im übrigen ist es Tatfrage, ob eine Handlung als Ausführungshandlung angesehen werden kann. Auf das Maß der Mitwirkung kommt es nicht an, auch die geringste Mitwirkung, wenn sie nur noch Ausführungshandlung ist, genügt, nur darf nicht, wie das RG. tut, allein auf die subjektive Seite, den Willen, „die Tat als eigene zu wollen", abgestellt werden, RGSt. **1** 145; **3** 142, 269; **9** 4; **14** 28; **15** 295; **26** 345; **28** 304; **54** 153; **66** 240; eine geistige Mitwirkung ist möglich, RGSt. **35** 13; **53** 138; **63** 102; **64** 149, 275, z. B. beim Wachestehen. Zweifelhaft die von 3 D 636/25 25. I. 26 bejahte bloße Zuführung des zu Tötenden an die zur Tat ausersehene Stelle. Die Unterlassung der Verhinderung einer Tat des minderjährigen Sohnes seitens des Vaters, 1 D 826/27 22. XI. 27 (abgesehen vom Mangel des Mittätervorsatzes), ebenso 1 D 655/25 2. II. 26 und gar das Fernbleiben vom Tatort, 2 D 503/24 26. X. 25, können nicht als Ausführungshandlung angesehen werden.

Bei mehraktigen Delikten gilt derselbe Grundsatz, daß der einzelne Mitwirkende nicht den ganzen Tatbestand zu verwirklichen braucht, es also genügen kann, wenn der eine den einen, der andere den anderen Akt des zweiaktigen Deliktes ausführt. Es muß dann aber die Verwirklichung des einen Aktes als Teilausführung des ganzen zweiaktigen Deliktes erscheinen, vorgenommen in Verteilung der Rollen für die Ausführung des gesamten Tatbestandes. So bei Urkundenfälschung die Herstellung der Urkunde durch den einen Mitwirkenden als Teilverwirklichung, der Gebrauch der Urkunde durch den anderen ebenfalls als Teilverwirklichung, RGSt. **58** 279; **59** 81; RGRechtspr. **4** 248; **8** 481.

Ausgeschlossen ist die Mittäterschaft, wo eine gemeinschaftliche Ausführung nach der Natur der Handlung nicht möglich ist, wie bei dem eigenhändigen Delikt der Eidesleistung, RGSt. **37** 92; **61** 201. Das gilt auch für die Abgabe einer falschen eidesstattlichen Versicherung nach § 156; 2 D 1277/29 17. III. 30; a. M. Frank S. 113. Ist ein Delikt aus eigenhändiger Begehung und der Begehungsmöglichkeit auch durch mittelbare Täterschaft zusammengesetzt, so kann Mittäterschaft nur soweit stattfinden, als nicht eigenhändige Täterschaft erfordert wird. Das gilt jedoch nur für echte eigenhändige Delikte. Ist die Herbeiführung eines Erfolges zwar nur durch gebundene Mittel möglich, wie Beischlaf zwischen Mann und Frau bei Notzucht, ist aber diese Herbeiführung auch durch mittelbare Täterschaft möglich, so muß auch die Möglichkeit einer Mittäterschaft anerkannt werden, RGSt. **63** 103. So Gerland, Strafr. S. 195.

Ausgeschlossen ist eine Mittäterschaft auch dort, wo das Verbot sich nur an einen mit besonderen Eigenschaften ausgestatteten Täter richtet, wie bei allen Sonderdelikten. Hier ist Mittäterschaft zwischen einem Dritten, der diese Eigenschaft nicht besitzt, ebensowenig möglich, wie mittelbare Täterschaft. Möglich ist sie nur bei solchen Personen, die jede zur Begehung des Sonderdeliktes fähig ist. Ein Nichtbeamter kann also nicht Mittäter eines Beamtendeliktes sein, wohl aber können Beamte ein Beamtendelikt gemeinschaftlich ausführen, z. B. Rechtsbeugung, Amtsunterschlagung. Nur für diese Sonderdelikte ist richtig, daß Mittäter nur sein kann, wer Alleintäter sein kann. Der von Gerland, Strafr. S. 196 ausgesprochene Satz ist in seiner Allgemeinheit nicht richtig. Weder die echten noch die unechten Unterlassungsdelikte schließen eine Gemeinschaftlichkeit aus. Wo ein gemeinschaftliches Handeln geboten wird, kann dies auch bewußt und gewollt gemeinsam unterlassen werden.

Die gemeinschaftliche Ausführung einer Straftat schließt nicht aus, daß außer den gemeinschaftlichen Tatbestandsmerkmalen von jedem Mittäter für sich allein noch andere Tatbestandsmerkmale in Einzeltäterschaft verwirklicht werden, seien es innere, seien es äußere, so daß die rechtliche Qualifizierung eines jeden verschieden ausfallen kann, namentlich können Erschwerungsgründe nur bei dem einen vorhanden sein, RGSt. **42** 7; Rechtspr. **8** 80; Allfeld S. 218; v. Liszt-Schmidt I, 337.

c) Der Wille eines jeden Mitwirkenden muß dahin gehen, in bewußtem Zusammenwirken mit einem anderen eine gemeinsame Ausführungshandlung zu begehen und durch sie einen Gesamterfolg herbeizuführen. Eine bloße Verabredung zu einer solchen Ausführung genügt nicht, 1 D 655/25 2. II. 26, die Ausführung muß Folge des Vorsatzes geworden sein. Der auf gemeinsame Ausführung gerichtete Vorsatz kann auch dann vorhanden sein, wenn die Genossen oder ein Teil der Genossen einander nicht kennen, sofern nur sich jeder bewußt ist, daß auch andere von gleichem Bewußtsein Erfüllte mitwirken, RGSt. **54** 272; **58** 279. Da der Mittäter Täter ist, muß zunächst der für eine Täterschaft erforderliche Vorsatz in vollem Umfange vorliegen, Gerland, Strafr. S. 196. Da der Vorsatz aber nicht nur dahin geht, allein durch eigene Ausführung den Erfolg herbeizuführen, sondern zugleich dahin, ihn gemeinsam mit der Ausführung des Mitwirkenden zu erreichen, so liegt darin der Willensinhalt begriffen, sich des Tuns des anderen als einer Kraft zu bedienen, die den gemeinsamen, also auch von ihm gewollten Erfolg verwirklicht (animus socii). Insofern wird „jeder Mittäter zum Werkzeug des anderen für die Ausführung der mit vereinten Kräften gewollten und vollbrachten Tat", RGSt. **63** 103, 217; ferner RGSt. **56** 330; **57** 308; **58** 208, 279; **59** 80, 245; 1 D 937/24 13. I. 25. In eben dieser Benutzung des Tuns des anderen als eigene Ausführung liegt die Schuld. Beide Ausführende üben die gemeinschaftliche Herrschaft und Lenkung über jede Ausführungstätigkeit aus, sowohl über die des einen als über die des anderen. Deshalb ist jeder Täter, und hinsichtlich der unmittelbaren Ausführungshandlung des einen nimmt der andere die Stellung wie ein mittelbarer Täter ein, weil er auch dessen Tätigkeit mitbeherrscht, RGSt. **66** 240; Kohler, Leitfaden des Strafr. S. 36, womit natürlich nicht gesagt sein soll, daß die gleichen Voraussetzungen wie bei der mittelbaren Täterschaft als Eintäterschaft vorliegen, was schon dadurch ausgeschlossen ist, daß dort der unmittelbar Ausführende nicht Täter ist, während er hier mit dem Andern Täter ist. Das hindert aber ebensowenig wie bei der dolosen Mitwirkung des Gehilfen, daß jeder der Mittäter seine Ausführungstätigkeit in den Dienst des anderen stellt und dieser, indem er sie neben der Herrschaft des unmittelbar Ausführenden auch noch seiner Herrschaft unterwirft, dann dafür wie ein Täter haftet. Abgelehnt wird die Vorstellung einer mittelbaren Täterschaft von Rosenfeld, Festgabe f. Frank II, 168, aber wohl nur, weil er sie im technischen Sinn als solche auffaßt.

Die Mittäterschaft reicht nicht weiter, als der Vorsatz auf eine gemeinschaftliche Ausführung geht, Finger 1, 342; v. Liszt-Schmidt I, 336. Geht dieser lediglich auf gemeinschaftliche Mißhandlung und handeln beide Täter mit dem Vorsatz der Körperverletzung, darüber hinaus aber der eine der Täter mit dem Vorsatz der Tötung, so wird diese, weil nicht auch vom Vorsatz des Mitwirkenden getragen, zur Alleintäterschaft, RGSt. **17** 413; **40** 21; **44** 321; **63** 101; 2 D 697/28 26. XI. 28. Ebenso bei jedem Exzeß, RGSt. **57** 307. Ein solcher liegt vor, wenn die Ausführung aus dem Umfang des Vorsatzes auf gemeinsame Ausführung herausfällt. Frank S. 115. Dieser Vorsatz kann aber ein allgemeiner dahin sein, daß bei Erfolgsdelikten jede Art der Ausführung gewollt ist. Nur muß sich jede dieser Ausführungsarten auch auf die Verursachung des gewollten Erfolges beschränken. Für einen darüber hinausgehenden Erfolg haftet der andere Mitwirkende nicht, auch wenn sonst die Ausführungsart gleichwertig und vom Vorsatz mitumfaßt ist. Der Entscheidung des RGSt. in 1 D 937/24 13. I. 25 kann daher nicht zugestimmt werden. (Tatbestand: Beide Mittäter hatten verabredet, den kommenden Radfahrer mittels eines bereitgelegten Prügels vom Rad zu schlagen und zu berauben. Die Rollen waren dahin verteilt, daß den Schlag der eine führen sollte. Da er aber den Prügel nicht sofort erreichen konnte, versetzte er dem vorbeikommenden Radfahrer einen Stich mit dem Messer, der ins Herz traf und tötete.) Das RG. macht aber jeden Mittäter aus § 251 haftbar. Der Wille, eine Straftat gemeinschaftlich auszuführen, enthält mit dem Bewußtsein der Gemeinschaftlichkeit notwendig den Vorsatz des Mitwirkens an einer Tat, die auch der andere mit dem Willen der gemeinschaftlichen Ausführung vornimmt. Eine bloß „einseitige" Mittäterschaft ist nicht möglich. RGSt. **5** 306; **8** 42; **23** 196; **44** 321; **54** 272; RGRechtspr. **1** 743. A. M. nur Kohler, Studien I, 105. Bestritten ist, welche Wirkung diese Erzielung des Einverständnisses hat, wenn sie nicht am Anfang der Ausführung oder schon vor ihr bestanden hat (Komplott), sondern erst während der Ausführung erfolgt, sukzessive Mittäterschaft, zufällige Mittäterschaft. Nach Frank S. 114 und Kohler S. 521. Gerland, Strafr. S. 195 soll der Zeitpunkt belanglos sein und nach dem erfolgten Einverständnis der Mittäter schlechthin auch für die von diesem vorher begangenen Ausführungshandlungen haften. Auch nach RGSt. **8** 43 genügt es, daß der Wille vorliegt, „daß die strafbare Tat durch die zusammenwirkende Tätigkeit ins Werk gesetzt werde. Dies könne auch bei sukzessiven Handlungen zutreffen." Auch RGSt. **54** 272 erfordert kein Einverständnis vor der Tat, aber wohl ein solches während der Ausführung. Dagegen sagt zutreffend RGSt. **59** 82: „. . Wenn jemand sich zwar an der Wegnahme von Sachen beteiligt, bei Beginn seiner Mitwirkung jedoch die erschwerenden Umstände bereits verwirklicht vorfindet . . dann fällt ihm Mittäterschaft nur am einfachen Diebstahl zur Last; denn rücksichtlich dessen, was bereits vollständig abgeschlossen ist und hinter ihm liegt, kann seine bloße nachträgliche Kenntnis auch durch hinzutretende Billigung des Geschehenen keine strafrechtliche Verantwortung begründen, RGRechtspr. **8** 82." Die Grundsätze des bürgerlichen Rechts über die Genehmigung von Rechtsgeschäften (BGB. § 184) sind auf unerlaubte, namentlich strafbare Handlungen nicht anwendbar. Der Wille, die Tat eines anderen als eigene zur Vollendung zu bringen, genügt nicht zur Annahme von Mittäterschaft, sofern er nicht in einem auch die eigene Verantwortlichkeit als Täter begründenden Umfange betätigt wird." Zustimmend Mezger, Lehrb. S. 423; v. Liszt-Schmidt I, 336. Eine besondere Begehungsform findet sich bei den Massenverbrechen mit ihrer gegenseitigen Massensuggestion zur Hervorbringung eines gemeinsamen Willens zu gemeinsamer Ausführung, Nagler, Über die Psychologie des Massenverbrechers, GerS. 95, 188; Kohler, GerS. 95, 109. Für einige Straftaten bildet die gemeinschaftliche oder bandenmäßige Begehung einen Strafschärfungsgrund. Hierunter ist stets eine Begehung in Mittäterschaft zu verstehen, z. B. §§ 119, 123, 223a, 293; RGSt. **55** 60; v. Liszt-Schmidt I, 337. A. M. Binding, Lehrb. 2, 813; Freudenthal, Die notwendige Teilnahme am Verbrechen, Strafr. Abhdl. Heft 37 (1901) S. 147.

Mit Unrecht wird die Möglichkeit der Mittäterschaft bei fahrlässiger Begehung einer Straftat bestritten, weil bei ihr angeblich kein Einverständnis denkbar sei, Allfeld S. 219. Dies ist aber für die Ausführung der Handlung auch bei einer solchen möglich, wo die Fahrlässigkeit darin besteht, daß der Erfolg von den Ausführenden nicht vorgestellt worden ist, Frank S. 115 und Gerland, Strafr. S. 196; Exner in Festgabe f. Frank II, 572; Mezger, Lehrb. S. 424; v. Liszt-Schmidt I, 337 bringen das Beispiel: zwei Arbeiter werfen gemeinschaftlich einen Balken von einem Gerüst auf die Straße und achten nicht darauf, daß er einen Vorübergehenden treffen kann; Wuttig, Fahrlässige Teilnahme (1902) S. 110; P. Wolf, Betrachtungen (1927) S. 41. An der Gemeinschaft der Fahrlässigkeit fehlt es jedoch, wenn der eine Mitwirkende vorsätzlich, und nur der andere fahrlässig handelt, RGSt. in GA. **40** 159; **43** 34; Gerland, Strafr. S. 196. A. M. Frank S. 115.

§ 29. Nebentäterschaft.

Bei der **Nebentäterschaft** (schlecht auch „zufällige Mittäterschaft" genannt) liegt zwar ein Setzen von verschiedenen als Ursachen anzusprechenden Bedingungen vor, die in ihrer Vereinigung oder auch allein jede für sich den einen Erfolg herbeizuführen geeignet sind; RGSt. **19** 145; **55** 79. Es fehlt aber das verknüpfende Band des Willens, zusammenzuwirken, wie es bei der Mittäterschaft vorhanden ist. Vor allem will kein Nebentäter mittelbarer Täter in dem Sinne sein, daß er die Tätigkeit des andern als die seine gelten läßt, d. h. seine Tatherrschaft auch auf sie ausdehnen will, noch will der andere seinerseits zugleich als Werkzeug für den Einen tätig sein. Selbst die einseitige bloße Benutzung der Tätigkeit des Andern macht diese noch nicht zu einer Mittäterschaft, v. Liszt-Schmidt I S. 337. Die Nebentäterschaft kann auch erst nach Beginn der Tätigkeit des andern Täters eintreten, ohne daß dadurch notwendig eine Unterbrechung des Kausalzusammenhangs stattfinden müßte; Wolf im Recht IX S. 256. So kann jemand durch mehrere voneinander unabhängig auf ihn einwirkende Personen in Nebentäterschaft angestiftet werden; RGSt. **14** 92; **43** 295; **55** 80. Auch fahrlässige Nebentäterschaft ist möglich, Mezger, Lehrb. S. 424. Die Teilnehmer am Landfriedensbruch sind solche Nebentäter, nicht an und für sich schon Mittäter, RGSt. **58** 208. Ebenso bei § 227. Praktisch bedeutsam ist der Unterschied von Mittäterschaft und Nebentäterschaft insofern, als die Selbständigkeit und Unabhängigkeit von der Mitwirkung des anderen Nebentäters bewirkt, daß der Strafantrag aus § 63 immer nur gegen den einen, gegen den er gestellt ist, wirkt, nicht zugleich auch gegen den andern, und seine Zurücknahme nur gegen einen Nebentäter zulässig ist, § 64 Abs. 2; a. M. RGSt. **20** 54. Auch die Einziehung nach § 40 trifft nur den Nebentäter, der die Gegenstände benutzt hat, nicht den andern, weil sie ihm gehörten. Frank S. 118.

D. Teilnahme.

§ 30. Wesen der Teilnahme.

1. Der Unterschied von Täterschaft und Teilnahme ist nicht immer für das Strafrecht von Bedeutung gewesen. Die geschichtliche Entwicklung ging lange Zeit dahin, den Teilnehmer einfach als Miturheber und Täter anzusehen. So die Römer l. 1 Dig. 48, 9; l. 4 und 10 Dig. 48, 4). Auch die gemeinrechtliche Doktrin faßt Täterschaft und Teilnahme im Concursus plurium ad idem delictum zusammen. Berlich Cond. LVI 2 sagt: „omnis quis auxilio solatio consilio, suppetiis, mandato vel alioquis modo ad crimen aliquod peragendum iuvit, puniri debet ut principalis", Lobe, Die allgem. strafrechtlichen Begriffe nach Carpzow (1894) S. 29. Erst das preuß. Strafgesetzbuch von 1851 brachte die Unterscheidung des Teilnehmers vom Täter und die strafrechtliche Abhängigkeit des Anstifters und Gehilfen vom Haupttäter. Aber auch jetzt noch ist der in §§ 115, 116, 124, 125, 128, 129, 284 a verwendete Begriff des Teilnehmens nicht der des Allgemeinen Teils in §§ 48 und 49, noch weniger der Mittäterschaft in § 47. Gerade die jüngsten Reichsnebengesetze beseitigen wiederum zuweilen den Unterschied zwischen Täterschaft und Teilnahme, so z. B. Reichsges. betr. Bestrafung des Sklavenhandels und Sklavenraubs v. 28. VII. 95; §§ 45 und 48 des Ges. über das Auswanderungswesen v. 9. VI. 97. RepSchutzges. von 1930 §§ 1 und 4. — Von außerdeutschen Strafgesetzbüchern hat das Norwegische vom 22. V. 02 in § 58 die volle strafrechtliche Selbständigkeit der Teilnahme als Miturheberschaft unter Verwischung ihrer einzelnen Formen neben die Täterschaft hingestellt und Anstiftung und Täterschaft im allgemeinen Begriff der Urheberschaft verschmolzen. Ebenso Entw. 1929 des italien. StGB. in Art. 114, 118. Mit Recht sieht Entw. davon ab und behält die besonderen Rechtsfiguren wie der Mittäterschaft so der Anstiftung und Beihilfe neben der Eintäterschaft bei, wenn er auch ungenau die Mittäterschaft noch unter dem Abschnitt der Teilnahme aufführt. Vgl. auch Hoffmann über die Bedeutung der Verschiedenheit der Täterschaftsformen in JW. **1924** 288; Merkel, Zur Abgrenzung der Täterschaft und Beihilfe 1925, und Festgabe f. Frank I, 134.

2. Über die Begriffsbestimmung von Täterschaft und Teilnahme herrscht keine Übereinstimmung. Die sog. objektive Theorie bekämpft die subjektive. Letztere verneint die Möglichkeit, nach objektiven Merkmalen zu scheiden und stellt allein ab auf den Willen. Wer die Tat als eigene wolle und mit dem animus auctoris handle, sei Täter, sogar wenn er nur Vorbereitungshandlungen begeht. Wer an der fremden Tat eines anderen nur teilnehmen, sie nur fördern wolle, mit dem animus socii handle, sei Teilnehmer. So Buri und mit ihm das Reichsgericht, z. B. RGSt. **31** 82; **39** 196, 298; **40** 25, 392; **41** 64; **42** 156; **44** 71; **52** 153; **53** 12, 138; **55** 60, 283; **57** 274; **62** 390; **63** 102; **66** 305. Das ist aber alles keine Begriffsbestimmung, sondern eine bloße Umschreibung. Die objektive Theorie stellte auf den Unterschied von Ursache und Bedingung ab: Täterschaft bestehe in dem Setzen einer Ursache, Teilnahme in dem Setzen einer bloßen Bedingung. Dabei werden freilich wieder die Begriffe Ursache und Bedingung verschieden gefaßt. Nach Frank gehört die Täterschaft dem Gebiet der physisch vermittelten, die Teilnahme der psychisch vermittelten Kausalität an. Bedingungen, die unmittelbar auf den Erfolg hinwirken, begründen die Täterschaft, Bedingungen, die mittelbar durch eine weitere vorsätzliche Handlung eines anderen auf den Erfolg wirken, die Teilnahme. Der Fehler der objektiven Theorie liegt in der Vernachlässigung des

Unterschiedes auf der subjektiven Seite und in der Auffassung, daß der Begriff der Täterschaft abhängig vom Begriff der Urheberschaft sei. Urheberschaft kann aber auch ohne eigene Täterschaft vorhanden sein, Merkel, Festgabe f. Frank II, 136. Der Fehler der subjektiven Theorie liegt andererseits in der Vernachlässigung der objektiven Seite. Beschränkt man die Täterschaft auf die Willensverwirklichungen, wie sie oben S. 121 gekennzeichnet werden, so erscheinen alle anderen Handlungen Dritter, die gleichfalls ursächlich für den Erfolg sind, nur als bloße Teilnahme an der den Erfolg unmittelbar herbeiführenden Haupttat. Denn der Erfolg der Haupttat ist ihnen gegenüber nur ein weiterer Erfolg, die Ursache, die sie zu diesem setzen, ist nur eine entferntere Ursache. Die gesetzlichen Vorschriften über die Strafbarkeit der Teilnahme enthalten dort eine Ausdehnung, wo nicht die Ursache allein, sondern die Ausführung der Tat den verbotenen Tatbestand bildet, z. B. § 211; sie enthalten eine Einschränkung, wo jedes Verursachen den Tatbestand bildet, z. B. § 222, also an sich Anstiftung und Beihilfe inbegriffen wären, die besonderen Vorschriften über Anstiftung und Beihilfe aber eine Einschränkung bringen, Zimmerle in ZStRW. **52** (1932) S. 170, 171. Es muß an der oben gegebenen Begriffsbestimmung festgehalten werden, daß der Unterschied zwischen Täterschaft und Teilnahme darin beruht, daß bei jener neben dem animus domini die tatsächliche Beherrschung und Lenkung der gewollten Ausführungshandlung bis zur Erreichung des gewollten Erfolges vorliegen muß, das dominare der Ausführungshandlung, während bei der Teilnahme dieses dominare fehlt und allein dem Ausführenden zukommt. Bedingung zum Erfolg aber setzt diese wie jene. M. E. Mayer, Lehrb. (1915) S. 135.

3. Die akzessorische Natur der Teilnahme gehört zu ihrem Wesen, wennschon es mehrere Stufen der Abhängigkeit gibt. M. E. Mayer S. 390; Kern, GerS. 1926, 128; Ludwig, Die Lehre von der Teilnahme und die Behandlung im amtl. Entwurf (1927). Entscheidend ist der Umfang, den man der Teilnahme von Gesetzes wegen gibt.

Jede Teilnahme setzt ein Objekt voraus, an dem es teilnimmt, von dem es damit gleichsam einen Teil bilden will. Da hier nur die Teilnahme an Straftaten in Frage steht, diese aber in objektiv rechtswidrige, verbotswidrige und strafbare zu scheiden sind, so kann eine Teilnahme nach allen drei Richtungen stattfinden oder ausgeschlossen sein oder sich auf gewisse beschränken. Fehlt es an einer objektiv widerrechtlichen Handlung überhaupt, gleichviel aus welchem Grunde, so ist eine „Teilnahme" an dieser Handlung begrifflich ebenfalls nur als nicht widerrechtliche denkbar. Ob mittelbare Täterschaft vorliegt, richtet sich nach den hierfür notwendigen Voraussetzungen. Fehlt es an der Schuld bei der Haupthandlung, so kann auch an einer schuldhaften Handlung keine Teilnahme stattfinden, wohl aber an der dabei vorliegenden rechtswidrigen Handlung. Das schließt jedoch nicht aus, daß das Teilnehmen an einer rechtswidrigen Handlung eine eigene Verschuldung enthalten kann, nur ist dies keine Teilnahme an fremder Schuld mehr. Und ferner kann an einer nicht mit Strafe belegten Tat hinsichtlich der die Strafe begründenden oder erhöhenden Merkmale keine Teilnahme stattfinden, diese aber Teilnahme an einer widerrechtlichen und schuldhaften Tat bleiben. Auch das schließt wiederum nicht aus, daß diese beschränkte Teilnahmeform selbständig mit Strafe bedroht ist.

Das geltende Recht setzt bei Teilnahme voraus, nicht nur, daß eine Haupttat, an der teilgenommen wird, objektiv rechtswidrig ist. Es erfordert darüber hinaus, daß die Haupttat auch verbotswidrig und schuldhafte Zuwiderhandlung gegen ein Verbot sei und kennt folglich als strafrechtlich bedeutsame Teilnahme nur diese an, nicht auch die an einer schuldlosen, nur objektiv rechtswidrigen Handlung. Der Anstifter muß nach § 48 zu einer strafbaren, also schuldhaften Handlung angestiftet, der Gehilfe zur Begehung eines Verbrechens oder Vergehens, also gleichfalls zu einer schuldhaften Straftat Hilfe geleistet haben. Diese verbotene Handlung muß außerdem eine solche sein, an die abstrakt das Gesetz eine Strafdrohung knüpft, da sonst keine Straftat nach dem Gesetz in Frage kommt.

Eine Ausnahme von dieser für das geltende Recht allgemeinen Auffassung enthält § 4 des Jugendgerichtsges. v. 16. II. 23 (RGBl. I, 135). Der Entwurf huldigt dagegen der Ansicht, daß es für die Teilnahme nur des Vorhandenseins einer objektiv-rechtswidrigen Tat bedarf und eine Teilnahme an einer Schuld des Haupttäters nicht erforderlich ist. § 31: „Die Strafbarkeit des Anstifters und des Gehilfen ist unabhängig von der Strafbarkeit dessen, der die Tat ausführt." Daß die Strafbarkeit sich nach der des Haupttäters für den Anstifter und Gehilfen bestimmt, verordnen §§ 29 und 30.

4. Die Abhängigkeit der Teilnahme von der Haupttat, wie sie das geltende Recht annimmt, kommt namentlich in folgendem zum Ausdruck:

a) Der Teilnehmer haftet für den Erfolg der Haupttat nur soweit, als dieser innerhalb auch seines Vorsatzes liegt und von seinem Willen mitumfaßt wird. Da jener Erfolg die Haupttat, an der er teilnehmen will, bestimmt, kennzeichnet er auch den Inhalt des vom Teilnehmer mittelbar gewollten Erfolgs. Man kann zu einer Tötung anstiften, einer Tötungshandlung helfen, nur dann, wenn man den Tod als Erfolg der Haupttat annimmt, sonach eben eine Tötungshandlung herbeiführen oder fördern will. Andrerseits wird die Teilnahmehandlung beschränkt durch den Umfang der Haupthandlung: bleibt diese hinter der Vorstellung des Teilnehmers zurück, so entfällt seine Haftung für das gewollte Mehr, so wenn die Haupttat im Versuch stecken geblieben ist, vollends wenn die Haupttat von seiner Vorstellung völlig verschieden, ein aliud ist. Ist der Erfolg der Haupttat dagegen ein Strafbarkeitsmerkmal, auch wenn der Haupttäter ihn nicht gewollt hat, § 226, so braucht er auch nicht Inhalt des Vorsatzes des Anstifters zu sein, 2 D 119/25 19. III. 25. Ebensowenig ist eine unwesentliche Abweichung von Einfluß, 1 D 872/24 13. I. 25. Geht der Vorsatz des Teilnehmers nur dahin, zu einem Versuch der Straftat anzustiften, nur einem Versuch Beihilfe zu leisten, so hat er immerhin den Vorsatz der Teilnahme an einer Straftat, sofern auch deren Versuch strafbar ist, und ist insoweit wegen Anstiftung oder Beihilfe zum Versuch zu bestrafen. Dabei muß er aber sich bewußt bleiben, daß eine Vollendung des Deliktes nicht stattfinden wird, er diese nötigenfalls hindern kann und will. Muß er damit rechnen, daß die nicht gewollte Vollendung doch eintritt, so handelt er mit dolus eventualis oder fahrlässig.

Auch durch Unterlassung kann eine Teilnahme an fremder Tat (Anstiftung und Beihilfe) stattfinden, Frank spricht hier von „negativer Beihilfe". Auch die Unterlassung ist aber eine positive Beihilfe.

b) Der Teilnehmer braucht nicht in der Lage zu sein, die Straftat selbst auszuführen. Die besonderen Eigenschaften oder Verhältnisse, die eine Straftat begründen, müssen immer bei dem sie ausführenden Täter vorliegen, nicht beim Anstifter oder Gehilfen, RGSt. **59**

35; **63** 31, 318. Entw. § 32 läßt es dagegen genügen, wenn diese auch beim Anstifter oder Gehilfen vorliegen. Damit glaubt er die mittelbare Täterschaft zu treffen, was jedoch nicht der Fall ist. Dagegen bestimmt § 50 für diejenigen Eigenschaften und Verhältnisse, die die Strafbarkeit einer vorliegenden strafbaren Handlung nur erhöhen oder vermindern, daß sie nur gelten für den Täter, Anstifter oder Gehilfen, bei dem sie vorliegen. So kann sich z. B. der Anstifter zum Meineid nicht auf § 50 berufen, weil dem Täter eine ihm zustehende Vergünstigung zuteil wird, RGSt. **4** 377; **22** 109; 1 D 240/27 25. III. 27; GA. **58** 461.

c) Da der Irrtum des Teilnehmers über die Zurechnungsfähigkeit des Täters oder die Rechtswidrigkeit der Haupttat auf die Natur der Haupttat ohne Einfluß ist, macht er die Teilnahme nicht zu einer rechtswidrigen Handlung, wenn es die Haupttat nicht ist, und irrig nur vom Teilnehmer dafür gehalten wird. Mit dem Wegfall der Haupttat werden Anstiftung und Beihilfe gegenstandslos. Es wird eine Haupttat nicht zum Diebstahl, wenn dem Täter die Aneignungsabsicht fehlt. Der Irrtum des Anstifters oder Gehilfen über die Natur der Haupttat vermag diese nicht umzuändern. Ist der Haupttäter nicht zurechnungsfähig, so wird er es auch nicht durch den Irrtum des Teilnehmers. Und wie die Haupttat vermag dieser Irrtum aber auch nicht Vorsatz und Ausführungshandlung des Teilnehmers in eine Täterhandlung zu verwandeln. Denn es bleibt dabei, daß der Fremde nur Teilnehmer, nur Anstifter oder Gehilfe sein will. Es fehlt also der Tätervorsatz und die Beherrschung und Leitung der Ausführungshandlung, sonach subjektiv und objektiv die Tätereigenschaft. Daher wird der, der Anstifter und der, der Gehilfe sein will, auch niemals zum mittelbaren Täter bloß um deswillen, weil er nicht Anstifter und Gehilfe sein kann, ohne daß die übrigen Voraussetzungen für die mittelbare Täterschaft bei ihm vorliegen, Merkel in Festgabe f. Frank II, 143 ff. verkennt dies. Da das StGB. in der Teilnahme eine Teilnahme nicht nur an einer objektiv rechtswidrigen, sondern subjektiv schuldhaften, verbotswidrigen Handlung erblickt, so gilt dies danach auch, wenn ein solcher Irrtum über die Schuld vorliegt, es dieser aber ermangelt, RGSt. **11** 38, **18** 419, **40** 21, insbesondere z. B. auch zum Selbstmord. Vgl. hierzu Lassally in ZStRW. **1921** 642.

d) Die Teilnahme ist in ihrer Strafbarkeit zwar abhängig vom Vorhandensein einer Straftat, die Begehungsform der Haupttat vermag aber keinen Einfluß auf die Begehungsform der Teilnahmehandlung auszuüben. So kann zu einer fortgesetzten Straftat Beihilfe durch selbständige Handlungen geleistet werden, RGSt. in JW. 1925, 263 und 1 D 1522/32 20. XII. 32; es kann durch eine einzige Handlung die mehrfache Anstiftung zu verschiedenen selbständigen Straftaten, ebenso die mehrfache Beihilfe zu ihnen erfolgen und daher Idealkonkurrenz zwischen den verschiedenen Anstiftungen und Beihilfen nach StGB. § 73 vorliegen. Meyer-Allfeld 211. So auch 3 D 118/05 v. 26. VI. 05 abweichend von der sonstigen Auffassung des RG. **Das Reichsgericht ist gegenteiliger Meinung,** RGSt. **3** 145, **4** 95, **5** 227, **8** 153, **11** 37, **38** 26, **51** 97, **57** 354; 1 D 261/23 1. VI. 23: „Die Annahme einer fortgesetzten Beihilfe zu mehreren selbständigen Haupttaten verträgt sich nicht mit der akzessorischen Natur der Beihilfe." Ebenso Bauer, Die akzessorische Natur der Teilnahme (1904) S. 112. Birkmeyer, Die Lehre von der Teilnahme 180; Schwartz zu § 73 Anm. 8. Dabei wird aber das Wesen der Abhängigkeit der Teilnahme von der Haupttat verkannt und die Einwirkung der sog. „akzessorischen Natur" überspannt. Der natürlichen Betrachtungsweise wird zugunsten einer juristischen Konstruktion Gewalt angetan. Niemals vermag die Theorie eine einzige Handlung, die mehrere zu verschiedenen Handlungen anstiftet, zu mehreren natürlichen Handlungen zu stempeln. Es liegen zwar mehrere Anstiftungen und Beihilfen vor, aber begangen durch ein und dieselbe Handlung. Frank 228 und ZStRW. **14** 372; A. Köhler S. 498; v. Olshausen, Anm. 19 unter II zu § 73; Liszt-Schmidt S. 229; Wachenfeld S. 191; Kohler S. 116, Baumgarten S. 91; v. Bar, Gegenschuld 3, 531. A. M. Binding, Handbuch I, 586; Birkmeyer, Lehre v. Teilnahme (1890) S. 180; Bauer, Die akzess. Natur der Teilnahme (1904) S. 112; RGSt. **5** 227; **8** 153; **38** 26; **51** 97.

Ebenso ist es nicht richtig, die Verjährung der Teilnahmehandlung, wie Beihilfe, erst mit Beendigung der Haupttat beginnen zu lassen, wie RGSt. **5** 285; **30** 300, 310 tut. Insbesondere trifft dies für Beihilfe an Unterlassungsdelikten, RGSt. **59** 6, und bei fortgesetzter Straftat nicht zu. Hat bei letzterer die Beihilfe nur an einzelnen unselbständigen Akten stattgefunden, so läßt auch RGSt. **65** 362 die Verjährung beginnen mit Abschluß des betreffenden Teiles der Haupttat, zu dem Beihilfe geleistet wurde. Richtig muß aber die Verjährung mit Abschluß der Teilnahmehandlung beginnen, § 67 Abs. 4.

Wo die Teilnahmehandlung zum selbständigen Delikt erhoben worden ist, hat sie ihre Abhängigkeit von der Haupttat verloren. Hier erkennt auch das RG. die Möglichkeit einer Mehrheit oder Einheit von Handlungen im natürlichen Sinne an, RGSt. **1** 350, **4** 60; Rechtspr. **3** 391.

e) Beim Zusammentreffen verschiedener Teilnahmeformen bei ein und derselben Haupttat kommt nur die umfassendere noch in Betracht, da die weniger umfassende ihr subsidiär ist. So wenn der Anstiftung die Beihilfe nachfolgt, nur Anstiftung, RGSt. **2** 145, **16** 374, **27** 273, **33** 401, **44** 207, **47** 372, 189, **59** 28, 423, **62** 74; 2 D 160/22 v. 31. III. 22; 2 D 399/25 v. 7. XII. 25. Binding Handb. **1** 361; Liszt-Schmidt S. 229; a. M. RGSt. **57** 73; 1 D 4/28 v. 16. III. 28.

f) Beim Zusammentreffen mehrerer gleichartiger Teilnahmeformen bei ein und derselben Haupttat, wie z. B. mehrerer Beihilfehandlungen, liegt an und für sich, wenn die verschiedenen Beihilfen auf Grund selbständigen Vorsatzes in selbständigen Handlungen geleistet werden, der Fall des § 74 vor. Diese mehrtätigen Beihilfshandlungen werden aber, auch wenn sie nicht, was die Regel sein wird, auf einheitlichem Vorsatze beruhen, rechtlich zu einer einheitlichen Beihilfe, einer Art Kollektivdelikt zusammengefaßt. Alle Teilnahmehandlungen an ein und derselben fremden Tat bilden eine Einheit, sodaß sowohl StGB. § 73 wie § 74 ausgeschlossen ist, JW. **1921** 839 [2]. Was von den verschiedenen Teilnahmeformen gilt, muß auch von den gleichartigen angenommen werden. RGSt. **36** 25. Meyer-Allfeld 211.

g) An sich kann auch bei fahrlässigen Handlungen eine vorsätzliche oder fahrlässige Teilnahme stattfinden. Man kann in einem Anderen den Willen zur Herbeiführung eines Erfolges erzeugen, die diesem nur zur Fahrlässigkeit zugerechnet werden kann, und man kann dies bei der Anstiftungstätigkeit wissen, also nur eine solche Willensbestimmung herbeiführen wollen. Man kann ferner vorsätzlich eine Handlung eines Anderen unterstützen, die man als fahrlässig begangen erkennt. Die Bestrafung freilich muß nach § 48 Abs. 2 und § 49 Abs. 2 nach der für fahrlässige Handlungen angedrohten Strafe erfolgen. Binding, Grundriß 152, Normen 4, 638; Bintz, Die Teilnahme bei fahrlässig begangenen Handlungen (1895); Birkmeyer, Teilnahme 141; Singewald, Der agent provocateur (1908) 66; Kern GerS. 1926 137, 141. **Das Reichsgericht ist der gegenteiligen Meinung:** RGSt. **10** 8, **16** 277, **20** 54, **23** 175, **44** 429, **45** 88, **51** 39, **58** 164, **65** 411. Ebenso die herrschende Meinung, z. B. Richard Schmidt, Grundriß (1931) S. 160. Vgl. ferner zu „Anstiftung".

5. **Teilnahme an einem Sonderverbrechen.** Sonderverbrechen, delictum proprium, ist ein solches, das nur bestimmte Personen vermöge ihrer besonderen Handlungsbefugnis begehen können. Die Folge davon ist, daß die Gebote und Verbote, die derartige Ausübungen besonderer Handlungsbefugnisse regeln wollen, sich auch nur an diese hierzu Berechtigten richten. Höpfner ZStRW. **22** 205. Hierher gehören in erster Linie Beamten- und Militärdelikte, sodann auch Berufsdelikte, § 300, oder Delikte von Personen in besonderen Stellungen mit besonderen Aufgaben, wie bei § 266. Frank weist ferner auf die Unternehmerdelikte hin, die eine Unterart der Berufsdelikte bilden, z. B. GewO. §§ 136, 146; Frank ZStRW. **37** 28. Da Täter dieser Delikte nur Personen dieser bestimmten Berufskreise sein können, ist Mittäterschaft für Personen, die ihnen nicht angehören, ausgeschlossen. Ebensowenig kann ein Außenstehender, für den die Normen nicht gelten, mittelbarer Täter dadurch werden, daß er sich eines Beamten, Berufsangehörigen usw. als Mittler bedient, Binding GerS. **76** 96; Nagler, Teilnahme 71. — Umgekehrt kann ein Beamter, Berufsangehöriger usw. die Straftat als mittelbarer Täter durch einen unmittelbaren Täter begehen, der nicht Beamter usw. ist. Dagegen ist Teilnahme im weiteren Sinne, wie Anstiftung und Beihilfe möglich. § 50 kommt hier nicht in Frage, da es sich nicht um straferhöhende Umstände, sondern um strafbegründende Umstände handelt. Nur bei uneigentlichen Beamtendelikten, die keine Sonderdelikte sind, wird § 50 von Bedeutung. So die herrschende Meinung und RGSt. **15** 398, **25** 234, **36** 148, **38** 408, **50** 135; vgl. namentlich Nagler, Teilnahme S. 83; Beling, Lehre vom Verbrechen S. 425; Schönfeld, Die Teilnahme von Zivil- und Militärpersonen (1911); Schreiber, Täterschaft und Teilnahme (1913) 55; Rößler, Selbstmord und Tötung auf Verlangen (1925). Teilnahme am Selbstmord eines anderen ist nicht straffrei. A. M. Kohler GA. 55, 10; Leitfaden 34; M. E. Mayer VDA. 2, 392.

§ 31. Besondere Formen der Teilnahme nach StGB.

Als Formen der Teilnahme kennt StGB.

a) die **Anstiftung**. Wer mit dem Wunsche, einen strafbaren Erfolg zu verursachen, in einem Anderen den Vorsatz erzeugt, daß dieser Andere den Erfolg durch seine eigene Tätigkeit herbeiführe, wird zwar der mittelbare, entferntere, intellektuelle Urheber auch dieses Erfolges, dessen näherer und unmittelbarer Urheber der Haupttäter ist. Selbstverständlich muß der hervorgerufene Entschluß des Haupttäters ein solcher sein, der eine zur Verwirklichung der Tat geeignete Ausführungshandlung will. Die Hervorrufung eines Willens zur ungeeigneten Ausführung ist keine Anstiftung zur Begehung einer Straftat, Merkel in Festgabe f. Frank II, 148. Anstiftung ist nur solange möglich, als der Haupttäter noch nicht fest entschlossen ist, RGSt. **13** 121, **36** 404. Solange er noch schwankt, ist die Herbeiführung des endlichen festen Entschlusses Anstiftung. Im Hinblick auf diesen ist die Anstiftungstätigkeit eine Vorbereitungstätigkeit gegenüber der Haupttat. Der vom Anstifter durch eigene Tätigkeit gewollte erste Erfolg ist die Umstimmung des Willens des Täters. Der zweite mittelbar gewollte Erfolg ist der Erfolg der Haupttat. Er ist lediglich psychisch vermittelt, RGSt. **5** 228, **15** 315. Es handelt sich sonach um Herbeiführung eines Doppelerfolges, M. E. Mayer S. 393; Mezger, Lehrb. S. 433. Die Umstimmung des Täters kann durch die verschiedenartigsten Mittel erfolgen, auch in Mittäterschaft, RGSt. **13** 123, **53** 190, 1 D 240/27 25. III. 27. Da nur beim Eintritt des letzten Erfolgs der Haupttat die Verursachung des Zwischenerfolgs strafbar wird und diese Ergänzung eines Willens, der unmittelbare Ursache zu ihr wird, von der Natur der verursachten Haupttat ihren Charakter erhält, so liegt hier in der Tat echte Abhängigkeit der Anstiftung von der Haupttat vor, sog. „akzessorische Teilnahme". Die demnächst ausgeführte Tat muß sich mit dem Willen dessen, der den bestimmenden Einfluß ausgeübt hat, decken, RGSt. **26** 361, 362; Rechtspr. **9** 107; 1 D 872/24 13. I. 25. Immerhin bleibt sie für den Anstifter eine fremde Tat, RGSt. **59** 35, **61** 32, **63** 318, 375. Der Gegensatz zur Anstiftung ist die bloße „Aufforderung", die ihrer Natur nach versuchte Anstiftung und zuweilen als selbständige Straftat gestaltet ist, §§ 49a, 95, 110, 111, 112, 141, 159, 160, 357. Wie wenig sonst aber die Anstiftungstätigkeit mit der Tätigkeit des Haupttäters gemein hat, zeigt, daß die Tatbestandsmerkmale der Haupttat auf seiten des Anstifters nicht vorzuliegen brauchen. Anstifter kann sein, auch wer nicht Täter sein kann. RGSt. **59** 34. Viele wollen den Unterschied zwischen Anstiftung und mittelbarer Täterschaft verwischen, so z. B. Kern GerS. 1926 S. 146. Anstiftung zu fahrlässiger Begehung einer Straftat ist nicht ausgeschlossen. Vgl. Erl. zu § 48. Olshausen zu § 48 Anm. 18; Binding Normen 2, 891; 4, 64; M. E. Mayer 407; Beling ZStRW. **18** 273; Birkmeyer, Teilnahme 141. Von RGSt. **36** 404 als möglich anerkannt, sonst in ständiger Rechtsprechung verneint, RGSt. **22** 429, **23** 175, **30** 296, **44** 429, **60** 2. A. M. v. Liszt-Schmidt I S. 338. Dagegen ist die Anstiftungstätigkeit selbst immer eine vorsätzliche. RGSt. **56** 172. Die Umstimmung des Willens des Haupttäters ist das Wesentliche. Diese kann auch bei einem Unzurechnungsfähigen erfolgen. Wird dieser dann später zurechnungsfähig und wirkt die Willensbestimmung auch in dieser Geistesverfassung noch fort, so liegt Anstiftung vor, sofern der Anstifter die Unzurechnungsfähigkeit nicht kannte oder mit dem Eintritt der Zurechnungsfähigkeit und dem Fortwirken seiner Willensbeeinflussung rechnete. 2 D 285/25 29. VI. 25. Über die Möglichkeit der Anstiftung eines Strafunmündigen nach JGG. § 4; RGSt. **61** 265. Der Unterschied zwischen Anstiftung und mittelbarer Täterschaft beruht nicht in der verschiedenen Kausalität — eine Bedingung für den Erfolg setzt der Anstifter und der mittelbare Täter — sondern darin, daß bei der mittelbaren Täterschaft der verantwortliche unmittelbare Täter wegfällt und daher der Rückgriff auf den zurückliegenden Veranlasser erfolgen muß. Bei der Anstiftung dagegen bleibt der unmittelbare Täter verantwortlich, die zurückliegende Bedingung ist daher in ihrer Eigenschaft als mitwirkende Ursache nicht als Täterschaft zu bewerten. Der Anstifter und der Gehilfe haben niemals Tätervorsatz. Vgl. hierzu Drost, ZStRW. **51** 360.

Die notwendige Folge für die Anstiftung ist daher weiter, daß sie immer einen verantwortlichen Täter voraussetzt. Mangelt es an diesem, so ist Anstiftung ausgeschlossen. Es kann aber dafür mittelbare Täterschaft vorliegen, falls sonst dafür die Voraussetzungen gegeben sind. Entw. § 31 ändert diese Akzessorietät der Anstiftung und bestimmt: „Die Strafbarkeit des Anstifters ... ist unabhängig von der Strafbarkeit dessen, der die Tat ausführt."

b) Die **Beihilfe.** Ebenso wie bei der Anstiftung geht der Wille des Gehilfen auf Herbeiführung eines Doppelerfolges, Frank S. 125.

(Die in der vorigen Auflage vertretene Auffassung, daß der Vollendungserfolg der Haupttat für die Beihilfe subjektiv außer Betracht bleibt und der Vorsatz sich ausschließlich auf die Förderung der Haupttat erstreckt, die auch von Binding, Strafr. Abhdl. (1915) S. 311; Schwartz, Wachenfeld, Kohler, sowie Condert in ZStRW. **46** 1 und RGSt. **58** 113 geteilt wird, kann nicht aufrechterhalten werden.) Der erste gewollte Erfolg ist aber nicht die Erzeugung eines Täterwillens bei einem Anderen, dieser muß vielmehr bereits vorhanden, der Täter zur Begehung der Tat entschlossen sein. Dagegen ist die Erhaltung des bestehenden Willens zur Begehung einer Straftat Beihilfe. Der gewollte unmittelbare erste Erfolg ist die Förderung der Ausführungshandlung, die physisch und psychisch (durch Rat) bewirkt werden kann. Diese Förderung muß der Tätigkeit des Haupttäters tatsächlich gebracht worden sein, die bloße Absicht, dies zu tun, reicht nicht aus, RGSt. **58** 113; **59** 376; **60** 6; **63** 101, auch nicht die Anwendung eines zur Förderung ungeeigneten Mittels, wie RGSt. **56** 170 mit Unrecht annimmt, oder nur versuchte Beihilfe, Mezger, Lehrb. S. 446; v. Liszt-Schmidt I, 340. RGSt. **60** 23. Diese Förderung geschieht aber im Hinblick darauf, daß die Ausführungshandlung zu einem bestimmten Erfolg führt, sie will nicht Förderung einer Tätigkeit an sich und ohne Rücksicht auf den mit ihr bezweckten Erfolg sein. Jede Förderung einer derartigen Ausführung setzt daher eine Mitbedingung für den Erfolg der Haupttat. Deshalb ist der zweite gewollte Erfolg der Beihilfe, ebenso wie bei der Anstiftung, der Erfolg der Haupttat, RGSt. **10** 9; **15** 315; **16** 25; **17** 377; **32** 353; **37** 323; **56** 170; **60** 24; v. Liszt ZStRW. 38 303. Diese Förderung stellt sich aber, wie die Anstiftung, nur als mittelbare Herbeiführung des Erfolges der Haupttat dar, der durch die Ausführungshandlung eines Täters unmittelbar herbeigeführt wird, d. h. durch eine Ausführungshandlung, die unter der Herrschaft und Leitung allein des den Erfolg wollenden Täters steht. Dadurch steht die Beihilfehandlung der Täterhandlung als einer fremden gegenüber. Weder der Anstifter noch der Gehilfe hat die Herrschaft und Leitung der Ausführungshandlung, ist daher weder Täter noch Mittäter. Ist die Haupttat im Stadium des Versuches geblieben, so liegt auch Beihilfe nur zu einem Versuche vor.

Sowohl begrifflich als nach dem Wortlaute des § 49, wonach wissentlich Hilfe zur Begehung einer Straftat geleistet wird, ist die notwendige Voraussetzung, daß die Straftat noch nicht vollendet ist. Ob dies der Fall ist, hängt von der Natur der Straftat ab. Gehört zu ihr der Eintritt eines bestimmten Erfolges, und kann dieser auch erst nach Abschluß der körperlichen Tätigkeit stattfinden, in Fortwirkung der durch diese angeregten Kausalität, so kann bis zum Eintritt dieses Erfolges auch Beihilfe geleistet werden, selbst nach Abschluß der Tätigkeitshandlung. Denn bis zum Eintritt des Erfolges wird die Straftat begangen; solange er noch nicht eingetreten ist, können auch zu seiner Herbeiführung fördernde Bedingungen gesetzt werden; es liegt hier keine Beihilfe nach Begehung, sondern zur Begehung vor. So auch Kohler, D. Strafr. (1917) S. 528; Gerland, Strafr. S. 201. Hierüber auch Merkel in Festgabe f. Frank II, 152. Eine in Fortsetzungszusammenhang begangene Straftat endigt erst mit dem letzten Tätigkeitsakt. Bis dahin kann sonach Beihilfe geleistet werden, selbst wenn es sich um kein Erfolgsdelikt in dem Sinne handelt, daß der Erfolg erst nach Abschluß der Tätigkeit eintritt. Bei Dauerdelikten liegt gleichfalls eine fortdauernde Tätigkeit vor, v. Liszt-Schmidt I, 341. Dagegen ist Tätigkeit und der Erfolg der Tätigkeit abgeschlossen bei Herstellung des gewollten Zustandes. Die Fortdauer des Zustandes ist keine Begehung einer Straftat mehr. Was zu dessen Aufrechterhaltung getan wird, ist daher keine Beihilfe. So auch Merkel in Festgabe f. Frank II, 155. Die Förderung kann durch alle Mittel erfolgen, Beihilfe zur Beihilfe also ist mittelbare Beihilfe zur Haupttat. RGSt. **23** 300, 306; 2 D 566/25 21. XII. 25. Vgl. auch 2 D 35/24 18. IX. 24 und besonders 3 D 108/24 24. III. 24 zu JW. 1924, 1524[3] (trotz der Betonung der inneren Stellungnahme). Unzutreffend die Bemerkung hierzu von Werthauer daselbst. Durch Unterlassung kann Beihilfe nur dann gewährt werden, wenn eine Rechtspflicht bestand, den Erfolg der Haupttat zu hindern. Eine bloß „moralische" Verpflichtung hierzu genügt nicht; RGSt. **56** 169. Da die Strafbarkeit der Gehilfentätigkeit davon abhängt, daß die unterstützte Haupttat zum Erfolg geführt hat, liegt auch hier echte „akzessorische Teilnahme" vor. An dem Vorsatz des Gehilfen, die Vollendung der vom Täter gewollten Haupttat fördern zu helfen, fehlt es, wenn der Gehilfe wegen Untauglichkeit des von ihm gelieferten Mittels weiß oder glaubt, er werde dem Täter höchstens zu einem Versuch der von diesem gewollten Tat Hilfe leisten, 2 D 368/25 10. IX. 25, RGSt. **44** 230; **56** 169; **60** 23. Die Beihilfe kann auch mit bedingtem Vorsatz geleistet werden, 1 D 29/26 16. IV. 26. Mezger, Lehrb. S. 445.

§ 32. Die sog. **notwendige Teilnahme.**

Sie wird im StGB. nicht ausdrücklich behandelt, v. Liszt-Schmidt I, 325 hält die Aufstellung dieses Begriffs für wenig förderlich, v. Hippel, Lehrb. S. 165 für entbehrlich. Gewisse Straftaten enthalten einen Tatbestand, der zu seiner Verwirklichung die Beteiligung Mehrerer zu dem unter Strafe gestellten Tun oder Unterlassen erfordert, Freudenthal, Die notwendige Teilnahme am Verbrechen (1901) S. 100; § 35 MStGO. v. 1. XII. 1898; Frank 111; Mezger, Lehrb. S. 454; v. Kries, ZStRW. **7** 521; Beling, Lehre v. Verbr. S. 435 und Grundzüge S. 62.

a) Es gibt Tätigkeiten, die begrifflich zur Erreichung des mit ihnen bezweckten Erfolgs des Zusammentreffens mit der Tätigkeit eines andern bedürfen. Es müssen einander korrespondierende Handlungen vorliegen, die durchaus von gleichartigen zu unterscheiden sind. So bei Abschluß eines Vertrags, bei dinglichen Übertragungen. Im bürgerlichen Recht ist dies bei den gegenseitigen Verträgen eine bekannte Erscheinung. Niemand kann verkaufen, wenn nicht der andere kauft, niemand kann geben, wenn nicht der andere nimmt. Erst die Vereinigung der für sich verschiedenen Tätigkeiten zu einem Ganzen bringt den auch für jede einzelne Tätigkeit gewollten gemeinsamen Erfolg. Nach Freudenthal a. a. O. spricht man hier von **Begegnungsdelikten.** Der Herbeiführung eines Erfolgs gegenüber, zu dem notwendig zwei solche korrespondierende, sich ergänzende Tätigkeiten verschiedener Personen erforderlich sind, kann sich nun der Gesetzgeber, der den Erfolg verhindern will und ihn als rechtswidrig mißbilligt, auf verschiedene Weise verhalten.

Einmal kann er die gesamte korrespondierende Tätigkeit beider Teile verbieten. Will er den Abschluß eines Kaufs mißbilligen, so kann er sowohl das Verkaufen als das Ankaufen unter Strafe stellen. Beide Seiten der korrespondierenden Tätigkeit werden bei den Verabredungen nach StGB. § 83, MilStGB. v. 20. VI. 72 §§ 59, 103, bei StGB. § 109, § 334 Abs. 1 u. 2, HGB. § 318 (Leihen und Verleihen von Aktien) vom Verbot getroffen. Das gleiche liegt vor bei StGB. §§ 142 Abs. 1 und 2, 171, 173,

205, 320 Abs. 2 usw. Er kann aber auch aus kriminalpolitischen Gründen sich nur gegen die eine Seite der Tätigkeiten wenden und nur das Verkaufen oder nur das Ankaufen, oder gar nur eine Teiltätigkeit des Verkäufers oder Käufers mit Strafe bedrohen, sofern er gerade in dieser das Verwerfliche und Schädliche und besonders Treibende für den Erfolg erblickt. Jener Fall liegt vor bei dem Verbot des Kettenhandels als des Einschiebens eines unwirtschaftlichen, darum unlauteren Zwischenhandels. Bei § 6 Preistreibereiverordnung vom 13. VII. 1923 richtet sich das Verbot sowohl gegen den Verkäufer als gegen den Käufer. Beim verbotenen Kettenhandel ist der Verkäufer, der unwirtschaftlich an einen gleichstehenden Abkäufer verkauft, ebenso wie der Abkäufer, der unwirtschaftlich von einem gleichstehenden Verkäufer kauft, je ein selbständiger Täter, Lobe, Kommentar z. PreistrVO. S. 90; RGSt. **51** 54; RGSt. in LZ. **18** 318. Dagegen richtet sich das Verbot des § 3 der gen. PreistrVO. nur gegen den Verkäufer und zwar bedroht er sogar nur einzelne Verkaufshandlungen: das Fordern, Sichversprechenlassen und Sichgewährenlassen von übermäßig hohen Preisen. Die korrespondierende Tätigkeit des Abkäufers, die im Versprechen und Gewähren solcher Preise besteht, ist nicht verboten, Lobe, Komm. z. Preistr.-VO. S. 76.

Ferner StGB. §§ 84, 87, 120, 121, 180, 184, 301, 331, KO. §§ 241, 243, usw. Vgl. Freudenthal a. a. O. S. 111 ff. RGSt. **2** 440, **5** 436, **8** 294, **13** 181, **23** 242, **25** 369; Rspr. **4** 28. Wo nur die eine Seite der korrespondierenden Tätigkeit vom Gebot und Verbot getroffen und zur Bildung einer Straftat verwendet wird, bleibt die andere Seite zwar Teilnahme im natürlichen Sinne, sie gehört aber nicht zum Tatbestandsmerkmal des Delikts und es ist dann auch für die Anwendung der Vorschriften des StGB. über die Teilnahme nach §§ 47 ff. kein Raum. RGSt. **2** 440, **5** 436, **8** 294, **12** 122, **13** 181, **23** 242, **29** 304, **39** 134; Rspr. **4** 28. Die Folge hiervon ist, daß es für das Vorhandensein eines Delikts, das nur auf der einen Seite der korrespondierenden Tätigkeit gebildet worden ist, auf Deliktsvoraussetzungen auf der andern Seite nicht ankommt, RGSt. **19** 192. Eine über diese notwendige korrespondierende Tätigkeit hinausgehende Teilnahme an der verbotenen korrespondierenden Tätigkeit des andern Teils etwa als Anstiftung oder Beihilfe, ist dagegen strafbar, RGSt. **8** 294, **25** 369, **61** 31, 315; **65** 417; Mezger, Lehrb. S. 455. So kann die Tätigkeit des Abkäufers Beihilfe zur Patentverletzung des Verkäufers sein. RGZ. **65** 160, **101** 140.

b) Es gibt weiter Verbrechenstatbestände, die aus dem Zusammenwirken mehrerer nach ein und derselben Seite hin gebildet sind, wo sich also die Tätigkeiten nicht gegeneinander richten und somit einander korrespondierend einen gemeinsamen Erfolg erzeugen, sondern wo sie nebeneinander herlaufen und so schließlich im Schnittpunkt einen Deliktstatbestand bilden. Freudenthal spricht hier a. a. O. S. 122 von **Konvergenzdelikten.** Die Zusammenfassung beruht auf Gesetzeswillen und ist entweder deliktbegründend wie bei Aufruhr, § 115, und Meuterei, § 122, schwerem Hausfriedensbruch, § 124, Landfriedensbruch, § 125, RGSt. **58** 208, Schlägerei, § 227, ferner §§ 127, 128, 129; oder bloßer Strafschärfungsgrund wie bei § 123 Abs. 3, § 223 a. Das Bedeutsame an diesen Teilnahmehandlungen ist, daß nicht überall dieses Zusammenwirken im Sinne der Mittäterschaft des § 47 stattzufinden braucht, ebensowenig in einer anderen Teilnahmeform, wie sie im StGB. ausgestaltet ist. Meist liegt hier eine besondere Art Nebentäterschaft vor, vgl. oben unter 3 b.

c) Wenn eine Beteiligung der Person stattfindet, die das Gesetz vor Schädigung durch die Straftat, an der sie vorliegt, gerade schützen will, so ist diese Beteiligung in jeder Teilnahmeform straflos, z. B. die bewucherte Person in § 302, die mißbrauchte Person nach §§ 174, 176, das geraubte Kind nach § 235, RGSt. **18** 273; **61** 315; Mezger, Lehrb. S. 454.

d) Nicht zu verwechseln mit der notwendigen Teilnahme ist die Notwendigkeit des Vorhandenseins einer anderen Person als bloßes Objekt der verbrecherischen Handlung. Die Teilnahme setzt eine Handlung, sei es eine Tätigkeit, sei es eine Unterlassung, voraus. Das bloße passive Verhalten begründet noch keine Teilnahme. So kann eine unzüchtige Handlung nach §§ 174, 176 auch an völlig untätigen Personen begangen werden, wie § 176 Nr. 2 noch ausdrücklich hervorhebt. Diese Straftaten gehören sonach nicht zu den „Begegnungsdelikten" im vorgenannten Sinne. Die Personen, an und mit denen eine unzüchtige Handlung vorgenommen wird, brauchen sich aber nicht bloß leidend zu verhalten, sondern können auch tätig zur oder bei der Vornahme der Handlung mitwirken, also eine wirkliche Teilnahmehandlung an der mit ihnen vorgenommenen Handlung begehen. Nur ist diese dann keine notwendige Teilnahme im vorgenannten Sinne. Inwieweit sie strafbar ist, siehe ebenfalls unter II d.

E. Zusammentreffen mehrerer Straftaten.

§ 33. Zeitliches, begriffliches, rechtliches Zusammentreffen strafbarer Handlungen in Tateinheit, Idealkonkurrenz.

1. Hier wird der Unterschied zwischen Handlungen, der strafbaren Handlung, also der Verwirklichung eines verbotenen Tatbestandes, und der Handlung im rein natürlichen Sinne als körperliche Tätigkeit von Bedeutung. Über die Mehrdeutigkeit von Handlung auch Finger, Strafrecht S. 556, der aber mit Unrecht behauptet, daß eine natürliche Handlungsweise nicht feststellbar sei. Hierzu auch v. Hippel, Lehrb. S. 173. Das StGB. selbst gebraucht die Bezeichnung in der Überschrift des V. Abschnittes, wenn es vom „Zusammentreffen mehrerer strafbarer Handlungen" spricht, im ersteren Sinne, insofern es darunter die verbotenen, einen strafbaren, deliktischen Tatbestand darstellenden Handlungen begreift. Es hat also den Fall einer Mehrheit von Delikten im Auge und behandelt die verschiedenen Formen ihres Zusammentreffens. Wo Handlungen nur eine einmalige Verwirklichung eines Deliktes bilden, ist ihre Begehung in Idealkonkurrenz daher begrifflich ausgeschlossen. Die Gleichheit der Ausführungsform begründet nicht notwendig Einheit des Deliktes. So kann die Beischlafsvollziehung zwischen Personen verschiedenen Geschlechts als Erfolg haben den Ehebruch, die Blutschande, Notzucht, also jeweilige Verletzung verschiedener Rechtsgüter und damit Verwirklichung verschiedener strafgesetzlicher Tatbestände. Daher kann, wenn die übrigen Tatbestandsmerkmale vorliegen, durch die eine Beischlafshandlung die Begehung mehrerer Straftaten in Idealkonkurrenz (nicht Gesetzeskonkurrenz) stattfinden, Frank S. 220; v. Hippel, Lehrb. S. 173. Vgl. auch RGSt. **65** 337. In § 74 dagegen wird unter „Handlung" die Tätigkeit, die Körperbewegung oder Körperruhe verstanden. Wird nun nur eine solche Tätigkeit im natürlichen Sinne ausgeübt, wird aber diese letztere von einem Willen verursacht, der von den Vorstellungen mehrerer Erfolge bei seiner Bildung

zum Vorsatz bestimmt worden ist, und werden diese mehreren Erfolge durch die eine Tätigkeit dadurch herbeigeführt, daß sie mehrere Tatbestände von Strafgesetzen verwirklicht, so werden also eben mehrere Zuwiderhandlungen begangen und es wird zwar nur ein Wille, aber ein mehrfach schuldig gewordener Wille verwirklicht. Dieser Mehrheitstheorie, die die Mehrheit von Zuwiderhandlungen als Verwirklichungen mehrerer strafgesetzlicher Tatbestände ins Auge faßt und daher in der Idealkonkurrenz Verbrechenskonkurrenz sieht, steht die Einheitstheorie gegenüber, die von der Einheit der natürlichen Tätigkeit ausgeht und dann folgerichtig mit M. E. Mayer S. 505 die Idealkonkurrenz eigentlich als Gesetzeskonkurrenz ansieht. Diese Einheitstheorie beruht auf dem Schluß: Jedes Delikt ist Handlung, also ist eine Handlung auch nur ein Delikt. Daß dies ein Fehlschluß ist, liegt auf der Hand. Denn nicht jede Handlung ist Delikt, weil jedes Delikt Handlung ist. Delikt ist nur eine strafbare Handlung, d. h. eine Tatbestandsverwirklichung und deshalb kann auch eine Handlung mehrere Tatbestände verwirklichen, Baumgarten, Idealkonkurrenz S. 52 leugnet die Möglichkeit solcher mehrfacher Schuld, gibt aber doch in Festgabe f. Frank II, 193 zu, daß „der Entschluß, zur Tötung noch die Körperverletzung hinzuzufügen, hinsichtlich des inhaltlichen Moments einen Zuwachs an Schuld bringe", daß ein Verbrechen vorliege mit Häufung der natürlichen, durch die Rechtsgüterverletzungen bestimmten Schuldmomente. Das aber ist mit der Leugnung mehrfacher Schuld unvereinbar. Die Verschiedenartigkeit der Schuld für die verschiedenen Straftaten ist auch aus StPO. § 153 zu erkennen.

Beispiel: Die Vorstellungen, durch einen Schuß durch das geschlossene Fenster zwei hintereinander stehende Menschen derart zu treffen, daß der erste getötet, der zweite wenigstens noch an seinem Körper verletzt wird, werden durch Umbildung im Willen zu einem Gesamtvorsatz gestaltet und der Vorsatz wird zur Ursache des Zielens und Schießens mit einem geladenen Gewehr, dessen Kugel die Fensterscheibe zertrümmert, den ersten Menschen tötet und den zweiten verletzt. Dann liegt ein einziger, auf drei verschiedene strafbare Handlungen gleichzeitig gerichteter durch die verschiedenen Vorstellungen von ihnen gleichzeitig motivierter Vorsatz vor, der verursacht hat durch eine Innervation zunächst die eine körperliche Tätigkeit des Schießens, dadurch aber ausgelöst hat gleichzeitig einen dreifachen Kausalverlauf mit drei verschiedenen Erfolgen, die mit dem Vorsatz und der Tätigkeit zusammen die drei verschiedenen strafbaren Taten der Sachbeschädigung, der Tötung und der Körperverletzung darstellen. Es liegt eine „Mehrheit schuldhafter Ideen" vor, d. h. der strafbaren „Gesichtspunkte", unter denen die eine natürliche Handlung zu betrachten ist, daher der wenig glückliche Ausdruck „Idealkonkurrenz", besser und richtiger früher „concursus simultaneus delictorum". Burk, Über das Wesen der Idealkonkurrenz (1927). Wie hier Merkel, VDA. 5, 270; Beling, Lehre vom Verbrechen S. 321; van Calker S. 59; Allfeld S. 237; v. Bar, Ges. und Schuld 3, 524; Frank S. 226; Olshausen zu § 73 Anm. 12; Sauer, Grundlagen S. 498; Kohler, Grenzlinie zwischen Ideal- und Gesetzeskonk. (1900) S. 35; Coenders, Strafr. Grundbegriffe (1909) S. 292 und RGSt. **62** 87.

Den Unterschied zwischen Idealkonkurrenz und Gesetzeskonkurrenz verneinen überhaupt v. Liszt-Schmidt I, 356; Wachenfeld S. 103; Heinemann, Die Lehre von der Idealkonkurrenz (1893); Baumgarten, Die Lehre von der

Idealkonkurrenz; Höpfner, Einheit und Mehrheit der Verbrechen (1908); Lenk, Gesetzeskonkurrenz (1912). Der Entwurf § 65 will nicht nur den Unterschied zwischen Ideal- und Gesetzeskonkurrenz, sondern auch — mit Unrecht — den zwischen Ideal- und Realkonkurrenz beseitigen. „Sind auf dieselbe Tat mehrere Strafgesetze anwendbar, oder ist durch die Tat dasselbe Strafgesetz mehrmals verletzt oder hat jemand mehrere selbständige Taten begangen, die gleichzeitig abgeurteilt werden, so ist nur auf eine Strafe zu erkennen." Schultz, Über das Zusammentreffen mehrerer Gesetzesverletzungen nach jetzigem und nach künftigem Strafrecht. Jur. Rundschau 1928, 64; Honig, Studien zur jurist. und natürl. Handlungseinheit, 1925, und die Besprechung von Rosenthal in Gruchots Beitr. 1927, 266. Es ist ein Irrtum des Entwurfs, damit diesen in der Natur gegebenen Unterschied beseitigt zu haben! Wird durch eine natürliche Handlung oder werden durch verschiedene zu einer Einheit der Handlung zusammengefaßte Tätigkeitsakte nicht die Tatbestände mehrerer Delikte, sondern nur der Tatbestand eines Delikts verwirklicht, so ist Idealkonkurrenz nicht möglich, so wenn dieselbe Person durch mehrere Schläge verletzt wird, wenn mit einer Handlung mehrere Sachen weggenommen werden, selbst wenn sie mehreren Personen gehören. Ebenso kommt bei mehrfacher Beteiligung gleicher Art, wie mehrfacher Beihilfe, nur eine Beihilfe, bei Beihilfe- und Anstiftungstätigkeit nur die schwerste Teilnahmeform bei einer Straftat in Betracht, RGSt. **2** 145; **33** 401; **47** 372; **62** 75.

2. Man unterscheidet gleichartige und ungleichartige Idealkonkurrenz, je nachdem durch ein und dieselbe natürliche Handlung der Tatbestand desselben Strafgesetzes mehrmals oder der verschiedener Strafgesetze verwirklicht worden ist. Das StGB. spricht in § 73 nur von ungleichartiger Idealkonkurrenz, § 73 ist aber entsprechend anzuwenden, Binding 1, 231, 576; Merkel S. 268; Olshausen-Niethammer Anm. 96 zu § 73; Frank S. 227; RGSt. **2** 255; **27** 19; **44** 223; **62** 83. Wer durch eine Handlung den einen Menschen tötet, den anderen am Körper verletzt, verwirklicht in Idealkonkurrenz verschiedene strafrechtliche Tatbestände. Wer durch eine Handlung zwei Menschen tötet, verwirklicht die Tatbestände desselben Strafgesetzes zweimal.

Auch zwischen vorsätzlichen und fahrlässigen Straftaten ist Idealkonkurrenz möglich, ebenso zwischen fahrlässigen Straftaten untereinander. RGSt. **2** 255, **6** 366, **16** 290, **48** 250, **60** 58. Keine Idealkonkurrenz natürlich, wenn ein und dieselbe Tätigkeit sich gegen dieselbe Person richtet und das gleiche Rechtsgut dadurch vorsätzlich und in weiteren Folgen fahrlässig verletzt wird, RGSt. **16** 129. Dieselbe Körperverletzung kann nicht teils als vorsätzliche, teils als fahrlässige angesehen werden. Ferner kann Idealkonkurrenz zwischen versuchter Straftat (Sachbeschädigung) und vollendeter andersartiger Straftat (Tötung) stattfinden, RGSt. **12** 64. Sofern sich die Handlung aber gegen dasselbe Rechtsgut richtet, kann versuchte Handlung nicht mit vollendeter konkurrieren, auch dann nicht, wenn erstere ein selbständiges Delikt bildet oder durch Strafschärfungen qualifiziert ist, RGSt. **61** 375. Setzt sich versuchter Einbruchsdiebstahl in einfachem Diebstahl fort, so liegt nur vollendeter einfacher Diebstahl vor. Fertigt jemand in Täuschungsabsicht eine Urkunde an, macht er aber ohne solche Absicht schließlich von ihr Gebrauch, so hat er in einer natürlichen Handlung die unter erschwerenden Umständen begonnene Straftat ohne erschwerende Umstände zur Vollendung gebracht. Bestritten ist für solche Fälle, ob das als natürliche Einheit sich darstellende Verhalten strafrechtlich nur als versuchte schwere Straftat, RGSt.

in GA. **46** 315, oder bloß als vollendete einfache Straftat zu beurteilen, auf sie aber die für die versuchte schwere Straftat maßgebende strengere Strafdrohung anzuwenden ist. Binding, Handb. 1, 575; Frank S. 228, oder ob endlich Idealkonkurrenz zwischen versuchter schwerer und vollendeter einfacher Straftat anzunehmen sei, RGSt. **15** 281; **30** 67; **53** 285; **58** 214; Olshausen Anm. 18 zu § 73 und Honig, Straflose Vor- und Nachtat (1927). Idealkonkurrenz ist unmöglich, da die schwere und einfache Urkundenfälschung nicht zwei verschiedene Straftaten bilden. Bloßer Versuch liegt nicht vor, da das Delikt mit dem Gebrauch der Urkunde vollendet wurde. Hiernach bleibt nur der hier vorgeschlagene Weg begehbar, nach dem aber aus der schwereren Strafdrohung des qualifizierten Versuches zu bestrafen ist. Auch zwischen zwei Straftaten, von denen jede im Fortsetzungszusammenhang begangen ist, ist Idealkonkurrenz möglich, und zwar ist diese auch dann vorhanden, wenn die beiden Handlungen nicht gleichlange Zeit fortgesetzt werden, sondern nur eine Strecke zusammenlaufen. 4 D 136/16 30. III. 17. Das Zusammentreffen verschiedener selbständiger Straftaten mit jeweils einzelnen unselbständigen Akten eines Kollektivdelikts oder einer Straftat macht jene aber nicht ebenfalls zu unselbständigen Akten, Baumgarten in Festgabe f. Frank II, 201. Auch Unterlassungen können ideell konkurrieren; durch ein und dieselben Unterlassungen werden verschiedene Personen verletzt, RGSt. **16** 290, verschiedene Gebote übertreten.

3. Da mehrere Straftaten zusammentreffen müssen, kann nur zwischen solchen Konkurrenz stattfinden, für die ein Strafanspruch überhaupt entstanden und durchführbar ist. § 73 setzt voraus, daß jede der mehreren Gesetzesverletzungen so beschaffen ist, daß sie, für sich allein betrachtet, die Bestrafung und die Verfolgbarkeit zur Folge haben müßte, RGSt. **46** 46; **47** 388; **57** 144. Daher muß, wenn das eine Delikt einen Strafantrag erfordert, dieser gestellt sein, RGSt. **46** 363; **62** 83; **66** 52. Das Zuammentreffen der Vergehen nach § 4 und § 15 UWGes. z. B. gibt nicht die Möglichkeit einer Verurteilung aus § 15, wenn nur wegen § 4 Strafantrag gestellt ist. So kann die Feststellung und Durchführung des Strafanspruches hinsichtlich des einen zusammentreffenden Delikts ausgeschlossen sein, wenn für es durch Sondergerichte eine ausschließliche Gerichtsbarkeit besteht, RGSt. **49** 274, eine Amnestierung erfolgt ist, RGSt. **53** 50, Verjährung eingetreten ist, die Auslieferungsbewilligung eine Beschränkung enthält, RGSt. **46** 363. Diese Umstände schränken also die Vorschrift des StPO. § 264 notwendig ein, RGSt. **46** 363; **62** 83. Ebenso ist für jede Straftat die Rechtswidrigkeit, die Schuldmöglichkeit und die Zurechenbarkeit besonders zu prüfen. Fehlt sie hinsichtlich der einen Straftat, so ist Idealkonkurrenz ausgeschlossen, aber eine Freisprechung ihretwegen findet nicht statt, RGSt. **51** 371. Wenn die Strafausschließungs- oder Strafaufhebungsgründe bei dem schwereren der zusammentreffenden Delikte gegeben sind, soll nach Frank S. 230 und 448 auch für das leichtere Delikt die Bestrafung ausgeschlossen sein. Diese Folge ist aber aus der Vorschrift des § 73 nicht zu ersehen. Wie Frank auch Schwarz Anm. 2 zu § 73 und Olshausen-Niethammer Anm. 24 zu § 73. A. M. zutreffend OLG. Naumburg HöchstRR. 1, 254. Es kann aber auch bei einer der zusammentreffenden Straftaten die Schuld zwar vorliegen, aber gering sein, und die Folgen dieser Tat können unbedeutend sein, so daß das Gericht nach StPO. § 153 Abs. 3 verfahren kann. Dies hängt davon ab, ob nach dem inneren Verhältnis der Schuldelemente eine derart enge Verknüpfung besteht, daß sie sich nicht trennen lassen. Diese Trenn-

barkeit hängt aber vom konkreten Fall ab und ist nicht schlechthin mit Grabe, GA. **72** 81 zu verneinen. Hierüber eingehend Mattil in Jur. Rundschau 1933, 27 ff.

4. Ob durch ein und dieselbe Tätigkeit mehrere Straftaten verübt oder ob diese durch verschiedene selbständige Handlungen verwirklicht werden, ist im wesentlichen Sache der Beweiswürdigung. Entscheidend ist im besonderen, daß das Handeln als eine **Einheit nach der natürlichen Auffassung** sich darstellt, RGSt. **1** 111, **25** 147, **30** 396, **32** 137, **44** 30, **49** 402, **52** 274, **54** 247, **57** 140, **58** 113, 359, **59** 318, **60** 241. Erforderlich ist hiernach jedenfalls:

a) ein einheitlich erleitender Wille, der aber bestimmt worden ist durch die verschiedenen Vorstellungen von mehreren Erfolgen seiner Verursachung, also mehrere Schuldarten umfaßt. Es ist durchaus möglich, daß ein solcher Gesamtvorsatz auf Begehung verschiedenartiger Delikte als ein einheitlicher gefaßt wird; RGSt. **26** 177; **30** 396; **32** 137; **44** 31; **49** 272; **54** 289; **55** 96. Ist ein solcher einheitlicher Wille nicht von vornherein vorhanden, sondern wird der Vorsatz, eine weitere Straftat zu begehen, erst nach dem Vorsatz der ersten Straftat gefaßt, so liegt auch nach der Fassung des zweiten Vorsatzes für die vorausgegangene Tätigkeit kein Gesamtwille vor, und es fehlt daher die Möglichkeit einer Idealkonkurrenz für die vorherliegende erste Handlung. So kann z. B. zwischen dem Dauerverbrechen des unerlaubten Waffenbesitzes und einem Tötungsverbrechen, das mit der unerlaubt besessenen Waffe verübt worden ist, nur dann Tateinheit für die ganze Dauer der Begehung angenommen werden, wenn der Tötungsvorsatz schon bei Beginn des Dauervergehens des Waffenbesitzes vorhanden war, 1 D 241/25 6. X. 25, für die übrige Dauer nur, wenn sich der Tötungsvorsatz mit dem Vorsatz, den Waffenbesitz weiterhin aufrecht zu erhalten, zu einem Gesamtvorsatz vereinheitlicht hat. Einheitlichkeit des Zieles mehrerer Handlungen begründet noch nicht notwendig Einheitlichkeit des Begehungsvorsatzes, RGSt. **58** 116; **60** 241, 373; RGRechtspr. **8**, 762. Ein einheitlicher Vorsatz allein reicht aber auch noch nicht zur Annahme einer einzigen natürlichen Handlung aus, RGSt. **64** 279.

b) Dieser Wille muß weiter nur eine körperliche Tätigkeit als Ursache für die mehreren Erfolge, die mehreren Straftaten, die die Tatbestände mehrerer Strafgesetze verwirklichen, ausgelöst haben. Sofern der eine Wille gleichzeitig zwei solcher Tätigkeiten durch Innervation der motorischen Nerven auslöst und jede dieser Tätigkeiten ihren besonderen Kausalverlauf nimmt, liegen zwei gleichzeitig nebeneinander verlaufende selbständige Handlungen, nicht eine Handlung, vor. Die bloße Gleichzeitigkeit begründet noch keine Handlungseinheit, es muß Nämlichkeit der Handlung vorliegen. So z. B. mit beiden Händen werden gleichzeitig zwei Schüsse abgefeuert, die zwei verschiedene Personen töten; unrichtig Baumgarten in Festgabe f. Frank II, 196, dieselbe Person wird gleichzeitig geschlagen und beschimpft; während eines durch Verweilen verübten Hausfriedensbruchs wird eine Körperverletzung getätigt; Frank S. 226; Niethammer-Olshausen Anm. 2 zu § 73, RGSt. **32** 137, **47** 25, **57** 177, 3 D 942/23 15. X. 23 in JW. **1924** 322[44]. Auch Gleichheit des Orts genügt an sich noch nicht, 1 D 1187/22 13. II. 23. Ein Jagdvergehen kann nur gelegentlich des Dauervergehens des unerlaubten Waffenbesitzes begangen sein, 4 D 407/24 2. V. 24. Vgl. dagegen 4 D 350/13 27. VI. 13; 4 D 321/14 31. III. 14.

c) Es muß außer dem bestehenden einheitlichen Willen für beide Handlungen die strafbare Handlung mindestens zu einem Teil der Tätigkeit mit der einer anderen Straftat zusammenfallen derart, daß der eine Teil gleichzeitig den Tatbeständen der mehreren — auch mehr als zwei — als verletzt in Betracht kommenden Strafgesetzen angehört, RGSt. **32** 138; **34** 134; **36** 276; **45** 321; **49** 273; **52** 288; **54** 219, 256; **55** 112; **56** 59, 329; **57** 140, 200; **58** 35, 116; **59** 318; **60** 40, 243; **66** 302. Die bloße Gleichzeitigkeit genügt nicht. Kein gemeinsamer Teil eines Tatbestandes ist denkbar zwischen Meineid und Urkundenfälschung, wie entgegen 3 D 423/14 in LZ. 1914 Sp. 1671 einmal 1 D 278/26 24. IX. 26 angenommen hat. Das Zusammenfallen liegt auch dann vor, wenn zwei an sich selbständige Handlungen in Tateinheit mit einer dritten stehen, RGSt. **46** 417, 420; **56** 329; **57** 174; **60** 243; **66** 222. Ebenso bei Dauerdelikten, solange während der Dauer die konkurrierende Handlung begangen wird, RGSt. **25** 149; und bei allen Delikten, die aus mehreren Tätigkeitsakten zu einer gesetzlichen Einheit (Kollektivdelikt) zusammengesetzt sind oder, wie bei Fortsetzungszusammenhang, RGSt. **57** 189, 352, eine natürliche Einheit bilden, RGSt. **55** 96. Immer aber muß ein einheitlich leitender Wille für beide Handlungen vorhanden sein. Dann ist z. B. Tateinheit zwischen Tötung und unerlaubtem Waffenbesitz möglich, RGSt. **59** 361. Darauf, ob die zusammentreffenden Straftaten durch Verwirklichung der verschiedenen Tatbestandsmerkmale zu verschiedenen Zeitpunkten sich vollenden, kommt es nicht an, sofern nur ein Teil der Handlung noch vor der Vollendung der anderen mit ihr zusammenfiel. RGSt. **25** 149; **30** 396; **32** 137, 384; **44** 28; **49** 272; **54** 247; **55** 96; **59** 361. Wird die rechtliche Vollendung des Delikts auf einen früheren Zeitpunkt zurückgeschoben, wie bei den sog. Absichtsdelikten, bei denen die Erreichung der Absicht nicht erfordert wird, so kann gleichwohl die Erreichung dieser Absicht und eine hierzu entwickelte weitere Tätigkeit noch vom Verbot und Gebot des Gesetzes und der Strafdrohung umfaßt werden, so daß sie im Rahmen der verbotenen Tätigkeit bleibt. Dann ist diese sich anschließende Tätigkeit keine neue selbständige, sondern nur die Fortentwicklung der vom Gesetz zunächst ins Auge gefaßten Tätigkeit, und es kann nun eine nur mit dieser weiteren Tätigkeit zusammentreffende Handlung trotz dem begrifflichen Abschluß des Deliktes noch in Idealkonkurrenz treten. So für §§ 268 und 263 richtig RGSt. **1** 111; **44** 32. Ein Zusammentreffen kann ferner dann vorliegen, wenn der Teil einer Tätigkeit den Anfang der Ausführung einer anderen Straftat bildet. So, wenn die Begehung eines Mordes das Mittel bilden soll zur Begehung eines Raubes, also den Anfang der Ausführung des Raubes bestimmter Sachen bildet. Dann besteht zwischen Mord und Raub Tateinheit, RGSt. **33** 318; **44** 225; **57** 67; **60** 51; **63** 101. Sollte dagegen der Mord nur erst im allgemeinen eine Lage schaffen, bei der dann eine erst noch zu beschließende Aneignung von Sachen erfolgen sollte, RGSt. **59** 275, und ist der Verletzte noch vor Wegnahme der Sachen schon verstorben, so kann höchstens versuchter Raub angenommen werden, RGSt. **58** 228; **59** 275 oder es liegt Realkonkurrenz zwischen Mord und Unterschlagung vor. Nicht notwendig enthält ein Strafgesetz immer einen derart von einem anderen Strafgesetz verschiedenen Tatbestand, daß deren Verwirklichungen gesonderte selbständige Straftaten enthalten, bei denen durch Begehung durch ein und dieselbe natürliche Handlung ein Zusammentreffen in Tateinheit möglich wäre. So namentlich, wenn das eine Strafgesetz nur einen straferhöhenden Umstand gegenüber einem anderen enthält. Dann liegt Gesetzeskonkurrenz vor. Dies ist der Fall bei § 252 im Verhältnis zu § 243 und § 244. 1 D 617/26 22. X. 26; a. M. RGSt. **6** 243. Dagegen ist Tateinheit zwischen § 306 und § 308 möglich, RGSt. in JW. **1929** 2735[34] und RGSt. **64** 279. Ebenso Gesetzeskonkurrenz wenn das eine Strafgesetz eine Handlung verbietet, die auch ein Teil einer weitergehenden Tätigkeit sein kann, wie z. B. Körperverletzung als Versuch des Totschlages, RGSt. **61** 375.

Der Täter braucht nicht die Vorstellung davon zu haben, daß er mehrere Straftaten durch eine Handlung begeht, RGSt. **60** 40.

Einheitlichkeit des Rechtsgutes ist nicht erforderlich, wird sogar regelmäßig nicht vorliegen, 4 D 373/16 10. XI. 16.

d) Mehrere strafbare schriftliche Gedankenäußerungen, namentlich die in der Presse, werden erst dadurch zu Tathandlungen, daß sie dem Einzelnen oder dem Kreise von Personen, für die sie bestimmt sind, zur Kenntnis gebracht werden. Die Ausführung der Tat geschieht also durch dieses zur-Kenntnis-gelangen-lassen, Rosenfeld in Festgabe f. Frank II, 161. Erfolgt diese Bekanntgabe durch Übergabe eines einzigen Schriftstückes oder durch Veröffentlichung in einer einzigen Zeitschrift, so liegt nur eine Tätigkeit, nur eine natürliche Handlung vor. Eine Mehrheit von Handlungen ist also ausgeschlossen, auch wenn die verschiedenen Gedankenäußerungen mehrere Straftaten zu verwirklichen geeignet sind. Solange sie ungeklärt sind, handelt es sich nur um Vorbereitungen. Auch die in einem einheitlichen Schriftstück und Presseerzeugnis räumlich getrennt stehenden Gedankenäußerungen ändern an der allein wesentlichen Einheitlichkeit der Kundgebung nichts, wie das RG. zuweilen angenommen hat, RGSt. **3** 434; **21** 276; **33** 46; Rechtspr. **3** 26; **4** 46; **8** 305. Ihm beitretend Oetker, Ztschr. f. Rechtspfl. i. B. 10, 1. Es kann sich daher nur fragen, ob durch eine natürliche Handlung (die Äußerung der verschiedenen, in einem Schriftstück niedergelegten Gedanken) mehrere Straftaten verwirklicht werden oder nicht; nicht aber, ob mehrere selbständige Handlungen begangen werden. Eine solche Mehrheit von Delikten liegt z. B. immer vor, wenn Beleidigungen sich gegen mehrere Personen richten, also mehrere höchstpersönliche Rechtsgüter verletzt werden, dagegen ist die Straftat der Beleidigung nur einmal verwirklicht, wenn eine Flut von Schimpfworten usw. in unmittelbarem Zusammenhang gegen eine einzelne Person ausgestoßen wird. Im ersteren Falle liegt dann Idealkonkurrenz vor, im letzteren Falle überhaupt nur eine strafbare Handlung. Vgl. hierzu Binding, Handb. 1, 581; Strafr. Abhdlg. 1, 181; Kitzinger, Reichspressegeſ. S. 128; Allfeld S. 293; Frank S. 228; RGSt. **34** 134; **62** 83.

e) Findet durch eine einzige natürliche Handlung eine Teilnahme an verschiedenen selbständigen Haupttaten statt, so bedeutet es eine Überspannung des Wesens der Akzessorietät der Teilnahme, die tatsächliche Einheit der Teilnahmehandlung um deswillen in eine Mehrheit von Teilnahmehandlungen zu zerreißen. Siehe S. 161.

5. Über die Bestrafung der ideell konkurrierenden Straftaten s. Erl. zu § 73 (Absorptionsprinzip).

6. Prozessual wird aus der Einheit der natürlichen Handlung und der Vorschrift der StPO. § 264 gefolgert, daß die Revision nicht auf einen ideell konkurrierenden Tatbestand beschränkt werden könne. So in ständiger Rechtsprechung das Reichsgericht, RGSt. **60** 109, 110, 171, 344, 345; **61** 349. A. M. Beling, ZStRW. **24** 277; JW. **1931** 2505; Oetker, JW. **1932** 404. In der Tat liegt ein ausreichender Grund für die Ausschließung der Beschränkung hier, anders als bei der Gesetzeskonkurrenz, nicht vor und führt nur zu unnötiger Belastung des RG. Sie steht auch mit der sonstigen Behandlung der ideal

konkurrierenden Delikte nicht in Einklang. So ist bei fehlendem Strafantrag die Einstellung des nur bei Strafantrag zu verfolgenden Delikts zu verfügen, RGSt. **46** 363; **66** 52, und die Verurteilung auf die übrigbleibende, nun nicht mehr in Idealkonkurrenz stehende Straftat zu beschränken. Hat wegen dieser Straftat aus Gründen mangelnder Schuld oder mangelnden Beweises der Verübung Freisprechung zu erfolgen, so kann sich diese selbstverständlich nur auf die der Urteilsfindung allein noch unterfallende Straftat beziehen. Nicht zutreffend sieht aber der 3. Straffsenat in RGSt. **66** 34 in diesem Falle davon ab, noch eine besondere Einstellung wegen des konkurrierenden, der Strafverfolgung entzogenen Delikts zu verfügen, indem es erklärt, die Rechtskraft des freisprechenden Urteils erledige ohne weiteres auch die konkurrierende Straftat, RGSt. **66** 54 unter Bezugnahme auf RGSt. **46** 363. Dem kann nicht beigestimmt werden, auch wenn es „vom Volke nicht verstanden wird", worauf RGSt. **66** 53 unnötig Gewicht legt. Es durfte auch dem entgegenstehenden Urteile des 1. Straffsenates 1 D 631/30 4. VII. 30, JRsch. Nr. 1899 gegenüber die Einholung einer Entscheidung nach GVG. § 136 nicht unterlassen werden.

§ 34. Zusammentreffen mehrerer Straftaten bei mehreren selbständigen Handlungen.

1. Hier kann von einem „Zusammentreffen" nur im Hinblick auf die gleichzeitige Verurteilung und Bestrafung gesprochen werden. An sich liegen getrennte selbständige Handlungen vor, die zu einander keine rechtliche Beziehung haben und nicht miteinander zusammentreffen. Der üblich gewordene Ausdruck „sachliches" Zusammentreffen ist schlecht und würde viel eher für Idealkonkurrenz passen. Die Verwirklichung eines Straftatbestandes durch eine selbständige natürliche Handlung ist die Regel und liegt vor, wo dem Handelnden die Tätereigenschaft in dem früher dargelegten Sinne beizumessen ist. Es bedarf daher die Realkonkurrenz im Urteile nicht näherer Begründung, RGSt. **10** 54; **13** 285, 291; 4 D 274/12 17. V. 12. Jede Straftat hat die Vermutung für sich, durch eine selbständige Handlung begangen zu sein. Daß mehrere Straftaten durch sie begangen sind, muß nach den über Idealkonkurrenz dargelegten Gründen erwiesen werden. Auch der Umstand, daß Idealkonkurrenz für den Angeschuldigten günstiger ist, darf keine Vermutung für ihr Vorliegen abgeben. Ebenso bedarf es der Feststellung der Ausnahme, die in der Zusammenfassung mehrerer selbständiger Handlungen in ein Kollektivdelikt besteht, und der Annahme, daß mehrere Tätigkeitsakte nur eine Handlung bilden.

2. Es liegen namentlich selbständige Handlungen vor, wenn die äußeren Tätigkeiten auch zeitlich völlig auseinanderfallen, so daß auch kein Teil von ihnen gemeinsam ist. Das kann auch beim Unterlassen verschiedenartiger, gebotener Handlungen vorliegen. OLG. Celle 7. X. 27; HöchstrRspr. **1928** 82.

3. Es liegt nicht in der subjektiven Willkür des Handelnden, mehrere nacheinander verübte Straftaten dadurch zu einer natürlichen Handlungseinheit zusammenzufassen, daß er von vornherein die Begehung der mehreren Handlungen plant und die erste als Mittel begeht, um die zweite ausführen zu können, sie vorbereiten will. Dies selbst dann nicht, wenn beide Straftaten in einer gemeinsamen Absicht, etwa sich einen Vermögensvorteil zu verschaffen, begangen sind und diese Absicht für beide ein Tatbestandsmerkmal

bildet, RGSt. **51** 4. Denn dadurch wird nicht ausgeschlossen, daß er für jede einen neuen Vorsatz fassen muß, RGSt. **7** 60, **15** 23, **32** 137, **40** 431, **41** 343, **43** 60, **45** 70, **56** 59, **60** 241, 4 D 434/18 2. VII. 18; 1 D 15/23 13. IV. 23. Andrerseits nimmt solchenfalls eine natürliche Handlungseinheit an 1 D 1075/20 14. III. 21. (Der Angeklagte hat bei Begehung einer Untreue schon die Absicht, sich durch eine nachfolgende Urkundenfälschung vor Entdeckung zu schützen.) Die Wirklichkeit des Vorliegens m e h r e r e r selbständiger Handlungen vermag nicht einmal der Gesetzgeber zu beseitigen. Deshalb befindet sich Entwurf § 65 in einem großen Irrtum, wenn er glaubt, durch Festsetzung einer Einheitsstrafe für die zusammentreffenden mehreren Straftaten die Schwierigkeit der Feststellung beseitigen zu können. Vgl. auch v. Weber in GerS. **100** 228.

Die Handlungsmehrheit nach § 74 ist nicht dieselbe wie in StPO. § 264. Sie schließt eine Annahme derselben Tat in letzterem Sinne nicht aus. RGSt. **61** 317. Immerhin ist diese Auffassung von StPO. § 264 bedenklich.

4. Wegen der Bestrafung s. Erläuterungen zu § 74.

Dritter Teil.

Verzicht auf Vollstreckung des Strafanspruches.

§ 35. Begnadigung.

1. Begriff.

a) Die Begnadigung ist ein einseitiger Akt der Justizhoheit des Staates und kann sowohl im ordentlichen Strafverfahren wie im Dienststrafverfahren ausgeübt werden. Sie ist aber kein Zweig der Gerichtsbarkeit, sondern ein Akt der Justizverwaltung, soweit Justizangelegenheiten in Frage kommen. Sie bedarf nicht der Zustimmung des Verurteilten und kann auch gegen dessen Willen erfolgen. Sie ist nicht anfechtbar und unwiderruflich, Binding, Handb. I, 879; a. M. A. Kohler S. 653. Handelt es sich um Vollstreckung einer Todesstrafe, so muß nach StPO. § 453 die zur Ausübung des Gnadenrechtes berufene Stelle zuvor erklärt haben, daß sie von dem Begnadigungsrecht keinen Gebrauch machen will. Sie ist aber heute kein Akt der Rechtsprechung, setzt ein rechtskräftiges Urteil voraus und läßt das Urteil selbst und den Schuldausspruch unberührt. Über die geschichtliche Entwicklung A. Kohler S. 648; Lobe, Die strafrechtl. Begriffe bei Carpzow S. 63. Daher bleiben die Wirkungen, die Folgen des Schuldausspruches durch Urteil sind, bestehen: so die Rechtskraftwirkung, die Konsumtion der Strafklage, die Bedeutung der Vorbestrafung bei dem Rückfall, für die Annahme eines fortgesetzten und Kollektivdelikts, für die Strafzumessung. Bei dieser freilich ist immerhin nicht außer Acht zu lassen, daß die Wirkungen einer Strafverbüßung auf den Verbrecher nicht eingetreten sind. Weitergehende Wirkungen hat hier die Löschung des Vorstrafenvermerkes im Strafregister nach dem Straftilgungsges. v. 9. IV. 1920 (siehe unten) und Jugendgerichtsges. § 45.

Als Justizverwaltungsakt vermag die Begnadigung strafprozessuale Rechte des Angeschuldigten, die zu seinen Gunsten gegeben sind, nicht zu beseitigen. Daher wird das Wiederaufnahmeverfahren zu Gunsten oder zu Ungunsten des (mit dem Ziel auf Bestrafung aus einem härteren Gesetze) Verurteilten durch den gnadenweisen Erlaß der Strafe nicht ausgeschlossen. Die Wiederaufnahme will ein falsches Urteil überhaupt beseitigen, die Begnadigung läßt dieses an sich bestehen. Führt die Wiederaufnahme zu einem Freispruch, so wird dadurch der Begnadigungsakt gegenstandslos. Führt sie dagegen zur Aufrechterhaltung des Urteils oder zu einer neuen Verurteilung anderen Inhalts, so bedeutet dies immer eine neue Verurteilung, auch bei formeller Aufrechterhaltung des alten Urteils. Es bedarf daher zur Beseitigung der Vollstreckung aus diesem Urteil eines neuen Gnadenaktes. Der frühere ruht auf ganz anderen Grundlagen. So auch RGSt. 57 312; a. M. RGSt.

Die Begnadigung ergreift zunächst die im Urteil, Strafbefehl, Strafbescheid rechtskräftig ausgesprochene Verurteilung zu Strafe und Nebenstrafe. Insoweit ist sie ein Verzicht des Strafberechtigten auf die ihm zugesprochene Befugnis zur Vollstreckung der Strafe, Beling, Grundzüge S. 67, RGSt. **50** 388; **54** 54; **59** 54. Dem Verurteilten gegenüber bedeutet das einen Erlaß der Duldungspflicht der Strafe, dem strafberechtigten Organ gegenüber einen Erlaß der Vollstreckungspflichten, Gerland S. 219. Sie will einen Ausgleich nach Billigkeit dort bringen, wo dieser nach dem Gesetz nicht möglich ist.

Die Begnadigung kann weiter ergreifen die im Urteil erkannten oder von Rechts wegen aus der Verurteilung folgenden Minderungen der Rechtsstellung des Verurteilten, soweit sie Strafen sind, aber unmittelbar von selbst eintreten, nicht der Vollstreckung bedürfen, wie Aberkennung der bürgerlichen Ehrenrechte, Unfähigkeitserklärung, ein öffentliches Amt oder eine öffentliche Dienststellung zu bekleiden usw., § 31, §§ 32 ff., 36, 161, 319 ff., 358. Ohne weiteres ergreift die Begnadigung hinsichtlich der Hauptstrafe diese Nebenstrafe nicht, es muß erkennbar sein, daß sie auch auf diese ausgedehnt werden soll. Wenn die Entfernung aus dem Amte bereits erfolgt ist, kann in der Begnadigung zugleich die Begründung der Pflicht für vorgesetzte Dienststellen liegen, den Begnadigten wieder in das Amt einzusetzen. Vgl. hierzu Gerland in Festgabe f. Frank II, 210 ff.

Die Begnadigung ergreift nicht alle Unrechtsfolgen, die entweder ohne weiteres mit der Verurteilung eintreten oder besonders ausgesprochen werden müssen. Sie hat vielmehr ihre Grenzen dort, wo es sich um Vorbeugungs- und Sicherungsmaßregeln handelt oder wo dem Verletzten oder Verwaltungsbehörden aus der Verurteilung bestimmte Ansprüche zuerkannt worden sind.

So ist die Unfähigkeit, als Zeuge oder Sachverständiger eidlich vernommen zu werden, § 161, eine Sicherungsmaßregel für die Rechtspflege, RGSt. **60** 285, die durch einen Gnadenakt nicht beseitigt werden kann. So ist die Polizeiaufsicht nach § 38 eine gleiche Sicherungsmaßregel, ebenso die über Jugendliche verhängten Sicherungsmaßregeln, die Unbrauchbarmachung nach § 41 und Einziehung dort, wo sie lediglich Sicherungsmaßnahme ist, wie in §§ 152, 284 b, 295, 296 a, 360, 367, § 22 der Maß- u. Gewichtsordnung v. 30. V. 08 (RGBl. 349). Auch die Publikationsbefugnis eines Urteils kann die Bedeutung einer Reparation für den Beschädigten haben, § 165, § 200, ebenso wie die Zuerkennung einer Buße, § 188, zugleich eine Genugtuung und ein Ersatz für Schaden ist. Diese privaten Ansprüche des Verletzten können durch eine Begnadigung nicht vernichtet werden. Ebenso v. Liszt-Schmidt I, 440. Das alles ist allerdings bestritten. A. M. z. B. v. Bar, Ges. u. Schuld 3, 479. Im Privatklageverfahren ist es Staatspraxis, von Begnadigungen abzusehen.

b) Der Umfang der Begnadigung steht völlig im Ermessen des zur Gnadenausübung berechtigten Staatsorganes. Sie betrifft nur die einzelne Person des Verbrechers, nicht die Teilnehmer an der Tat, sie kann eine vollständige sein oder nur einen Teil der Strafe und Nebenstrafen betreffen, Binding, Handb. 1, 878. Sie kann auch in Umwandlung der erkannten GA. **68** 379, das der Meinung ist, für die Frage der Amnestie trete das neue Urteil an die Stelle des alten. Beistimmend Schäfer in Jur. Rundschau 1933, 21.

Strafe bestehen, wobei aber das Strafensystem des StGB. maßgebend bleiben muß und auf eine in ihm nicht zulässige Strafe (z. B. Prügelstrafe) nicht umgewandelt werden darf. Bei der Umwandlung ist der Grundsatz festzuhalten, daß die umgewandelte Strafe stets milder sein muß als die erkannte. Ob dies zutrifft, ist nach der Auffassung des Gesetzes zu beurteilen, nicht des Verurteilten, zumal dessen Zustimmung nicht erforderlich ist. Die Strafarten stufen sich nach der Auffassung des Gesetzes ab, in Todesstrafe, Zuchthaus, Gefängnis, Festungshaft, Haft, Geldstrafe. Es sind auch die Umwandlungsmaßstäbe des § 21 zu beachten. Dagegen kann gegenüber der Todesstrafe oder lebenslänglicher Zuchthausstrafe eine Überschreitung der Höchstgrenze für zeitliche Zuchthausstrafe nach § 14 Abs. 2 immer noch eine mildere Strafe bedeuten. Nach der Auffassung des Gesetzes ist zwar die Geldstrafe milder als die Freiheitsstrafe, gleichwohl ist bei der gnadenweisen Umwandlung von Freiheitsstrafen der Maßstab der §§ 27 und 29 zu beachten, nur daß für die Todesstrafe auch eine Umwandlung in eine Geldstrafe über 10 000 RM. erfolgen kann. Nicht aber darf eine Haftstrafe von einem Tag wegen einer Übertretung in eine Geldstrafe von 10 000 RM. umgewandelt werden. Zulässig wäre eine derartige Umwandlung nur mit Zustimmung des Verurteilten („gegen ein Bezeigungsgeld"). Die Begnadigung kann endlich auch an Bedingungen geknüpft sein, insbesondere daran, daß sich der Verurteilte innerhalb einer bestimmten Zeit tadellos führt (bewährt). Insofern kann Konkurrenz mit der den Gerichten gewährten bedingten Strafaussetzung bestehen, auch wo diese Befugnis den Gerichten durch Reichsgesetz, Jugendgerichtsgesetz, übertragen ist. Trotz der Ablehnung der Strafaussetzung durch das Gericht kann immer noch die Gnadeninstanz bedingt begnadigen. Eine Umwandlung der Strafe kennt außerdem auch das StGB. als vom Gericht vorzunehmende nach §§ 14, 21, 44 Abs. 3, 49, 157, 158, nach § 74 Abs. 2, nach § 29 und nach § 27 b.

c) Die Begnadigung kann ausgeübt werden in der Form des Gesetzes, für das die verfassungsrechtlichen Voraussetzungen vorliegen müssen, oder durch hoheitlichen Verwaltungsakt. Ersteres muß sich aber immer nur auf die Begnadigung einer Einzelperson richten, nicht auf den Straferlaß wegen einer Straftat für alle, die sie begangen haben. Dies würde dann eine Amnestie enthalten. So ist auch die VO. der Volksbeauftragten über Gewährung von Straffreiheit und Strafmilderung vom 3. XII. 18 kein Gnadenakt durch Gesetz, wie Gerland, Strafr. S. 292 meint, sondern Amnestie.

d) Träger des Begnadigungsrechtes ist der Inhaber der höchsten Staatsgewalt, also im Reich nach RV. Art. 1 Abs. 2 das im Reich zusammengefaßte ganze Volk, in den Ländern der in ihnen zusammengefaßte Volksteil, RV. Art. 17 Abs. 1. Jedes, das Reich und die Länder, besitzt das Begnadigungsrecht als eigenes im Umfange seiner Justizhoheit. Das Reich hiernach für die in einziger Instanz abgeurteilten Strafsachen (auch für die zusammenhängenden, StPO. § 452), für die von Konsulats- und Schutzgebietsgerichten, Marinegerichten, von den etwa nach RV. Art. 44 Abs. 2 eingesetzten außerordentlichen Gerichten und den von Reichsbehörden erlassenen Strafverfügungen. Dagegen besitzt das Reich kein Begnadigungsrecht für die im Revisionsverfahren zur Entscheidung gebrachten Sachen. Das muß auch dort gelten, wo ausnahmsweise das Revisionsgericht eine Sachentscheidung und sogar Straffestsetzung trifft, StPO. § 354 Abs. 1. In das Gnadenrecht der Länder kann das Reich nur durch ein verfassungsänderndes Gesetz eingreifen, wie z. B. das RGes. v. 14. VII. 28 erlassen worden ist. Vgl. v. Hippel, Arch. f. öffentl. Recht N. F. 15, 342.

Für die Länder war das Begnadigungsrecht in den Landesverfassungen geordnet. Entscheidend ist immer die Zuständigkeit des erstinstanzlichen Gerichtes, das das Urteil erlassen hat, oder der erstverfügenden Behörde. Nach StPO. § 12 gehört auch das Niederschlagungsrecht ausschließlich dem die Untersuchung eröffnenden Gericht. Ebenso sind die §§ 4 und 13 StPO. maßgebend. Auch die landesrechtliche Begnadigung bringt Einstellung in dem Revisionsverfahren beim Reichsgericht, RGSt. **33** 204; a. M. RGSt. **28** 419.

e) Organ für die Ausübung des Begnadigungsrechts sind im Reich nach RV. Art. 49 Abs. 1 der Reichspräsident, in den Ländern nach § 1 Nr. 5 des Zweiten Ges. zur Gleichschaltung der Länder und dem Reich vom 7. IV. 33 (RGBl. I, 173) die Reichsstatthalter, im Land Preußen aber nach § 5 Abs. 1 dieses Ges. der Reichskanzler. Die Reichsstatthalter können das Begnadigungsrecht auf die Landesregierungen übertragen, Ges. v. 26. V. 33 (RGBl. I 293). In Preußen hat der Reichskanzler durch Erlaß vom 25. IV. 33 (RGBl. I 226) das Begnadigungsrecht auf den preuß. Ministerpräsidenten übertragen, und dieser durch Erlaß v. 26. V. 33 das Begnadigungsrecht auf das Justizministerium und sich solches nur bei Todesurteilen vorbehalten.

Bestritten war, wem die Begnadigungsausübung zustand, wenn für ein Land auf Grund von RV. Art. 48 ein Reichskommissar vom Reichspräsidenten ernannt ist. Das Begnadigungsrecht als solches bleibt bei der Staatsgewalt des Landes. Die Ausübung kann aber vom Reichskommissar in Anspruch genommen werden, sie gehört nicht zu den unübertragbaren organischen Rechten der Länder. Vgl. Fritze in DJZ. 1933 Sp. 76.

f) Die Wirkung der Begnadigung erstreckt sich auf das ganze Reich, so daß etwa entstandene Strafansprüche auch insoweit untergegangen sind, als sie für die Staatsgewalt eines anderen Landes erwachsen sind.

2. Bedingte Bedingung.

a) In Form vorläufiger Entlassung kennt bereits StGB. §§ 23—26 einen Verzicht auf einen Teil der Strafvollstreckung bei den dort genannten Strafen und unter der Bedingung des Wohlverhaltens. Zuständig ist die oberste Justizaufsichtsbehörde für die Beschlußfassung hierüber.

b) Darüber hinaus begann man, unter der Bedingung des Wohlverhaltens während einer festgesetzten Zeit von der Vollstreckung der ganzen Freiheitsstrafe abzusehen. Es handelt sich dabei um einen echten Gnadenakt, RGSt. **57** 393. Während dies in einigen ausländischen Staaten in Form der bedingten Verurteilung geschah, knüpfte man in Deutschland an das Gnadenrecht an und kam zum ganzen oder teilweisen Verzicht auf Strafvollstreckung durch bedingte Begnadigung durch die zur Begnadigung befugte Staatsgewalt des Reiches und der Länder. Unter Vermittlung des Reichsjustizministeriums einigten sich mit Wirkung vom 1. Januar 1903 ab die Länder über gemeinsame dabei zu befolgende Gesichtspunkte. Diese Grundlage wurde gefunden auf der sächs. VO. vom 25. III. 95 und darnach von den Ländern das Verfahren durch Landesverordnung geregelt. Eine Zusammenstellung der Landesvorschriften der einzelnen Länder über die bedingte Begnadigung gibt Klee in ZStRW. 24 **(1904)** S. 71 ff. Nach der Revolution von 1918 ist die Ausübung des Gnadenrechtes den Gerichten als Organen der Justizverwaltung übertragen worden, Begr. z. Entw. 1927 S. 35 ff.; Mezger, Lehrb.

S. 509. Diese können Bewährungsfristen unter bestimmten Voraussetzungen geben und nach Ablauf der Frist eine Bewährungsentscheidung dahin erlassen, daß die Strafe entweder zu vollstrecken oder für erledigt anzusehen ist. Damit gelangt man sachlich zu der im Auslande geübten Form der bedingten Verurteilung. Vgl. hierüber v. Liszt-Schmidt I, 474 und v. Liszt, VDA. 3, 1; Hellwig, JugGerG. 1; Wach, Bedingte Verurteilung in DJZ. 1889 Sp. 117; 1902 Sp. 187; Nagel, DJZ. 1905 Sp. 481; Rich. Schmidt, Grundriß S. 210; Gerland, Strafr. S. 295 und Festschr. f. Rosenthal (1923) S. 97; Mezger, Lehrb. S. 508; Herrnstadt, Das Institut der bedingten Begnadigung (1912); Ebermayer, Handwb. d. Rechtsw. I, 554. Entw. hat in §§ 40—45 Vorschriften über „bedingten Straferlaß" getroffen und bestimmt, daß das Gericht bei der Verurteilung zu Gefängnis oder Einschließungsstrafen bis zu einem Jahr oder zu Geldstrafen anordnen kann, daß die Strafe nicht vollstreckt wird, wenn sich der Verurteilte während einer Probezeit gut führt.

c) Die unbestimmte Verurteilung, die entweder die Strafe noch gar nicht oder nur nach ihrem Höchst- oder Mindestmaß festsetzt, wie es z. B. nach amerikanischem Vorbild im österr. JGGes. von 1928 § 12 geschieht, kennt das geltende deutsche Recht nicht und ist verständigerweise auch im Entw. nicht vorgesehen. Vgl. Begr. z. Entw. 1927 S. 35, 52.

d) Reichsgesetzlich ist die bedingte Strafvollstreckung oder der bedingte Straferlaß bei Jugendlichen durch §§ 10 ff. des Jugendgerichtsgesetzes vom 16. II. 23 geregelt worden. Es handelt sich hier um einen besonderen Strafaufhebungsgrund, v. Liszt-Schmidt I, 451. Die Entscheidung liegt hier beim Gericht, nicht als Organ der Justizverwaltung, sondern als Organ der Rechtsprechung. Die Strafaussetzung wird deshalb auch im Urteil erklärt, man spricht von bedingter Verurteilung, Gerland, Rosenthalsche Festschrift S. 89. Sie kann unter Bedingungen und unbedingt erfolgen und geschieht immer befristet.

§ 36. Abolition.

Im Gegensatz zur Begnadigung und zur Amnestie steht die **Abolition** als Verzicht auf Durchführung der Rechtspflege, der Strafverfolgung im einzelnen Falle, die früher in manchen Bundesstaaten zulässig war, sich auch in den neueren Verfassungen findet. Der Reichsverfassung ist sie fremd. Preuß. Verf. v. 30. XI. 20 u. Bad. Verf. v. 21. III. 19 verlangen besonderes Gesetz, RGSt. **55** 217; Bayr. Verf. v. 14. VIII. 19 untersagt sie schlechthin. Zuweilen, wie in Hessen, ist sie nur nach Zustimmung des Landtags zulässig. Hess. Verfassung v. 12. XII. 19 Art. 61 (RegBl. S. 439). Auch die Anhängigkeit der Sache beim Reichsgericht in der Revisionsinstanz nimmt dem Lande nicht das Recht der Strafverfolgung. Daher kann der Oberreichsanwalt eine Revision des Staatsanwalts nicht zurückziehen. Daher ist, solange das RG. noch kein Urteil gefällt hat, auch in den bei ihm anhängigen Sachen die Abolition nicht ausgeschlossen. So unter Aufgabe der Entsch. in **28** 419, jetzt RGSt. **33** 204. (A. M. auch die früheren Auflagen.) Jedenfalls ein übler Zustand. Über Versprechen einer Abolition RGSt. **53** 67. Wird vor Einleitung eines Strafverfahrens durch ein Land eine Abolition erteilt, so berührt dies die Möglichkeit der Strafverfolgung durch ein anderes Land nicht, sie wirkt nur für das erteilende Land. Wenn jedoch die Strafverfolgung bereits eingeleitet worden ist, StPO. § 12 Abs. 1, so ist das Land ausschließlich zuständig geworden, in dem sie erfolgte. Eine von diesem ausgeübte Abolition wirkt dann auch auf die Strafverfolgung eines hierzu etwa konkurrierenden Landes, selbst wenn dieses eine Abolition überhaupt nicht zuläßt, Gerland, Strafr. S. 295. Über den Begriff der Abolition v. Hippel, ZStRW. **40** 435; Goldschmidt, Der Prozeß als Rechtslage (1925) S. 412.

§ 37. Rehabilitation.

Wiederverleihung verlorener Rechte bedeutet ein Rückgängigmachen eingetretener Unrechtsfolgen. Eingehend v. Liszt-Schmidt I, 457, auch über die Geschichte. Delaquis, Die Rehabilitation Verurteilter (1906); Die R. im Strafrecht (1907); Mitteil. d. JKV. XIII, 145; ZStRW. 37, 576; Mezger, Lehrb. S. 507; Oetker GerS. 1923 (89) 169. Hierher gehört die **Tilgung der Eintragung im Strafregister,** die erst durch die Bundesverordnung v. 16. VI. 82 für das Deutsche Reich einheitlich geregelt wurde. Diese wurde ersetzt durch Strafregisterverordnung v. 12. VI. 20, in neuer Fassung v. 8. III. 26 (RGBl. I S. 157, 254 und 11. III. 30 (RGBl. I, 36). Vgl. Ges. über beschränkte Auskunft aus dem Strafregister und die Tilgung von Strafvermerken vom 9. IV. 20 (RGBl. S. 507) und 6. II. 24 (RGBl. I, 44); hierzu Ges. über vorübergehende Rechtspflegemaßnahmen im Hinblick auf das Saargebiet. Vom 10. III. 22 (RGBl. I, 241) § 4; preuß. AusfVO. des JM. v. 21. VI. 20 zur Strafregisterverordnung (JMBl. S. 340); bayr. VO. über Niederschlagung usw. v. 6. II. 19 (GBl. S. 42) und vom 2. I. 19; sächs. VO. über Löschung im Strafregister v. 12. II. 19 (GBl. S. 28); württemb. AusfVO. v. 21. VII. 20 (Amtsbl. S. 173); v. 3. XII. und 30. XII. 20 (Amtsbl. 235); bad. VO. v. 27. VII. 18; thür. Anordnung betr. polizeiliche Strafliſten v. 17. I. 21 (GS. 21). Vgl. zum Gesetz v. 9. IV. 20 die Bemerkungen zu § 245 unter 4. Das Straftilgungsgesetz geht vom Gedanken der Verjährung der Strafverbüßungswirkungen aus und will mit dem Makel der Bestrafung die Hemmungen für die soziale Wiedereinfügung beseitigen. Todes- und Zuchthausstrafe sind ausgeschlossen. Doch kann nach § 8 des Ges. die Landesjustizverwaltung im Verwaltungswege die Tilgung herbeiführen. In formalistischer Auslegung verlangte RGSt. **56** 68, 75, daß die vorgeschriebene Tilgung auch wirklich vorgenommen sein muß, um die Strafe unberücksichtigt zu lassen. Mit Recht stellt dagegen RGSt. **57** 390; **64** 146; 1 D 61/24 24. II. 24; 1 D 447/21 6. X. 21 JW. **1923**, 51[1], nur das Erfordernis der Tilgungsreife auf. Zustimmend bayr. ObLG. und Merkel JW. a. a. O. Andererseits ist das Gericht nicht behindert, die Tatsache, daß der Angeklagte zu Strafe einmal verurteilt gewesen ist, bei der Bemessung der Strafe für die neue Straftat zu berücksichtigen, wenn es seine Vorbestrafung in anderer Weise als durch den Strafregisterauszug, etwa durch eigenes Geständnis des Angeklagten, erfahren hat, RGSt. **53** 127; **60** 288. Nach Jugendgerichtsgesetz vom 16. II. 23 §§ 45, 116 sind ferner Vermerke über Verurteilungen eines noch nicht 14 Jahre alten Täters im Strafregister zu tilgen mit der Wirkung, daß die Verurteilung nicht mehr als Bestrafung im Sinne einer solchen Vorschrift gilt, die für den Fall, daß der Täter bereits bestraft ist, eine schwerere Strafe etwa wegen Rückfalls oder andere Rechtsnachteile androht. Vgl. auch Bruch DJZ. 1923, Sp. 688. Über Tilgung von Strafvermerken s. noch Allg. Verf. des preuß. JM. vom 5. VII. 33 (JMBl. S. 214). — Eine besondere Art von Rehabilitation kann im Wiederaufnahmeverfahren nötig werden. Wenn nämlich die Verurteilung des Angeklagten veröffentlicht worden war, so muß nun auch eine im Wiederaufnahmeverfahren erfolgte Freisprechung veröffentlicht werden. RGSt. **15** 188; 1 D 365/23 5. VI. 23.

§ 38. Amnestie.

Amnestie (ἀμνηστία = Vergessen) bedeutet einen generellen Gnadenakt für einen bestimmt umschriebenen Personenkreis mit Rücksicht auf bestimmte Straftaten oder bestimmte persönliche Verhältnisse der Täter (Massenbegnadigung). Sie findet sich nicht nur als Begnadigung urteilsmäßig erkannter Strafen, sondern auch als Niederschlagung eines erst eingeleiteten und Untersagung jedweder Einleitung eines Strafverfahrens. Beides muß durch Gesetz erfolgen, RVerf. Art. 49 Abs. 2; Preuß. Verf. 54 Abs. 3; Bayr. Verf. § 51 Abs. 1; RGSt. **55** 218. Auch die Amnestie ist wie die Einzelbegnadigung ein einseitiger staatlicher Hoheitsakt, der keiner Annahme bedarf.

Der **Straferlaß** tritt nur ein, wenn das Urteil rechtskräftig war. Ist es dies noch nicht, so kommt nur Niederschlagung in Frage, die den Eintritt der Rechtskraft hindert. Unrichtig Becker JW. 1933, 79.

Die **Niederschlagung** äußert ihre Wirkung sowohl auf dem Gebiete des Verfahrens als dem des materiellen Rechts. Verfahrensrechtlich wirkt sie als Hinderungsgrund für den Fortgang der anhängigen, noch nicht rechtskräftig abgeschlossenen Untersuchungen; RGSt. **53** 39, **55** 231. Die Nichtbeachtung des Hinderungsgrundes ist der prozeßrechtlichen Beschwerde nach StPO. § 304 zugängig, sofern nicht diese allgemeine Beschwerde durch Ausnahmevorschriften der StPO., wie § 210, § 345, ausgeschlossen ist. Insoweit bedarf es der Einschränkung der Urt. RGSt. **53** 39 und des OLG. Celle vom 30. I. 19 JW. 7/19 6. III. 19 JW. 23/19 und 10. III. 19 JW. 12/19. Im übrigen hat das Gericht in jeder Lage des Verfahrens das Vorhandensein der Voraussetzungen der Amnestie von Amts wegen und selbständig zu prüfen und ist daher an die Feststellungen einer unteren Instanz nicht gebunden. So ist namentlich das RG. nicht an die tatsächlichen Feststellungen des Urteils gebunden, sondern hat selbständig zu prüfen, ob die Voraussetzungen für den Hinderungsgrund vorliegen, nötigenfalls durch Vornahme eigener Ermittelungen. Es gelten für diese Feststellungen auch nicht die Vorschriften der StPO. § 267: RGSt. **53** 40, **55** 231. — Materiellrechtlich bringt die Amnestie auch den staatlichen Strafanspruch selbst zum Erlöschen, RGSt. **54** 56, und zwar eine Reichsamnestie auch den der einzelnen Länder, selbst wenn die Straftaten ausschließlich der Landesgerichtsbarkeit unterliegen. Reichsrecht bricht Landesrecht. Es wird durch die Amnestie eben ein eigenartiger, von Amts wegen zu beachtender Strafausschließungsgrund nach Reichsrecht geschaffen, RGSt. **53** 41. Alsberg, Die Reichsamnestiegesetze (1919) Nachtrag S. 6 ff. Immerhin bedeutet die Amnestierung durch das Reich für Straftaten, deren Verfolgung und Aburteilung und daher Begnadigung zur Zuständigkeit der Länder gehört, einen Eingriff in deren Hoheitsrecht, und es muß deshalb verlangt werden, daß solche weitgreifende Amnestiegesetze mit verfassungsändernder Mehrheit zustande kommen. So auch Giese im Handwörterbuch der Rechtswissenschaften Bd. I; v. Hippel, Lehrb. S. 184. Vgl. auch Präambel des Ges. v. 24. X. 1930 (RGBl. I, 467/8), ferner Reichsges. v. 17. VIII. 25 (RGBl. I, 313); 14. VII. 28 (RGBl. I, 195). Das RG. beachtet dies nicht. Die Wiederaufnahme eines rechtskräftig geschlossenen Strafverfahrens zugunsten des Verurteilten wird durch die Amnestie nicht ausgeschlossen. Ein zuungunsten angestrebtes Wiederaufnahmeverfahren ist jedenfalls von vornherein dann abzulehnen, wenn die Tat weiter unter der Amnestie auch bei neuerer Verurteilung bleiben würde.

Greift die Amnestie nur für Handlungen Platz, die bis zu einem bestimmten Tage begangen sind, und reicht eine im Fortsetzungszusammenhang begangene Tat über diesen Zeitpunkt hinaus, so ergreift die Amnestie die über diesen Zeitpunkt hinausgehenden Betätigungsakte nicht.

Greift die Amnestie nur für Handlungen Platz, die von einem bestimmten Tage an begangen sind, so ergreift die Amnestie die vor ihm liegenden Tätigkeitsakte nicht. So wohl auch RGSt. **54** 318. In jedem während dieser Zeit betätigten Akte hat die Straftat Verwirklichung gefunden, ist sie begangen worden, Wachenfeld S. 98; Merli, Lehrb. d. intern. Strafr. (1910) S. 118. Vgl. namentlich Ilse Ehrhardt, Handlungseinheit und Handlungsmehrheit (1926).

Aus Anlaß des Kriegs und der Staatsumwälzung ist von den Amnestien in erheblichem Umfange Gebrauch gemacht worden, sowohl vom Reich als von den Ländern.

I. Im Reich:

1. Waffenstillstandsvertrag Art. VI, aufrechterhalten durch Friedensvertrag v. 28. VI. 19 Art. 212. „Niemand wird wegen der Teilnahme an Kriegsmaßnahmen, die der Unterzeichnung des Waffenstillstands vorausgegangen sind, verfolgt werden." Bezieht sich auf die geräumten Gebiete, zu denen auch die linksrheinischen Gebietsteile gehören, vgl. Art. II und V des Vertrags. Spionage ist Kriegsmaßnahme, Beschl. I. Straffen. 3. X. 21.

2. Friedensvertrag mit Rußland vom 3./7. III. 18 Art. XII (RGBl. 488) und Zusatzvertrag §§ 1—27 des Art. 23 (RGBl. 644); mit Finnland v. 7. III. 18 (RGBl. 701) Art. 22 ff.; mit Polen v. 23. X. 19 (RGBl. 1803).

3. Aufruf des Rats der Volksbeauftragten an das deutsche Volk v. 12. XI. 18 (RGBl. 1303) — „Politische Amnestie".

4. VO. des Rats der Volksbeauftragten über Gewährung von Straffreiheit und Strafmilderung v. 3. XII. 18 (RGBl. 1393) — „Bürgerliche Amnestie".

5. VO. des Rats der Volksbeauftragten über militärische Vergehen vom 7. XII. 18 (RGBl. 1415) — „Militärische Amnestie".

a) Die **Politische Amnestie** unterscheidet nicht zwischen Inländer und Ausländer, obwohl sie an das „deutsche Volk" gerichtet ist, wie auch in einem Erlaß des Staatssekretärs des Reichsjustizamts vom 25. XI. 18 Nr. 10 874 ausdrücklich anerkannt ist.

Der Begriff der politischen Straftaten ist nach den Absichten der Reichsregierung weit auszulegen. Er umfaßt die vor dem 15. November 1918 begangenen politischen Straftaten jeder Art, gleichviel, ob diese zur Zuständigkeit des Reichsgerichts oder der Landesgerichte gehören. Unter politischen Straftaten sind alle Straftaten verstanden, die in unmittelbarem oder mittelbarem Zusammenhange mit Kämpfen um die staatliche, soziale oder wirtschaftliche Ordnung begangen worden sind, ohne Rücksicht darauf, unter welchen rechtlichen Gesichtspunkten die Strafe verhängt ist oder bei einer Niederschlagung zu verhängen sein würde. Nicht einbegriffen sind dagegen Straftaten, bei denen der Täter lediglich aus eigennützigen Beweggründen gehandelt hat. Danach werden z. B. Fälle der Spionage nur dann straffrei, wenn der Täter, sei er Inländer oder Ausländer, sich wenigstens zum Teil durch politische Beweggründe hat bestimmen lassen. Fälle des sogenannten Personenschmuggels und der Niederlegung der Arbeit in kriegswichtigen Betrieben werden unter allen Umständen von der Straffreiheit betroffen. Die Straffreiheit bewirkt auch, daß die Pflicht zur Kostentragung in Wegfall kommt.

b) Die VO. über die Gewährung von Straffreiheit und Strafmilderung vom 3. XII. 18 (**bürgerliche Amnestie**, RGBl. 1393) unterscheidet ebenfalls nicht zwischen Inländern und Ausländern, findet daher auch auf letztere Anwendung. Bei der Niederschlagung wird unterschieden zwischen dem gesetzlichen Tatbestand und dem angedrohten Strafrahmen und der konkreten Tat, der Schwere der dabei zutage tretenden Verschuldung und der für sie zu erwartenden Strafe. Ersterenfalls werden auch Nebenstrafen niedergeschlagen, hierunter fällt also auch die Einziehung dann, wenn sie eine Strafe ist, wie nach StGB. § 40, dagegen nicht, wenn sie eine polizeiliche Maßregel ist, wie nach § 41. Da die Konfiskation des VZGes. § 134 keine Nebenstrafe, sondern eine Hauptstrafe, aber auch keine Geldstrafe ist, wird diese Konfiskation nicht von der Amnestie betroffen, RGSt. **54** 54. Dasselbe muß gelten von Einziehungen in Nebengesetzen, die nach Art der Konfiskation als Hauptstrafe geregelt sind, z. B. VO. v. 13. XI. 15 über das Verbot der Ausfuhr und Durchfuhr von Gold. Die aushilfsweise Haftbarkeit nach VZGes. § 135 Abs. 1 Nr. 2 ist allerdings gleichfalls keine Strafe und nach RGSt. **54** 75 soll deshalb die Amnestie hier keine Anwendung finden. Es dürfte aber eine entsprechende Anwendung geboten sein. Eine bereits erkannte Einziehung bleibt ausnahmsweise auch dann bestehen, wenn sie eine Nebenstrafe ist, RGSt. **53** 306. — Die Amnestie ist mit Wirkung für das ganze Reich sofort in Kraft getreten, einer Veröffentlichung in den einzelnen Ländern hat es nicht bedurft, RGSt. **53** 39, 52. Daß die niedergeschlagene Straftat vor dem 9. November 1918 begangen ist, bedarf des Nachweises, die bloße Möglichkeit genügt für die Anwendung der Amnestie vom 3. XII. 18 nicht. Dasselbe gilt hinsichtlich des Nachweises der Begehung vor dem 12. XII. 18 hinsichtlich der militärischen Amnestie, RGSt. **53** 324.

c) Die VO. über eine **militärische Amnestie** vom 7. XII. 18 (RGBl. 1915) bezieht sich nur auf die im Weltkriege dem deutschen Heere, der deutschen Marine oder der deutschen Schutztruppe angehörig gewesenen Personen. Das ergibt schon die Bezugnahme auf § 38 des Reichsmilitärgesetzes bei der Erwähnung des aktiven Heeres, auch die VO. zur Ergänzung und Auslegung der gen. milit. Amnestie vom 13. I. 19 (RGBl. 30) § 1, die von einem Dienstverhältnisse „beim kriegführenden Heere usw." spricht. Ebenso AusfVO. des preuß. Kriegsministers v. 31. III. 19 (ArmeeVOBl. 285) unter 2: „Personen, die gehören zum aktiven Heere im Sinne des § 38 des Reichsmilitärges. v. 2. V. 1874". Wenn ein deutscher Gesetzgeber von „dem" kriegführenden Heere spricht, so meint er eben das deutsche Heer. Die Beschränkung auf Angehörige des deutschen Heeres ist für ihn von vornherein das Gegebene und Natürliche. Auch Alsberg, Die Reichsamnestiegesetze (1919) S. 34 sagt in Anm. 1: „gemeint ist das deutsche Heer". Das steht auch im Einklang mit den vorausgegangenen Gnadenerlassen des Königs von Preußen vom 27. I. 16; 27. I. 17; 27. I. 18 (JMBl. 1916 S. 9; 1917 S. 39; 1918 S. 15). Wenn diese von „Teilnehmern" am gegenwärtigen Kriege sprechen, so ist es für den deutschen Kriegsherrn selbstverständlich, daß er die Angehörigen des deutschen Heeres meint. Zum Überfluß gibt die preuß. Justizministerialverfügung v. 17. I. 15 (JMBl. 14) noch deutlich den Sinn in Nr. 1 an: „Kriegsteilnehmer im Sinne des Erlasses (vom 27. I. 15, mit dem die späteren übereinstimmen) sind alle diejenigen Personen, die dem deutschen Heere oder

der deutschen Marine ... angehört haben". Niemand war besser über die Absicht der kgl. Gnadenerlasse unterrichtet als das Justizministerium. Wenn dieses daher unwidersprochen vom Könige seine Gnadenerlasse nur auf die Angehörigen des deutschen Heeres anwendete und die späteren kgl. Gnadenerlasse Gegenteiliges nicht sagten, so darf ohne weiteres angenommen werden, daß es damit den Willen des Königs richtig ausgelegt hat und es geht nicht an, um das Gewicht dieses Auslegungsmittels zu schwächen, einfach die Ministerialerlasse für rechtsunwirksam, weil gegen die Gnadenerlasse verstoßend, zu erklären. Es ist deshalb Goldschmidt in JW. **1921** 807 ff. nicht beizutreten, wenn er die kgl. Gnadenerlasse unmittelbar, die Amnestie vom 7. XII. 18 aber entsprechend auf die Angehörigen des österreichisch-ungarischen Heeres anwenden will. Die Berufung auf das Kriegsteilnehmergesetz v. 4. VIII. 14 (RGBl. 328) geht fehl. Abgesehen davon, daß es sich hier um die Verfolgung von Gläubigerrechten, nicht staatlichen Strafrechten handelt, ist auch dieses erst durch die Bekanntmachungen v. 22. X. 14 (RGBl. 450) und vom 4. II. 15 (RGBl. 70) auf die Kriegsbeteiligten des österreich-ungarischen Heeres besonders ausgedehnt worden, ebenso wie es einer ausdrücklichen Ausdehnung der Bekanntmachung zum Schutze von Angehörigen immobiler Truppenteile v. 20. I. 16 (RGBl. 47) durch die Bek. v. 28. VI. 17 (RGBl. 567) bedurfte. Man war sich also bei Erlaß der Amnestie v. 7. XII. 18 wohl bewußt, daß die Angehörigen des österreich-ungarischen Heeres bei den etwaigen Begünstigungen für Angehörige des deutschen Heeres in Frage kommen können. Wäre diese Erstreckung gewollt gewesen, wäre der Wille sicher zum Ausdruck gekommen, von einem Übersehen kann nach Lage der Sache keine Rede sein. Auch der Grund der Amnestie führt zu keiner Ausdehnung. Dieser ist die Dankbarkeit und die Gegenleistung für einen dem Vaterland mit der Kriegsbeteiligung geleisteten Dienst. Das trifft auf die Angehörigen der Heere der Bundesgenossen nicht zu, diese kämpften für ihr Vaterland, nicht für das unsere. Daran ändert auch der Umstand nichts, daß zuweilen deutsche Truppenteile in österreich-ungarischen Verbänden und umgekehrt kämpften. Die Amnestie trifft auch die Fälle von strafbaren Handlungen, die nach der Entlassung des Täters aus dem aktiven Heere bis zum 12. XII 18 begangen worden sind (Beschluß der Reichsregierung v. 29. I. 19).

6. VO. des Rats der Volksbeauftragten zur Ergänzung der VO. über die militärische Amnestie v. 7. XII. 18. Vom 13. I. 19 (RGBl. 30).

7. VO. der Reichsregierung über Gewährung von Straffreiheit bei Zuwiderhandlungen gegen die Vorschriften, die auf Grund des Gesetzes über den vaterländischen Hilfsdienst erlassen sind. Vom 13. I. 19 (RGBl. 95).

8. VO. der Reichsregierung betr. Übertragung der Befugnisse, die dem Kaiser als Kontingentherrn zustanden. Vom 1. II. 19 unter II: Das Recht der Strafmilderung und des Straferlasses wird auf den Präsidenten des Reichsmilitärgerichts übertragen (RGBl. 173).

9. Gesetz über Steuernachsicht. Vom 3. I. 20 (RGBl. 45).

10. Gesetz betr. Gewährung von Straffreiheit an Personen aus den Abstimmungsgebieten. Vom 23. I. 20 (RGBl. 91).

11. Gesetz zur Ergänzung des Gesetzes zur Verfolgung von Kriegsverbrechen usw. v. 18. XII. 19. Vom 24. III. 20 (RGBl. 341) Art. I § 2.

12. Gesetz über Gewährung von Straffreiheit und Strafmilderung usw. Vom 8. V. 20 (RGBl. 910).

13. Gesetz betr. Erweiterung der VO. über eine militärische Amnestie vom 7. XII. 18. Vom 6. VI. 20 (RGBl. 1143).

14. Bekanntmachung betr. Wiederaufhebung der dem kommand. General des VI. Armeekorps erteilten Ermächtigung zum Erlasse rechtskräftiger militärgerichtlich erkannter Freiheits- und Ehrenstrafen und Niederschlagung militärgerichtlicher Untersuchungen. Vom 1. VII. 20 (RGBl. 1455).

15. Gesetz über die Gewährung von Straffreiheit. Vom 4. VIII. 20 (RGBl. 1487). RGSt. **56** 81, 106.

16. Gesetz über Entwaffnung der Bevölkerung. Vom 7. VIII. 20 (RGBl. 1553). Hierzu Ausführungsbestimmungen vom 22. VIII. 20 und 4. u. 6. IX. 20 (RGBl. 1595).

17. Gesetz über Verschärfung der Strafe gegen Schleichhandel usw. Vom 18. VII. 20 (RGBl. 2107), § 7. Vgl. hierzu unten unter 5.

18. Bestimmungen über die Behandlung ausländischer Strafarten bei den deutschen Strafregistern. Vom 12. VI. 20 (RZBl. 928).

19. VO. des Rats der Volksbeauftragten über Zurückführung von Waffen und Heeresgut in den Besitz des Reichs. Vom 14. XII. 18 (RGBl. 1425) § 4.

20. Gesetz, betr. den Ergänzungsvertrag vom 12. II. 21 (RGBl. 1540) zum deutsch-polnischen Vertrag vom 1. X. 19 über die Entlassung festgehaltener Personen und die Gewährung von Straffreiheit (deutsch-poln. Amnestievertrag). Vom 7. VII. 21 (RGBl. 921) und Bek. v. 9. XII. 21 betr. die Ratifikation (RGBl. 1540).

21. Abkommen des Deutschen Reichs mit Polen über Straffreiheit im oberschlesischen Abstimmungsgebiet vom 21. VI. 21 und Bekanntmachung über die erfolgte Ratifikation vom 29. IX. 22 (RGBl. II 767).

22. Gesetz über Straffreiheit für polit. Straftaten vom 21. VIII. 22 (RGBl. I, 595).

23. Schlußprotokoll zum Londoner Abkommen vom 16. VIII. 24 (RGBl. II 289) Art. 7 zu Anl. III. Diese Amnestie bezieht sich nur auf Personen, die sich einer mit dem Ruhreinbruch im Zusammenhang stehenden strafbaren Handlung schuldig gemacht oder sich in bezug auf die aus dem Ruhreinbruch erwachsene internationale Spannung nach der einen oder andern Seite durch ihr politisches Verhalten bloßgestellt haben. RGSt. **58** 414, 432, 3 D 102/25 26. III. 25.

24. Gesetz über Straffreiheit v. 17. VIII. 1925 (RGBl. I, S. 313), in Kraft 21. VIII. 25.

25. Gesetz über Straffreiheit v. 14. VII. 1928 (RGBl. I, S. 195), in Kraft 17. VII. 28.

26. Gesetz über Änderung des Ges. über Straffreiheit (25) vom 24. X. 30 (RGBl. I, 467), in Kraft 25. X. 30.

27. Erste VO. zur Durchführung der aktienrechtlichen Vorschriften der VO. des Reichspräs. über Aktienrecht, Bankenaufsicht und über eine Steueramnestie, v. 15. XII. 31 (RGBl. I, 760).

28. RGes. über Straffreiheit vom 20. XII. 32 (RGBl. I, 559) gewährt Straffreiheit bei politischen Straftaten (§§ 1—4) und bei Straftaten aus wirtschaftlicher Not (§§ 5—7). Vgl. hierzu Wichards in JW. 1933, 76 und Becker, ebenda S. 79; Wagner, DJZ. 1933 Sp. 196. Immer nur bezieht sich das Gesetz aber auf deutsche politische und wirtschaftliche Angelegenheiten, RGSt. **58** 414; **63** 20; **66** 76.

29. VO. des Reichspräsidenten über die Gewährung von Straffreiheit. Vom 21. III. 33 (RGBl. I, S. 134). Sie betrifft Straf-

taten, die im Kampfe für die nationale Erhebung des deutschen Volkes begangen sind und ergreift auch die Einstellung anhängiger Verfahren.

Politische Straftaten sind nach § 1 Straftaten, die aus politischen Beweggründen oder aus Anlaß wirtschaftspolitischer Kämpfe begangen sind. Triebfeder des Handelns müssen Anschauung und Willensrichtung des Täters sein, ihr Ziel und Zweck braucht nicht politischer Natur zu sein, RGSt. **58** 415. Liegt letzteres vor, so ist allerdings auch der Beweggrund des Handelns ein politischer. Ein Gegenstand ist politisch, wenn er die Organe und die Tätigkeit des Staates betrifft und in Bewegung setzt, nicht schon jede das öffentliche Interesse berührende Angelegenheit, RGSt. **22** 340; **58** 415; **63** 20. Weitgehend RGSt. **66** 12. Nichtpolitisch sind namentlich Angelegenheiten, die auf wirtschaftlichem, kirchlichem, sozialem Gebiet liegen.

Straftaten aus Anlaß wirtschaftspolitischer Kämpfe sind solche, die die allgemeinen wirtschaftlichen Gegensätze betreffen, wie Demonstrationen, Streiks, Aussperrungen, Lebensmittelunruhen, Verkehrsstreik.

Straftaten aus wirtschaftlicher Not sind solche, die unter dem Drucke wirtschaftlicher Bedrängnis zur Befriedigung eines dringenden Lebensbedürfnisses erfolgen, RGSt. **46** 409; **53** 37, 243, 318. So schon AmnestieVO. v. 3. XII. 18. Die Notlage muß der unmittelbare Grund sein, und das Ziel, sie zu mildern, muß das alleinige Ziel sein. Arbeitslosigkeit allein genügt nicht, sie wird im Gesetz nur als Beispiel für die Ursache der Notlage aufgeführt, Wagner in DJZ. 1933 Sp. 197. Wird eine Straftat aus politischen Beweggründen oder aus wirtschaftlicher Not in Idealkonkurrenz mit einer anderen Straftat begangen, für die diese Voraussetzungen der Straffreiheit nicht vorliegen, so fällt die Verwirklichung dieser Straftat trotz der natürlichen Einheit der Handlung nicht unter die Amnestie, und ihre Verurteilung und Bestrafung hat unter Außerachtlassung der amnestierten Straftat zu erfolgen. Nur wenn die Beweggründe, die die Amnestierung herbeiführen, auch für die Handlung zutreffen, die die zusammentreffende andere Straftat verwirklicht, umfaßt die Amnestie die einheitliche natürliche Handlung in ihrem ganzen Umfange.

30. Gesetz über die Aufhebung der im Kampf für die nationale Erhebung erlittenen Dienststrafen und sonstigen Maßregelungen. Vom 23. VI. 33 (RGBl. I, 390). Hierzu DurchführungsVO. v. 25. VII. 33 (RGBl. I, 535).

II. In **Preußen.**

1. Ges. v. 4. IV. 15 über Niederschlagung von Untersuchungen gegen Kriegsteilnehmer (GS. 71).
2. Ges. v. 18. VII. 18 zur Ergänzung des Ges. v. 4. IV. 15 (GS. 139).
3. Allgem. Verfügung des Justizminist. v. 4. XII. 18 über Gewährung von Straffreiheit und Strafmilderung (JMBl. 443).
4. Allgem. Verf. des JM. v. 12. XII. 18 zur Ausführung der VO. über eine milit. Amnestie v. 7. XII. 18 sowie der bürgerl. Justizbehörde (JMBl. 504).
5. Verf. des Kriegsministers v. 12. XII. 18 (JMBl. 508).
6. Allgem. Verf. des JM. v. 13. XII. 18, betr. gemeinschaftl. Bestimmungen über Ausführung der Amnestieverordnungen des Rats der Volksbeauftragten vom 3. u. 7. XII. 18 (JMBl. 512).
7. VO. v. 16. II. 19 über Gewährung von Straffreiheit und Strafmilderung in Disziplinarsachen (GS. 27).

8. Ges. v. 14. VII. 19 über Gewährung von Straffreiheit und Strafmilderung bei ehrengerichtl. Strafen und ehrengerichtl. Verfahren gegen Ärzte (GS. 1171).

9. Ges. v. 27. I. 20 über Niederschlagung von Untersuchungen (GS. 51).

10. Allgem. Verf. v. 1. III. 20 (JMBl. 86).

11. Ges. über Gewährung von Straffreiheit v. 26. VII. 22 (GS. S. 192). Dazu Rundverf. v. 12. VII. 22 (JMBl. S. 265) und VO. des JM. v. 21. VIII. 25 über Gewährung von Straffreiheit in Preußen.

III. In **Bayern**.

1. VO. über die Niederschlagung von Strafverfahren und Erlaß von Strafen v. 22. XI. 18 (GVBl. 1237).

2. VO. v. 16. XII. 18 über die Erstreckung der VO. v. 3. XII. 18 der Volksbeauftragten auf Bayern (Bayr. Staatsanzeiger Nr. 293).

3. VO. über Niederschlagung von Strafverfahren, Erlaß von Strafen und Löschungen von Strafvermerken im Strafregister v. 2. I. 19.

4. VO. über Niederschlagung von Strafverfahren, Erlaß von Strafen und Löschungen von Strafvermerken im Strafregister v. 6. II. 19 (GVBl. 42).

5. VO. über die Einstellung schwebender Disziplinarverfahren und Gewährung von Straffreiheit und Strafmilderung in Disziplinarsachen vom 1. VII. 19 (GVBl. 328).

IV. In **Sachsen**.

1. VO. v. 27. I. 17 über Löschung im Strafregister (GVBl. 8) „Vermerke zu löschen".

2. Allerh. Erlaß v. 5. II. 17. Erlaß der nach VO. v. 27. I. 17 zu löschenden Strafe (GVBl. 21).

3. Allerh. Amnestie v. 25. V. 17 (GVBl. 57) für Kriegsteilnehmer und deren Witwen.

4. Allerh. Amnestie v. 25. V. 17 (GVBl. 59) für Disziplin- u. gerichtl. Strafen von Militärpers.

5. Allerh. Erlaß. Amnestie v. 25. V. 18 (GVBl. 72).

6. Allerh. Erlaß. Amnestie v. 25. V. 18 (GVBl. 74) Militärpersonen.

7. Amnestie v. 19. XI. 18 (GVBl. 367), Straftaten bis 19. XI. 18 betreffend, die zur Ausführung erforderl. werdenden Anordnungen werden im JMBl. verkündet.

8. VO. v. 19. XI. 18 der gesamten Ministerien (GVBl. 374). VO. v. 19. XI. 18 erstreckt sich auch auf Verwaltungsbehördenstrafen.

9. Amnestie für alle Personen innerhalb der sächs. Zuständigkeit, die während des Kriegs, wenn auch nur zeitweise, zum aktiven Heere gehört oder sich in einem Dienst- oder Vertragsverhältnisse beim kriegführenden Heere befunden haben. Vom 30. XI. 18 (GVBl. 381).

10. VO. über Löschung im Strafregister v. 12. II. 19 (GVBl. 28).

11. Ges. eine Amnestie für Verfehlungen gegen Rationierungsvorschrift betr. v. 24. II. 20 (GVBl. 43) von sächs. Behörden festges. Strafe bis 150 M.

V. In **Württemberg.**

1. Verf. des JM. v. 25. II. 18 zur Ausführung des Kgl. Erlasses, betr. die Niederschlagung gerichtl. Untersuchungen gegen Kriegsteilnehmer (Amtsbl. 11).

2. Verf. des JM. v. 28. I. 18 zur Ausführung des Kgl. Erlasses, betr. die gnadenweise Löschung von Vermerken im Strafregister (Amtsbl. 1).

3. Verf. des JM. v. 18. VI. 18 betr. die Bestimmung über Amnestie in dem Zusatzvertrag zu dem deutsch-russ. Friedensvertrag (RGBl. 622) (Amtsbl. 63).

4. Verf. des JM. v. 10. X. 18 zur Ausführung des Kgl. Gnadenerlasses zu Gunsten der Ehefrauen und Witwen von Kriegsteilnehmern (Amtsbl. 149).

5. Verf. des JM. v. 15. VII. 18 betr. Best. über Amn. des Friedensvertrages zwischen Deutschland und Finnland.

6. Verf. des JM. v. 21. VIII. 18 betr. Best. über Amn. im deutsch-ukrainischen Zusatzvertrag zum Friedensvertrag (Amtsbl. 145).

7. Verf. des JM. v. 15. XI. 18 zur Ausführung des Erlasses der provisorischen Regierung betr. eine allgemeine Amnestie (betrifft nur Württemberg. Gerichte) (Amtsbl. 205).

8. Bek. des JM. v. 5. XII. 18, betr. die Allgemeine Amnestie v. 15. XI. 18 (Amtsbl. 215).

9. Bek. des JM. v. 31. I. 19 betr. Ausführungsbest. des Kriegsministers zu dem Amnestieerlaß der provisor. Regierung v. 19. XI. 18[1]) auf dem Gebiet der Militärstrafgerichtsbarkeit (Amtsbl. 11).

10. Verf. des JM. v. 25. III. 19[2]) zur Ausführung der VOen. über die Gewährung von Straffreiheit und Strafmilderung v. 3. XII. 18 und die milit. Amnestie v. 7. XII. 18 (Amtsbl. 28).

11. Verf. des JM. v. 24. X. 19 betr. deutsch-poln. Vertrag v. 1. X. 19 (Amtsbl. 125).

12. Verf. des Min. der Justiz, des Innern und der Finanzen betr. Strafregister v. 21. VII. 20 (RegBl. 491).

13. Verf. des JM. v. 18. V. 21 betr. Ergänzungsvertrag z. deutsch-poln. Friedensvertrag (Amtsbl. 116).

14. Ges. über Straffreiheit v. 20. XI. 25 (RegBl. 261).

VI. In **Baden.**

1. VO., eine allgem. Amnestie betr. v. 2. XII. 18 (GVOBl. 447), von bad. Ger.-Behörden erkannte Strafe, Erweiterung der pol. Amnestie v. 12. XI. 18.

2. VO. v. 27. VII. 18 über Aufhebung der bad. Strafregisterordnung v. 28. XI. 96, sowie 1. VIII. 18.

3. VO., eine allgem. Amnestie betr. v. 27. III. 19: Ermächtigung des JM. zur gnadenweisen Niederschlagung (GVOBl. 176).

4. Gesetz vom 18. VI. 20 über die Niederschlagung von Strafverfahren wegen Verletzung der Vorschriften der Höchstpreise

[1]) Vgl. Staatsanzeiger v. 1918 Nr. 273.

[2]) Bisher nicht anerkannt:
1. Abs. 1 Ziff. 6 des Aufrufs v. 12. XI. 18; 2. VO. v. 3. XII. 18; 3. VO. v. 21. XII. 18; 4. VO. v. 7. XII. 18; 5. VO. v. 13. I. 19 (S. 30); 6. VO. v. 13. I. 19 (S. 95).

für Wein und Eier und über öffentliche Bewirtschaftung der Eier (GVOBl. 353): Ermächtigung des JM. zur gnadenweisen Niederschlagung.

5. Erlaß v. 27. VIII. 25, betr. VO. über Straffreiheit v. 27. VIII. 25.

VII. In **Thüringen.**

1. Anordnung betr. polizeil. Straflisten v. 17. I. 21 (GS. 5).
2. Ges. über Gewährung von Straffreiheit. Vom 9. IV. 21 (GS. 88).
3. Ges. über Straffreiheit v. 29. X. 25 (GS. 305).

VIII. **Braunschweig.**

1. Ges. über Gewährung von Straferlaß und Strafmilderung für wegen politischer Straftaten Verurteilte. Vom 5. VIII. 19 (GVBl. 233).
2. Erlaß über Gewährung von Straffreiheit, vom 20. IV. 20 (GVBl. 282).

IX. **Mecklenburg-Strelitz.**

1. Bek. v. 14. XII. 18 über Straferlaß (Offiz. Anz. Nr. 169).
2. Bek. v. 30. I. 19, betr. Ergänzung der obigen Bek. v. 14. XII. 18 (Offiz. Anz. S. 184).
3. Bek. v. 31. I. 19 betr. einen Gnadenerlaß usw. (Off. Anz. S. 194).
4. Bek. v. 29. X. 19 zu dem deutsch-poln. Vertrag v. 1. X. 19 über Entlassung festgehaltener Personen und die Gewährung von Straffreiheit (Off. Anz. S. 951).
5. Bek. v. 6. IV. 20 betr. Gnadenerweise aus Anlaß der Abwehr des letzten Umsturzversuchs (Off. Anz. S. 357).
6. Bek. v. 14. VIII. 20 betr. Strafregisterverordnung (Off. Anz. S. 811).
7. Bek. v. 24. VIII. 20 zur Ausführung des Ges. über die Gewährung von Straffreiheit v. 4. VIII. 20 (Off. Anz. S. 945).

X. **Mecklenburg-Schwerin.**

Bek. v. 19. X. 25 über eine allgem. Begnadigung (RegBl. Nr. 61).

XI. **Schaumburg-Lippe.**

VO. über die Gewährung v. Straffreiheit v. 5. IX. 25 (Landesverordnung S. 407).

XII. **Hamburg.**

Ges. über Gewährung v. Straffreiheit v. 21. VIII. 25 (Ges. u. VOBl. S. 413).

XIII. **Bremen.**

Ges. über Gewährung v. Straffreiheit v. 24. IX. 25 (GesBl. S. 202).

Vierter Teil.

Auslieferung und Rechtshilfe.

§ 39. Auslieferung.

Die Auslieferung ist der wichtigste Akt der internationalen Rechtshilfe. Auslieferung ist jede Überantwortung einer in deutscher Gerichtsgewalt befindlichen Person in die Gewalt einer ausländischen Regierung. Das deutsche Auslieferungsges. regelt nur diejenige Auslieferung, die zu den in § 1 bezeichneten Zwecken erfolgt.

1. Der Grundsatz, daß ein Deutscher einer ausländischen Regierung zur Verfolgung und Bestrafung nicht ausgeliefert werden darf, war ursprünglich nur in StGB. § 9 ausgesprochen. Er ist jetzt auch in Art. 112 Abs. 3 der Reichsverfassung aufgenommen worden. **Nichtauslieferung** seiner Staatsangehörigen an fremde Regierungen ist Grundsatz der meisten Staaten. Binding 1, 400, Giese, Reichsverfassung (7. Aufl.) Anm. 4 zu Art. 113. Die in einem Auslieferungsvertrag mit dem Auslande auf Auslieferung eines Deutschen nach Deutschland zugesagte Rücklieferung nach dem Ausland ist keine Auslieferung im Sinne der RV. Art. 112. RGSt. **65** 381. A. M. Köhler in JW. **1932** S. 2342 und Behr in JW. **1933** S. 496. Wegen der zum Teil abweichenden angelsächsischen Länder: Hatschek, Völkerrecht als System rechtl. bedeutsamer Staatsakte (1923) S. 225; Giese, Reichsverf. (7. Aufl.) Anm. 4 zu Art. 113; v. Liszt Schmidt I, 133; v. Hippel S. 78. Auch die ehemaligen Fürsten Deutschlands, sowie die vom Feinde als „Kriegsverbrecher" Beschuldigten schützt an sich dieser Grundsatz gegen Auslieferung.

Art. 228 des Versailler Friedensvertrags, der durch die RV. Art. 178 Abs. 2 nicht außer Kraft gesetzt ist, durchbricht diesen allgemein völkerrechtlichen Grundsatz, Ges. zur Verfolgung von Kriegsverbrechen v. 18. XII. 19 und Ergänzungsges. v. 24. III. 20 und 12. V. 21. Zutreffend die Würdigung dieser Bestimmung bei v. Liszt-Schmidt I S. 133 Anm. 7. Wegen Ablieferung an Behörden des Saargebiets Ges. 10. III. 22 § 3. Käckell, ZStRW. **41** 685, Wittmaak, Über die Verantwortlichkeit der Angehörigen einer Armee in Feindesland (1920), S. 64; Verdroß, Die völkerrechtswidrigen Kriegshandlungen (1920) S. 84; Frank, Der Kampf um ein deutsches Auslieferungsgesetz (1905) in DJZ. 31, Sp. 1270; Mettgenberg, Die Neugestaltung des deutschen Auslieferungsrechts (1927).

2. Ausländer können dagegen ausgeliefert werden, soweit nicht in Staatsverträgen etwas anders bestimmt ist. Es ist ein Akt der Rechtshilfe, Liszt-Schmidt S. 133.

Solange ein Weltrechtshilfevertrag fehlt, müssen einzelne internationale Verträge die Lücke ersetzen.

Auslieferungsgesetze haben erlassen:

1. Belgien, Ges. 15. II. 74.
2. Luxemburg, Ges. 13. III. 70.
3. Niederlande, Ges. 6. IV. 75.

4. Großbritannien, Ges. 9. VIII. 70 mit verschied. Novellen.
5 Schweiz, Ges. 22. I. 92.
6. Norwegen, Ges. 13. VI. 08 und 16. VI. 22.
7. Schweden, Ges. 4. VI. 13.
8. Finnland, Ges. 11. II. 22.
9. Frankreich, Ges. 10. III. 27.

Diese Gesetze legen die Voraussetzungen fest, unter denen den ausländischen Staatsregierungen Rechtshilfe in Strafsachen gewährt werden soll. Die bestehenden Verträge bleiben in Geltung, RGSt. Beschl. in JW. **1932** 2344[2].

Ferner 10. Deutschland, Ges. 23. XII. 29, in Kraft seit 1. IV. 30. Es behandelt im 1. Abschnitt die Rechtshilfe durch Auslieferung und Durchlieferung von Ausländern aus dem deutschen Reich an einen anderen Staat, im 2. Abschnitt die Rechtshilfe durch Herausgabe von Gegenständen, im 3. Abschnitt die sonstige Rechtshilfe in Strafsachen, im 4. Abschnitt die übrigen Arten von Rechtshilfe.

Die Auslieferung dient lediglich den Zwecken der Strafrechtspflege, nicht auch der Dienstzucht. Deshalb ist bei Rückschaffung entlaufener Seeleute streng der Zweck zu unterscheiden, wie auch Mettgenberg im 13. Ausschuß des Reichstages am 5. II. 20 hervorhob. Das Gesetz stellt folgende Bedingungen für die Auslieferung auf:

a) Der Verfolgte muß ein Ausländer sein, das ist für Deutschland auch ein Staatenloser. Wer Deutscher ist, bestimmt RV. Art. 110 und Reichs- und Staatsangehör.Ges. 22. VII. 13. Nach § 41 Abs. 3 Nr. 4 kann ein Deutscher, der sich in Gerichtshand befindet, jedoch ausgeliefert werden, um als Mittel zur Überführung eines anderen Beschuldigten zu dienen, gleichgiltig ob er diesen als Zeuge oder als Beschuldigter, gegenübergestellt werden soll. Köhler in JW. **1932** S. 2342. A. M. ebenda RGSt.

b) Die Tat muß nach deutschem Recht ein Verbrechen oder Vergehen und nicht nur mit Geldstrafe bedroht sein. Pressevergehen sind nicht ausgenommen, dagegen Militärdelikte, wenn sie nicht gemischt militärischer Natur sind. Die Tat darf weiter weder eine politische sein noch mit einer politischen Tat derart in Zusammenhang stehen, daß sie diese vorbereiten, sichern, decken oder abwehren sollte (nicht „asylwürdig").

Vgl. zum AuslGes. Schoetensack in GerS. **100** 59 und 337; Mettgenberg, Die Neugestaltung des Deutschen Auslieferungsrechtes (1927) und Komment. (1930); Fraustädter, Auslieferungsges. (1930); Doerner in DJZ. **19** Sp. 402; Bumke, ZStRW. **48** 425; Mettgenberg, ZStRW. **48** 427.

Ein Verzeichnis der **Auslieferungsverträge und Vereinbarungen des Reichs** über Auslieferung Deutscher an deutsche Regierungen und die sonstigen Rechtsbehelfe gibt Mettgenberg (1926), HR. **1** 445. Die Auslieferungsverträge des Deutschen Reichs mit den Kriegsgegnern sind durch den Krieg aufgehoben worden, RGSt. **50** 141, einige von ihnen sind aber nach dem Krieg wieder in Kraft gesetzt worden. Folgende bestehen gegenwärtig:

1. Italien 31. X. 71 nebst Zusatzerklärung v. 29. V./9. VIII. 05, wieder in Kraft 8. VII. 20. (RGBl. S. 1577). Vgl. hierzu RGSt. **66** 87.
2. Großbritannien 14. V. 72 (RGBl. S. 229) und 17. VIII. 11, wieder in Kraft 25. VI. 20 (RGBl. S. 1543).
3. Schweiz 24. I. 74 (RGBl. S. 113).
4. Belgien 24. XII. 74 nebst Zusatzerklärung v. 28. XI. 1900 (RGBl. 1901, 203), wieder in Kraft 29. V. 20 (RGBl. S. 1397).

5. Luxemburg 9. III. 76 (RGBl. S. 223) und 6. V. 12 (RGBl. S. 491).

6. Schweden und Norwegen 19. I. 78 (RGBl. S. 110); 7. III. 07 mit Norwegen (RGBl. S. 110).

7. Spanien 2. V. 78 (RGBl. S. 213).

8. Niederlande 31. XII. 96 (RGBl. 1897 S. 731), RGSt. **65** 111.

9. Griechenland 12. III. 07 (RGBl. S. 545), wieder in Kraft 30. VI. 20 (RGBl. S. 1544).

10. Paraguay 26. XI. 09 (RGBl. 1915, 571). Vgl. Mettgenberg, ZStRW. **39** 27.

11. Tschechoslowakei 8. V. 22 (RGBl. 1923 II, 48) Bayr. Oberstes LG. in JW. **1932** 2345.

12. Bulgarien 29. IX. 11 (RGBl. 1913, 468).

Mit Ungarn besteht kein Auslieferungsvertrag, RGSt. **60** 203.

Die Auslieferungsverträge des Deutschen Reiches bedürfen nach RV. Art. 45 Abs. 3 künftig der Zustimmung des Reichstags.

Nach RVerf. Art. 6 Nr. 3 und 78 Abs. 1 haben die einzelnen deutschen Länder kein Recht mehr, mit dem Ausland Auslieferungsverträge zu schließen, die bereits geschlossenen bleiben aber bestehen, soweit nicht auch sie durch den Krieg aufgehoben worden sind. Von ihnen sind wieder in Kraft gesetzt worden die mit Frankreich abgeschlossenen, z. B. der württembergisch-franz. Auslieferungsvertrag v. 25. I. 53, für den 9. II. 20 wieder in Kraft gesetzt, RGSt. **66** 174. Ebenso die Auslieferungsverträge Badens, Preußens, von Mecklenburg-Schwerin, Mecklenburg-Strelitz, Oldenburg, Bremen, Lübeck, Hamburg, Sachsen, Hessen, Waldeck, Sachsen-Weimar, Bayern.

Durch das deutsche Auslieferungsgesetz sind diese Verträge nicht aufgehoben oder inhaltlich geändert worden.

3. Die Auslieferungsverträge als Bestandteile des Strafrechtes und als Prozeßvoraussetzungen sind von Amts wegen zu berücksichtigen, unabhängig in der Revisionsinstanz von den Feststellungen des angefochtenen Urteils. Sie schaffen objektives Recht, RGSt. **12** 381; **21** 180; **32** 250; **34** 191; **38** 115; **41** 274; **45** 271; **55** 285. Im allgemeinen werden folgende Grundsätze festgehalten.

a) Die Auslieferungstat muß nach dem Recht beider Staaten strafbar und im ersuchten Staat die Bestrafung noch nicht erledigt sein, RGSt. **29** 64; **31** 430; **65** 112. Nach Einleitung der gerichtlichen Untersuchung keine Auslieferung mehr.

b) Auslieferung erfolgt nur wegen der im Vertrag und im Ersuchen genannten Straftaten (Spezialität der Auslieferung). Das ist anerkannter Grundsatz des Völkerrechtes. Der die Auslieferung nachsuchende Staat muß sich an die Schranken halten, innerhalb deren der ersuchte Staat die begehrte Auslieferung gewährt. Ein Verstoß gegen diese Rechtsnorm begründet die Revision, RGSt. **21** 183; **27** 128, 415; **29** 271; **30** 440; **31** 428; **32** 430; **36** 347; **38** 112; **45** 271; **49** 243; **55** 284; **60** 202. Ob eine andere rechtliche Beurteilung der Spezialität entgegensteht, kommt auf den Auslieferungsvertrag an, RGSt. **65** 106. Nicht bloß andere rechtliche Beurteilung, sondern Verurteilung noch wegen einer anderen Straftat liegt dagegen bei Einbeziehung einer ideell konkurrierenden Straftat vor, wegen der nicht ausgeliefert worden ist. Nach Meinung des RG. soll jedoch die Frage, ob dieselbe Handlung vorliegt, für die Spezialität nicht nach dem sachlichen Strafrecht der §§ 73 und 74, sondern nach der verfahrensrechtlichen Vorschrift der StPO. § 264 zu beurteilen sein, wonach es für die Identität der Tat lediglich auf den einheitlichen historischen Vorgang ankommen soll und der Begriff der Tat umfassender sei als in StGB. § 73, RGSt. **33** 388; **65** 106, 111; **66** 173, 348. Aber diese Rechtsansicht begegnet großen Bedenken.

c) **Politische Vergehen** werden regelmäßig ausgenommen, auch solche, die zur Ermöglichung oder Verdeckung politischer Vergehen begangen sind (Asylrecht; Liszt-Schmidt S. 135; Meyer-Allfeld 88). Der Gedanke, die Auslieferung wegen politischer Straftaten zu verweigern, wurde zuerst von Kleist, De deditione profugorum 1829 verteidigt, nachdem zur Zeit der franz. Revolution der Begriff des „politischen Delikts" aufgekommen war. Frankreich verlangte dann 1831 von der Schweiz Streichung der „crimes contre la sûreté de l'Etat" aus dem Vertrage vom 18. VIII. 28. Hiervon macht aber die sog. „Attentatsklausel" eine Ausnahme: Mord und Mordversuch am Staatsoberhaupt. Das Vorbild war das belg. Ges. v. 22. III. 56 aus Anlaß eines Mordversuchs auf Napoleon III. — England, Italien und die Schweiz haben jedoch die Annahme der Attentatsklausel abgelehnt. Nach dem engl. Auslieferungsgesetz von 1870 wird die Auslieferung stets verweigert, wenn die Tat politischen Charakter trägt; nach dem schweiz. Auslieferungsgesetz Art. 10, wenn die Tat vorwiegend politischen Charakter hat. Näheres Walker, Über polit. Verbrechen und das Asylrecht in Ztschr. f. öffentl. Recht IV (1924) S. 335.

Ob ein politisches Vergehen vorliegt oder nicht, und ob hiernach die Auslieferung zu versagen oder zu gewähren ist, ist ausschließlich Sache der Entscheidung des ausliefernden Staates. Verneint dieser den politischen Charakter und liefert er aus, so kann dann vor dem deutschen Gericht kein Einwand gegen die Zulässigkeit der Strafverfolgung daraus entnommen werden, daß jene Entscheidung unrichtig sei und ein politisches Vergehen vorliege. Denn einen prozessualen Strafhinderungsgrund bildet die Natur des Politischen für das deutsche Gericht überhaupt nicht, ebensowenig ein Tatbestandsmerkmal RGSt. **60** 204.

Die Auslieferung flüchtiger Seeleute wird in den Handels- und Schiffahrtsverträgen geregelt. Bezgl. Wehr- und Fahnenflüchtiger vgl. Liszt-Fleischmann, Völkerrecht § 45, IV, V.

§ 40. Rechtshilfe.

Über **Rechtshilfe zwischen den Bundesstaaten** GVG. 13. Titel, §§ 156 ff. und Reichskriminalpolizeiges. v. 21. VII. 22 (RGBl. I 593).

Über **Rechtshilfe in bezug auf das Ausland** vgl. Ges. über die Strafvollstreckung aus Urteilen der Gerichte in dem Gebiete der Freien Stadt Danzig und des Memellandes vom 1. XII. 23 (RGBl. I 1167). Rechtshilfe und Rechtsschutzvertrag zwischen Österreich und Deutschland vom 21. VI. 23, Art. 10—18. Hierzu Sperl in Ztschr. f. öff. Recht IV (1924) S. 229. Für die Vernehmung eines Zeugen im Ausland ist das ausländische Verfahren maßgebend, RGSt. **46** 50.

Strafgesetzbuch für das Deutsche Reich.

Vom 15. Mai 1871,
unter Berücksichtigung der Änderungen durch die neueste Gesetzgebung.

Einleitende Bestimmungen.

§ 1. Eine mit dem Tode, mit Zuchthaus, oder mit Festungshaft von mehr als fünf Jahren bedrohte Handlung ist ein Verbrechen.

Eine mit Festungshaft bis zu fünf Jahren, mit Gefängnis oder mit Geldstrafe von mehr als 150 Reichsmark oder mit Geldstrafe schlechthin bedrohte Handlung ist ein Vergehen.

Eine mit Haft oder mit Geldstrafe bis zu 150 Reichsmark bedrohte Handlung ist eine Übertretung.

E. 19 §§ 7, 402. Amtl. Entwurf § 10 u. § 343. Entw. nach Beschlüssen der ersten Lesung des Reichstagsausschusses u. den deutschen u. österreich. Strafrechtskonferenzen (im folgenden als Entwurf schlechthin bezeichnet) § 11 VO. über Vermögensstrafen u. Bußen v. 6. II. 24 (RGBl. I, 44) Art. I. Münz- u. Bankges. 30. VIII. 24; Durchf.VO. 12. XII. 24.

1. Nach Tacitus Kap. 12 Germania war schon bei den alten Deutschen „distinctio poenarum ex delicto" und deshalb „cognoscitur" wie Carpzov sagt, „ex qualitate poenae, quae, pro delicto imponitur, qualitas et quantitas delicti", Lobe, Die allg. strafrechtl. Begriffe nach Carpzov, 1899, S. 51. Die Art der **Einteilung der einzelnen Straftaten nach ihrer Schwere, gemessen an den für sie gedrohten Strafen,** kannte auch das deutsche Mittelalter. Art. CV der CCC nennt die Missetaten, die mit peinlicher Strafe (an Hals und Hand) bedroht sind, „peinliche Fälle", im Gegensatz zu den nicht peinlichen Fällen oder „Freveln", die mit der nicht peinlichen Strafe (an Haut und Haar) belegt werden. Ähnlich unterschied man auch in Frankreich schon vor dem code zwischen crimes und delits. An Stelle] dieser Zweiteilung findet sich bei Julius Clarus und Carpzov bereits eine Dreiteilung in delicta levia mit nichtpeinlicher Strafe, delicta gravia seu atrocia mit peinlicher Strafe sowie delicta gravissima seu atrocissima mit geschärfter Todesstrafe, Lobe a. a. O. S. 50. Die Dreiteilung ging in das österreichische (1768) und bayrische StGB. (1751) über. In seinen préliminaires unterschied der Code pénal in Artikel 1: l'infractions que les lois punissent de peine de police est une contravention; que les lois pun. de peine correctionelle est une delit; que les lois pun. de peine afflictive ou infamante est une crime. Diese Unterscheidung diente prozessualen Zwecken und betraf die einzelnen Straffälle. Sie ging in das bayr. StGB. von 1813 und das preußische nach rheinischem Vorbild von 1851 über und wurde von da mit der Änderung, daß die Einteilung die Art der Straftaten ergreift, in das deutsche StGB. übernommen. Das Militär-StGB. kennt nur die Zweiteilung von Verbrechen und Vergehen. Der Entw. hat die Dreiteilung in Verbrechen, Vergehen u. Übertretungen aufrecht erhalten, fügt sogar noch einen vierten Teil „Gemeinschädliches Verhalten" hinzu.

Bei der Feststellung, ob ein Vergehen oder eine Übertretung vorliegt, ist für die Zeit vor dem Münz- u. Bankgesetz auf die erste Zeit der Strafvorschriften zurückzugreifen.

Das ergibt als Grenze bis zum	31. XII. 21	150	Papiermark	für Übertretung.
von da ab bis zum	30. IV. 23	1500	„	Vgl. Schäfer,
„ „ „ „ „	19. X. 23	300 000	„	Jur. Rundschau
„ „ „ „ „	7. XII. 23	10 Milliarden	„	1925 S. 108.

2. Der **Zweck der Vorschrift** ist ein rein **gesetzestechnischer.** Der Entwurf führt die Trennung der schwereren Straftaten von den Übertretungen strenger durch. Gegen eine Trennung von „Rechtsverbrechen" und „Polizeiübertretungen" überhaupt Wachenfeld, Arch. f. Rechts- u. Wirtschaftsphilosophie, Bd. XV, S. 53 ff.; Traeger GerS. 77, 81 ff. Für sie Stienen in ZStRW. **46** 13. Die Einteilung will die Redaktion des StGB. erleichtern, der Systematik dienen, an einzelne der gebildeten Gruppen Regeln anknüpfen lassen, die nur für diese besondere Gruppe gelten, endlich ein Mittel haben, um die verschiedene sachliche Zuständigkeit der Gerichte zu regeln. Daß alle diese Zwecke durch die vorgenommene Dreiteilung mehr oder weniger unvollkommen erreicht worden sind und auf anderem Wege vielleicht besser erreicht werden könnten, ändert an diesem Zwecke und der Bedeutung der tatsächlich vorgenommenen Teilung nichts. Es ist daher hier müßig, nach der inneren Berechtigung einer solchen Dreiteilung zu fragen, die wohl mit Recht von der überwiegenden Meinung verneint wird. Vgl. im einzelnen über den Stand der Frage namentlich v. Liszts Gutachten zum 26. dtsch. Juristentag, Verh. **1** S. 724; Ebermayer, Gutachten zum 29. dtsch. Juristentag, Verh. **1** S. 265; W. Rosenberg in ZStRW. **24** 1 und Osk. Meyer, Bedeutung und Wert der Dreiteilung der strafbaren Handlungen, v. Liszt-Schmidt I, 151.

3. Die Einteilung bezieht sich nicht auf den einzelnen begangenen Straffall, wie das frühere gemeine Recht, der code pénal und das preuß. StGB. sie vornahm, sondern auf den **gesetzlichen Tatbestand,** der die vom Gesetzgeber vorgestellte Straftat als Zuwiderhandlung gegen sein Verbot oder Gebot bildet, Binding, Normen II S. 112, 114, dagegen S. 1092, und sie nimmt zum Maßstab nicht die verwirkte Strafe des Einzelfalls, sondern die **angedrohte höchste Strafe** auf jenen im Gesetz bezeichneten Tatbestand, RGSt. **3** 52, Frank S. 7; v. Liszt-Schmidt I S. 151; v. Hippel, Lehrb. S. 85; Osk. Meyer, Bedeutung und Wert der Dreiteilung der strafbaren Handlungen, S. 31, v. Calker 19. Die für diesen gesetzlich normierten Tatbestand angedrohte Strafe stempelt immer die Einzeltat, die ihn verwirklicht, zum Verbrechen, Vergehen oder zur Übertretung, nicht entscheidet, ob sie auch tatsächlich mit einer Verbrechens-, Vergehens- oder Übertretungsstrafe im Sinne von StGB. § 1 belegt wird. Denn nicht die Einzeltat soll einen Namen erhalten und in eine Gruppe eingestellt werden, sondern die Fülle der vom Gesetz normierten Tatbestände als Inhalt seiner Normen soll gruppiert werden, um daran Regelungen knüpfen zu können. Zunächst bezieht sich diese Einteilung deshalb auch nur auf die vom **StGB.** selbst vorgenommene Regelung, und es würde nichts entgegenstehen, daß die **Landesgesetzgebung** auf dem ihr vorbehaltenen Gebiet für ihre Regeln eine andere Einteilung vornehme. Alle formalen Rechtsbegriffe sind auf das Gebiet, für das sie gelten wollen, zu beschränken, Hofacker, Die Staatsverwaltung und Strafrechtslehre (1919) S. 18. Da sie aber ihrerseits notwendig vielfach auf die Regeln des StGB. Bezug nehmen muß, die an die von ihm geschaffene Gruppeneinteilung anknüpfen, würde eine Verwirrung entstehen, wenn sie dies täte. Geradezu verhindert aber ist sie an einer andern Einteilung, als der in Verbrechen, Vergehen und Übertretungen, durch den Umstand, daß diese Gruppen auch für die Prozeß- und Gerichtsverfassungsgesetze maßgebend sind und deren Zuständigkeit zu ändern ihr nicht freisteht. Kann hiernach die Landesgesetzgebung auch keine andere als die in § 1 vorgenommene Dreiteilung einführen, so ist es ihr doch unbenommen, soweit sie sich auf dem ihr vorbehaltenen Gebiet frei bewegen kann, nach Belieben in diese Gruppen Tatbestände auch dann einzureihen, wenn sie bei dem von der Landesgesetzgebung angedrohten Strafmaß nach § 1 nicht in sie einzusetzen wären. So kann z. B. die Landesgesetzgebung eine mit mehr als 150 R.-Mark Geldstrafe bedrohte Tat, wenn sie ihre Verjährung anders als in StGB. § 67 regeln und die Regeln anwenden will, die im StGB. für Übertretungen gelten, dies entweder so tun, daß sie die andere Regelung der Verjährung unmittelbar ausspricht, oder auch so, daß sie die Straftat für eine Übertretung erklärt, womit nun ohne weiteres die für Übertretungen geltenden Regeln anwendbar werden; RGSt. **14** 248. Daher gültig Bayr. AusfGes. z. StGB. Art. 5. Olshausen Anm. 2. Wenn Landesgesetze, die nach dem StGB. erlassen sind, eine derartige Versetzung der Straftat in eine andere Gruppe vornehmen, so erhellt der Zweck, die für jene Gruppe gegebenen allgemeinen Vorschriften des StGB. anwendbar zu machen, meist von selbst. Handelt es sich um Landesgesetze, die vor dem StGB. liegen, so ist nicht aus der in ihnen enthaltenen Bezeichnung der

Straftat als Verbrechen, Vergehen und Übertretung, oder aus der angedrohten Strafe ohne weiteres zu entnehmen, daß sie auch die Dreiteilung des § 1 dabei im Sinne gehabt haben und wollten, daß die für die in ihm gebildeten Gruppen geltenden Regeln anzuwenden seien, denn diese Einteilung und Regelung bestand ja damals noch gar nicht. Es ist deshalb hier im Einzelfalle zu prüfen, welche Bedeutung die Bezeichnung der Straftat und die Strafdrohung im Verhältnis zu der des § 1 hat und ob damit bezweckt war, die im StGB. an die Gruppe angeknüpften Regeln gelten lassen zu wollen, RGSt. **25** 56. Möglicherweise kann sich sogar je nach diesen Regeln eine verschiedenartige Einstellung in diese oder jene Gruppe ergeben. — Auch für MilStGB. gelten Besonderheiten. In dem Gaststättengesetz v. 1. VII. 30 § 16 Abs. 1 Nr. 3 und § 29 Nr. 8 ist das Verabfolgen geistiger Getränke an Betrunkene, das nach Art. I § 5 Abs. 1 Nr. 3 Abs. 2 Vergehen war, selbst in eine Übertretung umgewandelt worden, so daß nunmehr die dreimonatige Verjährung platzgreift. 3 D 1103/30 29. I. 31.

4. Zum Maßstab sind nur die in § 1 hervorgehobenen **Hauptstrafen,** RGSt. **52** 344: Tod, Zuchthaus, Gefängnis, Geldstrafe, Haft genommen, und zwar ohne Rücksicht auf den nach ganz andern Gesichtspunkten getroffenen Strafumwandlungsmaßstab des § 29. Nebenstrafen sind ohne Einfluß. Olshausen Anm. 6 erst recht andere Folgen der Straftat, die nicht Strafe, sondern etwa nur polizeiliche Maßnahmen sind. Tod und Zuchthaus sind hierbei Strafarten, die die Tat immer zu Verbrechen stempeln, eine mit Gefängnis bedrohte Straftat ist immer Vergehen, alle anderen werden für verschiedene Straftatengruppen als Strafdrohungen verwendet: ist Festung über 5 Jahre gedroht, wird die Straftat zum Verbrechen, sonst ist sie Vergehen, Haft wird als Hauptstrafe auch bei dem Vergehen nach StGB. § 185 verwendet, sonst macht ihre Androhung die Tat zur Übertretung. Die Strafdrohung von Geldstrafe über 150 R.-Mark macht die Tat zum Vergehen, bis zu 150 R.-Mark zur Übertretung. In § 207 hat der Gesetzgeber seine eigene Gruppenbezeichnung (Verbrechen) nicht festgehalten; in § 232 wird das „Übertreten" nicht im Sinne von Verüben einer „Übertretung" gebraucht. — Andere Hauptstrafen, wie die als solche zulässige Forst- oder Gemeindearbeit des § 6 Abs. 2 werden nicht als Einteilungsmaßstab herangezogen. Sofern sie Geldstrafen oder Gefängnisstrafen ersetzen sollen, sind sie nicht Hauptstrafen, sondern Ersatzstrafen und es kommen dann von vornherein nur jene in Betracht. Sind sie aber allein angedroht, so ist mangels einer gesetzlichen Einteilungsvorschrift die Schwere der Forst- oder Gemeindearbeitsstrafe in Vergleich mit den Geld- oder Gefängnisstrafen des StGB. zu bringen, auch die Art der Straftat, auf die sie angedroht sind, und mit gleichartigen zu vergleichen, für die die in § 1 genannten Strafarten gedroht sind, und danach zu bestimmen, ob sie in die Übertretungs- oder Vergehensgruppe einzustellen sind. Meist wird es sich um Vergehen handeln. Die ins richterliche Ermessen gestellte Strafe des § 233 ist zwar Hauptstrafe, aber nicht als solche für die normierte Straftat vom Gesetz angedroht, sondern für den Einzelfall, der jenen gesetzlichen und mit anderer Hauptstrafe bedrohten Tatbestand verwirklicht, vom Richter verhängte Strafen und deshalb mit Recht nicht als Einteilungsmaßstab herangezogen. Auch für diese Straftaten sind allein die angedrohten Strafen maßgebend. **Ersatzstrafen** für Hauptstrafen kommen gleichfalls nicht in Betracht, selbst wenn sie ihrer Art nach die Tat anders qualifizieren würden. Es handelt sich hier nur um einen Einteilungsmaßstab, für den nur die zunächst angedrohte Hauptstrafe entscheidend sein kann, Binding, Hdb. I 514, Oppenh.-Del.; a. M. Olshausen Anm. 5 und Schwartz. Die Geldstrafen sind zur Zeit der Inflation vielfach geändert worden: Ges. v. 21. XII. 21; 27. IV. 23; 13. X. 23; VO. 23. XI. 23; VO. über Vermögensstrafen und Bußen v. 6. II. 24 (RGBl. I 44); Münz- u. Bankges. 30. III. 24 (RGBl. II 254, 235); DurchführungsVO. 12. XII. 24 (RGBl. I S. 775).

5. Angedroht ist immer die **Höchststrafe** der schwersten Strafart. RGSt. **42** 397. Sie ist eindeutig bestimmt bei den absoluten Strafdrohungen und ergibt sich bei den relativen aus der Höchstgrenze des Strafrahmens für die schwerste Strafart. „Geldstrafe schlechthin" ist angedroht, wenn kein Höchstmaß angegeben ist. Die Festsetzung von einzelnen Höchstbeträgen ist nämlich für Verbrechen und Vergehen in Art. XIV Abs. 2 Nr. 2 der VO. v. 6. II. 24, soweit sie nicht in § 27 aufrecht erhalten worden ist, aufgehoben und das Mindestmaß und Höchstmaß einheitlich bestimmt worden. Auch eine multiplikativ begrenzte Strafdrohung, wie sie sich für

Geldstrafen namentlich in Zoll- und Steuersachen findet, ebenso in verschiedenen Kriegsverordnungen, z. B. § 5 der alten BVO. v. 23. III. 16 gegen übermäßige Preissteigerung, vgl. auch RGSt. **52** 194, kann absolut und relativ sein, z. B. „mit dem x-fachen Betrag" oder „bis zum x-fachen Betrag". Ist zugleich ein Mindestmaß bestimmt, das über den Betrag von 150 R.-Mark hinausgeht, so ist über die Natur der Straftat als Vergehen kein Zweifel. Vielfach wird angenommen, daß sich beim Mangel eines solchen Mindestmaßes erst im Einzelfall durch die verwirkte Strafe ergibt, ob Übertretung oder Vergehen vorliegt, andere, wie z. B. Binding Hdb. I S. 516 meinen, es komme die denkbar höchste Strafe bei Vervielfältigung eines denkbar höchsten Grundwerts als Strafdrohung für die Straftat als angedroht in Betracht, deshalb liege stets ein Vergehen vor. Ebenso Finger I, 126; Meyer 18; O. Meyer, Die Dreiteilung der strafb. Handlungen (1891) S. 43; Gutmann, Die Natur der Geldstrafe (1909) S. 4, 5; Frank 8. Gerland S. 91 sieht hier Gesetze mit variablen Strafdrohungen. Beides ist falsch, erstere Ansicht, die auch RGSt. **5** 26, **13** 223; Rspr. **10** 710 (nicht RGSt. **42** 397) vertreten wird, verstößt gegen § 2 Abs. 1, wonach die Strafe vorher angedroht sein muß. Im Ergebnis freilich läuft sie auf das Richtige hinaus. In der Tat handelt es sich in den Fällen, wo die Strafhöhe in Abhängigkeit von einem Wert des Gegenstandes, auf den sich die Straftat bezieht, gesetzt wird, um eine bloße Zusammenfassung verschiedener absoluter Strafandrohungen für verschiedene einzelne Straftaten in bezug auf verschiedene Wertgegenstände, nicht um einen relativ bestimmten Strafrahmen. Auch hier bedroht die multiplikativ bestimmte Strafe aber alle Straftaten, die sich auf Gegenstände von diesem bestimmten Wert beziehen, und zwar von vornherein in der nach dem Wert zu bemessenden Höhe und es wird keineswegs dieses Strafmaß erst mit der Begehung der Einzelhandlung festgestellt. Es kommt nicht die verwirkte Strafe für den Einzelfall als Maßstab nach § 1 in Betracht, sondern die vorher bereits feststehende Strafandrohung. Nicht durch die Feststellung, daß die Defraudation 1000 Mark beträgt, wird die Strafandrohung von 2000 Mark als dem Doppelten gefunden und nun erst durch die erkannte Strafe erwiesen, daß die Handlung ein Vergehen ist, da es sich um Bestimmung des Einzelfalls überhaupt nicht handelt — sondern von vornherein ist die Straftat als „Defraudation von 1000 Mark" normiert und ihre Strafe als doppelter Betrag von 2000 Mark bestimmt angedroht. Zutreffend hierüber Jacobi, ZStRW. **22** 165 ff. Zu gleichem Ergebnis auch Käckell, Strfr. Abhdl. von Lilienthal 1915, Heft 187, S. 205. Ebenso RGSt. **42** 397 u. 4 D 932/18 18. III. 19. Es liegt der Fall nicht anders als bei § 370 Nr. 5. Die dort normierte Straftat, Entwendung eines geringwertigen Gegenstands, ist von vornherein durch die Strafdrohung als Übertretung gekennzeichnet und nicht wird es der gesetzliche Tatbestand erst dadurch, daß im Einzelfall festgestellt wird, es ist ein minderwertiger Gegenstand gestohlen. Über Berechnung bei Konkurrenz s. Jacobi a. a. O. S. **166** ff. Geldstrafen in unbestimmter Höhe finden sich angedroht z. B. in § 396 RAbgO. Vgl. über deren Zulässigkeit nur durch ein verfassungsänderndes Reichsges. oder durch Art. 48 der RV. v. Liszt-Schmidt I, 394.

6. Auch bei **wahlweiser Strafandrohung** entscheidet die höchste zur Wahl gestellte Strafe; 4 D 932/18 18. III. 1919. Ebenso, wenn eine Handlung mit mehreren Strafen bedroht ist, wie es bei Gesetzeskonkurrenz geschehen kann. So auch Motive.

7. Da unter Handlung im Sinne von § 1 nicht die (konkrete) Handlung des Einzelfalls, die die Straftat verwirklicht, zu verstehen ist, sondern der als Verbotsinhalt vom Gesetzgeber normierte Tatbestand, der die bedrohte Straftat als abgezogenen Begriff ausmacht, so kommt auch nur die Strafe in Betracht, die auf einen solchen Tatbestand angedroht ist. O. Meyer a. a. O. S. 38. Hiernach bleiben außer Betracht alle Strafmilderungs- und Minderungsgründe (Strafschärfungsgründe dieser Art kennt StGB. nicht), die den gesetzlichen Tatbestand der Straftat als solche bestehen lassen und nur für den sie verwirklichenden Einzelfall einen milderen Strafrahmen gewähren. Hierher gehören vor allem die allgemeinen mildernden Umstände und die sogen. „leichteren Fälle" der §§ 94, 96, aber auch die besonders herausgehobenen Strafminderungsgründe der Jugend nach § 9 Jugendgerichtsges. v. 16. II. 23; Köhler S. 104; Dörr 33; Beling 99; Frank S. 10; Olshausen Anm. 7; RGSt. **3** 52, **60** 116; Rspr. **8** 571 oder der §§ 157, 158, die nur eine Strafermäßigung der „an sich verwirkten Strafe" anordnen. Letztere ist deshalb zur Bestimmung nach § 1 allein maßgebend. RGSt. **59** 23. Auch § 213. Ebenso sind die „besonders schweren Fälle", wie z. B. in § 12 PreistrVO. v. 1923 und RepSchGes. § 7 und Amtl. Entwurf — mit ihren härteren Strafen nicht geeignet, die Art der Tat anders zu qualifizieren; RGSt. **60** 115; RG. in DRZ. **18** 131. Nicht entgegen steht RGSt. **59** 217 nach 2 D 9/26 3. V. 26. RGSt. **60** 115 betont dies allerdings nur für die mit Gefängnis bedrohten gewöhnlichen Fälle. Gerland hält wegen der Zuchthausstrafe in besonders schweren Fällen jede Preistreiberei für ein Verbrechen, auch die nicht besonders schwere. So auch RGSt.; 2 D 205/25 30. IV. 25.

Dagegen kommen in Betracht alle Strafmilderungs- und Straferhöhungsgründe, die vom Gesetzgeber als Tatbestandsmerkmale für einen vom gewöhnlichen abweichenden Tatbestand der Straftat verwendet worden sind, derart, daß mit ihnen eine neue Straftat mit besonderer Strafdrohung gebildet worden ist (delictum sui generis) RGSt. **60** 115; Amtl. Entw. 1925 Begr. S. 10. Zuweilen hat der Gesetzgeber hierzu auch höchstpersönliche, nur in der Person des Täters im Einzelfall vorliegenden Merkmale benutzt, wie Rückfall, Gewohnheits- und Gewerbsmäßigkeit, ferner § 181 Nr. 2, § 216, § 221 Abs. 2, § 313 Abs. 2 u. a. Die für jene neugebildeten Tatbestände angedrohten schwereren oder niedrigeren Strafmaße bestimmen dann nach § 1 die Natur dieser besonderen Straftat. Meyer-Allf. 103. Olshausen Anm. 7 nicht die Natur der gewöhnlichen Straftat. Hierzu gehört jedoch nicht § 213, der auch, soweit das Geneigtsein zum Zorn als notwendiger Milderungsgrund herausgehoben wird, nur einen „milderen Strafrahmen" für die Tat des § 212 schafft. Die Tat bleibt daher auch im Fall von § 213 Verbrechen und der Versuch somit strafbar. RGSt. **14** 298, **33** 323.

8. Die Strafe für **Versuch, Anstiftung, Beihilfe** sind lediglich übertragene Strafen der Haupttat oder der vollendeten Tat. Diese Handlungen sind keine selbständigen Straftaten, nicht in sich abgeschlossen, sondern unselbständige Begehungsformen der auf Verwirklichung der Hauptstraftat gerichteten Handlung und ohne diese nicht zu denken. Mit dieser zusammen erst verwirklichen sie die Straftat, sie sind wie diese Zuwiderhandlungen gegen gleiche Verbote oder Gebote, bilden mit dieser einen Bestandteil der Straftat und richten sich gegen das gleiche Rechtsgut. Käckell, Strfr. Abhdl. v. Lilienthal 1915 S. 199. Endemann in ZStRW. **1924** 125. Bei dieser ihrer akzessorischen unselbständigen Natur teilen sie die Natur der Haupttat und sind mit dieser unter dieselbe Gruppe einzureihen, zu der die Strafdrohung für die Haupttat sie stellt. So auch Binding Hdb. I S. 516, vgl. auch Normen II S. 1142, Liszt S. 121, Meyer-Allf. S. 103, Wach, Vergl. Darstellung 6 S. 4. A. M. Olshausen, Frank, Oppenhoff-D., Meyer 18, Schwartz, Meyer 18. Anders natürlich, wenn eine Teilnahmeform zu einer selbständigen Straftat erhoben ist, §§ 49a, 111, 257, 219. Auch in § 111 Abs. 1 ist die Höchststrafe, die angedroht wird, durch die doppelte Verweisung auf die Strafe der Anstiftung und von da gemäß § 48 Abs. 2 auf die Strafandrohung für die Straftat, zu der aufgefordert wird, von vornherein genau bestimmt, wird nicht etwa erst durch die Begehung des aufgeforderten in Gewißheit gesetzt. Hiernach ist die Aufforderung zu einem Verbrechen selbst Verbrechen, zu einem Vergehen Vergehen. § 111 ist eine Zusammenfassung mehrerer verschiedener Straftaten. Unbefriedigend ist das Ergebnis RGSt. **39** 158 für den Fall des § 111 Abs. 2.

9. Die im StGB. aufgestellten **allgemeinen Grundsätze** gelten für die drei Deliktarten gleichmäßig, sofern nicht einzelne Grundsätze nur für bestimmte Kategorien vorbehalten worden sind. So §§ 43, 49a für Verbrechen, §§ 43, 49, 257 für Verbrechen und Vergehen, §§ 6, 28, 37, 40, 42, 57, 67, 70, 77, 78 für Übertretungen.

10. Die Revision kann auf Angriffe gegen die Strafbemessung beschränkt werden, RGSt. **47** 227; 4 D 155/23 12. VI. 23.

§ 2. Eine Handlung kann nur dann mit einer Strafe belegt werden, wenn diese Strafe gesetzlich bestimmt war, bevor die Handlung begangen wurde.

Bei Verschiedenheit der Gesetze von der Zeit der begangenen Handlung bis zu deren Aburteilung ist das mildeste Gesetz anzuwenden.

E. 19 § 6. Amtl. Entw. §§ 1, 2, 3, 8. Entw. § 1.

Die Vorschrift handelt von der Herrschaft des Strafgesetzes in zeitlicher Beziehung. Sie bezieht sich auch nicht nur auf die im StGB. selbst enthaltenen Normen, sondern auf alle im Deutschen Reich geltenden Strafgesetze, auch auf die Nebengesetze des Reichs und der Länder.

I. 1. Die Vorschrift bringt zunächst zum Ausdruck, daß nur auf Grund ausdrücklicher gesetzlicher Bestimmung eine Strafe verhängt werden darf. **Keine Straftat** und **keine Strafe ohne Gesetz,** nullum crimen sine lege, nulla poena sine lege. Schon die allgemeine Fassung: „mit einer Strafe" deutet darauf hin, daß hier eine Vorschrift aufgestellt wird, die allgemein im Deutschen Reich gelten soll, auch für das Landesstrafrecht. Jedoch gilt auch diese nur für das eigentliche Strafrecht, nicht also z. B. für Disziplinarstrafrecht, nicht für Vorschriften des Verfahrens, nicht für Maßregeln, die keine Strafe sind, wie z. B. Einziehung, RGSt. **52** 226, **53** 118. RGSt. in JW. **1933** 1327. Polizeiliche sichernde Maßnahmen können auch in späteren Gesetzen wirksam bei früher begangenen Straftaten angeordnet werden, wenn sie polizeiwidrige Zustände betreffen, die zur Zeit der Geltung der Anordnung noch vorhanden sind. Es handelt sich um einen staats- und verfassungsrechtlichen Grundsatz. Er ist aus der englischen Magna Charta in die amerikanische Petitions of Rights übernommen, hat von da den Eingang in die französische Declaration des droits de l'homme et du citoyen vom 26. VIII. 1789 (nicht zunächst in den code pénal v. 25. IX. 1791) gefunden, wurde ins preußische Allgemeine Landrecht und in eine große Anzahl von Verfassungen deutscher Staaten aufgenommen, und er hat daher mit Recht auch in Art. 116 der neuen RV. v. 11. VIII. 1919 Aufnahme gefunden. Schottländer, Die geschichtliche Entwicklung des Satzes nulla poena sine lege. Strafr. Abh. Heft 132 (1911). Vordem galt in Frankreich wie in Deutschland sowohl für die Feststellung, was Verbrechen sei, als die, wie es bestraft werde, lediglich Gewohnheitsrecht. So noch heute in einzelnen Schweizer Kantonen, wie Uri und Nidwalden, Schweiz Bundesgericht v. 24. I. 1913 im GerS. **1916** **96**. Die Bambergensis und die CCC versuchten zwar hier helfend einzugreifen, lassen aber doch das Gewohnheitsrecht in großem Umfange bestehen. Insbesondere war nach Carpzov jede Strafe eine poena extraordinaria und als solche unbestimmt. Das galt namentlich auch von der Verdachtstrafe. Hierzu kam das willkürliche Begnadigungsrecht, das sich die Gerichte, und das ebenso willkürliche Recht zu strafen, das sich die Fürsten anmaßten. Demgegenüber bedeutet der Grundsatz die **Garantie staatsbürgerlicher Freiheit und Rechtssicherheit,** RGSt. **32** 186. Es gibt keine Rückwirkung eines Strafgesetzes. § 2 Abs. 1 ist die Magna charta der Bürger. Lediglich eine Verstärkung dieser Garantie bedeutet es, wenn weiter gefordert wird, daß die Strafe gesetzlich bestimmt sein müsse, bevor die Handlung begangen wurde. In dieser Fassung fand der Grundsatz Aufnahme im Code pénal v. 12. II. 1810 Art. 4. Das preuß. StGB. von 1851 entnahm ihn daraus in wörtlicher Übersetzung: „Kein Verbrechen, kein Vergehen und keine Übertretung kann mit Strafe belegt werden, die nicht gesetzlich bestimmt war, bevor die Handlung begangen wurde". Von da ist der Grundsatz in dieser Form in das deutsche StGB. übergegangen. Vgl. Schottländer in Lilienthals Abh. Heft 132. Wenn in Art. 116 der neuen RV. gesagt wird: „Eine Handlung kann nur dann mit einer Strafe belegt werden, wenn die Strafbarkeit gesetzlich bestimmt war, bevor die Handlung begangen wurde", so wird damit allerdings dem Wortlaut nach nur gefordert, daß die Handlung überhaupt mit einer Strafe bedroht war, so daß es nicht erforderlich ist, daß sie gerade mit der zur Zeit der Begehung bestehenden bestimmten Strafe schon bedroht war. Es hat aber damit annehmbar keine Änderung des StGB. § 2 Abs. 1 beabsichtigt werden sollen, auch bleibt es bei der Vorschrift des Abs. 2. Dies würde dem allgemeinen Grundsatze des StGB. widersprechen, daß nur die Strafen ausgesprochen werden dürfen, die vor der Begehung einer Handlung angedroht waren, da sie sonst ihre psychologische Wirkung nicht ausüben können. Für diese ist es aber nicht ohne weiteres gleichgültig, welche Strafe, insbes. welche Strafart angedroht ist. Wenn Art. 116 d. RV. daher nur die gesetzliche Bestimmung der Strafbarkeit schlechthin verlangt, so wird damit die Vorschrift in § 2 Abs. 2 der besonderen Art der Androhung der Strafbarkeit nicht ausgeschlossen. v. Hippel ZStRW. **1921** 405, Käckell in ZStRW. **1921** 684, Arndt LZ. **1921** Sp. 201, v. Liszt-Schmidt S. 108; Mittermaier, DStRZ. IX, 226; Frank 20; Olshausen Anm. 3. Dagegen RGSt. **56** 318, **57** 49, 119, **59** 293, wonach Art. 116 RV. den § 2 Abs. 1 abändern soll, insofern ein bestimmter Strafrahmen nicht mehr erfordert werden soll; a. M. dagegen RGSt. **58** 406. Nach E. 19 soll die entsprechende Vorschrift des § 2 Abs. 1 wegfallen mit Rücksicht auf Art. 116 der RV. Begr. zu E. 19 S. 12. Entw. § 1 wiederholt die Vorschrift in Art. 116 der RV. Näheres über die Frage Gerland bei Nipperdey, Grundrechte und Grundpflichten der RV. 1 368 ff., Finger, Strafrecht 426, 439.

2. Neben diesem rein staatsrechtlichen Grundsatz kam im 18. Jahrh. der strafrechtliche Gedanke des **psychologischen Zwangs der Strafandrohung** auf. Hiernach mußte verlangt werden, daß die Strafe vor der Tat angedroht war, damit sie den Verbrecher von ihr abhalten konnte. Mit besonderem Nachdruck vertrat diese Anschauung Feuerbach und von ihm stammt die Formel: „nulla poena sin lege“ — keineswegs ein Satz römischen Rechts. Auch der allgemeine Grundsatz der bloßen Generalprävention des Strafgesetzes forderte, daß das Strafgesetz vor der Tat erlassen war. In der Forderung nach Festlegung der Strafdrohung in einem Gesetz begegnete er sich mit dem staatsrechtlichen Grundsatz. Dabei wird unzulässig die vorbeugende Natur des Gebots und Verbots ohne weiteres auf die Strafdrohung als ihr notwendig anhaftend übertragen.

3. Wenn § 2 fordert, daß die Strafe gesetzlich bestimmt sein muß, wird allerdings die Entstehung von Geboten und Verboten ohne Gesetz, also gewohnheitsrechtlich nicht ausgeschlossen. Da die Strafdrohung aber an eine verbotene Handlung anknüpft, sonach nur solche Gebote für das Strafgesetz in Frage kommen, deren Übertretung mit der Straffolge ausgestattet ist, muß notwendig auch das Gebot oder Verbot im Gesetz, das die Strafe droht, seine Anerkennung gefunden haben, kommen nur Gebote und Verbote in Betracht, auf die ein Gesetz Bezug nimmt. Das eine Strafe androhende **Gesetz** braucht kein konstitutionelles Gesetz im engeren Sinne zu sein, es ist jede geschriebene Rechtsvorschrift, wenn sie von zuständiger Stelle in ordnungsmäßiger Form erlassen wurde, also auch Rechtsverordnung, Polizei- und Verwaltungsverordnung, sofern sie von einer Behörde erlassen sind, die die Befugnis hierzu durch ein Gesetz erhalten hat, RGSt. **44** 35; Binding, Hdb. I S. 230; v. Bar, Ges. u. Schuld I S. 70; v. Liszt, Lehrb. § 18; Meyer-Allfeld S. 71, Seuffert, Strafges. d. Gegenwart 33, 94. Eine gewöhnliche Verwaltungsverordnung i. S. von RV. Art. 77 genügt nicht. Hierher gehören also auch die Verordnungen des Reichspräsidenten auf Grund von Art. 48 Abs. 2 der RV. vom 13. I. 20 (RGBl. 207), RGSt. **55** 117, **56** 161, **58** 269; 3 D 634/24 14. VII. 24. — Das „Gesetz“ kann reichsrechtlich oder landesrechtlich sein. Über die Gültigkeit entscheiden die Verfassungen des Reichs und der Länder. Das Reich kennt nur Gesetze in konstitutioneller Form — nach neuer RV. Art. 68 Abs. 2 ist Gesetz nur das vom Reichstag beschlossene —, keine Strafverordnungen, sofern nicht solche auf Grund besonderer gesetzlicher Ermächtigungen ausnahmsweise zugelassen sind, so § 51 des Konsulargerichtsbarkeitsgesetzes v. 7. IV. 1900 (RGBl. S. 213), das dem Konsul, und § 15 des Schutzgebietsges. v. 25. VII. 1900 (RGBl. S. 812), das dem Reichskanzler und seinem Beauftragten ein Strafverordnungsrecht einräumt; ferner vgl. § 3 des Gesetzes über die Ermächtigung des Bundesrats zu wirtschaftl. Maßnahmen v. 4. VIII. 1914 (RGBl. S. 327), das dem Bundesrat ein Strafverordnungsrecht gab, und BVO. über Kriegsmaßnahmen v. 22. V. 1916 (RGBl. S. 401), in der die Befugnis zum Erlaß von Strafandrohungen auf den Reichskanzler vom BR. übertragen war. Nach der neuen Verfassung kommen als anderweite Form der Gesetzgebung in Betracht die „gesetzlichen Maßnahmen“ auf Grund des Ges. über die vereinfachte Form der Gesetzgebung für die Zwecke der Übergangswirtschaft vom 17. IV. 19 (RGBl. S. 394) u. 3. VIII. 20 (RGBl. S. 1493). — VO. der Reichsregierung über Erlaß von Strafbestimmungen durch das Reichsamt für die wirtschaftliche Demobilmachung v. 27. XI. 18 (RGBl. S. 1339). Der Reichsrat ist nach der RV. kein eigener Faktor der Gesetzgebung, er hat insbes. kein eigenes Recht zum Erlaß von Rechtsverordnungen. Die Verordnungsgewalt übt allein die Regierung durch den jeweils zuständigen Reichsminister aus, RV. Art. 56; Bernstein in JW. 1924, 35, Mende LZ. 1924, 705. Die interalliierte Regierung in Schlesien und im Rheinlande hat kein Recht zur Gesetzgebung, Art. 88 des Friedensvertrags Anl. § 3 Abs. 1; 4 D 1368/20 2. XI. 20 in JW. **1921** 532[3]. Die **Verkündung** mußte für R Ges. nach alter RV. Art. 2 im Reichsgesetzblatt erfolgen, ebenso nach Art. 72 der neuen RV. Das gilt nicht für die ausnahmsweise zugelassenen Rechtsverordnungen RGSt. **55** 115, **56** 177, 338, **57** 88. — Daher hält ROHG. **21** 60 das Eisenbahnpolizeireglement v. 4. I. 1875 § 62, das nur im Zentralbl. f. d. D. R. 1875 S. 75 veröffentlicht ist, für gültig. Jetzt ist maßgebend Ges. über die Verkündung von Rechtsverordnungen v. 13. X. 23 (RGBl. I 959), das mit dem 1. XI. 23 in Kraft getreten ist und auch die früher verkündeten Rechtsverordnungen ergreift. Danach können Rechtsverordnungen im Reichsanzeiger, Zentralbl. f. d. D. R., Deutsch. Reichsanzeiger veröffentlicht werden. Verordnungen auf Grund von RV. Art. 48 können auch in anderer Weise verkündet werden. Ist nichts anderes bestimmt, treten die VO. mit dem auf die Verkündung folgenden Tage in Kraft. — Verordnungen des Reichspräsidenten nach RV. Art. 48 treten im Zweifel sofort mit ihrer Verkündung in Kraft, so z. B. VO. 3. III. 23 (RGBl. I, 159). Hinsichtlich der Verkündung der konsularischen polizeilichen Vorschriften traf § 51 Abs. 3 des Konsulargerichtsbark.-Gesetzes besondere Bestimmung, nicht wegen der dem RK. im Schutzgebietsgesetz übertragenen.

4. Dem Richter steht ein Prüfungsrecht zu a) zunächst in der Richtung, ob der Wille des Gesetzes oder der Rechtsverordnung verfassungsmäßig zustande gekommen ist. Fleischmann, Die materielle Gesetzgebung im Handb. d. Politik von Laband u. a. Bd. I, S. 280. Die meisten freilich meinen, diese verfassungsmäßige Prüfung stehe allein dem Verkündungsorgan zu und damit werde die Nachprüfung durch den Richter ausgeschlossen, Anschütz, Erl. Nr. 2, Friedrichs im Recht **1924** 331; Salinger, Recht **1924** 351, so auch RGZ. **9** 235, **77** 231, **99** 235; RGSt. I v. 29. VI. 08 in SeuffBl. **73** 900; GA. **55** 325; JW. **1916** 596. Das verfassungsmäßige Zustandekommen des gesetzgeberischen Willens ist aber die erste Voraussetzung für die Wirksamkeit und Rechtsverbindlichkeit eines Gesetzes und die Prüfung des Verkündigungsorgans geschieht lediglich, um sich über das Vorliegen seiner Verkündigungspflicht zu vergewissern, hat aber nicht konstitutive Kraft dahin, einen nicht verfassungsmäßig zustandegekommenen, also rechtlich nicht vorhandenen Gesetzeswillen durch seine Anerkennung als einen vorhandenen zu schaffen. Folglich muß sich die Prüfung des Richters auch auf das Zustandekommen erstrecken. Nur das ist zuzugeben, daß die Verkündung des Gesetzeswillens durch das berufene Organ eine starke tatsächliche Präsumtion des richtigen Zustandekommens enthält, der Richter daher in der Regel ohne weiteres davon ausgehen kann, daß einem verkündeten Gesetze auch ein rechtswirksamer, verfassungsmäßig gebildeter Wille zugrunde liegt. Das ganze Prüfungsrecht des Richters beruht darauf, daß er nach GVG. nur dem Gesetz unterworfen ist, er somit Umfang und Inhalt dieses Unterworfenseins festzustellen hat, soweit ihm darin nicht durch anderweitige Gesetze selbst Grenzen gezogen worden sind. Das ist jedenfalls für die Reichsgesetze durch die Reichsverfassung nicht geschehen. Anerkannt wird das richterliche Prüfungsrecht von Simons DRZ. **1924** 419, Görres in JW. **1924** 1564, Mende LZ. **1924** Sp. 705, sowohl für Verordnungen als für Gesetze und jetzt allgemein von den Zivil- u. Strafsenaten des Reichsgerichts: RGZ. **102** 161, **107** 379, auch schon **5** 334; RGSt. **55** 246, **56** 177, **57** 86; 1 D 1759/21 2. II. 22; 2 D 272/24 24. III. 24, Meyer-Allfeld 73, Köhler 79, Olshausen Anm. 6. Namentlich ist auch zu prüfen, ob der Unterschied von Ausführungsverordnung RV. Art. 77, und Durchführungsverordnung genügend beachtet wird. Die Ausführungsverordnung muß sich innerhalb des vom delegierenden Gesetzes geschaffenen Rahmens halten, darf diesen nicht überschreiten. Sie hat nur den Zweck, die Gesetzesvorschrift auf den Lebensvorgang anwendbar zu machen. Die Durchführungsverordnung dagegen kann Lücken ausfüllen und die im Gesetz nur grundsätzlich umschriebenen Tatbestände genauer abgrenzen. Lassar, Reichs- u. VerwBl. **1932** 828, Hensel, Steuerrecht **1927** S. 36. Auch die Durchführungsverordnung aber darf ohne ausdrückliche Ermächtigung des Gesetzgebers eine Gesetzesbestimmung selbst nicht ändern, sie kann sie nur ergänzen und erläutern, RGSt. **22** 48; RGZ. **56** 376; **72** 257; **107** 315; **136** 433; **137** 150. Vgl. auch Loewenstein in JW. **1933** 220. Wo in einzelnen Landesverfassungen für die Landesgesetze eine Beschränkung des richterlichen Prüfungsrechts erfolgt ist, ist der Richter allerdings, wie an alle Gesetze, so auch an diese gesetzliche Beschränkung gebunden. b) Ferner hat der Richter zu prüfen, ob die Ausfertigung und Verkündung des Gesetzeswillens verfassungsmäßig erfolgt ist. Denn erst durch eine rechtswirksame Erklärung wird der Rechtswille für die ihm Unterworfenen verbindlich. c) Endlich hat der Richter zu prüfen, ob der verfassungsmäßig gebildete und verfassungsmäßig erklärte Gesetzeswille Rechtswirkung hat, weil er sich im Rahmen seiner Zuständigkeit hält, insbesondere ob ein Reichs- oder Landesgesetz **nach der RV. zulässig** ist. RV. Art. 13. Über die erheblichen Zweifel über das bayr. Gesetz v. 12. VII. 1919 über die Volksgerichte z. B. vgl. u. a. Lunglmayer in Ztschr. f. Rechtspfl. in Bayern **1919** 437, Mayer LZ. **1920** 8. Ein verfassungswidriges Gesetz darf vom Richter nicht angewendet werden. Triepel, Arch. f. ö. R. **39** 536, Bühler, DJZ. **1921** Sp. 580 ff., Schack, Die Prüfung der Rechtmäßigkeit von Ges. u. VO. (1918) S. 253, Rosin, Das Polizeiverordnungsrecht in Preußen (1895) S. 280, Mayer-Anschütz, Lehrb. d. dtsch. Staatsrechts 7. Aufl. S. 745, Laband, Das Staatsrecht des Deutschen Reichs, 5. Aufl. Bd. 2, 107. Auch RGSt. **34** 126, 357, **35** 277, **36** 421, 1 D 729/21 12. XII. 21, RGZ. **37** 240, **48** 205, **64** 187, **103** 93 Verhandlungen im Verfassungsausschuß der Nationalversammlung 39. Sitzg. 6. VI. 19 S. 483—486.

Die Frage, ob die Sicherheit und Ordnung gefährdet ist und ob die getroffenen Maßnahmen zur Wiederherstellung der öffentlichen Sicherheit und Ordnung nötig oder zweckmäßig sind, entzieht sich der Nachprüfung des Richters bei Anordnungen des Reichspräsidenten gemäß **RV. Art. 48.** Dagegen erstreckt sich das Prüfungsrecht darauf, ob die Anordnungen des Reichspräsidenten nach ihrer Art die öffentliche Sicherheit und Ordnung berühren und geeignet sind, zu ihrer Wiederherstellung beizutragen oder ob die Befugnis des Art. 48 mißbraucht wird, RGSt. **55** 115; **56** 163, 189, 420; **57** 384; **58** 271, 362; **59** 30, 44, 188; **65** 364; **66** 256. Staatsgerichtshof in RGZ. **134** Anh. S. 21, 43; **137** S. 65. — Die Aufzählung der verfassungsmäßigen Grundrechte in RV. Art. 48 Abs. 2, die der Reichspräsident vorübergehend außer Kraft setzen kann, ist erschöpfend. Eine darüber hinausgehende Außerkraftsetzung ist ein Mißbrauch. Das gilt namentlich von der Verletzung wohlerworbener, in der Verfassung garantierter Rechte. Vgl. hierzu Siegert in LZ. 1932 Sp. 939 ff. und die dort angeführte Literatur. — Das RG. ist aber hier leider viel zu nachsichtig. So fehlen z. B. für die Zugabeverordnung alle Voraussetzungen der RV. Art. 48. Insbesondere ist bei einer auf Grund von RV. Art. 48 erteilten Ermächtigung an die Reichsregierung geboten, zu prüfen, inwieweit sie nach dem Inhalt der Diktaturbefugnisse zulässig ist und ob die nach der Ermächtigung erlassenen Verordnungen sich im Rahmen dieser Diktaturbefugnisse halten. Lassar, Reichs- u. preuß. VerwBl. 1932 S. 824. Auch über die Frage, ob der Richter offenbar ungerechte Gesetze oder Verordnungen anwenden muß, sind Zweifel entstanden. Verneint von Goldschmidt in JW. **1924** 245; Smoschewer DRZ. **1924** 218. Zurzeit ist die Frage jedenfalls noch zu bejahen. Dagegen Jellinek in DJZ. **1921** Sp. 753. — Zweifel entstanden namentlich über die Rechtsgültigkeit der ersten Anordnungen der **Revolutionsregierung,** besonders des „Aufrufs des Rats der Volksbeauftragten an das deutsche Volk" v. 12. XI. 1918 (RGBl. S. 1303) sowie der verschiedenen Amnestien. Die Rechtsgültigkeit dieser Anordnungen ist vom RG. anerkannt worden, RGSt. **53** 39, 52, 65, **54** 4, 87, 149, 152; RGZ. **100** 26 ff.; vgl. hierüber außerdem Hase, Revolution und Recht, SächsArch. **1919** 129; Karsten, Gesetzgebungsrecht des Rats der Volksbeauftragten, DJZ. **1919** 254; v. Liszt, Die Rückwirkung der Novemberrevolution auf Strafrecht und Strafverfahren, JW. **1918** 845; Saenger, Die Revolution als Rechtsquelle, Recht u. Wirtschaft **1919** 26; Schwalb, Das Gesetzgebungsrecht der revolutionären Reichsregierung, DJZ. **1919** 281; Conrad, Das RG. und die Amnestieerlasse der Volksbeauftragten, DJZ. **1919** 334, 489, 661. Neben dem vorgen. „Aufruf" v. 12. XI. 18 kommen in Betracht die Anordnungen des Demobilmachungsamts v. 13. XI. 18, RGSt. **57** 88; das Gesetz über die vorläufige Reichsgewalt v. 10. II. 19 (RGBl. S. 109) und das Übergangsges. v. 4. III. 19 (RGBl. S. 285). Durch letzteres ist insbesondere in § 1 verordnet, daß die bisherigen Gesetze und Verordnungen des Reichs bis auf weiteres in Kraft bleiben, soweit ihnen nicht das Gesetz v. 10. II. 1919 entgegensteht. Damit ist auch von nun ab die rechtliche Grundlage des Aufrufs v. 12. XI. 18 außer Zweifel gestellt. Vorher war er jedoch nur verbindlich, soweit die Macht der „Volksbeauftragten" anerkannt wurde, was z. B. in Bayern nicht sogleich der Fall war. Dort erlangte der Aufruf vielmehr erst Rechtsgeltung mit der Einführung durch die Regierung des Volksstaates Bayern in der VO. über die Niederschlagung von Strafverfahren vom 16. XII. 18 (Bayr. Staatsanz. Nr. 293 v. 17. XII. 18). Erst mit dem 17. XII. 18 ist der Aufruf der Volksbeauftragten v. 12. XI. 18 in Bayern in Kraft getreten, Bayr. ObLG. 15. III. 19, Bayr. Ztschr. f. Rechtspfl. **19** 214. In Preußen und Sachsen wurde der Aufruf dagegen sofort als rechtsverbindlich anerkannt, Schlayer, StRZ. **1919** 5. Die sofortige Geltung für Württemberg ist bejaht vom RGSt. **53** 52; vgl. ferner Waldecker in JW. **1918** 745, Anschütz S. 751, Baum S. 752, Heilberg JW. **1919** 8, Paulin LZ. **1919** 346, Zorn DJZ. **1919** 126. Den örtlichen Arbeiter- und Soldatenräten kommt irgendwelche Gesetzgebungsbefugnis nicht zu, sie haben nur vorübergehend die vollziehende Gewalt gehabt, RGZ. **100** 27 und sind schließlich nur Kontrollorgane, keine Behörden. Kneisner, Die rechtliche Stellung der Arbeiter- und Soldatenräte, HansGZ. **1919** Beil 147; Bredt, Preuß. Verw.-Bl. **40** 489.

5. Das Gesetz gilt so, wie es **erklärt** ist, d. h. in der Ausfertigung der Originalurkunde. Diese ist zu veröffentlichen. Ob die Verkündung ordnungsgemäß ist, haben ebenfalls die Gerichte zu prüfen. Schack in JW. **1922** 82. Auch ob der gedruckte Ausgabetag mit dem wirklichen, allein maßgebenden, übereinstimmt, BayObLG. II 387/21 v. 21. XII. 21 u. DJZ. **1922** Sp. 136. Die bei der Veröffentlichung wider den Text der Originalurkunde laufenden Druckfehler haben keine rechtliche Wirkung, sind vom Richter ohne weiteres zu berichtigen und können auch vom Drucker oder Herausgeber des Gesetzblattes berichtigt werden. Eine besondere Form hierfür ist nicht vorgeschrieben, 3 D 205/17 2. VII. 17; RGSt. **51** 135; KG. 28. IX. 17 in DJZ. **1917** 969 — nur muß erkennbar sein, daß ein wirklicher Fehler beim Druck vorliegt und vom Drucker oder Herausgeber der Druckschrift berichtigt werden soll. Ist der Irrtum bereits in der Originalurkunde vorhanden, muß der diese Ausfertigende auch die Berichtigung erklären. Liegt dagegen eine irrige Erklärung seitens des Publikationsorgans im Hinblick auf das vom Gesetzgeber Gewollte und Beschlossene vor, ein fehlerhafter Ausdruck (Redaktionsversehen), so gilt nach der gem. Meinung das vom Publikationsorgan Sanktionierte und Verkündete. Solchenfalls ist aber dieses Organ allein berechtigt, die irrige Erklärung richtigzustellen und das vom Gesetzgeber Gewollte durch eine neue Verkündung des richtigen Textes zu berichtigen. RGSt. **40** 196. Nicht bedarf es hierzu der Mitwirkung des beschließenden Gesetzgebers. Nach anderen liegt überhaupt kein verbindliches Gesetz vor (Liepmann-Merkel, Verbrechen und Strafe S. 358). Liegt dagegen sogar ein Irrtum im Willen vor, so gilt das Gewollte und Verkündete, bis es durch ein neues Gesetz abgeändert worden ist. Gegen diese Regeln wird leider von altersher vom Reichsgesetzgeber verstoßen, in besonderem Maße bei den Kriegsnotverordnungen; vgl. Lobe, „Berichtigungen" in DJZ. **1916** 606 ff. — Staub DJZ. **1895** 334; Fleischmann, Der Weg der Gesetzgebung in Preußen, 1898, S. 98. — Binding, Hdb. I S. 458, Liszt S. 91, Meyer-Allf. S. 74, Sontag, Die Redaktionsversehen des Gesetzgebers, 1874. Breit, Über die Grenzen zulässiger Redaktionsversehen LZ. **1924** Sp. 506; Hermann Müller, Zur Lehre von den Fehlern im Gesetzgebungsverfahren (1924). Auch ob der Stichtag der Veröffentlichung stimmt, ist nachzuprüfen, BayObLG. u. JW. **1922** 914; Hanswerner Müller, Zur Lehre von den Fehlern im Gesetzgebungsverfahren (Diss. 1924). Verschieden von den Berichtigungen eines Gesetzes ist die authentische Interpretation eines Gesetzes durch den Gesetzgeber selbst. Über Befugnis des Bundesrats hierzu 4 D 279/15 v. 19. II. 15 in StRZ. **1916** 177.

6. Das Erfordernis, daß die Strafe gesetzlich bestimmt sein müsse, bedeutet vor allem den **Ausschluß des Gewohnheitsrechtes,** denn diesem Zwecke soll die Vorschrift gerade dienen. Arndt, LZ. **1921** Sp. 210. Beling, Rechtswissenschaft (1923) S. 38 und ZStRW. **44** 231. Der Grundsatz ist keineswegs in allen Kulturstaaten schon durchgeführt. So z. B. nicht im schweizer Kanton Uri, GerS. **1916** 96, wie das schweiz. Bundesgericht v. 24. I. 1913 bezeugt. Ebenso in Nidwalden. Der Ausschluß der rechtsbildenden Kraft der Gewohnheit geht aber nur soweit, als diese nicht Handlungen zu verbotenen und strafbaren stempeln kann, die das Gesetz straflos läßt, und nicht Strafarten und Strafmaße zur Geltung bringen kann, die dem Gesetze fremd sind. Wo das Gesetz dagegen Handlungen mit Strafe belegt und verbietet, die sich gegen ein Rechtsgut richten, dessen Bestand oder Nichtbestand vom Gewohnheitsrecht bestimmt wird, wie z. B. das Jagdrecht auf wilde Kaninchen im früheren Herzogtum Sachsen-Altenburg, RGSt. **46** 111, oder Vorschriften auf anderen Rechtsgebieten zur Ergänzung heranzieht, die auf Gewohnheitsrecht beruhen, oder Begriffe verwendet, die nach Gewohnheitsrecht auszudeuten sind, wie etwa „unzüchtige Handlung" so steht dessen Geltung nichts entgegen. Frank S. 21. Das Gewohnheitsrecht gilt häufig auch zur Begründung von besonderen Befugnissen, die vom Recht Anerkennung finden und insoweit dann zur Verneinung der Rechtswidrigkeit führen, also nicht Inhalt der Verbote oder Gebote der Strafgesetze sind. RGSt. **59** 406.

Verschieden hiervon ist die von § 2 gar nicht betroffene Frage, ob das Gewohnheitsrecht die Kraft hat, ein Strafgesetz aufzuheben. Sie ist bestritten und wird von Binding Hdb. I 210, Hälschner I S. 85, Finger I S. 111, Frank 21, Gerland 67, Meyer-Allf. 71, v. Bar 71, v. Bar I 13, Gerland 67 bejaht, von Berner 254, v. Holtzendorff HH. I 18, v. Lilienthal 10, Olshausen Anm. 5 u. a. verneint. Die Frage, die an sich zu bejahen ist, ist praktisch nicht besonders von Bedeutung für das Reich, da ein Reichsgewohnheitsrecht, das dem Gesetzesrecht widerspricht, nur schwer entstehen kann. Immerhin ist Frank 21 zuzugeben, daß auch heute noch gewohnheitsrechtlich Rechtfertigungsgründe entstehen können. Das wird namentlich dort von Bedeutung, wo das Gesetz durch den Gebrauch von Komplexbegriffen auf gewohnheitsrechtlich bestimmte Tatbestandsmerkmale Bezug nimmt; RGSt. **46** 108. Ein tatsächlicher Brauch, dem die oberstrichterliche Rechtsprechung entgegensteht, kann kein Gewohnheitsrecht mit gesetzaufhebender Kraft erzeugen, da er nicht auf einer allgemeinen Rechtsüberzeugung beruht, RGSt. **58** 9. Zu unterscheiden hiervon sind völkerrechtliche Bildungen, die neben dem innerstaatlichen Gewohnheitsrecht entstehen, Oetker, Kriegsgebrauch und Strafrecht in GerS. **1917** 403. Eine nur örtliche Gewöhnung reicht aber nicht aus. Dagegen ist eine Aufhebung des Landesstrafrechts durch ein Landesgewohnheitsrecht leichter möglich und kann namentlich dort eintreten, wo abweichende allgemeine strafrechtliche Grundsätze im Landesrecht bestehen.

7. Die Vorschrift bedeutet ferner den **Ausschluß der Analogie**; RGSt. **2** 257, **3** 152, **29** 116, **32** 185, **56** 168, **62** 372; aber ebenfalls nur insoweit, als es unstatthaft ist, auf sie einen im Gesetz nicht enthaltenen Strafanspruch zu gründen, zu schärfen, wohl aber ist es zulässig, ihn zu mildern oder auszuschließen (Liepmann-Merkel S. 365). Analogie ist von Auslegung zu unterscheiden. Frank 21, Binding 1, 221; Kohler, Leitfaden 20, Gerland 68. — Die **Auslegung** erforscht den Gesetzeswillen innerhalb des gesetzlichen Rahmens der Vorschrift, sie will den wahren Willen (nicht des Gesetzgebers, sondern der objektiven Norm) gegenüber seinem unvollkommenen Wortlaut feststellen, den im Gesetz mehr oder weniger zum Ausdruck gelangten Grundsatz. Der klare Wortlaut schließt eine ihm nicht entsprechende Auslegung nur dann aus, OLG. Dresden 6. XII. 1916, StRZ. **1917** 240, wenn er einen vernünftigen Sinn umfaßt und anzunehmen ist, daß gerade ihn auch der Gesetzgeber damit verbunden hat. Mit Rücksicht auf die Motive des Gesetzgebers darf der Vorschrift keine mit dem Wortlaut unvereinbarliche Ausdehnung gegeben werden. Der Grundsatz: „in dubio mitius„ ist aber nicht aus § 2 Abs. 1 zu entnehmen, wie er denn überhaupt kein Rechtsgrundsatz ist, RGSt. **62** 372; v. Hippel 2, 38. A. M. Gerland S. 68. Die **Analogie** dagegen dehnt die gesetzliche Vorschrift über ihren Rahmen hinaus auf einen vom Gesetz nicht geregelten, aber rechtsähnlichen Fall aus, weil der der Vorschrift zugrunde liegende gesetzgeberische Zweck auch für diesen Fall zutrifft, RGSt. **3** 152. Vgl. J. Kohler, Recht und Gesetz im Arch. f. R. u. Wirtschaftsphilos. Bd. XI S. 1. Der Unterschied ist bei der Entwendung von Elektrizität ersichtlich. Würde angenommen werden können, der Ausdruck „Sache" in StGB. § 242 wäre nur ein unvollkommener Ausdruck für „Gegenstand" und begriffe in sich auch Unkörperliches und Energien, so bedeutete dies eine Auslegung, die die unmittelbare Anwendung des StGB. § 242 auf Elektrizitätsentziehung möglich machte, diese läge innerhalb des Rahmens jenes Gesetzes. Ist aber der Ausdruck Sache als die Bezeichnung für eine lediglich körperliche Sache zu verstehen, so würde die Anwendung der für die Entwendung körperlicher Sachen gegebenen

Vorschrift des StGB. § 242 auf nicht körperliche Gegenstände außer dem Rahmen dieser Vorschrift liegen, nur stattfinden, weil ein rechtsähnlicher Fall vorliegt, es müßte also zuvor dem StGB. § 242 ein anderer ihm zur Zeit nicht innewohnender Inhalt gegeben werden. Dann läge Analogie vor. RGSt. **32** 165. Bedenklich die Annahme bloßer Auslegung, RGSt. **9** 131. Vgl. hierzu RGes. 9. IV. 1900. Erblickt man freilich wieder nach der neueren wissenschaftlichen Auffassung in den elektrischen Jonen etwas Körperliches, so wäre die Anwendung von § 242 unmittelbar möglich gewesen. Soweit die Analogie nicht dazu verwendet wird, vom Gesetz straflos gelassene Handlungen wegen der Rechtsähnlichkeit mit strafbaren, gleichfalls unter Strafe zu stellen, ist im übrigen auch im Strafrecht die Analogie ebenso unentbehrlich, wie auf allen übrigen Rechtsgebieten, Binding, Hdb. I 213 ff., v. Liszt 90, v. Lilienthal 12, besonders Eick, Analogie im Strafrecht 35 ff., Hepp, Die Analogie in den verschiedenen Richtungen ihrer Anwendbarkeit auf dem Gebiete des Strafrechts, im Arch. d. Crim. R. 1846 S. 100 ff. Auch vom RG. verschiedentlich anerkannt, so bei StGB. § 73 für gleichartige Idealkonkurrenz, RGSt. **2** 257, **56** 168. Mit Unrecht geleugnet für die Strafausschließungsgründe von RGSt. **2** 269. Insbesondere ist nicht am Wortlaut schlechthin zu haften, wenn seine Anwendung zu unbefriedigenden Ergebnissen führt, zu willkürlichen Unterscheidungen oder offenbaren Unbilligkeiten, die dem Gesetzgeber als gewollt nicht zuzutrauen sind. In solchen Fällen hat auch das Reichsgericht kein Bedenken getragen, über den ungenauen Wortlaut sich hinwegzusetzen, so bei § 184; vgl. RGSt. **9** 295, **11** 282; bei § 368 Nr. 10 Rspr. **3** 354, **7** 596; RGSt. **55** 8; bei § 136 Nr. 5d Vereinszollges. RGSt. **5** 72; bei § 9 Sprengstoffges. RGSt. **13** 37; bei § 3 Waffenverordn. RGSt. **55** 8; bei § 5 Abs. 2 Ges. v. 9. IV. 20 1 D 447/21 6. X. 21. — Keine „Analogie" liegt vor, wenn das Gesetz selbst auf in ihm bezeichnete ähnliche Begriffe verweist, wie z. B. in § 48 u. § 223 a. Hier handelt es sich um Auslegung, nicht um Ausdehnung der Vorschrift durch entsprechende Anwendung. An die sog. **authentische Interpretation**, die der Gesetzgeber selbst vornimmt, ist jedoch der Richter selbst wie an ein Gesetz gebunden, und zwar wirkt diese dann auch rückwärts, RGSt. **54** 17. Eine bloße Auslegungsregel findet sich in § 1 der Reichsabgabenordnung: „Bei Auslegung der Steuergesetze sind ihr Zweck, ihre wirtschaftliche Bedeutung und die Entwicklung der Verhältnisse zu berücksichtigen".

8. Die Vorschrift bedeutet weiter den **Ausschluß unbestimmter Strafen**, wie z. B. nach preuß. VO. v. 8. VII. 1844 „langjährige Zuchthausstrafe" androht. Wir finden diese Strafe jetzt wieder bei der nach ihrem Umfang nicht bestimmten Geldstrafe, wie sie vielfach angedroht wird, z. B. Preistreiberei-VO. 13. VII. 23, Ges. z. Schutz d. Rep. v. 21. VII. 21, Reichsabgabenordn. § 359, dem Notges. v. 24. II. 23 und vielen VO. des Reichspräsidenten, z. B. VO. 15. IX. 23. Zweifellos verstößt das gegen § 2 des StGB., aber das Reich kann sich eben über diese Vorschrift durch spätere hinwegsetzen, nicht so das Landesrecht. Das aber muß jedenfalls verlangt werden, daß die Geldstrafe in ihrem Höchstmaß tatsächlich und rechtlich dort ihre Grenze findet, wo sie zur Konfiskation des ganzen Vermögens werden würde. Denn eine solche kennt das Gesetz nicht. Vgl. übrigens hierzu Hellwig, Das Geldstrafengesetz (1924) S. 44. — Geschichtlich ist der Richter das ursprüngliche und natürliche Organ der Rechtsgemeinschaft zur Bestimmung der Art und des Maßes ihres Strafanspruchs; Rosenfeld, Die richterliche Strafzumessung in Vergl. Darst. III S. 98; Lobe, Gutachten für 32. DJurTag Bd. I S. 132 ff. Die infolge Friedlosigkeit freigewordene Rache des Verletzten wie das dem verletzten Gott zu bringende Opfer gingen ursprünglich auf Tötung des Missetäters. Alle anderen allmählich an ihre Stelle tretenden Strafarten sind nur Abwandlungen, Abmilderungen dieser ursprünglich einzigen Verbrechensfolge, vorgenommen durch den Richter, der anstatt dem Verhängen der absoluten Strafen, dem „Richten nach Recht", die gemilderten Strafen in dem „Richten nach Gnade" einführte, insbesondere die sogen. „spiegelnden Strafen". Das dem Richter eingeräumte Recht führte aber durch seine willkürliche Handhabung zu schweren Mißständen, und um ihnen abzuhelfen, schickte sich die erstarkende Staatsgewalt zum Erlaß von Gesetzen über die Strafzufügung an. Hierbei blieb man sich aber bewußt, daß eine völlige Regelung der Strafansprüche durch das Gesetz unmöglich sei. Den Ausgleich für die notwendige Richterfreiheit einerseits, die wegen der gerechten Beurteilung des einzelnen Falls bleiben mußte, und der Rechtssicherheit anderseits brachten die **relativen Strafbestimmungen**. Sie stecken die Grenze ab für die Geltung des Gesetzes und be-

zeichnen den Raum, in dem der Richter nach wie vor seine ihm ursprünglich frei zustehende Strafzumessungstätigkeit ausüben kann. Es geschieht das in der Weise, daß dem Richter entweder nur eine Strafart mit Angabe des Mindestmaßes und des Höchstmaßes, oder zwei oder mehrere Strafarten, deren Rahmen je wieder nach Mindest- und Höchststrafe abgegrenzt ist, zur Verfügung gestellt werden. Kein Ausgleich zwischen den beiden Gewalten des Richters und des Gesetzgebers, sondern ein Verdrängen des ersteren zugunsten des letzteren ist dort, wo das Gesetz eine **absolute Strafe** androht. Umgekehrt schlägt E. 19 § 116 und Entwurf § 76 einen völligen Verzicht auf gesetzliche Regelung vor, indem er in Fällen, die der Richter für besonders leicht erachtet, ihm anheimgibt, nicht nur wie, sondern auch ob gestraft werden soll. Vgl. Begr. z. Entw. v. 1909 S. 321; Lobe a. a. O. S. 154, 155. Das geltende StGB. kennt eine solche Freiheit des Richters nur bei § 199, § 233. In der Regel wird die Todesstrafe nach § 211 als absolute Strafe bezeichnet. Es ist aber neben ihr nach dem Ermessen des Richters nach § 32 Verlust der bürgerlichen Ehrenrechte zulässig. Zu den absolut bestimmten Geldstrafen gehört auch die Androhung eines Vielfachen eines bestimmten Grundwertes oder eines bestimmten Teils, wie z. B. in § 145a; vgl. Anm. 5 zu § 1. § 27 Abs. 2 soll nach Schäfer JRdsch. **1925** 108 auch für solche Strafdrohungen ein Höchstmaß gebracht haben. Eine Unbestimmtheit des Mindestmaßes der Geldstrafe liegt auch dann nicht vor, wenn, wie z. B. in § 33 des Kriegssteuergesetzes vom 21. VI. 16 (RGBl. 561) als Mindeststrafe schlechthin „Geldstrafe" angedroht ist, da deren Bezifferung sich aus § 27 StGB. als mit 3 Mark ergibt, RGSt. **52** 343.

Die Landesgesetzgebung hat etwaige unbestimmte Strafandrohungen ihrer in EG. § 8 auferlegten Pflicht gemäß abzuändern. Soweit dies nicht geschehen ist, ist die Strafdrohung nach § 2 unwirksam geworden.

9. Bloße **völkerrechtliche Vereinbarungen** ersetzen ein die Angehörigen des Staates unmittelbar bindendes Gesetz noch nicht. Es genügt daher die Übernahme einer völkerrechtlichen Verpflichtung, gewisse Handlungen mit Strafe zu belegen, nicht, es muß diese Verpflichtung in Erlaß eines Gesetzes, das die Staatsangehörigen bindet, betätigt werden. Auch die Zustimmung des Reichstags zum Abschluß der völkerrechtlichen Vereinbarung und die Verkündung dieser Zustimmung bedeutet noch nicht den Erlaß eines solchen Gesetzes. Vgl. hierzu auch Frank, Über Neutralitätsgesetze (1921) 14; u. Komment. S. 21, wo dies für möglich erklärt wird. Ferner Wegener, Kriminelles Unrecht (1925); Rütler, ZStW. **49** 451.

10. Die Vorschrift bedeutet endlich, daß eine bloß irrtümlich als verbotswidrig angenommene Handlung, die in Wahrheit einem Verbote nicht zuwiderläuft, straflos ist. Hierher gehören die Fälle des **Wahnverbrechens**, des sog. Mangels am Tatbestand und des untauglichen Versuchs. Der Irrtum über das Bestehen eines Verbots vermag dessen Vorhandensein nicht zu ersetzen. Geyer GerS. **1866** 59, Binding, Umgek. Irrtum, GerS. **1917** 186.

Absatz 1.

II. Die Vorschrift trifft ferner Bestimmungen über die **zeitliche Geltung der Strafgesetze,** d. h. inwieweit sie Handlungen ergreifen, die innerhalb ihrer Geltungsdauer begangen werden. Das zur Zeit der Begehung geltende Gesetz bestimmt die Strafbarkeit der Handlung. RGSt. **65** 37. Wenn § 2 sagt, bevor die Handlung begangen wurde, so will er damit als selbstverständlich voraussetzen, daß das Strafgesetz auch bei der Handlung noch gelte. Auf bürgerlich-rechtliche Folgen bezieht sich die Vorschrift nicht. Insoweit kann z. B. auch Höchstpreisen rückwirkende Kraft beigelegt werden, RGZ. **93** 316, **94** 283, **99** 122.

1. Absatz 1 bestimmt, daß grundsätzlich nur die Gesetze Anwendung finden auf Handlungen, die **während,** nicht aber vor oder nach ihrer Geltung **begangen** sind, er bestimmt die **Unzulässigkeit der rückwirkenden Kraft.** Frank S. 23.

Jedes Strafgesetz besteht aus einem Verbot oder Gebot und einer Strafdrohung wider die Zuwiderhandlung dieser Befehle, die zugleich die Grundlage für die Entstehung des staatlichen Strafanspruchs im Falle der Zuwiderhandlung bildet. Die Verbote und Gebote richten sich lediglich an die der Botmäßigkeit Unterworfenen und erst durch sie wird jetzt die Möglichkeit einer strafbaren Tat geschaffen. Derjenige Bestandteil eines Strafgesetzes, der in Geboten oder Verboten besteht, muß sonach schon begrifflich vor der Handlung, die mit Strafe belegt werden soll, liegen, da vordem keine verbotene Handlung und somit keine strafwürdige Handlung vorhanden sein kann. — Über frühere andere Auffassungen in der geschichtlichen Entwicklung v. Bar, Gesetz und Schuld I S. 61. Nicht ebenso begrifflich notwendig ist, daß auch die Strafdrohung gegen die Zuwiderhandlung des Verbots vor der Begehung der Handlung liegt, auch die Strafe hierfür schon vorher bestimmt ist. Abs. 2 beweist selbst die Möglichkeit, daß die Strafe erst nach Begehung der Handlung bestimmt werden kann. Aber sowohl vom Gesichtspunkt staatsbürgerlicher Garantie aus, als wegen der Möglichkeit psychischer Einwirkung einer Strafdrohung auf den Täter, ist im StGB. positiv angeordnet, daß auch die Strafe vor der Begehung der Handlung gesetzlich bestimmt gewesen sein müsse, Liepmann ZStRW. **32** 587. Deshalb sind auch erst nach der Begehung der Handlung erlassene Strafschärfungen nicht anzuwenden. Frank S. 23. Ausnahmsweise wird in § 1 des Ges. über Verhängung und Vollzug der Todesstrafe v. 29. III. 1933 (RGBl. I 151) der Strafschärfung des § 5 der VO. des Reichspräs. z. Schutz von Volk und Staat v. 28. II. 33 (RGBl. I 83) rückwirkende Kraft beigelegt. Das Ges. ist rechtswirksam, da es auf der Grundlage des Ges. z. Behebung der Not von Volk und Reich, vom 24. II. 33 (RGBl. I 141) erlassen worden ist, das in Art. 2 ermächtigt, auch von der Reichsverfassung abzuweichen. Über die Bedeutung von Art. 116 der neuen RV. s. oben I 1. Auch von diesem Grundsatze macht freilich die VO. v. 6. II. 24 über Vermögensstrafen und Bußen in Art. XIV Abs. 4 (wie schon das Geldstrafengesetz v. 13. X. 23 Art. VII) eine Ausnahme, indem es bestimmt: „Die durch Art. I—IV, VIII, XIII und Abs. 3 dieses Artikels bestimmten Strafrahmen gelten auch bei Taten, die vor dem Inkrafttreten dieser Verordnung begangen sind. Die Verordnung ist am 1. III. 24 in Kraft getreten, da das RGBl. am 23. II. 24 ausgegeben worden ist, vgl. hierzu Art. XIV Abs. 4 der VO. — Die hier bestimmte Rückwirkung beseitigt jedoch nicht das Verbot der reformatio in peius, 3 D 1274/23 14. II. 24. Schiller verneint wegen des Verstoßes gegen den Grundsatz des § 2 Abs. 1 die Rechtsgültigkeit der Rückwirkung, JW. **1924** 1705. Es muß aber dem Gesetzgeber das Recht zugestanden werden, Abänderungen zu treffen. Gegen RV. Art. 116 verstoßen sie nicht, da die Strafbarkeit der Taten schon vorlag. Wenn die Entstehung von Geboten und Verboten mit der Entstehung der Strafandrohung zeitlich auseinanderfällt, wie es z. B. bei den sog. Blankettstrafgesetzen geschehen kann, muß daher die Handlung, um straffällig zu werden, sowohl vor dem Gesetz, das die Strafdrohung enthält, als vor demjenigen, das das Verbot ausspricht, begangen sein. Eigenartig liegt der Fall, wenn die Berechnung der Strafe von außerstrafrechtlichen Bestimmungen (z. B. einem Finanzgesetz) abhängig gemacht wird, dieses aber erst nach der Begehung der Handlung (Steuerhinterziehung) erlassen wird, vgl. RGSt. **52** 194. Dagegen RGSt. **52** 341.

2. Daß das zur Zeit der Begehung der Handlung geltende Strafgesetz in seinen beiden Bestandteilen, Verbot und Strafdrohung, darüber hinaus auch noch zur Zeit des Urteils in Kraft stehen müsse, wird in § 2 Abs. 1 nicht verlangt. Das Gegenteil erhellt auch aus Abs. 2, wonach das Gesetz außer Kraft getreten sein kann und dennoch vom Richter angewendet werden muß, falls es das mildeste im Verhältnis zu einem jüngeren Gesetze ist. A. M. Binding Hdb. I S. 245 in Widerspruch mit S. 250. Aus dem bloßen Umstand, daß das Strafgesetz nachmals außer Kraft getreten ist, sei es, weil es selbst von vornherein seine Geltungsdauer befristet hat, sei es, weil es aufgehoben worden ist, ohne durch ein neues ersetzt zu werden, sei es, weil es durch ein späteres Gesetz abgeändert worden ist, folgt daher für sich allein noch nicht, daß die unter seiner Geltung begangenen Handlungen nicht gemäß der für ihre Übertretung erlassenen Strafdrohung mit Strafe belegt werden können. Im Gegenteil ist mit der Zuwiderhandlung ein Strafanspruch des Staats nach der damals geltenden Strafsatzung entstanden, der seiner richterlichen Feststellung und Verwirklichung harrt. Es kann sich daher nur fragen, ob aus anderen Gründen als dem des Wegfalls des Strafgesetzes der schon entstandene Strafanspruch unter Umständen in Wegfall zu kommen hat. Diese Fälle bedeuten dann keine Ausnahme von der Regel der Anwendbarkeit des kraftlos gewordenen Gesetzes, sondern stellen selbständige, unabhängige Gründe für den Wegfall des Strafanspruchs dar. — In § 2 wird nur der eine Fall des Wegfalls der Gültigkeit des Gesetzes, nämlich der infolge Abänderung durch ein neues Gesetz erwähnt, Abs. 2. Der E. 19 § 6 Abs. 3 behandelte auch den Fall, daß das Gesetz bis zur Aburteilung wegfällt, ohne durch ein neues ersetzt zu werden. Für diesen Fall stellte er jedoch als Regel auf, daß die Strafbarkeit erlischt und läßt nur als Ausnahme seine Gültigkeit zu. Der Entwurf § 3 erwähnt diesen Fall nicht besonders. Ändert sich in einem neuen, an die Stelle eines alten Strafgesetzes tretenden Strafgesetz nicht der Inhalt des Verbots, sondern nur die Benennung der verbotenen Handlung, wie § 219 a. F. Lohnabtreibung, § 218 Abs. 2 u. 4 (RGes. v. 18. V. 1926, RGBl. I, 239), gewerbsmäßige Abtreibung, so liegt ein Tatbestand vor, der sowohl nach dem Rechte zur Zeit der Tat, als nach dem Rechte zur Zeit der Aburteilung derselben Strafschärfung und demselben Verbot unterstand. Die Anwendung des Gesetzes in der neuen Fassung verstößt dann nicht gegen § 2 Abs. 1, RGSt. **60** 363.

3. Eine erst nach dem Urteil erfolgte Außerkraftsetzung des Gesetzes ist stets ohne Einfluß. Dahingehende Anträge sind auch in der Kommission für den Entwurf StGB. abgelehnt worden. Vgl. aber RGes. v. 21. XII. 21 (RGBl. 1604) § 10 Abs. 2.

4. Die Entscheidung, ob eine Handlung während der Geltung eines Strafgesetzes **begangen** ist, hängt ab zunächst einmal von der Bestimmung des **Zeitpunktes**, zu dem das Strafgesetz **in Kraft getreten** ist, und zu dem es **außer Kraft getreten** ist.

Über das **Inkrafttreten** des **StGB.** vgl. zu EG. § 1. Im übrigen beginnt die verbindliche Kraft der Reichsgesetze nach alter RV. Art. 2 und neuer RV. Art. 71 mit dem **14.** Tage nach dem Ablauf desjenigen Tages, an dem das RGBl. in Berlin **ausgegeben** worden ist. Maßgebend ist lediglich der Tag, an dem tatsächlich das RGBl. ausgegeben ist, nicht der aufgedruckte Ausgabevermerk. Den Gerichten steht es frei, zu prüfen, ob beide übereinstimmen. II 387/21 v. 1. XII. 21, BayObLG. in DJZ. **1922** Sp. 136. Daher ist amtliche Ermittelung, ob nicht die Ausgabe an einem späteren Tage erfolgt sei, zulässig, 1 D 135/23 9. III. 23. Diese Vorschrift bezieht sich aber nur auf Gesetze im formellen Sinn, die unter Mitwirkung der Volksvertretung zustande gekommen sind, nicht auf Rechtsverordnungen, die von einem Organe der Reichsregierung erlassen sind, wie z. B. die ReichspräsidentenVO. auf Grund von Art. 48 Abs. 2 der Verfassung, RGSt. **55** 119. Nach Düttmann, ArbVers. **1919** 72 u. 136 soll die **Frist** des Art. 2 der alten RV. auch für den Aufruf der Volksbeauftragten vom 12. XI. 18 gelten. Demgegenüber muß aber als der zwar nicht ausgedrückte, aber erkennbare Wille der Volksbeauftragten angenommen werden, daß die mit Gesetzeskraft in ihm getroffenen Anordnungen sofort mit der Verkündung in Kraft treten sollten, nicht erst nach 14 Tagen. Das gilt namentlich für die Amnestie. In der späteren VO. v. 3. XII. 18 ist dann auch ausdrücklich gesagt, daß sie mit dem Tage der Verkündung in Kraft treten solle. In den Konsulargerichtsbezirken galten besondere Fristen nach § 30 des Konsularges. vom 7. IV. 00. Diese Fristen finden entsprechende Anwendung in den Schutzgebieten nach § 3 des Ges. v. 10. IX. 00. Während anfänglich für Rechtsverordnungen jede Art ihrer Kundgebung genügte, mit der eine allgemeine Kenntnisnahme herbeigeführt werden konnte, RGSt. **59** 196, hat das RGes. v. 3. X. 23 (RGBl. I 959) in § 1 Abs. 3 hierüber bestimmte Vorschriften erlassen. Diese müssen, namentlich auch die nach Art. 48 RV., im RGBl. oder im Ztrblatt f. d. D. Reich oder im Reichsanzeiger veröffentlicht werden. Die VO. kann jedoch selbst eine abweichende Verkündungsart anordnen, z. B. Verbreitung durch das Wolffsche Telegraphenbüro, RGSt. **53** 1553. Im Gesetze selbst kann aber auch ein anderer, **früherer oder späterer Zeitpunkt** des Inkrafttretens bestimmt werden, z. B. schon der „Tag der Verkündung". Hier ist bestritten, ob das Gesetz oder die Verordnung am Beginn des Tages, an dem die Ausgabe des RGBl. in Berlin erfolgt, am Ende dieses Tages oder im Moment der Ausgabe in Kraft tritt. Vgl. hierüber näher Engelmann, LZ. **1917** 98, der den Beginn des Tages entscheiden läßt. Ebenso RGZ. **91** 339. Nach der Regel des BGB. § 187 Abs. 1, die zugleich eine allgemeine Verkehrsregel enthält, von der abzuweichen triftige Gründe vorliegen müssen, RGSt. **35** 40, tritt jedoch die Wirkung der an einem Tage erfolgenden Verkündung erst mit dem Ablauf des Tages ein. So auch RGSt. **15** 200, a. M. RGSt. **57** 51. Der gesetzgeberische Gedanke, daß jedermann mindestens die allgemeine Möglichkeit haben soll, ein Gesetz zu kennen, RGSt. **56** 337, hat reichsrechtlich auch im Ges. über die Konsulargerichtsbarkeit Ausdruck gefunden, wonach die Gesetze in der Regel erst nach einem längeren, ihren Verkehrsverhältnissen angepaßten Zeitraume in

Kraft treten, RGSt. **57** 406. Darum ist es gewiß nicht richtig, wenn RGSt. **51** 405, **57** 404 sagt: der Umstand, daß der Täter das Gesetz nicht kennen konnte, steht der Anwendbarkeit nicht entgegen. Die Annahme des Grundsatzes in BGB. § 187 kommt deshalb dem Bedürfnis am besten entgegen. Wollte man das Inkrafttreten schon mit dem Beginn des Tages annehmen, obwohl vielleicht erst in den Nachmittagsstunden die Ausgabe des RGBl. erfolgt, so würde für die Vormittagsstunden eine Rückwirkung vorliegen, die dem Grundsatz des § 2 Abs. 1 widerspricht und deutlicher zum Ausdruck gebracht werden müßte, zumal es sich um ein Strafgesetz handelt. 1 D 135/23 9. III. 23 nimmt deshalb an, daß die Tageszeit, zu der die Ausgabe beginnt, der entsprechende Zeitpunkt sei. Ebenso RGSt. **56** 412, **57** 49, **58** 405; 6 a D 541/22 19. X. 22 (VO. v. 1. II. 22 betr. RGBl. vom 1. II. 22 ist mittags 12 Uhr in Berlin ausgegeben, von diesem Augenblick an gilt erst VO.). Auch die Rückwirkung des RGes. betr. Bestrafung von Zuwiderhandlungen gegen das österr.-ung. Zollges. v. 17. VII. 1881, verkündet am 26. VII. 1881, das sich vom 1. VII. 1881 ab verbindliche Kraft beilegt, enthält eine Rückwirkung nur hinsichtlich der Strafdrohung, nicht des ihr zugrunde liegenden Verbots, das in § 12 des Zollkartells mit diesem am 1. VII. 1881 in Kraft getreten ist, Binding Hdb. I S. 227, 249. Dagegen geht RGZ. VI. 2. X. 05 in JW. **1905** 730 Nr. 27 davon aus, daß das mit dem Tage der Verkündung, d. 9. VI. 05, in Kraft getretene RGes. betr. Änderung der ZPO. v. 5. VI. 05 (RGBl. S. 536) vom Beginn des 9. VI. 05 ab gilt, u. 5 D 450/18 vom 3. VII. 18 nimmt das allgemein an. Es kommt sogar vor, daß für das Inkrafttreten des Verbots ein früherer Zeitpunkt festgesetzt wird, als für die Strafdrohung wegen der Zuwiderhandlungen gegen das Verbot, so z. B. Bek. v. 13. XI. **15** über Goldausfuhr. Jedenfalls muß verlangt werden, daß der Zeitpunkt, an dem ein Gesetz in Kraft treten soll, genau und unzweideutig angegeben wird. Mit Recht tadelt Kitzinger in JW. **1924** 1553[17] die Unbestimmtheit einer Verordnung, die erklärt: „als Verkündung gilt die Verbreitung durch das Wolffsche Telegraphenbüro und die Veröffentlichung in der Presse“. Nach 4 D 244/24 1. IV. 24 JW. **1924** 1553[17] sei die VO. in Kraft getreten, sobald die früheste der drei Verkündungsarten erfolgt sei. Das ist sehr weitherzig. Diese Ansicht bedarf aber einer notwendigen Einschränkung: RV. Art. 71 beruht auf dem Gedanken, daß jedermann wenigstens die allgemeine Möglichkeit haben soll, ein Gesetz bei seinem Inkrafttreten zu kennen, RGSt. **56** 337; die in RGSt. **57** 407 dagegen aufgeführten Gründe sind durchaus abzulehnen. Der Satz: „Nur das gesetzwidrige Verhalten muß schuldhaft sein, nicht das Begehen einer Gesetzwidrigkeit“ ist überdies unverständlich. Im **besetzten Gebiete** treten die deutschen Gesetze mit dem nach deutschem Recht zu bestimmenden Zeitpunkt in Kraft. Hieran hat der Waffenstillstandsvertrag vom 11. Nov. 18, auf Grund dessen die Besetzung erfolgt ist, und Art. 3a des Rheinlandabkommens als Zusatz zum Friedensvertrag von Versailles vom 28. VI. 1919 (RGBl. S. 687, 1337) nichts geändert. Auch die besetzten Gebiete, insbesondere auch das Saarbeckengebiet, gehören rechtlich zum Deutschen Reich und es gelten dort die für das Deutsche Reich erlassenen Gesetze vom Zeitpunkt ihres allgemeinen Inkrafttretens an. Insbesondere liegt keine occupatio bellicosa vor, so daß auch die Bestimmungen der Haager Konvention nicht anwendbar sind. Allerdings bestimmt die VO. 1 der interalliierten Rheinlandkommission vom 10. Januar 1920 in Art. 7 und 8, daß die Gesetze des Deutschen Reichs der Kommission zur Prüfung vorzulegen seien, bevor sie in den besetzten Gebieten in Vollzug gesetzt werden. Der Rheinlandkommission kommt aber hiernach nur ein Einspruchsrecht, nicht ein Genehmigungsrecht zu. Das Einspruchsrecht hemmt nicht das Inkrafttreten des Gesetzes als solches, sondern nur dessen Invollzugsetzung. Wann es in Kraft tritt, bestimmt sich ausschließlich nach deutschem Recht. Während der Prüfungszeit durch die Kommission bleibt daher auch nur die Vollziehung, nicht das Inkrafttreten suspendiert, und mit dem Ablauf der Prüfungszeit ohne Einspruch tritt nunmehr ohne weiteres auch die Vollziehbarkeit des bereits vorher in Kraft getretenen Gesetzes ein. Einer Deklaration oder Veröffentlichung bedarf es in dieser Hinsicht nicht erst, von einer rückwirkenden Kraft ist überhaupt keine Rede, RGSt. **56** 194 und 1 D 291/21 v. 14. XI. 21, 5 D 1962/20 v. 27. V. 21 in DJZ. **1922** Sp. 61; 1 D 191/24 28. III. 24. Vgl. auch Vogels in DJZ. **1921** Sp. 398, Klefisch, Die Gesetzgebung im besetzten Gebiete, JW. **1924** 687, Bube JW. **1924** 655, Killy, Recht **1924** 304, Kuban DJZ. **1924** 622. Unzutreffend Wunderer in LZ. **1921** Sp. 3 der Nachr. in Nr. 9. Sind die Behörden des besetzten

Gebietes an der Anwendung eines Reichsgesetzes, das an Stelle eines andern Gesetzes getreten ist, durch die herrschenden Machtverhältnisse tatsächlich gehindert, so haben sie die alten Gesetze dann weiter anzuwenden, wenn der Wille des Gesetzgebers offensichtlich dahin gegangen ist, die Aufhebung der früheren Vorschriften von der Möglichkeit der Anwendung der neuen Vorschriften abhängig zu machen, RGSt. **58** 218. Frank S. 23 befürwortet auch dann die Anwendung des neuen Gesetzes.

Der Zeitpunkt des **Außerkrafttretens** kann im Gesetze selbst von vornherein bestimmt sein, so z. B. bei RGes. über den Erlaß von Verordnungen für die Zwecke der Übergangswirtschaft vom 6. II. 21 (RGBl. S. 139) und Ges. v. 3. VIII. 20 (RGBl. S. 1493), Ges. z. Abänderung des Mieterschutzges. v. 29. VI. 1926 mit seinen zahlreichen Verlängerungen, zuletzt durch 4. NotVO. des Reichspräs. v. 8. XII. 31 bis 1. IV. 33 und dann nochmals aufs Unbestimmte. Die Bestimmung kann auch auf den zeitlich unbestimmten Eintritt eines Ereignisses abgestellt sein, wie § 2 des Ermächtigungsges. v. 13. X. 23 „beim Wechsel der derzeitigen Reichsregierung". Derartige Unsicherheiten sind aber immer bedenklich, so daß Streit darüber entstanden ist, wann dieser Wechsel eingetreten sei, Vorchheimer JW. **1924** 1241. Es kann auch einem Dritten die Ermächtigung erteilt werden, den Zeitpunkt des Außerkrafttretens zu bestimmen. Letzteres häufig in den Kriegsgesetzen und Verordnungen, die dem Kaiser, dem BR. oder RK. die Befugnis einräumen, diesen Zeitpunkt zu bestimmen. Soweit die Befugnis dem Kaiser übertragen war, muß angenommen werden, daß diese nunmehr auf die Reichsregierung übergegangen ist; soweit sie dem Bundesrat übertragen war, ist an dessen Stelle jedoch nicht der Reichsrat nach Art. 60 der neuen RV., sondern ebenfalls die Reichsregierung nach Art. 52 getreten. Etwas Gegenteiliges muß ausdrücklich bestimmt werden, so z. B. VO. über Änderung des Ges. betr. Höchstpreise v. 17. I. 20 (RGBl. 94), wo in Art. III der „Bundesrat" durch den „Reichsrat" ersetzt wird. Teils Erstreckungen, teils Aufhebungen bestehender Kriegsverordnungen bringen VO. über Aufhebung von Kriegsmaßnahmen v. 11. I. 20 (RGBl. 23) auf Grund von § 27 Abs. 1 des Ausf.-Ges. z. Friedensvertrag v. 31. III. 19 (RGBl. 1530) und die beigefügte Anlage zu Art. 1. — VO. über das Inkraftbleiben kriegswirtschaftlicher Bestimmungen nach Beendigung des Krieges, v. 22. XII. 19 (RGBl. 2138), — VO. über Ausdehnung einzelner Vorschriften für die Kriegswirtschaft auf die Übergangswirtschaft v. 12. II. 20 (RGBl. 230 und Art. III der VO. zur Ausführung des Notges. v. 13. VII. 23 (RGBl. I 699) betrifft Ausdehnung der VO. v. 18. I. 17). In Art. II. dieser VO. werden 22 Gesetze und Verordnungen der Kriegs- und Nachkriegswirtschaft aufgehoben. Die Außerkraftsetzung kann ferner ausdrücklich oder stillschweigend durch ein späteres Gesetz erfolgen, so wenn dieses dieselbe „Materie" neu regelt. Das gilt sowohl für die späteren Reichsgesetze gegenüber den früheren und dem StGB. und immer für das RGes. gegenüber einem Landesgesetz, nicht umgekehrt, RV. Art. 13 Abs. 1. So hat § 49a des Mieterschutzges. den § 4 der PreistrVO. noch vor der Aufhebung dieser ganzen VO. selbst aufgehoben, RGSt. **61** 132.

Sodann kommt es darauf an, daß ein Tatbestand vollständig, wie ihn das Strafgesetz vorsieht, durch Handlungen innerhalb der Geltungsdauer des Gesetzes verwirklicht worden ist. RV. Art. 116. Wie es sich verhält, wenn das Strafgesetz erst während der Ausführung der Handlung in Kraft tritt oder vor vollständiger Verwirklichung des verbotenen Tatbestandes außer Kraft tritt oder sonst ein Wechsel der Gesetzgebung stattfindet, darüber sagt das Gesetz nichts. Abs. 2 behandelt nur den Fall, daß nach Begehung der abgeschlossenen Handlung ein Wechsel in der Gesetzgebung stattfindet. Auch Entw. § 2 sagt: „Die Strafe bestimmt sich nach dem Gesetz, das zur Zeit der Tat gilt." Handlung im Sinne von § 2 ist die Verwirklichung des verbotenen Tatbestandes, des Delikts, die nur das persönliche Tätigwerden darunter begreifen. Den Umfang dieses Tatbestandes und somit den Ausschnitt der ihn verursachenden Handlung bestimmt das Gesetz. Hiernach ist jedenfalls zunächst nur eine Handlung Tatbestandsmerkmal und der innere Zustand des Willens, der als Entschluß oder Vorsatz bezeichnet wird, nur insoweit, als er sich in einer anderen Tätigkeit verwirklicht, nicht aber bereits vorher und für sich allein. Daraus folgt, daß zur Zeit der Entschlußfassung das Verbot mit seiner Strafdrohung noch nicht in Geltung zu sein brauchte, sondern erst dann, wenn sich der gefaßte Entschluß durch die zentrale Innervation auf die motorischen Nerven in deren Erregung auslöst und so zur Ursache einer körperlichen Tätigkeit wird, in ein vorsätzliches, willentliches Tun verwandelt. Denn bis dahin steht die Änderung des gefaßten Entschlusses und somit seine Nichtverwirklichung dahin. Diese Verwirklichung aber kann geraume Zeit nach der Entschlußfassung erfolgen. Binding, Umgek. Irrt. S. 269 ff. In der Regel erfolgt nun die Verwirklichung des objektiven Tatbestandes des Delikts allmählich durch eine Reihe von Tätigkeitsakten, deren jeder der Auslösung durch Innervation als Ausfluß des vorgefaßten Entschlusses bedarf. Von diesen sind diejenigen, die die Verursachung nach der Auffassung des Strafgesetzes nur vorbereiten, die **Vorbereitungshandlungen**, straflos, sofern nicht aus ihnen eine selbständige Straftat gebildet wird, wie namentlich häufig durch die Kriegswuchergesetzgebung geschehen ist, oder sie in die Strafdrohung für die fortgeschrittene Handlung ausdrücklich einbezogen worden sind. Es braucht hiernach auch zur Zeit der Begehung von Vorbereitungshandlungen für die Verwirklichung eines Tatbestandes das Gesetz, das diesen verbietet und strafbar erklärt, noch nicht in Geltung gewesen zu sein. Vgl. auch Kitzinger, Ort u. Zeit der Handlung in VglDarst. I S. 188. Hat dagegen bereits der „Anfang der Ausführung der Verwirklichung eines verbotenen Tatbestandes im Sinne von StGB. § 43 begonnen, so kann diese die **Versuchsstrafe** hierfür nur dann treffen, wenn **bei Beginn der Ausführung** das Strafgesetz schon in Geltung war. Andernfalls kann natürlich der Versuch zugleich den selbständigen Tatbestand eines andern Delikts verwirklichen. Ist zu dieser Zeit das Strafgesetz noch nicht in Geltung gewesen, aber zur Geltung gekommen, noch bevor die Ausführungshandlung zur Vollendung gekommen ist und diese Vollendung erst infolge eines unter seiner Herrschaft begangenen weiteren Tätigkeitsaktes eingetreten, so ist auch die Vollursache erst während seiner Geltungsdauer gesetzt und auf die vollendete Verwirklichung des Tatbestandes das ihn treffende Gesetz anzuwenden, Rspr. **2** 210, RGSt. **2** 337. Das gilt auch für die Fälle der **fortgesetzten Delikte, der Zustands-, Dauer-** oder **Kollektivdelikte**, sofern sie sich in allen ihren Deliktsmerkmalen noch während der Geltungsdauer des Strafgesetzes verwirklichen. Dabei sind aber diejenigen Tätigkeitsakte, die **vor dem strafrechtlichen Verbot begangen** wurden, als Deliktsverwirklichungen und auch für die Strafzumessung **auszuscheiden** und nur diejenigen zur Verwirklichung des strafbaren Tatbestandes zu verwerten, die innerhalb der Geltungszeit fallen, RGSt. **35** 288, **43** 357, **44** 278; Köhler 112, Olshausen Anm. 8. Dasselbe gilt für die gewerbs- und gewohnheitsmäßigen Vergehen. 3 D 4793/00 v. 24. I. 01. Wie aber bereits abgeurteilte, verjährte, im Ausland begangene Tätigkeitsakte zum Nachweise dafür herangezogen werden können, daß eine jetzt in Frage stehende Handlung gewohnheitsmäßig, d. h. unter dem ausgebildeten Hange der Wiederholung, oder gewerbsmäßig, d. h. mit der Absicht, aus dem fortgesetzten Betriebe sich eine Erwerbsquelle zu schaffen, begangen ist, also von gewisser Art sei, so können auch Handlungen, die vor der Geltungszeit des Gesetzes liegen und noch unverboten waren, als Beweisgründe dafür verwendet werden, daß die in die Geltungszeit fallende Handlung aus dem Hang der Gewohnheit oder in der Absicht der Gewerbsmäßigkeit begangen wurde. So für Gewerbsmäßigkeit auch RGSt. **5** 369; a. M. Binding, Hdb. II S. 249, dagegen ohne ausreichenden Grund geleugnet dort von RG. für Gewohnheitsmäßigkeit bei Wucher. StGB. § 302d setzt nur voraus, daß der Tatbestand des § 302 wiederholt und gewohnheitsmäßig verwirklicht worden ist, nicht, daß die früheren Handlungen, die die Gewohnheitsmäßigkeit herstellen, verboten waren. Der Begriff des Wuchers ist nicht vom Verbotensein abhängig. Wie RG. aber auch Bar S. 83, wie hier dagegen auch Frank. Tritt dagegen das Gesetz erst in Geltung, nachdem der zur Verursachung dienende letzte Tätigkeitsakt geschehen ist, also erst nachdem dieser durch die Innervation der motorischen Nerven hervorgerufen wurde, so fällt das Setzen der Ursache, das durch das Gesetz verboten ist, nicht in seine Geltungszeit, und ein etwa später innerhalb der Geltungszeit eintretender **Erfolg** als Wirkung der gesetzten Ursache reicht nicht aus, die Anwendung des Gesetzes zu begründen. RGSt. **57** 195. Ebenso Frank S. 23. Ein Mörder, der am 24. XII. 1870 sein Opfer in Dresden tödlich verwundet hätte, würde daher nicht, wie Binding, Handb. I S. 247 will, nach § 211 mit dem Tode zu bestrafen gewesen sein, wenn sein Opfer erst im Januar 1871 gestorben wäre, obgleich vordem schon der Mord verboten war. Denn § 2 setzt voraus, daß vor der Begehung der Handlung auch die Strafe angedroht gewesen sein muß. Zur Begehung der Handlung gehört aber vor allem auch das Setzen der Vollursache für den Erfolg, nicht nur der spätere Eintritt des Erfolgs infolge des Fortwirkens der Ursache in weiterem Ablauf der Kausalreihe. Eine andere Frage ist, ob durch das nach dem bisher unverbotenen Setzen der Ursache erlassene Verbot, einen bestimmten Erfolg herbeizuführen, für den Täter nicht eine Unterlassungspflicht begründet wird, derzufolge er nunmehr gehalten ist, der von ihm schuldlos gesetzten Ursache entgegenzuwirken. Dies ist zu bejahen; so auch Amtl. Entwurf § 27 Abs. 2, der aber im RTA. gestrichen wurde. Läßt er dem ursächlichen Verlauf seinen Fortgang, während er in ihn eingreifen und den Erfolg abwenden konnte, so liegt nun ein schuldhaftes Unterlassen vor, das dem Handeln gleichkommt. Wäre es also dem Täter, der seinem Opfer am 24. XII. 1870 eine Wunde beibrachte, die bei ihrem Fortbestehen tödlich wirkte, — etwa durch Verbluten — möglich gewesen, nach dem 1. I. 1871 den Tod durch Gegenmaßregeln, etwa Unterbinden der Wunden, wieder abzuwenden, so würde dann allerdings die Strafe des § 211 wegen der Unterlassung einsetzen können, da diese eine Mitursache des Todes bildete, die während der Geltungsdauer des Gesetzes gesetzt worden ist.

Handelt es sich um ein sog. zweiaktiges Delikt, einen strafbaren Tatbestand, der aus zwei Begehungshandlungen zusammengesetzt ist, wie z. B. die Urkundenfälschung aus der falschen Anfertigung der Urkunde und dem Gebrauchmachen, StGB. § 267, Bankerutt nach KO. § 210 Nr. 3 aus unterlassener Bilanzziehung und Zahlungseinstellung, so muß der Anfang der Ausführung beider Tatbestandsteile innerhalb der Geltungsdauer des Gesetzes erfolgen, vor der Ausführung beider das Verbot und die Strafe gesetzlich bestimmt sein, vgl. auch RGSt. **3** 351. Wäre bei der Anfertigung einer falschen Urkunde nur diese Anfertigung, nicht auch ihr Gebrauchmachen, verboten gewesen, so würde die Anfertigung, auch nicht den Anfang der Ausführung einer Urkundenfälschung im Sinne von § 267 bedeuten; ebensowenig, wenn nicht die Anfertigung, sondern nur das Gebrauchmachen verboten gewesen wäre. Letzterenfalls könnte nur § 270 in Frage kommen, RGSt. **4** 69, wenn es sich um Anfang der Ausführung des Gebrauchmachens handelt. Wäre das Anfertigen einer falschen Urkunde noch unverboten gewesen und das Verbot erst nach der Anfertigung, aber vor dem Gebrauchmachen der Urkunde erlassen worden, so könnte dieses Anfertigen nicht hinterher in den Tatbestand des § 267 einbezogen und auch dieserhalb Strafe verhängt werden, Bar 81, Kitzinger a. a. O. 190.

Verschieden von der Verwirklichung zweiaktiger Delikte ist die Ausführung eines einaktigen Delikts, die sich innerhalb einer gewissen Zeitdauer vollzieht. Die Straftat wird nach ihrem Umfang und Inhalt vom Gesetz bestimmt. In § 367 Nr. 9 wird das bloße Mitsichführen von Schußwaffen verboten. In diesem Mitsichführen vollendet und verwirklicht sich also schon insoweit ein verbotener Tatbestand; nach § 367 Nr. 8 wird das Schießen unter den dort bezeichneten Umständen verboten, es tritt also eine weitere Verwirklichung eines neuen verbotenen Tatbestandes hinzu; nach § 223a wird die Zufügung einer Körperverletzung durch dieses Schießen bestraft, wenn sie gewollt war, und nach § 226, wenn die Körperverletzung den Tod zur weiteren Folge hatte, dieser aber nicht gewollt war; dagegen nach § 211, wenn auch der Tod gewollt war. Zuweilen kann also der Eintritt eines gewissen Erfolges zum Tatbestande gehören, ohne zugleich zur verbotenen Handlung selbst zu gehören, zuweilen besteht das Handeln aber gerade in der Herbeiführung des bestimmten Erfolgs. Während in § 367 Nr. 8 das bloße Schießen die verbotene Straftat ausmacht, besteht die verbotene Tätigkeit des § 223a nicht im Schießen, sondern in der durch das Schießen verursachten Körperverletzung. Das Schießen also muß den Erfolg einer Körperverletzung gehabt haben, um zu der in § 223 a verbotenen Handlung zu werden. Der weitere Erfolg des Todes kann dann Bestandteil der Straftat des § 226 werden, ohne zugleich Bestandteil der verbotenen Tätigkeit zu sein, dagegen wird der Tod als Erfolg des Schießens auch Bestandteil der Tötungs-Tätigkeit, wenn der Erfolg gewollt war und die Herbeiführung dieses Erfolges den Gegenstand des Verbots bildet, wie es in § 211 geschehen ist. Der Umfang der Handlung also richtet sich nach dem Umfang des Willens. Soweit dieser die von ihm angestoßene und ausgelöste Kette der Verursachung umfaßt, liegt eine Verwirklichung dieses Willens und somit eine Handlung vor. Der Umfang des Verbots aber wird vom Gesetz festgesetzt. In welchem Umfange der Gesetzgeber diesen vom Willen umfaßten Verwirklichungsvorgang zur Bildung einer Straftat verwerten will, steht bei ihm. Soweit er ihn aber umfaßt und daher seine Verwirklichung verbietet, soweit muß auch dieses Verbot mit seiner Strafdrohung vor Beginn der Verwirklichung erlassen sein. Bestände zur Zeit, da der Täter den Entschluß faßt, einen bestimmten Menschen zu erschießen und in Ausführung dieses Entschlusses zunächst ein Schießgewehr der in § 367 Nr. 9 erwähnten Art an sich nimmt, nur dieses Verbot, so würde er trotz Tötungsvorsatzes und späterer Verwirklichung dieses Willens durch die Tötung doch nur wegen der durch § 367 Nr. 9 verbotenen Handlung, die sich als Vorbereitungshandlung für die Tötung darstellte, bestraft werden können. Geht der Täter weiter in der Ausführung seines Entschlusses und schießt auf den Menschen, so würde, falls zu dieser Zeit noch kein Verbot der Körperverletzung oder Tötung bestünde, trotz dem weitergehenden Vorsatz der Tötung nur Bestrafung aus § 367 Nr. 8 erfolgen können; bestünde nur das Verbot der Körperverletzung, so würde nur wegen dieser, bestünde bereits das schärfere Gesetz des § 226, so würde nach diesem, und erst wenn schon bei Beginn der Ausführung der Tötung, beim Schießen, auch das Verbot des § 211 in Kraft gewesen wäre, würde das Schießen als vorsätzliche Tötungshandlung in Betracht kommen können.

Es muß also bei der Ausführung zur Verwirklichung eines vorgesetzten Erfolges das diesen Erfolg herbeizuführen verbietende und mit Strafe bedrohende Gesetz bereits erlassen sein. Nur soweit die Tätigkeit als dienend zur Verwirklichung eines bestimmten Erfolgs verboten und mit Strafe bedroht ist, ist sie Zuwiderhandlung gegen das Verbot, ist sie Unbotmäßigkeit, die Strafe nach sich zieht.

III. **Wechsel der Gesetzgebung zwischen Handlung und Erfolg.** Wie der Beginn der Handlung, so muß auch das **Ende der Handlung** in das zeitliche Geltungsgebiet des Gesetzes fallen. Hierzu gehört, daß der zum Tatbestand des Deliktes gehörige Erfolg ebenfalls noch innerhalb dieser Geltungszeit eingetreten ist, Binding I S. 246; a. M. Beling S. 106 und Kitzinger, Ort und Zeit der Handlung, Vergl. Darst. I S. 188, Olshausen, die lediglich genügen lassen, daß die zu dem einzelnen Verbrechenstatbestand erforderliche Tätigkeit, nicht aber der zur Erfüllung des gesamten Tatbestands gehörige Erfolg in diese Zeit fällt. Dagegen ist zu sagen, daß ebensowenig, wie eine Handlung, die bei Beginn straflos war, hinterher Strafe nach sich ziehen kann, wenn sie einen Erfolg zeitigte, der später vom Gesetz verpönt wird, v. Bar S. 81, eine Handlung strafbar bleiben kann, die zwar bei Beginn strafbar war, aber vor ihrem Erfolg straflos gelassen wird; denn strafbar und verboten ist eine Handlung immer nur um des durch sie verursachten Erfolgs willen, der die rechtlich zu schützenden Güter verletzt oder gefährdet. Wird die Handlung, nachdem sie die Ursache für einen Erfolg gesetzt hat, der ursprünglich rechtlich mißbilligt wurde, bevor dieser Erfolg eingetreten ist, erlaubt, weil der Erfolg rechtlich nicht mehr mißbilligt wird, so kann die den Erfolg setzende Handlung nicht einmal mehr als Versuch einer strafbaren Tat angesehen werden. Es fehlt an einem Gesetz, das Strafe bestimmt, bevor die Handlung, d. i. Verwirklichung des vollen Tatbestandes, begangen wurde, es sei denn, daß das Unternehmen oder der Versuch als selbständiges Delikt ausgestaltet worden ist. Daher bleibt ein vor der Aufhebung des § 80, § 81 begangener Mordversuch an sich nach § 2 Abs. 1 strafbar (von Abs. 2 abgesehen), dasselbe gilt von § 82, § 83. Vgl. auch Ges. z. Schutze der Republik v. 21. VII. 22 (RGBl. I 585) §§ 1, 7. Wenn dagegen unter der Geltung einer Höchstpreisverordnung etwa durch Abschicken einer schriftlichen Preisforderung, die die Höchstpreise übersteigt, ein Anfang der Ausführung (Versuch) der Höchstpreisüberschreitung begangen ist, so würde auch dann kein strafbarer Versuch vorliegen, wenn dieser an sich strafbar wäre, sofern der Erfolg nicht mehr unter der Herrschaft des Gesetzes eingetreten ist.

Für **fortgesetzte Handlungen** und **Kollektivdelikte** hat ein **Wegfall des Gesetzes vor deren Beendigung** jedoch nicht den Erfolg, daß nun das ganze Delikt — trotz seiner Einheitlichkeit — straflos wird, sondern nur, daß der Fortsetzungszusammenhang und die Kollektivtätigkeit eben bloß noch soweit in Betracht kommen, als sie in die Geltungszeit des Gesetzes fallen, RGSt. **43** 355, **44** 278; JW. **18** 232. Möglich ist es, daß damit die juristische Natur sich ändern kann, ebensogut kann sie aber dieselbe bleiben. In bezug auf Lohnabtreibung nach § 219 a. F. und ihr Verhältnis zu gewerbsmäßiger Abtreibung nach § 218 Abs. 2 und 4 n. F. vgl. RGSt. **60** 263. So kann ein fortgesetzter Diebstahl von Sachen, deren Aneignung im Laufe der Tätigkeit straflos gelassen wird, nicht mehr als Versuch nach § 242, sondern als fortgesetzte Entwendung nach § 370 Nr. 5 angesehen werden müssen. Eine **Änderung** des Gesetzes während der Ausübung führt dazu, zwischen den Tätigkeitsakten zu trennen, die vor und die nach dem Inkrafttreten des späteren Gesetzes begangen sind. Sofern eine Gesetzesänderung in den Normen stattfindet, wird damit überhaupt die Einheit des Delikts unmöglich gemacht, da eine einzige fortgesetzte Handlung, die eine Zuwiderhandlung gegen zeitlich verschiedene Normen darstellt, ausgeschlossen ist, RGSt. **47** 203, 399. Nur sofern die Norm dieselbe bleibt und nur die Strafdrohung wechselt, kann ein fortgesetztes oder Kollektivdelikt unter zwei zeitlich verschiedene Gesetze fallen. Allgemein wird angenommen, daß solchenfalls das bei dem **letzten Akt** des fortgesetzten Delikts oder des Kollektivdelikts geltende Gesetz für die ganze Handlung entscheidend sei, RGSt. **43** 355, **50** 348, **51** 174, **54** 318, **56** 56; 3 D 4793/00 24. I. 01; 1 D 1873/20 7. XII. 21; 1 D 1280/21 27. VI. 22. Hiergegen aber mit Recht Silberschmidt ZStRW. **22** 58, Bülow GerS. **59** 179; RGSt. **10** 203, **15** 370, **20** 226, **38** 387, **40** 355, **44** 278. Dabei wird der Abschluß einer Tat unzulässig dem Begehen der Tat gleichgestellt und außer acht gelassen, daß vorher tatsächlich ein Begehen stattgefunden hat. Da die ganze Tätigkeit als Einheit angesehen wird, und deshalb nur ein Gesetz zur Anwendung kommt, sind richtiger die Grundsätze der Gesetzeskonkurrenz entsprechend anzuwenden und die Tätigkeit — unter Ausscheidung der nicht unter das Gesetz fallenden — nach dem schwersten Gesetz zu beurteilen. Das braucht aber nicht dasjenige zu sein, bei dem die Tat zum Abschluß kommt. Die Strafe für den Teil der (einheitlichen) Handlung, die das schwerste Gesetz verhängt, absorbiert die geringere Strafe für den andern Teil der fortgesetzten oder kollektiven Handlung. Die für diese Tat angedrohte Strafe ist aber als Strafzumessung zu berücksichtigen, also anders, als wenn er völlig straflos bisher gewesen war.

Absatz 2.

IV. **Wechsel der Gesetzgebung nach begangener Handlung (einschließlich des Erfolgs), aber vor erfolgter Aburteilung durch den Tatrichter.** Der Wechsel kann eintreten hinsichtlich der Gebote und Verbote oder nur hinsichtlich der auf ihre Zuwiderhandlungen angedrohten Strafen und zwar sowohl dadurch, daß neue Vorschriften erlassen werden, als daß lediglich alte wegfallen. § 2 Abs. 2 erwähnt nur den ersten Fall, ebenso Amtl. Entw. § 2 Abs. 2, der Grundsatz ist aber auf den letzteren Fall entsprechend anzuwenden. Im E. 19 § 6 Abs. 3 wurde dieser Fall ausdrücklich hervorgehoben und bestimmt: „Fällt das Gesetz bis zur Aburteilung weg, erlischt die Strafbarkeit." Selbstverständlich ist die erste Voraussetzung für die Anwendbarkeit des § 2 Abs. 2, daß es sich um völlig gleichartige Tatbestände, denselben historischen Vorgang handelt, RGSt. **51** 154. Soweit die Gebote und Verbote ihrem Inhalt nach geändert werden, hat dies keinen Einfluß auf die Widerrechtlichkeit der Tat, wie sie zur Zeit der Geltung gerade war. Sie bleibt eine verbotswidrige auch nach Wegfall oder Änderung des Verbots. War diese Zuwiderhandlung mit Strafe bedroht, so ist durch die Tat gemäß der damaligen Strafsatzung für den Staat ein Strafanspruch bestimmten Inhalts entstanden, und es verbleibt daher zunächst eben bei Bestand dieses Strafanspruches; dieser ist so, wie er entstanden ist, durch den Richter festzustellen, da dessen Urteil nur deklaratorische Natur hat und auch, soweit es bei relativ unbestimmten Strafen rechtsgestaltende Natur hat, doch diese Gestaltung immer nur innerhalb des gegebenen Strafrahmens vorzunehmen hat. Auch bei Blankettstrafgesetzen kann die Änderung der ausführenden Norm in Betracht kommen. A. M. OLG. München Entsch. **19** 233. Enthält das spätere Strafgesetz sowohl nach Norm wie nach Strafdrohung denselben Inhalt wie das frühere, stellt es sich nur als neuere Kodifikation des bereits geltenden Rechtes dar, so kommt § 2 Abs. 2 überhaupt nicht in Frage, so z. B. für DevisenVO. v. 23. V. 1932 zutreffend OLG. Dresden in JW. 1933 S. 3828.

1. Muß hiernach grundsätzlich davon ausgegangen werden, daß die **bei Begehung** der Tat geltende **Strafdrohung** maßgebend ist, so steht doch andererseits ebenso grundsätzlich nichts entgegen, wenn der Staat nach Begehung der Tat den ihm erwachsenen Strafanspruch inhaltlich dahin ändern will, daß er ihn verschärft oder mildert oder daß er schlechthin die zur Zeit der Urteilsfällung geltende Strafsatzung für die Ausmessung der Strafe maßgebend hält. So geschehen

in Rußland und Frankreich und als allein richtig erklärt von Traeger, VDA. 6 317. Der Gesichtspunkt zu I 1, der Garantie staatsbürgerlicher Freiheit, würde nicht entgegenstehen, da auch hier die willkürliche Strafe und unbestimmte Strafe ausgeschlossen ist und eine durch ein Gesetz bestimmte Strafdrohung vorliegt, die den Richter bindet, ein Recht des Täters, mit keiner anderen Strafe belegt zu werden, aber natürlich nicht anzuerkennen ist. Dagegen widerspräche die Anwendung einer härteren Strafe dem Gesichtspunkt des psychischen Zwangs und der Generalprävention wie ihn das StGB. anerkennt. Zur Anwendung der etwaigen späteren milderen Strafe aber an Stelle der zur Zeit der Tat geltenden können nur kriminalpolitische und mehr oder weniger vage Billigkeitserwägungen führen. In Art. XIV Abs. 4 der Verordnung über Vermögensstrafen und Bußen v. 6. II. 24 hat sich der Gesetzgeber jedoch über den in StGB. § 2 Abs. 2 zum Ausdruck gebrachten Grundsatz des psychischen Zwangs hinweggesetzt, indem er anordnet, daß die in Art. I—IV, VIII, XIII und XIV Abs. 3 bestimmten Strafrahmen auch bei Taten, die vor dem Inkrafttreten dieser VO. begangen sind, gelten sollen. Damit ist das Gebiet der Anwendung von StGB. § 2 Abs. 2 erheblich eingeschränkt worden. Die Frage nach der Verschiedenheit der Strafdrohung hat sich durch die Anordnung der Rückwirkung der in jenen Artikeln genannten Strafen erledigt. Eine Rückwirkung findet sich auch in § 22 der PreistrVO. v. 13. VII. 23 ausgesprochen, doch bezieht sich diese nicht auf Strafen, sondern auf Nebenfolgen der Straftat.

2. Betrifft die nach der Tat eintretende Änderung des Gesetzes Inhalt und Umfang der **Norm**, so kann eine Ausdehnung der Gebote und Verbote auf vorher unverbotenen Handlungen schon begrifflich diese nicht mehr zu widerrechtlichen gestalten und ihre nachträgliche Erfassung würde gegen die Aufrechterhaltung der genannten staatsbürgerlichen Freiheit verstoßen. Insoweit ist daher ein Recht des Staates gegen den Täter nicht anzuerkennen, erlaubte Handlungen später als unerlaubte hinzustellen. Eine dadurch herbeigeführte Schärfung des Strafgesetzes nach der Tat muß deshalb unbeachtlich bleiben, und ein insoweit zur Zeit des Urteils geltendes Gesetz kann nicht in Betracht kommen, da aus ihm wegen mangelnder Zuwiderhandlung überhaupt kein Strafanspruch des Staates irgendwelchen Inhaltes entstanden ist. Daraus folgt aber noch nicht, daß für den urteilenden Richter unter allen Umständen auch mildere spätere Gesetze maßgebend sein müssen, oder, wenn die Norm überhaupt weggefallen, die Tat als nicht mehr verboten behandelt werden dürfe. Vielmehr bleibt es grundsätzlich dabei, daß die Strafdrohung gültig und das zur Zeit der Tat geltende Verbot maßgebend war und daß nach dieser Norm die Tat zu beurteilen ist. Ausgeschlossen ist es natürlich auch hier nicht, daß durch positive Gesetzesvorschrift der Staat Ausnahmen macht und die Tat gleichwohl nach dem späteren milderen Gesetz beurteilt wissen will. Sowohl in Fällen zu 1 als den zu 2 läuft es dann in Wahrheit darauf hinaus, daß der **Staat auf ein bestimmtes ihm bereits erwachsenes Strafrecht, einen bestimmten Strafanspruch ganz oder teilweise verzichtet.** RGSt. 61 134, 223; 63 245. Es liegt in Wahrheit keine Rückwirkung des späteren Gesetzes auf eine frühere Tat vor, wie z. B v. Hippel, Lehrb. S. 78 u. a. annehmen, sondern ein Verzicht auf einen entstandenen Strafanspruch, und dessen Umfang bemißt sich danach, wie der Strafanspruch sich gestaltet haben würde, wenn er seinerzeit nach einem Gesetz entstanden wäre, das dem späteren Gesetz gleichkommt. Es wird somit dem neuen Gesetz keine Rückwirkung beigelegt und es entsteht der Strafanspruch nicht auf Grund des neuen Gesetzes. Vielmehr bleibt es dabei, daß er nach dem alten Gesetz zur Zeit der Tat entstanden ist, lediglich der völlige oder teilweise Verzicht auf ihn, also eine unter dem neuen Gesetz erfolgende Maßnahme regelt sich in ihrem Umfange gemäß diesem neuen Gesetze. Denkbar wäre es nun, allein das zur Zeit der Urteilsfällung geltende Strafgesetz für die Frage, ob ein solcher Verzicht angebracht sei oder nicht, entscheidend sein zu lassen. In unklarem Billigkeitsgefühl läßt der Gesetzgeber aber jedes nach der Tat und vor der Verurteilung liegende Gesetz, also auch ein **Zwischengesetz,** das vor der Urteilsfällung wieder aufgehoben oder abgeändert worden ist, maßgebend sein, indem er schon durch dieses einen entsprechenden Verzicht auf seinen Strafanspruch vorgenommen hat. In der Tat ist es ja auch der neue gesetzgeberische Akt, der den Verzicht enthält. Nur stände der Annahme nichts entgegen, daß

durch einen späteren neuen gesetzgeberischen Akt dieser Verzicht wieder rückgängig gemacht worden ist, wie ja grundsätzlich der Staat das Recht hat, einmal entstandene Strafansprüche zu schärfen. Der unter 1 hervorgehobene Gesichtspunkt der entgegenstehenden Generalprävention käme hier auch wenigstens insoweit nicht in Betracht, als das spätere Gesetz — nach dem Zwischengesetz — das zur Zeit der Tat geltende Gesetz nicht verschärft. Der Gesetzgeber hat jedoch diese Erwägung nicht angestellt, und will es, wenn er einmal in der **Zwischenzeit** auf den Strafanspruch verzichtet hatte, aus Billigkeitsgründen zugunsten des Täters dabei bewenden lassen. Wenn der Täter einmal deshalb begünstigt werden soll, weil seit seiner Tat das Gesetz sich geändert, muß man auch ihm günstige Zwischengesetze berücksichtigen, vgl. auch Begr. S. 16 z. E. 19 § 6. Entw. § 3 lautet jetzt: „Ändert sich das Gesetz, das zur Zeit der Tat gilt, vor der Aburteilung, so ist das für den Täter günstigste Gesetz anzuwenden."

3. Hält man fest, daß es sich bei der Vorschrift in Abs. 2 immer um einen Verzicht eines dem Staat bereits erwachsenen Strafanspruchs handelt, so ergibt sich, daß diese Vorschrift nur anwendbar ist, wenn die Gesetzesänderung, die sowohl im Erlaß eines neuen Gesetzes als in Duldung des Wegfalls des ablaufenden Gesetzes bestehen kann, sei es im Hinblick auf Umfang und Inhalt der Gebote und Verbote oder im Hinblick auf die Strafdrohung auf Grund veränderter, annehmbar **geläuterter Rechtsauffassung**, 4 D 677/17 v. 11. I. 1918, jedenfalls einer, die nunmehr als die richtige betrachtet wird, beruht; hierzu besonders Frank, ZStRW. **14** 355 und LZ. **1915** 5; Merkel, Grundriß S. 33; RGSt. **13** 249, **20** 407, **21** 294, **32** 110, **47** 414, **49** 387, **50** 291, 303, 398, **52** 327, **55** 125, 172, 194, **56** 147, 286, 415, 425, **57** 209, 384, **58** 44, **59** 125, **61** 134, 223; **63** 68, 71, 245, **64** 400, **65** 58. Diese geänderte Rechtsauffassung liegt nur dann vor, wenn der Gesetzgeber bei einer im übrigen gleichbleibenden Lage der Verhältnisse und Bedürfnisse ihrer Regelung zu einer abweichenden gesetzlichen Vorschrift kommen würde, seine bisherigen Anschauungen über Normierung von Strafen für Zuwiderhandlungen sich geändert haben. So z. B. die Änderung des § 7 des RepSchGes. durch das Ges. v. 8. VII. 1926. I 13/14a 334/25 13. I. 27. Die Schaffung eines einheitlichen Strafrahmens für alle Steuerhinterziehungen durch RAbgO. § 359 in Fassung von Art. VIII der 3. SteuerNotVO. bedeutet eine grundsätzliche Änderung der bisherigen Anschauungen über Normierung der Steuerstrafen. RGSt. **59** 96. — Gegen diese Auffassung aber namentlich Mezger S. 70; v. Liszt-Schmidt I S. 113; Mayer S. 30; Kohlrausch, ZStRW. **23** 45; Bendix, ZStRW. **39** 408. Dagegen ist sie nicht anzuwenden, wo dieser Verzichtswille erkennbar fehlt.

Ein solcher **Verzichtswille** kann in der Regel **nicht angenommen** werden, wo

a) das Gesetz geändert oder in Wegfall gestellt wird, weil die **tatsächlichen Verhältnisse**, die es zu regeln bestimmt war, **sich geändert haben**, z. B. Aufhebung des Belagerungszustandes, OLG. Karlsruhe 2. XII. 1918, StRZ. **19** 71; Änderung der wirtschaftlichen Verhältnisse, wozu auch eine Änderung des Geldwertes gehört, RGSt. **58** 44, **61** 134, **63** 70, 71, **64** 400. Sind sie dieselben geblieben, soll aber nunmehr eine andere Regelung vorgenommen werden, namentlich weil die rechtlichen Anschauungen sich geändert haben, so ist Verzichtswille aus Zuwiderhandlungen gegen frühere Vorschriften anzunehmen. Haben die tatsächlichen Verhältnisse sich aber geändert und ist deshalb eine neue Regelung erfolgt oder Regelung überhaupt unterblieben und die alte Regel aufgehoben, so ist daraus noch nicht zu folgern, daß die Regelung der früheren anderen Verhältnisse für unrichtig gehalten wurde und die gegen sie begangene Zuwiderhandlung straflos bleiben soll. So namentlich bei den wirtschaftlichen Notgesetzen, 5 D 129/17 8. V. 17. RGSt. **47** 415, **50** 292, 303, 389, **51** 150, **52** 327, **55** 172; 5 D 406/20 22. VI. 20. Wenn 3 D 82/24 31. III. 24 die Veränderung der Gesetzgebung über Ein- und Ausfuhr statt auf Veränderung der wirtschaftlichen Verhältnisse „auf einer inzwischen eingetretenen Läuterung und Wandlung der Rechtsanschauung über die Strafwürdigkeit" beruhen läßt, so kann dem allerdings nicht zugestimmt werden. Dasselbe Bedenken gilt für 2 D 672/24 6. XI. 24, wonach die Anwendung des § 7 der AußenKontrVO. durch Art. II der VO. v. 13. II. 24 auf einer Läuterung und Wandlung der Rechtsanschauung beruhen soll. In E. 19 § 6 Abs. 3 ist der oben dargelegte Gedanke in folgende gesetzliche Form gebracht: „Die Vorschriften der Abs. 2, 3 stehen der Anwendung eines

Gesetzes, das wegen besonderer tatsächlicher Verhältnisse erlassen und wegen Wegfalls dieser Verhältnisse außer Kraft getreten ist, auf die während seiner Geltung begangenen Taten nicht entgegen." Amtl. Entwurf § 3 „.... Vorschriften, die wegen besondrer tatsächlicher Verhältnisse erlassen worden waren, sind auf die während ihrer Geltung begangenen Taten auch noch anzuwenden, nachdem sie wegen Wegfalls dieser Verhältnisse außer Kraft getreten sind". Bei der Bestimmung des mildesten Gesetzes steht die Vorschrift des § 49 Abs. 2 dem nicht entgegen, daß die Strafen des Täters und des Gehilfen verschiedenen Gesetzen, die eine dem älteren, die andere dem neueren, entnommen werden. 1 D 1234/27 16. III. 28. An sich ist auch die PreistreibereiVO. als ein auf besonderen wirtschaftlichen Verhältnissen beruhendes Zeitgesetz zu betrachten. Der Gesetzgeber wollte aber hier trotzdem § 2 Abs. 2 anwenden und bestimmte dies ausdrücklich in Art. IV des Ges. v. 19. XII. 1926, das am 24. VII. 1926 in Kraft getreten ist (RGBl. I, 413). Für Raumwucher haben sich dagegen die tatsächlichen Verhältnisse nicht geändert, deshalb gilt für ihn die Vorschrift des § 2 Abs. 2. Die §§ 49a u. b des Mieterschutzges. sind hinsichtlich des Raumwuchers an die Stelle der §§ 4 u. 5 der PreistrVO. getreten, RGSt. **61** 133 ff. — Ebenso bei RepublSchutzges. RGSt. **65** 58 und VO. des Reichspräsidenten zur Erhaltung des inneren Friedens v. 19. XII. 32 (RGBl. I, 548) § 14.

b) die Geltungsdauer des Gesetzes von vornherein für bestimmte Zeit oder bis auf weiteres angeordnet war **(temporäre Strafgesetze)** und nach **Ablauf dieser Zeit es von selbst außer Kraft tritt.** Vgl. § 12 Abs. 2 und § 27 Nr. 4 Ges. v. 3. VI. 00 betr. Schlachtvieh und Fleischbeschau (RGBl. 547) u. § 2 VZGes. v. 1. VII. 1869 (BGBl. 317) und § 10 Zolltarifges. v. 25. XII. 02 (RGBl. 303), Sozialistengesetz vom 17. VII. 81, RepSchG. v. 21. VII. 22 § 27 Abs. 2 und zahlreiche Kriegsnotverordnungen. Diese sind vorübergehende Ausnahmegesetze, durch die besonderen Kriegsverhältnisse bedingt. Alsberg, Kriegsges. S. 328. RGSt. **20** 294, **32** 112, Hagemann in GA. **1915** 305; Eb. Schmidt in ZStRW. **37** 97; Finger, Strafrecht 431; RGSt. **21** 294, **32** 110, **49** 387, 410, 413, **50** 291, 303, 398, 400, **52** 327, **53** 255, **55** 172, 194, **56** 286, 415, **57** 416; LZ. **17** 463. Auch § 6 in Verb. mit § 17 des Ges. über den Verkauf mit unedlen Metallen v. 11. VI. 23 ist ein Zeitgesetz, RGSt. **61** 222; ferner sind Zeitgesetze: Entwaffnungsges. v. 7. VIII. 20, RGSt. **56** 286; VO. v. 1. II. 22 über Verbot der Arbeitsniederlegung durch Beamte der Reichsbahn, RGSt. **56** 415, 425; VO. gegen Spekulation in ausländ. Zahlungsmitteln v. 12. X. 22, RGSt. **57** 384 u. a. Alle Notverordnungen auf Grund des Art. 48 der RV. sind ihrer Natur nach Zeitgesetze. Dann liegt ein nachträglicher gesetzgeberischer Akt, in dem ein Verzicht auf entstandenen Strafanspruch zu finden wäre, überhaupt nicht vor. Häufig wird der Ablauf der Geltungszeit mit Rücksicht auf die anzunehmende Veränderung der tatsächlichen Verhältnisse zu 1 verfügt worden sein. Die Terminierung wird auch zuweilen an eine andere Gewalt, den Reichskanzler, Bundesrat usw., delegiert, RGSt. **50** 291. Der eine oder der andere Fall liegt dann vor, wenn zur Ausfüllung eines Blankettstrafgesetzes vom Gesetzgeber oder anderer Stelle, namentlich Verwaltungsbehörden, zwecks Regelung besonderer vorübergehender Verhältnisse Normen erlassen werden. Verfehlt aber ist die vom RG. u. RMG. aufgestellte Meinung, daß diese ausfüllenden Blankettnormen, wie z. B. auch militärische Anordnungen, nach § 9c BelZustGes. außerhalb des Strafgesetzes stünden und deshalb § 2 Abs. 2 nicht auf sie anwendbar sei, RMG. Nr. 117, 7. XI. 17; RGSt. **46** 337, **49** 116, 121, 4 D 409/15 15. X. 15. Immerhin kann § 2 Abs. 2 auch bei temporären Gesetzen und zwar dann zur Anwendung kommen, wenn ihre Aufhebung ebenfalls auf einer veränderten Auffassung über die Strafbarkeit einer Handlung beruht. Nicht z. B. bei Änderung der Höchstpreise, bei neuer Preistreibereiverordn. Lehmann in JW. **07** 773.

V. Bei der Frage nach dem **mildesten Gesetz** kommt es nicht wie bei der Vergleichung nach § 73 darauf an, welches Gesetz den milderen Strafrahmen, insbesondere die niedrigere Höchststrafdrohung hat, sondern welches Gesetz auf den bestimmten vorliegenden Fall, der für die Beurteilung nach beiden Gesetzen selbstverständlich derselbe sein muß, RGSt. **51** 150, die **mildeste Beurteilung zuläßt,** entweder zufolge des von ihm verlangten gesetzlichen Tatbestandes oder der für diesen Tatbestand angedrohten Strafen, RGSt. **33** 187 (190), daher liegt auch eine Milderung vor, wenn das Gesetz überhaupt gänzlich aufgehoben worden ist, v. Liszt-Schmidt I S. 113; Gerland S. 62. Die konkrete Tat ist mit allen ihren etwaigen strafausschließenden oder strafmildernden Umständen der Vergleichung zugrunde zu legen und hiernach muß bemessen werden, ob sie im neuen Recht eine günstigere Behandlung erfährt, als im alten, RGSt. **1** 191, **33** 187, **43** 122, **46** 307, **53** 33, 245, **54** 170, **55** 199, **57** 121, **58** 239, **59** 97, **60** 124, 369, **61** 77, 135, 324, **64** 362; 3 D 275/24 3. V. 24; 1 D 17/25 21. IV. 25 u. JW. **1924** 1523[1]. So auch E. 19 § 6, „am mildesten zu beurteilen ist", und Entwurf § 3, 2: „... das für den Täter günstigste Gesetz". Nicht sind Strafdrohungen, wie bei § 73, abstrakt zu betrachten und zu vergleichen, oder die sonstigen für die Bestrafung erforderlichen Voraussetzungen. Wo neben Geldstrafe auch Gefängnisstrafe möglich ist und für den vorliegenden Fall verhängt wird, ist dies immer das härtere Gesetz gegenüber einem andern, das nur Geldstrafe aber in höherem Ausmaße zuläßt, RGSt. **51** 329, **59** 98. Geldstrafe ist stets eine mildere Strafe als Freiheitsstrafe, RGSt. **57** 122. A. M. Schwarz; Mezger, Die zeitliche Herrschaft der Strafgesetze in ZStRW. **1921** **348** ff., der danach entscheiden will, ob der gesamte Rechtszustand ein milderer geworden ist. Der Unterschied ist praktisch unwesentlich. Bei der Bestimmung des mildesten Gesetzes hindert § 49 Abs. 2 nicht, daß die Strafen des Täters und Gehilfen verschiedenen Gesetzen, die eine dem ältern, die anderen dem jüngern, entnommen werden, 1 D 1234/27 16. III. 28 HRRechtspr. 1928 Nr. 1526. Verhältnis zwischen § 219 a. F. zu § 218 Abs. 4 n. F. RGSt. **60** 363, **61** 147, 322. JugGGes. § 3 zu StGB. § 56 Abs. 1 RGSt. **58** 99. RAbgO. § 369 n. F. milder gegen a. F. RGSt. **60** 300. Die „Geldsumme" des § 155 VZG. ist, da sie nicht in eine Freiheitsstrafe umgewandelt werden darf, gegenüber einer Geldstrafe das mildere Gesetz, RGSt. **60** 124.

a) Daher sind alle gesetzlichen Vorschriften, die die vorliegende konkrete Handlung nicht als volle Verwirklichung des von ihnen geregelten und vorausgesetzten Tatbestands ansehen lassen, sie nicht unter ihre Normen subsumieren lassen, milder gegenüber den Vorschriften, die voll auf die Handlung Anwendung finden können. Aus welchen Gründen diese Nichtsubsumtion stattfindet, ist dabei völlig gleichgültig, insbesondere kann sie ohne förmliche Änderung des Paragraphen auch dadurch geschehen, daß von den Vorschriften in Bezug genommene rechtliche Begriffe durch andere Gesetze eine Abänderung erfahren, vorausgesetzt, daß der rechtliche Begriff in beiden Gesetzen derselbe ist (was z. B. hinsichtlich des Eigentums, nicht aber hinsichtlich des Begriffs Besitz, der Schwägerschaft, EG.BGB. Art. 33 der Fall ist). Ebenso ändert BVO. v. 18. I. 17 die Wirkung des Rechtsirrtums und damit die Schuldvoraussetzungen oder mindestens Strafbarkeitsvoraussetzungen des Vorsatzes. 1 D 302/17 v. 1. X. 17. Vgl. hierzu VO. über Ausdehnung einzelner Vorschriften für die Kriegswirtschaft auf die Übergangswirtschaft v. 12. II. 20 (RGBl. 230), die die vorgenannte VO. v. 18. I. 17 ausdehnt. So haben die Vorschriften des HGB. über die Buchführung usw. der Vollkaufleute die Strafvorschrift der KO. geändert, RGSt. **33** 184, 187, **34** 37, hat BGB. § 559 und ZPO. § 811 den Kreis der dem Vermieterpfandrecht unterworfenen Gegenstände, StGB. § 289, eingeengt; vgl. auch Meyer-Allfeld S. 78, Binding I 257, Frank § 2 V. **Andrer Meinung**: v. Bar, Ges. und Schuld I, 89; Beling, Verbr. 133; Finger 1, 144; RGSt. **27** 98, **31** 216, **34** 157. Über Verhältnis des § 49a des Mieterschutzges. v. 29. VI. 26 zu § 4 PrTrVO. v. 1923 vgl. 1 D 777/26 11. III. 27 u. RGSt. **61** 130, 327, 346. Die Strafdrohung des § 218 n. F. ist, sofern mildernde Umstände anzunehmen sind, das mildere Gesetz gegenüber § 219 a. F. RGSt. **61** 76, 147, 405. Die Beschränkung der Berufung auf das Strafmaß schließt dann ein Eingehen auf die Frage, welches das mildeste Gesetz sei, nicht aus, wenn zur Ermittlung ein Eingehen auf den Schuldausspruch notwendig wird, RGSt. **61** 323.

Vom Inhalt des Begriffs ist zu unterscheiden der Umkreis von Personen und Sachen, auf die er sich erstreckt. So ist der Inhalt des Begriffs minderjährig nach dem bürgerlichen Recht davon unabhängig, ob Personen unter oder über 21 Jahren minderjährig sind. Eine Änderung nach dieser Richtung wirkt daher nur für die Zukunft und ändert an vorhandener Minderjährigkeit der vorher minderjährig gewesenen nichts, Käckell, Bedeutung des Strafgesetzbegriffs usw., strafrechtl. Abhdlg. v. Lilienthal, Heft 187, 1915, S. 219, 234. Dagegen bedeutet natürlich die Heraufsetzung des Alters der strafrechtlichen Verantwortlichkeit, wie sie das Jugendgerichtsgesetz gebracht hat, eine Milderung. Ebenso hat § 244 durch § 248a keine Anderung insofern erfahren, als die früher nach § 242 beurteilten Straftaten etwa nunmehr nachträglich nach § 248a zu beurteilen und deshalb nicht als zur Strafe des Rückfalls dienend anzusehen wären, RGSt. **47** 145. Völlig verfehlt ist es, einen Unterschied dahin zu machen, ob der Tatbestand durch die im Strafgesetz selbst enthaltene Norm oder durch eine zur Ausfüllung des Blankettgesetzes dienende außerhalb stehende Norm geregelt wird, wie RG. in ständiger Rechtsprechung unter Verkennung des Wesens des Strafgesetzes tut, wenn es unter „Strafgesetz" nach § 2 überhaupt nur den Strafgesetzparagraphen versteht. RGSt. **4** 4, **16** 171, **32** 110, **41** 4, **46** 307, 393, **47** 93. Es handelt hier freilich in Konsequenz seiner Auffassung über Strafirrtum nach § 59. Auch eine Einschränkung oder Aufhebung der ausfüllenden Norm eines Blankettgesetzes kann daher eine nach § 2 Abs. 2 zu beachtende Milderung der Gesetze herbeiführen, Käckell a. a. O. S. 194. Vgl. ferner Kohlrausch, Die strafrechtliche Rückwirkung einer außerstrafrechtlichen Gesetzanwendung ZStRW. **13** 41, 63. Frank 26. Es kann auch die Norm bestehen bleiben und sich nur das Strafgesetz ändern. Ebenso kann die auf Grund von § 4 BelZustGes. erlassene Norm nach dessen Aufhebung bestehen bleiben als polizeiliche Vorschrift der zuständigen Polizeibehörde. Delius in StRZ. **19** 12. Daher sind die ernährungswirtschaftlichen Verordnungen der militärischen Befehlshaber mit der Aufhebung des Belagerungszustandes, die durch Aufruf des Rates der Volksbeauftragten vom 12. XI. 18 erfolgt ist, nicht außer Kraft gesetzt, was durch VO. vom 28. II. 18 (RGBl. 1919 S. 16) noch ausdrücklich festgestellt worden ist. Vgl. ferner Anm. II 4.

b) In Betracht kommen hinsichtlich des Strafmaßes auch die allgemeinen strafrechtlichen Bestimmungen, so über die zulässige Strafart, die Höhe der Mindeststrafe, namentlich § 27c Abs. 2, RGSt. **58** 317, die Möglichkeit der Anwendung mildernder Umstände oder sonstiger Strafminderungsumstände, die Voraussetzung der strafrechtlichen Zurechnungsfähigkeit, die Verjährung, RGSt. **32** 247, **43** 122, **46** 269. OLG. Celle, HRRechtspr. 1928 Nr. 1664. Die Strafen sind in ihrer Gesamtheit abzuwägen. Eine Revision, nur auf die Geldstrafe beschränkt unter Belassung der gleichzeitig erkannten Gefängnisstrafe, ist solchenfalls unzulässig, RGSt. **58** 238. Nach der feststehenden Rechtsprechung des RG. ist die Geldstrafe gegenüber einer Freiheitsstrafe stets als das geringere Strafübel anzusehen, RGSt. **2** 205, **18** 174, **42** 427, **51** 327, **57** 122, **59** 91. Dieser Grundsatz kann aber nicht dahin erweitert werden, daß eine geringere Freiheitsstrafe zusammen mit einer höheren Geldstrafe gegenüber einer höheren Freiheitsstrafe zusammen mit einer geringeren Geldstrafe unter allen Umständen als die mildere Strafe erscheint, 1 D 836/22 6. II. 23. Die Strafen sind in ihrer Gesamtheit abzuwägen. RGSt. **54** 172, **60** 125. Eine Revision nur auf die Geldstrafe beschränkt unter Belassung der gleichzeitig erkannten Gefängnisstrafe ist unzulässig, RGSt. **58** 238.

Ist die Verfolgung der Straftat nach dem einen Gesetz nur auf Antrag zulässig nach dem andern aber ein Offizialdelikt, so muß das Antragsdelikt als das des milderen Gesetzes angesehen werden. RGSt. **46** 269; Goldschmidt DJZ. XVII 1315, Schwarz 12, Frank 24. A. M. mit Unrecht Goehrs, Das mildeste Gesetz (1897) und Fingerl, 142, Strafrecht 430. Zweifel besteht, wenn das spätere Gesetz die Verfolgung eines vorher ohne Antrag verfolgbaren Delikts von einem Antrag abhängig macht. Dann läuft diese Frist zwar nach § 61 von dem dort benannten Zeitpunkt ab; da der Berechtigte an der Stellung des Antrages rechtlich gehindert war, ist diese Zeit bis zum Erlaß des neuen Gesetzes in die Frist nicht einzurechnen. DJZ. **12** 1294, 1315, 1368, 1464. Über die Unwirksamkeit des preuß. Ges. betr. Bereitstellung von Mitteln zu Diensteinkommensverbesserungen v. 26. V. 1909 (GS. 85) vgl. RGSt. **52** 342. Ebenso bei Reichszuschlag. Ges. v. 9. IV. 1917 (RGBl. 349).

Außer Betracht müssen jedoch die zivilrechtlichen und reinpolizeilichen Rechtsfolgen bleiben, nur die Vergleichung der Straffolgen ist statthaft, Meyer-Allfeld 77. Auch die Buße bleibt außer Betracht, Frank 24.

c) Ist das neue Gesetz teils milder, teils strenger, so darf es nur angewendet werden, soweit es milder, nicht auch, soweit es strenger ist. Frank 25; RGSt.

33 187, **46** 307, **47** 382, **53** 33, 245, **54** 170, **56** 199, **65** 239. Andrerseits darf der Angeklagte nur nach dem einen oder nach dem andern Gesetz verurteilt werden, nicht zum Teil aus dem früheren, zum Teil aus dem späteren. RGSt. **58** 238, **61** 77. Wenn das spätere Gesetz gleich hart oder mild dem früheren ist, liegt der Fall des § 2 Abs. 2 nicht vor, es kommt daher nur das frühere Gesetz zur Anwendung, Binding, Hdb. 1, 251; Rechtspr. **1** 627.

VI. Die Zeit der **Aburteilung** ist die durch den **Tatrichter**, nicht den Revisionsrichter, RGSt. **5** 47, **22** 347, **41** 177, **46** 337, **61** 135, **65** 238; RMG. **17** 85; GA. **47** 159, 165. Gerland **64**; Frank 24; Binding 1, 252; Olshausen Anm. 12b. A. M. v. Bar, Ges. und Schuld I 92; Lilienthal JW. **17** 933; Allfeld 79; Schwartz Anm. 16; Beling ZStRW. **39** 176; Feisenberger ZStRW. **38** 856. Wenn aber schon in der Revisionsinstanz feststeht, daß bei Zurückverweisung an die Vorinstanz freigesprochen werden muß, etwa in Anwendung von BVO. 18. I. 17, so wäre die Zurückverweisung nur unnütze Weiterung und es kann dann der Revisionsrichter in der Sache selbst entscheiden, RGSt. **51** 51. Im übrigen aber hat der Revisionsrichter bei Prüfung die BVO. 18. I. 17 außer Betracht zu lassen, 3 D 494/16 12. II. 17; JW. **17** 933. Nach rechtskräftig beendigter Strafsache kommt § 2 Abs. 2 überhaupt nicht in Frage, daher nicht maßgebend bei der Neueinführung der Fassung der §§ 248a, 370[5] für frühere rechtskräftige rückfallbegründende Strafen. Vgl. hierzu auch RGSt. **47** 145.

§ 3. Die Strafgesetze des Deutschen Reichs finden Anwendung auf alle im Gebiete desselben begangenen strafbaren Handlungen, auch wenn der Täter ein Ausländer ist.

E. 19 §§ 1 u. 2. Amtl. Entw. § 4. § 346. Entw. § 5.

1. Die Vorschrift behandelt die **räumliche Geltung der Gesetze** des Deutschen Reiches (nicht der Landesgesetze der einzelnen Bundesstaaten, jetzt „Länder"), das sog. „Internationale Strafrecht", und bekennt sich zum sog. **Territorialitätsprinzip**, RGSt. **11** 20, **15** 221. Jeder Staat straft nur nach seinem Strafrecht RGSt. **32** 57. Über die verschiedenen Prinzipien vgl. Meyer-Allfeld 80 ff., Frank 28. Abweichend Binding 1, 402, 437; Hegler, Prinzipien des internat. Strafrechts (1906) 140. Die Vorschrift erklärt, daß alle gegen die Strafgesetze des Deutschen Reiches in dessen Gebiet begangenen Handlungen von diesen ergriffen werden, gleichgültig, ob der Täter ein Deutscher oder ein Ausländer ist. Einzelne Vorschriften richten sich überhaupt nur gegen Ausländer, StGB. § 296a, § 3 des Gesetzes betreffend Küstenschiffahrt v. 22. V. 1881 andere wiederum nur gegen Deutsche, § 87. Auch sonst werden ausländische Rechtsgüter nicht durchweg wie die deutschen geschützt, vgl. § 141. Darin wird aber nicht gesagt, daß nur die im deutschen Gebiet begangenen Handlungen den deutschen Strafgesetzen unterfallen sollen. Wie es mit den im Ausland begangenen Handlungen zu halten sei, sagt § 3 nicht. Vgl. hierzu § 4. Das Territorialprinzip stellt die Geltung des Strafgesetzes für im Inland begangene Straftaten fest, aber nicht die Nichtgeltung und somit Straflosigkeit der im Ausland begangenen Straftaten. Ferner folgt daraus, daß die Strafbarkeit der Tat sich schlechthin nach inländischem Recht entscheidet und daß der deutsche Richter auf Inlandstaten kein ausländisches Recht anwenden darf. Ebenso E. § 5. Die Anwendung erfolgt in ihrem vollen Umfange sowohl in den dem Angeklagten günstigen wie nachteiligen Vorschriften, RGSt. **61** 20. (Der einzige Fall, wo er ausländisches Recht anzuwenden hat, vgl. Anm. 3 Nr. 3[6] zu § 4. Ob die prozessuale Zulässigkeit der Strafverfolgung bei der Auslieferung eines ins Ausland geflohenen Täters von Bedingungen abhängig gemacht ist, die von ausländischem Strafrecht bestimmt werden, ist eine andere Frage, RGSt. **33** 271, **35** 257, **65** 111. Ausnahmen in § 6. Vgl. hierzu Harburger, Der strafrechtliche Begriff des Inlands (1882). Zutreffend Finger, Strafrecht 431, wenn er sagt, daß die örtliche und zeitliche Bestimmung einheitlich beantwortet werden müsse.

2. Zum **Gebiet des Deutschen Reichs** gehört:

a) das in neuer RV. Art. 2 bezeichnete „Gebiet der deutschen Länder", d. i. der früheren Bundesstaaten, ehemals auch das Reichsland Elsaß-Lothringen, sowie Helgoland, RGes. v. 15. XII. 1890. Was zum Gebiet des einzelnen

Landes gehört, entscheiden dessen Verfassungen und Staatsverträge. Die Ausübung der Staatsgewalt über ein Gebiet, allein oder gemeinsam mit andern, macht es nicht schon zum Landesteil. Das oberschlesische Abstimmungsgebiet hatte dadurch, daß es dem in § 2 der Anlage zu Art. 88 des Friedensvertrags (RGBl. 1919 S. 687) bezeichneten internationalen Ausschusse unterstellt war, nicht aufgehört, ein Teil des Deutschen Reiches zu sein. In ihm galten, zumal dem Ausschuß in § 3 keine Gesetzgebungsgewalt verliehen ist, die deutschen Gesetze weiter, RGSt. **57** 340, 4 D 1357/20 19. IV. 21. Dasselbe gilt von dem besetzten westlichen Gebiet am Rhein, und auch das Saargebiet gehört zum Inland, Art. **49** Anl. **50** Kap. II 61 und Kap. III §§ 34, 35 des Vers. Vertrags. 5 D 1101/21 25. XI. 21 JW. **1923** 184[1]. Vgl. hierzu Burkhard, Deutsche Justiz u. franz. Militärgerichte im besetzten Rheinland, DJZ. **1927** S. 1242. Die Besetzung des Ruhrgebiets hat keinen Einfluß auf die Anwendung deutscher Strafgesetze auf Handlungen, die im besetzten Gebiet begangen sind, und zwar auch dann nicht, wenn Rechtsgüter der Besatzungsmächte verletzt sind, 1 D 812/24 28. X. 24; RGSt. **54** 139; **57** 340, auch nicht, wenn die Tat nach dem ausländischen materiellen Recht der Besatzungsbehörde straflos ist (z. B. Meineid vor belg. Kriegsgericht), RGSt. **64** 16. Dagegen bestimmt als Ausnahme das Ges. über vorübergehende Rechtspflegemaßnahmen in Hinblick auf das Saargebiet v. 10. III. 22 (RGBl. I 241) § 1 „§§ 4—7 StGB. finden auf die im Saargebiet begangenen Straftaten und vollzogenen Strafen entsprechende Anwendung". Dies ist aber nur aus praktischen Erwägungen geschehen, nicht sollte damit rechtlich das Saargebiet als Ausland anerkannt werden. Andernfalls hätte es dieser Vorschrift nicht bedurft. Die Haager Landkriegsordnung v. 1907 behandelt in Art. 42 bis 56 nur die occupatio bellica. Für eine „occupatio pacifica" wie sie hier nur in Betracht kommen kann, fehlt jede völkerrechtliche Regel. Vgl. im übrigen zum Recht des besetzten Gebiets Lüttger in JW. **1925** 19 und Goltermann ebenda S. 21; Heyland, Die Rechtsstellung der besetzten Rheinlande (1923); Robin, Des occupations militaires en dehors de la guerre (1913). Vgl. hierzu Anm. 4 zu § 2. Die geographische Grenze des Landes liegt, wenn sie durch Flüsse gebildet wird, in der Regel und mangels abweichender Vereinbarungen in der Mitte des Flußbettes, bei schiffbaren Flüssen im Talweg (Donau); für überführende Brücken in deren Mitte, RGSt. **9** 370, **10** 420, **57** 368. Häfen am Meer oder Binnensee sind Bestandteile ihres Hinterlandes, RGSt. **2** 17=Rspr. **1** 642; StPO. § 10. Über die Grenze der am Bodensee liegenden Länder ist Streit. Nach der einen Ansicht ist er zu keinem Teil ausschließliches Gebiet eines anliegenden Uferstaates, vielmehr bilde das Ufer die Grenze des anliegenden Staatsgebietes. Nur die Häfen des Bodensees seien Bestandteile des Hinterlandes, RGSt. **2** 17. Der See stehe zwar unter der gemeinsamen und ungeteilten Herrschaft sämtlicher Uferstaaten (Kondominat), eben dadurch aber sei es ausgeschlossen, daß er ganz oder teilweise zum realen Teil Gebiet eines andern sei; Rettich, Die völkerrechtl. Verhältnisse des Bodensees, S. 98—119, 140. Nach v. Martitz in Hirths Annalen dagegen soll die Mittellinie entscheiden. Ihm hat sich RGSt. **57** 308 angeschlossen. Daselbst auch weitere Literaturangaben. Dem dürfte beizutreten sein (a. M. vor. Aufl.) Vgl. auch noch Lederle. Das Recht der internationalen Gewässer (1920). Unter Bodensee wird übrigens der Obersee und der Überlingersee verstanden. Auch beim Zellersee ist die Mitte des Sees parallel der Uferausdehnung die Grenze gemäß § 1 des Vertrags v. J. 1855 zwischen der Schweiz und Baden. Das sog. Neutral-Moresnet war jedoch einer gemeinsamen Staatsgewalt unterworfen, nämlich der Belgiens und Preußens, aber niemals dem preußischen Staat als Staatsgebiet einverleibt worden. Als Kondominat war es auch der einseitigen Gesetzgebung eines der beteiligten Staaten entzogen. Die Gesetze des Deutschen Reichs galten daher dort nicht, vielmehr noch der Code pénal, RGSt. **31** 259, **38** 289, **45** 332. Müller, Das neutrale Gebiet von Moresnet im Archiv f. Landeskunde der preuß. Monarchie, Bd. 5 S. 119. Binding, Handb. I S. 407. Dagegen Schröder, Das grenzstreitige Gebiet von Moresnet 1902. Im Schrifttum sind die Ansichten geteilt. Jetzt Versailler Friedensvertrag Art. 27 und 32. Der Umstand daß ein Fluß internationalisiert ist, ändert daran nichts, daß er innerhalb des Deutschen Reichsgebiets ein deutscher Fluß ist und die auf ihm begangenen Handlungen auf deutschem Reichsgebiet begangen sind, RGSt. 7 312.

b) Das Zubehör dieses Landesgebiets, nämlich

α) das zur ausschließlichen Herrschaft des Staates gehörige Küstenmeer. Die Ausdehnung beträgt nach völkerrechtlichen Auffassungen 6 Seemeilen (früher 3 Seemeilen, noch früher Kanonenschußweite), so Binding I 408, gerechnet vom niedrigsten Stande der tiefsten Ebbe, v. Ullmann, Völkerrecht S. 203; RGSt. **56** 135. — In dem intern. Vertrag über die Fischerei in der Nordsee v. 6. XI. 1882 (RGBl. 1884 S. 25) wird Art. 2 die Grenze nur auf 3 Seemeilen von der Niedrigwassergrenze bestimmt. Vgl. auch Ges. betr. Ausführung des intern. Vertrags v. 16. XI. 87 /14. II. 93 zur Unterdrückung des Branntweinhandels unter den Nordseefischern v. 4. III. 94 (RGBl. 151). Diese Bestimmung gilt jedoch nur für diesen Vertrag. Die Küstengewässer betrachten als Staatsgebiet außerdem Zorn, Völkerrecht S. 68, 71; Perels, Das internationale öffentl. Seerecht S. 17; Heilbronn in Kohlers Enzykl. II, 409, 470. Das offene Meer selbst ist weder Inland noch Ausland. Nach Harburger, Strafrechtl. Begriff Inland und seine Beziehungen zum Völkerrecht (1882) S. 111, Werneburg ZStRW. **40** 368 soll die jeweilige Umgebung des Schiffes in der für Küstenwässer bestimmten Ausdehnung ebenfalls unter der Strafgewalt des Staates, dem das Schiff angehört, stehen. RGSt. **56** 135. Wegner, Festg. f. Frank I 134.

β) Die Luftsäule über dem Lande, soweit sie der dauernden Herrschaft zugänglich ist, BGB. § 905 und nach Völkerrecht.

Kein Zubehör ist der private Grundbesitz eines Staates im Ausland, wie Wohnung ausländischer Gesandtschaften, Hotels usw., RGSt. **3** 70. Eine Ausnahme hiervon bilden, aber nur für die Zuwiderhandlungen gegen die deutschen Zollgesetze, nach besonderen Staatsverträgen die auf fremdem Staatsgebiet stehenden Zollämter, RGSt. **13** 410, **18** 242, **19** 195, **45** 419, **48** 26, **57** 61, **66** 195. Ebenso Eisenbahnstationen, Zollanschlüsse, bayerisch-österr. Vertrag v. 18. III. 1829, der den österr. Teil des Salzbergwerks Berchtesgaden für die Verbrechen von Bayern und Angehörigen dritter Staaten der Bayr. Gerichtsbarkeit unterwirft.

3. Gleichgestellt dem Staatslandgebiet ist alles der **Staatsherrschaft sonst Unterstellte,** RGSt. **44** 407. Hierher gehören

a) Kriegsschiffe und andere Staatsschiffe zur Verfügung der Vertreter des Staates. Diese gelten als wandelndes Gewaltgebiet nicht nur auf offener See, sondern auch in fremden Häfen und Küstengewässern — dies gilt umgekehrt auch von fremden Kriegs- und Staatsschiffen in deutschen Gewässern. Sie sind daher nicht exterritoriales, sondern fremdes Gebiet. A. M. Binding I S. 688 in Widerspruch mit sich selbst. Ferner unter deutscher Flagge fahrende Schiffe, Kauffahrteischiffe RGes. 22. VI. 1899/29. V. 01; Lustjachten, RGes. 29. V. 01, auf offenem Meer, RGSt. **23** 266, **50** 220, als wandelnde Gebietsteile (nach Binding: Wandelndes Gewaltsgebiet), während sie in fremden Gewässern und Häfen diese Eigenschaften nicht mehr haben, auch bei nur vorübergehender Durchfahrt, RGSt. **2** 17, bestritten. Nach E. § 5 Abs. 2 soll auch ein deutsches Schiff in ausländischem Hafen für die Anwendbarkeit des deutschen Rechts durch deutsche Behörden Inland sein. Werneburg in GS. **98** 76. Das Handelsschiff gilt als Reichsland, es finden daher lediglich die gesamten reichsrechtlichen Strafrechtsnormen Anwendung, nicht auch diejenigen des Landesstrafrechts, Meves, Strafrechtl. Bestimmungen im Ges. betr. Nationalität der Kauffahrteischiffe, 1870. Auch Militärstrafgesetz kommt natürlich zur Anwendung. Diese Eigenschaft verliert das Schiff noch nicht als Wrack, erst wenn es von der Schiffsbesatzung preisgegeben wird. Das aus Trümmern gebildete Floß übernimmt dann die Reichslandeigenschaft, Werneburg ZStRW. **40** 365; Nagropontes, Zuständigkeit der Staaten für die auf offenem Meer beg. Del. (1894) S. 23. A. M. Beling, Strafrechtl. Bedeutung der Exterritor. (1896) S. 178. Dem Seeschiffe müssen das Luftschiff und andere Luftfahrzeuge gleichgestellt werden. So auch Entw. § 5 Abs. 2.

b) Eine Erweiterung des Staatsherrschaftsgebietes auf das an sich nicht zum Gebiete des Deutschen Reichs gehörige Land findet durch besondere Gesetze (auch für die *Kolonien* [Schutzgebiete]) statt, z. B. Vertrag mit Belgien v. 29. IV. 85 bzgl. der Forst-, Feld-, Fischerei- und Jagdfrevel. Vgl. u. § 1 des EG. RGSt. **44** 403: Kolonien gehörten zwar nicht zum Reichsgebiete, *waren darum aber noch nicht Ausland* i. S. von § 8, sondern *im Sinn von § 3 Inland*. Dort ist *jedes zum Reich gehörige Gebiet* gemeint.

In den *Konsulargerichtsbezirken* dagegen war die Geltung rein persönlich. Personen, die sich in einem der Schutzgebiete gegen ein daselbst für sie geltendes deutsches Strafgesetz vergangen haben, sind dieserhalb im Mutterland in gleicher Weise zur Verantwortung zu ziehen, wie im Schutzgebiete selbst. § 19 Nr. 2 des RG. über Konsulargerichtsbarkeit von 1900. Durch Versailler Vertrag Art. 135, 141, 148, 149 ist diese für Siam, Marokko und Ägypten beseitigt worden, hat in Abis, Abessinien, Teheran u. Span. Marokko weiter bestanden. Für Ägypten ist sie durch Ges. v. 24. VII. 1925 (RGBl. I, S. 735 VO. 31. VII. 25 wieder eingeführt worden. *Löning*, DJZ. 1925 1495. Die in § 26 des KonsulargerichtsbarkeitsGes. dem Kaiser gegebene Befugnis zum Erlaß von VO. ist nach § 4 des Übergangsges. v. 4. III. 1919 (RGBl. 285) auf den Reichspräsidenten übergegangen. Eine abweichende VO. ist nicht ergangen. *Allfeld* S. 84; v. *Liszt-Schmidt* I 125.

c) Ferner wird in *Kriegszeiten* das Herrschaftsgebiet auf das *ausländische Gebiet* erweitert, das durch eine *deutsche Streitmacht* besetzt ist, MStGB. § 161. Jedoch wird durch diese Besetzung das ausländische Gebiet keineswegs zu einem Gebietsteil des Deutschen Reichs, RGSt. **49** 258, 4 D 142/18 26. IV. 1918.

In einem *vom Feind besetzten deutschen Gebiet* bleibt das deutsche Strafrecht in Kraft, Art. 43 der Haager Landkriegs-Ordnung. Insbesondere können sich die Bewohner nach wie vor des Hoch- und Landesverrates gegen ihre bisherigen Machthaber schuldig machen, a. M. *Kamps*, StRZ. **1918** 342. Die Interessen der besetzenden Macht können aber in einzelnen Beziehungen Anwendung des deutschen Rechts verbieten und berechtigen, es abzuändern und zu ergänzen.

Vom besetzten Gebiet ist der *Kriegsschauplatz* zu unterscheiden, DJZ. **1915** 507. Die Strafgesetze des Landes gelten für die Zivilbevölkerung jedoch auch dort fort, außerdem § 155 und § 160 StGB. Für Kriegsgefangene gilt das Militärstrafrecht, § 134 MStGB. Das Heer ist hier *nicht exterritorial*. Deutsche Militärpersonen unterstehen deutschem Militärrecht, RGSt. **54** 84, zu gleicher Zeit möglicherweise dem ausländischen Recht.

4. Durch besondere Bestimmungen kann in nichtdeutschem Gebiete die *Fortgeltung deutschen Rechts angeordnet* werden. So gelten in den an *Polen* abgetretenen ehemals preuß. Gebieten die Vorschriften des StGB. im allgemeinen noch fort. Das poln. Ges. v. 11. VIII. 23 hebt nur einzelne Bestimmungen auf. 4 D 384/24 6. VI. 24. Ebenso in Danzig. Für Handlungen, die vor der Abtretung deutschen Staatsgebiets dort begangen sind, findet § 3 Anwendung, RGSt. **55** 267. Umgekehrt gelten nicht alle deutschen Reichsgesetze im deutschen Reichsgebiete, z. B. Helgoland.

5. Staatenloses Gebiet ist weder Inland noch Ausland, dort begangene Handlungen sind also *straflos*. *Stammler* in Festschrift f. Binding I S. 355. Vgl. auch *Schwartz* zu § 4 Note 7, *Finger* I 171; *Mauer* in DJZ. **1915** 366; Ausnahmen in § 4 Nr. 1 u. 2, *sehr bestritten*; a. M. *Olshausen*, Note 16, *Binding* I S. 436, *Liszt* § 22, *Frank* 36, *Stölzel*, Staatliches u. staatloses Ausland (1910). E. 19 § 2 Abs. 3 u. Amtl. Entwurf § 6 Abs 2 bestimmt, daß auch dort deutsche Strafgesetze Anwendung finden sollen.

6. Ausnahmen von der Botmäßigkeit unter die **Strafgesetze** trotz des Verweilens in ihrem räumlichen Geltungsgebiet. Die *strafrechtliche* **Immunität** ist allgemein im deutschen Recht nicht geregelt. Nur einzelne Fragen werden in GVG. behandelt. Ergänzend ist jetzt RV. Art. 4 eingetreten, der die *allgemein anerkannten Regeln des Völkerrechts zu bindenden Bestandteilen des deutschen Reichsrechts* macht. Demnach müssen auch deutsche Behörden völkerrechtliche Verpflichtungen, die sich auf Exterritoriale beziehen, erfüllen. RV. Art. 102. Solche *Immunitäten* finden sich in verschiedenem Umfange:

a) hinsichtlich der **Normen** der Zollstrafgesetze die Zollausschüsse; s. o. Dagegen enthält § 17 des Zollkartells zwischen Deutschland und Österreich v. 23. V. 1881 keine solche Ausnahme, RGSt. **20** 292;

b) nur hinsichtlich der **Straffolgen**, insofern die Zuwiderhandlung gegen die in Geltung befindlichen Normen straffrei bleibt, die Strafdrohung sich also von vornherein nicht gegen ihre Übertretung richtet, wenn diese von bestimmten Personen begangen werden. Diese sind von der Strafdrohung nicht betroffen. Zu diesen Personen gehörten früher die Fürsten. Hinsichtlich der während ihrer Regierungszeit begangenen Handlungen wirkt die Immunität noch fort. Jetzt gehören hierunter die Abgeordneten des Reichstags oder des Landtags, soweit es sich um ihre Abstimmung oder eine in Ausübung des Berufs getane Äußerung handelt, RV. Art. 36 und Ges. v. 22. V. 26; Binding Hdb. I, 676 Anm. 14; Troitzsch, Rechtspflege und Immunität der Abgeordneten nach geltendem Recht des Deutschen Reichs und der Länder und der freien Stadt Danzig, 1927. Die Bestimmungen der Landesverfassungen hierüber sind ungültig, es kommt nur die RV. in Betracht. Kurzweg, Umfang und Grenzen der Immunität der Abg. DRZ. **1927** S. 377; RGSt. **4** 14, **27** 385, **38** 179; 3 D 845/20 11. VIII. 20; ferner die Berichterstatter hinsichtlich der wahrheitsgetreuen Berichte über öffentliche Verhandlungen des Reichstags, RV. Art. 30, auch eines Landtags oder eines ihrer Ausschüsse, Binding Hdb. I, 681. Dagegen gehören nicht zu den von den Strafdrohungen ausgenommenen Personen der Reichspräsident und die Mitglieder des Reichsrats. Der Reichspräsident kann jedoch nicht ohne Zustimmung des Reichstags strafrechtlich verfolgt werden, RV. Art. 43 Abs. 3, ebensowenig können die Mitglieder eines Landtags oder des Reichstags wegen andrer als der oben bezeichneten Straftaten ohne Genehmigung des Hauses, dem der Abgeordnete angehört, verfolgt werden. RV. Art. 37. Festnahme zur Feststellung der Person mit alsbaldiger Entlassung ist noch keine Strafverfolgung. 2 D 897/24 26. II. 25. Das bedeutet aber weder Immunität noch unbedingte Ausnahme vom Gerichtszwang. Über Immunität der Mitglieder des Zwischenausschusses und des Ständigen Ausschusses nach der bayr. Verfassung §§ 37, 39: Kretzer, Ztschr. Rchtspfl. Bayern **1924** 301.

7. Nicht um Ausnahme von der Unterworfenheit unter die Strafgesetze, sondern um bloße **Ausnahmen vom Gerichtszwang**, sei es des Reichs, sei es der Bundesstaaten oder Länder, handelt es sich bei den sog. **Exterritorialen**, Binding Hdb. I S. 685; Beling, Strafrechtl. Bedeutung der Exterritorialität S. 172. Diese Sonderstellung genießen alle Personen, sofern sie als Repräsentanten fremder Staatshoheit in deutsches Reichsgebiet aufgenommen werden, wie fremde Souveräne und Präsidenten fremder Staaten, fremde Gesandtschaften, auch der Papst, Chefs und Mitglieder der beim Deutschen Reich beglaubigten Missionen, deren Familienmitglieder, Geschäftspersonal und ausländische Bediente, GVG. § 18 Abs. 1, § 19; Chefs und Mitglieder der bei einem Bundesstaat beglaubigten Missionen (nach RV. Art. 10 und GVG. § 18 Abs. 2 nur von preuß. Gerichtsbarkeit eximiert); auch fremde Truppenteile, soweit sie als Repräsentanten fremder Staatshoheit auftreten, wie das besetzende Heer, vgl. auch MStGB. § 7, nicht schlechthin, z. B. nicht die in Görlitz als Gäste übergetretenen griechischen Truppen, RGSt. **52** 167. Nach dem Rheinlandabkommen v. 28. VI. 19 § 3 wird eine Befreiung vom Gerichtszwang begründet für die Streitkräfte der Besatzungstruppen, für die ihnen zugeteilten Personen und für sämtliche von diesen Truppen angestellten oder in ihren Diensten befindlichen Personen. Diese alle unterstehen ihrer Militärgerichtsbarkeit. Für Schiedsgerichtshöfe nach Art. 304 des Vers. Vertrags erhielten die Regierungen die besondere Ermächtigung, den Mitgliedern des Gerichtshofes die diplomatischen Vorrechte und Befreiungen zu gewähren. Durch VO. 11. V. 21 (RGBl. 690) hat die deutsche Regierung hiervon Gebrauch gemacht. Mit Rußland ist das besondere Exterritorialitätsabkommen v. 29. VII. 24 abgeschlossen worden. Soweit es sich nur um Strafbefreiungsgründe handelt, nicht um Befreiung von der Botmäßigkeit unter die Normen, bleibt die Zuwiderhandlung gegen sie Delikt und es ist Mittäterschaft, Anstiftung, Beihilfe möglich, auch Notwehr und Kompensation nach § 199. Vgl. auch Versailler Vertrag § 203 Art. 240 Abs. 2, Mettgenberg LZ. **1924** Sp. 577 ff.

8. Die räumliche Herrschaft der **Landesgesetze** wird von § 3 nicht geregelt, weder in bezug auf die andern Länder, die in ihrem Verhältnis Ausland sind, noch

in bezug auf das Reichs-Ausland. v. Liszt-Schmidt I 123; Olshausen Anm. 3 zu § 4. Die Landesgesetzgebung ist daher auf dem ihrer Gesetzgebung überhaupt nach EG. § 2 freigelassenen Gebiete nicht behindert, für die räumliche Geltung ihres Landesgesetzes auch im Verhältnis zum Reichsausland abweichende Anordnungen zu treffen. Gerland 64. A. M. v. Bar I 53, M. E. Mayer S. 71 Anm. 8, Frank 36, der jedoch vertragliche Vereinbarungen mit dem Ausland über eine weitere Ausdehnung des Landesrechts zulassen will. Soweit sie es nicht getan hat, ist zu prüfen, ob sie im ganzen ebenfalls auf dem Boden des Territorialprinzips steht, und es sind hieraus unmittelbar die Folgerungen zu ziehen, Hälschner I 178. Eingehend: Seyfarth in Ztschr. f. intern. Privat- u. Strafr. **1900** 177, Köhler SeuffBl. f. Rechtsanw. **1903** 92 ff.

9. Eine Entscheidung der Frage, ob eine Handlung **im Sinne des Strafrechts** „im Gebiete des Deutschen Reichs **begangen** ist", enthält das StGB. nicht. Da bei Delikten, bei denen die Tätigkeit sich aus dem Gebiet des Deutschen Reichs in das Ausland erstreckt, die Willensbetätigung auf verschiedenen Gebieten erfolgen kann, also in Wahrheit der Tatbestand des Delikts in verschiedenen Gebieten teilweise, in keinem ganz verwirklicht worden ist, so fragt es sich, welches der in den verschiedenen Gebieten geltenden Strafgesetze anzuwenden ist, insbesondere ob auf den ganzen Tatbestand das Gesetz auch schon dann anwendbar ist, wenn nur ein Teil davon in seinem Gebiet verwirklicht wird, ferner, ob dann nur dieser Teil rechtlich in Betracht kommt oder auch die Vollendung im andern Gebiet von dem Recht, in dem sie begonnen hat, mit ergriffen wird. Diese Doktorfrage ist lediglich nach Zweckmäßigkeitsgründen zu entscheiden, die die Berücksichtigung der Interessen des Staats und der Gesellschaft an einer restlosen Verbrechensverfolgung enthalten muß, nicht ausschließlich nach dem Territorialprinzip, das nur die Willensbetätigung als Auflehnung gegen die Norm, somit den Aufenthaltsort des Täters maßgebend sein läßt, sondern auch nach dem Realprinzip, das den Ort der Gefährdung und Verletzung des Rechtsguts beachtet. Vgl. Kitzinger, Ort und Zeit der Handlung, VglDarst. Bd. I S. 181 ff. Dann ist aber nach den hier in Betracht kommenden Bedürfnissen als **begangen** die strafbare Handlung **überall** da anzusehen, wo irgendeine **zum Tatbestand erforderliche Willensbetätigung entfaltet** worden ist, sie ist an jedem Ort begangen, wo sich ein Stück von ihr verwirklicht, vgl. M. E. Mayer S. 93. Unrichtig ist es, von diesem Grundsatz bei den sog. **Distanzverbrechen,** bei denen sich eine zeitliche und öfter auch örtliche Trennung vom letzten Tätigkeitsakt und dem Eintritt des Erfolgs findet, abzugehen. Denn diese Trennung ist etwas rein Zufälliges, nicht im Wesen der Handlung liegendes. Eine solche Trennung liegt ebensowenig hier vor, wie dort, wo sich der Täter anderer Kraftäußerungen (Werkzeuge, Naturkräfte, Menschen) außer ihm zur Fortwirkung bedient und wo richtig ein Forthandeln angenommen wird auch von Schwartz Anm. 6 und Olshausen Anm. 6. Denn auch hier wirken die Naturkräfte, die vom Täter in Wirksamkeit gesetzt worden sind, noch fort, nur in dem Beschädigten selbst, was aber gleichgültig ist. Diese Grundsätze gelten auch, wenn auf offenem Meer von ausländischem Schiff aus eine Straftat nach deutschem Schiff herüber verübt wird, z. B. Ausländer schießt von fremdem Schiff aus auf eine auf deutschem Schiff befindliche Person. So auch Werneburg ZStRW. **40** 365. Zutreffend RGSt. **23** 156. „Unzweifelhaft hat im Sinne des mat. Strfr. § 3 als Begehungsort der Ort zu gelten, an welchem der Täter die zum Tatbestand erforderliche körperliche Tätigkeit (Muskel- und Nervenbewegung) entwickelt hat. Die verbrecherische Tätigkeit kommt aber mit dem Aufhören der körperlichen Tätigkeit nicht zum Abschlusse, sie setzt sich vielmehr fort in der Wirksamkeit der vom Täter in Bewegung gesetzten Kraft. Dieses Wirken der fremden (natürlichen, mechanischen, tierischen, menschlichen) Kraft ist ein Bestandteil der Handlung des Täters. Setzt sich danach der Tatbestand aus mehreren, räumlich getrennten Vorgängen zusammen, so gilt als Begehungsort jeder Ort, an welchem die Tat, sei es unmittelbar durch die Körperbewegung des Täters, sei es durch die von ihm in Bewegung gesetzte Kraft zur Ausführung gelangt." Ferner **10** 420, **13** 337, **39** 265, **47** 365, **50** 423. Dann ist aber der Ort, wo der Erfolg eintritt, notwendig auch noch der Ort, wo die Begehung der Handlung stattfand, denn der Erfolg schließt sich unmittelbar an die letzte Wirkung der in Bewegung gesetzten Kraft an, ist in Wahrheit nur eine besondere Erscheinungsform dieser weiterwirkenden Kraft, die als Schlußakt von ihnen herausgehoben wird für die strafrechtliche Betrachtung. An sich wirken diese Kräfte ja auch über den deliktischen Tatbestand noch hinaus, nur sind diese weiteren Wirkungen nicht mehr strafrechtlich relevant. Demnach ist die Eingabe von Gift im Ausland und die unter Fortwirkung der zerstörenden chemischen Kräfte im Körper des Vergifteten, der nachmals im Inland eingetretene Tod des Vergifteten eine Tötung, die teils im Ausland, teils im Inland begangen ist, da der Tod ein Tatbestandsmerkmal des Delikts der Tötung ist und mit ihm erst der Abschluß der Handlung erfolgt. Die über den Tatbestand des Delikts hinaus weiter eintretenden Wirkungen vermögen dagegen nicht mehr als Verwirklichungen des Delikts angesehen zu werden und kommen daher für das räumliche Geltungsgebiet des Strafgesetzes überhaupt nicht in Betracht; so ist die Handlung nach StGB. § 110 mit der Abgabe der Erklärung, die eine Aufforderung enthält, abgeschlossen und das Delikt vollendet. Die Weiterverbreitung dieser Aufforderung ist keine Fortsetzung dieser Handlung und erfolgt nur sie durch andere im Inland, die Aufforderung aber im Ausland, so ist der Täter jener Aufforderung straflos. Die Weiterverbreitung im Inland kann natürlich eine selbständige deliktische Handlung darstellen.

Es unterfällt auch immer die ganze Tätigkeit, auch insoweit sie zum Teil außerhalb des räumlichen Geltungsgebiets der Strafgesetze stattgefunden hat, der Beurteilung nach diesen Gesetzen. Gleichgültig ist es daher, wenn sie sich erst im Ausland vollendet hat und dort straflos ist. Dann liegt nicht nur Versuch vor, so RGSt. **49** 439, wo Versuch nur deshalb angenommen ist, weil der im Ausland straflose Erfolg nicht eingetreten war. A. M. Binding I 417, als „natürlich", dagegen selbst S. 422 ablehnend, der nur wegen Versuch, Hälschner **1** 154, der überhaupt nicht straft. Auch an dem Ort, wo nur der Erfolg eingetreten ist, ist hiernach die Handlung teilweise noch begangen. Gleichgültig ist es dabei, ob dieser Ort dem Willen des Täters entsprach oder nicht, so auch Olshausen Anm. 5; RGSt. **10** 420, **11** 20, **23** 155; a. M. RGSt. **1** 274, **3** 316, **20** 146. Entw. § 8: „Eine Tat ist an jedem Ort begangen, wo sich der Tatbestand der strafbaren Handlung ganz oder zum Teil verwirklicht hat oder im Fall des Versuchs nach dem Vorsatz des Täters verwirklichen sollte. — Eine Tat ist zu der Zeit begangen, zu der der Täter gehandelt hat oder hätte handeln müssen. Wann der Erfolg eintritt, ist nicht maßgebend."

Die Konkurseröffnung und Zahlungseinstellung ist eine Verwirklichung der Straftat selbst, ein Element der Handlung, das sie zur Vollendung bringt. Daher genügt die Zahlungseinstellung und Konkurseröffnung in Deutschland, um die Tat als im Inland begangen anzusehen, RGSt. **16** 188, **43** 85.

Diese sogen. „gemischte Theorie", von Hippel auch „Einheitstheorie" genannt, bei der die körperliche Tätigkeit und der Erfolg gleichgestellt werden, wird vertreten von Binding I, 416, Olshausen Anm. 3 zu § 3, Oppenhoff-Del., Mayer 93, v. Hippel ZStRW. **37** 13, u. Lehrb. S. 105, v. Lilienthal, Der Ort der begangenen Handlung (1890), Heymann, Territorialitätsprinzip und Distanzdelikt 1914, 37. Die sog. „Erfolgstheorie" lehrt dagegen, daß das Delikt ausschließlich an dem Ort und in der Zeit begangen sei, wo und wann der Erfolg eintrat. Ihr huldigte v. Liszt. Nach der „Tätigkeitstheorie" ist das Delikt nur dort und dann begangen, wo der Täter seine persönliche körperliche Tätigkeit entwickelte. So Kitzinger, VerglDarst. A. I S. 137, Gerland 95, Finger I, 338, Frank 30, Allfeld 17. Der **gemischten Theorie** huldigt nach gewissen Schwankungen in der Hauptsache auch die ständige und verständige Rechtsprechung des **RG.**, RGSt. **1** 274, **3** 316, **9** 10, **10** 420, **11** 20, **13** 337, **15** 232, **16** 188, **19** 147, **20** 146, 169, **23** 155, **25** 424, **30** 98, **39** 258, **40** 390, **41** 35, **42** 430, **48** 60; Rspr. **6** 183; GA. **48** 452 und des RMG. **13** 275, **16** 67, **12** 54; RMG. Nr. 1217, 23. X. 1917.

10. Im Sinne des **Prozeßrechts** gilt im allgemeinen derselbe Begehungsort, wie im Sinne des Strafrechts, StPO. § 7 Abs. 6, RGSt. **15** 232, **23** 157. Zugunsten der Preßdelikte werden jedoch in § 7 Abs. 2 für den Gerichtsstand besondere Bestimmungen getroffen. Ebenso ist aus praktischen Gründen für die Frage des Beginns der Verjährung, der Antragsfrist usw., der Zeitpunkt des letzten Tätigkeitsakts als Stichtag möglich.

11. Täter der strafbaren Handlung ist nicht der Haupttäter und Mittäter im Gegensatz zum Gehilfen, Anstifter, Begünstiger, sondern jeder, der eine mit Strafe bedrohte Handlung begeht. Dahingestellt gelassen RGSt. **9** 12.

12. Einzelnes: Die Vorbereitungshandlung kommt für den Begehungsort im allgemeinen nicht in Betracht. Meyer-Allfeld 119. Anders jedoch, wenn sie vom Mittäter vorgenommen wird. Denn da diese zur Mittäterschaft schon ausreicht, sofern nur überhaupt der Tätervorsatz vorhanden ist, 4 D 284/12 17. V. 12; 4 D 85/13 25. II. 13, so begründet der Ort ihrer Vornahme auch schon die Anwendung des Gesetzes auf die ganze Tat nach § 3. RGSt. **57** 144.

Versuch i. S. von § 43 liegt nur vor, wenn das Verbrechen oder Vergehen nicht zur Vollendung gekommen ist. Überall dort, wo die Ausführungshandlungen ganz (§ 46 Nr. 2) oder zum Teil (§ 46 Nr. 1) verwirklicht worden sind, ist daher die Versuchshandlung begangen, RGSt. **30** 99, **54** 249. Nicht zu verwechseln ist dies mit dem Falle, wo der gewollte Erfolg eingetreten ist, die Ausführungstätigkeit und der eingetretene Erfolg aber in verschiedenen Rechtsgebieten liegen. Die Tat ist unteilbar und bleibt es auch, wenn sie nur in einem Gebiete strafwürdig ist, RGSt. **10** 422, **11** 20. Liegt der Beginn der Handlung daher in Deutschland, das Ende und der Erfolg im Ausland, so ist wegen Vollendung zu strafen, wenn die Handlung in Deutschland strafwürdig ist, auch wenn sie im Ausland straflos wäre. A. M. Binding Hdb. I S. 417, Hälschner I, 154; Olshausen, Anm. 2, Kitzinger a. a. O. I, 203. Liegt der Beginn der Handlung dagegen im Ausland, das Ende und der Erfolg in Deutschland, so ist ebenfalls wegen Vollendung zu strafen, wenn die Handlung in Deutschland strafwürdig, auch wenn sie im Ausland straflos, dagegen ist die Handlung nicht nach § 3 zu strafen, wenn sie in Deutschland straflos und nur im Ausland strafwürdig ist. § 4 Abs. 1.

Mittäter handeln sämtlich im Inland, wenn auch nur einer von ihnen und zwar auch nur durch Vorbereitungshandlung dort tätig wird, da jeder die Verantwortung für die gemeinsame Ausübung trägt und die Tat des andern als eigene gewollt hat; RGSt. **11** 23, **13** 339, **57** 144. 1 D 527/24 3. X. 24.

Anstifter handeln im Inland sowohl dann, wenn sie dort die anstiftende Tätigkeit entwickelt haben, als wenn der Angestiftete dort in seinem Willen bestimmt worden ist. Denn diese Umstimmung des Willens ist der Erfolg der Anstiftungstätigkeit. Dagegen wird der Anstifter nicht auch dort tätig, wo der Angestiftete tätig wird oder der Erfolg seiner Handlung eintritt. Vielfach wird freilich der Ort der Haupttat auch für den der Teilnahmehandlung gehalten wegen der akzessorischen Natur dieser. So Birkmeyer, Die Lehre von der Teilnahme (1899) 176; Hergt, Lehre v. d. Teilnahme (1909), auch Binding I, 425 und RGSt. **9** 10, **11** 20, **19** 147, **25** 424. Nach der hier vertretenen Auffassung vom Wesen der Anstiftung kann dies jedoch nicht für zutreffend erachtet werden und es ist Frank 32 durchaus beizupflichten, daß die Frage der Lokalisierung der Teilnahmehandlung nichts mit ihrer Natur als akzessorische Handlung und ihrer Strafbarkeit gemein hat. Deshalb muß eine Teilnahmehandlung im Inland zu einer im Ausland begangenen Handlung, die nach dessen Recht straflos ist, ebenfalls straflos bleiben. So auch Heymann a. a. O. 65. A. M. Binding I, 425 und die frühere Auflage.

Mittelbare Täter sind strafbar, wenn sie im Inland das Werkzeug oder den unmittelbaren Täter in Bewegung setzten, auch wenn die Täterschaft im Ausland begangen ist und dort straflos ist, RGSt. **51** 11, oder wenn sie vom Ausland her den unmittelbaren Täter in Deutschland handeln lassen und dessen Tat strafbar ist, RGSt. **11** 23. Die Tat ist überall vom mittelbaren Täter dort begangen, wo ein mittelbarer oder unmittelbarer Täter tätig wurde. Wachenfeld ZStRW. **1918** 141.

Gehilfen handeln im Inland, wenn sie dort ihre helfende Tätigkeit entwickeln, ihre individuelle Willenstätigkeit räumlich sich auf deutschem Boden vollzogen hat, RGSt. **9** 11, auch wenn die Haupttat im Ausland begangen ist. Wenn ihre Tätigkeit dem ganzen Verlauf nach im Ausland liegt, die Tat, zu der sie solche leisteten, jedoch im Inland, so ist, da der Erfolg der Beihilfe in einer Förderung und Erleichterung der Haupttat liegt und diese Förderung notwendig dort wirksam wird, wo die Haupttat begangen wird, auch die Beihilfe teilweise im Inland begangen und nach dem Gesetze des Inlands strafbar. Der Fall liegt insoweit anders als bei der Anstiftung. RGSt. **11** 20, **19** 147, **20** 169. Ist die Haupttat nach deutschem Recht strafbar, wenn sie im Inland erfolgt ist, so ist die im Ausland begangene Beihilfe auch dann strafbar, wenn die Haupttat nach ausländischem Recht straflos ist. Dagegen bleibt die inländische Beihilfe zu einer Zuwiderhandlung nur gegen ausländische Strafgesetze straflos, RGSt. **14** 125, **19** 196, **23** 300, es sei denn, daß die Zuwiderhandlung gegen ausländische Normen auch vom deutschen Rechte selbständig verboten wäre, RGSt. **19** 192. Das gleiche gilt auch für die intellektuelle Beihilfe des StGB. § 257 Abs. 3.

Auch für Begünstigung und Hehlerei wird durch die Vortat kein Begehungsort geschaffen, RGSt. **43** 85.

Fortgesetzte Handlung und Kollektivvergehen, Dauerdelikte. Diese über längere Zeit sich erstreckenden und über mehrere Gebiete gehenden, zu einer Einheit zusammengefaßten mehreren Tätigkeitsakte sind ebenso wie die Einheitshandlung, die in einem Tätigkeitsakte besteht, überall dort begangen, wo sie verwirklicht worden sind. Es gilt für sie dasselbe. Wenn auch nur eine Einzeltätigkeit von ihnen im Inland begangen ist, bestimmt sich die Strafbarkeit für die ganze Tat nach dem Recht des Inlandes, RGSt. **19** 147, **20** 169, **50** 423; 1 D 19/09 22. II. 09. Keinesfalls ist nur das Recht des letzten Tätigkeitsaktes maßgebend.

Echte Unterlassungen gelten dort als begangen, wo die gebotene Handlung spätestens vorzunehmen war, also meist dort, aber nicht notwendig, wo der Täter sich befand, als er handeln sollte und nicht handelte; nicht auch da, wo infolge der Unterlassung der rechtswidrige Erfolg, der abgewendet werden sollte durch eine Handlung, insbesondere die Verletzung des geschützten Rechtsguts, eintrat, Finger, Strafrecht, 432, a. M. Binding I 423. RMG. **16** 66; v. Rohland, Die strafbare Unterlassung 1895, S. 71 ff.; Frank 31. Für die unrechten Unterlassungsdelikte ist aber wiederum der Erfolg in gleicher Weise zu berücksichtigen.

Für Preßdelikte vgl. Kitzinger, Komm. z. Preßges. 131.

§ 4. Wegen der im Auslande begangenen Verbrechen und Vergehen findet in der Regel keine Verfolgung statt.

Jedoch kann nach den Strafgesetzen des Deutschen Reichs verfolgt werden:

1. **ein Deutscher oder ein Ausländer, welcher im Auslande eine hochverräterische Handlung gegen das Deutsche Reich oder ein deutsches Land, oder ein Münzverbrechen oder Münzvergehen, oder als Beamter des Deutschen Reichs oder eines deutschen Landes eine Handlung begangen hat, die nach den Gesetzen des Deutschen Reichs als Verbrechen oder Vergehen im Amte anzusehen ist;**
2. **ein Deutscher, welcher im Auslande eine landesverräterische Handlung gegen das Deutsche Reich oder ein deutsches Land begangen hat;**
3. **ein Deutscher, welcher im Auslande eine Handlung begangen hat, die nach den Gesetzen des Deutschen Reichs als Verbrechen oder Vergehen anzusehen und durch die Gesetze des Orts, an welchem sie begangen wurde, mit Strafe bedroht ist.**

Die Verfolgung ist auch zulässig, wenn der Täter bei Begehung der Handlung noch nicht Deutscher war. In diesem Falle bedarf es jedoch eines Antrages der zuständigen Behörde des Landes, in welchem die strafbare Handlung begangen worden, und das ausländische Strafgesetz ist anzuwenden, soweit dieses milder ist.

Entw. § 6.

1. **Im Ausland begangen** ist eine Straftat nur dann, wenn der Ort, an dem sie verübt wurde, zur Zeit ihrer Vornahme Ausland war. War er damals Inland, so kommt es darauf, ob er vorher Ausland war oder nachher Ausland wurde, nicht an, RGSt. **55** 267. Ausland ist ein Gebiet nicht schon deshalb im Sinne des StGB., weil es staats- oder völkerrechtlich nicht zum Deutschen Reich gehört, so für die Schutzgebiete

schon RGSt. **44** 407, wie umgekehrt ein staatsrechtlich inländisches Gebiet strafrechtlich als Ausland behandelt werden kann. Das Memelgebiet ist zwar nach Art. 99 des Friedensvertrages Ausland geworden, doch sind dort die deutschen Strafgesetze in Kraft geblieben, ist also i. S. des StGB. Inland. Ebenso in den an Polen abgetretenen Gebieten Preußens, 4 D 384/24 6. VI. 24 und in Danzig, wie sich aus dem Ges. über die Strafvollstreckung aus Urteilen der Gerichte in den Gebieten der Freien Stadt Danzig und des Memellandes v. 1. XII. 1923 (RGBl. I 1167) ergibt. Frank S. 38; Olshausen Anm. 4 z § 8; Salomonski in JW. 1933 S. 3799. Das Saargebiet ist zwar Inland, wird aber hinsichtlich der Regeln nach §§ 4—7 als Ausland entsprechend behandelt, Ges. über vorübergehende Rechtspflegemaßnahmen im Hinblick auf das Saargebiet vom 10. III. 22 (RGBl. I 241) § 1. Frank, Die staats- u. völkerrechtliche Stellung des Saargebiets, Arch. f. öffentl. R. Bd. XLIII, Heft 1, S. 37. Auch im Inland begangen aber ist eine Tat schon dann, wenn nur ein Teil von ihr im Inland begangen worden ist. Für solche Handlungen ist daher § 4 nicht anwendbar. Wenn eine im Inland begangene Tat nach § 73 mit einer im Ausland begangenen zusammentrifft, so bewirkt dieses Zusammentreffen allein nicht die völlig im Ausland liegende Handlung als im Inland begangen anzusehen, RGSt. **57** 145; da für die Mittäterschaft das RG. genügen läßt, daß der eine Täter nur Vorbereitungshandlungen begangen hat, RGSt. **53** 138, so nimmt es an, daß diese im Inland begangene Vorbereitungshandlung genügt, um das gesamte in Mittäterschaft verübte Verbrechen als im Inland begangen anzusehen. RGSt. **57** 145. Gegen diese Auffassung s. Einführung.

2. Während § 3 bestimmt, daß jedenfalls die im Gebiet des Deutschen Reiches begangenen Handlungen, gleichviel, ob sie vom Inländer oder Ausländer begangen sind, unterschiedlos gemäß dem Territorialprinzip von den deutschen Strafgesetzen ergriffen werden, fehlt eine Bestimmung darüber, ob und wie weit diese deutschen Gesetze im Ausland Deutsche oder sogar auch Ausländer ergreifen wollen. Nach dem Personalitäts- oder Nationalitätsprinzip würden die deutschen Gesetze auch einen Deutschen im Auslande schlechthin verpflichten, nach dem Real- oder Schutzprinzip würden die deutschen Gesetze, soweit sie inländische Rechtsgüter schützen wollen, auch gegen Ausländer im Ausland Geltung beanspruchen, und vollends nach dem Weltrechtsprinzip würden die deutschen Gesetze im Ausland begangene Handlungen ergreifen, gleichviel, ob von Inländern oder Ausländern begangen, auch wenn sie keine inländischen Rechtsgüter verletzen, aber solche, an deren Unverletzlichkeit alle Staaten, Ausland wie Inland, gleiches Interesse haben. Alle diese Erstreckung der Geltungsmacht deutscher Strafgesetze bedeutet keine Ausnahme vom Territorialprinzip, sondern ist mit diesem durchaus vereinbar, insofern sie neben ihm stattfinden kann. § 4 trifft unmittelbar keine Entscheidung darüber, ob und in welchen Fällen eine derartige Erstreckung der Geltungsmacht deutscher Gesetze über das Gebiet des Deutschen Reiches hinaus stattfindet. Abs. 1 geht von der Möglichkeit, daß eine solche Erstreckung vorliegt, aus, bestimmt aber als Regel, daß jedenfalls wegen der Zuwiderhandlungen gegen sie keine Verfolgung stattfinden soll. Damit wird nicht die Entstehung von Strafrechten, sondern von Strafverfolgungsrechten verneint, ebenso wie in § 6, wo unter „sind zu bestrafen" nicht die Entstehung, sondern die Durchführung von Strafrechten zu verstehen ist. A. M. Binding Hdb. I 591.

Daß **Abs. 1** nur diese **Strafklagrechte** im Auge hat, ergibt nicht nur der Wortlaut der Bestimmung, der von Verfolgung spricht, sondern auch Abs. 2, der von Abs. 1 Ausnahmen bringen will, diese Ausnahmen aber zweifellos nur die Strafverfolgung im Auge haben kann. Denn er bestimmt lediglich die Zulässigkeit der Strafverfolgung, enthält also eine Ausnahme von StPO. § 152, bedeutet somit selbst nur eine prozessuale Vorschrift. Er bringt für diese Ausnahmen von der Nichtverfolgbarkeit das **Opportunitätsprinzip** zur Geltung, RGSt. **44** 117, **57** 48, das auch in StPO. § 153 und im Jugendgerichtsgesetz v. 16. II. 23 in gewissem Umfange Anerkennung gefunden hat. Ist aber die Eigenschaft, Deutscher zu sein, nur eine objektive Voraussetzung für die Zulässigkeit der Strafverfolgung, so ist diese auch nicht ein Teil des Tatbestands der strafbaren Handlung und bedarf z. B. nicht der Feststellung durch die Geschworenen, 1 D 1443/98 30. IV. 1898. Die Eigenschaft des Deutschseins oder Ausländerseins muß auch zur Zeit der Strafverfolgung vorhanden sein.

Indem **Abs. 2** aber die Strafverfolgung der unter 1—3 bezeichneten, im Ausland begangenen Handlungen gemäß dem Opportunitätsprinzip zuläßt, bringt er zugleich allerdings mittelbar zum Ausdruck, daß er insoweit auch von der Geltung der deutschen Strafgesetze über das Reichsgebiet hinaus ausgeht und für die genannten verfolgbaren Handlungen die Geltung, sei es des Weltrechtsprinzips, sei es des Schutzprinzips, sei es des Personalitätsprinzips, anerkennt. Auf dieser in Abs. 2 mittelbar anerkannten Erstreckung des deutschen Strafgesetzes über das Reichsgebiet hinaus gemäß jenen Prinzipien beruht dann die Entstehung des deutschen Strafrechts, nicht unmittelbar auf der Vorschrift des Abs. 2, die das Strafrecht als bestehend schon voraussetzt und nur die Verfolgbarkeit der vorhandenen Strafansprüche regelt. § 4 des preuß. StGB. sagte: „Wegen der im Ausland begangenen Verbrechen usw. findet in Preußen in der Regel keine Verfolgung und Bestrafung statt". Der Entwurf § 6 sagt ausdrücklich: „Die Strafgesetze des Reichs gelten unabhängig von den Gesetzen des Tatorts für folgende Taten, wenn sie im Ausland begangen werden."

3. Von der Anordnung des Abs. 1, die im Ausland begangenen Verbrechen und Vergehen (und Übertretungen) nicht zu verfolgen, werden zunächst in Abs. 2 und § 6 folgende **Ausnahmen** gemacht für sog. **Weltverbrechen:**

Nr. 1. a) Hochverräterische Handlungen gegen das Deutsche Reich oder einen Bundesstaat, jetzt Land, gleichviel, ob sie von einem Deutschen oder einem Ausländer begangen werden, dürfen verfolgt werden, auch wenn sie nach den Gesetzen des Auslandes, wie vorauszusetzen, straflos sind. Die Angriffe des Ausländers auf das Deutsche Reich als „Verrat" zu kennzeichnen, ist verkehrt, denn er steht in keinem Treuverhältnis zum Reich. Wer Deutscher ist, bestimmt sich nach dem Reichs- und Staatsangehörigkeitsgesetz. Es kommt nicht auf die Zugehörigkeit zum Volkstum, sondern auf die Staatsangehörigkeit an. In Anwendung des **Schutz- und Realprinzips** wird also die Integrität des Reichs und der Länder als eines inländischen Rechtsguts auch gegen Angriffe vom Ausland her geschützt. Hochverräterische Handlungen sind nicht nur die eigentlichen Straftaten des Hochverrats nach §§ 81—82 als Angriffe auf die Staatsverfassung oder das Staatsgebiet, sondern weiter auch die der §§ 83—86, RGSt. **16** 165; a. M. mit Unrecht Rubo S. 275. Ausscheidet jetzt der Fall des § 80. Eine Erweiterung der Weltverbrechen bringt ferner § 11 des Ges. z. Schutze der Republik v. 26. II. 22 für die dort in §§ 1—8 bezeichneten Handlungen.

b) Münzverbrechen sind die Straftaten der §§ 146, 147, 149 „oder Münzvergehen" ist durch Ges. z. Abänderung strafr. Vorschr. vom 26. V. 1933 (RGBl. I 295) eingefügt worden. Es betrifft §§ 150, 151. Hier liegt das Weltrechtsprinzip zugrunde, es kommen die solidarischen Interessen aller Staaten auf diesem kapitalistischen und Verkehrsgebiete zur Geltung, freilich zugleich im wohlverstandenen eigenen Interesse, Binding Hdb. I 428, es wird also auch der Ausländer bestraft, der ausländisches Geld im Ausland nachmacht, sofern dieses Metallgeld oder Papiergeld i. S. von § 146 ist oder den in § 149 erwähnten Zahlungsmitteln gleichsteht. § 150 gehört nicht hierher.

c) Die Aufzählung der Weltverbrechen in § 4 Nr. 1 ist nicht vollständig. Zu ihnen gehören zunächst die im StGB. §§ 102, 140, 298, MStGB. § 7, RGSt. **58** 311, 155, 160 genannten Straftaten, sodann verschiedene in Nebenstrafgesetzen behandelten. Vgl. unten 4.

d) Verbrechen und Vergehen im Amte eines Beamten des Deutschen Reichs oder Bundesstaats (Landes). Hierunter fallen nicht nur die echten Amtsdelikte des StGB. und der Nebengesetze, sondern auch die, bei denen die Beamteneigenschaft einen Strafschärfungsgrund bildet, wie §§ 128 Abs. 2, 129 Abs. 2, 155 Abs. 3, 174 Nr. 1, 2, 3, 222 Abs. 2, 230 Abs. 2, 300, 316 Abs. 2, 318 Abs. 2, 322 Abs. 1, Olshausen Anm. 10; Binding Hdb. I, 432; Hälschner 2 1035; Schwarz A. 2; a. M. Frank S. 34; M. E. Mayer S. 74; Oppenhoff-Del. 20. Daß der Beamte im Auslande seinen Amtssitz hat, ist nicht erforderlich, wenn er dort nur als Beamter, auch nur vorübergehend tätig wird oder eine solche amtliche Tätigkeit sich anmaßte. Der Beamte kann auch ein Ausländer sein. Die Liste der Weltverbrechen ist in E. § 5 erweitert.

Nr. 2. Landesverräterische Handlungen eines Deutschen gegen das Deutsche Reich oder ein Land, auch wenn sie vom ausländischen Recht nicht bedroht sind, nach StGB. §§ 87—90. Gegen Ausländer § 91. Im Gegensatz zu Nr. 1 scheidet hier der Ausländer aus. Es kommt auch hier das **Schutz- oder Realprinzip** zur Geltung, wenn auch abgeschwächt und in Verbindung mit dem Personalitätsprinzip. Eine Erweiterung bringt VO. des Reichspräs. gegen Verrat am deutschen Volk und hochverräter. Umtriebe vom 28. II. 33 (RGBl. I 85) § 4.

Nr. 3. a) Verübung eines Verbrechens und Vergehens i. S. des StGB. durch einen Deutschen ohne jede Ausnahme, also auch, soweit sie sich als sog. Staatsdelikte, d. i. als Angriffe auf die Integrität des Staates selbst, darstellen, RGSt. 8 55. Hier kommt das **Personalitäts- oder Nationalitätsprinzip** zum Ausdruck. Die Verfolgung wird aber weiter von einer anderen Bedingung, nämlich davon abhängig gemacht, daß die Zuwiderhandlung gegen die deutschen Strafnormen auch nach dem Territorialitätsprinzip durch die Normen des ausländischen Strafgesetzes, auch Militärstrafgesetzes (nicht bloß Disziplinargesetzes, RGSt. **9** 380) verboten und mit Strafe bedroht ist, gleichviel, wie nach diesem die Handlung strafrechtlich charakterisiert wird; unter Handlung ist lediglich das bestimmte historische Vorkommnis zu verstehen, RGSt. **5** 424, **10** 221, **15** 221; gleichviel auch, welche Bedingungen für die Strafverfolgungen das ausländische Recht im übrigen setzt und ob diese Bedingungen gegeben sind oder nicht, RGSt. **40** 404. Insbesondere ist die Frage nach dem Eintritt der Verjährung ausschließlich nach StGB. §§ 67, 68 zu beurteilen und nicht von Bedingungen abhängig, die das ausländische Recht dafür stellt, unbeschadet der Vorschrift des § 5 Nr. 2. RGSt. **40** 402. Ebenso sind die Vorschriften des ausländischen Rechtes über Deliktskonkurrenz gleichgültig und jedenfalls vom deutschen Richter nicht anzuwenden. Es kommt allein darauf an, daß die Tat nach ausländischem und nach inländischem Recht strafbar ist, RGSt. **42** 333. Zivilistische Vorfragen sind natürlich nach ausländischem Recht zu beurteilen, RGSt. **27** 135. Die Tatbestandsmerkmale müssen sonach vom Richter nach ausländischem und nach inländischem Recht festgestellt werden, RGSt. **13** 232, **31** 122, **33** 271, **40** 402, **43** 84, **57** 48. A. M. Finger **1** 140 Nr. 160.

b) Unter Umständen kann wegen der Verübung eines Verbrechens und Vergehens i. S. des StGB. im Auslande ein Deutscher auch bestraft werden, obgleich er bei Begehung der Straftat noch Ausländer war, sofern er nur nachher Deutscher geworden ist. Ob er dies wurde durch Naturalisation oder durch Inkorporation von Gebietsteilen, ist gleichgültig, Binding Hdb. I S. 439 Anm. 6. So bestimmt auch E. 19 allgemein in § 2 Abs. 1, unter Aufgabe der weiteren Voraussetzungen, wie sie unten erwähnt sind. Amtl. Entw. § 6, Nr. 1: wenn der Täter zur Zeit der Tat Deutscher war oder nach der Tat Deutscher geworden ist. A. M. Olshausen Anm. 17. Die Staatsangehörigkeit ist von Amts wegen zu prüfen. Recht **1914** Nr. 1927. Durch bloßes Wohnen in Deutschland wird ein Ausländer nicht zum deutschen Staatsangehörigen. Das gilt besonders für die in Deutschland lebenden Personen russisch-polnischer Herkunft, die polnische Staatsangehörige sind. Makarov in Jur. Wochenschr. 1933 S. 3800. Die Strafbarkeit hängt dann aber noch von einer dritten Bedingung ab: die zuständige Behörde des ausländischen Begehungsorts muß die Verfolgung verlangen. Welche Behörde das ist, richtet sich nach der Staatsverfassung des Auslandes und der abgeschlossenen Staatsverträge oder des Völkerrechts. Im Zweifel verlangt die Bestrafung der auswärtige Justizminister durch den Minister des Auswärtigen, es muß aber nicht notwendig durch die den Staat im internationalen Verkehr vertretende Behörde geschehen. Die Antragsfristen des § 61 kommen hierbei nicht in Frage, RGSt. **16** 216; Rspr. **9** 481; Binding Hdb. I 438. Endlich muß als vierte Bedingung hinzukommen, daß das deutsche Recht milder ist als das ausländische, andernfalls ist das ausländische Strafrecht anzuwenden. Der einzige Fall, in dem der deutsche Strafrichter genötigt ist, ausländisches Strafrecht anzuwenden. Die Vorschriften des § 2 Abs. 2 finden hier Anwendung. Haben die Täter im Falle der Nr. 1—3 ihre Eigenschaften als Deutsche verloren, nachdem sie die Straftaten begangen hatten, finden die Vorschriften des § 4 nur noch Anwendung, soweit sie auch gegen Ausländer zulässig sind, also nur in dem Falle der Nr. 1. Auch hier ist es gleichgültig, ob sie die Eigenschaft der deutschen Nationalität durch Naturalisation infolge Auswanderung oder durch Inkorporation ursprünglich deutscher Gebietsteile verloren haben.

Besitzt jemand inländische und ausländische Staatsangehörigkeit, so kommen nur die Vorschriften gegen ihn als Deutschen in Betracht, Recht **1916** Nr. 582. Durch Erwerb einer fremden Staatsangehörigkeit hört die deutsche Staatsangehörigkeit nicht von selbst auf. Vgl. dazu Bundes- u. Staatsangehörigkeits-Ges. vom 1. VI. 1870. RGSt. 4 271.

c) Weitere Einschränkungen von Nr. 3 bringt § 5.

d) Wenn die Handlung in mehreren ausländischen Staaten begangen ist, so genügt es, wenn nach einem von ihnen die Handlung mit Strafe bedroht ist und nach dem Rechte dieses Staats oder eines andern ausländischen Staats auch auf die Handlung Anwendung erleidet — entsprechend den Grundsätzen zu § 3.

4. **Weitere Ausnahmen** von der Regel des Abs. 1 bringen folgende Strafgesetze:

a) StGB. §§ 102, 140 Nr. 1, 298.

b) MStGB. §§ 7, 155, 160, 161 (wegen Beihilfe vom Inland aus vgl. RGSt. in Recht **1918** Nr. 1449), 57—59, 134, 166; **RGSt. 58 311.**

c) Von Nebengesetzen: Sprengstoffgesetz v. 9. VI. 1884 §§ 5, 6, 7, 8, 10, 12; Ges. betr. Flaggenrecht der Kauffahrteischiffe v. 22. VI. 1899 § 24; Ges. gegen Verrat milit. Geheimnisse 3. VI. 1914 § 16; Gesetz gegen Sklavenraub, 28. VII. 1895 § 5; Seemannsordnung 1902 § 121; Auswanderungsgesetz 1897 §§ 43 Abs. 3, 47; Robbengesetz von 1876; Ges. v. 1884 betr. Fischerei in der Nordsee § 1; Ges. betr. Branntweinhandel unter den Nordseefischern v. 1894; Ges. v. 1884 betr. Ausführung des Pariser Kabelschutzvertrages; Ges. über Schiffsmeldungen bei Konsulaten, 25. III. 1880, § 4; Auswanderungsgesetz 1897 § 43; Ges. über Stellenvermittl. f. Schiffsleute v. 2. XI. 1902, § 9. RepSchutzG. v. 21. VII. 22 § 11. VO. des Reichspräs. zur Abwehr heimtückischer Angriffe gegen die Regierung der nationalen Erhebung v. 21. III. 33 § 2 Abs. 3 (RGBl. I 135).

5. Auf die teils im Inland, teils im Ausland begangenen Verbrechen und Vergehen bezieht sich § 4 ebensowenig wie § 3. Es gilt hierüber das in § 3 Ausgeführte.

§ 5. Im Falle des § 4 Nr. 3 bleibt die Verfolgung ausgeschlossen, wenn

1. von den Gerichten des Auslandes über die Handlung rechtskräftig erkannt und entweder eine Freisprechung erfolgt oder die ausgesprochene Strafe vollzogen,

2. die Strafverfolgung oder die Strafvollstreckung nach den Gesetzen des Auslandes verjährt oder die Strafe erlassen, oder

3. der nach den Gesetzen des Auslandes zur Verfolgbarkeit der Handlung erforderliche Antrag des Verletzten nicht gestellt worden ist.

Entw. § 6.

1. Die Vorschrift ist als **dritter Absatz der Nr. 3 des § 4** zu lesen und enthält eine **Ausnahme** von der dort für zulässig erklärten Verfolgung eines Deutschen wegen eines im Ausland begangenen Verbrechens oder Vergehens unter den dort angegebenen Bedingungen, somit eine Rückkehr zur Regel des § 4 Abs. 1. Erblickt man in § 4 keine prozessuale, sondern eine materielle Vorschrift über die Entstehung des inländischen Strafrechts, so muß auch § 5 trotz der prozessualen Einkleidung als materielle Vorschrift aufgefaßt werden. Binding Hdb. I 444. A. M. Olshausen Anm. 1. Vgl. hierzu ferner Ges. über vorübergehende Rechtspflegemaßnahmen usw. v. 10. III. 22.

2. Die **Verfolgung** bleibt in den unter 1—3 genannten Fällen ausgeschlossen, also auch die Weiterverfolgung, nicht nur der Eintritt der Verfolgung. Es sind daher die nach der Klageerhebung erst eintretenden Ausschließungsgründe gleichfalls zu beachten und in jeder Lage des Verfahrens zu berücksichtigen. Sie bringen den Strafantrag des Staats selbst zum Untergang, ebenso wie Niederschlagung, Verjährung, Binding Hdb. I 445. Bestritten. A. M. Liszt 106; Olshausen Anm. 1 u. 2, und RGSt. **22** 341. Ist nach ausländischem Recht das dort eingeleitete und durchgeführte Strafverfahren wieder aufgenommen worden, so bleibt bis zur Entscheidung dieses Wiederaufnahmeverfahrens in der Schwebe, ob der Ausschluß der inländischen Strafverfolgung nach § 5 vorliegt. Diese ist sonach in dieser Zeit zwar statthaft, muß aber wieder eingestellt werden, wenn das Wiederaufnahmeverfahren des Auslandes erfolglos bleibt.

3. Ist die Handlung im Gebiet mehrerer Staaten begangen und kommen demgemäß die Strafrechte mehrerer Staaten in Frage, so müssen hinsichtlich aller Staaten die Ausschlußgründe vorliegen. Fehlen diese in Nr. 1—3 angeführten Gründe auch nur für einen Staat, ist somit in diesem noch eine Verfolgung zulässig, so ist auch das deutsche Strafrecht noch nicht untergegangen, Schwartz, Anm. 2, a. M. Binding Hdb. I 444.

4. **Nr. 1. Gerichte des Auslands,** d. i. ausländische Gerichtsbehörden. Das sind auch die nach der VO. der administration superieur de la Sarre v. 15. X. 19 gebildeten Sondergerichte. Mithin findet deshalb § 5 ebenfalls Anwendung; RGSt. **59** 10; 3 D 18/26 12. IV. 26. Es müssen solche Gerichtsbehörden sein, die rechtskräftig erkennen können und deren Entscheidungen nach der Auffassung des deutschen Rechts einen solchen prozessualen Wert haben, daß sie die Beachtung des Grundsatzes ne bis in idem begründen. Bloßen polizeilichen oder verwaltungsbehördlichen Strafbefehlen oder Strafverfügungen ausländischer Behörden ist daher die Bedeutung eines rechtskräftigen richterlichen Erkenntnisses ebensowenig zuzugestehen, wie dies bei deutschen Behörden dieser Art der Fall sein würde. Im übrigen aber ist ausländisches Recht maßgebend, ob es sich um eine richterliche Behörde handelt, und daran hindert auch nicht, wenn die Stellung des Richters verfassungsmäßig anders ist als in Deutschland. Insbesondere kann auch eine Verwaltungsbehörde als richterliche Behörde funktionieren. Vgl. einerseits Olshausen Anm. 3, Binding Hdb. I 445; andererseits Schwartz Anm. 3. — Aus der Fassung der Vorschrift ergibt sich, daß **Inhalt des Erkenntnisses** über die Handlung sein muß entweder **Freisprechung** oder Ausspruch einer **Strafe,** denn es wird weiter in diesem Falle Vollzug der „ausgesprochenen" Strafe verlangt. Bloße Einstellung der Strafverfolgung genügt sonach nicht, auch wenn sie in einem Urteil erfolgte, 1 D 651/14 27. VI. 14. Gerichtssaal 62 (1916), 161. Im übrigen ist das ausländische Recht für die Form des Erkenntnisses maßgebend.

Lautet das Erkenntnis auf Strafe, so muß als weitere Bedingung für den Ausschluß der deutschen Strafverfolgung hinzukommen, daß diese auch **ganz vollzogen** worden ist, RGSt. **16** 319, 1 D 903/24 19. XII. 24 oder ein Umstand vorliegt, der dieser Vollziehung nach den Gesetzen des Auslandes gleichgeachtet wird, Erlaß, Verjährung (Nr. 2), bedingte Entlassung, RGSt. **44** 433.

Die Folge der Aberkennung der bürgerlichen Ehrenrechte kann nach § 37 trotz des Ausschlusses der Strafverfolgung im übrigen herbeigeführt werden.

Nr. 2. Die Verjährung richtet sich nach ausländischem Recht, von dem sich das Gericht von Amts wegen Kenntnis zu verschaffen hat, RGSt. **44** 118; bei der Verjährung nach inländischem Recht kommt von selbst § 66 zur Anwendung. Kommen mehrere ausländische Rechtsgebiete als Begehungsort in Betracht, so findet der Strafverfolgungsausschluß der Nr. 2 nicht statt, wenn nach dem Recht eines Staates die Straftat noch nicht verjährt, sonach in ihm noch verfolgbar ist.

Auch der **Erlaß der Strafe** ist nach ausländischem Recht zu beurteilen, insbesondere, ob solche bei bedingter Begnadigung stattfindet. Ist nur ein Teil der Strafe erlassen oder verbüßt, findet auf die in solchem Falle zulässige Verfolgung § 7 entsprechende Anwendung.

Nr. 3. Ist die nach § 4 Nr. 3 Abs. 1 für die Zulässigkeit der inländischen Strafverfolgung notwendige Strafbarkeit der Handlung auch nach ausländischem Recht davon abhängig, daß ein **Strafantrag** des Verletzten gestellt ist, so entfällt mit dem Mangel eines solchen Antrags die Möglichkeit der Strafverfolgung ohne weiteres und es bleibt bei der Regel des § 4 Abs. 1. Nr. 3 des § 5 spricht das noch ausdrücklich aus. Da über das Erfordernis des Antrags das ausländische Recht entscheidet, ist auch der Antrag zunächst bei der Strafverfolgungsbehörde des Auslandes zu stellen, RGSt. **44** 433, keinesfalls die Stellung bei der deutschen Behörde erforderlich (RGSt. **27** 161 wird aufgegeben). Fraglich kann daher nur sein, ob ein Antrag bei den deutschen Strafverfolgungsbehörden ebenfalls genügt, was bejaht werden kann. Dann ist er hier in den Formen des deutschen Rechts zu stellen, 2 D 575/14 21. I. 15. Ob ein Strafantrag rechtswirksam zurückgenommen werden kann, ist ebenfalls nur nach dem ausländischen Recht des Begehungsorts zu entscheiden.

Ist für die Straftat, weil sie sich in das räumliche Gebiet mehrerer Auslandstaaten erstreckt, das Recht mehrerer Staaten anwendbar, so bedarf es eines Strafantrags nur, wenn dieser nach dem Recht aller Staaten gefordert wird.

§ 6. Im Auslande begangene Übertretungen sind nur dann zu bestrafen, wenn dies durch besondere Gesetze oder durch Verträge angeordnet ist.

Entw. § 377.

1. Wie § 4 Abs. 1 als Regel aufstellt, daß im Ausland begangene Verbrechen und Vergehen nicht verfolgt werden, so bestimmt § 6 ergänzend weiter, daß auch im Ausland begangene Übertretungen in der Regel nicht zu bestrafen sind. Wie weiter § 4 Abs. 2 in Verbindung mit § 5 von dieser Regel Ausnahmen zuläßt, so erkennt auch § 6 Ausnahmen an, soweit die Strafverfolgung durch besondere Gesetze oder Verträge normiert ist. E. § 377: Für Übertretungen, die im Ausland begangen werden, gelten die deutschen Strafgesetze nur, soweit es besondere Gesetze oder Verträge anordnen.

2. Besondere Gesetze und besondere Verträge, in denen der Vorbehalt der Verfolgung gemacht wird, können sowohl die des Reichs als die der einzelnen Länder sein. Selbstverständlich kann das Land nur hinsichtlich der Übertretungen vertragliche Vereinbarungen treffen, die es nach seinen gesetzlichen Vorschriften sind, nicht wegen der Übertretungen, die es nach Reichsgesetzen sind. Binding Hdb. I 437; Köhler in SeuffBl. f. Rechtsanw. a. a. O. S. 95. Dasselbe gilt für das Reich. Ob die Handlung eine Übertretung ist, ist jedenfalls nicht nach ausländischem Recht, sondern nach dem Recht des Deutschen Reichs oder seiner Länder, zu beurteilen, RGSt. 18 299.

3. Das Reich hat z. B. einen Vertrag mit Belgien v. 29. IV. 1885 über Bestrafung von Forst-, Feld- und Jagdfreveln usw., der am 29. V. 20 durch Bek. v. 20. VI. 20 (RGBl. 1397) wieder in Kraft getreten ist.

4. Die Anordnung der Bestrafung der Übertretung durch besondere Gesetze oder Verträge des Reichs oder der Länder muß vor der Begehung der Übertretung erfolgt sein; denn durch diese Anordnung wird erst eine Bedingung für das inländische Strafrecht geschaffen, vorher erstreckte sich dieses nicht auf die im Ausland begangenen Handlungen, demnach waren auch diese nach § 2 Abs. 1 des StGB. nicht mit Strafe bedroht. Oppenhoff-Del. Note 5.

5. Die **Ausschließungsgründe des § 5** müssen auch für die Übertretungen **entsprechend Anwendung** finden. § 2 Abs. 1 steht nicht entgegen. Binding Hdb. I 443. Doch kann abweichendes gesetzt oder vereinbart werden. Schwartz Note 3. Ebenso ist in den Gesetzen oder Verträgen zu bestimmen, ob das Legalitätsprinzip eingeschränkt werden soll oder nicht. Die Vorschrift des § 4 Abs. 2 ist nicht ohne weiteres anzuwenden.

6. Ges. v. 10. III. 22 bezieht sich auch auf § 6.

§ 7. Eine im Auslande vollzogene Strafe ist, wenn wegen derselben Handlung im Gebiete des Deutschen Reichs abermals eine Verurteilung erfolgt, auf die zu erkennende Strafe in Anrechnung zu bringen.

1. Die Regel des ne bis in idem gilt nur für die Erkenntnisse inländischer Gerichte ausländische braucht der Staat nicht als ihn bindend anzuerkennen, soweit er dies nicht freiwillig tun will, wie in § 5 bestimmt. § 7 enthält daher nicht eine Anerkennung der ausländischen Urteile als für das Reich verbindlich und enthebt nicht den Richter, die Tat nach deutschem Recht zu beurteilen und für sie eine Strafe auszuwerfen, wie dieses es fordert, unabhängig von einer bereits durch ausländisches Urteil erkannten Strafe, sondern es verordnet nur, aus Billigkeit auf die erkannte Strafe eine wegen derselben Straftat im Ausland bereits vollzogene Strafe in Anrechnung zu bringen. Ebensowenig, wie § 60 also die Auswerfung der vollen Strafhöhe erübrigt und nur die Anrechnung gestattet, ist nach § 7 diese Auswerfung der vollen Strafe und die Verurteilung selbst durch das ausländische Urteil ausgeschlossen. § 7 geht aber insofern weiter als § 60, als er die **Anrechnung** der im Ausland vollzogenen Strafe **zwingend** vorschreibt, während die Anrechnung der Untersuchungshaft nach § 60 nur dem Richter gestattet ist. Ebenso zwingend die Anrechnung der Disziplinarstrafe nach SeemO. § 110. Dagegen leider nicht die vollzogene rechtswidrig verhängte militärische Disziplinarstrafe. Vgl. M. E. Mayer, Disziplinar- und Beschwerderecht (1910) S. 18. Nicht anwendbar ist ferner § 7 auf die von einem Kriegsgericht der Besatzungstruppen des linksrheinischen Gebiets verhängte Strafe. Die dort bestehende inländische Gerichtsbarkeit

ist grundsätzlich durch die Besetzung weder aufgehoben noch beschränkt, die Gerichtsbarkeit der Besatzungsmächte besteht daneben; a. M. Olshausen Anm. 1. Es kann aber u. U. der Grundsatz des ne bis in idem hier zur Anwendung kommen, RGSt. **54** 139.

2. Voraussetzung ist zunächst, daß **wegen derselben Handlung** eine Verurteilung im Ausland vorliegt, wegen der auch im Inland die Verurteilung erfolgt. Auch hier ist lediglich derselbe historische Vorgang gemeint, nicht ist erforderlich, daß dieser dieselbe rechtliche Beurteilung im ausländischen wie im deutschen Rechte erfährt; a. M. Binding Hdb. I 440. Es finden also dieselben Grundsätze Anwendung, die bei der Entscheidung der Frage des ne bis in idem maßgebend sind. Mindestens muß ein Teil der einheitlichen Handlung zur Herstellung des Tatbestandes des ausländischen und des inländischen Delikts verwendet werden. RGSt. **32** 139; JW. **1913** 150.

3. Daß die Handlung im Auslande ganz oder teilweise begangen sei, ist nicht erforderlich, gleichgültig auch, ob sie ganz oder teilweise gerade in dem Ausland begangen ist, dessen Gericht die Strafe ausgesprochen hat. Auch eine in Deutschland begangene Handlung kann vorliegen, sofern nur wegen ihr ein ausländisches Strafurteil ergangen und die von diesem erkannte **Strafe auch im Ausland vollstreckt** worden ist. Ist die Strafe nur zum Teil vollzogen, so ist nur dieser Teil nach § 7 auf die inländisch erkannte Strafe anzurechnen; ist die Strafe im Ausland nicht auf Grund eines ausländischen Urteils, sondern in Gewährung von Rechtshilfe auf Grund eines inländischen Urteils — gleichviel, ob wegen einer Zuwiderhandlung gegen Gesetze des Reichs oder eines Landes, ob wegen Verbrechen, Vergehen oder Übertretung — vollzogen worden, findet § 7 keine Anwendung.

4. Das **Maß der Anrechnung** ist dem Richter überlassen. Wie aber fürs deutsche Recht bei § 60 § 21 anwendbar ist, RGSt. **15** 143, so auch bei den ausländischen Strafen, wenn sie wesensgleich mit den deutschen sind, andernfalls sind die Strafübel gegeneinander abzuschätzen, RGSt. **35** 41. Vgl. Lammasch GerS. **41** 7. Ist die ausländische Strafe als Gesamtstrafe auch wegen anderer Straftaten erkannt und vollzogen, als zur inländischen Beurteilung stehen, so liegt nicht nur dieselbe Handlung vor und es darf daher die volle ausländische Strafe nicht zur Anrechnung herangezogen werden, der inländische Richter muß die beiden Strafsysteme vergleichen und die Gesamtstrafe entsprechend verteilen. RGSt. **35** 41.

5. Die Anrechnung der im Ausland vollzogenen Strafe steht der Strafverbüßung im Inland gleich, ist jedenfalls Bestrafung im Inland und begründet die Voraussetzung des Rückfalls. Zur Anwendung des § 7 gehört aber, daß die Strafe wirklich vollzogen ist, bei Erlaß oder Verjährung der Strafe findet sie nicht statt. — Eine Nachholung der Anrechnung bei Vollstreckung des ausländischen Strafurteils im Ausland nach dem inländischen Erkenntnis ist unzulässig.

6. Einzelne Vorschriften des StGB., wie §§ 102, 298, und verschiedene Nebengesetze, wie Seemannsordnung v. 1902 § 121, Robbenges. v. 1876, machen keinen Unterschied zwischen der Begehung im Inland und Ausland.

7. Ges. über vorübergehende Maßnahmen usw. v. 10. III. 22 trifft auch § 7.

§ 8. Ausland im Sinne dieses Strafgesetzes ist jedes nicht zum Deutschen Reich gehörige Gebiet.

Fällt im Entw. weg.

1. Die Begriffsbestimmung gilt nur für das StGB., vornehmlich also für die Vorschriften in §§ 4 ff., nicht unbedingt für die Nebengesetze, gar nicht für die Landesgesetze. In diesen wird häufig Ausland nicht als Reichsausland, sondern als anderes Land des Deutschen Reichs, zu verstehen sein, RGSt. 1 219. — Wegen der Kolonien vgl. § 3. Nach 5 D 237/10 22. IV. 10 war Neutral-Moresnet nicht Ausland im Sinne von § 8. Vgl. im übrigen Erl. zu § 3 und § 4. Das Saargebiet ist nicht nur staats- u. völkerrechtlich, sondern auch strafrechtlich deutsches Inland, RGSt. **63** 359; Frank, Die staatsrechtliche u. völkerrechtliche Stellung des Saargebiets, Arch. f. öffentl. R. 43 (1922) Heft 1. Moericke in JW. 1933 S. 417. Unrichtig die gegenteilige Ansicht von Salomonski in JW. 1932, 3799.

2. War das Gebiet, auf dem die strafbare Handlung begangen wurde, zu dieser Zeit noch Ausland und ist es erst später durch Inkorporation Gebietsteil des Deutschen Reichs geworden, so finden die Vorschriften des § 3 Anwendung. Ist das Gebiet zur Zeit der Tat deutsches gewesen und später ausländisches geworden durch Abtrennung vom Deutschen Reich, so findet § 4 Abs. 2 Nr. 3 keine Anwendung, RGSt. **55** 267.

§ 9 ist durch RV. Art. 112 Abs. 3, ersetzt worden, welcher lautet: „Kein Deutscher darf einer ausländischen Regierung zur Verfolgung oder Bestrafung überliefert werden". RGSt. **64** 381. Siehe Einführung S. 195.

§ 10. Auf deutsche Militärpersonen finden die allgemeinen Strafgesetze des Reichs insoweit Anwendung, als nicht die Militärgesetze ein anderes bestimmen.

Fehlt im Entw.

Militärpersonen sind die Offiziere aller Gattungen, Militärbeamte und die Mannschaften. Wehrges. v. 23. III. 21 §§ 43 ff. Vgl. auch Militärstrafgerichtsordnung v. 1. XII. 1898 und Ges. v. 17. VIII. 20 Art. I § 1.

Milit. Sondervorschriften sind z. B. §§ 29 u. 50 MStGB.; RGSt. **57** 10. Das MStGB. geht als Sondergesetz dem allgem. StGB. vor, RGSt. **15** 159, **16** 40, **21** 271.

§ 11 ist durch Art. 36 RV. ersetzt: „Kein Mitglied des Reichstags oder eines Landtags darf zu irgendeiner Zeit wegen seiner Abstimmung oder wegen der in Ausübung seines Berufs getanen Äußerungen gerichtlich oder dienstlich verfolgt oder sonst außerhalb der Versammlung zur Verantwortung gezogen werden". Hierzu Ges. zur Ergänzung der RV. v. 22. V. 26 (RGBl. I 243.)

§ 12 ist durch Art. 30 RV. ersetzt: „Wahrheitsgetreue Berichte über die Verhandlungen in den öffentlichen Sitzungen des Reichstags, eines Landtags oder ihrer Ausschüsse bleiben von jeder Verantwortlichkeit frei."

Erster Teil.

Von der Bestrafung der Verbrechen, Vergehen und Übertretungen im allgemeinen.

Erster Abschnitt.

Strafen.

§ 13. Die Todesstrafe ist durch Enthauptung zu vollstrecken.

§ 2 des Ges. über Verhängung u. Vollzug der Todesstrafe vom 29. III. 33 (RGBl. I, 151) fügt hinzu:

Ist jemand wegen eines gegen die öffentliche Sicherheit gerichteten Verbrechens zum Tode verurteilt, so kann die Regierung des Reichs oder des Landes, durch deren Behörden das Urteil zu vollstrecken ist, anordnen, daß die Vollstreckung durch Erhängen erfolgt.

Entwurf trifft keine Bestimmung.

1. Die Todesstrafe ist **angedroht:**

a) nach Friedensrecht war sie es als einzig zulässige Strafe nach Wegfall von § 80 noch in 4 Fällen: § 211; Gesetz gegen den verbrecherischen und gemeingefährlichen Gebrauch von Sprengstoffen v. 9. VI. 1884 § 5; Gesetz betr. Bestrafung des Menschenraubes u. Sklavenhandels v. 28. VII. 1895 § 1; Gesetz zum Schutze der Republik v. 21. VII. 22 § 1. Auf Grund von RV. Art. 48 Abs. 2 sind durch die VO. vom 28. II. 1933 § 5 (RGBl. I 83) zum Schutz von Volk u. Staat u. die VO. vom gleichen Tage (RGBl. I 85) gegen Verrat am deutschen Volke u. hochverräterische Umtriebe die Fälle, in denen Todesstrafe angedroht wird, wesentlich vermehrt worden. So die Verbrechen, die nach StGB. mit lebenslängl. Zuchthaus bedroht sind, §§ 81, 229, 307, 311, 312, 315 Abs. 2, 324, ferner unter 1—3 des Abs. 2 des § 5. Sodann durch VO. des Reichspräs. v. 28. II. 33 (RGBl. I, 85) § 1 schwerer Verrat militär. Geheimnisse. VO. des Reichspräs. v. 21. III. 33 (RGBl. I 135) § 2 Abs. 2 (heimtückische Angriffe gegen die Regierungen). Weiter Ges. zur Abwehr politischer Gewalttaten vom 4. IV. 1933 (RGBl. I 162) für die in § 1 unter 1—3 aufgeführten Verbrechen. Vgl. Hoche, DJZ. 1933, Sp. 394.

b) nach Kriegsrecht als einzige Strafe für im Felde begangene Verbrechen, durch MilStGB. §§ 63 Nr. 1 u. 4, 71, 72, 73, 84, 107, 108, 159; ferner für nicht minder schwere Fälle in §§ 58, 60, 63 Nr. 2 u. 3, 95, 97, 133, 141. — Nach EGzStGB. § 4 wird endlich die Todesstrafe für den Fall des Kriegszustandes für Verbrechen nach StGB. §§ 81, 88, 90, 307, 311, 312, 315, 322, 323, 324 angedroht; vgl. hierzu RGes. v. 22. IV. 1871 und für Bayern Ges. v. 5. XI. 12,

c) nach Ausnahmerecht gemäß RV. Art. 48, z. B. nach VO. v. 19. III. 20 (RGBl. 467) u. 25. III. 20 (RGBl. 470). In diesen Fällen ist Todesstrafe auch gegen Jugendliche zulässig,

d) gegen Jugendliche ist sonst nach Jugendgerichtsges. § 9 Todesstrafe unzulässig. Die vom MilStGB. angedrohte Todesstrafe gilt dagegen auch den Jugendlichen im Alter von über 17 Jahren, MilStGB. § 50. Ebenso die in Kriegszeiten den Militärgesetzen Unterstellten. MilStGB. §§ 145—161, 166. Auch bei Versuch und Beihilfe ist Todesstrafe ausgeschlossen.

2. Die **Vollstreckung** ist

a) verboten an schwangeren und geisteskranken Personen, StPO. §§ 485, 486,

b) zulässig erst, wenn die Begnadigung ausdrücklich versagt worden ist vom Staatsoberhaupt des Landes, dessen Gericht das Urteil fällte, oder

der Landesregierung; vgl. Erlaß des preuß. Ministerpräs. v. 26. V. 33, oder vom Reichspräsidenten nach Art. 49 Abs. 1 der RV., wenn das RG. in erster Instanz gesprochen hat oder ein anderes erstinstanzliches Gericht des Reichs, wie die auf Grund von Art. 48 der n. RV. eingesetzten außerordentlichen Gerichte,

c) sie erfolgt durch militärische Behörden, wenn die Todesstrafe auf Grund von MilStGB. ausgesprochen oder wenn das vom Militärgericht auf Grund gemeinen Rechts verhängte Urteil noch im Felde vollzogen wird, ferner wenn sie der Militärbehörde übertragen wird, vgl. unter 3; dagegen von bürgerlicher Strafvollstreckungsbehörde, wenn Todesstrafe auf Grund von StGB. ausgesprochen, auch wenn Urteil von Militärgericht gesprochen und in Friedenszeiten vollzogen wird. MilStGO. § 454.

3. Die **Art der Vollstreckung** ist, wenn sie durch bürgerliche Strafvollstreckungsbehörde erfolgt, nach § 13 Enthaupten, wenn sie durch Militärbehörde erfolgt, Erschießen, MilStGB. § 14, MilStGO. §§ 453, 454. So auch die auf Grund der VO. des Reichspräsidenten über die Bildung außerordentlicher Gerichte v. 29. III. 1921 (RGBl. 371) erkannte Strafe. Bayr. VO. 21. VII. 21, die Hinrichtung solle durch Erschießen erfolgen, verstößt gegen § 13; Grosch, DStZ. 9 341. In den Schutzgebieten bestimmte der Gouverneur oder Landeshauptmann im einzelnen Falle, ob die Strafe durch Enthaupten, Erschießen oder Erhängen zu vollstrecken war, VO. betr. die Rechtsverhältnisse in den deutschen Schutzgebieten v. 9. XI. 00 § 9 (RGBl. 1005).

Ob Enthauptung durch Fallbeil, Beil oder Schwert erfolgt, bestimmt die Landesgesetzgebung: gemeinrechtlich war es das Schwert, womit die Enthauptung vollzogen wurde, so noch beide Mecklenburg, Anhalt, Reuß ä. L., Lippe, Schaumburg, Bremen; in den altpreußischen Provinzen das Beil, ebenso in Braunschweig, Meiningen, Altenburg, Reuß j. L.; seit 1867 auch in den neuerworbenen preußischen Landesteilen, außer Hannover und OLGbezirk Köln. Dort und in den übrigen deutschen Ländern das Fallbeil (nach dem Arzt J. J. Guillotin auch „Guillotine" genannt). Wenn ausnahmsweise die Vollstreckung durch Erhängen erfolgen soll, so bestimmt das die Reichs- oder Landesregierung, deren Entschließung durch ihre Justizministerien einzuholen ist. Diese Regierung ist nicht die Behörde, die für die Begnadigung zuständig ist. Die Ablehnung der Begnadigung muß immer schon vorher erfolgt sein. Die Vollstreckung selbst bleibt bei der Strafvollstreckungsbehörde, StPO. § 451. In StPO. § 486 ist vorgeschrieben, daß die Hinrichtung in einem umschlossenen Raum geschehen soll, daß bestimmte Vertreter der Justiz und der Gemeinde zugezogen werden, der Beistand des Geistlichen und Verteidigers zuzulassen sei. Der Leichnam ist den Angehörigen nicht vorzuenthalten. Gegen die öffentliche Sicherheit gerichtete Verbrechen sind alle Angriffe gegen den Bestand des Staates und die gemeingefährlichen, namentlich auch die nach § 5 der VO. des Reichspräs. v. 28. II. 33 (RGBl. I, 83, 85, 135, 162).

4. Neben der Todesstrafe kann, muß nicht, auf Verlust der bürgerlichen Ehrenrechte erkannt werden, StGB. § 32. Ein Mord braucht nicht unter allen Umständen aus ehrloser Gesinnung zu entspringen. Nach § 10 des Ges. z. Schutz der Republik v. 21. VII. 22 ist der Verlust der Rechte nach StGB. § 31 sowie des aus öffentlichen Wahlen hervorgegangenen Rechts und bei Beamten und Militärpersonen der Verlust des Gehalts und, wenn sie nicht mehr im Amte sind, des Ruhegehalts, von Rechts wegen die Folge.

§ 14. Die Zuchthausstrafe ist eine lebenslängliche oder eine zeitige.

Der Höchstbetrag der zeitigen Zuchthausstrafe ist fünfzehn Jahre, ihr Mindestbetrag ein Jahr.

Wo das Gesetz die Zuchthausstrafe nicht ausdrücklich als eine lebenslängliche androht, ist dieselbe eine zeitige.

Entw. § 35.

Vgl. hierzu: „Der Strafvollzug in Preußen". Herausgegeben vom Preuß. Justizministerium 1928.

1. **Lebenslängliche Zuchthausstrafe** ausschließlich angedroht in §§ 87, 90, wahlweise mit lebenslänglicher Festungshaft in §§ 81, 88, 94, wahlweise mit Zuchthaus von

10—15 Jahren in §§ 178, 214, 215, 220, 229, 251, 307, 312, 315, 322, 323, 324 und Gesetz gegen verbrecherischen und gemeingefährlichen Gebrauch von Sprengstoffen v. 9. VI. 1884 § 5; in Gesetz betr. Verkehr mit Nahrungs-, Genußmitteln und Gebrauchsgegenständen v. 14. V. 1879 § 13; Gesetz gegen Verrat militärischer Geheimnisse v. 3. VI. 14 § 1 Abs. 3. Ges. zum Schutze der Rep. § 1. Die lebenslängliche Zuchthausstrafe ist immer ausdrücklich angedroht, Abs. 3. Wo der Betrag nicht genannt ist, wie §§ 249, 281, 306, Ges. z. Schutz der Rep. § 7 Abs. 2 ist sie eine zeitige. Bei Versuch und Beihilfe kann nur auf zeitige Zuchthausstrafe erkannt werden.

2. **Die zeitige Zuchthausstrafe** hat

a) als Höchstbetrag 15 Jahre, auch als Gesamtstrafe, vgl. § 74 Abs. 3; nur bei Umwandlung einer neben dieser Gesamtstrafe erkannten Geldstrafe in Zuchthaus gemäß § 28 Abs. 3 und § 21 kann dieser Höchstbetrag überschritten werden. — Die Schranke gilt nicht, wenn es sich um Bestrafung mehrerer Verbrechen handelt, für die die Erfordernisse der Gesamtstrafe nach § 79 nicht vorliegen, RGSt. **4** 54. — Die Grenze gilt auch für ältere Landesgesetze, vgl. zu EG. § 6;

b) als Mindestbetrag 1 Jahr. Sofern ein noch bestehendes Landesgesetz eine Zuchthausstrafe von geringerem Betrag androht und eine Vorschrift aus EG. § 8 nicht erlassen ist, muß eine Umwandlung nach § 21 eintreten. Aus Gründen der Anrechnung verbüßter Strafen im Ausland, § 7, oder erlittener Untersuchungshaft, § 60, kann die noch vorzunehmende Vollstreckung der verhängten Strafe natürlich unter 1 Jahr herabsinken. Beim Zusammentreffen mehrerer mit Zuchthaus bestrafter Verbrechen ist die Strafe nach Monaten abzurunden, § 19 Abs. 2.

3. **Unzulässig** ist die Zuchthausstrafe gegen Jugendliche, Jugendgerichtsges. § 9, RGSt. **59** 141, zulässig aber, wenn diese den Militärgesetzen in Kriegszeiten unterworfen sind, MilStGB. §§ 145—161, 166 oder als Militärpersonen militärische Verbrechen begangen haben, MilStGB. § 50. Überall, wo im Strafgesetz zeitige Zuchthausstrafe angedroht ist, ist für Jugendliche die Mindeststrafe 1 Tag Gefängnis, die Höchststrafe Gefängnis in halber Dauer der angedrohten Höchstzuchthausstrafe. 3 D 968/24 12. VI. 25.

4. Notwendig eintretende Rechtsfolge: die dauernde Unfähigkeit zum Dienste im deutschen Heere und der Marine sowie zur Bekleidung öffentlicher Ämter, § 31; Verwirkung der elterlichen Gewalt nach BGB. § 1680; mögliche Rechtsfolge: Verlust der bürgerlichen Ehrenrechte, § 32.

§ 15. Die zur Zuchthausstrafe Verurteilten sind in der Strafanstalt zu den eingeführten Arbeiten anzuhalten.

Sie können auch zu Arbeiten außerhalb der Anstalt, insbesondere zu öffentlichen oder von einer Staatsbehörde beaufsichtigten Arbeiten verwendet werden. Diese Art der Beschäftigung ist nur dann zulässig, wenn die Gefangenen dabei von anderen freien Arbeitern getrennt gehalten werden.

1. Die Zuchthausstrafe ist mit **Arbeitszwang** in einer **Strafanstalt** verbunden. Die Strafanstalt wird von der Gefangenenanstalt des § 16 unterschieden. In § 362 Abs. 1 dagegen wird der Ausdruck im allgemeinen Sinne gebraucht. Die Arbeit braucht den Fähigkeiten und Verhältnissen des Sträflings nicht zu entsprechen, wie § 16 Abs. 2, schließt aber eine Rücksichtnahme auf sie nicht aus innerhalb der im Zuchthaus eingeführten Arbeiten. Die Arbeit kann innerhalb oder außerhalb der Anstalt erfolgen. Der Arbeitszwang ist für die Zuchthausstrafe wesentlich, bestimmt ihre Natur und Art, die Schwere der Strafe, Binding, Normen I S. 29. Die Bestimmung gehört daher zu denen, die den Stoff des staatlichen Strafanspruchs behandeln und die auch für die Beurteilung des Wesens einer landesgesetzlichen Strafart maßgebend ist. Es ist falsch, wie der Entwurf tut, die Regelung als Vollzugsbestimmung anzusehen; Lobe GerS. **92** 57; Gerland, Der Entwurf 1925.

2. Über den **Vollzug der Außenarbeit** gibt Abs. 2 Richtlinien. Im übrigen fehlt es leider noch an einem Strafvollzugsgesetz. Die „Grundsätze", über die sich

die Bundesstaaten über den Vollzug gerichtlich erkannter Freiheitsstrafen überhaupt geeinigt hatten, genügten nicht (Ztrbl. f. d. R. 1897 S. 308, BVO. v. 28. X, 1897). Für Preußen gibt Regelungen das Gesetz v. 11. IV. 1854 betr. Beschäftigung der Strafgefangenen außerhalb der Anstalt (GS. S. 143). Die Grundsätze für den Vollzug von Freiheitsstrafen in der VO. v. 7. VI. 23 (RGBl. II 263) sind durch die Vereinbarung der Landesregierungen in Hinblick auf die Behandlung der Überzeugungsverbrecher vernünftiger Weise wieder aufgehoben worden. Bek. v. 25. IV. 33 (RGBl. I 232).

§ 16. Der Höchstbetrag der Gefängnisstrafe ist fünf Jahre, ihr Mindestbetrag ein Tag.

Die zur Gefängnisstrafe Verurteilten können in einer Gefangenanstalt auf eine ihren Fähigkeiten und Verhältnissen angemessene Weise beschäftigt werden; auf ihr Verlangen sind sie in dieser Weise zu beschäftigen.

Eine Beschäftigung außerhalb der Anstalt (§ 15) ist nur mit ihrer Zustimmung zulässig.

Entw. § 35.

I. Es gibt nach StGB. nur eine **zeitige** Gefängnisstrafe. Anders MStGB. § 16.

1. Ihr Höchstbetrag ist 5 Jahre für die einzelne Straftat (nach MStGB. § 16 15 Jahre), bei Jugendlichen nach § 9 JGerGes. die Hälfte dieses Höchstbetrags. Sofern jedoch Gefängnisstrafe bei ihnen an Stelle von Todes- oder lebenslänglicher Zuchthausstrafe tritt, ist der Höchstbetrag 15 Jahre. Vor Bemessung des Strafrahmens ist immer erst die Strafart zu bestimmen, so z. B. bei Jugendlichen Gefängnis; RStG. **59** 142. — Im Falle einer Gesamtstrafe ist nach § 74 Abs. 3 der Höchstbetrag 10 Jahre (anders als bei Zuchthaus). Auch hier gilt die Schranke nicht, wenn die Erfordernisse einer Gesamtstrafe nach § 79 nicht vorliegen oder eine Umwandlung nach § 28 stattfindet. Vgl. zu § 14 unter 2 a.

2. Ihr Mindestbetrag ist 1 Tag. Nach MStGB. § 17 6 Wochen und 1 Tag, RGSt. **30** 277.

3. Höchstbetrag und Mindestbetrag bestimmen ebenfalls das Wesen der Freiheitsstrafe. Die älteren Landesgesetze können daher zwar eine niedrigere Höchststrafe, aber keine höhere androhen, ebenso höhere Mindeststrafe, aber keine unter 1 Tag Gefängnis. Ist von EGStGB. § 8 kein Gebrauch gemacht, fehlt eine rechtsgültige Strafandrohung nach StGB. § 2. Für die künftigen Landesgesetze vgl. EGStGB. § 5.

II. Abs. 2 und 3 entsprechen dem § 15: an Stelle der Strafanstalt tritt die **Gefangenenanstalt**, an Stelle des **notwendigen Arbeitszwanges** der **nachgelassene**.

1. Die Strafanstalt, in der Zuchthaus verbüßt wird, muß von der Gefangenenanstalt verschieden sein; daher gesetzwidrig in Württemberg (Hohenasperg). Hingegen kein notwendiger Unterschied in der Anstalt zwischen Gefängnis und Haft. Die Ausgestaltung der Gefangenenanstalt ist der Landesgesetzgebung überlassen. Der akademische Karzer ist Gefangenenanstalt, Preuß. Gesetz betr. Rechtsverhältn. der Stud. 29. V. 1879 § 6 (GesS. S. 389; Sächs. Ges. v. 28. II. 1878 § 2 (Ges.- u. VOBl. S. 19), Stein, Die akad. Gerichtsbarkeit S. 144 (1891). Gegen die Gültigkeit Liszt S. 266 Anm. 7. — Nach MStGB. §§ 20, 23 Stubenarrest und Kammerarrest bei Offizieren. — Für Jugendliche ist die Vollstreckung in besonderen Anstalten oder Räumen vorgeschrieben, JGerGes. § 16.

2. Der zugelassene Arbeitszwang muß, anders als nach § 15, die Fähigkeiten und Verhältnisse des Gefangenen berücksichtigen, insbesondere darf er nur mit seiner Zustimmung außerhalb der Anstalt beschäftigt werden. Dies gilt auch nach StGB. § 362 Abs. 1, für die wegen Übertretung nach § 361 Nr. 3—8 zur Haft Verurteilten nur mit der Schärfung, daß sie auch zur Außenarbeit gezwungen werden können. Damit fällt jeder Unterschied zwischen Haft und Gefängnis.

3. Daß Arbeit auch ablenkende Wohltat sein kann, M. E. Mayer, Lehrb. S. 462, berücksichtigt Abs. 2, insofern er vorschreibt, daß der Gefangene auf sein Verlangen in angemessener Weise zu beschäftigen ist. Immerhin ist ihm diese Beschäftigung zuzuteilen, der Gefangene kann sie nicht, wie bei der Festungshaft, frei wählen.

4. Vgl. Preuß. Gefängnisordnung; Dienstordnung für die dem preuß. Ministerium des Innern unterstellten Strafanstalten usw. v. 14. XI. 02. — Bayer. Hausordnung, für die Strafanstalten usw. v. 20. XI. 07 (JMBl. 309). Bayr. Dienst- u. Hausordn. f. d. Gerichtsgefängnisse v. 10. IV. 1883 (JMBl. 77).

III. Neben der Gefängnisstrafe, die 3 Monate erreicht, kann in den besonders zugelassenen Fällen auf Verlust der bürgerlichen Ehrenrechte von 1—5 Jahren erkannt werden, StGB. § 32.

§ 17. Die Festungshaft ist eine lebenslängliche oder eine zeitige.

Der Höchstbetrag der zeitigen Festungshaft ist fünfzehn Jahre, ihr Mindestbetrag ein Tag.

Wo das Gesetz die Festungshaft nicht ausdrücklich als eine lebenslängliche androht, ist dieselbe eine zeitige.

Die Strafe der Festungshaft besteht in Freiheitsentziehung mit Beaufsichtigung der Beschäftigung und Lebensweise der Gefangenen. Sie wird in Festungen vollzogen, die dem Reichswehrminister unterstehen.

Entw. kennt nur „Einschließung".

Abs. 4 hat durch Art. I Nr. 2 des Ges. zur Abänderung strafrechtl. Vorschriften vom 26. V. 1933 (RGBl. I 295) seine Fassung erhalten.

1. **Lebenslängliche Festungshaft** wahlweise neben lebenslänglichem Zuchthaus angedroht §§ 81, 88 Abs. 1, 94. Unzulässig gegen Jugendliche nach § 57 Nr. 2, ferner unmöglich bei Versuch, § 44 Abs. 3 und Beihilfe, § 49 Abs. 2.

2. Die **zeitige Festungshaft** ausschließlich angedroht in §§ 102, 201—203, 205, 206, sonst wahlweise neben Zuchthaus in §§ 83—86, 88 Abs. 3, 89, 96, 98, 100, 105, 106, neben Gefängnis in §§ 49a, 95, 97, 99, 101, 103, 104, 107, 345 (in Abs. 2 ausnahmsweise bei Fahrlässigkeit).

a) Höchstbetrag 15 Jahre auch bei Gesamtstrafe, § 74 Abs. 3. Es gilt auch hier das zu § 14 Gesagte.

b) Mindestbetrag 1 Tag. Vgl. zu § 19. Nach MStGB. § 17 6 Wochen und 1 Tag.

3. Vollzogen wird die Festungshaft in **Festungen** („Festungsstuben — Gefangenanstalten" nach MStGB.). Die Bestimmung der Festung liegt der Landesbehörde ob, die Aufsicht über sie führt aber der Reichswehrminister. Neben der Freiheitsentziehung findet Beaufsichtigung der Beschäftigung und Lebensweise der Gefangenen statt, aber kein Arbeitszwang, steht insofern also in der Mitte zwischen Gefängnis mit seiner Zuteilung der angemessenen Beschäftigung und der Haftstrafe als bloßer Freiheitsentziehung, die freilich der Natur der Sache nach eine der Hausordnung gemäße Beaufsichtigung auch nicht ausschließt. Im Sinne des Gesetzes ist Festungshaft härter als Haftstrafe. Aus § 22 folgt, daß Einzelhaft ausgeschlossen ist, was eine Einzelverwahrung zur Nachtzeit jedoch zuläßt.

4. Das **Wesen der Festungshaft** besteht darin, daß sie keine entehrenden Folgen hat, custodia honesta ist für Straftaten, die keiner ehrlosen Gesinnung entspringen. Daher kann niemals neben ihr auf Verlust der bürgerlichen Ehrenrechte erkannt werden. In den Fällen der §§ 81, 83, 84, 87—90, 94 nur auf Verlust der bekleideten öffentlichen Ämter und der aus öffentlichen Wahlen hervorgegangenen Rechte. Dienstentlassung ist nach MStGB. § 34 gegen einen Offizier zulässig, wenn die Festungshaft 1 Jahr übersteigt. Gegenüber dem milit. Arrest ist Festungshaft die schwerere, gegenüber dem Gefängnis die mildere Strafart, RGSt. 58 69.

§ 18. Der Höchstbetrag der Haft ist sechs Wochen, ihr Mindestbetrag ein Tag.

Die Strafe der Haft besteht in einfacher Freiheitsentziehung.

1. Es gibt nur eine **zeitige Haftstrafe.**

a) Der Höchstbetrag ist 6 Wochen, bei mehrfach verwirkter Haft 3 Monate. Sie kann anderen Freiheitsstrafen jedoch in voller Höhe hinzutreten, § 77.

b) Der Mindestbetrag ist 1 Tag. Ein Herabgehen unter dieses Zeitmaß ist auch bei Versuch und Beihilfe nach §§ 44 und 49 nicht zulässig, da nach der Auffassung des Gesetzes dieser Betrag der geringste ist, der der Strafe noch die Natur einer Kriminalstrafe bewahrt und sie von einer Ordnungsstrafe scheidet.

2. Haftstrafe ist die regelmäßige für Übertretungen, wahlweise bei Vergehen nach §§ 140 Nr. 2, 185, 186, außerdem in vielen Nebengesetzen angeordnet. Ferner kann bei der Umwandlung einer Geldstrafe für Vergehen nach § 28 Abs. 2 unter den dort bezeichneten Umständen Haftstrafe angeordnet werden. MStGB. kennt nicht Haft, sondern Arreststrafe. Bei Teilnahme an einer militärischen, mit Arrest bedrohten Straftat ist für die Nichtmilitärperson auf Haft zu erkennen, vgl. MStGB. § 19.

3. Die **Vollstreckung** erfolgt nicht in besonderen Anstalten, sondern in den allgemeinen Gefangenenanstalten. Im Sinne des Gesetzes ist Haftstrafe die leichteste Freiheitsstrafe, die nur in einfacher Freiheitsentziehung besteht. Diese schließt naturgemäß eine Beaufsichtigung und Unterstellung unter die Hausordnung nicht aus, ausgeschlossen ist jedoch jeder Zwang zur Beschäftigung, jede Beeinträchtigung einer frei gewählten, mit der Hausordnung verträglichen Beschäftigung, jede Beschäftigung außerhalb der Anstalt gegen den Willen des Häftlings. Mit seinem Willen muß diese, sofern sie frei gewählt ist, für zulässig angesehen werden (bestritten). Ausgeschlossen ist endlich nach § 22 Einzelhaft.

Neben dieser einfachen Haftstrafe gibt es noch eine geschärfte Haftstrafe, die sich dadurch mit der Gefängnisstrafe vermischt, im Falle des § 362 Abs. 1, wonach bei Haft wegen Übertretungen nach § 361 Nr. 3—8 Arbeitszwang innerhalb und außerhalb der Strafanstalt zulässig ist.

§ 19. Bei Freiheitsstrafen wird der Tag zu vierundzwanzig Stunden, die Woche zu sieben Tagen, der Monat und das Jahr nach der Kalenderzeit gerechnet.

Die Dauer einer Zuchthausstrafe darf nur nach vollen Monaten, die Dauer einer anderen Freiheitsstrafe nur nach vollen Tagen bemessen werden.

Entw. § 35.

Die Absätze 1 und 2 müßten richtiger in umgekehrter Reihenfolge stehen.

I. **Absatz 2** gibt Vorschriften über die **Bemessung** der Strafe **bei der Fassung des Urteils** durch das **Gericht.** Sie hat nicht die Bedeutung, daß nur auf die dort bestimmten Strafgrößen oder ihrem Vielfachen derart erkannt werden dürfe, daß sie als Maßeinheit zu nennen wären, sondern nur, daß sich die Dauer der erkannten Strafe in diese Maßeinheiten als kleinste teilen lassen muß.

1. Die **Zuchthausstrafe,** deren Mindestbetrag 1 Jahr, deren Höchstbetrag 15 Jahre sind, muß hiernach so bemessen werden, daß sie immer ein Vielfaches von **vollen Monaten** ist, sonach eine Zuchthausstrafe, die in ihrer Dauer aus einem bloßen Bruchteil eines vollen Monats mit gebildet ist, unzulässig ist. Auch eine nach StGB. § 157 ermäßigte Zuchthausstrafe darf immer nur nach vollen Monaten berechnet werden, RGSt. **60** 289. Bei Zusammentreffen von mehreren Zuchthausstrafen ist also die Straferhöhung immer nach vollen Monaten abzurunden. RGRspr. **7** 209; RGSt. **31** 106; Rechtspr. **3** 415. Die Mindeststrafe ist deshalb bei einer Gesamtfreiheitsstrafe von Zuchthaus 1 Jahr 1 Monat; RGSt. **4** 161, **8** 26, **31** 106, **61** 150. Wie jedoch die Zeitdauer, die einen vollen Monat oder das Vielfache davon umfaßt, genannt wird, ist gleichgültig. Daher die Verurteilung auf $1^1/_2$ Jahr zulässig, weil $^1/_2$ Jahr 6 Monate sind, Sabarth in GA. **47** 401; 2 D 2139/04 3. V. 04 in GA. **51** 355.

Diese Regel erleidet **Ausnahmen** dort, wo der Strafrichter nicht mehr in der Lage ist, die Zuchthausstrafe frei zu „bemessen", sondern vom Gesetz besondere bestimmte Vorschriften für ihre Bemessung empfängt, RGSt. **4** 163; RGRspr. **7** 210. Wenn Gefängnisstrafe in Zuchthaus umzuwandeln ist, bleibt § 19 Abs. 2 außer Anwendung, RGRspr. **3** 457.

a) Im Falle des § 74, wenn Zuchthausstrafe mit Gefängnisstrafe zusammentrifft, die bei ihrer Umwandlung nach § 21 keinen vollen Monat beträgt. Dann darf die Zuchthausstrafe um diesen entsprechenden Bruchteil des Monats erhöht werden. Der Bruchteil muß aber als letzte Maßeinheit einen vollen Tag haben, Rspr. **3** 232, 415; RGSt. **4** 161. Ein etwa überschießender Bruchteil eines Tages ist in Wegfall zu bringen. RGSt. **10** 22, **30** 141. Ebenso bei der nach StPO. § 492 notwendigen Entscheidung.

b) Im Falle des § 28 bei Umwandlung einer Geldstrafe in Zuchthausstrafe nach § 21 gilt das gleiche.

c) Bei Anrechnung einer im Auslande verbüßten Strafe nach § 7.

d) Bei Anrechnung der Untersuchungshaft.

2. Die **andern Freiheitsstrafen** haben als letzte Maßeinheit lediglich den **vollen Tag**. Hiernach kann auf eine Strafe, die einen Bruchteil eines Tages mit umfassen würde, nicht erkannt werden. Ausnahmen sind nicht zulässig. Weil die Monate eine ungleiche Anzahl von Tagen haben, wird durch Bemessung der Strafe auf einen Jahres- oder Monatsbruchteil nicht ersichtlich, daß der Vorschrift genügt ist. Deshalb dürfen Strafen nach Bruchteilen eines Jahres und Monats nicht bemessen werden, sondern nur nach ganzen Jahren, Monaten, Wochen oder Tagen, 3 D 818/00 29. VII. 00; RGSt. **10** 22, **43** 320, **31** 106; Rspr. **3** 415. Die Annahme, ob bei Bemessung nach Bruchteilen der Monat mit 30 Tagen gerechnet worden ist, ist Frage der Auslegung des Urteils. Daraus folgt:

a) Erforderten §§ 44 und 49 zufolge der angedrohten Höchststrafe für die Haupttat ein Heruntergehen unter einen vollen Tag, so ist diese volle Ermäßigung nicht ausführbar, so bei § 253, RGSt. **5** 442, es kann nur eine die Vorschrift des § 44 überschreitende oder eine sie nicht voll beachtende Ermäßigung in Betracht kommen. § 19 Abs. 2 nötigt zu letzterer Alternative, er schränkt § 44 insoweit ein; eine Ausdehnung von § 44 ist unstatthaft.

b) Wenn dagegen die auf Grund eines Nebengesetzes erkannte Geldstrafe den Betrag von 1 Mark nicht erreicht, z. B. nach VZGes. 1. VII. 1869 § 135, so ist eine Umwandlung in Gefängnis oder Haft nach § 29 nicht möglich, es darf nicht in 1 Tag Freiheitsstrafe umgewandelt werden, RGSt. **16** 159.

c) Wenn eine Gesamtstrafe nach § 74 aus zwei Einzelstrafen zu bilden ist, die je nur 1 Tag Gefängnis betragen, so ist der Widerspruch mit § 19 Abs. 2 dahin zu lösen, daß von Erhöhung der schwersten Einzelstrafe abgesehen wird, weil auf einen Bruchteil eines Tages nicht erkannt werden kann, RGSt. **16** 284, **30** 141; 4 D 866/17 25. I. 18.

d) Im Falle § 157. Nach § 21 kann hiernach $^1/_4$ Jahr Zuchthaus = 3 Monate Zuchthaus = 4½ Mon. Gef. herauskommen. Dann aber wegen des Februar ½ Mon. nur zu 14 Tagen zu bemessen. RGSt. LZ. **1916** 403. Die verwirkte Strafe ist auch für Zuchthaus und darf deshalb nur nach vollen Monaten berechnet werden. RGSt. **8** 26, **60** 289.

II. **Absatz 1** gibt Vorschriften für den **Vollstreckungsbeamten** über die **Berechnung beim Vollzug** des Urteils. Danach ist die Strafzeit vom Moment des Beginns der Einlieferung bis zum Moment der Entlassung genau nach Tag und Stunde festzustellen. Die hierbei zu beobachtende Berechnung gibt Abs. 1 an.

1. Der Tag ist zu 24 Stunden zu berechnen. Demnach muß die Stunde der Einlieferung der der Entlassung entsprechen, der angefangene Tag ist nicht als vollendet anzusehen.

2. Die Woche wird zu 7 Tagen gerechnet.

3. Der Monat ist nach der Kalenderzeit, nicht in der Dauer von 30 Tagen zu rechnen. Die Auslegungsmöglichkeit in diesem Sinne ist hier nicht gegeben, wie in Abs. 2 und RGSt. **5** 443. Die verschiedene Dauer der Monate bleibt also hier außer Betracht, es entscheidet das Datum, an demselben Datum eines Monats, an dem die Strafe begonnen, endet sie. Eine einmonatige Strafe, die am 29. Jan. begonnen hat, endigt also am 29. Februar beim Schaltjahr, sonst am 28. Februar. Eine Strafe, die am 31. Jan. begann, endet am letzten Tag des Februar. RGSt. **29** 76. Zuweilen ist auf ein Viertel oder 3 Monate die Strafe zu ermäßigen, § 44. RGSt. **43** 320, **44** 304.

4. Das Jahr wird ebenfalls nach der Kalenderzeit berechnet, also von Datum zu Datum, der Umstand, daß die Jahre zwischen 365 und 366 Tagen schwanken, bleibt außer Betracht.

5. Der Beginn der Strafe, wenn sich der Verurteilte in Untersuchungshaft befindet, regelt sich nach StPO. § 482.

6. Bei **Unterbrechung** der Vollstreckung ist der Tag des Antritts der Strafe maßgebend, eine Strafe kann nicht mehrmals angetreten werden. Dem hiernach zu berechnenden Lauf der Strafzeit werden dann soviel Tage und Stunden hinzugezählt, als die Zeit der Unterbrechung dauerte. Über die andern verschiedenen Methoden der Anrechnung vgl. GA. **45** 290, **49** 301 (OLG. Breslau).

§ 20. Wo das Gesetz die Wahl zwischen Zuchthaus oder Gefängnis und Festungshaft gestattet, darf auf Festungshaft nur dann erkannt werden, wenn die Tat sich nicht gegen das Wohl des Volkes gerichtet und der Täter ausschließlich aus ehrenhaften Beweggründen gehandelt hat.

Neue Fassung durch Art. I Nr. 3 des Ges. z. Abänderung strafrechtl. Vorschriften vom 26. V 1933 (RGBl. I 295).

1. **Wahlweise** ist Zuchthaus und Festungshaft angedroht in §§ 81, 83—86, 88, 89, 94, 96, 100, 105, 106, zwischen Zuchthaus und Gefängnis, § 224, § 226. Die Vorschrift gilt allgemein, für Landesgesetze und für künftige Reichsgesetze.

2. Die Vorschrift schränkt für die hervorgehobenen Fälle die Wahlmöglichkeit des Richters ein. In allen übrigen Fällen bleibt sie bestehen. Die Beschränkung beruht auf einem objektiven u. subjektiven Grund, die beide vorliegen müssen:

a) Der Angriff des strafbaren Tuns darf nicht gegen das Wohl des Volkes gerichtet sein. Die Vorschrift ist reichlich unklar. Derselbe Strafschärfungsgrund kehrt in Art. V des Ges. v. 26. V. 93 wieder. Das Wohl des Volks ist umfassender, als „das Wohl des Reichs", wie es z. B. in § 2 der VO. des Reichspräs. gegen Verrat am „deutschen Volke" vom 28. II. 1933 (RGBl. I 85) ebenso StGB. § 92 als Gegenstand der Gefährdung hervorgehoben wird. Es ist nicht nur das zu einem Staat geeinigte „Staatenvolk" gemeint u. die darin erfolgte Einigung Gegenstand des Angriffs, sondern die Volksgemeinschaft selbst als Inbegriff der Volksgenossen in seinem Bestand u. seiner Wohlfahrt in sittlicher, religiöser u. wirtschaftlicher Betätigung. Gegen das Wohl des Volkes richten sich auch Angriffe gegen einzelne Kreise von Volksgenossen, wenn diese lebenswichtige Betätigungen für das Wohl des ganzen Volkes ausüben u. für die Gesamtheit der Volkswirtschaft notwendig sind. Auch die in der VO. des Reichspräs. v. 4. II. 1933 (RGBl. I 35) „zum Schutze des deutschen Volks" verbotenen Handlungen sind solche, die sich gegen das „Wohl des Volks" nach der Ausdrucksweise dieser VO. richten. Vgl. hierzu DurchfVO. vom 7. II. 33 (RGBl. I 53).

b) Außer diesem negativen Tatbestandsmerkmal ist das positive (innere) Tatbestandsmerkmal („und") erforderlich, daß der Täter aus ehrenhaften Beweggründen gehandelt haben muß. Das bedeutet mehr, als die bloße Abwesenheit einer ehrlosen Gesinnung, die in § 20 a. F. ein straferhöhendes Moment bildete. Die Beweggründe müssen positiv als ehrenhaft bewertet werden. Maßgebend hierfür sind die allgemein menschlichen Anschauungen, nicht die eines besonderen Standes, vollends nicht wenn diese mit ihnen in Widerspruch stehen. Die sämtlichen Beweggründe für die Tat müssen sich als ehrenhaft erweisen. Es genügt nicht, daß unter den mehreren die Tat motivierenden Umständen sich nur einer als ehrenhafter befindet.

§ 21. Achtmonatliche Zuchthausstrafe ist einer einjährigen Gefängnisstrafe, achtmonatliche Gefängnisstrafe einer einjährigen Festungshaft gleichzuachten.

Im Entw. fehlt eine Bestimmung.

Die Vorschrift bestimmt nicht, in welchen Fällen auf Gefängnis zu erkennen ist. Rechtspr. **2** 583.

1. Für die Fälle, in denen eine Freiheitsstrafe in eine andere umzuwandeln ist, bedarf es eines genauen Umwandlungsmaßstabes. Solche Fälle sind die der StGB. §§ 74, 79, 28 Abs. 3, 44 Abs. 4, 49 Abs. 2, 157 Abs. 2, 158, ferner StPO. §§ 398

Abs. 2 (bei Geldstrafe im neuen Urteil statt der Gefängnisstrafe des älteren darf die Ersatzstrafe die erst erkannte Gefängnisstrafe nicht übersteigen; hiernach ist die Umwandlung vorzunehmen, RGSt. **40** 411, **43** 320; StPO. §§ 399 Nr. 5, 492.

2. Das angegebene Verhältnis bildet den objektiven Maßstab, der nach dem Strafgesetz bei der Vergleichung zweier dieser Freiheitsstrafen nach ihrer Härte und Schwere im gegebenen Fall anzulegen ist, ist also auch für § 2 Abs. 2, § 73 maßgebend, ebenso für StGB. § 358 Abs. 2, RGSt. **62** 187.

3. Nicht hierher gehört die Anrechnung der Untersuchungshaft nach § 60, da die Untersuchungshaft bei ihrer Anrechnung als verbüßter Teil der erkannten Strafe gilt, RGSt. **15** 143, **29** 76. Über Berechnung, wenn ein zu Gefängnis Verurteilter nach Antritt der Strafe noch zu einer Gesamtzuchthausstrafe verurteilt wird: GA. **49** 316 (OLG. Köln).

4. Das Verhältnis von Festung zu Zuchthaus ist hiernach wie 9 zu 4. Eine Umwandlung von Festungshaft in Gefängnis, wenn diese allein zusammentreffen, findet nicht statt, § 75 Abs. 1.

5. Wird eine Gefängnisstrafe nachträglich bei Bildung einer Gesamtstrafe nach § 79 in Zuchthaus umgewandelt und ist von der Gefängnisstrafe bereits ein Teil verbüßt, so ist dieser verbüßte Teil entsprechend der Vorschrift des § 21 in Zuchthaus umzuwandeln und kann im Tenor des Urteils vom erkennenden Gericht als verbüßt erklärt werden, RGAnn. **8** 106.

§ 22. Die Zuchthaus- und Gefängnisstrafe können sowohl für die ganze Dauer, wie für einen Teil der erkannten Strafzeit in der Weise in Einzelhaft vollzogen werden, daß der Gefangene unausgesetzt von anderen Gefangenen gesondert gehalten wird.

Die Einzelhaft darf ohne Zustimmung des Gefangenen die Dauer von drei Jahren nicht übersteigen.

Die Vorschrift ergänzt die §§ 15 und 16 und gehört richtigerweise dorthin, sie regelt den Strafvollzug. Der Richter hat hierüber nichts im Urteil zu bestimmen.

1. Einzelhaft ist nur bei Zuchthaus- und Gefängnisstrafe, nicht auch bei Festungshaft und Haft nach Ermessen der Anstaltsbehörde wider den Willen des Sträflings zulässig. Dieser hat aber andererseits auch keinen Anspruch auf Einzelhaft.

2. Durch die Vorschrift, daß der Gefangene **unausgesetzt** von anderen Gefangenen — nicht anderen Personen, wie Beamten, Geistlichen, Ärzten — gesondert gehalten werden muß, ist die Sonderung nicht nur für die Zelle, sondern auch für die Beiwohnung in Kirche, Unterricht und bei der Bewegung im Freien, bei der Arbeit vorgeschrieben. Erfolgt sie dort, ist die Teilnahme daran aber zulässig, nicht braucht der Aufenthalt dauernd in der Einzelzelle zu erfolgen. Gesondert gehalten werden die Gefangenen von anderen, wenn jeder Verkehr unter ihnen verhindert wird. Eine räumliche Trennung während des Gottesdienstes, Bewegung im Freien läßt sich nicht immer durchführen. Preuß. Gefängnisordn. § 37; Bayr. Hausordnung f. Strafanstalten § 18. Sobald die Umstände ihre Durchführung verhindern (Krankheit usw.), wird sie unterbrochen.

3. Die drei Jahre brauchen nicht ununterbrochen zu laufen; die Zeit wird zusammengerechnet. Für eine insgesamt diese Zeit übersteigende Einzelhaft bedarf es der **Zustimmung** des Gefangenen. Diese kann zwar auch stillschweigend erfolgen, setzt aber voraus, daß sich der Gefangene dessen bewußt ist, daß er ihr widersprechen kann. Ein bloßes stillschweigendes Dulden ist nicht schon Zustimmung.

4. Ob die Freiheitsstrafe auf Grund eines Urteils verbüßt wird, oder auf Grund eines Erkenntnisses nach StPO. § 492 und StGB. § 79, ist ohne Belang. Die Frage der Zulässigkeit der Dauer ist nach moralischen und gesundheitlichen Gesichtspunkten geregelt, die hiervon unabhängig sind. Ebenso Oppenhoff-Del.; a. M. Olshausen Note 3; Schwartz Anm. 4.

5. Die Landesregierungen haben unter dem 7. VI. 1923 Grundsätze für den Vollzug der Freiheitsstrafen vereinbart (RGBl. 1923 II 263). In § 52 war bestimmt: „Bestand bei einem Gefangenen nach der ausdrücklichen Feststellung des Urteils der ausschlaggebende Beweggrund zur Tat darin, daß er sich zu der Tat auf Grund seiner sittlichen, religiösen oder politischen Überzeugung für verpflichtet hielt, so sind ihm die für die Strafart zulässigen Vergünstigungen ohne weiteres zu gewähren. Von der Einhaltung von Fristen, die für die Gewährung von Vergünstigungen vorgeschrieben sind, kann bei einem solchen Gefangenen abgesehen werden." Diese bedenkliche Vorschrift ist durch eine Vereinbarung der Landesregierungen vom 25. IV. 1933 wieder gestrichen worden (RGBl. I 232).

§ 23. Die zu einer längeren Zuchthaus- oder Gefängnisstrafe Verurteilten können, wenn sie drei Vierteile, mindestens aber ein Jahr der ihnen auferlegten Strafe verbüßt, sich auch während dieser Zeit gut geführt haben, mit ihrer Zustimmung vorläufig entlassen werden.

E. 19 § 69.

1. Die **vorläufige Entlassung** wurde 1862 nach englischem Vorbild im Kgr. Sachsen eingeführt und ist von dort in StGB. übernommen worden. Sowohl in England als in Sachsen war sie Ausfluß des landesherrlichen Gnadenrechts. Jetzt ist sie gesetzliche Maßregel geworden, ihr Zweck aber nach wie vor: Belohnung für gute Führung des Gefangenen. Die Probezeit soll Durchgangsstadium bilden für den Übergang in volle Freiheit, Mot. S. 46. Zum Bestandteil eines Progressivsystems und zur normalen Beendigung der längeren Freiheitsstrafe hat sie sich noch nicht ausgebildet. Frank 55. Keinesfalls enthält die vorläufige Entlassung ein Strafmaßberichtigungsverfahren der Verwaltungsbehörde gegenüber dem richterlichen Strafmaß, sie ist auch keine allgemeine Strafvollzugseinrichtung; die Probezeit ist keine Strafzeit. Die vorläufige Entlassung wird in §§ 23—26 geregelt. Daneben besteht die Möglichkeit einer gnadenweisen Beurlaubung bei Wohlverhalten ohne Beschränkung.

2. Die vorl. Entl. ist nur bei längerer zeitlicher Zuchthaus- und Gefängnisstrafe anwendbar. Ausgeschlossen hiernach bei lebenslänglicher Zuchthausstrafe und bei einer zeitigen Zuchthausstrafe von nur 1 Jahr.

Die Strafe muß teilweise verbüßt sein. Das setzt voraus, daß mindestens 1 Jahr überhaupt und drei Viertel der auferlegten Strafe verbüßt ist. A. M. Görlich, Die vorläufige Entlassung (1906) S. 50, der eine Minimaldauer von 16 Monaten behauptet. Es soll nach der gemeinen Meinung, wenn eine Anrechnung von Untersuchungshaft oder die Anrechnung nach § 7 stattgefunden hat, nicht die vom Gericht „erkannte", sondern die davon verschieden „auferlegte", d. h. noch zu verbüßende Strafe in der Anstalt in Betracht kommen, so Binding, Grundriß S. 246. Der E. 19 hat sich der gemeinen Meinung und der vorwiegend geübten Praxis angeschlossen und bestimmt in § 69 Abs. 3: „Untersuchungshaft, die angerechnet worden ist, gilt nicht als Strafe". Vgl. ferner Mittermaier, Die vorl. Entlassung; VglDarst. IV S. 558 ff. — Dagegen zutreffend Rubo Note 4, Geyer I 152, Schwartz Note 2b. „Auferlegt ist die vom Richter „erkannte" Strafe, bei Anrechnung der Untersuchungshaft gilt auch diese als verbüßte Strafe. Allerdings besteht das Bedenken, daß die gute Führung hier unter anderen Verhältnissen erfolgte.

Gute Führung ist nicht gleichbedeutend mit moralischer Besserung. Eine Bestimmung des Entwurfs dahin wurde vom Reichstag gestrichen. Immerhin ergibt der Zweck, dem Verurteilten eine Probezeit zu gewähren, daß die Annahme vorliegen muß, er werde sich auch in der Freiheit gut führen (bürgerliche Besserung, nicht „moralische Besserung"). Mittermaier a. a. O. S. 512 und bayr. Bek. des JM. vom 14. IX. 08, die vorl. Entl. d. Strafgef. betr. (JMBl. S. 183), §§ 1 u. 2.

3. Bei der vorläufigen Entlassung können **Verpflichtungen** auferlegt werden, wie aus § 24 erhellt, z. B. Beschränkungen in der Wahl des Aufenthalts, Wirtshausverbot, Anweisung eines bestimmten Aufenthalts usw. Diese stehen im Ermessen der Justizverwaltung. Will sie der Sträfling nicht auf sich nehmen, bleibt ihm nur übrig, seine Zustimmung zur vorl. Entl. selbst abzulehnen. (Das Erfordernis der Zustimmung ist als der Natur der Gnade und des im öffentlichen Interesse vorzunehmenden Aktes widersprechend im E. nicht aufrecht erhalten worden.) Nachträglich auferlegte Verpflichtungen binden den Entlassenen nicht, nur solche, die ihm bei der Entlassung auferlegt worden sind, § 24. Die Ausgestaltung der Aufsicht über die vorläufig Entlassenen steht den Landesregierungen zu. Nach der Praxis erfolgt sie durch die Polizeiorgane, sie kann auch anderen hierzu bereiten Personen (Fürsorgevereinen) übertragen werden, vgl. bayr. Bek. v. 14. IX. 08, § 12.

4. Ist ein Verurteilter vorläufig entlassen und bei Berechnung der Dauer der verbüßten drei Viertel der auferlegten Strafe auch eine an Stelle einer nicht beigetriebenen Geldstrafe getretene Ersatzfreiheitsstrafe einbezogen, so ist die Vollstreckung der Geldstrafe auch dann unzulässig, wenn die festgesetzte Strafzeit inzwischen noch nicht abgelaufen ist, **RG.** in **GA. 65** 375.

§ 24. Die vorläufige Entlassung kann bei schlechter Führung des Entlassenen oder, wenn derselbe den ihm bei der Entlassung auferlegten Verpflichtungen zuwiderhandelt, jederzeit widerrufen werden.

Der Widerruf hat die Wirkung, daß die seit der vorläufigen Entlassung bis zur Wiedereinlieferung verflossene Zeit auf die festgesetzte Strafdauer nicht angerechnet wird.

E. 19 § 71 Abs. 1, 4.

1. Der **Widerruf** der vorl. Entl. ist zulässig einmal allgemein bei schlechter Führung. Ob solche vorliegt, hat die oberste Justizaufsichtsbehörde zu entscheiden. Auch hier ist nur ein ordentlicher Lebenswandel in bürgerlichem Sinne als Maßstab zu nehmen. Die Begehung neuer Straftaten ist nicht erforderlich, auch nicht unter allen Umständen als schlechte Führung anzusehen, namentlich nicht notwendig Fahrlässigkeitsdelikte. Sodann bei Zuwiderhandeln gegen die besonderen auferlegten Verpflichtungen. Der Widerruf ist ein vorläufiger und geschieht durch einstweilige Festnahme der Ortspolizeibehörde, oder ein endgültiger durch die Justizaufsichtsbehörde, § 25 Abs. 2. Er ist zulässig nur solange die Strafzeit noch nicht abgelaufen ist, § 26.

2. Der vorläufige Widerruf ist in seinen Wirkungen bedingt. Die **Wirkung** des endgültigen Widerrufs besteht darin, daß die nach § 26 vorgesehene Wirkung der vorl. Entl. ausgeschlossen und die Zeit der vorl. Entl. nicht auf die festgesetzte Strafdauer angerechnet wird. Insoweit tritt ein Hinausschieben ihres Endes ein. Die Folgen des § 36 und § 38 Abs. 3 treten daher erst zu diesem späteren Zeitpunkt ein. Die neue Strafdauer wird erst von der Zeit der Wiedereinlieferung an gerechnet, d. h. der Wiedereinlieferung in die Strafanstalt. Die Zeit des Transports oder die der vorläufigen Festnahme nach StPO. § 489 oder nach StGB. § 25 Abs. 2 wird nicht eingerechnet. Anders preuß. JustMinVO. 21. I. 1871 § 16 und andere ähnliche landesrechtliche Verordnungen, die dem Gesetz gegenüber unwirksam sind. — A. M. Finger **1** 474.

3. Die Wirkungen des Widerrufs treten vom Zeitpunkt seiner Erklärung ein. Es genügt, daß diese endgültig zu den Akten erfolgt ist; dieser Zeitpunkt ist maßgebend, nicht der Zeitpunkt seiner Bekanntmachung an den Angeklagten.

§ 25. Der Beschluß über die vorläufige Entlassung, sowie über einen Widerruf ergeht von der obersten Justiz-Aufsichtsbehörde. Vor dem Beschluß über die Entlassung ist die Gefängnisverwaltung zu hören.

Die einstweilige Festnahme vorläufig Entlassener kann aus dringenden Gründen des öffentlichen Wohls von der Polizeibehörde des Orts, an welchem der Entlassene sich aufhält, verfügt werden. Der Beschluß über den endgültigen Widerruf ist sofort nachzusuchen.

Führt die einstweilige Festnahme zu einem Widerrufe, so gilt dieser als am Tage der Festnahme erfolgt.

E. 19 §§ 70, 71 Abs. 3.

1. Der Beschluß über die vorl. Entl. und den Widerruf steht stets der obersten **Justizaufsichtsbehörde,** nicht der Aufsichtsbehörde über die Strafanstalten zu, die z. B. in

Preußen nicht der Justizbehörde unterstellt sind. Die Entlassung ist eben kein Akt der Gefängnisverwaltung, sondern der Justizpflege. Zuständig ist die Behörde des Landes, dessen Gericht das Urteil gefällt hat: das Reichsjustizministerium, wenn das RG. oder ein nach RV. Art. 48 eingesetztes Gericht in 1. Instanz gesprochen hat. Wenn eine Gesamtstrafe aus Urteilen verschiedener Länder gebildet worden ist, entscheidet die Justizaufsichtsbehörde des Gerichts, das die Gesamtstrafe gebildet hat. Denn diese wird vollstreckt. A. M. Olshausen: die sämtlichen Behörden der Bundesstaaten hätten zusammenzuwirken.

2. Die Anhörung der **Gefängnisverwaltung** ist nur instruktionell. So Olshausen Nr. 2.

3. Die **einstweilige Festnahme** zu verfügen ist eine Maßregel, bei der Gefahr im Verzug ist, deshalb ist sie der **Ortspolizeibehörde** übertragen. Sie handelt hierbei nach freiem Ermessen, eine Beschränkung auf die sonst hierzu nach den Gesetzen erforderlichen Voraussetzungen ist nicht gegeben (preuß. Ges. v. 12. II. 1850 §§ 2 u. 3 zum Schutz der persönl. Freiheit, StPO. § 127 Abs. 2). Die Festnahme kann an jedem Ort und zu jeder Zeit erfolgen. Zuständig zur Verfügung der Festnahme ist nur die Polizeibehörde des Orts, an dem sich der Entlassene aufhält. Sofern in Gewährung von Rechtshilfe an einem andern Ort, wo sich der Entlassene vorübergehend befindet, die Festnahme erfolgt, ist die Entschließung der zuständigen Ortspolizeibehörde nachzuholen.

4. Nach erfolgter Verfügung der einstweiligen Festnahme ist sofort der Beschluß der Justizaufsichtsbehörde über den endgültigen **Widerruf** nachzusuchen. Bis dahin ist der Entlassene festzuhalten. Der Widerruf hat insofern **rückwirkende Kraft**, als angenommen wird, er sei zum Zeitpunkt der einstweiligen Festnahme erklärt worden. Dieser Zeitpunkt ist wichtig wegen der Vorschrift des § 26. Die Strafzeit könnte sonst zwischen der einstweiligen Festnahme und dem endgültigen Widerruf abgelaufen sein.

§ 26. Ist die festgesetzte Strafzeit abgelaufen, ohne daß ein Widerruf der vorläufigen Entlassung erfolgt ist, so gilt die Freiheitsstrafe als verbüßt.

E. 19 § 72.

1. Ist die Zeit der vorläufigen Entlassung abgelaufen, ohne daß ein Widerruf erfolgt ist, so besteht die gesetzliche Annahme, daß der vorläufig Entlassene sich in der Bewährungszeit auch bewährt habe und es gilt nunmehr die ganze Strafzeit als verbüßt. Damit ist ausgedrückt, daß die Probezeit nicht wirklich Strafzeit ist, denn es heißt nicht, „die Strafe ist verbüßt". Die Wirkung ist also Erlaß des Strafrests. Bis zur vorläufigen Entlassung war einstweilen nur ein Teil der Strafzeit verbüßt. Dieser Unterschied kann für die Frage des Rückfalls wichtig werden.

2. Der Verurteilte hat nach StPO. § 490 das Recht auf gerichtliche Entscheidung, wenn er die Probezeit ohne erfolgten Widerruf für abgelaufen hält, aber zur Weiterverbüßung der Strafe eingeliefert wird.

3. Neben der vom Gesetz geregelten vorläufigen Entlassung, die in die Hand der Justizverwaltung gelegt ist, besteht das Begnadigungsrecht fort. Dieses wird auch bei vorläufiger Entlassung ausgeübt, sowie von sämtlichen Bundesstaaten — voran Sachsen — mit Ausnahme von Mecklenburg-Strelitz, Reuß ä. L. und j. L. — nach den Grundsätzen vom 1. I. 03 als durch Bewährung **bedingter völliger Strafaufschub**, namentlich bei Jugendlichen. Klee in ZStRW. 24 69 ff. Im Falle des Wohlverhaltens während der Bewährungsfrist tritt dann Begnadigung ein. Diese muß aber auf Grund eines neuerlichen Berichts noch ausdrücklich ausgesprochen werden, tritt nicht von selbst ein, wie nach § 26.

Vorbemerkung:

1. Die noch im gemeinen Recht bestehende Vermögenseinziehung ist durch die auf eine **bestimmte Geldsumme** (auch bei einem Vielfachen, vgl. § 1) lautende **Geldstrafe**, in älteren Gesetzen auch **Geldbuße** genannt, z. B. Vereinszollgesetz, beseitigt. Sie ist im Sinne des Gesetzes, abgesehen vom Verweis, stets die mildeste Strafart und ordentliche Hauptstrafe. Tritt sie in Verbindung mit Freiheitsstrafe auf, stellt diese Verbindung die

Hauptstrafe dar, nicht wird die Geldstrafe zur Nebenstrafe, RGSt. **19** 237, **46** 269. 1. D 836/22 6. II. 23; a. M. v. *Lilienthal* 50, *Hälschner* I S. 589. Das StGB. kennt nur noch die Einziehung einzelner Sachen oder deren Wert, z. B. § 40, § 335, als *Nebenstrafen* am Vermögen, Rspr. **8** 330.

2. Die Geldstrafe ist *teils allein*, *teils wahlweise* mit einer anderen Strafe, teils in notwendiger, teils in zugelassener Verbindung mit einer Freiheitsstrafe vorgeschrieben. Dabei steht sie teils an erster, teils an zweiter Stelle, was für die Umwandlung in Freiheitsstrafe von Bedeutung ist. Die Wahl hat selbstverständlich der Richter zu treffen. Er kann namentlich mit Rücksicht auf die voraussichtliche Uneintreibbarkeit der Geldstrafe sofort auf Freiheitsstrafe erkennen, letztere tritt nicht etwa erst ergänzend ein, wenn die an erster Stelle angedrohte Geldstrafe für die Tat zu mild erscheint.

3. Die Geldstrafe ist **keine Zivilschuld**, sondern Strafe. *Binding*, Normen **1** 254; RGSt. **2** 41; a. M. **33** 334. Sie trifft den Täter höchstpersönlich als Übel, auch die Geldstrafe als Strafübel setzt einen das Übel empfindenden Menschen voraus. Daher ist a) ein Dritter nicht befugt, die Geldstrafe für den Verurteilten zu zahlen, b) mehrere Mitschuldige haften grundsätzlich nicht solidarisch für die Schuld des andern, auch nicht subsidiär, c) von der Geldstrafe sind keine Zinsen zu zahlen, d) es kann nicht mit einer Gegenforderung aufgerechnet werden, e) mit dem Tode des Verurteilten geht der staatliche Strafanspruch unter, f) gegen einen Geisteskranken darf auch die Geldstrafe nicht vollstreckt werden. Von den Grundsätzen zu b und e sind freilich in verschiedenen *Nebengesetzen* des Reichs und der Länder, namentlich in Zoll- und Steuergesetzen *Ausnahmen* gemacht. Auch § 30 enthält eine Ausnahme vom Grundsatz zu e (die im E. mit Recht beseitigt ist). Die Folge des f wird unter Berufung auf StPO. § 455 mit Unrecht verneint, gem. M. *Olshausen* Anm. 6. Das Landesrecht geht noch weiter in den ihm vorbehaltenen Gebieten und macht ebenso wie die Reichsnebengesetze von diesem Grundsatz in Verkennung der Natur der Strafe aus fiskalischen Gründen Ausnahmen, RGSt. **45** 52, **47** 15. Die Zulässigkeit ist bestritten.

4. Die **Vollstreckung** der Geldstrafe erfolgt gemäß StPO. § 463 nach den Vorschriften der ZPO. über die Zwangsvollstreckung. Nur im *Konkurs* können Geldstrafen nicht geltend gemacht werden, KO. § 63 Nr. 3 (aber Bußen). Dagegen als Folge der Ausnahme von § 30 im *Nachlaßkonkurs* die gegen den Erblasser erkannten Geldstrafen, KO. § 226 Abs. 2 Nr. 2. Eine weitere Unbilligkeit folgt aus der Annahme des § 30 insofern, als die *Pfändungsbeschränkungen* der ZPO., die vielleicht bei dem Täter vorlagen, für den nachhaftenden Erben nur zu berücksichtigen sind, wenn sie auch bei ihm wieder vorliegen, sonst nicht. Die Geldstrafe fließt in die *Kasse des Landes*, dessen Gericht in I. Instanz erkannt hat, in die *Kasse des Reichs*, wenn ein Reichsgericht als erstinstanzliches erkannt hat. *Ausnahmen* auch hiervon finden sich in Nebengesetzen des Reichs und der Länder, z. B. in dem Postgesetz, der Seemannsordnung, dem Personenstandsges., dem Nahrungsmittelges., den Forststrafgesetzen, der GewO., bei Übertretungsstrafen. *Deumer*, GerS. **75** 359. Soll nach dem besonderen Gesetz die Geldstrafe ausnahmsweise nicht in die Staatskasse fließen, so empfiehlt es sich, diese Kasse im Urteil zu bezeichnen. Die Unterlassung bildet aber keinen Revisionsgrund, RGSt. **16** 142. Die *Verwendung* der eingenommenen Geldstrafe ist Sache des Landes oder Reichs. *Besondere Bestimmungen* hierüber enthalten jedoch PersonenstandsGes. 1875 § 70; GewO. § 146 u. § 116; Postges. 1871 § 33; SeemannsO. 1902 § 132; Weinges. 1930 § 33; SchiffahrtsabgGes. 1911 Art. IV § 5; Versicherungsges. 1911; ReichsAbgO. § 460. — Nach preuß. Forstdiebstahlges. 1878 erhält der Beschädigte die Geldstrafe von der Staatskasse ausgezahlt, *Wagemann* Anm. 1 zu § 34 dieses Ges.

5. Ob die in den Nebengesetzen häufig außer den eigentlichen Geldstrafen angedrohten **Ordnungsstrafen** gleichfalls echte Geldstrafen sind, ist im einzelnen Fall zu untersuchen. Häufig ist zwischen Geldstrafe und Ordnungsstrafe nur nach der Erheblichkeit der Rechtsverletzung unterschieden, ohne zwei verschiedene Strafarten begründen zu wollen, so z. B. im Brausteuergesetz v. 31. V. 1872, RGSt. **22** 90. Andererseits wird der Ausdruck Geldstrafe auch für eine reine Zwangsregel gebraucht. — Vgl. *Krakenberg*, Die rechtliche Natur der Ordnungsstrafe (1912), Frank 55. Nach § 17 der VO. gegen Mißbrauch wirtschaftlicher Machtstellung v. 2. XI. 23 (RGBl. I 1067) kann das *Kartellgericht Ordnungsstrafen verhängen*.

6. Verschieden von der Geldstrafe ist die **Buße,** sie ist keine Strafe, sondern eine Entschädigung für Vermögensschaden oder Sühne für andere Kränkungen oder für beides zugleich, so StGB. § 188 und bei Körperverletzung RGSt. **5** 251, **12** 224, **15** 352, **17** 190, **24** 397, **31** 334. — Wächter, Die Buße, 1874, Drache, Das rechtl. Wesen der Buße, 1906. Weitere Literatur bei Meyer-Allfeld S. 260 Anm. 17. Auch der für sie zugelassene Höchstbetrag — im StGB. 6000 M., in Urhebergesetzen 10 000 M. — ist um das Zehnfache erhöht worden.

7. Verschieden von der Geldstrafe ist ferner der **Wertersatz** an Stelle der Einziehung defraudierter Gegenstände oder sonst dem Staate verfallener Sachen, z. B. §§ 147, 155 VZGes. v. 1. VII. 1879; § 4 Ges. v. 17. VII. 1881; Art. 6 Ges. v. 1. VII. 1869 betr. Sicherung der Zollgrenze; § 11 Salzsteuerges. v. 9. VIII. 1867; StGB. § 335, UWGes. § 12 Abs. 3 usw. Diese sind zwar Nebenstrafen, aber keine Geldstrafen. — Vgl. Anm. 7 zu § 28. — RGSt. **14** 201, **22** 103, **60** 124. Da sie nicht in Freiheitsstrafen umwandelbar sind, sind sie auch gegenüber der Geldstrafe die mildere Rechtsfolge nach § 2 Abs. 2.

8. Eine tatsächliche Feststellung der Grundlagen für die Bemessung der Geldstrafe ist nicht erforderlich, RGAnn. **5** 305. StPO. § 267 Abs. 3 enthält nur eine Sollvorschrift. Das Revisionsgericht hat aber gleichwohl zu prüfen, ob der Bemessung nicht ein Rechtsirrtum zugrunde liegt. RGSt. **23** 92, **38** 207, so auch, wenn es sich um Bemessung des Vielfachen eines Grundwerts handelt.

9. Die Vorschriften des StGB. §§ 27—29 lauteten:

§ 27. Der Mindestbetrag der Geldstrafe ist bei Verbrechen und Vergehen drei Mark, bei Übertretungen eine Mark.

§ 28. Eine nicht beizutreibende Geldstrafe ist in Gefängnis und, wenn sie wegen einer Übertretung erkannt worden ist, in Haft umzuwandeln.

Ist bei einem Vergehen Geldstrafe allein oder an erster Stelle, oder wahlweise neben Haft angedroht, so kann die Geldstrafe in Haft umgewandelt werden, wenn die erkannte Strafe nicht den Betrag von sechshundert Mark und die an ihre Stelle tretende Freiheitsstrafe nicht die Dauer von sechs Wochen übersteigt.

War neben der Geldstrafe auf Zuchthaus erkannt, so ist die an deren Stelle tretende Gefängnisstrafe nach Maßgabe des § 21 in Zuchthausstrafe umzuwandeln.

Der Verurteilte kann sich durch Erlegung des Strafbetrages, soweit dieser durch die erstandene Freiheitsstrafe noch nicht getilgt ist, von der letzteren freimachen.

§ 29. Bei Umwandlung einer wegen eines Verbrechens oder Vergehens erkannten Geldstrafe ist der Betrag von drei bis zu fünfzehn Mark, bei Umwandlung einer wegen einer Übertretung erkannten Geldstrafe der Betrag von einer bis zu fünfzehn Mark einer eintägigen Freiheitsstrafe gleichzuachten.

Der Mindestbetrag der an Stelle einer Geldstrafe tretenden Freiheitsstrafe ist ein Tag, ihr Höchstbetrag bei Haft sechs Wochen, bei Gefängnis ein Jahr. Wenn jedoch eine neben der Geldstrafe wahlweise angedrohte Freiheitsstrafe ihrer Dauer nach den vorgedachten Höchstbetrag nicht erreicht, so darf die an Stelle der Geldstrafe tretende Freiheitsstrafe den angedrohten Höchstbetrag jener Freiheitsstrafe nicht übersteigen.

Sie sind mehrfach abgeändert worden:

a) Zunächst durch Gesetz zur Erweiterung des Anwendungsgebiets der Geldstrafe und zur Einschränkung der kurzen Freiheitsstrafen vom 21. XII. 21 (RGBl. 1604). Das Gesetz verfolgte den doppelten Zweck, einmal die Höhe der Geldstrafe dem Verfall der Währung anzupassen, also nicht die Strafen zu verschärfen; sodann überhaupt die kurzzeitigen Freiheitsstrafen durch Geldstrafen dann ersetzen zu lassen, wenn der Strafzweck auf diese Weise zu erreichen ist. Es sollte also durch eine mildere Strafart dasselbe zu erreichen versucht werden, was bisher durch eine schwerere Strafart erzielt wurde. Liepmann, ZStRW. **1922** 707; Schäfer, Geldentwertung und Strafrecht, JW. **1920** 436; Hartung, Das neue Geldstrafengesetz, Recht **1923** Sp. 65; Kronecker, Neuere Bestimmungen über Geldstrafen, ZStRW. **1924** 578; Hellwig, Das Geldstrafengesetz (1922).

Die folgenden Änderungen haben den letztgenannten Zweck beibehalten, die Geldstrafe aber weiter der Inflation angepaßt:

b) Geldstrafengesetz vom 27. IV. 23 (RGBl. I 254).
c) Gesetz über Vermögensstrafen und Bußen vom 13. X. 23 (RGBl. I 943). Darin war in Art. V in Voraussicht weiteren Währungsverfalls der Reichsregierung die Ermächtigung gegeben worden, die Beträge anderweit festzusetzen, auch sie wertbeständig zu machen. Dies ist geschehen zunächst
d) in der VO. vom 23. XI. 23 (RGBl. I 1117), sodann
e) in der VO. über Vermögensstrafen und Bußen vom 6. II. 24 (RGBl. I 44); RGSt. **60** 200.
f) Nachdem durch das am 11. Oktober 1924 in Kraft getretene Münzgesetz vom 30. VIII. 24 (RGBl. II 254) § 1 als Rechnungseinheit für die neu eingeführte Goldwährung die Reichsmark bestimmt worden war, hat eine Zweite VO. zur Durchführung des Münzgesetzes, vom 12. XII. 24 (RGBl. I 775) in § 2 angeordnet: „Sofern in Gesetzen oder Verordnungen des Reichs für Geldbeträge die Goldmark als Rechnungseinheit in der Weise bestimmt ist, daß für die Umrechnung der Goldmarkbeträge in die Währungseinheit der von dem Reichsminister der Finanzen bekannt gegebene Goldumrechnungssatz (§ 2 der Durchführungsbestimmungen vom 13. X. 23 (RGBl. I 951), zur VO. des Reichspräsidenten v. 11. X. 23 (RGBl. I 939), maßgebend ist, tritt die Reichsmark an die Stelle der Goldmark". Damit ist auch § 43 des Bankges. v. 30. VIII. 24 aufgehoben worden. Hiernach ist auch im gegenwärtigen Strafgesetzbuch die Strafandrohung überall als in Reichsmark erfolgt anzusehen und danach § 27 Abs. 1 abzuändern.

10. Als Zahlungsmittel kommen in Betracht:
a) Bis auf weiteres die früher ausgeprägten Goldmünzen und Pfennige.
b) Die neu auszuprägenden Reichs-Gold-, Silber- und Pfennigmünzen (Goldmünzen mit Feingehalt von $^1/_{2790}$ g feines Gold).
c) Reichsbanknoten (Bankges. v. 30. VIII. 24 (RGBl. II 235), die auf Reichsmark lauten. Es fehlt aber noch die Verpflichtung der Reichsbank, ihre Noten jederzeit in Gold einzulösen, der § 3 des Bankges. ist noch nicht in Kraft getreten.
d) Noten der Privatbanken, der Bayr. Notenbank, Sächs. Bank zu Dresden, Württemb. Notenbank in Stuttgart, Badischen Bank zu Karlsruhe (Privatnotenbankges. v. 30. VIII. 24, RGBl. II, 246). Diese sind aber nicht gesetzl. Zahlungsmittel.
e) Solange Reichsmarkstücke und -scheine fehlten, durfte mit Papiermarkscheinen und Rentenscheinen gezahlt werden, vgl. VO. über Verpflichtung zur Annahme von Reichsmark bei Inlandgeschäften v. 7. XI. 23 (RGBl. I 1081). 1 Rentenmark gilt dabei = 1 Reichsmark (§ 43 Bankges.), 1 Billion Papiermark = 1 Reichsmark. 1 D 673/22 6. II. 22; Drucks. des Reichstags 1920/21 Nr. 2966 S. 3; Stenogr. Ber. S. 5308, 5314. DurchfVO. zum Münzges. v. 10. X. 24. Seit 5. VI. 25 haben jene die Eigenschaft von Zahlungsmitteln verloren.

§ 27. Die Geldstrafe ist in Reichsmark festzusetzen.
Sie beträgt
1. bei Verbrechen und Vergehen, soweit nicht höhere Beträge oder Geldstrafe in unbeschränkter Höhe angedroht sind oder werden, mindestens drei Reichsmark und höchstens zehntausend Reichsmark;
2. bei Übertretungen mindestens eine Reichsmark, soweit nicht ein höherer Mindestbetrag angedroht ist oder wird, und höchstens einhundertfünfzig Reichsmark.

Die Vorschriften des Abs. 2 über Höchstbeträge gelten nicht, soweit die angedrohte Strafe in dem Mehrfachen, dem Einfachen oder dem Bruchteil eines bestimmten Betrags besteht. Ist dieser nicht auf Reichsmark (Goldmark) gestellt, so ist er für die Festsetzung der Geldstrafe in Reichsmark (Goldmark) umzurechnen.

Entw. §§ 37 ff.

1. Die **Mindeststrafe** ist bei Verbrechen und Vergehen 3 RM., bei Übertretungen 1 RM. Auch bei Versuch und Beihilfe darf nicht unter diesen Mindestbetrag jeweils herabgegangen werden, RGSt. **18** 125. Ebenso beträgt für Jugendliche nach dem Jugendgerichtsges. v. 16. II. 23 (RGBl. I 135) die Mindeststrafe bei Verbrechen und Vergehen nicht 1 RM., sondern 3 RM., v. Liszt-Schmidt I 393, Olshausen Anm. 9a. A. M. Hellwig, Das Geldstrafengesetz (3. Aufl. 1924) S. 46. — Ist, wie in § 33 des Kriegssteuerges. v. 21. VI. 16 (RGBl. 561) lediglich „Geldstrafe" als Mindeststrafe angedroht, so ist darunter der nach § 27 zu findende Mindestbetrag verstanden, RGSt. **52** 343. Die Bestimmung einer Mindeststrafe von 3 und 1 RM. hat nicht den Sinn, daß eine sie übersteigende Geldstrafe immer ein Vielfaches von 3 oder 1 RM. sein muß. Das Gegenteil ergibt sich aus den vom Gesetz selbst angewendeten Höchststrafen, die keineswegs immer ein Vielfaches davon sind, z. B. in § 113 Abs. 2; § 223 Abs. 1 u. a. — Bei einzelnen Straftaten kann natürlich die Mindeststrafe durch besondere Vorschrift höher gesetzt sein. Zuweilen geschieht dies auch dadurch, daß die Höchststrafe in einem Mehrfachen, Einfachen oder Bruchteil eines bestimmten Betrags angesetzt wird und daraus der Wille des Gesetzes zu entnehmen ist, daß jener bestimmte Betrag die Mindeststrafe bilden soll. Notwendig ist dies aber nicht und an sich gilt auch bei der Bildung einer Höchststrafe auf diese Weise für die Mindeststrafe das Maß von 3 und 1 RM. So auch Hellwig a. a. S. 47.

2. Die **Höchststrafe** ist auf 10 000 RM. für Verbrechen und Vergehen und auf 150 RM. für Übertretungen angesetzt. Die jetzige Fassung des § 27 beruht auf Art. I der VO. v. 6. II. 1924 in Verb. mit § 2 der zweiten VO. zur Durchf. des Münzges. v. 19. XII. 1924. Dieses Maß ist aber nur subsidiär angeordnet für den Fall, daß schlechthin Geldstrafe angedroht ist. Ist dagegen bei einzelnen Verbrechen oder Vergehen Geldstrafe in unbeschränkter Höhe oder Geldstrafe von mehr als 10 000 RM. und bei Übertretungen Geldstrafe von über 150 RM. angedroht, so gelten diese besonderen Strafdrohungen. Ebenso entfällt das Höchstmaß von 10 000 M. überall dort, wo die Strafe nach dem Mehrfachen, Einfachen oder dem Bruchteil eines bestimmten Betrages gefunden wird, und zwar auch dann, wenn dieser Betrag unter 10 000 M. bleibt. RGSt. **58** 206, **60** 201; JW. **1925** S. 1295[6]. Bei Bemessung der Strafe nach dem Mehrfachen kann bei der Eigenart dieser Strafbemessung § 27c keine Berücksichtigung finden, RGSt. **60** 391. Denn es handelt sich hier in Wahrheit um absolute Geldstrafen, das Maß für Höchststrafen gilt aber nur für relativ bestimmte Geldstrafen, dort wo es eine niedrigste und eine höchste Grenze des Strafrahmens gibt, zwischen denen der Richter frei zu wählen hat. Nach Schäfer JRdsch. **1925**, 108 ist hier der Gedanke maßgebend gewesen, daß der Grundbetrag als Wert des Gegenstandes sich von selbst der Entwertung des Geldes anpaßt. Das trifft aber als Grund für heute nicht mehr zu.

Geldstrafen in **unbeschränkter Höhe** finden sich vielfach in Nebengesetzen: Preistr.-VO. 13. VII. 23 §§ 12, 14, Ges. z. Schutz der Republ. v. 21. VII. 21 § 9, Notgesetz vom 24. II. 23 u. A. Sie verstoßen gegen den Grundsatz von StGB. § 2 Abs. 1 u. Art. 116 der RV., denn eine Geldstrafe in unbeschränkter Höhe ist keine auch nur relativ bestimmte Strafe mehr. Sie darf jedoch nicht zur völligen Vermögens-Konfiskation führen, die als Strafe dem Strafrecht fremd ist. Die Durchbrechung des Grundsatzes vom Gesetzgeber ist zulässig nur dann, wenn sie durch ein verfassungsänderndes Gesetz erfolgt ist, Lobe, Die Gesetzgebung des Reichs u. der Länder zum Schutze der Reg. (1922), S. 62; v. Liszt-Schmidt I S. 394. A. M. Frank S. 56 und Olshausen Anm. 7 zu § 2. Das Mehrfache ist namentlich in Zoll- und Steuergesetzen vorgeschrieben. Strafmaße, die eintreten für den Fall, daß der für dies Mehrfache zugrunde zu legende Wert nicht festgestellt werden kann, sind jedoch nicht mehr Strafen, die nach Abs. 2 gebildet sind, es findet deshalb Abs. 1 wieder Anwendung. So auch Hellwig a. a. O. S. 50. Ist bei der Bemessung der Reichsmarkstrafe das Mehrfache eines Papiermark- oder andern Markbetrags maßgebend, so ist dieser Betrag nach der innern Kaufkraft der Mark umzuwerten, 1 D 580/24 11. VII. 24; 1 D 564/24 20. X. 24; RGSt. **60** 389.

3. Die Vorschrift des § 27 gilt gleichviel, ob die Geldstrafe allein oder zusammen mit einer Freiheitsstrafe angedroht ist, ob sie Haupt- oder Nebenstrafe ist, ob sie wahlweise mit

Freiheitsstrafe angedroht ist, ob sie an Stelle der an sich verwirkten Freiheitsstrafe nach § 27b tritt.

4. Der Ersatz des Wertes nicht einziehbarer Sachen kann nur dann als Strafe angesetzt werden, wenn die Einziehung selbst Strafe ist, was nicht immer der Fall ist. Sie muß aber dann als absolute Strafe angesehen werden und auch die entsprechende Anwendung von § 27 ist ausgeschlossen. Vgl. Vorbemerkung A. 10. A. M. Hellwig a. a. O. S. 49.

5. Die Festsetzungen von Höchst- und Mindestbeträgen bei Verbrechen und Vergehen und von Mindestbeträgen bei Übertretungen in anderer Weise, als in § 27 geschehen, werden aufgehoben. Art. XIV Nr. 2 VO. v. 6. II. 24.

6. Die Vorschrift gilt auch für die Nebengesetze und das Landesrecht, Art. VIII der VO. v. 6. II. 24, und zwar sowohl für das gegenwärtige als für das künftige Recht, insbes. auch für das Steuerrecht in Verb. mit RAbgO. § 362, RGSt. **59** 97, 260, 485. Soweit jedoch nach EGStGB. § 2 Abs. 2 das Reichsrecht gegenüber dem Landesrecht Selbstbeschränkung ausübt und den Ländern ihre eigene Gesetzgebungsbefugnis beläßt, kann auch das Landesrecht Abweichendes bestimmen, Art. VIII Abs. 2 a. a. O. Nach Art. XIV beträgt in reichs- und landesrechtl. Nebengesetzen für Übertretungen jedoch der Höchstbetrag stets 150 RM.

7. Vgl. zu § 27a unter 4.

8. Die Androhung von Geldstrafen kann nach Art. III VO. v. 6. II. 24 auch einer Behörde, einem Beamten, einer Körperschaft oder deren Vorstand übertragen werden.

9. Die Höhe einer Buße beträgt mindestens 3 RM., höchstens 10 000 RM. Art. IV VO. v. 6. II. 24.

§ 27a. Bei einem Verbrechen oder Vergehen, das auf Gewinnsucht beruht, kann die Geldstrafe auf einhunderttausend Reichsmark erhöht und auf eine solche Geldstrafe neben Freiheitsstrafe auch in denjenigen Fällen erkannt werden, in denen das Gesetz eine Geldstrafe nicht androht.

Entw. § 38.

1. Die Vorschrift gilt nicht für Übertretungen. Die Sucht nach Gewinn bezeichnet einen dauernden seelischen Zustand, eine Charaktereigenschaft des Täters, ähnlich wie habsüchtig, geizig. v. Liszt-Schmidt I S. 427; Olshausen Anm. 1; Frank S. 57. A. M. Hellwig, Das Geldstrafenges. (1924) Anm. 24. Nach RGSt. **60** 307, 390 ist „Gewinnsucht die Steigerung des berechtigten Erwerbssinnes auf ein ungewöhnliches, ungesundes, sittlich anstößiges Maß". Sie ist vorhanden, wenn das Verlangen des Täters nach Gewinnerzielung ihn mit solcher Gewalt beherrscht, daß er ihm hemmungslos unterliegt. Dieser Zustand, der jederzeit die Gier nach Gewinn bei sich bietender Gelegenheit erwecken kann, muß auch bei der vorliegenden Tat diese Gier erweckt haben und diese muß jedenfalls mit Beweggrund für die Tat geworden sein. Denn nur dann beruht sie auf ihr.

2. Diese Gier nach Gewinn kann Beweggrund für jede Art Straftat werden, nicht ist die Vorschrift beschränkt auf vermögensrechtliche Delikte. Hier zeigt sich deutlich der Unterschied zwischen Beweggrund und dem vorgestellten Ziel der Tat, auf dessen Erreichung Vorsatz und Absicht geht. Daher fällt die Absicht, sich einen Vermögensvorteil zu verschaffen, durchaus nicht notwendig mit dem Beweggrund der Gewinnsucht zusammen. RGSt. **60** 306. Wer stiehlt, um die Sache zu verschenken, wer sich durch Betrug einen Vermögensvorteil verschaffen will, um mit diesem Arme zu unterstützen oder sonstige Wohltaten zu gewähren, handelt in der Absicht, sich einen Vermögensvorteil zu verschaffen, nicht aus Sucht auf Gewinn. Es ist darum auch gleichgültig, ob diese Absicht zum Tatbestandsmerkmal der Straftat erhoben worden ist oder nicht. Aber selbst wenn die Gewinnsucht bereits Tatbestandsmerkmal des Delikts ist, muß angenommen werden, daß solchenfalls der ordentliche bisherige Strafrahmen durch die Vorschrift hat erweitert werden sollen. § 27a erweitert den Strafrahmen des § 27 für alle Straftaten, die auf Gewinnsucht beruhen. Das erhellt schon darauf, daß nunmehr Geldstrafe auch dort zulässig wird, wo im besonderen Teile solche bisher nicht angedroht war. Deshalb können auch die Strafen des § 27 Abs. 3, die in einem Mehrfachen bestehen und daher absolute sind, bis zu dem Höchstmaß des § 27a erhöht werden. Von RGSt. **58** 206 dahingestellt gelassen. So auch Olshausen Anm. 2; v. Liszt-Schmidt I, S. 428; a. M. Frank S. 58.

3. Die Vorschrift des § 27a gilt auch für das Militärstrafgesetzbuch, so daß jetzt auch bei militärischen Verbrechen oder Vergehen auf Geldstrafe neben der Freiheitsstrafe erkannt werden darf. Hellwig 79.

4. Die in §§ 27, 27a, 27c bestimmten Strafrahmen gelten nach Art. XIV Abs. 4 auch bei Taten, die vor dem Inkrafttreten der VO. v. 6. II. 24, d. i. 1. III. 24 begangen sind. (Das RGBl. I S. 44 ist am 23. Februar 24 ausgegeben worden.) Zu den Vorschriften, die den „Strafrahmen" betreffen, gehören jedoch nicht die folgenden unter §§ 27b, 28—29. Diese sind daher erst vom 1. III. 24 anwendbar geworden, aber selbstverständlich ebenfalls auf Taten, die vorher liegen. RGSt. **60** 123.

§ 27b. Ist für ein Vergehen oder eine Übertretung, für die an sich eine Geldstrafe überhaupt nicht oder nur neben Freiheitsstrafe zulässig ist, Freiheitsstrafe von weniger als drei Monaten verwirkt, so ist an Stelle der Freiheitsstrafe auf Geldstrafe (§§ 27, 27a) zu erkennen, wenn der Strafzweck durch eine Geldstrafe erreicht werden kann.

Die Vorschriften des Militärstrafgesetzbuchs bleiben unberührt.

Absatz 1.

1. Die Vorschrift richtet sich gegen die „kurzzeitigen Freiheitstrafen" und will diese durch die andere Strafart der Geldstrafe ersetzen. Lediglich im Ersatz durch diese andere Strafart liegt die Milderung, RGSt. **65** 230. Im übrigen ist Voraussetzung für die Anwendbarkeit, daß auch durch die mildere Strafart der Geldstrafe der Strafzweck in demselben Maße erreicht wird, wie durch eine Freiheitstrafe von weniger als drei Monaten. Nicht war die Meinung des Gesetzgebers, die Straftaten, für die Freiheitstrafe angedroht ist, nunmehr als minderschwere aufzufassen. Das erhellt schon daraus, daß die an sich verwirkte Strafe ausgeworfen werden muß, die Straftat also eine mit Freiheitstrafe bedrohte bleibt. Es sind rechtspolitische und praktische Gründe, die zur ersatzweisen Zulassung der Geldstrafe unter bestimmten Voraussetzungen geführt haben, nicht eine andere Anschauung über die Bewertung der Straftat. Diese bleibt die gleiche. Es soll auch derselbe Strafzweck erreicht werden, nur eben mit einem andern Mittel. Indem hier das Gesetz selbst vom **Strafzweck** spricht und dessen Erreichung zur Voraussetzung für Zulassung der Geldstrafe an Stelle der an sich verwirkten Freiheitstrafe macht, zwingt es, sich über den Strafzweck klar zu werden, von dem der Gesetzgeber ausgeht. Es ist der der Vergeltung. RGSt. **61** 417. Dieser Zweck der Vergeltung wird aber nur dann erreicht, wenn auch die Geldstrafe als Übel empfunden wird und zwar als ein solches Übel, daß es für den Täter und in den Augen der Volksgenossen als gerechte Sühne der Tat erscheint, RGSt. **65** 230. Vgl. auch **65** 308. Aus diesem Grunde ist die Geldstrafe auch an keinen Umwandlungsmaßstab in Hinblick auf die an sich erwirkte Freiheitstrafe gebunden. Es ist vielmehr nach Lage der gesamten Umstände frei zu prüfen, welche Geldstrafe innerhalb des nach §§ 27 u. 27a zulässigen Strafrahmens als gerechte Vergeltung für die Tat anzusehen ist, sofern nicht der Strafzweck überhaupt erheischt, es bei der angedrohten Freiheitstrafe zu belassen. Kommt der Richter zu der Überzeugung, daß durch die Geldstrafe der Strafzweck voll erreicht werden kann, wie durch eine unter 3 Monaten liegende Freiheitstrafe, so muß er dann die Gelderſatzstrafe aussprechen. Diese Entscheidung gehört nicht zur Schuld, sondern zur Strafzumessungsfrage. Daß der Richter aber „im Zweifel" auf Geldstrafe zu erkennen habe und diese nunmehr der Regel nach an Stelle der Freiheitstrafen von weniger als 3 Monate getreten sei, kann nicht anerkannt werden. Anders Liepmann, ZStRW. **1922** 707. Wie hier auch 1 D 957/24 20. I. 25. Nur wenn das Gericht die bestimmte Überzeugung erlangt hat, daß der Strafzweck durch eine Geldstrafe erreicht werde, ist auf eine solche zu erkennen. Es handelt sich hierbei um einen im Sinne vom RGSt. **58** 239 trennbaren Bestandteil der Strafzumessung. Es kann deshalb die Berufung und Revision auf die Frage, ob der Zweck der Strafe durch Geldstrafe

erreicht werden könne, beschränkt werden, RGSt. **60** 169. Wenn es sonach bei der Rechtskraft der Festsetzung der Freiheitstrafe bleibt, kann auch eine nachträglich erfolgte Aufhebung der PrtrVO. nicht zur Freisprechung führen, vielmehr ist gleichwohl auf erfolgte beschränkte Berufung und Revision hin noch eine Prüfung aus §27 b vorzunehmen, RGSt. **61** 280. § 27b hat nicht das Ziel, die der Schuld entsprechende Strafe herabzusetzen. Der Strafzweck soll durch die Geldstrafe in ungemindertem Grade erreicht werden. Deshalb ist von Verhängung einer Geldstrafe überhaupt abzusehen, wenn Zweifel bestehen, ob sie der Angeklagte selbst tragen wird. Denn nur wenn das sicher ist, wirkt sie für ihn als Strafe u. kann mit ihr der Strafzweck erreicht werden, RGSt. **59** 21, 51; **65** 309.

Strafzweck ist nicht gleichbedeutend mit Zweck der Strafvollstreckung. Schon die Wirkung der Verhängung der Strafe ist zu berücksichtigen. § 27b ist also nicht verletzt, wenn der Strafrichter zwar die Erreichbarkeit des Strafzwecks durch eine Geldstrafe verneint, aber ausspricht, die Freiheitstrafe brauche nicht unter allen Umständen vollstreckt zu werden, wie bei bedingter Begnadigung. RGSt. **59** 51. Zum „Strafzweck" i. S. von § 27b gehört auch die erzieheliche Wirkung der Strafe. Ist auch nur dieser Zweck nicht ohne Verhängung einer Freiheitstrafe zu erreichen, so war sie auch geboten, RGSt. **64** 110. Außer dem Zweck der Vergeltung ist auch die durch die Strafe bewirkte Nebenfolge der Abschreckung (General- u. Spezialprävention) zu beachten. Findet der Richter, daß diese im vorliegenden Fall nicht genügend durch eine Geldstrafe erreicht wird, so ist auf Freiheitstrafe zu erkennen, RGSt. **61** 417. Auch die Wirkung der Strafe auf den Verletzten ist nicht außer Acht zu lassen, RGSt. **65**, 230; v. Liszt-Schmidt I S. 422 stellt nur auf die Spezialprävention ab.

Die Prüfung nach § 27b ist vorzunehmen, ohne daß dabei die Höhe der etwa einzusetzenden Geldstrafe zu berücksichtigen ist.

2. Das Gesetz macht zur Voraussetzung für die Ersatzgeldstrafe:

a) daß es sich um ein Vergehen oder um eine Übertretung handelt, schließt also die Anwendung für Verbrechen aus. In der PreistrVO. v. 1923 ist die Zuchthausstrafe in besonders schweren Fällen beibehalten. Wie sich aus der Begründung ergibt, wird dadurch die Preistreiberei noch nicht zu einem Verbrechen gestempelt. Sie bleibt ein Vergehen und darum ist auch hier § 27b anwendbar. RGSt. **60** 117;

b) daß für diese Vergehen und Übertretungen Freiheitstrafe allein oder mit Geldstrafe zusammen angedroht ist, schließt also selbstverständlich die Straftaten, die nur mit Geldstrafe bedroht sind, aus, wie z. B. § 186, RGSt. **63** 433.

c) daß der Richter zunächst die nach dem ordentlichen Strafrahmen zulässige Freiheitstrafe auswirft. Findet er, daß diese unter drei Monaten beträgt, so kommt dann erst für ihn in Frage, ob der Strafzweck statt mit der Freiheitstrafe auch mit einer nach §§ 27, 27a zu bemessenden Geldstrafe erreicht werden kann. Dann ist aber auch für die Bildung einer Gesamtfreiheitstrafe kein Raum mehr, RGSt. **59** 22. Aus diesem Grunde ist von ihm immer zunächst die Tat unter einen bestimmten Strafrahmen zu bringen, aus dem die Strafe von ihm dann zu entnehmen ist. Das muß er insbesondere auch dort tun, wo ihm das Gesetz, wie bei mildernden Umständen, zwei Strafrahmen zur Verfügung stellt. Dabei ist es gleichgültig, ob der Strafrahmen bei mildernden Umständen Geldstrafe allein zuläßt oder nicht, denn die Wahl des Strafrahmens und sonach die Bejahung oder Verneinung der mildernden Umstände muß vorausgehen. Werden die mildernden Umstände bejaht und steht infolgedessen dem Richter nur ein Strafrahmen zur Verfügung, der ausschließlich Geldstrafe androht, so entfällt die Voraussetzung für die Anwendung von § 27b (oben unter b) von selbst. Werden jedoch die mildernden Umstände verneint und ist damit der Richter an einem Strafrahmen gebunden, der Freiheitstrafe allein oder zusammen mit Geldstrafe androht, so sind dann aber auch die Voraussetzungen für die Anwendung des § 27b gegeben. Verfehlt ist die Annahme, daß die Möglichkeit der Geldstrafe bei mildernden Umständen die Zulässigkeit der Ersatzfreiheitstrafe ausschließe. Denn die Frage, ob mildernde Umstände vorliegen oder nicht, hat mit der andern Frage, ob im besonderen Falle der Strafzweck an Stelle einer Freiheitstrafe durch eine Geldstrafe erreicht werden könne, gar nichts gemein. Diese beiden Fragen sind vollständig auseinander zu halten. So unter Aufgabe von 1 D 588/22 v. 27. X. 22 jetzt RGSt. **58** 106 und 1 D 377/24 v. 30. V. 24 gegen 3. und 4. Strafsenat (Voraussetzungen des GVG. § 137 wurden nicht für gegeben angesehen). Beistimmend Merkel in JW. **1924**, S. 1722; Schäfer a. a. O. S. 114. — A. M. Frank 58, Hellwig, GeldstrGes. (1924) S. 56; Feisenberger, HRR. **2** 277.

3. Beim Zusammentreffen mehrerer selbständiger Straftaten i. S. von § 74 ist für jede einzelne Tat, ebenso wie bei § 74, die an sich verwirkte Freiheitstrafe auszuwerfen und danach zu prüfen, ob für sie eine Geldstrafe den Strafzweck erreichen kann. Denn die einzelnen zusammentreffenden Straftaten sind nach Art und Umfang verschieden. Soweit für diese einzelnen Taten die Anwendung von § 27 b geboten erscheint, ist dann eine Gesamtstrafe für die „an sich verwirkten Einzelstrafen" ausgeschlossen, 1 D 1089/22 v. 6. II. 23; 3 D 296/22 v. 19. VI. 22 und JW. **1923** 406[8], 3 D 882/24 v. 22. XII. 24. Dagegen steht nichts im Wege, die verwirkten Einzelstrafen, bei denen eine Ersatzgeldstrafe nicht für angebracht erachtet wird, auch neben dieser zu einer Gesamtstrafe nach § 74 zusammenzuziehen, es ist dies vielmehr nach der allgemeinen Regel geboten. Schäfer, Krit. Rundschau **1925** 108 ff.; Oetker, GS. **88** 174; Frank S. 59. Wenn jedoch für jede Straftat nach § 27b auf Ersatzgeldstrafe erkannt ist, ist für eine Gesamtstrafe der Ersatzfreiheitstrafen kein Raum, 3 D 882/24 22. XII. 24. Bei Idealkonkurrenz kommt es darauf an, ob die nach § 73 zu findende Strafe nur Geldstrafe ist oder nicht.

4. Da entscheidend ist, ob die an sich verwirkte Freiheitstrafe noch nicht 3 Monate beträgt, so kommt es nicht darauf an, aus welchen Gründen diese Strafe verwirkt ist. So kann sie auch nur die Folge einer nach StGB. § 44, oder Jugendgerichtsges. § 9 nötigen Herabsetzung sein. 3 Monate haben 89 Tage mindestens, 92 Tage höchstens. Ist die verwirkte Strafe nach Tagen bemessen, können also 89 Tage diese gegebenenfalls 3 Monate bilden und daher die Anwendung des § 27 b ausschließen. Es können aber auch 91 Tage noch unter 3 Monaten liegen, falls die Strafe vollstreckt wird in Monaten, die 31 + 30 + 31 Tage haben. Von diesen Zufälligkeiten kann aber die Entscheidung nicht abhängen. Darum will Hellwig 57 immer 3 Monate mit 89 Tagen annehmen, dagegen Hettner in LZ. **1922** 425 unter Bezugnahme auf RGSt. **43** 320 den Durchschnitt von 90 Tagen, den Monat durchschnittlich zu 30 Tagen genommen. Letzteres erscheint zweckmäßiger.

5. Die Verjährung der erkannten Geldstrafe erfolgt nach den Regeln der Geldstrafen. Dasselbe gilt von der Tilgung der Strafe im Strafregister. Preuß. Verf. v. 4. XI. 24 (JMBl. 386). Die Rechtslage ist im Ergebnis keine andere, als wenn von vornherein nur die Geldstrafe erkannt und für den Fall der Uneinbringlichkeit eine Ersatzfreiheitstrafe nach § 78 Abs. 2 in Höhe der an sich verwirkten Freiheitstrafe ausgesprochen worden wäre. 3 D 882/24 22. XII. 24.

6. Nichtanwendung von § 27b bildet einen Revisionsgrund RGSt. **60** 168, 169. Ob auch einen Wiederaufnahmegrund, ist bestritten, von Hellwig gegen Liepmann aber wohl mit Recht verneint. Ist § 27 b verletzt, so erfolgt die Aufhebung des Urteils und die Zurückverweisung lediglich zur Nachholung der Prüfung, ob der Strafzweck auch durch eine Geldstrafe erreicht werden könne. Im übrigen bleibt die Vorinstanz an die Schuldbeurteilung nicht nur, sondern auch an die an sich verwirkte Freiheitstrafe gebunden, RGSt. **58** 235. 1 D 530/24 v. 27. VI. 24. Die Zurückverweisung muß immer erfolgen, wenn nicht völlig zweifelsfrei aus den Urteilsgründen erhellt, daß sich das Gericht die Frage vorgelegt hat, ob der Strafzweck durch Geldstrafe erreicht werden könne, und daß es diese Frage verneint hat. Da die an sich verwirkte Freiheitstrafe vom Richter als Voraussetzung für die Anwendung des § 27b gefunden werden muß, ist richtigerweise diese auch als „an sich verwirkt" im Urteilstenor auszusprechen. Es ist dies schon aus Zweckmäßigkeitsgründen für die Vollstreckungsbehörde mit Rücksicht auf § 29 Abs. 4 geboten, 1 D 617/22 v. 1. XII. 22. Immerhin kann der Erwähnung nur in den Urteilsgründen genügen. Vgl. hierzu Hellwig a. a. O. 58. Unter Umständen kann sich dies aus der Gesamtheit der Gründe ausnahmsweise ergeben, auch wenn es nicht im Urteil ausdrücklich bemerkt ist. In der Regel muß aber bei Vermeidung der Aufhebung verlangt werden, daß sich die Gründe ausdrücklich hierüber aussprechen, RGSt. **58** 106, **60** 115, 1 D 836/22 v. 6. II. 23.

7. Nach § 29 Abs. 4 ist Ersatzstrafe die verwirkte Freiheitsstrafe des § 27b. Damit ist auch die Bildung einer Gesamtstrafe nach § 74, § 78 ausgeschlossen. RGSt. **59** 22.

8. Das **Landesrecht** kann auch hier auf dem ihm vorbehaltenen Gebiete nach Art. VIII der VO. v. 6. II. 24 abweichende Bestimmungen treffen.

Absatz 2.

MStGB. § 29 wird ausdrücklich aufrecht erhalten. Die Freiheitstrafen für militärische Vergehen dürfen nicht in Geldstrafe umgewandelt werden, wenn zugleich gegen eine milit. Dienstpflicht verstoßen ist.

§ 27c. Bei der Bemessung einer Geldstrafe sind die wirtschaftlichen Verhältnisse des Täters zu berücksichtigen.

Die Geldstrafe soll das Entgelt, das der Täter für die Tat empfangen, und den Gewinn, den er aus der Tat gezogen hat, übersteigen.

Reicht das gesetzliche Höchstmaß hierzu nicht aus, so darf es überschritten werden.

Amtl. Entw. § 68.

1. Abs. 1 ist selbstverständlich, wenn auch sein besonderer Hinweis zweckmäßig ist. Da die Geldstrafe ein fühlbares Übel sein soll, wird sie dies nur eben bei Berücksichtigung der wirtschaftlichen Verhältnisse. Müßig ist der Streit, ob diese Verhältnisse als Strafzumessungsgrund im eigentlichen Sinne anzusehen seien; Stooß, ZStRW. **37** 694, Hellwig, Monatsschr. f. Kriminalpsych. **12** 126. Die wirtschaftlichen Verhältnisse sind aber immer nur ein Moment bei Bemessung der Strafe, alle übrigen die Strafhöhe beeinflussenden Momente, wie sie z. B. in Entw. § 69 aufgezählt ist, sind außerdem zu berücksichtigen. RGSt. **64** 208; **65** 231, Frank 59, Hellwig 83. Vgl. auch Begr. S. 97 zu Entw. 19: „Der Ausdruck wirtschaftliche Verhältnisse statt ‚Vermögensverhältnisse' ist gewählt, um klarzustellen, daß neben Vermögen und Einkommen auch die Verbindlichkeiten des Täters, z. B. gesetzliche Unterhaltspflichten und ähnliche Lasten, Erwerbsfähigkeit, zu berücksichtigen sind". Außer Betracht bleibt aber hier die Schwierigkeit der sofortigen Zahlung, denn diese wird durch § 28 behoben, sie kann also nicht zu einer Minderung der Strafhöhe führen. Die wirtschaftlichen Verhältnisse sind bei Bemessung der Geldstrafe selbst zu berücksichtigen. Festsetzung einer niedrigen Ersatzstrafe genügt nicht. 2 D 376/27 v. 6. X. 27. — Die Vorschrift des Abs. 1 gilt natürlich nicht für absolut bestimmte Strafen, RGSt. **60** 391. Sie gilt aber sowohl für Verbrechen als für Vergehen und Übertretungen. Maßgebend ist nicht der Zeitpunkt der Tat, sondern der Zeitpunkt der Verurteilung. Vgl. ferner auch preuß. Allgem. Verf. v. 27. IV. 23 (JMBl. 349). — Die Revision kann nicht auf das Unterlassen der Angabe der wirtschaftlichen Verhältnisse als Strafbemessungsgrund in den Urteilsgründen gestützt werden, wohl aber darauf, daß die Vorschrift überhaupt nicht berücksichtigt worden sei. Denn ihre Berücksichtigung ist nicht in das Ermessen des Richters gestellt, vielmehr muß sie erfolgen. Die Vorschrift ist auch auf Geldstrafen anwendbar, die nach § 27b erkannt worden sind, 1 D 1205/27 v. 27. I. 28. Sie ist nach RAbgO. § 355 auch auf Steuergesetze anwendbar.

2. Abs. 2. a) Im Gegensatz zu Abs. 1 handelt es sich hier um eine bloße Sollvorschrift. Sie wird durch Abs. 3 ergänzt und ist mit dieser in unmittelbarem Zusammenhang zu lesen. Diese ihre Natur ergibt ihre Stellung zu Abs. 1, der eine zwingende Vorschrift enthält. Demnach darf die Beachtung der Vorschrift des Abs. 2 niemals zu einer Verletzung der Vorschrift des Abs. 1 führen und ist nur im Rahmen dieser anwendbar. Müßte die nach Abs. 2 zu bemessende Höhe der Strafe die Berücksichtigung der wirtschaftlichen Verhältnisse des Täters außer acht lassen, so könnte sie nicht angewendet werden. Gegebenenfalls muß die Strafe soweit herabgesetzt werden, daß noch die Berücksichtigung stattfindet. 2 D 80/26 v. 22. IV. 26. Immerhin erweist sich § 27c Abs. 2 als Verschärfung der vorher bestehenden Strafdrohung, so daß § 2 Abs. 2 anwendbar ist, RGSt. **58** 317. Abs. 2 gilt auch für Fahrlässigkeitsdelikte, also auch für das Vergehen der Steuergefährdung nach RAbgO. § 367. RGSt. **66** 93.

Diese wirtschaftlichen Verhältnisse sind jedoch nicht dann unberücksichtigt geblieben, wenn dem Täter der Gewinn, den er aus der Straftat gezogen hat und den er noch besitzt, durch die nach Abs. 2 bemessene Strafe wieder entzogen wird. Denn auf diesen Besitz hat er kein Recht und seine Entziehung verschlechtert nicht seine berücksichtigungswerten Verhältnisse. Wenn er dagegen nicht mehr bereichert ist, kann der Grundsatz des Abs. 2 nur im Rahmen des Abs. 1 durchgeführt werden. A. M. Hellwig 82. § 27c Abs. 2 enthält eine Strafschärfung, hat aber nach Art. XIV der VO. v. 6. II. 24 rückwirkende Kraft. Bei der Zurückverweisung in die Vorinstanz auf eingelegte Revision ist jedoch das Verbot der reformatio in peius zu beachten, RGSt. **58** 362.

b) Ist der Grundsatz des Abs. 2 jedoch im Rahmen des Abs. 1 durchführbar, so kommt es im übrigen nicht darauf an, ob der Täter noch im Besitz des Entgelts oder Gewinnes ist, oder ob er diesen wieder verloren hat. Der Gedanke des Abs. 2 ist, das Motiv der Gewinnsucht zu unterdrücken durch das Bewußtsein, diesen Gewinn und darüberhinaus wieder hergeben zu müssen. Auch wer den Gewinn inzwischen verpraßt hat, soll eine entsprechende Vermögenseinbuße erleiden. A. M. Hellwig 87. Auch wenn der vom Täter aus der Tat gezogene Gewinn zugunsten des Geschädigten inzwischen sichergestellt ist, kommt § 27c zur Anwendung, 2 D 604/26 20. IX. 26. Ist der Gewinn oder das Entgelt unter mehrere Teilnehmer (Mittäter, Anstifter, Gehilfen) verteilt worden, so bestimmt sich die Strafhöhe nach Abs. 2 für jeden Einzelnen nach dem Anteil, den er empfangen hat. Sonst aber kommt auch der Gewinn in Betracht, den der Täter für einen andern aus der Tat gezogen hat. 2 D 266/26 31. V. 26.

c) Entgelt ist der empfangene Lohn für die Tat, z. B. Bestechungsgeld, der für die Beihilfe oder Begünstigung gewährte Vorteil; Gewinn ist der unmittelbar aus der Tat gezogene Vorteil, z. B. der durch Betrug erlangte Vermögensvorteil, die gestohlene Sache und ihr Erlös, die gehehlte Sache und ihr Erlös usw.

3. Absatz 3. Die Überschreitung des Höchstmaßes zum Zwecke der Durchführung, des Grundsatzes von Abs. 2 ist ebenfalls nur zulässig innerhalb des Rahmens der Vorschrift von Abs. 1. Sie ist in das Ermessen des Richters gestellt, wie die Anwendung von Abs. 2 überhaupt, von dem Abs. 3 einen Teil bildet. Sie bedeutete die Einführung einer Strafe nicht von unbeschränkter Höhe, sondern von einer durch die Höhe des jeweils gezogenen Gewinnes oder Entgelts bestimmten Höhe, also zunächst unbestimmten Höhe.

Zu beachten ist, daß sowohl nach Abs. 2 als Abs. 3 die Strafe nicht dem gezogenen Entgelt oder Gewinn gleichkommen, sondern ihn übersteigen soll. Es handelt sich also nicht nur um bloße Entziehung eines widerrechtlichen Vermögensvorteils, sondern um Strafe und deren Bemessung. Deshalb ist die Vorschrift auch dann anzuwenden, wenn der Gewinn gar nicht in das Vermögen des Täters gelangt oder schon wieder ausgeschieden ist, DRZ. 1927 Nr. 313. Die Vollstreckung der Strafe steht selbstverständlich dem zivilrechtlichen Anspruch des Geschädigten nicht entgegen.

§ 28. Ist dem Verurteilten nach seinen wirtschaftlichen Verhältnissen nicht zuzumuten, daß er die Geldstrafe sofort zahlt, so hat ihm das Gericht eine Frist zu bewilligen oder ihm zu gestatten, die Strafe in bestimmten Teilbeträgen zu zahlen.

Das Gericht kann diese Vergünstigung auch nach dem Urteil bewilligen. Es kann seine Entschließungen nachträglich ändern. Leistet der Verurteilte die Teilzahlungen nicht rechtzeitig, oder bessern sich seine wirtschaftlichen Verhältnisse wesentlich, so kann das Gericht die Vergünstigung widerrufen.

Auf die nach Abs. 2 zu treffenden Entscheidungen findet § 462 der Strafprozeßordnung Anwendung.

1. Absatz 1. Die Vorschrift geht auf E. 19 § 56 und das Geldstrafengesetz v. 21. XII. 21 zurück, jedoch ist sie aus einer Sollvorschrift in eine zwingende umgewandelt. Der Richter hat zwar nach freier Überzeugung festzustellen, ob die Zumutbarkeit vorliegt, oder nicht. RGSt. **64** 208. Kommt er jedoch zu dieser Überzeugung, so **muß** er dann die Vergünstigung gewähren. Insoweit ist auch das Urteil mit der Revision anfechtbar, ebenso dann, wenn es nicht erkennen läßt, ob der Richter überhaupt die Prüfung nach dieser Richtung vorgenommen hat. Über sie hat er im Tenor des Urteils zu erkennen. RGSt. **60** 16; **64** 207.

2. Streit ist, ob es sich um einen dem materiellen Recht zugehörigen Bestandteil, oder um einen zur Strafvollstreckung gehörigen Akt handelt. Beides wäre an sich möglich und die letzte Meinung wird von Gerland, Kritische Bemerkungen zum Allgem. Teil des Strafges.-E. 19 S. 54, und Oetker, GerS. 88 219 vertreten, erstere von Hellwig 90. Auch die Denkschrift zu E. 19 S. 61 sagt: „Den Zweck, die kurzzeitigen Freiheitstrafen einzuschränken, kann die Geldstrafe nur erreichen, wenn es gelingt, mehr als bisher auf ihre Zahlung hinzuwirken. Der Entwurf ermächtigt daher das Gericht, Fristen und Teilzahlungen zu bewilligen. Über die Vergünstigung ist in der Regel im Urteil zu entscheiden, denn es handelt sich um einen Teil der Strafzumessung, der mit der Höhe der Geldstrafe untrennbar zusammenhängt und deshalb auch nur gleichzeitig damit angefochten werden kann". Daß die Höhe der Geldstrafe nichts mit der Frage der Teilzahlungen zu tun haben darf, wurde zu § 27c ausgeführt. Aber solange der erkennende Richter bei Verhängung der Strafe darüber befindet, gehört sie zur Strafzumessung, nach Erlaß des Urteils ist die Zubilligung der Vergünstigung lediglich Sache der Strafvollstreckung.

3. Die Vorschrift gilt nur für die vom Gericht verhängten Geldstrafen. Die Einziehung übermäßigen Gewinnes nach PreistrOV. § 16 ist keine Strafe, RGSt. 53 89, § 28 kann auch nicht entsprechend angewendet werden.

4. Im Gegensatz zu Abs. 1 steht nach **Abs. 2** die Gewährung der Vergünstigung im Ermessen des Gerichts, es **kann** die Vergünstigung gewähren. Es handelt sich hierbei um eine in der Strafvollstreckung dem Gericht erster Instanz, zugewiesenen Entscheidung nach StPO. § 462. Die VO. v. 6. II. 24 zitiert noch § 494 der alten StPO. Vgl. Löwe-Rosenberg, StPO. 462 S. 913. Die Vergünstigung kann selbst dann gewährt werden, wenn ihre Voraussetzungen schon bei Erlaß des Urteils vorlagen u. vom erkennenden Gericht hätten gewährt werden müssen. Frank S. 60. Bei Änderung der wirtschaftlichen Verhältnisse kann aber nicht nur die in der Vollstreckungsinstanz gewährte Vergünstigung, sondern auch die im Urteil vom erkennenden Richter zugelassene Teilzahlung zurückgenommen werden. Zuständig ist das Gericht erster Instanz, StPO. § 462 Abs. 1.

5. Die Bewilligung der Vergünstigung ist an keinen Antrag gebunden, es muß vielmehr von Amts wegen untersucht werden, ob die Voraussetzungen für sie vorliegen.

6. Die Befugnis der Vollstreckungsbehörde, Strafaufschub zu gewähren, und das Recht der Gnadeninstanz bleibt unberührt.

7. Die Vorschrift gilt auch für das Landesrecht, doch kann dieses Abweichungen anordnen. Art. VIII VO. v. 6. II. 24.

§ 28a. Soweit die Geldstrafe nicht gezahlt wird, ist sie beizutreiben.

Der Versuch, die Geldstrafe beizutreiben, kann unterbleiben, wenn mit Sicherheit vorauszusehen ist, daß sie aus dem beweglichen Vermögen des Verurteilten nicht beigetrieben werden kann.

1. Die Folge der Nichtzahlung der Geldstrafe kann nach § 28 Abs. 2 sein, daß die Vergünstigung der Teilzahlungen zurückgezogen wird.

Eine hiervon unabhängige Folge nach § 28a ist, daß die nicht gezahlte Geldstrafe oder der nicht gezahlte Geldstrafenteil — gleichviel ob Teilzahlungen gewährt waren oder nicht — beizutreiben ist. Diese Vorschrift ist zwingend und darf nur in dem in Abs. 2 genannten Falle eine Ausnahme erleiden. Erst wenn die Beitreibung vergeblich war oder nach Abs. 2 unterbleiben durfte, ist die Geldstrafe uneinbringlich i. S. von § 28b und § 29 geworden und sind die dort daran geknüpften Folgen zulässig.

2. Es ist nicht ins Belieben des Verurteilten gestellt, ob er die Geldstrafe zahlen oder „absitzen" will. Die Ersatzfreiheitstrafe tritt nicht ohne weiteres als Folge der Nichtzahlung ein, diese Folge ist vielmehr zunächst die Beitreibung.

3. Die Vollstreckung der Geldstrafe erfolgt gemäß StPO. § 463 nach den Vorschriften über die Vollstreckung der Urteile der Zivilgerichte. Die Vollstreckung in das gesamte bewegliche und unbewegliche Vermögen ist Grundsatz. Aus Abs. 2 ist keineswegs zu entnehmen, daß die Vollstreckung in das unbewegliche Vermögen

unzulässig sei. Über die Eintragung einer Sicherungshypothek Becker im Recht 25 113. Nur in einzelnen Sondergesetzen wird für die in ihnen ausgesprochene Geldstrafe ausnahmsweise die Zwangsvollstreckung in das unbewegliche Vermögen verboten, z. B. Reichsstempelges. v. 3. VII. 13 § 114; Wechselstempelges. v. 15. VII. 1909 § 22; Wehrbeitragges. v. 3. VII. 1913, § 53. Bei Steuervergehen soll im übrigen „nur vorsichtig" von der Zwangsvollstreckung in unbewegliches Vermögen Gebrauch gemacht werden.

4. Die an sich die Regel bildende Beitreibung braucht ausnahmsweise gar nicht erst versucht zu werden, wenn die Voraussetzungen des Abs. 2 gegeben sind. Ein offenbar nutzloser Beitreibungsversuch soll von vornherein unterbleiben, und zwar kann dies schon dann geschehen, wenn aus dem beweglichen Vermögen keine Beitreibung zu erwarten ist. Die Vollstreckung ins unbewegliche bleibt jedoch offen.

5. Die Strafvollstreckungsbehörde, die von einem Versuch der Beitreibung zunächst abgesehen oder vergeblich die Beitreibung versucht hat, kann die Beitreibung jederzeit wiederholen, sobald sie glaubt, daß der Verurteilte inzwischen zu neuem Vermögen gekommen ist. Voraussetzung ist natürlich, daß der Anspruch auf Zahlung der Geldstrafe noch besteht, die Tilgung nach § 28b oder Umwandlung nach § 29 noch nicht stattgefunden hat. Einen weiteren Hinderungsgrund für die Beitreibung überhaupt gibt VO. v. 6. II. 24 Art. VII (Geringfügigkeit des Betrags bei der Umrechnung einer in Papiermark festgesetzten Geldstrafe in Reichsmark).

6. Wegen des Landesrechts Art. VIII VO. v. 6. II. 24. Es kann für Beitreibung von Geldstrafen wegen Übertretung von Landesgesetzen andere Grundsätze einführen.

§ 28b. Die Vollstreckungsbehörde kann dem Verurteilten gestatten, eine uneinbringliche Geldstrafe durch freie Arbeit zu tilgen.

Das Nähere regelt die Reichsregierung mit Zustimmung des Reichsrats. Soweit dies nicht geschieht, sind die obersten Landesbehörden ermächtigt, das Nähere zu regeln.

1. Die Vorschrift gehört in das Strafvollzugsgesetz, ist nicht materiell-rechtlich. Die Anordnung liegt im Ermessen des Vollstreckungsgerichts, sie kann nicht schon im voraus im Urteil vom erkennenden Richter getroffen werden.

2. Wann eine uneinbringliche Geldstrafe vorliegt, s. § 28a Anm. 1.

3. Die Vorschrift findet auf alle Geldstrafen Anwendung, gleichgültig für welche Straftat sie verhängt sind. Für Straftaten nach Landesrecht gilt ebenfalls Art. VIII VO. 6. II. 24.

4. Die Bewilligung ist ins Ermessen des Vollstreckungsgerichts gestellt. Ein Recht auf „Abverdienen" hat der Verurteilte nicht. Die Arbeit ist eine freie, sie kann also nicht erzwungen werden. Sie ist deshalb auch keine Strafarbeit und erfolgt nicht unter Beaufsichtigung. Immerhin dient sie doch eine Strafe zu tilgen. Deshalb hat sie andern Charakter als eine freie Arbeit, deren Erlös dem Arbeitenden selbst zufließt. Aus diesem Grunde dürfte es richtig sein, die für die freie gewerbliche Arbeit gesetzlich vorgeschriebenen Arbeitsbeschränkungen (Achtstunden-, Nachtarbeit usw.) für diese Arbeit zur Tilgung einer Strafschuld nicht gelten zu lassen. Andernfalls würde man oft die Möglichkeit der Tilgung durch Arbeit überhaupt entziehen. So auch Hellwig 114. An der in Aussicht gestellten näheren Regelung fehlt es. Leider hat der Entwurf diese Einrichtung nicht wieder aufgenommen, da sich die Gewerkschaften dagegen ausgesprochen haben.

§ 29. An die Stelle einer uneinbringlichen Geldstrafe tritt bei Verbrechen und Vergehen Gefängnis oder, wenn neben der Geldstrafe auf Zuchthaus erkannt wird, Zuchthaus, bei Übertretungen Haft. Auch bei Vergehen kann die Geldstrafe in Haft umgewandelt werden, wenn Geldstrafe allein oder an erster Stelle oder wahlweise neben Haft angedroht ist.

Die Dauer der Ersatzstrafe ist mindestens ein Tag und bei Gefängnis und Zuchthaus höchstens ein Jahr, bei Haft höchstens sechs Wochen. Ist neben der Geldstrafe wahlweise Freiheitsstrafe von geringerer Höhe angedroht, so darf die Ersatzstrafe deren Höchstmaß nicht übersteigen. Die Ersatzstrafe darf nur nach vollen Tagen bemessen werden.

Im übrigen richtet sich das Maß der Ersatzstrafe nach freiem Ermessen des Gerichts.

In den Fällen des § 27b ist Ersatzstrafe die verwirkte Freiheitsstrafe.

Der Verurteilte kann die Vollstreckung der Ersatzstrafe jederzeit dadurch abwenden, daß er den noch zu zahlenden Betrag der Geldstrafe entrichtet.

Kann die Geldstrafe ohne Verschulden des Verurteilten nicht eingebracht werden, so kann das Gericht anordnen, daß die Vollstreckung der Ersatzstrafe unterbleibt. § 462 der Strafprozeßordnung findet Anwendung.

Entw. § 39.

Absatz 1. 1. Die Vorschrift behandelt die **Umwandlung** einer erkannten **Geldstrafe** in eine Freiheitstrafe in dem Sinne, daß diese jene ersetzen und ihre Verbüßung den Strafanspruch tilgen soll. Die Ersatzstrafe ist also selbst Strafe, keine Zwangsmaßregel zum Zwecke der Beitreibung der Geldstrafe. Soweit die Ersatzstrafe verbüßt ist, kann die Geldstrafe nicht nachträglich beigetrieben werden, auch dann nicht, wenn der Verurteilte später zu Vermögen gekommen ist, RGSt. **45** 332. Der § 29 n. F. ist nach Art. I Nr. 2 des Geldstrafenges. v. 27. IV. 1923 (RGBl. I, 254) an die Stelle der bisherigen §§ 28 u. 29 getreten.

2. Keine Umwandlung findet daher statt bei **Zwangsmaßregeln, Bußen** und **Werterſatz** bei Verfall des Empfangenen, z. B. StGB. § 335, UWGes. § 12 Abs. 3, RGSt. **22** 103, **60** 245. Von dem Grundsatz, daß bei Werterſatz keine Ersatzstrafe statt hat, ist freilich RAbgO. §§ 355, 435 abgewichen. Über die hierbei vorgekommenen Fehler vgl. das angef. Urteil; ebensowenig bei **Einziehung übermäßigen Gewinns** nach PreistrVO. § 16. Die Ordnungsstrafe des GVG. § 178 ist dagegen eine echte Strafe und ihre Umwandlung in Haft für zulässig zu erachten, Löwe-Rosenberg S. 120. Als Besonderheit kommt vor die Umwandlung der Einziehung in eine Geldstrafe, z. B. § 4 des österr.-ung. Zollges. v. 9. VI. 1895.

3. Voraussetzung für die Umwandlung ist nicht schlechthin Nichtzahlung, sondern Nichtbeitreibbarkeit der Geldstrafe. Vgl. zu § 28a Anm. 1. Nebengesetze sprechen häufig von Unvermögen. Aber auch hier muß das erst durch das Beitreibungsverfahren festgestellt werden, GewO. § 146. Es ist deshalb ausgeschlossen, daß etwa der Richter die Uneinbringlichkeit schon im Urteil feststellt und aus diesem Grunde auf Freiheitstrafe erkennt. Auch die Feststellung nach § 28a Abs. 2 steht ihm nicht zu. Rechtspr. **6** 436. Daher ist auch gegen einen in Konkurs verfallenen Angeklagten zunächst nur auf Geldstrafe zu erkennen, Annalen des RG. **10** 293. Nach KO. § 63 Nr. 3 ist die Strafe jedoch bei Konkurseröffnung gesetzlich uneintreibbar geworden, so daß es eines Beitreibungsverfahrens nicht bedarf.

Ist die Geldstrafe nur zum Teil uneintreibbar, so beschränkt sich die Umwandlung auf diesen Teil, vgl. auch Abs. 5; RGSt. **11** 132, bleibt der nicht beitreibbare Rest einer Geldstrafe unter demjenigen Betrag, für den ein Tag als Ersatzstrafe angemessen sein würde, so kann eine Umwandlung nicht stattfinden. Nach OLG. Breslau GA. **50** 295 soll der eingetriebene unzulängliche Betrag zurückgegeben und der zulängliche Rest umzuwandeln sein. Ist die Geldstrafe zum Teil durch die Untersuchungshaft für getilgt erachtet worden, so ist nur der verbleibende Rest der erkannten Gesamtgeldstrafe der Ersatzfreiheitstrafe zugänglich. RGSt. **63** 333.

4. Es wird vom Gesetz als Regel vorausgesetzt, daß die Umwandlung bereits im Urteil vorgesehen wird. Sie ist vom erkennenden Gericht vorzunehmen, ein Hinweis auf StPO. § 459 genügt nicht. Ist diese Umwandlung gleichwohl unterlassen worden, so ist sie nachträglich vom Gericht vorzunehmen, wenn die Beitreibung erfolglos geblieben ist.

5. Die **Ersatzfreiheitstrafe** besteht ihrer Art nach

a) in Zuchthaus, wenn bei Verbrechen neben der Geldstrafe auf Zuchthaus erkannt ist, gleichgültig ob wegen desselben Verbrechens oder in Bildung einer Gesamtstrafe wegen eines realkonkurrierenden. Nach dem früheren StGB. § 28 war Zuchthaus nur mittelbar nach vorgängiger Umwandlung der Gefängnisstrafe zu erkennen. Das ist jetzt geändert; die Umwandlung einer uneinbringlichen Geldstrafe in Zuchthaus setzt voraus, daß neben der Geldstrafe wegen derselben Tat auf Zuchthaus erkannt ist; RGSt. **54** 296, 1 D 263/28 30. III. 28 in HöchstRR. 1928 Nr. 1363; eine gemäß § 74 Abs. 2 gebildete Gesamtstrafe, bei der eine Umwandlung in eine Zuchthausstrafe erfolgt, berechtigt nicht hierzu. RGSt. **62** 126, 186.

b) in Gefängnis bei Vergehen und Verbrechen, wenn neben der Gefängnisstrafe oder statt der Gefängnisstrafe auf Geldstrafe erkannt ist;

c) in Haft bei Vergehen, wenn Geldstrafe allein oder an erster Stelle oder wahlweise neben Haft angedroht und erkannt ist, z. B. §§ 145, 145a, 185, 186;

d) in Haft bei Übertretungen;

e) in Festungshaft. Diese ist zwar in § 29 nicht genannt, gleichwohl muß sie die Ersatzstrafe dort bilden, wo die Hauptstrafe Festungshaft ist und neben ihr Geldstrafe angedroht ist. Etwa nach § 27a oder bisher schon § 13 des Ges. v. 3. VI. 14 (RGBl. 195). Es geht nicht an, diese Geldstrafe dann in eine andere als Festungshaft umzuwandeln. So auch Hellwig 117.

Absatz 2.

6. Die **Dauer** der Ersatzstrafe.

a) Der **Mindestbetrag** der Ersatzstrafe ist immer, auch bei Zuchthaus, 1 Tag. § 14 Abs. 2 findet keine Anwendung. Auf Bruchteile von Tagen kann nicht erkannt werden. RGSt. **60** 202, 245. Ist neben der umzuwandelnden Geldstrafe eine Freiheitstrafe angedroht oder diese wahlweise neben Geldstrafe gesetzt, die höher ist als ein Tag, so kann gleichwohl die Ersatzfreiheitstrafe nur 1 Tag betragen. Eine entsprechende Vorschrift wie für die Bemessung der Höchststrafe fehlt. 4 D 173/16 10. XI. 16.

Wenn die Ersatzfreiheitstrafe an Stelle nur eines Teils der erkannten Geldstrafe tritt, so gilt dasselbe.

Einen besonderen Umwandlungsmaßstab kennt das Gesetz nicht mehr. Schon Art. XIV Nr. 1 der VO. v. 6. II. 24 hebt die dementsprechenden Vorschriften ausdrücklich auf. Es folgt aber aus § 27, daß die geringste zulässige Geldstrafe der geringsten zulässigen Freiheitstrafe bei der Umwandlung entsprechen muß, also 3 Mark und 1 Mark = 1 Tag Freiheitstrafe. Darüber hinaus aber hat der Richter bis zur zulässigen Höchstgrenze völlig freies Ermessen.

b) Der **Höchstbetrag** der Ersatzstrafe ist

α) bei Zuchthaus und Gefängnis 1 Jahr, RGSt. **56** 68; **58** 384.

β) bei Haft 6 Wochen,

γ) bei Festungsstrafe, für die eine besondere Vorschrift fehlt, wird man entsprechend der Gefängnisstrafe ebenfalls 1 Jahr annehmen müssen.

Hiervon gibt es folgende Ausnahmen: a) Ist neben der Geldstrafe wahlweise (direkt oder indirekt bei mildernden Umständen) Freiheitstrafe von weniger als 1 Jahr oder bei Haft von 6 Wochen als Höchststrafe angedroht, so darf auch der Höchstbetrag der Ersatzfreiheitstrafe dieses niedrigere Höchstmaß nicht überschreiten, RGSt. **11** 132; 4 D 383/16 10. XI. 16. b) Ist im Urteil eine Freiheitstrafe verhängt, auf das Rechtsmittel aber dafür auf Geldstrafe erkannt, so darf die Ersatzfreiheitstrafe nicht höher sein. als die ursprünglich erkannte Freiheitstrafe, da sonst reformatio in peius vorläge. RGSt. und GA. **50** 288. c) Vgl. Abs. 4. Die § 150 Abs. 1 Nr. 4 und § 120 Abs. 3 GewO. für schwänzende Fortbildungsschüler angedrohte Geldstrafe bis zu 20 *RM* ist durch Art. XIV Abs. 3 der VO. 6. II. 24 auf 150 *RM* erhöht worden, vgl. Art. XIV Abs. 2 Nr. 1 der VO. Damit fällt ohne weiteres auch die Vorschrift über die bei einem Strafrahmen von 1—20 *RM* angeordnete Ersatzfreiheitstrafe und es findet nun die des § 29 Anwendung, die auch allein der Berechnung nach § 9 Abs. 3 des JGGes. zugrunde zu legen ist. A. M. Francke, Kom. z. JGG. S. 110 (2. Aufl.).

7. Treffen **mehrere selbständige Straftaten** zusammen, so ist für jede einzelne

Straftat eine selbständige Geldstrafe auszuwerfen und ebenso für jede der Geldstrafen die Umwandlung in eine Ersatzfreiheitstrafe vorzunehmen, wobei die Grenzen unter 6 einzuhalten sind. RGSt. **38** 1, **51** 176. Ihre Gesamtdauer wird in § 78 bestimmt.

8. Die **Ersatzfreiheitstrafe fällt weg**:

a) wenn in besonderen Gesetzen diese nicht zugelassen ist: Ges. v. 11. VI. 70 § 24 Abs. 2; Ges. v. 9. VI. 76 § 13 (RGBl. 4); Ges. v. 10. I. 76 § 9 (RGBl. 8); Ges. v. 11. I. 76 § 14 (RGBl. 11); Wechselstempelges. v. 4. IV. 09 § 22 (RGBl. 285); Reichsstempelges. v. 3. VII. 13 § 114 (RGBl. 639). So auch Frank, zweifelnd Hellwig 120. Bei Zuwiderhandlungen gegen Steuergesetze geht RAbgO. § 378 Abs. 3 den allgemeinen Vorschriften des § 29 Abs. 1 vor; 2 D 813/24 27. IV. 25;

b) wenn aus besonderen Gründen ihre Vollstreckung ausgeschlossen ist. Z. B. § 28b, Abs. 5 u. Abs. 6 dieses Paragraphen, Art. VII der VO. v. 6. II. 24; KO. § 63 Nr. 3.

Absatz 3.

9. Der in StGB. § 29 a. F. aufgestellte **Maßstab** ist weggefallen. Das Gericht hat innerhalb des unter 6 bezeichneten Rahmens freies Ermessen, welche Freiheitstrafe es der Geldstrafe substituieren will, es kann jeden beliebigen Geldbetrag 1 Tag Freiheitstrafe gleichstellen. Eine Ausnahme macht

Absatz 4.

Die Ersatzgeldstrafe nach § 27b. Da in diesem Falle von vornherein die Freiheitstrafe auszuwerfen ist und an deren Stelle die Geldstrafe unter bestimmten Voraussetzungen tritt, so tritt selbstverständlich immer dann, wenn die Geldstrafe nicht eingetrieben werden kann, die ursprünglich verwirkte Freiheitstrafe an die Stelle. Für eine Umwandlung nach § 29 ist überhaupt kein Raum.

Absatz 5.

10. Der Verurteilte kann jederzeit die Ersatzfreiheitstrafe durch Zahlung der Geldstrafe abwenden, selbst wenn er die Freiheitstrafe schon angetreten hat, sofern sie nur noch nicht verbüßt und dadurch die Strafe getilgt ist. Teilleistungen können bei der Geldstrafe also nicht ausgeschlossen werden.

Absatz 6.

11. a) Die Vorschrift stellt die Unterlassung der Vollstreckung der Freiheitstrafe ins Ermessen des Richters. Sie muß als höchst bedenklich angesehen werden und man hätte die Regelung besser der Gnadeninstanz überlassen. Die Voraussetzung, an die das Absehen von der Vollstreckung geknüpft ist, ist unklar und führt zu einer sehr ungleichen Handhabung. Jedenfalls muß der Richter sich bewußt bleiben, daß es sich hier um eine ausnahmsweise in seine Hand gegebene Begnadigungsbefugnis handelt. Wann kann die Geldstrafe **ohne Verschulden** des Verurteilten nicht eingebracht werden? Jedenfalls reicht bloße Zahlungsunfähigkeit nicht aus, sie muß durch besondere hinzukommende Umstände herbeigeführt worden sein, die einen ausnahmsweisen Entschuldigungsgrund dafür abgeben, daß die Mittel zur Bezahlung der Geldstrafe fehlen. Das ist freilich wieder ganz ins Ermessen gestellt. Als Beispiele für die vorliegende schuldlose Uneinbringlichkeit können in Betracht kommen: plötzlicher schuldloser Vermögensverlust, durch überkommene schuldlose Krankheit oder andere Umstände eingetretene Erwerbsunfähigkeit oder Arbeitsunmöglichkeit, so z. B. auch die rechtliche Verhinderung, die Geldstrafe durch freie Arbeit zu tilgen, § 28b, weil die nähere Regelung nach Abs. 2 noch nicht erfolgt ist. Die Bekämpfung dieser Ansicht durch Hellwig 122/123 als widerspruchsvoll ist nicht recht verständlich, da diese Umstände doch nur Beispiele sein sollen. Im übrigen liegt die Unklarheit am Gesetzgeber.

b) Die Vorschriften der StPO. § 462 (a. F. § 494), die für anwendbar erklärt werden, übertragen die Entscheidung dem Gericht erster Instanz.

12. Das Landesrecht kann auf dem ihm vorbehaltenen Gebiete abweichende Bestimmungen treffen.

Die Befugnis der Gerichte, die Strafvollstreckung auszusetzen, z. B. Jugendgerichtsgesetz v. 16. II. 23 (RGBl. 135) § 10 bleibt selbstverständlich ebenso unberührt wie das Begnadigungsrecht.

Der Bußanspruch wird, weil kein Strafanspruch, nicht betroffen.

§ 30. In den Nachlaß kann eine Geldstrafe nur dann vollstreckt werden, wenn das Urteil bei Lebzeiten des Verurteilten rechtskräftig geworden war.

E. 19 §§ 57 Abs. 3.

1. Über die Natur der Vorschrift vgl. Vorbemerkung. — Liegen beim Erben die Pfändungsbeschränkungen der ZPO. § 850 vor, so ist die Vollstreckung unzulässig. Ihr Vorliegen beim Erblasser befreit jedoch die Erben nicht.

2. Eine Umwandlung der nicht beitreibbaren Geldstrafe in Freiheitstrafe oder Vollstreckung der an sich verwirkten Freiheitstrafe findet nicht statt. Ebensowenig ein Ersatz durch freie Arbeit.

3. Voraussetzung der Vollstreckung der Geldstrafe, die aber erfolgen muß, nicht kann, ist, daß das Urteil bereits zu Lebzeiten des Verurteilten rechtskräftig geworden war. Die Vollstreckung erfolgt nach StPO. § 463. Vgl. Weber, Die Vollstreckung von Vermögensstrafen in den Nachlaß (1900). Dem Urteil stehen die Strafbefehle nach StPO. § 410 gleich, auch polizeiliche Strafverfügungen und Strafbescheide der Verwaltungsbehörde, die sämtlich als bedingte Urteile aufzufassen sind, RGSt. **28** 141, **36** 314. Vgl. Binding, Hdb. I S. 813, v. Kries, Lehrb. des Strafproz. S. 598. — A. M. Rüdorff-Stenglein und Frank 61.

4. Da nach StPO. § 361 auch gegen den toten Verurteilten die **Wiederaufnahme des Verfahrens** nach StPO. § 359 möglich ist, hierdurch aber nach § 360 die Vollstreckung des Urteils nicht gehemmt wird, findet auch bei dieser Wiederaufnahme die Vollstreckung gegen die Erben nach § 30 statt.

5. KO. § 226 Abs. 2 Nr. 2 ist eine Folgerung aus § 30. Die Geldstrafe ist eine „vom Erblasser herrührende Schuld" im Sinne von BGB. § 1967 Abs. 2, nicht eine den Erben als solchen treffende Verbindlichkeit. Auch die Landesgesetzgebung kann nur die Haftung des Nachlasses und nicht die Strafe des Erben anordnen, RGSt. **18** 14, **45** 52, **47** 15.

§ 31. Die Verurteilung zur Zuchthausstrafe hat die dauernde Unfähigkeit zum Dienste in dem Deutschen Heere und der Marine, sowie die dauernde Unfähigkeit zur Bekleidung öffentlicher Ämter von Rechts wegen zur Folge.

Unter öffentlichen Ämtern im Sinne dieses Strafgesetzes sind die Advokatur, die Anwaltschaft und das Notariat, sowie der Geschworenen- und Schöffendienst mitbegriffen.

E. 19 §§ 74—78. Amtl. Entw. §§ 54—57.

Es werden zwei Gruppen von **Ehrenstrafen als Folgen der Zuchthausstrafe** unterschieden; bei der einen erfolgt die Ehrenminderung mit der Verurteilung kraft Gesetzes, bei der andern nur, wenn das Gericht ausdrücklich auf sie erkennt. Die Wiederverleihung verlorener Ehrenrechte kennt das Gesetz nicht, dagegen ist sie in E. 19 § 81 Amtl. Entwurf § 58 vorgesehen.

1. Die Zuchthausstrafe ist nach der Auffassung des Gesetzgebers nicht schon an sich entehrend, so daß sie von selbst die Ehre entzieht. Dagegen tritt allerdings von Rechts wegen — im Gegensatz zu § 32 — als Nebenstrafe die dauernde Unfähigkeit — im Gegensatz zu § 35 — zur Ausübung genannter Tätigkeiten, die einen ungeschmälerten Ehrenbesitz voraussetzen, ein. Diese Folgen treten hier stets zusammen ein. Anders § 35. Indem sie als Folge der Verurteilung bezeichnet werden, wird erkennbar, daß sie nicht Inhalt der Verurteilung selbst sind, sondern **Nebenstrafe.** A. M. Frank 62. Nach gemeiner Meinung, s. Frank 62, tritt die Folge auch ein, wenn die Todesstrafe im Gnadenwege in Zuchthausstrafe umgewandelt wird. Aber Begnadigungsakt ist niemals Urteilsakt, § 32 spricht dagegen.

2. Auf diese Rechtsfolgen ist nicht noch zu erkennen, sie treten von selbst mit der Rechtskraft des Urteils ein. RGZ. **19** 394. Ausnahme nur § 37. Die Verbüßung der Zuchthausstrafe ist nicht erforderlich; ob diese zufolge geschehener Anrechnung der Untersuchungshaft, Verjährung oder Begnadigung, die sich nur auf die Hauptstrafe bezieht und die Ehren-Nebenstrafe nicht ergreift, unterblieben ist, ist gleichgültig; RGZ. **19** 394. Ausgeschlossen ist nicht, daß ein Gnadenerlaß außerdem

Ist Zuchthausstrafe oder Festungshaft oder Zuchthausstrafe und Gefängnisstrafe wahlweise, wie in §§ 224, 226, angedroht, so ist nicht nur Zuchthausstrafe angedroht und es tritt Gefängnisstrafe nicht bei mildernden Umständen an Stelle der Zuchthausstrafe, sondern als ordentliche Strafe. Die Aberkennung der bürgerlichen Ehrenrechte ist daher hier nicht zulässig. RGSt. 25 408.

c) **Unzulässig** ist diese Nebenstrafe gegen Jugendliche. Jugendgerichtsges. § 9 Abs. 5.

3. Ist auf eine **Gesamtstrafe** erkannt, so ist die Aberkennung der bürgerl. Ehrenrechte nicht ausgeschlossen, sofern die verwirkte **Einzelstrafe** die Aberkennung zuläßt, also etwa mindestens 3 Monate beträgt, RGAnn. 1 339, 8 283; RGSt. 19 203; Rechtspr. 1 321; 2 D 262/10 9. V. 10, sie ist aber immer nur neben der Gesamtstrafe, nicht neben der Einzelstrafe zu erkennen, RGSt. 36 88, 89 und nur bis zur Höhe von 5 oder 10 Jahren, Rspr. 9 175. Die Gesamtstrafe und nicht die Einzelstrafe ist für die Berechnung der Zeitdauer nach § 36 maßgebend. JW. 1906 784.

4. Die **Dauer** des Verlustes ist

a) bei Todesstrafe oder lebenslänglichem Zuchthaus unbeschränkt, daher ist hier auf dauernden Verlust zu erkennen, nicht in beschränkter Dauer, Rspr. 9 175; 1 D 48/94 1. II. 94;

b) bei zeitiger Zuchthausstrafe 2—10 Jahre;

c) bei Gefängnisstrafe 1—5 Jahre. Hierbei ist MStGB. § 37 zu beachten (Versetzung in die zweite Klasse des Soldatenstandes).

Die Dauer braucht nicht auf volle Jahre berechnet zu sein.

5. Die **Wirkung** tritt zwar schon mit der Rechtskraft des Urteils ein, die Dauer berechnet sich aber erst von dem Tage, einschließlich desselben, ab, wo die Strafe, auch die Gesamtstrafe, verbüßt, verjährt oder erlassen ist, § 36.

6. Nachträgliche Aberkennung § 37.

7. Die Nebenstrafe des Verlustes bürgerl. Ehrenr. hat vom StGB. ihren Inhalt in §§ 33 und 34 erhalten und würde ihrer Wirkung und Bedeutung nach geändert werden, wenn den dort aufgeführten Rechten noch weitere hinzugefügt würden. Die Strafe ist daher eine **reichsrechtlich geregelte Materie** und kann nicht von den Landesgesetzen dadurch geändert werden, daß **zur Strafe** ein weiterer Verlust von Ehrenrechten hinzugefügt wird. Damit würde eine nach EG. § 6 unzulässige Strafart eingeführt werden. Nach Frank 68, soll die Landesgesetzgebung befugt sein, auf den Gebieten, die ihr unterstehen, an die Aberkennung der bürgerl. Ehrenrechte auch strafrechtliche andere Folgen zu knüpfen.

8. **Außerstrafrechtliche Folgen** hat dagegen die Reichsgesetzgebung noch vielfach nach verschiedenen Richtungen hin angeordnet und ebenso ist es der Landesgesetzgebung nicht verwehrt, auf den ihr vorbehaltenen Gebieten an den Umstand, daß jemandem die bürgerl. Ehrenrechte durch den Strafrichter aberkannt worden sind, ihrerseits solche Folgen zu knüpfen, sofern sie nur nicht den Charakter von öffentlicher Strafe haben; Binding Lehrb. 2 380. Reichsgesetzlich: Gesetz über die Presse v. 7. V. 1874 (RGBl. 65) § 8; Börsengesl. v. 8. V. 08/27. V. 08 (RGBl. S. 215) § 7 Nr. 2; HGB. § 81; BGB. § 1318 Abs. 2, § 1781; § 2237 Nr. 2, EGBGB. Art. 34 Nr. 1, FreiwGG. § 173 Nr. 2; GenG. v. 20. V. 1898; RGes. betr. eingeschr. Hilfskassen v. 7. IV. 1876 § 21; §§ 652 bis 966, § 1126 der Reichsversicherungsordnung v. 19. VII. 1911; Ges. über unsch. erl. Untersuchungshaft § 2 Abs. 3, § 68; GewO. §§ 53, 93a, 95a, 106, 126; GVG. § 176; ZPO. § 1032 Abs. 3; Wahlges. v. 31. V. 1869 (RGBl. S. 145) § 3 Nr. 4. Landesgesetzlich können die Disziplinarvorschriften Folgen an die Aberkennung der bürgerl. Ehrenr. knüpfen, ebenso der Verlust von nicht öffentlichen Ämtern, wie Kirchenämter Binding Lehrb. 2 380; Versagung des Jagdscheins nach Preuß. JagdO. v. 15. VII. 07 § 34 Abs. 2; bayr. Jagdges. Art. 18 Nr. 4; § 10 des sächs. Ges. v. 5. V. 1909 u. Ausf.VO. v. 7. V. 1909, sächs. Familien-Anwartsch.-Ges. v. 7. VII. 1900 § 62 Nr. 4, § 71 Abs. 2. —

Nachdem die RV. den Adel nicht nur als bevorrechteten Stand aufgehoben hat, sondern auch die Adelsbezeichnungen als bloße Bestandteile des Namens noch gelten läßt, ist von einer Aberkennung des Adels keine Rede mehr.

§ 33. Die Aberkennung der bürgerlichen Ehrenrechte bewirkt den dauernden Verlust der aus öffentlichen Wahlen für den Verurteilten hervor-

gegangenen Rechte, ingleichen den dauernden Verlust der öffentlichen Ämter, Würden, Titel, Orden und Ehrenzeichen.

Der in § 33 verfügte dauernde Verlust von Rechten tritt auch dann ein, wenn die Aberkennung der b. E. selbst nur auf Zeit erfolgt, anders als in § 34, wo nur vorübergehende Folgen behandelt werden.

1. **Dauernd** ist

a) der Verlust von Rechten, die aus öffentlichen Wahlen hervorgegangen sind, d. h. aus Wahlen in öffentlichen, nicht privaten, Angelegenheiten, vgl. § 108, § 109, § 34 Nr. 4, RGSt. **22** 337, **41** 121, Frank S. 68. Hierzu gehören auch die Wahlen in kirchlichen Angelegenheiten dort, wo es sich um eine Kirche als öffentlich-rechtliche Korporation handelt. GA. **54** 292. Öffentliche Wahlen sind nicht gleichbedeutend mit öffentlichem Amt in § 31. A. M. Olshausen Anm. 6;

b) der Verlust von öffentlichen inländischen Ämtern. Vgl. § 31;

c) öffentliche inländische Würden sind solche Ehrenstellungen in der staatlichen oder gesellschaftlichen Gemeinschaft, die vom Staat oder einer öffentlich-rechtlichen Korporation unter staatlicher Autorität verliehen oder bestätigt sind, insbesondere akademische Würden, wie Doktortitel, OLG. Dresden in GA. **54** 320, Neumayer ZStRW. **27** 10, GA. **44** 63, Ehrenbürgerrechte der Gemeinde; sie fallen häufig mit Bezeichnungen von Ehrenstellungen in Amt und Beruf zusammen. Vgl. die Ausführungen unter 8 bei § 360 Nr. 8.

d) Inländische Titel sind gemäß RV. Art. 109 staatlich vorgeschriebene oder anerkannte Bezeichnungen, 1. zur Angabe eines Amts (**Amtsnamen**) und einer darin bekleideten Dienst- und Rangstellung, 2. zur Angabe eines Berufs (**Berufsbezeichnung**), 3. zur Angabe einer Ehrenstellung (**Ehrentitel**) im Amt oder im Beruf. Unter 1 gehören „Stadtrat", „Bürgermeister", „Amtsrichter", „Reichsgerichtsrat" — „Landgerichtsdirektor" — „Präsident"; unter 2 gehören „Rechtsanwalt", „Arzt", „Bücherrevisor", unter 3 gehören einmal: „Amtsgerichtsrat", „Geheimer Regierungsrat", andermal: „Kommerzienrat", „Baurat", „Sanitätsrat". Näheres bei den Ausführungen zu § 360, Nr. 8 Anm. 7. Vgl. noch Laband, Das Recht am Titel in DJZ. **1907** Sp. 201 ff. Seitdem in der neuen Verfassung die Titel als Ehrenbezeichnungen — angeblich — abgeschafft und nur die Amtsnamen zugelassen bleiben, ist eine heillose Verquickung zwischen beiden eingetreten und es wird glatt die Vorschrift der Reichsverfassung unter dem Deckmantel des Amtsnamens übertreten. Der Deutsche kann eben nicht aus seiner Haut heraus, und die Wichtigtuerei mancher Beamten- und Berufsklassen sinnt auf immer hochtrabendere Titel als „Amtsnamen". In § 33 wird unter den gen. verschiedenen Arten von Titeln nicht unterschieden. Der Amtsname, den der Amtsrichter im amtlichen und öffentlichen Verkehr zu führen verpflichtet ist, kann aber nicht ohne das Amt aberkannt werden. — Adlige Prädikate sind keine Titel im Sinne dieser Vorschrift, zumal sie jetzt Teile des Namens geworden sind.

e) Inländische Orden und Ehrenzeichen vgl. § 360 Nr. 8 u. neue RV. Art. 109.

f) Hierzu Ges. über Titel, Orden u. Ehrenzeichen vom 7. IV. 33 (RGBl. I, 180).

2. Der dauernde Verlust bezieht sich lediglich auf die zur Zeit der Aberkennung dem Verurteilten gerade zustehenden Rechte, Ämter, Würden und Titel, im Gegensatz zu § 35, bedeutet aber, daß diese dauernd, d. h. endgültig verloren sind und nicht, wie nach § 34, nur für die im Urteil bestimmte Zeit, die von selbst wieder aufleben nach Ablauf der in § 32 vorgeschriebenen Zeit. Dagegen bedeutet er nicht die dauernde Unfähigkeit zum Erwerb gleichartiger Rechte, wie in § 31, vielmehr ist nach Ablauf der Zeit des Verlusts der Ehrenrechte der Erwerb solcher Rechte von neuem zulässig. Vgl. aber RechtsanwO. § 6 Nr. 2; Sperl, Wiedererwerbung der durch Strafurteil verwirkten Doktorwürde, DJZ. **1910** 638.

Da nach GewO. § 29 die Berufsbezeichnung „Arzt" als Titel anzusehen ist, nimmt die Aberkennung der bürgerlichen Ehrenrechte in § 33 auch das Recht zur Führung dieses nach GewO. § 29 durch die Approbation erworbenen Titels auf die Dauer, gleichgültig, für welche Zeit die Ehrenrechte selbst aberkannt worden sind.

Mit der Approbation aber befaßt sich StGB. § 33 nicht. Deren Bestand und Wirkung bleibt daher, abgesehen von der Führung des Titels „Arzt" unberührt. Nur wer

Ist Zuchthausstrafe oder Festungshaft oder Zuchthausstrafe und Gefängnisstrafe wahlweise, wie in §§ 224, 226, angedroht, so ist nicht nur Zuchthausstrafe angedroht und es tritt Gefängnisstrafe nicht bei mildernden Umständen an Stelle der Zuchthausstrafe, sondern als ordentliche Strafe. Die Aberkennung der bürgerlichen Ehrenrechte ist daher hier nicht zulässig. RGSt. **25** 408.

c) **Unzulässig** ist diese Nebenstrafe gegen Jugendliche. Jugendgerichtsges. § 9 Abs. 5.

3. Ist auf eine **Gesamtstrafe** erkannt, so ist die Aberkennung der bürgerl. Ehrenrechte nicht ausgeschlossen, sofern die verwirkte **Einzelstrafe** die Aberkennung zuläßt, also etwa mindestens 3 Monate beträgt, RGAnn. **1** 339, **8** 283; RGSt. **19** 203; Rechtspr. **1** 321; 2 D 262/10 9. V. 10, sie ist aber immer nur neben der Gesamtstrafe, nicht neben der Einzelstrafe zu erkennen, RGSt. **36** 88, 89 und nur bis zur Höhe von 5 oder 10 Jahren, Rspr. **9** 175. Die Gesamtstrafe und nicht die Einzelstrafe ist für die Berechnung der Zeitdauer nach § 36 maßgebend. JW. **1906** 784.

4. Die **Dauer** des Verlustes ist

a) bei Todesstrafe oder lebenslänglichem Zuchthaus unbeschränkt, daher ist hier auf dauernden Verlust zu erkennen, nicht in beschränkter Dauer, Rspr. **9** 175; 1 D 48/94 1. II. 94;

b) bei zeitiger Zuchthausstrafe 2—10 Jahre;

c) bei Gefängnisstrafe 1—5 Jahre. Hierbei ist MStGB. § 37 zu beachten (Versetzung in die zweite Klasse des Soldatenstandes).

Die Dauer braucht nicht auf volle Jahre berechnet zu sein.

5. Die **Wirkung** tritt zwar schon mit der Rechtskraft des Urteils ein, die Dauer berechnet sich aber erst von dem Tage, einschließlich desselben, ab, wo die Strafe, auch die Gesamtstrafe, verbüßt, verjährt oder erlassen ist, § 36.

6. Nachträgliche Aberkennung § 37.

7. Die Nebenstrafe des Verlustes bürgerl. Ehrenr. hat vom StGB. ihren Inhalt in §§ 33 und 34 erhalten und würde ihrer Wirkung und Bedeutung nach geändert werden, wenn den dort aufgeführten Rechten noch weitere hinzugefügt würden. Die Strafe ist daher eine **reichsrechtlich geregelte Materie** und kann nicht von den Landesgesetzen dadurch geändert werden, daß **zur Strafe** ein weiterer Verlust von Ehrenrechten hinzugefügt wird. Damit würde eine nach EG. § 6 unzulässige Strafart eingeführt werden. Nach Frank 68, soll die Landesgesetzgebung befugt sein, auf den Gebieten, die ihr unterstehen, an die Aberkennung der bürgerl. Ehrenrechte auch strafrechtliche andere Folgen zu knüpfen.

8. **Außerstrafrechtliche Folgen** hat dagegen die Reichsgesetzgebung noch vielfach nach verschiedenen Richtungen hin angeordnet und ebenso ist es der Landesgesetzgebung nicht verwehrt, auf den ihr vorbehaltenen Gebieten an den Umstand, daß jemandem die bürgerl. Ehrenrechte durch den Strafrichter aberkannt worden sind, ihrerseits solche Folgen zu knüpfen, sofern sie nur nicht den Charakter von öffentlicher Strafe haben; Binding Lehrb. **2** 380. Reichsgesetzlich: Gesetz über die Presse v. 7. V. 1874 (RGBl. 65) § 8; Börsenges. v. 8. V. 08/27. V. 08 (RGBl. S. 215) § 7 Nr. 2; HGB. § 81; BGB. § 1318 Abs. 2, § 1781; § 2237 Nr. 2, EGBGB. Art. 34 Nr. 1, FreiwGG. § 173 Nr. 2; GenG. v. 20. V. 1898; RGes. betr. eingeschr. Hilfskassen v. 7. IV. 1876 § 21; §§ 652 bis 966, § 1126 der Reichsversicherungsordnung v. 19. VII. 1911; Ges. über unsch. erl. Untersuchungshaft § 2 Abs. 3, § 68; GewO. §§ 53, 93a, 95a, 106, 126; GVG. § 176; ZPO. § 1032 Abs. 3; Wahlges. v. 31. V. 1869 (RGBl. S. 145) § 3 Nr. 4. Landesgesetzlich können die Disziplinarvorschriften Folgen an die Aberkennung der bürgerl. Ehrenr. knüpfen, ebenso der Verlust von nicht öffentlichen Ämtern, wie Kirchenämter Binding Lehrb. 2 380; Versagung des Jagdscheins nach Preuß. JagdO. v. 15. VII. 07 § 34 Abs. 2; bayr. Jagdges. Art. 18 Nr. 4; § 10 des sächs. Ges. v. 5. V. 1909 u. Ausf.VO. v. 7. V. 1909, sächs. Familien-Anwartsch.-Ges. v. 7. VII. 1900 § 62 Nr. 4, § 71 Abs. 2. —

Nachdem die RV. den Adel nicht nur als bevorrechteten Stand aufgehoben hat, sondern auch die Adelsbezeichnungen als bloße Bestandteile des Namens noch gelten läßt, ist von einer Aberkennung des Adels keine Rede mehr.

§ 33. Die Aberkennung der bürgerlichen Ehrenrechte bewirkt den dauernden Verlust der aus öffentlichen Wahlen für den Verurteilten hervor-

gegangenen Rechte, ingleichen den dauernden Verlust der öffentlichen Ämter, Würden, Titel, Orden und Ehrenzeichen.

Der in § 33 verfügte dauernde Verlust von Rechten tritt auch dann ein, wenn die Aberkennung der b. E. selbst nur auf Zeit erfolgt, anders als in § 34, wo nur vorübergehende Folgen behandelt werden.

1. **Dauernd** ist

a) der Verlust von Rechten, die aus öffentlichen Wahlen hervorgegangen sind, d. h. aus Wahlen in öffentlichen, nicht privaten, Angelegenheiten, vgl. § 108, § 109, § 34 Nr. 4, RGSt. **22** 337, **41** 121, Frank S. 68. Hierzu gehören auch die Wahlen in kirchlichen Angelegenheiten dort, wo es sich um eine Kirche als öffentlich-rechtliche Korporation handelt. GA. **54** 292. Öffentliche Wahlen sind nicht gleichbedeutend mit öffentlichem Amt in § 31. A. M. Olshausen Anm. 6;

b) der Verlust von öffentlichen inländischen Ämtern. Vgl. § 31;

c) öffentliche inländische Würden sind solche Ehrenstellungen in der staatlichen oder gesellschaftlichen Gemeinschaft, die vom Staat oder einer öffentlich-rechtlichen Korporation unter staatlicher Autorität verliehen oder bestätigt sind, insbesondere akademische Würden, wie Doktortitel, OLG. Dresden in GA. **54** 320, Neumayer ZStRW. **27** 10, GA. **44** 63, Ehrenbürgerrechte der Gemeinde; sie fallen häufig mit Bezeichnungen von Ehrenstellungen in Amt und Beruf zusammen. Vgl. die Ausführungen unter 8 bei § 360 Nr. 8.

d) Inländische Titel sind gemäß RV. Art. 109 staatlich vorgeschriebene oder anerkannte Bezeichnungen, 1. zur Angabe eines Amts **(Amtsnamen)** und einer darin bekleideten Dienst- und Rangstellung, 2. zur Angabe eines Berufs **(Berufsbezeichnung)**, 3. zur Angabe einer Ehrenstellung **(Ehrentitel)** im Amt oder im Beruf. Unter 1 gehören „Stadtrat", „Bürgermeister", „Amtsrichter", „Reichsgerichtsrat" — „Landgerichtsdirektor" — „Präsident"; unter 2 gehören „Rechtsanwalt", „Arzt", „Bücherrevisor", unter 3 gehören einmal: „Amtsgerichtsrat", „Geheimer Regierungsrat", andermal: „Kommerzienrat", „Baurat", „Sanitätsrat". Näheres bei den Ausführungen zu § 360, Nr. 8 Anm. 7. Vgl. noch Laband, Das Recht am Titel in DJZ. **1907** Sp. 201 ff. Seitdem in der neuen Verfassung die Titel als Ehrenbezeichnungen — angeblich — abgeschafft und nur die Amtsnamen zugelassen bleiben, ist eine heillose Verquickung zwischen beiden eingetreten und es wird glatt die Vorschrift der Reichsverfassung unter dem Deckmantel des Amtsnamens übertreten. Der Deutsche kann eben nicht aus seiner Haut heraus, und die Wichtigtuerei mancher Beamten- und Berufsklassen sinnt auf immer hochtrabendere Titel als „Amtsnamen". In § 33 wird unter den gen. verschiedenen Arten von Titeln nicht unterschieden. Der Amtsname, den der Amtsrichter im amtlichen und öffentlichen Verkehr zu führen verpflichtet ist, kann aber nicht ohne das Amt aberkannt werden. — Adlige Prädikate sind keine Titel im Sinne dieser Vorschrift, zumal sie jetzt Teile des Namens geworden sind.

e) Inländische Orden und Ehrenzeichen vgl. § 360 Nr. 8 u. neue RV. Art. 109.

f) Hierzu Ges. über Titel, Orden u. Ehrenzeichen vom 7. IV. 33 (RGBl. I, 180).

2. Der dauernde Verlust bezieht sich lediglich auf die zur Zeit der Aberkennung dem Verurteilten gerade zustehenden Rechte, Ämter, Würden und Titel, im Gegensatz zu § 35, bedeutet aber, daß diese dauernd, d. h. endgültig verloren sind und nicht, wie nach § 34, nur für die im Urteil bestimmte Zeit, die von selbst wieder aufleben nach Ablauf der in § 32 vorgeschriebenen Zeit. Dagegen bedeutet er nicht die dauernde Unfähigkeit zum Erwerb gleichartiger Rechte, wie in § 31, vielmehr ist nach Ablauf der Zeit des Verlusts der Ehrenrechte der Erwerb solcher Rechte von neuem zulässig. Vgl. aber RechtsanwO. § 6 Nr. 2; Sperl, Wiedererwerbung der durch Strafurteil verwirkten Doktorwürde, DJZ. **1910** 638.

Da nach GewO. § 29 die Berufsbezeichnung „Arzt" als Titel anzusehen ist, nimmt die Aberkennung der bürgerlichen Ehrenrechte in § 33 auch das Recht zur Führung dieses nach GewO. § 29 durch die Approbation erworbenen Titels auf die Dauer, gleichgültig, für welche Zeit die Ehrenrechte selbst aberkannt worden sind.

Mit der Approbation aber befaßt sich StGB. § 33 nicht. Deren Bestand und Wirkung bleibt daher, abgesehen von der Führung des Titels „Arzt" unberührt. Nur wer sich als Arzt bezeichnet, bedarf einer Approbation. Wer sich dieses Titels nicht bedienen will oder nicht bedienen darf, bedarf einer solchen überhaupt nicht. Die Approbation gibt also nur das *Recht*, diesen Titel zu führen und ist in ihrem Bestand davon unabhängig, ob der Titel tatsächlich geführt wird. Dagegen gibt GewO. § 53 der *Verwaltungsbehörde* die Befugnis, auch die Approbation zur Ausübung der ärztlichen Heilkunde *zurückzunehmen, aber nur für die Dauer des Ehrverlustes*. Damit sind zwei Rechtsgründe vorhanden, die die Führung des Titels Arzt verhindern: nach StGB. § 33 die Aberkennung der Ehrenrechte, nach GewO. § 53 die Zurücknahme der Approbation. Auch diese aber setzt den Verlust der Ehrenrechte voraus. Während aber die Aberkennung der Ehrenrechte nach StGB. § 33 den Verlust des Titels auf die Dauer bringt, bringt die Zurücknahme der Approbation den Verlust des Titels nur auf die Dauer des Verlustes der Ehrenrechte, da nur auf diese Dauer die Approbation zurückgenommen werden kann. Diese Beschränkung in GewO. § 53 hat nicht die Bedeutung, daß nach Ablauf der Zeit eine neue Approbation nachgesucht werden muß, sondern daß die schon erteilte frühere Approbation ohne weiteres *wieder auflebt* und nach GewO. § 29 die gesetzliche Voraussetzung für das Recht schafft, den Titel Arzt zu führen, sofern dieser Führung nicht ein anderes rechtliches Hindernis entgegensteht, wie es nach StGB. § 33 der dauernde Verlust des Rechtes ist. Damit wird eine Unstimmigkeit mit StGB. § 33 erzeugt, die nur dadurch zu beseitigen ist, daß man die Vorschrift in GewO. § 53 als *Sondervorschrift* ansieht, die für Ärzte eine *Ausnahme von StGB.* § 33 anordnet, oder daß man folgendermaßen argumentiert: § 33 beseitigt nur die durch die Approbation *bisher* erlangte Befugnis zur Führung des Titels Arzt auf die Dauer, hindert jedoch nicht die *Neuerwerbung* dieses Titels, sobald von neuem die Voraussetzungen für dessen Führung gegeben sind. Das aber ist der Fall, wenn die nur auf Zeit von der Verwaltungsbehörde zurückgenommene Approbation wieder in Wirksamkeit tritt. Denn dann ist *wieder* ein Rechtsgrund für die Titelführung „Arzt" gegeben, und dieser neue Rechtsgrund gestattet auch eine *neue Erwerbung* des Rechtes auf Führung dieses Titels nach GewO. § 29, die ja durch § 33 nicht ausgeschlossen wird. Daß auch dies der Sache nach auf eine Ausnahme von der Vorschrift des StGB. § 33 hinausläuft, ist nicht zu leugnen. Es ist zu wünschen, daß in einem neuen StGB. die Vorschrift des § 33 in Einklang mit GewO. § 53 gesetzt wird. In dieser Vorschrift nur eine „Ergänzung" des StGB. § 33 zu erblicken, wie *Frank* S. 67 (Aufl. 1931) will, geht nicht an. *Lobe* in DJZ. 1933 Sp. 905.

3. Die **ausländischen** Ämter, Würden, Titel, Orden und Ehrenzeichen werden nicht betroffen. Die Verlusterklärung kann nicht für das Ausland und namentlich *nicht* für den ausländischen Verleihungsstaat wirken, wie *Schwartz* S. 90 richtig betont. Dies folgt auch aus § 37, wo der Gesetzgeber umgekehrt davon ausgeht, daß die ausländische Aberkennung der bürg. Ehrenr. den Verlust der inländischen bürg. Ehrenr. nicht bewirkt, deshalb eine besondere Strafverfolgung zur Aberkennung zuläßt. Wenn *Frank* S. 68, *Neumayer* ZStRW. 27 9 und andere wenigstens die *Führung* in Deutschland für untersagt halten, so findet dieses Verbot in § 33 keine Stütze. Etwas anderes ist es, ob diese Führung durch *besonderen Staatsakt* verboten werden kann, was zu bejahen, aber auch zu erfordern ist. Die Vorschriften des UWGes. werden hiervon nicht berührt.

4. § 33 will selbstverständlich *nicht den einzigen Grund* für den Verlust der gen. Rechte aufstellen. Vielmehr entscheidet das *öffentliche Reichs- und Verwaltungsrecht*, ob auch aus *anderen Gründen* dieser Verlust einzutreten hat. So insbesondere das *Disziplinarrecht* über den Verlust von öffentlichen Ämtern. Vgl. auch MStGB. § 39. Weiter behandelt die Folgen des Verlusts der Ehrenrechte GewO. § 53, 83, 106; BGB. §§ 1318, 1781, 2237; EGBGB. Art. 40; HGB. § 81; Preßges. § 8; Ges. über Angel. d. freiw. Gerichtsbark. § 173; Börsenges. § 7 Nr. 2; GVG. § 175; ZPO. § 1032; Ges. über Ausländ. Strafreg. § 3; Schußwaffenges. § 16 Nr. 5. Zustimmen muß man hinsichtlich des *Landrechts Frank* 68, daß es *nur auf dem ihm nach EGStGB. § 2 Abs. 1 vorbehaltenen Gebiete* an die Aberkennung der bürgerl. Ehrenrechte *noch andere Folgen* knüpfen kann, als die in §§ 33, 34 u. 35 genannten.

§ 34. Die Aberkennung der bürgerlichen Ehrenrechte bewirkt ferner die Unfähigkeit, während der im Urteile bestimmten Zeit

1. die Landeskokarde zu tragen;
2. in das Deutsche Heer oder in die Marine einzutreten;
3. öffentliche Ämter, Würden, Titel, Orden und Ehrenzeichen zu erlangen;
4. in öffentlichen Angelegenheiten zu stimmen, zu wählen oder gewählt zu werden oder andere politische Rechte auszuüben;
5. Zeuge bei Aufnahmen von Urkunden zu sein;
6. Vormund, Gegenvormund, Pfleger, Beistand der Mutter, Mitglied eines Familienrats oder Kurator zu sein, es sei denn, daß es sich um Verwandte absteigender Linie handele und die obervormundschaftliche Behörde oder der Familienrat die Genehmigung erteile.

E. 19 § 76 Abs. 2.

1. Zeitig, d. h. auf die im Urteil bestimmte Zeit des Verlustes der bürgerl. Ehrenr. beschränkt, also nur eine vorübergehende Wirkung auslösend, nicht, wie nach § 31, dauernd, ist die Unfähigkeit, die einzelnen bezeichneten Rechte zu haben. Es werden also nicht nur diejenigen Rechte betroffen, die der Verurteilte zur Zeit der Aberkennung besaß, wie in § 33, sondern es wird mit der Unfähigkeitserklärung auch der Neuerwerb solcher Rechte während der bestimmten Zeit ausgeschlossen. In einzelnen Fällen kann nach besonderer Vorschrift der einzelne Rechtsnachteil auch selbständig ausgesprochen werden, z. B. §§ 35, 81 u. a.

2. a) die Landeskokarde zu tragen desjenigen Staates, in dem der Verurteilte staatsangehörig ist, gleichviel, ob er Militär ist oder nicht. Durch Allerh. Erlaß v. 22. III. 1897 wurde in der Armee neben der Landeskokarde die Reichskokarde eingeführt, für die die gleichen Vorschriften galten. Vgl. v. Hippel, Nationalkokarde u. Strafrecht, LZ. **1915** 321 ff.; a. M. Schwartz S. 91;

b) in das deutsche Heer oder die Marine einzutreten. Es handelt sich hier nicht um die Folge dauernder Unfähigkeit, im Heere zu dienen, wie bei erkannter Zuchthausstrafe. 1 D 821/21 24. XI. 21. Die Vorschrift gilt trotz Abschaffung der allgemeinen Wehrpflicht weiter. Wehrgesetz v. 24. III. 21 (RGBl. 340). Hinsichtlich der bereits eingetretenen Personen greift das MStGB. §§ 30 ff. Platz, auch hinsichtlich der Personen des Beurlaubtenstandes bei Aberkennung der bürg. Ehrenr. während der Beurlaubung; § 57 MilStGB. durch § 44 des Wehrges. v. 14. III. 21 geändert und schon vorher durch RGes. v. 6. III. 19 (RGBl. S. 195);

c) öffentliche Ämter, Würden, Titel, Orden und Ehrenzeichen zu erlangen. Vgl. §§ 31, 33. — RAO. §§ 5, 6, 7, 21;

d) in öffentlichen Angelegenheiten zu stimmen, zu wählen oder gewählt zu werden oder andere politische Rechte auszuüben. Öffentliche Angelegenheiten sind trotz des Ausdrucks „andere" politische Rechte, dieselben, wie die in § 31 mit öffentlichen Wahlen gemeinten, RGSt. **41** 128;

e) Zeuge bei Aufnahme von Urkunden zu sein. Es handelt sich sonach nicht um Beweiszeugen, sondern um zugezogene (Solennitäts-)Zeugen. Über die Gültigkeit von Urkunden, bei denen trotzdem untaugliche Zeugen zugezogen worden sind, entscheidet das bürgerliche Recht. Ges. über Angel. d. Freiw. Gerichtsbark. v. 17. V. 1898, §§ 168, 169, 173; EGBGB. Art. 40 II § 7a, BGB. §§ 1318, 2231, 2233, 2237 Nr. 2, 2249—51.

f) Vormund, Gegenvormund, Pfleger, Beistand der Mutter i. S. von BGB. § 1687, Mitglied eines Familienrats oder Kurator zu sein. Diese Fassung beruht auf EGBGB. Art. 34 Nr. 1. Kurator ist der Pfleger des BGB., RGSt. **41** 388, jedenfalls im familienrechtlichen Sinne zu verstehen, etwa auch der Kurator bei Stiftungen, wie sich aus dem Zusatz und der Bezugnahme auf die Genehmigung des Familienrats oder der Obervormundschaft ergibt. Also nicht Konkursverwalter, auch nicht Testamentsvollstrecker. — Die Nichtbeachtung der Vorschrift regelt auch hier das BGB. §§ 1781, 2237 und es hat, da dies lediglich Sollvorschriften sind, die Unfähigkeit, wie sie § 32 des StGB. anordnet, beseitigt, Liszt S. 267 Anm. 7. RGSt. **45** 309. Frank 69.

§ 35. Neben einer Gefängnisstrafe, mit welcher die Aberkennung der bürgerlichen Ehrenrechte überhaupt hätte verbunden werden können, kann auf die Unfähigkeit zur Bekleidung öffentlicher Ämter auf die Dauer von einem bis zu fünf Jahren erkannt werden.

Die Aberkennung der Fähigkeit zur Bekleidung öffentlicher Ämter hat den dauernden Verlust der bekleideten Ämter von Rechts wegen zur Folge.

E. 19 § 77. Amtl. Entw. § 54.

1. Für den Fall, daß das Gericht an Stelle von Zuchthaus auf Gefängnis von mindestens 3 Monaten erkennt und die Aberkennung der bürg. Ehrenr. ausdrücklich zugelassen ist, also im Falle des § 32, RGSt. **30** 159, nicht etwa, wenn die Gefängnisstrafe Ersatzstrafe für nicht beizutreibende Geldstrafe ist, ist es befugt, von der Gesamtheit der Ehrenr. **auf Zeit** nur einen **Teil** von ihnen **abzuerkennen**, nämlich den Verurteilten für unfähig zur Bekleidung öffentlicher Ämter auf die Dauer von 1—5 Jahren zu erklären (§ 34 Nr. 3). Dieser Teil trägt daher wie das Ganze die Natur einer **Nebenstrafe** an sich, im Gegensatz zu § 319, wo die Unfähigkeit zur Bekleidung eines Eisenbahnamtes im Interesse der Sicherheit des Verkehrs, nicht zur Strafe des Verurteilten ausgesprochen ist und daher zulässig ist, auch wenn die Gefängnisstrafe nicht 3 Mon. beträgt, RGSt. **30** 159. Zwar als Nebenstrafe, aber nicht als Teil der Gesamtheit der bürgerl. Ehrenrechte, sondern als **selbständig behandelte Nebenstrafe** ist der Verlust der öffentlichen Ämter und Rechte aus öffentlichen Wahlen nach §§ 81, 83, 84, 91, 94, 95, 128, 129, 358, es ist daher auch hier die Aberkennung bei einer Gefängnisstrafe unter 3 Mon. zulässig.

2. Die Aberkennung ist **anstatt** der Gesamtheit der bürg. Ehrenr. zulässig, nicht neben ihr, RGSt. **21** 264, folglich ausgeschlossen von vornherein, wo diese Aberkennung der Gesamtheit zwingend vorgeschrieben ist; ebenso ausgeschlossen, wenn nicht auf Gefängnis, sondern auf Zuchthaus erkannt ist, wennschon nur nach § 74 Abs. 2 in Konkurrenz eines mit Zuchthaus bedrohten anderen Verbrechens als Gesamtstrafe, GA. **49** 277; RGSt. **21** 264. Es müssen sonach auch hier alle Voraussetzungen für die Aberkennung der b. E. im Allgemeinen vorliegen, RGSt. **30** 139, der Richter muß es nur für billiger halten, nicht auf die Gesamtheit sondern bloß auf einen Teil zu erkennen, RGSt. **21** 264. Wird das Urt. in RevInst. aufgehoben und fällt im neuen Urteil die Zuchthausstrafe weg, kann nun gleichwohl nicht mehr die Aberkennung nach § 35 erfolgen, da sie die Strafe verschärfen würde. Das Gericht wäre in der Lage gewesen, vorher auf Verlust der Ehrenr. nach § 23 zu erkennen. A. M. Schwartz, Frank S. 136 und anscheinend RG. in GA. **49** 277.

3. Die Vorschrift des § 35 findet bei Versuch, Anstiftung und Beihilfe ebenso Anwendung, wie bei § 32, und ist ausgeschlossen gegen Jugendliche.

4. Nach Abs. 1 wird die Unfähigkeit zur Bekleidung unbestimmt welcher öffentlicher Ämter für die Zukunft auf Zeit beschränkt. In Abs. 2 wird die Unfähigkeit des bekleideten bestimmten Amts auf die Dauer als gesetzliche Folge dieser Aberkennung angeordnet. Die Unfähigkeit tritt mit der Rechtskraft des Urteils von selbst ein, ohne daß es noch einer Dienstentlassung aus dem Amte bedarf.

5. Neben einer Gesamtzuchthausstrafe kann die bei einer der Straftaten gebotene Aberkennung der Fähigkeit zur Bekleidung öffentlicher Ämter nicht ausgesprochen werden, RG. in GA. **46** 277; 2 D 1785/02 13. VI. 02.

§ 36. Die Wirkung der Aberkennung der bürgerlichen Ehrenrechte überhaupt, sowie der Fähigkeit zur Bekleidung öffentlicher Ämter insbesondere, tritt mit der Rechtskraft des Urteils ein; die Zeitdauer wird von dem Tage berechnet, an dem die Freiheitsstrafe, neben welcher jene Aberkennung ausgesprochen wurde, verbüßt, verjährt oder erlassen ist.

E. 19 § 72.

1. Die Bedeutung der Vorschrift liegt nicht im ersten, selbstverständlichen Satz, sondern in der Verbindung mit dem zweiten Satz. Hiernach tritt zwar die Wirkung von selbst mit der Rechtskraft des Urteils ein — vgl. § 35 Abs. 2 von Rechts wegen — RGSt. **14** 413, der Lauf der in §§ 32 ff. geordneten **Fristen** wird aber **berechnet** erst vom Tage nach der Verbüßung an, nicht von der Wirkung des Urteils ab. Die Strafzeit wird also tatsächlich dieser Frist hinzugerechnet. Maßgebend für die Berechnung ist nur die Verbüßung der Hauptstrafe, nicht die Ersatzfreiheitstrafe, auf die § 32 keine Anwendung findet. Ist im Wiederaufnahmeverfahren das frühere Urteil aufgehoben worden, so wird damit auch die in jenem Urteil verhängte Nebenstrafe des Verlusts der b. E. beseitigt und es kann nunmehr von neuem auf diese Nebenstrafe erkannt werden. Die unmittelbar durch das frühere rechtskräftige Urteil eingetretenen Folgen können freilich nicht ungeschehen gemacht werden, § 36. RGSt. **57** 312. RGZ. **42** 281; **101** 256.

2. Ausnahmsweise berechnet sich der Lauf der Frist nicht vom Tage der Verbüßung, sondern von der Rechtskraft des Urteils ab in den Fällen des § 7 und § 60, sofern durch die Anrechnung die Strafe bereits vollständig für verbüßt erachtet wird, und stets im Falle des § 37.

3. Bei einer Gesamtstrafe beginnt die Frist vom Tage der Verbüßung der Gesamtstrafe ab, auch wenn die Nebenstrafe nur auf Grund der Verurteilung einer Straftat mit geringerer Einsatzstrafe verhängt wird. § 76. Rechtspr. **4** 479. Die Zeitdauer muß daher auch einheitlich neben der Gesamtstrafe bemessen werden. Eine besondere Einzelbemessung, wenn mehrere Straftaten begangen sind, bei denen die Aberkennung zulässig ist, findet nicht statt. RGSt. **36** 88. RMG. **15** 159. Wenn erst nachträglich nach § 79 eine Gesamtstrafe gebildet wird, kann auch die Nebenstrafe neu gebildet und verlängert werden, auch wenn die zur späteren Aburteilung stehende Tat selbst nicht die Nebenstrafe zuläßt. A. M. Finger **1** 546.

4. Der Erlaß kann sich nur auf die Hauptstrafe beschränken oder nur auf die Nebenstrafe. Dann bleibt die Nebenstrafe bestehen oder die Hauptstrafe. Der Erlaß der Nebenstrafe vermag jedoch die inzwischen endgültig verlorenen Ämter, Titel, Würden und Orden nicht wieder zu verschaffen, sondern gibt nur die Fähigkeit ihres Wiedererwerbs. Erlassen ist die Freiheitsstrafe nicht mit dem Datum der Begnadigung, sondern mit der Entlassung aus der Haft. Olshausen Anm. 8, Frank S. 70; a. M. Schwartz S. 93. Dies folgt aus der entsprechenden Vorschrift des § 38, der ebenfalls vom Erlassen der Strafe spricht. Hier aber kann naturgemäß die Polizeiaufsicht erst mit der Entlassung beginnen. Es kann nicht angenommen werden, daß § 36 mit Erlassen eine andere Bedeutung verbindet als § 38. Wenn ein zu einer mehrjährigen Freiheitsstrafe Verurteilter nach Verbüßung eines Teils dieser Strafe bedingt begnadigt und aus der Strafhaft mit Bewährungsfrist entlassen ist, so ist aus Billigkeitsgründen die Bewährungsfrist in die Zeit des Verlusts der Ehrenrechte einzurechnen, deren Lauf also von der (wennschon bedingten) Entlassung aus der Strafhaft zu berechnen, RGSt. **63** 177; Frank S. 70.

§ 37. Ist ein Deutscher im Auslande wegen eines Verbrechens oder Vergehens bestraft worden, welches nach den Gesetzen des Deutschen Reichs den Verlust der bürgerlichen Ehrenrechte überhaupt oder einzelner bürgerlichen Ehrenrechte zur Folge hat oder zur Folge haben kann, so ist ein neues Strafverfahren zulässig, um gegen den in diesem Verfahren für schuldig Erklärten auf jene Folge zu erkennen.

E. 19 § 30.

1. Es wird hier ein **Nachtragsverfahren** zugelassen, um die Aberkennung der bürg. Ehrenr. noch herbeizuführen. Deutscher ist i. S. von § 4 zu verstehen als Angehöriger des Deutschen Reichs, nicht in völkischem Sinne. Die Aberkennung der bürg. Ehrenr. ist auch hier zulässig nicht ohne das Bestehen einer Hauptstrafe und behält daher ihre Natur als Nebenstrafe, wird ihrem Wesen nach nicht selbständige Strafe, begründet daher auch nicht die Voraussetzungen des Rückfalls, RGSt. **21** 35, vielmehr ist die Aberkennung der Nebenstrafe nur selbständig zulässig, ohne daß vom deutschen Ge-

nicht zugleich auf die Hauptstrafe erkannt wird. Der Grund hierfür ist einfach der, daß auf diese Hauptstrafe bereits vom ausländischen Gericht erkannt worden ist. Der Deutsche, der sich im Ausland einer Straftat schuldig gemacht hat, die nach deutschem Recht den Verlust der bürg. Ehrenr. zur Folge hat oder haben kann, soll in Deutschland nicht im Besitz der Ehrenr. verbleiben dürfen, gleichviel, ob ihm im Ausland diese Ehrenr. bereits aberkannt sind oder nicht, da die ausländische Aberkennung nicht den Verlust der inländischen Ehrenrechte bewirkt. Deshalb ist ein neues Strafverfahren gegen ihn zur Herbeiführung dieser Aberkennung zulässig. Voraussetzung für dieses besondere Strafverfahren des § 37 ist, daß wegen der in Frage kommenden Straftat nach § 5 zur Herbeiführung der Hauptstrafe ein Verfahren nicht mehr zulässig ist. Insofern stellt sich § 37 als Ausnahme von § 5 Nr. 1 dar, soweit der Anspruch auf die Nebenstrafe in Betracht kommt, Binding, Handb. I S. 446 ff.

2. Der Täter muß zur Zeit der Tat ein Deutscher gewesen sein, spätere Naturalisation genügt für die Anwendung von § 37 nicht. Binding, Handb. I, 447. Kohler, Intern. Strafrecht (1917) 266. v. Liszt-Schmidt I, 404. Er muß aber nach dem ausdrücklichen Wortlaut auch als Deutscher bestraft, d. h. noch zur Zeit der Urteilsfällung Deutscher gewesen sein. Finger **1** 486; Schwartz 3, Olsh. 9. A. M. Binding, Handb. I S. 448. Endlich muß er auch bei Einleitung des Nachtragsverfahrens noch Deutscher sein. Frank 71 läßt dieses Erfordernis allein genügen, ihm beistimmend Schwarz (1933) Anm. 1.

3. Die Straftat muß mit dem Verlust der Ehrenr. in ihrer Gesamtheit oder einzelner Ehrenr. bedroht sein. Unter den Gesetzen des Deutschen Reichs sind die der einzelnen Bundesstaaten oder Länder nicht zu verstehen. So jetzt auch Oppenhoff Anm. 4.

4. **Bestraft** ist der Deutsche wegen eines Verbrechens und Vergehens i. S. von § 37 schon, wenn er zur Strafe verurteilt ist — a. M. in nur gelegentlicher Erwähnung Rechtspr. 8 276 —. Deshalb findet § 37 Anwendung, auch wenn die Strafe verjährt oder erlassen ist. Olshausen Anm. 2, auch Schwartz Anm. 3, v. Liszt-Schmidt I, 404; a. M. Binding, Hdb. I S. 448. Dies muß schon deshalb gelten, weil die Begnadigung überhaupt nur die Hauptstrafe ergreifen und die Nebenstrafe bestehen lassen kann, gerade der Herbeiführung dieser Nebenstrafe aber die Vorschrift des § 37 dienen soll.

5. Das Strafverfahren ist nur **zulässig,** nicht geboten, selbst dann nicht, wenn der Verlust der bürg. Ehrenr. zwingend vorgeschrieben ist. Es gilt das Opportunitätsprinzip. Daß es nach §§ 4 u. 5 möglich ist, nicht nur wegen der Aberkennung der b. E., sondern in vollem Umfange auch zu einer Hauptstrafe den Täter zu verurteilen, hindert nicht, daß nur das beschränktere Nachtragsverfahren eingeleitet wird. Neumayer ZStRW. 27 30; Köhler, GoltdArch. 64, 442 und jetzt auch Frank 71; a. M. Olshausen Anm. 1; Binding I, 486. In diesem Falle ist aber für den Richter die Aberkennung geboten, §§ 161, 181. Selbstverständlich ist es gegen Jugendliche unzulässig. Ebenso darf die Strafverfolgung überhaupt noch nicht verjährt sein, § 67, und sie muß bei Antragsdelikten zufolge Strafantrags zulässig sein.

6. In dem neuen Strafverfahren hat der Richter die Schuldfrage selbständig zu prüfen und die Schuld festzustellen, nicht ist für ihn das ausländische Urteil bindend, es darf auch der Verurteilung nicht zu Grunde gelegt werden. Gegen den „für schuldig Erklärten" ist jedoch dann lediglich die Nebenstrafe auszusprechen. Zu deren Begründung ist erforderlich die Feststellung, daß die vom Richter für verdient erachtete Hauptstrafe eine solche gewesen wäre, daß die Nebenstrafe nach § 32 gerechtfertigt ist.

7. Nur die gesamten oder einzelnen bürg. Ehrenr., nicht andere Unrechtsfolgen, wie § 161 Abs. 1, § 319, werden in § 37 berücksichtigt, Neumayer ZStRW. 27 31.

8. Die Anwendung von § 36 ist ausgeschlossen.

§ 38. Neben einer Freiheitsstrafe kann in den durch das Gesetz vorgesehenen Fällen auf die Zulässigkeit von Polizeiaufsicht erkannt werden.

Die höhere Landespolizeibehörde erhält durch ein solches Erkenntnis die Befugnis, nach Anhörung der Gefängnisverwaltung den Verurteilten auf die Zeit von höchstens fünf Jahren unter Polizeiaufsicht zu stellen.

Diese Zeit wird von dem Tage berechnet, an welchem die Freiheitsstrafe verbüßt, verjährt oder erlassen ist.

E. 19 § 103 Abs. 1—3. Dem Amtl. Entw. unbekannt.

1. **Wesen der Polizeiaufsicht.** Vgl. Motive zum StGB. Anhang III, „Die Polizeiaufsicht". Nach der überwiegenden Meinung ist entweder die Polizeiaufsicht selbst oder wenigstens die Zulässigkeitserklärung als mögliche Freiheitsbeschränkung eine Strafe, RGSt. **17** 193, Schwartz, Merkel-Liepmann S. 269, v. Liszt-Schmidt S. 396, Allfeld S. 330, Finger S. 489, Wachenfeld S. 238, Fuhr, Strafrechtspflege (1892) S. 240. Dagegen erblicken in ihr lediglich ein Vorbeugungs- und persönliches Sicherungsmittel als Rechtsfolge der Straftat Binding, Hdb. I S. 223, Grundriß S. 264, Beling, Grundzüge S. 115, Kriegsmann, Einf. i. Gefängniskunde S. 251, Redwitz, Die poliz. Maßregeln S. 64, M. E. Mayer S. 471, Frank 72, Mittermaier, Polizeiaufsicht DJZ. **07** 26. Gerland 166. Letzterer Meinung ist der Vorzug zu geben. Sie wird jetzt auch vom RG. vertreten 11 J 121/26 2. II. 28 (abweichend von RGSt. **13** 76, **17** 193, **19** 235, **32** 439; GA. **48** 336). Zunächst kann die Erklärung der Zulässigkeit nicht an sich eine Strafe sein, wenn es die Ausübung der Polizeiaufsicht nicht ist. A. M. Hofacker, Staatsverwaltung und Strafrechtsreform S. 279, der die Zulässigkeitserklärung als Strafe, die Polizeiaufsicht aber selbst als Verwaltungsmaßregel und nicht als Vollziehung der Strafe ansieht. Diese aber ist ihrem Zwecke nach, und das allein ist entscheidend, nicht Vergeltung, sondern Vorbeugung, da es in das Belieben einer Verwaltungsbehörde gestellt ist, ob sie von der Ermächtigung Gebrauch machen will oder nicht. Nur zum Schutz des Verurteilten ist diese Zulässigkeit an die **richterliche Ermächtigung** gebunden. Die Polizeiaufsicht ist, weil sie keine Strafe ist, auch im Falle des § 73 zulässig; 11 J 121/26 2. II. 28.

Polizeiaufsicht findet sich zuerst in Josefina Teil II § 32 und ist in die deutsche Landesgesetzgebung durch Art. 44 Code penal übergegangen. Im Entw. ist sie nicht enthalten. Da die Polizeiaufsicht keine Strafe ist, ist sie der Begnadigung nicht zugängig. Binding, Hdb. I S. 873; a. M. Olshausen Anm. 1. Dies schließt nicht aus, daß sie durch Anordnung der obersten Verwaltungsbehörde außer Wirksamkeit gesetzt werden kann. Vgl. preuß. Allg. VO. v. 26. VIII. 19 (JMBl. 405).

Die Freiheit der Landesgesetzgebung, Polizeiaufsicht zuzulassen, ist gleichwohl durch das Übergreifen des Reichsrechts auf die Regelung außerstrafrechtlicher Rechtsfolgen der Straftat nach § 5 beschränkt, Binding, Hdb. I S. 324.

Als eine dem Täter nachteilige Folge der Straftat macht die Statthaftigkeit der Polizeiaufsicht das Strafgesetz, das sie androht, jedoch immerhin zum härteren gegenüber dem, das sie nicht kennt, in entsprechender Anwendung von StGB. § 2 Abs. 2 und § 73, RGSt. **32** 439 (von Binding, Grundriß S. 264 als verfehlt bezeichnet, was jedoch nur für die Begründung zutrifft).

Eine besondere Art von Polizeiaufsicht setzt Nahrungsmittelgesetz v. 14. V. 1879 § 3 für die Dauer von 3 Jahren fest.

2. Die **Statthaftigkeit** der Polizeiaufsicht muß vom Gesetz besonders erklärt worden sein, nur in den durch das Gesetz vorgesehenen Fällen kann auf sie erkannt werden. Sie ist sowohl gegen Inländer wie Ausländer gerichtet. — Gegen Jugendliche ist sie nach § 9 Abs. 5 des JGGes. unzulässig. — Dies ist geschehen:

a) im StGB. selbst §§ 49a, 115 Abs. 2, 116 Abs. 2, 122, 125, 146, 147, 180, 181, 181a, 184, 248, 256, 262, 294, 325. Hierbei besteht die Einschränkung, daß die Polizeiaufsicht in §§ 115 Abs. 2, 116 Abs. 2, 125, 146, 248, 256, 325 nicht für statthaft erklärt worden ist, wo wegen mildernder Umstände Gefängnis als Strafe angedroht ist, RGSt. **38** 215. 3 D 121/25 23. IV. 25. Wenn Gefängnis in Zuchthaus umgewandelt wird, ist nicht auf Polizeiaufsicht zu erkennen, RG. in Recht **1902** 156. Bei einer Gesamtstrafe kommt es darauf an, ob bei einer Einzelstrafe die Statthaftigkeit gegeben ist, § 76 Abs. 2. Es muß also z. B. wegen Diebstahls nach § 248 die Einzelstrafe schon auf Zuchthaus lauten, RGSt. **11** 158. Hat die Verhängung der Gesamtstrafe zu Zuchthaus nicht ihren Grund in der Begehung des Diebstahls, sondern in anderen mit ihm zusammentreffenden Straftaten, ist PA. nicht für statthaft erklärt, RGSt. **38** 353.

Gegen Anstifter und Gehilfen ist nach § 48 Abs. 2 und § 49 Abs. 2 Polizeiaufsicht statthaft, ebenso beim Versuch nach § 45, und zwar auch dann, wenn nach § 44 Abs. 4 die Zuchthausstrafe in Gefängnis zu verwandeln ist. Für den besonderen Fall des Versuchs einer mit Tod oder lebenslänglichem Zuchthaus bedrohten Straftat, bei deren Vollendung PA. selbstverständlich als gegenstandslos nicht angedroht ist, ordnet wegen der nunmehr zeitigen Freiheitstrafe § 44 Abs. 2 besonders die Statthaftigkeit der PA. an. Diese Sondervorschrift gilt aber nur, wenn Todes- und lebenslängliche Zuchthausstrafe ausschließlich, nicht wahlweise mit zeitiger Freiheitstrafe angedroht ist. Letzterenfalls greift § 45 Platz. Frank zu § 44, M. E. Mayer S. 482. A. M. RGSt. **11** 158, **16** 400 2 D 693/27 13. X. 27 und gem. Meinung.

b) in Reichsnebengesetzen: SeemO. v. 27. XII. 1872/9. VI. 02 § 105; NahrungsmGes. v. 14. V. 1879 § 13; Sprengstoffges. v. 9. VI. 1884 § 11; SpionGes. v. 3. VII. 1893 §§ 6, 14; in § 6 auch neben Festungshaft; Sklavenraubges. v. 28. VII. 1895 § 3; Auswanderungsges. v. 9. VI. 1897 § 48.

3. In den vom Gesetz für statthaft erklärten Fällen muß ferner die PA. **vom Richter** nach freiem Ermessen im Urteil für **zulässig erklärt** worden sein. Der Ausspruch des Richters bildet stets die Grundlage für die Zulässigkeit, er ist auch in § 146 Abs. 1 trotz der verleitlichen Ausdrucksweise erforderlich. Voraussetzung für sein Ermessen ist nur, daß die Hauptstrafe, auf die er erkennt, eine Freiheitstrafe ist. Eine bestimmte Höhe der erkannten Freiheitstrafe bildet hierbei keine Schranke für sein Ermessen, anders als § 32, Rspr. **2** 132. Die Aberkennung der bürgerl. Ehrenrechte ist gleichfalls keine Voraussetzung.

Die Zulässigkeitserklärung ist schon neben der Verurteilung zu Strafe möglich, auch wenn diese durch Anrechnung der Untersuchungshaft nach § 60 für verbüßt angesehen wird.

4. Durch das Erkenntnis des Richters erhält die **höhere Landespolizeibehörde die Befugnis**, die PA. durchzuführen. Die höhere Landespolizeibehörde ist nicht die Ortspolizeibehörde, in der der Verurteilte seinen Wohnsitz oder seinen Aufenthalt bei der Verurteilung hat oder künftig nimmt (vgl. auch Beschluß des Bundesrats v. 16. VI. 1872), sondern die ihnen übergeordnete höhere Polizeibehörde, in Preußen also der Regierungspräsident, in Bayern die Distriktverwaltungsbehörde, in Sachsen die Kreishauptmannschaft. Eine Übertragung an eine niedere Polizeibehörde ist nach Gesetz ausgeschlossen. Frank S. 72.

Die Befugnis wird der Behörde übertragen, nach freiem eigenen Ermessen die PA. durchzuführen. Es ist dies keine Vollstreckung einer vom Gericht erkannten Strafe, sondern die selbständige Anwendung einer Vorbeugungs- und Verhütungsmaßregel, die in ihrer verschärften Wirkung gegenüber der allgemein schon der Polizei zustehenden Befugnis, Vorbeugungsmaßregeln zu treffen, an die Zulassung durch den Richter gebunden ist. Zur Vorbereitung ihrer Entschließung, ob sie das Ermessen ausführen will oder nicht, verlangt das Gesetz für den Fall, daß der Verurteilte eine Freiheitstrafe verbüßt hat, die Anhörung der Gefängnisverwaltung. Dies ist aber nur als Sollvorschrift aufzufassen; a. M. Frank, S. 72, Hälschner I S. 627, Fuhr, Polizeiaufsicht S. 48. Hat die Polizeiverwaltung es entgegen dieser Vorschrift unterlassen, die Gefängnisverwaltung zu hören, so ist darum die Anordnung der Polizeiaufsicht noch nicht ungültig, Olshausen Anm. 11, Schwartz 7, auch Frank S. 72. Über andere Vorbereitungshandlungen schweigt das StGB., hierher gehören die Erkundigungen der Polizei über den Verurteilten, und diese insbesondere erschweren ihm in nicht beabsichtigter Weise sein Fortkommen, vgl. Kriegsmann a. a. O. — Beschwerden gegen Ausübung der Polizeiaufsicht (nach Art und Dauer) sind daher nur im Verwaltungswege zu erledigen, nicht nach StPO. §§ 458, 462. A. M. Oppenhoff-Delius zu Anm. 19.

5. Die **Wirkung** der Polizeiaufsicht wird nach ihrem Inhalt in § 39 geordnet. Ausländer ist der Nichtdeutsche nach § 8. Ihre **Dauer** wird in Abs. 2 des § 38 auf die Zeit von höchstens 5 Jahren bemessen, das gilt auch für die Ausweisung, im übrigen aber ins Ermessen der höheren Polizeibehörde, nicht des Richters, wie in § 32, gesetzt. Sie kann auch von einer einmal getroffenen Bemessung frei wieder abgehen, es ist aber eine Anordnung einer im voraus bestimmten Zeit überhaupt nicht erforderlich. Die einzelnen Länder treffen hierzu besondere Ausführungsverordnungen.

6. Der **Beginn** der PA. kann erst eintreten mit dem Tage nach der Verbüßung, Verjährung oder dem Erlaß der Freiheitstrafe, ausnahmsweise bei Anrechnung der Untersuchungshaft, die vollständige Verbüßung der Strafe bringt, mit Rechtskraft des Urteils. Mit diesem Tage beginnt aber unbedingt der Fristenlauf, mag nun die höhere Polizeibehörde von ihrer Befugnis Gebrauch machen oder nicht. Sie ist nicht in der Lage, sie später beginnen zu lassen. Bei Unterbrechung oder Aufschiebung der Strafvollstreckung nach StPO. § 455 findet daher inzwischen keine PA. statt, bei vorläufiger Entlassung ebenfalls erst vom Ablauf der erkannten Strafzeit ab. Wenn dagegen mehrere selbständig erkannte Freiheitstrafen nacheinander vollstreckt werden, so beginnt die Frist, falls schon bei der ersten die PA. zugelassen war, mit Ablauf der ersten Strafe, obwohl die Verbüßung der zweiten Strafhaft die Ausübung tatsächlich unmöglich macht.

7. Von PA. zu unterscheiden ist Überweisung an die Landespolizeibehörde in §§ 361 Nr. 3—8, 362.

§ 39. Die Polizeiaufsicht hat folgende Wirkungen:

1. dem Verurteilten kann der Aufenthalt an einzelnen bestimmten Orten von der höheren Landespolizeibehörde untersagt werden;

2. die höhere Landespolizeibehörde ist befugt, den Ausländer aus dem Bundesgebiete zu verweisen;

3. Haussuchungen unterliegen keiner Beschränkung hinsichtlich der Zeit, zu welcher sie stattfinden dürfen.

E. 19 §§ 103 Abs. 4, 5, 104 Abs. 1.

1. Die **Wirkungen** der PA. sind im StGB. nicht vollständig aufgezählt. Es hebt als von ihm geregelt hervor:

a) **Aufenthaltsverbot**, sowohl hinsichtlich einzelner bestimmter Ortschaften, auch des Heimatortes, preuß. OVG. GA. **58** 207, oder Unterstützungswohnsitzes; a. M. Wachenfeld S. 239 u. a., als einzelner Örtlichkeiten innerhalb von Ortschaften (z. B. Wirtschaften, Bahnhöfen). Doch darf z. B. das Wirtshausverbot nicht schlechthin, sondern nur auf bestimmte Wirtshäuser bezogen werden, ebenso müssen, wenn sich das Verbot auf ein größeres Gebiet bezieht, alle Teile und Ortschaften in ihm angegeben werden. Die Polizeibehörde darf den Aufenthalt an jedem einzelnen bestimmten Ort ihres Bezirks, somit im ganzen Umfang ihres Bezirks untersagen. Umfaßt ihr Bezirk nur einen Ort, so ist sie befugt, den Aufenthalt an diesem und somit in ihrem ganzen Bezirk zu untersagen. RG. in GA. **53 444**. Doch darf die Ausdehnung des Aufenthaltsverbots nicht so weit gehen, daß sie schließlich einer Zuweisung auf einen bestimmten einzelnen Ort (Konsignierung) gleichkommt, oder gar einer Landesverweisung oder Reichsverweisung. Aber wenn die höhere Landespolizeibehörde zufällig nur einen Ort umfaßt, kann der Aufenthalt an diesem Ort verboten werden, RG. Recht **1906** 1093. Das Verbot des Aufenthaltes braucht kein dauerndes zu sein, kann sich vielmehr auf bestimmte Tageszeiten oder Gelegenheiten beschränken. — Vgl. ferner Freizügk.-Ges. v. 1. XI. 1867 § 3. Wegen Zuwiderhandlung gegen die Beschränkung vgl. § 361 Nr. 1.

b) **Ausweisung** des Nichtdeutschen aus dem Reichsgebiet, nicht nur aus dem einzelnen Lande der ausweisenden oberen Polizeibehörde, die ohnedies nach § 8 des Freizügk.-Ges. zulässig ist. Nach BVO. v. 27. IV. 1873 sind sämtliche Ausweisungen dem Reichskanzler mitzuteilen, der sie im ZBlDR. veröffentlicht. — Die Zeit der Ausweisung auf Grund des § 39 beschränkt sich auf die in § 38 zulässige Dauer. Frank S. 73. — A. M. Isay, Fremdenrecht (1923) 230 u. Reichskanzler (s. preuß. JMBl. 1873 S. 282). Auch ohne Zulässigkeitserklärung von Polizeiaufsicht kann nach § 285a ein Ausländer von der Landespolizeibehörde für immer aus dem Lande verwiesen werden. Ferner nach § 14 Ges. v.

3. VI. 14 über Verrat milit. Geheimnisse, nach StGB. § 362 Abs. 4. Das Staatsangehörigkeitsgesetz bedarf gerade mit Rücksicht auf die Ausweisungsmöglichkeit der Ehefrau dringend der Abänderung.

c) **Haussuchungen.** Die Beschränkungen des StGB. sind aufgehoben, vgl. §§ 102—106 Abs. 2 der StPO. Deutsche Reichsangehörige können niemals aus Deutschland ausgewiesen werden, ebensowenig aus dem Lande, dem sie angehören. Aus einem andern Land nur im Fall des § 3 des Freizügigk.-Ges. v. 1. XI. 1867, das durch RV. Art 111 aufrecht erhalten ist.

2. Außerdem kommen als Wirkungen noch in Betracht: die Zulässigkeit von Verhaftungen wegen Fluchtgefahr auch bei bloßem Verdacht einer Übertretung, StPO. § 113, Nichterteilung eines Wandergewerbescheins, Verbot des Umherziehens, Nichterteilung des Legitimationsscheins zur Kolportage GewO. §§ 57, 62, 43, Zulässigkeit des Verbots nichtgewerbsmäßiger Kolportage § 5; Schußwaffenges. § 16 VO. 8; Preßges. §§ 4, 5.

3. Die Wirkungen haben die erfolgte Stellung unter Polizeiaufsicht zur Voraussetzung, nicht genügt die bloße Erklärung der Zulässigkeit. Schwartz Anm. 5. Es muß daher verlangt werden, daß dem Verurteilten mitgeteilt wird, daß er unter Polizeiaufsicht gestellt werde; a. M. Olshausen, Anm. 6. Dies kann in Verbindung mit dem Vollzug der Wirkungen geschehen. Ebenso bei § 361 Nr. 6.

4. **Beschwerden** gegen die Zulässigkeit und Ausübung der Polizeiaufsicht sind im Verwaltungsweg zu entscheiden. Isay a. a. O. S. 244. Eine gerichtl. Entsch. ist nach StGB. § 458 gegeben, wenn die Voraussetzungen vorliegen.

§ 39 a. Wird ein Ausländer zu einer Freiheitsstrafe von mindestens drei Monaten verurteilt und bedeutet sein Verbleiben im Inland eine Gefahr für andere oder für die öffentliche Sicherheit, so kann das Gericht es für zulässig erklären, daß ihn die zuständige Verwaltungsbehörde innerhalb einer Frist von sechs Monaten nach Rechtskraft der Entscheidung aus dem Reichsgebiet verweist.

In die Frist wird die Zeit nicht eingerechnet, in der er eine Freiheitstrafe verbüßt oder auf behördliche Anordnung in einer Anstalt verwahrt wird.

1. Diese neue Vorschrift ist durch Ges. z. Abänderung strafrechtl. Vorschriften v. 26. V. 1933 (RGBl. I 295) Nr. 4 eingefügt worden.

2. Die unter Polizeiaufsicht gestellten Ausländer können durch die höhere Landespolizeibehörde nach § 39 Nr. 2 nach wie vor aus dem Reichsgebiet verwiesen werden. Die Vorschrift des § 39 a fügt zwei weitere Ausweisungsgründe hinzu und bringt eine andere Voraussetzung für die Befugnis.

a) Während die Stellung unter Polizeiaufsicht nicht von einer bestimmten Dauer der Freiheitstrafe abhängig ist, wird für die hier zulässige Ausweisungsbefugnis eine Verurteilung zu einer Freiheitsstrafe von mindestens drei Monaten verlangt. Daß diese verbüßt worden ist, wird nicht gefordert. Die Verwaltungsbehörde erlangt die Befugnis zur Ausweisung mit der Rechtskraft des Urteils und kann daher von ihr Gebrauch machen, auch wenn dem Ausländer die Strafe ganz oder teilweise erlassen worden ist oder er sich der Vollstreckung durch die Flucht entzogen hat. Eine Ersatzfreiheitsstrafe nach § 29 begründet nicht die Befugnis zur Ausweisung. Diese Ausweisung ist auch gegen Jugendliche zulässig.

b) Das Gericht kann die Ausweisung nur dann für zulässig erklären, wenn das Verbleiben des Täters im Inland eine Gefahr für andere oder für die öffentliche Sicherheit bedeutet. Ob dies der Fall ist, hängt von der Beurteilung der Persönlichkeit des Täters ab. Läßt diese die Wiederholung von Straftaten befürchten, die eine Gefahr für die Unversehrtheit von Rechtsgütern des Einzelnen bringen oder eine Gefahr für die öffentliche Sicherheit, so ist die Ausweisung zulässig. Die öffentliche Sicherheit ist gefährdet namentlich durch die im 6. u. 7. Abschn. des StGB. verbotenen Handlungen, ohne sich jedoch auf diese zu beschränken. Auch die im 8. Abschn. behandelten fallen darunter, vor allem auch die gemeingefährlichen Verbrechen und Vergehen des Abschn. 27, auch verschiedene Übertretungen, z. B. § 366a usw. Die Vorschrift ist nicht eng auszulegen.

§ 40. Gegenstände, welche durch ein vorsätzliches Verbrechen oder Vergehen hervorgebracht, oder welche zur Begehung eines vorsätzlichen Verbrechens oder Vergehens gebraucht oder bestimmt sind, können, sofern sie dem Täter oder einem Teilnehmer gehören, eingezogen werden.

Die Einziehung ist im Urteile auszusprechen.

Entw. § 52.

1. Die **rechtliche Natur der Einziehung** überhaupt und der nach § 40 im besonderen ist zweifelhaft, weil vom Gesetzgeber selbst nicht klar erfaßt, und in Rechtsprechung und Schrifttum bestritten.

Die Motive (S. 59) sagen: „Die Einziehung ist nicht als Vermögensstrafe aufgefaßt, vielmehr nur eine Nebenstrafe, welche zur Sicherung des Strafzwecks dienen und insbesondere zur Verhütung fernerer strafbarer Handlungen mitwirken soll." Soviel Worte, soviel Widersprüche. Soll die Einziehung zur Verhütung fernerer strafbarer Handlungen dienen, ist sie polizeiliche Vorbeugungsmaßregel und keine Strafe. Eine Nebenstrafe, die zur Sicherung des Strafzweckes dienen soll, dient dem der Strafe innewohnenden Vergeltungszweck, will also selbst Vergeltung sein. Wie sie als solche Vergeltung aber andern Charakter haben kann, als Vermögensstrafe, ist unerfindlich. Vermögensstrafe aber soll sie gerade nicht sein. Entw. § 52: „Sachen, die durch eine strafbare Handlung hervorgebracht oder zur Begehung einer strafbaren Handlung gebraucht worden sind oder dazu bestimmt waren, können ganz oder teilweise eingezogen werden. Den Sachen stehen Vermögenswerte gleich, die an ihre Stelle getreten sind.

Andere Gegenstände dürfen nur eingezogen werden, wenn es das Gesetz ausdrücklich vorsieht. Gehören die Gegenstände zur Zeit der Tat weder dem Täter noch einem Teilnehmer, so darf auf Einziehung nur erkannt werden, wenn es das Gesetz ausdrücklich vorsieht. Dem Eigentümer ist dann volle Entschädigung aus der Staatskasse zu gewähren.

Ist eine strafbare Handlung fahrlässig begangen, so darf die Einziehung nur erkannt werden, wenn das Gesetz ausdrücklich vorsieht. Mit der Rechtskraft der Entscheidung geht das Eigentum oder das andere Recht über".

§§ 40 u. 41 betreffen die Einziehung in dem Strafverfahren gegen eine bestimmte Person, im Gegensatz zu § 42, das ein objektives — will sagen objektloses Verfahren ohne Strafverfolgung einer bestimmten Person betrifft.

Das **RG.** hält die **Einziehung nach § 40** für eine **Nebenstrafe**: RGSt. **7** 312, **8** 282, **14** 162, **17** 312, **26** 406, **57** 335[1]; JW. **1920** 53[1]; nach § 86a, § 152 und in andern Fällen dagegen, wenn sie gegen Nichteigentümer gerichtet ist, für eine **polizeiliche Maßregel**, RGSt. **14** 162, 384, **16** 114, **27** 354, **46** 136, **50** 388, **53** 206; RGSt. in JW. 1933, 1328, die Unbrauchbarmachung nach § 41 für eine Präventivmaßregel; RGSt. **14** 162, 169, für eine Nebenstrafe RGSt. **11** 122; für dieses oder jenes, je nachdem sie den Schuldigen oder Unschuldigen trifft, RGSt. **5** 104, **17** 312.

In RGSt. **46** 131 wird ausgeführt, daß der **Einziehung in den verschiedenen Nebengesetzen** häufig eine Doppelnatur innewohne, mit ihr sowohl der Strafzweck als der polizeilicher Sicherung verfolgt werde und bald der eine, bald der andere stärker hervortrete und der überwiegende Gesichtspunkt dann die Eigenschaft der Einziehung bestimme und ihr die wesentliche Bedeutung verleihe. Dem ist beizutreten. Es ist daher bei den verschiedenen Nebengesetzen stets besonders zu prüfen, welche Natur die Einziehung überwiegend hat. Der Einziehung nach RAbgO. § 406 fehlt der Strafcharakter, sie ist bloße Sicherungsmaßnahme, RGStr. **66**, 429. Überall aber, wo die Einziehung auch einem Nichteigentümer gegenüber zulässig ist, kommt begrifflich nach heutigen Anschauungen nur der polizeiliche Charakter zur Geltung. Ist sie einem Eigentümer gegenüber zulässig, so braucht sie nicht notwendig Strafe zu sein, sondern kann ebenfalls polizeilichen Charakter haben. Im Zweifel aber spricht dieser Umstand für die Strafnatur der Einziehung. Wenn sie aber jeden Eigentümer treffen kann, ohne daß er an der Straftat beteiligt zu sein braucht, so bildet dieser Umstand, wie RGSt. **50** 389, **55** 13 einen Schritt weiter als RGSt. **46** 131 gehend, mit Recht hervorheben, geradezu ein entscheidendes Merkmal und beweist, daß die Einziehung in solchen Fällen keine Strafe ist, RGSt. **57** 3; so auch § 17 des Ges. über Verkehr mit unedlen Metallen v. 11. VI. 23 (RGBl. 306) und § 15 des Ges. über Verkehr mit Edelmetallen v. 11. VI. 23 (RGBl. 369). In § 2 der VO. über Handel mit Gold v. 7. II. 20 (RGBl. 199) ist die Einziehung nicht erschöpfend geregelt, § 40 daneben anwendbar, 1 D 1656/21 vom 30. III. 22.

Im Schrifttum wird der Einziehung schlechthin Strafcharakter beigelegt von Mewes, HH. II S. 458, Franke, GA. **20** 22, John, Allg. DStRZ. XII S. 61, Kohler, PatR. S. 575, Glücksmann, Die Rechtskraft über Einziehung usw., strafrechtl. Abhdlg. v. Beling, Heft 15. Mezger 493. Als polizeiliche Präventivmaßregel wird sie angesehen von Beling, Koebner, Friedländer, Nissen (Einziehung, Festg. f. Planck), Gerland 166. Je nachdem sie sich gegen den Schuldigen oder Unschuldigen richtet, bald als Strafe, bald als Vorbeugungsmaßregel von Binding, Hdb. I S. 496, Merkel S. 227, Vorberg S. 25. Literaturangaben auch bei Frank 74. Ferner Degener in JW. **1922** 702, Neubert JW. **1924** 141, Friedrichs JW. **1924** 260. v. Liszt-Schmidt I, 371; Allfeld 267; Köhler 611; Sauer, Grundlagen 193.

Einziehungsanordnungen finden sich noch im StGB. §§ 152, 295, 296a, 360 Abs. 2, 367 Abs. 2, 369 Abs. 2. Ferner in vielen Nebengesetzen, u. a. in Ges. betr. Urheberrecht an Werken der Lit. u. Tonk. v. 19. VI. 01; Kunstschutzges. vom 9. I. 07; Ges. betr. Urheberrecht an Mustern u. Modellen v. 11. I. 76; NahrungsmG. v. 14. V. 1879; Ges. betr. Küstenfrachtfahrt v. 22. V. 81; Warenzeichenges. v. 12. V. 94. In manchen Gesetzen, z. B. Maisges. v. 25. III. 1930 wird zunächst eine Beschlagnahme als Vorstufe der Einziehung angeordnet. Davon verschieden sind die Verfallerklärungen, wie sich z. B. in § 8 der VO. über die Außenhandelskontrolle v. 20. XII. 1919 (RGBl. 2128) „ohne Rücksicht auf das Vorliegen einer strafbaren Handlung" findet. Vgl. unter 12. Eine Einziehung des Gewinnes fällt nicht unter § 40 ff.

In Wahrheit geht die Einziehung weder auf einen einheitlichen Ursprung zurück, noch wohnt ihr schlechthin derselbe Charakter bei.

a) Gegenstände, welche zur Begehung eines Verbrechens gebraucht worden sind (instrumenta sceleris). Nach altgermanischer Anschauung mußte auch für Ungefährwerk gehaftet werden und zwar nicht nur, wenn man selbst der Täter war, sondern auch als strafrechtlicher Garant für das Ungefährwerk seines Knechts, seines Tieres, ja sogar seines leblosen Gegenstandes. Durch Opfern des Knechts, Tiers oder der Sache, die die Missetat begangen, konnte man sich freimachen. Beim Tier fand sogar formelle Hinrichtung statt. Das „unrein"-gewordene Werkzeug der Tat wurde gefrondet. Das ist der Ursprung für die Einziehung der zur Begehung eines Verbrechens benutzten Gegenstände. Sie hat **Strafcharakter** als Opferung und Hingabe des Gegenstandes, gleichviel, ob sie dem Täter gehört oder nicht, denn auch der Eigentümer, der Nichttäter ist, haftet als strafrechtlicher Garant. Brunner, Deutsche Rechtsgesch. Bd. II S. 452, 556. (Vorberg, Die Einziehung usw. Diss. S. 34. A. M. Binding, Grundriß S. 261.) In § 40 werden die zu einem Verbrechen bestimmten Gegenstände wie die bereits zu ihm gebrauchten behandelt, außerdem ein vorsätzliches Begehen vorausgesetzt und die Einziehung auf die dem Täter oder Teilnehmer gehörigen beschränkt. Für die nicht dem Täter oder Teilnehmer gehörigen ist der ursprüngliche Gedanke der strafrechtlichen Garantenhaftung beinahe verloren gegangen. In Steuergesetzen und im VZG. findet er sich noch. Immerhin klingt er noch darin nach, daß die Einziehung auch gegen den nichttätigen Eigentümer in der „Annahme der Möglichkeit einer Konnivenz des Eigentümers gegen den Täter" ihren Grund hat und dort entfällt, wo eine solche Konnivenz ausgeschlossen ist, RGSt. **18** **44.** A. M. RGSt. **37** 16, **46** 137 (dort RGSt. **18** 44 für überholt erklärt). Wenn dafür der Gesichtspunkt der Prävention hier herangezogen wird, so ist er verkehrt und es erklärt sich dies nur, weil man die Kenntnis des wahren Grundes verloren hatte. Wo soll eine Prävention liegen, wenn dem Täter das ihm nicht gehörige Gewehr weggenommen wird, es aber doch wieder in den Handel kommen kann! (so auch Binding, Grundriß S. 260, Schoetensack S. 10). — Aus dem Gesichtspunkt des Opfers des Werkzeugs, das die Missetat verursacht hat, erklärt sich auch ohne weiteres die Zulässigkeit des objektiven Verfahrens nach StGB. § 42. Wie dem preisgegebenen Tier der Prozeß gemacht, das preisgegebene Werkzeug gefrondet wurde, so wird es hier eingezogen, auch wenn gegen den Täter kein Prozeß mehr stattfindet. Die Weiterentwicklung dieses Gedankens wurde namentlich gegenüber der Konfiskation im fiskalischen Interesse betont. Vgl. § 23 PreistrVO. v. 13. VII. 23.

b) Gegenstände, die durch ein Verbrechen hervorgebracht worden sind (producta sceleris). Die Motive sagen über sie: „sie stehen mit der strafbaren Handlung in unmittelbarem ursächlichen Zusammenhang und tragen dadurch derart den verbrecherischen Charakter an sich, daß der Strafzweck ihre Einziehung notwendig gebietet und zwar ohne Rücksicht darauf, ob sie im Eigentum des Täters oder eines Teilnehmers stehen oder nicht". Wenn hier der Strafzweck betont wird, so ist es aber nicht der Vergeltungszweck der Strafe. Da die Gebote und Verbote des Strafrechts Rechtsgüterschutz bedeuten, so versteht es sich von selbst, daß Gegenstände, die durch die verbotene Tat hervorgebracht wurden und als solche diese geschützten Rechtsgüter verletzen oder gefährden, beseitigt werden müssen, um die bestehende Verletzung wieder gut zu machen, die Spuren und Wirkungen des Verbrechens zu tilgen, um künftige weitere Schädigungen durch es unmöglich zu machen. In besonderer Weise gilt das für die in § 41 genannten Schriften und Abbildungen.

Es ist also der Gesichtspunkt der **Reparation** und **Prävention**, die Sorge für das Gemeinwohl und den Rechtsgüterbestand, die dem Staat als Verwaltungsakt hier die Einziehung gebietet, z. B. falsches Geld, falsche Urkunde usw.

c) Gegenstände, die mittels eines Verbrechens erlangt worden sind (scelere quaesita). In erster Linie hat auf sie natürlich der geschädigte Eigentümer Anspruch. Sodann macht der Staat auf sie einen Anspruch geltend. Dieser hat aber ursprünglich schon nach römischem Recht nicht die Natur einer Strafe, sondern eines **zivilrechtlichen Anspruchs**, der dahin geht, turpia lucra extorqueri, Heinze a. a. O. S. 167, Köstlin, System des Strafr. (1855) S. 477. Die spätere deutsche Gesetzgebung hat, weil sie sich über den Rechtsgrund nicht klar war, diese privatrechtlichen Nachteile der Wiederentziehung eines unsittlichen Erwerbs vielfach in eine Straffolge umgewandelt. Neuerdings ist verschiedentlich die wahre Natur der bloß zivilrechtlichen Rechtsfolge wieder mehr zum Durchbruch gekommen, z. B. die Einziehung auf Grund der BVO. über Preisbeschränkung bei Verkäufen von Web-, Wirk- und Strickwaren v. 30. III. 1916/14. IX. 1916 (RGBl. S. 1022), § 16 der Preistreibereiverordnung v. 13. VII. 23.

2. Die **Einziehung nach § 40** ist vom Gesetz als **Strafe** aufgefaßt worden, dies ist auch hinsichtlich der Gegenstände, die durch eine strafbare Handlung hervorgebracht worden sind, anzunehmen, da diese den Werkzeugen gleich behandelt werden, insbesondere ist auch bei ihnen jetzt — entgegen dem Entwurf — die Einziehung auf die dem Täter oder Teilnehmer gehörigen Gegenstände beschränkt. RGSt. **14** 161, **17** 311, **46** 132, **53** 126, **57** 334. Daher muß die Einziehung in dem gegen den Täter oder Teilnehmer ergehenden auf Verurteilung zur Strafe lautenden **Urteile** ausgesprochen werden. RGSt. **57** 258, 335; GA. **69** 177. Die Einziehung von Gegenständen, die einem Teilnehmer gehören, ist daher in einem gegen den andern Teilnehmer ergangenen Strafurteile nicht zulässig. 1 D 403/24 29. IV. 24. Sie ist jedoch in das Ermessen des Richters gestellt. Zwingend ist die Einziehung dagegen vorgeschrieben in §§ **152**, **295**, **296a**, ebenso in § 335, da die Verfallerklärung nur eine besondere Art der Einziehung ist, RGSt. **51** 89, und in verschiedenen Nebengesetzen.

3. **Voraussetzung** ist, daß ein **vorsätzliches Verbrechen oder Vergehen** vorliegt. Sie ist also ausgeschlossen bei fahrlässigem Vergehen und bei Übertretungen, RGSt. **53** 119. — Ausnahmen in §§ 360 Abs. 2, 367 Abs. 2, 369 Abs. 2 und verschiedenen Nebengesetzen, z. B. § 15 des Nahrungsmittelgesetzes — ebenso, wenn Schuldausschließungsgründe oder Rechtfertigungsgründe vorliegen, RGSt. **29** 130, **44** 140. Unter die vorsätzlich verübten gehören auch die absichtlich begangenen

Binding, Normen II S. 1162. Es müssen nicht nur die äußeren, sondern auch die inneren Tatbestandsmerkmale erfüllt sein, RGSt. **44** 140. Ein vorsätzliches Verbrechen oder Vergehen liegt auch bei **Versuch** vor, RGSt. **16** 268. Bei straflosem Versuch des § 43 Abs. 2 und bei straflosen Vorbereitungshandlungen ist Einziehung unzulässig; dies folgt aus der Natur der Einziehung als Strafe: wenn eine Tat nicht strafbar ist, ist auch für eine Nebenstrafe kein Raum. Ebenso Frank 72, Goldschmidt, Vgl. Darst. **4** 282, Mayer 475; a. M. Olshausen, Binding, Grundriß S. 260 im RGSt. **27** 243, **36** 145, **49** 208. In welcher Begehungsform sich die Straftat vollzieht ist gleichgültig, sie kann **unmittelbare** und **mittelbare Täterschaft, Mittäterschaft, Anstiftung** und **Beihilfe** sein.

4. Gegenstand der Einziehung sind nur **körperliche Sachen.** Vgl. Motive S. 60 zum I. Entw. § 31: „Die Konfiskation findet nur in Beziehung auf einzelne Gegenstände statt." Wie kein Vermögen in seiner Gesamtheit, so kann also auch keine Vermögensquote nach StGB. eingezogen werden, auch keine Inbegriffe von Vermögen. Forderungen und Rechte sind keine körperlichen Sachen und daher nicht einziehbar. So sind z. B. Bank- und Depositenbücher nur Beweismittel für die darin bezeichneten Forderungen, sie können also nicht nach § 40 eingezogen werden, RGSt. **52** 201. Grundstücke sind einziehbar. Zubehörsachen i. S. von BGB. § 97 teilen das Schicksal der Hauptsache. Soweit die Einziehung eines Teils der Sache möglich ist und BGB. § 93 nicht entgegensteht, ist diese auch zulässig, wie sich auch aus § 42 Abs. 1 Satz 2 des Urheberrechtsges. v. 19. VI. 01 (RGBl. S. 227) ergibt, RGSt. **12** 202. Ges. gegen Kapitalflucht v. 8. IX. 19 (RGBl. S. 1540) kennt die Verfallerklärung für das Reich von Vermögenswerten, auf die sich die strafbare Handlung bezieht; § 16 Preistreiberei-VO. die Einziehung des übermäßigen Gewinns. Die Einziehung des Erlöses der beschlagnahmten Gegenstände z. B. kennt die VO. zur Fernhaltung unzuverlässiger Personen vom Handel v. 23. IX. 15 (27. XI. 19). Zur Vermeidung von Verderb und Entwertung hat die Staatsanwaltschaft die Befugnis, beschlagnahmte Sachen zu veräußern und an ihre Stelle den Erlös zu hinterlegen, RGSt. **51** 319. Dagegen besteht ein allgemeiner Grundsatz, daß für die Einziehung der Erlös an die Stelle der Strafe tritt, nicht, es sei denn, daß dies aus Sinn und Zweck des Gesetzes erhellt oder wie in EinziehungsVO. des Bundesrats v. 22. III. 1917 (RGBl. S. 355) ausdrücklich angeordnet ist. RGSt. **52** 126, **66** 86. A. M. RGSt. **51** 319, **54** 136, **56** 322. Die Einziehung von Sachen, die mit andern vermischt sind, ist nur dann ausgeschlossen, wenn das Gemisch nach der Verkehrsauffassung eine andere Sache darstellt. RGSt. **65** 175.

5. Die Gegenstände müssen **dem Täter oder Teilnehmer gehören.** Ob dies der Fall ist, entscheidet das bürgerliche Recht. Das Eigentum muß nachgewiesen werden, bloße Vermutung genügt nicht, OLG. Dresden u. LZ. 1932 Sp. 911 Nr. 3. Der Umstand, daß eine Sache im Miteigentum des Täters und des Teilnehmers oder im Miteigentum eines von diesen und einem dritten Unbeteiligten steht, BGB. § 1008, schließt die Einziehung gegen den Miteigentümer nicht aus. Denn der Bruchteil untersteht wie seiner freien Verfügung, so auch dem Zugriff seiner Gläubiger und folglich auch der Staatsgewalt, RGZ. **56** 100. Anders, wenn der Täter oder Teilnehmer mit einem andern Eigentum zur gesamten Hand besitzt, RGZ. **60** 128; RGSt. in JW. 1933, 174; Hirsch, Teilbarkeit des Eigentums (1900). Ist der Täter oder Teilnehmer Stellvertreter oder Organ einer dritten, namentlich juristischen Person und steht dieser das Eigentum zu, so ist die Einziehung ausgeschlossen, so z. B. gegen den Geschäftsführer einer GmbH., GA. **58** 445. Die Einziehung ist nur gegen denjenigen Täter und gegen denjenigen Teilnehmer zulässig, der zugleich Eigentümer der Sache ist. Die Motive zu § 31 des Entw. I z. StGB. (= § 40) sagen: „indem der § 31 die Einziehung von Gegenständen nicht nur des Täters, sondern auch des Teilnehmers gestattet, setzt er als selbstverständlich voraus, das nur Sachen desjenigen eingezogen werden können, gegen den zugleich eine Verurteilung wegen der die Einziehung veranlassenden Tat erfolgt ist". Ebenso RGSt. **22** 352; v. Olshausen Anm. 13, Oppenhoff-Delius; a. M. Rubo. Wollte man die Einziehung gegen einen Nichteigentümer zulassen, würde sie diesem gegenüber nicht als Strafe wirken. Auch die Einziehung eines Werkzeuges, das einem Mittäter gehört, ist dem andern Mittäter gegenüber unzulässig, 1 D 73/16 13. IV. 16. 1 D 403/24 29. IV. 24. Ist Geld zur Zahlung eines Kaufpreises für verbotswidrig angekauftes Brotgetreide verwendet worden, das Geschäft aber als Scheingeschäft nichtig und der Käufer Eigentümer des Geldes geblieben, so ist die Einziehung des Geldes statthaft, auch wenn es bereits dem Verkäufer übergeben war, 4 D 503/18 12. VII. 18. Maßgebend ist nicht, wer den Gegenstand besitzt, sondern wem er gehört. — Keine Teilnahme i. S. von § 40 begründet die notwendige Teilnahme. Ein dem notwendigen Teilnehmer gehöriger Gegenstand kann niemals eingezogen werden, sofern der Eigentümer nicht über die notwendige Beteiligung an der Straftat hinausgeht und aus diesem Grunde gegebenenfalls strafbar wird. Vgl. Einleitung.

6. Allgemein wird angenommen, daß das **Eigentum** dem Täter oder Teilnehmer **zur Zeit des Urteils** zustehen müsse, wobei allerdings wieder unterschieden wird zwischen der Zeit der Urteilsfällung, Frank 76 RGSt. **16** 117, **53** 181, und der Zeit der Rechtskraft des Urteils, und inkonsequent zugelassen wird, daß die Gegenstände nur einem Teilnehmer gehören, nicht gerade dem, der von ihnen Gebrauch gemacht hat, RGSt. **49** 208 (wobei für diesen der Strafcharakter wegfällt!). Es kommt darauf an, ob der Kreis der zur Begehung eines Verbrechens gebrauchten oder bestimmten Gegenstände eingeschränkt werden soll auf die dem Täter gehörigen Gegenstände, so daß nur die ihm beim Gebrauch gehörigen Gegenstände gemeint sind, oder ob die Einziehung der zur Begehung des Verbrechens gebrauchten Gegenstände — gleichviel, wem danach gehörig — beschränkt werden soll auf die zur Zeit der Einziehung dem Täter gehörigen Gegenstände. Nur die Wortfassung spricht vielleicht für letztere Auffassung, Geschichte und Bedeutung der Maßregel für erstere. Zwingend ist aber die Wortfassung auch nicht. John, DStRZ. **12** 65. Danach wären auch Gegenstände, die dem Täter zur Zeit der Tat nicht gehörten, die er aber später erworben hat, einzuziehen, umgekehrt Gegenstände, die er nach der Tat veräußerte, nicht einzuziehen. Das Gesetz denkt an die Gegenstände, die **zur Zeit der Tat dem Täter gehörten.** Dies erhellt einmal aus dem Ursprung der Vorschrift in altgermanischer Auffassung, daß es das Werkzeug selbst ist, das das Verbrechen begeht und infolgedessen zur Sühne hingegeben wird, und daß die Haftung des Eigentümers aus dem Gesichtspunkt der strafrechtlichen Garantenhaftung und Verschuldung durch ungenügende Verwahrung hergeleitet wird, wenn er nicht der Täter ist; wenn er aber der Täter ist, sich diese Mitschuld oder sogar Alleinschuld ohne weiteres ergibt. Gerade also die Zulässigkeit der Einziehung auch eines dem Täter nicht gehörigen Werkzeugs, die begründet ist nur aus einer Verschuldung desjenigen, der zwar nicht Täter, aber der zur Zeit der Tat der Eigentümer des Gegenstandes war, mit dem die Tat bewirkt wurde, zeigt, daß auf diesen Zeitpunkt abzustellen ist. Sodann erhellt dies aus der Entstehungsgeschichte. Schon nach dem preuß. Allg. LR. waren mit der Tat diese Sachen dem Fiskus verfallen und aus dem Nachlaß herauszugeben, auch wenn der Erblasser ein verurteilendes Erkenntnis nicht erlebt hatte, Entwurf 1847 § 29 erklärt: „Die Konfiskation an Gegenständen des § 18 tritt als Folge des Verbrechens von selbst ein und ist auch nach dem Tode in dessen Nachlaß geltend zu machen". Da aber § 28 Abs. 2 diese Konfiskation zuließ, „sofern sie einem Teilnehmer an dem Verbrechen gehören", so folgt, daß dieses „gehören" eben zu einem Zeitpunkt stattfinden muß, der vor der Geltendmachung an den Nachlaß liegt, zur Zeit der Verbrechensbegehung. Bei gegenteiliger Ansicht ist die Gefahr der Veräußerung vor dem Urteil immer gegeben. Gegen die Erben ist gegebenenfalls das selbständige Einziehungsverfahren nach § 42 möglich.

7. Ohne Rücksicht auf das Eigentum des Täters oder Teilnehmers wird Einziehung angeordnet im StGB. §§ 152, 284[a], 295, 296a, 360 Nr. 2, 367 Nr. 2 und vielen Nebengesetzen. Die Rechte des durch die Einziehung Verletzten sind möglicherweise (StPO. § 111) zu berücksichtigen, RGSt. **18** 43, **46** 137. Insoweit ist dann die Einziehung keine Strafe, RGSt. **66** 433.

8. Die Gegenstände müssen sein

a) durch das Verbrechen oder Vergehen **hervorgebracht** (scelere instrumenta producta), d. h. unmittelbar hervorgebracht wie falsche Urkunden, falsches Geld, gefälschte Nahrungsmittel, also wenn die Gegenstände sich als unmittelbares Erzeugnis einer äußeren Tätigkeit darstellen, in welcher der Tatbestand der strafbaren Handlung zu finden ist, im Gegensatz zu den durch die Straftat nur erlangten mit dem Gegenstand der Straftat angeschafften Gegenständen, den fructa sceleris, wie Diebesgut, durch Jagdwildereien erlangtes Wild, 4 D 839/17 25. I. 18, sonstiger verbotener Erwerb. Der Grad der Beteiligung, der gerade an der Hervorbringung der Gegenstände dem Täter oder dem Teilnehmer zufällt, ist belanglos. Entscheidend ist allein, daß durch das Verbrechen die Gegenstände hervorgebracht sind. Wenn das Verbrechen auch zunächst nur einen Teil der Sache, z. B. einer Maschine, betroffen hat, kann doch im allgemeinen das ganze hervorgebrachte Erzeugnis eingezogen werden. RGSt. **60** 53. Gegen einen Teilnehmer am Verbrechen kann — vorausgesetzt, daß er Eigentümer geworden ist — auch dann die Einziehung verfügt werden, wenn er sich an der Erzeugung des Gegenstandes unmittelbar nicht beteiligte. Die Bewirkung eines bloßen Besitzwechsels erfüllt die Merkmale des Hervorgebrachtseins noch nicht; RGSt. **39** 78. Auch durch gewerbsmäßiges Glücksspiel (Buchmacher) erworbenes Geld ist nicht nur die Straftat hervorgebracht, RGSt. **35** 391, **39** 78, ebensowenig das Geld, das als Kaufpreis für gehehlte Sachen bezahlt wurde, RGSt. **54** 223. Dagegen kann Geld als Betriebskapital für gewerbsmäßiges verbotenes Spiel bestimmt, und aus diesem Grunde der Einziehung unterworfen sein, 4 D 1140/11 26. I. 12. Ebenso kann es als Beweismittel für die Untersuchung der Beschlagnahme nach StPO. § 94, die tatsächlich auch die Vollstreckung der später erkannten Geldstrafe sichert, unterliegen, 4 D 241/18 28. V. 18;

b) zur Begehung von Verbrechen oder Vergehen **gebraucht oder bestimmt** (instrumenta sceleris), wie Waffen, RGSt. **44** 140, Geld, das zum Ankauf beschlagnahmten Brotgetreides gebraucht worden ist, RGSt. **52** 302. Ein zum Vertrieb angeschaffter Vorrat unzüchtiger Schriften, Preislisten, Zeitungsankündigungen usw. Eine Aktentasche, in der der Dieb die zur Tat benutzten Werkzeuge mit sich geführt hat, um sie darin unauffällig zu tragen, 1 D 133/26 12. III. 26. Die Tat muß nicht nur geplant, sondern mindestens als Versuch zur Ausführung gelangt sein, RGSt. **16** 268, **27** 245, **44** 140, **49** 208; dann aber genügt schon die Bestimmung hierzu, nicht ist erforderlich, daß sie tatsächlich gebraucht worden sind. Die Bestimmung muß sich auf eine konkrete Straftat beziehen. RGSt. **59** 251. Die ganz allgemeine Bestimmung dahin, den Gegenstand einmal bei Begehung irgendeiner Straftat gelegentlich zu benutzen, genügt nicht, 1 D 71/24 8. II. 24 (Anfertigung eines Dietrichs). Nicht nur ein bloßer Plan für den Gebrauch zu einer zukünftigen Straftat, sondern eine Bestimmung zu einer wirklich begangenen Straftat liegt vor, wenn diese in Fortsetzungszusammenhang begangen wird. Dann genügt die Bestimmung auch nur für die späteren unselbständigen Akte, selbst wenn diese unterblieben sind, sofern nur vorher die in Fortsetzungszusammenhang stehenden früheren Akte begangen sind. Durch den bloßen Umstand, daß der Gegenstand bisher zur Begehung des fortgesetzten Deliktes noch nicht verwendet worden war und durch die bloße Möglichkeit einer künftigen straflosen Verwendung dieses Gegenstandes, wird die Bestimmung zur Begehung einer fortgesetzten einheitlichen Straftat noch nicht aufgehoben und es genügt dann, daß diese einheitliche Tat bereits in Ausführung sich befunden hat. RGSt. **40** 362, **42** 316, **52** 322; 3 D 175/12 3. IV. 12. — Diese Bestimmung zur Verwendung der fortgesetzten Tat muß freilich vorliegen, bloßer Besitz unzüchtiger Schriften bei einem wegen fortgesetzten Vergehens nach § 184 Verurteilten genügt noch nicht, 3 D 2146/00 7. VII. 00; 2 D 75/07 10. V. 07. Stellt sich ein gewerbsmäßiges Vergehen als fortgesetztes Delikt dar, so ist, solange das Vergehen noch in der Ausführung begriffen ist, auch die Einziehung von Gegenständen zulässig, die zur Begehung künftiger Ausführungsakte bestimmt sind. War der Gegenstand zur Ausführung eines bestimmten Verbrechens bestimmt, das zwar nicht einmal durch Vorbereitungshandlung betätigt wurde, wurde er dabei aber zugleich in irgendeiner Weise für Ausübung eines anderen Vergehens benutzt (das vielleicht erst die Gelegenheit für das geplante schaffen sollte), so kann wegen des Gebrauchs dennoch die Einziehung erfolgen. Der Umstand, daß der Gegenstand gleichzeitig für ein anderes, nicht zur Ausführung gekommenes Verbrechen bestimmt war, bildet kein Hindernis, RGSt. **44** 140. Gegenstände, die nur zur Vorbereitung einer Straftat dienten, sind ebensowenig wie diejenigen, die nach ihrem Abschlusse zur Sicherung der Verbrechensfolgen usw. dienten, der Einziehung unterlegen. RGSt. **49** 208, **59** 251, 1 D

271/25 12. VI. 25, wenn in letzterem Falle diese Tätigkeit nicht wieder eine selbständige Straftat darstellt, wie §§ 257 ff. Wenn die Tat noch nicht ihren Abschluß gefunden hat, obwohl das Delikt als solches juristisch schon vollendet ist, die gestohlenen Gegenstände z. B. zur Durchführung der erfolgten Wegnahme vom Tatorte weggeschafft wurden, so sind die Transportmittel noch zur Begehung der Straftat bestimmt, RGSt. **12** 305. Doch kommt es hier sehr auf den konkreten Fall an. Schließt sich der Abtransport der vollendeten Wegnahme derart an, daß auch zeitlich die Wegnahme bereits als abgeschlossen anzusehen war, so könnte eine Einziehung nicht stattfinden, ebensowenig, wenn es nicht zur Fortschaffung des durch die Straftat erlangten Gutes, sondern ausschließlich zur Flucht des Täters nach der Tat gebraucht oder bestimmt war, 2 D 322/24 10. IV. 24. Sonach ist das Bedenken Franks und Fingers 1 497 begründet. Auch hier ist es für die Frage der Zulässigkeit der Einziehung gleichgültig, wer von den Tätern oder den Teilnehmern die einem von ihnen gehörigen Gegenstände zur Begehung gebraucht oder bestimmt hat. Es macht keinen Unterschied, ob sie der Eigentümer selbst gebraucht oder bestimmt hat, als Täter oder Teilnehmer, oder der andere Genosse seiner Straftat. Gemeinhin wird angenommen, daß es auch gleichgültig sei, ob der eine Teilnehmer vom Gebrauch durch den andern Teilnehmer oder Täter Kenntnis habe. Das ist in dieser Allgemeinheit nicht richtig. Mit Recht hiergegen schon Wahlberg, Kriminalistische und nationalökonomische Gesichtspunkte S. 101. Es kommt darauf an, ob ihm die Bestimmung oder der Gebrauch durch den andern zugerechnet werden kann, oder nicht. Wenn das nicht der Fall ist, würde die Einziehung die Natur einer Strafe verlieren. Daher hat schon 1 D 13/16 13. IV. 16 erkannt, daß das von einem Mittäter benutzte Werkzeug, das einem andern Mittäter gehört, nicht eingezogen werden darf, wenn nicht auch dessen Wille auf die Benutzung des Werkzeugs ging. Denn nur in diesem Falle wirkt gegen ihn die Einziehung als Strafe. Dasselbe gilt selbstverständlich für den Gehilfen. Da Anstiftung eine Form der Teilnahme ist, so können auch die einem Anstifter gehörigen Gegenstände eingezogen werden, und zwar nicht nur, was selbstverständlich ist, wenn sie vom Anstifter gerade zur Anstiftung gebraucht oder bestimmt worden sind, sondern auch wenn sie dann mit Willen des Anstifters vom angestifteten Täter zur Ausführung der Haupttat gebraucht oder bestimmt worden sind. RGSt. **49** 208 schränkt die Einziehung gegen den Anstifter aber dahin ein, daß die bloße Bestimmung des Anstifters der ihm gehörigen Gegenstände zur Begehung eines Verbrechens oder Vergehens noch nicht genügt, wenn sie nur zum Gebrauch bei einem engeren Abschnitt der Haupttat bestimmt waren, zu dessen Ausführung es aber nicht, auch nicht auf der Stufe des Versuchs, gekommen ist. Der gleiche Grundsatz muß für die Beihilfe gelten. Hat der Gehilfe die ihm gehörigen Sachen zum Gebrauch für einen Abschnitt der Tatausführung durch den Haupttäter bestimmt, die nachher unterblieben ist, so entfällt insoweit ebenso wie beim Anstifter der Charakter der Teilnahme an einem fremden Tun mit Notwendigkeit und nur unter dieser Voraussetzung hatte die Bestimmung des „Teilnehmers" für die Einziehung gegen ihn Bedeutung. Nach RGSt. **36** 145, **49** 208 soll die Einziehung auch dann statthaft sein, wenn der **Versuch** als solcher nicht strafbar ist. Dem kann nicht beigetreten werden. Siehe oben. Gegenstände, an welchen die Straftat verübt wird, wie gestohlene Sachen, sind keine, die zur Begehung gebraucht worden sind (vgl. zu a), RGSt. **25** 165. Dasselbe gilt von Gegenständen, die geschmuggelt worden sind, RGSt. **21** 431. Auf Waffen, die nicht Mittel zur Ausführung eines Verbrechens oder Vergehens, sondern Gegenstand eines solchen Delikts waren, findet § 40 keine Anwendung, so bei verbotenem Waffenbesitz gegen die ihn verbietenden VO. 1 D 184/20 26. IV. 20; 1 D 71/24 8. II. 24; 1 D 71/24 8. II. 24; 1 D 487/24 20. V. 24; 1 D 586/24 24. VI. 24. A. M. Olshausen Nr. 9. Dagegen ist z. B. Kaffeersatz ein Mittel zum verbotenen Handel mit Lebensmitteln nach RKVO. v. 24. VI. 1916 (RGBl. S. 581), 4 D 228/18 10. V. 1918.

9. Die **Wirkungen** der im Urteil zu verfügenden Einziehung sind folgende:

Nach römischem Recht und preußischem Landrecht ging das Eigentum sofort mit der Begehung des Delikts ohne weiteres über. Das kann nach § 40 schon um deswillen nicht angenommen werden, weil der Richter nur ermächtigt ist, die Einziehung zu verfügen, ohne einen richterlichen Ausspruch hiernach solche nicht stattfindet. Zuweilen geht das Eigentum vor dem Richterspruch aber schon mit erfolgter Beschlagnahme auf den Staat über, VZGes. § 156. Die herrschende Ansicht geht dahin, daß das Eigentum erst **mit der Rechtskraft des Urteils** und von da ab (ex nunc) übergeht, das Urteil also konstituierende Kraft habe. So auch E. 19 § 83 Abs. 3 und Begründung S. 80. Auch Amtl. Entw. § 60. Die Folge ist, davon daß dann die Einziehung auch nur möglich ist, wenn zur Zeit des Urteils die Gegenstände dem Täter gehören, während die Entstehungsgeschichte lehrt, daß der Gesetzgeber davon ausgeht, daß sie zur Zeit der Tat ihm gehören. Andernfalls vermöchte auch der Täter, sich durch privatrechtliche Verfügungen vor der Urteilsfällung von der Strafe der Einziehung zu befreien, während umgekehrt die Strafmöglichkeit dann erst geschaffen würde, wenn er inzwischen eine von ihm bei der Tat gebrauchte fremde Sache erwirbt; so RGSt. **15** 167, **16** 114, **21** 54, **53** 183. GA. **54** 303, **58** 445; Frank S. 76; Olshausen Anm. 10. Befriedigendere Ergebnisse erlangt man, wenn man dem Urteil lediglich **deklaratorische Kraft** beimißt und annimmt, daß das Eigentum durch die Tat und zur Zeit der Tat verfällt, dieser Verfall durch Urteil erklärt wird. Es wirkt also ex tunc. So namentlich Vorberg, Die Einziehung der Produkte und Werkzeuge eines Deliktes, 1895 S. 111, auch Oetker, Kriminelle und private Haftung Dritter nach hessischen Rechtsquellen. Oetker GS. (1926) S. 44. A. M. Goldschmidt, Vgl. Darst. **4** 451. Nach Frank 77 endlich unter anderen bedeutet die Einziehungserklärung nur, daß der Täter als Teilnehmer verpflichtet ist, das Eigentum auf den Fiskus zu übertragen, daß somit der Eigentumsübergang erst vollzogen ist, wenn der Gerichtsvollzieher die Sache zum Zwecke der Ablieferung an die vollstreckende Behörde wegnimmt. Vgl. hierzu Wachenfeld 249, Oppenhoff-Del. 16; auch RGSt. **21** 54. Diese Auffassung steht aber mit der früheren Rechtsentwicklung nicht in Einklang. Auch Entw. § 52 Abs. 5 sagt: „Mit der Rechtskraft der Entscheidung geht das Eigentum oder das andere Recht über", also von selbst, ohne Übertragungsakt.

10. Nach Abs. 2 ist die Einziehung im Urteil auszusprechen, ein sie anordnendes Nachtragsurteil ist also unzulässig. Die Unterlassung der Einziehung begründet die Revision. RGSt. **8** 349, **14** 161, **55** 35; RGSt. in DJZ. **17** 460. Der Ausspruch ist nicht davon abhängig, daß bei der Urteilsverkündung die tatsächliche Möglichkeit der Einziehung vorliegt, RGSt. **7** 311, **18** 43.

11. Auf die **Vollstreckung** des Urteils finden StPO. §§ 451, 458, 462, 463 Anwendung. Wenn in dem Strafurteil gegen einen bestimmten Täter die von diesem hergestellten Sachen (z. B. Weine) eingezogen worden sind, können sie auf Grund des Einziehungsanspruchs auch bei dem dritten Erwerber weggenommen worden. Ist jedoch z. B. der Wein vom Erwerber mit anderen Weinen vermischt worden, so ist eine neue selbständige Sache entstanden, die nicht der Einziehung unterliegt, 1 D 716/08 21. XII. 08.

12. Sind mehrere Straftaten mit denselben Gegenständen begangen, so kann auch eine **mehrfache Einziehung** hinsichtlich derselben Gegenstände ausgesprochen werden, RGSt. **10** 140, Nissen, Die Einziehung S. 93. Die Einziehung nach § 40 ist auch durch das Nahrungsmittelgesetz § 15 nicht ausgeschlossen. So 1 D 859/27 17. I. 28 im Einvernehmen mit dem 3. Straffen. unter Abweichung von der bisherigen Rechtsprechung RGSt. **6** 296, **7** 428, **8** 238. Bei Steuerzuwiderhandlungen ist die Einziehung besonders geregelt.

13. Über das **Verhältnis zwischen der Nebenstrafe der Einziehung** nach § 40 und der **Hauptstrafe der Konfiskation nach VZG. § 134** vgl. die Entscheidung der verein. Strafsenate RGSt. **49** 127, besonders 134. Der hier betonte Unterschied und das Nebeneinanderbestehen zwischen Einziehung i. S. von § 40 oder einzelnen Nebenstrafgesetzen und der Konfiskation nach VZG. § 134 wird von Bedeutung dann, wenn eine Amnestie zwar die Nebenstrafe, aber nicht die Konfiskation erfaßt, vgl. RGSt. **54** 58 und Anm. 3 zu § 42. Zuweilen ist jedoch in den Nebengesetzen die Frage der Einziehung selbständig als Modifikation der Konfiskation des VZG. § 134 geregelt. Dann ist neben dieser Regelung für die besondere Anwendung des VZG. kein Raum mehr, so z. B. VO. vom 13. XI. 15 über Verbot der Ausfuhr und Durchfuhr von Gold, RGSt. **57** 258. Zweifelhaft ist das Verhältnis von Einziehung und Konfiskation zur **Verfallerklärung,** wie sie in einigen Gesetzen vorgesehen ist; z. B. Kapitalfluchtges. § 23, VO. v. 20. XII. 18 über Außenhandelskontrolle. Nach 3 D 1391/20 17. I. 21, 1 D 887/20 24. I. 21, 1 D 894/21 19. XII. 21 ist für eine Verfallerklärung nach VO. v. 22. III. 20 (RGBl. 334) kein Raum, wenn die Konfiskation aus VZG. § 134 einzutreten hat. Sie ist eine Verwaltungsmaßnahme, die ohne Rücksicht auf das Vorliegen einer strafbaren Handlung eintritt. Hertel in „Recht und Wirtschaft" 1922 Sp. 27, und die nicht von den Gerichten auszusprechen ist, RGSt. **57** 177, 2 D 1153/23 24. I. 24. 1 D 894/21 19. I. 21. Sie schließt jedenfalls, wenn sie in einem Gesetz angeordnet ist, die Konfiskation nach VZG. nicht aus. Über Einziehung und Verfallerklärung Degener JW. **1922** 702, Neubert JW. **1924** 141, Friedrichs, Einziehung und Beschlagnahme JW. **1924** 260.

§ 41. Wenn der Inhalt einer Schrift, Abbildung oder Darstellung strafbar ist, so ist im Urteile auszusprechen, daß alle Exemplare, sowie die zu ihrer Herstellung bestimmten Platten und Formen unbrauchbar zu machen sind.

Diese Vorschrift bezieht sich jedoch nur auf die im Besitze des Verfassers, Druckers, Herausgebers, Verlegers oder Buchhändlers befindlichen und auf die öffentlich ausgelegten oder öffentlich angebotenen Exemplare.

Ist nur ein Teil der Schrift, Abbildung oder Darstellung strafbar, so ist, insofern eine Ausscheidung möglich ist, auszusprechen, daß nur die strafbaren Stellen und derjenige Teil der Platten und Formen, auf welchem sich diese Stellen befinden, unbrauchbar zu machen sind.

Entw. § 53: „Wird der Tatbestand einer strafb. Handlung durch den Inhalt einer Schrift, Abbildung oder anderen Darstellung begründet, so ist, sofern jede Verbreitung strafbar sein würde, in der Entscheidung auszusprechen, daß alle Bücher eingezogen werden, die zur Verbreitung bestimmt oder öffentlich ausgelegt oder angeboten sind. Ferner ist anzuordnen, daß die Platten und Formen unbrauchbar gemacht werden, die zur Herstellung der Schrift, Abbildung oder Darstellung gebraucht worden sind oder dazu bestimmt waren.

1. Aus der Vorschrift des Abs. 2, daß sich die Unbrauchbarmachung nicht auf die im Eigentum des Täters oder Teilnehmers, sondern auf alle Exemplare, soweit sie sich im Besitz des Verfassers, Druckers, Herausgebers, Verlegers oder Buchhändlers befinden und auf die öffentlich ausgelegten oder öffentlich angebotenen Exemplare bezieht, erhellt der **polizeiliche, vorbeugende Charakter** der Maßregel. Hälschner 1, Olshausen Anm. 1, v. Liszt-Schmidt I, 411, Schwarz Anm. 1; Allfeld 269; Frank 79; Gerland 196; Goldschmidt, Vergl. Darst. A. 4, 286; Köhler 618 RGSt. **14** 161, **17** 313. Sie ist keine Strafe, denn sie kann den unschuldigen Dritten treffen, sie richtet sich gegen alle diejenigen, die in der Lage sind, die Verbreitung der Schrift, Abbildung oder Darstellung herbeizuführen oder daran mitzuwirken und nur gegen diese, will also vorbeugend diese Verbreitung verhindern. Die Verhängung ist deshalb auch bei Anwendung von StPO. § 233 nicht ausgeschlossen, RGSt. II in GA. **60** 74. Insbesondere wird sie auch dann nicht zur Strafe, wenn die unbrauchbar zu machenden Gegenstände dem Täter oder Teilnehmer gehören, wie vielfach angenommen wird, z. B. Schoetensack, Der Konfiskationsprozeß S. 25. Vielmehr ist die Unbrauchbarmachung ein einheitliches Rechtsinstitut, das von den Eigentumsverhältnissen unabhängig ist und Anwendung findet, gleichviel, wem die Schriften usw. gehören, RGSt. **14** 161, GA. **60** 74, — A. M. RGSt. **5** 101, **11** 119, **17** 311, Hofacker, Staatsverwaltung u. Strafrechtsref. (1919) S. 278. Sowohl die Vorschriften des Reichspressegesetzes wie die der §§ 41 u. 42 zielen darauf ab, zugleich mit der Verfolgung des Verfassers der Schrift oder Abbildung selbst entgegen zu treten, weil schon deren Vorhandensein die Möglichkeit zu immer erneuter Verbreitung und Verwirklichung der Straftat gibt, RGSt. **66** 148. Nach § 3 des Ges. über Straffreiheit v. 20. XII. 1932 erstreckt sich der Straferlaß auch auf die Sicherungsmaßnahmen, also auf die Maßnahmen nach § 41. Dagegen fehlt in § 4 eine solche Ausdehnung für die Einstellung eines anhängigen Verfahrens. Die Maßnahmen aus § 41 können daher objektiv nach § 42 bei der Einstellung des Strafverfahrens gegen den Täter fortgesetzt werden. Wenn außer den Voraussetzungen für die Unbrauchbarmachung auch die des § 40 über die Einziehung vorliegen, können beide nebeneinander verfügt werden, Frank Anm. 1, Olshausen Anm. 2, Schwarz Anm. 1. RGSt. **17** 311; **36** 147.

Der Besitz des Abs. 2 betrifft auch den mittelbaren Besitz nach BGB. § 868. Frank 75. Die genannten Personen müssen den Besitz aber beruflich haben. Ein von ihnen als Privatleuten ausgeübter Besitz ist zwecks Unbrauchbarmachung nicht herauszugeben.

3. Die **Unbrauchbarmachung** ist keine Einziehung, es findet weder eine Enteignung noch eine Eigentumsübertragung auf den Fiskus statt, sondern lediglich eine Unbrauchbarmachung der Schrift, Abbildung, Darstellung, soweit möglich unter Wahrung des Eigentums des Berechtigten am Stoff und nur in dem unbedingt für die Prävention erforderlichen Umfange, also wenn möglich nur für den Teil der Schrift, Abbildung oder Darstellung und ihre Platten und Formen, der den strafbaren Inhalt bildet. Frank 78, Olshausen Anm. 1, Binding, Grundriß 262; Finger I 500; Gerland 196; Goldschmidt, Vergl. Darst. A. 4, 286; v. Liszt-Schmidt I, 411. — Darum können auch Einziehung nach § 40 und Unbrauchbarmachung nach § 41 miteinander verbunden werden, sobald die Voraussetzungen für beide vorliegen. RGSt. **16** 114, **17** 311, **36** 145. Zu beachten ist, daß die Unbrauchbarmachung **nach § 41 zwingend vorgeschrieben** ist, während die Einziehung nach § 40 ins richterliche Ermessen gestellt ist. Nach E. 19 §§ 83, 84 findet statt der Unbrauchbarmachung Einziehung statt, nach Amtl. Entw. § 61 Unbrauchbarmachung nur, wenn ein Teil des Inhalts strafbar, sonst Einziehung. Zur Begründung der Unbrauchbarmachung allein genügt aber der äußere Tatbestand einer strafbaren Handlung 1 D 373/26 8. X. 26.

4. Als Gegenstände der Unbrauchbarmachung kommen in Betracht **Schriften, Abbildungen** und **Darstellungen.** Zu letzteren können auch plastische Erzeugnisse gehören, RGSt. V in GA. **57** 400, auch Handstickereien, 5 D 54/14 5. VI. 1914. Insofern ist § 41 im Gegensatz zu § 40 enger. Das Eigenartige an diesem ist, daß sie sämtlich Verkörperungen eines Gedankeninhaltes sind, die als solche, als eigenartige Gestaltungen, von selbst und ohne weiteres auf den menschlichen Geist wirken und die in ihnen verkörperten Gedanken im Geist eines Dritten dadurch hervorbringen. Insbesondere sind Schriften, gleichviel ob Buchstaben, Silben oder Wortschriften Symbole für Silben oder Worte und regen durch deren Auffassung und Kenntnisnahme (durch Auge oder wie bei Blindenschrift, durch Gefühl) die den Symbolen entsprechenden Vorstellungen an. Dasselbe gilt für Abbildungen oder andere Darstellung, d. h. nachbildenden Wiedergaben in Fläche oder Raum. Aus diesem Grunde sind Platten oder Walzen in Grammophonen, Phonographen oder Sprechmaschinen nicht selbst Schriften oder Darstellungen. Sie verkörpern in sich nicht irgendwelche Gedanken derart, daß sie als solche die entsprechenden Gedankeninhalte bei Dritten anregen könnten, sie sind vielmehr lediglich Bestandteile einer Maschine, die im Zusammenwirken ihrer verschiedenen Teile durch Erzeugung von Schallwellen Töne hervorbringt, die in ihrem Zusammenfügen den gesprochenen Worten selbst gleichen, nicht selbst durch ihre Eigenschaft als Symbole oder Nachbildungen auf den Geist einzuwirken bestimmt oder fähig sind. Unrichtig daher Frank 74 I u. Olshausen 3 sowie RGSt. **38** 345 und **47** 223, letzteres unter Aufgeben der richtigen, als Bedenken geltend gemachten Auffassung in RGSt. **46** 390. So auch Lazarus, Das Unzüchtige in der Kunst (1909). Dagegen sind die Grammophonplatten und -walzen als Platten und Formen anzusehen, die zur Herstellung von Darstellungen dienen. Denn die durch solche Apparate erzeugten Töne können ebensogut als Darstellungen angesehen werden, wie das Spielen eines Musikstückes durch Künstler mit Hilfe von Instrumenten, dessen Darstellung genannt werden darf. In gleicher Weise sind Filme nicht nur selbst Abbildungen, sondern auch Formen für die durch Lichtschein vergrößerten Bilder, die mit ihnen erzeugt werden können. Als solche Platten und Formen unterliegen deshalb auch die Grammophonplatten der teilweisen Unbrauchbarmachung nach § 41. Films sind dadurch, daß sie mittels Kinematograph der Wahrnehmung vorgeführt werden, öffentlich ausgelegt, 2 D 459/06 2. X. 06.

Die genannten Gegenstände müssen ihrem Inhalt nach objektiv eine Straftat verwirklichen, ihr Inhalt muß als solcher den Tatbestand eines Deliktes bilden. Das ist nicht der Fall, wenn z. B. mit der Schrift nur gegen Formvorschriften des Preßgesetzes § 23 verstoßen wird, RGSt. **16** 118, wohl aber bei den Übertretungen nach StGB. § 360 Nr 5—7, ebenso bei Vergehen gegen das Warenzeichengesetz und UWGes.

5. Die **Platten** und **Formen** brauchen nicht unmittelbar zur Herstellung der Schrift

oder Abbildung oder Darstellung zu dienen, so daß mit ihnen das fertige Erzeugnis gewonnen wird. Es genügt schon ihr Geeignetsein zu Zwischenerzeugnissen, mit denen dann erst das Enderzeugnis gewonnen wird, also die mittelbare Bestimmung. Sie müssen nur ein Glied in der Herstellung sein. Daher sind „Platten" nicht nur diejenigen, mit denen etwa unzüchtige Bilder oder Schriften gedruckt werden, sondern auch photographische Negative, mit denen das Bild usw. auf die Druckplatte gebracht wird. **A. M.** 1 D. 1520/21 22. XII. 21, zu StGB. § 151. Ferner ist nicht erforderlich, daß sie ausschließlich zum Herstellen strafbarer Abbildungen bestimmt sind. Auch wenn die Platten sowohl zur Herstellung von Bildern auf Postkarten als von Bildern in anderem Format dienen und nur, soweit sie als Postkarten in Betracht kommen, die Bilder für unzüchtig erklärt sind, können sie unbrauchbar gemacht werden. RGSt. in DJZ. **1910** 1467 (bei sogen. „relativer Unzüchtigkeit").

6. Eine Gefahr, für deren Vorbeugung die Unbrauchbarmachung dienen soll, wird nicht schon angenommen, wenn sich die Schriften usw. noch im Privatbesitz befinden, sondern erst dann, wenn sie auf den Weg gebracht sind, um der Öffentlichkeit zugänglich gemacht zu werden, oder dies bereits geschehen ist. Dies ist der Fall, wenn sie sich **im Besitz eines sich mit ihrer Verbreitung befassenden Organs** befinden, und zwar als Verbreitungsorgan, zum Behufe der Verbreitung, nicht etwa, wenn dieses Organ sie zu andern Zwecken, etwa als Privatmann, besitzt. Auf die Eigentumsverhältnisse kommt es hierbei überhaupt nicht an. Noch weniger ist erforderlich, daß der Täter oder Teilnehmer einem dieser Personenkreise angehört. Die Tat kann mit der Schrift auch durch einen außenstehenden Dritten verübt worden sein, um die Unbrauchbarmachung der Exemplare bei Personen dieser Kreise herbeizuführen. Denn dadurch soll eben verhütet werden, daß diese Exemplare dritten Personen, die Täter werden können, in die Hand kommen.

7. Unter **„Herausgeber"** ist im Sinne des Gesetzes auch der „Schriftleiter" (Redakteur) zu verstehen, Oppenhoff-Delius Nr. 13 und die meisten. Der **Verleger** bestimmt sich i. S. des Verlagsgesetzes, er braucht nicht gerade Verlagsbuchhändler zu sein. **Buchhändler** ist, wer das Verlagsgeschäft oder den Handel mit Büchern und Kunstblättern usw. als Handelsgewerbe betreibt. Öffentlich ausgelegt oder angeboten sind Exemplare nur, wenn die Exemplare einem nicht abgeschlossenen Personenkreis zugänglich sind; Auslegung in einer geschlossenen Gesellschaft genügt nicht. Das Ausstellen und Anschlagen an öffentlichen Orten nach § 184 fällt gleichfalls darunter, wozu die öffentlichen Vorführungen des Kinematographen gehören, RGSt. **39** 183. Auch Prospekte, in denen unzüchtige Gegenstände angepriesen werden, fallen darunter. Ob die Prospekte zur Begehung neuer Straftaten bestimmt waren, ist belanglos. Diese Unterscheidung ist für § 41 auch dann nicht gerechtfertigt, wenn die Kundgebungen im Prospekte nicht unter allen Umständen, sondern nur unter Voraussetzung der Mitteilung an bestimmte Personenkreise strafbar ist. Wenn Schriften so beschaffen sind, daß durch diese Mitteilung an bestimmte Personenkreise (Unverheiratete) der objektive und subjektive Tatbestand eines Deliktes erfüllt wird, so besteht Gefahr, daß derselbe Tatbestand in gleicher Weise erneut verwirklicht wird. Dieser Gefahr würde nicht vorgebeugt werden, wenn dem verurteilten Täter die zur Vergehung neuer Straftaten gleicher Art genügenden Schriften um deswillen alle oder teilweise belassen würden, weil er bisher einen Teil solcher Schriften nicht in strafbarer Weise benutzte und die Möglichkeit besteht, daß er einen Teil der noch vorhandenen Schriften zu nicht strafbaren Zwecken (Mitteilung an Verheiratete) verwenden würde. 4 D 1314/11 1. III. 12; 4 D 1312/11 1. III. 12. — Unzüchtige Bücher, die ein Buchhändler nur zu seinem Privatgebrauch in einer vom gewerblichen Vertrieb gesonderten Privatbibliothek in Besitz hat, unterliegen nicht der Unbrauchbarmachung, 2 D 697/10 13. I. 11. Ebermayer in SeuffBl. **73** 280.

8. Nach § 41 ist unter der Voraussetzung, daß der Inhalt der Schrift usw. strafbar ist im allgemeinen **Unbrauchbarmachung** aller Exemplare usw. anzuordnen und zwar ist dies **im Urteil auszusprechen** von Amts wegen. Recht **07** 138, RGSt. **32** 53. Nachträglich kann sie nicht verfügt werden. Welche einzelnen Exemplare davon betroffen werden, bestimmt das Gesetz in Abs. 2. Hierüber aber ist die Entscheidung in concreto im Vollstreckungsverfahren zu treffen. Nur die Anordnung der **Beschränkung des Abs. 2** muß bereits **im Urteil** erfolgen. Ist sie vom Tatrichter unterlassen worden, kann sie von der Revisionsinstanz in der Weise nachgeholt werden: „Die Revision wird mit der Maßgabe verworfen, daß die ausgesprochene Unbrauchbarmachung unter der in § 41 Abs. 2 vorgeschriebenen Beschränkung stattzufinden hatte", 4 D 332/12 7. VI. 12. Zustimmend Frank 77, a. M. Olshausen 13, Schwartz 7. Im Vollstreckungsverfahren ist natürlich Abs. 2 ebenfalls noch zu beachten. Die Unbrauchbarmachung erstreckt sich auf alle Exemplare der Schrift, mögen sie beschlagnahmt sein oder nicht, und selbst dann, wenn dem Gericht jede Kenntnis ihres Vorhandenseins mangelt. Daraus folgt, daß das Vorliegen der in Abs. 2 hervorgehobenen Umstände nicht eine vom Gericht festzustellende Voraussetzung für den Anspruch der Unbrauchbarmachung selbst, sondern nur die Umgrenzung bildet, in der sich dessen Vollstreckung zu vollziehen hat. 4 D 1005/12 30. XII. 12.

9. Ebenso ist ausdrücklich im Urteil zu bestimmen, ob eine Unbrauchbarmachung auf einen ausscheidbaren **Teil beschränkt** wird, **Abs. 2,** und es ist hierbei dieser Teil zu bezeichnen. Ob eine solche Beschränkung möglich ist, ist lediglich Tatfrage und mit der Revision nicht anfechtbar, RGSt. **4** 29, 87, JW. **03** 209. — Wenn die Maßnahme aus § 41 rechtsirrtümlich nicht verfügt ist, braucht nicht der ganze Strafausspruch aufgehoben zu werden, 1 D 967/99 25. X. 00. Ebenso kann ein Ausspruch der Einziehung, der dem Wortlaut nach zu weit geht, sinngemäß auf Grund der getroffenen tatsächlichen Feststellungen in der Revisionsinstanz beschränkt werden, 3 D 565/07 4. XI. 07, abweichend von 3 D 1312/99 13. V. 1899. Der Ausspruch des Unbrauchbarmachens ist von der Stellung eines Antrags der StA. unabhängig, RGSt. im Recht **1907** 138.

In Nebengesetzen ist zuweilen die Unbrauchbarmachung in größerem Umfange vorgeschrieben.

§ 42. Ist in den Fällen der §§ 40 und 41 die Verfolgung oder die Verurteilung einer bestimmten Person nicht ausführbar, so können die daselbst vorgeschriebenen Maßnahmen selbständig erkannt werden.

Entw. § 54: „Kann keine bestimmte Person verfolgt oder verurteilt werden, so kann die Einziehung oder Unbrauchbarmachung selbständig erkannt werden, wenn im übrigen die Voraussetzungen hierfür vorliegen.

1. Die **selbständige Erkennung,** d. h. die ohne gleichzeitige Verfolgung oder Verurteilung einer bestimmten Person, auf Einziehung oder Unbrauchbarmachung gehende Verfügung des Richters **(Einziehungsverfahren)** wird gemeinhin in nicht gerade gutem Ausdruck als „objektives Verfahren" bezeichnet. Die Regelung des Verfahrens zur Herbeiführung eines solchen selbständigen Erkenntnisses auf Einziehung und Unbrauchbarmachung trifft StPO. § 430. Insofern stellt sich die selbständige Erkennung als Ausnahme von der Regel der §§ 40 und 41 dar, die eine mit der Hauptstrafe verbundene Einziehung als das gewöhnliche voraussetzen. Es stellt sich somit als ein Teil eines Strafverfahrens dar, geregelt im Strafprozeß wegen der ihm innewohnenden Garantien; RGSt. **44** 279, Frank 81. Für andere Fälle bestimmt das Landesrecht in den in § 5 EG. gezogenen Grenzen und an Stelle des § 42, RGSt. **6** 296, das Reichsrecht in zahlreichen Nebengesetzen, wann ohne eine Verurteilung des Täters die Einziehung und Unbrauchbarmachung selbständig erkannt werden darf: Ges. v. 13. VII. 1878 betr. Spielkartenstempel § 10; Ges. v. 14. V. 1879 betr. Verkehr mit Nahrungsmitteln usw. § 15; Ges. v. 22. V. 1881 betr. Küstenfrachtfahrt § 3; Ges. v. 30. IV. 1884 zur Ausführung der internationalen Konvention v. 6. V. 1882 betr. poliz. Regelung der Fischerei in der Nordsee usw. § 2; Ges. v. 26. V. 1885 betr. Schutz des zur Anfertigung von Reichskassenscheinen verwendeten Papiers usw. § 3; Ges. v. 25. VI. 1887 betr. Verkehr mit blei- und zinkhalt. Gegenständen § 6; Ges. v. 5. VII. 1887 betr. Verwendung gesundheitsschädlicher Farben usw. § 13; Ges. v. 22. III. 1888 betr. Schutz von Vögeln § 7; Ges. v. 19. V. 1891 betr. Prüfung der Läufe usw. der Handfeuerwaffen § 9; Ges. v. 28. VII. 1895 betr. Bestrafung des Sklavenraubes § 3; Ges. v. 15. VI. 1897 betr. Verkehr mit Butter und Käse § 19; Ges. v. 22. VI. 1899 betr. Flaggenrecht § 18; Ges. v. 3. VI. 1900 betr. Schlachtvieh und Fleischbeschau § 28; Ges. v. 24. V. 01 betr. Verkehr mit Wein § 18; Ges. v. 19. VI. 01 betr. Urheberrecht an Werken der Literatur und Tonkunst § 47; Schaumweinsteuergesetz v. 9. V. 02 § 15; Süßstoffges. v. 7. VII. 02

§ 9; Ges. v. 10. V. 03 betr. Phosphorzündwaren § 2; ferner viele Kriegsnotgesetze, insbesondere VO. v. 13. VII. 23 gegen Preistreiberei § 18 und ganz allgemein Art. I BVO. über Einziehung v. 22. III. 1917 (RGBl. S. 255).

2. Ist das **Strafverfahren**, das gegen einen Täter oder Teilnehmer anhängig war, infolge von Amnestie oder Gnadenerlaß **niedergeschlagen**, oder stehen seiner Weiterverfolgung gegen einen bestimmten, zur Anklage gezogenen Täter andere Rechtsgründe entgegen, wie **Verjährung, Rechtskraftwirkung** usw., so kann es auch nicht als selbständiges Einziehungsverfahren in demselben Prozesse fortgesetzt werden, namentlich auch nicht in der Rechtsmittelinstanz, gleichviel, ob die Einziehung als Strafe oder als polizeiliche Maßnahme anzusehen ist. Vielmehr ist das Verfahren nach § 42 immer nur als ein neues selbständiges Einziehungsverfahren auf neuen Antrag der Staatsanwaltschaft zulässig, RGSt. **52** 284, **53** 79, **54** 11. Amnestien berühren die polizeilichen Einziehungen an sich nicht, es sei denn, das sie eine Nebenstrafe sind oder in der Amnestie ausdrücklich das Gegenteil bestimmt ist, RGSt. **53** 123; RGSt. in JW. 1933, 1328. Das RG. nimmt in ständiger Rechtsprechung an, daß ein gegen eine bestimmte Person anhängiges Strafverfahren im Falle des § 41 ohne weiteres in ein objektives Verfahren nach § 42 **übergeleitet** werden kann, sofern sich ergibt, daß zwar die Schrift, Abbildung und Darstellung objektiv den Tatbestand einer Straftat verwirklicht, aber die Verurteilung zu Strafe gegen den Täter nicht ausgesprochen werden kann und daher Freisprechung gegen ihn erfolgt. Hiergegen ist dann nichts einzuwenden, wenn im übrigen die selbständige Einziehung nach § 42 zulässig ist, die Freisprechung oder Einstellung also aus den Gründen erfolgt, die eine Verurteilung nach § 42 „nicht ausführbar" machen, nicht wenn die Freisprechung aus andern Gründen erfolgt, ohne daß dadurch die Voraussetzungen des § 42 geschaffen werden. Denn es muß immer eine Überleitung in ein anderes Verfahren, keine Fortsetzung des alten Verfahrens stattfinden. Die Überleitung kann aber nur auf Antrag des Staatsanwalts, nicht von Amts wegen erfolgen. Zulässig ist sie noch in der Berufungsinstanz, 1 D 157/26 26. III. 26, ausgeschlossen in der Revisionsinstanz.

3. Die **Zulässigkeit** der selbständigen Einziehung beschränkt sich auf die Fälle der §§ 40 u. 41, RGSt. **66** 23. Sie ist begrifflich nicht davon abhängig, daß die Gegenstände dem Täter oder Teilnehmer gehören. Wenn sie dem Täter gehören, kann die selbständige Einziehung zulässig sein, wie z. B. nach § 40 in Verbindung mit § 42; aber auch wenn sie ihm nicht gehören, kann sie zulässig sein wie in Fällen des § 41 und zahlreichen Nebengesetzen. Ebenso kann die selbständige Einziehung auch dann nicht für zulässig erklärt und ihre Einziehung nur zugleich mit der Verurteilung zur Strafe verfügt werden dürfen, z. B. StGB. § 295, RGSt. **19** 45, **53** 126; RGSt. in JW. 1933, 1328. Zuweilen ist die selbständige Einziehung zugelassen überhaupt ohne Rücksicht auf diese Eigentumsfrage, Art. I BVO. v. 22. III. 1917. Hieraus folgt, daß der Umstand, ob die Einziehung oder Unbrauchbarmachung selbständig erkannt werden kann oder nur neben einer Strafe, an sich ohne Bedeutung ist für die Frage, ob die Einziehung den Charakter einer Strafe hat oder nicht. RGSt. **53** 126. Die Einziehung und Unbrauchbarmachung wird dadurch, daß auf sie selbständig erkannt werden kann, in ihrer Natur nicht verändert, bleibt vielmehr Strafe, wenn sie es war, wenn auf sie neben einer Hauptstrafe erkannt werden konnte oder mußte, ebenso wie sie Polizei- oder Verwaltungsmaßnahme bleibt, wenn diese Eigenschaft ihr schon innewohnte, auch wenn sie nur neben einer Bestrafung vom Richter erkannt werden konnte (a. M. Schoetensack, Der Konfiskationsprozeß S. 35, der in der selbständigen Einziehung immer eine verwaltungsrechtliche Maßnahme, ebenso Glücksmann, Die Rechtskraft der strafproz. Entsch. über Einziehung usw., Belings strafr. Abhandl., Heft 15 [1898] S. 19, der in ihr umgekehrt immer eine Strafe sieht). Da die Einziehung und Unbrauchbarmachung eine Sache betrifft, die dem Zugriff der strafenden Gewalt ausgesetzt ist, so kann durch ihre Einziehung oder Unbrauchbarmachung ein Strafübel dem Täter oder Teilnehmer auch dann zugefügt werden, wenn seine Person aus zufälligen Umständen nicht faßbar ist, weil man sie etwa nicht kennt oder sie wegen Abwesenheit nicht erreichbar ist; vgl. Motive z. Entw. § 40 (Ges. § 42) des StGB. für Nordd. Bund S. 59; auch weil der inländischen Strafgewalt nicht unterworfen, RGAnn.

§ 41 (wenn Verfolgung stattgefunden, nur Einziehung nicht beobachtet ist, liegt § 42 nicht vor, RGAnn. 8 101); oder wenn gegen sie zufolge ihrer Zuständigkeit die Hauptstrafe wie Gefängnis usw. nicht verhängt werden kann. § 42 hat nur den ersten Fall im Auge. Der Fall des StPO. § 231 ist ein anderer, da die Verurteilung einer bestimmten Person möglich ist. Es besteht also hier insoweit eine beschränkte Ausführbarkeit der Strafzufügung, denn als solche trifft sie offenbar auch den persönlich nicht faßbaren Täter. Deshalb ist, soweit die Einziehung Strafe ist, wie nach § 40, und sofern nicht andere in der Natur der Strafe liegende Gründe ihrer Verhängung entgegenstehen, **auch die nach § 42 im Fall des § 40 erfolgende selbständige Einziehung Strafe,** ebenso wie die in den Nebengesetzen zugelassene Einziehung von den dem Täter gehörigen Gegenständen, sofern diese dort als Strafe ausgestattet worden ist, RGSt. **53** 126. Ist dagegen die zugelassene Einziehung keine Strafe, so immer namentlich, wenn sie Gegenstände betrifft, die dem Täter oder Teilnehmer nicht gehören, wie in § 41, so **bewendet es dabei auch im objektiven Einziehungsverfahren.** Dieses schafft nicht erst von sich aus diese Natur der Nichtstrafe. Unrichtig, wie RG. und die meisten, die bei objektivem Verfahren als solchem die Einziehung stets als Nichtstrafe ansehen. Die Voraussetzungen für die Zulässigkeit des objektiven Verfahrens werden zwar in § 42 dahin bestimmt, daß die Verfolgung oder Verurteilung nicht ausführbar sei. Damit werden aber die übrigen für eine Einziehung nach § 40 oder § 41 oder den verschiedenen Nebengesetzen erforderlichen Voraussetzungen, wie z. B. Zulässigkeit der Bestrafung überhaupt, wenn die Einziehung Strafe ist, nicht beseitigt. § 54 des Entw. sagt deshalb zutreffend, „wenn im übrigen die Voraussetzungen hierfür vorliegen".

4. Die Motive führen zu § 40 des Entwurfs eines StGB. f. Nordd. Bund (§ 42 des Ges.) außer der **Abwesenheit** und der **Unbekanntschaft** des Täters als Grund für die Unausführbarkeit der Verfolgung einer bestimmten Person auch den **Tod** dieser Person auf. Glücksmann S. 16 hält jedoch im Gegensatz zur Auffassung der Motive dann die Einziehung im Falle des § 40 für ausgeschlossen, weil dort vorausgesetzt wird, daß die Gegenstände dem Täter gehören. Er müßte sie, da er auch die Einziehung nach StGB. § 42 als Strafe ansieht, aber schon um deswillen für unzulässig halten, weil ein Toter nicht bestraft werden kann, und es ist deshalb inkonsequent, wenn er sie im Falle des § 41, den er auch als Strafe ansieht, auch beim Tode des Delinquenten zuläßt. Dagegen hält Schoetensack, weil er die Einziehung nach § 42 nicht als Strafe, sondern immer als Verwaltungsmaßregel in allen Fällen ansieht, die Einziehung auch nach dem Tode des Täters oder dessen Verfall in Geisteskrankheit für zulässig a. a. O. S. 35, sagt aber nicht, wie er dies hinsichtlich des Todes in Einklang mit seiner Ansicht bringt, daß der Gegenstand nach der Vorschrift des § 40 zur Zeit der Urteilsfällung über die Einziehung dem Täter gehört haben müsse. Der tote Täter hat ja kein Eigentum mehr.

Wäre die gemeine Meinung richtig, daß es nach § 40 darauf ankommt, daß die einzuziehenden Gegenstände dem Täter zur Zeit der Urteilsfällung gehören, als welche Zeit § 40 natürlich die Zeit der Fällung des Strafurteils im Auge hat, so müßte im Falle des § 42 eine davon verschiedene Zeit in Betracht kommen, nämlich die Zeit des die Einziehung anordnenden Urteils, da ja ein auf Strafe lautendes Urteil gerade nicht vorliegt. RGSt. **16** 118, GA. **54** 303, **58** 445. Die Folge wäre dann allerdings, daß gegen einen Toten eine solche Einziehung unzulässig ist. Die Entstehungsgeschichte ergibt aber, daß die Zeit der Tat namentlich auch für die Frage der objektiven Einziehung nach § 42 maßgebend ist.

Während Geldstrafen in den Nachlaß nur dann vollstreckt werden durften, wenn „gegen den Erblasser wirklich schon erkannt ist", Pr. Allg. LR. 1. Teil 9. Tit. § 363 (nach StGB. § 30 außerdem das Urteil rechtskräftig ist), waren nach § 364 desselben Gesetzes „Sachen, die wegen eines daran begangenen Verbrechens dem Fiskus verfallen sind, aus dem Nachlaß dem Fiskus zu verabfolgen, auch wenn der Erblasser den Abschluß der Untersuchung und die Eröffnung des Konfiskationsurteils nicht mehr erlebt hat". Diesen Standpunkt haben die verschiedenen Entwürfe des preuß. StGB. mit mehr oder minderer Deutlichkeit durchaus festgehalten. Der Entwurf von 1843 sagt im § 105: „Doch werden Geldbußen, auf welche bei Lebzeiten des Verbrechers rechtskräftig erkannt worden ist, in den Nachlaß desselben vollstreckt. Inbetreff der Konfiskation verbleibt es bei den darüber bestehenden Bestimmungen." Der Entwurf von 1847 ändert diesen Paragraph in § 29 dahin um: „Geldbußen, wenn auf sie schon bei Lebzeiten rechtskräftig erkannt ist, sind in den Nachlaß vollstreckbar".

Die Konfiskation einzelner Gegenstände (§ 28) — in diesem verwiesenen § 28 wird verlangt, „daß sie dem Teilnehmer an dem Verbrechen gehören" — tritt als Folge des Verbrechens von selbst ein und ist auch nach dem Tode des Verbrechers in dessen Nachlaß geltend zu machen", wozu die Begründung des Revisors bemerkt: „Aus dem § 105 des Entwurfs 1843 ist des besseren Zusammenhangs wegen die Bestimmung über die Vollstreckung von Geldbußen in den Nachlaß eines verstorbenen Verbrechers hierher gezogen über den Eintritt der Konfiskation, also der Grundsatz des Allg. LR. Teil 1 Tit. 9 § 364 materiell ausgesprochen".

Diese Bestimmung ist endlich auch in den letzten Entwurf des preuß. StGB. von 1851 aufgenommen worden in § 18a, der lautet:

Geldstrafen können in den Nachlaß eines Angeschuldigten nur dann vollstreckt werden, wenn derselbe bei Lebzeiten rechtskräftig verurteilt ist.

Die Konfiskation einzelner Gegenstände kann nach dem Tode des Angeklagten in dessen Nachlaß geltend gemacht werden, selbst wenn zu seinen Lebzeiten noch kein Urteil ergangen ist,

und die Motive führen zur Rechtfertigung an, daß „die Konfiskation nach den Grundsätzen des Zivilrechts als Folge der strafbaren Handlung von selbst eintrete, sonach ebenso wie die rechtskräftig erkannte Geldstrafe damit „aus dem Vermögen des Verurteilten als bereits ausgeschieden zu betrachten sei". Der § 18 a Abs. 2 des Entwurfes ist dann unverändert § 20 des preuß. StGB. geworden. Und der Entwurf zum Nordd. StGB. § 40: „Ist in den Fällen der §§ 38 und 39 die Verfolgung einer bestimmten Person oder der Erlaß eines Urteils nicht ausführbar, so können die daselbst vorgeschriebenen Maßnahmen selbständig erkannt werden", wollte mit seiner abändernden Fassung nach den Motiven lediglich „den § 20 des preuß. StGB. ausdehnen", so daß die gen. Maßnahmen auch anzuwenden seien, „wenn aus irgend einem Grunde die Verfolgung einer bestimmten Person oder der Erlaß eines Urteils z. B. wegen Todes, Abwesenheit oder Unbekanntschaft des Täters nicht ausführbar erscheint". Der Strafgewalt sei hierdurch die notwendige Handhabe gewährt, namentlich zur Verhütung fernerer Verbrechen, dem Gesetz selbst dann Genüge zu verschaffen, wenn aus zufälligen Umständen die Verfolgung oder Verurteilung einer bestimmten Person nicht erfolgen kann. Hiernach ist zweifellos der Wille des Gesetzgebers dahin gegangen, daß die selbständige Einziehung auch nach dem Tode des Täters stattfinden soll, sofern ihm die instrumenta oder producta zur Zeit der Tat gehört haben. Friedberg erklärte im RT. bei der Beratung des StGB. hierzu: die Erben haben nur die Folgen davon zu tragen, daß ihr Erblasser ihnen den Nachlaß mit dieser Schuld belastet und zwar belastet durch seine schuldhafte Tat überläßt. Ist nun schon richtigerweise hieraus zu entnehmen, daß diese Meinung auch dem § 40 des Gesetzes bereits zugrunde liegt, so doch sicher dem § 42. Der Wortlaut des § 42 nötigt nicht anzunehmen, daß das Eigentum zur Zeit des Urteils, das die Einziehung anordnet, dem Täter zustehen müsse. Dieser Paragraph scheidet zwischen Verfolgung und Verurteilung einer bestimmten Person und der Erkennung der Einziehung oder Unbrauchbarmachung. Mit ersterer hat er also zweifellos nur die Verfolgung und Verurteilung zur Strafe, die nicht Einziehung ist, im Sinne, die ja von der auf das Verbrechen stehenden gewöhnlichen Strafe unterschieden wird und nach § 40 Satz 2 nur in dem auf Strafe lautenden Urteil mit auszusprechen ist. Wenn daher § 42 auf die Verfolgung und Verurteilung in den Fällen der §§ 40 und 41 verweist, so verweist er ausschließlich damit auf die dort erwähnten Fälle, in denen eine Verfolgung und Verurteilung zur regelmäßigen Strafe stattfindet, nämlich auf Straftaten, die in einem vorsätzlichen Verbrechen und Vergehen oder der in § 41 vorausgesetzten Zuwiderhandlung bestehen; daß die Verfolgung oder Verurteilung in § 40 aber davon abhängt, daß dieser Gegenstand dem Täter gehört, davon ist selbstverständlich nicht die Rede. Dieser Umstand ist nicht Voraussetzung der

Verurteilung wegen der Tat, sondern lediglich für die Einziehung. Nun wird das Eigentum aber allein als Voraussetzung für die Einziehung in § 40 genannt, „sofern sie dem Täter gehören, können sie eingezogen werden“, dahingestellt, in welchem Zeitpunkt es vorliegen muß, nicht aber für die Einziehung in § 42. Dort heißt es, nur die in §§ 40 und 41 vorgeschriebenen Maßnahmen, also Einziehung und Unbrauchbarmachung, können selbständig erkannt werden, nicht aber werden die Gegenstände, auf die sich die Maßnahmen beziehen, wie in § 40 näher bezeichnet.

Dementsprechend hat denn auch das RG., trotzdem es in § 40 die Zeit des Urteils für das Eigentum maßgebend sein läßt, angenommen, daß dies für § 42 nicht gelte. RGSt. **53** 181 führt aus: „der Umstand, daß der Täter verstorben, schließe Anwendung von §§ 40, 42 nicht aus. Eigentum sei zwar regelmäßig auf Zeitpunkt der Urteilsfällung abzustellen. RGSt. **16** 114, das gelte aber nicht, wenn der Täter verstorben sei und das Eigentum ihm zur Zeit der Begehung zustand und auf die Erben übergegangen sei. Sonst wäre eine selbständige Einziehung im Falle des Todes überhaupt nicht möglich, während es gerade in Absicht des Gesetzes lag, diese im objektiven Verfahren zuzulassen“. Dieser Ausnahme bedarf es aber gar nicht, wenn man sich der richtigen Ansicht anschließt, daß stets die Zeit der Begehung für das Eigentum maßgebend ist und das Urteil nur deklaratorische Natur hat.

5. Indem § 42 die selbständige Erkennung der dort behandelten Maßnahmen auf die Fälle der §§ 40 und 41 beschränkt, bestimmt es zugleich, daß die in § 40 und § 41 für die Einziehung gezogenen Schranken und Voraussetzungen auch bei der stelbständigen Verfügung gelten sollen. § 42 will keine neuen materiellen Voraussetzungen für die Zulässigkeit der Einziehung oder Unbrauchbarmachung verordnen, sondern nur zulassen, daß die Einziehung und Unbrauchbarmachung unter den in § 42 hervorgehobenen besonderen Umständen auch selbständig, nicht in dem auf Strafe lautenden Urteil, wie §§ 40 und 41 annehmen, ausgesprochen werden kann. § 42 setzt nur die Bedingungen fest, unter denen eine Selbständigkeit der Einziehung zulässig sein soll, die Voraussetzungen für die Zulässigkeit der Einziehung selbst müssen darüber hinaus immer vorliegen und bleiben dieselben, als wenn die Einziehung in einem das Strafverfahren abschließenden Urteile erfolgte. Daher bleibt es für § 40 dabei, daß die Gegenstände die Einziehung dem Täter oder Teilnehmer (zur Zeit der Tat) gehören müssen. RGSt. **22** 352. Trifft das nicht zu, wie es z. B. bei der nach §§ 295, 360, 367 ebenfalls angeordneten Einziehung der Fall sein kann, so entfällt die objektive Einziehung nach § 42, unbeschadet der Einziehung durch Polizei, RGSt. **19** 45; 4 D 781/18 26. XI. 1918; Binding, Grundriß I § 90; Schoetensack S. 3, 25; RGSt. **36** 147. A. M. RGSt. **16** 269. Ebenso bleibt es dabei, daß bei der selbständigen Einziehung im Fall § 40 der Täter oder Teilnehmer ein vorsätzliches Verbrechen oder Vergehen begangen haben muß, auch bei dem objektiven Verfahren also die äußeren und inneren Merkmale des Delikts nachgewiesen werden müssen, dessen Begehung Voraussetzung der Einziehung ist, RGSt. **22** 352, **53** 83. So kann z. B. die Wahrnehmung berechtigter Interessen die Rechtswidrigkeit der Beleidigung aufheben, RGSt. II in GA. **51** 357. Im Mangel des Bewußtseins der Rechtswidrigkeit die Schuld ausschließen, sowie bei den Zuwiderhandlungen gegen Verbote nach VZGes. § 134 straffrei machen, wie nach RG. bei der Irrtumsverordnung v. 18. I. 17, die Bestrafung ausschließen, weil die Untersuchung niedergeschlagen ist, wie bei Amnestierung. Immer ist dann auch die Einziehung zur Strafe ausgeschlossen. In vielen Fällen ist dann der nach StPO. § 477 vom Staatsanwalt gestellte Antrag von vornherein abzuweisen, was nötigenfalls durch Beschwerde nach StPO. § 346 zu erreichen ist. Die im objektiven Verfahren zulässig verfügte Einziehung bleibt Strafe, die sich gegen den Täter oder Teilnehmer richtet, auch wenn dessen Person hinsichtlich der Strafzufügung im übrigen nicht verfolgbar ist. RGSt. **53** 126. Und ebenso wird die im Fall des § 41 vorgenommene objektive Einziehung nach § 42 nicht erst durch die Vornahme im objektiven Verfahren polizeiliche Maßnahme, sondern sie bleibt es, weil sie es schon im Fall des § 41 war. Im übrigen müssen auch hier die für § 41 erforderlichen Voraussetzungen des objektiven und subjektiven Tatbestands gegeben sein.

6. Streit besteht darüber, was unter der **Nichtausführbarkeit** der Verfolgung und Verurteilung zu verstehen ist. Nach dem Wortlaut unterscheidet angeblich das Gesetz nicht zwischen rechtlichen und tatsächlichen Hindernissen, die der Verfolgung und Verurteilung entgegenstehen, und es werden deshalb sowohl die tatsächlichen als die rechtlichen Hindernisgründe der Verfolgung und Verurteilung gleichwertig erachtet, zumal Mot. zum Entwurf § 40 des Nordd. StGB. erklären, daß irgendein Grund genüge. Schon aus dem Wortlaut der Vorschrift, daß die Verfolgung oder Verurteilung „nicht ausführbar sei", erhellt jedoch, daß es sich lediglich um die Behinderung der **Durchführung** eines **an sich entstandenen Strafanspruchs** handelt, also um Hinderungsgründe für das Verfahren, während Gründe, die die **Entstehung** eines materiellen Strafanspruchs überhaupt hindern, von § 42 nicht ins Auge gefaßt werden. Ist von vornherein kein Strafanspruch entstanden, etwa weil es an den erforderlichen inneren Tatbestand beim Täter fehlt, so wird niemand sagen, daß die Verfolgung und Verurteilung nicht ausführbar sei. Die Frage der Ausführbarkeit oder Durchführbarkeit tritt erst auf, wenn überhaupt einmal ein Strafanspruch vorhanden ist. Daß nach dieser Hinsicht unterschieden werden sollte, zeigen auch die in den Motiven angeführten Behinderungsbeispiele, wie Tod, Abwesenheit, Unbekanntschaft des Täters. Alle diese Umstände stehen nicht der Begründung eines Strafanspruchs entgegen, wohl aber seiner Realisierung. Hiernach ist zu sagen, daß alle Umstände, die die Entstehung eines materiellen Strafanspruchs hindern und die insoweit stets rechtlicher Natur sind, die Einziehung nach § 42 überhaupt nicht in Frage kommen lassen, da diese das Vorliegen eines Delikts, eines materiellen Strafanspruchs, zur Voraussetzung hat, weil sie sich auf die Fälle der §§ 40 und 41 beschränkt. Insbesondere müssen daher stets sämtliche äußeren und inneren Tatbestandsmerkmale für das Vorliegen einer Straftat nachgewiesen sein, RGSt. **53** 83, **57** 3; und es ist nicht der Ansicht des RG. beizutreten, die diese Voraussetzung zwar bei § 40, RGSt. **22** 352, aber nicht bei § 41 erfordert, und dort sich mit dem Vorliegen des objektiven Tatbestands begnügt, RGSt. **4** 88, **22** 351, **29** 130; 4 D 491/12 21. V. 12, abweichend bei § 130 RGSt. **36** 145; 4 D 1104/13 16. XII. 13. Wenn das RG. an sich bei § 41 auch das Vorliegen des objektiven und subjektiven Tatbestands für erforderlich hält, RGSt. **66** 148, so gibt § 42 keine Berechtigung für den Fall des objektiven Verfahrens von diesem subjektiven Erfordern abzusehen und damit überhaupt das Vorhandensein eines materiellen Strafanspruchs nicht mehr zu verlangen. Richtig so ausnahmsweise 4 D 71/12 5. III. 12, wieder abweichend schon 4 D 58/12 26. III. 12. Hiernach bildet das **Fehlen der subjektiven Voraussetzung** der Straftat als materieller Hinderungsgrund für die Entstehung des Strafanspruchs immer einen Grund dafür, daß **überhaupt keine Einziehung**, weder im gewöhnlichen noch im objektiven Verfahren stattfinden kann. Soweit die Entstehung des materiellen Strafanspruchs in Frage kommt, gelten daher auch die rechtlichen Hinderungsgründe, denn auf sie bezieht sich § 42 überhaupt nicht, RGSt. **8** 244, **16** 269. Ist hiernach keine Strafe verhängt, weil es an dem subjektiven Tatbestand gebricht und daher die Freisprechung des Angeklagten erfolgt, so ist die Einleitung des objektiven Verfahrens nach § 42 nicht möglich, wie Frank 79, Köbner, Die Maßregeln der Erziehung (1891) S. 52 u. a. und das RG. annehmen. RGSt. **2** 220, **4** 87, **30** 199, **32** 53, **33** 17, **36** 145, **38** 100, 345, **61** 293; 1 D 373/26 8. X. 26. Richtig dagegen Oppenhoff-Delius Anm. 3 RGSt. **25** 165, **29** 130, 401. Hat die Verurteilung einer bestimmten Person bereits stattgefunden, sich daher als ausführbar erwiesen, so ist § 42 gleichfalls nicht anwendbar, RGSt. **8** 350, **55** 35; 2 D 510/24 2. VI. 24.

Kommen hiernach für § 42 und die Frage der Ausführbarkeit überhaupt nur Gründe in Frage, die die Durchführung des Verfahrens hindern, so fragt es sich, ob darunter nur solche zu begreifen sind, die tatsächlich die Durchführung hindern, oder ob auch rechtliche Gründe, also prozeßhindernde Voraussetzungen ausreichen, wie beispielsweise Mangel des Strafantrags. Wenn die Motive erklären, die Maßnahmen seien selbständig anzuwenden, wenn aus irgendwelchem Grunde die Verfolgung nicht ausführbar sei, so darf allerdings daraus geschlossen werden, darunter seien auch rechtliche Gründe zu begreifen, wie RGSt. **30** 194 tut. Olshausen, Finger 1 502, Goldschmidt VDA. **4** 285, Meyer-Allf. 338, Frank, John in StRZ. **12** 63, mit diesen RGSt. **4** 87, **11** 119, **14** 382 u. a. So auch E. § 86 und Begr. S. 81. Inkonsequent bei Antrags- und Ermächtigungsdelikten das objektive Verfahren versagend: RGSt. **11** 119, **14** 382. — A. M. Binding,

Grdr. 263, Geyer **1** 162, Hälschner **1** 634, Glücksmann 12, Schoetensack 25, 30. Nichtausführbarkeit liegt schon dann vor, wenn mit der Möglichkeit der Verurteilung einer bestimmten Person nicht mehr gerechnet zu werden braucht. 2 D 260/31 5. XI. 31.

a) Wie der **Mangel des Strafantrags** und die **Verjährung** wirken, richtet sich zunächst nach der Vorfrage, ob in ihnen ein materielles, die Entstehung des Strafspruchs hinderndes Ereignis gesehen wird, oder lediglich eine prozessuale Voraussetzung für das Verfahren der Strafverfolgung. Wer das erste annimmt, für den kommt § 42 überhaupt nicht in Betracht. Nur wenn in ihnen eine prozessuale Voraussetzung gesehen wird, entsteht die Frage, ob sie im Sinne von § 42 die Ausführung der Verfolgung und Verurteilung hindern. Vgl. zu § 61 und § 66. Der Antrag nun ist lediglich eine prozessuale Voraussetzung, sein Mangel hindert also nur die Verfolgung, § 42 ist anwendbar. Da hingegen die **Verjährung** nicht nur prozessuale, sondern den materiellen Anspruch tilgende Wirkung hat, entfällt bei verjährtem Anspruche auch die Möglichkeit des objektiven Verfahrens nach § 42, sowohl bei § 40 als § 41. Binding I 854, Friedländer, Das objektive Verfahren 13, Frank 78; **a. M.** RGSt. **14** 382, **30** 194. Auch die Rechtskraftwirkung eines Urteils, die die Verfolgung einer Straftat in einem neuen Verfahren hindert, z. B. bei fortgesetzten oder gewerbsmäßigen Handlungen, kommt als Hinderungsgrund für die Durchführung eines Verfahrens in Frage. Sie beweist aber gerade, daß die Strafverfolgung gegen einen bestimmten Täter möglich gewesen ist. Ist in dem ergangenen Urteil die Einziehung nicht verfügt worden, so ist auch über sie rechtskräftig entschieden und für ein anschließendes objektives Verfahren nach § 42 ist kein Raum mehr, RGSt. **66** 423. Vgl. auch RGSt. **65** 175.

b) Von Bedeutung wird hier auch die Verschiedenheit der Auffassung der sog. **Irrtumsverordnung vom 18. I. 17** (RGBl. S. 58). Sieht man in ihr die Anerkennung eines Schuldausschließungsgrundes, wie sie in der Einleitung für allein richtig gehalten wird, vgl. auch Lobe, BVO. gegen Preistreiber S. 24 und die dort angeführte Literatur, so fehlt es bei der Annahme, daß die Handlung erlaubt sei, an dem erforderlichen inneren Tatbestand und es ist daher auch das selbständige Einziehungsverfahren nach § 42 überall dort ausgeschlossen, wo dieses den objektiven und subjektiven Tatbestand einer Straftat voraussetzt. Erblickt man dagegen darin nur die Aufstellung eines persönlichen Strafausschließungsgrundes, wie das RG., insbesondere in RGSt. **53** 81 tut, so wird durch diesen das selbständige Verfahren nach § 42 nicht gehindert, soweit die Einziehung keine Strafe, sondern nur eine polizeiliche oder Verwaltungsmaßregel ist, wie z. B. bei § 41 und verschiedenen Nebengesetzen, etwa Preistreibereiverordnung. Wenn jedoch die Einziehung selbst auch eine Strafe ist, wie im Falle des § 40 und anderen Nebengesetzen, wird diese auch dann durch die VO. v. 18. I. 17 ausgeschlossen, wenn man in ihr nur die Begründung eines Strafausschließungsgrunds erblickt, RGSt. **53** 88, 89, **54** 57, und es hat dann gegebenenfalls die Einstellung zu erfolgen.

c) Die **Amnestien** ergreifen an sich grundsätzlich das objektive Einziehungsverfahren als solches nicht. Es kommt vielmehr darauf an, ob das Einziehungsverfahren aus § 42 zum Zweck der Einziehung als Strafzufügung, wie im Falle des § 40 und verschiedenen Nebengesetzen, oder zum Zweck der Einziehung als Polizei- oder Verwaltungsmaßregel, wie im Falle des § 41 und anderen Nebengesetzen erfolgt. Auch wenn die Strafverfolgung durch Niederschlagung unmöglich gemacht worden ist, bleibt die Einziehung als Polizei- und Verwaltungsmaßnahme nach § 42 zulässig, RGSt. **46** 131, **50** 386, **53** 125, 307, **54** 12, 1 D 173/19 26. VI. 19; StRZ. **1920**, Sp. 249. Recht **1919** Nr. 1907, 580. Ist dagegen die Einziehung selbst Strafzufügung, so wird sie von der Niederschlagung durch die Amnestie ergriffen und es kann ein niedergeschlagenes subjektives Verfahren auch nicht als objektives Strafeinziehungsverfahren aus § 42 fortgesetzt oder neu eingeleitet werden, RGSt. **52** 283, **53** 41, 79, 89, 125, 307. Nach der Amnestie v. 3. XII. 18 bleibt nur eine bereits **erkannte** Einziehung von der allgemeinen Begnadigung ausgeschlossen, RGSt. **53** 306, nicht eine erst vorzunehmende von der Niederschlagung. Nach § 1 Abs. 1 jedoch kommt sie nur in Frage, wenn sie Nebenstrafe ist; stellt sich die Einziehung also als Konfiskation i. S. von VZGes. § 134 dar, so wird sie von der Amnestie vom 3. XII. 18 — anders als von der Militär-

Amnestie — nicht betroffen, da sie hier Hauptstrafe ist, RGSt. **54** 54. Nach § 1 Abs. 2 u. 3 aber schließt eine obligatorische Einziehung diese Amnestie überhaupt aus, da die Einziehung, mag sie Haupt- oder Nebenstrafe sein, jedenfalls keine Geldstrafe ist.

d) Auch **§ 7 des Schleichhandelstrafverschärfungsges. v. 18. XII. 20** kann zur Ausschließung des objektiven Verfahrens führen, wenn die Einziehung Strafe ist, da beim Wegfall der Verkehrsregelung vor dem 1. I. 21 Straffreiheit eintritt. Stellt sich die Einziehung dagegen als polizeiliche Maßregel dar, bleibt sie auch in diesem Falle zulässig, RGSt. **53** 81, **57** 3. 1 D 1047/21 7. IV. 22; 2 D 858/24 25. II. 24.

7. Die Bestimmung in § 42, daß die Maßnahmen **„selbständig vorgenommen** werden **können"**, will weder das Legalitätsprinzip durchbrechen noch dem Richter ein Ermessen darüber geben, ob die Maßnahmen zu verfügen sind oder nicht, so daß er bei objektivem Verfahren entgegen der zwingenden Vorschrift in § 41 nach seinem Ermessen es gleichwohl unterlassen könnte, vielmehr soll damit nur gesagt werden, daß hier eine Möglichkeit geschaffen wird, abweichend von der Regel der §§ 40 und 41, wonach im Strafurteil selbst die Maßregel zu erkennen ist, für sie selbständig zu erkennen. Das „kann" bezieht sich auf „selbständig" und beläßt es im übrigen für die Frage der Zulässigkeit oder Notwendigkeit an sich bei der Regel. Daher muß die StA., wenn die Voraussetzungen vorliegen, das objektive Verfahren beantragen, wobei sie selbstverständlich nach pflichtmäßigem Ermessen zu prüfen hat, ob die Voraussetzungen der Ausführbarkeit einer Verfolgung vorliegen oder nicht, und muß der Richter die in § 41 geordneten Maßnahmen verfügen, RGSt. **28** 122. So richtig Schwartz Nr. 7; **a. M.** RGSt. **8** 238, **16** 114, Olshausen, Meyer-Allf. 321. Wie jede richtige Verfolgungshandlung kann aber auch das objektive Verfahren nicht von Amts wegen eingeleitet werden, es bedarf vielmehr hierzu eines Antrags der StA. Ohne diesen kann das Gericht selbständig nicht im objektiven Verfahren auf Einziehung oder Unbrauchbarmachung erkennen, RGSt. **11** 121, **14** 382, **32** 53. Der Antrag muß auf Einleitung gerade des objektiven Verfahrens gehen. Ein Antrag auf Einziehung nach § 40 oder § 41 bei Verfolgung einer bestimmten Person in der Anklageschrift oder die Erwähnung dieser Vorschrift im Eröffnungsbeschluß genügt diesem Erfordernis nicht. 4 D 71/12 5. III. 12. Hat die StA. aber den Antrag gestellt, so hat nunmehr das Gericht selbständig die tatsächliche Voraussetzung des § 42 zu prüfen und es kann der Ansicht des RG. nicht beigetreten werden, daß es dabei an die tatsächliche Auffassung der StA. gebunden wäre, wie es in ständiger Rechtsprechung annimmt, so RGSt. **8** 238, **9** 15, **16** 114, **27** 352, **32** 53; Rspr. **9** 15, 1 D 608/08 4. I. 09; 4 D 525/13 30. IX. 13, sofern diese nicht von Rechtsirrtum beeinflußt sei. Wie hier auch Frank 79, Schwartz 2, Schoetensack a. a. O. 40; auch RGSt. **38** 100.

8. Ist das Urteil, das auf Grund einheitlichen Sachverhalts die Unbrauchbarchmachung und Einziehung ausgesprochen hat, in der Revisionsinstanz nur bezüglich der Einziehung aufgehoben und die Sache insoweit an die Vorinstanz zurückverwiesen, so kann die neue Entscheidung die für die Unbrauchbarmachung maßgebenden tatsächlichen und rechtlichen Grundlagen auch für die Entscheidung der Frage der Einziehung nicht abändern, da nur eine sachliche Entscheidung in Frage steht und die Anwendung der §§ 40 und 41 nicht auf Grund je eines verschiedenen Sachverhaltes entschieden werden kann, 4 D 2623/03 20. X. 03.

9. Prozessuales. Der wesentliche Unterschied zwischen dem Strafverfahren gegen eine bestimmte Person und dem objektiven Verfahren ist, daß es in letzterem keinen Angeklagten gibt. Das schließt nicht aus, daß, soweit das Vorliegen einer Straftat die Voraussetzung für die Zulässigkeit der Einziehung überhaupt bildet, auch über diese sowohl nach dem äußeren als dem inneren Tatbestande Feststellungen getroffen werden müssen, Rspr. **5** 215. — Das objektive Verfahren findet auf bloßen Antrag des Staatsanwalts statt. Wie dieser Antrag keine Anklage, so ist die Anberaumung einer Hauptverhandlung auch kein Eröffnungsbeschluß i. S. von StPO. § 203 und die Ablehnung kein Beschluß i. S. von StPO. § 204. Es leiden daher auch die Vorschriften der §§ 201 und 210 keine Anwendung und es ist gegen die Abweisung des staatsanwaltschaftlichen Antrags wie auf die Einleitung des Verfahrens auf diesen Antrag die allgemeine Beschwerde aus StPO. § 346 gegeben. Vgl. RGSt. **37** 270; Rspr. **6** 611. Zur Einlegung von Rechtsmitteln nach StPO. § 432 sind nur die Staatsanwaltschaft und die in § 431 näher bezeichneten Personen berechtigt. RGSt. **66** 420.

10. Für eine etwaige **Verfallerklärung,** wie sie verschiedene Gesetze zulassen, ist neben einer Einziehung als Strafe auch im selbständigen Verfahren nach § 42 kein Raum, vgl. auch 1 D 894/21 19. XII. 21.

11. Die Beschränkung der Maßregeln aus §§ 40—42 auf Straftaten gilt natürlich nicht für die von der Polizei wahrzunehmenden Verhütungsmaßnahmen.

Zweiter Abschnitt.

Versuch.

§ 43. Wer den Entschluß, ein Verbrechen oder Vergehen zu verüben, durch Handlungen, welche einen Anfang der Ausführung dieses Verbrechens oder Vergehens enthalten, betätigt hat, ist, wenn das beabsichtigte Verbrechen oder Vergehen nicht zur Vollendung gekommen ist, wegen Versuches zu bestrafen.

Der Versuch eines Vergehens wird jedoch nur in den Fällen bestraft, in welchen das Gesetz dies ausdrücklich bestimmt.

E. 19 §§ 23, 408. Amtl. Entw. § 23, § 348.

1. Die Auslegung dieser Vorschrift ist verschieden, je nachdem man sich der sogen. objektiven Theorie oder der subjektiven Theorie anschließt. Vgl. v. Gemmingen, Die Rechtswidrigkeit des Versuchs (1932) in Strafr. Abhdlg. Heft 306. Es gilt aber die Frage genauer zu begrenzen. In Wahrheit handelt es sich nicht um eine Verschiedenheit des inneren Tatbestandes, der erfordert wird, sondern um eine Verschiedenheit des äußeren, objektiven Tatbestands, durch dessen Verwirklichung der Versuch eines Verbrechens oder Vergehens betätigt wird. Die sogen. subjektive Theorie hält einen anderen äußeren Tatbestand für genügend zur Begehung eines Versuchs im Sinne von § 43, als es die sogen. objektive Theorie tut. Über die Erfordernisse des inneren Tatbestands, also der subjektiven Seite des Versuchs, besteht zwischen beiden Theorien kein Streit. Vertreter der **objektiven** Theorie sind: Berner, Beling, Binding, Birkmeyer, Feuerbach, Geyer, v. Hippel, Finger, Meyer-Allfeld, Gerland, v. Calker, Oetker, Stienen in ZStRW. **46** 22; LZ. 1925 Sp. 1145, Schoetensack GerS. 1925, 378; der **subjektiven** Theorie: v. Buri, Bierling, v. Bar, Loeb, Der Versuch (1913) 20 u. a., Hälschner, Lammasch, Köstlin, Kohler, v. Liszt, Scheer § 46; Begründung z. E. 19 usw. und der neue Amtliche Entwurf. Das **Reichsgericht** hat sich in ständiger Rechtsprechung der **subjektiven Theorie** angeschlossen. RGSt. **1** 439, **42** 92, **47** 151, **49** 16, **50** 35, **51** 204, **53** 336, **54** 35, 117, 254, **55** 138, **60** 215, **61** 109, **64** 130, 2 D 101/24 12. V. 24 u. a.

2. Der **innere Tatbestand** erfordert „den Entschluß, ein Verbrechen oder Vergehen zu verüben". Damit wird zunächst Vorsatz verlangt und der Versuch eines fahrlässigen Deliktes, dahingestellt, ob er möglich ist, Finger, Strafrecht S. 537; v. Liszt-Schmidt I S. 292, als straflos ausgeschieden, Frank, Vergl Darst. V S. 189. Dagegen ist Versuch eines fahrlässigen Delikts dann möglich, wenn die Fahrlässigkeit nur die Kenntnis von der Unerlaubtheit der Handlung betrifft und nach BVO. v. 18. I. 1917 daher nicht beachtet werden darf; vgl. auch Binding, Grdr. S. 130. Der Vorsatz kann auch ein allgemeiner oder bedingter sein. RGSt. **7** 118. Als Inhalt des Vorsatzes gilt dann das schwerste event. in den Willen aufgenommene Delikt, RGSt. **12** 94, **16** 25, 133, **19** 90. 3 D 191/27 30. VI. 27. A. M. v. Bar II S. 453 u. a., die das geringste Delikt maßgebend sein lassen wollen. Daß der Täter die gewollte Tat selbst rechtlich als Verbrechen oder Vergehen qualifiziert, ist selbstverständlich nicht nötig. Wenn aber der Vorsatz auf einen geringwertigen Gegenstand im Sinne von § 248 a gerichtet war, ohne daß es ein solcher war, liegt strafloser Versuch nach § 248a vor, § 59. RGSt. **46** 265. Ebenso ist der Versuch, der sich auf Begehung einer Tat richtet, die sich nach der Vorstellung als Übertretung qualifiziert, straflos. Weiter wird ein auf „Verübung", also auf Vollendung einer Straftat gerichteter Vorsatz verlangt und damit der Vorsatz eine Straftat nur zu versuchen unter dem gleichzeitigen Willen, sie nicht zur Vollendung zu bringen, ebenfalls ausgeschieden. Ein Versuchsvorsatz ist kein Begehungsvorsatz nach § 43. Der Umstand, daß die Verübung der vollen Handlung noch von gewissen tatsächlichen Voraussetzungen abhängig gemacht wird, verschlägt jedoch nichts, RGSt. **16** 163. Hiernach muß sich also der **Vorsatz** des versuchten Delikts ebenso wie der des vollendeten auf Verwirklichung sämtlicher Tatbestandsmerkmale richten und ist **mit dem der vollendeten Tat identisch.** Vgl. auch Hegler in Festg. f. Frank I, 251.

3. Der **äußere Tatbestand.** In der Auffassung über diesen scheiden sich unüberbrückbar die subjektive und die objektive Theorie.

Die **subjektive Theorie** läßt jede Tätigkeit genügen, die zur Ausführung des verbrecherischen **Entschlusses** dienen **soll,** sieht die Strafbarkeit der Tat also darin, daß sich ein verbrecherischer Wille durch irgendeine äußere Handlung, die der Täter zur Verwirklichung seines Willens für geeignet hält, „kundgegeben hat", RGSt. **1** 442 u. a., ohne Rücksicht, ob die entfaltete Tätigkeit überhaupt den Erfolg hätte herbeiführen können. Es ist also die rechtsfeindliche Gesinnung an sich, die bestraft wird, sobald sie sich nach außen in einer Handlung dokumentiert hat. Frank 86 stellt den Begriff näher dahin heraus, daß der Erfolg möglich gewesen sein muß, wenn die Sachlage der Vorstellung entsprochen hätte. Dies ist wohl die selbstverständliche Annahme aller subjektiven Theoretiker gewesen. Ihr Hauptverfechter war Buri, zuerst in Abhandlungen aus dem Strafrecht **1862** 53 ff. u. GerS. **32** 321; v. Bar, Ges. u. Schuld 2, 574. Namentlich muß nach der konsequent durchgeführten subjektiven Theorie hierzu auch eine bloße tatsächliche Vorbereitungshandlung ausreichen, Binding, Umgek. Irrtum, GerS. **85** 279. Wenn behauptet wird, auch die subjektive Theorie setze voraus, daß der Täter seinen verbrecherischen Willen durch eine Ausführungshandlung in die Tat umgesetzt habe, so ist dem entgegenzuhalten, daß diese Handlung nur in seiner Vorstellung als solche zu erscheinen braucht, in Wahrheit es nicht sein muß, sonst würde eben das Erfordernis der objektiven Theorie angenommen werden, RGSt. **60** 215. Entw. § 26: „Wer den Entschluß, eine mit Strafe bedrohte Tat zu begehen, durch Handlungen betätigt, die den Anfang der Ausführung bilden oder nach dem Sachverhalt, den er sich vorstellt, bilden würden, ist wegen Versuchs zu bestrafen. Der Versuch eines Vergehens ist nur strafbar, wenn ihn das Gesetz ausdrücklich mit Strafe bedroht.

Der Versuch ist milder zu bestrafen, als die vollendete Tat.

Konnte der Versuch schon wegen der Art des vom Täter ausersehenen Mittels oder Gegenstandes überhaupt nicht zur Vollendung führen, so kann das Gericht die Strafe nach freiem Ermessen mildern oder von Strafe absehen." Richtig die Charakteristik von Rosenberg, ZStRW. **20** 686. Einen übersubjektiven Standpunkt nimmt RGSt. **52** 184 ein! Vgl. auch Einführung S. 50.

Die **objektive** Theorie läßt nur eine solche Betätigung des Entschlusses genügen, die tatsächlich, nicht nur in der Vorstellung des Täters, eine **Ausführung des Verbrechens oder Vergehens enthält.** Es muß also der Angriff auf ein bestimmtes Rechtsgut oder die Rechtsordnung vorliegen, wobei die Frage der Gefährdung des Rechtsguts wieder verschieden, konkret oder abstrakt, beurteilt werden kann. Es genügt hiernach nicht, daß die Handlung eine Manifestation zur Willensverwirklichung sein **soll,** sondern sie muß auch eine Ausführungshandlung einer deliktischen äußeren Tat **sein.** Es genügt nicht, daß ein Wille kundgegeben wird, vielmehr muß er betätigt, d. h. seine Verwirklichung unternommen werden. Andernfalls glaubt der Täter seinen Willen zu betätigen, tut es aber nicht. Kundgebung ist nicht Betätigung. Vgl. hierzu noch M. E. Mayer einerseits und Stenglein andererseits in DJZ. **02** 330. Binding, Umgekehrter Irrtum, GerS. **85** 279 ff. Die CCC Art. 178 stand zweifellos auf dem Boden der objektiven Theorie (a. M. mit Unrecht Cohn, Die Revisionsbedürftigkeit des heutigen Versuchsbegriffs, Strafr. Abh. von Lilienthal, Heft 192 (1916) S. 45), denn sie verlangt zum Versuch, daß sich jemand „einer

Missetat mit etlichen scheinlichen Werken, die zur Vollbringung der Missetat dienlich sein mögen, untersteht". Von derselben Auffassung ging preuß. StGB. § 31 aus, der lautete: „Der Versuch ist nur strafbar, wenn derselbe durch Handlungen, welche einen Anfang der Ausführung enthalten, an den Tag gelegt und nur durch äußere, von dem Willen des Täters unabhängige Umstände gehindert worden oder ohne Erfolg geblieben ist." Die Anlehnung im Ausdruck an Code pénal Art. 3: „Toute tentative de crime, qui aura été manifesté par un commencement d'exécution", Goltd. Mat. **1** 252 ff., bedeutete schon um deswillen keine Annahme der subjektiven Theorie, weil der Code pénal sie selbst nicht teilte, wie Cohn, Revisionsbedürftigkeit S. 66 unzutreffend annimmt. Demgemäß stand die preußische Praxis auf dem objektiven Standpunkt, vgl. Oppenhoff, Preuß. StGB. zu § 31 Art. 13 „Das Erfordernis ist auf den Anfang der Ausführung der Tat selbst und nicht etwa auf den Anfang der Ausführung der Absicht oder des Vorsatzes zu beziehen".

Die Motive zum deutschen StGB. heben ausdrücklich hervor, daß sie sachlich mit der CCC Art. 178 übereinstimmen, und nur die Frage, wieweit an untauglichen Objekten oder mit untauglichen Mitteln Versuch strafbar sei, ist vom Gesetzgeber zu regeln unterlassen worden, weil, „was überhaupt unter Tauglichkeit und Untauglichkeit von Mitteln und Gegenständen zu verstehen sei, streitig sei". Also nur aus diesem auf rein tatsächlichem Gebiete liegenden Grunde, nicht um die subjektive Theorie anzuerkennen. Das preuß. Obertribunal hatte jedoch ständig auch bei absolut untauglichem Mittel und nichtexistierendem Objekt die Möglichkeit eines strafbaren Versuchs ausgeschlossen.

Schon der Wortlaut des § 43 ergibt, daß das **Gesetz sich dem objektiven Standpunkt anschließt.** Deshalb müssen die neueren Entwürfe eben auch den Wortlaut ändern. Es verlangt als äußeren Tatbestand zwar Handlungen, die eine Betätigung, eine Manifestierung des Entschlusses, ein Verbrechen oder Vergehen zu verüben, sind, RGSt. **38** 174; weiter aber außerdem, daß diese Handlungen auch einen Anfang der Ausführung dieses beabsichtigten Verbrechens und Vergehens „enthalten". Damit ist klar zum Ausdruck gebracht, daß die Handlungen solche sein müssen, die objektiv Ausführungshandlungen einer Straftat sind, nicht bloß in der Vorstellung des Täters zur Ausführung dienen sollen. Ferner ist die ganze Unterscheidung zwischen Vorbereitungshandlungen und Versuchshandlungen, die das StGB. in § 43 macht, nach der Meinung der Anhänger der subjektiven Theorie dort sogar allein machen will, überhaupt nur verständlich vom Boden der objektiven Theorie aus. Denn Vorbereitungshandlungen für und Ausführungshandlungen von einer Straftat sind nach subjektiven Kriterien nicht zu trennen und sind namentlich als bloße Manifestationen einer bestehenden Handlungsabsicht durchaus gleichwertig. Ihre Unterscheidung liegt allein auf dem objektiven Gebiet der äußeren Handlung und ist nur dahin zu treffen, ob die Handlung bereits objektiv die vom Gesetz gekennzeichnete Ausführung der verbotenen Tat enthält oder Handlung ist, die noch vor der Schwelle des Beginns des gesetzlichen Tatbestandes liegt, eine Frage, die immer nur nach der in die Erscheinung getretenen Handlung, nicht nach der subjektiven Vorstellung des Täters von ihr entschieden werden kann. Rosenberg, ZStRW. **20** 687. Wenn also das Gesetz die Versuchshandlung in § 43 als Ausführungshandlung der Straftat von der Vorbereitungshandlung scheidet, so stellt es sich damit notwendig auf den objektiven Standpunkt. Daß Vorbereitungshandlung und Ausführungshandlung tatsächlich auch gar nicht anders als objektiv nach dem Grad ihres Fortschreitens zur objektiven Verwirklichung eines verbrecherischen Tatbestandes geschieden werden können, erhellt übrigens am besten daraus, daß das **RG.**, das sich sonst streng der Burischen subjektiven Theorie angeschlossen hat, selber in vielleicht unbewußter Inkonsequenz seiner Auffassung, Vorbereitungshandlung und Ausführungshandlung ausschließlich nach objektiven Gesichtspunkten unterscheidet. Weiter folgt aus § 44, der für das unvollendete Delikt eine geringere Strafe vorschreibt, daß die Strafmilderung nur ihren Grund in der nicht erfolgten Rechtsverletzung, nicht im psychischen Zustand des Täters haben kann, da der Vorsatz und somit die Schuldseite bei Versuch und Vollendung die gleiche ist. Vom Standpunkt der subjektiven Theorie aus läßt sich eine Strafmilderung des Versuches nicht rechtfertigen.

So mit Recht auch M. E. Mayer S. 368. Auch aus § 46 Nr. 2 erhellt, daß das StGB. auf dem Boden der objektiven Theorie steht und „eine sukzessiv sich entwickelnde Betätigung des verbrecherischen Entschlusses in einer zur objektiven Verwirklichung fortschreitenden Handlungsweise voraussetzt", Wahlberg, ZStRW. 2 S. 201. Die Auffassung Kohlers, Studien I, 20, ist jedenfalls nicht die des Gesetzes.

Endlich steht die subjektive Theorie auch nicht im Einklang mit dem sonst überall im StGB. anerkannten Grundsatze, daß Strafe nicht nur eine Schuld, sondern auch eine objektive Rechtsverletzung voraussetze. Denn sie straft nur den verbrecherischen manifestierten Willen ohne Rücksicht darauf, ob die Verwirklichung dieses Willens in der vom Täter gewollten Art tatsächlich eine Gefahr und einen Eingriff in die Rechtsgüter der Allgemeinheit bedeutet. Beim Versuch ist dem Willen keine andere Rolle zugeteilt, als bei der vollendeten Tat und ebensowenig wie dort der Hauptgegenstand der Bestrafung. „Nicht wegen seines Willens, sondern wegen seiner verbrecherischen Handlung wird der Schuldige bestraft", Binding, Umgek. Irrt. a. a. O. S. 292, 310. Der Versuch ist ein unselbständiger Verbrechensbegriff, lediglich in der Gefahr der Vollendung einer begangenen sukzessiven Verwirklichung eines verbrecherischen Tatbestands, in der **objektiven Gefährdung eines Rechtsgutes** liegt seine Strafbarkeit. Ohne diese fehlt ein Rechtsschutzbedürfnis. Vgl. auch Feuerbach, Lehrb. 4. A. 1808, Delaquis, Untaugl. Versuch 64, Stienen, ZStRW. **46** 24. Diese Gefährdung aber ist nicht da, wenn ein Wille kundgegeben wird, verbrecherische Handlungen zu begehen, sondern nur, wenn die Wahrscheinlichkeit der Vollendung eines bereits begonnenen Angriffs auf ein Rechtsgut objektiv gegeben ist. So auch Finger, Strafrecht S. 534. Er steht damit auf gleicher Stufe, wie auch andere Gefährdungsdelikte des Strafgesetzbuchs, z. B. § 315. Käme nur die Schuldseite und nicht die größere oder geringere Verwirklichung des Vorsatzes in die Tat für die Strafe in Betracht, so wäre es völlig unverständlich, warum der Versuch einen milderen Strafrahmen hat als die vollendete Tat. — Nicht zu verwechseln ist diese Theorie der objektiven Gefährdung eines bestimmten Rechtsguts durch den Versuch einer strafbaren Handlung mit der sogen. **Theorie der generellen Gefährlichkeit des Verbrechers,** die von Gewicht sein läßt die Annahme, daß der böse Wille fortwirke und noch andere Rechtsgüter gefährden könne; Tittmann, Handbuch I 37; Liszt, ZStRW. 25 36. Sie versucht nur, die rein subjektive Theorie zu rechtfertigen.

4. Das **Wesen des Versuchs** besteht in einem Zurückbleiben des äußeren Geschehens gegenüber der Vorstellung des Täters. Der strafrechtliche Begriff des Versuchs ist nicht der vieldeutige und unklare Begriff des gewöhnlichen Lebens, sondern bezeichnet eine Tätigkeit, die eine Ausführung einer Straftat, also die Verwirklichung eines objektiven normwidrigen Tatbestands ist und inmitten liegt zwischen dem Anfang dieser Ausführung, dem Beginnen der die Straftat unmittelbar verwirklichenden Handlung, und der Vollendung der Straftat. Der Anfang der Ausführung muß gemacht, die Vollendung darf nicht eingetreten sein. Vom Mangel am Tatbestand ist dies scharf zu scheiden. Gerland 131. Von „Ausführung" einer Straftat spricht auch § 214. Hiernach kommt es nicht darauf an, ob die Handlung nach dem Willen und der Vorstellung des Täters der Verwirklichung eines verbotenen Tatbestands dienen sollte und ob in ihrer Begehung sich ein dahin zielender Wille manifestierte, sondern außerdem vor allem auch darauf, ob eine solche Tat objektiv verwirklicht worden ist, daß sie unter die Norm subsumiert werden kann. Wie die vollendete Straftat verlangt, daß objektiv der strafbare Tatbestand äußerlich in die Erscheinung getreten ist, und die bloße Vorstellung des Täters von dieser Eigenschaft der Tat diese nicht zu einer anderen machen kann, als sie in Wirklichkeit ist, so verlangt der Versuch einer solchen nach § 43 gleichfalls, daß ein Teil des Tatbestands, der das vollendete Delikt ausmacht, objektiv verwirklicht worden ist, und es vermag die bloße Vorstellung von einer solchen Eigenschaft und die Absicht, mit ihr diesen Tatbestand zu verwirklichen, diese reale Wirklichkeit nicht herbeizuzaubern, wenn sie der Tat nicht beiwohnt. Klee, Wille u. Erfolg in der Versuchslehre S. 28. Ist nicht einmal ein Teil eines solchen Tatbestandes verwirklicht, so ist mit der Ausführung der Straftat auch noch nicht der Anfang gemacht, und nur, wenn ein solcher Teil zu verwirklichen begonnen worden ist, kann gesagt werden, das ganze Verbrechen sei nicht zur Vollendung gekommen. Anfang der Ausführung und Vollendung setzen begrifflich eine Teilverwirklichung dessen, das vollendet einen strafbaren Tatbestand bilden würde, voraus, Binding, Umgek. Irrtum S. 310. „Eine Etappe auf dem Wege zur Vollendung", was gerade RGSt. **34** 221 leugnet. Richtig dagegen RGSt. **41** 352. Die Entscheidung darüber nun, ob ein **Anfang der Ausführung** der Straftat bereits gemacht worden sei oder ob ein solcher noch nicht vorliegt, ist daher nicht danach zu beantworten, ob Handlungen vorliegen, die den Entschluß, eine Straftat zu begehen, erkennen lassen und ob gar diese Handlungen schon nach der Vorstellung und der Absicht des Täters der Verwirklichung dieses Entschlusses dienen sollen, sondern allein darauf, ob das, was getan worden ist, bereits Teile des äußeren Tatbestandes verwirklicht, Handlungen sind, die zu den wesentlichsten Begriffsmerkmalen des Vergehens gehören. RGSt. **66** 154. Das ist im einzelnen nach dem besondern Tatbestand des Delikts zu beurteilen, Frank 83. RMG. **4** 234. Nach diesen Gesichtspunkten und durchaus vom Boden der objektiven Theorie aus grenzt auch in ständiger Rechtsprechung das **Reichsgericht** die **Vorbereitungshandlungen** von dem Beginn der **Ausführungshandlung** ab, worauf mit Recht schon M. E. Mayer S. 350 Anm. 19 aufmerksam macht, vgl. RGSt. **3** 136, **6** 46, **30** 61, **7** 54, **9** 81, **13** 212, **15** 56 („Für die Frage, ob bereits strafbarer Versuch oder nur straflose Vorbereitung vorliegt, kommt es nur darauf an, ob objektiv mit denjenigen Handlungen, mit denen die Tätigkeit des Angeklagten Abschluß gefunden, bereits die Ausführung des Verbrechens selbst begonnen war"), **38** 177, **43** 332, **53** 218, **56** 206. Rspr. **5** 407, **9** 687, 4 D 258/16 30. V. 16; 4 D 775/16 2. I. 17; 4 D 723/17 25. I. 18; 3 D 136/07 2. IV. 08. Abweichend allerdings RGSt. **52** 184, das nicht einmal die nach außen erkennbare Manifestation des Vorsatzes verlangt!

5. Vorbereitungshandlung.

a) Für die entscheidende Frage, ob mit der Verwirklichung von Teilen des äußeren Tatbestandes begonnen worden ist, ist maßgebend aber allein das Strafgesetz, das diesen Tatbestand als Bedingung für den Strafanspruch hinstellt. Dieser Tatbestand fällt nicht immer notwendig mit der ganzen zur Verwirklichung erforderlichen Tätigkeit zusammen. Diese pflegt sich nicht selten aus verschiedenen Teilakten derart zusammenzusetzen, daß die vorhergehende Tätigkeit immer das Mittel zur Begehung der nachfolgenden bildet und daß durch ihr Zusammenwirken schließlich der gewollte Erfolg herbeigeführt wird. Es wird dann durch den gesetzlichen Tatbestand, der das Delikt bildet, aus diesen sämtlichen Tätigkeiten diejenige herausgehoben, die vom Gesetz als entscheidend für die Bewertung des schließlichen Erfolgs angesehen und daher verboten wird. Dann ist derjenige Teil der Tätigkeit, der vor der tatbestandmäßigen liegt, aber gleichwohl bereits eine Betätigung des Entschlusses ist, die Straftat zu begehen, als Mittel zur Ausführung der folgenden tatbestandmäßigen Tätigkeit eine bloße Vorbereitungshandlung. Auch für diese vorbereitende Tätigkeit ist der Entschluß, eine Straftat zu begehen, der gleiche wie für die Ausführung selbst, nur ist die Verwirklichung des Tatbestands, wie ihn StGB. formuliert hat, noch nicht soweit vorgeschritten, wie das Gesetz für sein Einschreiten verlangt, und daher straflos, noch kein Versuch im Sinne von § 43. Die Grenze zwischen straflosen Vorbereitungshandlungen und strafbaren Versuchshandlungen wird in § 43 in der Weise gezogen, daß das Stadium der Vorbereitung als überschritten und die Tat als versucht dann betrachtet werden muß, wenn mit denjenigen Handlung begonnen ist, die zur Erfüllung des Tatbestandes des beabsichtigten Verbrechens oder Vergehens gehören, RGSt. **6** 46, **56** 206. Wo keine weitere Tätigkeit zur Herbeiführung des Erfolgs nötig ist, liegt niemals als bloße Vorbereitung vor. Vorbereitungshandlungen sind diejenigen, die den Tatbestandshandlungen vorausgehen und diese erst ermöglichen oder erleichtern sollen, RGSt. **66** 155. Vgl. auch RGSt. **61** 71. Sie bringen aber selbst noch kein Moment der Gefahr für das Rechtsgut, die der Grund für die Bestrafung des Versuchs ist.

Hiernach läßt sich nur an der Hand des einzelnen vom Gesetz bestimmten Tatbestands feststellen, ob eine zur Verwirklichung des verbrecherischen Entschlusses vorgenommene Handlung noch im Stadium der die tatbestandsmäßige Handlung nur vorbereitenden, ihr als Mittel zur Ermöglichung dienenden Handlung ist, oder selbst bereits eine Ausführungshandlung, wie sie das Gesetz im Auge hat, darstellt. Finger I, 313. 5 D 1260/12 8. IV. 13 (Griff in die Tasche) 2 D in JW. 1924,

297[1] (Erwerb von Steuerzeichen aus Privathand). Am deutlichsten zeigt sich dies dort, wo von verschiedenen Teilaktionen, deren vorangehende für die folgende als Mittel dient, gewisse Arten der vorangehenden zum gesetzlichen Tatbestand gezogen worden sind, andere jedoch nicht. So wird von StGB. § 243 Nr. 7 das Einschleichen in ein bewohntes Gebäude dann als Teil des deliktischen Tatbestands angesehen, wenn das hierdurch ermöglichte Stehlen zur Nachtzeit erfolgt. Daher bildet hier das Einschleichen einen Teil des Tatbestands und einen Anfang der Ausführung des Diebstahls nach § 243 Nr. 7. RGSt. **7** 54, **9** 81, **38** 177, **43** 332. Erfolgt dagegen der Diebstahl zur Tageszeit, so stellt sich das Einschleichen, da es noch nicht das Wegnehmen verwirklicht, sondern erst durch Herbeiführung einer Lage ermöglichen soll, als solches aber keinen Teil eines deliktischen Tatbestands, weder der § 242 und der § 243 bildet, nur als außerhalb des gesetzlichen Tatbestands liegende Vorbereitungshandlung dar, und ist *als Verwirklichung eines Diebstahlsvorsatzes* nur Vorbereitungshandlung und straflos. Ebenso bei § 243 Nr. 2. RGSt. **43** 332, **47** 25, **54** 183. Der Fall in RGSt. **53** 129 liegt besonders, da Einbruchswerkzeuge mitgeführt wurden, aber jedenfalls auf der Grenze. Ebenso RGSt. **53** 218, 336. Hierzu *Merkel*, JW. 1923, 1029[1]. Abwegig die Ansicht RGSt. **52** 184. Ausgeschlossen ist hierbei nicht, daß diese Vorbereitungshandlung für den Diebstahl zugleich selbständig die Tatbestandsmerkmale eines anderen Delikts, hier des Hausfriedensbruchs, verwirklicht. Aus demselben Grunde stellt die Bedrohung einer Frauensperson unter 14 Jahren mit einem Verbrechen oder Vergehen, um sie zur Duldung des außerehelichen Beischlafs zu nötigen, für das Delikt des § 176 Nr. 3 nur eine Vorbereitungshandlung dar, da diese Drohung selbst noch keine Vornahme einer unzüchtigen Handlung ist. Sie bleibt also nach § 176 Nr. 3 straflos und kann nur nach § 240 als strafbar in Frage kommen. Ist dagegen Einwirkung auf den Willen durch eine Drohung mit gegenwärtiger Gefahr für Leib und Leben der Frauensperson erfolgt, so ist diese, obgleich sie ebenfalls nur das Mittel für die künftige Herbeiführung der Beischlafshandlung oder Unzuchthandlung ist, nicht anders wie jene Drohung mit Verbrechen oder Vergehen, demnach im Sinne von § 43 bereits Versuch, weil diese Drohung Tatbestandsmerkmal des § 176 Nr. 1, § 177 ist und in den gesetzlichen Tatbestand hineingezogen worden ist, 4 D 431/12 2. VII. 12. Sofern der gesetzliche Tatbestand dadurch bezeichnet wird, daß er gebildet wird aus einer Tätigkeit, die eine selbständige Bezeichnung führt, entscheidet es sich meistens einfach, da der Sprachgebrauch schon ergibt, ob ein Tätigwerden als solche Handlung bezeichnet wird oder nicht. So kann zwar das Feilhalten einer Ware in der Absicht sie zu verkaufen, bereits der Verwirklichung eines Vorsatzes, die Ware zu verkaufen, dienen, ist aber doch nicht selbst schon ein Verkaufen, sondern nur ein dieses Verkaufen erst ermöglichendes vorbereitendes Mittel hierzu. Wird daher der Verkauf einer Ware verboten, so wird dieser verbotene Tatbestand noch nicht durch bloßes Feilhalten auch nur zum Teil verwirklicht, ist vielmehr hier nur Vorbereitungshandlung, wennschon unter der gleichen Strafe wie das Verkaufen selbst stehend, RGSt. **15** 56. Zum Versuch des Feilhaltens selbst ferner RGSt. **6** 46. Mit Unrecht wird dagegen in RGSt. **14** 35 in dem Übergeben von Fleisch an einen Beauftragten um einem Dritten das Fleisch zu überbringen, der es seinerseits erst in Verkehr bringen soll, statt der Vorbereitungshandlung Versuch angenommen. Dagegen richtig 1 D 938/21 5. XII. 21. Ebensowenig enthält der Erwerb von Fleisch schon den Beginn der Ausfuhr, wie RGSt. **54** 305, **58** 72. Einschränkend 1 D 988/23 22. I. 24: Ankauf von Ware zum Zweck der Ausfuhr enthält *regelmäßig* nur eine Vorbereitungshandlung. Nur wenn mit Ankauf schon *Bewegung an die Grenze* beginnen sollte, Versuch, wie 1 D 916/21 15. XII. 21, 1 D 667/12 27. X. 22 annehmen. Das gleiche findet sich bei den Tatbeständen des Sich-versprechen-lassens, Forderns und Gewährenlassens des § 1 BVO. v. 8. V. 18. Die Bestimmung der Grenze wird um so schwieriger, je unbestimmter ein Handlungsbegriff ist. So erschöpft sich der Tatbestand der Kindesunterschiebung nach § 169 in der *Verdunkelung* des Personenstandes, RGSt. **36** 137. Wer daher eine Handlung vornimmt, die den Beginn einer solchen Verdunkelung enthält, macht mit der Ausführung des Tatbestands den Anfang und als solche kann bereits eine falsche Angabe gegenüber der Hebamme gelten, gleichviel, ob diese die Angabe sofort als wahrheitswidrig erkannte oder nicht, und zwar auch dann, wenn die Hebamme keine zur Ermittelung des Personenstands berechtigte Person ist. RGSt. **10** 86; 4 D 723/17 25. I. 18. Bzgl. „Eingehung einer Ehe" RGSt. **9** 84; Verbreitung falschen Geldes RGSt. **16** 111. Noch unsicherer wird die Abgrenzung, wenn die Handlung, die vom Gesetz zum deliktischen Tatbestand gezogen wird, nach dem von ihr herbeigeführten Erfolg bezeichnet wird, wie z. B. töten, so daß alle möglichen Tätigkeitsakte, die diesen Erfolg herbeiführen, Tötungshandlungen sind. Vgl. auch M. E. Mayer S. 352, Senf, GerS. **67** 256. Sofern nun auch diese Handlungen wieder sich aus mehreren verschiedenen Tätigkeitsakten zusammensetzen, die sämtlich Ausfluß des Tötungsvorsatzes sind und von denen jede vorausgehende das Mittel abgibt, die nachfolgende auszuführen, können im Einzelfall Zweifel berechtigt sein, welcher Teil von den Tötungshandlungen i. S. des Gesetzes als bloße die Tötung ermöglichende Vorbereitungshandlung anzusehen ist. Wer, um seinen Feind zu töten, im Laden einen Revolver kauft, ihm entgegengeht, auflauert, auf den Herankommenden anlegt, losdrückt und damit das Pulver zur Explosion und die Kugel zum Flug in der Richtung auf das Opfer bringt, hat von Anfang an zur Verwirklichung und in Betätigung seines Tötungsvorsatzes gehandelt und jeder einzelne der Akte bildete das Mittel zur Ausführung des folgenden Tätigkeitsaktes, die in ihrer Gesamtheit dann den Erfolg, den Tod herbeiführten. Der Umstand, daß die Tätigkeit Mittel und Wege zur Herbeiführung einer weiteren, der Verursachung des Erfolgs näher liegenden Tätigkeit bildet, ist daher noch nicht entscheidend dafür, ob sie nicht gleichwohl schon selbst Ausführungshandlung sein kann. Ebensowenig ist entscheidend, ob das Unterlassen der weiteren Tätigkeit vom freien Willen des Täters noch abhängt und damit überhaupt die Setzung der Vollursachen verhindert werden kann. Dies folgt schon aus § 46 Nr. 1 und Nr. 2. Auch beim Anlegen des Gewehrs besteht noch die Möglichkeit, das Abdrücken zu unterlassen, ebenso wie nach dem Ankauf des Revolvers die Absicht noch aufgegeben werden kann. Hier kann nur entscheiden, ob und inwieweit im einzelnen Fall verschiedene, demselben Zweck dienende Tätigkeitsakte eine notwendige Zusammengehörigkeit für die natürliche Auffassung bilden und ob diese so zusammengefaßten Akte sich in ihrer Gesamtheit als derartige unmittelbare Angriffshandlungen auf das geschützte Rechtsgut darstellen, daß dadurch eine Gefährdung desselben und die objektive Wahrscheinlichkeit der Herbeiführung des beabsichtigten Erfolgs vorliegt. RGSt. **9** 81, **51** 342, **53** 217, 336, **54** 332. 1 D 565/24 23. IX. 24. 3 D 978/26 24. I. 27 und VglDarst. **5** 188, Merkel-Liepmann 149, M. E. Mayer S. 352. Sehr weitgehend 2 D 893/24 23. III. 25 (Vater betäubt Kind, um es dann im Betäubungszustand zu töten. Eingabe des Betäubungsmittels als Versuch der Tötung angesehen). Wenn so die Schwangere zur alsbaldigen Vornahme des beabsichtigten Eingriffs nicht zur bloß vorläufigen Untersuchung ihren Körper darbietet, liegt nicht mehr nur Vorbereitungshandlung, sondern Versuch der Abtreibung vor, 5 D 542/12 18. X. 12. Insbesondere ist der Anfang der Ausführung nicht davon abhängig zu machen, daß der Täter durch zufällige Umstände bereits in die Lage gesetzt ist, die es ihm unmöglich machen, die Ausführung der beabsichtigten Handlung aufzugeben, und es ist rechtsirrtümlich, auch im Fall voller Einheitlichkeit des Handelns des Täters und des ununterbrochenen, auf Vollendung des Vergehens gerichteten Willens **nur den letzten,** der Vollendung unmittelbar vorhergehenden Teil des Handelns als geeignet anzusehen, den Anfang der Ausführung zu bewirken, RGSt. **3** 136. Demgemäß wird in dem bloßen Ankaufe des Revolvers, dem Entgegengehen und Auflauern nur eine vorbereitende Tätigkeit, im Anlegen und Zielen auf das Opfer aber bereits der Anfang der Ausführung des als Tötungshandlung sich darstellenden Schießens anzusehen sein, da Anlegen und Losdrücken der natürlichen Auffassung nach so eng zusammengehören, daß sie als ein Vorgang erscheinen, also auch das Anlegen schon als Anfang der Ausführung des Schießens. Immerhin ist es denkbar, daß, namentlich wenn längere Zwischenzeit zwischen beidem liegt, nach den Umständen des Falles auch einmal das Anlegen des Gewehres nur als bloße Vorbereitung für das Schießen, der Tötungshandlung im engsten Sinne, erscheinen kann. Über verschiedene Abgrenzungen vgl. Köhler, Strafrecht S. 444 ff. Hinsichtlich der verschiedenen Beurteilung eines Versuchs des Meineids, je nachdem es sich um Voreid oder Nacheid bei der Zeugenaussage handelt, vgl. RGSt. **54** 120. Beim Nacheid muß mit der Leistung des Eides der Anfang gemacht worden sein. 3 D 623/19 10. XI. 19, JW. 1920, 440. Die Herstellung eines Urkundenformulars als Blankett kann ebenfalls schon Versuch sein, wenn es geschieht, um es zu verfälschen und dann zu gebrauchen. RGSt. **56** 204. Es ist diese Herstellung des Urkundenblanketts bereits der Anfang der Herstellung der falschen Urkunde und es liegt Versuch der schweren Urkundenfälschung vor, wenn von Anfang an die Bereicherungsabsicht bestand. RGSt. **16** 133; 1 D 1068/23 23. V. 24; 2 D 646/24 13. XI. 24. Ferner wurden als Versuch angesehen: Wer sich zum Flugplatz begibt, um mit dem Flugzeug Kapital ins Ausland zu bringen, 1 D 270/25 6. VI. 25 (bedenklich!). Abgabe von Schreckschüssen als Versuch der Nötigung durch Gewalt, 2 D 86/26 15. VII. 26; Anlegen einer Schußwaffe auch mit nichtgespanntem Hahn in Tötungsabsicht, 3 D 345/25 29. X. 25; Heben des Kinds auf einen Tisch zum Zweck der Ausführung unzüchtiger Handlungen, RGSt. **31** 251; 2 D 198/24 22. IV. 26.

Immer ist eine Handlung bereits Anfang der Ausführung der Straftat, wenn mit ihr die Tätigkeit des Handelns des Täters überhaupt den Abschluß finden soll und mit ihr die Ursache für den künftigen Erfolg derart gesetzt ist, daß die weitere Reihe der Kausalität nunmehr durch andere Kräfte als das Tun des Täters gebildet wird. Eine Vorbereitungshandlung kann immer nur vorliegen für eine weitere menschliche Tätigkeit, nicht für ein Wirken der Naturkräfte oder ihr gleichkommenden menschlichen Kräfte, die lediglich als Werkzeug in Betracht kommen. Wer daher einen Unzurechnungsfähigen veranlaßt, jemand aufzulauern und ihn zu töten, hat mit diesem Veranlassen nicht eine Vorbereitungshandlung begangen, sondern, indem er den Unzurechnungsfähigen als Werkzeug benutzt, den Anfang der Ausführung des Tötens gemacht, v. Bar 2 S. 846, und zwar auch dann, wenn die Tätigkeit des Werkzeugs ganz versagte, der Unzurechnungsfähige gar nicht tätig wird.

b) Gewisse Vorbereitungshandlungen sind selbständig unter Strafe gestellt: StGB. § 79, § 83, § 87, § 111, § 151; § 10 PreistrVO. Dann kann bei diesen Straftaten ebenfalls wieder eine noch weiter zurückliegende Tätigkeit als strafbarer Versuch oder straflose Vorbereitungshandlung in Frage kommen. Gerland 134. Regelmäßig aber wird dies nicht der Absicht des Gesetzgebers entsprechen, RGSt. **42** 266, **58** 394, **61** 110. Vgl. unter 16.

c) Zuweilen **entfällt** nach der Gestaltung der Strafttat die **Möglichkeit eines Versuchs.** So z. B. bei einer Preßstraftat. Da deren Ausführung erst mit der Verbreitung erfolgt, ist der Auftrag der Verbreitung notwendig gleichbedeutend mit der Verbreitung selbst. — Anfang der Ausführung und Vollendung des Preßdelikts fallen also zusammen, RGSt. **61** 30. Ebenso ist der Versuch unmöglich, wenn es sich bei dem Tatbestand um einen rein äußerlichen, vom Täter nicht gewollten Erfolg handelt. Wird dagegen auch dieser gewollte Erfolg mitumfaßt, so ist ein Versuch möglich, RGSt. **61** 179. Es kann auch der Versuch, die Abtreibung zuzulassen, mit der selbständigen eigenen Abtreibungstätigkeit zusammentreffen, RGSt. **61** 362.

6. Wie das beabsichtigte Verbrechen oder Vergehen in der Ausführung begonnen worden sein muß, so darf es andererseits, wenn Versuch vorliegen soll, **nicht zur Vollendung gekommen** sein, RGSt. **60** 215. Der äußere Tatbestand muß also insofern hinter dem inneren zurückbleiben, als er nicht sämtliche gesetzlichen Tatbestandsmerkmale erfüllt, während der Vorsatz auch auf Verwirklichung dieser gerichtet war. Ob unzüchtige Griffe am bekleideten Körper des Kindes schon ein vollendetes Verbrechen oder bloß einen Versuch eines solchen darstellen, hängt davon ab, ob der Täter bereits durch diese Griffe seine Geschlechtslust befriedigen wollte. War das der Fall, so kann von straflosem Rücktritt keine Rede sein, es liegt vollendete Tat vor, RGSt. **47** **74**, **58** **277**. Nicht zu verwechseln mit der **Unvollständigkeit** eines gewollten gesetzlichen Tatbestandes, wie ihn der Versuch voraussetzt, ist die Verwirklichung eines anderen Tatbestandes, als er gewollt ist und als ihn das Gesetz erfordert, gleichviel, ob in der irrtümlichen Meinung verwirklicht, es sei der gesetzliche Tatbestand. Ist der gewollte faktische Erfolg erreicht, so ist die Handlung vollendet und kann niemals Versuch einer anderen sein. Zuweilen tritt der Erfolg, den der Täter herbeiführen will, zwar ein, aber infolge eines andern Kausalverlaufs, als er ihn sich vorgestellt hat. Der Wilderer z. B. zielt in Tötungsabsicht mit geladenem Gewehr auf den Förster, der, um sich zu retten, beiseite springt, in einen Abgrund fällt und so tödlich verunglückt. Es kommt hier der Grundsatz der **Äquivalenz**

im Strafrecht zur Geltung, Kohler, Arch. f. Strf. **66** 97. Tritt der gewollte Erfolg ein und wird er durch einen Kausalverlauf herbeigeführt, der auch vom Täter verursacht wurde und nicht so erheblich von seiner Vorstellung abweicht, daß er ihm nicht mehr zuzurechnen wäre, so ist der Erfolg und damit die Vollendung der Tat eingetreten.

a) **Unvollendetheit des gesetzlichen Tatbestandes** liegt bei Straftaten, bei denen ein bestimmter Erfolg Tatbestandsmerkmal des Delikts ist, sonach dann vor, wenn der **Erfolg nicht eingetreten** ist. Hiervon zu unterscheiden ist, daß ein bestimmtes Ereignis, auch ein bestimmter Erfolg nur Voraussetzung für die Strafbarkeit oder verschärfte Strafbarkeit ist. Binding, Das bedingte Verbrechen, GerS. **68** 19. So ist nach § 224 die dort bezeichnete Folge einer Körperverletzung nicht Deliktsmerkmal und bei ihrem Ausbleiben liegt daher kein Versuch des Verbrechens nach § 224 vor; dagegen ist dieselbe Folge nach § 225 inneres und äußeres Tatbestandsmerkmal des Delikts und darum bei ihrem Ausbleiben ein Versuch vorhanden, RGSt. **9** 67. Ist der die Strafbarkeit erhöhende Erfolg eingetreten, trotzdem es im übrigen nur bei einem Versuch des Delikts geblieben ist, so liegt ein qualifizierter Versuch — der Ausdruck wird allerdings regelmäßig für die Fälle unter b gebraucht —, nicht ein Versuch des qualifizierten Verbrechens vor, der aber gleichwohl wie dieses zu bestrafen ist. So kann durch einen Versuch nach § 177, vgl. oben unter 5, bei dem es nur zur Anwendung der Gewalt, nicht zum Beischlaf gekommen ist, der Tod der verletzten Person verursacht worden sein und es ist dann die Strafe für den Versuch nach § 177 aus § 178 zu entnehmen. Ebenso kann ein Versuch des Verbrechens nach § 218 Abs. 3 nach § 219 qualifiziert und daher aus dessen Vorschrift die Strafe zu entnehmen sein, Endemann ZStRW. **1924** 123, a. M. RGSt. **1** 350, **4** 304. — Bestritten ist, ob Zahlungseinstellung und Konkurseröffnung in KO. § 239 Tatbestandsmerkmale oder nur Bedingung der Strafbarkeit sind; ersteres bejaht von RGSt. **3** 350, **34** 238, wonach das Delikt erst vollendet ist, wenn die Bankrotthandlung mit einem dieser Tatbestandsmerkmale zusammentrifft, RGSt. **2** 340, **5** 415, **7** 391, **16** 188, die ganze Bankrotthandlung aber ohnedem nur Versuch bleibt, RGSt. **13** 41, während bei letzterer Ansicht Versuch nur vorliegt, wenn die Bankrotthandlung nicht vollendet ist und die Strafbarkeit vom Vorliegen dieser Strafbarkeitsmerkmale abhängt. So Binding, Lehrb. **1** S. 435, v. Liszt § 137 II 3 c, Schwartz Art. 13. — Bildet lediglich die Ausübung einer Handlung den gesetzlichen Tatbestand, so ist, solange die Handlung nicht beendet ist, auch der Tatbestand unvollendet. So wenn ein Schimpfwort oder ein beleidigender Satz nur zum Teil ausgesprochen und dieser Teil in seiner Unselbständigkeit nicht selbst schon eine Beleidigung enthält. Ebenso bei Handlungen des § 130 a, § 131, § 154 u. a.

b) Verschieden von der Unvollständigkeit der Verwirklichung des gesetzlichen Tatbestands ist die Unvollständigkeit der Verwirklichung des gefaßten **Entschlusses**. Der Entschluß kann weiter gehen, als die Tat ausgeführt worden ist. Sofern er einen über den gesetzlichen Tatbestand hinausgehenden Inhalt hat, liegt zwar in Hinsicht auf diesen weiteren Inhalt begrifflich Versuch vor, dieser kommt aber rechtlich nicht als solcher in Betracht, da die nicht in den gesetzlichen Tatbestand eingezogenen Tätigkeiten rechtlich bedeutungslos sind. Der gesetzliche Tatbestand ist vollendet und damit auch die Tat. So ist z. B. für den Diebstahl gewinnsüchtige Absicht nicht erforderlich, RGSt. **44** 207, ein Diebstahl ist daher vollendet, auch wenn diese Absicht nicht erreicht ist. Ebenso kann die Absicht auf mehr gerichtet sein, als ausgeführt ist, beides sich aber innerhalb desselben gesetzlichen Tatbestandes bewegen. Dann liegt ebenfalls eine vollendete Tat vor, z. B. die Diebstahlsabsicht ging auf Wegnahme einer größeren Menge, als tatsächlich weggenommen worden ist, sofern auch an der geringeren Menge schon der Gewahrsam erlangt und die Wegnahme als erfolgt und beendet anzusehen ist, was zuweilen dann allerdings fehlen kann, wenn die Wegnahme erst mit Erlangung der größeren Menge als gewollt anzunehmen wäre. Solchenfalls fehlte dann die Verwirklichung der vollendeten Wegnahme und es läge daher kein vollständiger Tatbestand nach § 242 vor, RGSt. **12** 353, **27** 395. 4 D 655/12 15. X. 12. Die Entscheidung liegt hier besonders auf tatsächlichem Gebiet, 4 D 420/14 21. IV. 18. — Endlich kann der nicht vollendete Tatbestand der beabsichtigten Straftat zugleich Versuch dieser und

Vollendung einer andern Straftat bedeuten, für deren Tatbestand der verwirklichte Tatbestand voll ausreicht, z. B. im Raubversuch kann vollendete Nötigung liegen, im Mordversuch vollendete Körperverletzung usw. Man spricht hier von **qualifiziertem Versuch.**

c) Etwas anderes ist der **Versuch eines durch einen Erfolg qualifizierten Delikts,** wie §§ 178, 224, 226. Diesen Straftaten ist wesentlich, daß der eingetretene Erfolg nur Strafbarkeitsmerkmal ist und nicht vom Täter gewollt war, sein Vorsatz nicht auf diesen Erfolg, sondern auf einen andern wie Körperverletzung, Notzucht ging. Ist dieser gewollte Erfolg eingetreten, ist die Handlung aus §§ 176, 177, 223 vollendet und es bewendet dabei, wenn sie eine weitere Folge des Todes des Verletzten nicht gehabt hat. Nun ist es aber auch möglich, daß es nur zu einem Versuche der Handlung gekommen ist, z. B. nach § 177 nur zur Gewaltanwendung, und daß der Tod, der das vollendete Verbrechen qualifiziert, schon als Folge der Versuchshandlung eingetreten ist. Dann muß richtigerweise diese Qualifikation auch bei der Bemessung der Strafe für den Versuch zum Ausdruck kommen. Vgl. Frank 88 und VglDarst. 5, 211, Radbruch, VglDarst. 2, 235, Finger 1, 315, Allfeld 189, Schwarz 5, Wachenfeld 169; a. M. RGSt. **40** 325, Baumgarten, Versuch 370.

d) Dagegen kann zuweilen lediglich die Absicht des Täters auch objektiv den äußeren Tatbestand seinem Umfange nach derart bestimmen, daß nur die vollständige Verwirklichung die Vollendung der Tat bedeutet und ein Zurückbleiben hinter der Absicht auch die äußere tatbestandmäßige Handlung nicht zur Vollendung bringt. So gehört zur unzüchtigen Handlung nach § 174 und § 176 objektiv eine grobe Verletzung geschlechtlichen Anstands und subjektiv die Absicht, sich geschlechtlich zu erregen. An sich ist demnach für den Begriff der unzüchtigen Handlung nicht erforderlich, daß eine Berührung des entblößten Körpers oder eine unmittelbare Berührung des Kindeskörpers überhaupt stattfindet, RGSt. **33** 429, schon das Greifen unter die Röcke eines Mädchens und das Aufknöpfen ihrer Turnhosen kann zur Befriedigung der wollüstigen Absicht dienen und dann ist mit ihrer Vornahme auch die Handlung vollendet. Wenn der Täter dagegen die geschlechtliche Erregung erst durch Betasten des nackten Körpers anstrebt, so ist erst diese Betastung die Vollendung und das Greifen unter die Röcke und Aufknöpfen der Hosen nur der Anfang der Ausführung der unzüchtigen Handlung, RGSt. **47** 75, **58** 277; Wörter, StRZ. **2** 449. Ferner kann von der Absicht hinsichtlich der Menge und des Umfangs der wegzunehmenden Sachen abhängen, ob vollendete Genußmittelentwendung oder versuchter Diebstahl vorliegt, namentlich auch bei fortgesetzter Handlung, RGSt. **17** 332, 4 D 787/12 24. IX. 12. Es kann solchenfalls auch Idealkonkurrenz zwischen versuchtem Diebstahl und vollendeter Genußmittelentwendung vorliegen, RGSt. **30** 67. Ebenso richtet es sich nach dem Umfang des Willensinhaltes des Täters, ob eine Handlung als Versuch der Tötung oder Notzucht oder als Vollendung der Körperverletzung oder Nötigung erscheint. Nagler, Teilnahme am Sonderverbrechen S. 45 Anm. 1.

7. Die **Unvollendetheit** eines gesetzlichen Tatbestandes, dessen Ausführung begonnen worden ist, und damit der Versuch, kann **ausgeschlossen** sein:

a) aus tatsächlichen Gründen, wenn Anfang der Ausführung und Ende derart zusammenfallen, daß zeitlich keine Grenze gemacht werden kann, wie dies bei vielen eintätigen Handlungen der Fall ist, die zur Verwirklichung des Tatbestands nicht noch eines weiteren äußeren Erfolgs bedürfen. Hierunter fallen in der Regel, aber nicht notwendig, die **echten Unterlassungen,** z. B. § 139. Bei **unechten (Kommissivdelikten)** ist die Möglichkeit eines Versuchs unbestritten, Frank 92, sowohl als beendigter wie als unbeendigter Versuch. Finger, Strafr. S. 537; v. Liszt-Schmidt I, 308. Auch eine gebotene Handlung aber kann sich aus einer Reihe von mehreren Tätigkeitsakten zusammensetzen, die in ihrem Zusammenwirken erst die gebotene Handlung darstellen, z. B. die nach dem Legalitätsprinzip der StPO. § 152 Abs. 2 strafrechtliche Verfolgung. Zum Abschluß ist eine solche Handlung dann erst gekommen, wenn kein Tätigkeitsakt vollzogen ist oder wenn die Zeit, wo sie vorzunehmen waren, verstrichen ist. Es kann aber bereits damit begonnen werden, einige der Akte zu unterlassen mit der Absicht, auch die übrigen zu unterlassen oder unwirksam zu machen, die Handlung jetzt schon nicht auszuführen und später auch nicht. Wird dann aus äußeren Gründen die spätere Nachholung unmöglich gemacht, etwa weil der zu Verfolgende gestorben ist, so ist die bis dahin geschehene absichtliche Unterlassung bereits der Anfang der gänzlichen Unterlassung gewesen. So genügt z. B. Versuch der Nichtverfolgung nach § **346**. Im Schrifttum ist die Möglichkeit des Versuchs bei echter Unterlassung bestritten, bejaht von Binding, Grdr. S. 130, Finger 1, 317, Strafr. S. 537, Olshausen 27, Allfeld 188, Kohler **454**, Frank 92 und namentlich VDA. **5** 209, Gerland **134**; verneint von M. E. Mayer S. 348, Hälschner 1, 134, Oppenh.-Del. 15, Kitzinger, Ort und Zeit (1902) 231, Schwartz 5, v. Liszt-Schmidt I 308, Mezger 377;

b) aus rechtlichen Gründen, wenn der Tatbestand des Versuchs allein, wie in § 159, oder zusammen mit der Vollendung, wie § 82, zu einem besonderen deliktischen Tatbestand ausgestaltet worden ist, oder die Vollendung des Deliktes auf den Versuch zurückbezogen worden ist, insbesondere die Vollendung des Deliktes eintreten läßt, bevor ein Erfolg eingetreten ist, wie § 229, oder wenn gar Vorbereitungshandlungen als solche bereits zum selbständigen Delikt erhoben worden sind, wie das Unternehmen, § 83, § 265; RGSt. **17** 62, **44** 254. Zuweilen auch wird der Versuch mit derselben Strafe wie das vollendete Delikt belegt, in Ausnahme von § 44 (wie in § 80). Dann würde Versuch eines Versuchs vorliegen.

8. Besteht die Verwirklichung des gesetzlichen Tatbestands lediglich in der Ausübung einer Handlung — Cohn, Revisionsbedürftigkeit, nennt solche Straftatbestände mit nicht besonders glücklichem Ausdruck „formelle Verbrechen" —, so macht zwar die Nichtvollendung der Handlung die Tat nur zum Versuch, aber doch nur dann, wenn der Teil der ausgeführten Handlung eine Betätigung darstellt, die mit dem gewollten unvollendeten Teil zusammengehalten als Ganzes den gesetzlich gewollten Tatbestand verwirklicht haben würde, sonach selbst geeignet ist, mit diesem zusammen den Tatbestand zu bilden, also geeignet ist, einen Teiltatbestand insoweit zu verwirklichen. Wer jemand dadurch beleidigen will, daß er ihm vorwirft, einen Diebstahl begangen zu haben, und ihm erkennbar sagen will: „Du hast gestohlen", den Satz aber, sich besinnend oder sonst gehindert, nicht vollendet und nur sagt: „Du hast ...", macht damit den Anfang der Ausführung der Beleidigung, weil die Hinzufügung des Worts „gestohlen" diese Handlung vollenden, damit den vollen Tatbestand, der bis dahin unvollendet war, verwirklichen würde. Wer sich jedoch in den Worten vergreift, etwa weil er sich im Eifer verspricht oder der fremden Sprache unkundig ist, sie verwechselt, und sagt, „ich habe", macht mit diesen Worten niemals den Anfang der Ausführung einer Beleidigung, da auch die Vollendung des Satzes keine solche darstellen würde. Die bloße irrige Vorstellung von der Geeignetheit der Worte, ein Anfang der Ausführung zu sein, vermag diesen die fehlende Eigenschaft nicht zu verleihen und eine Teilverwirklichung des Tatbestands nicht zu erzeugen. Lediglich eine Kundgebung der Beleidigungsabsicht liegt vor, und nur vom subjektiven Standpunkt aus kann auch eine zur objektiven Tatbestandsverwirklichung ungeeignete Handlung zur Kundgabe dieser Absicht tauglich sein. Nicht anders verhält es sich, wenn zum Tatbestand der vollendeten Straftat die Herbeiführung eines Erfolgs gehört und zu dessen Herbeiführung die Handlung in der Anwendung von **Mitteln** besteht, die durch Auslösung der Naturkräfte vermöge ihrer Kausalität den Erfolg verursachen. Dann gehört zum Versuch allerdings, daß dieser Erfolg nicht eingetreten ist, das Mittel sonach erfolglos war. Die **Erfolglosigkeit** des angewendeten Mittels ist aber — und dies wird vom RG. 8 198 u. a. verkannt — **nicht gleichbedeutend** mit seiner **Ungeeignetheit,** die Kausalitätsreihe überhaupt auszulösen und die den Erfolg herbeiführenden Kräfte in Bewegung zu setzen, vielmehr kann der Mißerfolg in anderen diese Reihe durchkreuzenden, ihren Erfolg hindernden Kausalwirkungen liegen. Jedes Mittel ist daher, sofern es an und für sich seiner Art nach **geeignet ist, eine Kausalität auszulösen, bei deren Fortwirkung der Erfolg eintreten würde,** ein **geeignetes Mittel,** um den Anfang der Ausführung der diesen Erfolg herbeiführenden Handlung zu bilden, denn es würde mit diesem Fortwirken zusammen dann den vollständigen Tatbestand verwirklichen. Es bildet sonach ohne diese Vollendung eine Teilverwirklichung derselben. Der taugliche Versuch ist immer angefangene adäquate Kausalität. Sauer, Grundlagen des Strafrechts S. 406; Binding GerS. **85** 210. Sofern das Mittel aber nicht einmal fähig ist, eine Kausalität auszulösen, die in ihrer Fortwirkung den Erfolg herbeiführen würde, sondern überhaupt keinen oder eine zu ganz anderem Erfolg führende Kausa setzt, ist die Anwendung

des Mittels auch *kein Teil der Ausführung der Straftat*. Es ist nicht wahr, daß *jeder* Versuch, weil die Tat nicht zur Vollendung kam, auch *ungefährlich* sei. Die Versuchshandlung mit tauglichen Mitteln ist eine solche, die von sich aus wirkend zur Vollendung kommen *konnte* und *daher* eine *objektive Gefährdung* des Rechtsguts bringt. Auch eine Eisenbahngefährdung i. S. von § 315 ist nach der Auffassung des Gesetzes vorhanden, obwohl die Gefahr schließlich nicht zur Verletzung umschlug. Andernfalls müßte nach den Grundsätzen des RGSt. **8** 198 auch hier die Gefahr im Gegensatz zur Auffassung des Gesetzes verneint werden, was das RG. aber gerade nicht tut, RGSt. **6** 397. Die Verwirklichung eines Teils der Straftat durch Anwendung eines Mittels, das die Ursache für den Erfolg setzen soll, setzt notwendig immer ein **taugliches Mittel** zur Herbeiführung eben dieses Erfolgs voraus, wobei eine *Unterscheidung zwischen relativ oder absolut untauglich überhaupt nicht möglich ist*. Es gibt nur Mittel, die tauglich sind, der Ausführung zu dienen, oder die hierzu nicht tauglich sind. In Betracht zu ziehen ist dabei immer der *konkrete gewollte* Erfolg, in dessen Erreichung die Straftat besteht, nicht irgend ein Erfolg. Hiernach gibt es Mittel, die *stets untauglich* sind zur Herbeiführung eines bestimmten Erfolgs: mit Totbeten kann niemand getötet, mit einer ungeladenen Flinte niemand erschossen, mit Wasser niemand vergiftet werden. Es kann aber auch ein Mittel *bald tauglich, bald untauglich sein*, je nach dem Erfolg der heibeigeführt werden soll und den andern zusammenwirkenden Mitursachen. Soll z. B. ein Mensch, der zuckerkrank ist, an seiner Gesundheit geschädigt werden, so ist die Anwendung von Zucker statt Saccharin bei der Zubereitung und Darreichung von Speisen und Getränken ein taugliches Mittel, weil es geeignet ist, die chemisch schädlichen Wirkungsweisen in seinem Körper auszulösen. Soll dagegen ein Gesunder geschädigt werden, so ist die Anwendung von Zucker in gleicher Weise ein untaugliches Mittel, da es ihm gegenüber nie diese schädliche Wirkungsweise auslösen kann, also keine Kausalitätsreihe anregt, die im ungestörten Verlauf nachteilig wirkt. Mit der angeregten Kausalitätsreihe bildet aber die Verwendung von Zucker niemals die Verwirklichung eines strafbaren Tatbestandes der Körperverletzung hier, während sie es dort tut. Daher liegt hier auch kein Teil einer Ausführung der KV. vor, während dies dort der Fall ist. Voraussetzung für den Eintritt des Erfolgs und sonach der Möglichkeit ursächlicher Einwirkung des Mittels ist also hier das Vorliegen anderer Bedingungen, die in ihrem *Zusammenwirken mit dem Mittel* den Erfolg zeitigen. Ob diese vorliegen und das Mittel hiernach geeignet war, ist aber nicht vom Endpunkt aus zu entscheiden, sondern es ist vom Anfang aus nach der dabei *allgemein* bekannten Situation (nicht bloß nach der vom Täter *vorgestellten*) zu prüfen, ob mit der Möglichkeit solcher weiteren Bedingungen, die das Mittel in concreto zu einem geeigneten machen können, gerechnet werden muß oder nicht (*Adäquate Verursachung*). War die Situation nach der Erfahrung des Lebens so, daß solche Bedingungen vorhanden sein können, dann ist das Mittel auch objektiv geeignet gewesen und ein Fehlen der anderen Bedingungen in concreto hindert zwar den Eintritt des Erfolgs, macht aber *an sich* das Mittel nicht zu einem untauglichen. Der Irrtum des Täters über die Wirkung des Zuckers gegenüber dem Gesunden oder über die Eigenschaft des Opfers, das er für einen Kranken hält, vermag daran nichts zu ändern und einen Tatbestand, der objektiv nicht normwidrig ist, nicht zu einem solchen umzugestalten. Auch hier kann diese irrige Anwendung wieder nur dazu dienen, einen verbrecherischen *Willen kundzugeben*, nicht aber eine verbrecherische *Tat auszuführen*. Nur von der subjektiven Theorie aus ist daher ebenfalls die Anwendung eines zur Ausführung untauglichen Mittels der eines tauglichen Mittels gleichzustellen, da es eben ihr *nur* auf die Kundgebung des Willens ankommt. In *Widerspruch* mit seiner Abgrenzung von Vorbereitungshandlung und Ausführungshandlung **huldigt hier ständig das RG. der subjektiven Theorie** und erachtet daher auch die Anwendung von Mitteln, die eine Ausführung der Tat nicht enthalten und eine Kausalitätsreihe nicht auslösen können, deren ungestörte Entwicklung zum Erfolg führen würde **(absolut untaugliche Mittel)**, als **geeignet zur Begehung eines Versuchs**, v. *Buri*, Beiträge zur Theorie des Strafrechts (1894) S. 203, auch *Gerland* 136, RGSt. **1** 439 (Plen.), 441 **8** 198, **10** 21, **11** 72, **15** 317, **17** 158, **18** 82, **24** 382, **33** 321, **34** 217, **38** 423, **39** 316, **42** 92, **43** 137, **47** 65, **49** 20, **51** 211. Es besteht leider nicht die geringste Aussicht, daß das RG. diese Rechtsprechung aufgibt, es lehnt sogar ab, erneut in eine Prüfung der Richtigkeit einzutreten. Es ist danach nicht erforderlich, daß die begonnene Handlung in ihrer Fortsetzung objektiv geeignet gewesen wäre, den verbrecherischen Tatbestand zu verwirklichen, es kommt nur darauf an, welche Handlung der Täter zur Verwirklichung nach der gegebenen Sachlage für geeignet gehalten hat. Für das **Unternehmen** wendet das RG. dann konsequent dieselben Rechtsgrundsätze wie für den Versuch an und läßt es daher genügen, daß lediglich in der Vorstellung des Täters die Handlung zur Herbeiführung des gewollten Erfolgs geeignet war. Für das RG.: Bierling **3** 123, Delaquis, Hälschner **1** 353, Lammasch Ztschr. **14** 510. Die herrschende Ansicht dagegen lehnt die Auffassung des RG. ab: Allfeld, Binding, Finger, Kriegsmann, Liszt, M. E. Mayer, Merkel, Olshausen u. a. — In Widerspruch mit seiner subjektiven Theorie steht durchaus, daß das RG., wenn das untaugliche Mittel in metaphysischen oder sympathischen Mitteln besteht, also im Fall des sog. **abergläubischen Versuchs,** zugibt, daß ein Versuch überhaupt nicht vorliege, RGSt. **33** 321. Wenn Frank 88, 89 meint, hier fehle es überhaupt an einem Vorsatze, so kann ihm hierin nicht zugestimmt werden. Amtl. Entw. § 23 sieht sich gezwungen, für diesen Fall eine Ausnahmebestimmung zu treffen: „Der Versuch bleibt straflos, wenn der Täter die Tat aus grober Unwissenheit über Naturgesetze an einem Gegenstand oder mit einem Mittel versucht hat, an oder mit dem die Tat überhaupt nicht ausgeführt werden kann." Die Notwendigkeit dieser Vorschrift zeigt schlagend das Unrichtige der ganzen subjektiven Theorie. Wann kann wohl eine solche „grobe Unwissenheit über die Naturgesetze" festgestellt werden? — Dagegen ist es nicht widerspruchsvoll, wenn das RG. den Anstifter oder Gehilfen zur Begehung einer Tat mit untauglichen Mitteln, deren Untauglichkeit er kennt, nicht für strafbar erachtet, da hier nicht nur die Tat, sondern auch der Wille fehlt, somit in der Anstiftung keine Kundmachung eines solchen liegt. RGSt. **15** 316, **16** 25, **17** 377, **60** 24.

9. Voraussetzung für jede Straftat ist ein Rechtsgut, dessen Verletzung oder Gefährdung durch sie verhütet werden soll. Daß die Vollendung der strafbaren Handlung, deren Erfolg eben in der Verletzung oder Gefährdung eines **bestimmten Objektes,** das vom Recht als Rechtsgut angesehen wird, das Vorhandensein eines solchen Objektes erfordert, ist selbstverständlich. Ohne es würde die Vollendung der Straftat nicht eintreten können. Ein solches Objekt fehlt auch bei den gemeingefährlichen Verbrechen nicht. Ist hier der gewollte Erfolg die Gefahr, so ist auch hier der Versuch einer Gefährdung möglich, v. Liszt, Lehrb. (14. Aufl.), S. 206. Fehlt es zur Zeit, da die Wirkung der Verletzung oder Gefährdung eintreten würde, oder bietet es sich nicht der unmittelbar auf es einwirkenden letzten Angriffstätigkeit oder Kraftwirkung, die durch die Handlung ausgelöst ist, dar, oder es ist zu dieser Zeit nicht verletzbar, so kann der Erfolg nicht eintreten und damit ist jedenfalls die Vollendung einer Straftat unmöglich. Dieses **Fehlen eines Objekts oder verletzbaren Objekts** zur Zeit, da die Wirkung der ausgelösten Kausalität in Frage kommt, hindert also wohl die Vollendung, nicht aber die Möglichkeit, daß bis dahin die Ausführungshandlung einer Straftat vorlag. Anders liegt aber der Fall, wenn bereits bei Beginn der Tätigkeit ein Objekt überhaupt oder ein verletzbares Objekt vollständig fehlt oder dem mit der Tätigkeit bezweckten Angriff nicht erreichbar ist. Dieser Umstand nimmt dieser Tätigkeit notwendig die Eigenschaft einer **Angriffstätigkeit** auf ein von der Rechtsordnung geschütztes Objekt überhaupt. Damit eine Handlung, die ihre Bezeichnung als Zeitwort von der Erreichung eines Erfolgs hernimmt, nach diesem Erfolg bezeichnet werden kann, muß sie wenigstens im Anfang ihrer Ausführung — abgesehen von ihrem Geeignetsein, die Kausalität hierzu überhaupt auszulösen —, durch das Vorhandensein ihres verletzbaren Objekts die Möglichkeit der Erreichung dieses Erfolgs haben. Eine Handlung, der das Objekt fehlt, das zum Erfolg erforderlich ist, ist von vornherein keine Handlung, die mit diesem Erfolg bezeichnet werden könnte. Ein Schießen auf einen Baumstumpf, auf einen Leichnam ist keine Ausführung einer Tötungshandlung, weil kein Objekt, das getötet werden könnte, vorhanden ist, sondern bloß noch ein Schießen an sich. Die Einnahme von Abtreibungsmitteln ist keine Ausführung einer Abtreibung, wenn keine Frucht vorhanden ist, denn abtreiben kann man nur etwas, nicht ein Nichts, ohne dies bleibt es bei einer bloßen Einnahme von Medikamenten. Das Einlassen einer Angelschnur in ein Wasser, in dem keine Fische sind, ist kein Fischen oder Angeln, sondern eben nur ein Einlassen einer Angelschnur. Daran ändert auch hier nichts der Irrtum darüber, daß der Baumstumpf, der Leichnam ein lebender Mensch sei, daß die Frauensperson schwanger sei, daß im Wasser Fische seien und daß die Handlung der Erreichung eines Erfolgs dienen sollte und eine Tötungshandlung oder Abtreibungshandlung oder Angeltätigkeit sei. Immer liegt dann nur der Anschein einer Tötungshandlung, einer Abtreibungshandlung, einer Angeltätigkeit vor, nicht die Wirklichkeit einer solchen.

10. Zu unterscheiden von den dem völligen Mangel eines verletzbaren Objekts ist die bloße **Abwesenheit eines vorhandenen** und als Ziel der Tätigkeit vorgestellten Objekts, dessen **Nichterreichbarkeit.** Hier kommt es darauf an, ob die Stellung des Objekts zum Täter und seiner Tätigkeit derart ist, daß es außerhalb der Gefahrenzone liegt, die seine Tätigkeit erzeugt. Dann muß es dem völligen Nichtvorhandensein gleichgesetzt werden. Oder ob es sich noch im Gefahrenbereich befindet und nur zufällig nicht an dem Orte ist, wo die Gefahr zur Verletzung umschlägt, die angeregte Kausalität endet, es aber nach den in Betracht kommenden äußeren Verhältnissen und Umständen — nicht bloß nach der Vorstellung des Täters — ebensogut dort sich befinden und so seinem Angriff erreichbar sein könnte. Dann ist die Möglichkeit der Erreichung eines Erfolgs immerhin gegeben und sein Nichteintritt ein Umstand, der von vornherein nicht notwendig war. Das ist freilich lediglich nach den besonderen Umständen des Falles zu entscheiden. Befindet sich das ausersehene Opfer der Tötung im Ausland, so ist die Abgabe eines Schusses in sein Zimmer, in dem es der Täter vermutet, außerstande, es zu gefährden, weil die nach dem Lauf der Dinge möglichen Ziele dieses Schusses niemals das ausersehene Opfer sein können. Das Schießen stellt darum auch keine Tötungshandlung dar, sondern bleibt ein bloßes Schießen. Befindet sich das Opfer jedoch im Hause und ist es nach Lage der Umstände ebensowohl möglich, daß es sich in dem bestimmten Zimmer aufhält als außerhalb, so befindet es sich immerhin im Gefahrenbereich der Handlung, weil es zur Zeit der Abgabe und Wirkung des Schusses ebensowohl im Zimmer sein und daher getroffen werden konnte. Ebenso kann möglicherweise noch der Fall liegen, wenn sich das Opfer nicht im Hause, aber noch im Dorfe usw. befindet. Hiernach entscheidet sich auch die Frage, ob ein Griff in die Tasche in der Absicht, Geld zu stehlen, versuchter Diebstahl ist, falls die Tasche leer ist. Da das Geld des Eigentümers ebensowohl in der Tasche, wie an andern Orten sein kann, seine Abwesenheit nur eine zufällige, keine notwendige ist, ist der Griff in die Tasche solchenfalls immer Versuch und Ausführungshandlung eines Diebstahls, ein Diebesgriff. 5 D 1260/12 8. IV. 13. Wenn aber der Griff der Aneignung eines bestimmten andern Gegenstandes dienen soll, der seiner Natur nach niemals in der Tasche aufbewahrt zu werden pflegt, dort nach den Umständen des Falls niemals vorhanden ist, so befindet er sich auch außerhalb der Gefahr, durch einen Griff in die Tasche weggenommen zu werden, und ein solcher kann dann auch nicht als Anfang der Ausführung dieser Wegnahme angesehen werden. Häufig wird der Fall des Abtreibungsversuchs mit dem Diebstahlsversuch mittels Griffes in die leeren Taschen gleichgestellt, und weil letzterer als Versuch gekennzeichnet werden muß — in den oben bezeichneten Fällen — geschlossen, daß auch jener Versuch sei, und damit glaubt man, die Unhaltbarkeit der objektiven Theorie nachgewiesen zu haben. Der Trugschluß liegt jedoch darin, daß die menschliche Frucht kein Objekt ist, das, wie etwa Geld, sich in diesem oder jenem Uterus befinden kann und zufällig mal da, mal dort ist, sonach bei einer Einnahme abtreibender Mittel auch gefährdet bleibt, wenn sie sich zufällig nicht im Schoße der Einnehmenden befindet, da sie sich immerhin dort befinden könnte. Denn die Frucht ist ein individuelles Objekt, das existiert oder nicht existiert und wenn es existiert, immer notwendig nur im Schoß der bestimmten Frauensperson ist. Bei ihm fällt daher Nichtanwesenheit mit Nichtexistenz zusammen, was bei andern Gegenständen, die den Ort ihres Daseins wechseln können, nicht der Fall ist.

Lediglich wieder vom Standpunkt der subjektiven Theorie aus ist eine gegen ein nichtexistierendes oder außer dem Gefahrenbereich befindliches Objekt gerichtete Handlung als Kundgebung verbrecherischen Willens ausreichend zum Versuch. So **RG.** ebenso wie bei untauglichem Mittel, RGSt. **1** 451, **8** 198, **18** 82, **34** 217, **24** 382, **49** 20, RMG. Nr. 1217 v. 23. X. 17. Diese Fälle des untauglichen Mittels und untauglichen Objekts gehören ebenso wie die des untauglichen Subjekts unter die Fälle des Mangels am äußeren Tatbestande, nicht des Versuchs.

11. Vom Versuch ist der sog. **Mangel am Tatbestand** zu unterscheiden, über dessen Begriff Streit herrscht, vgl. hierzu besonders Binding, Umgek. Irrtum, S. 259 ff. und eingehend v. Gemmingen, Die Rechtswidrigkeit des Versuchs (1932) S. 106. Dem Mangel am Tatbestand ist wesentlich, daß ein zum gesetzlichen Tatbestand gehörender Umstand fehlt, der Täter dessen Vorhandensein nur irrtümlich annimmt. Frank 84, 90. Beim Mangel am Tatbestand verläuft, anders als beim Versuch, das äußere Geschehen entsprechend der Vorstellung des Täters, die Vorstellung entspricht nur nicht der Wirklichkeit. Hier liegt also stets eine **vollendete Tat** vor. Es bedeutet deshalb eine unnütze und nur irreführende Bezeichnung auch die Nichtvollendung des Verbrechenstatbestandes unter den Begriff Mangel am Tatbestand zu bringen. v. Gemmingen aaO. S. 117.

Der Mangel kann sich sowohl auf den inneren Tatbestand als auf den äußeren Tatbestand beziehen.

a) Einen Fall des Mangels des **inneren** Tatbestands bei Vorliegen des vollen äußeren Tatbestands behandelt § 59. Vgl. hierüber bei § 59.

b) Entsprechend kann umgekehrt trotz Vorliegens des vollen inneren Tatbestands, d. h. des Willens, einen vom Gesetz verbotenen und unter Strafe gestellten Tatbestand zu verwirklichen, der **äußere** Tatbestand fehlen, weil Tatumstände, die zum gesetzlichen Tatbestand gehören oder die Strafbarkeit erhöhen, tatsächlich nicht vorliegen und vom Täter nicht verwirklicht worden sind. Dieser Mangel des äußeren Tatbestands muß notwendig die gleichen Folgen haben, wie der Mangel des inneren Tatbestands, es wird die Straftat, zu deren Verübung die Verwirklichung des äußeren Tatbestands gehört, nicht begangen. Wenn schon die wirklich vorliegenden Tatumstände nach § 59 dem Täter nicht zuzurechnen sind, wenn er sie nicht kannte, so ist erst recht die **Zurechnung ausgeschlossen, wenn sie gar nicht vorliegen.** Sein Irrtum darüber, daß sie vorgelegen haben, von Binding im Gegensatz zum Irrtum nach § 59 **„umgekehrter“ Irrtum** genannt, GerS. **85** 177 (1917) und Normen III (1918), 401. Vgl. auch v. Gemmingen, Die Rechtswidrigkeit des Versuchs (1932) S. 91, vermag selbstverständlich ihre Realität nicht zu ergänzen und die **gegenteilige Meinung des RG.,** daß er es doch könne, ist durchaus abzulehnen. Der Satz: „Wie der **tatsächliche Irrtum** nach § 59 die Schuld ausschließt, so **findet er auch umgekehrt zuungunsten des Täters Beachtung,** wenn er zur Annahme eines in Wirklichkeit nicht vorhandenen Tatbestandserfordernisses führt“, RGSt. **42** 94, **47** 190, **53** 25; Rspr. **7** 249 **findet im Gesetz keine Stütze,** verstößt gegen StGB. § 2 Absatz 1 und ist lediglich ein willkürlicher Schluß aus der subjektiven Theorie. M. E. Mayer S. 273; Finger, Lehrb. I 441. „Man kann falschen Mut nicht sehen, die Tat sei denn dabei,“ lautet ein altes deutsches Rechtssprichwort. Abgelehnt wird der Begriff des umgekehrten Irrtums von v. Hippel II, 378 und Mezger, Lehrb. (1933), 381.

Wer mit einer fremden Frauensperson den Beischlaf ausübt in der irrtümlichen Meinung, sie sei seine Tochter, kommt damit noch nicht in das Aszendentenverhältnis von Vater und Tochter zu ihr. Von einer Nichtvollendung des Tatbestandes des § 173 ist hier keine Rede, denn es fehlt jede Ausführungshandlung eines Beischlafs des Vaters mit seiner Tochter. Wenn die Frauensperson nicht seine Tochter war, konnte damit gar nicht begonnen werden. Es liegt sonach überhaupt keine Straftat vor, nur in der irrigen Meinung des Täters ist eine solche vorhanden. Ebenso wäre im Fall RGSt. **47** 189 nicht wegen Versuchs aus § 173 Abs. 1, sondern wegen Vollendung aus § 173 Abs. 2 zu verurteilen gewesen. Unrichtig auch 1 D 935/23 18. XII 23. — Nach RGSt. **60** 25, **65** 208 soll sich eines versuchten Meineids auch der schuldig machen, der gar keinen rechtlich wirksamen Eid leistet, weil dem Beamten die Fähigkeit fehlt, einen Eid abzunehmen, aber der Meinung ist, eine solche Fähigkeit habe der Beamte. Er irrt also über einen zum Delikt notwendigen Tatbestand und es müßte § 59 Anwendung finden. Wenn der Täter bei der in Absicht rechtswidriger Zueignung erfolgten Wegnahme einer fremden beweglichen Sache irrtümlich annimmt, daß sie in fremdem Gewahrsam steht, während sie sich tatsächlich in keines Gewahrsam befindet, ist kein Raum für Versuch eines Diebstahls; a. M. 1 D 294/17 20. IX. 17 und 2 D 101/24 12. V. 24. Dagegen liegt ein wirklicher Versuch vor, wenn jemand den andern ganz allgemein bestehlen will und in der Dunkelheit versehentlich seine eigene Sache nimmt. Denn dann war der Vorsatz nicht auf diese Sache beschränkt. So zutreffend, Calichowski, Die Bedeutung der Lehre vom adäquaten und vom zufälligen Kausalzusammenhang (1909) S. 6. A. M. Kohler, Studien I, 14. Kriegsmann, Wahnverbrechen S. 57. Daher bezeichnet man solche Nichtstraftat auch als **Putativdelikt** oder **Wahnverbrechen im weiteren Sinne.** Dem Putativdelikt fehlt immer die Tatbestandsmäßigkeit, v. Gemmingen aaO. S. 91. Nur der subjektiven Theorie wieder war es vorbehalten, da immerhin in der Verwirklichung eines Tatbestandes, den der Täter für einen andern hält, der unter ein Strafgesetz fällt, eine Kundgebung des verbrecherischen Willens enthalten ist, ihr aber jede Kundgebung des Willens, ein Verbrechen zu begehen, genügt, um Versuch anzunehmen, diese Art von Putativdelikt als Versuch des gewollten Delikts anzusehen. **So in ständiger Rechtsprechung das RG.** z. B. hinsichtlich des Betrugs oder der Erpressung, trotz Wegfalls der Rechtswidrigkeit des Vermögensvorteils, RGSt. **42** 93, **49** 20; Rechtspr. **7** 248; dagegen hier richtig RMG. **4** 236.

c) Der gleiche Fall des straflosen Putativdelikts liegt vor, wenn sich der Täter eine besondere Eigenschaft irrtümlich beilegt, die ein Tatbestandsmerkmal der Straftat bildet, er in Wahrheit aber diese Eigenschaft nicht besitzt, also ein **untaugliches Subjekt** zur Begehung der Tat ist. Nur wer, wie RG., mit subjektiver Theorie annimmt, „für den Versuch im Gegensatz zur Vollendung sei nur die Vorstellung des Täters, welche die Ausführung des Entschlusses veranlaßte (nicht der Tat, wie § 43 verlangt!), entscheidend und die Möglichkeit oder Unmöglichkeit der Vollendung aus der objektiven Beschaffenheit des durch das Verbrechen betroffenen Gegenstandes gleichgültig", RGSt. **1** 452; Rechtspr. **4** 544, **7** 248, kann auch hier wieder Versuch annehmen. Am schärfsten tritt dies beim Versuch der Abtreibung hervor. Während § 218 ausdrücklich die vollendete Abtreibung nur straft, wenn sie eine Schwangere selbst vorgenommen hat, soll einen Versuch desselben Delikts auch eine Nichtschwangere ausüben können! RGSt. **8** 200; Rspr. **4** 543; RGSt. **34** 220, **47** 65 und in vielen andern Entscheidungen das **Reichsgericht in ständiger Rechtsprechung** von der es abzubringen vergebliche Liebesmühe ist, vollends nachdem sich leider auch E. 19 und der Amtliche Entwurf auf den Standpunkt der subjektiven Theorie gestellt hat. Hier kann nur die Hoffnung bleiben, daß das Gesetz künftig diese Auffassung nicht annimmt. Die mangelnde Erfassung des Wesens der Abtreibung und das richtige Gefühl, auch die Abtreibungshandlung einer Nichtschwangeren sei strafwürdig, hat hier leider bei der falschen Konstruktion des Versuchs Pate gestanden. Begriffe der Gesetzgeber richtig die Abtreibungshandlung als eine Gefährdung der Volkskraft im allgemeinen und der Gebärfähigkeit der Frauensperson im besonderen, so würde er das Delikt als Generalprävention vom wirklichen Vorliegen einer Schwangerschaft unabhängig gestaltet und die Tätigkeit als solche unter Strafe gestellt haben, nur vielleicht qualifiziert bei wirklich erfolgter Abtreibung.

Nicht folgerichtig **verläßt das RG.,** worauf schon Binding, Umgek. Irrtum S. 319 mit Recht aufmerksam macht, **seine subjektive Theorie** bei den delicta propria **der Beamten und Militärpersonen,** RGSt. **8** 198, **34** 220.

d) Ein besonderer Fall des Putativdelikts wird als **Wahnverbrechen im engeren Sinne** ausgeschieden, indem jenes als auf einem Tatirrtum, dieses als auf einem Rechtsirrtum des Täters beruhend unterschieden wird, ein Unterschied, der jedoch sachlich nicht begründet ist, M. E. Mayer S. 367 Anm. 8, Kohn, Wahnverbrechen und untaugl. Versuch S. 11, II; a. M. Frank 81; Kriegsmann, Wahnverbrechen; Mezger, Lehrb. 381. Es liegt **nach der Auffassung des RG.** und anderer dann vor, wenn der Täter irrig annimmt, das, was er tue, sei gesetzlich verboten, während es tatsächlich erlaubt ist. Er hält also seine Tat für verboten, weil er über das Vorliegen eines nicht vorhandenen Verbots irrt, nicht über Tatbestandsmerkmale seiner Tat, während er im Falle des Putativdelikts im weiteren Sinne weiß, daß eine Tat, wie er sie will, verboten ist, aber darüber irrt, daß er eine solche Tat in Wirklichkeit nicht ausführt. RGSt. **42** 94. Diesem Irrtum über das Vorhandensein eines Verbots schreibt das RG. im Gegensatz zum Irrtum über Tatumstände nicht die Kraft zu, den Versuch eines Verbrechens zu schaffen, wie es ja überhaupt auch zuungunsten des Täters den Rechtsirrtum nicht beachtet. RGSt. **47** 189. 1 D 135/23 18. XII. 23. Es fehlte hier allerdings auch an einem Gesetz, aus dem die Strafe verhängt werden könnte, wenn man nicht gerade nach einem imaginären Gesetz strafen wollte! Den Unterschied zwischen Wahnverbrechen und Versuch am untauglichen Objekt erblickt das RG. von seinem subjektiven Standpunkt aus in folgendem: „ein Wahnverbrechen liegt vor, falls der Täter auf Grund eines richtig vorgestellten Sachverhalts den falschen Schluß zieht, seine Tat sei ein bestimmtes Verbrechen. Dagegen ist der Versuch des Verbrechens gegeben, wenn jemand unter falscher Annahme von zum Tatbestand des Verbrechens gehörigen Tatsachen eine Tat begeht, die jenes Verbrechen darstellen würde, falls seine irrige Vorstellung richtig wäre, RGSt. **55** 142, **56** 318, **64** 238, **66** 127.

12. Beendigter und unbeendigter Versuch. Die Unterscheidung faßt die Tätigkeit als solche und ihren Erfolg ins Auge. Ist die Tätigkeit, die zum Erfolge führen soll, selbst beendigt, die weiter wirkende Kausalität dann ein außer ihr liegendes Naturgeschehen, so ist der Versuch mit dem Abschluß dieser Tätigkeit beendigt. Dieses Naturgeschehen kann auch in der Tätigkeit eines gutgläubigen Dritten, der nicht im einverständlichen Zusammenwirken mit dem Täter handelt, gefunden werden. Eine solche weitere Tätigkeit menschlicher Kräfte käme dann nur wie die eines Werkzeugs oder das Wirken von Naturkräften in Betracht, RGSt. **66** 142. Durch die Zusammengehörigkeit dieses Weiterwirkens der angestoßenen Kräfte mit der menschlichen, den Anstoß gebenden Tätigkeit empfängt auch diese ihren Charakter und wird damit zum Versuch des ganzen den Erfolg herbeiführenden Wirkens. RGSt. **51** 341, **59** 1. Ist der beabsichtigte Erfolg eingetreten, dieser Eintritt aber nicht dem Täter mehr zuzurechnen, so liegt ebenfalls nur Versuch vor. RGSt. **41** 352; Mezger, Lehrb. 399. Tritt der Erfolg nicht ein, weil die angeregte Kausalitätsreihe nicht zum Erfolg hinführt, bleibt es also beim Versuch, so liegt immerhin eine beendigte Tätigkeit vor und man spricht dann vom „beendigten Versuch" (conatus perfectum); das Gewehr ist abgefeuert, aber die Kugel trifft nicht. Ist dagegen noch nicht einmal die Tätigkeit beendet, wird sie abgebrochen und es kommt aus diesem Grunde nicht zum Erfolg, so spricht man von „unbeendigtem Versuch" (conatus imperfectum). Wenn die Tat von mehreren Tätern (als Mittätern oder Teilnehmern) verübt wird, so ist der Versuch erst dann als beendigt anzusehen, wenn alle Teilnehmer die ihnen zufallende Tätigkeit beendigt haben, RGSt. **47** 358, **54** 177, **59** 412. Bei mittelbarer Täterschaft, die keine Teilnahme ist, kommt es auf die Ausführungshandlung des unmittelbaren Täters an; so auch jetzt Eberhard Schmidt in Festgabe f. Frank II, 132; Frank S. 87. A. M. Mezger, Lehrb. 401. Auch hier spielt der Unterschied der subjektiven und objektiven Theorie hinein: nach jener ist der Versuch vollendet, wenn der Täter glaubt, seine Tätigkeit abgeschlossen zu haben, nach dieser, wenn er tatsächlich alles zur Vollendung Erforderliche getan hat. Derselben Auffassung sind Frank 87, Allfeld 192, Olshausen 6 **und das RG.**, z. B. **43** 137, **45** 183, **54** 35, **57** 278, **66** 142. Fehlgeschlagener Versuch (délit manqué) ist beendigter Versuch. Vgl. hierzu RGSt. **57** 278.

13. Wie die Vorbereitungshandlung (5b) so sind auch gewisse Versuchshandlungen zu selbständigen Straftaten erhoben. Das ist überall dort geschehen, wo schon bestraft wird, „wer es unternimmt", etwas Rechtsverletzendes zu tun, wie §§ 81, 82, 105, 114, 122, 159, 229. Ein besonderer Fall hiervon ist das strafrechtliche Gebilde des **Unternehmens**, bei dem Versuch und Vollendung nicht geschieden werden und das sowohl die Vollendung als den Versuch umfaßt, wie z. B. das Unternehmen nach ZVGes. § 134. Die Vorbereitungshandlung fällt jedoch nicht darunter, RGSt. **42** 270, **59** 90; a. M. Gerland 175 und Cohn, Die Revisionsbedürftigkeit des Versuchs usw. S. 126; hiergegen spricht schon § 86. Wie hier RGSt. **42** 266, **53** 45, 218. Über den Begriff des Unternehmens namentlich RGSt. **54** 305, **58** 72. 1 D 916/21 15. XII. 11; 1 D 667/22 27. X. 22 (sehr weitgehend) 1 D 871/23 27. XI. 23. Dagegen ist in der **Unternehmung** des StGB. § 214 auch die Vorbereitungshandlung inbegriffen. Olshausen Anm. 2 zu § 214, dessen Meinung sich RGSt. **66** 97 angeschlossen hat. Schwarz Anm. 1 zu § 214. Frank 466 rechnet dazu nur die dem Versuch am nächsten stehenden. So auch Binding Lehrb. 1, 30. Bei der Zulassung nach § 218 ist die Straftat erst mit dem Tod der abgetriebenen Frucht vollendet. Die Gewährung der Vornahme der Abtreibehandlung stellt daher einen vollendeten Versuch dar; RGSt. **61** 360.

14. Verschieden davon ist der Fall, in dem lediglich für den Versuch einer Straftat die gleiche Strafe wie für die vollendete Tat angedroht wird, so daß eine Ausnahme von der Regel des § 44 besteht. Dies war der Fall bei dem jetzt gegenstandslos gewordenen § 80. Was Frank 88 zu 3 ausgeführt, gilt nur für diesen Fall, nicht auch für das Unternehmen. Nur wenn ein selbständiges Delikt aus der Versuchstätigkeit gebildet worden ist, ist z. B. ein Rücktritt vom Versuch ausgeschlossen, für vorgen. Fälle aber möglich, da der Versuch nicht zum delictum proprium erhoben worden ist.

15. **Prozessuales.** Dem Rev.-Gericht steht die Nachprüfung zu, ob der Tatrichter von dem richtigen Begriff der Vorbereitungs- und Versuchshandlung ausgegangen ist, RGSt. **53** 218; RMG. **17** 3.

16. Der Versuch eines Verbrechens ist stets, eines Vergehens bei besondrer Androhung, einer Übertretung niemals strafbar. Für den Versuch eines Verbrechens ist jedoch dann eine **Ausnahme** zu machen, wenn das Verbrechen eine zum selbständigen Delikt erhobene Vorbereitungshandlung darstellt, wie z. B. im Falle des §§ 49 b, 83. Wenn der Gesetzgeber eine bloße Vorbereitungshandlung unter besondere Strafe stellt, liegt es nach allgemeinen strafrechtlichen Grundsätzen nicht in seiner Absicht, noch darüber hinaus den Versuch von Vorbereitungshandlungen für strafbar zu erklären, RGSt. **58** 394. Ist dagegen ein Versuch zum Sonderdelikt erhoben worden, so trifft diese Erwägung nicht ohne weiteres zu, da tatsächlich auch Vorbereitungshandlungen unter diese gestellt werden, ein Versuch eines solchen Sonderdelikts aber in Wahrheit den Charakter einer Vorbereitungshandlung haben würde.

§ 44. Das versuchte Verbrechen oder Vergehen ist milder zu bestrafen, als das vollendete.

Ist das vollendete Verbrechen mit dem Tode oder mit lebenslänglichem Zuchthaus bedroht, so tritt Zuchthausstrafe nicht unter drei Jahren ein, neben welcher auf Zulässigkeit von Polizeiaufsicht erkannt werden kann.

Ist das vollendete Verbrechen mit lebenslänglicher Festungshaft bedroht, so tritt Festungshaft nicht unter drei Jahren ein.

In den übrigen Fällen kann die Strafe bis auf ein Viertel des Mindestbetrages der auf das vollendete Verbrechen oder Vergehen angedrohten Freiheits- und Geldstrafe ermäßigt werden. Ist hiernach Zuchthausstrafe unter einem Jahre verwirkt, so ist dieselbe nach Maßgabe des § 21 in Gefängnis zu verwandeln.

1. In Abs. 1 der Vorschrift wird nur ein **milderer Strafrahmen** und eine **mildere Strafart** vorgeschrieben, als der gesetzliche Strafrahmen und die gesetzliche Strafart der Strafdrohung für das vollendete Verbrechen oder Vergehen ist. Keineswegs soll angeordnet werden, daß die verhängte Strafe gegenüber derjenigen gemildert werden müsse, die für die vorliegende Straftat verhängt worden wäre, wenn sie vollendet gewesen wäre, RGSt. **35** 282. Von der angemessenen Strafe der Vollendung kann aber bei der Zumessung ausgegangen werden, RGSt. **59** 154. Innerhalb dieses milderen Strafrahmens ist das Gericht dann wieder völlig frei in der Strafbestimmung und es ist daher auch nicht gehindert, die gemäß § 49 nach den Grundsätzen des § 44 zu bemessende Strafe für den Gehilfen höher auszuwerfen als für den Haupttäter, RGSt. **2** 383, **35** 282, **51** 111. A. M. Wach, VDA. **6** 7; vgl. Meyer-Allfeld S. 197 Anm. 38. Nach Entw. § 26 ist der gesetzliche Strafrahmen für den Versuch der gleiche wie für die vollendete Tat. Der Versuch soll jedoch milder bestraft werden. Frank 95. Die Vorschriften von §§ 27b ff. berühren die Vorschrift des § 44 nicht. Hellwig, Geldstrafges. S. 40.

2. Die Vorschrift findet dort keine Anwendung, wo das Gesetz selbst eine **Ausnahme** macht und für Versuch und Vollendung die gleiche Strafe androht (§ 80, § 102, ohne Grund rechnet Binding, Grdr. S. 134 auch die versuchten Tätlichkeiten zu den vollendeten der §§ 94 ff.), oder Versuch und Vollendung zu einem gemeinsamen Begriff und Delikt des Unternehmens verbindet, §§ 81, 82, 105, 114, 122, 159, 357, Sprengstoffges. § 9, Sklavenraubges. § 1, VO. 13. II. 24 oder den Versuch eines Deliktes

zum selbständigen Verbrechenstatbestand erhebt und für diesen einen selbständigen Strafrahmen festsetzt. Dann bleibt für einen milderen Strafrahmen nach § 44 kein Raum. 3 D 156/27 2. VI. 27. Die Vollendung des Delikts ist dann ein Umstand, der entweder außerhalb des Tatbestands liegt, oder von der Strafe für den Versuch als selbständiges Delikt mit abgegolten wird. A. M. Binding, Grdr. S. 135. Selbstverständlich wird hierdurch überall nicht ausgeschlossen, die Verschiedenheit der Entwicklung des verbrecherischen Tatbestands innerhalb des Strafrahmens als Strafzumessungsgrund zu berücksichtigen.

3. Jeder für die vollendete Tat angedrohte Strafrahmen ist bei Vorliegen eines Versuchs entsprechend zu mildern, sonach auch ein aus anderen Gründen für das vollendete Verbrechen oder Vergehen **bereits gemilderter** Strafrahmen. Es ist dann zunächst der mildere Strafrahmen für die **vollendete** Tat festzustellen und dann diesem gegenüber **nochmals** gemäß § 44 zu mildern. So auch Schütze 180. Das gilt sowohl bei dem milderen Strafrahmen bei Annahme mildernder Umstände als dem für Jugendliche; so auch Reiffel GerS. **34** 513; Baumgarten, Versuch 447. Die gemeine Meinung will jedoch erst nach § 44 und dann nach § 57 mildern, z. B. Frank 95, Olshausen zu § 57 Anm. 4, Schwarz 2; auch RGSt. **6** 98, **7** 1. Daß dort unter Handlung aber, wie auch in § 1 die deliktische Tatbestandsverwirklichung und der Tatbestand, wie ihn das Gesetz formuliert, verstanden, also die für das vollendete Delikt angedrohte Strafe maßgebend ist, folgt aus § 57 Nr. 4. Selbstverständlich darf der Umstand der Nichtvollendung oder der Jugend unter 18 Jahren an sich nicht zugleich als mildernder Umstand angesehen und so wegen desselben Umstands zweimal gemildert werden. Immerhin kann wieder die große Jugend unter 18 Jahren und die Nähe völliger Strafunmündigkeit als mildernder Umstand Berücksichtigung finden. War beim Versuch, insbes. beim beendigten Versuch, klar, wie sich die Tat bei ihrer Vollendung gestaltet haben würde, so kann bei der Strafbemesung von der für die Vollendung angemessenen Strafe ausgegangen werden. 2 D 35/25 19. III. 25. Dagegen bedeutet die Vorschrift des § 157 nicht die Festsetzung eines mildern Strafrahmens, wie aus den Worten „an sich verwirkte Strafe" erhellt, sondern nur die Vorschrift, diese an sich verwirkte Strafe zu mildern. Die an sich verwirkte Strafe ist daher zunächst nach § 44 Abs. 2 zu finden und erst dann hat die Milderung nach § 157 einzutreten. RGSt. **60** 289. **65** 208. Sind mehrere Zuchthausstrafen unter einem Jahre verwirkt, so ist zunächst für jede nach § 19 Abs. 2 die Gefängnisstrafe zu setzen, worauf diese zu einer Gesamtstrafe zusammenzuziehen sind. 1 D 826/29 18. X. 29.

4. Die **Milderung des Strafrahmens** ist zwingend nach dem **Höchstmaß.**

a) Das für die vollendete Tat angedrohte Höchstmaß darf bei einem relativen Strafrahmen niemals erreicht werden, sondern muß hinter dem Höchstmaß der vollendeten Straftat zurückbleiben, RGSt. **35** 282, und zwar mindestens um eine der in §§ 14, 16—19 und 27 festgesetzten Einheiten (Strafgröße). Beträgt hiernach der Strafrahmen nach oben für ein Verbrechen, z. B. § 217, Zuchthaus bis zu 15 Jahren, so stellt sich für den Versuch dieses Verbrechens der Strafrahmen in seiner größten Höhe auf 14 Jahre und 11 Monate. Beträgt die Gefängnisstrafe bis zu 5 Jahren, so die für Versuch bis zu 5 Jahren weniger 1 Tag, also 4 Jahre 364 Tage. Versuchte Unterschlagung unter mildernden Umständen ist nach § 246 Abs. 2, 3 höchstens mit 9997 Mark zu bestrafen. Wenn Freiheitsstrafe und Geldstrafe zusammen angedroht sind, so genügt es für Bildung eines milderen Strafrahmens schon, wenn nur eine der kumulativ angedrohten Höchststrafen ermäßigt wird. War beim Versuch, insbesondere beim beendigten Versuch, klar, wie sich die Tat bei ihrer Vollendung gestaltet haben würde, so ist von der Strafe auszugehen, die im Falle der Vollendung angedroht ist. 2 D 35/25 19. III. 25. RGSt. **35** 282 steht nicht entgegen.

b) In den besonderen Fällen, wo die Strafen des Todes, des lebenslänglichen Zuchthauses oder der lebenslänglichen Festung angedroht sind, tritt der Strafrahmen der relativen entsprechenden Freiheitsstrafe der vollendeten Straftaten, also der zeitigen Freiheitsstrafen mit ihren Höchstmaßen von 15 Jahren Zuchthaus und Festung ein, jedoch bei einem Mindestmaß von 3 Jahren und der Zulässigkeit auf Polizeiaufsicht zu erkennen. RGSt. **16** 400, **33** 181.

5. Die **Mindeststrafe** in dem gemilderten Strafrahmen fällt

a) mit der Mindeststrafe für die vollendete Straftat dann zusammen, wenn diese 1 Tag Freiheitsstrafe oder 3 Mark beträgt, da unter diese Beträge eine Freiheits- oder Geldstrafe für Verbrechen oder Vergehen nicht erkannt werden darf. Der Versuch des Diebstahls kann daher gleich der Vollendung nicht mit weniger als 1 Tag Gefängnis bestraft werden, RGSt. **18** 125.

b) Wenn die Mindeststrafe eines vollendeten Verbrechens oder Vergehens höher ist, als diese niedrigste zulässige Freiheits- oder Geldstrafe, zu a, so kann die Mindeststrafe des Strafrahmens für den Versuch auf den vierten Teil jener Mindeststrafe der vollendeten Straftat ermäßigt werden. Hiernach beträgt für versuchten Rückfalldiebstahl unter Annahme mildernder Umstände die Mindeststrafe den 4. Teil von 3 Monaten Gefängnis, d. i. $^{4}/_{90} = 22\frac{1}{2}$ Tage. Da auf Bruchteile von Tagen nach § 16 nicht erkannt werden darf, kann jedoch nur auf 22 Tage erkannt werden, nicht auf 23 Tage, wie RGSt. **46** 304 will. Eine Rechtsvorschrift, daß der Monat stets gleich 30 Tage zu rechnen sei, besteht nicht, ist aber trotzdem geboten, RGSt. **5** 442, **10** 22, **43** 320, **46** 304. — Eine Berechnung nach dem Kalender, wie sie auch Schwartz Anm. 4 will, ist aus dem Grund unmöglich, weil es sich nicht um Vollstreckung einer verwirkten Strafe, deren Beginn feststeht, sondern um Ausmessung eines Strafrahmens handelt, bei dem bestimmte Kalendertage überhaupt nicht in Frage kommen.

Bei einem Mindestbetrag der Gefängnisstrafe von 1 Woche (§ 268 Nr. 1 Abs. 2) ist die geringste Strafe für Versuch 2 Tage, GA. **47** 157. Ist die Mindeststrafe für das vollendete Delikt 1 Monat, so kann auf 7 Tage, nicht 8 Tage Gefängnis ermäßigt werden. RGSt. **5** 442, **46** 303. Frank 95. Ergibt die Ermäßigung auf ¼ bei der Zuchthausstrafe eine solche von unter einem Jahre, so ist diese, da ihre Verhängung nach § 14 unzulässig ist, gemäß § 21 in Gefängnis umzuwandeln, wie Abs. 4 ausdrücklich vorschreibt. Bei versuchten Verbrechen Jugendlicher, die mit zeitiger Zuchthausstrafe bedroht sind, ist also die Mindeststrafe 1 Tag Gefängnis. RGSt. **7** 1. 3 D 92/24 24. III. 24. Die Mindeststrafe für gewerbsmäßige Beihilfe zu gewerbsmäßiger Hehlerei beträgt 4 Monate 14 Tage Gefängnis. 2 D 1186/23 21. I. 24.

c) Wenn die Höchststrafe für das vollendete Verbrechen mit Tod oder lebenslänglichem Zuchthaus oder Festung bedroht ist, so beträgt die Mindeststrafe 3 Jahre Zuchthaus oder Festung. Außerdem wird angeordnet, daß im Falle der Zuchthausstrafe auf Zulässigkeit von Polizeiaufsicht erkannt werden kann. Es ist dies ein besonderer, vom Gesetz vorgesehener Fall nach § 38 Abs. 1, nur daß dieser hier allgemeiner gefaßt ist, nicht auf eine bestimmte Straftat beschränkt. A. M. Frank 93. Nach §§ 81, 88, 99 sind lebenslängliche Zuchthausstrafe wahlweise mit lebenslänglicher Festungshaft angedroht. Demgemäß gibt es auch für das versuchte Delikt zwei Strafrahmen. Dasselbe gilt in den Fällen, wo lebenslängliche Zuchthausstrafe wahlweise mit zeitiger Zuchthausstrafe angedroht ist, §§ 214, 215, 251, RGSt. **16** 400, **33** 181. Hiernach hat der Richter bei dem Versuch nach § 214 z. B. die Wahl zwischen den beiden Strafrahmen von 3—15 Jahren Zuchthaus oder ½ Jahr bis 14 Jahren 11 Monaten Zuchthaus. A. M. Frank, Oppenhoff-Delius.

6. Die Ermäßigungsvorschriften finden im Fall des Zusammentreffens mehrerer Straftaten nach § 73, bei dem in Anwendung zu bringenden schwersten Strafgesetz, RGSt. **53** 48, und bei der Bildung einer Gesamtstrafe nach § 74 bei den ausgeworfenen Einzelstrafen statt.

7. Zuweilen ist durch die Vorschrift in Nebengesetzen, den Versuch ebenso zu bestrafen wie die vollendete Tat, die Ermäßigung nach § **44** ausgeschlossen, z. B. VZGes. § 134, VO. über Ein- u. Ausfuhr v. 13. II. 24; RGSt. **61** 314.

8. Die Zuständigkeit der Gerichte bestimmt sich nach GVG. §§ 27, 73—75, 80 auch für das versuchte Delikt nach dem Strafrahmen des vollendeten. Versuch eines Verbrechens ist stets selbst Verbrechen. Voitus, GerS. **1874** S. 515.

9. Der Werterſatz, der nach verschiedenen Nebengesetzen zuweilen an Stelle der Konfiskation des verfallenen, aber nicht faßbaren Gegenstands tritt, ist keine Haupt-

strafe in Geld, wird daher von den Ermäßigungsvorschriften des § 44 nicht ergriffen, 3 D 8/17 19. II. 17.

10. Wo das StGB. auch den Versuch von Antragsverbrechen oder Vergehen bestraft, ist der „Verletzte" derjenige, der durch das vollendete Verbrechen oder Vergehen verletzt sein würde. Binding Hdb. I S. 616.

11. Über Verjährung der Versuchsstrafe vgl. § 67 Nr. 2.

§ 45. Wenn neben der Strafe des vollendeten Verbrechens oder Vergehens die Aberkennung der bürgerlichen Ehrenrechte zulässig oder geboten ist, oder auf Zulässigkeit von Polizeiaufsicht erkannt werden kann, so gilt gleiches bei der Versuchsstrafe.

1. Nach § 38 Abs. 1 kann nur in den durch das Gesetz vorgesehenen Fällen auf **Zulässigkeit von Polizeiaufsicht** erkannt werden. Die Zulässigkeit von Polizeiaufsicht kann bei Verurteilung nach § 90 nicht ausgesprochen werden, wenn ein minder schwerer Fall vorliegt. 2. und 3. Strafsenat v. 27. X. 16. Über deren Natur s. § 38. Diese wird im allgemeinen nur bei vollendetem Verbrechen oder Vergehen vorgeschrieben. In § 44 Abs. 2 war ein Fall der Zulässigkeit für Versuch vorgesehen auch dann, wenn für das vollendete Verbrechen keine Zulässigkeit angeordnet war. In § 45 wird in Verfolg der Vorschrift des § 38 Abs. 1 allgemein angeordnet, daß die für vollendete Verbrechen oder Vergehen zulässige Polizeiaufsicht auch bei der versuchten Straftat zulässig sein solle. Hierbei bleiben aber die Bedingungen, unter denen beim vollendeten Delikt eine Polizeiaufsicht für zulässig erklärt wird, dieselben auch für die versuchte Straftat, so daß, wenn sie von einer bestimmten Höhe oder Art der Strafe abhängt, diese Höhe oder Strafart auch bei der für den Versuch, **erkannten Strafe** vorliegen muß, mit alleiniger Ausnahme der Sondervorschrift des § 44 Abs. 2. RGSt. **16** 400; 3 D 1065/32 7. XI. 32. Daher muß die Dauer der erkannten Gefängnisstrafe auch für den Versuch 3 Monate erreichen, a. M. Schütze 139 Nr. 28; muß die Zuchthausstrafe nach § 44 Abs. 4 in Gefängnis verwandelt werden, so ist die nur neben Zuchthaus zulässige Polizeiaufsicht nicht mehr gestattet, RGSt. **11** 158. 2 D 693/27 13. X. 27. Legt der Tatrichter der Bemessung der Versuchsstrafe den Strafrahmen des § 44 Abs. 2 (nicht des Abs. 4) zugrunde, so kann auf Zulässigkeit der Polizeiaufsicht erkannt werden; RGSt. **16** 400; 3 D 1065/32 17. XI. 32. Die Grundsätze des § 45 sind auch für die Bestrafung nach § 49 Abs. 2 maßgebend.

2. Die **Aberkennung der bürgerlichen Ehrenrechte** verlangt ebenfalls beim Versuch das Vorliegen der für die Vollendung geforderten Voraussetzung, namentlich nach § 32 die Dauer einer Gefängnisstrafe von 3 Monaten auch für den Versuch. RGSt. **60** 126. Da nach § 35 die Unfähigkeitserklärung zur Bekleidung öffentlicher Ämter in dem dort genannten Falle als ein Teil der Aberkennung angesehen und anstatt der völligen Aberkennung ausgesprochen werden kann, so folgt dieser Teil den Regeln des Ganzen und es ist ihre Zulässigkeit nach § 35 auch bei Versuch gemäß § 45 zulässig. Dies gilt auch für § 319.

3. Nebenstrafen anderer Art als der Aberkennung sind bei Versuch nur dann zulässig, wenn aus der Strafbestimmung erkennbar ist, daß sie sowohl das vollendete als das versuchte Delikt treffen sollen. RGSt. **13** 76; Mezger Lehrb. S. 402; a. M. Wachenfeld S. 258, der ausnahmslos alle Nebenstrafen zuläßt. Dies ist z. B. bei der Einziehung nach § 40 der Fall, Goldschmidt, VerglDarst. **4** 283 Nr. 10, Meyer-Allfeld S. 198, Frank 96, nicht ohne weiteres aber bei der Strafe der Unfähigkeitserklärung zur Bekleidung öffentlicher Ämter in den besonders angeordneten Fällen — abgesehen von der Zulässigkeit nach § 35 — der Fall. So auch Olshausen, Frank, Schwartz, Mezger. A. M. Sontag, Festungshaft S. 155. Die bei Betrug nach § 263 neben der Gefängnisstrafe angedrohte Geldstrafe ist nicht Nebenstrafe, sondern Hauptstrafe, RGSt. **19** 234, daher ohne weiteres auch beim Versuch zulässig.

4. Andere Folgen einer Straftat, als in § 45 genannt sind, die nicht Strafe sind, insbesondere **polizeiliche Vorbeugungsmaßregeln,** sind ohne weiteres auch ohne besondere gesetzliche Anordnung bei versuchten Delikten in gleicher Weise wie bei vollendeten zulässig, Wachenfeld 258. A. M. Olshausen 1; Frank 96; Schwarz 2 u. RGSt. **13** 76, Rechtspr. **10** 100; 2 D 165/25 20. IV. 25 (Eidesunfähigkeit) u. RGSt. **13** 76; Rechtspr. **10** 100.

§ 46. Der Versuch als solcher bleibt straflos, wenn der Täter

1. die Ausführung der beabsichtigten Handlung aufgegeben hat, ohne daß er an dieser Ausführung durch Umstände gehindert worden ist, welche von seinem Willen unabhängig waren, oder

2. zu einer Zeit, zu welcher die Handlung noch nicht entdeckt war, den Eintritt des zur Vollendung des Verbrechens oder Vergehens gehörigen Erfolges durch eigene Tätigkeit abgewendet hat.

Entw. § 27.

1. Die Vorschrift behandelt den **freiwilligen Rücktritt vom Versuch,** auch **tätige Reue** genannt. Sie beruht auf kriminalpolitischen Erwägungen. v. Liszt-Schmidt I 305, Frank VDA. 5, 241. Eingehend Allfeld in Festgabe f. Frank II, 74 u. Krauthammer, Der Rücktritt vom Versuch in Strafrechtl. Abhdlg. (1932) Heft 310 S. 15. Äußerlich nimmt dieser Rücktritt zwei verschiedene Formen an, je nach der Art des deliktischen Tatbestandes. Dieser kann sich in einer Handlung als bloßer Willensbetätigung bereits erschöpfen, gleichviel, ob diese dabei als Verursachung eines weiteren äußeren Erfolgs in Betracht kommt oder nicht. Dann stellt die Beendigung der persönlichen Tätigkeit auch zugleich die vollendete Verwirklichung des deliktischen Tatbestands dar, z. B. unbefugtes Verweilen in der Wohnung eines andern nach § 123. Es kann zum andern aber auch zur Erfüllung des Tatbestands der Eintritt eines bestimmten äußerlichen Erfolgs, bestehend in der Gefährdung oder Verletzung eines bestimmten Rechtsguts bestehen. Solchenfalls wieder kann dieser Erfolg unmittelbar durch die Tätigkeit verursacht werden, wie z. B. die Tötung durch Erwürgen eines Menschen, es kann aber auch die persönliche Tätigkeit vorher abschließen und ihrerseits die Kausalitätswirkung anderer Naturkräfte in Bewegung setzen, so daß erst durch deren Wirkung der Erfolg erzielt wird, z. B. es wird einem Menschen Gift eingegeben und es nun der chemischen Weiterwirkung dieses Stoffes überlassen, die Tötung nach § 211 herbeizuführen, oder es wird Feuer angelegt und dann seiner eigenen Weiterwirkung überlassen, das Gebäude in Brand zu setzen, § 306. In diesen Fällen scheidet sich zeitlich und äußerlich der zur Vollendung des Tatbestandes gehörige Erfolg von der Beendigung der zu dessen Herbeiführung dienenden persönlichen Tätigkeit und man kann hier von einem **beendigten Versuch** im Gegensatz zu einem **unbeendigten** sprechen, insofern man auf die Beendigung der menschlichen Tätigkeit als besonders bedeutsame Etappe in der Entwicklung der deliktischen Tat vom Anfang der Ausführung bis zu ihrer vollendeten Verwirklichung Gewicht legen will. Die Frage, wann ein Versuch beendigt ist, wird verschieden nach dem objektiven oder subjektiven Standpunkt beurteilt. Ersterer wird von Feuerbach, letzterer von Köstlin und dem RG. vertreten. Wer für den Versuch die subjektive, vom RG. vertretene Theorie ablehnt, muß auch die Frage, ob ein Versuch beendet ist, nach objektiven Merkmalen beantworten. Danach liegt ein beendeter Versuch vor, wenn der Täter die Tätigkeit beendet hat, die einen Kausalverlauf der äußeren Naturkräfte auslöst, bei dessen ungestörtem Weiterlaufen der gewollte Erfolg eintritt. Wird dieser durch hinzutretende äußere Ereignisse gestört, so hat trotzdem der Täter seinerseits alles getan, was zum Zeitpunkt der Beendigung seiner Tätigkeit zur Herbeiführung des Erfolgs und somit zur Vollendung der Straftat erforderlich war. Was hierzu erforderlich war, ist zum Zeitpunkt der Beendigung nach dem Grundsatz der adäquaten Verursachung zu beurteilen, also danach, was nach allgemeiner Erfahrung und menschlicher Berechnung zu tun nötig war. Man spricht hier auch von einer gemäßigten objektiven Theorie, Weber, Neues Arch. d. Kriminalrechts, Bd. 4, 33. Krauthammer aaO. S. 18. Es handelt sich aber lediglich um die selbstverständlich anzuwendende adäquate Verursachungstheorie. Nach der subjektiven Theorie ist der Versuch beendigt, wenn der Täter alles getan hat, was ihm seinerseits zur Hervorbringung des Verbrechens wesentlich erschien. Frank 92, v. Liszt-Schmidt I 316, Allfeld 192,

Gerland 182 u. a.; RGSt. **38** 402, **39** 220, **45** 185, **43** 158, **57** 279, 314. Mit der Annahme einer **fortgesetzten Handlung** ist die Feststellung, daß schon mit Ausführung eines jeden einzelnen Tätigkeitsaktes ein beendeter Versuch anzunehmen, wohl vereinbar, RGSt. **39** 220; 4 D 1135/12 17. I. 13; 1 D 971/21 8. XII. 21. Bedeutsam aber wird in der Tat dieser Umstand für den Rücktritt. Denn der Rücktritt von einem Versuch, bei dem die zur Verwirklichung des Delikts gewollte und erforderliche menschliche Tätigkeit selbst noch nicht beendigt ist (dem **unbeendigten Versuch**) vollzieht sich jedenfalls äußerlich stets dadurch, daß der Täter eine weitere, die Beendigung der Tätigkeit herbeiführende Tätigkeit **unterläßt.** Dadurch wird in beiden genannten Fällen, sei es, daß lediglich die Handlung den Tatbestand erfüllt, sei es, daß hierzu ein von ihr verursachter Erfolg erforderlich ist, die Vollendung des Delikts gehemmt. Zu dem unbeendigten Versuch gehört auch die Nichtverwirklichung des zweiten Tatbestandsmerkmals bei einem **zweiaktigen Delikt,** z. B. das Unterlassen des Gebrauchmachens von einer fälschlich angefertigten Urkunde, RGSt. **54** 326, **58** 394. Ist aber diese Tätigkeit bereits beendet und damit bei den Delikten, zu deren Verwirklichung die Herbeiführung eines äußeren Erfolges gehört, die Vollursache für dessen Herbeiführung derart gesetzt, daß deren Weiterwirkung nunmehr nur noch anderen Naturkräften überlassen bleibt **(beendigter Versuch),** so genügt selbstverständlich ein bloßes Untätigbleiben nun nicht mehr, um die Verwirklichung des vollen deliktischen Tatbestands zu verhindern. Nach RGSt. **39** 220, **43** 138 soll dieser Fall eigentlich gar nicht mit „Rücktritt" bezeichnet werden dürfen! Da hier die Nichtvollendung des Delikts, das Stadium des Versuchs, auch dann eintreten kann, wenn der Erfolg ausbleibt, so kann ein freiwilliger Rücktritt auch nur dann angenommen werden, wenn eine die angeregte Kausalität in ihrer Wirkung hindernde **eigene Tätigkeit aufgewendet wird.** — Vgl. Goldschmidt, Die Lehre vom unbeendigten Versuch (1897). M. E. Mayer S. 370. Das Gesetz behandelt den Fall des unbeendigten Versuchs in Nr. 1, den des beendigten in Nr. 2 des § **46.** Wesentlich ist in beiden Fällen, daß der Rücktritt ursächlich für die Nichtvollendung des Verbrechens geworden ist. Voraussetzung für die Unterlassung der Fortführung begonnener Tätigkeit wie Abwendung des angeregten Erfolgs durch entgegenwirkende Tätigkeit ist in beiden Fällen aber, daß dies aus freiem Antrieb geschieht. Vgl. hierzu Frank VDA. 5, 237.

2. Der **freiwillige Rücktritt** ist keine Resolutivbedingung für das Delikt des Versuchs und bewirkt nicht einen Schuldaufhebungsgrund und nachträgliche Wiederaufhebung seiner Rechtswidrigkeit, wie Binding GerS. **68** S. 23 ff., v. Bar **2** 688, Kohler, Studien **1** 143, Baumgarten, Versuch 457, Herzog, Rücktritt v. Vers. 215, Olshausen u. a. meinen, auch nicht eine Beseitigung der Störung des Rechtsfriedens, so Frank VDA. 5, 242 sondern er bildet lediglich einen **höchstpersönlichen Strafaufhebungsgrund,** RGSt. **3** 249, **6** 341, **11** 56, **14** 19, **16** 347, **17** 244, **21** 14, **37** 405, **39** 37, **56** 150, 210, **57** 272. Es ist das Strafbedürfnis, das in diesem Falle wegfällt, so Binding in Handb. I S. 816; Gerland 182; Mezger, Lehrb. 408; Allfeld in Festg. f. Frank II 90. Der Umstand, daß nunmehr das Verhalten als Ganzes genommen, nicht mehr Ursache für den schädlichen Erfolg wird, findet sich bei jedem Versuch auch ohne Rücktritt, und das spätere Verhalten kann dem früheren nicht die Natur der Rechtswidrigkeit und das Wesen, Ausführungshandlung zur Verbrechensbegehung gewesen zu sein, sich schuldig gemacht zu haben, nehmen, wie Binding, Normen I 117 u. a. meinen. Motive zu §§ 43—46, RGSt. **47** 360. Das Strafbedürfnis aber fällt für den Staat weg, weil er mit dieser Ankündigung der Straffreiheit dem Verbrecher goldene Brücken bauen, ihm einen Anreiz zum rechtzeitigen Aufgeben geplanter Missetaten geben, RGSt. **39** 39, und damit in letzter Stunde den Eintritt der Rechtsgutverletzung noch verhüten will, worauf es ja allein dem ganzen Strafrecht ankommt, so richtig Köhler S. 467, ähnlich auch Rich. Schmidts Grundriß S. 156. Dieselben Gedanken finden sich in § 204, § 209, § 163, § 210, § 311 wieder, z. T. wirkt dort erst nach Verübung des Verbrechens eine Wiedergutmachung vor endgültigem Schaden strafmildernd.

a) Die Folge dieser Auffassung ist, daß derjenige **Teilnehmer,** für den nicht selbst ein freiwilliger Rücktritt vorliegt, durch den Rücktritt des **Haupttäters nicht straffrei** wird, § 50, RGSt. **47** 358. Für den Mittäter ist dies zweifellos, Binding Grdr. S. 138, es gilt aber auch für den Anstifter und Gehilfen,

Birkmeyer, Lehre von der Teilnahme (1890) 156; Finger 1 319; Frank 102; Gerland 138; Schwartz 3; Wachenfeld 186; Allfeld, Festg. f. Frank II 92; RGSt. **14** 19, **16** 347, **38** 223, **42** 294, **56** 209. RGSt. im Recht **1902** 619, nur daß bei diesen nur noch eine Bestrafung wegen Anstiftung und Beihilfe zum Versuch, nicht zur Vollendung in Frage kommen kann.

b) Im übrigen ist zwar die Fassung des § 46 nur auf den Alleintäter abgestellt — (in E. 19 § 25 heißt es dagegen besser „wer") —, in gleicher Weise aber auf **Mittäter, Anstifter** und **Gehilfen** anwendbar, sofern diese **von ihrer Tätigkeit zurücktreten** und die Nichtvollendung auf diesem Rücktritt beruht. RGSt. **3** 249, **6** 341, **14** 19, **16** 347, **20** 259, **38** 223, **47** 358, **54** 177, **55** 105, **56** 210, **59** 412, **62** 406; 3 D 1251/21 13. IX. 21 in LZ. **1921** Sp. 658[1]. 4 D 851/22 8. V. 23 in JW. 1924, 298[2]. Die abweichenden Ansichten von RGSt. **39** 37, Rechtspr. **9** 724 sind aufgegeben. Letzteres Erfordernis ist namentlich zu beachten. In der Regel werden daher auch die übrigen Teilnehmer zurücktreten müssen. Für den **Anstifter** genügt daher nicht der bloße Widerruf gegenüber dem Angestifteten, er muß auch diesen umgestimmt oder sonst bewirkt haben, daß der Erfolg nicht eintritt. RGSt. **20** 259, **56** 210, **62** 405. Nicht richtig Binding, Normen II, 206. Und wer zur noch nicht vollendeten Tat bereits Beihilfe geleistet hat und nur vor der Vollendung von weiterer absteht, tritt damit allein noch nicht schon freiwillig von der **Beihilfe** zurück, RGSt. **11** 37, 56, **21** 14, **31** 395, **39** 37, **47** 358, **56** 211. Rechtspr. **9** 436 steht nicht entgegen, 5 D 79/18 27. III. 1918. Dagegen braucht der Gehilfe nicht immer das bereits zur Tat Geleistete wieder aus der Welt zu schaffen, sofern der Täter infolge unterbliebener weiterer Beihilfe ernstlich selbst von der Tat Abstand zu nehmen versichert, RGSt. **47** 361, ferner **55** 105. Es ist möglich, daß der Teilnehmer eine Betätigung im Sinne von § 46 Nr. 2 nur deshalb unterläßt, weil ihm bekannt ist, daß der Täter selbst den Erfolg abgewendet hat und er hiermit einverstanden ist. Dann wäre jede weitere Betätigung seinerseits ja ganz überflüssig. Frank 101; RGSt. **47** 358, **55** 105. — A. M. Spohr aaO. S. 81. Allfeld Festg. f. Frank II 93. RGSt. **62** 405 steht nicht entgegen. Anders wenn andere äußere Ereignisse bereits den Eintritt des Erfolges unmöglich gemacht haben, RGSt. **14** 19, **16** 347, **20** 259, **38** 223, **47** 358 (unter Korrektur der gegenteiligen Ansicht des I. Strafs. **39** 37, der das Urteil **38** 223 übersehen hatte). Im Falle der **Mittäterschaft** ist der Rücktritt strafbefreiend nur, wenn in der vollendeten Tat kein Tatbeitrag des Zurückgetretenen übrig geblieben ist. Solange aber das vom zurücktretenden Mittäter bereits verwirklichte Tun in der Gesamthandlung ursächlich fortwirkt, ist die schließlich eingetretene Vollendung mindestens zum Teil auch sein Werk und es kann solange die strafbefreiende Wirkung des Rücktritts nicht Platz greifen. Hierzu ist notwendig, daß es dem zurücktretenden Mittäter gelingt, auch die übrigen Mittäter zum Rücktritt zu bestimmen, oder daß seinem bereits ins Werk gesetzten Tun die ursächliche Wirkung für den Eintritt des strafbaren Erfolgs entzogen wird, RGSt. **54** 177, 326, **59** 412, 3 D 107/20 15. XI. 20 LZ. **1921** Sp. 62; 3 D 344/24 5. IV. 24; 1 D 374/25 10. XI. 25; JW. **1923** 373[1]. Nur bei Aufgabe des Mittätervorsatzes bedeutet ein Abstehen von weiterer Ausführung einen Rücktritt. Letzteres kann vorliegen bei Fortbestehen des mittelbaren Tätervorsatzes, 3 D 79/19 14. IV. 19 LZ. 1919 S. 899. Bei **mittelbarer Täterschaft** bewirkt der Rücktritt der als Werkzeug benutzten Mittelsperson vor der Ausführung der Tat, daß diese nicht zustande kommt, und es bleibt solchenfalls das Delikt im Stadium des Versuchs. Von einem strafrechtlich wirksamen „Rücktritt" i. S. von § 46 kann aber bei einem gutgläubigen Werkzeug von vornherein keine Rede sein; es liegt daher auch für den mittelbaren Täter ein solcher nicht vor, wenn das Werkzeug freiwillig zurücktritt. Allfeld, Festg. f. Frank II 95. Anders nur, wenn dieser freiwillige Rücktritt auf Erwägungen beruht, die auftragsgemäß anzustellen waren, also vom mittelbaren Täter selbst als gewollt anzusehen sind. Beling ZStRW. **28** 606. Eine nachträgliche Genehmigung genügt nicht, Allfeld 224 Nr. 66; Gerland 182; Köhler 406. **A. M.** RGSt. **39** 37. Sofern man aber die Möglichkeit eines dolosen Werkzeugs bei einer mittelbaren Täterschaft anerkennt, wie RG. in ständiger Rechtsprechung z. B. **31** 80, muß man, da die Tätigkeit des Werkzeugs strafrechtlich wie eine eigene Handlung des mittelbaren Täters aufgefaßt wird, auch einen freiwilligen Rücktritt des Werkzeugs, der dann bei ihm möglich ist, auch jenem zugute kommen lassen, so RGSt. **39** 37. Dies wie überhaupt die Möglichkeit eines dolosen Werkzeugs, wird verneint von Wachenfeld ZStRW. **1918** 30ff. Vgl. Einführung § 24.

c) Nur der Versuch „als solcher" bleibt straflos, nicht auch ein in der Versuchshandlung enthaltenes vollendetes Verbrechen, wie es bei zusammengesetzten Delikten sich zeigt **(qualifizierter Versuch).** Insoweit die versuchte oder vorbereitende Handlung je eine selbständige besondere strafbare Tat darstellt, bewendet es daher bei deren Bestrafung, RGSt. **2** 442, **10** 324, **23** 225; JW. **1913** 933 (Notzuchtversuch und gewaltsame Vornahme unzüchtiger Handlungen, Tötungsversuch und Körperverletzung. Frank 100; v. Liszt-Schmidt I S. 319; Meyer-Allfeld S. 201; Allfeld, Festg. f. Frank II 98; Mezger, Lehrb. 407; v. Hippel 2, 413. — A. M. Gerland 184). Es gibt jedoch Straftaten, bei denen die Begehung verschiedener besonderer Straftaten so eng miteinander verquickt ist, daß jede ihre Selbständigkeit verliert. So fällt nach § 310 die Sachbeschädigung ohne weiteres in das Delikt der Brandstiftung. Daher bestimmt § 310 ausdrücklich, daß bei einem Rücktritt auch ohne weiteres die Sachbeschädigung straflos bleiben soll. Frank 726. Auch RGSt. **55** 129 erklärt: „Stehen zwei denselben strafrechtlichen Stoff betreffende Bestimmungen derart in Beziehung zueinander, daß die von der einen bedrohte Tat als Vorbereitung der von der anderen verbotenen erscheint, so wird bei Verwirklichung beider Tatbestände der durch die Vorbereitungshandlung entstandene Strafanspruch aufgezehrt. RGSt. **48** 161, **51** 381, **55** 129.

d) Auf ein mit dem Versuch in Konkurrenz stehendes Delikt erstreckt sich die Strafbefreiung auch dann nicht, wenn ohne diese der Versuch das schwerer zu strafende Delikt wäre und dann die Strafe allein aus diesem Strafgesetz entnommen werden müßte. Das gilt sowohl für den Fall der Idealkonkurrenz wie der Gesetzeskonkurrenz, RGSt. **23** 225; Olshausen N. 3; Frank 100; Schwartz 1; v. Liszt-Schmidt I S. 319; Mezger 407; Beling, Lehre v. Verbr. 309; Finger 1, 323; Allfeld 201; Baumgarten, Versuch 457; P. Merkel 107; Spohr, Rücktritt u. tätige Reue 83; Schlecht ZStRW. **19** 863 u. a.; Berner 157; Hatzig, Über den Rücktritt v. Versuch S. 40. Eine solche Gesetzeskonkurrenz liegt auch bei der sog. Konsumtion vor. Gehört die vorbereitende Tat zu den besonders aufgeführten gesetzlichen Merkmalen der vorbereiteten strafbaren Tat oder bildet sie das dem regelmäßigen Hergang für die Verwirklichung der Straftat entsprechende und daher auch vom Gesetz als regelmäßig vorhanden und in seinen Bereich auch ohne besondere Hervorhebung einbezogene Mittel, so verschmilzt die vorbereitende Handlung mit der vorbereiteten im Fall ihrer Durchführung derart zu einer Einheit, daß sie völlig in ihr aufgeht und als selbständig strafbare nicht mehr in die Erscheinung tritt. Dann ist ein Fall der Gesetzeskonkurrenz für vorliegend zu erachten und ausschließlich die Strafvorschrift für die vorbereitete Tat anzuwenden, RGSt. **24** 269, **40** 430. Bleibt aber diese infolge freiwilligen Rücktritts im Stadium des Versuchs stehen, so braucht dann die Straflosigkeit des Versuchs die Straflosigkeit der in ihm aufgegangenen Vorbereitungshandlungen noch nicht nach sich zu ziehen. Es wird dadurch nur die Selbständigkeit der Straftat und daher Idealkonkurrenz ausgeschlossen, nicht aber die Anwendung der mehreren Strafdrohungen. Vgl. hierzu Frank 100; Mezger, Lehrb. 407. Sofern Notzuchtversuch mit Körperverletzung zusammentrifft, bewendet es daher bei Rücktritt vom Versuch bei der Strafe wegen KV. M. E. Mayer S. 369 Anm. 5. Den Fall einer Idealkonkurrenz zwischen Einbruchsdiebstahl und Sachbeschädigung behandelt RGSt. **15** 12, 14. Dagegen 1 D 1155/31 23. X. 31.

e) Wenn die Vorbereitungs- und Versuchshandlungen dagegen je zu einem selbständigen Delikt ausgebildet worden oder, wie beim „Unternehmen", ein nicht in diese einzelnen Stadien zerlegbares Delikt sind, findet § **46** ebenfalls keine Anwendung. Allfeld, Lehrb. 201. Vgl. hierzu Krauthammer aaO. S. 29, 31, der den Rücktritt von solchen Vorbereitungshandlungen mit strafbefreiender Wirkung zulassen will. RGSt. **10** 324. Über den Begriff des Unternehmens RGSt. **42** 266, **53** 45, **54** 305, **58** 72, **66** 96. Anders dagegen, wenn nur für den Versuch die

Strafe gleich der vollendeten Tat angedroht ist, oder der sonst straflose Versuch ausnahmsweise mit Strafe bedroht ist. Da bleibt Versuch Versuch und ein Rücktritt ist möglich. Hier liegt überhaupt kein eigentliches delictum sui generis vor, Krauthammer aaO. S. 28. So z. B. bei § 159, Frank 367.

3. Die **Freiwilligkeit** ist für alle Formen des Rücktritts notwendiges Erfordernis, sowohl für den unbeendigten der Nr. 1 als den beendigten Versuch der Nr. 2. In Nr. 1 wird diese in etwas schwülstiger Weise umschrieben als ein „Aufgeben der Handlung, ohne daß der Täter an der — weiteren — Ausführung durch Umstände gehindert worden ist, die von seinem Willen unabhängig waren". Gut sagt Frank: „Freiwillig, wenn der Täter sich sagt, ich will nicht zum Ziele kommen, selbst wenn ich könnte — unfreiwillig, ich kann nicht zum Ziele kommen, selbst wenn ich wollte". Auf die Beweisfrage hat diese Fassung keinen Einfluß, Allfeld, Festg. f. Frank II 83. „Freiwillig" ist im Sprachgebrauch des Lebens zu verstehen. Ein vom Willen des Täters unabhängiger Umstand liegt nur dann vor, wenn er entweder die Ausführung der in Aussicht genommenen Tat schlechthin unmöglich macht oder doch nach der gewöhnlichen Lebensauffassung für den Täter einen zwingenden Grund abgibt, von der Begehung Abstand zu nehmen, RGSt. **37** 402, **45** 6, **47** 74, **54** 326, **55** 66, **57** 278, **61** 109, **63** 158; 1 D 881/21 1. XII. 21; 3 D 187/28 21. V. 28, HöchstRR. **1928** Nr. 1665. Alsberg GerS. **67** 375. Auch beim untauglichen Versuch ist freiwilliger Rücktritt möglich. Ob ein sittlicher Beweggrund für den freiwilligen Rücktritt vorliegt, ist bedeutungslos, RGSt. **15** 182, **16** 183, **35** 102, **47** 74, **54** 326, **55** 66.

Die Freiwilligkeit fehlt zunächst bei eintretender unbedingter (absoluter) Unmöglichkeit der Ausführung, wenn gewisse Verhältnisse die Ausführung überhaupt unmöglich machen; weiter auch bei relativer Unmöglichkeit, wenn Umstände vorliegen, die gerade nur den Täter an der Ausführung hindern, RGSt. **35** 102. Z. B. wenn der Dieb die der Art nach bestimmten und erstrebten Sachen nicht findet, RGSt. **24** 222, **55** 66. Anders, wenn der Dieb Geld vorfindet und dennoch davon absieht, es zu nehmen. Die Freiwilligkeit fehlt weiterhin aber auch, wenn äußere Umstände derart zwingend auf den Täter einwirken, daß ihre Wahrnehmung für seine Willensrichtung einen so starken Beweggrund bildete, daß nach den Regeln und Erfahrungen des praktischen Lebens dieser Beweggrund notwendig den Willen des Rücktritts hervorrufen mußte und das Gefühl der freien Wahl der den Willen gestaltenden seelischen Anreize aufhob, so daß praktisch von einem „freiwilligen" Verhalten nicht mehr gesprochen werden kann. Das gilt auch für die irrige Annahme solcher Umstände. Auch ein eingebildetes Hindernis nimmt das Gefühl der freien Wahl. Gerland 140; RGSt. **38** 403, **63** 159. Hier kommt alles auf die Beurteilung des einzelnen Falles an. So kann der bittere Geschmack eines Abortivmittels die Freiheit des Willens belassen, RGSt. **35** 183, dessen Ungenießbarkeit kann aber auch so groß sein, daß diese zwingend den Willen, von der Einnahme abzustehen, hervorruft. Schmerzen lassen sich für den einen ertragen, sind für den andern unerträglich, es muß die körperliche und seelische Beschaffenheit des Täters berücksichtigt werden, RGSt. **37** 402, **38** 402, **57** 278; 1 D 122/24 4. III. 24. Wer sich von der Wirkungslosigkeit seiner bisherigen Versuche überzeugt und die Fortsetzung deshalb unterläßt, hört nicht freiwillig auf, RGSt. **52** 181. In Wirklichkeit sind es also nicht die äußeren Umstände, sondern ist es immer die Stärke der Beweggründe, die darüber entscheidet, ob der unter ihrem Einfluß stehende Wille noch als freier nach der Auffassung des Lebens zu behandeln ist, oder nicht. Nicht der überhaupt motivierte Wille, sondern der zwangsläufig motivierte Wille gilt nicht als freier und seine Äußerung nicht als freiwillige. Ein durch Wahrnehmung oder Vorstellung wirkender „Umstand", der einen zwingenden Anreiz für eine bestimmte Willensbildung nicht abgibt, ist im Sinne von Nr. 1, „der vom Willen des Täters abhängig ist", d. h. der freie Wille entscheidet noch über ihn und darüber, welchen Einfluß er ihm auf die Willensbildung einräumen will. Wenn er dagegen den Willen zwingend nach bestimmter Richtung lenkt, ist er ein solcher, der vom Willen unabhängig ist, d. h. der Wille vermag nicht mehr über ihn nach der Richtung zu verfügen, ob und wie er ihn zur Willensbildung benutzen will. Die ganze Ausdrucksweise ist, wie gesagt, geschraubt, weil statt auf die mehr oder minder wirkenden Beweggründe, auf die sie hervorrufenden Umstände abgestellt wird. Die „Umstände" aber sind als solche niemals „vom Willen abhängig", das sind immer nur die durch sie hervorgerufenen Gefühls- und Vorstellungsinhalte, die der Wille ergreift und die ihn mehr oder weniger beherrschen.

Hiernach kann die Furcht vor Strafe an sich niemals nach der Auffassung des Gesetzes ein so zwingender Beweggrund sein, daß die Freiwilligkeit des Rücktritts ausgeschlossen sein sollte. Sie bildet nur ein die Freiwilligkeit als solche belassendes motivierendes Moment. RGSt. **16** 182, **37** 402, **47** 74, **54** 326, **57** 316, **58** 296. Dagegen kann die zufolge der Entdeckung der Tat hervorgerufene Gewißheit der Straffolge und die Furcht vor ihrem sicheren Eintritt mit ihren ehrenrührigen Folgen u. U. einen zwingenden Beweggrund bilden und daher kann die Entdeckung selbst die Freiwilligkeit des Rücktritts ausschließen. RGSt. **37** 462, **38** 402, **47** 74, **62** 362. RGSt. in JW. **05** 349. Anders, wenn die Entdeckung aber nicht diese Furcht vor sicherer Strafe, sondern die besseren seelischen Regungen der Scham und Reue auslöst und aus diesem Grunde dann der Rücktritt erfolgt. Denn diese seelischen Regungen haben ihren Ursprung weniger in der äußeren Veranlassung der Entdeckung, als dem Charakter des Täters, und bilden kein die Freiwilligkeit der Handlung ausschließendes Moment, RGSt. **47** 75. Für die maßgebende Wirkung des Beweggrundes steht der Irrtum, entdeckt zu sein, hierbei der wirklichen Entdeckung gleich. Im übrigen kommt allerdings darauf nichts an, ob der Täter, sofern seine Willensbildung durch die von den Umständen ausgelösten Beweggründe freigeblieben war, sich aus sittlich zu billigenden oder zu mißbilligenden Gründen schließlich zum Rücktritt entschließt. RGSt. **24** 222. Insbesondere braucht es **nicht Reue** über die bisherige Tat zu sein, und deshalb ist die Bezeichnung „tätige Reue" für den Rücktritt vom beendeten Versuch nach Nr. 2 verfehlt, vgl. auch Liepmann, Die Reue vom krim. Standpunkt, ZStRW. **22** 93. RGSt. **61** 117. Die Freiwilligkeit des Rücktritts ist allein entscheidend, auch wenn sie etwa nur deshalb erfolgt, weil sich der Dieb von der Unbrauchbarkeit der zu stehlenden Sache oder der Unzweckmäßigkeit der Wegnahme, ihrer anderen Beschaffenheit (Holzkugel statt Gummiball), überzeugt hat, RGSt. **39** 40; oder weil die vorgefundenen Sachen nach ihrer Menge oder nach ihrem Werte seinen Erwartungen nicht entsprechen, Rspr. **4** 543, RGSt. **24** 222, **55** 67, 5 D 18/07 15. II. 07; 1 D 414/10 20. VI. 10, abweichend 2 D 940/23 15. XI. 23, JW. **1924** 1726[10]. Bei einem Betrugsversuch, der in einer uneidlichen falschen Aussage vor Gericht lag, ist freiwilliger Rücktritt vom Versuch angenommen worden, wenn der Zeuge bei einer späteren eidlichen Vernehmung die Wahrheit sagte. Der Eideszwang soll hiernach die Freiwilligkeit nicht aufheben. RGSt. **58** 295. Die Freiwilligkeit des Rücktritts ist dann zu verneinen, wenn der Täter bei unbestimmtem Vorsatz überhaupt nichts, bei einem auf Wegnahme unbestimmter Sachen gerichteten Vorsatz keine Sachen dieser Art vorfindet, RGSt. **55** **66**. Ebenso nicht, wenn sich der Täter von der Wirkungslosigkeit seiner bisherigen Angriffe überzeugt und nun deshalb Abstand nimmt, RGSt. **52** 182. Vgl. hierzu **24** 222; 4 D 832/16 26. I. 17. RGSt. **45** 6 und 4 D 832/16 26. I. 17 können nicht gebilligt werden. Von denselben Grundsätzen geht RAbgO. § 374 aus. Die Anwendung von § **46** Nr. 1 wird nicht dadurch ausgeschlossen, daß der Täter durch Überredung zur Aufgabe der Straftat bestimmt worden ist. 1 D 689/30 27. III. 31.

Das Fehlen der Freiwilligkeit wird ferner schlechthin präsumiert, wenn die Tat entdeckt ist. 1 D 65/25 24. II. 25.

4. Nr. 1. Rücktritt vom unbeendigten Versuch. Er liegt vor, wenn noch nicht alles zur Ausführung der Tat Erforderliche vom Täter getan ist, RGSt. **26** 77, **38** 402, **43** 138, der Erfolg noch nicht allein vom bloßen Weiterwirken der Naturkausalität abhängt. Wenn die abtreibende Wirkung nur in einem längeren Belassen eines Katheders in der Gebärmutter zu erwarten ist, so liegt im bloßen Einlegen nicht schon beendigter Versuch vor, vielmehr besteht die Handlung im Festhalten des Katheders in der Gebärmutter und endet erst mit dem Zeitpunkt der Abtreibung oder wenn sich die Erfolglosigkeit herausstellt. Wenn daher der Katheder infolge äußerer Einwirkung unfreiwillig herausfällt, muß er zur Fortsetzung des Belassens wieder eingelegt werden. Unterläßt dieses Wiedereinlegen die Schwangere freiwillig, liegt freiwilliger Rücktritt vom unbeendeten Versuch vor, unfreiwilliger, wenn die Wiedereinlegung wegen heftiger Schmerzen unterbleibt, RGSt. **57** 278. — Ob unzüchtige Griffe am bekleideten Körper des Kindes schon ein vollendetes Verbrechen oder nur einen unbeendigten Versuch darstellen, hängt davon ab, ob der Täter bereits durch sie seine Geschlechtslust befriedigen oder erst durch weitergehende Griffe an dem nackten Körper diese Befriedigung erreichen wollte. Wollte er aber schon durch jene die Geschlechtslust befriedigen, so kann strafloser Rücktritt auch dann nicht mehr in Frage kommen, wenn er durch weitergehende Betastungen des nackten Körpers die Geschlechtslust noch steigern wollte, RGSt. **47** 74, **58** 277. Vom „Aufgeben“ ist das bloße „Aufschieben“ zu unterscheiden. Aufgeschoben ist nicht aufgehoben. Der verbrecherische Entschluß selbst muß aufgegeben worden sein; Binding, Grundriß S. 139. Wer bei Festhalten dieses Entschlusses nur die konkrete Form seiner Verwirklichung aufgibt, sei es, um diese Form zu wechseln und den Willen behält, ihn durch andere Mittel zu verwirklichen, sei es, um die Fortsetzung der Verwirklichung später zu vollenden, tritt noch nicht von der Ausführung des Verbrechens zurück, behält sich das vielmehr in anderer Weise und zu anderer Zeit nur vor. v. Bar **2** 556. Ein endgültiges Aufgeben der Ausführung ohne gleichzeitiges Aufgeben des Willens, auszuführen, ist unmöglich. Dagegen nehmen die meisten an, daß es der Aufgabe des Willens nicht bedarf und nur die Aufgabe der Ausführung genüge. Frank 97; Allfeld in Festgabe aaO. S. 79. Wenn dem Versuch keine rechtliche Selbständigkeit zukommt, so kann auch kein Rücktritt in Frage kommen. So z. B. wenn der Dieb das Behältnis nicht zu öffnen vermag und sofort ein hierzu geeignetes anderes Werkzeug herbeiholt, 1 D 113/21 **4**. IV. 21. Die Verwirklichung der Tat in neuer Ausführungsart auf Grund des nicht aufgegebenen alten Entschlusses stellt sich nicht als selbständige Handlung nach § 74 dar. 2 D 238/27 11. IV. 27.

Ein Aufgeben in diesem Sinne ist begrifflich auch bei einem Putativdelikt, insbesondere bei Anwendung eines untauglichen Mittels und einem Angriff gegen ein untaugliches oder nicht vorhandenes Objekt denkbar. Daher kann es auch vom Standpunkt der subjektiven Theorie aus einen freiwilligen Rücktritt vom Versuch im Sinne von Nr. 1 geben, RGSt. **43** 137, **61** 109. Es kommt dann darauf an, ob der Täter alle Handlungen, die nach seiner Vorstellung zur Herbeiführung des rechtswidrigen Erfolgs erforderlich sind, vorgenommen hat oder nicht. Die Beendigung des Versuchs hängt hiernach nicht notwendig davon ab, daß der Handelnde alle Handlungen ausgeführt hat, deren Vornahme er überhaupt ins Auge gefaßt hat zur Verwirklichung seines verbrecherischen Planes. Das wird von besonderer Bedeutung beim Vorliegen einer fortgesetzten Handlung. Mit der Annahme einer solchen ist die Feststellung vereinbar, daß schon mit der Ausübung eines jeden einzelnen Tätigkeitsaktes ein beendeter Versuch anzunehmen sei. RGSt. **39** 220. Im Fall der wiederholten, aber erfolglosen Anwendung von Abtreibungsmitteln durch eine Schwangere ist es möglich, daß diese von vornherein die Vornahme aller Akte zur Herbeiführung des Erfolges für notwendig hielt. Die mehrfache Anwendung ist dann nicht als fortgesetzte Handlung im technischen Sinne anzusehen, beendeter Versuch liegt erst nach Vornahme des letzten Tätigkeitsakts vor, freiwillige Aufgabe in einem früheren Zeitpunkt kann als Rücktritt von unbeendigtem Versuch beurteilt werden, RGSt. **43** 138; Rspr. **3** 375. Es ist aber auch möglich, daß die Schwangere zur Herbeiführung eines Erfolges gewisse Handlungen für ausreichend erachtet, zur größeren Sicherheit aber sich vorgesetzt hat, darüber hinaus mehrere andere noch zu begehen. In solchem Falle kann der Versuch beendet sein, obwohl die Schwangere nicht alle in Aussicht genommenen Handlungen ausgeführt hat. RGSt. **57** 278; 1 D 996/22 30. I. 23.

5. Nr. 2. Rücktritt vom beendigten Versuch (tätige Reue). Die Beendigung des Versuchs hängt nach der adäquaten Verursachung nicht davon ab, daß der Handelnde alle Handlungen ausgeführt hat, deren Vornahme er zur Verwirklichung seines Planes überhaupt ins Auge gefaßt hat. Der Täter kann zur Herbeiführung des bestimmten verbrecherischen Erfolgs Handlungen schon in gewissem Umfange für genügend halten, aber zur größeren Sicherheit oder schnelleren Herbeiführung des Erfolgs darüber hinaus noch weitere Handlungen begehen wollen. Dann ist der Versuch schon beendigt, wenn er die Handlungen vorgenommen hat, die nach der objektiven Theorie erforderlich waren, Olshausen Anm. 1, obwohl er alle darüber hinaus beabsichtigten Handlungen noch nicht vorgenommen hat. RGSt. **43** 138. Ebenso ist bei einer fortgesetzten Handlung schon mit Ausübung eines unselbständigen Tätigkeitsaktes der Versuch vollendet. RGSt. **39** 220. 1 D 996/22 30. I. 23. Beim Betrug ist der Versuch regelmäßig vollendet, wenn der Täter die Täuschungshandlung begangen hat, RGSt. **45** 183. Ein Schuldner, der nach Einstellung seiner Zahlungen in der

Absicht, seine Gläubiger zu benachteiligen, Vermögensstücke beiseite schafft, hat damit bereits das Verbrechen nach KO. § 239 Nr. 1 vollendet. Das Zurückbringen der Sachen in Verfügung des Konkursverwalters ist daher keine tätige Reue nach § 46 Nr. 2 mehr. 1 D 321/30 21. X. 30. — Das Gesetz stellt

a) eine — unzutreffende — **gesetzliche Präsumtion** auf für die Unfreiwilligkeit des Rücktritts dahin, daß es das Fehlen der Freiwilligkeit vermutet, wenn die Abwendung des Erfolgs zu einer Zeit geschieht, wo die Handlung zur Kenntnis einer Person gekommen ist, von der eine Anzeige zu befürchten stand, nicht auch eine Präsumtion dahin, daß der Rücktritt freiwillig gewesen sei, RGSt. **1** 307 (309); 1 D 65/25 24. II. 25. Es macht zur gesetzlichen Voraussetzung für die Straflosigkeit des event. freiwilligen Rücktritts schlechthin, daß die Handlung **noch nicht entdeckt** ist, ehe der Täter mit der zur Abwendung des Erfolgs dienenden Tätigkeit begonnen hat. Ist diese vorher entdeckt, kann ein straflos machender freiwilliger Rücktritt überhaupt nicht in Frage kommen. Vgl. hierüber Binding, Grdr. S. 139 und die Motive z. StGB. „aus politischen Gründen". Auf dem entgegengesetzten Standpunkt steht E. 19 § 25 und Amtl. Entw. § 24, wonach es gleichgültig ist, ob die Tat entdeckt war oder nicht. Die Entdeckung der Handlung darf objektiv noch nicht vorliegen; ob der Täter von ihr Kenntnis erlangt hat, ist ohne Belang, RGSt. **3** 93. Glaubt er sich entdeckt, kann dies zwar von Einfluß auf seine Freiwilligkeit des Rücktritts sein, RGSt. **63** 159, hält er sich aber irrig für nicht entdeckt, wirkt der Rücktritt trotz seiner möglichen Freiwilligkeit nicht mehr strafbefreiend. Die Handlung, nicht der Täter, muß entdeckt sein, RGSt. **62** 303. Die Handlung muß aber als solche, die einen strafbaren Tatbestand zu verwirklichen geeignet ist, also als strafbare, entdeckt sein, wenn auch die einzelnen Modalitäten ihrer Ausführung noch nicht gekannt zu werden brauchen. Die bloße Kenntnisnahme vom Tun des Täters, ohne dieses als Angriff auf die Rechtsordnung zu würdigen, genügt nicht. Denn eine solche Kenntnis wäre noch nicht geeignet, Gegenmaßregeln gegen den Eintritt des strafbaren Erfolgs auszulösen und damit unmöglich zu machen, daß der Täter selbst noch diesen durch eigene Tätigkeit verhinderte. Darum reicht es auch nicht aus, daß der Dritte die Handlung als strafbare hätte würdigen können, wie RGSt. **3** 94 annimmt. Über Begriff der Entdeckung und ihre Wirkung herrscht Streit.

Entdeckt werden kann allerdings nur, was vorher verdeckt war. Das Verdecktsein ist aber etwas Relatives, es ist nicht erforderlich, daß die Tat jedermann verborgen war. Ebenso ist das Entdecken etwas Relatives. Derjenige, dem die Tat verborgen war, kann sie noch entdecken, während ein anderer, der sie bereits kannte, sie nicht mehr entdecken kann. Von Gewicht ist aber nicht die Tätigkeit des Entdeckens, sondern der Umstand des Bekanntseins oder Bekanntwerdens. Das Wort „entdecken" ist nicht zu pressen, es will nur den Gegensatz zum Verdeckt-, Verborgensein ausdrücken und behandelt die Entdeckung als den regelmäßigen Fall. Ihr ist aber jedes Offenbarwerden der Tat in einer Weise, daß dadurch die Verhinderung des Eintritts des Erfolgs möglich und zu erwarten ist, gleich zu setzen. Die Entdeckung soll die Kenntnis von der Tat vermitteln. Nicht das ist entscheidend, ob diese Kenntnis im Wege der Entdeckung erfolgt, sondern allein, ob diese Kenntnis bei einer Person vorliegt, die den Erfolg verhindern kann und will, RGSt. **1** 307. Denn nur dieser letzte Umstand ist derjenige, der die Freiwilligkeit des Rücktritts auszuschließen geeignet ist. Ausschlaggebend ist also hier nur, daß sie demjenigen verborgen war, der den durch sie verursachten Erfolg noch abzuwenden in der Lage und bereit war. RGSt. **1** 375, **38** 402, **47** 75. Daher kommt es auch nur darauf an, daß von diesem die Tat entdeckt oder ihm bekannt wurde, bevor der Täter selbst den Erfolg abgewendet, um die Straflosigkeit auszuschließen. Dies kann zunächst sein der Angegriffene selbst. RGSt. **1** 306, 375, **26** 77, **38** 402; 3 D 905/24 8. XII. 24. Solange sich die Ausführung des rechtswidrigen Angriffs gegen ihn noch in einem Stadium befindet, wo er ihm verborgen bleiben kann, kann er ihn auch entdecken. Das gilt insbesondere für Angriffe gegen Gegenstände seines Besitzes und Eigentums oder gegen Angehörige, ausgeschlossen ist aber auch ein Angriff gegen seine Person nicht. Entdeckt der Angegriffene in diesem Stadium die Ausführung der Tat gegen ihn, so schließt diese Entdeckung die Straflosigkeit des gleichwohl erfolgten Rücktritts aus. Sobald aber der Angriff soweit gediehen ist, daß die Verwirklichung eines Merkmals des strafbaren Tatbestands begrifflich die Kenntnis des Angegriffenen voraussetzt, weil sie z. B. wie eine Bedrohung, Nötigung, Betrug, eine Willensbeeinflussung tatbestandmäßig enthält oder wie etwa ein tätlicher Angriff gegen die Person, ohne diese Wahrnehmung gar nicht ausführbar ist, so entfällt in diesem Augenblick zwar die Möglichkeit einer „Entdeckung" durch den Verletzten überhaupt, da die Handlung vor ihm bereits nicht mehr verborgen, verdeckt war; um dieser Kenntnisnahme willen aber entfällt zugleich auch die Möglichkeit des freiwilligen Rücktritts, da die gesetzliche Präsumtion des § 46 Abs. 2 entgegensteht. § 46 Abs. 2 findet also nicht Anwendung, nicht, weil er diesen Fall überhaupt nicht strafen will, wie RGSt. **1** 307 meint, sondern weil die Kenntnisnahme auf solche Weise der Entdeckung gleichkommt, der Erfolg vom Täter also nicht mehr straflos abgewendet werden kann, sonach die Voraussetzung des § 46 Abs. 2 nicht vorliegt. Eine die Straflosigkeit des Betrugsversuchs hindernde Entdeckung kann auch dann vorliegen, wenn der Betrogene nachträglich ohne Zutun eines an der Tat Beteiligten die Unrichtigkeit der Angabe erkennt und dadurch die Verhinderung des zur Vollendung des Betrugs gehörigen Erfolgs zu erwarten ist. RGSt. **26** 77, **66** 61. Vgl. hierzu Frank S. 99; Allfeld, Festgabe f. Frank II S. 87, der wohl obige Ausführungen mißversteht. Ist die Nichtentdeckung Voraussetzung der Straflosigkeit, um der durch sie vermittelten Kenntnis willen, so bewirkt die Unmöglichkeit der Entdeckung noch nicht Unmöglichkeit des Bedingungseintritts. Das Entdecken setzt nicht die zur Überführung nötigen Beweise voraus, 1 D 646/30 8. VII. 30.

Entsprechendes gilt hier für jeden Dritten. Auch dieser Personen Kenntnis von der Tat kommt nur dann in Betracht, wenn durch sie die Möglichkeit geschaffen wird, daß sie den Eintritt des Erfolgs hindern, RGSt. **1** 377, **19** 394, **57** 296. Sind sie dritte Personen, von denen das nicht erwartet werden kann, so wird diese Kenntnis auch auf den Willen des Täters keinen Einfluß ausüben können und seine freie Willensentschließung nicht zu beeinträchtigen vermögen. Es kann deshalb in solchem Fall auch nicht angenommen werden, daß der Gesetzgeber ihr Vorhandensein zu einer gesetzlichen Vermutung für die Unfreiwilligkeit des Rücktritts stempeln wollte. Daher kommt die Kenntnis der Tat bei Angehörigen, die den Täter schonen wollen, bei Vertrauten, die er selbst eingeweiht hat, bei Teilnehmern an seiner Tat nicht als Hinderung für den freiwilligen Rücktritt in Betracht, auch wenn bei diesem überhaupt eine Entdeckung ausgeschlossen ist. Der Nichteintritt der Entdeckung bedeutet hier noch nicht den Nichteintritt der Bedingung der Straflosigkeit.

b) Da hier die persönliche Tätigkeit bereits beendet ist und mit ihr die Kausalität der Naturkräfte aufgerollt ist, die nunmehr ohne menschliches Zutun weiter bis zum Erfolg wirken, so kann, soll der Erfolg trotzdem noch abgewendet werden, nunmehr ein bloßes Unterlassen, Untätigbleiben nicht mehr genügen, wie bei Nr. 1, es ist vielmehr die **Aufwendung einer neuen Tätigkeit** erforderlich, die die Kausalitätsreihe durchkreuzt und die Wirkung der bisher gesetzten Bedingungen aufhebt, sei es durch völlige Beseitigung des bereits geschaffenen, das ein Mittel zur Ausführung der Straftat bildet, wie etwa Vernichtung der gefälschten Urkunde vor ihrem Gebrauch, sei es durch Setzen von Gegenwirkungen — Eingabe von Gegengift — oder Schaffung des Objektes zu einem untauglichen für die Verletzung, z. B. Aufklärung des Getäuschten usw. RGSt. **15** 44, **39** 220, **57** 279. Eine bloße Sinnesänderung ist für sich allein ohne Bedeutung, RGSt. **57** 194. Wenn das Gesetz die Aufwendung eigener Tätigkeit verlangt, so soll damit nur gesagt sein, daß die Durchkreuzung auf seinen Willen zurückzuführen ist, nicht daß er ausschließlich persönlich tätig werden muß. Diese Beschränkung auf seine persönliche Tätigkeit würde u. a. nicht einmal ausreichen, den Erfolg zu verhindern. So kann er sich selbstverständlich auch der Beihilfe anderer Personen, etwa des Arztes, bedienen, RGSt. **1** 375, **15** 44.

c) Die eigene Tätigkeit muß endlich auch den Erfolg tatsächlich abgewendet haben, d. h. ursächlich für dessen Nichteintritt geworden sein, RGSt. **1** 375, **45** 186 4 D 41/14 8. V. 14. Hat die aufgewendete Tätigkeit nicht zu diesem gewünschten Erfolg geführt, weil sie entweder hierzu nicht geeignet oder unzulänglich war, oder ist die Abwendung infolge anderer Umstände, die nicht vom Täter abhingen, verursacht worden und sind so andere Ereignisse dem Täter zuvorgekommen, so ist die Voraussetzung für die Strafbefreiung nicht eingetreten; trotz etwa aufgewendeter Tätigkeit des Rücktrittswilligen bleibt er strafbar. Dies gilt sogar, wenn der Täter irrig der Überzeugung war, daß er den Eintritt des Erfolgs durch seine Tätigkeit abgewendet habe. Die irrtümliche Annahme der tatsächlichen Voraussetzungen des § **46** Nr. 2 steht der Unkenntnis eines gesetzlichen Tatbestandsmerkmals nicht gleich, RGSt. **55** 106; DRZ. 1933 S. 298 Nr. **340**. Wenn zwei an einem Versuch beteiligt sind und beide tätig zur Vereitelung des Erfolgs werden, aber nur die Tätigkeit des einen hierfür ursächlich wird, so wirkt die erfolglose Tätigkeit des andern nicht strafbefreiend für ihn. Spohr, Rücktritt und tätige Reue, Strafr. Abhdl. (1926) Heft 215 S. 48. Daher findet ein Rücktritt nach Nr. 2 bei allen Putativdelikten, insbesondere bei Anwendung untauglicher Mittel und gegen ein untaugliches Objekt nicht statt, denn überall beruht hier der Nichteintritt des Erfolgs nicht auf etwaiger späterer Tätigkeit des Täters, sondern auf der Unmöglichkeit seines Eintritts von Anfang an infolge unzulänglicher Verursachung. Bei einem Versuch, der lediglich nach der Auffassung der subjektiven Theorie als Versuch anzusprechen ist, ist daher ein Rücktritt nach Nr. 2 überhaupt undenkbar. Eben dieses spricht gegen die Annahme, daß der Gesetzgeber dieser subjektiven Theorie huldigen könnte. Entw. § 24 hat deshalb auch hier der subjektiven Theorie dadurch zum Durchbruch verholfen, daß sie nicht mehr die Straflosigkeit davon abhängig machen, daß die abzuwendende Tätigkeit von Erfolg war, sondern bestimmen, es genüge das ernstliche Bemühen, den Erfolg abzuwenden, wenn der Versuch von vornherein nicht zur Vollendung führen konnte. Die jetzige Fassung des Gesetzes läßt eine derartige Annahme nicht zu.

6. Die tätige Reue ist von besonderer Bedeutung auch bei beendigter Straftat im StGB. §§ 158 u. 163 (bei Meineid und Falscheid) §§ 204, 209 sowie § 310 (bei Brandstiftung). Außerdem ist sie seit langem ein fester Bestandteil des Steuerstrafrechts geworden, vgl. Wehrbeitragsges. v. 3. VII. 13 § 59; Besitzsteuerges. v. 3. VII. 13 § 79; Kriegssteuerges. v. 21. VI. 16 § 35; Ges. über eine außerordentliche Kriegsabgabe vom Vermögenszuwachs v. 10. IX. 19 § 29; Reichsabgabenordnung § 374. RGSt. **56** 316; 1 D 1788/21 30. V. 22; JW. **1923** 16³. Abweichend RGSt. **56** 385. — Vgl. Mrozek, Komm. RAgbO. § 374 Anm. 2. Für einen noch nicht beendeten Versuch verneint die Anwendbarkeit von § 374 RAgbO. RGSt. **57** 313, bejaht dagegen RGSt. **56** 385, **59** 115. § 374 RAgbO. geht als Sondervorschrift vor, RGSt. **62** 364. Ferner § 22 Automobilges. v. 9. V. 09, der ebenfalls einen persönlichen Strafausschließungsgrund enthält, Conrad in Strafr. Nebenges. Bd. 1 S. 565. Ferner Frank S. 100.

7. Auch der beendete Versuch muß immer noch Versuch sein, nicht bereits Vollendung der Straftat. Liegt bei Absichtsdelikten der beabsichtigte Erfolg außerhalb des deliktischen Tatbestands, wie z. B. bei § 263, so macht das Ausbleiben dieses Erfolgs die Handlung nicht zum Versuch, Rücktritt ist daher aus diesem Grunde ausgeschlossen. Frank S. 100 u. DVA. 5, 166; Zimmerl, Zur Lehre vom Tatbestand **44**.

8. Auch Rücktritt vom Versuch eines unbeendigten sowohl als einem beendigten, bei einem Unterlassungsdelikt ist möglich. Der Erfolg muß hier immer durch positive Tätigkeit abgewendet werden. Frank S. 98; Allfeld S. 188 u. Festgabe f. Frank II, 82.

Dritter Abschnitt.

Teilnahme.

§ 47. Wenn mehrere eine strafbare Handlung gemeinschaftlich ausführen, so wird jeder als Täter bestraft.

Vgl. Einführung § 30.

1. Die Überschrift des Abschnittes und § 50 zählen den **Mittäter** ebenso wie den Anstifter und Gehilfen zum **Teilnehmer** an einer strafbaren Handlung. Ebenso Entw. § 28.

Dies ist er jedoch nur im uneigentlichen Sinne, jedenfalls ist bei der Mittäterschaft nicht von einer akzessorischen Natur, wie bei Anstiftung und Beihilfe die Rede. In §§ 49a, 63, 143 Abs. 2 werden unter Teilnehmer nur die Anstifter und Gehilfen verstanden. Auch der Mittäter ist Täter und muß die sämtlichen inneren und äußeren Tatbestandsmerkmale bei seiner Handlung genau so erfüllen, wie der Alleintäter. RGSt. **17** 227. Das wird häufig bei der Feststellung der Mittäterschaft, z. B. beim Diebstahl und bei der Hehlerei, übersehen, insofern unterlassen wird nachzuweisen, daß die Absicht, sich die Sache rechtswidrig zuzueignen, oder sich einen Vorteil zu verschaffen, bei jedem Mittäter vorliegen muß. 1 D 1642/21 17. X. 22. Dagegen braucht die zum Betrugstatbestand erforderliche Absicht nicht von gleicher Beschaffenheit zu sein, da das Gesetz es gleichstellt, ob der „Täter sich" oder „einem Dritten" einen Vermögensvorteil verschaffen will. RGSt. **59** 106. Auch das Wort „Täter" wieder begreift nicht nur den Haupttäter, sondern ist im weiteren Sinne zu verstehen und umfaßt Anstifter und Gehilfen mit, vgl. Anm. 13. Die Vorschrift will nur besagen, daß der Mittäter so bestraft werden soll, als wenn er allein gehandelt hätte. RGSt. **54** 272.

2. Die Besonderheit gegenüber dem Alleintäter liegt in der Anwendung des Grundsatzes der **Arbeitsteilung** zwischen mehreren, d. h. mehr als einem, RGSt. **16** 173. Jeder einzelne will den ganzen verbotenen Erfolg als seinen eigenen d. h. durch eine von ihm mitbeherrschte Tätigkeit, verursachen, aber auf Grund eines gemeinschaftlichen Entschlusses, und mit vereinten Kräften. Da er mit diesem gemeinsam die Herrschaft über die Ausführung ausübt, muß er auch den durch die Kräfte des Mittäters mitverwirklichten Tatbestand als von ihm selbst verwirklicht gelten lassen. Von Buri, Abh. S. 115, und Oertmann, GerS. **28** 99, wird die Berechtigung des Begriffs der Mittäterschaft überhaupt bestritten. Das Charakteristische liegt darin, daß der eine objektive Tatbestand des Verbrechens durch eine Gesamthandlung mehrerer, aber einmal verwirklicht worden ist, Binding, Abhdl. I S. 287. Da der Mittäter Täter ist, kann er bei der gemeinschaftlichen Tat nicht zugleich als Gehilfe oder Anstifter in Frage kommen. Diese Teilnehmerformen gehen wie in der Täterschaft auch in der Mittäterschaft auf. Vgl. aber zu 7. Das ist nicht der Fall, wenn in einigen Tatbestandsbestimmungen Teilnahme lediglich Beteiligung bedeutet. So ist der Teilnehmer am Landfriedensbruch kein Mittäter, RGSt. **58** 208.

a) Der **gemeinschaftliche Entschluß** braucht nicht in einer vorgängigen Verabredung gefaßt zu werden. Eine im Augenblick der Tat hinzutretende Mittäterschaft genügt **(zufällige Mittäterschaft),** Binding, Grdr. S. 153; RGSt. **8** 43, **54** 272; Rechtspr. **1** 742, **7** 453. Der Entschluß kann durch Stillschweigen und konkludente Handlung betätigt werden, RGSt. **49** 239. Die bloße Eingehung eines Gesellschaftsvertrags reicht andererseits aber hierzu noch nicht aus, RGSt. **51** 387. Ebensowenig die bloße Kenntnis des strafbaren Vorhabens oder die nachträgliche Billigung, RGSt. **4** 177, **35** 13; 2 D 506/22 16. XI. 22; JW. **1924** 299[4]. Erfordert wird neben dem Willen, die Tat als auch mittels einer von ihm beherrschten Handlung zu begehen, weiterhin der Wille, die Tat unter Mitwirkung eines andern zu verwirklichen, sie durch die einander ergänzenden Handlungen zu vollbringen, RMG. **16** 208. Jeder muß also zugleich den Willen haben, seinerseits die äußere Teilhandlung des andern durch die seine zu einer vollständigen zu ergänzen und jene wieder zur Ergänzung seiner eigenen Tätigkeit dienen zu lassen. Hiernach kann man in einem weiteren und allgemeinen Sinne sagen, daß der eine Täter **gleichzeitig mittelbar und unmittelbar** in Hinblick auf dieselbe Straftat tätig wird. Beide müssen den Willen haben, mit dem andern und durch den andern als Täter zu handeln, RGSt. **57** 307, **59** 79, 245, **63** 101, 215. Der Unterschied mit der eigentlichen mittelbaren Täterschaft, Einführung § 24, besteht aber darin, daß bei der Mittäterschaft beide Täter sind und für jeden der volle strafrechtliche äußere und innere Tatbestand verwirklicht sein muß, während bei der mittelbaren Täterschaft nur der mittelbare Täter die Tatherrschaft hat und nur er Täter ist, der die Tat unmittelbar Ausführende aber mangels dieser Herrschaft und wegen des Mangels der zur Täterschaft erforderlichen Tatbestandsmale gerade nicht Täter ist. Daher kann bei der Mittäterschaft auch keine Ergänzung des inneren Tatbestands, etwa einer Absicht, die nur bei dem einen Mittäter vorliegt, stattfinden. Vgl. unten RGSt. **62** 320. Mittäter kann nur sein, wer Alleintäter sein kann. Mittelbarer Täter kann auch sein, wer nicht Alleintäter sein kann. Gerland 196. 4 D 158/15 23. IV. 15; 1 D 973/21 22. IX. 21. Daraus folgt, daß **einseitige Mittäterschaft** in sich widerspruchsvoll ist, Frank 114; a. M. Kohler 105, RGSt. **5** 306, **23** 196, **44** 321. Aus diesem Grunde haftet jeder für den Gesamterfolg, soweit sein eigener Wille reicht, RGSt. **14** 28. Daran ändert sich auch dadurch nichts, daß die Handlung des anderen Teils unter ein anderes Strafgesetz fällt, weil sie in Ansehung des äußeren Tatbestands und des verbrecherischen Willens weitergeht, RGSt. **28** 98, **42** 6, **54** 153; Rspr. **5** 287, **7** 453. Aber die Mittäterschaft geht nicht weiter, als sie Verwirklichung eines gemeinschaftlichen Entschlusses ist. Der Entschluß, einen über den Tatbestand der Handlung hinausgehenden, nicht zum Delikt gehörigen Erfolg durch je selbständiges Tätigwerden zu erzielen, läßt den Vorsatz zur Straftat noch nicht zu einem gemeinschaftlichen sich ausbilden. So begründet die gemeinsam gewollte Erzielung einer Freisprechung durch je zwei selbständige Zeugenmeineide keine Mittäterschaft für den Meineid, RGSt. **37** 92. — So kann z. B. die Gemeinschaftlichkeit des Willens sich nur auf die Zufügung einer Körperverletzung beziehen. Tritt infolge dieser die in §§ 224, 226, 227 qualifizierende Schädigung ein, so trifft die Haftung wegen der schweren Verletzung nach § 224 gleichfalls jeden der Mittäter. RGSt. **14** 119, **28** 245, **44** 323, GA. **50** 398. Ist aber eine dieser Folgen nur von einem der Mittäter beabsichtigt, so ist § 225 nur auf diesen anwendbar. Weil jeder Mittäter zugleich Täter ist und die ganze Tat als eigne will, darf er die Tat nicht nur in Abhängigkeit vom Willen des andern, sondern auch unabhängig von ihm wollen. Beling, Grdz. **4** S. 89; RGSt. **39** 193. Trotz seines Willens, die ganze Tat als gemeinschaftliche zu vollbringen, wird aber die Mittäterschaft ausgeschlossen, wenn nicht zugleich ein seine Strafbarkeit als Täter begründender Tatbestand verwirklicht wird. Ist dies nicht möglich, weil bei dem Teilnehmer das gemeinschaftlich Ausgeführte nicht ausreicht, um in seiner Person alle Voraussetzungen der Täterschaft zu erfüllen, z. B. weil er selbst bei einer Unterschlagung die Sache nicht mit im Besitz oder Gewahrsam hatte, so ist nur Beihilfe denkbar. RGSt. **59** 79, **62** 320.

Die Feststellung, daß **„in bewußtem und gewolltem Zusammenwirken"** gehandelt worden sei, vermag die Annahme einer Mittäterschaft **für sich allein nicht zu begründen,** 1 D 972/21 15. XII. 21. Ebensowenig reicht aus, daß ein eigenes Interesse an der Begehung der Straftat festgestellt wird. Denn alles dies ist auch vereinbar mit der Beihilfetätigkeit, RGSt. **3** 181, **14** 28, **39** 193, **40** 21, 4 D 459/16 5. VIII. 16. Dagegen kann der **Vorsatz** des einen Mittäters bedingt, der des anderen unbedingt sein. RGSt. **59** 245. Genügende Bestimmtheit des Mittätervorsatzes ist angenommen worden in einem Fall, wo beim Unternehmen eines Diebstahls ein Teilnehmer dem andern eine geladene Schußwaffe übergab, um von ihr im Falle der Störung Gebrauch zu machen, und der auch dann auf der Flucht einen Verfolger erschoß. 2 D 138/25 25. V. 25; ebenso 1 D 937/24 13. I. 25. Ging der gemeinschaftliche Wille auf Körperverletzung durch den Gebrauch eines gefährlichen Werkzeugs, so ist die durch es zugefügte Körperverletzung beiden Tätern zuzurechnen, auch wenn nur einer das Werkzeug gebrauchte und ebenso der dadurch verursachte Tod nach StGB. § 226 (reines Erfolgsdelikt); RGSt. **59** 390. Der Wille, einen Erfolg durch die Tätigkeit des andern zu erzielen dadurch, daß man dessen Tun wie sein eignes gelten läßt, fehlt bei Wettenden. Diese wollen nicht durch gemeinsames Tun einen gemeinsamen Erfolg, sondern durch gegeneinander wirkendes Tun will jeder einen den Erfolg des andern ausschließenden Erfolg für sich erringen. Nicht zu billigen die Meinung Bindings, der hier unrichtig Mittäterschaft annimmt. Daß der Mittäter den Genossen seiner Tat kennt, ist für die Fassung eines gemeinschaftlichen Entschlusses nicht unbedingt nötig. Es genügt, daß er sich bewußt ist, neben ihm wirkt noch ein anderer mit und daß dieser gleichermaßen das Bewußtsein vom Mitwirken des andern Genossen hat, RGSt. **8** 42, **23** 196, **54** 272, **58** 279; Rspr. **1** 742.

b) Die **gemeinschaftliche Ausführung.**

α) Jeder Mittäter muß in irgend einer Weise bei der Ausführung mitwirken. Die Bedeutung der Ausführung ist bestritten. Das **RG.** steht auf folgendem Standpunkt: Da Mittäterschaft gleichzeitig mittelbare und unmittelbare Täterschaft ist, so kann ein solches Mitwirken des einen Mittäters bei der Ausführung auch mittelbar stattfinden durch die unmittelbare Tätigkeit des andern Mittäters. Die zum Tatbestand gehörige Ausführungshandlung kann der Mittäter auch durch den andern Mittäter als sein Werkzeug vornehmen lassen, RGSt. **54** 271, **57** 308, **58** 279; 1 D 810/23 7. XII. 23. Hierbei wird aber verkannt, daß eine eigentliche mittelbare Täterschaft bei Mittäterschaft nicht möglich ist. Nach der subjektiven Theorie und der Ansicht des RG. ferner erfordert diese gemeinschaftliche Ausführung nicht unbedingt, daß die Tätigkeit ein Teil derjenigen Tätigkeit ist, die in § 43 als „Ausführung" im Gegensatz zur „Vorbereitung" gebracht ist, vielmehr genügt die Teilnahme an einer **Ausführungshandlung im weitesten Sinne,** gleichviel, in welchem Stadium sie sich befindet, wenn nur schließlich die Gesamtheit allen Handelns die Straftat verwirklicht hat. Bei dieser Ausführung im weiteren Sinne muß aber eine Teilnahme stattfinden, wobei eine Teilnahme schon an den Vorbereitungshandlungen des andern genügt, RGSt. **2** 160, **3** 181, **9** 75, **14** 29, **15** 295, **26** 305, **28** 304, **35** 13, **37** 58, **44** 32, **49** 159, **53** 138, **54** 116, 247, **55** 36, 61, **56** 329, **57** 308, **58** 94, 279, **59** 80, **63** 101, **64** 273, 379; 1 D 1030/23 28. II. 24; 3 D 636/25 25. I. 26. Dagegen reicht die bloße Beteiligung an der Verabredung und Beschlußfassung nicht aus, 1 D 696/21 21. XII. 21; 1 D 92/22 28. XI. 22; 4 D 587/24 6. VI. 24; JW. **1924** 1726[11]; 2 D 422/24 8. V. 24; RGSt. **56** 329, es sei denn, daß noch eine mittelbare Täterschaft hinzukommt. Selbst von dieser weiten Auffassung der Ausführungshandlung aus ist jedoch nicht zu billigen, wenn das RG. denjenigen schon als Mittäter bestraft, der ohne jede tätige Mitwirkung einer Rechtspflicht nicht genügt, die strafbare Handlung eines Andern zu hindern, wie RGSt. **64** 273; JW. **1933** 427; 1 D 876/27 22. XI. 27 annimmt. Eine erst nach Beendigung der Ausführungshandlung entfaltete Tätigkeit kann selbstverständlich nicht Mittäterschaft sein, RGSt. **58** 93.

Diese Auffassung des RG. über das Erfordern einer gemeinschaftlichen Ausführung wird fast im gesamten Schrifttum mit Recht beanstandet. Vgl. hierzu Einführung § 28.

β) Die **Teilnahmehandlung** selbst wieder kann **nach Art und Maß ganz verschieden sein,** sofern sie sich nur noch als ein Teil der Ausführung selbst erweist. Das ist das eigentliche Gebiet der Mittäterschaft. Der Art, d. i. der äußeren Erscheinung nach, braucht die Mitwirkung eigenhändig, d. h. persönlich, nur dort zu erfolgen, wo dies auch für die Täterschaft notwendig ist. Sie kann ihrerseits ebensogut in der äußeren Form einer Beihilfe-, Begünstigungshandlung erscheinen, RGSt. **14** 119, **44** 321, **49** 159, **54** 116, 248, **55** 139, **58** 279. Nur darf diese nicht der Tatherrschaft entbehren, wie es bei der Beihilfe selbst der Fall ist. Die ganze Beteiligung kann sich auf das geringste Maß beschränken, RGSt. **23** 388, **26** 345, 351, **54** 153, Rspr. **8** 80. So kann schon die Anwesenheit eine Mitwirkung bedeuten, wenn sie dazu dient und dienen soll, den verbrecherischen Willen des Andern bei der Ausführung der Tat zu stärken, 3 D 160/21 4. V. 21 in JW. **1921** 840, ihm das Gefühl des Rückhalts am Anwesenden zu geben. Die beachtliche Kritik Heimbergers liegt mehr auf tatsächlichem Gebiete. Unbedingt erforderlich ist, daß die Anwesenheit bei Verwirklichung des Tatbestands selbst vorliegt RGSt. **1** 145, **3** 142. Eine Anwesenheit nur bei der vorbereitenden Tätigkeit kann nicht genügen, wenn man die vorbereitende Tätigkeit nicht schon als Ausführungshandlung i. S. von § 47 ansieht. Die Mitwirkung kann überhaupt nicht nur in physischer, sondern auch in psychischer Wirkung bestehen, RGSt. **15** 295, **26** 351, **35** 17, **37** 55, **53** 138, **57** 144; 4 D 587/24 6. VI. 24; JW. **1924** 1726[11]; 2 D 422/24 8. V. 24. Auch hier kommt es darauf an, daß der Täterwille des einen Mittäters durch die psychische Einwirkung des andern gestärkt oder sonst die Tat gefördert wird. Die verschiedenartige Beteiligungsmöglichkeit nach Art und Maß beruht eben darauf, daß die Rollen der Teilnehmer bei der Ausführung untereinander verschieden verteilt sein können. Wird z. B. der schwere Raub nach StGB. § 250 Abs. 1 u. 4 von mehreren gemeinschaftlich beschlossen, so genügt es, wenn einer den Erschwerungsgrund in seiner Person verwirklicht. Ob „Schmierestehen" eine Mittäterschaft bedeutet, kommt hiernach ebenfalls darauf an, ob es eine Rolle in der vereinbarten gemeinschaftlichen Ausführung darstellt und mit dem Willen geschieht, die andern als die unmittelbar Handelnden für den Schmiere stehenden Mittäter handeln zu lassen, zugleich aber auch deren Tätigkeit mit zu beherrschen. Ohne weiteres ist dies nicht anzunehmen, 4 D 459/16 5. VII. 1916; GA. **56** 90. Völlige Untätigkeit genügt zur Mittäterschaft bei einem Begehungsdelikt freilich niemals, auch dann nicht, wenn der Untätige um die strafbare Handlung des andern wußte und sie billigte. Insbesondere reicht dann auch nicht seine bloße Anwesenheit am Tatort aus. Vielmehr muß immer wenigstens in irgend einer Weise zur Verwirklichung der Straftat mitgewirkt worden sein, RGSt. **1** 145, **3** 142, 268, **9** 3, **14** 29, **28** 305, **54** 153; 1 D 613/14 4. VII. 24. Zu weitgehend RG. in LZ. **1916** 553, wo schon die stillschweigende Genehmigung zur Wegnahme für genügend erachtet wird. Dagegen zutreffend 1 D 137/13 24. IV. 13, wo anerkannt wird, daß stillschweigende Billigung einer Straftat eines Dritten noch keine Mittäterschaft begründet. RGSt. **54** 152; 3 D 550/21 13. I. 22.

Eine gemeinsame Ausführung und Rollenverteilung muß nach der Art der Straftat möglich sein. So kommt z. B. beim Meineid eine Mittäterschaft nicht in Frage, RGSt. **61** 201. Bedenklich RGSt. **60** 365. Ebensowenig bei Sonderdelikten mit Außenseitern. Vgl. bei Steuerhinterziehung hierzu RGSt. **62** 319 einerseits und RGSt. **65** 409 andrerseits. Siehe ferner unter 11. Zu beachten ist, daß die Art der Teilnahme nicht bei der bloßen Anstiftung stehen bleiben darf, sondern eine irgendwie gestaltete, darüber hinausgehende Beteiligung stattfinden muß, da die Anstiftung in § 48 besonders geregelt ist. Vom RG. wurde in LZ. **1916** 757 das Diktieren als solche über das Anstiften hinausgehende Handlung angesehen. — Alle diese Beteiligungsweisen an einer fremden Straftat sind aber nur dann gemeinschaftliche Ausführungen im Sinne von § 47, wenn sie Verwirklichungen des Täterwillens eines jeden sind und dazu dienen sollen, die Tat für jeden als eigene, d. h. von jedem Mitwirkenden beherrschte zu verwirklichen. Binding, Strafrechtl. Abhandlungen I S. 353. Sofern man das Entscheidende, wie bei der Täterschaft, lediglich im Willen erblickt, die Tat „als eigne" zu begehen, den bloßen animus auctoris für genügend hält und nicht den animus domini mit erfordert, wird diese Auffassung als subjektive Theorie bezeichnet; ihr huldigt das **RG.**, vgl. RGSt. **2** 160, **3** 181, **4** 177, **9** 3, **14** 28, **15** 295, **26** 345, 351, **35** 13, **37** 55, **42** 6; 5 D 331/09 8. VI. 09; 4 D 892/12 29. XI. 12; 4 D 85/13 25. II. 13. — Ihr steht die sog. objektive Theorie gegenüber, die die Verwirklichung eines Teils des äußeren Delikttatbestands verlangt. Näheres hierüber Einführung §§ 23, 28, 30.

γ) Ein rechtmäßiger und schuldfreier Teilakt kann zur Ergänzung zwecks Verwirklichung eines strafbaren Tatbestands nicht herangezogen werden, auch wenn er objektiv die Tatbestandsmerkmale aufweist. Es muß immer ein Deliktstatbestand, also eine schuldhafte Tat, vorliegen, RGSt. **17** 413, **40** 21. Anders dagegen, wenn nur ein persönlicher Strafausschließungsgrund gegeben ist, der den Deliktscharakter unberührt läßt, z. B. § 247 Abs. 2, Amnestierung usw. Ist einer der Mittäter ganz schuldlos, scheidet er überhaupt aus und wenn dann nur noch einer übrig bleibt, gibt es selbstverständlich keine Mittäterschaft mehr, RGSt. **40** 21. Ein der freien Willensbestimmung Beraubter kann nicht Mittäter sein, 3 D 69/17 12. III. 17.

δ) Bei mehraktigen Delikten, wie Urkundenfälschung, reicht es für die Annahme der Mittäterschaft gleichfalls hin, wenn die Mitwirkung nur bei einem Akt vorliegt, sofern nur der Täterwille auch auf Verwirklichung des andern Ausführungsaktes für ihn selbst durch den Mittäter geht und der Vorsatz somit das ganze Delikt ergreift, RGSt. **60** 154, 233; 4 D 125/15 15. IV. 15; 4 D 579/16 v. 10. XI. 16. Daher ist bei einem Diebstahl durch Einsteigen Mittäter an diesem qualifizierten Delikt auch derjenige, der draußen stehen bleibt, sofern er durch diese Teilnahme bei der Ausführung auch den Willen betätigt, daß die wegzunehmende Sache nicht nur dem Einsteigenden, sondern auch ihm zugehören soll, Rollenverteilung, 4 D 965/18 3. XII. 18; RGSt. **6** 186, **52** 128; Rspr. **8** 80; Frank 114. Erfordert dagegen das zweiaktige Delikt, daß bei jedem Täter die eigene Verwirklichung vorliegt, ist Mittäterschaft ausgeschlossen. So ist „sich verschaffen" ein Tatbestandsmerkmal des § 147 unter 2. Mittäterschaft an diesem zweiaktigen Verbrechen liegt daher bei dem nicht vor, dessen Teilnahme sich auf die Verausgabung des Falschgeldes beschränkte, ohne daß er es auch sich verschafft hat. 1 D 655/25 2. II. 26.

ε) Mittäterschaft ist weiter nur dann vorhanden, wenn beide Mittäter irgendwie **denselben Tatbestand** nach seinen äußeren und inneren Merkmalen verwirklichen. So gehört z. B. zur Mittäterschaft des § 132, daß sich alle gleichzeitig ein Amt anmaßen, indem jeder von ihnen eine Handlung vornimmt, die nur kraft eines öffentlichen Amts vorgenommen werden darf. RGSt. **55** 266. Ebenso im Falle des RGSt. **62** 320. Die gemeinsame Tätigkeit kann nicht Mittäterschaft begründen, wenn der von dem Einen ausgeübte Teil unter ein anderes Strafgesetz fällt, als der vom Andern ausgeübte. A. M. Olshausen Anm. 2. Wenn das Gesetz jedoch Mischtatbestände umfaßt (§ 119: Widerstand durch Gewalt — durch tätlichen Angriff), kann Mittäterschaft angenommen werden, RGSt. **28** 100. Abweichend 3 D 1537/20 17. I. 21 (StRZ. **1921** 244).

3. Mittäterschaft ist auch bei **Unterlassungsdelikten** möglich, Olshausen 19. Es kann recht wohl das Nichthandeln auf gemeinsamem Entschluß beruhen, wo ein Zusammenhandeln geboten gewesen ist, da nur dieses Zusammenhandeln den Erfolg herbeizuführen vermochte. Andernfalls, wenn jeder selbständig ein an ihn auch als Einzelner gerichtetes Verbot übertritt, liegt Nebentäterschaft vor, RGSt. **47** 93.

4. Ebenso setzt Mittäterschaft zwar Vorsatz voraus, aber da Fahrlässigkeit eben darin besteht, daß ein Erfolg durch eine Handlung verursacht wird, der nicht in den bewußten Willen aufge nommen worden ist, so kann auch dieser Erfolg in Mittäterschaft **fahrlässig** herbeigeführt werden. Wenn zwei gemeinschaftlich durch bewußtes und gewolltes Zusammenwirken den Durchstich eines Dammes herbeiführen, sind sie zweifellos insoweit Mittäter. Wenn dieser Durchstich die Überschwemmung herbeiführt, sie sich diese Möglichkeit auch beide in gegenseitiger Verständigung vergegenwärtigt, aber zu vermeiden gehofft haben, ist ihnen als Mittäter Fahrlässigkeit nach § 314 zuzurechnen, nicht liegt Eintäterschaft oder Nebentäterschaft vor. Vgl. Frank 114, Binding, Grdr. 147, Normen **4** 638, Wuttig, Fahrlässige Teilnahme S. 106, Schacht, Das fahrlässige Zusammenwirken mehrerer Personen (1909), Meyer-Allfeld S. 219, Binz, Die Teilnahme an fahrlässig begangenen Handlungen (1895), Gerland 196. Vgl. RGSt. **34** 91. **A. M.** M. E. Mayer S. 382 Anm. 6, Wachenfeld 189, A. Köhler 502, Schwartz 8, Finger 1, 344 und die **Rechtsprechung des RG.**, z. B. RGSt. **5** 306, **10** 8, **16** 277, **20** 54, **23** 175, **45** 88, **51** 39, **53** 27. Auch Mittäterschaft ist denkbar, bei denen einige vorsätzlich, andere fahrlässig handeln, Binding, Abhdl. I S. 292; Frank 114; a. M. Gerland 196.

5. Wird nicht einmal Fahrlässigkeit hinsichtlich des verursachten **Erfolgs** erfordert, sondern lediglich Kausalzusammenhang, wie z. B. in § 226, so trifft dieser Erfolg die Mittäter gemeinsam und sie haften für ihn, sofern nicht Exzeß seitens des einen Mittäters vorliegt, RGSt. **14** 119, **21** 267, **59** 389. Dies nehmen auch die an, die fahrlässige Mittäterschaft leugnen, wie M. E. Mayer S. 383.

6. Sukzessive Mittäterschaft ist insofern möglich, als ein Täter, der bereits in der Ausführung einer Straftat begriffen ist, vor deren Vollendung sich zwecks weiterer Ausführung und Vollendung der Tat mit einem anderen zur gemeinsamen Ausführung verbinden kann, RGSt. **8** 42. Es kommt dabei aber nicht auf die rechtliche Vollendung des Delikttatbestands, sondern auf die Beendigung der Handlung an, RGSt. **51** 402, **52** 26, 5 D 209/21 21. XI. 22. Dann sind dem hinzutretenden Mittäter die **künftigen** Handlungen des anderen Ersttäters ebenso zuzurechnen, wie diesem nunmehr die Handlungen des Hinzugetretenen. Dies betrifft aber immer nur die nach dem Einigungsbeschluß liegende Verwirklichung von Tatbestandsmerkmalen. Soweit diese bereits vor dem Eintritt der Mittäterschaft von dem früheren Alleintäter verwirklicht worden sind, sind sie diesem allein zuzurechnen. Rücksichtlich dessen, was bereits vollständig abgeschlossen vorliegt, vermag die bloße Kenntnis und auch eine hinzutretende äußerliche oder innerliche Billigung und ein bloßes Benutzen und Ausnutzen der dadurch geschaffenen Situation die strafbare Verantwortlichkeit nicht zu begründen, weil sie nicht von ihm verursacht ist, für sie keine Täterschaft vorliegt, Rspr. 8 80; 6a D 101/22 22. VI. 22. JW. **1923** 757[1]. Ist bei zweiaktigen Delikten der zweite Akt nur strafbar, wenn der Täter auch den ersten begangen hat, so ist eine Mittäterschaft, die erst bei Begehung des zweiten Aktes einsetzt, ausgeschlossen. Es kann dann Beihilfe in Frage kommen. So bei § 147. 2 D 862/24 9. II. 25; für zweifelhaft erklärt von 4 D 158/15 23. IV. 15. A. M. Köhler 521; Frank **116**, der sich aber zu Unrecht auf RGSt. **8** 43 beruft. Eine der zivilrechtlichen Genehmigung in ihrer Wirkung auf die Verantwortlichkeit gleichkommende strafrechtliche Genehmigung gibt es nicht, RGSt. **9** 3. Wenn A. in räuberischer Absicht Gewalt gegen C. verübt und nach deren Abschluß gemeinschaftlich mit dem hinzutretenden B. die Wegnahme ausführt, ist A. Räuber, B. aber nur Dieb, auch wenn er von der vorausgegangenen Gewaltanwendung Kenntnis hat. Hat A. gegen C. Gewalt verübt zunächst ohne Absicht, Raub zu begehen, faßt aber mit dem hinzutretenden B. den Entschluß, in Ausnutzung der Situation die Sache wegzunehmen, so begeht er in Realkonkurrenz mit Bedrohung oder Freiheitsberaubung als Mittäter einfachen Diebstahl mit B. Dies gilt auch für die **fortgesetzte Handlung.** RGSt. **34** 47, 1 D 823/24 30. I. 25. Die Frage, ob jemand und inwieweit in Ansehung einer als fortgesetztes Delikt sich darstellenden Haupttat als Mittäter, Anstifter, Gehilfe oder Begünstiger strafbar sei, ist regelmäßig von seinem Verhältnis zu denjenigen Einzelhandlungen aus zu beurteilen, an denen er sich beteiligt, RGSt. **17** 227, **34** 5; RG. in JW. **1920** 292. Dieselbe Person kann sich an einem Teil der Einzelakte als Mittäter, an einem anderen Teil als Gehilfe usw. beteiligen, sie braucht die Handlung als eine im Fortsetzungszusammenhang begangene nicht zu erkennen. Die einzelnen Teilnahmehandlungen können reell und ideell konkurrieren, auch eine fortgesetzte Handlung bilden. Geht indessen der Vorsatz bei jeder einzelnen Teilnahmehandlung dahin, an der ganzen als fortgesetzte erkannte Handlung des Haupttäters teilzunehmen, so sind die mehreren einzelnen selbständigen verschiedenen Teilnahmeformen in eine einzige Gesamtteilnahme zusammenzufassen, bei der die schwerste Teilnahmeform, also z. B. die Mittäterschaft für die ganze Teilnahme maßgebend ist. JW. **1921** 839[2]; 1 D 1095/21 22. XII. 21.

7. Gleicherweise verhält es sich mit **teilweiser Mittäterschaft.** Mehrere können gemeinschaftlich nur hinsichtlich eines Teils des Tatbestands handeln derart, daß bezüglich dieses Teils Arbeitsteilung eintritt und die Tätigkeit des einen die des andern ergänzen soll, daß darüber hinaus aber wieder Einzeltäterschaft (oder Nebentäterschaft) vorliegt, so z. B. gemeinschaftliche Mißhandlung, aber nur bei einem dabei Tötungsvorsatz, RGSt. **44** 321. Ebenso ist gewolltes Zusammenwirken nur hinsichtlich des Einbrechens denkbar, im Gebäude selbst aber will dann jeder auf eigene Faust stehlen. Das wird von Bedeutung für die Annahme einer Entwendung nach § 370 Nr. 5. Geht der Vorsatz aber auch auf gemeinschaftliche Entwendung der gesamten Sachen, so ist es ohne Belang, ob der Mittäter den nachmals bei der Teilung auf ihn entfallenden Anteil zum sofortigen Gebrauch verwenden will, 1 D 1234/20 7. I. 21 in LZ. **1921** Sp. 313. Bloße nachträgliche Kenntnis vom Einsteigen des Andern macht die nachher erst eintretende gemeinschaftliche Ausführung eines Diebstahls noch nicht zur Mittäterschaft beim schweren Diebstahl, 6a D 101/22 22. VI. 22, JW. **1923** 757[1]. Der Gemeinschaftlichkeit bedarf es nur in dem Maße, als durch die Ausführung der Tatbestand einer strafbaren Handlung zustande kommt. RGSt. **47** 358. Darüber hinaus ist Übereinstimmung nicht erforderlich. Daher können auch im übrigen die Formen der Begehung bei einzelnen Mittätern verschieden sein, der eine die gemeinschaftliche Tat durch eine Handlung im Fortsetzungszusammenhang, der andere durch eine selbständige Handlung nach § 74 verwirklichen, RGSt. **34** 47, **42** 6. Soweit Gemeinschaftlichkeit nicht mehr vorliegt, kann dann auch der Mittäter zu den hierüber hinausgehenden Akten des andern Beihilfe leisten, Rspr. **4** 545, und Anstifter sein, RGSt. **17** 227, sofern dies an sich möglich ist, vgl. zu § 48. Im übrigen geht die von einem Mittäter dem andern geleistete Beihilfe in der Mittäterschaft auf, RGSt. **36** 25. Nur teilweise Mittäterschaft liegt auch vor, wenn die **Schuld** eines jeden verschieden ist. **Jeder Mittäter haftet mit nach dem Grade seiner Verschuldung.** So kann der eine mit Überlegung, der andere ohne Überlegung bei der Tötung handeln, Rspr. **5** 287, der eine mit dem Vorsatz der Tötung, der andere mit dem der Körperverletzung, RGSt. **44** 321, der eine vorsätzlich, der andere fahrlässig. Frank 116.

8. **Exzeß** hebt den gemeinschaftlichen Entschluß und die gemeinschaftliche Ausführung hinsichtlich des aus dem gemeinsamen Willen herausfallenden Tuns auf, dieses hat daher nur sein Urheber zu verantworten, nicht der andere, da er insoweit nicht mehr Mittäter ist. RGSt. **12** 8, **14** 119, **44** 323, **54** 153, **57** 307. Es ist aber möglich, daß der ursprünglich gefaßte Entschluß gemeinschaftlich erweitert wird und der anscheinende Exzeß zur zufälligen Mittäterschaft wird. Daß der eine Mittäter bei der Ausführung der Tat etwas andres tut, als der andre Mittäter vorher wußte, bewirkt aber noch nicht notwendig schon einen Exzeß. Denn der gemeinschaftliche Vorsatz kann das Tun auch nur im allgemeinen umfassen und jedem Einzelnen in der Art der Ausführung mehr oder weniger Freiheit gönnen. Auch daß eine bestimmte Ausführungsart zunächst ins Auge gefaßt ist, macht eine andere Ausführungsart jedenfalls dann noch nicht zum Exzeß, wenn diese jener äquivalent ist. So kann die Verabredung auf Schläge mit Knüppeln gehen, die Verwendung von Messern zum Stechen aber der allgemein gewollten schweren Körperverletzung entsprechen, auch wenn zunächst nicht an sie gedacht wurde.

9. **Straferhöhende und strafmindernde Umstände** treffen **nur den Mittäter, bei dem sie vorliegen,** § 50. So § 248a, § 215. RGSt. **42** 6. Hierher gehört auch die Beamteneigenschaft, falls sie nicht ein Sonderdelikt begründet (Anm. 10), sondern nur ein Strafbarkeitsmerkmal für ein Gemeinverbrechen abgibt; z. B. § 223a und § 340. Dagegen fällt nicht darunter die nur bei einem Mittäter bestehende Absicht zu alsbaldigem Verbrauch, 1 D 1234/20 7. I. 20; LZ. **1921** Sp. 313; 3 D 1804/20 6. III. 22.

10. Auch der **Rücktritt vom Versuch** seitens des einen Mittäters wirkt nur für diesen, RGSt. **14** 119, **16** 347, Frank 116. A. M. Binding, Grdr. S. 138 um deswillen, weil er im Rücktritt einen Schuldaufhebungsgrund, keinen bloßen Strafaufhebungsgrund erblickt. Ist bei einer Mittäterschaft zufolge gemeinschaftlich gefaßten Entschlusses eine Verteilung der Rollen dahin vorgenommen worden, daß der eine Teilnehmer den Anfang, der andere das Ende der Ausführung übernimmt, und tritt derjenige, der den Anfang übernommen hatte, noch rechtzeitig nach § 46 zurück, sodaß der zweite Mittäter zur Ausführung seines Teiles überhaupt nicht kommen kann, so ist ihm der Teil der Ausführung des ersten — zurücktretenden — Mittäters gleichwohl zuzurechnen und er wegen insoweit begangenen Versuchs zu strafen, obwohl er diese Ausführung nicht selbst bewirkt und der andere, der sie bewirkte, wegen des Rücktritts straflos bleibt. Denn jenes Handeln stand immerhin schon unter der Tatherrschaft auch des Mittäters, und dieser muß sich daher schon diesen Teil der auch von ihm als Täter gewollten ganzen Tat zurechnen lassen, auch wenn er irgendwelche weitere mitausführende Tätigkeit an ihr noch nicht begangen hat. Ist das nicht erforderlich, um diese Tätigkeit des andern ihm zuzurechnen, wenn die ganze Tat vollbracht ist, so ist es auch nicht erforderlich, wenn sie im Stadium des Versuchs stehen geblieben ist. Nicht ganz zutreffend RGSt. **9** 3 und Frank, der die Haftbarkeit der verschiedenen Mittäter jedesmal erst dann beginnen lassen will, wo sie eine eigene Ausführungstätigkeit begonnen haben. Die aber liegt schon vor in der Herrschaft auch über die Tatausführung des andern. Einem Mittäter, der aus allgemeiner Furcht vor Entdeckung und Strafe von der weiteren Beteiligung an der geplanten Tat Abstand nimmt, kann, auch ohne daß er seinen Genossen ebenfalls zum Rücktritt veranlaßt, die Straffreiheit aus § 46 Nr. 1 zugute kommen, wenn sein früherer Tatbeitrag für die Fortführung des Unternehmens durch die anderen Mittäter seine Bedeutung verloren hat, RGSt. **54** 177, 326; 3 D 344/24 19. V. 24. Sonst ist freilich Rücktritt des Mittäters nur möglich, wenn er bewirkt, daß die übrigen Täter das von ihm bereits Geleistete nicht weiter benutzen können. Frank S. 116; Olshausen 27. RGSt. **47** 361, **54** 178, **59** 412.

11. Mittäter eines **Sonderverbrechens** kann nur der sein, der sich auch als Eintäter dieses Verbrechens schuldig machen kann, Frank 117. Daher sind nur diejenigen mögliche Mittäter, die Adressaten einer Sondervorschrift sind, Binding, Hdb. **1** S. 185, 133; Nagler, Teilnahme am Sonderverbrechen (1903) 65, 79. Wer durch ein Gebot oder Verbot nicht verpflichtet ist, kann nicht Täter und darum auch nicht Mittäter mit einem andern Verpflichteten sein. So auch Olshausen 200. Daher ist Mittäterschaft eines Nichtbeamteten an einem reinen Beamtendelikt, eines Nichtgewerbetreibenden am Gewerbedelikt unmöglich. Dasselbe gilt, wenn die Norm sich nur auf einen bestimmten Kreis von Personen bezieht, für die außerhalb dieses Kreises stehenden. So kann ein Nicht-

zollpflichtiger nicht Mittäter bei einem Zolldelikt sein. Rspr. **4** 296; RGSt. **29** 419, **37** 92, **31** 407, **39** 193, **42** 382, **47** 94, **51** 40, **53** 136, **62** 319; aber RGSt. **65** 407. Es kann nur Beihilfe in Frage kommen. Handelt es sich um kein Sonderdelikt, sondern um ein Gemeinverbrechen, um eine Zuwiderhandlung gegen eine Norm, die gegen alle sich richtet, aber für einen bestimmten Täter wegen seiner Eigenschaft oder Beziehung und Stellung qualifiziert ist, so ist Mittäterschaft insoweit möglich, als die Qualifikation nicht in Frage kommt, z. B. Unterschlagung im Amt, StGB. § 331. Frank 117. Eingehend P. Wolf Betrachtungen (1927) 187.

12. Bei einzelnen Delikten bildet die **Begehung in Mittäterschaft** ein **Strafbarkeitsmerkmal,** so in §§ 119, 123, 223a, 293, RGSt. **3** 7, 8 42, **5** 306, **14** 119, **17** 413, **19** 192, **28** 98; RMG. **7** 198. Freudenthal, Die notwendige Teilnahme S. 127. Es gelten hier die gleichen Grundsätze wie sonst bei der Mittäterschaft. Ferner die Zugehörigkeit der Mittäter zu einer Bande, § 243 Nr. 6, § 250 Nr. 2; VZollG. v. 1. VII. 09 § 146 Abs. 6; zu einem Komplott VZollG. § 146 Abs. 1; SeemO. v. 2. VI. 02 §§ 101, 102. In §§ 115 und 125 dagegen bedeutet das Deliktmerkmal „mit vereinten Kräften" keine Mittäterschaft i. S. von § 47, RGSt. **9** 370, **58** 209; RGSt. u. JW. **1933** 429. A. M. Frank zu § 115 II 4.

13. Es gibt aber auch Delikte, die ihrer Natur nach ganz oder zum Teil nur von einem **Eintäter** begangen werden können, wie Eidesdelikte, RGSt. **37** 92, und andere, die in der Ausübung einer bestimmt gearteten Tätigkeit bestehen, wie Blutschande, Ehebruch, Fahnenflucht, Zweikampf, unzüchtige Handlung, Aufruhr, Amtsanmaßung usw. Binding, Strfr. Abhdlg. I S. 269, Binding, Grdr. 146. Bei zusammengesetzten Straftaten, bei denen ein Tatbestandsteil nur eintätig, persönlich begangen werden kann (wie z. B. Beischlaf), ein anderer aber von mehreren gemeinschaftlich (wie z. B. Nötigung), ist Mittäterschaft nur insoweit möglich, als die gemeinschaftliche Begehung möglich ist. Daher kann Notzucht nicht in Mittäterschaft, wohl aber die dabei verübte Nötigung in Mittäterschaft begangen werden. A. M. Frank 117; P. Wolf, Betrachtungen (1927) 187.

14. Auch Anstiftung und Beihilfe können in Mittäterschaft verübt werden.

15. In der Verurteilung eines Teilnehmers als Mittäter liegt eine Anwendung des § 47. Die Nichtanführung dieser Vorschrift verstößt mithin gegen StPO. § 267 Abs. 3, RGSt. **19** 213. Dieser Verstoß gehört aber nicht zu den in § 338 StPO. angeführten Fällen, wo das Urteil als auf der Verletzung beruhend angesehen werden muß, RGSt. **32** 351. Es genügt daher, daß tatsächlich § 47 angewendet worden ist, 4 D 455/11 16. V. 11, 1 D 937/23 8. II. 24.

16. Prozessuales. Erfolgt die Aufhebung des Urteils, weil hinsichtlich des einen Täters Mittäterschaft nicht vorliegt, so muß richtigerweise auch hinsichtlich des anderen Aufhebung erfolgen. Es ist auch nicht zutreffend, mit der gem. Meinung und RGSt. **11** 103, **12** 347, **23** 47, **36** 18, **37** 215, **56** 35 anzunehmen, daß jemand durch die Annahme der Alleintäterschaft statt Mittäterschaft und umgekehrt nicht beschwert sei, diese Frage daher dahingestellt gelassen werden könne. Der Vorsatz ist beim Mittäter ein anderer als beim Alleintäter, die Feststellung des einen duldet nicht den des andern, auch decken sich nicht die Ausführungshandlungen. Der Umstand, daß die Mittäterschaft nicht im Tenor des Urteils ausgedrückt ist, enthält keine Gesetzesverletzung, RGSt. **2** 378; 1 D 937/23 8. II. 24, 3 D 611/27 17. X. 27.

17. Liegt Mittäterschaft vor, ist GewO. § 151 ausgeschlossen, RGSt. **51** 141.

18. Wenn die Strafe des Täters nach der Höhe des verbotenen, mit der Tat erzielten Gewinns zu bemessen ist, wie es z. B. nach § 5 Abs. 2 der BVO. v. 23. III. 1916 (RGBl. 183) der Fall war, so ist diese Bemessung auch für jeden Mittäter maßgebend, selbst wenn er vom Gewinn nur einen Anteil oder gar nichts erhalten sollte, RGSt. **51** 150. Nur muß auch bei ihm die zur Tatverwirklichung erforderliche Gewinnabsicht bestanden haben.

§ 48. Als Anstifter wird bestraft, wer einen anderen zu der von demselben begangenen strafbaren Handlung durch Geschenke oder Versprechen, durch Drohung, durch Mißbrauch des Ansehens oder der Gewalt, durch ab-

sichtliche Herbeiführung oder Beförderung eines Irrtums oder durch andere Mittel vorsätzlich bestimmt hat.

Die Strafe des Anstifters ist nach demjenigen Gesetze festzusetzen, welches auf die Handlung Anwendung findet, zu welcher er wissentlich angestiftet hat.

Entw. § 29. Einführung § 31.

1. Über das Wesen der Anstiftung bestehen in der Hauptsache zwei Anschauungen. Die eine sieht in ihr als das Charakteristische die Hervorrufung eines verbrecherischen Entschlusses im Täter und läßt diese strafbar werden, sofern der Entschluß zu einer nachfolgenden Begehung des Verbrechens geführt hat. Die andere erblickt in ihr die Urheberschaft zu dem vom Angestifteten begangenen Verbrechen, und zwar in der besonderen Ausführungsform der Erzeugung einer unmittelbaren Bedingung durch eine mittelbare, ähnlich wie bei der mittelbaren Täterschaft. Das Gesetz faßt den Anstifter als Teilnehmer am Täterverbrechen. Die Tat, zu der angestiftet wird, ist **für den Anstifter eine fremde.** RGSt. **59** 31, **61** 32, **63** 313, 373. Es genügt deshalb zur Bestrafung des Anstifters, daß die Tatbestandsmerkmale der strafbaren Handlung auf Seiten des Haupttäters gegeben sind. Daß die Handlung, vom Anstifter selbst ausgeführt, gleichermaßen strafbar sein würde, ist nicht erforderlich. RGSt. **59** 34.

Anstiftung ist vorsätzliche Verursachung eines — vom andern vorsätzlich verübten — Täterverbrechens, der Anstifter muß durch die vorsätzliche Bestimmung des Täters die die entferntere Ursache der von diesem begangenen Handlung geworden sein. Die durch den Angestifteten als den nächsten Urheber herbeigeführte Haupttat ist wegen dieser entfernteren Urheberschaft auch dem Anstifter zuzurechnen, RGSt. **5** 228. Wenn das Strafgesetz den Anstifter straft, so geschieht dies nicht deshalb, weil er schuld daran ist, daß ein anderer sich strafbar macht, sondern weil er als entfernterer Urheber mitwirkt, daß eine Straftat verübt wird, RGSt. **15** 316. Es muß also ein dem Anstifter bewußter und von ihm gewollter ursächlicher Zusammenhang zwischen der Anstiftung und der begangenen Tat bestehen. Die ausgeführte Tat muß sich mit dem Willen dessen decken, der den bestimmenden Einfluß ausgeübt hat; RGSt. LZ. 1933 Sp. 56 Nr. 2. Gleichwohl ist der Anstifter nicht Täter, auch nicht mittelbarer. Die Anstiftung erfordert, daß der Angestiftete Täter ist. Bei der mittelbaren Täterschaft ist der Veranlaßte gerade nicht Täter und allein der Veranlasser, weil er zugleich die Tatherrschaft über die Tätigkeit des Veranlaßten hat. Vgl. RGSt. **61** 266. Der Vorsatz beider ist verschieden. Wenn das RG. ein Urteil nicht aufhebt, wenn statt Anstiftung Täterschaft angenommen wird, so beruht das lediglich auf praktischen Erwägungen und läßt sich, streng genommen, nicht rechtfertigen. 4 D 987/09 17. XII. 09. Vgl. Anm. 8. Hieraus ergibt sich ohne weiteres die **Unmöglichkeit** einer Annahme der **Konkurrenz** zwischen Täterschaft und Anstiftung oder Beihilfe und Anstiftung. Ein eintätiges oder mehrtätiges Zusammentreffen der verschiedenen Beteiligungsformen ist ausgeschlossen, RGSt. **53** 189. 1 D 1333/21 29. IX. 22. Immerhin ist es ausnahmsweise denkbar, daß die Strafe nach dem Strafrahmen für die Anstiftung zu finden ist, nämlich dann, wenn die gegen Anstiftung gerichtete Strafdrohung härter ist als die gegen den Täter, wie es bei MStGB. § 115 zutreffen kann. 1 D 826/24 9. I. 25. Anstiftung zur Beihilfe ist mittelbare Beihilfe zur Haupttat, RGSt. **33** 401; 3 D 280/21 4. IV. 21, JW. **1921** 839 [2]; eine Anstiftung zur Beihilfe bei der eigenen Tat des Anstiftenden wird zufolge der Subsidiarität bereits durch die Strafe für die Haupttat mit abgegolten. RGSt. **26** 198, **27** 273, **56** 59; RGSt. **44** 207 steht nicht entgegen. Wenn die Mitschuld an einem Delikt in verschiedenen leichten und schweren Formen in Frage steht, kommt die schwerste Form allein in Betracht, RGSt. **2** 146, **5** 227, **10** 409, **16** 374, **26** 198, **27** 273, **33** 401, **44** 207, **48** 206; Rspr. **4** 715. In RGSt. **47** 372 ist die frühere gegenteilige Annahme von Rspr. **9** 631 aufgegeben, die in RGSt. **8** 303 vom II. Strfs. später stillschweigend verlassen ist. RGSt. **36** 25; 3 D 433/18 6. II. 19. Dagegen kann sich der Täter eines Verbrechens oder Vergehens der Anstiftung eines anderen zur Begünstigung der eigenen Straftat schuldig machen, RGSt. **4** 60; Rspr. **5** 421, 3 D 61/17 23. IV. 17; 3 D 206/25 8. VI. 25.

2. Die Anstiftung hat **zwei Erfolge** zur Voraussetzung, ebenso wie die Beihilfe:

A. Die **Hervorrufung des Tätervorsatzes in einem Andern** ist der erste Erfolg der Anstiftung. Gelingt schon dieser nicht, so liegt nur strafloser Versuch einer Anstiftung als Vorbereitungshandlung einer Straftat vor. In einzelnen Fällen ist der erfolglose Versuch, wenn er in bestimmten Formen unternommen wird, zu einem selbständigen Verbrechen erhoben worden, §§ 49a, 85, 111 Abs. 2, 159 (RGSt. **23** 223; 1 D 1013/23 29. I. 24; 4 D 529/17 23. X. 17), 357, 361 Nr. 4; BVO. 8. V. 18 § 1 Nr. 7, § 4. Vgl. hierzu Prosch, Rücktritt vom Versuch (1904).

a) Der Täterentschluß muß beim Andern **nach der ganzen inneren Tatseite** des Delikts hervorgerufen werden, RGSt. **56** 172.

Voraussetzung ist sonach, daß er bei ihnen noch nicht vorhanden war. Er ist noch nicht vorhanden, wenn erst eine bloße Geneigtheit beim andern besteht, er ist aber hervorgerufen, wenn ein schon geneigter, ja möglicherweise ein sich zur Begehung der Straftat sogar Anbietender nunmehr durch die Anstiftung zum festen Entschluß gebracht wird oder wenn der noch Schwankende einen solchen festen Entschluß faßt; RGSt. **37** 171, 1 D 1106/22 16. I. 23. Auch eine bloße allgemeine Entschlossenheit, bei jeder Gelegenheit bestimmte Straftaten zu verüben, steht der Möglichkeit einer Anstiftung zum konkreten Verbrechen nicht entgegen. 4 D 568/17 2. XI. 17. Ebensowenig wird der ursächliche Zusammenhang zwischen Anstiftung und Tat notwendig schon dadurch aufgehoben, daß der Haupttäter den in ihm hervorgerufenen Vorsatz nur vorübergehend aufgibt, es können immerhin noch die in ihn eingepflanzten Motive fortwirken. 1 D 221/25 8. V. 25 in ZStRW. 1925, 315. Auch das steht der Annahme einer Anstiftung nicht entgegen, daß zur Zeit der Anstiftung der Haupttäter geisteskrank war, wenn nur der Anstifter hiervon nichts wußte und die Anstiftungshandlung auf dem zur Zeit der Tat gesundeten Täter fortwirkte. 2 D 285/25 29. VI. 25. Nur ein zu einem bestimmten Verbrechen **bereits fest Entschlossener** kann nicht mehr angestiftet werden. Wenn daher der andere den Vorsatz gefaßt hat, im Fortsetzungszusammenhang eine strafbare Tat durch einzelne unselbständige Akte zu begehen, so ist eine Anstiftung zu den einzelnen unselbständigen Akten begrifflich nicht möglich, da Vorsatz bereits vorhanden ist; zutreffend 1 D 1019/13 29. I. 14 i. Arch. f. StrfR. **26** 113. A. M. Köhler S. 525; RGSt. **17** 227, **48** 209, das sich mit Unrecht auf **34** 47 beruft. Anders dagegen, wenn eine Einheit der Tat nur kraft gesetzlicher Fiktion angenommen wird, wie z. B. bei den Gewerbs- und Gewohnheitsdelikten. Dann nimmt die Zusammenfassung zu einem Delikt zwar für den gewerbs- und gewohnheitsmäßigen Täter den mehreren Straftaten die Selbständigkeit, aber nicht für Dritte, die diese subjektive Seite des Täters nicht berühren kann. Für sie stehen die einzelnen Taten wie in der Wirklichkeit als selbständige da, nicht als unselbständige Einzelakte, daher ist insoweit auch Anstiftung und Beihilfe in Beschränkung auf die Einzeltat möglich, RGSt. **17** 227, **34** 47, **48** 209. Hier fehlt es an einem für alle Einzeltaten bereits Entschlossenen, die Gewohnheits- und Gewerbsmäßigkeit schafft nur einen zur Begehung Geneigten.

Ist der erzeugte Entschluß wieder ein Anstiftungsvorsatz beim Dritten, so liegt **mittelbare Anstiftung** an dem schließlich zur Ausführung kommenden Delikt vor.

Der Vorsatz des Täters kann sich darauf beschränken, nur einen Versuch einer Straftat zu begehen, und der Anstifter kann nur diesen Vorsatz zum Versuch erzeugen wollen. Beides ist straflos. Hiervon zu unterscheiden ist aber die Anstiftung zu einer Straftat, die der Täter vollenden, der Anstifter aber im Stadium des Versuchs lassen und nicht auswirken lassen will. Hierzu unten.

Auch die Anstiftung zur Begehung eines **fahrlässigen Delikts** ist nicht ausgeschlossen, vereinzelt so auch RGSt. **36** 402, wennschon in der Regel hier mittelbare Täterschaft vorliegen wird, bejaht von Binding, Abhdlg. I S. 361, Beling ZStRW. **38** 272, Birkmeyer, Teilnahme 141, v. Olshausen zu § 48 Nr. 18; **a. M.** v. Bar 2 638, Wachenfeld 138 Nr. 5, Frank 120, A. Köhler 503. — v. Liszt-Schmidt I, 338. Auch **RG.** nimmt allgemein an, daß Anstiftung begrifflich nur zu **vorsätzlich** verübten Straftaten möglich sei; RGSt. **22** 427, **23** 175, **30** 292, **44** 432, **49** 68, **60** 1.

b) Erfordert die innere Tatseite der Straftat bei dem Angestifteten einen bestimmten Beweggrund (Eigennutz § 180) oder eine bestimmte Absicht (§ 242, § 253) so muß diese beim Angestifteten vorhanden sein. Es genügt nicht, daß sie bei dem Anstifter etwa vorhanden ist, RGSt. **4** 368, **20** 12; ja er braucht überhaupt nicht die zum Tatbestand der angestifteten Handlung gehörige Absicht zu haben, RGSt. **56** 172. Wenn daher die Zueignungsabsicht nur beim Anstifter, nicht beim wegnehmenden Angestifteten in Bezug auf die weggenommene Sache vorhanden ist, ist keine Anstiftung zum Diebstahl erfolgt; möglicherweise kann mittelbare Täterschaft gegeben sein, wenn der Aneignungswille beim Anstifter vorliegt. — Bei § 370 Nr. 5 dagegen ist nicht erforderlich, daß der alsbaldige Verbrauch gerade durch den Täter selbst erfolgt, er kann auch durch andere geschehen, denen er die entwendeten Sachen zuwenden will. Daher liegt hier die Möglichkeit vor, daß jemand zur Übertretung nach § 370 Nr. 5 auch dann anstiftet, wenn nicht der Angestiftete die Sache alsbald verbrauchen will, diese Absicht vielmehr beim Anstifter selbst da ist, RGSt. **13** 371, **47** 247; 4 D 965/18 3. XII. 18. — A. M. Wachenfeld in ZStRW. **40** 332. Anders als beim Mittäter wird bei dem Anstifter nicht selbst Eigennutz oder gewerbsmäßiges Handeln erfordert, wenn diese Eigenschaften zur angestifteten Straftat des Täters gehören, §§ 180, 248a, 313 Abs. 2; RGSt. **4** 252, **20** 12, **56** 171. Anstiftung zu einer einfachen Urkundenfälschung nach § 267 wird nicht dadurch zu einer nach § 268 qualifizierten, daß der Anstifter die Absicht hat, einem andern Schaden zuzufügen. Um seiner besonderen Absicht willen kann niemand Täter werden, Beling ZStRW. **28** 582; Wachenfeld ZStRW. **40** 331. Vgl. aber zu § 375 Nr. 5. Ferner findet die Strafermäßigung nach § 157 auf den Anstifter keine Anwendung, 2 D 805/24 5. I. 25. Daher macht sich auch der **agent provocateur** der Anstiftung schuldig, der anstiftet lediglich zu dem Zweck, um den Angestifteten der Bestrafung zuzuführen, Binding, Abhdl. I S. 325; E. M. Mayer S. 408; Allfeld 229; Liszt 218; Gerland 150. Ebenso braucht die besondere **Modalität der Ausführung,** die die Haupttat qualifiziert, wie § 211, nicht beim Anstifter vorzuliegen, wie umgekehrt der Umstand, daß sie bei der Anstiftung vorhanden ist, die Haupttat noch nicht zu qualifizieren vermag. Eine mit Überlegung vorgenommene Anstiftung zur Tötung macht diese, wenn sie ohne Überlegung vom Täter ausgeführt ist, nicht zum Mord und den Anstifter nicht zum Anstifter eines Mordes nach § 211.

c) Die Bestimmung des Andern durch den Anstiftenden muß **vorsätzlich** erfolgen. Frank 120, v. Liszt-Schmidt I S. 338. RGSt. **56** 172, **60** 1. Es ist eine Tautologie, wenn noch absichtliche Irrtumserregung erfordert wird. Aber auch ein bedingter Vorsatz ist möglich, Wachenfeld 266, Finger 1, 346, Meyer-Allfeld 221; a. M. v. Bar **2** 619, Hälschner 1, 397, Kohler, Studien **1** 79, A. Köhler S. 524. Ist der erste gewollte Erfolg die Erzeugung eines Willens zur Begehung der Straftat, so muß er den Umfang und Inhalt dieses Willens, wie er zur Verwirklichung der Straftat erforderlich ist, sich vorstellen. Gehört zur Straftat noch eine weitere seelische Verfassung des angestifteten Täters, wie ein bestimmter Beweggrund für seine Tat (Eigennutz) eine besondere Absicht, so muß der Anstifter wenigstens wissen, daß auch diese beim Angestifteten vorhanden sind, da andernfalls die Straftat, zu der er anstiftet, nicht verwirklicht werden würde. Daß er auch diese weiteren subjektiven Tatbestandsmerkmale gleichfalls hervorgerufen hätte, ist jedoch nicht erforderlich, es genügt, daß sie sich mit dem hervorgerufenen Tatvorsatz von selbst einstellen oder, weil die Neigung hierzu schon vorhanden war, ohne weiteres sich mit ihm verbinden. Es genügt daher die Erzeugung eines Willens, zu kuppeln, die Absicht, dies aus Eigennutz zu tun, braucht nicht vom Anstifter hervorgerufen zu sein, wennschon nur bei ihrem Vorliegen der Tatbestand des § 180 erfüllt ist. RGSt. **4** 252, **20** 12, **56** 172, **57** 16. So auch Frank 123. — An sich ist es ferner denkbar, daß jemand auch **fahrlässig** in einem anderen den Entschluß zu einem Verbrechen hervorruft. Das ist aber nur im Fall §§ 329 Abs. 3, 345 Abs. 2, 121 Abs. 2, 347 Abs. 2 durch Ausgestaltung zu einem besonderen Delikt unter Strafe gestellt, keine Anstiftung.

d) Der Vorsatz muß auf Erzeugung eines solchen Entschlusses im Andern gehen, der auf eine **bestimmte Straftat** gerichtet ist, er muß also insoweit denselben bestimmten Inhalt haben, wie der zu erzeugende Entschluß des andern haben soll, RGSt. **20** 12, **26** 361, **34** 328. Sofern der Angestiftete für Folgen seiner Tat haftbar wird, ohne diese in seinen Vorsatz aufgenommen zu haben, z. B. § 226, braucht auch der Anstifter seinen Vorsatz nicht auf diese Folgen gerichtet zu haben. Vielmehr wird er ebenso wie der Angestiftete dann mit der schwereren Strafe belegt. 2 D 119/25 19. III. 25. Die **einzelnen Modalitäten** der Ausführung nach Zeit, Ort und Art, insbesondere auch juristischer Qualifikation, braucht er ebenfalls nicht zu kennen, RGSt. **1** 110, **26** 361, **34** 327, Rspr. **9** 107. Der Anstiftungsvorsatz kann mehr oder weniger allgemein sein, sowohl die Begehung von Diebstahl als Betrug zur Erlangung einer Sache umfassen, Ibach, Die Anstiftung (1912) S. 77. Es gilt auch hier der **Grundsatz der Äquivalenz.** Die Ausführung muß der Vorstellung gleichwertig sein, Kohler, Arch. f. Strafr. **66** 97. A. M. Meyer-Allfeld S. 222 Anm. 13, Frank 123, v. Liszt-Schmidt I 339. Es kommt darauf an, was dem Anstifter an der Tat als das Wesentliche erscheint, RGSt. **26** 361, **34** 327; JW. 1925, 959 Nr. 3; LZ. 1933 Sp. 56. Zu den einzelnen Modalitäten gehört z. B., ob der Täter die Tat mit Überlegung ausführte, § 211. Auch eine ohne Überlegung vorgenommene Anstiftung zu einer Tötung, die dann der Täter mit Überlegung ausführt, ist daher eine Anstiftung zum Mord. Insbesondere muß im Zweifel angenommen werden, daß auch die mindere Ausführung seitens des Täters von dem Anstifter gewollt war, der zu einer weitergehenden Tat anstiftete. So wenn der zu einem Meineid Angestiftete nicht der Wahrheit zuwider den vollen Alibibeweis liefert, aber doch Verdachtsgründe für die Tat abschwächt. 1 D 872/24 13. I. 25. Sogar die Person, gegen die sich die Tat richtet, braucht der Anstifter nicht notwendig zu kennen, wenn sie für den Täter hinreichend bestimmt ist. Ebenso genügt es, wenn aus einem individuell bestimmten Personenkreis an die eine oder andere unbestimmte Person sich die Aufforderung richtet und zur Anstiftung wird. Nur eine an einen individuell ganz unbestimmten Personenkreis gerichtete Aufforderung enthält keine genügend bestimmte Bezeichnung der Person des Angestifteten; RGSt. **1** 110, **3** 145, **26** 369, **34** 327; a. M. Olshausen, Schwartz u. a., vgl. Frank 124. Zuweilen ist diese als Sonderdelikt ausgestaltet, § 111. Ist der Vorsatz zwar auf Erzeugung eines Tätervorsatzes beim andern gerichtet, damit aber das **Bewußtsein** verbunden, daß **der andere** die von ihm beabsichtigte Tat **nicht ausführen könne,** etwa weil er die Untauglichkeit der Mittel kennt, die der andere zu seiner Tat anwendet, so fehlt dem Anstifter selbst der Verursachungsvorsatz, RGSt. **15** 315, **17** 377, **38** 248 Da der Anstifter aber nur bestraft wird, weil und soweit er Urheber einer Straftat wird — siehe Anm. 1 — so entfällt die Möglichkeit einer Bestrafung. Sodann kann der Anstifter zwar wissen, daß der Angestiftete das Verbrechen zur Vollendung bringen will und nach den vorliegenden Umständen voraussichtlich auch kann, er hat aber zugleich den Willen, durch eigne Tätigkeit einzugreifen und die Straftat nicht vollenden zu lassen. Er erzeugt dann zwar in dem andern den Entschluß, eine vollendete Straftat zu verwirklichen, wenn er aber gleichzeitig den Vorsatz hat, diese Vollendung zu hindern, so fehlt ihm wiederum der Vorsatz, eine vollendete Straftat zu verursachen, er will vielmehr von vornherein eine unvollendete Straftat verursachen. Das aber ist kein Versuchsvorsatz i. S. von § 43; RGSt. **15** 315, **16** 25, **17** 377; Rspr. **9** 139; 4 D 1218/11 9. XI. 12. Es entfällt auch die Strafe wegen Anstiftung zu einem versuchten Delikt, M. E. Mayer S. 408. Bleibt es in solchem Falle nicht beim Versuch, weil der Angestiftete seine Tat vollenden kann und der Anstifter nicht mehr in der Lage ist, die Vollendung zu hindern, so kann der Anstifter möglicherweise wegen bedingten Vorsatzes oder als mittelbarer Täter des vollendeten Delikts wegen Fahrlässigkeit in Anspruch genommen werden. Ändert der Anstifter seinen Entschluß, sieht er von der vorgenommenen Hinderung der Tat ab und läßt sie absichtlich sich vollenden, so kann zwar dieser dolus subsequens nicht mehr die Anstiftung als vorsätzliche Verursachung strafbar machen, wohl aber bewirkt er eine Unterdrückung der von dem Erfolg abhaltenden Bedingungen und somit eine vorsätzliche Mitverursachung. Der Vorsatz wandelt sich in einen Täterwillen um. Diese Fragen werden bei der Beurteilung des agent provocateur von Bedeutung.

e) **Mitanstiftung in Mittäterschaft** mit mehreren Personen ist möglich. Es liegt insoweit wirkliche Mittäterschaft nach § 47 vor, weil dort Täter im weiteren Sinne zu verstehen ist, es braucht nicht erst zur entsprechenden Anwendung gegriffen zu werden, so Binding,

Grdr. 173; RGSt. **13** 121, **53** 190. Daher kann auch hier zur Herbeiführung des gemeinschaftlichen Erfolges, nämlich der Erzeugung eines Täterwillens in einem andern, eine Arbeitsteilung i. S. von § 47 vorgenommen werden und die Einwirkungstätigkeit der Mittäter nacheinander stattfinden. Auch sog. **Nebentäterschaft** ist bei der Anstiftung möglich. Jemand kann durch mehrere, unabhängig voneinander auf ihn einwirkende Personen zur Begehung einer strafbaren Handlung angestiftet werden, RGSt. **14** 92, **43** 296, 4 D 1416/13 24. IV. 14: es genügt Mitwirkung; Binding, Abh. I S. 327 Art. 98.

f) Die **Mittel,** durch die der Anstifter im andern den Tätervorsatz erzeugt, sind unbeschränkt. Die im § 48 aufgeführten sind nur Beispiele. RGSt. **9** 22, **15** 304, **53** 190. Es ist nicht erforderlich, daß das Gericht vollständig klarstellt, welches genau bezeichnete Mittel für den Täter bestimmend gewesen ist, alternative Feststellung reicht aus; RGSt. **59** 239; Rspr. **3** 93; 4 D 1276/13 17. III. 14; 2 D 346/25 25. V. 25. Jedes Mittel ist geeignet, das in dem andern den Entschluß erzeugen kann, die Straftat zu begehen, auch eine bloße Bitte, 3 D 549/17 21. I. 18, oder Überredung, auch stillschweigend durch konkludente Handlungen, RGSt. in JW. 1916, 499 Nr. 1. Von andern Mitteln kommen namentlich in Betracht Ratserteilung, Rspr. **3** 93. Der Rat muß aber den verbrecherischen Entschluß wecken, nicht der Ausführung eines bereits gefaßten Entschlusses dienen. RGSt. **30** 297; 4 D 971/12 30. XII. 12. Letzterenfalls ist er Beihilfe. 4 D 271/12 30. XII. 17, RMG. 1217 v. 23. X. 17. Eine bloße Angabe rein theoretischer Möglichkeit und Belehrung, ohne daß darin zugleich mindestens versteckt der Rat, die Aufforderung und Bestimmung, in dieser Weise zu verfahren, gelegen wäre, genügt aber noch nicht. Dasselbe muß von der Äußerung eines bloßen Wunsches gelten. Liegt darin zugleich die Erregung eines Motives für den Täter, dem Wunsche Erfüllung zu bringen und sollte dieses Motiv angeregt werden, so kann aber auch hier schon eine Bestimmung nach § 48 vorliegen, RGSt. **36** 402. Auch scheinbares Abraten kann geeignet sein. Das Versprechen von Hilfe für den Fall der Begehung und das Bieten von Gelegenheit ist für sich allein jedoch noch keine Anstiftung. Frank 119. Die bloße Unterlassung zur Abhaltung von der Begehung einer Straftat kann nicht als Anstiftung angesehen werden. Durch bloße Unterlassung kann man keine Motive wecken, sondern nur ihr Entstehen nicht hindern. A. M. v. Zahn, GerS. **69** 30. Vgl. auch Anm. 2 b am Ende. Der **Entschluß** muß aber ein **freiwillig gefaßter bleiben,** die Mittel dürfen daher nur solche sein, die Motive in ihm erregen, bei denen noch die Wahl bleibt, sie zu einem Entschluß zu verarbeiten oder nicht, nicht sind solche geeignet, die diesen freien Entschluß beseitigen und ihn zu einem unfreiwilligen, gezwungenen machen. Diese Unfreiwilligkeit liegt jedoch nicht schon dann vor, wenn sie im Sinne von § 46 als nicht mehr freiwillig erfolgt anzusehen ist, sondern erst dann, wenn die Strafbarkeit der Handlung des Angestifteten infolge des Zwangs nach § 52 ausgeschlossen ist. Dann liegt der Teil mittelbarer Täterschaft vor, der nicht von der Anstiftung umfaßt wird. Frank 120. Solange dieser Schuldausschließungsgrund noch nicht gegeben ist, liegt auch noch eine vom Täter zu verantwortende Handlung vor und die Herbeiführung eines Entschlusses zur Begehung einer solchen verantwortlichen Handlung durch irgendwelche Mittel bildet den Begriff der Anstiftung. Daher darf die Drohung des § 48 oder der Mißbrauch des Ansehens und der Gewalt, Amtsbefehls, nicht den in § 52 bezeichneten Grad erreicht haben. Die absichtliche Herbeiführung eines Irrtums ist lediglich die Kennzeichnung des erforderten Vorsatzes der Bestimmung, die Betonung der Absicht hätte ebensogut wegbleiben können und soll jedenfalls keine besondere Willensrichtung erfordern. Bünger, ZStRW. **6** 297. Der Irrtum, der im Angestifteten erzeugt wird, darf nicht dessen Schuld nach § 59 ausschließen. Ein Irrtum über bloße Strafbarkeitsmerkmale hindert jedoch nach § 50 das Vorliegen einer Anstiftung nicht. RGSt. **3** 249, **14** 19, 102, **31** 161, **53** 144. Das Bewußtsein, angestiftet zu sein, braucht der Angestiftete nicht zu haben.

Die Anwendung besonderer hervorgehobener Mittel zur Anstiftung bildet zuweilen den Tatbestand eines selbständigen Delikts, das somit in einer **qualifizierten Anstiftung** besteht, so § 210 (Anreizen), § 357 (Mißbrauch der Amtsgewalt des Amtsvorgesetzten).

g) **Widerruf der Anstiftung** (Rücktritt vom Versuch der Anstiftung) ist im StGB. nicht besonders vorgesehen. Hat er Erfolg dahin, daß der im Angestifteten erzeugte Entschluß infolge des Widerrufs wieder aufgegeben wird und nunmehr die Tat unterbleibt oder nur infolge neuen, selbständigen Entschlusses ausgeführt wird, so liegt ein Rücktritt von den Vorbereitungshandlungen vor, die zum Erfolg wirkenden Bedingungen sind wieder beseitigt. Auch fehlt es an der strafbaren Handlung, die den zweiten Erfolg der Anstiftung bilden muß. Daher bewirkt er notwendig Straflosigkeit, oder vielmehr, die Anstiftung hat sich nicht zu einem strafbaren Tun entwickelt. Ist dagegen der Widerruf ohne Erfolg geblieben, hat sich der Angestiftete nicht umstimmen lassen, so vermag der bloße Widerruf auch die Strafbarkeit der Anstiftung nicht zu nehmen, wenn es dann zur Tat kommt. RGSt. **56** 210. A. M. Binding Normen II S. 206. Zuweilen kann aber festgestellt werden, daß dieses Nichtumstimmenlassen in Wahrheit Fassen eines selbständigen Entschlusses ist, RGSt. **20** 259, nämlich dann, wenn die Wirkung der Beweggründe notwendig fortfällt, z. B. der erzeugte Irrtum aufgeklärt, das Versprechen zurückgenommen wird, M. E. Mayer S. 395. Ein wirksamer Rücktritt des Anstiftenden nach § 46 Nr. 2 ist dann nur möglich, wenn er die Ausführung oder Vollendung der Tat durch sein wirksames Dazwischentreten verhindert; M. E. Mayer S. 406 Anm. 2; RGSt. **16** 347, **20** 259, **38** 223, **39** 37. Ein Rücktritt von der Anstiftungstätigkeit im Sinne von § 46 Nr. 1 ist begrifflich möglich, kommt aber nicht in Betracht, da die Anstiftungstätigkeit als solche nicht strafbar ist. Er wird nur dort von Bedeutung, wo sie selbständiges Delikt und der Versuch strafbar ist, z. B. § 357 Verleitungsunternehmen zu einem Verbrechen, § 43 (Abs. 2).

B. Der **zweite Erfolg,** der für den Begriff der Anstiftung erforderlich ist, ist der, daß nach der erfolgten Erzeugung des Täterwillens in dem Angestifteten dieser nunmehr seinen Entschluß ausführt und somit die vom Anstifter vorgestellte **Tat durch den Angestifteten bewirkt wird.** Die Verurteilung des Anstifters setzt aber nicht voraus, daß der angestiftete Täter ermittelt ist. Nur die Tat muß erwiesen sein. Es muß zwischen dem Erfolg der Haupttat und der Anstiftung sonach ebenfalls ursächlicher Zusammenhang vorliegen. Dieser wird nicht notwendig dadurch aufgehoben, daß der Haupttäter den vom Anstifter hervorgerufenen Vorsatz zur Tat vorübergehend aufgibt. Die Anstiftung kann trotzdem fortwirken und das Wiederaufleben des früheren Vorsatzes herbeiführen, RGSt. in ZStRW. 1925, 315. Ein solches Fortwirken kann auch bei einer gegen einen früheren Geisteskranken vorgenommenen Anstiftung nach seiner Gesundung stattfinden, 2 D 285/25 29. VI. 25. Die Tat des Angestifteten muß vorsätzlich begangen sein. Der Anstiftungsvorsatz richtet sich eben, wie bereits in Anm. 1 ausgeführt, nicht nur auf die Bestimmung des Täters zum Täterentschluß, sondern ferner auf Verursachung eines bestimmten — eben des vom Täter begangenen — Verbrechens. Der Anstiftende ruft den Verbrechensvorsatz im andern nicht um seiner selbst willen hervor, sondern nur als Mittel zu dem auch von ihm selbst gewünschten verbrecherischen Erfolg. Nagler S. 143, Binding, Abh. I S. 360, RGSt. **20** 259. Solange mit der Ausführung der Tat durch den Angestifteten nicht begonnen worden ist, hat die Bestimmung dieses zum Entschluß nur erst die Bedeutung einer Vorbereitungshandlung. Erst mit der Verwirklichung des durch den Anstifter erzeugten Vorsatzes beginnt auch die strafrechtliche Verantwortlichkeit des Anstifters und zwar **nach Maßgabe dieser Tätigkeit,** nicht des Vorsatzes. Ist die Tätigkeit in der Entwickelung des Versuchs geblieben, liegt Anstiftung nur zum Versuch vor. Meyer-Allfeld S. 221. Die wirklich begangene Tat muß sich mit der decken, zu der der Anstifter bestimmen wollte, RGSt. **60** 1. Das ist die **akzessorische Natur** der Anstiftung, die vom Entwurf § 32 wesentlich eingeschränkt, nicht völlig aufgegeben worden ist. So mit Recht Frank 122.

a) Ist der **Versuch** des Täters straflos, so bleibt auch die Anstiftung straflos. Sie wird aber strafbare Anstiftung zu einer versuchten Straftat, wenn der Versuch dieser Tat strafbar ist. Der Anstifter, der mit der Anstiftung den Erfolg des Verbrechens herbeiführen will, hat notwendig ebenso den Versuch gewollt, wie der Täter selbst. Da die Tat nicht vollendet ist, liegt auch keine Anstiftung zur vollendeten Tat vor, RGSt. **14** 19, **38** 248.

b) Der straflose **Rücktritt vom Versuch** nach § 46 1 u. 2, den der **Täter** vornimmt, nicht zu verwechseln mit Rücktritt des Anstiftenden von der Anstiftungshandlung, kommt dem Anstifter nicht zugute, da dieser Rücktritt nur ein persönlicher Strafbefreiungsgrund ist und das Vorliegen einer versuchten Straftat objektiv nicht beseitigt. A. M. Olshausen, weil er dem Rücktritt deliktsvernichtende Kraft beilegt, und Binding, Abh. I S. 363.

c) Die **Tat,** zu der angestiftet wird, muß **rechtswidrig und strafbar** sein. Gleichgiltig ist, ob die Strafbarkeit der Haupttat auf Grund eines Vermutungstatbestands erfolgt, wie z. B. nach § 59 Nr. 11 des Tabaksteuerges., RGSt. **61** 371. Ob die strafbegründenden Tatbestandsmerkmale in der Person des Anstifters vorliegen, ist gleichgültig. Nur die straferhöhenden und strafmindernden kommen nach § 50 in Betracht. Vgl. aber zu A d 2 D 119/25 19. III. 25. Alle die Gründe, die die Rechtswidrigkeit der Tat ausschließen, machen daher die Anstiftung straflos. So auch Amtl. Entw. § 27 trotz der sprachlich unrichtigen Fassung. So z. B. wenn jemand einen andern zu einer Beleidigung anstiftet, die für den Täter nach § 193 nicht rechtswidrig ist. Hier zeigt sich wieder die Bedeutung des Unterschiedes von (objektiv) rechtswidrig und (subjektiv) verbotswidrig. Denkbar ist es, in der Anstiftung die Erzeugung eines Willens zu erblicken, der eine nur objektiv rechtswidrige Tat begeht, denkbar auch, die Erzeugung eines schuldhaften Willens darin zu sehen. Letzteren Standpunkt nimmt das geltende Gesetz ein, ersteren der Amtliche Entwurf. Darin liegt eine Beschränkung der akzessorischen Natur der Anstiftung. Das Handeln gegen Entgelt nach § 219 enthält zwar einen taterhöhenden Umstand des Verbrechens nach § 218 Abs. 3, aber keinen, der aus persönlichen Eigenschaften oder Verhältnissen des Täters entspringt, vielmehr einen sachlichen Umstand, der die Tat selbst als schwerer kennzeichnet. Deshalb kann Anstiftung nach § 219 vorliegen, wenn der Anstifter nicht gegen Entgelt handelt, RGSt. **60** 159. Anstiftung von Strafunmündigen ist unmöglich, hier kann möglicherweise mittelbare Täterschaft vorliegen. Der Auffassung in RGSt. **61** 265 kann nicht beigetreten werden.

Wenn der Anstifter den Angestifteten zu einer Tat anstiftet, die sich gegen den Anstifter selbst richtet, z. B. zur Wegnahme seiner eignen Sache, so erhält dies die Einwilligung zur Wegnahme und damit entfällt die objektive Widerrechtlichkeit der Tat des Angestifteten. Dies gilt für alle Handlungen, die durch die Einwilligung des Verletzten die Natur der Widerrechtlichkeit verlieren. Nicht bei § 142, § 216. Selbsttötung ist nicht widerrechtlich, der lebende Mensch ist nach dem Recht Herrscher über sein Dasein und kann es nach eigenem Willen vernichten. Das Verbot der Tötung richtet sich nur gegen das Töten des Nebenmenschen. Daraus folgt aber, daß die Anstiftung zur Selbsttötung nach geltendem Rechte straflos ist, obwohl der Anstifter Urheber des Todes eines andern ist (amerik. Duell). Auch E. 19 läßt die Anstiftung straflos. Der Gegenentwurf von 1911 dagegen stellte in § 257 die Anstiftung zum Selbstmord unter Strafe. Vgl. hierzu Binding, Die Freigabe der Vernichtung lebensunwerten Lebens (1920) S. 14 ff., Abhandlung I, 362; M. E. Mayer S. 405, zu weitgehend Binding Hdb. I, 701, 702.

d) Die vom Angestifteten ausgeführte Tat muß dem Vorsatz des Anstifters entsprechen, um diesem zugerechnet zu werden. Wenn der „Angestiftete" eine andere Tat begangen hat, als diejenige, die eine Ausführung des hervorgerufenen Entschlusses darstellt, so ist der Anstifter hierfür nicht verantwortlich. Vgl. aber Anm. 2 A b (Äquivalenz). Er haftet immer nur, soweit sein Vorsatz reicht. Soweit die Tat aber als Ausführung dieses Entschlusses erscheint, muß sie sich der Anstifter ebenso zurechnen lassen, wie der Täter selbst. Daher haftet bei einem error in objecto des Täters, der dessen Haftung nicht ausschließt, auch der Anstifter, Frank 123 und die gem. Meinung; jetzt auch Olshausen Note 15; a. M. Binding, Normen **3** 196, Böhlau (Fall Rose Rosal), Finger 1, 348, Schwarz 10, Korn, Der Vorsatz des Anstifters (1902). Haftet bei Erfolgsdelikten der Täter für den Erfolg, auch wenn er ihn nicht gewollt hat, so braucht sich der Vorsatz des Anstifters nicht auf diesen Erfolg zu erstrecken, RGSt. **59** 156. StGB. § 219 stellt zwar einen straferhöhenden Umstand dar, aber einen solchen sachlicher, nicht persönlicher Art. Daher erfolgt Bestrafung nach § 219 des Anstifters, auch wenn der Anstifter nicht gegen Entgelt handelte, RGSt. **4** 252, **60** 159, **61** 32. Ist der Angestiftete über das vom Anstifter Gewollte und dem ursprünglich erzeugten Entschluß Entsprechende hinausgegangen — statt Diebstahl Raub —, liegt **Exzeß** vor, der dem Anstifter nicht zur Last fällt, RGSt. 5 17, **60** 2; RMG. **10** 222. Hat der Angestiftete weniger getan, so haftet der Anstifter nur wegen des Weniger, z. B. nur wegen Versuchs. Kein Exzeß oben A d 2 D 119/25 19. III. 25.

e) Mangelt es wegen fehlender Zurechnungsfähigkeit des Angestifteten oder aus sonstigen Gründen an dessen **Schuld** und liegt deshalb auf seiner Seite keine Deliktshandlung vor, ist auch Anstiftung ausgeschlossen wegen Mangels einer Haupttat, RGSt. **11** 56, **57** 15, abweichend Lilienthal VDA. 5, 36. Dagegen E. 19 und Amtl. Entw. § 27 und gegenwärtig Jugendgerichtsges. v. 16. II. 23 (RGBl. I 135) § 4, wonach nur ein Strafausschließungsgrund nach Ansicht des RG. gegeben ist, RGSt. **61** 267. Die Anstiftung eines Unzurechnungsfähigen zum Meineid kann den Tatbestand des § 159 vollenden, RGSt. **15** 259, Rspr. **4** 267, LZ. **1917** 140. Kannte der Anstifter die Unzurechnungsfähigkeit und behandelt er ihn als Werkzeug, dann ist mittelbare Täterschaft gegeben, wo diese möglich ist. Hielt er irrtümlich den Angestifteten für unzurechnungsfähig und wollte er diesen als Werkzeug benutzen, ist dieser aber zurechnungsfähig, so fehlt ihm Anstiftungsvorsatz, d. h. Erzeugung eines verbrecherischen Entschlusses; aber er hat Verursachungsvorsatz und bleibt daher mittelbarer Täter, auch wenn dieser selbständiger Täter war. Anders nur, wenn ihm auch Verursachungsvorsatz fehlen sollte, Binding, Abh. I 362. Dagegen berühren bloß persönliche Strafausschließungsgründe, Milderungs- oder Schärfungsgrund des angestifteten Haupttäters die Strafbarkeit des Anstifters nicht, sofern eine an sich schuldhafte deliktische Tat bei jenem übrig bleibt, § 50. Frank 123. — So findet die Strafermäßigung des § 157 auf den Anstifter zum Meineid keine Anwendung. 2 D 805/24 5. I. 25; 4 D 726/24 17. VI. 24; JW. **1925** 145[5]. Vgl. hierzu Lilienthal das., der in § 157 Abs. 1 eine lex specialis gegenüber den Bestimmungen des Allg. Teils über Anstiftung sieht. — Eine selbständige Anwendung des StGB. § 193 auf den Anstifter ist ausgeschlossen, wenn diese beim Angestifteten nicht vorliegt, RGSt. **64** 148.

f) Der bloße Umstand, daß der Anstiftende sich nicht strafbar machen würde, wenn er selbst die Handlung vornähme, schließt nicht die Strafbarkeit aus, wenn er durch andere eine Handlung vornehmen läßt, die dann auch ihm gegenüber den objektiv strafbaren Tatbestand verwirklicht, z. B. bei Urkundenfälschung. Der Umstand, daß der Anstifter, hätte er die Urkunde fertiggestellt, keine Urkundenfälschung begangen, hindert nicht, daß die vom anderen angefertigte Urkunde falsch ist, sofern sie nicht bloß in zulässiger Vertretung des Angestifteten hergestellt ist. Rspr. **9** 602. Ist die Täterschaft nicht nur im konkreten Fall, sondern an sich und im allgemeinen straflos, so ist auch die Anstiftung straflos. Ist Selbstbegünstigung straflos, so ist es darum noch nicht ohne weiteres die Anstiftung eines Dritten zur Begünstigung des Anstifters. RGSt. **3** 140, **4** 60, **23** 69, **25** 369, **44** 207, **50** 364, **57** 417, **61** 32. Rspr. 5 421, 3 D 61/17 23. IV. 17. § 331 läßt denjenigen straflos, der Beamte beschenkt; der Schenker darf dann auch nicht als Anstifter zum Vergehen des Beamten nach § 331 bestraft werden. Hier muß eine Ausnahme und ein Fall der notwendigen Teilnahme anerkannt werden. A. M. Kries ZStRW. VII, 539; Herzog ZStRW. XXXIV, 83.

3. Anstiftung zu einem Sonderverbrechen ist möglich. RGSt. **63** 31. A. M. Köhler 134, Finger 364, weil sowohl der verbrecherische Entschluß im Täter als der spezifische Erfolg der Tat vom Anstifter gewollt und durch ein geeignetes Werkzeug verursacht worden ist. Bei unechten Sonderdelikten findet § 50 Anwendung, bei echten versagt dieser und es bleibt daher nur übrig, den Anstifter gemäß der Vorschrift des § 48 Abs. 2 nach dem Gesetze zu bestrafen, dem der Täter unterstellt ist. Von Binding, Abh. I S. 363 als Härte angesprochen. Die Begründung hierzu ist vielfältig, vgl. Nagler, Sonderverbrechen, S. 148 ff., der nur intellektuelle Beihilfe für möglich hält, diese aber als durch § 48 getroffen erachtet, Oetker, GerS. **68** 299, M. E. Mayer S. 412, RGSt. **13** 52, **15** 396, **25** 234, **27** 157, **38** 417. Für Anstiftung zu echten Militärdelikten machen M. E. Mayer 413, Kohler 134, Finger 364, Koppmann, MilStGB. S. 162 u. a. eine Ausnahme, indem sie diese für straflos erklären. Jedoch nötigt die Unanwendbarkeit der militärischen Strafen hierzu nicht, diese sind vielmehr entsprechend in Strafen des StGB. umzuwandeln, Oppenhoff-Del. Anm. 4, Nagler a. a. O. S. 117. Vgl. Anm. 9.

4. Mehrheit von Anstiftungen. Aus der akzessorischen Natur der Anstiftung folgt, daß soviel Anstiftungen vorliegen, wie vom Angestifteten oder von den angestifteten Straftaten verübt worden sind. Das schließt aber nicht aus, daß zwar der Täter diese Straftaten durch verschiedene selbständige Handlungen verwirklicht haben kann, die Anstiftungen aber durch ein und dieselbe Handlung nach § 73 begangen sind, so auch 4 D 684/16 5. XII. 16, 5 D 118/05 26. VI. 05. Otto, Aphorismen zum Allg. Teil des StGB., Bünger, S. 712, Olsh., Frank, Liszt, Höpfner, Einh. u. Mehrh. d. Verbr. 01 S. 185. So kann auch in Tateinheit mit Anstiftung zum Meineid des A. zugleich das Verbrechen nach § 159 hinsichtlich des B. begangen werden. Wer durch ein Wort zu mehreren Verbrechen anstiftet, begeht mehrere Anstiftungen durch ein und dieselbe Handlung im Sinne von § 73, nicht mehrere Anstiftungen durch mehrere selbständige Handlungen nach § 74. Diese Konsequenz darf aus der akzessorischen Natur der Anstiftung nicht gezogen werden, wie RGSt. **3** 145, **5** 227, **11** 37, **38** 27; Binding, Handb. I S. 586, Birkmeyer, Lehre von der Teilnahme, S. 180 meinen. Mehrtätiges Zusammentreffen von Anstiftung zu einer fortgesetzten Handlung und Mittäterschaft an einzelnen Akten dieser fortgesetzten Handlung ist rechtlich ausgeschlossen. A. M. 5 D 661/13 13. III. 1914. Dagegen kann Anstiftung zu einzelnen Akten mit Mittäterschaft bei anderen Akten real konkurrieren, wenn die Kenntnis von einer fortgesetzten Haupttat fehlte. Über sonstige **Konkurrenz** s. Anm. 1.

5. Unter Umständen kann sich die Anstiftung zu einer Straftat auch als andersartige Teilnahmeform an einer dritten Straftat darstellen. So ist Anstiftung zur Beihilfe **an** einem Verbrechen eines Dritten selbst mittelbare Beihilfe zu diesem Verbrechen; RGSt. **33** 401, **59** 396; 3 D 280/21 4. IV. 21, JW. **1921** 839[2]. Tateinheitliches Zusammentreffen des Vergehens nach § 340 in der Form des „Begehenlassens" mit Anstiftung zu einem Vergehen nach § 227 ist rechtlich möglich. 1 D 966/24 13. II. 25.

6. Die Anstiftung eines **im Ausland** befindlichen Täters vom Inland aus oder eines **im Inland** befindlichen Täters vom Ausland aus, ist sowohl im Inland wie im Ausland begangen. Denn zur Tätigkeit der Anstiftung gehört nicht nur die den Willen beeinflussende Tätigkeit, sondern auch die Umstimmung des Willens selbst als Erfolg dieses Tuns. Nun hat aber die Anstiftung nicht nur den einen, nächsten Erfolg der Umstimmung des Willens des Haupttäters, sondern sie ist auch mittelbare (oder intellektuelle) Verursachung der Haupttat und deren Erfolg selbst. Daher kommt es auch für die Anstiftung weiter darauf an, ob der Erfolg der Haupttat im Inland oder im Ausland eingetreten ist. Die Anstiftungstätigkeit als vorbereitende Tätigkeit für die Verursachung des Delikts schließt sich mit diesem zu einer Einheit zusammen und es ist solchenfalls das ganze Delikt sowohl im Inland als im Ausland begangen. Nach der Regel des § 3 findet daher auf die ganz oder teilweise im Inland begangene Anstiftung das deutsche Gesetz so Anwendung, als wenn die ganze Anstiftung und die ganze angestiftete Haupttat im Inland begangen wäre. Das wird von Bedeutung, wenn diese Tat zwar im Inlande, aber nicht im Auslande strafbar ist, z. B. Duell. Eine im Inland vollzogene Anstiftung zu einem im Ausland auszuführenden Duell ist darum nach § 48 strafbar, auch wenn das Duell im Ausland straflos ist. So auch Binding, Hdb. I S. 425.

7. Die **Verjährung** der Strafklage aus der ausländischen Straftat gemäß dem ausländischen Rechte schließt Verjährung der im Inland begangenen Anstiftung nicht in sich. Diese Verjährung richtet sich nach inländischem Recht, RGSt. **9** 10. Im übrigen beginnt Verjährung gegen den Anstifter erst mit Verjährung der Strafklage gegen den Angestifteten, wenn von dessen Tat die Strafbarkeit der Anstiftung abhängig ist, Binding, Hdb. I S. 840. Anders auch nicht in dem soeben unter 6 angeführten Falle, da die Strafbarkeit der Anstiftung immer die Begehung der Tat voraussetzt.

8. Anstiftung zu einem Verbrechen ist stets selbst Verbrechen, Binding, Hdb. I S. 516, danach seine gerichtliche Zuständigkeit.

9. Prozessuales. Die Möglichkeit, daß der Angeschuldigte aus Rechtsirrtum als Täter verurteilt worden ist, während er bei zutreffender Rechtsanwendung als Anstifter zu verurteilen gewesen wäre, soll nach 4 D 987/09 17. XII. 09 nicht zur Aufhebung des Urteils nötigen. (Bedenklich.) Die Verurteilung wegen Anstiftung setzt dagegen nicht unbedingt voraus, daß der angestiftete Täter ermittelt ist, wenn nur die Tat selbst festgestellt wird, 2 D 267/25 25. V. 25.

10. Die **Strafen** werden für den Anstifter aus demselben Strafrahmen genommen, der für den Täter gesetzt ist, wobei selbstverständlich im besonderen Falle seine Strafe höher oder geringer als die des Täters ausgeworfen werden kann. Nur wenn § 50 Anwendung findet, ist die Strafe aus einem andern Strafrahmen zu nehmen, ebenso beim Exzeß oder wenn eine besondere Strafe angedroht ist, wie bei §§ 157, 210. RG. **59** 34. Schwierigkeiten entstehen ferner, wenn die Strafe des Täters eine Standesstrafe ist, die auf den Anstifter nicht Anwendung finden kann, wie bei Anstiftung zu militärischen Straftaten. Dann ist ein entsprechender Strafrahmen für den Anstifter zu bilden. Es wird angenommen, daß der militärische Arrest der Haft gleichsteht, RGSt. **15** 382, 396, **27** 157. Nach anderer Ansicht wird er der Gefängnis- oder Festungsstrafe gleichgesetzt, Hecker, Militärstrafrecht S. 58; Grebe in LZ. **1924** Sp. 618 ff.

§ 49. Als Gehilfe wird bestraft, wer dem Täter zur Begehung des Verbrechens oder Vergehens durch Rat oder Tat wissentlich Hilfe geleistet hat.

Die Strafe des Gehilfen ist nach demjenigen Gesetze festzusetzen, welches auf die Handlung Anwendung findet, zu welcher er wissentlich Hilfe geleistet hat, jedoch nach den über die Bestrafung des Versuches aufgestellten Grundsätzen zu ermäßigen.

E. 19 §§ 29, 111, 408. Amtl. Entw. § 26, § 27, § 348. Einführung § 31.

1. Voraussetzung der Beihilfe ist, wie bei der Anstiftung, daß ein **anderer** eine Straftat als Täter **begeht** (akzessorische Natur der Beihilfe). Niemand kann bei demselben Verbrechen gleichzeitig Anstifter oder Gehilfe und Täter sein, RGSt. **26** 198, **27** 273, **44** 211. Beihilfe geht in Anstiftung auf, RGSt. **2** 145, **3** 162, **10** 406, **16** 374, **33** 401, **47** 372, **48** 206, **53** 190. Die einem Mittäter geleistete Beihilfe ist Beihilfe zur eigenen Tat, RGSt. **10** 406, **36** 25. Wie für die Anstiftung hat auch für die Beihilfe Entw. § 27 die akzessorische Natur beschränkt.

2. StGB. kennt als strafbar nur die Beihilfe zu einem **Verbrechen oder Vergehen**, wozu auch der **strafbare Versuch** dieser Straftaten gehört; RGSt. **61** 361. Die Beihilfe zu Übertretungen bleibt straflos, sofern sie nicht in besonderen Vorschriften, wie § 361 Nr. 4, § 363 Abs. 2, namentlich auch einzelnen Landesgesetzen, wie z. B. preuß. Felddiebstahlges. § 4 oder Reichsgesetzen, wie Zuckersteuerges. § 47 Abs. 2, Tabaksteuergesetz § 62, RAbgO. § 398 ausdrücklich für strafbar erklärt worden ist. RGSt. **56** 277, **57** 162. Auf das Konkursstrafrecht finden die allgem. Vorschriften des StGB., also auch § 49 Anwendung. Danach reicht die Straflosigkeit auch des notwendigen Teilnehmers nicht weiter, als eben die Notwendigkeit seiner Teilnahme, RGSt. **25** 369, so bei Begünstigung nach KO. § 241 die bloße Annahme der vom Schuldner freiwillig angebotenen Sicherung oder Befriedigung, die hiernach keine Beihilfe ist, RGSt. **2** 439, **5** 275, 435, **20** 214, **29** 304, **39** 134, **48** 19. Mehr als bloße notwendige Teilnahme ist aber Anstiftung und Beihilfe des begünstigten Gläubigers, RGSt. **61** 314.

3. Die **Begehung** eines Verbrechens oder Vergehens setzt voraus, daß es wenigstens zum Anfang seiner Verwirklichung sowohl nach der objektiven als nach der subjektiven Seite gekommen ist, RGSt. **11** 59, **18** 419, **37** 417. Dies ist vom Tatrichter, der über Beihilfe urteilt, stets selbständig festzustellen, eine Verweisung auf ein Urteil über die Haupttat genügt nicht, dieses bindet auch nicht, RGSt. **12** 106. Andererseits darf die Haupttat auch noch **nicht vollendet** sein. Die Vollendung fällt nicht immer mit der juristischen Vollendung zusammen. So kann bei der Erpressung Beihilfe geleistet werden, solange die Wirkung auf den Genötigten fortdauert und er zu einem Verhalten veranlaßt wird, auch nachdem er die erpreßte Handlung vorgenommen hat, 1 D 1416/20 17. III. 21. Ist die Körpertätigkeit ganz abgeschlossen, steht aber der Erfolg noch aus, so kann die Förderung des Erfolgeintritts recht wohl noch Beihilfe sein, Oppenhoff-Del. N. 13, Schwartze 147, A. Köhler 528; a. M. Finger 1, 358, Olshausen

N. 5 zu § 49, Meyer-Allf. S. 226 Anm. 19. Dagegen ist die Förderung einer straflosen Nachtat keine Beihilfe der Haupttat mehr. Daß die Nachtat durch die Strafe der Haupttat mit abgegolten wird, macht sie noch nicht zu einem Bestandteile dieser. A. M. RGSt. **57** 43.

a) Beihilfe zu einer Tat, die erst im Vorbereitungsstadium steht, ist zwar möglich, wird aber erst strafbar, wenn die Haupttat mindestens bis zum Versuch vorgeschritten ist, RGSt. **8** 267, **11** 59, **32** 239, **58** 114, **59** 376, **60** 6, **63** 101; Rechtspr. **3** 464. 1 D 1175/22 27. II. 23. Ja selbst vor der Entschließung des Haupttäters zur Tat kann eine Beihilfe zu dem erwarteten künftigen Tun einsetzen, RGSt. **4** 95, **16** 350, **28** 287, **51** 136, **58** 114; Rechtspr. **9** 149. Ist die Haupttat im Stadium des Versuchs stecken geblieben, so liegt Beihilfe zum Versuch eines Verbrechens oder Vergehens vor, RGSt. **11** 38, **37** 419; Rspr. **9** 724. Rücktritt des Haupttäters vom Versuch hebt die schuldhafte Verwirklichung der Tat bis zum Versuch nicht auf, sondern wirkt nur als persönlicher Strafausschließungsgrund für den Täter, nicht auch für den Gehilfen, § 50. Vgl. jetzt auch Binding, Abh. I S. 280/81. Ist die Haupttat im Stadium der Vorbereitung stecken geblieben, so ist die Beihilfe straflos, wenn es auch die Vorbereitung ist, RGSt. **11** 56.

b) Auch an einem zur Verbrechensverwirklichung untauglichen Versuch kann zwar begrifflich Beihilfe geleistet werden, sie bleibt aber ebenso eine straflose Tat wie jener angebliche „Versuch", RGSt. **11** 59, **31** 395, **60** 23. Sofern der Haupttäter weiter etwa nur den Willen hat, die Haupttat nicht zu vollenden, sondern im Stadium der Nichtvollendung abzubrechen, liegt seinerseits ebenfalls kein Versuch vor, da dieser voraussetzt, daß der Vorsatz auf Vollendung der Tat und Herbeiführung eines deliktischen Erfolgs geht. Für diesen Fall ist es dann richtig, daß auch keine Beihilfe, die als strafbare in Betracht käme, geleistet werden kann. Nicht weil es keine Beihilfe zum Versuch gäbe, sondern weil kein Versuch vorliegt, RGSt. **15** 315, **16** 25, **17** 377; Rspr. **9** 139, 253. Darauf aber, ob der Gehilfe nur will, daß der Haupttäter die Tat bloß versuche, nicht vollende und etwa die Vollendung selbst hindern will, kommt es — entgegen den angezogenen Entscheidungen — nicht an. Der Gehilfe hat es trotz seines entgegenstehenden Willens nicht mit Sicherheit in der Hand, die Tat zu verhindern, er kann durch unvorhergesehene Umstände daran gehindert werden. Dann hat er die Tat des Haupttäters immerhin gefördert. Objektiv liegt jedenfalls Beihilfe vor. Wegen des Vorsatzes unter Nr. 5.

c) Ist die Haupttat nicht rechtswidrig, wie Notwehr, Selbsthilfe, oder rechtlich indifferent, wie Selbstmord, straflose Selbstverstümmelung, so ist auch die hierzu geleistete Beihilfe straflos. RGSt. **60** 88, **61** 250.

d) Fehlt es der Haupttat an der subjektiven Schuldseite, etwa wegen Unzurechnungsfähigkeit des Haupttäters, §§ 50, 51, so daß kein Verbrechen oder Vergehen begangen worden ist, so entfällt auch die Strafbarkeit der hierzu geleisteten Beihilfe; RGSt. **11** 56, **18** 419, unter Aufgabe der gegenteiligen Entscheidung Rspr. **2** 151, **21** 14, **31** 395, **40** 24. Eine bloß objektiv rechtswidrige Tat reicht nach dem gegenwärtig geltenden Strafgesetzbuch nicht aus. Dagegen ist es belanglos, ob der an sich schuldhafte Täter aus persönlichen strafbefreienden Gründen, etwa mangels eines Strafantrags, straflos bleibt, RGSt. **34** 419. Entw. § 31 bestimmt: Die Strafbarkeit des Anstifters und des Gehilfen ist unabhängig von der Strafbarkeit dessen, der die Tat ausführt.

Ausnahmen finden sich, wo die Beihilfe zu einer selbständigen Straftat erhoben worden ist, wie §§ 112, 120 (Selbstbefreiung straflos), 121, 141, 159, 180 (Unzucht an sich straflos), 181, 203, 219, 347, 354, 357. In § 218 ist die Beihilfe zur Abtreibung zu selbständigen Delikten ausgebildet worden. Dadurch ist auch die Möglichkeit geschaffen, an ihnen besondere Teilnahmehandlungen zu begehen. Sogar eine Beihilfe der Schwangeren selbst zu diesem Verbrechen Dritter ist denkbar, RGSt. **28** 164, **29** 10, **61** 361; 1 D 1273/21 7. VII. 22. — Keine Ausnahme ist § 143 Abs. 2, da hier nur die für den Gehilfen geltende Strafdrohung abweichend von § 49 bestimmt wird.

e) Bestimmte Begehungsformen der Haupttat werden vom Gesetz nicht erfordert. Daher ist auch zu Unterlassungen, wenn sie dem Haupttäter als strafbare Pflichtwidrigkeiten zur Last fallen, Beihilfe möglich, RGSt. **27** 159, **51** 39 (Verletzung der Anzeigepflicht). Begehung eines Verbrechens oder Vergehens liegt auch vor, wenn es sich um Anstiftung, Mittäterschaft, Beihilfe zu einem solchen handelt. Daher kann auch zu diesen Straftaten Beihilfe geleistet werden, Binding, Abh. I S. 371. Beihilfe zur Anstiftung ist begrifflich Beihilfe zur Tat, RGSt. **14** 318, **59** 396, und rechtlich möglich, 1 D 1301/20 28. II. 21, in 5 D 95/14 16. V. 14 ohne Grund dahingestellt gelassen. JW. **1923** 373[2]. Der Gehilfe des Gehilfen (Helfershelfer) ist mittelbarer Gehilfe der Haupttat, Binding, Abh. I S. 371; RGSt. **4** 60, **23** 306 (das Beihilfe zur Beihilfe für „undenkbar" erklärt, sie aber als mittelbare Unterstützung der Haupttat gelten läßt), **59** 396. Daß die Persönlichkeit des Haupttäters bei der Beihilfe zur Beihilfe dem Helfershelfer bekannt ist, wird nicht erfordert. RGSt. **11** 87; 1 D 213/23 24. IV. 23. Anstiftung und Beihilfe zur selben Tat treffen in Gesetzeseinheit zusammen, RGSt. **62** 74. Beihilfe geht beim Zusammentreffen mit Mittäterschaft in dieser auf, RGSt. **59** 423. Auch zu fahrlässigem schuldhaften Tun ist Beihilfe möglich, Binding I S. 372, 303; Olshausen Anm. 18. Vom **Reichsgericht** wird dies in feststehender Rechtsprechung geleugnet und Beihilfe **nur bei vorsätzlicher Haupttat** für möglich gehalten, RGSt. **10** 8, **16** 277, **45** 88, **51** 41, 58 163, **65** 411; JW. **1911** 234[2]; 2 D 266/24 5. V. 24.

4. Die **Handlung des Gehilfen** ist wie jede rechtlich in Betracht kommende Handlung des Menschen Willensverwirklichung zwecks Herbeiführung eines Erfolgs. Sie kann unter Umständen daher auch in einem Unterlassen bestehen. Sie muß in gleicher Weise rechtswidrig sein wie eine Täterhandlung rechtswidrig sein muß. Die bloße moralische Pflicht, jemanden von einem strafbaren Tun abzuhalten, reicht aber auch hier dazu nicht aus. Der Umstand, daß mit der Beihilfetätigkeit angeblich einer bürgerlich-rechtlichen Verpflichtung genügt wird, nimmt nicht notwendig der Beihilfe den verbotswidrigen Charakter. Denn auch das BGB. § 134 versagt einem bürgerlichen Recht die Anerkennung, wenn es mit dem Strafrecht in Widerspruch gerät. Die Normen des öffentlichen Rechts gehen dem privaten vor. RGSt. **56** 169.

Die Verkennung des Unterschieds von Täterschaft und Teilnahme, wie er in Einführung § 23 und § 30 erörtert worden ist, wird auch bei der Beihilfe bedeutsam.

Nach der **subjektiven Theorie**, auf der das **RG.** steht, sollen Teilnahme und Täterschaft objektiv nicht verschieden sein, weil beide gleichermaßen nur Bedingungen zum Erfolg stellen, die alle gleichwertig sind (Buris, Kausalitätstheorie). Da hiernach keine objektive Verschiedenheit bestehe, komme es lediglich auf die **Willensrichtung** an: der Täter habe den Willen, den Erfolg (der Haupttat) als den seinen zu verursachen und damit seinem Interesse zu dienen, der Gehilfe habe nur den Willen, fremdem Interesse zu dienen, er wolle nur um des Täters willen handeln; RGSt. **2** 160, **15** 295, **26** 345, **28** 306; RMG. **10** 86, **11** 182, **17** 92. Vgl. auch Binding, Abh. I S. 306.

Nach der **objektiven Theorie** liegt der Gegensatz zwischen Mittäterschaft nach § 47 und Beihilfe nach § 49 darin, daß der Täter (Mittäter) die Ursache, der Gehilfe nur die Bedingungen zur Tat setzt. Birkmeyer, Vgl. Darst. **2** 10 ff. („materielle objektive Theorie"). Frank 125. Nach M. E. Mayer S. 403 liegt der Unterschied darin, daß der Täter das Rechtsgut angreift, der Gehilfe den Angriff vorbereitet oder sichert. Damit wird schließlich nur der Begriff des Helfens mehr oder weniger umschrieben. Ein extremer Vertreter der objektiven Theorie ist Perten, Die Beihilfe z. Verbrechen (1918). Eine **Abwandlung beider Theorien** sieht den Unterschied darin, daß der Vorsatz und die Handlung des Gehilfen sich **beschränkt** auf die Förderung der Tätigkeit als solcher, die der Verwirklichung der Haupttat dienen soll, der Erfolg dieser Haupttat selbst aber für die Beihilfe außer Betracht bleibt. So außer der vorigen Auflage dieses Kommentars auch Coenders, ZStW. **46** 1 und ähnlich Binding, Strafr. Abh. 1, 311; Köhler 527; Schwarz 5, Wachenfeld **11**; vgl. auch Olshausen Note 8, v. Bar 2, 645; RGSt. **6** 169, 8 267, **13** 265, **27** 157, **58** 113, **59** 276, **60** 6; Rspr. **9** 149. Diese letztere Auffassung kann nicht aufrecht erhalten werden. Unter Bezugnahme auf die Ausführungen in der Einführung ist vielmehr von folgendem auszugehen: Wie bei der Anstiftung geht auch der Vorsatz des Gehilfen auf die Herbeiführung eines zweifachen Erfolgs: zunächst auf Förderung der Tätigkeit, die zur Verwirklichung der Haupttat dient, „durch Rat oder Tat". Diese Förderung geschieht aber in Hinblick darauf, daß diese Haupttat einen Erfolg herbeiführen will. Deshalb bedeutet sie begriffsnotwendig auch eine bewußte Förderung der Herbeiführung des Erfolgs der Haupttat. Die Förderung der Ausführungshandlung des Haupttäters ist daher der unmittelbare erste Erfolg, die Förderung der Herbeiführung des Erfolgs der Haupttat der mittelbare zweite Erfolg der Beihilfe. Eine Bedingung auch für diesen Erfolg setzt somit der Gehilfe und der Anstifter wie der Täter, dieser eine nähere, jener eine entferntere. Alle aber handeln mit dem animus auctoris, dem Willen, den Erfolg der Haupttat herbeizuführen. Und nur soweit die Beihilfe eine solche Bedingung setzt, ist sie eben Beihilfe. RGSt. **60** 8. Der Unterschied vom Täter aber besteht darin, daß dieser die Tatherrschaft über seine Ausführungshandlungen besitzt, der Anstifter und Gehilfe aber nicht; deren Tatherrschaft geht nicht weiter, als die Anstiftungshandlung und Beihilfehandlung und ergreift nicht die Ausführungshandlung des Täters, wennschon der Vorsatz auch auf Erreichung des Erfolgs der Täterhandlung gerichtet ist und für diesen ebenfalls eine Bedingung bringen will.

Weder die subjektive noch die objektive Theorie ist nach der ihr gegebenen Ausgestaltung ausreichend für die Begriffsbestimmung der Beihilfe. Der Unterschied liegt nicht allein in der Willensrichtung, in der subjektiven Seite, wie die subjektive Theorie meint, sondern entsprechend der Verwirklichung des Willens, in der Herbeiführung der Erfolge, also auch in der objektiven Seite.

5. Der **innere Tatbestand** erfordert Wissentlichkeit der Hilfeleistung, also **Vorsatz.** Es genügt bedingter und allgemeiner Vorsatz. Fahrlässige Beihilfe ist zwar begrifflich möglich, aber straflos gelassen, soweit sie nicht, wie in § 121 Abs. 2, zur selbständigen Straftat erhoben worden ist. Bloßes Wissen, der Haupttäter wolle die strafbare Handlung begehen, genügt aber nicht.

a) Der **Wille** des Gehilfen geht zunächst auf **Förderung** der **Begehung** einer Haupttat, zugleich aber darauf, hiermit einen Beitrag zur Tat zu liefern, also eine Bedingung auch für deren Erfolg zu setzen, RGSt. **32** 353, **56** 168, **60** 8. Hiervon ist der Wille zu unterscheiden, der sich bloß die Tätigkeit eines anderen zunutze machen und auf ihr weiterbauend einen Erfolg durch eine der eignen Tatherrschaft unterliegende Tätigkeit herbeiführen will. Fällt dieser Erfolg mit dem vom Haupttäter gewollten Erfolg zusammen, liegt zwar objektiv Beihilfe vor, aber nicht subjektiv, 4 D 211/13 27. V. 13. Der Beweggrund und welche Interessen vom Gehilfen verfolgt werden, ist für die Frage der Beihilfe gleichgültig. Der Wille zu helfen muß ernstlich verwirklicht werden. Wenn jemand nur zum Schein auf das Ansinnen, Hilfe zu leisten, eingeht, kommt es immer darauf an, was er wirklich getan hat. Die bloße Absicht zu helfen reicht nicht aus, es muß in irgend einem Zeitpunkt auch tatsächlich eine Förderung stattgefunden haben, RGSt. **58** 113. Ist die Tat an sich geeignet, Hilfe zu leisten und wußte der Helfende dies, so vermag die bloße innere Absicht, nicht zu helfen und die Tat des Haupttäters nicht zur Vollendung kommen zu lassen, nicht, seiner Tat den Charakter strafbarer Beihilfe zu nehmen, 4 D 501/18 1. X. 18. Ob es ihm nachmals möglich sein wird, die Vollendung der Haupttat zu hindern, steht dahin. Gelingt es, liegt beim Haupttäter immerhin Versuch vor, zu dessen Begehung Hilfe geleistet wurde. Sofern sich der Gehilfe aller dieser Umstände bewußt ist, hat er auch den Gehilfenvorsatz. Nur wenn er sicher annimmt, es werde nicht zum Erfolg der Haupttat kommen und nur ein strafloser Versuch ausgeführt werden können, fehlt der Gehilfenvorsatz für die Beihilfe zu einer Straftat. Wenn dagegen auch der Versuch der Haupttat strafbar ist, bleibt es beim Vorsatz, diesen Versuch, also eine Straftat, zu fördern und es schützt der Wille, den Erfolg zu verhindern, nicht. Wer einer Frauensperson zur Abtreibung ihrer Frucht eine Mutterspritze gibt, obwohl er nicht will, daß sie die Frucht abtreibt, aber weiß, daß sie die Spritze hierzu benutzt, macht sich der Beihilfe schuldig. Wenn diese Spritze freilich ihrer Beschaffenheit nach völlig ungeeignet war, zur Abtreibung verwendet zu werden, war sie auch nicht geeignet, die Tat zu fördern und es liegt Versuch der Beihilfe mit einem untauglichen Mittel vor, der allerdings nach der Ansicht des RG. strafbar bleibt. RGSt. **60** 24, 1 D 339/21 6. X. 21. A. M. RGSt. **17** 378. Ein Rücktritt von versuchter Beihilfe im Sinne von § 46 Nr. 2 geschieht nicht dadurch, daß der Erfolg der Haupttat verhindert wird, sondern nur dadurch, daß der Erfolg der Hilfeleistung, das Setzen fördernder Bedingungen, derart beseitigt wird, daß eine Förderung der Haupttat nicht mehr übrig bleibt; RGSt. **16** 348, **38** 223, **39** 39, **47** 360. Die Beihilfe erfordert die Absicht, die erst in der Zukunft liegende Verwirklichung eines Verbrechens zu fördern und steht damit im Gegensatz zur sachlichen Begünstigung, die darauf gerichtet ist, dem Täter die bereits erlangten Vorteile zu sichern. Trifft beides zusammen, so liegt Idealkonkurrenz zwischen der Tat nach § 49 und § 257 vor. RGSt. **58** 13.

b) Die **Wissentlichkeit** des Gehilfen muß sich auf die äußeren und inneren Tatbestandsmerkmale der Haupttat erstrecken. Die strafrechtliche Verantwortlichkeit reicht nur so weit, wie der auf Hilfeleistung gerichtete Vorsatz, RGSt. **56** 378. Der Gehilfe muß hiernach vom Vorliegen der wesentlichen Begriffsmerkmale der Haupttat Kenntnis haben. Daß er die Modalitäten der Begehung im einzelnen kennt, ist nicht erforderlich, auch die Persönlichkeit des Täters braucht er nicht zu kennen, RGSt. **4** 95, **11** 87, **21** 93, **31** 35, **56** 168, 171, **59** 246, **65** 351; Rspr. **9** 438; 4 D 842/13 11. VIII. 13; 1 D 403/22 19. IX. 22. Nur wenn die Haupttat eine ganz andere ist, als die, die der Gehilfe fördern will, etwa Diebstahl nach § 242 statt Entwendung nach § 370 Nr. 5, fehlt es an einem ausreichenden Gehilfenvorsatz, 3 D 176/19 19. V. 19 in LZ. **1919** 899. Auch für den Exzeß des Haupttäters und die Verwirklichung von Tatumständen, die außerhalb der Vorstellung des Gehilfen liegen, haftet er nicht. Wenn aber auch der Haupttäter lediglich deshalb für einen Erfolg haftet, weil dieser mit der von ihm gewollten Tat ursächlich zusammenhängt, mag er ihn auch nicht gewollt und nicht vorausgesehen haben, wie z. B. in § 251 der Eintritt des Todes, so ist nach § 49 Abs. 2 die auf die Haupttat anzuwendende Strafe aus § 251 auch der für die Beihilfe zugrunde zu legen. RGSt. **56** 378. Objektiv qualifizierende Umstände der Haupttat sind immer auch dem Gehilfen zuzurechnen, deshalb ist es nicht richtig, mit dem RG. für die Beihilfe zu einem gewerbemäßigen Delikt selbst auch Gewerbsmäßigkeit zu verlangen, RGSt. **61** 268. Dagegen RGSt. **62** 246. Bei der Abhängigkeit der Beihilfe von der Haupttat kann der Gehilfe nur insoweit verantwortlich gemacht werden, als die Haupttat wirklich ausgeführt worden ist. Ist ein „straferhöhender Umstand" vom Haupttäter nicht verwirklicht worden, etwa nach § 268 die gewinnsüchtige Absicht nicht vorhanden, so kann der Gehilfe selbst dann nicht aus § 268 bestraft werden, wenn sein eigner Wille darauf gerichtet war, RGSt. **60** 158, **62** 246, 203, 206, **65** 350.

Nur die straferhöhenden persönlichen Eigenschaften und Verhältnisse des Täters sind nach § 50 dem Gehilfen nicht zuzurechnen, RGSt. **56** 378. Der Gehilfe muß wissen, daß die Haupttat verboten ist, Rspr. **9** 447. Daß sie strafbar ist oder sich gar als Verbrechen oder Vergehen darstellt, braucht er nicht zu wissen.

Für die Verantwortlichkeit des Gehilfen ist es gleichgültig, ob die einzelnen Tatbestandshandlungen vom Haupttäter schon vorgenommen waren, als seine Beihilfe einsetzte, sofern er nur im Zeitpunkt seiner Beihilfe von ihnen Kenntnis hatte und wußte, daß sie zur Verwirklichung der Haupttat dienten, JW. **1918** 566[1]. Der Gehilfe leistet daher Beihilfe zu einem Einbruchsdiebstahl, auch wenn seine Tätigkeit erst einsetzt, nachdem die Einbruchshandlung vom Haupttäter begangen ist, sobald er das Vorliegen des Einbruchs kennt; RGSt. **52** 202. Es verhält sich hier also anders als bei der Mittäterschaft, Rspr. **8** 80.

Wenn der Gehilfe den Haupttäter für schuldlos hält, sei es, weil er ihn für unzurechnungsfähig oder etwa in Notwehr handelnd hält, so fehlt der strafbare Gehilfenvorsatz, § 59; RGSt. **40** 21. Ist der Gehilfe von vornherein von der Unmöglichkeit einer Vollendung der Haupttat überzeugt, etwa weil er die vom Täter angewendeten Mittel für unzureichend oder untauglich hält und sonach nicht ein mal einen vom Haupttäter begangenen Versuch annimmt, so fehlt der Wille, eine strafbare Tat zu fördern, also der Gehilfenvorsatz des § 49, RGSt. **16** 25, **17** 377; 4 D 443/13 19. X. 13. Ob der Haupttäter an die Durchführbarkeit seiner Tat glaubt, ist belanglos. Umgekehrt liegt nur eine Putativbeihilfe vor, wenn der Gehilfe die Zurechnungsfähigkeit oder Schuld des Haupttäters irrigerweise annimmt, sie aber tatsächlich fehlt, RGSt. **11** 56, **18** 419.

Wenn der Gehilfe sich kraft öffentlich-rechtlicher Befugnisse oder auf Grund eines sonstigen Umstandes für berechtigt hält, Beihilfe zu leisten, etwa weil dadurch die Feststellung und Festnahme des Täters ermöglicht wird und die Tat schließlich verhindert werden kann, fehlt das Bewußtsein verbotswidrigen Tuns. RGSt. **56** 28 in Hinblick auf MStGB. § 143. Besteht ein Recht oder sogar eine Verpflichtung zum Tun nach bürgerlichem Recht, so geht dieser zwar das Verbot des öffentlichen Rechts, einem strafbaren Tun Beihilfe zu leisten, vor, der Irrtum hierüber betrifft aber einen das Bewußtsein der Rechtswidrigkeit ausschließenden Irrtum, der auch nach StGB. § 59 beachtlich ist, 1 D 339/21 6. X. 21.

6. Der **äußere Tatbestand.** Die Gehilfentätigkeit kann sein

a) **intellektuelle Beihilfe** durch **Rat,** indem des Täters Entschluß, ein Verbrechen zu verüben, befestigt wird, etwa bei Verübung einer fortgesetzten Handlung dazu beigetragen wird, daß er aufrecht erhalten und weiterhin verwirklicht wird, oder daß für die Ausführung und Durchführung des Entschlusses Anleitung und Belehrung gegeben wird, RGSt. **5** 140, **13** 265, **27** 157, **60** 8 (Rat eines Rechtsanwalts). 1 D 403/22 19. IX. 22; 1 D 46/23 13. II. 23. Auch die vor der Tat zugesagte nachträgliche Begünstigung kann den Täter in der Ausführung seines Entschlusses bestärkt haben. Sie ist solchenfalls wirkliche Beihilfe, nicht nur rechtlich angenommene nach § 257 Abs. 3. Immer aber muß der Täter bereits entschlossen gewesen sein. Wird durch den Rat erst der Entschluß hervorgerufen, so ist er nicht mehr Beihilfe, sondern Anstiftung. Daß der Täter von dem ihm gegebenen Rat schließlich wirklich Gebrauch gemacht hat, ist nicht erforderlich. Nur darf er ihn nicht von vornherein zurückgewiesen haben, RGSt. **8** 267, **38** 156; 4 D 487/24 30. V. 24.

b) **physische Beihilfe** durch die **Tat.** Hier ist jede Art von Tätigkeit möglich und aus ihrer Art, wie hervorgehoben, ein Unterschied mit der Täterschaft nicht zu erkennen, Binding, Abh. I S. 307, 309, Hälschner **1** S. 377, 379; RGSt. **24** 86, **39** 37. Nur muß die Tätigkeit selbstverständlich tauglich zur Förderung sein. Sie kann eigenhändig und in mittelbarer Täterschaft, sie kann einaktig und in Fortsetzungszusammenhang, sie kann in Alleintäterschaft und in Mittäterschaft begangen werden. Auch durch Unterlassungen kann Beihilfe geleistet werden, RGSt. **11** 153; 1 D 105/16 1. V. 16. Daß ein Wirt aber z. B. von seinem Hausrecht nach § 123 keinen Gebrauch macht, ist noch keine Unterlassung im Rechtssinn. 1 D 307/24 29. IV. 24. Die Zusammenfassung von Einzelhandlungen, die teils eigene Tat, teils Beihilfe zu fremder Tat sind, zu einer fortgesetzten Handlung ist unzulässig, 1 D 507/17 7. I. 16. Sie kann in der Mitwirkung bei Werbung des Täters bestehen, 1 D 1301/20 28. II. 21. Eine Beihilfe mit untauglichen Mitteln ist ebensowenig geeignet, den Gehilfenwillen zu verwirklichen, wie den Täterwillen. Die Tätigkeit der Beihilfe kann bereits vor der Entschließung des Haupttäters zur Tat und vor Beginn der Haupttat einsetzen, durch Förderung des Plans, Vorbereitung günstiger Bedingungen für die Ausführung, Ankauf des zu hehlenden Gutes als Gewerbegehilfe für den Geschäftsinhaber, der es dann an sich bringt, RGSt. **4** 95, **16** 350, **28** 287, **51** 136; Rspr. **3** 464, **9** 149; im Stadium der Vorbereitungshandlung des Haupttäters, RGSt. **8** 267, **13** 265, **27** 157; Rspr. **9** 149. 3 D 8/17 19. II. 17; in dem der Ausführung der Haupttat bis zum Eintritt des verbrecherischen Erfolgs einsetzen, RGSt. **10** 420. Ist die vorbereitete Tat von allen Teilnehmern aufgegeben worden, so bleibt die Beihilfe straflos, auch wenn nachmals die gleiche Tat zufolge neuen Entschlusses noch begangen wird, RGSt. **47** 358, **55** 106. Nach Abschluß der Tat und über die Zeit ihrer Vollendung hinaus kann keine Beihilfe mehr geleistet werden. RGSt. **30** 300, **38** 419, **45** 253. Vgl. oben unter 3. Doch kann bei Dauerdelikten zur Förderung der Fortdauer des verbrecherischen Verhaltens auch nach juristischer Vollendung des Delikts Beihilfe noch stattfinden, RGSt. **23** 292, **49** 208. Nicht dagegen bei Zustandsdelikten.

7. Strafbar ist nur die **vollendete Beihilfe.** Ein Versuch der Beihilfe ist begrifflich möglich, aber nicht strafbar, RGSt. **11** 56, 61. A. M. Hälschner **1** 386. Voraussetzung ist hiernach, daß die durch die Gehilfentätigkeit geschaffenen fördernden Bedingungen in den Strom der wirkenden Kräfte, die der Haupttäter zur Herbeiführung des von ihm gewollten Erfolgs ausgelöst hat, einbezogen worden sind, Bestandteile des kausalen Geschehens für dessen Herbeiführung geworden sind. Die bloße Absicht, durch sein Tun die Haupttat zu fördern, genügt nicht, sie muß so verwirklicht sein, daß zunächst einmal tatsächlich eine Förderung erfolgte. Wer einem Haupttäter zur Ausführung

seiner Tat eine Zange reicht, hat nur einen straflosen Versuch der Beihilfe, keine vollendete Beihilfe begangen, wenn dieser die Annahme sofort zurückweist, RGSt. **38** 156. Im übrigen ist hier von Bedeutung, ob man in der Beihilfe nur die Herbeiführung des einen Erfolgs, der Förderung der Tätigkeit, oder die Herbeiführung eines zweiten Erfolgs, den der Haupttat erblickt. Vom ersteren Standpunkt aus genügt es, daß die helfende Tätigkeit überhaupt einmal eine fördernde Bedingung bei Begehung der Haupttat bildete. Da Beihilfe ihrem Wesen nach sich auf Förderung der Begehungshandlung beschränke und keine Mitursache für den Erfolg der Haupttat setzen wolle, so komme es auch nicht darauf an, ob die Gehilfentätigkeit schließlich den Erfolg der Haupttat mit herbeigeführt habe. § 49 erfordere keinen ursächlichen Zusammenhang zwischen der Handlung des Gehilfen und dem schließlich vom **Täter** erreichten Erfolg. Nur von der Auffassung aus, daß der Erfolg des Haupttäters nicht vom Vorsatz des Gehilfen umfaßt wird, ist diese Annahme möglich, aber auch ihre notwendige Konsequenz. RGSt. **6** 169, **8** 267, **13** 265, **22** 2, **27** 157, **38** 417, **51** 136, **58** 113; Rspr. **9** 149, 724. 1 D 403/22 19. IX. 22; 4 D 1644/21 7. III. 22 u. JW. **1923** 404[55]; 1 D 1017/23 18. III. 24. Hat hiernach z. B. der Haupttäter die angebotene Zange angenommen, um sie zur Ausführung des Diebstahls zu benutzen, schließlich aber mit anderen Mitteln den Einbruch verübt, so bewendet es dennoch bei der Tatsache, daß einmal für die Begehung Hilfe geleistet wurde. 4 D 1075/13 7. XI. 13. Ebenso M. E. Mayer 399; Olshausen A. 8. Vom Standpunkt aus, daß auch der Gehilfe eine Bedingung für den Erfolg der Haupttat setzen wolle und setzen müsse, ist dagegen ursächlicher Zusammenhang auch zwischen Beihilfe und Erfolg der Haupttat zu verlangen. Nur dann leistet er „einen Beitrag zur Tat", RGSt. **15** 317, **17** 377, **32** 353, **56** 168, **60** 8, 24; v. Liszt, ZStRW. **38** 303; v. Liszt-Schmidt I, 340; Frank 125; Allfeld 203; v. Bar 2, 697; Finger 1, 356; Mezger, Lehrb. 439; Gerland 202.

8. Mehrere Beihilfshandlungen zu einer Haupttat werden in der Regel aus einem einheitlichen Entschluß entspringen und als fortgesetzte einheitliche Beihilfshandlungen nur eine Beihilfe bilden. Aus der akzessorischen Natur der Beihilfe braucht aber nicht notwendig gefolgert zu werden, daß es begrifflich nur eine, nicht mehrere selbständige Beihilfshandlungen geben kann, **a. M.** RGSt. **11** 37. Dagegen werden diese an sich mehrtätigen Beihilfshandlungen, auch wenn sie nicht auf einheitlichem Vorsatz beruhen, zu einer Kollektivbeihilfe zusammengefaßt, so daß unter ihnen §§ 73 u. 74 StGB. ausgeschlossen ist, JW. **1921** 839[2]. Wenn bei Begehung der Haupttat im Fortsetzungszusammenhange wiederholte Beihilfe zu den Einzelakten dieser Tat gewährt wird, so können allerdings mehrere selbständige Beihilfen vorliegen, so auch in Widerspruch zu RGSt. **11** 37, **17** 227, **23** 300, **56** 326; 2 D 95/21 1. IV. 21; 1 D 533/24 26. IX. 24, JW. **1925** 263[8]; RG. in SeuffBl. **75** 358. Weiß aber der Gehilfe, daß die Haupttat, die er fördert, eine in Fortsetzungszusammenhang begangene Handlung ist, so wird seine Gehilfentätigkeit wiederum zu einer einheitlichen Gesamtbeihilfe zusammengefaßt, vgl. Einleitung. Begeht der Haupttäter zwei verschiedene Straftaten, die miteinander in Idealkonkurrenz stehen, so kann gleichwohl die Beihilfe nur zu einer der konkurrierenden Straftaten durch eine Handlung begangen werden. Ebenso ist aber auch möglich, daß durch eine Beihilfe beide ideell konkurrierende Straftaten gefördert werden, RGSt. **44** 409. Es kann aber durch ein und dieselbe Handlung auch Beihilfe zu mehreren selbständigen Haupttaten, die miteinander in Realkonkurrenz stehen, verübt werden. Die akzessorische Natur führt auch hier nicht zu der Konsequenz, daß notwendig auch die Beihilfen realiter konkurrieren müssen, entgegen den natürlichen Geschehnissen. **A. M.** Binding, Hdb. I S. 586 und das **RG.**, z. B. RGSt. **4** 95, **11** 39, **42** 119, **54** 164, **57** 354. Dies wäre nur der Fall, wenn die Beihilfe auf den Erfolg der Haupttat abzielte, während ihr Erfolg allein die Förderung einer Begehungshandlung ist und sich darin erschöpft.

9. Eine im Inland geleistete Beihilfe zu einer im Ausland begangenen Haupttat wird lediglich nach deutschem Recht beurteilt, und zwar so, als fände dieses auch auf die Haupttat Anwendung. Umgekehrt ist auch eine im Ausland geleistete Beihilfe zu einer im Inland verübten Tat nicht nur im Ausland, sondern auch im Inland begangen, RGSt. **19** 147.

10. Die **Verjährung** der Strafverfolgung der Beihilfe tritt erst mit Verjährung der Strafverfolgung der Haupttat ein, RGSt. **30** 300, **41** 17. Bei fortgesetzter Handlung der Haupttat also mit dem letzten Akt der Fortsetzungshandlung, auch wenn nur zu einem Akt der Fortsetzungstat Beihilfe geleistet wurde, sofern der Gehilfe von dem Fortsetzungszusammenhang Kenntnis hatte und die ganze fortgesetzte Tat unterstützen wollte, RGSt. **40** 329. Wenn die Hilfeleistung sich aber wissentlich nur auf einen Einzelakt beschränkte und der Gehilfe den Fortsetzungszusammenhang nicht kannte, beginnt die Verjährung der Beihilfe bereits mit diesem Einzelakt, RGSt. **11** 118, **17** 227, **48** 206; 4 D 411/18 28. V. 18.

11. Für den Strafaufhebungsgrund des **Verzichts** auf den bestehenden staatlichen Strafanspruch, z. B. nach § 7 des SchleichhGes. ist für jeden Teilnehmer gesondert zu prüfen, ob er vorhanden ist, RGSt. **9** 10. Daher kann § 7 gen. Ges. gegen den Gehilfen Anwendung finden, obgleich der Haupttäter rechtskräftig verurteilt ist; 1 D 641/21 14. XI. 21.

12. Die **Strafe** richtet sich nach dem Strafrahmen der ausgeführten Tat, zu der vorsätzlich geholfen wurde, vorbehaltlich der Anwendung von § 50, ist jedoch stets nach den Grundsätzen der Strafbemessung für Versuch zu ermäßigen, § 44. Daher beträgt die Mindeststrafe für gewerbsmäßige Beihilfe zu gewerbsmäßiger Hehlerei 4 Monate 14 Tage Gefängnis; 2 D 1186/23 24. I. 24. Wenn § 49 auf § 44 verweist, statt dessen Bestimmungen zu wiederholen, so ist das lediglich aus redaktionellen Gründen geschehen, die Bestimmungen des § 44 bilden jedoch einen wesentlichen Bestandteil des § 49. Daraus, daß nach Tabaksteuergesetz. § 57 die Strafe für Versuch gleich der für Vollendung ist, folgt daher nicht, daß für den Gehilfen nicht die in § 49 vorgesehene Strafermäßigung eintreten dürfe; 1 D 893/21 10. I. 22. Jedoch findet § 45 keine Anwendung, wenn die Nebenstrafe wegen der Ermäßigung unzulässig geworden sein sollte, § 32. Nebenstrafen und Nebenfolgen, die für die Haupttat angedroht sind, sind für den Gehilfen stets mit angedroht. RGSt. **60** 126. Die Ermäßigung trifft nur die Hauptstrafe, RGSt. **8** 279. Das Gericht ist aber nicht gehindert, im Rahmen der milderen Strafdrohung für den Gehilfen eine Strafe festzusetzen, die der erkannten Strafe des Haupttäters gleichkommt oder sie sogar übersteigt, RGSt. **51** 106.

Wenn auf seiten des Täters ein **Exzeß** vorliegt, so ist der Strafrahmen maßgebend, der für die nicht exzedierte Tat gilt. Dasselbe gilt, wenn dem Gehilfen nach § 50 Tatumstände der Haupttat nicht zuzurechnen sind.

13. Eine **doppelte Ermäßigung** findet statt

a) bei Beihilfe zu einer Tat, die im Stadium des Versuchs stehengeblieben ist. Es ist dann zunächst der Strafrahmen für den Versuch der Haupttat nach § 44 zu finden und diesem gegenüber nochmals auf Grund von § 49 Abs. 2 zu ermäßigen, RGSt. **2** 383, **61** 77. Beihilfe zu Beihilfe ist zugleich mittelbare Beihilfe zur Tat, daher kann hier nicht doppelte Ermäßigung stattfinden, RGSt. **23** 300; a. M. Frank 119. — Nur eine einfache Ermäßigung kann, aber muß stattfinden, wenn in besonderen Fällen (§§ 80, 114) für Vollendung und Versuch der gleiche Strafrahmen besteht, RGSt. **12** 64. A. M. Liszt § 51 Nr. 10, der nicht einmal die einfache Ermäßigung zulassen will. Gegen ihn M. E. Mayer S. 409 Anm. 7.

b) Bei Beihilfe zur Tat eines nicht voll Strafmündigen findet für den Gehilfen keine Strafermäßigung statt, da hier nur ein höchstpersönlicher Strafminderungsgrund vorliegt, § 50; RGSt. **25** 266, **26** 3. Dagegen findet die doppelte Ermäßigung statt, wenn der Gehilfe selbst nicht voll strafmündig ist, und zwar ist solchenfalls zunächst der gemilderte Strafrahmen des Versuchs als Strafrahmen für den strafmündigen Gehilfen zu finden und dieser abgeleitete Strafrahmen dann nochmals zu ermäßigen.

14. **Ausnahmen** von der Regel der Strafermäßigung finden sich

a) wenn Beihilfehandlungen der Täterhandlung gleichgesetzt sind, § 143 Abs. 2, 1 D 826/24 9. I. 25, § 218 Abs. 3, § 284 (RGSt. **56** 117), § 363 Abs. 2, HGB. § 318, Vereins-Zollgesetz § 146, preuß. Felddiebstahlgesetz § 4, Auswanderungsgesetz § 48;

b) wenn Beihilfe zu selbständigem besonderen Delikt erhoben ist, §§ 120, 121, 141, 151, 180, 203, 218 Abs. 4, 340, 354, 355, 357; 1 D 966/24 13. II. 25. An diesen ist dann wieder eine Beihilfe möglich;

c) im Fall der notwendigen Teilnahme bleibt die Beihilfe straflos;

d) gewisse Teilnehmer werden vom Gesetz straflos gelassen, so die Kartellträger als Gehilfen zum Zweikampf, § 209.

Auf Beistandleistungen, die nicht Beihilfe i. S. von § 49 sind, bezieht sich die Strafermäßigung selbstverständlich nicht; z. B. § 257; RGSt. 8 367, **50** 364; 1 D 927/23 1. II. 24, JW. **1924** 1597[1].

15. Vorherige Zusage nachfolgender Begünstigung ist begrifflich Beihilfe. Es wird aber auch die nachfolgende Begünstigung selbst in diesem Falle als Beihilfe bestraft, d. h. es trifft sie die Strafe der Beihilfe mit der hier vorzunehmenden Ermäßigung. § 257 Abs. 3. Die vorausgegangene Zusage wird mit der als Nachhandlung in Betracht kommenden Begünstigung zusammengenommen, und das gesamte Verhalten als Beihilfe betrachtet. Mit § 258 ist Idealkonkurrenz möglich, RGSt. **17** 59; 1 D 1483/20 7. IV. 21, dagegen nicht mit § 257 Abs. 3.

§ 49 a. Wer einen anderen zur Begehung eines Verbrechens oder zur Teilnahme an einem Verbrechen auffordert, oder wer eine solche Aufforderung annimmt, wird, soweit nicht das Gesetz eine andere Strafe androht, wenn das Verbrechen mit dem Tode oder mit lebenslänglicher Zuchthausstrafe bedroht ist, mit Gefängnis nicht unter drei Monaten, wenn das Verbrechen mit einer geringeren Strafe bedroht ist, mit Gefängnis bis zu zwei Jahren oder mit Festungshaft von gleicher Dauer bestraft.

Die gleiche Strafe trifft denjenigen, welcher sich zur Begehung eines Verbrechens oder zur Teilnahme an einem Verbrechen erbietet, sowie denjenigen, welcher ein solches Erbieten annimmt.

Es wird jedoch das lediglich mündlich ausgedrückte Auffordern oder Erbieten, sowie die Annahme eines solchen nur dann bestraft, wenn die Aufforderung oder das Erbieten an die Gewährung von Vorteilen irgendwelcher Art geknüpft worden ist.

Neben der Gefängnisstrafe kann auf Verlust der bürgerlichen Ehrenrechte und auf Zulässigkeit von Polizeiaufsicht erkannt werden.

E. 19 § 231. Entw. § 182.

1. Die Vorschrift ist ein Gelegenheitsgesetz mit allen Merkmalen und Nachteilen eines solchen. Veranlassung gab das Erbieten des belgischen Kesselschlägers Duchesne im Jahre 1873 an den Erzbischof von Paris und den Jesuitenprovinzial von Belgien zur Ermordung des Fürsten Bismarck gegen Zahlung von 40 000 Fr. In Belgien fehlte damals die Strafbestimmung für diese Tat. Auf Verlangen der deutschen Reichsregierung wurde Belgien zum Erlaß des Gesetzes v. 7. VI. 1875, Contenant des dispositions pénales contre les offres ou propositions de commettre certains crimes veranlaßt. Diesem Vorgehen mußte dann auch Deutschland folgen, was durch Gesetz vom 26. II. 1876 geschehen ist.

2. Über die **Natur der Vorschrift** ist Streit. Vgl. Frank 128. Zutreffend erblickt jedenfalls die überwiegende Mehrheit in ihr eine **Sondervorschrift,** die vier selbständige Tatbestände umfaßt und eigentlich aus dem allgemeinen Teil des StGB. und insbesondere dem der Teilnahme herausfällt, M. E. Mayer S. 396 Art. 11. Teils erblickt man in diesen Sonderdelikten das Charakteristische lediglich in der äußeren Kundgebung eines verbrecherischen Willens, so Reiffel GerS. **42** 177, Hälschner I S. 410, teils sieht man darin Vorbereitungshandlungen, die, wie der Versuch auf den verbrecherischen Erfolg hinwirken, so Merkel S. 151; Stiemen in JW. **1924** 1708. Binding Lehrb. **2** S. 839 sieht in ihnen einen Angriff auf das Rechtsgut der gesetzestreuen Gesinnung, womit aber seine Auffassung in Widerspruch steht, daß auch ein Unzurechnungsfähiger i. S. von § 49 a aufgefordert werden könne, ein Verbrechen zu begehen und daß die Aufforderung nicht einmal geeignet zu sein brauche, einen verbrecherischen Entschluß hervorzurufen. Einem Unzurechnungsfähigen kann eine „gesetzestreue Gesinnung" nicht verdorben werden.

Am nächsten wird man dem Zweck und der Bedeutung der Vorschrift kommen, wenn man die in ihr verbotenen Handlungen als generell geeignet ansieht, die Verübung eines Verbrechens oder die Teilnahme an einem solchen herbeizuführen und um dieser allgemeinen abstrakten Gefahr willen, die ein Verbrechen sowohl für die Rechtsordnung als solche, also den Rechtsfrieden der Allgemeinheit, als für die Rechtsgüter des einzelnen bildet, werden die in § 49a bezeichneten Handlungen schlechthin und ohne Rücksicht auf die Herbeiführung eines schädlichen Erfolgs oder nur die Möglichkeit eines Erfolgs im konkreten Falle verboten. Es ist der Gesichtspunkt der **Generalprävention,** der zum Verbot dieser Handlungen führt, weil sie in der Regel günstige Bedingungen für eine Verbrechensverübung zu schaffen pflegen, namentlich ihrer Natur nach geeignet sind, selbst sich zu Verwirklichungshandlungen für die in Betracht kommenden Verbrechen zu entwickeln. Dieser Auffassung ist beigetreten H. Endemann, Die Hetze (1924). A. M. Klee in DJZ. **1924** Sp. 494. RG. SächsA. **1910** 124. So kann leicht das Auffordern zu einem Verbrechen in Anstiftung, seine Annahme in Täterschaft, das Erbieten in Täterschaft, seine Annahme in Beihilfe, Anstiftung oder Begünstigung übergehen. Ist ein solcher Übergang erfolgt und haben die Tat, die § 49a im Auge hat, die dort genannten Personen selbst begangen, oder doch an einer solchen teilgenommen, so entfällt die besondere Strafdrohung für dies Sonderdelikt des § 49a; dieses geht vielmehr in der Tat, deren Vorbeugung die Strafdrohung des § 49a dienen sollte, ebenso auf, wie die Strafe des Versuchs in der Strafe der Vollendung. Idealkonkurrenz zwischen § 49a und diesen Straftaten ist daher unmöglich. Ebenso Frank 129; RGSt. **43** 206.

Nicht weil schon die Kundgebung eines verbrecherischen Willens als solche den Rechtsfrieden stört, wird sie verboten, sondern weil darüber hinaus eine Situation geschaffen werden kann, die die Gefahr einer Verbrechensverübung zeitigt. Die Frage, ob eine Gefährdung eines durch das deutsche Recht geschützten Rechtsguts vorliegt, die Straftat also ein Verbrechen sein würde, ist ausschließlich nach deutschem Recht zu beurteilen, auch wenn die Straftat im Ausland begangen werden soll, RGSt. **37** 46, RMG. **13** 275.

3. Aus diesem Vorbeugungszweck, der die Gefahr der Begehung eines Verbrechens im allgemeinen möglichst schon im Keime ersticken will, und aus dem klaren Wortlaut ergibt sich dann auch die **subsidiäre Bedeutung** der Vorschrift, und zwar gilt diese Subsidiarität nicht nur für die in Abs. 1, sondern auch für die in Abs. 2 bezeichneten Straftaten, Olshausen Anm. 21. Abweichend von der sonstigen Anordnung der Subsidiarität will § 49a auch nicht nur einem härteren, sondern jedem, also auch sogar milderen Strafgesetz gegenüber weichen, sofern es nur überhaupt denselben Tatbestand, der in § 49a ergriffen wird, unter Strafe zieht, sei es ebenfalls als Sonderdelikt, sei es in seiner Weiterentwicklung zur Täterschaft oder Teilnahme an dem in Aussicht genommenen Verbrechen selbst, etwa der Beihilfe, RGSt. **43** 206 (§ 218), **60** 92, RGSt. in GA. **53** 176. Auch Landesgesetze gehen vor, soweit sie die vom RStGB. freigelassenen Tatbestände mit Strafe bedrohen, da § 49a schlechthin Gesetze, nicht nur Reichsgesetze bei seiner Subsidiarität erwähnt, RGSt. **9** 261; Frank 130. A. M. Binding Lehrb. **2** S. 870. Es gehen also vor z. B. §§ 85, 102, 111, 112, 159, 332, 334, 357, SeemO. § 101. Dagegen soll zwischen § **333** und § 49a Idealkonkurrenz nach RGSt. **9** 261, **12** 55 stattfinden. Dies ist jedoch nicht zu billigen, Binding I S. 356; v. Bar, Ges. u. Schuld **2** 850. Haager, Die Stellung des § 49a (1903) 190; Frank 130.

In § 49a sind **vier verschiedene Tatbestände** zusammengefaßt. Eine alternative Feststellung ist daher nicht zulässig, 3 D 1294/05 18. XII. 05. Gemeinsam ist ihnen, daß sie sich nur auf Verbrechen i. S. des § 1 beziehen, was aus der Person des ins Auge gefaßten Täters zu bestimmen ist, RGSt. **32** 267; daß in der Regel nur das schriftliche Auffordern usw. strafbar ist, das lediglich mündliche aber nur dann, wenn es an das Gewähren von Vorteilen geknüpft ist. Näheres unter 8.

4. Von den vier in § 49a zusammengefaßten Delikten betrifft das **erste Delikt** die **Aufforderung** eines andern zur **Begehung eines Verbrechens** oder zur **Teilnahme an einem Verbrechen.**

a) Jede Aufforderung ist die an einen andern gerichtete Erklärung, die zum Inhalt hat ein Verlangen nach einem von dem andern zu bewirkenden Tun, hier der Verbrechensverübung oder des Teilnehmens daran. Eine Erklärung fordert notwendig einen Inhalt, man kann nur „etwas" erklären. Daher muß auch dieser Inhalt aus der Erklärung an sich erkennbar sein, die Erklärung muß also den Wunsch des Erklärenden erkennen lassen, daß der, an den sie gerichtet ist, ein Verbrechen begehe oder daran teilnehme. RGSt. **47** 411, **53** 351. Die Aufforderung kann auch die Form einer Anfrage haben, einer Gebrauchsanweisung. JW. **1912** 412. Dieses Verlangen muß selbstverständlich als ein ernstliches Verlangen sich äußerlich darstellen und erkennbar sein, RGSt. **1** 338, es genügt aber auch nur ein bedingtes Verlangen. RGSt. **60** 90. Gleichgültig aber ist, ob der Auffordernde, das bezeichnende Tun des Aufgeforderten in Wirklichkeit ernstlich wünscht, es genügt das Bewußtsein, daß sein erklärtes Verlangen **als ein ernstliches** von demjenigen, der die Aufforderung wahrnimmt, **aufgefaßt** werden kann und **diese Auffassung** als Erfolg der Erklärung gewollt wird. Darin erschöpft sich der Vorsatz bei der Erklärung der Aufforderung, Binding Lehrb **2** 862. Ein wirkliches Vorhandensein der Ernstlichkeit des Willens beim Auffordernden selbst, dahin, daß der Auffordernde die Tat, zu deren Begehung er auffordert, auch ernstlich wolle, verlangen dagegen Olshausen N. 8 zu § 49, Meyer-Allf. S. 228, RGSt. **1** 338, **15** 359, **36** 228, **57** 171, **243**, **60** 24, Rspr. **9** 743. Freilich muß dem Auffordernden notwendig die Annahme innewohnen, daß dem Aufgeforderten die Ausführung der Tat möglich und dieser dazu auch gegebenenfalls willens sei. Wenn für den Auffordernden die Gewißheit besteht, daß der Aufgeforderte die Tat nicht ausführen könne oder wolle, so kann von einer Aufforderung i. S. von § 49a nicht die Rede sein, RGSt. **57** 171. Einer ausdrücklichen Feststellung der Ernstlichkeit im Urteil bedarf es nicht, da diese im Zweifel ohne weiteres anzunehmen ist.

b) Zur Vollendung der Aufforderung gehört, daß sie abgegeben und an den Aufgeforderten gelangt, ihm so zugegangen ist, daß er sie wahrnehmen und ihren Inhalt erkennen konnte. Bevor diese Wahrnehmungs- und Erkennungsmöglichkeit eingetreten ist, liegt nur — strafloser — Versuch der Aufforderung vor. Wird deren Zugehen und Erkennen vor Eintritt dieses Erfolgs vom Auffordernden selbst gehemmt, so vollendet sich die Tat des § 49 a nicht. Auch dann wird die Vollendung ausgeschlossen, wenn die Aufforderung dem Empfänger gegenüber bereits ernstlich widerrufen war, bevor sie diesem zuging, 2 D 17/15 29. I. 15. Ebenso fehlt die Vollendung, wenn die Aufforderung nicht demjenigen zugeht, an den sie gerichtet, für den sie bestimmt ist, sondern einem Dritten, Geyer in HH. IV S. 153 vergleicht dies mit Recht mit einer aberratio. War die Aufforderung jedoch an den Aufgeforderten nicht als höchstpersönliche gerichtet, sondern gleichsam als eine fungible Persönlichkeit, die nach des Auffordernden Willen ebenso durch eine andere ersetzt werden kann, ist also die Person des Aufgeforderten dem Auffordernden gleichgültig, so entspricht das Fehlgehen der Aufforderung von der zunächst in Aussicht genommenen Persönlichkeit an eine andere dennoch dem Vorsatz des Täters und es ist auch diese von ihm als gewollt anzusehen, das Zugehen der Aufforderung vollendet. Ebenso genügt es, wenn die schriftliche Aufforderung an einen zur Empfangnahme der Korrespondenz berechtigten Vertreter, etwa den Geschäftsführer, gelangt ist, 4 D 607/13 14. X. 13.

c) Die Aufforderung kann sich an einen Einzelnen, sei es bestimmten, sei es der Persönlichkeit nach unbestimmten, und auch an eine Mehrheit von nicht individuell bestimmten Menschen richten, RGSt. in SeuffBl. 69, 572; 3 D 4978/3 23. VI. 04 (Zeitungsannonce), Frank 131. Die Person des Aufgeforderten braucht dem Aufforderer nicht bekannt zu sein. Letzterenfalls genügt für das Zugehen, daß diese Mehrheit die Aufforderung wahrnehmen und ihren Inhalt erkennen kann. Erfolgt die Aufforderung an eine Mehrheit jedoch auf dem in § 110 bezeichneten Wege, so tritt kraft der subsidiären Natur die mildere Strafe des § 111 Abs. 2 ein. Zur Erkennbarkeit der Aufforderung gehört, daß sie nach Lage der Umstände ihrem Inhalt nach verstanden werden kann. Dies ist zu verneinen, wenn sie in einer Sprache oder einer Weise angegeben wird, die nach den vorliegenden Verhältnissen nicht verstanden werden kann.

d) Nicht erforderlich ist, daß der Auffordernde seine Persönlichkeit erkennbar macht. Auch anonyme oder pseudonyme Aufforderungen genügen zur Erfüllung des Tatbestandes, RGSt. **36** 228.

e) Entsprechend der generalpräventiven Natur des Deliktes stellt sich im übrigen die Aufforderung nur als eine einseitige Tätigkeit des Auffordernden dar. Darum ist zwar das Zugehen an den Aufgeforderten in einer Weise, daß dieser den Inhalt erkennen kann, zur Vollendung erforderlich, nicht aber bedarf es einer Mitwirkung des Aufgeforderten zur Herstellung des Tatbestands der Aufforderung. Somit ist nicht notwendig, daß

α) der Aufgeforderte die ihm zugegangene Aufforderung auch tatsächlich wahrgenommen hat. A. M. RGSt. **26** 81. Mit Abgabe des Briefes in dem zur Empfangnahme bestimmten Briefkasten ist auch die Aufforderung abgegeben. Ebensowenig ist

β) notwendig, daß er den Inhalt der Aufforderung als ein an ihn gerichtetes Verlangen erkannt und verstanden hat, RGSt. **30** 142; a. M. Schwartz Nr. 5a. Verstehen des Inhalts ist ein Vorgang innerhalb der Geistestätigkeit des Aufgeforderten, nicht mehr ein Teil der Tätigkeit des Auffordernden. Nur diese aber wird um ihrer regelmäßigen Gefährlichkeit willen unter Strafe gestellt. Aus diesem Grunde ist es belanglos, aus welchen subjektiven Gründen der andere eine an sich zu verstehende Erklärung nicht verstanden hat und daher ist auch eine an einen Strafunmündigen, an einen Geisteskranken gerichtete Erklärung geeignet, die Straftat des § 49a zu erfüllen. RGSt. **47** 230; 4 D 215/13 21. V. 13. Es kommt nicht darauf an, ob im konkreten Falle die Aufforderung wirken kann oder nicht, sondern auf ihr generelles Geeignetsein.

γ) Noch weniger ist es notwendig, daß die Aufforderung von Erfolg war oder nur nach den vorliegenden konkreten Umständen des Falls objektiv von Erfolg sein konnte. Auch ein bereits zur Verübung des Verbrechens Entschlossener, wie ein jeder Beeinflussung völlig Unzugänglicher kann aufgefordert werden, RGSt. **8** 229, **15** 359, **44** 172; 1 D 1131/04 24. X. 04; 4 D 1247/12 11. II. 12; 3 D 3481/01 7. XI. 01; GA. **52** 84. In diesem Sinne ist es richtig, wenn gesagt wird, daß sich die Straftat allein in der Person des Auffordernden erfüllt. Nur fehlt es an einer Aufforderung überhaupt, wenn der Auffordernde die Unmöglichkeit der Wahrnehmung oder Beeinflussung des Aufgeforderten erkannte, RGSt. **57** 171.

f) Es kommt nicht darauf an, wie die Tat sich gegebenenfalls gestaltet haben würde, wenn die Aufforderung Erfolg gehabt hätte, insbesondere, ob die Ausführung der Tat, zu der aufgefordert wurde, selbst zum Ziele führen konnte, sondern allein darauf kommt es an, wie sich die Tat, auf die sich das Verlangen des Auffordernden richtet, nach dem in der Erklärung zum Ausdruck gebrachten Wunsch und Willen gestalten sollte. Maßgebend ist also die vorgestellte Tat. Wie die Aufforderung nur als bedingte erfolgen kann, so genügt es auch, wenn die unbedingte Aufforderung ein Verlangen enthält nach einem nur unter bestimmter Bedingung begehbaren Verbrechen, RGSt. **26** 199, 420. Hat diese Vorstellung zum Gegenstande und Inhalt eine Tat, die sich, wenn sie verwirklicht würde, **vom Standpunkt des Täters** dieser Tat aus als ein **Verbrechen** i. S. von § 1 darstellen würde, RGSt. **15** 400, so ist der Tatbestand des § 49a erfüllt, RGSt. **32** 267, 4 D 545/13 3. X. 13. Die Vorstellung von einer hierzu absolut ungeeigneten Tätigkeit enthält nicht die Vorstellung von der Verübung eines Verbrechens, RGSt. **33** 321. Daß die Handlung für den Auffordernden ein Verbrechen wäre, genügt nicht, RGSt. **32** 267. Belanglos ist dabei, ob der Auffordernde die vorgestellte Tat selbst als ein Verbrechen qualifiziert, RGSt. **20** 198; oder auch nur für strafbar hält; 4 D 424/12 3. V. 12, oder ob die Tat rechtlich sich noch als ein weiteres Delikt darstellt, RGSt. **52** 245. Erforderlich ist jedoch, daß er sie für eine verbotene Handlung ansieht, da andernfalls die Rechtswidrigkeit der Aufforderung selbst wegfiele.

Der Auffordernde muß hiernach die Tat, sowohl nach ihrer objektiven als ihrer subjektiven Seite sich als Gegenstand seines erklärten Verlangens so vorstellen, daß diese äußeren und inneren Tatbestandsmerkmale den Begriff des Tatbestands eines Verbrechens abgeben, auch wenn er selbst sie rechtlich anders einschätzt.

Hindert daher zwar nicht die bestehende Geisteskrankheit oder Strafunmündigkeit eines Aufgeforderten, daß eine Aufforderung an ihn als abgegeben gilt, so liegt doch eine Aufforderung zu einem Verbrechen nur dann vor, wenn der Auffordernde diese die Schuldseiten des Auffordernden und damit die Begehung eines Delikts ausschließenden Eigenschaften nicht kennt und seiner Vorstellung nach die Tat von einem Zurechnungsfähigen begangen werden solle. Weiß der Auffordernde dagegen, daß der Aufgeforderte unzurechnungsfähig ist (geisteskrank oder strafunmündig), so geht seine Vorstellung nicht auf ein Verbrechen, er kann dann auch nicht zu einem solchen auffordern. Ebenso, wenn er weiß oder annimmt, daß der Aufgeforderte in einem die Rechtswidrigkeit oder Schuld ausschließenden Notstand handeln würde, RGSt. **60** 91. Glaubt er irrtümlich, der Geisteskranke oder Jugendliche sei gleichwohl imstande, eine Straftat zu verüben, so liegt bei ihm nur ein Putativdelikt vor, er glaubt irrtümlich zu einem Verbrechen aufzufordern. Ebenso sind ihm die Tatbestandsmerkmale der Tat nicht als Inhalt der Aufforderung zuzurechnen, die er nicht kennt, auch wenn sie bei dem Aufgeforderten bei der Begehung der Tat vorliegen würde; § 59. RGSt. **20** 198. Wer einen andern zu einem Diebstahl auffordert, fordert nur dann zu einem Verbrechen auf, wenn er weiß, daß die Verübung des Diebstahls vom Aufgeforderten im Rückfall nach § 244 erfolgen würde. Ohne diese Kenntnis liegt nur — straflose — Aufforderung zum Diebstahl nach § 242 vor. Die Verbrechenseigenschaft wird der vorgestellten Tat nicht dadurch genommen, daß diese durch ein Qualifikationsmoment zum Verbrechen wird, das gleichzeitig ein Tatbestandsmerkmal des § 49 a bildet. Die Absicht, einen Vermögensvorteil zu erlangen, macht so die einfache Urkundenfälschung zum Verbrechen nach § 268 auch dann, wenn die Aufforderung etwa das Anerbieten dieses Vermögensvorteils mit enthält. Es genügt, daß die Handlung, zu der aufgefordert wird, in derjenigen Gestaltung, in der sie in der Aufforderung erscheint, die Merkmale eines Verbrechens nach StGB. § 1 Abs. 1 trägt. Das ist der Fall, wenn die Handlung, zu der aufgefordert wird, durch die Begehung gegen Belohnung zum Verbrechen wird, und die Begehung gegen Belohnung in der Aufforderung dem Aufgeforderten angesonnen wird. RGSt. **18** 145. A. M. Binding Lehrb. **2** 863. Soll die vorgestellte Tat im Ausland begangen werden, so bestimmt sich die Frage, ob sie ein Verbrechen ist, nicht nach ausländischem, sondern allein nach deutschem StGB. § 1, RGSt. **37** 45; RMG. **13** 279.

Ob das Verbrechen an dem Auffordernden oder mit dem Auffordernden selbst begangen werden soll, wird nur dann von Einfluß, wenn infolge der Einwilligung zur Verletzung die Rechtswidrigkeit der Tat selbst wegfällt. Überall, wo diese Einwilligung die Rechtswidrigkeit und somit den Bestand des Verbrechens nicht aufhebt, bleibt auch die Aufforderung zum Verbrechen strafbar, selbst dann, wenn sie vom Einwilligenden in die Verletzung selbst ausgeht und sich auf Vornahme eines an ihm zu verübenden Verbrechens richtet. So macht die Einwilligung des Getöteten den Totschläger nicht straflos, § 216, die Aufforderung, den Auffordernden zu töten, bleibt daher nach § 49 a strafbar. Die unzüchtige Handlung des Gefangenenaufsehers an der Gefangenen bleibt ein Verbrechen nach § 174 Nr. 3, auch wenn diese einwilligte. Daher ist die von ihr ergehende Aufforderung nach der Vornahme solcher Handlungen und diese nach § 49 a strafbar. A. M. Binding Lehrb. **2** 863. Es kommen eben bei § 49 a die Gesichtspunkte der notwendigen Teilnahme und der Anstiftung nicht in Frage.

h) Wie die Aufforderung zur Verübung eines Verbrechens, so ist auch die Aufforderung zur **Teilnahme an einem Verbrechen** strafbar. Daß die Teilnahme selbst ein Verbrechen im Sinne von § 1 ist, ist nicht erforderlich. Jede Art der Beteiligung reicht vielmehr hin, insbesondere auch Beihilfe, Begünstigung. A. M. Binding Lehrb. **2** 863. Auch die Aufforderung zur Teilnahme an einem vom Auffordernden selbst in Aussicht genommenen Verbrechen ist strafbar. Rspr. **6** 535; Frank 131. Zufolge der Subsidiarität der Vorschrift entfällt natürlich deren Anwendung, wenn es vom Auffordernden zur Verübung des Verbrechens selbst kommt oder er als Anstifter, Gehilfe, Mittäter dabei bestraft wird. Dagegen ist die Aufforderung zur gemeinschaftlichen Ausführung eines Diebstahls, der sich nur wegen persönlicher Qualifikationsmomente auf seiten des Auffordernden für diesen als Verbrechen darstellt, nicht strafbar, RGSt. in GA. **48** 366. Die seitens des Vaters an seine noch nicht 18 Jahre alte Tochter gerichtete Aufforderung, sich ihm geschlechtlich preiszugeben, enthält keine Aufforderung zur Mittäterschaft am Verbrechen der Blutschande, RGSt. in GA. **51** 177.

i) Die Aufforderung muß vorsätzlich erfolgen, das liegt im Begriff des Aufforderns. Daß die Handlung, zu der aufgefordert wird, eine vorsätzliche Begehung betrifft, folgt schon daraus, daß es fahrlässige Begehung von Verbrechen nach StGB. nicht gibt.

k) Da § 49 a als Sonderdelikt ausgestaltet ist, so können auch alle Teilnehmertätigkeiten bei ihm stattfinden, 1 D 143/22 26. V. 22. Die für den Haupttäter aufgestellten Strafbarkeitsmerkmale, die Gewährung von Vorteilen oder Schriftlichkeit sind dabei für den Anstifter oder den Gehilfen nicht gleichfalls Voraussetzungen der Strafbarkeit, 1 D 533/22 22. XI. 22; RGSt. **56** 362.

l) Besonders strafbare Aufforderungen zum Ungehorsam gegen Verbote oder Gebote sind außerdem in Einzelgesetzen unter härtere Strafe gestellt, so z. B. § 13 unter Nr. 5 des Ges. über die Entwaffnung der Bevölkerung vom 7. VIII. 1920 (RGBl. S. 1553), § 7 Ges. z. Schutz der Rep. v. 26. VI. 1922 (RGBl. I, 585). Ferner ist ein Sondertatbestand gleicher Art in § 111 und der ihm gewordenen Ergänzung durch § 25 des Ges. z. Schutz der Rep. v. 26. VI. 1922 enthalten.

5. Das **zweite Delikt** bildet die **Annahme einer Aufforderung.** Diese ist von der Annahme eines Erbietens verschieden, RGSt. **57** 245. Voraussetzung ist hiernach immer zunächst das Vorliegen einer Aufforderung, die den Erfordernissen des § 49 a selbst entspricht. Fehlt es an ihr, kann auch die Annahme einer solchen nicht stattfinden. Daher kann z. B. eine Aufforderung, die ihrer Form nach allgemein erkennbar kein ernstliches Verlangen enthält, aber aus Mißverständnis und Irrtum für ernstlich gehalten wird, nicht i. S. von § 49 a angenommen werden. Es fehlt das Objekt der Annahme, es liegt nur ein Putativdelikt vor. RGSt. **1** 338, **57** 243; Binding, Lehrb. 2, 866, 877; Olshausen Anm. 7; Frank 132. Das gleiche gilt, wenn die Aufforderung von einem Unzurechnungsfähigen ausgeht, sie ist keine Straftat nach § 49 a und kann nicht angenommen werden. Dagegen ist eine bloß innere Absicht des Auffordernden, das Verbrechen, zu dem er dem Äußern nach ernstlich auffordert, zu hindern, kein Hindernis für eine ernstliche Annahmeerklärung. Andererseits genügt es zur Annahme, daß die Annahmeerklärung als ernstlich gemeint aufgefaßt werden muß und im Verkehr so verstanden wird. Ein interner, nicht auf ernstliche Annahme gehender Wille genügt nicht, die Erklärung zur Nichtannahme zu stempeln. RGSt. **57** 243 unter Aufgabe der Ansicht in GA. **42** 122. Der Vorsatz muß freilich das Wissen und Wollen dabei enthalten, daß die Erklärung als ernstliche verstanden werde. Vgl. RGSt. **44** 172. Auch eine bedingte Annahme ist als ernstlich gemeinte Annahme anzusehen, sofern die annehmende Person die von ihrem Willen abhängende Verwirklichung der Bedingung in ernste Aussicht genommen hat, 2 D 2376/00 21. IX. 00. Was von der Vollendung der Aufforderung gilt, gilt auch von der der Annahmeerklärung. Auch sie muß dem Auffordernden so zugegangen sein, daß er sie wahrnehmen und verstehen konnte, wennschon nicht notwendig ist, daß er sie wahrgenommen und verstanden hat. Schon der Versuch einer Komplottbildung, der in der Abgabe der Annahmeerklärung liegt, genügt, es braucht nicht tatsächlich zu einem solchen Komplott gekommen zu sein, a. M. RGSt. **26** 81. Dagegen muß die Annahmeerklärung irgendwie an den Auffordernden gerichtet gewesen sein, so daß dieser sie wahrnehmen und verstehen konnte. Die bloße stillschweigende Annahme oder ein der Aufforderung entsprechendes Verhalten, obwohl es dem Auffordernden zur Kenntnis kommt, genügt nicht. Die Annahmeerklärung kann zwar durch ein konkludentes Verhalten dem Auffordernden gegenüber, aber nicht schlechthin durch Stillschweigen abgegeben werden. Die Grundsätze des BGB. über die Rechtswirksamkeit des Stillschweigens auf eine Offerte hinsichtlich des Privatrechts sind nicht ohne weiteres auf das Strafrecht zu übertragen.

Inwieweit eine beschränkte Annahme überhaupt noch eine Annahme der Aufforderung enthält, hängt vom einzelnen Fall ab. Entscheidend ist, ob der Auffordernde auch das Verlangen nach dem bloß Mindern in sich schließt oder aufs ganze oder auf gar nichts geht. Die Annahme einer über die Aufforderung hinausgehenden Tätigkeit enthält insoweit keine Annahme, sondern ein Erbieten zur Tat. Ob auch hierin noch eine Annahme der Aufforderung liegt, ist gleichfalls Tatfrage. Geyer HH. IV. S. 155 verneint die Annahme schlechthin.

Die Annahme einer Aufforderung nach § 49 a ist als Teilnahme i. S. von StPO. § 56 Nr. 3 anzusehen. RGSt. **56** 150.

Die Annahme ist ein freier Willensakt. Liegt sie als Ergebnis einer Drohung nach § 240 vor oder ist sie die Gehorsamsbetätigung auf einen bindenden Befehl des Vorgesetzten, so fehlt der Begriff der Annahme, und zwar auch dann, wenn sie in der irrigen Meinung dieser Umstände erfolgte. — Verübt der Annehmende das Verbrechen, zu dem er aufgefordert wurde, oder wird er sonst ein strafbarer Teilnehmer an ihm, so entfällt die Strafe von § 49 a kraft dessen subsidiärer Natur. Auch bei Nichtannahme kann möglicher Weise § 139 in Betracht kommen.

6. Das **dritte Delikt** bildet das **Sicherbieten** zur **Begehung eines Verbrechens** oder zur **Teilnahme** an einem solchen. Es setzt den Fall voraus, daß der andere, dem gegenüber man sich erbietet, den sich Erbietenden noch nicht selbst zur Verbrechensbegehung aufgefordert hat, da andernfalls das Erbieten mit der Annahme der Aufforderung zusammenfallen würde. Verfehlt ist es, das Anerbieten als Aufforderung zur Aufforderung von der Gegenseite zu fassen, wie Binding Lehrb. S. 867. Man erwartet von der Gegenseite keine Aufforderung, sondern eine Annahme des Anerbietens. Dieser Annahme bedarf es aber nicht. Auch das Erbieten ist, wie Auffordern, einseitige Tätigkeit des Erbietenden, sie vollendet sich daher mit dem Zugehen der Erklärung, die das Anerbieten enthält und es gilt hierfür dasselbe, wie für das Auffordern. 5 D 719/13 12. XII. 13. Die Verweigerung der Annahme einer Nachnahmesendung, in der das Erbieten enthalten ist, schließt die Vollendung nicht aus. Insbesondere kann Erbieten auch einem Geisteskranken gemacht werden. Es ist nicht nötig, daß der andere das Erbieten aufgefaßt und verstanden hat, noch weniger, daß der andere es, wenn er es aufgefaßt hat, gleichfalls als Anerbieten zur Begehung eines Verbrechens einschätzt; es genügt, wenn es an ihn in einer Weise gelangt ist, daß er es erkennen und verstehen konnte. Es genügt daher auch die Kenntnisnahme durch einen Vertreter desjenigen, dem das Anerbieten gemacht wird, nicht aber an den Vertreter des Erbietenden zur Weitergabe an den andern, 5 D 719/13 12. XII. 13.

Zum Vorsatz gehört, daß das Anerbieten vom andern als ein ernstliches aufgefaßt werden soll und geeignet ist, als solches aufgefaßt werden zu können. Daher muß die angebotene Tat so wie sie erklärt wird, ein Verbrechen sein. Das ist auch dann möglich, wenn sie tatsächlich nicht ausführbar ist, etwa weil das Objekt, an dem das Verbrechen begangen werden soll, gar nicht existiert, sofern dies nur aus der Erklärung nicht hervorgeht; RGSt. 8 198, **17** 158, **34** 217; 4 D 1200/12 26. XI. 12; Rspr. **6** 535.

Insgemein wird Ernstlichkeit des Erbietens in dem Sinne verlangt, daß der sich Erbietende auch ernstlich zur Begehung des Verbrechens entschlossen sein muß, 4 D 1200/12 26. XI. 12; RGSt. **1** 338; Rspr. **9** 743. Dies ist jedoch nicht nötig, es muß genügen, wenn die Ernstlichkeit des Erbietens aus der Erklärung entnommen werden muß, die Erklärung zum Inhalt ein anscheinend ernstliches Erbieten hat. Der innere gegenteilige Wille, das Verbrechen nicht auszuführen, die bloße Vorspiegelung eines solchen ernstlichen Willens nimmt dem Erbieten nicht seine Eigenschaft nach § 49a. A. M. 4 D 126/12 1. III. 12. Ebensowenig genügt die bloße innere Leistungswilligkeit, sie muß durch die Erklärung zum Ausdruck gebracht sein, RGSt. **46** 400; 4 D 718/13 25. XI. 13. Ein Vorsatz zur Ausführung braucht nicht einmal bedingt bereits gefaßt zu sein, er kann auch erst nach der Annahme gefaßt werden. Vorher kann der sich Erbietende noch völlig unentschlossen sein.

Zur Straftat des Erbietens sind die gewöhnlichen Voraussetzungen der Strafzurechnungsfähigkeit erforderlich. Daß der sich Erbietende die angebotene Tat selbst als Verbrechen qualifiziert, ist nicht nötig, nur muß er die Tat für eine rechtswidrige ansehen, da andernfalls das Anerbieten selbst nicht rechtswidrig wäre.

Einen besonderen Fall des Erbietens bildet § 220.

7. Das **vierte Delikt** ist die **Annahme des Erbietens**. Wenn RGSt. **1** 340 sagt, das Wesentliche bei der Annahme sei die definitive Bestimmung des Willens des sich Erbietenden zur Begehung des Verbrechens, so ist dies nur insoweit richtig, als die Gefahr,

daß diese Wirkung durch die Annahme eintrete, den gesetzgeberischen Grund bildete, um generalpräventiv schlechthin die Annahme eines Erbietens zu verbieten. Daß im konkreten Falle diese Wirkung eingetreten sein müsse oder auch nur im konkreten Falle die Gefahr einer solchen Wirkung bestehe, ist nicht erforderlich. Daher kann die Annahme eines nach seiner Erklärung ernstlichen Erbietens selbst dann strafbar machen, wenn das Erbieten tatsächlich nur vorgespiegelt und nicht ernstlich gemeint war. A. M. RGSt. **57** 243, **60** 25. Voraussetzung ist aber immer das Vorhandensein eines Erbietens i. S. von Nr. 6. Da ein Geisteskranker oder Strafunmündiger die Tat des Erbietens nach § 49a nicht begehen kann, ist auch die Annahme eines solchen nicht strafbar, ebensowenig wie die Annahme eines Anerbietens, das als nicht ernstlich gemeintes erkannt wurde. Ob in einer solchen Annahme wieder eine selbständige Aufforderung zur ernstlichen Begehung des Verbrechens liegt, was an sich nicht ausgeschlossen ist, ist Tatfrage, RGSt. **1** 341. Zum Vorsatz gehört, daß das angenommene Erbieten als eine Handlung betreffend angesehen wird, die, wenn sie begangen wird, den Tatbestand eines Verbrechens verwirklicht. Daß der Annehmende die Tat als Verbrechen juristisch einschätzt, ist nicht erforderlich. Er muß aber das Angebot der Tat so verstanden haben, wie es erfolgt ist. Mißverstand er es, so daß das aufgefaßte Angebot kein Verbrechen mehr enthielt — er erkennt z. B. nicht den Qualifikationsgrund des Einbruchs beim Diebstahl —, so liegt Tatbestand der Annahme eines Verbrechens nicht vor. Ebensowenig aber auch, wenn er das Tatbestandsmerkmal irrtümlich als angeboten auffaßte und mit diesem Merkmale das Angebot aufnahm. Dann nur Putativdelikt.

8. Sowohl das Auffordern wie das Erbieten kann ausdrücklich — sei es schriftlich oder mündlich — oder durch konkludente Handlung erfolgen, ebenso wie die Annahme der Aufforderung und des Erbietens. Die **Strafbarkeit** des Aufforderns, Erbietens und der Annahme eines jeden also der vier in § 49a zusammengefaßten Delikte ist aber davon abhängig, daß sowohl das **Auffordern** als das **Erbieten**, mag es nun selbständige Straftat in den Delikten unter 4 und 6 sein oder Voraussetzung für die Straftat des Annehmens unter 5 und 7, nicht auch dessen Annahme — erfolgt

a) entweder **schriftlich** und nicht lediglich mündlich oder durch schlüssige Handlung, Binding Lehrb. **2** 868; RGSt. **3** 30; a. M. Hälschner **1** 411; Liszt S. 584. Auch Telegramm ist schriftlich. Es braucht im Schriftstück die Aufforderung und das Erbieten nicht vollständig enthalten zu sein und es genügt, wenn es erst durch die begleitenden mündlichen Äußerungen verständlich wird, auch eine falsche Unterschrift ist unerheblich, RGSt. **36** 229, **58** 92;

b) oder — wenn es lediglich mündlich geschieht — verknüpft mit der **Gewährung von Vorteilen** irgendwelcher Art. Der Ausdruck ist schlecht. Gemeint ist, daß die Vorteile als verstärkendes Motiv für die Begehung des Verbrechens dienen sollen, mit dem Beweis für die Ernstlichkeit der Aufforderung oder des Erbietens haben sie nichts zu tun, wie meist angenommen wird. Zutreffend Binding Lehrb. 2 S. 869. Daher ist die „Verknüpfung", die § 49a fordert, dahin zu verstehen, daß die Aufforderung verbunden ist mit dem Anbieten, das Sicherbieten aber mit dem Verlangen solcher Vorteile, RGSt. **26** 420. Es wird das Anbieten oder Verlangen von Vorteilen irgendwelcher Art erfordert, also kommen auch Vorteile in Betracht, die nicht vermögensrechtlicher Natur sind. RGSt. **3** 63, **9** 166, **15** 359, **51** 179. Simonson, Der Begriff des Vorteils (1899). A. M. Binding Lehrb. 2 S. 720 und Frank 123, der eine objektiv-meßbare Besserung der rechtlichen oder wirtschaftlichen Lage verlangt. Da sie nur als motivierendes Moment, nicht direkt als Entgelt für die Tat gedacht sind, so braucht auch eine Proportionalität zwischen diesen nicht vorzuliegen, RGSt. **6** 2, 67, **15** 359. A. M. Witte, Erörterungen über § 49a (1886) S. 39. Da auch hier der Gesichtspunkt der Generalprävention maßgebend ist, so genügt es, daß die Vorteile ihrer Natur nach an sich geeignet sein können, motivierend zu wirken. Ob sie im konkreten Fall motivierend wirken, ist nicht maßgebend, RGSt. **6** 2, **15** 359. Der Vorteil braucht auch nach Art und Höhe noch nicht bestimmt zu sein, RGSt. **6** 2.

Immer müssen es aber Vorteile sein, die eine selbständige Natur bewahren. Vorteile, die unmittelbar dienen der Ausführung des gewünschten Delikts, etwa zu den Kosten der Ausführung beitragen sollen, oder Vorteile, die erst durch das Verbrechen selbst erzielt werden, sind darunter nicht zu verstehen. Das gilt auch für den Aufgeforderten Gehilfen. Daher sind **keine Vorteile**: die Gewährung von Mitteln zur Ausführung des Verbrechens, RGSt. **3** 30, zur Verheimlichung der Straflosigkeit des Verbrechens, RGSt. **22** 94; die Vermeidung eines angedrohten Übels, RGSt. **64** 375; die Gewährung des Vorteils, der erst aus dem Verbrechen erlangt werden soll, wie z. B. Bestechungsgeld, RGSt. **10** 3, **22** 94, **32** 267, **53** 289, **56** 151, 362, **58** 92, **61** 269, **66** 392 (Verlangen eines Anteils an der erlangten Versicherungssumme beim Erbieten zur Begehung eines Verbrechens nach § 306 Nr. 2, § 265, JW. **20** 149[1], 5 D 895/21 24. I. 22). Diese Ansicht wird bekämpft von Stienen in JW. 1924, 1708. Ebenso kein Vorteil, wenn das Entgelt lediglich den angemessenen Kaufpreis für das verkaufte Abtreibungsmittel darstellt, 3 D 855/13 18. XII. 13. Dagegen hat der Tatbestand der Abtreibung nach § 218 Abs. 3 die Entgeltlichkeit nicht zur Voraussetzung. Die Aufforderung, gegen Entgelt abzutreiben, wird daher von § 49a getroffen. 4 D 786/22 2. II. 23. Die bloße Abwendung der dem Aufgeforderten drohenden schädlichen Folgen des Verbrechens genügt nicht, RGSt. **22** 94. Wenn das Anbieten usw. nur den Tatbestand des § 333 erfüllt, liegt Gesetzeskonkurrenz nach § 49a vor, RGSt. **61** 270.

Gleichgültig ist, ob der die Vorteile Anbietende den ernstlichen Willen hat, sein Versprechen zu erfüllen oder überhaupt hierzu imstande ist. Es genügt, wenn das Anbieten als ernstliches aufzufassen ist. Ebenso ist nicht erforderlich, daß der Verlangende ernstlich die Vorteile verlangt, es genügt, daß sein Verlangen als ernstlich gewolltes aufgefaßt werden kann. Auch das erfordert die Generalprävention. Es kann immerhin die Gefahr bestehen, daß auch nicht ernstlich verlangte Vorteile, wenn sie gleichwohl gewährt werden, dann doch schließlich ihre motivierende Kraft zur Verbrechensverübung entfalten. Die Vorteile brauchen nicht mit ausdrücklichen Worten zugesichert zu sein, es genügt, daß hierüber auf beiden Seiten Einverständnis herrscht (Arzthonorar), RGSt. **46** 400, **60** 93.

9. Wenn die Aufforderung mit dem Versprechen von Vorteilen verbunden wird, so bedarf es zur Strafbarkeit der Annahme dieser Aufforderung, nicht auch der Annahme der Vorteile. Auch wenn diese zurückgewiesen werden und nur die Aufforderung angenommen wird, liegt eine Annahme der Aufforderung vor, die mit Anbieten von Vorteilen verknüpft war. Die Aufforderung bleibt strafbar, und mehr als das Vorliegen einer strafbaren Aufforderung wird zu deren Annahme nicht gefordert. Denn im Sinne des Auffordernden ist sein Antrag teilbar. Es ist nicht anzunehmen, daß er als nicht gestellt gelten soll, wenn er nicht mit Gewährung von Vorteilen verknüpft ist. Wird dagegen beim Sichanbieten das Verlangen nach Vorteilen gestellt und zwar das Erbieten angenommen, die Gewährung von Vorteilen aber abgelehnt, so liegt nicht im Sinne des Anbietenden, daß dann noch das Erbieten gelten soll. Hier ist das Anerbieten mit dem Verlangen nach Vorteilen unteilbar verknüpft und das Ablehnen der Vorteile bedeutet notwendig Nichtannahme des Erbietens. A. M. Binding Lehrb. **2** 869.

10. Mit § 333 besteht Gesetzeskonkurrenz; RGSt. **42** 382, **61** 270.

11. Verjährung nach § 67 in 5 Jahren.

12. Die Vorschrift des § 49a ist ergänzt worden durch VO. des Reichspräsidenten zum Schutz von Volk und Staat vom 28. II. 33 (RGBl. I, 83) § 4 u. § 5, erlassen auf Grund von RVA. 48 Abs. 2.

Diese Vorschriften lauten:

§ 4. Wer den von den obersten Landesbehörden oder den ihnen nachgeordneten Behörden zur Durchführung dieser Verordnung erlassenen Anordnungen oder den von der Reichsregierung gemäß § 2 erlassenen Anordnungen zuwiderhandelt oder wer zu solcher Zuwiderhandlung auffordert oder anreizt, wird, soweit nicht die Tat nach anderen Vorschriften mit einer schwereren Strafe bedroht ist, mit Gefängnis nicht unter einem Monat oder mit Geldstrafe von 150 bis zu 15 000 RM. bestraft.

Wer durch Zuwiderhandlung nach Abs. 1 eine gemeine Gefahr für Menschenleben herbeiführt, wird mit Zuchthaus, bei mildernden Umständen mit Gefängnis nicht unter sechs Monaten und, wenn die Zuwiderhandlung den Tod eines Menschen verursacht, mit dem Tode, bei mildernden Umständen mit Zuchthaus nicht unter zwei Jahren bestraft. Daneben kann auf Vermögenseinziehung erkannt werden.

Wer zu einer gemeingefährlichen Zuwiderhandlung (Abs. 2) auffordert oder anreizt, wird mit Zuchthaus, bei mildernden Umständen mit Gefängnis nicht unter drei Monaten bestraft.

1. Nach § 2 der VO. kann die Reichsregierung die Befugnisse der obersten Landesbehörde vorübergehend wahrnehmen, wenn in einem Lande die zur Wiederherstellung der öffentlichen Sicherheit und Ordnung nötigen Maßnahmen nicht getroffen wurden. Zur Ermöglichung, solche Maßnahmen zur Abwehr kommunistischer staatsgefährdende Gewaltakte zu treffen, ist in § 1 die Aufhebung der Art. 114, 115, 117, 118, 123, 124, 153 der Verfassung des Deutschen Reichs angeordnet. Die Reichsregierung kann die erforderlichen Maßnahmen auch durch die Länder und Gemeinden (Gemeindeverbände) anordnen lassen, die nach § 3 den dahingehenden Anordnungen der Reichsregierung im Rahmen ihrer Zuständigkeit Folge zu leisten haben. Ob die Voraussetzungen des § 2 für den Erlaß der Anordnungen durch die Reichsregierung vorliegen, hat das Gericht nicht nachzuprüfen.

2. In **Abs. 1** wird zunächst

a) das eigene Zuwiderhandeln gegen die Anordnungen der Reichsregierung nach § 2 bestraft. Zu solchen Anordnungen gehören auch diejenigen, die nach § 3 die Länder und Gemeinden auf Anordnung der Reichsregierung zu treffen haben. Leisten diese nicht den Anweisungen Folge, wie ihnen in § 3 geboten ist, so fällt dieser Ungehorsam selbstverständlich nicht unter die Zuwiderhandlungen, die § 4 im Auge hat. Die Vorschrift ist subsidiär gegenüber den Strafandrohungen, die eine Zuwiderhandlung treffen, wenn diese zugleich eine Straftat ist, die schon nach dem StGB. mit einer härteren Strafe bedroht ist, wie z. B. nach § 81 ff. Auch § 113 muß als härtere Strafdrohung angesehen werden, da sie nicht, wie hier, wahlweise Geldstrafe zuläßt. Ebenso §§ 125 ff.

b) Das Auffordern oder Anreizen anderer zu den Zuwiderhandlungen gegen die nach § 2 getroffenen Anordnungen. Der Begriff des Aufforderns ist derselbe wie in § 49a. Erläuterungen hierzu dort in Anm. 4. Über den Begriff des Anreizens s. Erl. zu § 112 und RGSt. **60** 166, **63** 173; Rechtspr. **3** 632. Weder das Auffordern noch das Anreizen braucht öffentlich zu erfolgen. Beide brauchen keinen Erfolg gehabt zu haben. Haben sie den vom Täter gewollten Erfolg gehabt, so liegt Anstiftung vor. Ist die Strafdrohung für die Anstiftung der angestifteten Straftat härter, so tritt nur diese ein, da auch hier Subsidiarität der Straftat nach Abs. 1 vorliegt.

3. In **Abs. 2** wird eine zweifache Strafschärfung für die Straftat des Abs. 1 gebracht,

a) wenn durch sie eine gemeine Gefahr für Menschenleben herbeigeführt worden ist. Es genügt, daß diese Gefahr objektiv herbeigeführt wird, in den Vorsatz braucht sie nicht aufgenommen worden zu sein, auch eine Fahrlässigkeit bei der Herbeiführung ist nicht erforderlich. Insoweit handelt es sich also um ein reines Erfolgsdelikt. Dies ist wichtig für Anstiftung, Beihilfe und Mittäterschaft, vgl. Erl. daselbst. Eine solche Gefahr kann auch durch das Auffordern und Anreizen zu den Zuwiderhandlungen nach Abs. 1 herbeigeführt werden, sofern diese Erfolg gehabt haben und diejenigen, an die die Aufforderung oder das Anreizen sich richtete, die Zuwiderhandlungen begangen haben, die jene Gefahr zur Folge hatten. Auch hier kann aber bei einer dann vorliegenden Anstiftung die für diese geordnete Strafdrohung allein in Betracht kommen, wenn sie die härtere gegenüber der in Abs. 2 angedrohten ist. Dies nicht aus dem Gesichtspunkt der Subsidiarität, sondern der Gesetzeskonkurrenz. Dies ist z. B. der Fall bei einer Menschen gefährdenden Brandstiftung nach § 306 Nr. 2 u. 3, § 307, bei denen mildernde Umstände nicht zugelassen sind. Über den Begriff der gemeinen Gefahr s. Vorbemerkung zu § 306.

b) Oder wenn durch die Straftat des Abs. 1 der Tod eines Menschen verursacht wird. Auch hier handelt es sich, wie zu a), um ein reines Erfolgsdelikt, ebenso wie z. B. in § 307. Es kommt also lediglich auf die objektive Kausalität an. Ist dieser Erfolg beabsichtigt, liegt das Verbrechen des § 211 oder § 212 vor, oder der Anstiftung hierzu, wenn die Aufforderung oder Anreizung in der Absicht erfolgte, diesen Erfolg herbeizuführen. Dann kommt nur § 211 in Frage, nicht auch, ob mildernde Umstände vorliegen. Wenn jedoch die Straftat des § 212 vorliegt, ist zu unterscheiden, ob mildernde Umstände anzunehmen sind. Sind diese zu verneinen, kommt nur die in Abs. 2 geordnete Todesstrafe zur Anwendung. Sind sie zu bejahen, kommt gleichwohl nicht Abs. 2, sondern § 212 zur Anwendung, da hier solche Unterscheidung nicht gemacht wird und schlechthin eine härtere Strafe von mindestens 5 Jahr Zuchthaus angedroht ist, überdies vgl. VO. des Reichspräsidenten gegen politischen Terror v. 9. VIII. 32 (RGBl. I, 403).

c) Bei der Verurteilung nach Abs. 2 kann auf Vermögenseinziehung erkannt werden, nicht nur, wie nach § 93 auf Vermögensbeschlagnahme.

4. In Abs. 3 wird das Auffordern und Anreizen zu einer gemeingefährlichen Zuwiderhandlung (Abs. 2) mit Strafe bedroht.

Die Vorschrift ist nicht glücklich gefaßt. Sie ist nur dann verständlich, wenn man sie dahin versteht, daß bereits ein Auffordern und Anreizen bestraft werden soll, das eine Zuwiderhandlung betrifft, die eine gemeine Gefahr für Menschenleben oder den Tod eines Menschen herbeiführen kann. Denn, ist ein solcher Erfolg durch die Aufforderung oder Zuwiderhandlung eingetreten, so findet die Strafe aus § 4 Abs. 2 Anwendung. Es wird also hier nicht der Umschlag in dem bezeichneten Erfolg verlangt, sondern es genügt schon, daß eine Gefahrenlage für dessen Eintritt durch die Zuwiderhandlung, Aufforderung oder Anreizung geschaffen wird.

§ 5 Abs. 2. Mit dem Tode oder, soweit nicht bisher eine schwerere Strafe angedroht ist, mit lebenslangem Zuchthaus oder mit Zuchthaus bis zu 15 Jahren wird bestraft:

1. Wer es unternimmt, den Reichspräsidenten oder ein Mitglied oder einen Kommissar der Reichsregierung oder einer Landesregierung zu töten oder wer zu einer solchen Tötung auffordert, sich erbietet, ein solches Erbieten annimmt oder eine solche Tötung mit einem anderen verabredet.

1. Die Vorschrift hat besonders schwere Fälle des § 49a und des § 49b im Auge, soweit deren Tatbestand des Aufforderns, sich Erbietens und Annehmen des Erbietens, und des Verabredens eines Verbrechens wider das Leben in Betracht kommt. Vgl. hierzu die Erläuterungen zu § 49a und § 49b. Aber der Tatbestand deckt sich mit diesen Vorschriften nicht völlig. So fehlt die Annahme der Aufforderung wie sie in § 49a unter Strafe gestellt ist, in § 5 Abs. 2. Und die Beschränkung des Abs. 3 des § 49a findet sich in § 5 Abs. 2 nicht.

Ferner wird nicht die Teilnahme an einer Verbindung oder Verabredung oder deren Unterstützung, wie in § 49b, sondern nur die Verabredung selbst unter Strafe gestellt. Hierüber Erl. zu § 49b.

2. Auch diese Vorschrift ist anderen, härteren Strafdrohungen gegenüber subsidiär.

3. Der Strafbefreiungsgrund des § 49b gilt für die Sonderfälle des § 5 nicht.

§ 49b. Wer an einer Verbindung oder Verabredung teilnimmt, die Verbrechen wider das Leben bezweckt oder als Mittel für andere Zwecke in Aussicht nimmt, oder wer eine solche Verbindung unterstützt, wird mit Gefängnis nicht unter drei Monaten bestraft.

In besonders schweren Fällen ist die Strafe Zuchthaus bis zu fünf Jahren.

Nach diesen Vorschriften wird nicht bestraft, wer der Behörde oder dem Bedrohten so rechtzeitig Nachricht gibt, daß ein in Verfolgung der Bestrebungen der Verbindung oder Verabredung beabsichtigtes Verbrechen wider das Leben verhindert werden kann.

1. Die Vorschrift ist eingefügt worden durch VO. des Reichspräsidenten zur Erhaltung des inneren Friedens, vom 19. XII. 32 (RGBl. I, 548). Sie ist an Stelle der durch das Gesetz zum Schutze der Republik vom 21. VII. 32 § 5 eingeführten Vorschrift getreten.

2. Vorausgesetzt wird das Bestehen einer Verbindung oder Verabredung. Über **Verbindung** s. Erl. zu § 128 Anm. 2: es ist notwendig die Unterordnung des einzelnen Mitgliedes unter den irgendwie zum Ausdruck gebrachten Willen der Gesamtheit, eine Organisation, die auf längere Dauer gerichtet ist; nicht ist ausreichend eine bloß zeitliche Versammlung, RGSt. **13** 277, **17** 194, **24** 328. Ob die Verbindung sich nur auf die bei ihrer Gründung vorhandenen Mitglieder bezieht oder auch den Zutritt anderer späterer Mitglieder gestattet, ist belanglos. Im Gegensatz zu § 128 braucht aber keine Geheimverbindung vorzuliegen.

Verabredung ist eine Vereinbarung mehrerer, mindestens zweier Personen, RGSt. **55** 87, also die Herbeiführung eines gemeinsamen Willens, einer Einigung dahin, eine bestimmte Handlung zur Herbeiführung eines gemeinsam gewollten Erfolges auszuführen. Die Art der Ausführung braucht dabei noch nicht festzustehen, diese richtet sich meist nach den gerade vorliegenden Umständen und daher ist auch das Abgehen von einer zunächst in Aussicht genommenen Ausführung von vornherein in den Willen der sich Verabredenden aufgenommen. Der Wille, gemäß der Verabredung zu handeln, muß bei einem jeden der Teilnehmer vorliegen. Wenn einer von ihnen nur zum Schein diesen Willen erklärt, ist mit ihm keine Verabredung zustande gekommen, RGSt. **58** 393. Etwa bei einem agent provocateur. Kommen nur zwei Teilnehmer in Betracht, so liegt eine solche nur vor, wenn beide strafrechtlich zurechnungsfähig sind. Ein Erwachsener kann mit einem Kind oder Minderjährigen keine solche Verbindung eingehen. A. M. mit Unrecht Blesse, Grenzen und Formen (1928) S. 68. Vgl. auch § 83; MStGB. §§ 59, 72, 103; § 6 des Ges. gegen verbr. Gebr. von Sprengstoffen v. 9. XI. 1884; § 5 des Ges. gegen Verrat mil. Geh. v. 3. VI. 14. Eine feste Verabredung kann jedoch auch dann vorliegen, wenn der eine Teil seine Mitwirkung an Bedingungen knüpft. Oppenh.-Del. Anm. 86; Hälschner 2 747; Frank S. 133. A. M. Binding, Lehrb. 2 451; Klee, Verabr. z. Mord DJZ. 1924, 494; Marianne Fabian, Verabr. z. Mord (1926).

3. Der **Zweck der Verbindung oder Verabredung** ist

a) die Verübung eines Verbrechens wider das Leben. In dem früheren § 49 b war die Verübung eines Mordes als Zweck aufgestellt. Jetzt handelt es sich um jeden Angriff wider das Leben, nicht nur den aus § 211.

b) Das Verbrechen wider das Leben braucht nicht Endzweck der Handlung zu sein, es kann auch nur Mittel zur Erreichung irgend eines anderen Zweckes sein. Es genügt dabei schon der Wille, nötigenfalls zur Erreichung dieses Zweckes auch vor einem Angriff auf das Leben nicht zurückzuschrecken. In der Regel wird ja der andere Zweck ein politischer sein, nötig ist dies aber nicht.

4. Die **Handlung** besteht

a) in der Teilnahme an der Verbindung oder Verabredung, d. h. in dem Mitgliedwerden an dieser. Der Täter muß mit den anderen Gliedern der Verbindung sich als gleiches verbinden, sich mit ihnen verabreden. Dies setzt selbstverständlich die Kenntnis der Zwecke und den Willen, diese zu fördern, voraus;

b) in der Unterstützung der Verbindung oder Verabredung ohne deren Mitglied zu werden. Auch hier ist für den Vorsatz die Kenntnis von der Art der Verbindung oder Verabredung und der Zwecke, die sie verfolgt, oder der Mittel, mit denen sie verfolgt werden sollen, Voraussetzung. Im übrigen kann die Unterstützung in allem bestehen, was den Bestand der Verbindung erhält und was der Erreichung ihrer und der Verabredung Zwecke förderlich ist. So Geldunterstützung, nötigenfalls Verheimlichen ihres Bestehens und Verhinderung der Entdeckung, Werbung neuer Mitglieder, Anpreisung ihrer Bestrebungen.

Mit Frank S. 133 ist gegen RGSt. **58** 193, **59** 376 anzunehmen, daß die gemäß der Verabredung zur Erreichung der Zwecke der Verabredung oder Verbindung vorgenommene Täterhandlung aus der Mitte der Komplottanten hervorgegangen sein muß.

5. Die Eingehung einer Verbindung oder Verabredung, die Teilnahme an ihr und ihre Unterstützung im vorerwähnten Sinne ist an sich begrifflich **Vorbereitungshandlung** für die Verwirklichung der Zwecke der Verbindung oder Verabredung, die aber zu einer selbständigen Straftat ausgestaltet worden ist. Daher können an ihr alle Teilnahmehandlungen, wie Anstiftung, Beihilfe, an sich vorgenommen werden. Aber die Beihilfe ist bereits selbst zur selbständigen Straftat erhoben worden, scheidet somit als besondere Art der Teilnahmeform aus. Dagegen ist Anstiftung zur Teilnahme an einer Verbindung oder Verabredung und zur Vornahme einer Unterstützung möglich.

Die subsidiäre Natur des früheren § 49 a ging bereits aus seinem Wortlaut hervor („schon wegen dieser Verabredung"). Aber auch jetzt besteht zwischen § 49 b und den Strafvorschriften, die die Ausführung der Taten bestrafen, für die sich die Täter zusammengeschlossen hatten, Gesetzeskonkurrenz. Ist der Komplottant Täter, Mittäter oder Teilnehmer an der Haupttat geworden, so kommt nur die hierfür härtere Strafe zur Anwendung. Die bloße Teilnahme an der Verbindung oder Verabredung macht ihn ja noch nicht zum Teilnehmer an der geplanten Tat selbst, RGSt. **59** 370; 2 D 503/25 25. XI. 25.

6. Versuch ist straflos, auch wenn es sich um einen besonders schweren, darum mit Zuchthaus bedrohten Fall handelt, RGSt. **58** 394. Vgl. Erl. zu § 43. Einen strafbaren Versuch einer Vorbereitungshandlung kann es grundsätzlich nicht geben. Vollendet ist die Straftat mit Eingehung der Verbindung und Abschluß der Verabredung.

7. Besonders schwere Fälle als Strafschärfungsgrund des Abs. 2 sind dem Entwurf § 77 entnommen. Dessen Abs. 2 lautet: „Ein besonders schwerer Fall liegt vor, wenn der verbrecherische Wille des Täters ungewöhnlich stark und verwerflich und die Tat wegen der besonderen Umstände ihrer Begehung oder wegen ihrer verschuldeten Folgen besonders strafwürdig ist." Ferner oben VO. des Reichspräs. 28. II. 33 (RGBl. I 83).

8. Ein **höchstpersönlicher Strafbefreiungsgrund** wird in Abs. 3 für diejenigen geschaffen, die nach Abs. 1 Teilnehmer oder Unterstützer der Verbindung oder Verabredung sind oder als Anstifter hierzu unter die Strafdrohung dieses oder des Abs. 2 fallen. Sofern diese Mitglieder des Komplottes oder die Anstifter eines solchen einer Behörde oder dem mit einem Angriff wider sein Leben Bedrohten so rechtzeitig Nachricht geben, daß das beabsichtigte Verbrechen verhindert werden kann, soll für diese Anzeigeerstatter Straffreiheit eintreten. Der Angriff wider das Leben muß ein solcher sein, der nach den Zwecken der Verbindung oder Verabredung geplant war. Ein außerhalb dieses Planes verübter Angriff kommt nicht in Betracht, seine Benachrichtigung ist nach § 139 geboten. Nach dem Wortlaut des Abs. 3 fällt nur die Bestrafung „nach diesen Vorschriften", also nach Abs. 1 und 2, weg. Da wegen der vorliegenden Gesetzeskonkurrenz aber ein bereits in das Stadium des Versuchs eingetretener Mord allein nach § 211, § 43 zu bestrafen ist und die Strafe für diese Straftat schärfer ist, als die in Abs. 1 und 2 angedrohte, so käme in diesen Fällen die Strafbefreiung überhaupt nicht zum Zuge. Das aber kann nicht der Zweck der Vorschrift sein, die mit der Strafbefreiung die Begehung des Verbrechens verhüten will. Es wird daher auch in solchen Fällen, wo mit der Ausführung des beabsichtigten Verbrechens wider das Leben bereits begonnen worden ist und dies geschah in Verwirklichung der mit der Verbindung oder Verabredung verbundenen Absicht, richtiger die Strafbefreiung einzutreten haben.

9. Die Befreiung tritt nur von der Strafe ein, nicht auch von anderen Unrechtsfolgen, die keine Strafe sind.

§ 50. Wenn das Gesetz die Strafbarkeit einer Handlung nach den persönlichen Eigenschaften oder Verhältnissen desjenigen, welcher dieselbe begangen hat, erhöht oder vermindert, so sind diese besonderen Tatumstände

dem Täter oder demjenigen Teilnehmer (Mittäter, Anstifter, Gehilfe) zuzurechnen, bei welchem sie vorliegen.

Entw. § 32.

1. Die akzessorische Natur der Teilnahme bringt es mit sich, daß für alle Teilnehmer an einem Delikt **grundsätzlich** der Strafrahmen maßgebend ist, der für die Verübung des Delikts durch den Alleintäter angedroht ist. So wird nach § 48 Abs. 2 der Anstifter wie der Täter bestraft und auch die Strafe des Gehilfen ist nach § 49 nach demjenigen Gesetz festzusetzen, das auf die Handlung Anwendung findet, zu der er wissentlich Hilfe geleistet hat, wennschon nach den Grundsätzen des Versuchs zu ermäßigen. Unter den „Teilnehmern" wird in § 50 auch der Mittäter aufgeführt, obwohl dieser im eigentlichen Sinne Täter ist und die Grundsätze von der akzessorischen Natur hier streng genommen nicht in Frage stehen. Nach § 47 findet auf ihn auch die Strafe des Täters unmittelbar Anwendung. **Dieser Grundsatz** wird in § 50 — wennschon in unvollkommener Weise — **eingeschränkt,** Ibach, Die Anstiftung (1912) S. 85; Frank 135; v. Liszt-Schmidt I, 347 und zwar nach doppelter Richtung:

a) nur die **persönlichen Eigenschaften** oder Verhältnisse des Teilnehmers werden berücksichtigt, nicht dagegen die sachlichen Umstände, wie z. B. der die Tat qualifizierende spätere Erfolg, RGSt. **56** 378; das Handeln gegen Entgelt, RGSt. **60** 159; die Absicht der Hinterziehung, RGSt. **62** 246, **63** 31. 2 D 119/25 19. III. 25, das gebrauchte gefährliche Werkzeug usw., RMG. **10** 222; dafür spricht E. § 32 von „besonderen" Eigenschaften;

b) nur die **straferhöhenden** und **strafmindernden,** also die strafändernden, nicht aber die strafbegründenden oder strafbefreienden Eigenschaften und Verhältnisse. Diese sind Teile des deliktischen Tatbestands und fallen nicht unter § 50, RGSt. **22** 51, **25** 234, **36** 148, **55** 182, **59** 140. v. Liszt-Schmidt I, 347. Hiernach müssen Anstifter und Gehilfen eines Geisteskranken, sofern nicht mittelbare Täterschaft vorliegt, freigesprochen werden, RGSt. **11** 56, **21** 14. Inwieweit diese, wenn sie höchstpersönlicher Natur sind und den Deliktscharakter unberührt lassen, nicht den Teilnehmer, bei dem sie nicht vorliegen, treffen, richtet sich nach den allgemeinen Grundsätzen über die Teilnahme, nicht nach der Ausnahmevorschrift des § 50. Der Umstand, daß durch wahrheitsgemäße Aussage des zum Meineid angestifteten Zeugen der Anstifter einer strafbaren Handlung überführt werden würde, führt nicht nach § 50 zur Anwendung des § 157 Nr. 1 auf den Anstifter. RGSt. **4** 377, **22** 3, **59** 34; D 910/24 18. XII. 24.

2. Die persönlichen Eigenschaften sind Merkmale des Wesens eines Menschen selbst, die persönlichen **Verhältnisse** sind Merkmale der Beziehungen des Menschen zur Außenwelt, sei es Menschen oder Dingen.

Die Eigenschaften setzen eine gewisse Dauer in der Eigenheit des Menschen voraus, einen Zustand seines Seins, der nicht völlig vorübergehend ist, v. Liszt-Schmidt I 347; Frank 135; Mayer 410; Gerland 146; RGSt. **4** 184, **56** 26. So ist z. B. ein Vorsatz, eine Absicht, eine Überlegung ein Zustand einer vorübergehenden Tätigkeit, ein psychischer Vorgang, kein Zustand des Seins. Daher bildet das Motiv, RGSt. **60** 159 der Vorsatz, die privilegierte Absicht des § 370 Nr. 5 und die qualifizierende Absicht der §§ 263, 268 auch keine persönliche Eigenschaft im Sinne von § 50, RGSt. in GA. **57** 214, auch nicht die Hinterziehungsabsicht, RGSt. **60** 158, **62** 246; Wachenfeld, Mittelb. Tätersch. in ZStRW. **40** 330; die Überlegung nach § 211 ebensowenig, v. Liszt-Schmidt I, 347, RGSt. **56** 26, Rspr. **3** 93; M. E. Mayer S. 410 Anm. 11; a. M. Redslob, Die persönl. Eigensch. u. Verhältn. (09) und Hälschner **1** 438; Finger **1** 363. Dagegen sind Jugend, Rückfälligkeit, Gewerbs- und Gewohnheitsmäßigkeit persönliche Eigenschaften nach § 50, RGSt. **2** 261, **4** 186, **23** 378, **25** 269, **26** 3, **54** 275; 1 D 1372/05 17. IX. 06; 1 D 692/26 12. XI. 26; bez. Rückfall, Gewerbs- und Gewohnheitsmäßigkeit a. M. Binding, Grdr. S. 174. Auch Olshausen Anm. 3, Beling, Dörr, SeuffBl. 71, 347, Frank 135, v. Liszt-Schmidt I, 347 u. a., die darin Handlungseigenschaften erblicken, und 4 D 1275/05 23. V. 06. Cohn GerS. **87** 358. Gewerbsmäßigkeit der Beihilfe kann auch dann vorliegen, wenn der vom Gehilfen angestrebte dauernde Vermögensvorteil nur mittelbar aus der Haupttat fließt und anderer Art ist als die Vorteile, die dieser eigen sind, 1 D 208/27 27. III. 27, RGSt. **4** 185, **27** 378.

Die persönlichen Verhältnisse können vorübergehende sein, z. B. nur kurze Zeit die Leitung einer Rechtssache betreffen, § 336, sind oft aber gleichfalls dauernder Art, wie Verwandtschaftsverhältnisse, z. B. die außerehel. Mutter, § 217, Zeugenverhältnisse, Zugehörigkeit zu einem bestimmten Personenkreis, z. B. Beamtenverhältnis, so beim unechten Beamtendelikt Untertanenverhältnisse (Deutscher, Ausländer). Die Umstände und Verhältnisse des Einzelfalls bei der Tat gehören nicht hierher, auch wenn sie als mildernde Umstände nach dem Gesetz anzusehen sind. So auch der besonders hervorgehobene Fall mildernder Umstände nach § 213. Daß sie im übrigen nur dem Teilnehmer zugute kommen, bei dem sie vorliegen, beruht auf allgemeinen Grundsätzen der Teilnahme. Der Umstand, daß durch wahrheitsgemäße Aussage des zum Meineid angestifteten Zeugen der Anstifter einer strafbaren Handlung überführt werden würde, führt dagegen nicht nach § 50 zur Anwendung des § 157 Nr. 1 auf den Anstifter. RGSt. **4** 377, **22** 106; GA. **58** 461; 3 D 910/24 19. XII. 1924; 1 D 240/27 25. III. 27. Denn diese Milderung trifft nur denjenigen allein, der den Eid geleistet hat. In § 284 a ist die Öffentlichkeit, in § 285 die Gewerbsmäßigkeit je ein selbständiges strafbegründendes Merkmal. Die Anwendbarkeit des § 50 für den Gehilfen, wie bei der gewerbsmäßigen Hehlerei, kommt nach der Ansicht des RG. hier nicht in Frage. 3 D 917/24 9. III. 25 gegen 3 D 423/22 30. X. 22 und RGSt. **57** 190. In den Fällen des Anwendens oder Beibringens enthält das Handeln gegen Entgelt in § 219 zwar einen straferhöhenden Umstand des Verbrechens nach § 218 Abs. 3. Allein es gehört nicht zu den persönlichen Eigenschaften oder Verhältnissen, bei dem sie vorliegen. § 50 findet daher auf den Anstifter hier keine Anwendung. RGSt. **60** 158.

3. **Straferhöhende** und **strafmindernde Umstände** können sowohl sachliche wie persönliche sein. Nur diejenigen straferhöhenden und strafmindernden, die zugleich persönliche Eigenschaften oder Verhältnisse des Teilnehmers sind, werden von § 50 umfaßt. So nach der ständigen Rechtsprechung des RG. auch der Rückfall, RGSt. **23** 378, **25** 266, 275. Daher gehören nicht hierher alle sachlichen Umstände, mögen sie nun bloß persönliche Straferhöhungs- und Strafmilderungsgründe abgeben oder mögen sie Deliktsmerkmale bilden, ihr Vorhandensein oder Fehlen das Delikt begründen oder ausschließen. Zu ersteren gehört z. B. der Rücktritt vom Versuch (§ 46). Und daher gehören weiter nicht hierher alle persönlichen Eigenschaften und Verhältnisse, sofern sie Deliktsmerkmale oder Strafbarkeitsmerkmale sind, die Strafbarkeit oder Straflosigkeit, nicht aber ihre Erhöhung oder Minderung, begründen, so z. B. bei Militärpersonen, beim echten Beamtendelikt, Strafunmündigkeit (§ 55). RGSt. **55** 182, **59** 140. Die Teilnahme an diesen Delikten regelt sich nach den allgemeinen Grundsätzen der Teilnahme. Dagegen gehört die Beamteneigenschaft bei den gemischten Beamtenvergehen, d. h. bei den gemeinen Vergehen, die das Gesetz nur wegen der Beamteneigenschaft des Täters mit höherer Strafe bedroht, zu § 50, so z. B. § 350, der den vollen Tatbestand des § 246 voraussetzt; RGSt. **55** 182, § 341, der nur Qualifikation von § 239 ist, 1 D 64/21 10. X. 21. Bei dem gemischten Beamtendelikt des § 348 Abs. 2 ist die Beamteneigenschaft eine höchst persönliche. Die Strafbarkeit des an der Tat beteiligten Nichtbeamten richtet sich nach § 133. 3 D 705/27 13. X. 27.

4. Die unter 2 und 3 besonders hervorgehobenen Umstände werden nur dem Teilnehmer **„zugerechnet"**, bei welchem sie vorliegen. Unter Zurechnung ist hier nicht, wie sonst im StGB. der Ausdruck gebraucht wird, Zurechnung zur Schuld zu verstehen. Vielmehr soll nur angeordnet werden eine Vorschrift über die **Strafzumessung.** Die persönlichen Eigenschaften und Verhältnisse des Täters, die bei diesem eine Straferhöhung oder Strafminderung bringen, sollen die gleiche Wirkung für die Strafzumessung bei dem Teilnehmer nur dann haben, wenn sie auch bei ihm vorliegen, und sie sollen andererseits, wenn sie bei ihm vorliegen, ihn auch dann treffen, wenn sie beim Haupttäter nicht vorliegen. Binding Grdr. S. 176. Daher muß, wenn die Gewerbsmäßigkeit die Strafbarkeit der Haupttat begründet, auch gegen den Gehilfen gewerbsmäßiges Handeln festgestellt werden, RGSt. **36** 148. So z. B. bei gewerbsmäßiger Hehlerei. Sofern es sich um andere als in § 50 erwähnte Merkmale handelt, bewendet es bei den allgemeinen Regeln der §§ 47, 48 und 49 und den Grundsätzen über Teilnahme, RGSt. **42** 6. Über Anwendung von § 59 s. das.

Wegen Teilnahme an Sonderverbrechen vgl. Einleitung.

5. § 50 bezieht sich nur auf solche persönliche Eigenschaften und Verhältnisse, die vom Gesetz als Straferhöhungs- oder Minderungsmerkmale ausdrücklich verwertet worden sind. Andere, nicht als solche besonders hervorgehobene können auch beim Alleintäter nur als allgemeine Strafzumessungsgründe innerhalb des gewöhnlichen Strafrahmens benutzt werden. Es versteht sich von selbst, daß es im Sinne des Gesetzes liegt, auch diese nur demjenigen Teilnehmer bei der Strafzumessung mindernd oder erschwerend wirken zu lassen, bei dem sie vorliegen. Doch fällt dies in das freie Ermessen des Strafrichters bei Ausmaß der Strafe und braucht im Urteil nicht besonders ausgedrückt zu werden, während die übrigen gesetzlichen Gründe auch als fehlend oder vorliegend festgestellt werden müssen, StPO. § 267 Abs. 2.

Vierter Abschnitt.

Gründe, welche die Strafe ausschließen oder mildern.

§ 51. Eine strafbare Handlung ist nicht vorhanden, wenn der Täter zur Zeit der Begehung der Handlung sich in einem Zustande von Bewußtlosigkeit oder krankhafter Störung der Geistestätigkeit befand, durch welchen seine freie Willensbestimmung ausgeschlossen war.

Entw. § 13.

Vgl. hierzu die Einführung § 14, § 19.

Der Vorschrift liegt die biologisch-psychologische oder gemischte Methode zugrunde, Mezger, Lehrb. 287 und Festgabe f. Frank I 519. Von neueren Schriften eingehend Buchenberger, Der Zweckgedanke in Anselm v. Feuerbachs Lehre von der Zurechnungsfähigkeit in Strafr. Abhdlgn. 1932 Heft 309.

1. Voraussetzung für die Anwendbarkeit der Vorschrift ist zunächst, daß überhaupt eine **Handlung im natürlichen Sinne begangen** worden ist. Als Handlung kommt beim Bankrott nur die eigentliche Bankrotthandlung, nicht die Zahlungseinstellung, oder Konkurseröffnung in Betracht, RGSt. in GA. **47** 170. Es müssen also die Merkmale, die für eine Handlung erfordert werden, stets vorliegen, d. i. Wille als innerer Seelenvorgang und als bewußt gewordene Ursache für eine äußere Tätigkeit als Bewegung des menschlichen Körpers, gemeinhin als Verwirklichung des Willens bezeichnet. Zurechnung bedeutet jemanden zur Schuld anrechnen, aufs Schuldkonto setzen. Es muß also die Fähigkeit vorliegen, für das Tun verantwortlich gemacht werden zu können. Ob im konkreten Fall dies aus andern Gründen nicht geschehen kann, ist eine andere Frage, z. B. wegen Irrtums. Ist nicht einmal eine „Handlung vorhanden“, so ist der Anwendung des § 51 von vornherein der Boden entzogen. Denn er will nicht feststellen, wann eine Handlung vorhanden ist, sondern wann eine strafbare Handlung vorhanden ist. Zu sagen, wann eine Handlung im natürlichen Sinne vorhanden ist oder nicht, entzieht sich überhaupt der Regelung des Gesetzgebers, der es nur mit deliktischen Handlungen zu tun hat und diese Vorfrage durch Psychologie und Naturwissenschaft bereits entschieden vorfinden muß, ehe er in Tätigkeit treten kann. Daß hierüber also § 51 keine Bestimmung treffen will, versteht sich von selbst. Hiernach ist, wenn als Merkmal des Nichtvorhandenseins einer strafbaren Handlung der Zustand von Bewußtlosigkeit angegeben wird, der vorausgesetzte Zustand ungenau bezeichnet. Der völlig Bewußtlose ist zwar bewegungs- aber nicht handlungsfähig, bei ihm ist nicht nur seine freie, sondern überhaupt seine bewußte, mit einer Vorstellung begleitete Willensbestimmung ausgeschlossen. Dasselbe gilt dann, wenn die Körperbewegung ausschließlich durch einen Reiz der motorischen Nerven, der nicht durch die Pyramidenbahn der Großhirnrinde vermittelt worden ist, hervorgerufen wurde, Reflexbewegungen bei Krampf, Tobsucht. Wenn es sich bloß um eine in den zentralen Reflexorganen vermittelte Übertragung des Reizes auf die motorischen Nerven handelt, liegt keine Willenshandlung vor, sondern nur dann, wenn der Eindruck zum Motiv geworden ist, dem die Bewegung als die dem andern adäquate Handlung folgt, Wundt, Völkerpsychologie Bd. 9, das Recht S. 279. Gerade das

letztere Erfordernis, das auf den Ausschluß der freien Willensbestimmung abstellt, also eine Willensbestimmung an sich wiederum voraussetzt, läßt erkennen, daß das Gesetz unter dem Zustand der Bewußtlosigkeit nicht einen solchen Bewußtseinszustand begreift, der jede Willensbestimmung und Willensbildung und jedes bewußte Verursachen dieses Willens für eine bestimmte als Erfolg vorgestellte körperliche Tätigkeit schlechthin ausschließt, sondern nur einen solchen Bewußtseinszustand, der die Willensbildung nach einer bestimmten Richtung hin ausschließt, die Wirkung zur bewußten Verursachung eines äußeren körperlichen Verhaltens aber im übrigen bestehen läßt **(partielle Unzurechnungsfähigkeit)**, eine hochgradige Bewußtseinstrübung, v. Schwartze GerS. **33** 437, Berner S. 88, M. E. Mayer S. 209, Frank 136, RGSt. **5** 338, GA. **42** 45; RMG. **7** 285, **8** 201, **13** 209, **18** 49; 1 D 591/17 11. II. 18. Nicht jede Verwirrung aber ist bereits eine solche ausreichende Bewußtseinsstörung, RGSt. **22** 163; 4 D 428/18 24. IX. 18. Das gleiche gilt von dem weiteren in § 51 für das Nichtvorhandensein einer strafbaren Handlung angegebenen Merkmal der krankhaften Störung der Geistestätigkeit. Diese ist ein pathologischer Zustand, während die Bewußtlosigkeit auch ein rein physiologischer (z. B. Schlaf) sein kann. Auch sie darf nicht eine Willensbildung schlechthin ausschließen und so eine Handlung in natürlichem Sinn als Verwirklichung eines vorhandenen Willens unmöglich machen, sondern sie darf immer nur derart sein, daß eine Willensbildung an sich überhaupt noch stattfindet.

2. Durch die Bewußtlosigkeit oder krankhafte Störung der Geistestätigkeit in dem eben bezeichneten Sinne muß die freie Willensbestimmung ausgeschlossen sein. Das Gesetz hat damit nicht Stellung zu der rein philosophischen Frage der Willensfreiheit im Sinne des Determinismus oder Indeterminismus nehmen wollen. Es fragt nicht nach dem letzten Grund des Willens, sondern nimmt die Fähigkeit, zu wollen, als eine dem Menschen zukommende natürliche Kraftäußerung seiner Seele wie das Fühlen, Empfinden und Denken, für gegeben hin. Es geht also stillschweigend von dem Begriff der Willensfreiheit aus. Nur von diesem Standpunkt aus rechtfertigt sich auch die Verhängung von Strafe als Sühne und Vergeltung. Dieses Wollen kann nun als ein in sich abgeschlossener psychischer Vorgang ebensowohl in einem rein inneren psychischen Erfolg, sei es einem Gedanken, einer Vorstellung, einem Entschlusse, zum Abschluß kommen, als auch, wenn die psychische Erregung vermittels der sog. Pyramidenbahnen, d. i. der Verbindungsbahn zwischen Großhirnrinde und Rückenmark, der eigentlichen Willensbahnen, auf die motorischen Nerven (durch Innervation) übergeht, in der Entladung einer körperlichen Tätigkeit. Nur soweit letzteres der Fall ist und der innere Willensvorgang damit zugleich Ursache eines äußeren Verhaltens wird, wird er auch als psychischer Vorgang selbst für das Recht von Bedeutung. Spielt sich dieser innere Willensvorgang als Spannung und Entspannung psychischer Kräfte so ab, daß er nur durch ein einziges Gefühls- und Vorstellungsgebilde begleitet und gebildet wird, so liegt eine einfache Willens- oder Triebhandlung vor. Zeigen sich aber im Willensvorgang verschiedene solcher Gefühls- und Vorstellungsgebilde, oft einander widerstrebenden Inhalts, so bedarf es, um zum Abschluß zu kommen, eines schöpferischen Entschlusses, der aus den vorausgehenden Willenselementen diesen als abschließenden neuen Willensinhalt bildet und in dem sich die Herrschaft der ganzen Seele konzentriert. Dieses Zusammenfassen der flüchtigen vorausgehenden Gefühls- und Vorstellungsinhalte zu einem neuen Willensentschluß ist das, was man Selbstbeherrschung oder auch Selbstbestimmung, und da sie eben ein Wollen zum Gegenstand und Inhalt hat, Willensbestimmung nennt. Diese Fähigkeit wird wohl auch als Vernunftäußerung bezeichnet und man denkt hierbei an eine besondere, den Willen beherrschende und lenkende Geistestätigkeit, z. B. v. Hippel, Willensfreiheit u. Strafrecht, ZStRW. **23** 404 ff., Lips, Fühlen, Wollen, Denken. Wie dem auch sei: jedenfalls ist sie die Fähigkeit, die verschiedenen gleichzeitig oder nacheinander beim Wollen auftauchenden Gefühls- und Vorstellungsinhalte, die als solche selbst Elemente des Wollens sind, schöpferisch zu einem neuen gleichsam Gemeinwillen als Resultante zusammenzufassen und in einen solchen zusammenfassenden, den einzelnen Willensvorgang zum Abschluß bringenden Entschluß die gesamten seelischen Kräfte zu konzentrieren und gegenüber den einzelnen Wollungen zur Herrschaft zu bringen und damit das eigene Ich, das eben in der Gesamtheit der Seelenkräfte besteht, bewußt selbst zu bestimmen. Eine Handlung im Rechtssinne aber liegt nur dann vor, wenn sie durch ein solches Wollen verursacht wurde, das auf einem zum Abschluß gelangten Willensvorgang, einen „Entschluß" erfolgt. Daraus ergibt sich, daß das Zustandekommen eben dieses Entschlusses als schließlichen Erfolgs des als Wollen bezeichneten psychischen Vorgangs von Bedeutung wird. Das Gesetz setzt nun voraus, daß der gereifte und geistig gesunde Mensch fähig ist, aus den Vorstellungen des gemäß oder zuwider Handelns gegen die gesetzlichen Vorschriften, in seiner Seele ausreichend starke Willensinhalte dahin zu bilden, daß diese bestimmend auf den schließlichen Entschluß einwirken, „daß er ausreichende Willenskraft habe, um die Antriebe zu strafbaren Handlungen niederzuhalten und dem allgemeinen Rechtsbewußtsein gemäß zu handeln", Gutachten der preuß. wissensch. Deputation f. Medizinalrecht, Anl. 3 zu den Motiven des Entwurfs. Unter freier Willensbestimmung i. S. von § 51 ist sonach das Vermögen des Menschen zu verstehen, aus den verschiedenen, den Willensvorgang bildenden Wollungen und mit ihm widerstrebenden oder sich unterstützenden Vorstellungs- und Gefühlsgebilden zusammenfassend und abschließend einen neuen einheitlichen Willensinhalt mit einem bestimmten eindeutigen Inhalt, einen „Entschluß" als Herrschaftsäußerung der ganzen Persönlichkeit über Teilvorgänge der Seele zu fassen. Sind Anreize zu einem bestimmten Handeln und Hemmungsvorstellungen vorhanden, so ist der Wille des Handelnden nur dann frei, wenn er fähig ist, beides gegeneinander abzuwägen und danach seinen Willensentschluß zu bilden, RGSt. **57** 76, **63** 46. Diese Fähigkeit muß ausgeschlossen, nicht nur beeinträchtigt oder vermindert sein, etwa weil einzelne Wollungen in ihrer durch Gefühl und Vorstellung betonten Kraft nur schwer unter die Herrschaft des ganzen zu bringen und zu einem Gesamtwillen des Ich zu gestalten sind oder in ihrer vollen Wirksamkeit durch physische Zustände, wie bei dem Berauschten, gehemmt sind, RGSt. **63** 46, **64** 349. Dieser Zustand kann übrigens auch dann vorhanden sein, wenn der Täter das Bewußtsein von seinem Tun hat (z. B. bei Betätigung eines anormalen sexuellen Triebs nach völligem seelischen Zusammenbruch), 2 D 1069/27 9. II. 28. „Bloße Willensschwäche schließt die Möglichkeit der freien Willensbestimmung nicht aus, solange die Vorstellungen usw. noch in normaler Weise als Motive wirken und nicht infolge krankhafter Störung der Geistestätigkeit nach Art mechanischer Ursachen die als Willensbetätigung erscheinende Wirkung ausschließen", RGZ. V 46/17 v. 23. V. 17. Fehlt die Fähigkeit, die gesamten Kräfte der Seele derart zu konzentrieren, daß sie die einzelnen Wollungen zu einem einzigen einheitlichen Wollen mit neuem Inhalt schöpferisch zusammenfaßt, so mangelt die Selbstbestimmung. Wird gleichwohl ein Willensentschluß gebildet, so geschieht dies dann nicht mehr so, daß das Ich die einzelnen Wollungen beherrscht und zusammenfaßt, sondern daß einzelne der Wollungen Übermacht behalten und aus ihren Elementen einen das Ich beherrschenden Willensentschluß bilden. Die „Technik der Willensbildung" ist auch hier freilich dieselbe, wie bei der Bildung mittels Selbstbestimmung, Binding Normen II S. 81, nur daß nicht mehr das Ich, als Zusammenfassung, als Gesamtheit aller seelischen Kräfte die Herrschaft hat und den Inhalt des Willensentschlusses bestimmt, sondern ein einzelnes Willenselement, sei es Gefühls- oder Vorstellungsgebilde kraft seiner Übermacht. „An der freien Willensbestimmung fehlt es, wenn infolge krankhafter Störungen bestimmte Vorstellungen oder Empfindungen oder Einflüsse Dritter derart übermächtig den Willen beherrschen, daß eine Bestimmbarkeit des Willens durch vernünftige Erwägungen ausgeschlossen ist", RGZ. IV 364/07 vom 30. III. 08. Nur wenn die Gesamtheit der seelischen Kräfte, das ganze Ich, Schöpfer des Entschlusses ist, kann die durch diesen verursachte Tat aber auch dem Ich als dieser Ganzheit zugerechnet werden. Eine interessante Illustration bietet der Prozeß Talaat Pascha, Stenogr. Bericht bei der deutschen Verlagsges. f. Polit. u. Gesch. (1921). Über Zurechnungsfähigkeit vgl. auch Mezger in Festg. f. Frank I, 519.

3. Für das Strafrecht kommt nur die Unzurechnungsfähigkeit und Zurechnungsfähigkeit in Betracht, die Willensentschlüsse als Ursachen von Handlungen betrifft, die sich als strafbare Handlungen darstellen. Eine Unzurechnungsfähigkeit, die die Ursache wird für nicht strafbare Handlungen, ist irrelevant. Auch wer kraft geistiger Veranlagung, etwa Ekel vor Frauen, in unzurechnungsfähiger Weise gehindert ist, Sittlichkeitsdelikte zu begehen, oder wer so stark unter Einfluß eines Dritten steht, daß er unzurechenbar genötigt ist, eine vom Gesetz gewollte Handlung zu begehen (etwa in Hypnose), ist trotz seiner Unzurechnungsfähigkeit für das Strafrecht bedeutungslos. Die Zurechenbarkeit muß sich also auf eine strafbare Handlung, und zwar auf eine konkrete strafbare Handlung, beziehen, so auch Mot. zu § 49 Entw. Damit erledigt sich meist zugleich die Frage nach genereller Unzurechnungsfähigkeit. Ist sie hinsichtlich der bestimmten, begangenen Handlung festzustellen, findet § 51 Anwendung. Daher bildet die Festsetzung allgemeiner Geisteskrankheit immer nur eine Beweisvermutung dafür, daß auch die konkrete Handlung im Zustand der Unzurechenbarkeit begangen wurde, und schließt nicht aus, daß als lucidum intervallum dennoch vorübergehend Selbstbestimmungsmöglichkeit vorlag. Der Entmündigte ist nur zivilrechtlich geschäftsunfähig, er wird damit noch nicht geisteskrank. Da es sich also für das Strafrecht immer nur um die Zurechnung einer konkreten strafbaren Handlung handelt, so gewinnt das Zurechnen einer solchen Handlung hier die Bedeutung der **Zurechnung zur Verantwortung.** Vgl. Junckersdorf in Monatsschr. f. Kriminalpsychol. 1928 S. 98. Insbesondere Einleitung über verminderte Zurechnungsfähigkeit. Über den Begriff auch RGSt. **57** 76, **64** 349. Besonders Einführung § 14.

Da ein Willensentschluß die Ursache der äußeren körperlichen Tätigkeit bildet, so ist die Zurechnung zur Verursachung nicht in Frage; der Mensch als Wollender ist Urheber der Tat geworden. Um sie aber dem ganzen Menschen und namentlich auch insoweit zur Last legen zu können, als dessen Stellung den Geboten und Verboten der Rechtsordnung gegenüber in Frage kommt, müssen auch diejenigen Vorstellungs- und Gefühlsinhalte bei der schöpferischen Bildung eines Entschlusses haben mitwirken können, die sich auf jene Normen beziehen und es muß ihnen die Kraft innegewohnt haben, sich zur Geltung zu bringen. Das geschieht, wenn sie durch andere Gefühls- und Vorstellungsinhalte unterstützt und gestärkt werden, was von der ganzen Charakterbildung, der ganzen Zuständigkeit und Verfassung der Seelen abhängt, wenn in dieser Kräfte vorhanden sind, die die Vorstellung über Normen an sich ziehen und so ihnen zum Siege verhelfen kann. Jedenfalls aber muß diejenige geistige Reife vorhanden sein, die die Möglichkeit der Entstehung der Vorstellung über die Normen und der von ihnen verlangten Pflichten gibt und ein derartiger normaler und gesunder geistiger Zustand, der das Zusammenwirken aller geistigen Fähigkeiten, vor allem also auch der bezeichneten Erkenntnis der Rechtspflichten als Elemente für die Willensbildung ermöglicht. M. E. Mayer S. 204, Binding, Normen II S. 170. Auf der andern Seite schließt das Bewußtsein, sich strafbar zu machen, nicht aus, daß Geistesstörung vorhanden ist, wenn die Fähigkeit, dieses Bewußtsein als Element für die Willensbildung zu verwerten, aufgehoben ist.

4. Die **Bewußtlosigkeit** darf hiernach keine solche sein, die die ganze Willensbildung überhaupt ausschließt, es genügt, wenn sie eine solche ist, daß sie die einzelnen Elemente, einzelne Wollungen als Bestandteile der Willensbildung derart unwirksam macht, daß nur das Teilbewußtsein noch vorliegt, also die ganze seelische Tätigkeit, das ganze Ich nicht mehr zur Willensbildung tätig wird, RGSt. **5** 339; RMG. **7** 285, **18** 49, **63** 46, **64** 353. So auch bei Hypnose und Posthypnose. Joers, Hypnose im dtsch. StGB. (1927). In ihr werden Teile der Vorstellungs- und Gefühlswelt durch Einschläferung außer Wirksamkeit gesetzt und dadurch bewirkt, daß die übrigbleibenden Gefühls- und Vorstellungselemente um so ungehinderter allein wirken und der Beeinflussung durch diese zugänglich bleiben. Der so gebildete Entschluß ist dann im Zustand der Unzurechnungsfähigkeit gefaßt. Er kann aber so stark sein, daß er unbewußt dann auch im wachen Zustande, wie jeder normal gefaßte ernstliche Entschluß, die an ihn sich anschließenden weiteren Willensvorgänge beeinflußt und als wirksames Element im Unterbewußtsein die daran sich anschließende Willensbildung erzeugt, Wundt, Völkerpsych., Bd. **9** S. 277. Dann ist dieser nur scheinbar ein von der Gesamtpersönlichkeit gefaßter Gesamtwille, auch wenn er vom Subjekt als solcher freier Wille gefühlt wird; in Wahrheit ist die spätere Willensfassung doch keine der Selbstbestimmung. Binding, Norm. II S. 80. Über reflektorisches Handeln und Schlaftrunkenheit vgl. Abhandlung von Groß in Groß Arch. **59** **168**, 170, 177. Ferner Delbrück, Schlaftrunkenheit DZtschr. f. ges. gerichtl. Medizin (1924) S. 25. Siehe auch Frank 147.

5. **Krankhafte Störungen** sind alle, die die Bildung eines Gesamtwillens durch alle bei einem normalen und geistig reifen Menschen vorhandenen Vorstellungs- und Gefühlsinhalte ausschließen, gleichviel, ob die Störungen sich auf Vorstellungsinhalte oder Gefühlsinhalte, auf Fühlen oder Denken beziehen, auf erkennbare körperliche Verletzungen und Zustände beruhen oder nicht. Auch sexuelle Perversitäten können auf solchen krankhaften Gefühlen beruhen. Immer aber müssen sie dann die freie Willensbestimmung ausschließen, nicht bloß erschweren. Wenn der Anreiz so stark ist, daß vorhandene Hemmungsvorstellungen nicht zur Wirkung kommen können, liegt eine krankhafte Störung vor, die eine Bestimmbarkeit des Willens durch vernünftige Erwägungen ausschließt, RGSt. **57** 76. Bei Trunkenheit kann eine solche krankhafte Störung auch schon dann vorliegen, wenn der Trunkene nicht „sinnlos" betrunken ist, RGSt. **57** 76; 1 D 596/23 2. X. 23; 1 D 438/24 23. V. 24; JW. **1924** 1727[12]; **1923** 606[1]. Auch das noch vorhandene Bewußtsein von seinem Tun schließt eine krankhafte Störung der Geistestätigkeit nicht unbedingt aus, 2 D 1069/27 9. II. 28. Besonders krankhaft sind die pathologischen Rauschzustände. Zwischen nicht krankhaftem Rausch und krankhaftem zu unterscheiden, liegt kein Grund vor. Als Vergiftungserscheinung ist jeder Rausch krankhaft. A. M. RGSt. **63** 47. Mönkemüller, Der patholog. Rauschzustand, Groß Arch. **59** 120. Hierher können auch psychologische Entartungsformen zufolge erblicher Belastung gehören. Vgl. Binswanger, Lehrb. d. Psychiatrie. Über stigmata degenerationis Aschaffenburg, Rechtliche Grundl. d. ger. Psych. Die Störung braucht auch nur vorübergehend zu sein (Fieber, Schwangerschaftspsychose). Frank 149; Mezger, Lehrb. 291. Eine krankhafte Störung der Geistestätigkeit braucht nicht mit Gehirnkrankheit identisch zu sein.

6. Das sogen. moralische Irresein (moral insanity) (Hoche, Handb. der gerichtl. Psychiatrie, 2. Aufl. 1909 S. 38, 549, 748) wird in der Regel auf eine fehlerhafte psychische Organisation oder eine pathologische Ursache zurückzuführen sein und daher eine Störung der Geistestätigkeit enthalten. Ein bloßes Beiseiteschieben der moralischen und rechtlichen Vorstellungsinhalte, ein Nichtwirkenlassen bei vorhandener Möglichkeit, auch sie wirken zu lassen, reicht aber jedenfalls nach der Auffassung des gegenwärtigen StGB. nicht aus, RGSt. **15** 98 ff.; RMG. **11** 279. M. E. Mayer S. 211; Olshausen 10; Frank 149. Eingehend Mezger in Festgabe f. Frank I 519, und Lehrb. S. 295.

7. Geistige Minderwertigkeit schließt die Möglichkeit der Selbstbestimmung nicht aus, die Seele ist nur leichter den Einflüssen der einzelnen Wollungen preisgegeben und vermag schwerer ihre Gesamtherrschaft ihnen gegenüber zur Geltung zu bringen. Die Grenze ist aber nach der Unzurechnungsfähigkeit hier äußerst flüssig. Es ist ein Mangel des gegenwärtigen StGB., daß sie nur innerhalb des Strafrahmens berücksichtigt werden darf. Kahl, Vergl. Darst. **1** S. 1 ff. Gutachten von Kahl und Liepmann f. 27. deutsch. Juristentag. Eben daher sind die einzelnen Monomanien (Kleptomanie, Pyromanie) in der Regel nur starke Betonungen der verbrecherischen Wollungen, deren Herrschaft nicht durch die Gesamtheit der Seele gebunden wird. Inwieweit eine solche geistige Störung vorliegt, daß sie unwiderstehlich werden und die Willensbestimmung durch das ganze Ich ausschließen, ist Tatfrage. Mit Recht steht die Praxis derartigen Entschuldigungen skeptisch gegenüber, zu weit geht es aber, sie gänzlich zu verneinen, wie Schwartz S. 160.

8. Die Zustände, die die freie Willensbestimmung ausschließen, müssen zur Zeit der Begehung der Handlung vorliegen. Hier ist die Handlung als körperliches Tätigwerden im Gegensatz zu dem durch sie verursachten Erfolg zu verstehen. Fällt die Zeit der Entschlußfassung und ihrer Verwirklichung auseinander, so gilt folgendes:

Bildet der erste Entschluß nur ein Element für den zweiten, unmittelbar die Innervation der motorischen Nerven herbeiführenden Entschluß derartig, daß dieser seinerseits noch auf Selbstbestimmung beruht, ein neuer selbständiger Entschluß ist, so kommt es auf den „Vorentschluß" nicht mehr an, maßgebend ist, ob die Zurechnungsfähigkeit bei dem zur Ausführung der Handlung unmittelbar führenden Entschluß da war, ein Umstand, der z. B. bei dem ersten Entschluß, der in Hypnose bewirkt wurde, nicht vorliegt, wenn er den zweiten beeinflußt. Anders liegt dagegen der Fall, wenn der erste Entschluß Element für die Willensbildung eines zweiten Entschlusses wird, dieser zweite aber bei mangelnder

Zurechnungsfähigkeit gefaßt wurde. Dann ist die auf jenem zweiten Entschluß ruhende Tätigkeit zwar eine Handlung, weil sie eine Willensverwirklichung ist. Dieser Wille aber beruht wieder auf einem vorausgegangenen Entschluß, ist das Ergebnis eines psychischen Zustandes, der von einem vorausgegangenen Entschluß herbeigeführt worden ist und ist sonach „im Grunde" auf jenen ersten Entschluß zurückzuführen, so daß die Tätigkeit mit diesem zusammen nunmehr eine — zweistufige — Handlung bildet, von denen die letzte Stufe auf unzurechnungsfähigem Willen, die erste auf zurechnungsfähigem Willen beruht. Damit wird der Mensch durch sein zweistufiges Handeln gleichsam zu seinem eigenen mittelbaren Täter: er verwirklicht den in zurechnungsfähigem Zustand gefaßten Entschluß durch einen Willen, der nicht zurechenbar ist, den er aber von vornherein auch als Verwirklichung des ersten zurechenbaren Willens gelten lassen will. Binding, Normen II S. 612, Meyer-Allf. S. 157, Frank 146. — Dagegen Katzenstein, Die Straflosigkeit der actio libera in causa (1901).

Das sind die Fälle der sogen. **actio libera in causa,** eines Tuns, das mittelbar als Verwirklichung eines „im Grunde freien Willens" erscheint, obwohl es unmittelbar Verwirklichung eines unfreien Willens ist. Vgl. auch BGB. § 827. Schmidt, Zur Lehre von der sogen. actiones l. i. c. (1918).

Wer sich so betrinkt, daß er zwar nicht völlig bewußtlos und handlungsunfähig wird, aber weiß oder wissen kann, daß er in der unzurechnungsfähig machenden Trunkenheit strafbare Handlungen begeht und diese als seine Handlung gelten lassen will, hat diese Handlung durch einen zurechnungsfähigen freien Willen verursacht. RGSt. **22** 413. Ebenso handelt fahrlässig, wer merkt, daß ihn der Schlaf übermannt und doch eine gefahrbringende Handlung weiterführt (Kraftwagenführer); RGSt. **60** 30.

Hiervon zu unterscheiden ist, wenn sich jemand vorsätzlich oder fahrlässig in einen Zustand versetzt, in dem er überhaupt handlungsunfähig, weil bewußtlos, ist. Solchenfalls kann dieser Zustand der Handlungsunfähigkeit zwar nicht selbst und für sich allein als Handlung angesehen werden, die Herbeiführung dieses Zustandes aber ist eine Handlung, weil sie eine Verwirklichung zurechnungsfähigen Willens ist. Entscheidend ist daher, ob die Herbeiführung der Bewußtlosigkeit — nicht der Zustand der Bewußtlosigkeit und das in ihm begangene Tun oder Unterlassen — auf einem zurechenbaren Willensentschluß beruhe. Ist dies der Fall, liegt auch der Fall des § 51 dann nicht vor, wenn als Erfolg dieses Täters der Zustand der Bewußtlosigkeit und als weiterer Erfolg dieses Zustandes ein Nichthandeln und als Folge des Nichthandelns eine rechtswidrige Verletzung eines Gutes eintritt oder als Folge des Zustandes ein Handeln, das eine Verletzung zur Folge hat. Letzteres erscheint dann nur als Erfolg der vorausgegangenen zurechnungsfähigen Begehung der Handlung. Diese selbst liegt vor dem Erfolg. Fälle dieser Art sind:

1. Der Wächter nimmt Schlafpulver, um bei Ausführung des Diebstahls durch Dritte gehindert zu sein, diesen entgegenzutreten, M. E. Mayer S. 216.

2. Jemand nimmt so starken Alkohol, weil er weiß, daß er dadurch in epileptische Krämpfe verfällt und völlig handlungs- und willensunfähig wird — nicht nur i. S. von § 51 —, in diesem Zustand aber Verletzung an Gütern Dritter begeht und eben diese Verletzung auf diese Weise herbeiführen will. Vgl. auch RG. in Annalen **6** 270; RGSt. **22** 414.

Diese Fälle sind verschieden von der eigentlichen **actio in causa libera,** da hier die Handlung selbst überhaupt in zurechnungsfähigem Zustand erfolgt und nur ihr Erfolg ein weiteres Nichthandeln ist, der Mensch weiterhin lediglich nunmehr als willenloses Werkzeug für die Durchführung seines ursprünglich zurechnungsfähig gefaßten Willens fungiert. Der E. 19 § 18 Abs. 2 ordnet an, daß die auf selbstverschuldeter Trunkenheit beruhende Verminderung der Zurechnungsfähigkeit nicht anerkannt wird. Ebenso Amtl. Entw. § 17 Abs. 2. Näheres über die verschieden beurteilte Frage bei Katzenstein, Die Straflosigkeit der actio in causa libera (1901). Junkersdorff, Das Problem der Ursachenanalyse bei der Beeinträchtigung der Zurechnungsfähigkeit im kommenden Strafrecht. Monatsschr. f. Kriminalpsych. 1928 S. 98. — Fahrlässige Tötung durch einen Kraftwagenführer, der beim Führen seines Wagens auf offener, durch Dörfer führenden Landstraße eingeschlafen war. RGSt. **22** 413; 3 D 551/25 17. XII. 25.

9. Wenn die Voraussetzungen des § 51 vorliegen, ist zwar eine Handlung als Willensverwirklichung noch vorhanden (1), aber keine **strafbare Handlung**. Das bedeutet, daß objektiv kein Delikt vorliegt, weil es an einem schuldhaften, zurechenbaren Willen und seiner Verwirklichung fehlt, RGSt. **11** 56, **21** 14, **35** 73, **40** 21. Der Mangel der Zurechnungsfähigkeit bildet nicht bloß einen Schuldausschließungsgrund für den Täter. Daher ist Mittäterschaft, Anstiftung, Beihilfe bei einer solchen nicht strafbaren Handlung begrifflich ausgeschlossen. RGSt. **52** 197, das aber mit Unrecht folgert, weil der Anstifter den Geisteszustand des Haupttäters nicht gekannt habe, könne er sich dessen auch nicht als Werkzeug bedient haben und deshalb sei mittelbare Täterschaft ausgeschlossen. A. M. Olshausen Note 12, 13. Dagegen ist selbstverständlich mittelbare Täterschaft möglich.

10. Es gibt keine gesetzliche Vermutung der Zurechnungsfähigkeit, RGSt. **21** 131; RMG. III 23. VII. 09. Die Verurteilung darf nur erfolgen, wenn das Gericht von der Zurechnungsfähigkeit des Angeklagten bei Begehung der Tat überzeugt ist. Bloße Unerweislichkeit der Unzurechnungsfähigkeit reicht nicht aus. 2 D 1124/23 24. I. 24; 1 D 10/26 5. II. 26. Immerhin bedarf es in der Regel keiner besonderen Darlegung, daß die Schuldausschließungsgründe des § 51 nicht vorliegen, da im allgemeinen in der Feststellung des Vorsatzes schon begrifflich die Feststellung der Zurechnungsfähigkeit liegt. Wenn dagegen die Unzurechnungsfähigkeit ausdrücklich als Strafausschließungsgrund geltend gemacht worden ist, genügt die allgemeine Feststellung des Vorsatzes nicht mehr, es bedarf vielmehr der Begründung nach StPO. § 267 Abs. 2, 4 D 1121/18 13. XII. 18, es ist die ausdrückliche Feststellung dann erforderlich, daß der Täter sich zur Zeit der Tat in einem der in § 51 erwähnten Zustande nicht befunden habe, RGSt. in GA. **47** 441. Die Feststellung, die Hauptverhandlung habe keine Anhaltspunkte für die Annahme der Unzurechnungsfähigkeit ergeben, reicht nicht aus. Es muß vielmehr positiv festgestellt werden, daß der Täter sich bei Begehung der Handlung nicht in einem der in § 51 genannten Zustände befunden habe, RGSt. **21** 131; 4 D 841/13 7. VIII. 13; 4 D 334/12 7. VI. 12.

11. Der medizinische Sachverständige hat zu untersuchen, ob krankhafte Störung der Geistestätigkeit bei der Begehung der Tat vorgelegen hat oder nicht, und inwieweit die freie Willensbestimmung in Beziehung auf die Handlung ausgeschlossen war. Die bloße Bezugnahme auf das ärztliche Gutachten reicht aber nicht aus, der Richter muß erkennen lassen, ob er auch selbständig die Überzeugung von der Beeinträchtigung bei der freien Willensbildung erlangt hat. Ob die hiernach festgestellte Willensbildung eine solche ist, die die von diesem Willen ausgelöste Straftat dem Täter noch strafrechtlich zurechnen läßt, ihn noch strafrechtlich verantwortlich macht, ist eine reine Rechtsfrage und allein vom Richter zu entscheiden.

12. Das geltende Recht hat leider keine Bestimmung über die Behandlung der gemeingefährlichen Unzurechnungsfähigen. Die Verwaltungsbehörde kann sie zwar in einer Irrenanstalt unterbringen, es geschieht aber nicht durchweg. Hierzu bringt Entw. § 56 eine notwendige Änderung.

§ 52. Eine strafbare Handlung ist nicht vorhanden, wenn der Täter durch unwiderstehliche Gewalt oder durch eine Drohung, welche mit einer gegenwärtigen, auf andere Weise nicht abwendbaren Gefahr für Leib oder Leben seiner selbst oder eines Angehörigen verbunden war, zu der Handlung genötigt worden ist.

Als Angehörige im Sinne dieses Strafgesetzes sind anzusehen Verwandte und Verschwägerte auf- und absteigender Linie, Adoptiv- und Pflegeeltern und -kinder, Ehegatten, Geschwister und deren Ehegatten, und Verlobte.

E. 19 § 9 Abs. 2. Amtl. Entw. § 22.

1. Wie § 51 das Vorhandensein einer Handlung im natürlichen Sinne, somit einen Willen als Ursache der körperlichen Tätigkeit voraussetzt, so geht auch § 52 davon aus, daß überhaupt noch eine Handlung, also ein Wille vorliegt. Nur ist der Wille ebenso wie in § 51 in seiner Bildung unfrei, vielmehr sind ihm diese, sein Inhalt und seine Richtung **aufgenötigt,** im Gegensatz zu § 51 aber nicht durch Störungen der seelischen Kräfte, die bei der inneren Willensbildung tätig werden, die die Herrschaft einzelner innerer Willenselemente über den Gesamtwillen des Ich ermöglichen, sondern durch **äußere Mittel.** Die Motive sind durch einen fremden Willen in einen anderen hineingetragen, sie sind von einem fremden Willen gewollt und gesetzt, nicht mehr vom Ich selbst. Daher ist von Selbstbestimmung nicht mehr zu sprechen, Neubecker, Zwang und Notstand, S. 32. Die Drohung darf aber nicht Unzurechnungsfähigkeit im Sinne von § 51 verursachen, sonst greift diese Vorschrift Platz, Binding, Normen I S. 768. Binding, Normen I S. 769 erblickt in § 52 keine Analogie zu § 51, sondern einen Fall des Notstandes wie in § 54. Ebenso Begr. zu E. 19 § 22 S. 34 und Frank 156, Hold v. Ferneck, Die Rechtswidrigkeit (1905) 2, 102, die das Gemeinsame von §§ 52—54 in dem Rettungsbestreben aus einer Gefahr erblicken. Auch Gerland erblickt 117 in § 52 einen besonderen Fall des Notstands. Ebenso RGSt. **66** 98, 224. Jedenfalls gibt sowohl § 52 als § **54** einen Schuldausschließungsgrund, RGSt. **61** 242, **64** 30, keinen persönlichen Strafausschließungsgrund. Der Unterschied zwischen § 52 und § 54 besteht darin, daß § 52 den Fall voraussetzt, daß eine Person auf eine andere einen Zwang ausübt, nach § **54** dagegen genügt das Vorliegen irgend einer Gefahr, die auch durch bloße Naturkraft erzeugt sein kann. Die Nötigung bewirkt, daß der Nötigende zum mittelbaren Täter werden kann, RGSt. **64** 33, aber nicht, wo diese wegen der Eigenhändigkeit der Täterschaft, wie z. B. beim Meineid, ausgeschlossen ist. Dann kann aber Anstiftung des Nötigenden in Frage kommen, RGSt. in JW. 1933, 608.

Immer müssen die Mittel derart sein, daß sie über den Umweg psychischer Erregung die Willensbildung beeinflussen und seine Bestimmung einem psychischen Zwang unterfällt. Ist das der Fall, so kann auch hier, ebenso wie in § **51**, die vom unfreien — genötigten — Willen verursachte Tat dem Täter nicht auf das Schuldkonto geschrieben werden. Nötigung „zu" der Tat liegt aber nicht vor, wenn der Täter durch die Drohung nur gereizt und dadurch zur Begehung der Tat hingerissen wird. Die Drohung muß das Ansinnen an ihn, die Tat zu begehen, enthalten. RGSt. **61** 309. Die Folgen für die Teilnahme sind dieselben wie dort, RGSt. **31** 395.

Das Gesetz hebt zwei Mittel hervor, die es für fähig erachtet, die Willensbestimmung unfrei zu machen und die aufgenötigte Bestimmung des Willens dem Wollenden nicht aufs Schuldkonto zu schreiben: Die unwiderstehliche Gewalt und eine besonders geartete Drohung. Andere Ereignisse, die eine Notlage erzeugen, sind nach § 54 zu beurteilen; RGSt. **41** 214, **60** 318.

2. Unwiderstehliche Gewalt. Indem Gewalt in Gegensatz zur Drohung gesetzt wird, ergibt sich, daß eine äußere physische Benachteiligung des Körpers als Mittel darunter verstanden wird, nicht ein die Körperintegrität an sich unberührt lassendes Mittel, wie die Drohung. Die Gewaltmaßregel gegen den Körper darf aber nicht selbst schon die Körperbewegungen unmittelbar derart beherrschen, daß diese völlig von der Leitung durch Willensimpulse ausgeschaltet sind, daher ist eine Einflößung von Narkotika, die die Willensbildung ausschaltet, oder eine hypnotische Beeinflussung, die auch auf einer Einflußnahme auf den Körper beruht, nicht Gewalt in dem hier in Frage kommenden Sinne; vgl. auch RGSt. **56** 88, **58** 98. Sie schließen sowohl eine rechtlich beachtliche als eine natürliche Handlung überhaupt aus oder bewirken eine teilweise Bewußtlosigkeit i. S. von § 51, kommen aber nicht nach § 52 in Betracht. A. M. Binding, Lehrb. **1** 83; M. E. Mayer S. 313. Vielmehr muß die Gewalt gegen den Körper ihrerseits nur wieder das Mittel bilden, eine psychische Wirkung auf die Willensbildung auszuüben und erst durch letztere mittelbar die Körperbewegung beeinflussen. Denn andernfalls liegt eine Handlung, weil nicht mehr durch den Willen verursacht, überhaupt nicht vor. Daher hat § 52 die sog. vis absoluta ebensowenig im Sinn, wie § 51 die völlige Bewußtlosigkeit. A. M. M. E. Mayer S. 314. Es kommt nur die vis compulsiva, die Gewalt gegen den Körper, zwecks Beeinflussung des Willens, in Betracht. Es wird z B. jemand solange geprügelt, eingesperrt, gefesselt, bis er durch diese körperlichen Leiden seelisch geschwächt und in seiner Willensbildung gefügig gemacht wird. RGSt. **2** 287, **27** 405, **45** 153, **48** 346, **56** 88; **60** 157, **64** 116. Ebenso Schwartz Nr. 2b, 4, Frank S. 154, Schütze 114 Nr. 13. A. M. Olshausen Anm. 3, Binding Hdb. I 769, Hälschner **1** 274, Finger

1 428. Auch durch ein Mittel, wie z. B. einen gehetzten Hund, ein losgelassenes Tier, Fahrzeug usw. kann der Angriff gegen den Körper erfolgen. Diese Gewalt gegen den Körper darf selbstverständlich nicht mit Drohungen identifiziert werden. Bestritten ist, ob die Anwendung narkotischer Mittel unter den Begriff der Gewalt zu bringen sei. Das ist an sich zu verneinen. Anders natürlich, wenn die Verabreichung solcher Mittel selbst durch Gewalt erfolgt. Vgl. hierzu Frank 154. Der Narkotisierte wird aber meist bewußtlos oder betäubt sein, § 51. RGSt. **56** 87, **58** 98. A. M. Olshausen Anm. 4; RGSt. **27** 405.

Wenn das Gesetz nicht jede Gewalt gegen den Körper schlechthin, sondern „unwiderstehliche" Gewalt erfordert, um den Täter für die dadurch bewirkte Willensbildung nicht mehr verantwortlich zu machen, so stellt es darauf ab, was nach den Umständen des Falles und unter Berücksichtigung der Person des Gewaltausübenden einerseits und der Person des Genötigten andererseits verständigerweise an Widerstand erwartet werden muß. Nicht jede Schwäche und Feigheit soll schon zur Entschuldigung dienen, aber auch kein Heldentum wird erfordert. Auch die subjektive Auffassung des Genötigten von der ganzen Lage und namentlich über die Aussichtslosigkeit eines etwa zu unternehmenden Widerstands kann von Bedeutung werden. Schwartz Nr. 2c. A. M. Olshausen 5, der die subjektive Auffassung allein nicht als entscheidend erachtet. Es beruht die Entscheidung auf freier Beweiswürdigung. Befehl des Dienstherren, des Amtsvorgesetzten, begründen keine unwiderstehliche Gewalt, RGSt. **6** 432; Rspr. **9** 447. Vgl. aber MStGB. §§ 47, 49; Seem.-Ordnung v. 2. II. 02 § 85 Abs. 2.

3. **Drohung.** Nicht jede Drohung wird für genügend erachtet, sondern nur diejenige schwere Drohung, die als Mittel benutzt, die Ankündigung einer gegenwärtigen, auf andere Weise nicht abwendbare Gefahr, und zwar einer Gefahr für das Leben oder den Leib des Bedrohten selbst oder eines Angehörigen.

Im Gegensatz zur Gewalt läßt die Drohung die unmittelbare Beeinträchtigung der Körperintegrität unangetastet, der Täter ist vom körperlichen Zwange frei. Nicht durch körperliche Leiden, durch Hervorrufung von Empfindungen wird auf die Psyche eingewirkt, sondern durch Erregung von Wahrnehmungen und Vorstellungen von Übeln der besonders aufgeführten Art. Diese Vorstellung kann sowohl durch Worte (mündliche und schriftliche) als durch konkludente Handlungen hervorgerufen werden. Daß die Drohung vom Drohenden ernstlich gemeint war, er sie wirklich ausführen wollte, ist nicht erforderlich, sie muß jedoch vom Bedrohten als ernstliche aufgefaßt worden sein. Die angedrohte Gefahr braucht auch nicht in Wirklichkeit vorhanden zu sein, aber sie muß in der Vorstellung des Bedrohten erzeugt sein. Der Drohung des Drohenden muß die Furcht des Bedrohten korrespondieren. Ist sie vom Bedrohten nur als Scherz aufgefaßt worden, obwohl sie vom Drohenden ernstlich gemeint war, ist eine Willensbeeinflussung ausgeschlossen, der Zustand des Genötigtseins nicht vorhanden. Es steht hier nicht in Frage die Strafbarkeit des Drohenden, sondern die Straflosigkeit des Bedrohten. Auch die Drohung eines Angehörigen, sich selbst zu verletzen oder zu töten, kann möglicherweise eine Willensbeeinflussung nach § 52 enthalten, Frank 155.

a) Die den Willen motivierenden Vorstellungen, die der Drohende hervorruft, müssen in Vorstellungen von einer **Gefahr** für Leib und Leben bestehen. Eine Gefährdung als Zustand eines Verhältnisses von Kräften zueinander, die an sich geeignet sind, eine Verletzung herbeizuführen, ist nur dann vorhanden, wenn die auf die Verletzung hinstrebenden Kräfte die die Verletzung abhaltenden überwiegen. Sie bedeutet also ein objektiv gestaltetes Kräfteverhältnis, bei dem die Wahrscheinlichkeit des Eintritts der Verletzung zufolge des Vorhandenseins überwiegender hinstrebender Kräfte anzunehmen ist. RGSt. **6** 396, **13** 169, **14** 135, **66** 100. — Bedenklich RGSt. **2** 431, **8** 198. Alles das braucht aber nicht in Wirklichkeit vorzuliegen, sondern nur in der Vorstellung des Genötigten zu bestehen. Der Begriff der Gefahr ist in § 52 derselbe wie in § 54, auch die in § 52 verstandene Lage ist Notstand. RGSt. **64** 30. Wie bei diesem kann auch hier eine Dauergefahr vorliegen, RGSt. **66** 100 und auch sie kann gegenwärtig sein, braucht nicht erst in der Zukunft zu liegen, RGSt. **36** 334, **43** 342, **59** 69, **60** 318, **66** 98, 226. Der Umstand, daß die Gefahr erst in der Zukunft in eine Verletzung umschlägt, nimmt ihr nicht die Eigenschaft der Gegenwärtigkeit. Kann der Gefährdete der Gefahr ausweichen, so ist die Notstandshandlung nicht erforderlich. Die Gefahr kann auch nur eine vorübergehende Beschädigung sein, RGSt. **29** 77. Eine Gefahr, die der Gefährdete auf sich zu nehmen rechtlich verpflichtet ist, wie z. B. eine nach den Vorschriften des Rechts erfolgte Verhaftung durch staatliche Organe, kommt hier nicht in Betracht. RGSt. **54** 341.

b) Eine Gefahr für das **Leben** ist die Wahrscheinlichkeit des Eintritts des Todes. Eine Gefahr für den **Leib** ist die Wahrscheinlichkeit des Eintritts der Verletzung körperlicher Unversehrtheit, gleichviel, ob diese Verletzung eine dauernde oder nur vorübergehende ist, RGSt. **29** 77. Immer setzt eine Leibesgefahr aber eine Gefahr der *Beschädigung der leiblichen Unversehrtheit* oder Gesundheit, eine Leibes*not* voraus. So RG. in ständiger Rechtsprechung und die gem. Meinung, 3 D 1152/08 22. III. 09; 5 D 782/10 30. XII. 10; 3 D 38/20 29. IV. 20 in JW. **1920** S. 787[1]. Beipflichtend *Frank* 157. Auch ein *geschlechtlicher* Mißbrauch kann eine solche Gefahr für den Leib darstellen, *Olshausen* Nr. 9, *Finger* S. 427. A. M. *Schütze* 452. Auch die Gefahr einer *körperlich fühlbaren* Einsperrung, RGSt. **54** 338. Auch der *schlechte Verpflegungszustand* in einer Anstalt kann eine solche Gefahr begründen. RGSt. **41** 214. Nach der Bedeutung des § 52 muß die angedrohte *Leibesgefahr* eine solche sein, die die freie *Willensbestimmung beeinflussen kann.* Es muß angenommen werden, daß, wie die *Gewalt*, so auch die *Drohung* eine unwiderstehliche sein muß, d. h. die angedrohte Gefährdung des Leibes muß derart sein, daß sie im Verhältnis zu den Motiven, die die Abhaltung und Begehung der strafbaren Handlung begründen, so überwiegend stark erscheinen, *daß ihr Nachgeben gegenüber jenen nicht mehr zum Vorwurf gemacht werden kann.* Hiermit ergibt sich von selbst, daß eine gewisse *Proportion* zwischen der angedrohten Leibesschädigung und der durch die zu erzwingende Handlung vorzunehmende Rechtsgüterverletzung vorliegen muß, bei der Beurteilung aber wiederum dieselben Gesichtspunkte wie unter 2 maßgebend sind. So auch *Binding* Handb. I S. 774. Wie hiernach nicht stets nur eine schwere Körperverletzung eine hinreichende Gefährdung abgibt, wie RGSt. **29** 77 annimmt, und einer *geringfügigen* zugemuteten strafbaren Handlung gegenüber auch eine geringere Körperverletzung genügen kann, namentlich wenn diese subjektiv besonders schwer von der Persönlichkeit empfunden wird, ebenso kann leichtere KV. nicht ausreichen, sogar tätliche Beleidigung, etwa wenn es sich um schweres Allgemeinverbrechen handelt. Frage des einzelnen Falles. *Schwartz* § 52 Note 3 b, *Meyer-Allf.* S. 133 Anm. 14, *Frank* 155.

Eine Gefahr für *andere Güter*, wie *Ehre*, *Vermögen*, *Freiheit*, RGSt. **54** 340, im allgemeinen, wird bedauerlicherweise von § 52 nicht berücksichtigt. Wenn der Verbrecher vom Bauer Verbergung, also Begünstigung, durch Drohung ihm den Hof anzubrennen, erzwingt, wird der Bauer bestraft!

c) Die Gefahr muß für **Leib oder Leben seiner selbst** oder **eines Angehörigen** *zur Zeit der infolge der Nötigung vorgenommenen Handlung* bestehen. Sie muß eine *erhebliche* auch für den Leib sein, RGSt. **29** 77, **41** 214, **43** 312. War der Gefährdete Angehöriger zwar zur Zeit der Drohung, *hörte er aber auf, es zu sein, bevor* die Handlung infolge des beeinflußten Willens begangen wurde, so ist sie nicht mehr Ausfluß des genötigten Willens. Sofern der Genötigte vom Aufhören des Verhältnisses Kenntnis hatte, braucht er sich auch durch die Furcht vor Gefährdung des ehemaligen Angehörigen nicht mehr beeinflussen zu lassen. So z. B. wenn inzwischen die Verlobung aufgelöst, die Ehe geschieden ist. — Ist *nach der Drohung* ein Angehörigenverhältnis *entstanden*, so kann nunmehr auch die Furcht begründet werden und ein Fortwirken der Drohung die schuldausschließende Willensunfreiheit erzeugen.

d) Die Gefahr muß **gegenwärtig** und auf **andere Weise nicht abwendbar** sein. Ebenso § 54 und BGB. § 904, nicht BGB. § 228. Eine *zukünftige* Gefahr reicht nicht aus, daher kommt auch eine indirekte künftige Gefährdung von Leib und Leben etwa durch Verlust des ganzen Vermögens und die dann für das Leben bestehende Gefahr, ein Krieg usw. nicht in Betracht. *Binding* Hdb. I S. 770. Gegenwärtig ist eine

Gefahr niemals, wenn ihre Verwirklichung noch durch spätere Abwehrmaßregeln möglich ist. Vielmehr ist sie gegenwärtig dann, wenn ihr Eintritt nur durch sofortige, nur jetzt zu ergreifende Abwehrmaßregeln verhütet werden kann. Vorher liegt ein so hoher Grad von Wahrscheinlichkeit des Umschlags der Gefahr in Verletzung noch nicht vor. Oetker, VDA. 2 342; Frank 149. Wenn durch Aufschub die Rettungsmöglichkeit nicht in Frage gestellt ist, ist die Gefahr auch nicht gegenwärtig. Letzteres ist sie, wenn Möglichkeit der Flucht vorliegt, RGSt. **21** 189, Binding Handb. I 776, wenn sie durch Begehung einer weniger strafbaren Handlung abzuwenden ist, wenn sie, im Fall die Drohung einen gegenwärtigen rechtswidrigen Angriff enthält, durch Notwehr abgewendet werden kann, Olshausen Nr. 11. Dagegen braucht die Einwirkung nicht schon begonnen zu haben, es genügt, wenn sie unmittelbar oder in allernächster Zeit bevorsteht, RGSt. **41** 214, **43** 342, **53** 132. Der Umstand, daß dieser Gefahrzustand längere Zeit hindurch andauert, ist noch kein Beweis dafür, daß eine gegenwärtige d. h. unmittelbar zu erwartende Gefährdung nicht vorliegt. Wenn der Drohende mit einer Gefährdung seines eigenen Lebens oder Leibes droht, um einen Angehörigen zu nötigen, kommt es darauf an, ob der bedrohte Angehörige damit zu rechnen hat, daß die Drohung ausgeführt wird. Auf andere Weise nicht abwendbar bezieht sich nur auf den Bedrohten, ob dieser in anderer Weise abwenden kann. Weil der Drohende die Drohung aufgeben kann, ist kein Grund, diesen Fall auszuscheiden. Diese Weise der Abwendung ist immer möglich, es kommt aber darauf an, daß der Bedrohte — nicht der Gefährdete — die Gefahr anders abwenden kann. Deshalb richtig RGSt. **38** 123 und Finger **1** 426, Köhler 375; a. M. Olshausen 11, Schwartz 3. — Wenn die Ehefrau durch den Ehemann genötigt wird, zu Diebstählen mitzuwirken, kann sie nicht für verpflichtend angesehen werden, weiteren Nötigungen durch Anzeige vorzubeugen, 3 D 530/17 20. I. 18.

4. Der Nötigende muß ein **Mensch** sein. A. M. v. Hippel, Lehrb. S. 115. Daß dieser zurechnungsfähig sein müsse, ist weder gesagt noch begrifflich erforderlich. Für die erzeugte Unfreiheit des Willens ist es gleichgültig, ob der Gewalt Anwendende ein Geisteskranker ist oder nicht. A. M. Olshausen Nr. 1. Auch das ist nicht erforderlich, daß die Nötigung durch Gewalt oder Drohung vom Bedrohten unverschuldet veranlaßt sein muß. Auch wenn jemand einen Geisteskranken schuldhaft zu Gewalttätigkeiten reizt, handelt er ohne freie Willensbestimmung, wenn er infolge der angewendeten Gewalt zu einer strafbaren Handlung gezwungen wird. Es sind aber die Grundsätze wie bei der actio libera in causa unter Umständen auch hier anzuwenden. Etwa bei vorsätzlich hervorgerufener Nötigung zur außerehelichen ehebrecherischen Beischlafsvollziehung, Päderasie usw.

5. Wenn **Abs. 2** eine Legaldefinition der **Angehörigen** i. S. „dieses Strafgesetzes" gibt, so bezieht sich diese Bestimmung nur auf das vorliegende Strafgesetzbuch, dort aber auf alle einzelnen Paragraphen, nicht ohne weiteres auf den Begriff Angehörige in anderen Nebenstrafgesetzen. Denn nach dem Sprachgebrauch des StGB. ist unter „Strafgesetz" das StGB. zu verstehen. Hätte der Gesetzgeber nur § 52 Abs. 1 im Auge gehabt, würde er „im Sinne dieser Vorschrift" gesagt haben. Es fehlte dann auch für die übrigen Vorschriften des StGB., z. B. schon § 54, an einer Definition; Binding, Hdb. I, 790 Anm. 91, Frank S. 151, Olshausen 16, Meyer-Allf. 133 Anm. 16 und die gemeine Meinung. (Abweichend in früheren Auflagen des Komm.)

a) Verwandte auf- und absteigender Linie sind die nach der natürlichen Abstammung als Eltern und Kinder in Betracht kommenden, also auch die unehelichen, wenn deren Abstammung feststeht; lediglich die Blutsverwandtschaft, nicht BGB. § 1589 Abs. 1 ist maßgebend. Binding Hdb. I S. 787, Frank 158, RGSt. **41** 301, **60** 247.

b) Verschwägerte auf- und absteigender Linie sind die Verwandten des einen Ehegatten nach a zum andern Ehegatten, RGSt. **15** 78, BGB. § 1590, nicht zu den Verwandten des andern Ehegatten, obwohl auch dieses Verhältnis im gewöhnlichen Leben als Schwägerschaft bezeichnet wird. Schwiegereltern und Schwiegerkinder, Stiefeltern und Stiefkinder sind hiernach verschwägert. Da die Schwägerschaft nicht wie die Verwandtschaft durch ein natürliches Band geknüpft wird, sondern lediglich durch das zivilrechtliche der Ehe, so hat sie auch immer in einer formell gültigen Ehe ihre Voraussetzung, auch bei nichtiger Ehe aber solange, bis diese für nichtig erklärt worden ist. RGSt. **56** 427, **60** 248, abweichend Rspr. **5** 188. Bei Kindern aus nichtiger Ehe ist aber BGB. § 1699 in Anwendung zu bringen. Die einmal durch eine formell gültige Ehe begründete Schwägerschaft wird durch die spätere Auflösung der Ehe, sei es durch Tod, sei es durch Scheidung, nicht wieder beseitigt, BGB. § 1590 Abs. 2, RGSt. **5** 200, **10** 302, **25** 337, **34** 418; Rspr. **1** 548. A. M. Binding Hdb. I S. 787. Nur eine Nichtigkeitserklärung beseitigt von der Rechtskraft des Nichtigkeitsurteils an auch die Schwägerschaft. Olshausen 19.

c) Adoptiveltern und Adoptivkinder. — Der Ehegatte des Adoptivkindes ist mit den Adoptiveltern nicht verschwägert, BGB. § 1763. Ob ein Adoptivverhältnis vorliegt, ist lediglich nach BGB. § 1741 zu entscheiden. Es besteht nur zwischen Eltern und Kindern selbst und endigt mit der Aufhebung, BGB. § 1768.

d) Pflegeeltern und Pflegekinder. Es entscheidet die natürliche Auffassung des Lebens, die darin ein dem Adoptiv- oder wirklichen Eltern- und Kinderverhältnis nachgebildetes dauerndes Schutzverhältnis versteht, eine natürliche Familienzugehörigkeit schafft, RGSt. **7** 307, **10** 95, 117, **12** 292, **13** 148, **27** 129, **28** 230, **34** 161, 418, **35** 49, **38** 242, **41** 198; Rspr. **4** 773; a. M. RGSt. **3** 124, **6** 233. Die Beurteilung ist deshalb im wesentlichen tatsächlicher Natur, RGSt. **28** 230, **34** 161, **37** 1, **41** 198. Auch Stiefeltern können hiernach Pflegeeltern sein, RGSt. **41** 198, wenn auch das BGB. das Rechtsgebilde der Pflegekindschaft nicht kennt. Wie das wirkliche Eltern- und Kinderverhältnis endigt deshalb auch das Pflegeelternverhältnis nicht notwendig mit der Volljährigkeit und Selbständigkeit des Kindes, RGSt. **13** 148. A. M. Schwartz 5d, Binding Hdb. I 787. Die häusliche Gemeinschaft allein braucht noch kein Pflegschaftsverhältnis zu bringen, so Dienstboten- und Lehrlingsverhältnis, Übernahme des unehelichen Kindes der Mutter oder des Vaters in häusliche Gemeinschaft für den andern Teil. Es kann sich aber auch bei Vorliegen solchen Verhältnisses außerdem noch ein Pflegeverhältnis ausbilden. RGSt. **27** 129.

e) Ehegatten. Ehegatten sind auch die in einer zwar materiell ungültigen, aber formell gültigen Ehe Lebenden, solange die Nichtigkeit noch nicht richterlich festgestellt ist. RGSt. **41** 114, **55** 279, **56** 429, **61** 199. 4 D 1473/21 3. II. 22, JW. **1923** 375[4]. Das Bestehen einer formell gültigen Ehe richtet sich lediglich nach BGB. Die in sog. freier oder Gewissensehe Lebenden sind keine Eheleute im Rechtssinn. Das Verhältnis endet mit rechtsgültiger Auflösung der Ehe, nicht schon einer Trennung von Tisch und Bett, BGB. § 1586.

f) Geschwister sind die vollbürtigen und halbbürtigen, einen Elternteil müssen sie aber immer gemein haben. Die „zusammengebrachten Kinder" zweier Ehegatten sind keine Geschwister. 3 D 387/00 1. III. 00. Sie sind aber in der Regel Pflegekinder des andern Eheteils.

g) Ehegatten der voll- oder halbbürtigen Geschwister. Diese sind gegenseitig Angehörige: der Bruder der Ehefrau ist ebenso Angehöriger ihres Ehemanns, wie der Bruder des Ehemannes Angehöriger seiner Ehefrau ist. GA. **51** 47, Frank 158, Meyer-Allfeld S. 134 Anm. 16. Auf die Nachkommen erstreckt sich jedoch das Verhältnis der Angehörigkeit nicht, so daß die Neffen und Nichten (Kinder der Geschwister) nicht Angehörige von Onkel und Tanten (Geschwistern ihrer Eltern) sind. Ebensowenig sind die Ehemänner zweier Schwestern oder Ehefrauen zweier Brüder Angehörige, RGSt. **15** 78, Binding Hdb. I 787.

h) Verlobte sind nach BGB. § 1297 diejenigen, die beiderseits — 1 D 2191/01 29. VI. 01 — ein rechtsgültiges, RGSt. **38** 242, unbedingtes, RGSt. **14** 7, **24** 155, Heiratsversprechen sich gegenseitig gegeben haben, RGSt. **10** 117, **24** 155, **35** 49; Binding Hdb. I 787. Ein Verlöbnis ist auch möglich, wenn der Eheschließung Hindernisse zur Zeit entgegenstehen, die aber behebbar sind, BGB. § 1312, RGSt. **40** 420. Eine noch bestehende Ehe hindert aber das Zustandekommen eines Verlöbnisses, RGSt. **61** 270. Die Eheberedung darf nicht gegen das Gesetz und die guten Sitten verstoßen, RGSt. **38** 243. Ein bloßes Liebesverhältnis genügt nicht, Rspr. **2** 182, dagegen bedarf es eines öffentlichen Verlöbnisses nicht. Die Vorschriften des BGB. sind nicht maßgebend für das Strafrecht. Auch Minderjährige können ein Verlöbnis eingehen, nur nicht Kinder. RGSt. **38** 244.

§ 53. Eine strafbare Handlung ist nicht vorhanden, wenn die Handlung durch Notwehr geboten war.

Notwehr ist diejenige Verteidigung, welche erforderlich ist, um einen gegenwärtigen, rechtswidrigen Angriff von sich oder einem anderen abzuwenden.

Die Überschreitung der Notwehr ist nicht strafbar, wenn der Täter in Bestürzung, Furcht oder Schrecken über die Grenzen der Verteidigung hinausgegangen ist.

Einführung § 5.

1. Über die verschiedenen Theorien von der Notwehr vgl. Baumgarten, Notstand und Notwehr S. 97 ff., Jesse, Die Tragweite der Notwehr (1928). Rosenthal, Notwehr und der Geist des neuen Strafrechts, DJZ. **1928** Sp. 146. Weitere Literatur bei Meyer-Allfeld S. 124, v. Liszt-Schmidt I, 233.

Gemeinsam mit dem Notstand ist der Notwehr das Moment der Selbsterhaltung, die Rettung aus Gefahr. Frank 162. Beim Notstand setzt sie sich aber, soweit § 54 in Frage kommt, durch nur zur Erhaltung von Leib und Leben, bei der Notwehr zur Erhaltung eines jeden Rechtsgutes, gleichviel, wem es zusteht. Bei dem Notstand geht die Handlung auf Beseitigung eines Zustandes durch Einwirkung in die Rechtssphäre eines andern, sie enthält somit einen objektiv widerrechtlichen Eingriff in Rechte Dritter. Bei der Notwehr dagegen handelt es sich um Verteidigung, um Abwehr widerrechtlicher Angriffe anderer, auf deren Kosten. Im Gegensatz zu §§ 52 und 54 liegt hier also jedenfalls auch nicht objektiv der Tatbestand eines Deliktes (strafbarer Handlung) vor, RGSt. 8 210; Notstand bringt einen Konflikt der Pflichten, Notwehr nicht, bei dieser handelt es sich lediglich um Durchsetzung des Rechts gegen das Unrecht. Somit besteht ein Notwehrrecht als rechtlich anerkannte natürliche Eigenmacht zur Durchsetzung des Rechts gegen rechtswidrige Angriffe. Darin liegt zugleich die Subsidiarität ausgesprochen gegenüber gegenwärtiger von freien Stücken bereits ausreichender Staatshilfe. Binding Hdb. I S. 734. Notwehr ist sonach ein Überrest der Eigenmacht, die ursprünglich allein den Schutz des Rechts übernahm und erst allmählich durch Erstarken der Staatsmacht zurückgedrängt wurde, die aber jetzt noch ihre praktische und moralische Berechtigung hat. Aber nur die **defensive Eigenmacht** (Notwehr oder Selbstverteidigung), die einen bestehenden Rechtszustand gegen Angriff aufrechterhalten will, ist grundsätzlich erlaubt. Die offensive Eigenmacht (Selbsthilfe) dagegen, die erst einen dem Recht entsprechenden Zustand herstellen will, ist grundsätzlich verboten und nur unter bestimmten Voraussetzungen zulässig. Schon die bloße Möglichkeit, daß Notwehr vorliegt, macht daher die Tat zu einer solchen, deren Rechtswidrigkeit nicht nachgewiesen ist. So genügt zur Begründung der Freisprechung wegen Körperverletzung, daß die vom Angeklagten vorgebrachten an sich die Annahme der Notwehr rechtfertigenden Tatsachen nicht widerlegt werden können. 1 D 60/25 10. III. 25. Das StGB. behandelt die Notwehr lediglich vom Gesichtspunkt einer Einschränkung der allgemeinen Norm, sie ist ihm eine unverbotene Handlung. Das BGB. § 227 stellt sie außerdem auch als nicht rechtswidrig hin. Vgl. Einleitung. Im E. 19 § 21 und Amtl. Entw. § 21 ist sie ausdrücklich als nicht rechtswidrige gekennzeichnet. Die Folge davon ist, daß Teilnahme an einer Notwehrhandlung gleichfalls nicht rechtswidrig, also straflos ist. Frank 158. Zur Begründung der Freisprechung von der Anklage, z. B. wegen Körperverletzung, genügt die Feststellung, daß die vom Angeklagten vorgebrachten, an sich die Annahme der Notwehr rechtfertigenden Tatsachen nicht widerlegt werden können. Es bedarf nicht des positiven Nachweises, daß Notwehr vorgelegen habe. 1 D 60/25 10. III. 25.

2. Grund und Voraussetzung der Notwehr ist ein **Angriff auf irgendein Rechtsgut irgend jemandes.**

a) **Angriff** bedeutet Beeinträchtigung eines rechtlich geschützten Zustandes, RGSt. 6 576. Er kann in jedem Verhalten liegen, auch in der Beibehaltung eines Verhaltens, sofern dieses zwar anfangs rechtmäßig war, aber in seiner Fortsetzung einen rechtswidrigen Eingriff enthält, wie beim widerrechtlichen Verweilen in einer

Wohnung, Rspr. **1** 33. A. M. M. E. Mayer S. 277 und RGSt. **19** 298, **21** 189, wonach die bloße Aufrechterhaltung eines widerrechtlichen Zustands nicht genügen soll, gegen den nicht ausziehenden Mieter sei deshalb keine Notwehr gegeben. Warum aber in der Aufrechterhaltung der Dauer eines herbeigeführten rechtswidrigen und Rechte verletzenden Zustands kein Angriff mehr liegen soll, ist nicht einzusehen. Ebenso kann ein Verhalten, das einer Handlungspflicht zuwiderläuft, also ein Unterlassen, einen solchen Angriff enthalten, wie z. B. das Unterlassen der Ernährung des Säuglings durch die Mutter, das Nichtfreilassen des Gefangenen nach Ablauf der Strafzeit, v. Bar **3** 147; Kitzinger, Verhinderung strafb. Handl. (1913) S. 89; Köhler S. 343. — A. M. Olshausen § 53 Nr. 5 und 6. Vgl. auch Jesse S. 6 und das dort angeführte Schrifttum. Enthält bei einer fortgesetzten einheitlichen Handlung nur ein Teil die Abwehr eines Angriffs, der andere Teil aber einen selbständigen Angriff, so kommt nur für den ersten Teil Notwehr in Frage, es ist dann aber besondere Freisprechung dieserhalb ausgeschlossen, RGSt. **60** 404.

b) Der Angriff ist der Eingriff in die Rechtssphäre durch die Handlung eines Willensfähigen. Ein Angriffswille als Ursache der Handlung ist Voraussetzung. Der Angriff braucht also nicht verschuldet zu sein. RGSt. **27** 44. Es kommt nur darauf an, daß der Angegriffene den Angriff zu dulden rechtlich nicht verpflichtet ist, wie z. B. nach BGB. § 904. Das Strafrecht faßte nur die widerrechtlichen Angriffe eines Menschen ins Auge. Sowohl die Italiener als die CCC und ihr nachfolgend noch Carpzow u. a. behandelten die Notwehr lediglich als Fälle strafloser Tötung, woraus ohne weiteres schon die Bezugnahme auf Menschen, nicht z. B. auf Tiere sich ergibt. So CCC Art. 139: „Item, welcher eyne rechte notweer zur rettung seines leibs und lebens thut und ihnen, der jn also benöttigt, in solcher notweer entleibt, der ist darum niemants nit schuldig."

Die Angriffe seitens unzurechnungsfähiger Menschen und anderer Lebewesen, Tiere, sind sonach unmittelbar durch StGB. nicht geregelt. Mit Unrecht versucht man, sie als Fälle des Notstands nach § 54 aufzufassen. So v. Liszt-Schmidt I 195. Notstand ist ein durch Naturereignisse herbeigeführter Gefahrenzustand, der durch Verletzung eines Menschen oder einer Sache, die ihn nicht verursacht hat, beseitigt wird. Darum bleibt diese Verletzung an sich rechtswidrig, nur schuldlos. Hier aber wird der Eingriff in die Rechtssphäre unmittelbar durch den unzurechnungsfähigen Menschen und das Tier selbst bewirkt und es handelt sich durchaus wie bei der Notwehr um einen Fall defensiver Selbsthilfe. Denn die Notwehrhandlung kennzeichnet sich eben dadurch, daß sie nur den Angreifer verletzt, und gerade so liegt der Fall in § 228 BGB., Janka, Der strafrechtl. Notstand S. 33. Sogar wenn eine solche Gefährdung des Rechtsguts unmittelbar durch Sachen verursacht wird und man hier bildlich und in übertragener Form von einem Angriffe sprechen kann, wird vom BGB. § 228 die Regelung analog der Notwehr getroffen, v. Tuhr, Allg. Teil II S. 588. Auch diese Regelung ist aber nicht vollständig, denn sie betrifft nur die Fälle, wo die Angriffe von einer Sache ausgehen, worunter nach BGB. selbstverständlich auch Tiere zu begreifen sind; unmöglich können hier aber unzurechnungsfähige Menschen darunter begriffen werden. Vielmehr werden diese vom BGB. unter die Notwehr i. S. von § 227 gebracht. Nur Fischer 220, Graf zu Dohna § 32 S. 131, Löffler und Würzburger S. 23 wollen sie als Sachen nach § 228 behandeln. Dementsprechend ist zunächst die Vorschrift des § 53 entsprechend auch auf unzurechnungsfähige Menschen auszudehnen und die von ihnen ausgehenden Angriffe nicht dem § 54 zu unterstellen. v. Liszt-Schmidt I, 194. RGSt. **27** 44. So auch Begr. zum Vorentw. Gibt man hier aber zu, daß ein Unzurechnungsfähiger einen objektiv widerrechtlichen Angriff ausüben, somit ein objektives Unrecht verwirklichen kann, so besteht kein Grund, auch eine Tätigkeit, die Verwirklichung eines in gleicher Weise unzurechnungsfähigen Willens eines Tieres ist, als — objektiv — widerrechtlichen Angriff zu behandeln. Auch seinen Angriffen gegenüber liegt eine defensive Selbsthilfe vor, v. Tuhr a. a. O. S. 588. Die hierdurch geschaffene Lage trägt alle wesentlichen Züge der Notwehr, nicht des Notstands. Daher ist auch bei Tierangriffen die analoge Anwendung des § 53 geboten, der § 2 Abs. 1 nicht entgegensteht. Bestritten. Übereinstimmend Binding Gdr. S. 191; Hdb. I S. 736; v. Bar **3** 153; Frank 161; Fabinski, Zur dogmatischen Kritik der Notstandshandlung (1914) S. 40; Oetker, Vgl. D. **2** **264**; u. Festg. f. Frank I, 371; Nagler, Vgl. D. **8** **464**; Köhler S. 346, v. Hippel, ZStRW. **1921** 417; Gerland 113. **A. M.**: Coenders JW. 1925 891; Meyer-Allfeld 126; A. Finger **1** 388 (aber Notwehr gegen Unzurechnungsfähige annehmend); u. Deliktsobl. 87; Auer, Strfr. Notst. (03) S. 7; Titze, Notstandsrechte S. 106; Wachenfeld S. 118; Olshausen § 53 Note 6; Schwartz Note 2 b; M. E. Mayer S. 278 und RGSt. **34** 295, **36** 230; RMG. **12** 137.

c) Es braucht kein Angriff zu sein, der Leib und Leben gefährdet, wie nach § 54, § 52, überhaupt nicht notwendig ein gegen die Person gerichteter Angriff, sondern es kommen auch Besitz, Vermögensgegenstände, Ehre, Geschlechtsehre, überhaupt **alle** als **rechtlich geschützt** anzusehenden **Güter**, insbesondere nach BGB. §§ 823 ff. in Betracht, jeder Eingriff in den Rechtskreis eines andern, Rspr. **6** 576; RGSt. **3** 222, **21** 168, **29** 240, **35** 404, **46** 348, **55** 167 (Jagdrecht), **60** 273, 278; auch ein Verlöbnis, RGSt. **48** 215. Jedes Gut ist wehrfähig. Auch zugunsten juristischer Personen des privaten oder öffentlichen Rechts kann Notwehr geübt werden. Daher ergibt sich auch ein Notwehrrecht des einzelnen Staatsbürgers gegenüber rechtswidrigen Angriffen auf die Lebensinteressen des Staats, RGSt. **63** 220; RGZ. **117** 138. Gegen Angriffe auf rechtlich nicht geschützte Güter kann es keine Notwehr geben; a. M. OLG. Dresden v. 20. II. 25. Zumeist handelt es sich aber hier nicht um sog. Immaterialgüter, sondern um Angriffe gegen die Person, die in ihrem Sein und Tun durch ein absolutes Ausschlußrecht geschützt ist. Über die strittige Frage vgl. Jesse u. a. S. 8 u. 9. — A. M. Neubecker, DJZ. X S. 146, dagegen Eltzbacher DJZ. X S. 239.

d) Das angegriffene Rechtsgut braucht nicht dem es Verteidigenden zu gehören, es kann auch einem **andern** zustehen, denn Notwehr ist auch die Abwendung des Angriffs von einem andern. Die Beschränkung des § 52, § 54, daß der andere ein Angehöriger sein müsse, gilt hier nicht. RGSt. **55** 167. Es muß aber ein bestimmtes Rechtssubjekt als Inhaber des Rechts am Gut als Verletzter da sein, gleichviel, ob die Verletzte eine physische oder eine juristische Person ist oder nicht. Die bloße Unbotmäßigkeit gegen Normen des Staats und die hierin liegende Verletzung des Staatswillens reicht nicht aus. Notwehr ist nicht das Recht zur Verbrechensverhinderung als solcher, sondern das Recht zur Verteidigung von Gütern. Binding Hdb. I S. 737. So keine Notwehr gegen Päderastie, Kuppelei, Bestechung, Bettelei, Gewerbsunzucht. Dagegen bei öffentlicher Ärgerniserregung, wenn darin zugleich ein Angriff auf den Rechtsfrieden einer Einzelperson liegt, ebenso bei grobem Unfug, Gotteslästerung. Hoch- und Landesverrat usw. Köhler S. 344; Gerland 113. — Bloße Nichterfüllung vertraglicher Pflichten bedeutet noch keinen Angriff auf eine Person oder ein Rechtsgut, z. B. der Schuldner zahlt nicht usw. Wenn der Mieter aber die Wohnung nicht räumt, so kann dies mehr, nämlich ein Hausfriedensbruch oder ein Angriff gegen das Besitzrecht des Vermieters sein. A. M. RGSt. **19** 298. Auch kann im Zuwiderhandeln gegen Unterlassungspflichten ein Angriff auf persönliche oder sachliche Rechtsgüter liegen, z. B. in der Ausübung von Klavierspiel zuwider übernommener Verpflichtung ein Angriff auf die Ruhe und Ungestörtheit der Tätigkeit einer Person, die dadurch am Arbeiten, Schlafen usw. gehindert werden kann, so auch Baumgarten a. a. O. S. 121. A. M. Köhler S. 344.

3. Der Angriff muß zeitlich gegenwärtig sein. Vgl. Schleifenbaum, Begriff und Bedeutung des gegenwärtigen Angriffs (04), Alberti, Notwehrrecht S. 35. Das ist er auch bei einem Verhalten, das unmittelbar in eine Verletzung umschlagen kann, also solchen unmittelbaren Eintritt droht, wobei durch Hinausschiebung der Abwehrhandlung deren Erfolg gefährdet ist, sofortige Verwirklichung der Drohung braucht nicht gerade bevorzustehen, RGSt. **36** **334**, **53** 133; 1 D 552/27 23. IX. 27; 2 D 119/27 18. II. 27. CCC Art. 140: „ist auch mit seiner Gegenwehr, bis er geschlagen wirdt, zu warten, nit schuldig" — als „etliche unverständliche Leut meinen", wie Bambergensis hinzusetzt. Ist zu erwarten, daß der gegenüberstehende Mensch bei der geringsten Veränderung der Verteidigerstellung des andern, etwa beim Sinkenlassen des erhobenen Arms, auf diesen losschlagen wird, so braucht er dies nicht abzuwarten. Stehen sich zwei in Streit geratene Personen so gegenüber, sich argwöhnisch betrachtend, so können sehr wohl beide im Notwehrzustand sich befinden; RGSt. JW. **1933** **428.** Haben sie aber nur den Willen, „bei passender Gelegenheit" zum Angriff überzugehen, so bedeutet das noch keinen gegenwärtigen Angriff. Coenders in Anm. 9 zu diesem Urteil. Ob schon ein Versuch i. S. von § 43 anzunehmen ist, ist nicht entscheidend, Hälschner **1** 479. Wenn Hinausschieben der Abwehrhandlung ohne Gefährdung ihres Erfolges möglich ist, ist jedoch immer schon die Vorbereitung der Abwehrhandlung zulässig. Der Angriff kann die juristische Vollendung des Delikts überdauern, er dauert solange, als der Eingriff in die Rechtsverletzung noch nicht zum Abschluß gekommen ist und solange er noch als Gefährdung, nicht schon als endgültige Schädigung des Schutzobjekts erscheint. So z. B. wenn der Dieb in unmittelbarer Fortsetzung an die Tätigkeit des Wegnehmens die Sachen fortschafft, RGSt. **55** 82; wenn der Wilderer auf frischer Tat betroffen wird, RGSt. **35** 404. Ferner **46** 348, **53** 132, **55** 167, **63** 215, **64** 101; 4 D 12. IV. 24 JW. **1924** 1968³. Solange die Diebe mit den fortgeschafften Sachen dem Verletzten noch erreichbar bleiben, handelt es sich um Abwehr eines noch fortdauernden gegenwärtigen Angriffs, sofern die Absicht auf Wiedererlangung der entwendeten Sachen geht. Binding, Hdb. I S. 747. RGZ. IV 12. X. 25 in Gruchot 1926 S. 506. Vgl. die Bemerkungen von Honig in JW. **1921** 34 Anm. 1. A. Köhler S. 351; v. Hippel JW. **1924** 1930; Gerland 113. Nur wenn dazwischen eine Pause liegt, die Wegnahmetätigkeit endgültig abgeschlossen war, liegt keine Fortsetzung des gegenwärtigen Angriffs mehr vor; Allfeld S. 184; Bar **3** 151; Frank 161; Hälschner I S. 479; Olshausen Note 9a; M. E. Mayer S. 278; Köhler S. 350. — A. M. Finger **1** 400. So ist es auch zur Vollendung des Diebstahls nicht erforderlich, daß der Dieb den eigenen Gewahrsam längere Zeit aufrecht erhalten kann, RGSt. **52** 75. Wenn der Flüchtende eine Schußwaffe hat und die Gefahr besteht, daß er von ihr gegen seinen Verfolger Gebrauch macht, befindet sich letzterer im Notwehrzustand, 2 D 119/27 28. II. 27. Gegenwärtig ist ein Angriff, solange er noch nicht aufgegeben, fehlgeschlagen oder vollständig durchgeführt ist, RGZ. VI 469/10 v. 27. III. 11; RGSt. **29** 240; RMG. **6** 223, **15** 101. Die Gegenwehr muß also in die Angriffszeit fallen, die bei Dauerverbrechen, fortgesetzten Verbrechen ausgedehnt sein kann, Binding Hdb. I S. 748; RGSt. **55** 82, **59** 69, **60** 318, **63** 221. — Wie lange ein Angriff gegenwärtig ist und somit die Voraussetzungen der Notwehr vorliegen, richtet sich lediglich nach der objektiven Sachlage, nicht nach der subjektiven Auffassung des Handelnden. Rspr. **1** 23; RGSt. **21** 189; RGZ. **84** 306. Diese subjektive Auffassung kommt dann erst bei der Frage, ob Putativnotwehr vorliegt, in Betracht, Rspr. **6** 576. — Liegt ein gegenwärtiger Angriff überhaupt nicht mehr vor, kann auch von einem Exzesse nicht mehr die Rede sein, 4 D 1195/11 9. II. 12. Auch ein Zurückweichen vor dem Angriff kann diesen beenden, RGZ. VI 435/05 v. 12. III. 06. Dauert der Angriff nicht mehr fort, kommen u. U. die Grundsätze der Selbsthilfe in Betracht, Meyer-Allf. S. 127 Anm. 22.

4. Der Angriff muß **rechtswidrig** sein. Rechtswidrig ist auch ein Angriff, der über das Maß der erforderlichen Verteidigung hinausgeht, selbst wenn diese Überschreitung in Bestürzung, Furcht oder Schrecken erfolgt, § 53 Abs. 3. Daher ist gegen eine Überschreitung der Notwehr Notwehr zulässig, RGSt. **66** 288. Gegen **nichtrechtswidrige** Angriffe ist Notwehr ausgeschlossen. Manche verstehen darunter einen subjektiv schuldhaften Angriff, Hälschner **1** 263, 479; Hold v. Ferneck, Die Rechtswidrigkeit (1905) **2** 122. Hingegen mit Recht Neubecker, Zwang und Notstand (1910) 27. Rechtswidrigkeit im objektiven Sinn ist jedoch genügend. Wie aber schon jeder Zustand, der in Widerspruch zu den Vorschriften der Rechtsordnung besteht, rechtswidrig sein kann, v. Tuhr a. a. O. S. 454, so auch jede Angriffshandlung, die objektiv wider das Recht ist, eine Gefahr für ein rechtlich geschütztes Gut bringt, die der Angegriffene zu dulden nicht verpflichtet ist. Deshalb sind sowohl Angriffe von Unzurechnungsfähigen wie von Tieren als objektiv rechtswidrig zu erachten. Vgl. oben unter 2 b. A. M. RGSt. **34** 296, das die Regelung nach BGB. § 228 ausschließlich maßgebend sein lassen will. Wie Binding Hdb. I S. 740, Sommerlad in GA. **34** S. 358, Jabinski a. a. O. S. 37, Frank 161, v. Bar **3** S. 153, Olshausen Art. 6, Schwartz 2 d, Oetker, Vgl. Darst. **2** 264 u. a. zutreffend annehmen, muß es sogar genügen, daß zwar

die Angriffshandlung rechtmäßig ist, man **sie zu dulden aber nicht verpflichtet ist.** Es kommt nicht darauf an, ob nach dem Recht des Angreifenden die Handlung erlaubt oder gar geboten ist, sondern ob nach dem Recht des Angegriffenen ein objektiv widerrechtlicher Eingriff in dessen Rechtssphäre vorliegt, den er nach diesem Recht zu dulden nicht verpflichtet ist, RGSt. **27** 44. Hiernach genügen Angriffe von unzurechnungsfähigen Personen (Wahnsinnigen, Kindern), ebenso von schuldlosen und persönlich straflosen Personen (Irrenden, Betrunkenen, Ehegatten beim Diebstahl), auf bindenden Befehl Handelnde, ferner im Fall der §§ 247 Abs. 2, 248a auch gegen Abgeordnete, denen die Exemtion zusteht und Exterritoriale, gegen den Reichspräsidenten, RV. Art. 43, 3, Käckell, ZStRW. **41** 680. Die objektive Rechtswidrigkeit des Angriffs wird auch nicht dadurch beseitigt, daß er vom Angegriffenen schuldhaft verursacht war. Binding Hdb. I S. 749; Rspr. **6** 576. A. M. Motive zu Entw. § 51 Abs. 3. Nur wenn der Angegriffene den Angriff absichtlich provoziert und damit sich selbst schuldhaft in den Notwehrzustand versetzt hat, kann von einem Angriff ebensowenig die Rede sein, wie wenn jemand sich selbst verletzt. v. Tuhr a. a. O. 584. Der Angreifer ist dann lediglich Werkzeug (mittelbarer Täter) des Provokanten, seine Abwehr erfolgt nur unter dem Deckmantel der Notwehr; Köhler S. 348. Beistimmend Frank 161; v. Hippel ZStRW. **42** 417. Der bloße Umstand, daß der Täter schon lange die Absicht hatte zu töten und nach einer günstigen Gelegenheit suchte, reicht noch nicht aus, im konkreten Falle die Notwehr zu verneinen, RGSt. **60** 262. Auch bei einer schuldhaften Beteiligung an einer Schlägerei, § 227; ist der Einwand der Notwehr nicht zulässig, RGSt. **3** 236, **32** 55, **59** 266. Die Frage, ob eine Handlung rechtswidrig ist oder nicht, insbesondere ob Rechtfertigungsgründe für sie vorliegen, ist nach den allgemeinen Rechtsgrundsätzen zu beurteilen, neben den geschriebenen kommen auch die ungeschriebenen Rechtssätze in Betracht, RGSt. **61** 252. Es kann hier auch eine Pflichtenkollision eintreten. Ein Postbeamter, der begründeten Anlaß zu der Annahme hat, daß ein der Post anvertrauter, ihm zugänglicher Brief eine ihn beleidigende Kundgebung enthalte, ist aus dem Gesichtspunkt der Notwehr zur Eröffnung des Briefes nicht berechtigt. Der Schutz seiner Amtsehre hat zurückzutreten hinter dem Schutz des durch § 5 Postges. v. 1871 und durch RV. Art. 117 gewährleisteten Biresgeheimnisses. Eröffnet der Postbeamte dennoch den Brief, so macht er sich nach § 354 strafbar. 1 D 243/27 8. XI. 27.

Auch die widerrechtliche Amtsausübung (vorsätzliche und fahrlässige Zuwiderhandlungen, Angriffe sachlich und örtlich unzuständiger Beamten) läßt die objektiv widerrechtliche Natur des Angriffs bestehen.

Dasselbe gilt von Angriffen im Notstand, da diese objektiv widerrechtlich bleiben. Gegen sie ist Notwehr zulässig. Anders nur, wenn besondere Notstandsrechte gegeben sind. Vgl. zu § 54.

Nicht rechtswidrig, und daher bei ihm **Notwehrhandlung ausgeschlossen,** ist dagegen ein Angriff, der erfolgt kraft eines besonderen subjektiven Rechts. Daher

gegen Notwehr keine Notwehr (aber gegen Notwehrexzesse), **gegen** besonders anerkannte **Notstandsrechte keine Notwehr,** Binding Hdb. I S. 766, z. B. BGB. §§ 229, 904, 855. Nicht rechtswidrig ist das Eindringen einer getrennt lebenden Ehefrau in die Wohnung ihres Ehemannes, wenn es in Ausübung ihrer Rechte aus BGB. § 229 geschieht, um ihrem kranken Kind die dort liegende Wäsche zu holen; 1 D 871/24 6. I. 25; **gegen rechtmäßige Amtausübung keine Notwehr.** Vgl. hierzu im einzelnen die Amtsdelikte und Widerstand gegen die Staatsgewalt. Auch Binding Hdb. I S. 742. So Duldung eines Angriffs auf Freiheit oder Vermögen durch Rechtspflicht bei Vollstreckung eines Urteils, gleichviel, ob dies materiell richtig oder falsch. Recht **1915** Nr. 1222, Züchtigungsrecht.

5. Die **Verteidigung** richtet sich lediglich gegen die **Angreifer.** RGSt. **58** 29. Hierdurch unterscheidet sie sich vom Notstand, in dem auch andere Personen und Güter, als diejenigen, die den Angriff vollziehen, verletzt werden können. Derselbe Gegensatz auch zwischen § 228 und § 904 BGB.

a) Die Verteidigung kann sich auch gegen die **Rechtsgüter des Angreifenden** und die **von ihm gebrauchten Angriffsmittel** wenden, gleichviel, ob sie ihm gehören oder nicht. Soweit sie aber nicht gebrauchte Angriffsmittel sind, ist ihre

Verletzung nur nach den Regeln des Notstands zulässig. Daher darf bei einem Streit in der Gastwirtschaft der Angegriffene zu seiner Verteidigung nicht ohne weiteres die Stühle und Biergläser des Wirtes ergreifen und mit ihnen zuschlagen, sondern nur in Grenzen des Notstandes und nach BGB. § 904, RGSt. **23** 116. Man darf nicht Rechtsgüter **unbeteiligter Dritter** verletzen, um rechtswidrige Angriffe von sich abzuwehren, wenn nicht Notstand vorliegt, noch weniger darf man unbeteiligte Dritte selbst verletzen. Eine Verletzung dieser kann, als fahrlässig erfolgt, gegebenenfalls strafbar sein, es können die Grundsätze der aberratio ictus in Betracht kommen, RGSt. **54** 37, **56** 285, **58** 29; 3 D 208/19 12. VII. 19 LZ. **1920** Sp. 304; 5 D 898/22 24. XI. 22; 1 D 878/23 30. XI. 23. Olshausen Nr. 12; Oetker VglDarst. **2** 291. Von Coenders in JW. **1925** 892 mit Unrecht der gegenteiligen Meinung beschuldigt. — A. M. Binding Gdr. 189 u. a. Aber wenn sie der Angreifer zum Angriff benutzt, darf man auch diese Werkzeuge schädigen. RGSt. **21** 168 steht nicht entgegen, da Gottesdienstausübung unter Beleidigung des Anwesenden rechtswidrig. — Vgl. auch RMG. **17** 41. Köhler S. 352. — Der Verletzung unbeteiligter Dritter steht nicht gleich eine Zuwiderhandlung gegen sicherheits-, verkehrs- und ordnungspolizeiliche Vorschriften zur Fernhaltung von Gefahren. Wenn diese wirkungslos waren, um den Angriff abzuhalten, dürfen sie auch nicht hindern, die notwendige Verteidigung gegen den Angriff auszuüben. v. Bar **3** 209, Frank 156, Oetker VglDarst. **2** 293, Recht **1914** Sp. 729.

b) Es ist der **Wille, sich zu verteidigen,** erforderlich sowohl für die rechte wie für die vermeintliche Notwehr. Olshausen 13, Frank 162, Binding Normen **2** 612; v. Liszt-Schmidt I, 198, RMG. **9** 278, **12** 234, RGSt. **54** 199, **56** 268, **60** 261, 3 D 776/26 1. XI. 26. A. M. Hegler ZStRW. **36** 37, und Festg. f. Frank I, 258, Beling, Lehre v. Verbr. 141; v. Hippel 196 u. 213; Mezger S. 236 u. GerS. **89** 303; Grünhut in JW. 1933 S. 476; Reichel ebenda S. 477. Ob dieser aus einer den äußeren Anschein einer Verteidigung an sich tragenden Handlung festzustellen ist, ist Tatfrage. Wer gegenüber einem Angreifer ein vermeintlich ungeladenes Gewehr abdrückt, um zu schrecken, kann sich nicht auf Notwehr berufen, wenn er den Angreifer verletzt, weil er gar nicht hat schießen wollen, 1 D 3/15 11. XII. 15; 3 D 357/18 23. XII. 18. Ferner aber JW. **1925** 962[7] über Schreckschüsse; RGSt. **12** 197. Daß die Handlung in Wirklichkeit objektiv den Erfolg hatte, einen rechtswidrigen Angriff von sich oder einem Andern abzuhalten, genügt nicht, wenn diese Abwehr nicht gewollt war, z. B. nur Mißhandlung beabsichtigt. Auf den Beweggrund im übrigen kommt es nicht an, es können daher neben dem Abwehrwillen noch andere Beweggründe konkurrieren, wie Befriedigung des Hasses usw., 4 D 1193/13 27. II. 1914; Rspr. **4** 804; GA. **45** 272; RMG. **9** 278. Es genügt daher auch nicht die Feststellung, daß der Handelnde sich in Notwehrstand befunden hat, erforderlich ist stets, daß er sich auch gegen die drohende Gefahr verteidigt hat. Von einer solchen kann aber nur die Rede sein, wenn er den Willen, sich zu verteidigen, hatte, 4 D 111/15 15. IV. 15. Dieser fehlt, wenn der Täter selbst erst den Angriff vorsätzlich herbeiführte, um unter dem Deckmantel der Notwehr den Angreifer zu verletzen, so entgegen der gem. Meinung auch v. Hippel, ZStRW. **1921** 417. Nicht ganz einwandfrei 1 D 291/26 1. VI. 26. Ist auf Grund eines aus zwei Akten bestehenden Vorgangs wegen eines Vergehens der Körperverletzung Anklage erhoben und ergibt sich, daß der Täter beim ersten Akt in Notwehr, beim zweiten Akt nicht in Notwehr gehandelt hat, aber von vornherein entschlossen war, nach Beendigung der Abwehr zu Mißhandlungen überzugehen, so kommt nur Verurteilung wegen Körperverletzung, nicht auch Freispruch wegen des in Notwehr begangenen Aktes in Frage. RGSt. **60** 404.

c) Das **Maß** der Verteidigung richtet sich danach, wie weit solche **erforderlich** war. Die Erforderlichkeit ist nur objektiv, nicht nach der Auffassung des Angegriffenen zu beurteilen. Es ist zu entscheiden, welche Gewalt und Gefährlichkeit dem Angriff tatsächlich innewohnt, nicht, was der Verteidiger hiervon wahrgenommen oder angenommen hat. RGSt. **54** 196; Rspr. **1** 23, **9** 471; Binding Hdb. S. 751; Gerland 114. War der Angegriffene des Glaubens, er sei dem Angreifer an Körperkraft überlegen oder hatte er keine Kenntnis davon, daß der Angreifer auch Waffen bei sich trug, und hat er eine Verteidigung aufgewendet, die erforderlich war der wahren

Sachlage gegenüber, nicht aber der vom Verteidiger vorgestellten, so hat er dennoch das erforderliche Maß der Verteidigung nicht überschritten. Es liegt nur eine Putativüberschreitung vor. RGZ. **84** 306; RMG. **17** 58. Die Vorschriften über den Waffengebrauch der Landespolizeibeamten enthalten keine Einschränkung des Notwehrrechts, sondern geben dem Berechtigten nur darüber hinausgehende Befugnisse. 4 D 289/24 8. IV. 24.

Die Verteidigung kann auch bereits vorbereitet werden, bevor der Angriff gegenwärtig wird, durch Veranstaltung von Schutzvorrichtungen, so z. B. durch Legen von Fußangeln, Selbstgeschossen mit polizeilicher Erlaubnis, § 367 Nr. 8 usw. Maßgebend ist lediglich, ob die Verteidigung zur Zeit des Angriffs, wenn sie wirksam wird, erforderlich ist, erst in diesem Augenblick wird das Schutzmittel zu einem wirklichen Abwehrmittel. Es darf auch mit der Möglichkeit des hartnäckigsten Angriffs solchenfalls gerechnet werden, wie sie nach Art und Zeit möglich sind. Wenn der Garten nicht nur von Kindern, sondern auch von Erwachsenen widerrechtlich stehlenshalber aufgesucht werden kann, sind die gegen die Erwachsenen erforderlichen Maßnahmen zulässig. Gegen einbrechendes Vieh darf vergiftetes Futter gestreut werden, da nicht immer Gelegenheit ist, es zu vertreiben usw. Oetker, VglDarst. **2** 277. Es ist jedoch immer Vorsorge zu treffen, etwa durch Anschlag usw., daß sich die Abwehr nur gegen den widerrechtlich Angreifenden, nicht gegen harmlose Dritte richtet. Die berechtigte Notwehr deckt die Handlung nur insoweit, als sie der Abwehr dient. Daher kann das Führen einer Waffe bei der Notwehrhandlung nicht rechtswidrig sein. Damit ist aber noch nicht auch schon das vorherige verbotene Waffenführen gerechtfertigt. RGSt. in JW. **1933** 439.

Maßgebend ist die Hartnäckigkeit und Stärke des **Angriffs, nicht der Wert** des in Gefahr befindlichen Rechtsgutes. Wolter, Arch. f. Rechts- und Wirtschaftsphilosophie **22** 81; Frank S. 163. RGSt. **55** 86; RMG. **17** 58, 1 D 933/10 10. XI. 10. Ebenso die Begründung zum neuen E. 19 243. Das Maß der Abwehr ist nicht nach der Verhältnismäßigkeit des angegriffenen und des durch die Abwehr bedrohten Rechtsguts zu beurteilen, 1 D 384/20 20. IX. 20 in JW. **1921** 34[1]. Proportionalität der Abwehr ist erforderlich, nicht Proportionalität des Rechtsguts. A. M. noch RGSt. **23** 117. Hierbei kommt es auf die Kräfte des Angreifers zu dem Angegriffenen an. Ein kräftiger Mann kann sich durch einfachere Mittel des Angriffes erwehren als ein schwächliches Mädchen, ein bewaffneter anders als ein waffenloser. Das Recht braucht dem Unrecht nicht zu weichen. Die Tatsache, daß der Angriff auf andere Weise als durch die gewählte Verteidigung abgewendet werden konnte, ist ohne Einfluß. Daher braucht der Angegriffene nicht obrigkeitliche Hilfe zu rufen, nicht die Hilfe anderer Personen anzufordern, RGSt. **32** 391, **66** 245, braucht auch nicht die Flucht zu ergreifen und auf sein Notwehrrecht zu verzichten, der Gefahr nicht auszuweichen, RGZ. VI 142/06 10. XII. 06; a. M. RGSt. **16** 69; RGZ. IV 130/16 6. VII. 16 und RGSt. in GA. **48** 304. RGZ. VI in JW. **1925** 963[8]. Für den Fall, wenn der Angegriffene sich, ohne daß er berechtigte Interessen aufgibt, dem Angriff entziehen kann, v. Hippel, ZStRW. **1921** 417. Wenn bei einem Streik und versuchter Sabotage der Fabrikherr den Arbeiter erschießt, um die Zerstörung einer Maschine zu verhindern, und anders nicht den energischen Versuchen der Zerstörung begegnet werden kann, so ist das zulässig. M. E. Mayer S. 281, Binding Hdb. I 752. A. M. z. T. Baumgarten S. 125. Im Fall des RGSt. **66** 245 lag gar keine Ausnahme von diesen Grundsätzen vor, da ein gegenwärtiger Angriff verneint wird. Vielmehr wird erklärt, daß, um einen zu erwartenden Angriff von vornherein zu verhindern, nach den Umständen die Zuziehung einer Hilfe zuzumuten ist.

6. Notwehrüberschreitung (Exzeß) setzt immer voraus, daß überhaupt ein rechtswidriger Angriff und eine hiergegen unternommene Verteidigung, also eine **wirkliche Notwehr vorliegt.** (Intensive Überschreitung im Gegensatz zur extensiven, Köhler S. 358.) Bei bloßer Putativnotwehr gibt es keinen Exzeß. RGSt. **61** 216, **63** 223. 1 D 887/24 2. XII. 24, vgl. unter 8. So die gem. Meinung. A. M. A. Köhler, Strafr. (1917) S. 360; Reichel in JW. 1933 S. 478. Lediglich das zur Abwehr erforderliche **Maß** wird überschritten, wenn auch in Abs. 3 nur von Überschreitung der Grenze der Notwehr gesprochen wird. Daher handelt es sich nicht mehr um bloße Überschreitung, wenn im Anschluß an bereits erfolgte Abwehr noch eine Rechtsgüterverletzung des ursprünglichen Angreifers vorgenommen wird, z. B. der Dieb nachträglich verprügelt wird, Olshausen Note 15; a. M. v. Bar **3** 202, RMG. **7 248**. Liegt Notwehrüberschreitung vor, so verliert insoweit, als das erforderliche Maß überschritten wird, die zur Abwehr vorgenommene Rechtsgüterverletzung ihre Rechtmäßigkeit und wird selbst zu einem **widerrechtlichen Angriff.** Daher ist der Überschreitung gegenüber stets wieder Notwehr, zulässig, gleichviel, ob die Überschreitung strafbar ist oder nicht. Die Verletzung, die in Überschreitung der Notwehr vorgenommen wurde, ist strafbar, wenn sie als solche strafbar ist. Sie kann fahrlässige und vorsätzliche Rechtsverletzungen enthalten, sie kann aber auch trotz der Überschreitung straflos bleiben, wenn sie als Rechtsverletzung ohne Rücksicht auf Notwehrhandlung straflos sein würde. Die in Abs. 3 aufgezählten Befreiungsgründe sollten allerdings nach der Meinung der Motive eine abschließende Aufzählung der Befreiungsgründe geben und ihnen hat sich die gemeine Meinung angeschlossen, Rspr. **9** 120; auch E. M. Mayer, wenn auch nicht ohne Tadel der Vorschrift, S. 282. Der Wortlaut des Gesetzes zwingt aber keineswegs dazu, auch andere als die dort aufgeführten als Befreiungsgründe gelten zu lassen. Und die Motive sagen: Eine „weitere Ausdehnung der Gründe ist im Hinblick auf die umfassende Bedeutung der aufgenommenen Arten nicht geboten". Daraus geht aber nur hervor, daß man annahm, es würden alle Gründe bereits gedeckt, nicht aber, daß man wollte, es sollten nur die aufgeführten in ihrer Beschränktheit gelten. Der Wille ging also offenbar dahin, alle Schuldbefreiungsgründe gelten zu lassen. Daher z. B. auch § 59, § 51, Reichel, JW. **1933** S. 477. Die gem. Meinung geht allerdings dahin, daß die Aufzählung erschöpfend ist und nicht rechtsähnlich ausgedehnt werden darf. So auch RGSt., z. B. 2 D 217/87 8. IV. 87. Vgl. Jesse a. a. O. S. 70.

7. In Abs. 3 wird als **persönlicher Schuldausschließungsgrund** für den **Überschreitenden** hingestellt der Umstand, daß er in **Bestürzung, Furcht** oder **Schrecken** gehandelt hat. Die Vorschrift findet also auf Teilnehmer an dem Exzeß, in deren Person der Entschuldigungsgrund nicht zutrifft, keine Anwendung. Die Rechtswidrigkeit der im Exzeß begangenen Rechtsverletzung wird dadurch nicht aufgehoben, aber es handelt sich auch nicht um einen bloßen persönlichen Strafausschließungsgrund, sondern um einen Schuldausschließungsgrund, der die deliktische Natur der objektiv widerrechtlichen Handlung aufhebt, so auch Mat. z. Entw. § 51, „Die im Affekt erfolgte Überschreitung der Notwehr ist ebenfalls nicht strafbar, da sie nur die unverschuldete Überschreitung des Rechts ist. Es ist der Notwehr gleichzuachten, wenn der Täter aus Bestürzung usw. die Grenze überschreitet." A. M. Olshausen u. gem. Mein., RGZ. **21** 295. Der Gedanke ist, daß jemand im Zustand dieser Affekte das erforderliche Maß nicht zu beurteilen vermag, deshalb soll ihm dieser Mangel im Maßhalten **nicht zugerechnet** werden, er wird behandelt wie jemand, der das Maß eingehalten hat. E. 19 § 21 Abs. 3: „Handelt er in entschuldbarer Aufregung oder Bestürzung." Daraus folgt, daß es nur darauf ankommt, ob jemand tatsächlich in diesem Affektzustand war, nicht aber, ob er schuldhaft in solchen geraten ist, etwa aus großer Feigheit, Unüberlegtheit und bei gehöriger Aufmerksamkeit diese Erregung hätte vermeiden können. Andererseits decken diese Affekte nicht, wenn trotz ihrer die Erkenntnis der Überschreitung vorhanden war und diese vorsätzlich vorgenommen wurde, so auch Binding Hdb. I 753. **A. M.** RGSt. **21** 189 und gem. Mein. z. B. Frank 152. Es ist aber nicht zulässig innerhalb der als Bestürzung, Furcht oder Schrecken zu bewertenden Geistesverfassung zu unterscheiden, ob der in Notwehr Handelnde noch zu der Erwägung fähig war, welche Maßnahmen zur Abwehr erforderlich sind und welche darüber hinausgehen, 3 D 797/11 v. 27. XI. 11. RGSt. **56** 34; nicht entgegen **54 36**, das nur vermeintliche Notwehr behandelt.

8. Von der Notwehrüberschreitung ist die **vermeintliche Notwehr** (Putativnotwehr) streng zu unterscheiden. Jerschke, Die Putativnotwehr (1911); Graf z. Dohna, Recht und Irrtum (1925) S. 27; G. Weiz, Arten des Irrtums. Strafr. Abh. (1931) S. 18; P. Merkel, Grundriß I (1927) S. 145. Sie ist keine Notwehr, sondern der tatsächliche Irrtum über das Vorliegen einer Notwehr-

lage. Inwieweit der irrige Glaube, wenn er schuldlos ist, Vorsatz und Fahrlässigkeit ausschließt, wenn er verschuldet ist, fahrlässige Rechtsverletzung übrig läßt, richtet sich nach dem Einfluß des Irrtums, insbesondere nach § 59. RGZ. **88** 118; RGSt. **21** 189, **53** 132, **54** 37, 199, **56** 33, 5 D 301/19 24. X. 19, JW. **1920** 293; 4 D 204/17 4. V. 17; 1 D 887/24 2. XII. 24; 3 D 820/24 3. XI. 24; 1 D 170/25 24. IV. 25; RMG. **7** 248. — Vermeintliche Notwehr liegt aber nicht vor, wenn trotz des Irrtums tatsächlich ein Notwehrzustand übrig bleibt, so wenn jemand irrtümlich glaubt, er selbst sei angegriffen, der Angriff sich aber gegen einen Dritten richtet, da auch diesem Dritten Nothilfe gewährt werden kann, Köhler S. 360. Putativnotwehr liegt vor, wenn der Notwehrer sich fälschlich angegriffen glaubt, oder den wirklichen Angriff irrig für rechtswidrig hält, wenn er seine Abwehrhandlung irrig für erforderlich hält. M. E. Mayer, Strafr. S. 283.

Liegt nur vermeintliche Notwehr vor, so kann eine **Überschreitung** wirklicher Notwehr, wie sie Abs. 3 voraussetzt, in Wahrheit nicht stattfinden und es ist daher notwendig, auch die Befreiung von Strafe aus dem Grunde, daß die Überschreitung in Bestürzung, Furcht oder Schrecken stattgefunden hat, ausgeschlossen. So die gem. Mein., v. Bar **3** 202; RGSt. **21** 189, **54** 37; RMG. **11** 166; 1 D 887/24 2. XII. 24; 1 D 434/25 13. X. 25; 1 D 483/25 16. X. 25. Entw. § 20. Dagegen Köhler S. 360; Coenders in JW. **1925** 963. Nur das ist richtig, daß neben dem Irrtum, über das Vorliegen eines Notwehrverhältnisses überhaupt eine vorhandene Bestürzung, Furcht oder ein Schrecken als Folge des Irrtums für die weitere Frage von Bedeutung wird, ob die in diesem Irrtum vorgenommene Rechtsverletzung noch zur Fahrlässigkeit anzurechnen ist oder nicht, und welche Überlegung und Voraussicht für sein Handeln dem Irrenden in diesem Zustand zumutbar ist.

§ 54. Eine strafbare Handlung ist nicht vorhanden, wenn die Handlung außer dem Falle der Notwehr in einem unverschuldeten, auf andere Weise nicht zu beseitigenden Notstande zur Rettung aus einer gegenwärtigen Gefahr für Leib oder Leben des Täters oder eines Angehörigen begangen worden ist.

Entw. § 25. Einführung § 5.

1. Der Notstand wird von den Einen als Rechtfertigungsgrund, von Anderen als Schuldausschließungsgrund, von Dritten als lediglich unverboten angesehen oder endlich nur als Strafausschließungsgrund hingestellt. Letzteres von RGSt. **60** 91 abgelehnt. Als jetzt herrschende Lehre kann wohl die sog. Differenzierungstheorie erachtet werden, die ablehnt, den Begriff auf einen einheitlichen Nenner zu bringen, wie dies bei der Notwehr möglich ist, vielmehr zwischen Notstand als Rechfertigungsgrund und Notstand als Schuldausschließungsgrund unterscheidet, Henkel, Der Notstand nach gegenwärtigem und künftigem Recht (1932) S. 68; v. Liszt-Schmidt S. 201; Oetker in Festg. f. Frank I, 378. Diese Unterscheidung findet sich auch im geltenden Recht, ersterer in BGB. §§ 228, 904, letzterer in StGB. § 54. Ersterer beruht auf dem Gedanken der Interessenabwägung, der eine rechtliche Mißbilligung ausschließt, letzterer auf dem Gedanken der Zumutbarkeit und Berücksichtigung einer Zwangslage, die die Nichtbefolgung rechtlicher Gebote und Verbote entschuldigt. Der Notstand als Rechtfertigungsgrund gehört dem außerstrafgesetzlichen Gebiete an. Hierüber die Einführung. Da er die Rechtswidrigkeit der Tat verneint, kommt er immer zuerst in Betracht. Verbote und Gebote beziehen sich ja nur auf rechtswidriges Verhalten. Erst wenn die Rechtswidrigkeit zu bejahen ist, kommt in Frage, ob ein Schuldausschließungsgrund vorliegt, Frank S. 165.

2. In § 54 wird lediglich der Notstand als **Schuldausschließungsgrund** behandelt, Frank S. 165; RGSt. **23** 116, **57** 268, **60** 88, **61** 242, **63** 31, **64** 31, **66** 397. Und auch dieser nicht vollständig. So fehlt die Berücksichtigung des Eigentumsnotstandes, RGSt. **60** 119.

Geht man davon aus, daß die in Notstand begangene Handlung, von besonderen Ausnahmen abgesehen, nicht Ausübung eines subjektiven Rechts, sondern lediglich **schuldlose** Zuwiderhandlung gegen ein Verbot ist, und zwar die Schuld um deswillen verneint wird, weil die Selbstaufopferung eigener wichtiger Lebensgüter in Berücksichtigung des menschlichen Selbsterhaltungstriebs den Ungehorsam gegen Verbote, die die Verletzung von Lebensgütern anderer bezwecken, entschuldigt, so ergibt sich daraus

a) Zulässigkeit der Notwehr gegen eine im Notstand begangene Handlung, sofern im übrigen deren Voraussetzungen vorliegen, RGSt. **23** 116, Binding Hdb. I S. 763, 766, denn auch die im Notstand begangene Zuwiderhandlung gegen ein Verbot bleibt objektiv ein rechtswidriger Angriff.

b) Unzulässigkeit der Nothilfe. Der Schuldausschließungsgrund für die objektiv widerrechtliche Handlung wirkt nur für den im Notstand Befindlichen selbst, nicht für einen Dritten. § 53 Abs. 2 kann nicht entsprechend angewendet werden. Eine Ausnahme hiervon machen nur die Fälle wirklichen Notrechts und die Notlage der Angehörigen, die § 54 selbst wie ein eigener Notstand als Entschuldigungsgrund wirken läßt. Binding Hdb. I S. 766, 784, 786. Damit ist auch die Staatsnothilfe ausgeschlossen; Schubert, Staatsnothilfe in Strafrechtsabhandlung (1933) S. 45.

c) Die Teilnahme an einer Notstandshandlung ist ebenfalls schuldlose Tat, Meyer-Allfeld S. 136; RGSt. **23** 116, **57** 268, JW. **1912** 413; 3 D 1073/08 11. III. 09. A. M. Binding Lehrb. 1, 766; Olshausen zu § 54 Note 3. Aber die Aufforderung zur Abtreibung nach § 49 a, § 218 Abs. 1 ist schuldlose Handlung, wenn sie in Kenntnis des Notstands der Schwangeren geschieht, die diese Handlung schuldlos machte. Trotz des in Wirklichkeit vorliegenden Notstands der Schwangeren ist aber die Aufforderung nach § 49 a strafbar, wenn sie ohne Kenntnis von deren Notstand abgegeben wird, RGSt. **60** 91. Wenn es sich nicht um den Schuldausschließungsgrund des § 54, sondern um einen die objektive Rechtswidrigkeit ausschließenden Umstand handelt, ist eine strafbare Teilnahme natürlich ebenfalls unmöglich.

3. Notstand, die Zwangslage nach § 52 und Notwehr haben gemeinsam den Zustand der Not. **Gefahr** ist ein Zustand, der durch ein vom Betroffenen nicht gewolltes, ihm von außen drohendes Übel begründet wird, im Gegensatz zu der durch die Absicht der Selbstbeschädigung geschaffenen Lage. 3 D 1147/17 4. VI. 18. Sie ist die Wahrscheinlichkeit eines aus gegebener Sachlage nach menschlicher Erfahrung und den Gesetzen der Verursachungslehre zu erwartenden schädlichen Erfolgs, RGSt. **6** 396, **66** 100.

a) Das StGB. behandelt lediglich den Notstand, der eine **Gefahr für Leib und Leben** des **Täters**, d. h. des die objektive widerrechtliche Handlung Begehenden, oder eines **Angehörigen** von ihm bringt. Vgl. hierzu die Ausführung zu § 52. An sich können auch andere Rechtsgüter gefährdet sein; in § 54 wird, wie in § 52, aber nur der Konflikt zwischen Leib und Leben und einer strafbaren Handlung behandelt. Eine entsprechende **Ausdehnung dieser** Vorschrift ist nach allg. M. und der Auffassung des **RG.**, namentlich **66** 390 **nicht zulässig**. Frank, Vorbem. II 2 zum 4. Abschn. S. 137. Wachinger in Festgabe f. Frank I, 494; Grünhut, ZStRW. **51** 466. Etwas anderes besagen auch nicht RGSt. **58** 97, **60** 101, **63** 233. Gegen „Staatsnotstand" auch RGZ. **134**, 13. Vgl. aber „Einführung" u. Hellmuth Mayer in JW. 1933, 1330. A. M. Binding Hdb. I S. 772. So z. B. kein Notstand, wenn jemand sein Gewerbe nicht ausüben kann, BayObLG. **19** 49. Abhilfe wird jedoch in anderen Rechtsgebieten, namentlich dem BGB., geschaffen, so in §§ 228 u. 904 für jedes Rechtsgut, auch durch Gewohnheitsrecht, durch Nebengesetze usw. Entw. § 25 bringt eine Erweiterung, indem er von einer Beschränkung des Kreises der notstandfähigen Güter absieht. Es muß aber ein erheblicher Schaden drohen. Auch bei der Leibesgefahr muß die Gefährdung der Leibesintegrität so stark sein, daß sie wie die Todesgefahr, zufolge des Selbsterhaltungstriebs die Zuwiderhandlung gegen eine Rechtsvorschrift entschuldigt. Eine solche Gefahr liegt auch dann vor, wenn ein Zustand einzutreten droht, der die Entstehung von erheblichen oder tödlichen Erkrankungen des Täters oder seiner Angehörigen unmittelbar befürchten läßt. RGSt. in JW. **1933** 700. Binding Hdb. I S. 774, 783. Aus diesem Grunde wird auch hier wie in § 52 eine gewisse Proportion zwischen der Leibesverletzung und dem zu verletzenden Rechtsgut vorliegen müssen, wenn schon nicht nötig ist, daß das gefährdete Rechtsgut höher bewertet ist, als das durch die Abwehrhandlung verletzte. Entscheidend ist, daß die Gefahr von der Art sein muß, daß sie die freie Willensbestimmung in außergewöhnlicher Weise beeinflußt, RGSt. **66** 399. Olshausen

Anm. 6 zu § 54; Oetker, VDA. 2, 340; Allfeld, Lehrb. (8. Aufl.) S. 133; Frank Anm. II Abs. 3 zu § 54; v. Hippel 2, 222; Mezger S. 366, 369; Kohlrausch Anm. 2 und 9 zu § 52; Berner, Lehrb. d. Dtsch. Strafr. (18. Aufl.) S. 105. Vgl. Bülow, DJZ. **1910** 681; Eckstein, Oetker VDA. 2, 340 ff. — Dagegen Baumgarten, Notstand u. Notwehr S. 40. Die Frage, ob durch außerstrafrechtlichen Notstand die Rechtswidrigkeit der Handlung selbst aufgehoben wird, wird in § 54 nicht berührt, da diese Vorschrift nur den Schuldausschließungsgrund behandelt. So bei der Frage der Abtreibung, RGSt. **61** 252.

b) Zur Annahme einer **gegenwärtigen Gefahr** ist das unmittelbare Umschlagen in eine Schädigung nicht erforderlich, es genügt ein Zustand, der erfahrungsmäßig bei natürlicher Weiterentwicklung der Dinge mit Wahrscheinlichkeit den Eintritt der Schädigung als sicher bevorstehend erscheinen läßt, wenn nichts alsbald dagegen getan wird. RGSt. **6** 396, **36** 334, 340, **56** 334, **61** 242, **66** 98, 225. Ein solcher gefahrdrohender Zustand kann auch als ein gewisser **Dauerzustand** vorhanden sein, z. B. Einsturzgefahr eines Hauses, und sich sehr wohl über Monate hin erstrecken. RGSt. **43** 342, **59** 69, **60** 318, **66** 100 (dauernde Gemeingefährlichkeit eines Menschen). Die Gefahr braucht keine Augenblicksgefahr zu sein, es genügt, daß der Zustand sich in seiner natürlichen Weiterentwicklung mit Wahrscheinlichkeit zu einem verletzenden gestaltet; RGSt. in JW. **1930** 2958. Wenn der Bedrohte aus irgendeinem Grunde zunächst davon absieht, einzugreifen, so wird seine später doch noch vorgenommene Abwehrhandlung, die straflos gewesen wäre, wenn er sie sofort vorgenommen hätte, nicht dadurch strafbar, daß er sie erst später vornimmt, sofern nur der Gefahrzustand noch besteht. 1 D 959/24 23. I. 25; 2 D 430/26 12. VII. 26. Durch das bloße Bestehen einer Schwangerschaft kann das Leben der Schwangeren gleichfalls gegenwärtig gefährdet sein, nicht erst im Zeitpunkt der Geburt, wenn jetzt mit mehr Aussicht auf Erfolg die Gefahr abgewendet werden kann, RGSt. **36** 334; JW. **1899** 788, **1912** 413; 4 D 780/15 21. XII. 15; 5 D 1217/11 20. II. 12. Die bloße Möglichkeit einer Lebensgefährdung reicht aber nicht aus, und wenn die Schwangere selbst über ihren Zustand noch keine Gewißheit hat, handelt sie nicht im Notstand. Die bloße Befürchtung, es könne gelegentlich einmal eine Notstandslage eintreten, genügt nicht, RGSt. in JW. **1933** 439.

4. Die beim Notstand vorliegende Gefahr beruht im Gegensatz zu § 52, wo sie unmittelbar durch die aggressive Handlung eines zurechnungsfähigen oder unzurechnungsfähigen Menschen hervorgebracht sein muß — regelmäßig auf einem Naturereignis, einer Gefährdung durch die bloße Naturkraft, zu der auch die Körperbewegungen Handlungsunfähiger im natürlichen Sinne (sinnlos Betrunkener, Epileptischer), nicht aber Deliktsunfähiger nach § 51 und § 52 gehören. Die Zwangslage des Handelnden und der Gefahrzustand kann aber auch in einem andern, nur eben nicht die Merkmale der §§ 52 und 53 tragenden Verhalten zurechnungsfähiger Menschen und in diesem für ihre Mitmenschen allgemein vorhandenen Gefährlichkeit begründet sein, RGSt. **41** 214, **43** 342, **60** 319. Wegen der Tiere vgl. § 53. Gleichgültig dagegen ist es, wodurch die den Gefahrzustand darstellende Lage verursacht worden ist. Insbesondere kann dies auch durch den in Notstand Geratenen selbst geschehen sein. Vgl. aber zu 5. Durch Straf- und Untersuchungshaft bewirkte Leibesgefahr ist in der Regel keine gegenwärtige, wenn es sich erst um Abwendung der Strafuntersuchung handelt, RGSt. **54** 340.

5. Der Notstand muß ein **unverschuldeter** sein. Vgl. Goeb in GA. **28** 183; Goß, Verschuldung des Notstandes 1899; Eger, Einfluß der Versch. bei strafrechtl. Notstand 1899. Aber verschuldet ist nicht schon der vom Täter selbst verursachte, a. M. Binding Hdb. I S. 777, sondern nur die schuldhafte Verursachung, d. h. die Herbeiführung der gegenwärtigen Notstandslage unter Außerachtlassen der im Verkehr und nach den Rechtspflichten zu beobachtenden Sorgfalt im Handeln, das will sagen, der gegenwärtige Notstand selbst muß verschuldet sein. Nicht genügt auch Verschulden der Gefahr, Meyer-Allfeld S. 134. Dazu gehört, daß er in seiner konkreten Gestaltung als wahrscheinlich voraussehbar war und vorausgesehen werden sollte, Binding Hdb. I S. 778; Baumgarten, Notstand und Notwehr (1911) 48; Frank 154. RGSt. **36** 334, **43** 343, **54** 340. Die bloße Möglichkeit, daß es zu einem solchen Notstand kommen werde, reicht nicht aus, selbst wenn diese Möglichkeit voraussehbar war. Daher ist die schuldhafte Verursachung einer Situation, die zu einer Notstandslage sich auswachsen kann, also Ursache auch dieser und damit der in Notstand begangenen Handlung geworden ist (causa causae est causa causati), nur dann auch schuldhafte Verursachung der Notstandslage, wenn diese Folge vorausgesehen werden konnte und mußte. Ist vollends die Herbeiführung einer gefährdeten Lage an sich erlaubt und nicht schuldhaft, so wird durch die vorsätzliche Herbeiführung eine aus ihr erwachsende Notstandslage noch nicht zur schuldhaften. Nicht jedes Ausfahren im Kahn bei bewegter See muß das Umschlagen des Kahns und damit den Eintritt einer Notstandslage voraussehen lassen. Im einzelnen kommt es hier natürlich auf den konkreten Fall an. Die Beischlafsvollziehung unter Ehegatten bewirkt noch nicht, daß der mit der Schwangerschaft eingetretene Notstand schuldhaft herbeigeführt wird, RGSt. **36** 334; 1 D 171/14 14. V. 14. Nur ein **Verschulden des Täters selbst** ist von Bedeutung, nicht auch das seines Angehörigen, zu dessen Rettung er tätig wird, Meyer-Allfeld S. 134. A. M. Binding 1, 788, Frank 154.

6. Die Gefahr und der Notstand darf **nicht infolge von Rechtspflichten übernommen und auferlegt sein.** Wer durch Anstellungsvertrag oder Amts- und Dienststellung zum Aushalten besonderer Gefahren verpflichtet ist, darf sich diesen nicht durch eine widerrechtliche Handlung entziehen. Der Selbsterhaltungstrieb dient hier nicht zur Entschuldigung, weil gerade die Person sich mit Leib und Leben zur Abwendung von Verletzung der Güter Dritter einsetzen soll. So Schutzleute, Wächter, Soldaten, Seeleute. Diese Verpflichtung kann auch durch Privatvertrag übernommen worden sein, wie bei Bergführern. Dagegen liegt eine derartige Einsetzung seiner eigenen Person zur Rettung der anderen nicht schon in jedem gemeinschaftlichen Unternehmen, das mit Gefahr verknüpft ist, z. B. einer gemeinschaftlichen Bergtour, einer gemeinschaftlichen Kahnfahrt usw. Aber es kann auch hier eine derartige Garantieübernahme liegen, und zwar auch stillschweigend, wenn z. B. der körperlich Schwächere nur im Vertrauen auf Hilfe des körperlich Starken sich beteiligt und dieser das Vertrauen bestärkt. Überall wo ein Einsetzen seiner Person mit Leib und Leben gegen Verletzung des andern angenommen werden muß und soweit ein solches Einsetzen vorliegt — das nicht immer bis zum Einsetzen des Lebens zu gehen braucht — entfällt die Berufung auf Notstand als unverschuldet. Binding Hdb. I S. 782. — Das gleiche gilt, wenn die Erduldung der Leibes- und Lebensgefahr durch Rechtspflicht auferlegt ist, so z. B. der zum Tode oder zu Freiheitstrafe Verurteilte selbst dann, wenn das Urteil objektiv unrichtig ist, solange es als rechtskräftiges besteht. RGSt. **22** 300, **25** 150, **41** 215. So die Duldung körperlicher Züchtigung durch Schuldisziplinstrafe. Wenn sich jedoch infolge behördlicher Anordnung bei deren Durchführung nichtgewollte Mißstände herausbilden, so können diese einen Notstand bilden, gegen den durch Selbsthilfe vorgegangen werden darf, RGSt. **41** 216.

Für Militärpersonen und Beamte vgl. MStGB. §§ 49, 84—88. Für Seeleute SeemO. §§ 30, 32, 34, 41.

7. Die Gefahr darf auf **andere Weise nicht beseitigt werden können,** sei es überhaupt nicht, sei es durch eine weniger strafbare oder schädigende Handlung, Olshausen 11; Frank 165. Bilden die verschiedenen Rettungsmöglichkeiten Übel von verschiedener Größe, so darf nur das kleinere gewählt werden. Vgl. Einführung. RGSt. **66** 227. Die Verletzung von Gütern Dritter und Zuwiderhandlung gegen Normen der Rechtsordnung ist das ultimum refugium. Einem rechtswidrigen Angriff braucht niemand zu weichen, gegen ihn ist immer Notwehr gestattet, der Angreifer setzt auch sein eigenes Leben ein, eine Verletzung fremder Güter zur Rettung eigener ist nur in dem Fall, wo es andere Mittel zur Vermeidung nicht gibt, zulässig. Daher ist sogar Flucht und selbst Notwehrhandlung, wenn dadurch die Verletzung von Gütern Dritter vermieden werden kann, geboten, ehe die Notstandshandlung berechtigt ist. Vgl. Oetker, VglDarst. **2** 368. Nur darf die Notwehrhandlung selbst nicht eine Notstandslage für Leib und Leben begründen für den in Notwehr Befindlichen. Selbstschutz durch die Verschaffung von Waffen und Munition — einer sonst verbotenen Handlung — kann bei unzureichendem obrigkeitlichen Schutz gegen Gefahren eines Aufstandes und der damit verbundenen Gefahr für Leib und Leben zulässig sein. RGSt. in JW. **1922** 1583. Über den Unterschied in der Ausdrucksweise in §§ 52, 54 StGB. und §§ 228, 904 BGB. vgl. Meyer-Allf. S. 135.

Wenn der Angegriffene sich der Not nicht anders erwehren kann, als daß er auf den Angreifer schießt und dabei riskiert, den hinter oder neben dem Angreifer stehenden Dritten mitzutreffen, befindet er sich diesem Dritten gegenüber in Notstand. Coenders in JW. **1925**, 892.

8. Außerhalb des StGB. anerkannter Notstand.

a) Wahre Notrechte gewähren SeemO. § 87; HGB. §§ 700 ff.; Postgesetz vom 28. X. 1871 § 17; MilitärStGB. 20. VI. 72 § 124, § 130, Strandungsordn. v. 17. V. 74 § 9 Abs. 2; Personenstandsgesetz 1875 § 67 Abs. 2; Intern. Vertr. v. 6. V. 82 betr. poliz. Regelung der Fischerei in der Nordsee Art. 20. Luftverkehrsges. v. 1. VIII. 1922 § 12; ArbeitzeitVO. v. 14. IV. 1927 § 10. Binding Hdb. S. 772, Liszt Lehrb. 144. Auf dem ihm vorbehaltenen Gebiete kann auch das Landesrecht besondere Notstandsrechte schaffen.

b) Die vom BGB. § 904 behandelten Notstandsfälle beruhen auf demselben Rechtsgedanken wie StGB. § 54, aber betreffen nur die Verletzung einer fremden Sache, lassen die Verletzung von Rechtsgütern nicht nur unverschuldet, sondern überhaupt nicht widerrechtlich i. S. des Privatrechts erscheinen. v. Tuhr, Allg. Teil des bürgerl. Rechts (Binding Hdb. II S. 599. A. M. nur M. E. Mayer S. 305. Sie haben zur Voraussetzung eine gegenwärtige Gefahr, die durch menschliche Handlungen oder durch Naturereignisse herbeigeführt sein kann, und daß zur Beseitigung eine fremde Sache benutzt wird, von der die Gefahr nicht ausgeht. Zu einer Entschuldbarkeit gegen strafrechtliche Gebote und Verbote Stellung zu nehmen, liegt für BGB. überhaupt kein Anlaß vor, da es sich nur mit den Beziehungen von Privaten zu Privaten befaßt. Die Zulässigkeit einer Handlung nach Privatrecht braucht nicht notwendig auch eine unverbotene Handlung nach StGB. zu sein. So kann z. B. die Einwilligung in die Rechtsverletzung die Entstehung von Ansprüchen nach BGB. verhindern, braucht aber nicht zugleich diese Rechtsverletzung zur unverbotenen nach StGB. zu machen. So wäre es an sich denkbar, daß trotz der Rechtmäßigkeit der Notstandsverletzung gemäß dem Privatrecht diese doch vom Strafrecht als verboten weiter betrachtet und nur in den von ihm festgestellten Entschuldigungsfällen als schuldlose Verletzung angesehen werden. So wenn die Handlung nicht sowohl wegen der Verletzungsgefahr des Rechtsgutes des Privaten, sondern wegen der Allgemeingefahr verboten ist, z. B. StGB. § 367 Nr. 8, Titze, DJZ. **04** 258; a. M. Hasse DJZ. **03** 523. Umgekehrt braucht die Schuldlosigkeit in strafrechtlicher Hinsicht in den Fällen des § 54 nicht die Widerrechtlichkeit nach BGB. zu beseitigen und z. B. die Verpflichtung zum Schadenersatz aufzuheben. Nur wo die Rechtmäßigkeit der Verletzung eines fremden Rechtsgutes gemäß der Privatrechtsordnung bewirkt, daß eine widerrechtliche Verletzung im Sinne des StGB. überhaupt nicht vorliegt, bewirkt dann dieser Mangel der Widerrechtlichkeit als solche, daß eine Straftat überhaupt nicht, auch keine objektive Zuwiderhandlung gegen ein Gebot oder Verbot des Strafrechts vorliegt, da dieses eine solche objektive Widerrechtlichkeit immer zur Voraussetzung hat oder selbst begründet. Insofern daher die von BGB. § 904 behandelten Notstandshandlungen die Beschädigung oder Zerstörung einer fremden Sache für nicht rechtswidrig erklären, wird der Tatbestand des StGB. §§ 303—305 beseitigt und aus diesem Grunde entfällt dann nicht nur die Schuldlosigkeit bei Verwirklichung eines objektiv rechtswidrigen Tatbestandes, sondern dessen Verwirklichung überhaupt. Sofern aber die Zerstörung etwa die Formen des StGB. § 306 annehmen wollte, würde ein Ausschluß der Widerrechtlichkeit nach BGB. die Verbotswidrigkeit der Handlung nicht aufheben, und wenn die Gründe der Entschuldung, die § **54** hierfür allein aufstellt, fehlen, auch Straflosigkeit wegen Notstands nicht eintreten. Vgl. insbes. RGSt. **61** 252 und die Einleitung.

Ebenso hebt die in BGB. §§ 229, 230 gestattete **Selbsthilfe** die Widerrechtlichkeit der Freiheitsberaubung auf. Da aber nur die widerrechtliche verboten ist, so entfällt auch in diesem Fall das Delikt, ebenso wie im Fall der StPO. § 127, RGSt. **2** 292, **8** 210, **17** 127, Rspr. **3** 416. Über BGB. § 228 vgl. bei § 53.

9. Der **Irrtum** über das Vorliegen eines Notstands (**Putativnotstand**) übt wie der wirkliche Notstand einen seelischen Druck aus, wonach ein normgemäßes Verhalten nicht zugemutet werden kann, RGSt. **57** 268. Er ist nach § 59 zu beurteilen. RGSt. **16** 150, **19** 300, **36** 334, **41** 216, **43** 344, **59** 62, **63** 18; 1 D 959/24 23. I. 25. Dahingestellt RGSt. **66** 227 hinsichtlich § 59. So bei § 218, 3 D 1073/08 11. III. 09. Er betrifft einen strafausschließenden Umstand nach StPO. §§ 263, 267. — Hegler, ZStRW. **36** 216.

10. Voraussetzung der Straffreiheit wegen Notstandes ist nicht, daß die Handlung aus dem alleinigen Motive der Rettung begangen wurde, 5 D 796/06 8. I. 07.

Überschreitung des Notstands hebt die Schuldlosigkeit der Tat auf. Ob die Rechtsverletzung solchenfalls vorsätzlich oder fahrlässig erfolgt, richtet sich nach den allgemeinen Grundsätzen. Eine entsprechende Anwendung der Vorschriften über die Notwehr findet nicht statt. Meyer-Allfeld S. 137.

Vorbemerkung.

StGB. §§ 55—57 sind durch § 47 des Jugendgerichtsges. v. 16. II. 23 (RGBl. I 135) aufgehoben worden, und zwar mit dem 1. VII. 23, dem Inkrafttreten des Gesetzes. Dagegen ist schon vorher mit der Verkündung des Gesetzes, dem 27. II. 23, die Altersgrenze des StGB. § 55 auf 14 Jahre durch § 2 dieses Gesetzes heraufgesetzt worden, § 43 des Jugendgerichtsges. Ebenso ist § 45 Abs. 1 mit der Verkündung in Kraft getreten, wonach gegen Personen unter 14 Jahren Strafen nicht mehr vollstreckt werden dürfen. Nach Entw. § 15 Abs. 2 bleiben die Bestimmungen des Jugendgerichtsgesetzes über die Zurechenbarkeit Jugendlicher aufrechterhalten. Die nachstehenden Vorschriften §§ 1—15 des Jugendgerichtsgesetzes finden ausschließlich auf **Jugendliche** Anwendung. Es schien aber zweckmäßig, sie hier mit zu behandeln. Sie wären richtiger nach § 50 eingefügt.

Jugendgerichtsgesetz.

Vom 16. Februar 1923 (RGBl. I S. 135).

§ 1. Ein Jugendlicher im Sinne dieses Gesetzes ist, wer über vierzehn, aber noch nicht achtzehn Jahre alt ist.

§ 2. Wer eine mit Strafe bedrohte Handlung begeht, ehe er vierzehn Jahre alt geworden ist, ist nicht strafbar.

Entw. § 15.

1. Nach dem JGerGes. ist die Vollendung des 14. Lebensjahres die Grenze, mit der die gesetzliche Präsumtion der Unzurechnungsfähigkeit wegfällt. Maßgebend ist der Geburtstag, nicht die Geburtsstunde. Nach EG.BGB. Art. 4 und BGB. § 187 Abs. 2 aber ist der Beginn des Tages, an dem jemand 14 Jahre alt wird, als Grenze anzunehmen, tatsächlich ist diese somit um einen Bruchteil des Tages vorgerückt gegen die natürliche Abmessung, RGSt. **35** 37. Wenn der Angeklagte die Tat am 6. Juli 1901 morgens 8 Uhr begangen hat, aber erst abends um 9 Uhr des 6. Juli 1889 geboren ist, so wird trotzdem angenommen, daß er schon mit Beginn des 6. Juli 1901 das 14. Lebensjahr vollendet gehabt habe. Fehlt der Tag der Geburt im Kalender (29. Februar) bei Ablauf des 14. Lebensjahrs, so ist der Ablauf mit dem Ende des letzten Monatstages (28. Februar) des in Betracht kommenden Jahres vollendet. Eine fortgesetzte Handlung ist erst vollständig begangen, wenn ihr letzter Akt vollendet ist, es genügt daher, daß dieser letzte Akt nach Vollendung des 14. Lebensjahres liegt. Jedoch ist die vorher liegende Tätigkeit bei der Beurteilung auszuscheiden und zwar nicht nur für die Strafe, denn es hat vorher überhaupt keine Straftat begangen werden können. Auf den Zeitpunkt des Erfolges kommt es nicht an, nur auf den Zeitpunkt der körperlichen Tätigkeit. Frank 168. Bei Unterlassungsdelikten kommt es darauf an, ob die Pflicht zu handeln auch noch nach Vollendung des 14. Lebensjahres bestanden hat. Dasselbe gilt für Dauerdelikte.

2. Es besteht Streit darüber, ob die Vorschrift bedeutet, der Täter, der das 14. Lebensjahr noch nicht vollendet hat, sei im Sinne des StGB. überhaupt **deliktsunfähig**, schuldunfähig, ermangele der strafrechtlichen Zurechnungsfähigkeit, oder er sei lediglich strafrechtlich nicht verfolgbar, es entstehe also nur kein Strafanspruch gegen ihn, das jugendliche Alter bilde lediglich einen **persönlichen Strafausschließungsgrund**; ob er tatsächlich zurechnungsfähig sei oder nicht, müsse in jedem einzelnen Falle noch festgestellt werden. Literatur hierüber bei Meyer-Allfeld S. 148. Die praktischen Folgerungen der einen oder der anderen Meinung machen sich bei der Lehre von der Teilnahme geltend. Auch für die Vortat bei der Hehlerei ist die Frage von Bedeutung, RGSt. **50** 199. Das **RG.** hatte sich schon bei der Rechtsprechung zu dem früheren § 55 des StGB. auf den Standpunkt gestellt, daß ein **persönlicher Strafausschließungsgrund vorliegt.** RGSt. **6** 186, **18** 116, **19** 192, **20** 46, **25** 366, **50** 199, **53** 86, Rspr. **4** 308; 4D 235/13 30.V. 13 und auch für die vorliegende Vorschrift des § 2 JGerGes. daran festgehalten, RGSt. **57** 206, **61** 266. Ebenso Radbruch, Ztralbl. f. Vormundschaftswesen **14** 251 und für früher Olshausen Nr. 5 unter Berufung auf den Wortlaut. — Daß in Wirklichkeit auch ein Kind unter 14 Jahren bereits die genügende geistige Reife haben und voll deliktsfähig sein kann, ist nicht zu bestreiten. Gleichwohl war richtigerweise schon für StGB. § 55 anzunehmen, daß der Gesetzgeber die schwierige Frage der Zurechnungsfähigkeit in diesem jugendlichen Alter hat durch eine **rechtliche Präsumtion** der Unzurechnungsfähigkeit **wegen mangelnder geistiger Reife** ein für allemal entscheiden wollen, v. Bar **2** 62. Mot. zu § 53 Entw. des gegenwärtigen StGB. sagen: „Bis zum 12. Lebensjahr ermangelt der Mensch einer strafrechtlichen Zurechnungsfähigkeit. Der Jugendliche steht also dem Bewußtlosen usw. des § 51 gleich." Auch Binding, Liszt, Merkel, Frank, Finger, Wachenfeld, Gerland 79 u. a. nehmen an, daß der Täter unter 12 Jahren (nach StGB. § 55) für das Strafrecht deliktsunfähig ist und dieses Alter für die Zurechnungsfähigkeit dieselbe Bedeutung hat wie die in § 51 hervorgehobenen Zustände des Geistes, trotz der prozessualen Einkleidung der Vorschrift. Wie im Zivilrecht an eine bestimmte Altersgrenze die Geschäftsfähigkeit geknüpft wird, so im Strafrecht die Deliktsfähigkeit. Der Gesetzgeber verkennt dabei nicht, daß alle solche Grenzen willkürlich sind, er zieht sie aber um der praktischen Vorzüge willen. Würden bloße persönliche Strafausschließungsgründe geschaffen, so müßten wegen der Teilnahme gleichwohl alle die Feststellungen wieder getroffen werden, die der Gesetzgeber eben vermeiden wollte in bewußter Abweichung vom preuß. StGB. § 42. Die Annahme der Unzurechnungsfähigkeit wegen mangelnder Geistesreife, die die volle freie Willensbildung ausschließt, ist auch in der natürlichen Entwicklung des Menschen begründet. Die die Verbindung zwischen Großhirnrinde und Rückenmark herstellenden Pyramidenbahnen (Willkürbahnen) sind beim neugeborenen Menschen noch nicht mit Markscheiden versehen, also noch nicht isoliert und leitungsfähig. Das geschieht erst nach und nach mit Ausbildung der Gehirnrinde, im allgemeinen und wesentlichen nach Schluß des 7. Jahres, vollständig aber erst mit der Geschlechtsreife. Es ist daher durchaus berechtigt, aus praktischen Gründen zu generalisieren und es kann sich nur fragen, welches Alter als Grenze anzunehmen ist. Endlich forderte auch das Verhältnis zu § 56, der die Präsumtion der Zurechnungsfähigkeit fallen läßt, aber die besondere Feststellung ihres Vorliegens verlangt und Freisprechung bei ihrem Fehlen anordnet, daß auch in § 55 die Unzurechnungsähigkeit als **Deliktausschließungsgrund** entscheidend sein sollte. Das ist die in der Theorie herrschende Lehre. Frank 168, Schwartz 2, v. Hippel ZStRW. **32** 111. Durch die gesetzliche Präsumtion der Zurechnungsunfähigkeit bei Kindern nach § 2 JGerGes. ist die Anwendung des StGB. § 51 von vornherein ausgeschlossen. v. Liszt-Schmidt I 329. A. M. Hellwig Komm. z. JGerGes. § 4 Anm. 2 u. 4.

3. Nach Kiesow, Komm. z. JGerGes. (1923) S. 24 ist man auch bei der Abfassung des Jugendgerichtsges. von dieser Ansicht ausgegangen. Man hat dabei Entw. 19 § 129 zum Vorbild genommen der ausdrücklich die Schuld des Kindes verneint. Daß dies der Auffassung des Gesetzgebers von heute überhaupt entspricht, zeigt auch der Entw. § 15: „Als nicht zurechnungsfähig gilt das Kind." Mit Unrecht nimmt RGSt. **57** 208 an, daß das JGerGes. sich an den damals schon überholten § 86 des Vorentwurfs eines StGB. angeschlossen habe.

4. Nach § 4 des JGerGes. wird die Strafbarkeit des Anstifters und Gehilfen, des Begünstigers und Hehlers durch die Vorschriften der §§ 2 u. 3 nicht berührt. Vgl. auch Entw. § 27. Damit hat man eine Beschränkung der akzessorischen Natur der Anstiftung und Beihilfe vorgenommen, insofern deren Abhängigkeit nur noch an das Vorliegen einer objektiv rechtswidrigen und verbotenen Tat, keiner schuldhaft begangenen Tat mehr geknüpft ist.

5. Geht man davon aus, daß der Jugendliche deliktsunfähig ist und daher keine strafbare Handlung vorliegt, so ist die Folge Freisprechung durch Urteil, nicht Einstellung. Dies entspricht auch der Vorschrift in § 56, worin die Freisprechung ausdrücklich angeordnet ist. Dagegen **RG.** von seiner Auffassung aus für **Einstellung,** RGSt. **20** 46, weil zugleich die Zulässigkeit der Strafverfolgung fehlt.

6. Die in § 2 geordnete Strafmündigkeitsgrenze gilt für das **gesamte Reichsrecht,** auch die reichsrechtlichen Nebengesetze. Sofern diese aber schon bisher absichtlich für ihr Gebiet eine von StGB. § 55 abweichende Grenze festsetzen, bewendet es bei dieser Sonderbestimmung. Lex posterior generalis non derogat legi priori speciali, z. B. MStGB. § 50.

7. Auch für das **Landesrecht** muß nunmehr angenommen werden, daß die Altersgrenze von 14 Jahren auch für die sonst ihm vorbehaltenen Gebiete unbedingt gilt und abweichendes vom Landesrecht nicht angeordnet werden kann. So auch Frank S. 169. In § 55 StGB. ermächtigte das Reichsrecht die **Landesgesetzgebung,** Vorschriften über die zur Besserung und Beaufsichtigung geeigneten Maßregeln zu treffen und beschränkte die Durchführung dieser Maßregeln nur insoweit, als es anordnete, daß, soweit die Maßregeln in Unterbringung in einer Familie, Erziehungs- oder Besserungsanstalt bestehen, vorher das Vormundschaftsgericht die Begehung der Handlung, d. h. daß ein strafbarer Tatbestand objektiv verwirklicht worden ist, festgestellt und die Unterbringung für zulässig erklärt haben muß. Dem Strafrichter stand eine solche Anordnung oder Zulässigkeitserklärung nicht zu.

Als Landesgesetze kamen hier in Betracht preuß. Gesetz v. 2. VII. 00 und Ausführungsbestimmungen v. 18. XII. 00; bayr. Gesetz v. 10. V. 02 und AusfBest. v. 28. VI. 02; sächs. Gesetz v. 26. IV. 1873 § 50 und VO. §§ 48, 52; württ. Gesetz v. 29. XII. 1899; bad. Gesetz v. 4. V. 1880; hess. Gesetz v. 11. VI. 1887 und v. 30. IX. 1899. Außerdem kommt BGB. § 1666 zur Anwendung. Diese Vorschriften waren noch bis zum 1. VII. 23 auch für den noch nicht Vierzehnjährigen in Geltung. Von diesem Tage an sind auch sie außer Kraft getreten und durch die Vorschriften des Reichsgesetzes für Jugendwohlfahrt v. 9. VII. 22 (RGBl. I 633) ersetzt worden. EG. z. JugendwohlfGes. Art. 2, 4.

8. Die Deliktsunfähigkeit von Personen unter 14 Jahren ist auch noch in der Revisionsinstanz zu beachten, RGSt. **51** 47, **57** 206. Es gilt für den Tatrichter StGB. § 2 Abs. 2. Auch die Vollstreckung rechtskräftig erkannter Strafen ist für diese Personen ausgeschlossen; §§ 45, 46 JGerGes.

§ 3. Ein Jugendlicher, der eine mit Strafe bedrohte Handlung begeht, ist nicht strafbar, wenn er zur Zeit der Tat nach seiner geistigen oder sittlichen Entwicklung unfähig war, das Ungesetzliche der Tat einzusehen oder seinen Willen dieser Einsicht gemäß zu bestimmen.

1. Während § 2 den Mangel der geistigen und sittlichen Reife, die für die verantwortliche Willensbildung erforderlich ist, bis zum Alter von 14 Jahren von Gesetzes wegen unwiderlegbar präsumiert, läßt das Gesetz diese Präsumtion nach Erreichung dieses Alters durch den Täter fallen. Von Erfüllung des 18. Lebensjahres ab nimmt das Gesetz nunmehr diese geistige Reife an, ohne sie geradezu gesetzlich zu präsumieren. Für die Zwischenzeit vom 14. bis 18. Lebensjahr bedarf es aber der ausdrücklichen Feststellung dieser Reife im Urteil nach Formen der StPO. § 263 Abs. 2, § 267 Abs. 2; RGSt. **3** 198, **21** 134, **23** 351, **29** 98, **33** 166, **41** 392; Rspr. **2** 714, **3** 44; 4 D 1104/11 30. I. 12. Ergibt die geforderte Feststellung, daß die geistige oder sittliche Reife auch bei einem über 14 Jahre alten Jugendlichen noch nicht vorliegt, so wird dieser damit einem Jugendlichen unter 14 Jahren gleichgestellt und ist — wie dieser — freizusprechen. So auch **RG.** trotz gegenteiliger Ansicht, Rspr. **9** 368. Lediglich

die Rechtsfolgen, die sich an seine Tat knüpfen, sind nach § 5 etwas anders geregelt, als nach § 2 für den Unzurechnungsfähigen unter 14 Jahren. Die Frist berechnet sich wie bei § 2.

2. Hieraus folgt, daß ebensowenig wie in § 2 in § 3 die vorliegende Nichtverantwortlichkeit wegen mangelnder geistiger Reife nur ein persönlicher Strafausschließungsgrund ist, sondern einen **Schuldausschließungsgrund** abgibt. Ebenso Frank 170; Kiesow 28. Für StGB. § 56 auch RGSt. **27** 392, **29** 98, **33** 298 und **47** 385. Dagegen nimmt für StGB. § 56 sonst das **RG.** an, entsprechend seiner Auffassung von StGB. § 55, daß nur ein **persönlicher Strafausschließungsgrund** aufgestellt wurde, RGSt. **25** 397, **31** 161, **50** 200, **53** 86, 144, **61** 266; 4 D 1024/18 12. XI. 18; 1 D 1624/21 5. XII. 21, so auch van Calker 33. — Die Verschiedenheit für die Frage bei der Teilnahme ist dieselbe wie bei § 55. RGSt. **27** 392, **36** 112.

3. Voraussetzung für die Strafbarkeit eines Jugendlichen ist die Erlangung sowohl einer genügenden geistigen wie einer genügenden sittlichen Reife. Beides muß zusammenkommen. Fehlt auch nur die Reife in einer dieser Beziehung, so ist der Jugendliche strafrechtlich nicht für zurechnungsfähig anzusehen. Nicht die fehlende Einsichtsfähigkeit an sich, sondern nur diejenige, die auf mangelnder geistiger Reife und einem Mangel in der Willensbildung beruht, kommt in Frage. Begr. zu § 3.

a) Die **geistige Reife** muß ihn befähigen, das Ungesetzliche der Tat einzusehen, das bedeutet die Erreichung eines Unterscheidungsvermögens zwischen gesetzlich erlaubten und gesetzlich verbotenen Handlungen. Die Fähigkeit zur Kenntnis der Strafbarkeit wird nicht erfordert, daher braucht der Jugendliche auch nicht die Fähigkeit zu haben, gewisse Tatumstände als Straferhöhungsmerkmale zu erkennen, RGSt. **25** 320; 4 D 1274/11 23. XI. 12. Ebensowenig braucht der Jugendliche eine Vorstellung davon zu haben, durch welches bestimmte Gesetz seine Handlung verboten wird, es genügt die Fähigkeit, zu erkennen, daß sie überhaupt durch ein Gesetz verboten sei. — In Wahrheit ist mit diesem Erfordernis nichts anderes gesagt, als was schon RGSt. § 56 verlangt, wie dessen Entstehungsgeschichte ergibt. Oertmann GerS. **29** 243, Binding Normen II, 221, Gerland 80. Dagegen verstand die gem. Meinung u. RG., z. B. RGSt. **31** 161, darunter ein darüber hinausgehendes Erfordernis und deshalb erblickt das RG. insoweit in § 3 JGerGes. das härtere Gesetz gegenüber StGB. § 56.

b) Die **sittliche Reife** muß außerdem vorhanden sein. Es ist die auf ethischem Gebiete liegende Fähigkeit, den Willen der verstandesmäßigen Einsicht gemäß zu bestimmen. Das ist etwas anderes als die Verstandesreife unter a. Es wird erfordert die Fähigkeit, die gesetz- und sozialwidrigen Triebe durch Bildung eines Willensentschlusses zu hemmen, und sie nicht zur Ursache des Handelns werden zu lassen, und umgekehrt die Einsicht von den bestehenden Geboten und Verboten zum Motiv einer Willensbildung erheben zu können, die ein gesetzmäßiges Handeln herbeiführte. RGSt. **58** 99, 128. So auch Frank 170. Durch die Aufstellung dieses neuen Erfordernisses für die Strafbarkeit des Jugendlichen wird insoweit § 3 zum milderen Gesetz gegenüber StGB. § 56, 4 D 45/24, 5. III. 24. Richtigerweise wird § 3 schlechthin als das mildere zu betrachten sein. Auch hier ist für die Frage der Zurechnungsfähigkeit i. S. von § 3 nur das Vorliegen der Fähigkeit überhaupt erforderlich. Ob dann im einzelnen Falle, trotz der allgemeinen Fähigkeit nach StGB. § 51 die Zurechnungsfähigkeit vorhanden war, ist eine weiter zu prüfende Frage.

4. Die Voraussetzungen unter 3 müssen einmal **zur Zeit des Tätigwerdens** vorgelegen haben, sodann in bezug auf die **bestimmte verübte Straftat.** RGSt. **47** 385. Das Ungesetzliche gerade dieser Tat hat der Jugendliche erkennen können, gerade zu ihrer Vermeidung muß er die erforderliche Fähigkeit, seinen Willen zu bestimmen, gehabt haben. Das ist keineswegs für alle Delikte in gleichem Maße ohne weiteres der Fall. Deshalb kann auch bei ideellem Zusammentreffen nach StGB. § 73 durchaus die Zurechnungsfähigkeit im obigen Sinne für das eine Delikt bejaht, für das andere verneint werden, womit dann allerdings von selbst die Idealkonkurrenz entfällt, RGSt. **11** 387, **47** 385; 1 D 89/18 29. IV. 18. Frank S. 170.

5. Die Reife nach 3a und b muß festgestellt werden. Das Gesetz verlangt hiernach vom Richter eine eingehende und unter Umständen schwierige Untersuchung, die ihm die positive Überzeugung von dem Vorhandensein der Reife in der doppelten Richtung bringen muß. Die Untersuchung ist in jedem Falle anzustellen, auch dann, wenn der Täter zur Zeit der Tat sich schon der Grenze der Jugendlichkeit genähert hatte. Denn es rechnet mit der Möglichkeit, daß ein Jugendlicher auch bei vorgeschrittenem Alter und genügender Verstandesreife in seiner moralischen Entwicklung so zurückgeblieben sein kann, daß die Hemmungsvorstellungen fehlen oder doch nicht genügend ausgebildet sind, RGSt. **58** 128. Die **Feststellung** der zur Erkenntnis der Strafbarkeit der Tat erforderlichen Einsicht bedarf nicht der Angabe der Tatsachen, auf die sie sich stützt, 4 D 561/16 20. X. 16. Aber die bloße Anführung des § 9 des JGerGes. im Urteil ist an und für sich nicht geeignet, die ausdrückliche Feststellung der Strafbarkeitseinsicht zu ersetzen, 5 D 794/17 15. II. 18. Vielmehr bedarf es im allgemeinen der Feststellung in ausdrücklicher Form RGSt. **3** 198, **31** 161, **33** 166; 3 D 821/12 24. X. 12; 3 D 295/19 26. VII. 1919. Unter Umständen kann sich jedoch aus den übrigen Ausführungen des Urteils und namentlich aus der Strafbemessung ergeben, daß das Gericht die Erkenntnis der Strafbarkeit besonders geprüft und angenommen hat. Die unterbliebene Erwähnung im Urteil ist dann lediglich die Unterlassung der Beurkundung einer tatsächlich erfolgten Feststellung, 3 D 920/19 11. XII. 19. Über das Erfordernis des Hinweises in der Hauptverhandlung RGSt. **33** 166, **53** 187. Erlangt der Richter nicht die Überzeugung, muß er freisprechen, wie bei § 2, § 5 Abs. 3, andernfalls hat er zunächst den Jugendlichen der Tat für schuldig zu erklären. Vgl. im übrigen §§ 5 u. 6.

6. Einen besonderen Fall von Deliktsfähigkeit bildet die Fähigkeit zum Meineid, die notwendig erst mit der Eidesmündigkeit eintritt, RGSt. **4** 32, Binding Hdb. S. 102. v. Liszt-Schmidt I 346; Frank 353; Gerland 278. A. M. Olshausen zu § 153, Allfeld 581 und verein. Straff. RGSt. **36** 278 mit Nachweisen des Schrifttums.

§ 4. Die Strafbarkeit des Anstifters und Gehilfen, des Begünstigers und Hehlers wird durch die Vorschriften der §§ 2, 3 nicht berührt.

Nach der Regel des StGB. wäre Teilnahme, Begünstigung und Hehlerei an den Taten strafunmündiger Jugendlicher nicht möglich. Vgl. hierzu RGSt. **61** 266. Diesen Grundsatz der akzessorischen Natur der Teilnahme durchbricht die Vorschrift. Dies gilt aber nur für den Mangel des Unterscheidungsvermögens, nicht für andere Schuldbefreiungen. Für den Fall der Mittäterschaft gilt sie selbstverständlich nicht, da diese keine Teilnahme an einer fremden Handlung darstellt. Es kommt hier nur Eintäterschaft in Frage. Wenn die Unzurechnungsfähigkeit aus anderen Gründen als den in § 3 genannten, sei es allein, sei es zugleich, anzunehmen ist, so kommt bei Jugendlichen, anders als bei Kindern, auch StGB. § 51 zur Anwendung, z. B. bei Rauschzuständen, hypnotischen Zuständen, Geisteskrankheit usw., Gerland, Festschr. f. Rosenthal (1923) S. 77 u. Lehrb. S. 79; Frank Anm. z. § 4 JGerGes. Etwas einschränkend Mezger 430. In diesem Falle kann dann auch mittelbare Täterschaft, nicht Anstiftung, vorliegen, die sonst nach § 4 anzunehmen ist.

§ 5. Hat ein Jugendlicher eine mit Strafe bedrohte Handlung begangen, so hat das Gericht zu prüfen, ob Erziehungsmaßregeln erforderlich sind.

Hält das Gericht Erziehungsmaßregeln für erforderlich, so hat es entweder selbst die Erziehungsmaßregel anzuordnen oder auszusprechen, daß Erziehungsmaßregeln erforderlich sind, ihre Auswahl und Anordnung aber dem Vormundschaftsgericht überlassen bleibt. Das Vormundschaftsgericht muß alsdann eine Erziehungsmaßregel anordnen. Die Fürsorgeerziehung soll das Gericht nur dann selbst anordnen, wenn in erster Instanz die Zuständigkeit dafür auch außerhalb des Strafverfahrens begründet ist.

Die vorstehenden Bestimmungen finden auch Anwendung, wenn das Gericht den Täter nach § 3 freispricht.

§ 6. Hält das Gericht Erziehungsmaßregeln für ausreichend, so ist von Strafe abzusehen.

1. Die Vorschrift bezieht sich nur auf Jugendliche i. S. von § 2 des JGerGes. Erziehungsmaßnahmen sind keine Strafen. Sie unterfallen nicht dem EGBGB. Art. 23 und dem Haager Abkommen zur Regelung der Vormundschaft über Minderjährige v. 12. VI. 02 (RGBl. S. 240). Deshalb ist ihre Anwendung, wenn der Täter ein Ausländer ist, unbedenklich. So auch Kiesow S. 42. Das „Gericht" ist das erkennende Gericht, d. h. nunmehr das Jugendgericht (§ 17 JGerGes.) oder, wenn der Täter inzwischen volljährig geworden ist, das gewöhnliche ordentliche Gericht.

2. Es sind **folgende Fälle** zu unterscheiden:

A. Der Jugendliche ist der Straftat für **nicht schuldig** erklärt worden:

a) Ist dies geschehen aus Gründen, aus denen auch ein Nichtjugendlicher hätte freigesprochen werden müssen, so kommen die Vorschriften des JGerGes. überhaupt nicht in Betracht.

b) Nur wenn der Freispruch des Jugendlichen erfolgte, weil er die nach § 3 erforderte geistige oder sittliche Reife nicht gehabt hat, ist zu prüfen, ob nach § 5 — an Stelle der unzulässigen Strafe — Erziehungsmaßnahmen erforderlich sind, § 5 Abs. 3.

B. Der Jugendliche ist der Straftat für **schuldig erklärt** worden, es ist also bei ihm die erforderliche geistige und sittliche Reife angenommen worden. Dann hat der Richter zu prüfen:

a) ob an Stelle einer Strafe Erziehungsmaßnahmen für ausreichend anzusehen sind. Bei Bejahung dieser Frage hat er selbstverständlich von Strafe abzusehen und entweder selbst die Erziehungsmaßregeln anzuordnen oder auszusprechen, daß sie erforderlich sind, ihre Anordnung aber kann er dem Vormundschaftsgericht überlassen.

b) Erachtet dagegen das Gericht die Erziehungsmaßnahmen nicht für ausreichend, so hat es nunmehr auf jeden Fall eine Strafe auszusprechen im Rahmen von § 9.

Zugleich hat es aber wieder zu prüfen,

α) ob es bei der Strafe allein bewenden kann, oder

β) ob neben der Strafe noch Erziehungsmaßregeln erforderlich sind. Hierbei ist zu unterscheiden zwischen den Erziehungsmaßnahmen des § 7 Nr. 1 u. 5 und der Fürsorgeerziehung nach Nr. 6. RGSt. **60** 48. Bei Bejahung dieser Frage hat es wie unter Ba zu verfahren.

Das Urteil muß erkennen lassen, ob das Gericht die in §§ 5 u. 6 angeordneten Maßnahmen erwogen hat und zu welchem Entschluß es gekommen ist. Insbesondere muß ersichtlich sein, ob es, wenn es auf Strafe erkannt hat, geprüft hat, ob statt dessen Erziehungsmaßregeln ausreichend gewesen wären, auch ob solche etwa neben der Strafe erforderlich waren. Ein Mangel in dieser Hinsicht führt zur Aufhebung des Urteils in der Revisionsinstanz; 1 D 1019/23 8. II. 24. Die Anordnung der Erziehungsmaßregeln muß im Tenor des Urteils erfolgen.

3. Die vorstehenden Erwägungen hat regelmäßig das **Gericht** vorzunehmen, so daß es der Klageerhebung zur Herbeiführung einer Entscheidung und Anordnung der Maßregeln bedarf. Nur ausnahmsweise kann die Staatsanwaltschaft von der Erhebung der Klage absehen, § 32 des JGerGes.

4. Maßgebend ist auch hier allein, ob der Täter **zur Zeit der Tat** noch Jugendlicher i. S. von § 1 das JGerGes. gewesen ist. Daher kann grundsätzlich auch gegen den eine Erziehungsmaßnahme getroffen werden, der zur Zeit des Urteils über 18 Jahre alt geworden ist. Immerhin ist jedoch besonders zu prüfen, ob für einen solchen Täter Erziehungsmaßnahmen noch von Erfolg sein können. Hat er ein Alter erreicht, bei dem nach dem Jugendwohlfahrtsges. § 72, JGerGes. § 7 (mit Eintritt der Volljährigkeit) oder andern Vorschriften Erziehungsmaßnahmen überhaupt nicht mehr zulässig sind, so entfällt die Anordnung solcher Maßregeln von selbst und es bleibt dann allein die Verurteilung zu Strafe übrig.

5. In der Regel hat das Gericht die Wahl, ob es die Auswahl der Erziehungsmaßregeln selbst treffen oder sie dem Vormundschaftsgericht überlassen will. Für die eigne Wahl der Fürsorgeerziehung indessen ist das Gericht allerdings durch eine bloße Sollvorschrift beschränkt. Diese ist ihm nämlich nur dann freigegeben, wenn das Gericht des Strafverfahrens erster Instanz gerichtsverfassungsmäßig das Amtsgericht ist und das Amtsgericht in seiner Eigenschaft zugleich als Vormundschaftsgericht ebenfalls Fürsorgeerziehung anordnen kann. Jugendwohlfahrtges. § 65; hierzu vgl. aber VO. über Fürsorgepflicht v. 13. II. 24 (RGBl. I 100); Kiesow 47. Das erfordert ein sachliches und örtliches Zusammentreffen, das nicht notwendig vorzuliegen braucht. Denn es kann nach Landesgesetz die Fürsorge anderer Behörden als dem Amtsgericht übertragen worden sein, es kann für das Strafverfahren auch das Gericht des Aufenthaltsorts tätig werden. Kiesow 49.

Überläßt das Gericht dem Vormundschaftsgericht die Auswahl, so hat dieses eine der Erziehungsmaßnahmen anzuordnen. Darin hat es jedoch freies Ermessen, das Gericht kann ihm keine Anweisung darüber erteilen. Die Erziehungsmaßnahme endigt mit dem Eintritt der Volljährigkeit und kann vom Vormundschaftsgericht auch früher aufgehoben werden, wenn ihr Zweck erreicht oder anderweit sichergestellt ist, Jugendwohlfahrtges. § 72. Ist ein solcher Aufhebungsgrund eingetreten, bevor das Vormundschaftsgericht der Anweisung nachkommen konnte, die Erziehungsmaßnahmen anzuordnen, so wird man ausnahmsweise dem Vormundschaftsgericht auch gestatten müssen, der Anweisung des Gerichts in § 5 Abs. 2 des JGerGes. nicht erst nachzukommen. So auch Kiesow S. 50.

6. Der Umstand, daß das erkennende Gericht seinerseits Erziehungsmaßnahmen nicht für erforderlich hält, hat keine Rechtskraftwirkung und hindert den Vormundschaftsrichter nicht, von sich aus gleichwohl solche anzuordnen.

7. Wenn nach § 6 das Gericht von Strafe absieht, so kann die Straftat auch keinen Rückfall begründen und es kann aus ihr kein Bußanspruch geltend gemacht werden.

§ 7. Als Erziehungsmaßregeln sind zulässig:

1. Verwarnung,

2. Überweisung in die Zucht der Erziehungsberechtigten oder der Schule,

3. Auferlegung besonderer Verpflichtungen,

4. Unterbringung,

5. Schutzaufsicht,

6. Fürsorgeerziehung.

Die Reichsregierung kann mit Zustimmung des Reichsrats auch andere Erziehungsmaßregeln für zulässig erklären.

Die Voraussetzungen, die Ausführung und Aufhebung sowie das Erlöschen der Schutzaufsicht und der Fürsorgeerziehung bestimmen sich nach dem Reichsgesetze für Jugendwohlfahrt. Für die anderen Erziehungsmaßregeln bestimmt das Erforderliche die Reichsregierung mit Zustimmung des Reichsrats; sie dürfen auch nach Vollendung des achtzehnten Lebensjahrs bis zum Eintritt der Volljährigkeit ausgeführt werden.

I. Solange die Reichsregierung keine anderen Erziehungsmaßnahmen für zulässig erklärt hat, können nur die unter 1—6 aufgezählten Maßnahmen angeordnet werden.

Die Aufzählung ist erschöpfend. Dies gilt aber nur für das erkennende Strafgericht und den Vormundschaftsrichter insoweit ihm die Auswahl nach § 5 Abs. 2 überlassen ist. Da außerdem, wie früher erwähnt, der Vormundschaftsrichter unabhängig davon und selbständig Erziehungsmaßnahmen anordnen kann, so ist er dabei nicht an die Beschränkung des § 7 gebunden und kann die ihm nach den übrigen einschlagenden Gesetzen zustehenden

Maßnahmen ebenfalls treffen; Jugendwohlfahrtgesetz, landesrechtliche Fürsorgegesetze, BGB.

Die in Abs. 1 zugelassenen Erziehungsmaßnahmen können auch miteinander verbunden werden. Sie sind auch gegen verheiratete Jugendliche zulässig, als welche nur weibliche in Betracht kommen können.

II. Im einzelnen gilt folgendes:

1. **Verwarnung.** In § 9 ist der Verweis des StGB. § 57 in Wegfall gekommen; er war Strafe. Die dafür eingetretene Verwarnung ist keine Strafe, sondern Erziehungsmaßregel. Sie darf erst nach Rechtskraft des Urteils erteilt werden, ob mündlich oder schriftlich steht im Ermessen des ausführenden Richters, § 36 des JGerGes.

2. **Überweisung in die Zucht der Erziehungsberechtigten oder der Schule.** Erziehungsberechtigt ist immer der, dem die Sorge für die Person zusteht, der Vater, die Mutter, der Vormund, der Pfleger. Aber auch nicht auf familienrechtlicher Grundlage ruhende Erziehungsrechte gibt es, wie nach GewO. § 27a der Lehrherr und derjenige, dem durch Vertrag die Erziehung übertragen worden ist. Unter der Schule ist auch die Fortbildungsschule inbegriffen.

3. **Auferlegung besonderer Verpflichtungen.** Hier hat das Gericht das freieste Ermessen walten zu lassen und kann sich ganz den Bedürfnissen des einzelnen Falls und der Eigenartigkeit des Jugendlichen anpassen. Lediglich in den Schranken, die die Verfassung stellt, findet es seine Grenze. So kann es z. B. nicht dem Jugendlichen auferlegen, sich einer bestimmten Religionsgesellschaft anzuschließen oder aus ihr auszutreten. Das gilt aber nicht von der Auflage, in einen Mäßigkeitsverein einzutreten, was Radbruch, Zentralblatt XIV S. 52 bezweifelt wegen RV. Art. 124.

4. **Unterbringung** ist die bloße Entfernung aus der bisherigen Umgebung und Verbringung in eine andere Umgebung, um den verderblichen Einfluß der früheren zu beseitigen. Sie ist noch keine Schutzaufsicht und Fürsorgeerziehung.

5. **Schutzaufsicht** dient der Verhütung der körperlichen, geistigen und sittlichen Verwahrlosung und besteht im Schutz und der Überwachung des Jugendlichen. Im übrigen finden hier die Vorschriften von §§ 56 ff. des Jugendwohlfahrtgesetzes Anwendung, das mit dem 1. IV. 1924 in Kraft getreten ist, EG. z. Jugendwohlfahrtgesetz vom 9. VII. 22 Art. I.

6. **Fürsorgeerziehung** dient der Verhütung oder Beseitigung der Verwahrlosung und wird in einer geeigneten Familie oder Erziehungsanstalt unter öffentlicher Aufsicht und auf öffentliche Kosten durchgeführt, §§ 62 ff. des Jugendwohlfahrtges. Es muß zwischen Erziehungsmaßregeln der Nr. 1—5 und den Fürsorgemaßregeln der Nr. 6 unterschieden werden. Die letzte als die schwerste darf das Gericht nur anordnen, wenn die Voraussetzungen des § 5 Abs. 2 vorliegen, RGSt. **60** 48.

§ 8. Vor dem Urteil kann das Gericht vorläufige Anordnungen über die Erziehung und Unterbringung treffen. Vor der Entscheidung ist das Jugendamt zu hören. Von der Anhörung kann abgesehen werden, wenn sie wegen Gefahr im Verzug untunlich ist; in diesem Falle ist das Jugendamt nachträglich zu hören.

Im Urteil hat sich das Gericht darüber auszusprechen, ob die vorläufige Anordnung wegfallen oder bis zur endgültigen Entscheidung über die Anordnung einer Erziehungsmaßregel bestehen bleiben soll.

Voraussetzung ist, daß überhaupt noch Erziehungsmaßnahmen zulässig sind. Die Entscheidung ergeht durch Beschluß. Angeordnet werden kann jede der in § 7 genannten Maßnahmen. Wenn wegen mangelnder Zuständigkeit des erstinstanzlichen Gerichts nach § 5 Abs. 2 oder wenn bei Überlassung der Auswahl der anzuwendenden Erziehungsmaßnahmen das Urteil noch keine Endentscheidung über die Erziehungsmaßnahme trifft, so hindert nichts, daß die vorläufig angeordnete Maßnahme bis dahin fortbesteht. Deshalb soll sich das Gericht darüber aussprechen, ob es das Fortbestehen bis dahin will oder ob es die Aufhebung verfügen will.

§ 9. Hat ein Jugendlicher eine mit Strafe bedrohte Handlung begangen, so gelten für die Strafbemessung folgende Vorschriften:

Statt auf Todesstrafe oder auf lebenslanges Zuchthaus ist auf Gefängnis von einem bis zu zehn Jahren, statt auf lebenslange Festungshaft ist auf Festungshaft von einem bis zu zehn Jahren zu erkennen.

Sind andere Strafen angedroht, so ist die Strafe zwischen dem gesetzlichen Mindestbetrage der anzuwendenden Strafart und der Hälfte des Höchstbetrags der angedrohten Strafe zu bestimmen. Ist Zuchthausstrafe angedroht, so tritt an ihre Stelle Gefängnisstrafe.

Ist die Tat ein Vergehen oder eine Übertretung, so kann in besonders leichten Fällen von Strafe abgesehen werden.

Auf Verlust der bürgerlichen Ehrenrechte überhaupt oder einzelner bürgerlicher Ehrenrechte, auf Überweisung an die Landespolizeibehörde sowie auf Zulässigkeit von Polizeiaufsicht darf nicht erkannt werden.

1. Während die mangelnde Einsicht des § 3 JGerGes. einen Schuldausschließungsgrund bildet, der die Deliktsfähigkeit aufhebt und bewirkt, daß eine strafbare Handlung nicht vorliegt, bildet bei vorhandener Einsicht das **jugendliche Alter** von 14—18 Jahren einen **Strafmilderungsgrund**, der selbstverständlich **höchstpersönlicher Natur** ist und den Charakter des Delikts an sich nicht berührt. Er ist ein allgemeiner, allen Jugendlichen zukommender Strafmilderungsgrund, kein besonderer im Sinne von StPO. § 267, RGSt. **9** 247, **33** 166, es wird für den Jugendlichen lediglich ein milderer Strafrahmen angeordnet, als für den völlig erwachsenen Täter. Diese Umgestaltung in einen milderen Strafrahmen gemäß den dafür gegebenen Anordnungen des § 9 bezieht sich nicht nur auf die Strafbestimmung des StGB., sondern auch auf die der reichsrechtlichen oder landesrechtlichen Nebengesetze, RGSt. **1** 334. § 9 gibt nur die Vorschriften über die Bemessung der Einzelstrafen, die Bildung der Gesamtstrafe aus den bemessenen Einzelstrafen erfolgt nach § 74, ohne daß die hier bestimmte Höchstgrenze einer Herabsetzung aus dem Grunde der Jugendlichkeit des Täters unterläge, RGSt. **54** 202. Begangen i. S. § 9 des Ges. ist die Handlung erst mit dem letzten Tätigkeitsakt, auch bei fortgesetzten Handlungen. Wenn der Jugendliche die strafbare Betätigung bereits in einem frühen Lebensalter begonnen, aber nach Vollendung des 18. Lebensjahres fortgesetzt hat, findet § 9 keine Anwendung, RGSt. **66** 96.

2. Neben diesem allgemeinen Strafmilderungsgrund und innerhalb des für den jugendlichen Täter geltenden Strafrahmens sind dann alle andern Strafminderungsgründe noch wirksam. So kann namentlich noch die Strafermäßigung wegen mildernder Umstände eintreten. An sich darf natürlich derselbe Umstand nicht zweimal zur Strafminderung führen. Der Umstand, daß der Täter noch nicht 18 Jahre ist, kann also in dieser Allgemeinheit nicht außerdem zur Zubilligung mildernder Umstände neben der in § 9 allgemein angeordneten Strafminderung führen. Wohl aber kann der besondere Umstand der großen Jugend, etwa die eben erst eingetretene Vollendung des 14. Lebensjahres, nochmals als mildernder Umstand benutzt werden, RGSt. **48** 308, bestritten Frank 174.

Da der herabgesetzte Strafrahmen für die Jugendlichen bis zu 18 Jahren den ordentlichen Strafrahmen darstellt, so sind alle weiteren Strafmilderungen, die das Gesetz zufolge allgemeiner mildernder Umstände oder besonderer strafmildernder Umstände, §§ 157, 158, bei einzelnen Straftaten, zuläßt oder wenn es für Versuch und Beihilfe die Strafe im Verhältnis zum ordentlichen Strafrahmen als gemindert bestimmt, nur **innerhalb des zunächst nach § 9 festzustellenden Strafrahmens zu finden,** nicht ist erst die nach §§ 44, 49 geminderte Strafe und dann nochmals die Verminderung nach § 9 vorzunehmen. Anders die gem. Mein. namentlich auch Frank 168, und RGSt. **6** 98, **7** 1; Rspr. **8** 571.

3. Der an Stelle des Strafrahmens für die Vollmündigen tretende **Strafrahmen für die Straftaten der Jugendlichen** unterscheidet sich in folgender Hinsicht von jenem:

a) an Stelle der absoluten Strafe des Todes oder lebenslänglichen Zuchthauses tritt ein relativer Strafrahmen von 1—10 Jahren Gefängnis,

b) an Stelle der absoluten Strafe der lebenslänglichen Festungshaft tritt die relative Strafe von 1—10 Jahren Festung,

c) an Stelle des relativen Strafrahmens im übrigen tritt ein milderer Strafrahmen, dessen Mindeststrafe der Mindestbetrag der angedrohten Strafart (also 1 Jahr Zuchthaus, 1 Tag Gefängnis, 1 oder 3 Mark Geldstrafe, auch wenn im konkreten Strafrahmen etwa 3 Mon. Gefängnis die Mindeststrafe ist), dessen Höchststrafe die Hälfte der angedrohten Höchststrafe desjenigen Strafrahmens ist, der für den voll Strafmündigen in Betracht kommt, wobei an Stelle der Zuchthausstrafe aber stets Gefängnisstrafe von gleicher Dauer tritt. 3 D 968/24 12. III. 25.

Aus dem Wortlaut der Vorschrift, daß die zu erkennende Strafe zwischen der Mindeststrafe und der Hälfte der Höchststrafe liegen muß, ist nicht mit Olshausen und Schwartz zu entnehmen, daß sie erstere immer zu übersteigen, letztere nicht zu erreichen hat. Vielmehr soll nur ein neuer Strafrahmen bestimmt werden dahin, daß bei ihm die Mindeststrafe dieselbe bleibt wie bei dem gewöhnlichen Strafrahmen für Vollmündige, die Höchststrafe aber auf die Hälfte herabgesetzt wird. So auch richtig RGSt. **9** 245. Die geringste Geldstrafe für ein Vergehen beträgt daher ebenfalls 3 Mark. Es wäre eine sonderbare Milderung für die Jugendlichen, wenn die Mindeststrafe für sie höher sein müßte, als für die voll Strafmündigen! Das Gegenteil ist auch nicht in RGSt. **1** 336 und **16** 417 ausgesprochen.

Da die Mindeststrafe sich nach der Mindeststrafe der angedrohten Strafart, nicht nach der tatsächlich angedrohten Höhe der Mindeststrafe des angedrohten Strafrahmens richtet, so kommt diese auch für absolute Strafen, insbesondere auch für solche, die nach einem Vielfachen des Wertes zu bilden sind, in Betracht. Die hiernach zu berechnende absolute Höhe ist dann zur Findung der Höchststrafe stets auf die Hälfte zu ermäßigen, während sich die Mindeststrafe aus der für die Art der angedrohten Strafe zulässigen Mindeststrafe ergibt. Ist sonach nach VZollGes. § 135 der vierfache Betrag der hinterzogenen Abgabe verwirkt, so beträgt der in Betracht kommende gemilderte relative Strafrahmen, der an Stelle der absoluten vierfachen Strafe tritt, in seinem Mindestbetrag 1 Mark, der Höchstbetrag die Hälfte des jeweilig angedrohten Vierfachen des Wertes, RGSt. **1** 334, **16** 418.

d) Die bei Vollmündigen zulässigen Nebenstrafen des Verlustes bürgerlicher Ehrenrechte und die Zulässigkeit von Polizeiaufsicht sind unzulässig. Vgl. auch § 45 JGerGes.

e) Während bei dem relativen Strafrahmen die Frage, ob eine Tat Strafe verdient, vom Gesetzgeber entschieden wird und — im Gegensatz zu den absoluten Strafen — dem Richter nur in der Zumessung eine gewisse Freiheit innerhalb der gefaßten Schranken belassen wird, wird bei Vergehen und Übertretungen unter Umständen auch die Frage, ob zu strafen sei, dem Richter überlassen und ihm die Befugnis gegeben, in besonders leichten Fällen von Strafe abzusehen. Damit ist ihm nicht etwa ein Begnadigungsrecht übertragen. Er hat nicht eine an sich verdiente Strafe im Gnadenwege zu erlassen, sondern spricht aus, daß ein Fall vorliegt, für den überhaupt von vornherein die Strafdrohung nicht bestimmt war, der noch unter dem liegt, für den die zulässige mindeste Strafe vom Gesetzgeber angedroht ist. Es liegt zwar eine Straftat vor, aber sie ist so gering, daß aus kriminalpolitischen Gründen eine Strafe hierfür nicht angängig ist. Nur die Unmöglichkeit für den Gesetzgeber, solche einzelnen Fälle von vornherein begrifflich fest zu bestimmen, veranlaßt ihn, diese Bestimmung an seiner Stelle vom Richter vornehmen zu lassen, Lobe, Gutachten z. 32. Dtsch. Juristentag Bd. 1 S. 132 ff. In der Entscheidung, ob ein solcher besonders leichter Fall vorliegt, für den überhaupt noch jede Strafe zu hart und unbillig wäre, ist der Richter völlig frei. Sieht er von Strafe ab, so hat er gleichwohl den Jugendlichen für schuldig zu sprechen und nur zu erklären, daß er straffrei sei. Es liegt eine verbotswidrige, aber keine strafwürdige

Handlung vor. Der Fall ist verschieden von § 6. Dort liegt eine an sich noch strafwürdige Handlung vor, hier wird nur von Strafe abgesehen, weil an deren Stelle Erziehungsmaßnahmen für ausreichend erachtet werden. Im Falle des § 9, wo nicht einmal eine strafwürdige Handlung vorliegt, also in Wahrheit auch „keine mit Strafe bedrohte Handlung begangen ist", ist dann auch für Erziehungsmaßnahmen nach § 5 kein Raum. A. M. Olshausen Anm. 13. Wo Gefängnis wegen mildernder Umstände an Stelle von Zuchthaus tritt, findet die Vorschrift keine Anwendung, Rechtspr. 8 571.

Für die Vollstreckung der Freiheitsstrafe § 16 JGerGes. Die Strafe des Verweises kennt das Gesetz nicht mehr. Nach § 46 JGerGes. ist der Strafvermerk des Verweises im Strafregister zu tilgen.

Vorbemerkungen.

1. Der Gedanke, dem Verurteilten zu ermöglichen, durch Wohlverhalten nach der Verurteilung die Strafe zu vermeiden, ist zuerst in Amerika verwirklicht worden, dann nach England, Frankreich und Belgien übergegangen. Man spricht hier ungenau von bedingter Verurteilung, vielmehr ist die Strafvollstreckung durch Wohlverhalten bedingt, aber diese bedingte Strafvollstreckung wird nicht von der Vollstreckungsbehörde sondern schon im Urteil verfügt. In Deutschland wurde diese bedingte Strafaussetzung zunächst nur als bedingte Begnadigung betätigt, die der Justizverwaltung oblag, v. Liszt VDA. 3, 1 ff. Seit der neuen Staatsform ist sie von einigen Ländern den Gerichten übertragen worden. Voran ging Bayern, Bek. v. 11. VII. 19, die bedingte Strafaussetzung betreffend (JMBl. S. 339) und Bek. v. 5. IV. 22 (JMBl. S. 67), sodann Preußen Bek. v. 2. VIII. 20, 19. X. 20, 25. V. 21, 15. u. 29. VI. 21, 20. VI. 23 (JMBl. S. 450); Thüringen, Baden, Oldenburg, Hamburg, Bremen, Lübeck folgten.

2. Die Voraussetzung der bedingten Strafaussetzung einer Freiheitsstrafe durch Urteil ist, daß der Täter zur Zeit der Tat jugendlich war. Das Alter zur Zeit des Urteils ist gleichgültig. Demnach kann die Strafaussetzung auch nicht jugendlichen Personen zugute kommen. Vgl. aber § 13 Abs. 1. Die Aussetzung findet statt sowohl bei Taten, die vor dem Inkrafttreten des Gesetzes begangen, als auch bei Taten, die vor dem Inkrafttreten des Gesetzes abgeurteilt worden sind. Nur wenn nach früheren gesetzlichen Bestimmungen in dem Urteil bereits eine Strafaussetzung bewilligt worden war, bewendet es dabei. Kiesow 83.

3. Die Entscheidung ist entweder dem erkennenden Gericht, § 34 JGerGes. oder dem Vollstreckungsgericht übertragen, nicht der Justizverwaltung. Diese hat weder Anweisungen zu geben noch die Entscheidung der Gerichte nachzuprüfen. Die Gerichte sind von Gesetzes wegen zur Strafaussetzung befugt, nicht als Beauftragte der Justizverwaltungsorgane oder der Gnadengewalt. Daher kann auch eine vom Gericht ausgesprochene Strafaussetzung nicht von der Justizverwaltung zurückgenommen werden. Wohl aber kann diese im Gnadenwege nach wie vor eine Aussetzung gewähren, auch wenn das vom Gericht abgelehnt worden ist. Die Entscheidung kann nur in einem Urteil und in einem Strafbefehl, aber nicht in einer polizeil. Strafverfügung erfolgen.

4. Die Frage der Strafaussetzung ist eine Frage der **Strafzumessung**, die dem Tatrichter obliegt. Das Revisionsgericht ist auch im Falle der StPO. § 354 hierzu nicht befugt. Denn auch die Dauer der Aussetzung ist verschieden und Ermessenssache. A. M. Kiesow 87.

§ 10. Das Gericht kann die Vollstreckung einer Freiheitsstrafe im Urteil aussetzen, damit der Verurteilte sich durch gute Führung während einer Probezeit Straferlaß verdienen kann. Dies soll insbesondere dann geschehen, wenn der sofortige Strafvollzug eine Erziehungsmaßregel gefährden würde.

Wird die Vollstreckung der Strafe nicht ausgesetzt, so müssen die Urteilsgründe sich darüber aussprechen, ob die Strafe vollstreckt oder die Entscheidung über die Aussetzung vorbehalten werden soll.

Amtl. Entw. §§ 35 ff.

1. Die Strafaussetzung ist bei jeder Art der Freiheitsstrafe zulässig und bei jeder Dauer, nicht nur bei kurzfristigen, auch bei Ersatzfreiheitsstrafen ist sie zulässig, § 14. Auch das ist nicht Voraussetzung, daß der Jugendliche bisher noch unbestraft war. Aber nach dem Grundgedanken und Zweck der Vorschrift soll eine Aussetzung der Strafe allerdings nur dann stattfinden, wenn erwartet werden kann, daß schon die Tatsache der Verurteilung eine solche Einwirkung auf ihn ausübt, daß er sich von einer neuen Verfehlung abhalten läßt auch ohne die Strafe, zu der er verurteilt wurde, verbüßt zu haben, daß die bloße Aussicht, sie werde sonst vollstreckt werden, dazu hinreicht. Es tritt hier also bei den Jugendlichen der Gedanke der Vergeltung hinter den der Vorbeugung stark zurück. Deshalb muß auch mit der Strafaussetzung ein vorsichtiger Gebrauch gemacht werden, damit die Autorität des Gesetzes nicht Schaden leide und etwa der Glaube aufkomme, das erste Mal dürfe man straflos sündigen. Es ist namentlich auch die Wirkung der Strafaussetzung auf die Allgemeinheit und den Verletzten nicht unberücksichtigt zu lassen.

2. Die Strafaussetzung kann sich auf die ganze Strafe oder nur auf einen Teil von ihr beziehen.

3. Die Aussetzung der Strafe muß im Tenor des Urteils verfügt werden. Die Ablehnung der Aussetzung kann in den Gründen ausgesprochen werden, doch darf das nicht stillschweigend geschehen, sondern muß mit ausdrücklichen Worten erfolgen. Dasselbe gilt, wenn die Entscheidung über die Aussetzung vorbehalten bleibt. Die Vorschrift ist verfahrensrechtlicher Art. Fehlt es an einem ausdrücklichen Ausspruch, so unterliegt das Urteil zur Nachholung derselben auf die Revision der Aufhebung. 1 D 896/24 9. XII. 24. Die Entscheidung muß stets von Amts wegen erfolgen. Eines Antrags auf Aussetzung der Strafe bedarf es nicht.

4. Gegen Entscheidungen, die eine Strafaussetzung betreffen (§§ 10—15), findet, wenn sie für sich allein angefochten werden, die sofortige Beschwerde statt, § 35 Abs. 2 JGerGes. Die Justizverwaltung hat nicht die Befugnis einzugreifen, außer als Gnadeninstanz, RGSt. 58 202.

5. Vgl. weiter § 11.

§ 11. Werden nach Erlaß des Urteils Umstände bekannt, die eine Aussetzung der Vollstreckung der erkannten Freiheitsstrafe angezeigt erscheinen lassen, so kann die Vollstreckung nachträglich ausgesetzt werden. Die Strafaussetzung wird nicht dadurch ausgeschlossen, daß im Urteil die Aussetzung abgelehnt oder mit der Vollstreckung der Strafe bereits begonnen worden ist.

§ 12. Die Probezeit ist mindestens auf zwei und höchstens auf fünf Jahre zu bemessen. Ist sie auf weniger als fünf Jahre bemessen, so kann sie nachträglich bis auf fünf Jahre verlängert werden.

Dem Verurteilten können für die Dauer der Probezeit, und zwar auch über den Eintritt der Volljährigkeit hinaus, besondere Pflichten auferlegt, auch kann er unter Schutzaufsicht gestellt werden. Die Anordnungen können auch nachträglich getroffen oder geändert werden. Für die Ausführung der Schutzaufsicht gelten die Vorschriften des Reichsgesetzes für Jugendwohlfahrt; für die Zeit nach erreichter Volljährigkeit gelten sie entsprechend.

Während der Probezeit ruht die Verjährung der Strafvollstreckung.

Führt sich der Verurteilte während der Probezeit schlecht, so kann die Vollstreckung der Strafe angeordnet werden. Das gleiche gilt, wenn nachträglich Umstände bekannt werden, die, wenn sie bereits zur Zeit der Aussetzung der Strafe bekannt gewesen wären, bei Würdigung des Wesens der Aussetzung zur Versagung dieser Vergünstigung geführt haben würden.

Zu den Ermittlungen über die Führung des Verurteilten während der Probezeit ist das Jugendamt nach Möglichkeit zuzuziehen.

1. Die Vorschrift gilt für alle Fälle der Strafaussetzung, auch im Falle von § 13 Abs. 1 und gleichviel, ob sie das erkennende Gericht oder der Jugendrichter bewilligt hat.

2. Die **Probezeit** muß auf eine bestimmte Frist festgestellt werden, eine Strafaussetzung auf unbestimmte Zeit und bis auf weiteres ist nicht statthaft. Eine Unterbrechung oder ein Ruhen des Laufs der Probezeit ist nicht vorgesehen. Sie beginnt mit der Rechtskraft des Urteils, d. h. mit dem Tage, der demjenigen folgt, an welchem das Urteil rechtskräftig geworden ist. Ausnahmsweise kann sie erst später beginnen, wenn nämlich der Verurteilte in Strafhaft oder Untersuchungshaft war. Dann beginnt sie erst nach Entlassung aus der Haft. Denn die Probezeit hat zur begrifflichen Voraussetzung den Zustand der Freiheit. Die Beendigung der Probezeit berechnet sich nach BGB. § 188, dessen Grundsätze mangels anderer Vorschrift entsprechend anzuwenden sind. Das gilt auch, wenn die Probezeit nachträglich verlängert worden ist. So auch Kiesow S. 96. Der Eintritt der Volljährigkeit führt kein früheres Ende der Probezeit herbei.

3. **Mit der ganzen Probezeit kann verbunden** werden — also auch über den Eintritt der Volljährigkeit hinaus,

a) die **Auferlegung besonderer Pflichten.** Dies entspricht § 7 Nr. 3. Auch hier können dieselben Maßnahmen getroffen werden, wie dort, wo es sich um Erziehungsmaßnahmen handelt. Sollen sie hier auch nur der Durchführung eines guten Verhaltens während der Probezeit dienen, so sind sie doch ihrem Wesen nach von jenen Erziehungsmaßnahmen nicht verschieden. Auch eine Buße oder Verpflichtung Schadenersatz zu leisten, kann auferlegt werden, RGSt. **58** 201.

b) Die **Schutzaufsicht.** Vgl. ebenfalls § 7 Nr. 5. Während aber die Schutzaufsicht als bloße Erziehungsmaßnahme notwendig mit der Volljährigkeit endet, kann sie hier als Maßnahme zur Durchhaltung der Probezeit über jene hinaus fortdauern. Die Folge ist jedoch, daß nunmehr das Jugendamt ausscheidet und die Schutzaufsicht vom Richter und etwaigen Helfern, wie Fürsorgevereinen usw. durchgeführt werden muß. § 36 Abs. 1 JGerGes.

4. Die **Wirkung** einer Probezeit ist, daß die Verjährung der Strafvollstreckung **ruht.** Das Ruhen beginnt mit dem Beginn der Probezeit und dauert bis zu ihrer Beendigung.

5. Ist das **Verhalten des Verurteilten während der Probezeit**

a) gut, so kann das Gericht etwa mit ihr verbundene Maßregeln, wie Auflagen und Schutzaufsicht, mildern oder in Wegfall bringen. Die Probezeit verkürzen kann es jedoch nicht.

b) schlecht, so kann das Gericht

α) die Probezeit gegebenenfalls verlängern. Die Verlängerung darf aber die höchste zulässige Grenze der Probezeit von 5 Jahren nicht überschreiten,

β) gegebenenfalls die unter 3 erwähnten Maßregeln treffen oder verschärfen,

γ) die Strafaussetzung widerrufen, was gleichbedeutend mit der nunmehrigen Strafvollstreckung ist.

Diese Entscheidung ist mit der sofortigen Beschwerde anfechtbar, die unter α und β getroffenen Maßregeln können nicht angefochten werden.

6. Außer dem Fall zu 5 b kann auch dann noch die Strafaussetzung widerrufen und die Strafvollstreckung angeordnet werden, wenn nachträglich Umstände bekannt werden, die von Anfang an der Strafaussetzung im Wege gestanden hätten.

§ 13. Wird der Verurteilte, bevor über seine Bewährung entschieden ist, von neuem zu Strafe verurteilt, so bestimmt das Gericht in dem neuen Urteil, ob die frühere Strafe vollstreckt werden oder ausgesetzt bleiben soll. Die neue Strafe kann auch dann ausgesetzt werden, wenn der Verurteilte, als er die neue Tat beging, nicht mehr jugendlich war.

Lautet das neue Urteil auf Freiheitsstrafe, so darf der Wegfall oder die Fortdauer der früheren Strafaussetzung nur bestimmt werden, wenn die gleiche Entscheidung auch für die neue Strafe ergeht.

Ordnet das Gericht an, daß die frühere Strafe ausgesetzt bleibt, so kann es bestimmen, daß die alte Probezeit nicht vor der neuen abläuft. Es kann auch eine der in § 12 Abs. 2 vorgesehenen Anordnungen treffen oder eine nach dieser Vorschrift getroffene Anordnung ändern.

Hat das Gericht in dem neuen Urteil nicht bestimmt, ob die frühere Strafe vollstreckt werden oder ausgesetzt bleiben soll, so wird darüber nachträglich entschieden; dabei kann die Entscheidung über die Aussetzung der neuen Strafe geändert werden.

Das Gericht kann sich, falls es nicht auf Freiheitsstrafe erkennt, der Entscheidung darüber enthalten, ob die frühere Strafe vollstreckt werden oder ausgesetzt bleiben soll; in diesem Falle gilt § 12 Abs. 4.

Ist die frühere Strafe nicht ausgesetzt worden, so kann die Aussetzung in dem neuen Urteil nachträglich bewilligt (§ 11) werden. Die Abs. 2, 4 gelten entsprechend.

Als Urteil im Sinne vorstehender Bestimmungen gilt auch der Strafbefehl.

1. Das Gesetz geht von dem Grundsatz aus, daß der Verurteilte die ihm gewährte Probezeit auch dann bestehen kann, wenn in diese eine neue Verurteilung zu Strafe fällt. Das leuchtet ohne weiteres ein, wenn sich die neue Verurteilung auf eine vor der ersten Verurteilung begangene Straftat bezieht. Es soll aber auch gelten für den Fall, daß die neue Straftat erst während der Probezeit begangen ist. Ersterenfalls ist eine Gesamtstrafe zu bilden und das allein ergibt die Notwendigkeit für den zweiten Richter, die mit der ersten Strafe in Wegfall gekommene Entscheidung über die Aussetzung nunmehr neu zu erwägen und darüber zu verfügen. Hierauf bezieht sich § 13 nicht. Letzterenfalls wird jedoch ein Umstand eingeführt, der möglicherweise zu einem Widerruf der Bewährungsfrist Anlaß geben kann. An sich hätte hierüber der erste Richter zu befinden. Es erschien aber zweckmäßig, diese Entscheidung dem zweiten Richter mit zu übertragen, da dieser über die Vollstreckung oder Aussetzung der von ihm verhängten Strafe doch entscheiden muß. Der zweite Richter ist jeder, der für die zweite Straftat eine Entscheidung zu treffen hat, es kann, aber braucht nicht derselbe Richter zu sein, der die erste Straftat aburteilte. Da die Probezeit über die Volljährigkeit hinaus ausgedehnt werden kann, kommt sonach auch ein Richter für diese Entscheidung in Betracht, der die Straftat eines Volljährigen abzuurteilen hat.

2. Voraussetzung der Befugnis des zweiten Richters, über die Strafaussetzung des ersten Richters zu entscheiden, ist

a) daß über die Bewährung der ersten Probezeit noch nicht entschieden ist gemäß § 12 Abs. 4 oder § 15,

b) daß das zweite Urteil auf Strafe lautet, nicht auf Freisprechung oder Anordnung von Erziehungsmaßregeln.

  α) Ist die Strafe Geldstrafe, so kann sich das Gericht überhaupt einer Entscheidung darüber enthalten, ob die erste Strafe vollstreckt oder ausgesetzt werden soll (Abs. 5). Tut es das aber nicht, so kann es die Strafaussetzung bestehen lassen, besondere Auflagen oder die Schutzaufsicht anordnen, aber nicht die vom ersten Richter festgesetzte Probezeit verlängern, arg. § 13 Abs. 3, oder endlich die Probezeit widerrufen und Strafvollstreckung anordnen. Diese Entscheidungen sind unanfechtbar.

  β) Ist die Strafe Freiheitsstrafe, so kann das Gericht nicht, wie zu α sich der Entscheidung enthalten, sondern muß über die Fortdauer oder die Aufhebung der Bewährungsfrist, die das erste Gericht gegeben hatte, neu entscheiden.

3. Der **Inhalt** der Entscheidung des zweiten Richters über die Bewährungsfrist des ersten Richters ist folgender:

a) immer muß die Entscheidung über die alte Bewährungsfrist dieselbe sein, wie die über die neu zu treffende Entscheidung hinsichtlich der neuen Straftat. Nur wenn die neue Strafe ausgesetzt wird, darf auch die Aussetzung der alten Strafe bestehen bleiben, nur wenn die neue vollstreckt wird, ist die Vollstreckung der alten Strafe anzuordnen. Diese Vorschrift ist zwingend.

b) Die vom ersten Richter verfügte Probezeit kann dahin geändert werden, daß sie nicht vor der neuen Probezeit abläuft (Abs. 3), die alte Probezeit also bis zum Ablauf der neuen erstrecken. Ist die erste Probezeit 2 Jahre, die zweite Probezeit 3 Jahre und beginnt deren Lauf nach Ablauf des 1. Jahres der ersten Probezeit, so darf der zweite Richter die erste Probezeit auf den Ablauf der zweiten Probezeit, also noch auf 3 Jahre erstrecken, so daß sie mit dieser nunmehr 4 Jahre beträgt, nicht dagegen sind beide Probezeiten 2 + 3 = 5 zusammenzurechnen. Kiesow S. 111. Der Beginn der zweiten Probezeit hängt nicht vom Ablauf der ersten Probezeit ab. Wird vom zweiten Richter keine Bestimmung getroffen, laufen beide Probezeiten nebeneinander her solange sie dauern.

4. Hat der zweite Richter über das Fortbestehen der vom ersten Richter verfügten Probezeit nicht entschieden, sei es weil er nicht durfte oder nicht konnte oder aus Versehen, so ist nach Abs. 4 von ihm nachträglich darüber zu entscheiden, welchen Einfluß die zweite Verurteilung auf die Bewährungsfrist des ersten Richters hat. Beschluß des RGSt. I v. 12. III. 25. Die Frage ist im Schrifttum bestritten. Zuständig zur Nachholung der Entscheidung bzw. der früheren Strafe bleibt der Richter, der das spätere Urteil erlassen hat, TB. 40/25 VII, 238/25 24. VI. 25.

5. Beging der Täter die zweite Straftat zu einer Zeit, da er nicht mehr jugendlich war, so darf der zweite Richter ihm auch keine Bewährungsfrist zubilligen. Dadurch ist auch ausgeschlossen, daß er dem Täter noch nachträglich für die erste Straftat solche erteilt, wozu er andernfalls berechtigt ist, wenn er für die zweite Straftat eine Probezeit bewilligen kann und will.

§ 14. Ist auf Geldstrafe erkannt worden, so ist, sobald die Ersatzfreiheitsstrafe vollstreckt werden kann, darüber zu entscheiden, ob die Vollstreckung der Ersatzfreiheitsstrafe ausgesetzt werden soll. § 11 Satz 2 und die §§ 12 und 13 gelten entsprechend.

1. Unter Ersatzfreiheitsstrafe ist auch die nach § 27 b an erster Stelle verwirkte Freiheitsstrafe zu verstehen, die eintritt, wenn die Ersatzgeldstrafe nicht bezahlt wird.

2. Daß die Vollstreckung der Ersatzfreiheitsstrafe schon begonnen hat, hindert die Zubilligung einer Bewährungsfrist für den Rest nicht. Durch Zahlung der restlichen Geldstrafe kann sich auch der Verurteilte der Bewährungsfrist mit ihren Auflagen usw. entziehen. Die Entscheidung ergeht vom Jugendrichter in der Strafinstanz.

§ 15. Nach Ablauf der Probezeit wird die Strafe erlassen, wenn sich der Verurteilte bewährt hat.

Hat der Verurteilte sich nicht bewährt, so wird die Vollstreckung der Strafe angeordnet.

1. Ist nicht schon vor Ablauf der Probezeit die Strafvollstreckung verhängt worden, so ist nunmehr nach deren Ablauf eine Entscheidung darüber zu fällen, ob sich der Verurteilte während der Probezeit bewährt habe. Keineswegs tritt ein Erlaß der Strafe nach Ablauf der Probezeit von selbst ein. Die Prüfung über die Bewährung während der Probezeit liegt dem Jugendrichter ob. § 34 JGerGes. Seine Entscheidung geht entweder auf Vollstreckung der Strafe oder auf Erlaß der Strafe.

2. Eine **Bewährung** liegt nur dann vor, wenn der Verurteilte gemäß § 10 Abs. 1 „sich durch gute Führung während der Probezeit den Straferlaß verdient hat". Dazu reicht nicht aus, daß er in dieser Zeit nicht wieder straffällig geworden ist. Vor allem

muß er etwaige ihm gemachte Auflagen gewissenhaft erfüllt haben. Aber auch das allein genügt noch nicht, wie andrerseits eine neue Strafe und Nichterfüllung der Auflagen nicht unbedingt gegen eine Bewährung spricht. Vielmehr muß das äußere gesetzmäßige Verhalten erkennen lassen, daß es Ausfluß einer gewandelten inneren Gesinnung, eines gesetzestreuen Willens geworden ist, einer sittlichen Besserung, die auch für die Zukunft ein solches erwarten läßt.

3. Die nach Prüfung des Verhaltens der Verurteilten zu treffende Entscheidung geht

a) auf **Erlaß der Strafe.** Dieser Beschluß hat nicht deklaratorische sondern konstitutive Wirkung. Der Erlaß betrifft lediglich die Strafe und macht keineswegs die Verurteilung wegen der Straftat hinfällig. Diese selbst bleibt bestehen, der Verurteilte bleibt ein Verurteilter und etwaige Rechtsfolgen, die nicht Strafe sind und an die Tatsache der Verurteilung, nicht die der Bestrafung, geknüpft sind, wie z. B. nach StGB. § 31, kommen nicht in Wegfall.

b) auf **Anordnung der Strafvollstreckung.**

§ 16. **Der Strafvollzug gegen einen Jugendlichen ist so zu bewirken, daß seine Erziehung gefördert wird.**

Beim Vollzuge der Freiheitsstrafen werden Jugendliche von erwachsenen Gefangenen vollständig getrennt gehalten.

Freiheitsstrafen von einem Monat oder mehr sollen in besonderen, ausschließlich für Jugendliche bestimmten Anstalten oder Abteilungen von Anstalten vollstreckt werden.

Verbüßt ein Jugendlicher in einer besonderen Anstalt oder in einer besonderen Abteilung einer Anstalt eine Freiheitsstrafe, so kann er mit Genehmigung der Aufsichtsbehörde bis zur Vollendung des einundzwanzigsten Lebensjahrs in der Anstalt oder in der Abteilung verbleiben.

Das Weitere über den Strafvollzug bestimmt die Reichsregierung mit Zustimmung des Reichsrats; dabei ist auf eine Mitwirkung des Jugendamts bei dem Strafvollzuge Bedacht zu nehmen.

1. Nach der Auffassung des Plenums des Reichstags sollte der Vergeltungszweck aus dem Jugendstrafrecht herausgelassen und nur der Erziehungszweck als maßgebend erachtet werden. Die Betonung dieses Zweckes im Gesetz hindert aber nicht von dem wahren Sinn der Strafe, der Vergeltung, auch beim Jugendlichen überhaupt abzusehen. Nur der Vollzug soll so eingerichtet werden, daß auch der Erziehungszweck zur Geltung kommt.

Die nähere Regelung enthalten die von den Ländern vereinbarten Grundsätze v. 7. VI. 23 §§ 196—212.

2. Die Aufgaben des Jugendamts bestimmt § 3 des RGes. für Jugendwohlfahrt v. 9. VII. 22 (RGBl. 1922 S. 633).

§ 58. **Ein Taubstummer, welcher die zur Erkenntnis der Strafbarkeit einer von ihm begangenen Handlung erforderliche Einsicht nicht besaß, ist freizusprechen.**

Entw. 19 § 19.

1. Auch nach vollendetem 18. Lebensjahre kann die geistige Reife fehlen, die erforderlich ist, um den Täter für seine Tat verantwortlich zu machen, d. h. sie auf sein Schuldkonto zu schreiben. Außer den in § 51 hervorgehobenen Fällen der geistigen Störung und Bewußtlosigkeit sowie der mangelnden Entwicklung wegen Jugend, § 3 des JGerGes., greift das Gesetz in § 58 noch einen weiteren Grund der Entwicklungshemmung heraus, den der Taubstummheit. Es bestimmt aber nur, daß für diesen Fall ebenso wie bei den Jugendlichen zwischen 14—18 Jahren ein etwaiger Mangel der erforderlichen Einsicht besonders festzustellen ist und alsdann die Freisprechung er-

folgen muß, RGSt. **23** 351, **53** 347. Die zur Erkenntnis der Strafbarkeit erforderliche Einsicht entspricht der des § 56. Nachdem für den Jugendlichen aber die Erfordernisse der Zurechnungsfähigkeit im Jugendgerichtsgesetz etwas anders festgelegt worden sind, muß dies entsprechend auch für § 58 gelten. Denn nach dem Willen des Gesetzgebers soll der Taubstumme dann wie eine Person unter 14 Jahren angesehen werden, bei der die Unzurechnungsfähigkeit gesetzlich präsumiert wird, sofern dieser Mangel ausdrücklich festgestellt wird. Erblickt bei den Jugendlichen aber das Gesetz diesen Mangel, wenn die geistige und sittliche Reife fehlt, so muß das auch für den Taubstummen festgestellt werden. Vgl. hierzu RGSt. **5** 394, **47** 385. Olshausen Anm. 2 glaubt, daß die Lücke mit § 51 auszufüllen sei, was aber nicht immer möglich ist. Eine entsprechende Vorschrift der Strafmilderung, wie sie § 9 des JGerGes. wegen der Jugend gibt, kennt das Gesetz wegen der Taubstummheit nicht. Auch beim Taubstummen ist die Zurechnungsfähigkeit für den einzelnen Fall in seiner Art festzustellen, RGSt. **23** 351, **53** 347. Daß er gerade die Strafbarkeit erkannte, ist auch bei ihm nicht erforderlich, RGSt. **5** 394, **47** 385. Aber das Verbotensein der Handlung muß auch er erkennen.

2. Da Taubstummheit nur als Entwicklungshemmung in Frage kommt und nur als Ursache für den Mangel geistiger Reife, so kommt nur eine solche Taubstummheit in Betracht, die entweder angeboren ist oder doch so früh eintritt, daß sie als Entwicklungshemmung noch wirken kann. RGSt. **48** 308, **57** 239. Wer nach erlangter voller geistiger Reife, die das Gesetz mit Vollendung des 18. Lebensjahres annimmt, Sprache und Gehör verliert, ist stumm und taub, aber nicht taubstumm im Sinne von § 58. So auch Olshausen Note 1, Oppenhoff-Delius 1, Frank 172; a. M. Schwartz Nr. 1, v. Bar **2** 102.

3. Streit herrscht, ob geistige Störung (§ 51), Jugend (JGerGes. § 3) und Taubstummheit (§ 58) die einzigen für die Zurechenbarkeit in Betracht kommenden Zustände sind, so Olshausen Anm. 3. Das Verbot der Rechtsanalogie steht aber der Ausdehnung nicht entgegen, da diese nicht zur Erweiterung der Strafbefugnis führt. Finger 1 219; Frank 173.

§ 59. Wenn jemand bei Begehung einer strafbaren Handlung das Vorhandensein von Tatumständen nicht kannte, welche zum gesetzlichen Tatbestande gehören oder die Strafbarkeit erhöhen, so sind ihm diese Umstände nicht zuzurechnen.

Bei der Bestrafung fahrlässig begangener Handlungen gilt diese Bestimmung nur insoweit, als die Unkenntnis selbst nicht durch Fahrlässigkeit verschuldet ist.

Entw. § 20. Einführung §§ 19 ff.

1. Über die Bedeutung der Vorschrift und ihren Umfang ist Streit; manche, wie Rüdorff und v. Bar, halten sie für überflüssig. Während die einen unter den „Tatumständen, die zum gesetzlichen Tatbestand gehören", lediglich die äußeren Tatsachen der Erscheinungswelt, die der sinnlichen Wahrnehmung zugänglich sind, verstehen, sonach die objektive Verwirklichung der Deliktsmerkmale darunter bezeichnet finden, Tatumstände also als Tatbestandsmerkmale, wie es das Gesetz erfordert, verstehen, wozu jedenfalls die Begriffsmerkmale nicht gehören, RGSt. **20** 198, begreifen die anderen unter diesen „Umständen" auch die Eigenschaft der konkreten Tatmerkmale als rechtswidriger, wobei dann wieder diese Eigenschaft der „Rechtswidrigkeit" entweder als ein Zustand gefaßt wird, der gegen die Rechtsordnung objektiv verstößt, oder als ein Zustand, der geradezu Geboten und Verboten zuwiderläuft, also schlechtweg mit verbotswidrig (normenwidrig) identifiziert wird (vgl. Einführung). Diejenigen, die die Vorschrift in ersterem Sinne auffassen, dehnen jedoch diese entsprechend aus auf Rechtssätze aus anderen Rechtsgebieten, als denen des Strafgesetzes, d. h. sowohl auf Rechtssätze des Zivil- und öffentlichen Rechts, über Begriffe, die zur Bildung des Tatbestandes vom Strafrecht übernommen worden sind, insoweit also selbst als Umstände, die zum gesetzlichen Tatbestand gehören, anzusehen sind, sowie auf Gebote und Verbote, die nicht unmittelbar in dem konkreten Strafgesetzparagraphen selbst ausgesprochen worden sind. So namentlich das RG. Im übrigen bleibt ihre

Stellungnahme zum Einfluß des sogen. Rechtsirrtums im Gegensatz zu dem in § 59 vermeintlich allein geregelten Tatsachenirrtum zur Unterscheidung zwischen error facti und error juris vorbehalten. Dieser Rechtsirrtum wird, als vom StGB. selbst nicht geregelt, je nach der Auffassung vom strafrechtlichen Schuldbegriff und der Bedeutung des strafrechtlichen Vorsatzes, bald für geeignet erachtet, die strafrechtliche Schuld auszuschließen, bald für einflußlos angesehen.

2. Nach der Entstehungsgeschichte und der Meinung der Gesetzesverfasser will § 59 nur die Unkenntnis von Tatumständen, soweit sie die äußere Erscheinung und Verkörperung von Handlungen, Veränderungen in der Außenwelt betreffen, regeln, und zwar bezieht er sich selbstverständlich nur auf die, die objektiv zur Verwirklichung des „gesetzlichen Tatbestands" dienen, d. h. eines vom Strafgesetz als verboten oder geboten bezeichneten Tatbestands. So in ständiger Rechtsprechung auch RG., z. B. RGSt. **2** 269, **12** 399, **14** 45, **22** 147; Rspr. **1** 705, **4** 380. Daß diese den Tatbestand bildenden Tatumstände an sich wider die Rechtsordnung verstoßen und überdies ihre Verwirklichung durch menschliche Handlungen verboten ist, ist etwas, das außerhalb der Tatumstände selbst liegt, von der Kenntnis und Unkenntnis dieser Eigenschaften der Umstände spricht § 59 überhaupt nicht. Er setzt eine Rechtswidrigkeit und das Verbotensein als selbstverständlich voraus, da eben nur die Tatumstände eines gesetzlichen, d. h. von der Rechtsordnung und ihren Geboten und Verboten geregelten Tatbestands in Frage kommen. Deshalb stellt der Tatbestand des Strafgesetzes auch keinen an sich „wertfreien" Tatbestand auf, wie Beling, Lehre vom Verbrechen S. 110, § **44** ff. will. Dagegen Mezger 176. Der Tatbestand will nicht einen Lebensvorgang ohne Bezug auf rechtliche Wirkung beschreiben, sondern er bezweckt den Inhalt der Norm und der Strafdrohung zu kennzeichnen. Nur als solcher Inhalt interessiert er das Strafgesetz. A. M. Hellmut Feisenberger, Das Unrechtsbewußtsein (1932) S. 10. § 59 behandelt nicht die Unkenntnis von Begriffsmerkmalen, deren Gesamtheit das Strafgesetz bildet, sondern nur von Tatumständen, welche unter eines dieser gesetzlichen Begriffsmerkmale fallen, RGSt. **20** 200. Hiermit hat man sich zunächst abzufinden. v. Hippel, Vergl. Darst. III S. 548; Olshausen Note 1. Vgl. auch M. E. Mayer S. 258; E. Wolf, Strafr. Schuldl. I, 141; Frank S. 179; Liszt-Schmidt S. 254, 259; Mezger S. 331; Ebermayer, JW. S. 366; Kohlrausch, Reform 1910 S. 219. Dagegen Binding, Normen III S. 263/291. Ohne Belang dagegen ist, aus welchen Gründen der Gesetzgeber die Vorschrift derart beschränkt hat. Da diese Gründe nicht Gesetz geworden sind, binden sie nicht. Wenn der Gesetzgeber daher dem sog. Rechtsirrtum, d. h. der Unkenntnis der Rechtswidrigkeit und des Verbotenseins der Tat, keine Entschuldigungskraft beimessen wollte, so hat er diese Meinung jedenfalls in § 59 nicht zum Ausdruck gebracht, Rechtswissenschaft und Rechtsprechung sind hiernach frei und letztere jedenfalls hat diesem Irrtum den Einfluß zu gewähren, der nach der Natur der Strafe einem solchen zukommen muß. In Entw. § 20 ist zwischen Rechts- und Tatsachenirrtum nicht mehr unterschieden.

Zu § 44 des preuß. StGB. erklären die Motive ausdrücklich, daß sie sich jeder Bestimmung über den sog. Rechtsirrtum enthalten wollen, „da die Unwirksamkeit desselben schon gemeinen Rechtens sei", Goltd. Mat. I S. 434. Dem schloß sich § 52 des 1. Entwurfs von 1869 voll an und in § 57 des II. Entwurfs hat die vom Bundesrat einberufene Juristenkommission ebensowenig wie die Kommission des Reichstags eine Änderung darin eintreten lassen wollen. Das ergeben die Motive zu § 57 des Entwurfes: „Der strafrechtliche Grundsatz, daß eine Handlung dem Täter nur insoweit zur Schuld und Strafe anzurechnen sei, als der Wille und die Handlung einander entsprechen, findet in § 57 seine Anerkennung." Es soll also nur der Schuldausschließungsgrund behandelt werden, der darin besteht, daß Wille und Erfolg verschieden sind, die Handlung nicht als Verwirklichung des Willens in vollem Umfange sich darstellt. Und das Mitglied der Reichstagskommission v. Schwarze bezeugte, daß kein Mitglied daran gedacht habe, unter die „Tatumstände" des § 59 auch das Verbotensein der Handlung zu rechnen, s. Kommentar (5. Aufl.) S. 254 Nr. 4. — Diese von der Redaktion jedenfalls gewollte Beschränkung wird auch von Binding, Abh. I S. 442 nicht bestritten, er meint nur, das Gesetz sei schließlich klüger gewesen als die Gesetzgeber und es sei, weil die Kenntnis vom Verbotensein begrifflich zum Vorsatz gehöre, das Verbotensein unter die in § 59 erwähnten „Umstände" zu begreifen.

Hiernach ist **in § 59 keine erschöpfende Vorschrift darüber zu erblicken, was zum Begriff des strafrechtlichen Vorsatzes** gehört. Er spricht überhaupt nicht vom Wollen, sondern nur vom Wissen, wie auch Binding Normen II 809 Anm. 8 bemerkt. § 59 bestimmt nicht, was positiv erforderlich ist für das Vorliegen einer schuldhaften, vorsätzlichen oder fahrlässigen Handlung, sondern lediglich, daß bei Unkenntnis gesetzlicher Tatbestandsmerkmale, die die objektive deliktische Handlung verwirklichen, dem Täter diese verwirklichten aber nicht gekannten Tatbestandsmerkmale nicht zuzurechnen, d. h. nicht **zur Schuld** anzurechnen sind. Was sonst noch zur Anrechnung als Schuld erfordert wird, ob insbesondere hierzu die bloße Kenntnis von der objektiv verwirklichten Tat als solche allein schon genügt, oder außerdem auch die Kenntnis davon erforderlich ist, daß die Tat wider das objektive Recht (rechtswidrig) verstößt und außerdem auch verboten ist, und welcher Art diese Verbote sein müssen, ob Rechtsverbote oder Verbote der Sitte, der Kultur usw., darüber verhält sich § 59 überhaupt nicht. Falsch ist es aber, aus diesem Umstand die Beschränkung des Begriffs des Vorsatzes überhaupt zu schließen, wie das RG. in ständiger Rechtsprechung tut, RGSt. **57** 172, **58** 247, **62** 5, **63** 181, 218, **64** 30. Der Einfluß der Unkenntnis der Pflichtwidrigkeit oder der Rechtswidrigkeit in diesem Sinne gehört in die Lehre von der strafrechtlichen Schuld, vom strafrechtlichen Vorsatz. M. E. Mayer S. 258 ff. Folgerichtig findet daher § 59 nach denen, die die Möglichkeit sog. Formaldelikts annehmen, also mit der Verwirklichung des objektiven Tatbestandes schlechthin sich begnügen, und die Kenntnis von den zum gesetzlichen Tatbestand gehörigen Tatumständen für bedeutungslos halten, überhaupt keine Anwendung, so RGSt. **7** 241, **29** 73. Das gleiche gilt aber nicht für reine Ungehorsamsdelikte, RGSt. **2** 321, **12** 431, **29** 73; Rspr. **7** 722. Immer bildet der Irrtum aus § 59 jedenfalls einen **Schuld-** und **nicht** einen persönlichen **Strafausschließungsgrund.** Daher wird auch die Bestrafung der Teilnehmer dadurch ausgeschlossen. RGSt. **18** 419, **57** 16. Die frühere gegenteilige Auffassung in Rspr. **2** 151 ist in RGSt. **18** 421 ausdrücklich aufgegeben worden. Nur der nach der VO. v. 18. I. 17 zu beachtende Irrtum soll nach der (hier nicht gebilligten) Auffassung des RG. einen persönlichen **Strafausschließungsgrund** bilden. RGSt. **53** 81, **57** 16.

3. Die Vorschrift behandelt nicht eigentlich den Irrtum über die gesetzlichen Tatbestandsmerkmale, insofern dieser nur in einer falschen Vorstellung über die äußeren Tatumstände besteht und zugleich die Beziehung auf eine andere, dieser Wirklichkeit nicht entsprechenden Tatumstände in sich begreift. Diese den Irrtum ausmachende falsche Vorstellung aber kommt überhaupt nicht in Betracht, sie vermag einen deliktischen Tatbestand weder zu verwirklichen noch zu verhindern, sie ist strafrechtlich bedeutungslos. Allein von Belang ist das Wissen oder Nichtwissen der verwirklichten und zum gesetzlichen Tatbestand gehörigen Tatumstände, denn nur bei ihrer Kenntnis ist vorsätzliches Handeln, willentliches Handeln da, und nur dann eine Zurechnung zur Schuld und Verantwortung für diese Verwirklichung denkbar. Darum stellt auch § 59 gar **nicht auf einen etwaigen Irrtum ab,** sondern lediglich auf die **Unkenntnis,** die bloße negative Seite des Nichtwissens, während es das Anders- und Falschwissen, die positive Seite, den Irrtum völlig beiseite läßt. Die Unkenntnis muß bei **Begehung** der Handlung vorliegen, RGSt. **19** 291, **42** 26. Da es sich um die Frage der Zurechnung handelt, kann also unter Begehung der Handlung nur die Verwirklichung des Willens durch eigne Tätigkeit verstanden werden, und dieser Zeitpunkt ist maßgebend. Eine später im Laufe der Verwirklichung oder nach ihrer Vollendung erworbene Kenntnis macht die bis dahin in Unkenntnis vorgenommene Handlung nicht zurechnungsfähig. Ebenso wirkt eine nach Fassung des Entschlusses, aber vor seiner Durchführung erlangte Kenntnis nicht strafbefreiend, da der Wille bei der Verwirklichung nicht mehr in Unkenntnis befangen war.

Unkenntnis von Tatumständen liegt nicht vor, wenn der Täter ihr Vorliegen als möglich annahm und nur ihre Abwesenheit nicht gewiß war. Welchen Einfluß dieses Fürmöglichhalten im übrigen auf den Vorsatz hat und inwieweit dann dolus eventualis möglich, ist Frage der Vorsatzlehre. § 59 bestimmt jedenfalls nicht, daß eine Zurechenbarkeit dadurch ausgeschlossen wird. „Kennen" ist nicht gleichbedeutend mit „wissen"; Waag GerS. **34** 254; Olshausen Anm. 6.

4. Aus dem Gegensatz zu Abs. 2 erhellt, daß Abs. 1 die **vorsätzlichen** strafbaren Handlungen im Auge hat. Ob die Unkenntnis verschuldet (unverzeihlich, fahrlässig) oder unverschuldet (verzeihlich) ist, ist für die Straftaten, die nur bei vorsätzlicher Begehung bestraft werden, gleichgültig. RGSt. **1** 368, **6** 85, Binding, Abh. I S. 445. M. E. Mayer S. 259. Wenn, wie häufig bei Polizeiübertretungen und Zuwiderhandlungen gegen Kriegsnotverordnungen, sowohl vorsätzliche als fahrlässige Übertretung bestraft wird, schließt nach Abs. 1 auch die fahrlässige Unkenntnis die Bestrafung wegen vorsätzlicher Übertretung, nicht aber nach Abs. 2 die Bestrafung wegen fahrlässiger Übertretung aus. Nur wenn die Unkenntnis nicht auf Fahrlässigkeit beruht, ist die Bestrafung überhaupt ausgeschlossen, RGSt. **21** 189, Rspr. **9** 607, **10** 102. Dagegen wird bei denjenigen Straftaten, die bei fahrlässiger Begehung strafbar sind, die Unkenntnis der Tatumstände nur dann berücksichtigt, wenn diese Unkenntnis verzeihlich, nicht durch Fahrlässigkeit verschuldet ist. Über den Begriff der Fahrlässigkeit s. Einführung § 22. Ferner RGSt. **50** 419, **56** 349, **57** 151, 173.

5. § 59 betrifft die „strafbaren Handlungen" im allgemeinen, will also gelten bei Verbrechen, Vergehen und Übertretungen sowohl des StGB. als der Nebengesetze des Reiches und der Länder, RGSt. **21** 259, Rspr. **8** 660.

6. Er findet nicht nur auf den Haupttäter, sondern auf **jeden Täter**, sei er Mittäter, Gehilfe, Anstifter, Anwendung. Binding Grdr. S. 110. Insbesondere auch bei mittelbarer Täterschaft auf den die Tat unmittelbar Verwirklichenden, der als Werkzeug des mittelbaren Täters gebraucht wird.

7. Unter „**gesetzlichem Tatbestand**" versteht man ein abstraktes begriffliches Gebilde — im Gegensatz zum faktischen, konkreten Geschehen —, das diejenigen Merkmale einer Handlung angibt, die sie unter ein Gebot oder Verbot, das mit Strafe bedroht ist, fallen lassen. Einführung § 4. Zuweilen geschieht dies unter Verwendung sog. „komplexer Begriffe", vgl. zu a. Die konkrete Handlung muß dann dem begrifflichen Gebilde, an das die Strafdrohung angeknüpft ist, entsprechen, tatbestandsmäßig sein. Beling, Die Lehre vom Verbrechen 1906; Baumgarten, Aufbau der Verbrechenslehre 1913. Die einzelnen konkreten Vorgänge, Beziehungen und Zustände werden zusammenfassend **Tatumstände** genannt. Wenn § 59 sich schlecht dahin ausdrückt, daß diese zum gesetzlichen Tatbestand gehören, so will es damit nur sagen, daß sie Bestandteile des konkreten Geschehens sind, dessen begriffliche Erfassung eben den gesetzlichen Tatbestand bildet.

a) Solche **Tatumstände** sind zunächst **Tatsachen der äußeren Erscheinungswelt**, die mit den Sinnen wahrgenommen werden, RGSt. **3** 300, **7** 63, und **tatsächliche Verhältnisse und Beziehungen**, zu denen Sachen **zueinander oder zu Menschen stehen** (z. B. die einem Schlüssel gegebene Bestimmung zur ordnungsmäßigen Öffnung). RGSt. **53** 85. Vorliegen eines gegenwärtigen Angriffs, RGSt. **53** 132. Irrige Annahmen über den Gegenstand und Beweissatz, auf die sich die eidliche Versicherung erstreckt, RGSt. **61** 429. Unkenntnis vom Nichtvorhandensein von Tatsachen, die bei ihrem Vorliegen einen deliktischen Tatbestand ausschließen würden, ist gleichbedeutend mit irrtümlicher Annahme des Vorliegens solcher ausschließenden Tatsachen und führt dann ebenfalls zur Zurechnung dieser und Nichtzurechnung des Nichtvorliegens. Irrtum über sog. negative Tatbestandsmerkmale. So E. 19 § 11: „Vorsätzlich handelt nicht, wer irrtümlich einen Tatbestand annimmt, der nach öffentlichem oder bürgerlichem Recht „die Rechtswidrigkeit ausschließen würde". Vermeintliche Notwehr schließt eine Bestrafung wegen vorsätzlicher Verfehlung aus, und zwar sowohl dann, wenn der Täter sich über das Vorliegen eines gegenwärtigen rechtswidrigen Angriffs im Irrtum befand, als auch dann, wenn er infolge eines tatsächlichen Irrtums über das Maß der gebotenen Verteidigung hinaus ging, RGSt. **19** 298, **21** 189, **53** 132, **54** 36, 196, **60** 103 (Irrtum über Voraussetzungen nach § 257), **60** 279, 322, **61** 259, 3 D 820/24 3. XI. 24. OLG. Königsberg HöchstRR. 1928 Nr. 287. Ob diese konkreten Tatumstände dem begrifflichen Gebilde des gesetzlichen Tatbestandes entsprechen oder nicht, kann namentlich dann zweifelhaft sein, wenn der gesetzliche Tatbestand zu seiner Kennzeichnung sich der Komplexbegriffe bedient, wie Unzucht, gewohnheitsmäßige Begehung, Glücksspiel usw. RGSt. **19** 253 verkennt, daß der Begriff „Glücksspiel" kein rechtlicher, sondern ein gesellschaftlicher ist und die Auffassung der Gesellschaft sonach zum Tatbestandsmerkmal gemacht worden ist. Ebenso ist der Begriff der Unzucht ein solcher der Sitte, kein rechtlicher, der Irrtum hierüber also kein Irrtum über das Strafgesetz, wie RGSt. **40** 326, 1 D 1765/20 6. VI. 21 meint. Oft wird aber auch vom Gesetzgeber erst ein Komplexbegriff geschaffen, und dann ist es eine Rechtsfrage, welche den Begriff bildenden Merkmale zu ihm gehören. Die Kenntnis dieser den Begriff bildenden tatsächlichen Merkmale genügt dann, es ist nicht erforderlich, daß sie auch der Täter selbst zu dem vom Gesetzgeber verwendeten Begriff zusammenfaßt, so z. B. bei den Gegenständen des täglichen Bedarfs, RGSt. **52** 264. Ebenso hinsichtlich des Begriffs „falscher Schlüssel" genügt es, wenn der Täter die Tatumstände kennt, die in ihrer Zusammenfassung vom Gesetzgeber unter falschem Schlüssel verstanden werden, auch wenn der Täter diese Tatsachen selbst nicht zu dem Begriff „falsch" verbindet, RGSt. **52** 84. Der Begriff des „Verdorbenseins" im Nahrungsmittelgesetz v. 14. V. 1879 § 10 wird dagegen zu Unrecht als „strafrechtlicher" hingestellt, RGSt. **5** 290, ebenso der der vorgeschriebenen Erlaubnis nach RGes. v. 12. V. 01 § 108 in RGSt. **39** 379, **58** 145. Sofern diese Komplexbegriffe, wie häufig, zugleich Rechtsbegriffe sind, fragt es sich demnach, in welcher Weise der Gesetzgeber sie verwendet hat. Zuweilen geschieht es, um den Rechtsbegriff selbst als Bezeichnung einer rechtlichen Beziehung, einer Berufung auf einen Rechtssatz als Tatbestandsmerkmal einzuführen, vgl. zu b. Häufig aber werden auch Rechtsbegriffe und rechtliche Benennungen nur deshalb im Tatbestand aufgeführt, um dadurch auf kurze und verständliche Weise eine Reihe von tatsächlichen Merkmalen und Zustände zusammenzufassen und lediglich diese den Rechtsbegriff konstituierenden Tatsachen als Bestandteile des Tatbestands einzuführen, nicht aber um zugleich den Rechtsbegriff als rechtlich relevante Beziehung zu verwerten. Ist letzteres die Absicht, bewirkt die Unkenntnis des Rechtsbegriffs nur Unkenntnis des Verbotenseins der Handlung, RGSt. **15** 42. Vgl. Ebermayer LZ. **1918** Sp. 808, v. Hippel ebenda Sp. 1038. Eine solche lediglich abgekürzte Bezugnahme auf Tatsachen, die anderwärts im Recht oder im Sprachgebrauch des Lebens mit einem einheitlichen Begriff bezeichnet werden, nimmt z. B. an bei dem Begriff der Urkunde, RGSt. **25** 69, **39** 370, **40** 203. So hält auch das RG. einen Irrtum über die Eigenschaft als Pflegevater für unbeachtlich, wenn dem Täter die sämtlichen Tatsachen bekannt sind, die das Pflegschaftsverhältnis begründen, RGSt. **58** 62; 3 D 676/15 1. XI. 15. Ein Vormund, der weiß, daß er als Vormund vom Gericht bestellt worden ist, kann sich nicht damit entschuldigen, daß er dessen Verpflichtung auch im Sinne von § 174 nicht gekannt habe und daher kein Vormund im Sinne des StGB. sei, RGSt. **41** 385, **58** 11, wenn man den Rechtsirrtum nicht beachtet, wie es das RG. tut. Bei der Verwendung des Begriffs **Beamter** hat das RG. geschwankt. Während ursprünglich der III. Strafsenat angenommen hatte, daß in den Vorschriften über die Amtsdelikte, z. B. § 354, der Rechtsbegriff als solcher einen Tatumstand bilde, sonach die Unkenntnis von der rechtlichen Eigenschaft als Beamter ein Schuldausschließungsgrund nach § 59 sei, RGSt. **23** 374, und ursprünglich der IV. Strafsenat sich im Urteil v. 22. V. 94, GA. **42** 234, dieser Meinung angeschlossen hatte, haben beide Senate nachmals angenommen, daß nur eine Komplexbezeichnung der tatsächlichen Beziehungen und Zustände vorliege, die als solche eine Person zu Beamte mache, daß es aber zur Zurechnung genüge, wenn der Täter diejenigen Tatsachen gekannt habe, aus denen die rechtl. Folgerung seiner Beamteneigenschaft abzuleiten sei, daß er selbst diese rechtliche Folgerung nicht brauche gezogen zu haben, RGSt. **51** 66, **52** 268, **61** 208; GA. **58** 173, **63** 432, LZ. **1916** Sp. 821 Nr. 12, 4 D 625/18 22. X. 18, 1 D 807/21 9. I. 22. Binding Lehrb. **2** S. 948; Normen III S. 350. Ein solcher Komplexbegriff zur Bezeichnung einer tatsächlichen Beziehung ist auch der Bauleiter nach § 330, RGSt. **57** 205. Ebenso wird die Frage, wer **Vorgesetzter** ist, durch außerhalb des Militärstrafrechts liegende Vorschriften des Militärverwaltungsrechts oder sowohl des Beamten- und Verwaltungsrechts geregelt, ein Irrtum hierüber fällt also unter § 59, 4 D 647/21 22. XI. 21; RMG. **20** 230; 3 D 94/27 27. VI. 27. Im Allgemeinen läßt sich als Standpunkt des RG. feststellen, daß Begriffe und Befugnisse, die das StGB. selbst bestimmt, unter Rechtsirrtum fallen, wenn dagegen solche von anderen Rechtsgebieten gebildet und vom StGB.

aus ihnen nur übernommen sind, dem Tatsachenirrtum nach § 59 unterliegen, RGSt. **54** 162, **59** 408, **60** 362. So auch Olshausen Anm. 2. Diese Grundsätze finden sich u. a. ausgesprochen in RGSt. **57** 235 (Formerfordernisse eines eigenhändigen Testaments); RGSt. **58** 247, **60** 298 (dieselbe Rechtssache); RGSt. **60** 298 (Pflicht in StGB. § 356); **60** 298 (Veranstaltung einer Lotterie); RGSt. **61** 429 (Inhalt der erforderten Eideserklärung); **61** 271 (Angehöriger) RGSt. **65** 55 (behördl. Erlaubnis nach StGB. §285): RGSt. **63** 107 (Anmeldepflicht nach UWGes. § 7); RGSt. **65** 239 (Schenkung).

Ein Irrtum im Motiv ist unerheblich. Wenn die Gegenstände des Rechtsschutzes nicht von gleicher Bedeutung sind, wird der Irrtum dagegen von Bedeutung. Über error in objecto vgl. Einführung und RGSt. **18** 337, **19** 179.

b) Die Tatumstände können auch **rechtliche Beziehungen und Zustände** des Täters oder des angegriffenen Rechtsgutes sein. Dann gehört zur Erfüllung des vom Gesetz aufgestellten Begriffs des deliktischen Tatbestands, daß die konkrete Handlung auch diese rechtlichen Beziehungen und Zustände verwirklicht, und folgeweise muß die Kenntnis des Täters auch diese rechtlichen Beziehungen erfassen. Werden die rechtlichen Beziehungen durch sog. Rechtfertigungsgründe (negative Tatbestandsmerkmale) umgrenzt, die rechtliche Beziehungen enthalten, so betrifft ein Irrtum über diese Grenzen zwischen rechtmäßigem und rechtswidrigem Tun einen Tatumstand wie für a. Hierher gehört z. B. auch das Züchtigungsrecht, RGSt. **61** 194. Die Bestimmung über dessen Umfang liegt durchaus auf außerstrafrechtlichem Gebiet, soweit es vorhanden ist, schließt es die Rechtswidrigkeit aus. Ein Irrtum über den Umfang des Züchtigungsrechts ist daher auch nach der reichsgerichtlichen Auffassung niemals ein „Strafrechtsirrtum". Die Entscheidungen RGSt. **4** 98, **15** 376, **23** 161, **26** 148, **41** 98, **43** 280 sind daher nicht zu billigen. Wenn zum Begriff des gesetzlichen Tatbestands die Wegnahme einer fremden Sache gehört, so muß der Täter die Kenntnis haben, daß sie nicht in seinem Eigentum steht, der Begriff des Eigentums aber ist eine rechtliche Beziehung des Privatrechts, § 242. RGSt. **42** 43. Wenn zum Delikt des Ehebruchs das Bestehen einer rechtlich gültigen Ehe gehört, so muß der Täter wissen, daß eine solche besteht, also die dem Privatrecht angehörigen Rechtssätze darüber kennen. Die Annahme, zur Führung eines Decknamens oder Künstlernamens innerhalb bestimmter Kreise berechtigt zu sein, liegt auf außerstrafrechtlichem Gebiet, 1 D 1790/20 4. VII. 21. Eine solche rechtliche Beziehung wird insbesondere dort als Tatumstand betont, wo eine Handlung ausdrücklich als unbefugt, § 127, als rechtswidrig oder widerrechtlich bezeichnet wird, z. B. §§ 239, 303. Niemals will damit auf den Umstand hingewiesen werden, daß eine Handlung verboten oder geboten im Sinne des StGB. sei. Da das ganze StGB. nur sich mit verbotenen Handlungen befaßt, wird diese Tatsache selbstverständlich nicht erst hervorgehoben. Vielmehr soll gesagt werden, daß gegen einen Rechtssatz abgesehen von der Norm, oder gegen ein subjektives Recht verstoßen wird. Die Hervorhebung beruht auf rein gesetzestechnischen Gründen, geschieht meist der Deutlichkeit halber und um darzutun, daß sein Verbot nicht erst die Rechtswidrigkeit begründen will, sondern nur zum Schutz gegen die Vornahme einer ohnehin rechtswidrigen Verletzung dient, Lobe, LZ. **1916** Sp. 649. Nur zuweilen will der Gesetzgeber zugleich mit dem Verbot auch die Widerrechtlichkeit erst begründen. Hier wird gerade auch die Verwendung von komplexen Rechtsbegriffen bedeutsam. Wenn beim Jagdfrevel jagdbare Tiere vorausgesetzt werden, so muß die nach Partikularrecht sich bestimmende Jagdbarkeit, d. h. die rechtliche Befugnis zum Jagen, gekannt sein, RGSt. **10** 234, **33** 416. Der Begriff „derselben Rechtssache" in § 356 ist ein strafrechtlicher nach RGSt. **58** 247.

Das RG. faßt die ganze Kategorie von Rechtssätzen, die nicht dem Strafrecht angehören, als **außerstrafrechtliche** Rechtssätze, wohin es richtig nicht nur **zivilrechtliche**, sondern auch **öffentlich-rechtliche Vorschriften** rechnet. RGSt. **1** 369, **4** 233, **8** 106, **7** 65, **10** 230, **19** 211, **22** 147, **23** 375, **36** 158, **31** 347, **39** 344, **40** 203, **42** 27, 144, **43** 400, **45** 381, **46** 25, **49** 375, **52** 100, **54** 4, 162, **59** 408, **60** 69, 802, **61** 431; RGSt. in HRR. 1933 Nr. 515; RMG. **13** 97, **20** 183, **21** 22, 69; insbesondere **Verwaltungsanordnungen**, RGSt. **3** 49, **42** 142, 144, **66** 278; Rechtspr. **2** 546, **7** 579, 649, z. B. die Ausführungsvorschriften nach § 2 der VO. über Waffenbesitz v. 13. I. 19 (RGBl. S. 31), RGSt. **54** 5, über die Tragweite eines Ausfuhrverbots RGSt. **49** 323; 1 D 1030/23 22. II. 24; über Umfang einer Erlaubnis, 1 D 1192/27 10. II. 28. Über die in der DevisenVO. auferlegten Pflichten und Beschränkungen, Lion-Hartenstein, Steuer- u. Dev.-Not-Recht S. 556; OLG. Jena, JW. **1933** 478. Zum Teil kommt hier Strafrechtsirrtum, zum Teil außerstrafrechtlicher in Betracht. RGSt. in JW. 1933, 950. Die Unterscheidung ist äußerlich. Sachlich begründet ist sie nicht, denn der Unterschied reicht einerseits nicht aus und wird andererseits vom RG. auf Fälle ausgedehnt, auf die § 59 nicht paßt. W. Rosenberg, Zur Reform des § 59 in ZStRW. **23** 217. E. 19 § 12 und Amtl. Entw. § 13 geben die Unterscheidung bewußt auf. So gibt es gesetzliche Tatbestände, die die Kenntnis vom Verbotensein der Handlung eines anderen verlangen, also die Kenntnis nicht von außerstrafrechtlichen, sondern von strafrechtlichen Rechtssätzen, wie § 259. Ferner Irrtum über Notwehr, RGSt. **53** 132, 3 D 820/24 3. XI. 24. Ein Irrtum über Umfang einer aus der Sonderstellung der Heeresmacht sich ergebenden besonderen Befugnis zu Handlungen und Unterlassungen, die an sich den Tatbestand einer strafbaren Handlung erfüllen, schließt den Vorsatz und bei Entschuldbarkeit auch die Fahrlässigkeit aus. Dagegen stellt sich die irrige Annahme einer in Wirklichkeit nicht bestehenden derartigen Befugnis als Strafrechtsirrtum nach der Meinung des RG. dar; 1 D 300/25 23. X. 25. Irrtum über Befugnis zum Betrieb einer Wechselstube RGSt. **58** **145**. Über Umfang einer Erlaubnis, RGSt. **60** 359, 420. Irrtum über ein die Strafbarkeit ausschließendes Einverständnis, 3 D 601/26 15. XI. 26. Irrtum über Vorliegen der Voraussetzungen nach § 193 schließt Vorsatz aus, 1 D 433/28 8. VI. 28. Irrtum über den Wert einer Hypothek kann außerstrafrechtlicher Irrtum sein, RGSt. **60** 75. Und die Ausdehnung auf die sog. **Blankettstrafgesetze,** wie sie das RG. in ständiger Rechtsprechung festhält, widerspricht dem § 59 und erklärt sich nur aus einer eigenartigen Auffassung über das Wesen des Strafgesetzes, wonach ein Gebot und Verbot, das sich nicht unmittelbar in dem die Strafandrohung enthaltenden Gesetz oder gar Gesetzesparagraphen selbst findet, als ein außerhalb des Strafgesetzes liegendes Gebot oder Verbot angesehen wird, obwohl sich gerade auf seine Übertretung die Strafdrohung bezieht. RGSt. **20** 237, **28** 418, **36** 362, **45** 381, **47** 189, **57** 15. Auch § 26 Abs. 1 Nr. 1 des Weingesetzes ist ein solches Blankettgesetz, 1 D 46/24 29. IV. 24. Dagegen RGSt. **52** 100, 328, und neuerdings in Widerspruch mit der ständigen Rechtsprechung 2 D 427/28 11. VI. 28. Auch RGSt. **60** 425 bedenklich, wonach die Norm des Postges. zum unauslösbaren Bestandteil des „Strafgesetzes" geworden sei. Ebenso schon RGSt. **37** 389.— Die in § 367 Nr. 3 erwähnte polizeiliche Erlaubnis wird als außerstrafrechtlicher Irrtum nach § 59 behandelt von RGSt. **66** 252. Zuweilen wird angenommen, daß dann, wenn das Blankettstrafgesetz durch verwaltungsrechtliche Vorschriften desselben Gesetzes ausgefüllt wird, diese einen Teil des Strafgesetzes selbst bilden und sonach bloßer Rechtsirrtum vorliegt, so z. B. Bayr. OberstLG. in DRZ. **1926** 758, OLG. Dresden in HöchstRR. **1925** 285, **1926** 350; OLG. Rostock HöchstRR. Nr. 1948. Das lehrt, wohin man mit dieser formalistischen Auffassung kommt. Auch bei der Unkenntnis über Gebote und Verbote, die zur Ausfüllung eines Blankettstrafgesetzes dienen, handelt es sich daher nicht um Unkenntnis von Tatumständen des gesetzlichen Tatbestandes, dessen Begriff eben vom Gebot und Verbot gebildet wird, sondern um echte Unkenntnis vom Verbotensein der Handlung, also eine Unkenntnis, über deren Einfluß auf die Zurechenbarkeit der Handlung § 59 gerade keine Bestimmung treffen will. Vgl. hierzu insbesondere Lobe, Rechtsirrtum LZ. **1916** Sp. 650 ff. Wenn das RG. trotz der falschen Begründung in diesen Fällen zu praktisch richtigen Ergebnissen gelangt, so liegt dies darin, daß nicht seine Theorie über die Bedeutung des außerstrafrechtlichen Irrtums und deren Anwendung auf die Blankettstrafgesetze richtig ist, sondern ein Abgehen von der Auffassung der Unbeachtlichkeit der Unkenntnis vom Verbotensein der Handlung vorliegt. Mit Unrecht hält in diesen Fällen das RG. derartige rechtliche Beziehungen nicht für Tatumstände, so die rechtmäßige Ausübung der Amtsgewalt nach § 110, RGSt. **12** 7, dagegen richtig RGSt. **10** 296, vgl. Rosenberg, ZStRW. **23** 224 das Erfordernis der Genehmigung nach Gesetz v. 9. VII. 1884 § 9, Rspr. **7** 650. Im Gegensatz zur Rechtsprechung des RG. hält OLG. Dresden die auf Grund des Viehseuchengesetz. v. 26. VI. 1909 erlassenen allgemeinen Anordnungen (Ausführungsbestimmungen) für Bestandteile des Strafgesetzes selbst und versagt deshalb die Anwendung von § 59, SächsArch. 1 (1921) S. 214.

8. Soweit die Tatumstände zum gesetzlichen Tatbestand gehören, sind sie zur Verwirklichung des Delikts erforderlich. Werden sie dem Täter bei Unkenntnis nicht zugerechnet, so folgt daraus, daß ihm die Verwirklichung des ganzen Delikts, dessen Bestandteil sie sind, nicht zugerechnet wird, also eine Verurteilung nicht erfolgen kann. Das schließt nicht aus, daß die Tatumstände, von denen der Täter Kenntnis hat, für sich allein ausreichen, einen vollständigen anderen gesetzlichen Tatbestand zu bilden, gegen dessen Zurechnung nunmehr ein Hindernis nicht mehr besteht. Wer nicht weiß, daß die fremde Sache noch in des Andern Besitz ist, begeht keinen Diebstahl nach § 242, kann aber der Unterschlagung nach § 246 schuldig sein. Auch die Bezugnahme auf Handelsbücher im Prozeß und das dadurch eingetretene Verhältnis nach ZPO. § 423 ist ein solches, dessen Unkenntnis den Vorsatz nach § 59 ausschließt, RGSt. **52** 92. Irrtum über die Steuerpflicht schließt den Vorsatz aus, 2 D 30/27 31. III. 27; 1 D 859/26 15. III. 27.

9. Tatumstände, die die **Strafbarkeit** erhöhen, werden von denen, die zum gesetzlichen Tatbestand gehören, geschieden. Da es sich um die Frage der Zurechenbarkeit zur Schuld handelt, so scheiden die Umstände, die ohne Rücksicht auf den Willen lediglich um des Erfolges willen eine Strafschärfung bringen, ohne weiteres aus, so § 224, abgesehen davon, daß dessen Kenntnis bei Begehung der Handlung ohnehin unmöglich ist. Auch wenn der Täter daher diesen Eintritt nicht für möglich hält, wird der eingetretene Erfolg ihm doch bei Bemessung der Strafe zugerechnet, RGSt. **5** 29, Rspr. **5** 403, **9** 348. Ebenso dem Teilnehmer an der Tat. Im übrigen sind Tatumstände nicht nur solche, die den Tatbestand eines einfachen Grunddelikts, sondern auch solche, die den Tatbestand eines qualifizierten Delikts bedingen. Wenn der Totschläger nicht weiß, daß sein Opfer ein „Verwandter aufsteigender Linie“ im Sinne von § 215 ist, bleibt immer noch das Verbrechen des Totschlags nach § 212 übrig. Wenn eine Ehefrau ihr vor der Ehe empfangenes Kind um deswillen für unehelich hält und es tötet, ist ihre Tat nach § 217 zu beurteilen. Es wird nur Kenntnis dieser Umstände erfordert, nicht auch ihrer Wirkung als straferhöhend, RGSt. **54** 196. Dagegen sind Umstände, die rein persönlicher Natur sind, nicht der Tat als solcher zukommen und daher nicht zur gesetzlichen Tatbestandsbildung verwendet werden, keine solchen, auf deren Kenntnis oder Unkenntnis etwas ankommt, wie z. B. der Rückfall; a. M. Binding Grdr. 109, Olshausen Anm. 4 und RGSt. **54** 276. Gleichfalls gehören nicht hierher die tatsächlichen oder rechtlichen Voraussetzungen der Verfolgbarkeit, die prozessualer Natur sind, wie Gegenseitigkeit, Antrag, Verjährung, RGSt. **4** 346, 3 D 89/18 22. IV. 18 in Arch. f. Str. **67** 442.

10. Fehlt es wegen Unkenntnis des Tatumstands beim Täter an der Zurechenbarkeit, so liegt überhaupt keine strafbare Handlung vor und es ist dann auch eine **Teilnahme** an ihr **ausgeschlossen,** RGSt. **18** 419, **53** 81. Das Gericht, das über das Vorliegen einer Teilnahmehandlung zu urteilen hat, hat selbständig zu prüfen, ob eine Haupttat, an der teilgenommen werden kann, vorliegt, selbst dann noch, wenn über diese bereits ein rechtskräftiges Urteil ergangen ist. Diese Prüfung muß sich insbesondere auch darauf erstrecken, ob ein die Schuld oder ein nur die Strafbarkeit (nach der Ansicht des RG.) ausschließender Irrtum beim Haupttäter gegeben ist. Die Annahme, Ärzte, die abtreiben, tun nichts Strafbares, macht die eigene Teilnahme der Schwangeren daran noch nicht straflos. Diese Annahme enthält einen bloßen Rechtsirrtum, 1 D 928/22 19. XII. 22.

11. Tatumstände, die die **Strafbarkeit ausschließen und vermindern,** sind dem Täter immer zuzurechnen, auch wenn er sie nicht kennt. Sein Irrtum hierüber vermag sie nicht zu schaffen und begründet nur die Begehung eines Putativdelikts. Vgl. Binding Normen III, S. 403 ff. über „umgekehrten Irrtum“. § 257 Abs. 2 hat nur die Bedeutung eines persönlichen Strafausschließungsgrunds, dessen Grundlage das Bestehen eines Angehörigenverhältnisses nach § 52 Abs. 2 bildete. Es kommt nur darauf an, ob dieses tatsächlich besteht, nicht, ob der Täter es irrig annahm. § 59 findet also nach RG. kaum Anwendung, RGSt. **61** 270. Diese Auffassung ist jedoch nicht zu billigen.

12. Ebensowenig wie das Verbot oder Gebot ein Tatumstand des vom Verbot oder Gebot erst geschaffenen Begriffs des gesetzlichen Tatbestands selbst ist, ebensowenig ist auch die der Verbotsübertretung beigefügte Strafandrohung ein Tatumstand, dessen

Unkenntnis nach § 59 die Zurechnung zur Schuld ausschließt, RGSt. **2** 269, **54** 161. RGSt. in HRR. 1933 Nr. 545.

13. Die Vorschrift des § 59 gilt für alle Straftaten, auch für Übertretungen, RGSt. **2** 321, **29** 74, **38** 104, **44** 311. Insbesondere gibt es keine sog. „Formaldelikte", nach denen es genügen soll, daß lediglich der objektive — vom Gesetz als widerrechtlich und verboten bezeichnete — Tatbestand verwirklicht worden ist, „es aber nicht darauf ankommt, ob der Täter die Kenntnis von den zum gesetzlichen Tatbestand gehörigen Umständen gehabt hat". So leider RGSt. **7** 240, **21** 259, **22** 281, **29** 74, **43** 70. Dagegen Binding Normen II, S. 1183. Harburger in Hirths Annalen des Deutschen Reichs **1911** S. 473 ff.

14. Das Vorliegen der Unkenntnis ist zwar von Amts wegen zu berücksichtigen. Es bedarf aber, wenn der Angeklagte sich nicht darauf beruft, hierüber nur nach besonderer Lage einer ausdrücklichen Ausführung im Urteil, RGSt. **52** 261.

15. Durch RAgbO. § 358 sollte im Reichssteuerstrafrecht dem Irrtum noch über die Grenzen des § 59 hinaus durch Anerkennung des Strafrechtsirrtums als eines persönlichen Strafausschließungsgrundes zugunsten des Steuerpflichtigen Geltung verschafft werden, RGSt. **56** 409. Keinesfalls sollte dadurch das Anwendungsgebiet aus § 59 im Reichssteuerstrafrecht eingeschränkt werden. Die Anwendung von RAbgO. § 358 kommt daher erst dann in Frage, wenn im Einzelfalle nicht schon StGB. § 59 anzuwenden ist, RGSt. **61** 238, 263. § 59 gilt auch für Ordnungsstrafen nach § 37 RAbgO., RGSt. **61** 88.

§ 60. Eine erlittene Untersuchungshaft kann bei Fällung des Urteils auf die erkannte Strafe ganz oder teilweise angerechnet werden.

1. Voraussetzung ist die Erledigung der Strafbemessung an sich. Die erkannte Strafe muß feststehen, ehe an die Frage herangetreten werden kann, ob und inwieweit aus Billigkeitsrücksichten einer Untersuchungshaft die Bedeutung einer Strafvollstreckung beigelegt werden kann. Die Untersuchungshaft ist keine — vorweggenommene — Strafe, RGSt. **29** 75, es wird vielmehr nur aus Billigkeitsgründen dem Richter die **Ermächtigung** beigelegt, ihr unter Umständen die Wirkung der Strafvollstreckung bei der Urteilsfällung beizulegen, sie als bereits vollzogene Strafe zu betrachten. Nach Beling JW. **1925** 59 soll sie ein strafähnliches Übel sein. Rechnet der Richter die Haft an, so wird sie dann einer vollzogenen Strafe gleichgeachtet und hat in jeder Beziehung die Wirkung einer Strafverbüßung, RGSt. **4** 230, **13** 18, **14** 421, **38** 182, auch für Rückfallannahme nach § 244, RGSt. **52** 191. Ebenso steht im Ermessen des Richters, ob er die erlittene Untersuchungshaft ganz oder teilweise in Anrechnung bringen will. Nur ist die Untersuchungshaft als Haft zu bewerten. Außer auf Freiheitsstrafe kann sie auch auf Geldstrafe angerechnet werden. Um eine Geldstrafe im vollen Umfange für verbüßt erklären zu können, bedarf es nicht der Festsetzung einer Ersatzfreiheitsstrafe für den Fall der Nichtbeitreibbarkeit, RGSt. **11** 272. Selbstverständlich liegt im Begriff der Anrechnung aber, daß eine längere Freiheitsstrafe nicht durch eine kürzere Untersuchungshaft als verbüßt erachtet werden kann. RGSt. **54** 26, **59** 412. Ein etwa dahingehender unrichtiger Ausspruch des Urteils ist ohne weiteres auf die wirkliche Dauer der Untersuchungshaft zu beschränken. Immerhin fällt die Anrechnung der Untersuchungshaft nicht mehr unter die Bemessung der Strafe, daher gilt auch § 19 hierfür nicht und Abs. 2 ist nicht auf Untersuchungshaft auszudehnen. Es ist zulässig, die ganze Untersuchungshaft anzurechnen, obwohl diese nicht gerade volle Tage beträgt. Der verbleibende noch zu verbüßende Strafrest braucht dann nicht noch die Mindeststrafe zu betragen, RGSt. **41** 318.

2. Dagegen **muß** nach StPO. § 450 von den dort bezeichneten Zeitpunkten ab die erlittene Untersuchungshaft unverkürzt von der Strafvollstreckungsbehörde angerechnet werden; ebenso nach § 7 eine im Ausland vollzogene Strafe und die Disziplinarstrafe der Seemannsordn. v. 2. VI. 1902, § 110.

3. Die Anrechnung muß vom Ende der ohne die Anrechnung zu verrechnenden Strafzeit **zurückgerechnet** werden, StRZ. **1916** 497. Maßgebend ist der Antritt der Strafzeit, nicht der Untersuchungshaft. Die Untersuchungshaft kann ihrer Natur nach nur wegen einer Straftat verhängt worden sein, die der Verurteilung wegen dieser Tat vorausgegangen ist, RGSt. **58** 95.

4. Voraussetzung ist **Kommensurabilität** der Strafen. Wie Todesstrafe, lebenslängliche Freiheitsstrafe nicht anrechenbar sind, so auch nicht die Nebenstrafen der Einziehung, noch weniger die Nebenfolgen der Buße, Zwangsmaßregeln, da für diese keine Umwandlung in Freiheitsstrafe stattfindet. Die Anwendung des § 60 auf **Geldstrafe** setzt notwendig eine Prüfung des Verhältnisses des Strafübels der Geldstrafe zu dem Übel der Untersuchungshaft voraus. Wenn auch die Anrechnung der Untersuchungshaft auf die Geldstrafe als solche und nicht auf die Ersatzfreiheitsstrafe zu geschehen hat, so erstreckt sich doch die Erklärung, daß die Geldstrafe als durch die Untersuchungshaft beglichen angesehen werde, im Grunde auf die andernfalls nach dem Gesetz möglicherweise eintretende Ersatzstrafe, RGSt. **54** 24, 125; 1 D 1109/20 21. III. 1921 in Ztschr. f. Rechtspfl. i. Bayern 1921 S. 214. Vermögensnachteile, die ein Angeklagter durch Entwertung einer zur Abwendung der Untersuchungshaft geleisteten Sicherheit erlitten hat, können nicht auf eine gegen ihn erkannte Geldstrafe angerechnet werden. 3 D 809/24 30. X. 24 JW. **1925** 59[6], Olshausen Anm. 11, Frank S. 199.

5. Jede Freiheitsentziehung durch eine Amtsperson zur Sicherung der Strafverfolgung (nicht durch Privatperson) ist Untersuchungshaft im Sinne von § 60; der Begriff ist nicht im technischen Sinne der StPO. gebraucht, da diese bei Erlaß des StGB. noch nicht in Geltung war, auch Polizeihaft nach StPO. § 127, auch Sicherungshaft zwecks Auslieferung nach oder aus dem Ausland, RGSt. **38** 182. Die Anrechnung einer militärischen Sicherheitshaft und einer in rein polizeilichem Interesse erfolgten Sicherheitshaft ist unzulässig. Von diesem Grundsatz machte § 12 des Gesetzes v. 4. XII. 1916 betr. die Verhaftung und Aufenthaltsbeschränkung auf Grund des Kriegszustandes eine Ausnahme. A. M. Olshausen Anm 1. Dieses Gesetz bezog sich aber nur auf Deutsche, nicht auf Ausländer, KG. im Recht **1917** S. 537. Die Verwahrung und Festnahme aus rein polizeilichem Interesse gehört ebenfalls nicht hierher, RGSt. **38** 182. Ebensowenig die Sicherheitshaft, die aus politischen Gründen aus Anlaß der nationalsozialistischen Revolution von deren Machthabern oder Funktionären verhängt worden ist. Vollends nicht die Unterbringung in einer Irrenanstalt nach StPO. § 80.

6. Wenn Angeklagter während der Untersuchungshaft mit Ermächtigung des Richters Strafhaft verbüßt, kommt selbstverständlich die Strafzeit nicht in Anrechnung, Rspr. **2** 380.

7. Betrifft die Untersuchung, zu deren Sicherung die Untersuchungshaft verhängt wurde, nur eine Straftat, so bringt die Anrechnung keine Schwierigkeiten. Es ist selbstverständlich, daß die vor oder nach dieser Untersuchungshaft in einem anderen selbständigen Untersuchungsverfahren wegen einer anderen Straftat erlittene anderweite Untersuchungshaft nicht in Anrechnung kommen kann. Werden dagegen wegen derselben Straftat zwei verschiedene Untersuchungsverfahren nacheinander abgesetzt, etwa weil das erste Verfahren zunächst eingestellt, dann aber wieder aufgenommen worden ist, so diente die Untersuchungshaft doch nur der Sicherung der einen Strafverfolgung, der Durchführung des einen staatlichen Strafrechts, es liegt nur eine Untersuchungssache vor, daher ist die im ersten eingestellten Verfahren erlittene Untersuchungshaft anrechenbar, auch wenn dieses nicht zur Straferkennung geführt hat. A. M. Olshausen Anm. 2; Frank 199.

Es können aber auch mehrere Straftaten und mehrere aus ihr erwachsene staatliche Strafansprüche in einem Untersuchungsverfahren verfolgt werden, gleichviel ob die Straftaten durch eine Handlung (§ 73) oder durch mehrere selbständiger Handlungen (§ 74) verübt worden sind. Wird dann zur Sicherung der Strafverfolgung auch nur einer der ideell oder real konkurrierenden Delikte die Untersuchungshaft verhängt, so kann diese bei Fällung des Urteils auf die erkannte Strafe angerechnet werden, und zwar nicht nur dann, wenn eine Handlung angenommen wird und daher nur eine Einheitsstrafe verhängt, sondern auch dann, wenn mehrere Handlungen angenommen, aber eine Gesamtstrafe erkannt wird. Die Anrechnung hat stets nur auf die **Gesamtstrafe** zu erfolgen, nicht etwa auf die erkannten Einzelstrafen (wie Olshausen für möglich hält), weil nur die Gesamtstrafe verbüßt und vollstreckt wird, nicht die Einzelstrafen, der

Untersuchungshaft aber die Wirkung einer Strafvollstreckung beigelegt wird, welche Wirkung sich nur auf die Gesamtstrafe beziehen kann. RGSt. **52** 191, **66** 352. Ohne Belang ist es hierbei, wenn wegen des realkonkurrierenden Delikts, wegen dessen Verfolgung allein die Untersuchungshaft verhängt wurde, bereits vorher die Einstellung oder später Freisprechung erfolgte. Diese Untersuchungshaft kann gleichwohl auf die Strafe der übrigbleibenden Delikte angerechnet werden, da diese mit jenem zusammen zu einer Untersuchung vereinigt waren, RGSt. **3** 264; Rspr. **3** 126, **4** 850. 1 D 882/24 30. I. 25, das aber die Möglichkeit anzuerkennen scheint, daß der Richter die anzurechnende Untersuchungshaft auf die mehreren Einzelstrafen, aus denen die Gesamtstrafe gebildet ist, verteilen kann. Dem ist jedoch nicht beizutreten. 1 D 5760/04 26. VI. 02 GA. **52** 398. Ist das Urteil mit der Gesamtstrafe aufgehoben, so ist damit ohne weiteres und ohne daß es eines besonderen Ausspruchs bedürfte, auch die Anrechnung der Untersuchungshaft aufgehoben und es ist im neuen Verfahren wiederum darüber zu befinden, RGSt. **66** 353. Ist die Bildung einer Gesamtstrafe nach StGB. § 79 erfolgt, so liegt nicht ein Untersuchungsverfahren vor und die Anrechnung der Untersuchungshaft des einen auf das andere ist ausgeschlossen, RGSt. **31** 244, **41** 318. Nach RGSt. **30** 185, dem sich Olshausen anschließt, sind Gegenstand der nämlichen Untersuchung zwei Delikte nur dann, wenn schon zur Zeit der Verhängung der Untersuchungshaft die eingeleitete Untersuchung beide Delikte umfaßte. Diese Beschränkung ist jedoch zu eng, die Untersuchung kann auch nachträglich auf ein anderes noch erstreckt worden sein und nunmehr wird sie gemeinschaftlich wegen beider Delikte fortgeführt. Nur darf die erste Untersuchung noch nicht beendet gewesen sein und die zweite muß sich als neue und selbständige unmittelbar anschließen. Vgl. hierzu eingehend auch Frank S. 199.

8. Die Vorschrift über die Anrechnung der Untersuchung ist keine Verfahrensvorschrift, sondern gehört dem materiellen Recht an, gehört zur Strafbemessung, RGSt. **9** 244, **15** 143, **54** 25. Die Frage, ob § 60 richtig angewendet ist, kann daher nur nach der Begründung des Urteils, nicht nach dem Inhalt der Akten entschieden werden; RGSt. **9** 244, **54** 25; RGSt. I in GA. **50** 388, **51** 356. Das Revisionsgericht ist zur anderweiten Festsetzung der Anrechnung nicht befugt. A. M. Olshausen Anm. 15 mit RG. in GA. **52** 398. Die Wirkung eines Urteilsspruchs, der von der Strafe mehr durch die Untersuchungshaft getilgt erklärt, als ihrer Dauer entspricht, ist beschränkt auf die Zeitdauer der wirklich erlittenen Untersuchungshaft. RGSt. **59** 411. 1 D 531/25 10. XI. 25; a. M. KG. 30. VI. 28 in HöchstRR. **1928** Nr. 1949.

9. Wegen der Entschädigung für unschuldig erlittene Untersuchungshaft vgl. Reichsgesetz v. 14. VII. 1904 (RGBl. 321) und hierzu Löwe-Rosenberg, Komm. z. StPO. (16. Aufl.) S. 425, 458, 471, 575, 783, 1171. — Nach der Bek. über Entschädigung der Angehörigen Österreichs und der Tschechoslowakischen Republik für unschuldig erlittene Untersuchungshaft vom 19. XII. 22 (RGBl. I 966) ist die Gegenseitigkeit verbürgt.

§ 61. Eine Handlung, deren Verfolgung nur auf Antrag eintritt, ist nicht zu verfolgen, wenn der zum Antrage Berechtigte es unterläßt, den Antrag binnen drei Monaten zu stellen. Diese Frist beginnt mit dem Tage, seit welchem der zum Antrage Berechtigte von der Handlung und von der Person des Täters Kenntnis gehabt hat.

1. Die **rechtliche Natur** des Antrags ist bestritten. Literatur bei Meyer-Allfeld 316, August Köhler in Festgabe f. Frank II, 27, Deeg, Inhalt und Ausübung des Strafantragrechts (1933). Es bestehen folgende Meinungen:

a) Der Antrag ist Bedingung des Strafrechts, sonach Gegenstand des materiellen Rechts, so z. B. v. Bar in GA. **14** 644. Aug. Köhler S. 420. Birkmeyer, Dtsch. StPrecht 71; Coenders GerS. 83, 300; Deeg S. 2. Hierfür spricht aber auch nicht die Fassung des preuß. StGB. § 50 und das Schweigen der Motive zum deutschen StGB. über den Grund der veränderten Fassung, wie die Motive zu § 61 des Entwurfs klar erkennen lassen, wo von Untersuchung und gerichtlichem Verfahren die Rede ist. Ebenso § 52 des Entwurfs des preuß. StGB. Abgelehnt auch von RGSt. **2** 221, **6** 162; Rspr. **1** 614.

b) Der Antrag liegt auf der Grenze des materiellen und prozessualen Rechts und gehört beiden Gebieten an; so z. B. Wach, VDA. 6 52, Schwartz, Hälschner. v. Bar, GA. 19 645; v. Kirchenheim, Die rechtl. Natur der Antragsdelikte (1877) 65. RGSt. in LZ. 1933 Sp. 57 Nr. 3. Wenn Hälschner I 711 sagt, die Tat sei nicht bedingungsweise strafbar, das Recht zu strafen sei unabhängig vom Antrag gegeben, der Staat verzichte auf Ausübung seines (unbedingten) Strafrechts, wenn der Antrag mangele, so verkennt er, daß er mit dieser richtigen Ausführung tatsächlich die prozessuale Natur, nicht die materielle nachweist. Gleichzeitig prozessual und materiell kann die Natur auch um deswillen nicht sein, weil, wenn das Strafrecht mangelt, das Strafverfolgungsrecht von selbst fehlt, es hierfür also überhaupt nicht erst einer Bindung bedarf.

c) Der Antrag ist **Bedingung der Strafverfolgung, Prozeßvoraussetzung.** Dies ist die Auffassung des geltenden Rechts, seine Behandlung gehörte somit nicht in das StGB., sondern in das Prozeßrecht. Der Entw. hat von dieser Auffassung aus die Regelung überhaupt in die StPO. verwiesen. Binding Hdb. I, 611, Finger 1 189, Gerland 224, Liszt-Schm. I 296, Frank S. 200; jetzt auch Olshausen Anm. 1. — Beling, Strafproz. 90; Allfeld 168; Oppenh. Del. 2. Vorher ist das Strafverfahren nicht statthaft, RGSt. 6 40. Aber Nachholung ist zulässig, so Binding Hdb. I S. 610 ff., Normen 1 30, Sauer, Grundlage 335. **Ebenso RGSt.** 1 43, 2 221, 4 346, 6 161, 12 34, 38 39, 323, 43 60, 45 128, 46 271, 47 202, 238, 48 276, 51 72, 55 23, 57 143, 59 200, Rspr. 1 614, GA. 51 41; LZ. 1915 822 Nr. 21 will hiervon nicht abweichen. — Dagegen erklärt RGSt. 4 326 die Frage, wer Verletzter sei, für auf materiellem Recht beruhend. Ist der Antrag eine Bedingung für die Strafverfolgung und liegt es in der Macht des Verletzten, diese Bedingung zu setzen oder nicht, so hat er auch das Recht, durch Unterlassung des Antrags die Strafverfolgung zu hindern. Es ist der Gedanke der Verzeihung, der hier einschlägt. Hierüber ursprünglich im preuß. E. besondere Bestimmungen. Das Recht, eine Bedingung für die Strafverfolgung zu setzen, bedeutet aber noch nicht, das Recht der Strafverfolgung selbst zu haben oder infolge des Antragsrechts ein Recht gegen den StA. auf Klageerhebung zu haben, so Binding Hdb. I S. 614. Der „Antrag" nach StPO. §§ 171, 172 ist nicht der Strafantrag des StGB. § 61 und die Voraussetzung des dort gegebenen Beschwerderechts ist dem Verletzten schlechthin gegeben, unabhängig davon, ob er ein Antragsrecht nach § 61 hat oder nicht. Das Klagerecht steht nach wie vor der StA. zu und der Verletzte hat es nur im Falle des Privatklageverfahrens. Das Recht der Strafverfolgung mit Privatklage geht also weiter als das Recht, nur eine Bedingung für die Offizialverfolgung zu setzen, RGSt. 24 428. Das Recht zur Privatklage ist nicht dasselbe wie das Recht, Strafantrag zu stellen. Beide können unabhängig voneinander bestehen, so kann es sogar ein Recht zur Privatklage bei Straftaten geben, die keine Antragsdelikte sind. So war es nach dem Reichsges. zur Entlastung der Gerichte v. 11. III. 21 (RGBl. S. 229) nach Art. III 6 Nr. 3 auch bei einem Vergehen nach StGB. § 223 a dem Verletzten überlassen, ohne Anrufung der Staatsanwaltschaft im Wege der Privatklage die Straftat zu verfolgen. 3 D 462/22 20. XI. 22. Die Berechtigung zum Anschluß als Nebenkläger bleibt unberührt, wenn eine durch Privatklage verfolgbare und daher nach StPO. § 395 Abs. 1 zur Nebenklage berechtigende Vergehung in einem andern Tatbestand rechtlich aufgeht. Der mit einer Waffe vorsätzlich körperlich Verletzte ist deshalb auch dann als Nebenkläger zuzulassen, wenn im Eröffnungsbeschluß die Tat als versuchter Mord beurteilt worden ist. 2 D 29/25 23. II. 25. Daß Strafantrag nicht Bedingung des Strafrechts ist, folgt auch aus § 69 Abs. 2, der die Verjährung der Strafverfolgung laufen läßt ohne Strafantrag, also doch das Bestehen des Strafrechts notwendig damit voraussetzt. Der Antrag ist auch nicht Voraussetzung der Existenz des Strafklagerechts, sondern seiner Ausübung, Binding Hdb. I, S. 842. Das Recht, einen Strafantrag zu stellen oder durch Nichtstellung die Strafverfolgung zu hindern, ist ein **öffentliches Recht,** gegeben zur Wahrung der Privatinteressen des Verletzten gegenüber dem Recht und der Pflicht des Staats zu strafen in Fällen, wo jene überwiegen. Der Grund dafür, die Strafverfolgung trotz dem Vorliegen einer Straftat erst noch von einem Antrag abhängig zu machen, kann darin liegen, daß die Handlung in erster Linie im Interesse des Verletzten verboten ist, die Allgemeinheit wenig berührt, sonach der Verletzte betätigen muß, daß er verletzt sei. Sodann darin, daß der Verletzte ein wichtiges Interesse an der Nichtverfolgung haben kann, weil die Verfolgung andere Interessen noch mehr verletzte, also eine Kollision vorliegt, die zugunsten des Verletzten entschieden wird. In manchen Fällen kommen beide Erwägungen gleichzeitig in Betracht. Darum wird für die Strafverfolgung teils absolut, d. h. in jedem Fall der Begehung der Straftat, teils relativ, d. h. nur bei bestimmten Beziehungen des Täters zum Verletzten, das Vorliegen eines Strafantrags verlangt. Man unterscheidet hiernach **absolute und relative Antragsdelikte.** Zu letzten gehören z. B. §§ 247, 263 Abs. 4, auch im Falle des Rückfalls des § 264, RGSt. **43** 363. Auch bei absoluten Antragsdelikten ist zuweilen die Rücknehmbarkeit des Antrags relativ: §§ 232, 303 Abs. 4.

Bei relativen Antragsdelikten muß die persönliche Beziehung zur Zeit der Tat vorliegen, vor ihr und nach ihr entstandene Beziehungen kommen nicht in Betracht. Mit Recht weist v. Liszt-Schmidt I, 296 darauf hin, daß nach den oben angeführten verschiedenen Gründen richtiger Weise vom Gesetzgeber zwei verschiedene Gruppen von Antragsdelikten unterschieden werden müßten, und daß die erstere Bedingungen der Strafbarkeit, die letztere begrifflich Prozeßvoraussetzungen darstellt, die Folge davon, daß nach dem Gesetz der Antrag Prozeßvoraussetzung ist, ist bei dessen Mangel die Einstellung des Verfahrens, nicht Freisprechung. Es handelt sich aber hier um eine Prozeßvoraussetzung besonderer Art. Sie hat nicht die Wirkung, Voraussetzung für die Möglichkeit der Entstehung eines ganzen Prozesses zu sein, wie Zuständigkeit des Gerichts, Rechtshängigkeit, Immunität, die immer auch noch im Revisionsverfahren von Amts wegen zu prüfen sind, sondern sie ist nur Voraussetzung für einzelne bestimmte Prozeßakte, wie Klage und Urteil. Daher muß diese Voraussetzung in den Instanzgerichten zwar von Amts wegen, in der Revisionsinstanz aber nur auf erfolgte Rüge hin beachtet werden, RGSt. LZ. 1933 Sp. 57. Siehe ferner unter 17. Als Prozeßvoraussetzung muß diese vor Erlaß eines Sachurteils feststehen, RGSt. **11** 397, **12** 34, **47** 238. Bis dahin kann der Strafantrag nachgeholt werden, Olshausen Nr. 57; Frank S. 206. RGSt. **5** 270, **9** 83. In der Revisionsinstanz ist dies nicht mehr zulässig, RGSt. **46** 45.

2. Wenn ein Offizialdelikt nachmals vom Gesetz in ein Antragsdelikt verwandelt wird, so hat trotz des bereits ohne Antrag eingeleiteten Verfahrens dieses nur bei nunmehriger Stellung eines Antrags seinen Fortgang, Frank S. 24, RGSt. **46** 269; a. M. Binding, Handb. I S. 255; Finger 1, 142. Wenn ein Antragsdelikt nachmals in ein Offizialdelikt umgewandelt wird, gilt Folgendes: Ist vorher der Strafantrag nicht gestellt worden, so kann nicht angenommen werden, daß trotzdem der Verletzte einen Verzicht seines Strafanspruchs hat aussprechen wollen. Die Verfolgung von Amts wegen ist also für einen noch nicht verjährten Strafanspruch zulässig. Vgl. zu 16⁶.

3. Eine Handlung, deren Verfolgung nur auf Antrag eintritt, muß immer eine Straftat sein, d. h. es muß ein gebotener Tatbestand nicht verwirklicht oder ein verbotener verwirklicht sein und es müssen die übrigen Bedingungen für die Entstehung eines staatlichen Strafrechts vorliegen. Erst dann kann in Frage kommen, ob die begangene strafbare Handlung auch zu verfolgen sei und hierfür alle Bedingungen und Voraussetzungen, vorliegendenfalls also auch der Antrag, vorliegen. Sie bleibt aber eine Straftat, auch wenn kein Antrag gestellt wird und ist es schon vor der Stellung. Deshalb ist auch die vor der Stellung des Strafantrags begangene Begünstigung eines Antragvergehens strafbar, RGSt. **40** 393; 3 D 702/26 2. XII. 26.

4. Nur auf Antrag tritt die Verfolgung ein

1. nach StGB. bei

a) Verbrechen: §§ 102, 103, 179, 236, 243, 244 in Verbindung mit 247 Abs. 1.

b) Vergehen: §§ 102, 103, 104, 123, 170, 172, 182, 185—187 (194—196), 189, 223, 230 (232), 236, 237, 242, 246, 248a, 263, 288, 289, 292, 299, 300, 301, 302, 303.

c) Übertretungen: § 370 Nr. 5, Nr. 6.

Der Antrag im Sinne von § 4 ist etwas anderes. — Vgl. auch MStGB. §§ 51 und 57 (die keinen Strafantrag fordern). Die Landesgesetzgebung kann für das ihr überlassene Gebiet das Antragserfordernis selbständig regeln. Binding, Hdb. 1 285.

2. nach zahlreichen Nebengesetzen des Reichs, wie Urheberrecht, Patentgesetz, Muster- und Modellgesetz, Gesetz gegen unlauteren Wettbewerb, Warenzeichengesetz, Seemannsordnung, Zollkartell mit Österreich v. 28. V. 1881 usw.

Der F e s t s t e l l u n g, daß der Antrag gestellt ist, bedarf es im Urteil nicht, RGSt. **1** 43; Rspr. **1** 637, es genügt, wenn diese Prozeßvoraussetzung tatsächlich erfüllt und dies aus den Akten zu ersehen ist. Erörterungen hierüber sind auch nicht notwendig Gegenstand der Hauptverhandlung, RGSt. **4** 264, **6** 161, **12** 34, 330. RG. hat das Recht selbständiger tatsächlicher Prüfung, ohne an Beweisvorschriften der StPO. gebunden zu sein, RGSt. **38** 39, **45** 128. Die Beschränkung der Berufung auf das Strafmaß steht der Prüfung des Revisionsgerichts über das Vorliegen eines wirksamen Strafantrags nicht entgegen, RGSt. **62** 262, **65** 150.

5. Der **Antragsberechtigte** wird in § 61 nicht bezeichnet. Berechtigt ist nicht nur derjenige, der aus einer unmittelbaren oder mittelbaren Verletzung ein eignes selbständiges Antragsrecht erworben hat — d e r V e r l e t z t e —, sondern auch wer in V e r t r e t u n g e i n e s V e r l e t z t e n zur Wahrnehmung von dessen Interessen nach dem G e s e t z berufen ist, Strafantrag zu stellen, unabhängig vom Willen des Verletzten. Auch hier gründet die Entstehung des Strafantragsrechts in der Verletzung, also in der Person des unmittelbar oder mittelbar Verletzten, ist für den Vertreter ein f r e m d e s, die A u s ü b u n g dieses Rechts aber steht entweder ausschließlich oder neben dem Verletzten dem gesetzlich berufenen V e r t r e t e r zu. RGSt. **57** 240. In b e s o n d e r e n V o r s c h r i f t e n, in denen die Verfolgung von einem Antrag abhängig gemacht ist, wird entweder der Antragsberechtigte — zum Teil in Erweiterung, zum Teil in Verengerung über den Kreis der Verletzten hinaus, so z. B. in § 18 des Schwerbesch.Ges. in der Fassung des § 114 des ArbGG. für die Hauptfürsorgestelle, RGSt. **66** 375 — a u s d r ü c k l i c h b e z e i c h n e t, so in § 4 Nr. 3, §§ 102 bis 104, 170, 182, 189, 195, 196, 232, 247, 263, 288, 292 oder, wo dies nicht geschieht, wie in §§ 123, 185, 179, 236 u. a. ist aus § 65 zu schließen, daß berechtigt ist derjenige, der durch die Handlung, deren Verfolgung nur auf Antrag eintritt, v e r l e t z t worden ist; wer als solcher aber zu erachten ist, ist wiederum ausschließlich aus der besonderen Vorschrift zu entnehmen, nicht aus einer Bestimmung des Begriffs „Verletzter". § 65 gibt daher auch hierüber keine Auskunft. Im preuß. StGB. war vom Antrag einer P r i v a t p e r s o n im Gegensatz zum Antrag der Behörden die Rede. Die L a n d e s g e s e t z g e b u n g kann den Kreis der Antragsberechtigten weder einschränken, RGSt. **29** 214, noch ausdehnen, RGSt. **37** 40.

A. Als **Verletzte** sind anzusehen

a) zunächst diejenigen, in deren Rechtskreis durch eine Handlung u n m i t t e l b a r eingegriffen wird, die T r ä g e r des angegriffenen Rechtsguts sind, das sich nur im einzelnen nach der Besonderheit der Straftat feststellen läßt, RGSt. **1** 370 im besonderen:

bei B e l e i d i g u n g e n der §§ 185 ff. der B e l e i d i g t e, d. h. der p e r s ö n l i c h e Ehrenträger, dessen Ehre angegriffen ist. Bei Beleidigungen einer „offenen Handelsgesellschaft" also nicht die „Firma", sondern die Mitglieder, RGSt. **1** 178;

bei K ö r p e r v e r l e t z u n g e n der Mißhandelte, nicht der Dritte, Schadenersatzberechtigte nach BGB. § 845;

bei H a u s f r i e d e n s b r u c h der Inhaber des Hausrechts, der aus einem eigenen Rechtstitel Wohnungsberechtigte, nicht dessen Beauftragte, die es für den Inhaber ausüben und daher z. B. zum Verlassen auffordern. B i n d i n g Hdb. I, S. 619, auch n i c h t die E h e f r a u, RGSt. **1** 306, 371, **11** 53. 1 D 805/24 23. XII. 24 (bei Dienstwohnung des Mannes);

bei S a c h b e s c h ä d i g u n g ist, da diese Eigentumsdelikt ist, in erster Linie der E i g e n t ü m e r der Sache der Verletzte, nicht auch der, der vertragsmäßig zur Wiederherstellung oder Ersatz verpflichtet ist. RGSt. **4** 326 im Gegensatz zu **1** 306. Als Verletzter ist aber neben dem Eigentümer noch der anzusehen, der ein unmittelbares Recht a n d e n S a c h e n h a t, wie Leiher, Mieter und dessen Recht unmittelbar durch Beschädigung der Sache verletzt wird, RGSt. **8** 399. Endlich auch derjenige, der die Verantwortung für die Sache hat, bei Staatseigentum also die zur Verwaltung dieses Eigentums berufener Personen, RGSt. **63** 76, **65** 354; GA. **54** 201.

bei D i e b s t a h l nach § 247 ist sowohl der Eigentümer als der Besitzer der Verletzte RGSt. **2** 73, **4** 346, **10** 211, **40** 187. Steht auch nur einer nicht in dem persönlichen Verhältnis des § 247, bleibt Diebstahl Offizialdelikt, selbst wenn Besitzer Vertreter des Eigentümers ist, 4 D 181/16 14. IV. 16, a. M. B i n d i n g I, S. 623;

bei Pfandkehrung, § 289, ist der Nutznießer, Pfandgläubiger oder Gebrauchs- und Zurückhaltungsberechtigte der Verletzte;

bei Betrug, § 264 a, ist der Vermögensinhaber, nicht der Getäuschte, der Verletzte, ROHG. **9** 149;

bei Eröffnung von Briefen, § 299, ist der Eigentümer bis zum Empfang oder der Befugniserlangung des Adressaten, von da ab dieser allein Verletzter, a. M. Binding I, S. 625;

bei Geheimnisverletzung, § 300, der Anvertrauende und derjenige, dem ein Geheimhaltungswille hinsichtlich des Gegenstandes des Geheimnisses innewohnt und in diesem Willen geschützt wird. Was Geheimnis ist, ist niemals gegenständlich zu bestimmen, es ist das, was jeweilig geheimgehalten wird und noch nicht bekannt ist, RGSt. **25** 48, **28** 160;

bei Urheberstreitigkeiten vgl. RGSt. **38** 6, gewerblichen Schutzrechten, RGSt. **36** 42, **39** 15, **42** 238, **43** 335.

Maßgebend für die Feststellung des Verfahrens ist immer nur die Zeit der Begehung der Straftat. Ein nachträglicher Wechsel in bezug auf das verletzte Rechtsgut kommt nicht in Betracht. So auch beim Unl. Wettbewerb, RGSt. **46** 324, **49** 66.

Verletzt kann auch eine juristische Person (Stiftung, Staat als Eisenbahnfiskus, Kirche, Gemeinde usw.) sein, RGSt. **19** 378; ein Verein, JW. **1911** 847, eine Gesellschaft (Genossenschaften, offene Handelsgesellschaften, RGSt. **41** 103), Ärztekammern RGSt. **35** 267, **37** 37, **44** 348, **49** 66; JW. **1912** 928, der Elternbeirat, KG. in ZStRW. **1922** 459, auswärtige Regierungen.

b) sodann diejenigen, in deren Rechtskreis durch eine Handlung mittelbar eingegriffen wird. Die Verletzung eines Rechtsguts berührt nicht nur dessen Inhaber, sondern erstreckt sich auch auf Dritte an diesem Rechtsgut Interessierte. Zu diesen gehören

der Ehemann, §§ 195, 232 (auch nach erfolgter Scheidung), RGSt. **1** 29; nicht wegen § 179, RGSt. **1** 29, **19** 250; die Begründung in RGSt. **13** 115 trifft nicht zu. Hierzu richtig Deeg a. a. O. S. 17 ff.

der Gedanke einer „mittelbaren Beleidigung" ist abzulehnen, wie schon § 232 beweist, Binding Hdb. I S. 628;

der amtliche Vorgesetzte, §§ 196, 232 Abs. 3. Er hat das Antragsrecht als Organ des Staats zur Wahrung der Würde des Amts und der Staatsverwaltung, nicht der Persönlichkeit des verletzten jeweiligen Amtsträgers, RGSt. **15** 77, **25** 228. Er muß zur Zeit der Verletzung und der Ausübung des Antragsrechts noch Vorgesetzter sein. Das Recht kann auch mehreren Vorgesetzten zustehen, wenn der verletzte Beamte in mehreren Dienstzweigen beschäftigt ist. Wer der Vorgesetzte ist, kann nur auf Grund der staatsrechtlichen Bestimmungen beurteilt werden. Helfritz in JW. 1933, 449.

Sowohl das Antragsrecht des mittelbar als des unmittelbar Verletzten sind selbständige Antragsrechte und beruhen jedes auf dem aus ihrer Person und aus ihrem Verhältnis zur Straftat sich ergebenden Interesse an der Bestrafung oder Nichtbestrafung der Straftat. Beidemale dient es also eignem Interesse und daher ist die Bezeichnung als fremdes Antragsrecht im Falle b, wie sie Deeg gibt, verfehlt. Die Antragsrechte aus unmittelbarer und aus mittelbarer Verletzung stehen völlig selbständig nebeneinander, Frank S. 443.

B. Die unabhängig vom Willen des Verletzten seinem Vertreter vom Gesetz gegebene Ausübung des bei jenem entstandenen Strafantragsrechts steht zu

dem gesetzlichen Vertreter eines Geschäftsunfähigen oder Minderjährigen, § 65 Abs. 2, RGSt. **1** 370, **22** 256, **24** 427. Zu diesen gehört auch der Vater seit EG. z. BGB. Art. 34 Nr. VI, RGSt. **57** 241 unter Ablehnung der gegenteiligen Ansicht in RGSt. **35** 131, **38** 34. Vgl. Deeg a. a. O. S. 45.

dem Vormund eines Geisteskranken oder Taubstummen, dem Nachlaßpfleger, RGSt. **8** 112; dem Zwangsverwalter von Grundstücken (VO. v. 8. XII. 31 des Reichspräsidenten und Ges. v. 4. V. 33 (RGBl. I 241); dem Konkursverwalter. Für den KV. ist die Frage bestritten. Ihre Beantwortung hängt davon ab, wie man die Rechtsstellung des KV. auffaßt. Nach den Darlegungen von Jaeger, Kom. z. KO. Bd. 1 S. 120 ff. muß der Vertretungstheorie der Vorzug gegeben werden. RGSt. 3 435, 33 433, 35 149; Frank 201. Ein selbständiges Antragsrecht aus eigner Macht erkennt RGSt. 25 344 an.

6. Die **Ausübung** des Antragsrechts kann beim Einzelkaufmann auch unter seiner Firma erfolgen, RGSt. 43 335; Rspr. 3 612. — Sie erfolgt bei juristischen Personen durch ihre Organe, die innerhalb des ihnen zugewiesenen Kreises den Willen der juristischen Person bilden, RGSt. 42 216. So bei Vereinen der Vorstand, möglicherweise auch dessen Vorsitzender allein, RGSt. 58 203, 5 D 778/11 21. XI. 11. Dieser kann sich hierbei wieder durch einen Dritten auch in der Willensbildung selbst vertreten lassen, wenn es sich nicht um Verletzung höchstpersönlicher Rechtsgüter handelt, RGSt. 15 145, 19 8, 21 231, 35 267, 44 348. 4 D 441/23 2. V. 24. Der Ministerialdirektor ist stellvertretendes Organ der Behörde, nicht der Person des Ministers, RGSt. 21 232, ferner 41 195, 416, 43 44. Der Prokurist ist Vertreter einer offenen Handelsgesellschaft, RGSt. 15 144.

7. Bei einer **Mehrheit von Verletzten** hat jeder ein selbständiges Antragsrecht wegen der einen mehrere gleichzeitig verletzenden Tat, so bei Miteigentum, RGSt. 10 210, 46 203. Die Verfolgung ergreift aber dann die ganze Tat, nicht nur den Teil, der sich gegen die Antragsteller richtet. Binding Hdb. I, 632. Dieses selbständige Recht zum Strafantrag kann durch zivilrechtliche Beschränkungen in der Geltendmachung des Gesamteigentums nicht beeinträchtigt werden, RGSt. 10 210. Wird ein größerer Personenkreis unter einer Gesamtbezeichnung beleidigt, so kann jeder einzelne Angehörige dieses Kreises Strafantrag wegen der auch ihm widerfahrenen Beleidigung stellen, RGSt. 3 12, 23 246, oder die ihnen Vorgesetzten für alle. Ersternfalls kann Verurteilung wegen Beleidigung nur der Antragsteller, letzternfalls aller Angehörigen des Kreises erfolgen, wenn ein umfassender Strafantrag der Vorgesetzten vorliegt, 3 D 322/21 23. I. 22. Wegen Privatklage vgl. StPO. § 375.

8. Das Antragsrecht ist **höchstpersönlich,** geht also grundsätzlich **nicht** auf **die Erben über.** Das ist für Antragsrechte, die auf Verletzungen höchstpersönlicher Rechtsgüter sich gründen, unbestritten, Frank 202, RGSt. 11 53, 21 233. Dagegen wollen einige die Antragsrechte, die aus Verletzungen materieller Rechtsgüter erwachsen sind, sie mit diesen Rechtsgütern vererben lassen, Köhler 146, Frank 202, andre wollen dies wenigstens für Antragsrechte aus Verletzungen von Urheber-, Patent- und Markenrechten zulassen, Binding I, 624; Oppenh.-Del. 7 zu § 95. RGSt. 19 7, 21 231, 44 348, 58 203. Das Recht, Strafantrag zu stellen, ist aber nicht, wie etwa ein zivilrechtlicher Anspruch auf Unterlassung oder Schadenersatz gegeben, um Vermögensrechte zu schützen, so daß man mit dem Übergang des geschützten Gutes auch einen Übergang des seinem Schutz dienenden Rechts zulassen kann, sondern es dient dem höchstpersönlichen Interesse des Inhabers jener Rechte an einer Bestrafung oder Nichtbestrafung. Dieses Interesse aber ist lediglich in seiner Person vorhanden und ändert sich mit der Persönlichkeit des Inhabers. Dann kann aber auch das Recht, eine Strafverfolgung zu verhindern oder einzuleiten, nicht übertragbar sein. So auch Finger 1 195; Schwartz 34; Allfeld 183, 274; v. Bar 3 311; Olshausen Nr. 20; Gerland 227. Eine Ausnahme von diesem Grundsatz macht auch nicht § 189, denn dieser gibt ein selbständiges Antragsrecht wegen Verletzung des Pietätsgefühls der Antragsberechtigten.

9. Eine andere Frage ist, ob und inwieweit trotz der höchstpersönlichen Natur eine **Stellvertretung in der Ausübung** des Antragsrechts eines Dritten zulässig ist, abgesehen von den durch Gesetz geordneten Fällen einer Vertretung unter 4 B.

a) Eine Stellvertretung in der bloßen **Erklärung** des vom Vertretenen gefaßten Willens ist unbedenklich und unbeschränkt zulässig. So auch die gem. Meinung, Frank 201, Wachenfeld 279, Gerland 227, RGSt. 1 387, 2 145, 21 232. Ist die Reichsregierung als solche beleidigt, so stellt auf ihren Beschluß der Reichskanzler Strafantrag, RGSt. I in ZStRW. 25 316. Die Bevollmächtigung zu dieser Erklärung kann ausdrücklich und stillschweigend, mündlich und schriftlich erteilt werden, und ist an **keine Form** gebunden, RGSt. 3 425, 19 7, 43 45, 60 281, 61 45, 357; 2 D 394/26 17. VI. 26; 2 D 206/28 1. X. 28. Gegen die abweichende Meinung des KG. II. Sen. 266/26 22. XII. 26 namentlich 2 D 402/27 4. VI. 27. Die Vollmachtsurkunde hat nur die Bedeutung des Nachweises für die Erteilung des Auftrags, Rspr. 1 162, 2 625.

Die Vollmachtserteilung kann auch ganz allgemein für einen bestimmten Geschäftskreis durch eine Generalvollmacht geschehen. Es braucht dabei nicht auf eine zugleich darin enthaltene Spezialvollmacht zurückgegriffen zu werden, wie RGSt. **1** 389 tut.

b) Eine Stellvertretung **im Willen** ist insoweit zulässig, als aus einer vorausgegangenen ausdrücklichen oder stillschweigenden Erklärung des Vertretenen sich ergibt, daß der vom Vertreter gebildete Wille seinem Inhalt nach mit dem Inhalt übereinstimmt, den der Vertretene als seinen Willen künftig gelten lassen zu wollen erklärt hat. Dieser Wille ist aber gleichwohl unabhängig vom Willen des Vollmachtgebers, wennschon er unselbständig ist, da er dessen Bevollmächtigung voraussetzt. Deeg a.a.O. S. 56 ff.; Allfeld, Vgl. Darst. 179; Frank 202; Binding Hdb. 1, 652; Gerland 227. Der Inhalt dieses Willens ergibt sich aus der Vollmacht, RGSt. **58** 203. Das ist z. B. der Fall, „wenn die Natur und Beschaffenheit der dem Stellvertreter übertragenen Geschäfte einen sicheren Schluß zulassen, daß der Wille des Stellvertreters der des Vollmachtgebers ist, wenn also eine Verletzung desjenigen Rechtsguts in Rede steht, dessen Verwaltung dem Stellvertreter übertragen ist, vorausgesetzt, daß nicht andere besondere Umstände im Einzelfall einen Zweifel an der Übereinstimmung der beiderseitigen Willensrichtungen aufkommen lassen", RGSt. **21** 232. So bei der Bestellung eines Generalbevollmächtigten für die Verwaltung eines ganzen Vermögens oder einzelner Vermögensstücke, wenn dabei der Vollmachtserteiler zugleich selbst den Willen hat, jede Verletzung dieses Vermögens zu verfolgen, so auch RGSt. **1** 387, **3** 425, **12** 327, **15** 144, **21** 232, **58** 203. RGSt. **2** 148 beruht auf einer Verwechselung zwischen Organ und Stellvertreter. — Vgl. ferner über Hausverwalter Rspr. **3** 770, Gutsadministrator Rspr. **6** 734, gräfliches Rentamt 1 D 190/24 25. III. 24, JW. **1924** 1523[2], Prokuristen, Filialdirektor von Banken. Die Dauer dieser Bevollmächtigung zur Erklärung des Willens richtet sich nach dem Willen des Auftraggebers und erlischt mit dessen Tode, da mit diesem das Recht selbst erlischt. Wenn aber von dem Vorstand einer juristischen Person als deren Organ eine Vollmacht erteilt ist ohne zeitliche Einschränkung, so wird ihre Wirksamkeit weder dadurch, daß die Vorstandsmitglieder nach Ablauf ihrer Amtszeit nicht wieder gewählt werden noch sonst durch einen Wechsel in der Person des Vorstands berührt. Denn die juristische Person bleibt, auch wenn ihre Organe wechseln. RGSt. **58** 203. — Für die Bevollmächtigung eines Handlungsbevollmächtigten besteht nur eine widerlegbare Vermutung, RGSt. I in GA. **52** 82. Eine Geschäftsführung ohne Auftrag findet nicht statt, RGSt. **7** 4; Rspr. **3** 389, **6** 734, auch besteht keine Vermutung einer Vollmacht auf Grund eines privatrechtlichen Verhältnisses für das öffentliche Verhältnis des Strafantrags. Daher auch keine nachträgliche Genehmigung, sondern nur vorausgehende Einwilligung möglich, RGSt. **36** 413. Solche kann u. a. in der Beibringung der „Genehmigung" innerhalb der Antragsfrist gefunden werden, RGSt. **12** 329. Wird der Strafantrag in der Eigenschaft als Vertreter gestellt, so liegt darin nicht zugleich der Antrag aus eigenem verletzten Recht, wenn die Verletzung mit diesem zusammenfällt, RGSt. **34** 70, **40** 184. Der Vorstand eines Landeskriegerverbandes ist zur Stellung des Antrags wegen Beleidigung der Mitglieder der einzelnen Kriegervereine nicht berechtigt, RGSt. IV in GA. **59** 318. Bei einer Mehrheit von Vertretern müssen, sofern Kollektivvertretung vorliegt, sämtliche den Antrag stellen, RGSt. **47** 338. Es ist nicht einzusehen, daß bei diesen allgemeinen Bevollmächtigungen für einen bestimmten Geschäftskreis sich die Befugnis, Strafantrag zu stellen, nicht auch auf künftige Straftaten beziehen soll. Gerade für diese Fälle ist sie vorgesehen.

c) Durch die Erteilung einer Vollmacht nach a u. b wird der an sich zum Strafantrag Berechtigte seines Rechts nicht verlustig. Es besteht vielmehr neben dem Stellvertreter, solange überhaupt die Antragsfrist läuft. Er kann es also ausüben, wenn der Stellvertreter dies unterläßt. Ist dagegen durch dessen Nichtausübung oder durch Zurücknahme des Strafantrags die staatliche Strafverfolgungspflicht erloschen, so kann sie der Vollmachtgeber seinerseits nicht wieder zur Entstehung bringen.

d) Für den Nachweis der Bevollmächtigung zur Stellung eines Strafantrags bestehen keine Formvorschriften. Der Nachweis braucht auch nicht innerhalb der Antragsfrist zu geschehen, RGSt. **60** 281, **61** 45, 357, **62** 262.

e) Der Strafantrag eines Stellvertreters ist wirksam, auch wenn der Wille, für den Vertretenen zu handeln, aus dem Antrag nicht hervorgeht, RGSt. **60** 45.

10. Die **Form** des Strafantrags ist nach StPO. § 158 Abs. 2:

a) die schriftliche. Der Antragsteller muß wenigstens die Unterschrift geschrieben haben oder ein Zeichen, das diese vertreten kann, RGSt. **3** 442, **17** 256. Wenn mehrere eine gemeinsame Vollmacht erteilen, kann dies ebenso gut in einer wie in verschiedenen einzelnen Urkunden geschehen, 4D 441/23 2. V. 24. Ob die Unterschrift trotz ihrer beeinträchtigten Lesbarkeit noch einen Namenszug darstellt, ist Tatfrage, 4 D 896/14 20. X. 1914. Auch eine Unterzeichnung mit falschem Namen steht der Wirksamkeit des Antrags nicht unbedingt entgegen, 4 D 194/14 12. VI. 14. Auch Telegramme sind zulässig. — Daß der Antrag durchaus eigenhändig geschrieben sein müsse, ist nicht erforderlich, RGSt. **2** 125, 253, **3** 55, **6** 69. Die Schriftlichkeit des Strafantrags nach StPO. § 158 Abs. 2 erfordert nur, daß sich neben dem Inhalt der Erklärung die Person, von der sie ausgeht, aus dem Schriftstück ergibt, RGSt. **62** 53, **64** 107. Ein Faksimilestempel des Namens genügt, RGSt. **62** 53.

b) zu Protokoll, auch in Form einer nachrichtlichen Bemerkung des Beamten, RGSt. **12** 173. Die Unterschrift des Antragstellers und Verlesung ist nicht erforderlich, RGSt. **2** 253, **12** 173,

c) der Strafantrag braucht nicht als solcher bezeichnet zu werden, es genügt, daß der Wille erkennbar ist, daß die Tat verfolgt werde, RGSt. **5** 97. Anschluß als Nebenkläger, RGSt. **38** 41, Rspr. **10** 606, GA. **37** 427. Erhebung der Privatklage genügt, RGSt. **8** 207. Daß das Sühnezeugnis nicht beigefügt ist, ist für die Wirksamkeit des Strafantrags einflußlos, RGSt. **3** 373, 5 D 160/12 14. V. 12. Dagegen genügt nicht die bloße Ladung zum Sühneversuch, RGSt. **8** 207.

Der Antrag ist bei einer an der Strafverfolgung beteiligten Behörde zu stellen. Im Falle des § 5 Nr. 3 genügt der Antrag bei der ausländischen Behörde, RGSt. **44** 434.

11. Inhalt des Strafantrags ist der bestimmte Wille, daß wegen einer bestimmten Tat gegen den Täter eine Strafverfolgung stattfinde. Auf eine bestimmte Art und ein bestimmtes Maß der Kenntnis von der Tat auf Seiten des Antragstellers kommt es nicht an. Es genügt, wenn die strafbare Handlung wenigstens in der Verübung begriffen und die Tat als Gegenstand des Antrags kenntlich gemacht ist. RGSt. **38** 39, **40** 319, **45** 128, Rspr. **10** 606, 4 D 441/23 2. V. 24. Es handelt sich um eine auslegungsfähige Willenserklärung und diese kann auch auf außerhalb der Erklärung liegende Umstände gestützt werden, die den Täter und die Tat erkennen lassen, RGSt. **64** 107. Das Bewußtsein davon, daß es sich um ein Antragsdelikt handelt und der Antrag zur Strafverfolgung notwendig sei, ist nicht erforderlich. Auch im „Anzeigen" eines Delikts, das der Anzeigende für ein Offizialdelikt hält, kann ein Antrag liegen, Rspr. **1** 614, **3** 130 (RGSt. **25** 176 steht nicht entgegen), aber nicht, wenn der Anzeigende in Unkenntnis darüber ist, daß der Täter ein Angehöriger und wenn dann keine Bestrafung gewollt wäre. Auf den Willen des Antragenden kommt es ausschlaggebend an, Rspr. **3** 130, RGSt. **3** 89, **5** 97. Entspricht der Erklärung kein wirklicher Wille, sondern beruht sie auf Irrtum, so ist der Strafantrag unwirksam, RGSt. **23** 273. Eine bloße Ermächtigung genügt nicht. Notwendiger Inhalt des Strafantrages ist in der Regel nur die Bezeichnung der strafbaren Handlung, deren Verfolgung eintreten soll. Die rechtliche Benennung der Tat ist nicht erforderlich, RGSt. **5** 97, **31** 168. Die Bezeichnung der Person des Täters ist nicht wesentlich, RGSt. **5** 268, **6** 212, **12** 173, **31** 168, es sei denn dort, wo das Gesetz gerade mit Rücksicht auf persönliche Beziehung des Verletzten zum Täter einen Antrag erfordert, wie § 247. Binding 1 655; Finger 1 197; Frank 203. Daher ist auch eine irrtümliche Angabe über die Person des Täters einflußlos. 1 D 507/12 1. VII. 12, RGSt. **5** 272, **6** 212, **7** 35, **15** 176, **20** 54, **31** 168. Ebenso ist unerheblich, daß die Handlung rechtlich unrichtig und nicht nach allen Richtungen hin erschöpfend gekennzeichnet ist, RGSt. **65** 358; Olshausen Nr. 38, 39.

Hiernach ist im einzelnen Fall zu entscheiden, ob die Erklärung in ihrer Gesamtheit, einschließlich aller Hinzufügungen, diesen bestimmten Willen erkennen läßt.

a) So können Beschränkungen auf gewisse Strafen oder Strafarten unwirksam sein, wenn dennoch der Wille, daß Bestrafung erfolge, besteht; es kann aber auch der Wille dahin gehen, daß sonst keine Bestrafung erfolgen solle; dasselbe gilt für unzulässige Beschränkung auf gewisse Personen, RGSt. **6** 152, oder wenn der Antragsteller die Tat nur aus einem ganz bestimmten Gesichtspunkte, wie § 182, bestraft wissen will. Dann ist fraglich, ob überhaupt ein wirksamer Strafantrag vorliegt, 4 D 139/12 23. IV. 1912. Denn die rechtliche Qualifikation hängt zwar nicht vom Antrag ab, RGSt. **5** 100. Aber es ist auch hier der Wille zu erforschen, ob bei anderer Qualifikation dann noch Verfolgung gewollt war. Ebenso kann die Beifügung der Bedingung, daß von mehreren in ein und derselben Handlung enthaltenen Delikten das eine unverfolgt bleibe, den ganzen Antrag unwirksam machen, unbedingt trifft dies aber nicht zu. Wenn durch dieselbe Tat mehrere Delikte verwirklicht werden, die verschiedene Verletzte haben, kann jeder Verletzte nur sein Delikt verfolgen lassen, sein Antrag wirkt nicht für das andere mitbegangene Delikt. Wenn in einem Schriftstück mehrere Beleidigungen gegen dieselbe Person enthalten sind, kann ebenfalls der Antrag auf eine von ihnen beschränkt werden, von der Auffassung aus, daß Realkonkurrenz vorliegt natürlich, aber es gilt auch für Idealkonkurrenz. Vgl. zu § 63 RGSt. **62** 83; 2 D 324/28 28. VI. 28 ist beigetreten unter Aufgabe von 2 D 178/23 12. IV. 23.

b) Aufschiebende Bedingungen machen keineswegs den Antrag schlechthin ungültig, sofern der Eintritt der Bedingung noch innerhalb der Antragsfrist liegt und anzunehmen ist, daß zu dieser Zeit der Wille zum Strafantrag noch fortbesteht. — Insbesondere kann hiernach auch schon vor Begehung der strafbaren Handlung nach den besonderen Umständen des Falls vorsorglich Strafantrag gestellt werden, so auch Rspr. **1** 614; RGSt. **38** 434, **51** 63, GA. **60** 438. Beistimmend Frank 203. Deeg a. a. O. 71. Der gegenteiligen Ansicht RGSt. **40** 319, **45** 128 in der dort ausgesprochenen Allgemeinheit ist 4 D 1229/12 7. II. 13 in GA. **60** 438 nicht beizutreten. Die Tat muß nur als genau bestimmtes Geschehnis bezeichnet und ihr Eintreten alsbald zu erwarten, ja vom Täter schon angekündigt sein. Das Wesentliche ist immer, daß Gewißheit über den Willen des Täters und keine Unbestimmtheit der Tat vorliegt. Daher steht auch RGSt. **14** 96 4 D 1290/12 14. II. 13 nicht entgegen, die erklären, wenn die Hinzufügung der Bedingung von zukünftigen ungewissen Ereignissen im Ungewissen läßt, ob vom Strafantrag noch Gebrauch gemacht wird, die Hinzufügung den Strafantrag unwirksam mache. Das gilt auch von der Hinzufügung von vergangenen Begebenheiten als Bedingungen, RGSt. **14** 98. Selbstverständlich machen Bedingungen, deren Eintritt gesetzlich ohne Einfluß ist, wie Bedingung, nur gegen einen der Täter vorzugehen, obwohl der Antrag unteilbar ist, den Antrag unwirksam, RGSt. **6** 152. Wenn der Antrag nur unter der Bedingung gestellt wird, daß gerade die bezeichnete Person der Täter sei, fehlt ein Antrag, wenn der Täter eine andere Person ist, RGSt. **7** 37.

c) Auflösende Bedingungen erklärt RGSt. **14** 97 für „zweifellos unwirksam". Sofern und solange jedoch eine Rücknahme des Strafantrags zulässig und möglich ist, kann diese Wirkung der Rücknahme auch durch Beifügung einer auflösenden Bedingung, deren Eintritt bis zur Rücknahmemöglichkeit erfolgen muß, erreicht werden. Wird eine auflösende Bedingung aber einem Strafantrag beigefügt, der gesetzlich nicht zurückgenommen werden kann, so ist der bestimmte Wille, die Handlung verfolgt zu wissen, erst erkennbar, wenn innerhalb der Frist zum Antrag feststeht, daß die Bedingung nicht eingetreten ist. Die Beifügung der Bedingung aber von vornherein für unwirksam und den Strafantrag schlechthin für wirksam zu halten, liegt kein Grund vor. — Sehr bestritten, vgl. Köhler, Die Lehre vom Strafantrag 1899, S. 108 ff., v. Kirchheim, Die rechtliche Natur der Antragsdelikte 1877, S. 65 ff., Binding Hdb. I 655, Klebs, GA. **19** 576. Deeg a. a. O. 71.

12. Unter **Handlung** als **Gegenstand des Antrags** ist wie unter Tat in StPO. § 264 stets der geschichtliche Vorgang zu verstehen, der der Beschuldigung zugrunde liegt; nicht jede einzelne Willensverwirklichung, sondern die zur Erfüllung eines bestimmten strafbaren Tatbestandes erforderliche Tätigkeit nach ihrem objektiven und subjektiven Inhalt, RGSt. **5** 98, **41** 164, **62** 83. Der Antrag umfaßte die Tat nach allen ihren rechtlichen Gesichtspunkten. Zum geschichtlichen Vorgang gehört, soweit eine in Fortsetzungszusammenhang verübte Handlung in Frage steht, auch das gesamte Tun des Beschuldigten bis zum tatrichterlichen Urteil, RGSt. **17** 217, **38** 40, **41** 165, **42** 372, **49** 432, 3 D 920/13 15. XII. 1913. Bei Beihilfe zur fortgesetzten Handlung vgl. RGSt. **40** 329. Die Gesamtheit der Einzelakte ist Gegenstand des Antrags, die vorausgegangenen und nachfolgenden, RGSt. **38** 39, **40** 319, 329. RGSt. II in GA. **47** 159. Die Beschränkung in RGSt. V in GA. **57** 229 ist bedenklich. Ein Strafantrag, der wegen des gesamten beleidigenden Verhaltens gestellt ist, umfaßt auch diejenigen Fälle, die sich zur Zeit des Antrags zwar schon ereignet haben, aber dem Antragsteller oder seinem Vertreter noch unbekannt geblieben sind, RGSt. **51** 63.

13. Zusammentreffen von Antragsdelikt mit Offizialdelikt. Fehlt Antrag, so ist nur das Offizialdelikt verfolgbar, RGSt. **33** 339, durch Aburteilung des Offizialdelikts wird keine Rechtskraft auch für das Antragsdelikt geschaffen und dessen Strafverfolgung ausgeschlossen, wenn zur Zeit der Aburteilung eine Antragstellung noch nicht möglich war. A. M. RGSt. **23** 307. Antragsdelikt kommt auch für Amnestie VO. v. 3. XII. 1918 (RGBl. S. 1393) § 1 Abs. 3 nicht in Betracht, RGSt. **54** 1.

14. Das **Antragsrecht entsteht** mit der Begehung der Straftat und des staatlichen Strafanspruchs. Daher bei § 170 erst mit rechtskräftiger Auflösung, nach § 172 mit rechtskräftiger Scheidung, nach §§ 236—238 erst nach rechtskräftiger Nichtigkeitserklärung der Ehe Beginn des Fristenlaufs, Rspr. **1** 180, RGSt. **2** 62, **26** 116, **38** 271. Vgl. auch Binding Hdb. I, 643. Bei Entführung nach StGB. § 237, RGSt. **43** 285. Weiter muß eine zum Strafantrag befugte Person vorhanden sein. Steht das Antragsrecht daher ausschließlich einem Vertreter zu, wie dem Vormund oder Vater Unmündiger oder Geisteskranker, so entsteht das Antragsrecht erst mit Bestellung des Vertreters, RGSt. **27** 366. Daraus folgt nicht notwendig, daß auch die Stellung des Antrags vorher durchaus unzulässig sei, sondern nur, daß er erst wirksam wird mit der Begehung der Tat und Entstehung des Strafanspruchs. Ebenso ist vor Beginn des Fristenlaufes die Stellung des Antrags zulässig, sofern ihm bestimmten Inhalt zu geben möglich ist, RGSt. **51** 63; RG. GA. **60** 438; Frank 206; Rspr. **1** 614; AM. RGSt. **38** 39; **40** 319, **45** 128. Für vertretenen Minderjährigen entsteht kein neues Antragsrecht, wenn er 18 Jahre wird, RGSt. **24** 427.

Die Antragsfrist ist keine Prozeßfrist, für sie findet daher auch keine Wiedereinsetzung in den vorigen Stand statt, Frank 205, sie ist eine Frist für die Stellung des Antrags und macht damit also das Recht, Strafantrag zu stellen, zu einem befristeten Recht. Die Grundsätze der Verjährung finden auf es keine Anwendung, Binding Hdb. I 641, Frank 205. Verjährung der Strafverfolgung und Ausschluß des Strafantrags bei Nichtstellung in der Frist sind selbständige Rechtsinstitute, nach Voraussetzung, Wesen und Folge verschieden, RGSt. **6** 38. Die Frist ist tempus continuum, nicht utile, Binding Hdb. I, 641, 646, Oppenheim-Del. 32; v. Bar 319. A. M. Olshausen 50; Köhler 97; Allfeld 196; Finger 1, 202. Näheres auch bei Finger GerS. **82** 381, sie läuft unabhängig von der Möglichkeit ihrer Ausübung, a. M. RGSt. **27** 366. Die Mot. sagen: „Strafhandlungen, deren Bestrafung nur auf Antrag einer Privatperson erfolgen kann, berühren das öffentliche Interesse meistens nur in zweiter Linie, gerade daraus ergibt sich aber auch die Notwendigkeit, für die Stellung des Antrags eine kurze Frist zu bestimmen." Es wird also in öffentlichem Interesse eine Frist gesetzt und angenommen, daß dieses nach Ablauf völlig erloschen und damit das Strafverfolgungsrecht untergegangen ist, RGSt. **24** 428. Der Nachweis der Ermächtigung für einen Bevollmächtigten braucht nicht innerhalb der Frist erbracht zu werden, 2 D 810/26 25. XI. 26.

15. Die **Antragsfrist beginnt** mit dem Tage, an dem der Antragsberechtigte nach Entstehung seines Rechts Kenntnis von der strafbaren Handlung und von der Person des Täters erlangt hat. Erlangt er diese Kenntnis von beiden zu verschiedenen Zeiten, so beginnt die Frist erst vom Zeitpunkt der letzten, die volle Kenntnis bewirkenden Kenntnis. Der Tag der Kenntnisnahme ist der erste Tag der Frist, er wird in diese eingerechnet, sie läuft mit dessen Beginn und endet mit dem Schluß des Tags, dessen Datum dem vorausgehenden Monatstag entspricht; also wenn die Kenntnis am 12. Februar erfolgt, endet die Frist am 11. Mai nachts 12 Uhr, RGSt. **1** 40; Rspr. **3** 716. Fällt das Ende der Frist auf einen Sonntag oder einen allgemeinen anerkannten Feiertag, so endigt die Frist mit dem Ablauf des nächstfolgenden Werktags. KG. 19. III. 28; HöchstRR. **1928** Nr. 1763. Schmidt, DJZ. 1928 Sp. 1674; a. M. Bayr. OLG. Ztschr. f. Rechtspflege 22, 76 und Frank 205. Ausnahmen: Seemannsordnung § 96, StGB. §§ 198, 232 Abs. 3, StPO. § 388. Zollkartell mit Österreich 28. V. 1881 ohne Frist.

Kenntnis ist mehr als Verdacht und weniger als Gewißheit, Binding Hdb. I 643. Sie muß innerlicher Gewißheit möglichst nahe kommen, RGSt. **27** 35, **45** 128, bloße Vermutung genügt nicht, RGSt. **10** 141, **51** 71; auch eine Kenntnis der Tat nur in ihren großen Umrissen und mit unklarer Vorstellung ohne Kenntnis bestimmter Tatbestände reicht nicht aus. Unwesentlich ist, unter welchen rechtlichen Gesichtspunkten der Antragsteller die Tat ansieht. Nicht Kenntnis aller Einzelheiten des Vorgangs freilich wird erfordert, aber solcher Tatsachen, die zu einer eignen Beurteilung und zu einem Schlusse auf die Beschaffenheit der Tat in ihren wesentlichen Beziehungen berechtigten, RGSt. **10** 141, und zwar in den Beziehungen, die sie gerade zum Antragsdelikt machen. Kenntnis einer Handlung in der Form, die sie zum Offizialdelikt machen würde, genügt nicht. Insbesondere wird die Kenntnis des Verletztseins erforderlich, RGSt. **6** 47. Dagegen ist Kenntnis, daß Antrag zur Strafverfolgung erforderlich sei, für den Beginn der Frist nicht maßgebend. Erfährt der Berechtigte nach und nach später von der Beteiligung weiterer Personen am Delikt, so beginnt nur dann gegen diese eine selbständige neue Antragsfrist, wenn es sich um relative Antragsdelikte z. B. im Sinne von § 247 handelt. Binding Hdb. I **639**. Andernfalls läuft die Antragsfrist von vornherein gegen alle von der Kenntnisnahme auch nur eines Beteiligten ab, RGSt. **9** 390 (Verein. Straff.). Sind also bei einer Straftat Anstifter, Gehilfe, Mittäter beteiligt, so beginnt die Frist hinsichtlich aller Beteiligten zu laufen, sobald der Antragsberechtigte von der Tat und Person auch nur eines der Beteiligten Kenntnis erlangt hat. Erfährt der Berechtigte erst nach Kenntnis von der Handlung des Gehilfen, daß sie Beihilfe zu einer strafbaren Tat war, weil er erst später von der Tat Kenntnis erlangte, läuft die Frist erst von diesem Zeitpunkt ab, da er erst dann von einer deliktischen Tat erfuhr, RGSt. **25** 107. Kenntnis der Person wird erfordert, nicht Kenntnis des Namens, RGSt. **10** 141, **27** 34, **38** **434**. Vgl. Allfeld, Vergl. Darst. 2, S. 192. Wenn bei einer Körperverletzung sich erst später eine schwerere Gesundheitsbeschädigung zeigt, läuft erst von da ab die Antragsfrist, da der Erfolg zum wesentlichen Bestande der Straftat gehört, RGSt. **10** 141, **61** 299.

Bei einem Vorstand aus mehreren Mitgliedern kommt es auf die Kenntnis des Gesamtvorstands als solchen an, nicht auf diejenigen des einzelnen oder anderen Mitglieds, RGSt. **6** 121, **35** 270.

Bei fortgesetzter Handlung und Dauerverbrechen gelangt die Tat erst mit letztem Tätigkeitsakt zur Vollendung, erst mit Kenntnis dieses letzten Akts läuft auch die Frist. RGSt. **61** 299. Nicht erforderlich ist aber, daß dieser letzte Akt als solcher einer fortgesetzten Handlung gewertet wird, RGSt. **10** 204, **15** 370, **20** 226, **35** 267, **40** 319, 329 3 D 955/14 14. I. 15 RGSt. **3** 326 aufgegeben. Bei Erfolgsdelikten beginnt der Lauf der Antragsfrist erst mit der Kenntnis vom Erfolg. RGSt. 61 299. Vor Abschluß der Tat kann der Strafantrag gestellt werden, RGSt. **45** 129.

16. Das **Antragsrecht endigt**

a) mit Untergang des Strafrechts oder Strafklagerechts bei Verjährung, Tod des Schuldigen, RGSt. **6** 38. Bloße Einstellung nach StPO. § 260 bewirkt diesen Untergang nicht, RGSt. **4** 211;

b) durch Umwandlung des Antragsdelikts in ein Offizialdelikt;

c) durch Nichtgebrauch während der Frist. Vgl. oben. Versäumung der Antragsfrist durch einen früheren gesetzlichen Vertreter oder pflichtwidrige Nichtstellung des Antrags bringt Verlust des Rechts auch für den Nachfolger, RGSt. **5** 192, **24** 431, Rspr. **3** 771. GA. **56** 78. Antragsteller braucht nicht Nachweis der Rechtzeitigkeit zu bringen, dieses ist Aufgabe der öffentlichen Anklage, RGSt. **11** 401, und unabhängig von Normen des Hauptverfahrens nach freiem richterlichen Ermessen von Amts wegen zu prüfen, RGSt. **12** **34**. Eine Erweiterung der Antragsfrist bringt § 198;

d) durch Tod des Verletzten, RGSt. **11** 53. Vgl. Anm. 9. Es genügt aber Abgabe der Erklärung bei Lebzeiten, Zugang des Antrags bei der Behörde kann nach dem Tod erfolgen. Wenn außer dem Verletzten ein Dritter selbständiges Antragsrecht hat, geht dies durch Tod des Verletzten nicht unter, z. B. das des Ehemannes, des vorgesetzten Beamten, §§ 195, 196. Wenn jedoch der Dritte das Antragsrecht als Vertreter des Verletzten, wennschon unabhängig von dessen Willen ausübt, wie der Vater, der Vormund, so erlischt mit dem Tode des Verletzten die gesetzliche Vertretung und damit das Antragsrecht des bisherigen Vertreters, RGSt. **22** 256, **24** 429, **57** 242. A. M. Köhler 434. Nur wenn der Vertreter den Antrag bereits bei Lebzeiten des Vertretenen gestellt hatte, berührt dessen Bestand der Tod des Vertretenen nicht mehr. Merkel, S. 241. Deeg a.a.O. S. 47. Freilich, wenn die Strafverfolgung durch Privatklage geschehen soll, so ist deren Erhebung nach dem Tode des Verletzten auch dann nicht mehr durch den gewesenen Vertreter möglich, StPO. § 374 Abs. 3. Wohl aber kann die StA. die öffentliche Klage nach StPO. § 376 erheben. Wird während des Fristenlaufs der gesetzliche Vertreter durch einen neuen ersetzt, so muß dieser die Rechtslage so übernehmen, wie er sie angetroffen hat, es beginnt für ihn kein neuer Fristenlauf, RGSt. **5** 192, Oppenhoff S. 193; a. M. Binding Hdb. I 629. Das gilt für den Vertreter, der ein ausschließliches Antragsrecht hat, gleichermaßen. Also auch für den Vormund, den Konkursverwalter. Es gilt aber auch für den Beamten, der selbständig die Interessen des Amtes wahrzunehmen hat. Hier kommt es nicht auf den einzelnen Amtsträger an, sondern auf das Amtsorgan als solches; gleichviel wer es gerade ist. Es hört erst auf, wenn die Fürsorge beendet ist, auch der Vormund kann daher in dieser Fürsorge noch für den verstorbenen Mündel Antrag stellen;

e) durch zulässigen Verzicht bei der Vergleichsbehörde im Falle von StPO. § 380. Anders kann auf dieses öffentliche Recht nicht verzichtet werden, RGSt. **3** 221, **14** 202, ein in anderer Weise vor dem Strafantrag ausgesprochener Verzicht oder eine Verzeihung ist wirkungslos. Ein vor Begehung der Straftat erklärter Verzicht auf Strafantrag kann die Bedeutung einer Einwilligung in sie haben und ist dann als solche zu bewerten. Frank 206; Gerland S. 230;

f) durch Zurücknahme des Antrags in den gesetzlich zulässigen Fällen, § 64.

17. Wenn die Revision ohne weitere Ausführung § 61 als verletzt bezeichnet, entbehrt die prozessuale Rüge der genügenden Begründung, 4 D 381/00 6. III. 1900. Über die Rechtzeitigkeit des Strafantrags kann in der Revisionsinstanz Beweiserhebung stattfinden, RGSt. II in GA. **55** 333. Ist nur materielle Rüge erhoben, ist die Wirksamkeit des Antragsrechts nicht zu prüfen. A. M. RMG. **14** 177. Innerhalb der Frist kann der Strafantrag auch noch in der Berufungsinstanz beigebracht werden, 3 D 344/25 26. X. 25; RMG. **4** 276.

18. Die **Ermächtigung** ist ebenfalls eine Prozeßvoraussetzung. Sie gibt es nur noch bei Beleidigung einer gesetzgebenden Versammlung und politischen Körperschaft (Gemeinderat, Reichswirtschaftsrat). Hier liegt die Initiative bei der Strafverfolgungsbehörde, nicht beim Verletzten. Gleichgültig für die Ermächtigungsbefugnis sind Änderungen der Versammlung usw. durch Neuwahlen, RGSt. **7** 382. Die Vorschriften über das Antragsrecht sind nicht entsprechend anzuwenden. Die Ermächtigung ist an keine Frist gebunden, auch nicht zurücknehmbar, sie ist teilbar. Gerland 230; RGSt. **18** 382, **33** 66. A. M. Köhler 437.

§ 62. Wenn von mehreren zum Antrage Berechtigten einer die dreimonatliche Frist versäumt, so wird hierdurch das Recht der übrigen nicht ausgeschlossen.

1. Mehrere Berechtigte sind vorhanden, wenn

a) die Handlung mehrere Personen verletzt hat,

b) neben dem unmittelbar Verletzten noch andere Antragsberechtigte als mittelbare Verletzte vorhanden sind (vgl. § 61). Motive: „Das Recht eines jeden Einzelnen von ihnen ist ein selbständiges und unabhängiges von dem Recht des andern. Von selbst ergibt sich hieraus, daß das Recht der Antragstellung dem Einzelnen nicht dadurch geschmälert werden darf, daß ein anderer den Berechtigten aus irgendwelchem Grunde, z. B. durch Zögerung, sein Recht verwirkt.“ RGSt. **46** 203.

2. Es wird auch die Frist für jeden Berechtigten besonders berechnet.

3. In anderen Fällen, als bei gleichzeitigem Nebeneinanderstehen mehrerer Antragsberechtigter greift § 62 nicht Platz. Der später Eintretende muß sich die Rechtslage gefallen lassen, wie er sie von seinem Vorgänger übernahm, RGSt. 5 192.

§ 63. Der Antrag kann nicht geteilt werden. Das gerichtliche Verfahren findet gegen sämtliche an der Handlung Beteiligte (Täter und Teilnehmer), sowie gegen den Begünstiger statt, auch wenn nur gegen eine dieser Personen auf Bestrafung angetragen worden ist.

1. Die Vorschrift ist aus preuß. StGB. § 52 herübergenommen, in dem sie nach vielfachem Schwanken der vorausgehenden Entwürfe Aufnahme gefunden hatte, vgl. Goltd. Motive z. preuß. StGB. I, S. 389 ff. Der Gesetzgeber geht davon aus, daß die dem Verletzten eingeräumte Befugnis sich nur darauf erstreckt, nach seinem Ermessen die Untersuchung abzuwenden oder eintreten zu lassen. Die Motive sagen, es solle dem Verletzten nicht zustehen, einzelne Personen willkürlich der Untersuchung zu entziehen und sie auf Einzelne zu beschränken. Die Handlung bildet den Gegenstand des Antrags, RGSt. 17 247. Daraus folgt zunächst, daß, wenn der Antrag eine solche Beschränkung auf einen einzelnen Schuldigen enthält, zu entscheiden ist, ob die Entziehung des Mitschuldigen als Bedingung für die Stellung des Antrags überhaupt gewollt ist und er ohne diese Entziehung nicht gewollt ist. Solchenfalls fehlt es am Willen, die Tat zu verfolgen, da sie nur gegen alle verfolgt werden kann, der Wille, alle zu verfolgen, aber nicht vorliegt. Dann ist der ganze Antrag unwirksam, die unzulässige Bedingung läßt ihn als nicht gewollt erscheinen. Sodann ist es aber auch möglich, daß der Antrag die Bedeutung hat, die Tat solle unter allen Umständen verfolgt werden, gleichviel ob Mitverfolgung gegen andere stattfindet oder nicht. Solchenfalls wird gesetzlich die Erstreckung des Antrags auf alle an der Handlung Beteiligten angenommen, da die Tat nur bei Verfolgung aller Täter verfolgt wird. Zu weit aber RGSt. 6 152, daß, wenn einmal Strafantrag wegen der Tat an die Behörde gelangt ist, dieser nunmehr schlechthin nur noch in dem vom Gesetz gewollten Sinne der Unteilbarkeit auszulegen sei. Die Frage, ob er so gewollt sei, bleibt immer offen. Selbst wenn daher die Person, gegen die der Antrag sich richtet, schuldlos ist, genügt Antrag, um andere Beteiligte zu bestrafen, RGSt. 5 268, 7 35, 20 56, Rspr. 7 201, insbesondere auch, wenn diese sich erst nach der Antragstellung an der Tat beteiligen, RGSt. 17 227.

2. Die Vorschrift bezieht sich nur auf die Antragstellung, nicht auf die Erhebung der Privatklage; bei dieser ist Teilung zulässig. StPO. § 383; Ludwig GerS. 89 432. Siehe jedoch StPO. § 375 Abs. 2.

3. Die Unteilbarkeit bezieht sich nur auf den Antrag hinsichtlich einer einheitlichen Tat, RGSt. 33 161. Mehrere Straftaten, sofern sie selbständig und nicht nur unselbständige Akte einer einheitlich fortgesetzten Handlung sind, und zwar auch, wenn sie durch eine natürliche Handlung nach § 73 verwirklicht werden, können wie bei demselben Täter so auch bei mehreren Tätern als solche behandelt werden, und es kann der Strafantrag die eine ergreifen, die andere nicht, RGSt. 31 93, 38 430. So kann, wenn in einem Schriftstücke gegen dieselbe Person mehrere Beleidigungen enthalten sind, der Strafantrag vom Verletzten auf eine von ihnen beschränkt werden; RGSt. 62 83 behandelt die bestrittene Frage grundsätzlich, beitretend 2 D 324/28 26. VI. 28 unter Aufgabe von 2 D 178/23 12. IV. 23. A. M. Deeg a. a. O. S. 72. Es können aber auch sämtliche Taten mit einer Anzeige getroffen werden, RGSt. 33 163. In Abs. 1 des § 17 UWGes. wird eine andere Straftat behandelt, als in Abs. 2. Deshalb kann der Antrag nur die eine Straftat betreffen.

4. Die Vorschrift zwingt den StA. nicht zur Klagerhebung gegen die übrigen Beteiligten, wenn er diese nicht nach seinem pflichtmäßigen Ermessen für nötig erachtet, Binding Hdb. I, S. 637. Ebenso kann das Gericht nicht Verhandlung ablehnen, wenn gegen die übrigen keine öffentliche Klage erhoben ist, RGSt. 23 202. Die Vorschrift bedeutet nicht, daß die Verurteilung nur gegen alle ausgesprochen werden könne, RGSt. 5 269.

5. Auch bei den sog. relativen Antragsdelikten, wenn der Strafantrag mit Rücksicht auf das persönliche Verhältnis zwischen Täter und Verletzten gewährt wird, gilt die Unteilbarkeit des Antrags hinsichtlich aller in solchem Verhältnis Stehenden, auch hier kann niemand ausgenommen werden, RGSt. **17** 246. Dagegen wird, wenn zugleich Fremde sich an der Tat mitbeteiligen, deren Verfolgung als Offizialdelikt nicht abhängig vom Strafantrag gegen die mitbeteiligten Angehörigen, RGSt. **5** 274, **25** 176, **50** 46. Hier liegt auch keine Teilung des Antrags vor, weil er sich von vornherein auf Fremde nicht erstreckt. Umgekehrt ermöglicht daher auch die Anzeige der Straftat eines Nichtangehörigen nicht die Strafverfolgung des Angehörigen, RGSt. **26** 376.

6. Als an der Handlung **Beteiligte** sind auch die Personen anzusehen, die ohne den zur Teilnahme erforderlichen Vorsatz (§§ 47—49) durch ihr äußerliches Zusammenwirken den gesetzwidrigen Erfolg herbeiführen, RGSt. **20** 54, **33** 162, **38** 430, **49** 432. Vorausgesetzt wird eine Beteiligung mehrerer an einundderselben Handlung. Verfasser und Verbreiter einer Druckschrift strafbaren Inhalts sind Beteiligte an der Handlung, obwohl sie nicht Teilnehmer im Sinne von §§ 47 bis 49 sind, RGSt. V in GA. **55** 326. Die Lieferanten der mit fremden Warenzeichen versehenen, von ihnen besonders für einen Abnehmer so angefertigten Ware sind Teilnehmer der Verbreitung durch den Abnehmer, RGSt. **38** 430, 5 D 105/10 v. 1. IV. 10. — Die Beleidigung ist mit der Veröffentlichung der den beleidigenden Artikel enthaltenden Zeitungsnummer vollendet. Wer hinterher denselben Artikel in einer anderen Zeitung veröffentlicht, begeht eine neue selbständige Handlung und ist nicht Beteiligter an der ersten Veröffentlichung, 2 D 581/08 v. 20. X. 08. Da sich der Antrag auch auf den Begünstiger erstreckt, so ergibt sich, daß, wenn die Haupttat Antragsvergehen ist, die Strafverfolgung gegen den Begünstiger nur stattfinden kann, wenn wegen der Haupttat Strafantrag vorliegt, wozu aber schon ein Strafantrag gegen den Begünstiger genügt. Damit ist jedoch die Begünstigung in diesen Fällen noch nicht selbst zu einem Antragsdelikt geworden.

§ 64. Die Zurücknahme des Antrages ist nur in den gesetzlich besonders vorgesehenen Fällen und nur bis zur Verkündung eines auf Strafe lautenden Urteils zulässig.

Die rechtzeitige Zurücknahme des Antrages gegen eine der vorbezeichneten Personen hat die Einstellung des Verfahrens auch gegen die anderen zur Folge.

E. 19 § 41.

1. Die Zurücknahme ist seit der Novelle vom 26. II. 1876 **nur** bei **denjenigen Delikten** möglich, **wo sie ausdrücklich zugelassen** ist: §§ 102—104, 123, 194, 247, 263, 292, 370; §§ 232, 303 nur, wenn gegen Angehörige verübt; ferner §§ 248a, 264a, Nachdruckgesetz 1870 § 27, Urhebergesetz v. 9. X. 1911 I, 76; Patentgesetz 1891, Gebrauchsmustergesetz 1891, Warenzeichengesetz 1894 §§ 14, 15, Depotgesetz 1896 § 9, Urhebergesetz 1901 § 45, Kunst- und Urheberrechtsgesetz 1907 § 41, UWGes. 09 § 22. Das Motiv der Zurücknahme ist gleichgiltig, auch wenn sie gegen Entgelt erfolgt, ist sie wirksam.

2. **Berechtigt** zur Rücknahme ist in der Regel nur der **Antragsteller.** Das Recht ist wie das der Antragstellung ein höchstpersönliches, geht nicht auf die Erben über.

Wo Vertretung im Willen stattfindet, wie bei Organen, steht dem späteren Organe das selbständige Recht zu, den vom früheren Organ gestellten Antrag zurückzunehmen.

Liegt gesetzliche Vertretung nach § 65 Abs. 2 vor, so kann der spätere Vertreter den Antrag des ersten zurücknehmen. Auch die neben dem unmündigen Verletzten über 18 Jahre dem Vertreter zustehende selbständige Befugnis kann vom späteren dahin ausgeübt werden, den vom ersten Vertreter gestellten Antrag zurückzunehmen, RGSt. **36** 64. Damit wird das Recht des 18 jährigen Unmündigen, selbständig den Antrag zu stellen, nicht berührt, er kann trotz der Zurücknahme des Vertreters es geltend machen. Umgekehrt kann aber auch dessen Vertreter trotz der Zurücknahme durch den Unmündigen bei dem Antrag verharren oder ihn neu stellen. Ist der Unmündige nach Stellung des Antrags durch seinen

Vertreter mündig geworden, kann er den Antrag zurücknehmen, obschon Vertreter nach § 65 Abs. 1 ein selbständiges Recht zum Antrag hatte. Denn dieses Recht diente immer nur der Fürsorge für den Unmündigen, RGSt. **22** 256. Ist der Verletzte später entmündigt worden, so kann der Vormund nunmehr auch den Antrag, den Verletzter vorher gestellt hatte, zurücknehmen. Denn er handelt nunmehr für diesen. A. M. Binding Handb. I, S. 651.

In der Willenserklärung ist unbeschränkte Vertretung zulässig. Auch der Täter selbst kann bevollmächtigt werden, Meyer-Allf. S. 326. Wegen der Zulässigkeit einer Vertretung im Willen § 61 Anm. 9.

3. Wie bei Stellung des Antrags ist zur Zurücknahme der bestimmte **Wille, daß der Antrag zurückgenommen werde,** erforderlich. Bloße Kundmachung des Willens, daß die Verfolgung nicht mehr gewollt werde, ist an sich noch keine Willenserklärung, daß der Strafantrag zurückgenommen werde. Damit ist dieser noch nicht aus der Welt geschafft, es muß der Wille ausdrücklich auf Zurücknahme des Antrags gehen. Ebensowenig genügt Zurücknahme der **Privatklage** für sich allein, die auch z. B. lediglich erfolgen kann, um das Kostenrisiko nicht zu tragen. Der Strafantrag bleibt trotzdem bestehen und die Möglichkeit einer Verfolgung im öffentlichen Interesse durch StA. bleibt gegeben, RGSt. **8** 207, **19** 284. Immerhin ist nicht ausgeschlossen, daß in der Zurücknahme der Klage auch die des Strafantrags enthalten sein kann. Die ganze Frage ist Sache der Auslegung, beistimmend Frank 210 nach Finger **1** 205 soll sie stets darin liegen. — Die Frist zur Zurücknahme der Privatklage bestimmt sich übrigens nach StPO. § 391, RGSt. **8** 207. A. M. Binding **1** 650. — Für Zusätze und Bedingungen gilt dasselbe wie beim Strafantrag. Bedingte Zurücknahme des Strafantrags ist nicht schlechthin wirkungslos; a. M. 3 D 4393/03 21. XII. 03. Über „Einschränkungen" RGSt. **44** 402.

4. Die **Form** ist nicht vorgeschrieben, RGSt. **8** 80. Die Zurücknahme kann an jede Stelle gerichtet werden, die zur Strafverfolgung oder Durchführung der in Betracht kommenden Strafuntersuchung berufen ist; an eine dieser Stellen muß sie aber erklärt werden. RGSt. **52** 200, **55** 25; 4 D 4242/92 7. II. 1893. Die Beobachtung der für die Stellung des Antrags vorgeschriebenen Form der StPO. § 158 ist nicht verlangt. Ein Vergleich wischen dem Angeklagten und Verletzten untereinander genügt allein noch nicht, RGSt. **3** 221, **8** 79, **52** 200.

5. Die **Frist** zur Zurücknahme währt nur bis zur Verkündung eines auf Strafe lautenden Urteils, d. h. bis zum Beginn der Verkündung der Urteilsformel. Während der Verkündung, aber vor deren Beendigung ist eine Rücknahme nicht mehr zulässig. Insbesondere ist die Verkündung der Urteilsformel und die Eröffnung der Gründe als ein einheitlicher Vorgang anzusehen, so daß auch, wenn mit dieser begonnen wird, eine Zurücknahme nicht mehr zulässig ist. RGSt. **57** 268. In welcher Instanz das Urteil ergeht, ist gleichgültig: das erste auf Strafe lautende Urteil ist maßgebend. Ob dies die Rechtskraft erreicht oder in höherer Instanz aufgehoben wird, ist belanglos, RGSt. **2** 420, ebenso ob das Verfahren wieder aufgenommen wird, RGSt. **8** 175, **19** 284. Daran wird auch durch StPO. § 431 nichts geändert. Privatklage und Strafantrag sind Akte, die ihrem Wesen nach verschieden sind und selbständiger Regelung unterliegen, RGSt. **8** 207, **19** 284. Selbstverständlich muß die Strafe aber wegen des Antragsdelikts verhängt worden sein, nicht wegen eines mit ihm zusammentreffenden Offizialdelikts. Dagegen kommt es auf die rechtliche Beurteilung der strafbaren Handlung, wegen der Strafantrag gestellt ist, nicht an. Auch wenn diese als Offizialdelikt von StA. und Gericht angesehen und deshalb Verfolgung und Verurteilung erfolgte, kann Antrag nur bis zur Verkündung des Urteils zurückgenommen werden und spätere Zurücknahme ist unwirksam, so daß dann in höherer Instanz gleichwohl wegen Antragsdelikts verurteilt werden kann, ebenso bei Wiederaufnahme des Verfahrens, RGSt. **8** 175. Wegen des konkurrierenden Antragsdelikts ist aber die Strafe auch im Falle des § 73 verhängt, wenn sie aus einem für das konkurrierende Offizialdelikt angedrohten Strafrahmen entnommen wird. Denn die Bestrafung erfolgt auch dann wegen des Antragsdelikts.

Dem Strafurteil ist der Strafbefehl und die Strafverfügung gleichzustellen. Frank 209. A. M. Olshausen Nr. 6; Schwarz Nr. 1. **Ausnahme von der Frist:** Seemannsordnung § 96.

6. Die **Wirkung der Zurücknahme** ist zunächst, daß nunmehr für das Verfahren eine Lage eintritt, als wäre überhaupt niemals ein Strafantrag gestellt gewesen, RGSt. **32** 280; Rspr. **2** 432. Der zurückgenommene Antrag kann auch vor Ablauf der Antragsfrist nicht von neuem gestellt werden. Schwarz Nr. 3; Olshausen Nr. 12. Das Antragsrecht ist mit der Stellung erschöpft gewesen. A. M. Frank 209; Birkmeyer Strafprozeßrecht 328. Ebensowenig kann die Zurücknahme widerrufen werden, RGSt. **36** 64, Rspr. **3** 181; zustimmend Frank 210. Eine gleiche Behandlung zwischen Widerruf und neuer Antragstellung ist aber wegen ihrer gleichen Wirkung geboten.

7. Ebenso wie die Stellung ist auch die **Zurücknahme unteilbar.** Daraus folgt, daß schon der Umstand, daß bei mehreren Beteiligten nur gegen einen auf Strafe erkannt wurde, die Zurücknahme des Antrags ausschließt, selbst gegen andere und selbst wenn in höherer Instanz auch dieser freigesprochen wird. RGSt. **64** 393; Binding Handb. I, 649; Olshausen Anm. 17a; v. Bar, Ges. u. Schuld 3, 344. Bei relativen Antragsdelikten kann die Zurücknahme nicht gegen einen allein erfolgen, sie ergreift vielmehr den Strafantrag gegen alle in diesem Verhältnis zum Verletzten stehenden Beteiligten. Es ist aber trotz § 64 Abs. 2 auch hier zu fragen, ob denn noch eine Zurücknahme gewollt war. Die Zurücknahme wirkt natürlich nur für die Antragsdelikte. Konkurrierende Offizialdelikte werden, wie ohne Strafantrag, so auch nach Rücknahme des Antrags bzw. des konkurrierenden Antragsdelikts, weiter verfolgt, RGSt. **5** 274, **28** 125. Es kommen aber nur wirkliche Teilnehmer in Frage. Die Zurücknahme gegen einen als schuldlos Erkannten bedeutet keine Zurücknahme gegen die Schuldigen, Hüppner, GerS. **38** 391, es wäre denn, daß die Zurücknahme ohne Rücksicht auf die Beteiligung erfolgte, Frank zu § 64 Nr. III.

Eine Ausnahme von § 64 Abs. 2 findet notwendig dort statt, wo die Zurücknahme des Antrags vom Gesetz selbst auf bestimmten Personenkreis der Beteiligten beschränkt wird, auf andere an der Tat Beteiligten, ihm aber nicht zugehören, dagegen die Zurücknahme nicht zugelassen ist, wie in Fällen von §§ 232 und 303. Bei diesen Delikten findet Verfolgung nur auf Antrag statt; nur soweit Beteiligte Angehörige sind, ist eben Zurücknahme zulässig. Gegen die Beteiligten, die Nichtangehörige sind, bleibt also Antrag bestehen und Strafverfolgung geht weiter, RGSt. **28** 125, **32** 280, Binding Hdb. I 649. A. M. Aug. Köhler S. 435.

§ 65. Der Verletzte, welcher das achtzehnte Lebensjahr vollendet hat, ist selbständig zu dem Antrage auf Bestrafung berechtigt. Solange er minderjährig ist, hat unabhängig von seiner eigenen Befugnis auch sein gesetzlicher Vertreter das Recht, den Antrag zu stellen.

Ist der Verletzte geschäftsunfähig oder hat er das achtzehnte Lebensjahr noch nicht vollendet, so ist sein gesetzlicher Vertreter der zur Stellung des Antrages Berechtigte.

E. 19 § 38.

1. Wie im BGB. die Geschäftsfähigkeit im Hinblick auf privatrechtlich wirksame Rechtshandlungen geregelt wird, so in § 65 die Geschäftsfähigkeit im Hinblick auf eine besondere, für das Strafrecht wirksame Rechtshandlung, die Stellung des Strafantrags. Dieser besonderen Regelung bedurfte es, weil ohnedies die privatrechtlich wirksame Geschäftsfähigkeit oder Geschäftsunfähigkeit und die hierfür geregelte Ergänzung durch Stellvertretung nicht ohne weiteres auch für das öffentliche Recht, insbesondere das Strafrecht, maßgebend ist.

An sich wäre es denkbar, die öffentlich-rechtliche Handlungsfähigkeit von der natürlichen Handlungsfähigkeit und deren Nachweis abhängig zu machen und bei ihrem Mangel dem Verletzten einen Vertreter zu bestellen. Das Recht geht aber offenbar auch auf dem öffentlichen Gebiete davon aus, daß Präsumtionen der Handlungsfähigkeit und Unfähigkeit, wie sie das bürgerliche Recht für sein Gebiet an ein bestimmtes Alter knüpft, auch für das öffentliche Recht zweckmäßig sind und trifft daher auch für das Strafrecht die ihm angemessenen Vorschriften.

2. In **Abs. 1** wird die **Geschäftsfähigkeit des Verletzten,** der das 18. Lebensjahr erreicht hat, gegenüber der bürgerlich-rechtlichen Geschäftsfähigkeit im Hinblick auf die Fähigkeit, einen Strafantrag wegen der strafbaren verletzenden Tat zu stellen, **erweitert,** insofern sie ihm nicht erst mit der bürgerlich-rechtlichen Volljährigkeit, dem 21. Lebensjahr, sondern bereits mit dem erfüllten 18. Lebensjahr zuteil wird. Wann das 18. Lebensjahr vollendet ist, bestimmt sich aber entsprechend der Regelung nach BGB. § 187 Abs. 2, nicht vom Moment der Geburt nach der Stunde, RGSt. **35** 37. Der Verletzte kann von da ab, ohne der Genehmigung seines bürgerlich-rechtlichen Vertreters zu bedürfen, den ihm selbständig zustehenden Strafantrag unabhängig (= selbständig) stellen. Diese Erweiterung der öffentlich-rechtlichen Geschäftsfähigkeit in der Stellung von Strafanträgen bestand nach § 54 Abs. 1 des preuß. StGB. sogar schon beim 16. Lebensjahr und ist bei den Beratungen der Immediatkommission von 1845 auf eine Anregung des Kriegsministers zurückzuführen. Denn ursprünglich sollte nach den Gesetzesvorschlägen bei Minorennen oder Haussöhnen die Befugnis zum Antrag dem Vormund oder Vater zustehen (Entwurf von 1845 §§ 74—78, Revision von 1845 S. 218—226). Der Kriegsminister erklärte aber mit Rücksicht auf die aktiven Offiziere und Unteroffiziere in diesem Verhältnisse für unmöglich, daß die Antragstellung von vormundschaftlicher oder väterlicher Gestattung abhängig sein könnte.

3. Die folgerichtige Durchführung der Erteilung der vollen Geschäftsfähigkeit in Hinblick auf die Strafantragstellung schon an den Achtzehnjährigen hätte dazu führen müssen, die Vertretungsmacht des gesetzlichen Vertreters, die für bürgerlich-rechtliche Handlungen weiter bis zum 21. Lebensjahre des Vertretenen fortbestand, nunmehr für diese öffentlich-rechtlichen Befugnisse auszuschließen. Wenn der Verletzte hier vollgeschäftsfähig ist, bleibt für eine Vertretung begrifflich kein Raum mehr. Das ist inkonsequenterweise aber nicht geschehen. Vielmehr wurde das Vertretungsrecht bei Stellung des Strafantrags dem gesetzlichen Vertreter auch nach erlangter Geschäftsfähigkeit des Verletzten auf diesem Gebiete des Strafrechts weiter belassen, so daß dieser gesetzliche Vertreter des bürgerlichen Rechts nun neben der eigenen Ausübung des Antragsrechts durch den Verletzten auch noch selbst — aber gleichwohl immer als Vertreter — für diesen handeln kann und nach wie vor dabei unabhängig vom Willen seines Vertretenen ist. Der gesetzliche Vertreter des Minderjährigen und dieser selbst sind nicht Träger zweier rechtlich verschiedener Willen, sondern repräsentieren beide nur einen Willen, der Kraft gesetzlicher Vorschrift sich sowohl auf die eine wie auf die andere Weise betätigen kann, RGSt. **22** 256. Motive zu § 63 Entw. StGB. sagen, daß Vater oder Vormund namens des Verletzten selbständige Strafanträge stellen können. Die Voraussetzungen für die Strafklage sind hiernach gegeben, wenn entweder vom Verletzten Minderjährigen selbst oder von seinem Vertreter ein gültig gestellter Strafantrag vorliegt. Der Vertretene kann nicht über das Antragsrecht des Vertreters und umgekehrt disponieren. Jeder kann also nur von sich aus die Stellung des Antrags unterlassen, oder seinen Antrag zurücknehmen, nicht der eine den des andern, solange das Vertretungsverhältnis dauert. Ist dies aber erloschen, so wird der Wille des früher Vertretenen nun nicht mehr auch durch den andern gebildet, der mündig Gewordene kann sonach nunmehr den von seinem Vertreter gestellten Antrag zurücknehmen, RGSt. **22** 256.

4. Zu **Abs. 2.** Der nach bürgerlichem Recht **Geschäftsunfähige,** BGB. § 104, gilt, soweit die Strafantragsbefugnis in Betracht kommt, auch für das öffentliche Recht für geschäftsunfähig, ebenso der noch nicht 18 Jahre alte. Diese Geschäftsunfähigen auf dem Gebiete des öffentlichen Rechts werden nach der vorliegenden positiven Vorschrift durch ihren Vertreter des bürgerlichen Rechts auch hinsichtlich der Fähigkeit, Strafantrag zu stellen, vertreten. Diese üben dieses Recht aber auch hier nur als ein dem Verletzten zustehendes, nicht als ein eigenes aus, wennschon als ein von seinem Willen unabhängiges, RGSt. **57** 240. Ob die tatächlichen Voraussetzungen die Aufstellung eines Pflegers rechtfertigen, ist vom Strafrichter nicht nachzuprüfen, RGSt. **35** 47 und RGSt. I in GA. **48** 447, dieser hat nicht die Notwendigkeit und Zweckmäßigkeit, sondern nur die gesetzliche Zulässigkeit und Legalität der Bestellung zu prüfen. Auch für den nach BGB. § 104 Nr. 2 geschäftsunfähigen Volljährigen kann zum Zwecke der Antragstellung ein Pfleger bestellt werden, RGSt. V in GA. **58** 182.

5. Ist der **Vater** eines Geschäftsunfähigen oder Minderjährigen der gesetzliche Vertreter, so gilt hierfür nichts andres, als wenn der Vormund oder die Mutter der gesetzliche Vertreter ist. Vgl. Motive zu § 63. Nach preuß. StGB. § 54 hatten der Vater oder Vormund Antragsrecht ebenfalls nur als Vertreter. Wenn der Vater nach BGB. § 1685 behindert ist, ist die Mutter Vertreterin. GA. **55** 334.

Ist der Vater als gesetzlicher Vertreter nach § 65 selbst der Täter, so entfällt natürlich sein Antragsrecht. Diese rechtliche Verhinderung bringt auch nicht das Antragsrecht der Mutter zur Entstehung, sondern erfordert die Bestellung eines Pflegers nach BGB. § 1909. Die Frist des § 61 läuft erst von dem Zeitpunkt an, wo dieser Pfleger bestellt worden ist und Kenntnis von der Handlung und Person des Täters erlangt hat; 2 D 63/33 9. II. 33 in DRZ. 1933, 168.

6. Der Beginn der Antragsfrist berechnet sich für jeden Antragsberechtigten, auch den des Vertreters, nach der in seiner Person vorhandenen Kenntnis von der Tat und dem Täter. Tritt ein Wechsel in der Person des Vertreters ein, so vermag dieser Umstand aber nicht eine bereits abgelaufene Antragsfrist neu aufleben zu lassen, sondern eine begonnene nur fortzusetzen. So auch RGSt. **24** 427; Coenders 355. Dagegen Frank 202; Olshausen Anm. 20, die die Frist von vorn beginnen lassen wollen.

§ 66. Durch Verjährung wird die Strafverfolgung und die Strafvollstreckung ausgeschlossen.

Entw. § 79.

1. Es wird im Gesetz zwischen Strafverfolgung und Strafvollstrekkung unterschieden. Erstere bezeichnen die Motive zu § 64 des Entwurfs auch als „Verjährung der Strafklage", letztere als „Strafverjährung". Hieraus erhellt, daß das Gesetzbuch, wie schon der Ausdruck ergibt, die Verjährung regelt, insoweit das prozessuale Recht der Strafklage und Strafvollstreckung in Frage steht, nicht aber, soweit der durch das Delikt erzeugte Strafanspruch des Staats, das staatliche materielle Strafrecht selbst in Betracht kommt. Dagegen bestimmt Entw. § 79 „Die Strafbarkeit einer Tat erlischt durch Verjährung". Einen Strafausschließungsgrund sieht in der Verjährung auch RGSt. **56** 106, **59** 184. Dieser prozeßrechtliche Charakter der Verjährung ergibt sich auch aus § 69, wo Strafverfolgung und Fortsetzung des Strafverfahrens gleichgestellt werden. Erwägt man aber den Grund für die Verjährung der Strafverfolgung sowohl wie der Strafvollstreckung, so ergibt sich, daß er für beide nur der sein kann, daß der staatliche Strafanspruch selbst weggefallen ist, anders als bei der Versäumung der Antragsfrist, die den staatlichen Anspruch unberührt läßt. Ist Strafe Vergeltung begangenen Unrechts, so löscht die Zeit allmählich das Bedürfnis nach Vergeltung und auch die Autorität der Rechtsordnung wird durch verspätete Vergeltung nicht mehr gehoben. Hierzu tritt für die Verfolgung die schließliche Unmöglichkeit der Erweisbarkeit des staatlichen Strafanspruchs. Wie daher Verjährung im bürgerlichen Recht Untergang des Rechts selbst, nicht nur seiner klageweisen Geltendmachung wirkt, so auch im Strafrecht nicht nur den Untergang des Verfolgungs- und Vollstreckungsrechts, sondern des Strafrechtsanspruchs selbst. Daher ist der Untergang des Strafanspruchs nicht bloß eine Reflexerscheinung des Untergangs der Strafklage und Strafvollstreckung, Binding Hdb. I, 534, sondern umgekehrt jene erst eine Folgeerscheinung dieses. Wenn daher das StGB. auch nur diese prozessuale Folgeerscheinung regelt, gehört die ihr zugrunde liegende Strafanspruchsverjährung doch dem materiellen Recht an. Deshalb nimmt RGSt. **12** 435, **30** 31, **32** 251, **41** 167, **46** 274, **56** 66, **59** 184, **66** 328 an, daß der staatliche Strafanspruch verjährt und daher die Bestimmungen über Verjährung auch dem materiellen Recht angehören, so auch Schwarz, zugleich aber daß sie auch ein prozeßrechtliches Hindernis des Strafverfahrens bilden. RGSt. **14** 382, **23** 184, 188 und insoweit also auch dem Prozeßrecht zukommen. RGSt. in JW. 1933, 56. In der Wissenschaft sind für rein materiell-rechtliche Natur der Verjährung u. a. Liszt-Schm. I, 455; Finger 1 575; Loening Vergl. Darst. 1 379; Köhler 29; Allfeld 303; Wachenfeld 290; Merkel-Liepmann 302; Baumgarten, Aufbau der Verbrechenslehre (1913) 23; für rein prozessuale Natur Rosenberg ZStRW. **36** 529; Lourie, Die Kriminalver-

jährung (1914) 81; für gemischten Charakter Frank 213; Meyer 522; Risch ZStRW. **9** 235; Olshausen 5; Gerland 215; Mezger Lehrb. 497; RGSt. **30** 31, **41** 167, **46** 274, **59** 197. — Vgl. auch Beling ZStRW. **39** 662.

2. Die Folge der prozessualen Natur ist, daß mit dem strafrechtlichen Verfahren in dem Augenblick innezuhalten ist, wo sich ergibt, daß die Klage verjährt ist. Nichtverjährtheit ist eine prozessuale Voraussetzung des Verfahrens, RGSt. **24** 270. Das Verfahren ist dann einzustellen. Für eine Freisprechung ist kein Raum, da es zu einer Prüfung der Schuldfrage überhaupt nicht erst kommt. So auch einmal RGSt. **41** 167, **46** 274, das sonst im übrigen wegen der materiellen Natur der Verjährung Freisprechung für angezeigt hält, RGSt. **12** 434, **40** 88, **41** 152, Rspr. **4** 595. Diese wäre aber nur möglich, wenn nur der Strafanspruch, nicht auch die Strafverfolgung verjährte. Ferner folgt aus der prozessualen Natur, daß alle landesrechtlichen Vorschriften über Verjährung ungültig sind, EG.StPO. § 6; Binding, Grundriß 302; Frank 213; RGSt. **30** 31.

3. Die Frage der Verjährung ist als Prozeßvoraussetzung von Amts wegen zu prüfen, auch in höherer Instanz, selbst wenn erst in dieser Verjährung eintritt, RGSt. **23** 154, **41** 167; 4 D 317/22 11. V. 23. In der Revisionsinstanz sind diese prozessualen Voraussetzungen vom Revisionsgericht selbständig auf Grund der Akten zu prüfen, RGSt. **12** 434. Nur an die tatsächliche Feststellung des Tatrichters hinsichtlich der Straftat selbst ist es, wie immer, auch hier gebunden. Auch hier kommt man zufolge der prozessualen Regelung des StGB. nicht erst zur Nachprüfung, ob der materielle Strafanspruch berechtigt ist. Wenn die Strafverfolgung verjährt ist, kann auch kein zur Verfolgung zuständiges Gericht bezeichnet werden, RGSt. I Beschl. v. 5. III. 25 (B 34/35).

4. Die Verjährung berührt nur die persönliche Strafverfolgbarkeit des einzelnen Täters, die Verfolgbarkeit oder Nichtverfolgbarkeit des Haupttäters ist ohne Einfluß auf die der Mittäter, Teilnehmer und Gehilfen, sowie umgekehrt, RGSt. **9** 13, vgl. auch § 68 Abs. 2.

5. Verjährung läuft ohne Rücksicht auf tatsächliche Möglichkeit der Verfolgung oder Vollstreckung (tempus continuum), auch ohne Rücksicht, ob der zur Strafverfolgung erforderliche Antrag oder die Ermächtigung gestellt ist, § 69 Abs. 2.

6. Die Verjährung der inländischen Strafverfolgung, einer von einem Deutschen im Ausland begangenen strafbaren Handlung ist ausschließlich nach deutschem Recht zu beurteilen, RGSt. **40** 402.

7. Nach Ges. v. 9. IV. 20 findet außerdem mit Zeitablauf eine Beschränkung der Auskunfterteilung über Einträge im Strafregister und eine Löschung von Strafvermerken statt.

8. Ausgeschlossen ist die Verjährung der Verfolgung von Kriegsverbrechen und Kriegsvergehen durch das Ges. v. 24. III. 20 § 2.

§ 67. Die Strafverfolgung von Verbrechen verjährt,

wenn sie mit dem Tode oder mit lebenslänglichem Zuchthaus bedroht sind, in zwanzig Jahren;

wenn sie im Höchstbetrage mit einer Freiheitsstrafe von einer längeren als zehnjährigen Dauer bedroht sind, in fünfzehn Jahren;

wenn sie mit einer geringeren Freiheitsstrafe bedroht sind, in zehn Jahren.

Die Strafverfolgung von Vergehen, die im Höchstbetrage mit einer längeren als dreimonatlichen Gefängnisstrafe bedroht sind, verjährt in fünf Jahren, von anderen Vergehen in drei Jahren.

Die Strafverfolgung von Übertretungen verjährt in drei Monaten.

Die Verjährung beginnt mit dem Tage, an welchem die Handlung begangen ist, ohne Rücksicht auf den Zeitpunkt des eingetretenen Erfolges.

Entw. § 79.

1. Das StGB. kennt eine **Verjährung der Strafverfolgung bei allen Straftaten.** Sofern in den Nebengesetzen nichts Besonderes geregelt ist, kommen auch für diese Straftaten die Verjährungsfristen des StGB. zur Anwendung, RGSt. **52** 42.

2. **Beginn der Verjährung.** Die Motive zu Entwurf § 65 sagen: „Über den Lauf der Verjährung ist nur angeordnet, daß derselbe mit dem Tag der begangenen Tat anfängt. Die besondere Bestimmung, daß hierbei der Zeitpunkt nicht maßgebend sei, an welchem der zur Vollendung des Verbrechens erforderliche Erfolg eingetreten ist, erledigt einen Zweifel." Der Zweifel bestand darin, ob die Verjährung beginnen solle mit Vollendung der äußeren, körperlichen Willensbetätigung als solcher, mit dem Abschluß des menschlichen Tätigwerdens, oder ob die ursächliche Fortwirkung dieses Tuns in der Außenwelt und die schließliche Herbeiführung des Erfolgs, der die Rechtsgüterverletzung bedeutet und dessen Eintritt erst zur Vollendung und Verwirklichung des deliktischen Tatbestands, der strafbaren Tat als Delikt gehört, beginnen soll. Eine gleiche Unterscheidung zwischen der Vollendung der Handlung als menschlicher Tätigkeit und Verwirklichung des deliktischen Tatbestands durch Eintritt des durch jene Handlung verursachten rechtswidrigen Erfolgs findet sich in § 46 Nr. 2. Das Gesetz hat, wie die Motive klar erkennen lassen, die Zweifelsfrage dahin entschieden, daß nicht erst mit der Verwirklichung des vollen deliktischen Tatbestands — des zur Vollendung des Verbrechens erforderlichen Erfolgs — sondern bereits **mit Abschluß des menschlichen Tuns** — der begangenen Tat, der begangenen Handlung — der Fristenlauf beginnen soll. Das ist eine rein positiv gesetzliche Regelung, die ebensogut und vielleicht zweckmäßiger anders hätte getroffen werden können — so Entw. § 80 erst mit Eintritt des zum Tatbestand gehörigen Erfolgs —, tatsächlich aber deutlich genug in dem bezeichneten Sinne erfolgt ist. Übereinstimmend v. Liszt-Schmidt I, 454, Finger 1 579, Meyer 257, Allf. 306, Kitzinger, Ort und Zeit der Handlung (1902) 203; VerglDarst. I, S. 150, 190, 222, Hälschner I, 694, Frank 214, M. E. Mayer 523, Köhler 664, Olshausen A. 9. Wenn **RGSt. 42** 172 sagt „Begangen ist eine strafbare Handlung, sobald ihre gesetzlichen Begriffsmerkmale verwirklicht sind. Gehört es im einzelnen Falle zum Tatbestand eines Vergehens, daß das Handeln des Täters einen bestimmten Erfolg herbeigeführt habe, und ist dieser Erfolg eingetreten, so kann die Verjährung erst vom Zeitpunkt des Erfolgseintritts ab zu laufen beginnen, da erst hierdurch der Vergehenstatbestand in seiner konkreten Erscheinung vollendet und damit der Strafanspruch des Staats, soweit er sich gegen das vollendete Vergehen richtet, zur Existenz gelangt ist", so übersieht RG., daß der Gesetzgeber eben kraft seiner Machtbefugnisse auch anders „kann", nämlich die Verjährung beginnen lassen, wenn er will, also auch vor Eintritt des Erfolgs, der zur konkreten Verwirklichung des Delikts gehört, schon mit Abschluß der den Erfolg verursachenden menschlichen Tätigkeit die nun einmal längst vor ihrer Wirkung beendet sein kann. Daß StGB. und Motive unter dem „zur Vollendung des Verbrechens erforderlichen Erfolg" eben nur den tatbestandsmäßigen, das Delikt charakterisierenden Erfolg verstehen, nicht einen darüber hinaus eintretenden entfernteren Erfolg, der vielleicht für die Strafbarkeit wesentlich ist, aber für die Vollendung des deliktischen Tatbestands gleichgültig ist, ist sicher. Wäre dieser außerhalb des Delikts liegende Erfolg gemeint, so hätte es einer besonderen Bestimmung hierüber überhaupt nicht bedurft. **Wie RGSt. 42** 171 **auch RGSt. 5** 282, **9** 152, **21** 229, **26** 261, **30** 310, **33** 230, **40** 402, **41** 17, **42** 171, **62** 212, **63** 322; GA. **51** 350. Wie RG. Binding Hdb. I 837 und Grundriß 305, Opph Del., v. Hippel ZStRW. **37** 7, Wachenfeld 294.

Muß hiernach die menschliche Willensbetätigung und ihr Abschluß von dem Abschluß des deliktischen Tatbestands durch Eintritt des Erfolgs nach dem Willen des Gesetzes unterschieden werden, so ergibt sich als Folge: Beim Versuch beginnt die Verjährung mit der Beendigung der menschlichen Tätigkeit, gleichviel, ob diese als sich unbeendigten oder als beendigten Versuch nach § 46 darstellt. Binding Hdb. I S. 838. Bei fahrlässigen Handlungen kann Verjährung eintreten, ohne daß ein Erfolg erwachsen ist, bei vorsätzlichen Handlungen, deren Erfolg erst nach langer Zeit verursacht wird, wie z. B. bei langsam wirkendem Gift, spät wirksam werdender Höllenmaschine, beginnt Verjährung vor Eintritt des Erfolgs mit Abschluß der menschlichen Handlung. Hiervon zu unterscheiden sind jedoch:

die in Fortsetzungszusammenhang begangene Handlung. Hier endete die menschliche Tätigkeit selbst erst mit dem letzten Akt der Handlung, erst mit diesem ist sie begangen, die Verjährung beginnt also nicht schon mit Beginn, sondern erst mit dem Ende des fortgesetzten Handelns. Dasselbe gilt bei Kollektivdelikten hinsichtlich des letzten gewerbs- und gewohnheitsmäßigen Akts; RGSt. **6** 294, 412, **8** 390, **10** 203, **14** 145, **25** 206, **37** 78, **38** 387, **40** 406, **44** 424, **57** 140, **62** 212; Rspr. **5** 740, **7** 247, 692, **9** 483. Für § 184 Abs. 1 dagegen RGSt. **38** 71;

bei Dauerdelikten (wie Freiheitsberaubung) dauert die Handlung bis zum Schluß an und es beginnt erst von da ab die Verjährung, RGSt. **9** 152, **22** 161, **29** 391, **37** 28, 78, **59** 7, Rspr. **4** 595, **7** 692. — Zuwiderhandlungen gegen Regeln der Baukunst bilden kein Dauerdelikt, RGSt. **6** 129, **26** 261. Abweichend RGSt. **9** 152. Wenn aber unter Strafdrohung ein gewisses Handeln binnen einer bestimmten Frist oder bis zu einem bestimmten Zeitpunkt vorgeschrieben wird, so fällt mit dem Ablauf der Frist oder dem Eintritt des Zeitpunkts noch nicht regelmäßig und notwendig die Verpflichtung selbst fort, RGSt. **8** 390, **9** 354. Es handelt sich vielmehr bei der Unterlassung gegen das vorgeschriebene Handeln um ein Dauerdelikt. Die Verjährung beginnt erst zu laufen, sobald die Verpflichtung zum Handeln überhaupt wegfällt. RGSt. **59** 7, 197. Bigamie § 171 vom Gesetzgeber irrtümlich als Dauerdelikt aufgefaßt, Loening, VDA. I 440, Meyer-Allf. S. 307.

Dagegen läuft für Handlungen, die einen dauernden, vom Recht mißbilligten Zustand bewirken, ohne daß ihre Wiederholung selbst nötig ist, schon mit Ende der Handlung, nicht erst, nachdem der Zustand aufgehoben ist, die Verjährung. Bloßes Bestehenlassen eines geschaffenen Zustandes ohne daß gleichzeitig ein Erhalten desselben vorliegt, ist kein Handeln mehr, RGSt. **9** 152, **22** 435, **26** 261, **34** 24, **37** 78; Rspr. **7** 692. M. E. Mayer S. 523, Loening, VDA. I 439; a. M. Olshausen. — Zu § 171 vgl. daselbst und RGSt. **15** 261. Unrichtig bei Auswanderung nach § 140, RGSt. **3** 437. Binding Lehrb. **2** 690.

Bei Unterlassungsdelikten kommt es darauf an, ob ein einmaliges Handeln zu einer bestimmten Zeit oder ein einmaliges oder wiederholtes Handeln innerhalb einer bestimmten Zeit bis zur Herbeiführung eines bestimmten Erfolgs geboten war. Letztenfalls kann ein fortgesetztes Unterlassen vorliegen und es beginnt die Verjährung zu der Zeit, wo noch ein Handeln geboten war, RGSt. **8** 390, **9** 353, **26** 262; **59** 6, **61** 45, **65** 362; Rspr. **2** 212. Dagegen bedeutet das Fortbestehen eines Zustands, der durch die Unterlassung der gebotenen Handlung entstanden oder geblieben ist, nicht ohne weiteres auch ein fortgesetztes Unterlassen, sofern die Handlung nicht geboten ist, solange der mißbilligte Zustand vorhanden ist. Die strafbare Unterlassung einer steuerrechtlich gebotenen Buchführung, RAbgO. § 163, dauert solange fort, wie eine Verpflichtung zur Nachholung der unterlassenen Buchung besteht. Die Verjährung der Zuwiderhandlung beginnt daher erst, wenn diese Verpflichtung nicht mehr nachgeholt werden kann, oder ihre nachträgliche Erfüllung für die Besteuerung bedeutungslos geworden ist. RGSt. **62** 212.

Bei Anstiftung und Beihilfe kommt der akzessorische Charakter nicht in Betracht, da der Erfolg der Handlung nicht maßgebend sein soll. Es kann also auch hier nur auf die menschliche Tätigkeit des Anstiftens und des Helfens als solche ankommen, auch wenn deren Charakter als Anstiftung und Beihilfe erst durch die spätere Haupttat sich ergibt. So auch Wachenfeld 192; Finger **1** 579; Gerland 287; v. Liszt-Schmidt I 454; Meyer-Allfeld S. 307; Frank 215; Olshausen Anm. 16. Doch sehr bestritten. A. M. Binding Hdb. I, 840; Mezger 497; RGSt. **5** 282, **9** 152, **21** 228, **26** 261, **30** 300, **40** 402, **41** 17, **42** 171, das wegen der akzessorischen Natur die Verjährung erst mit Beendigung der Haupttat beginnen läßt. Wenn sich jedoch bei fortgesetzter Handlung die Beihilfe nur auf einen Teilakt beschränkt, so beginnt die Verjährung gegen den Gehilfen auch nach RGSt. **65** 362 in dem Zeitpunkt, in dem der betreffende Teil der fortgesetzten Tat abgeschlossen ist, 4 D 412/18 28. V. 18.

Anders bei Mittäterschaft. Hier gilt jede Tätigkeit des einzelnen Mittäters als die des andern, daher beginnt die Verjährungsfrist hier notwendig erst mit Abschluß der letzten gemeinschaftlichen Tätigkeit.

3. Besonders gilt für StGB. § 171 § 35 Branntweinsteuergesetz 1887 u. Seemannsordnung 1902; Urhebergesetz 1901 §§ 50, 51; Kunstschutzgesetz 1907 §§ 47, 48;— EG.StGB.

§ 7; StGB. § 171; GewO. § 145. — Preßgesetz § 22 (auf alle Straftaten Anwendung, RGSt. **32** 69, **38** 71, nicht Erpressung **33** 230). ReichsversO. § 147; (Majestätsbeleidigungsgesetz v. 17. XII. 08 ist gegenstandslos geworden). Unter Preßges. § 22 fallen auch solche Handlungen, die schon vorher verübt wurden, aber zum Erscheinen der Zeitung mitgehören, RGSt. **24** 270, **38** 71, **42** 87 unter Aufgeben von **40** 270, vgl. aber hierzu RGSt. **53** 194. Die Verjährungsfrist des § 22 Preßges. gilt auch für Verfasser, StGB. § 67 muß ihr gegenüber zurücktreten, RGSt. **61** 21. Wenn Ausführungstätigkeit nicht durch Inhalt der Druckschrift in Erscheinung tritt, z. B. durch Herstellung von Nachdruckexemplaren, Warenzeichen usw., liegt § 22 nicht vor, RGSt. **42** 87. — Frist beginnt mit erstem Verbreitungsakt, RGSt. **32** 69, bei Fortsetzungszusammenhang mit letztem, RGSt. **35** 267. Nach § 23 des Wechselsteuerges. v. 18. VI. 23 (RGBl. I 403) beginnt die Verjährung der Strafverfolgung mit dem Schlusse des Jahres, in dem der Wechsel fällig geworden ist. Die Bestimmung des § **164** Abs. 1 VZGes. über die einjährige Verjährungsfrist ist auch auf die Fälle des § 161 Abs. 1 zu beziehen; 3 D 665/27 23. I. 28. A. M. RGSt. **13** 223.

Bei Antrags- und Ermächtigungsdelikten beginnt die Verjährung ebenfalls mit Begehung der Tat, auch bevor Antrag gestellt ist.

4. Dauer der Verjährung. Die Frist wird nach der Kalenderzeit berechnet und läuft zusammenhängend fort. „Die Verjährung erreicht mit dem Beginne des dem Anfang der Verjährung entsprechenden Kalendertags ihr Ende" (Motive zu § 65). Begann sie also am 15. des Monats, endet sie nachts 12 Uhr des 14. des Monats. Die Länge der Frist wird durch die Strafen bestimmt wie sie **Handlungen solcher Art** nach dem Gesetz angedroht sind, nicht wie sie im besonderen wegen der in der Person des Täters liegenden subjektiven Merkmale angedroht oder gar tatsächlich verwirkt ist. Straferhöhungs- und Strafminderungsgründe und mildernde Umstände des einzelnen Falls bleiben daher ebenso außer Betracht, wie Jugend. RGSt. **3** 53; Rspr. **2** 547. Ebenso berechnet sich bei Versuch und Beihilfe die Verjährungsfrist nach § 44, nicht nach der für die Haupttat angedrohten Strafe. Bei Rückfall wird jedoch die Art der Handlung selbst beeinflußt, das Vergehen wird zum Verbrechen, daher ist dessen Höchststrafe maßgebend. Frank 21 ff. Beim Zusammentreffen zweier selbständiger Handlungen ist jede einzelne auch mit selbständiger Strafe bedroht und daher richtet sich die Dauer der Verjährung nach diesen einzelnen Strafdrohungen. RGSt. **57** 141. Daß schließlich die ausgeworfenen Einzelstrafen nach § 74 in eine Gesamtstrafe verwandelt werden, macht diese „Gesamtstrafe noch nicht zu einer angedrohten" i. S. von § 67 und rechtfertigt nicht, die Verjährungsfrist nach ihr zu berechnen, wie v. Liszt-Schmidt I, 456 will. Das gilt auch für Idealkonkurrenz, denn auch hier bleibt jede einzelne der zusammentreffenden Straftaten bedroht.

Die Dauer der Frist bestimmt sich nicht nach der im Eröffnungsbeschluß der Handlung zuteil gewordenen rechtlichen Beurteilung, sondern nach dem Ergebnis der Hauptverhandlung und der ihr vom erkennenden Richter gewordenen Würdigung. 3 D 23/24 4. II. 24. JW. **1924** 1728[14].

5. Die **Fristdauer** findet sich in 6 Abstufungen:

a) 20 Jahre bei Verbrechen, die mit Tod oder lebenslänglicher Freiheitsstrafe bedroht sind (auch nach MStGB., Binding Hdb. I, 844).
   15 Jahre bei Verbrechen mit zeitlicher Strafe von über 10 Jahren.
   10 Jahre bei Verbrechen mit zeitlicher Strafe bis zu 10 Jahren.

b) 5 Jahre bei Vergehen mit Gefängnisstrafe von über 3 Monate.
   3 Jahre bei Vergehen mit Gefängnisstrafe bis zu 3 Monaten oder Geldstrafe, gleichgültig ob die Ersatzstrafe 3 Monate übersteigt, RGSt. **1** 167, **16** 6, **26** 130.

c) 3 Monate bei Übertretungen. Vgl. auch GewO. §§ 147—150. RGSt. **25** 55, **30** 31. Die Verjährung der am 29. Januar verübten Übertretung tritt mit Ablauf des 28. IV. ein, 3 D 74/26 4. III. 26. Eine Verkürzung der Verjährung der Strafverfolgung kommt auch in Frage, wenn eine Lohnabtreibung nach § 219 a. F. nunmehr den Tatbestand der gewerbsmäßigen Abtreibung nach § 218 Abs. 4 n. F. erfüllt; 2D 1029/6 10. I. 27.

6. Eine Folge der Verjährung ist, daß auch **Bußansprüche** nicht mehr geltend gemacht werden können, weil die Buße nur neben der Strafe ausgesprochen werden kann. Vgl. auch § 70. Bestritten ist, ob der Bußanspruch nach BGB. § 852 vor dem Strafanspruch ver-

jähren kann, so Frank 216, oder ob, da seine Verfolgung im Strafverfahren zulässig ist, sofern dies geschieht, auch hier die Verjährungsfrist für diesen maßgebend ist. So RGSt. **44** 294. Dies dürfte zwar zweckmäßig sein, aber da Buße nach den Grundsätzen des Zivilrechts verjährt, muß es bei den selbständigen Verjährungsbestimmungen bleiben. Allfeld 261; Olshausen zu § 70 A. 6; v. Liszt-Schmidt I 417. — A. M. Binding **1** 854. Wenn ein Strafverfahren wegen Verjährung nicht mehr zulässig, können auch Erziehungsmaßnahmen gegen Jugendliche nach Verjährung der Straflage nicht mehr angeordnet werden. Das gilt auch für andere Folgen der Straftat, die nur im Strafverfahren verhängt werden können.

7. Das Urteil hat auf Einstellung des Verfahrens zu lauten wegen Unzulässigkeit der Strafverfolgung; in der Revisionsinstanz auch bei materieller Rüge, RGSt. **41** 167, **52** 56; 4 D 962/09 10. XI. 09. Nach RGSt. **12** 434, Rspr. **4** 595, RGSt. I. in GA. **46** 425; 4 D 4717/99 2. II. 00; 4 D 4477/99 22. XII. 1899 soll auf Freisprechung zu erkennen sein.

§ 68. Jede Handlung des Richters, welche wegen der begangenen Tat gegen den Täter gerichtet ist, unterbricht die Verjährung.

Die Unterbrechung findet nur rücksichtlich desjenigen statt, auf welchen die Handlung sich bezieht.

Nach der Unterbrechung beginnt eine neue Verjährung.

E. 19 §§ 124, 415 Abs. 1 Satz 2. Amtl. Entw. § 81.

1. Die Vorschrift betrifft die **Unterbrechung** der **Verfolgungsverjährung**, während § 72 die Unterbrechung der Vollstreckungsverjährung behandelt. Unterbrechung ist ein prozessualer Vorgang, die von Amts wegen zu berücksichtigen, RGSt. **13** 57, und zu deren selbständiger Prüfung das Revisionsgericht berechtigt ist. Hierbei ist der Akteninhalt zu berücksichtigen, RGSt. **12** 436, **41** 17, 167, **45** 158. Unterbrechung ist eine den Lauf der Frist hemmende Handlung, die den Lauf nicht nur zum Stillstand bringt, sondern **ihre bisherigen Wirkungen** in einem Akt **außer Kraft setzt.** Sie kann oftmals wiederholt werden, solange die Frist noch nicht vollendet ist. In § 69 wird dagegen das Ruhen der Verfolgungsverjährung behandelt. — Voraussetzung für die unterbrechende Wirkung einer Handlung ist, daß überhaupt der Lauf der Verjährung bereits begonnen hat. Eine vorher vorgenommene richterliche Handlung ist bedeutungslos, kann namentlich den Beginn der Frist nicht beeinflussen, Binding Hdb. I, 834.

2. Nach Entwurf § 66 sollte die Strafverfolgungsverjährung schon durch jede wegen der verübten Tat gegen den Täter vorgenommene Handlung des StA. unterbrochen werden. Dies wurde durch RT. dahin geändert, daß nicht einmal die Erhebung der Anklage des StA. oder Erhebung der Privatklage unterbricht, sondern ein **Richterakt** erforderlich ist (Erweiterung in StPO. §§ 413, 419, und § 10 EG. MStGB.), der der Strafverfolgung dienen will, also eine Handlung des Strafrichters, RGSt. **29** 234, **56** 381, **63** 321, **65** 82, aber gleichviel, welchem deutschen Lande er angehört, auch wenn es sich um ein Vergehen gegen Landesgesetze eines anderen Landes handelt, ob örtlich oder sachlich für Einzelfall zuständig, Frank 201; aber unwirksam, wenn Handlung rechtlich unzulässig, RGSt. **11** 364, **13** 408, **23** 185, **24** 341, **29** 234, **32** 247, **33** 426; vgl. StPO. § 20. — A. M. Binding Hdb. I, 849 bzgl. sachlicher Zuständigkeit. An und für sich ist eine gesetzliche Handlung natürlich erforderlich, RGSt. **6** 37, **23** 184, **24** 205. Verwaltungsbehörden, die Strafgerichtsbarkeit besitzen, sind Richter. Unterbrechung nach RAbgO. § 384 Abs. 2 in Verb. mit StPO. § 419 Abs. 3, RGSt. **65** 289. Daher genügen auch Strafbescheide der Verwaltungsbehörden und polizeiliche Strafbefehle zur Unterbrechung. Auch der Vorsitzende übt die ihm zustehenden Verfügungen als Richter aus, RGSt. **24** 340. Immer muß er in **einem Strafverfahren** gegen den Beschuldigten wegen der Straftat tätig sein, ob auf eigene Initiative oder auf Ersuchen einer anderen Strafverfolgungsbehörde, etwa des StA. oder einer Verwaltungsbehörde, ist gleichgültig. Nur darf dann die Verwaltungsbehörde nicht lediglich in einem bloßen Verwaltungsverfahren ohne strafrechtlichen Charakter, sondern sie muß in ihrer Eigenschaft als Strafverfolgungsbehörde, etwa wegen Steuer- oder Zollvergehen, tätig gewesen sein. In Begründung verfehlt, RGSt. **14** 134, wenn schon im Er-

gebnis richtig; RGSt. **18** 405. Auf welchem Beweggrunde sonst das Vergehen beruht, etwa um das Eigentum von Beweisstücken festzustellen und zurückzugeben, ist belanglos, RGSt. **11** 364. Richter kann auch ein Assessor und Referendar sein, wenn er zur Vornahme der richterlichen Geschäfte qualifiziert ist, RGSt. **13** 408.

3. Die unterbrechende Handlung muß **gegen den Täter** gerichtet sein.

Der Täter als solcher, worunter der Teilnehmer, Anstifter, Gehilfe usw. fällt, RGSt. **41** 17, muß Objekt der Handlung sein, bloße Feststellung der Tat gegen eine unbestimmte Person genügt nicht, RGSt. **6** 212, **11** 364; er darf nicht nur als Zeuge vernommen werden, RGSt. **1** 231, **8** 362; Rspr. **6** 768, denn die Handlung muß Verfolgungshandlung sein. Welcher Art der Strafverfolgungsakt ist, ist ohne Belang, er kann auch in einem bloßen Ersuchen an andere Behörden oder in Auftragserteilung an andere Personen bestehen. Ebenso genügt Vermittlungstätigkeit zwischen StA. und Polizei, RGSt. **11** 364, **41** 356; Terminsanberaumung, RGSt. **8** 311, Ladung des Angeklagten zur Hauptverhandlung, Vertagung. Die Tätigkeit muß aber als Verfolgungshandlung im Rahmen der Prozeßordnung auftreten, auch wenn sie nicht gerade nach außen sich kundgibt, so z. B. die Bestellung eines Berichterstatters, denn dieser ist eine gerichtsverfassungsmäßig bestellte und maßgebende Persönlichkeit, RG. und JW. **1904** 189. Richterliche Verfügungen (Anordnung einer Zeugenladung) genügen, wenn diese Verfügungen an sich auch intern bleiben und ihre Ausführungen nur von nichtrichterlichen Beamten vorgenommen wird. Dagegen genügen bloße Verfügungen, die den inneren Dienst betreffen und sich ausschließlich an das Hilfspersonal richten, wie z. B. eine Wiedervorlegungsanordnung, nicht, RGSt. **21** 308, **30** 309, **56** 381, Rspr. **6** 768. OLG. Dresden in LZ. 1932 Sp. 1078 Nr. 2. Die Kenntnis des von der StA. um Vornahme einer richterlichen Handlung ersuchten Amtsrichters vom Vorliegen einer Straftat ist nicht erforderlich, RGSt. **30** 307, wenn StA. zwecks Strafverfolgung tätig wird. Vgl. hierzu im übrigen Frank 219.

Die Einstellung des Verfahrens ist keine Verfolgungshandlung mehr, die Unterscheidung bei StPO. § 303 und § 208 in RGSt. **21** 308 gekünstelt, ebenso **27** 81, **56** 381. Gegen den Täter ist auch eine Einziehung nach § 42 gerichtet, sofern diese als Strafe anzusehen ist. Gleichwohl ist sie zur Unterbrechung nicht geeignet, da sie keine Verfolgung gegen den Täter zwecks Herbeiführung einer Verurteilung zur Hauptstrafe ist, RGSt. **6** 212. Dagegen bedeutet eine Wiederaufhebung eines angesetzten Termins, um weitere Beweismittel herbeizuziehen, also die Fortsetzung des Verfahrens zu fördern, eine Unterbrechungshandlung, RGSt. **24** 340, **56** 381; Blums Ann. **10** 455.

4. Die unterbrechende Handlung muß **wegen der begangenen Tat** erfolgen, worunter der bestimmte historische Vorgang, die konkrete Tat, zu verstehen ist, die juristische Qualifizierung ist nicht erforderlich, eine unrichtige daher auch unschädlich, RGSt. **13** 57, **24** 77, **29** 344, **33** 426, **39** 353. Es muß genügen, daß das konkrete Vorkommnis, das den Verdacht der Strafbarkeit hervorgerufen hat, im allgemeinen bezeichnet wird, RGSt. **30** 301; auch wenn nur Beteiligung daran in Frage steht, genügt deren Verfolgung. Wegen der Einheitlichkeit des Delikts unterbricht bei fortgesetzter Handlung, gewerbs- und gewohnheitsmäßigem Delikt die richterliche Handlung auch die dem Richter unbekannt gebliebenen Einzelakte, a. M. RGSt. **38** 426.

Bei idealem Zusammentreffen nach § 73 genügt ein Verfolgungsakt hinsichtlich des einen durch die Handlung verwirkten Delikts, RGSt. **29** 344, **33** 426.

Bei realem Zusammentreffen nach § 74 wird nur die Verjährung der Verfolgung wegen der Tat unterbrochen, die zur Verfolgung steht und auf die sich die Unterbrechung bezieht, RGSt. **15** 107, 109. Es kann aber mit einem richterlichen Unterbrechungsakt gleichzeitig die Verfolgung beider Taten betroffen werden sollen. Richterliche Handlung, die Unterbrechung bewirkt, braucht nicht ausdrücklich ihre Richtung auf bestimmte Tat zu bezeichnen. Es genügt, wenn sich aus ihrem Zusammenhang mit eingeleitetem Strafverfahren ergibt, auf welchen als strafbar unterstellten Sachverhalt sich die richterliche Handlung bezieht, RGSt. **41** 17, Rspr. **6** 768. Daß keinerlei Rechtsbedenken gegen die Verfolgung bestehen, ist nicht erforderlich, 5 D 109/15 15. VI. 15. Einfluß der Trennung von bisher verbundenen Sachen RGSt. **40** 88.

5. Die Unterbrechung wirkt **höchstpersönlich**, sie wirkt nur gegen den Teilnehmer oder Täter, gegen den die Verfolgungshandlung vorgenommen wird, RGSt. **4** 216, **8** 362,

13 57, **41** 17. Sie wirkt also nicht gegen die Tat als solche, nicht gegen subsidiär Haftbare bei Geldstrafe, RGSt. **6** 355. Aber gegen Mittäter wirkt auch die Unterbrechung gegen den andern Mittäter, RGSt. **36** 350. Natürlich kann sie sich auch stillschweigend zugleich gegen alle richten, so kann z. B. der Haftbefehl gegen einen eine Verfolgungshandlung gegen alle bedeuten, RGSt. **36** 350. Immerhin wird gerade dies letzte nur ganz ausnahmsweise anzuerkennen sein.

6. Nach jedem einzelnen Akt, der die Verjährung unterbrochen hat, beginnt eine **neue Verjährung** zu laufen. Hiernach schafft die Eröffnung einer Voruntersuchung nicht einen Dauerzustand, so daß die Verjährung während der Dauer der Untersuchung gehemmt ist, zu laufen. Das gleiche gilt für die Bestimmung eines Termins zur Hauptverhandlung, RGSt. **8** 310. Für neue Verjährung gilt dasselbe was für alte gilt, RGSt. **13** 57, **23** 184. Hiernach kann die Unterbrechung beliebig oft vorgenommen werden und es ist dadurch möglich, eine Straftat überhaupt der Verjährung zu entziehen. E. 19 § 124 setzt an deren Stelle die richterliche Verlängerung der Verjährungsfrist, begrenzt diese aber auf bestimmte Zeit. Ebenso Amtl. Entw. § 81.

In Absatz 3 soll nur diese Tatsache, daß nach der letzten Unterbrechungshandlung eine neue Verjährung beginnt, zum Ausdrucke gebracht werden, nicht eine für den Beginn dieser neuen Verjährungsfrist abweichende Anordnung gegenüber § 67 Abs. 4. Wäre eine solche Abweichung beabsichtigt gewesen, wäre das in der Begründung zum Ausdruck gekommen. Es finden also für die Berechnung der Frist dieselben Vorschriften wie in § 67 Anwendung. Dann **beginnt** der **Fristenlauf** an dem Tag, wo die unterbrechende Handlung erfolgte, nicht am nächsten, RGSt. **13** 57, **65** 290. A. M. Binding I, 853. Das Ende der Verjährung nach § 67 und der neuen Verjährung nach § 68 trifft auf den Beginn des dem Anfang der Verjährung entsprechenden Kalendertags, der letzte gilt mit dem Beginn für beendigt.

7. Der Umstand, daß die unterbrechende richterliche Handlung oder eine ihr gleichwertige (Strafbescheid) wieder rückgängig gemacht und aufgehoben wird (z. B. Zeugenladung) kann der Handlung den Charakter der Unterbrechung nicht nehmen, diese bleibt bestehen, RGSt. **30** 309.

8. Die vor Stellung eines gültigen Strafantrags bewirkten richterlichen Akte sind nicht geeignet, eine Unterbrechung zu bewirken. Die Verjährung beginnt mit Begehung der Handlung, RGSt. **6** 37 (41).

§ 69. Die Verjährung ruht während der Zeit, in welcher auf Grund gesetzlicher Vorschrift die Strafverfolgung nicht begonnen oder nicht fortgesetzt werden kann. Ist der Beginn oder die Fortsetzung eines Strafverfahrens von einer Vorfrage abhängig, deren Entscheidung in einem anderen Verfahren erfolgen muß, so ruht die Verjährung bis zu dessen Beendigung.

Ist zur Strafverfolgung ein Antrag oder eine Ermächtigung nach dem Strafgesetz erforderlich, so wird der Lauf der Verjährung durch den Mangel des Antrages oder der Ermächtigung nicht gehindert.

Entw. § 81.

1. Während die Unterbrechung der Verjährung durch Handlungen erfolgt, wird das **Ruhen der Verjährung durch gesetzliche Vorschriften angeordnet.** Sie bildet ein Prozeßhindernis, das nur gegenüber und zugunsten desjenigen besteht, bei dem es vorliegt. Es bedeutet eine Pause im Lauf der Verjährung oder die Hinausschiebung ihres Beginns, nicht wie die Unterbrechung, eine Aufhebung der bisherigen Wirkung. Solange der Zustand dauert, steht die Verjährung still, fällt er weg, beginnt die Frist zu laufen oder, läuft sie schon, läuft sie weiter. Die gegenwärtige Fassung beruht auf Gesetz v. 26. III. 1893. Für das Ruhen der Verfolgungsverjährung ist es ohne Einfluß, ob die Strafverfolgung auch schon aus dem tatsächlichen Grunde weder begonnen noch fortgesetzt werden kann, daß die Straftat der Verfolgungsbehörde noch unbekannt ist, RGSt. **58** 263. Das ausländische Recht kommt nicht in Betracht, RGSt. **40**.

Nach RAbgO. § 391 gilt § 69 Abs. 1 auch für das Verwaltungsstrafverfahren. RAbgO. § 433 a. F. gilt aber nur für das gerichtliche, nicht für das Verwaltungsstrafverfahren, RGSt. **65** 287, **66** 376.

2. Nach geltendem Recht gibt es nur ein Ruhen der **Strafverfolgungsverjährung**, nicht auch der Strafvollstreckungsverjährung.

3. Es werden zwei Fälle hervorgehoben, die das Ruhen bewirken, die aber ihrem Wesen nach nicht verschieden sind, sondern beide Ruhen infolge Gesetzesvorschriften bedeuten. Der Fall zu b ist nur ein besonderer Anwendungsfall des allgemeinen zu a.

a) **Allgemein nach Vorschrift von Gesetzen,** nach dem eine Verfolgung nicht beginnen oder fortgesetzt werden kann. Hierunter sind inländische Gesetze zu verstehen, RGSt. **40** 402, auch Nebengesetze, wie z. B. RAbgO. § 423, RGSt. **66** 376. Da während dieser Zeit auch eine Unterbrechung durch richterliche Handlung unmöglich wäre, würde andernfalls beim Fehlen solcher Vorschrift die Verjährungsfrist ablaufen. Hauptfall in alter RV. Art. 31 (EG. z. StPO. § 6), neue RV. Art. 37, Art. 43, Käckell ZStRW. **41** 708 und StGB. §§ 164 Abs. 2, 172, 191; RGSt. **22** 379, **27** 10, 385, **33** 410. Wenn nur einzelne Verfolgungshandlungen ausgeschlossen sind, ruht die Verjährung nicht. Es wird vorausgesetzt, daß jede Verfolgungshandlung durch das Gesetz ausgeschlossen ist, so daß auch eine richterliche Handlung, die die Verjährung unterbricht, unmöglich ist. Diese Voraussetzung fehlt z. B. bei Abwesenheit und Geisteskrankheit eines Beschuldigten. Diese bildet nur ein möglicherweise tatsächliches, RGSt. **1** 149, **29** 324, kein gesetzliches Hindernis an der Verfolgung, bewirkt daher kein Ruhen der Verjährung, RGSt. **52** 36; v. Liszt-Schmidt I, 455. Ebenso bildet die Einziehung zum Heere und die deshalb erfolgte Aussetzung der Verhandlung aus Billigkeit wegen Erschwerung der Verteidigung kein gesetzliches Hindernis der Strafverfolgung, StPO. § 390 Abs. 1 und MStGO. v. 1. XII. 98 § 9 Abs. 1; RGSt. **52** 54. Daß gegen einen Täter das Hauptverfahren schwebt, hindert jetzt die Verjährung nicht. Diesen Umstand hat E. 19 § 123 Abs. 2 zweckmäßig als neuen Grund für das Ruhen der Verjährung eingeführt.

b) **Abhängigkeit von einer Vorfrage im besonderen,** d. h. einer solchen, die in **einem anderen inländischen** Zivil-, Kriminal-, Administrativ- usw. **Verfahren** zu entscheiden ist, RGSt. **40** 402, nicht etwa die Erledigung einer prozessualen Vorfrage desselben Verfahrens. Voraussetzung ist weiter, daß die Entscheidung in diesem anderen Verfahren erfolgen **muß,** bevor die Strafverfolgung eintreten oder weitergehen kann. StGB. §§ 157, 164, 170, 172, 186, 191 (hierzu RGSt. **59** 197, 199, 236, 237, 238), RAbgO. § 433 a. F. Nichtigkeitsklage bei Patentverletzung, RGSt. **7** 146; besonderes gilt für § 171. Es genügt nicht, daß der Richter lediglich aus Zweckmäßigkeitsgründen eine Entscheidung in einem anhängigen anderen Verfahren nach StPO. § 262 Abs. 2 abwartet, obwohl er sie selbst ebenfalls entscheiden könnte. Mit der Entscheidung der Vorfrage wird überhaupt erst die Grundlage für Beginn oder Fortsetzung der Strafverfolgung gewonnen, RGSt. **31** 9, **63** 81. Bei einer Beleidigung mehrerer Personen beurteilt sich das Ruhen der Verjährung der hinsichtlich der einzelnen Beleidigten erwachsenen staatlichen Strafansprüche grundsätzlich verschieden, je nachdem die Strafanzeige sie alle oder nur die eine oder die andere von ihnen betrifft und durch die daraus folgende Untersuchung erledigt wird. RGSt. **59** 200. Dies gilt auch dann, wenn die mehreren Personen durch ein Schriftstück oder Presseerzeugnis beleidigt sind, vorausgesetzt, daß die Beleidigungen eine selbständige strafgerichtliche Behandlung zulassen. RGSt. **3** 437, **21** 276, **33** 46; Rspr. **8** 305. Ist dies nicht der Fall, z. B. bei Beleidigung eines größeren Personenkreises durch eine Gesamtbezeichnung, und kommt nur eine einheitliche Strafverfolgung in Frage, so bildet jede, wenn auch nur gegen eine der beleidigten Personen wegen einer den Gegenstand der Gesamtbeleidigung bildenden strafbaren Handlung eingeleitete Strafuntersuchung ein Prozeßhindernis für das gesamte Beleidigungsverfahren, es sei denn, daß die in Untersuchung genommene Person daran mangels eines auch für sie geltenden Strafantrags überhaupt gänzlich unbeteiligt ist. RGSt. **3** 246, **7** 169, **9** 1, **23** 246, **44** 147, **45** 138, **52** 159, **59** 261. StGB. § 191 findet auch auf Vergehen nach § 185 Anwendung, wenn sie mit § 186 in Tateinheit zusammentreffen. Die aus § 69 sich ergebenden gesetzlichen Folgen sind nicht davon abhängig, ob die Staatsanwaltschaft oder das Gericht ein Einschreiten wegen Beleidigung gegen die deshalb später zur Verantwortung gezogene Person ausdrücklich zeitweilig abgelehnt hat. 1 D 125/26 1. III. 25. Die Vorschrift des § 191 setzt aber voraus, daß das Verfahren gegen den Beleidigten auf Grund einer Anzeige eröffnet worden ist. Hat die Staatsanwaltschaft ohne ein solche von sich aus das Ermittlungsverfahren eingeleitet, so findet § 191 mit seinen Wirkungen auf die Verjährung nach § 69 keine Anwendung. RGSt. 66 329. Eine analoge Ausdehnung der Vorschrift ist nach § 2 ausgeschlossen, weil sie zu einer Bestrafung des Angeschuldigten durch Ablehnung der Verjährung führen kann.

c) In **Privatklagesachen** ordnete vorübergehend die VO. über Gerichtsverf. u. Strafrechtspfl. v. 4. I. 24 in § 45 für die Zeit vom 15. I. bis 31. III. 24 das Ruhen der Verjährung an.

4. Eine **Ausnahme** von der Bestimmung des Abs. 1 enthält Abs. 2, wonach der mangelnde Strafantrag oder die Ermächtigung zur Strafverfolgung den Beginn der Verjährung nicht hindert. Wird der gestellte Strafantrag zulässig innerhalb der Frist zurückgezogen, so beginnt von diesem Zeitpunkt keine neue Verjährung, es hat auch der Fristenlauf nicht geruht in der Zeit, in der der Strafantrag wirksam war. Immer vielmehr läuft die Verjährungsfrist vom Tage, an dem die Handlung begangen wurde.

§ 70. Die Vollstreckung rechtskräftig erkannter Strafen verjährt, wenn

1. auf Tod oder auf lebenslängliches Zuchthaus oder auf lebenslängliche Festungshaft erkannt ist, in dreißig Jahren;

2. auf Zuchthaus oder Festungshaft von mehr als zehn Jahren erkannt ist, in zwanzig Jahren;

3. auf Zuchthaus bis zu zehn Jahren oder auf Festungshaft von fünf bis zu zehn Jahren oder Gefängnis von mehr als fünf Jahren erkannt ist, in fünfzehn Jahren;

4. auf Festungshaft oder Gefängnis von zwei bis zu fünf Jahren erkannt ist, in zehn Jahren;

5. auf Festungshaft oder Gefängnis bis zu zwei Jahren oder auf Geldstrafe von mehr als einhundertfünfzig Reichsmark erkannt ist, in fünf Jahren;

6. auf Haft oder auf Geldstrafe bis zu einhundertfünfzig Reichsmark erkannt ist, in zwei Jahren.

Die Verjährung beginnt mit dem Tage, an welchem das Urteil rechtskräftig geworden ist.

Entw. §§ 83, 84.

1. Die Fassung ist in Art. I der VO. über Vermögensstrafen und Geldbußen v. 6. II. 24 (RGBl. I S. 44) neu geregelt worden.

2. Die **Verjährung der Strafvollstreckung** sollte die Vollstreckung **aller Strafen** ergreifen. So wird schon in § 66 nicht zwischen verjährbaren und unverjährbaren Strafen unterschieden. Die Begründung zu § 68 Entwurf sagt ebenfalls, es werde „ausnahmslos jede Strafe für verjährbar erklärt". Wenn in § 70 nur die Hauptstrafen erwähnt werden und die Nebenstrafen unerwähnt bleiben, so kommt das daher, daß die Hauptstrafen den Maßstab für die Fristberechnung abgeben, nicht weil die Nebenstrafen unverjährbar sein sollen. Die in § 70 enthaltenen Lücken sind also zu ergänzen. In der Aufzählung der Hauptstrafen bei der Bestimmung der Verjährungsfristen ist die **lebenslängliche Gefängnisstrafe**, die das MStGB. kennt, unberücksichtigt geblieben. Für sie muß in Ausfüllung dieser Lücke die Frist der Nr. 1 entsprechend angewendet werden. Auch die Strafe des Verweises ist nicht erwähnt. Die Verjährung setzt rechtskräftig erkannte Strafen voraus. Dem Urteil stehen die rechtskräftig gewordenen Strafbefehle nach StPO. § 410, sowie Strafverfügung und Straf-

bescheid der Verwaltungsbehörde gleich. Die Dauer ist stets länger als die Verfolgungsverjährung.

3. Bei der **Fristberechnung** in Nr. 3, 4 und 5 war schon im StGB. ein Redaktionsfehler unterlaufen, insofern für dieselbe Strafhöhe verschiedene Verjährungsfristen bestimmt werden. Es soll unterschieden werden in Festung bis zu 5 Jahren einschließlich in Nr. 4 und Festung von mehr als 5 Jahren in Nr. 3; ebenso in Gefängnis bis zu 2 Jahren einschließlich in Nr. 5 und Gefängnis von mehr als 2 Jahren in Nr. 4. Binding Hdb. I S. 857. Daß nach Nr. 2 Festungshaft von mehr als 10 Jahren in 20 Jahren nach Nr. 3, Gefängnis von mehr als 10 Jahren (= mehr als 5 Jahre) schon in 15 Jahren verjährt, ist widerspruchsvoll, aber Gesetz und durch Auslegung nicht zu beseitigen, wie Binding Hdb. I S. 857 will. Es wäre wirklich nicht zuviel verlangt, wenn das Geldstrafengesetz und die VO. v. 6. II. 24 diesen Redaktionsfehler, nachdem auf ihn aufmerksam gemacht worden war, beseitigt hätten!

4. Die **Nebenstrafen** verjähren gleichzeitig mit der Hauptstrafe, soweit sie besonderer Vollstreckung bedürfen. Dagegen sind unverjährbar diejenigen, die durch das Urteil unmittelbar zum Vollzug kommen, wie z. B. Verlust der bürgerlichen Ehrenrechte, § 23 usw.

5. **Nicht von der Verjährung des § 70 betroffen** werden die Folgen der Straftat, die **keine Strafe,** weder Hauptstrafe noch Nebenstrafe sind, z. B. die Buße, die Kostenpflicht, Zulässigkeit von Polizeiaufsicht, Unfähigkeit als Zeuge vernommen zu werden usw. Hinsichtlich der Polizeiaufsicht wird dies in § 38 Abs. 3 ausdrücklich anerkannt, wonach die Frist von dem Tage berechnet wird, an dem die Freiheitsstrafe verjährt ist. Derselbe Zeitpunkt kann entsprechend auch bei anderen an eine Zeit gebundenen Rechtsfolgen eingesetzt werden, Binding Hdb. I, S. 854. Die Überweisung an die Landespolizeibehörde nach §§ 361 Nr. 3—8, 362 ist die Erteilung einer Befugnis an diese Behörde, von der sie Gebrauch machen kann oder nicht. Die Befugnis erhält sie mit der Rechtskraft des Urteils. Es findet also irgendeine Vollstreckung der erkannten Strafe nicht statt. Die Überweisung und die mit ihr erteilte Befugnis ist nicht an die Voraussetzung geknüpft, daß die Strafe verbüßt sei, dieser Zeitpunkt ist vielmehr nur als Beginn der Frist angegeben. A. M. Binding Hdb. I, S. 854, Frank 222. Obwohl auch RG. die bürgerlich-rechtliche Natur der Buße anerkennt, läßt es den Anspruch darauf doch inkonsequent mit der Strafe verjähren, RGSt. **44** 294, ebenso Loening, Vergl. Darst. S. 449, während der Anspruch richtigerweise nach BGB. § 218 in 30 Jahren verjährt. Frank 222. Nach Binding Grdr. 308 soll eine Verjährung der Buße überhaupt nicht stattfinden. Soweit andere öffentliche Ansprüche als Rechtsfolgen der Straftat erwachsen, ohne Strafansprüche zu sein, so z. B. Anspruch auf Einziehung aus § 7 der BVO. gegen Preistreiberei, tritt die Verjährung nach Grundsätzen des öffentlichen Rechts ein. Dasselbe gilt für die Einziehung des StGB., soweit diese nicht Nebenstrafe ist, wie in § 41. Ist sie Nebenstrafe, so verjährt sie als solche nach Nr. 3 mit der Hauptstrafe.

6. Wenn bei Realkonkurrenz nach § 74 auf eine Gesamtstrafe erkannt wird, gleichgültig, ob sofort im Urteil oder nachträglich nach § 79 oder StPO. § 400, so läuft für diese als eine Einheitsstrafe die Verjährung nach dem Maße der Höhe der Gesamtstrafe; die Einzelstrafen sind in ihrer Selbständigkeit untergegangen. Die Bildung der Gesamtstrafe in diesen Fällen ist ein Akt der Unterbrechung der Verjährung, die für die Einzelstrafe bereits zu laufen begonnen hat, § 72, sie nimmt dieser damit auch die Selbständigkeit, so daß für sie alle eine neue Verjährungsfrist nicht anfangen kann. Voraussetzung für die Bildung der Gesamtstrafe ist selbstverständlich, daß die ersterkannte Strafe nicht bereits verjährt ist.

Wird keine Gesamtstrafe gebildet, sondern tritt Strafenkumulation ein, wie nach StGB. §§ 75, 77 Abs. 1 und mehreren Nebengesetzen vorgeschrieben, so behält jede Strafe auch für die Vollstreckung ihre Selbständigkeit und verjährt infolgedessen auch selbständig. Daß bei mehrfachen Geldstrafen auf die Summe erkannt worden ist, ändert daran nichts, denn die Vorschrift des § 78 Abs. 1 enthält nicht die Anordnung einer Gesamtstrafe. Auch hier verjähren daher die einzelnen Geldstrafen selbständig nach Maßgabe ihrer in Nr. 4—6 angeordneten Verjährungsfristen für die verschiedenen Beträge. A. M. Binding Hdb. I, 855. Dadurch, daß die eine der erkannten mehreren selbständigen Strafen vollstreckt wird, tritt auch kein Ruhen des Verjährungslaufs hinsichtlich der anderen Strafe ein. Es ist daher an sich möglich, daß die zugleich gesondert erkannte Haftstrafe verjährt, wenn zuerst die längere Gefängnisstrafe vollstreckt wird; a. M. Binding Hdb. I, S. 855. Denn beide Fristen laufen nebeneinander, nicht nacheinander. Es muß daher, um das zu vermeiden, entweder die geeignete Reihenfolge in der Vollstreckung vorgenommen werden, die die Verjährung hindert, oder eine die Verjährung nach § 72 unterbrechende Handlung, insbesondere kann die Vollstreckung der einen Freiheitsstrafe zugleich im Sinne einer Festnahme zur Vollstreckung der anderen Freiheitsstrafe erfolgen. Vgl. zu 9. Dasselbe gilt, wenn wegen ein und derselben Handlung auf mehrere Hauptstrafen erkannt wird, z. B. Freiheitsstrafe und Geldstrafe. Eine Ausnahme von dieser Regel macht nur § 71. Gerade diese Ausnahme bestätigt aber die Regel der selbständigen Verjährungsfristen für die verschiedenen Hauptstrafen.

7. Die Vollstreckung betrifft die rechtskräftig erkannte Strafe und bemißt die Dauer der Verjährungsfristen danach, wie hoch **im Urteil** die Strafe festgesetzt worden ist. Alle Umstände, die diese vom Richter erkannte Strafe später herabsetzen oder umwandeln, bleiben daher für die Verjährungsberechnung ohne Einfluß. Insbesondere ändert eine Herabsetzung der Strafe im Gnadenwege nichts an der gesetzlich nach dem Urteilsmaß zu berechnenden Frist. Das Gleiche gilt, wenn die ganze erkannte Strafe infolge der Anrechnung der Untersuchungshaft, § 60, oder der im Ausland erfolgten teilweisen Vollstreckung, § 7, nicht vollstreckt wird, a. M. Binding Hdb. I, S. 856.

8. Der Tag, an dem das Urteil rechtskräftig geworden ist, ist der erste der Verjährungsfrist für die Strafvollstreckung; bis dahin läuft noch die Verjährung der Strafverfolgung. Die Frist wird nach vollen Tagen und dem Kalendertag berechnet und erreicht sonach am Ende des jenem Anfangstag vorausgehenden Tags als letzten der Frist ihr Ende, so daß sie mit Beginn des folgenden als des gleichen Kalendertags, an dem sie begonnen hatte, bereits abgelaufen ist, Rspr. 8 493. Vgl. § 67. Wenn eine Gesamtstrafe durch eine nachträgliche Entscheidung festgesetzt wird, beginnt die Frist mit der Rechtskraft dieser Entscheidung nunmehr für die Gesamtstrafe zu laufen.

9. Ein **Ruhen** der Strafvollstreckungsverjährung ist nicht vorgesehen, zum Teil Ausnahme nur in § 71. Der E. 19 § 127 und Amtl. Entw. § 83 führen sie ein.

§ 71. Die Vollstreckung einer wegen derselben Handlung neben einer Freiheitsstrafe erkannten Geldstrafe verjährt nicht früher, als die Vollstreckung der Freiheitsstrafe.

1. Die Vorschrift bringt eine **Abweichung** von der Bestimmung über die Verjährungsfristen für die **Geldstrafen** für den Fall, daß a) **wegen derselben Handlung** neben einer Freiheitsstrafe auf eine Geldstrafe erkannt worden ist, wie z. B. bei § 263; und b) daß die **Verjährungsfrist für die Geldstrafe kürzer** ist als die für die Freiheitsstrafe. Nur in diesem Falle wird angeordnet, daß die längere Verjährungsdauer der Freiheitsstrafe auch für die Verjährung der Geldstrafe gelten solle, so daß nunmehr beide zusammen verjähren. Es ist kein Fall des Ruhens der Verjährung der Geldstrafe, wie Frank 223 will. Vgl. auch Mayer 525. Dasselbe gilt auch, wenn wegen derselben Handlung auf Freiheitsstrafe und Geldstrafe erkannt ist, diese Handlung aber mit anderen selbständigen Handlungen real zusammentrifft und deshalb die Freiheitsstrafen in eine Gesamtstrafe verwandelt sind. Dann ist auch für die Verjährung der Geldstrafe die erkannte Gesamtstrafe, nicht die für das betreffende Delikt verhängte Einzelstrafe maßgebend. Dagegen wird für den Fall keine Bestimmung getroffen, daß umgekehrt die Verjährungsdauer für die Geldstrafe länger ist als für die Freiheitsstrafe. Daß solchenfalls die Verjährungsfrist der Geldstrafe auf die für die Freiheitsstrafe verkürzt werden soll, ist nicht anzunehmen, da hierfür kein Anlaß vorliegt. Ebenso wenig darf aber ohne gesetzliche Vorschrift entgegen von § 2 die längere Verjährungsdauer der Geldstrafe auf die kürzere der Freiheitsstrafe ausgedehnt werden. Vielmehr bleibt es solchenfalls bei

der Regel, daß für jede Hauptstrafe die Verjährungsfrist selbständig läuft, Frank 223; a. M. Binding Hdb. I, S. 855; Loening, VDA. 1 446 und jetzt auch Olshausen 1, der den Grundsatz aufstellt, daß die Verjährung immer in der längeren Frist sich vollziehe.

2. Wenn wegen **mehrerer Handlungen** bei der einen nur auf Freiheitsstrafe, bei der andern nur auf Geldstrafe erkannt ist und zufolge des hier geltenden **Kumulationsprinzips** neben der Freiheitsstrafe auf Geldstrafe zu erkennen ist, findet § 71 keine Anwendung.

§ 72. Jede auf Vollstreckung der Strafe gerichtete Handlung derjenigen Behörde, welcher die Vollstreckung obliegt, sowie die zum Zwecke der Vollstreckung erfolgende Festnahme des Verurteilten unterbricht die Verjährung.

Nach der Unterbrechung der Vollstreckung der Strafe beginnt eine neue Verjährung.

E. § 84.

1. Das Gesetz kennt kein Ruhen der Verjährung der **Strafvollstreckung,** vgl. zu § 70 Anm. 8, sondern nur ein **Unterbrechen.** Umgekehrt Entw. § 84. Wenn daher die Vollstreckung unzulässig, StPO. §§ 455 ff., unmöglich ist oder hinausgeschoben wird, StPO. §§ 360 Abs. 2, 455 ff., so läuft die Verjährung trotzdem weiter. Es unterscheidet zwei Subjekte, die die Unterbrechung durch ihre Handlungen bewirken können:

a) Die **Behörde,** der die Vollstreckung obliegt. Das ist der Amtsrichter in den Fällen der StPO. § 451 Abs. 3, die Staatsanwaltschaft, das Gericht bei Vollstreckung des Verweises. Vgl. GVG. § 162. Andere Maßnahmen des Gerichts, auch wenn sie im Vollstreckungsverfahren notwendige Entscheidungen sind, StPO. §§ 458 ff., sind zwar auf Vollstreckung der Strafe mittelbar gerichtete Handlungen, aber nicht solche einer Behörde, der die Vollstreckung obliegt. Die Vollstreckungsbehörde muß, anders als bei der Strafverfolgung, ferner im Einzelfall sachlich und örtlich **zuständig** sein, sonst „liegt ihr die Vollstreckung nicht ob". Diese Zuständigkeit kann bei Gefahr in Verzug auch ausnahmsweise nach GVG. § 143 Abs. 2 gegeben sein. Die für die Behörde handelnden Organe stehen ihr gleich, Binding Hdb. I, 858, Frank 224, Schwartz 2, Loening, VDA. 1 447.

b) Die **zu einer Festnahme an sich zuständigen Beamten,** wenn sie zum Zwecke der Vollstreckung einer Strafe mit oder ohne Auftrag, aber in Geschäftsführung der unter a bezeichneten Behörde die Festnahme vornehmen. Daß bereits ein Haft- oder Vorführungsbefehl oder Steckbrief vorliegt, ist nicht erforderlich; es genügt, daß die Voraussetzungen für einen solchen vorliegen und die Festnahme wegen Gefahr in Verzug geboten ist, entsprechend StPO. § 127 Abs. 2, somit berechtigte negotiorum gestio da ist. Jene würden eine zur Unterbrechung geeignete Handlung schon nach a abgeben, es soll aber mit der Hinzufügung der Festnahme eine Erweiterung der Unterbrechungshandlungen geschaffen werden. Dagegen sind Privatpersonen gegebenenfalls zur Festnahme zwecks Strafverfolgung, StPO. § 127, niemals zwecks Strafvollstreckung berufen.

2. Die **Handlung** der Behörde, einschließlich der Festnahme seitens der unter 1b genannten Beamten, ist nur dann zur Unterbrechung geeignet, wenn sie zum Vollstreckungszwecke der in Betracht kommenden Strafe erfolgte. Hierzu gehören nicht nur die unmittelbaren Vollstreckungshandlungen der Strafe selbst, sondern auch die die Art der Vollstreckung regelnden (Strafaufschub, StPO. §§ 453 Abs. 2, 455, 456) und die Vorbereitungshandlungen, die sie ermöglichen und herbeiführen sollen. So z. B. die Herbeiführung einer nach StPO. § 453 vorzunehmenden Entschließung des Staatsoberhaupts, die auch im neuen republikanischen Staat notwendig ist, dagegen kein Begnadigungsgesuch oder ein Bericht auf ein solches, gleichviel ob er befürwortend oder ablehnend lautet. Doch kann dieser Bericht mit der Herbeiführung der oben genannten Entschließung verbunden sein. — Die Untersuchungshaft in der einen Sache kann zugleich zu dem weiteren Zweck der Festnahme zur Sicherung einer Strafvollstreckung in anderer Sache dienen, doch muß dies ausdrücklich betont

werden. Frank 224; Olshausen 5. Die Bewilligung einer Probezeit an den Jugendlichen bewirkt ein Ruhen der Vollstreckung, JGerGes. § 12 Abs. 3. Ebensowenig wird die Verjährung durch eine auf Weitervollstreckung gerichtete Handlung der Vollstreckungsbehörde dann unterbrochen, wenn diese Handlungen während einer von der Landesjustizverwaltung bewilligten Bewährungsfrist vorgenommen werden, da mit der Bewährungsfrist solche Vollstreckungshandlungen verboten sind, RGSt. **57** 230. Das muß auch für die sie nur vorbereitenden Handlungen gelten. A. M. Frank 225 und die von ihm Angezogenen. OLG. Dresden 20. IV. 28, HöchstRR. 1928 Nr. 1764.

3. Für die Unterbrechung der Strafvollstreckung gilt dasselbe wie für die Strafverfolgung hinsichtlich der Mehrheit oder Einheit von Strafen. Frank 225.

4. Die neue Verjährung beginnt mit dem Tage, an dem die Unterbrechung der Verjährung — nicht der Vollstreckung, wie das Gesetz fälschlich sagt — aufgehört hat, der Tag der Unterbrechung ist also der erste Tag des neuen Fristenlaufs, Frank 224; Schwarz A. 1; Olshausen Anm. 10. — A. M. Binding Hdb. I, 859 und die vorausgehende Aufl. dieses Komm. Die Unterbrechungshandlung kann sich auf längere Zeit hin erstrecken, wie z. B. bei der Untersuchung oder bei Auslieferungsverhandlungen.

Die Verjährung läuft mit der ganzen Verjährungsfrist von neuem, gleichviel, ob die Strafe vorher zum Teil verbüßt wurde. Denn maßgebend ist allein für die Dauer der Frist die im Urteil erkannte Strafe, nicht die verbüßte oder gnadenweise herabgesetzte. A. M. Binding Hdb. I, S. 859.

Vorbemerkung zum fünften Abschnitt.

1. Der 5. Abschnitt behandelt die Strafzumessung im Fall des Zusammentreffens mehrerer strafbarer Handlungen, worunter er nicht das Zusammentreffen mehrerer natürlicher Handlungen, sondern das Zusammentreffen mehrere Delikte, Straftaten, versteht; vgl. Einführung § 33. Dagegen begreift der Ausdruck Handlung im § 73 und § 74 nur die Handlung im natürlichen Sinne, RGSt. **1** 111, **25** 147, **30** 396, **32** 137, **44** 30. Natürliche Handlungen können immer nur eine sein oder mehrere selbständige. Daher kann von einem Zusammentreffen mehrerer Handlungen im natürlichen Sinne nur dann gesprochen werden, wenn die Handlungen mehrere selbständige Handlungen sind. Dagegen können Straftaten im Sinne von Delikten allerdings in der Weise zusammentreffen, daß die verschiedenen Tatbestandsmerkmale mehrerer Delikte entweder durch eine einzige natürliche Handlung verwirklicht werden, oder je durch verschiedene selbständige. Nur dieses Zusammentreffen von Delikten hat das Gesetz im Auge. Das folgt für § 73 aus den Motiven zum Entwurf § 71, die erklären, den Fall der „idealen Konkurrenz des gemeinen Rechts“ zu behandeln, und zwischen den Strafen des „schweren Verbrechens“ und des leichteren Verbrechens unterscheiden. Daher ist trotz dem allerdings verleitlichen Ausdruck nicht in § 73 der Fall der bloßen Gesetzeskonkurrenz, des Zusammentreffens nur von Gesetzesvorschriften, wie Liszt u. a. wollen, geregelt. Es wird nicht darauf abgestellt, daß eine Straftat gleichzeitig mehreren Gesetzen unterfällt, sondern daß durch ein und dieselbe (natürliche) Handlung gleichzeitig — in Tateinheit — RGSt. **32** 137, **44** 223, mehrere Straftaten (Delikte) verübt und dadurch allein erst in der Folge mehrere Strafgesetze verletzt werden. Preuß. StGB. § 55 sagte daher auch richtiger: „Wenn ein und dieselbe Handlung die Merkmale mehrerer Verbrechen oder Vergehen in sich vereinigt, so kommt das Strafgesetz zur Anwendung, welches die schwerste Strafe androht.“ Dies wurde als ideale Konkurrenz bezeichnet Diese Fassung beruht auf preuß. Entwurf von 1850, der damit den Entwurf von 1843 abänderte und zu den früheren gleichlautenden Entwürfen von 1827, 1833 und 1836 zurückkehrte. Entwurf 1843 hatte ohne Angabe von Gründen gesagt: „Sind durch ein und dieselbe Handlung mehrere Strafgesetze übertreten.“ Daß der Entwurf für StGB. § 71 durch Aufnahme dieser Fassung sachlich gleichwohl nichts an § 55 preuß. StGB. ändern wollte, vielmehr ebenfalls Konkurrenz von Delikten annimmt, ergeben die eben angeführten Motive. Deutlich wird dieses Zusammentreffen der Straftaten im Gegenstück des § 73, in § 74 zum Ausdruck gebracht, der richtig und zweifelsfrei den Fall behandelt, daß durch mehrere selbständige (natürliche) Handlungen mehrere (verschiedenartige) Straftaten, nämlich „mehrere Verbrechen und Vergehen", oder dieselbe Straftat, d. i. die gleichartige Straftat, mehrmals begangen wird. Über Gesetzeskonkurrenz vgl. Einleitung. Darüber, wenn mehrere Delikte durch ein und dieselbe Handlung begangen worden, und wenn mehrere Delikte je durch mehrere selbständige Handlungen begangen werden, verhält sich weder § 73 noch § 74. In diesen und den folgenden Paragraphen wird vielmehr lediglich angeordnet, wie die Strafen in diesem oder in jenem Falle auszuwerfen sind. Es werden sonach nicht Regeln für die Annahme von einem Zusammentreffen mehrerer Straftaten in Tateinheit oder in Tatmehrheit, sondern in Wirklichkeit nur **Vorschriften über die Konkurrenz von Strafdrohungen** in diesem oder in jenem Falle gegeben. Dies wird in der Einführung dargestellt.

2. Geht man rein logisch vor, gelangt man bei dem Vorliegen mehrerer Straftaten (Delikte) zu dem Grundsatze: aus jeder Straftat ist ein besonderer Strafanspruch des Staats erwachsen, jede Straftat heischt daher besondere Sühne durch Verbüßung des für sie angedrohten Verbrechens, gleichviel, ob sie durch ein und dieselbe Handlung oder durch je eine selbständige Handlung verwirklicht wurde. Daher quot delicta tot poenae, ein Grundsatz, dem das römische Recht und die italienischen Juristen des Mittelalters huldigten. Es ist das reine **Kumulationsprinzip.**

Das Gegenstück zu ihm bildet die Auffassung, daß, wenn gleichzeitig wegen mehrerer Delikte, gleichviel, ob durch eine Handlung oder mehr Handlungen begangen, verschiedene Strafen zu verhängen sind, immer nur die schwerste zu verhängen ist und die leichtere in dieser aufgeht, das reine **Absorptionsprinzip,** poena maior absorbet minorem. Beide Grundsätze haben im StGB. Anwendung gefunden, aber nicht überall, und insbesondere hat sich das Kumulationsprinzip Milderungen gefallen lassen müssen. Entw. § 65 huldigt dem Absorptionsprinzip in übermäßiger Weise.

Fünfter Abschnitt.

Zusammentreffen mehrerer strafbarer Handlungen.

§ 73. Wenn eine und dieselbe Handlung mehrere Strafgesetze verletzt, so kommt nur dasjenige Gesetz, welches die schwerste Strafe, und bei ungleichen Strafarten dasjenige Gesetz, welches die schwerste Strafart androht, zur Anwendung.

Entw. §§ 65—68.

1. Die Vorschrift behandelt die Verwirklichung mehrerer Straftaten durch ein und dieselbe Handlung nur bei dem Fall, daß die Straftaten den Tatbestand verschiedener Strafgesetze bilden, denn in diesem Sinne sind die „mehreren Strafgesetze" zu verstehen, übergeht aber mit Stillschweigen den Fall, daß die durch ein und dieselbe Handlung verwirklichten Straftaten sämtlich den Tatbestand desselben Strafgesetzes bilden. Im ersten Fall spricht man von ungleichartiger, in letzterem Fall von gleichartiger Konkurrenz. Mezger, Lehrb. 468; Frank 227; v. Liszt-Schmidt I, 356 hält die Annahme einer gleichartigen Idealkonkurrenz „für völlig verkehrt" und hält sie für Gesetzeskonkurrenz. Selbstverständlich ist in letzterem Fall ebensowenig, wie im ersten, daß nur eine Strafe verhängt werde, vielmehr muß auch hier der an sich logisch geltende Grundsatz quot delicta tot poenae ausdrücklich durch Gesetz ausgeschlossen sein. RGSt. 57 144, 62 83. Es liegt aber auf der Hand, daß dieser Fall nicht anders zu behandeln ist, als der in § 73 ausdrücklich geregelte, nur daß sich hier die Frage, welche Strafdrohung die andere absorbiert, von selbst erledigt, da beide gleich sind, RGSt. 2 257. Der verfahrensrechtliche Begriff der „Tat" hat mit dem hier in Betracht kommenden strafrechtlichen der „Handlung" nichts gemein, RGSt. **12** 187, **15** 9, **24** 370, **56** 324, **61** 317. Die Anwendung des § 73 kommt überhaupt nur in Frage, soweit die zusammentreffenden Straftaten verfolgbar sind, RGSt. **62** 83.

2. Für den Fall, daß mehrere Straftaten (Delikte) durch ein und dieselbe Handlung verwirklicht werden, bringt die Vorschrift das **Aufzehrungs- oder Absorptionsprinzip** zur Durchführung, RGSt. **3** 390, **5** 420. Es bezieht sich auch auf die Nebenstrafen. Lassen diese das konkurrierende Gesetz gleichwohl als das mildere erscheinen, so können sie nicht neben dem härteren Strafgesetz, das sie nicht kennt, zur Anwendung gebracht werden, RGSt. **6** 182, **53** 91. Da dieses aber **nur die Strafen** ergreift, so findet

a) nicht etwa eine Absorption der Straftaten selbst statt derart, daß die mit milderer Strafe bedrohte Tat hinter der mit härterer Strafe bedrohten überhaupt verschwände. Daher wird diese Straftat trotz der absorbierten Strafe weiter für die Frage des Rückfalls von Bedeutung, RGSt. **4** 179, **18** 193. Der Schuldausspruch ist auch hier auf sämtliche in Tateinheit zusammentreffenden Straftaten zu richten und nicht nur in den Gründen, sondern im Tenor des Urteils zum Ausdruck zu bringen, wobei zweckmäßig — nicht notwendig — auch des Umstandes gedacht werden soll, daß die Straftaten in Tateinheit begangen sind, RGSt. **27** 86 (unter Aufgeben von RGSt. **4** 179); wenn jedoch die Schuld wegen des einen konkurrierenden Delikts verneint wird, so erfolgt dieserhalb keine besondere Freisprechung, RGSt. **3** 43, **12** 87, **15** 105, **52** 190. — Etwas anderes ist die Anwendung des Grundsatzes ne bis in idem, RGSt. **52** 208, **264**. Die Feststellung auch der konkurrierenden Straftat kann Bedeutung für die Frage des Rückfalls haben, RGSt. **27** 86. Da die rechtliche Selbständigkeit der konkurrierenden Taten bestehen bleibt und ihre strafbare Begehung festgestellt werden muß, können alle Gründe, die die Rechtswidrigkeit, Schuld oder Strafbarkeit bei der Straftat, die an sich mit der schwersten Strafe bedroht ist, nicht auch für die konkurrierende Straftat wirken. Fällt aus diesen Gründen die Zulässigkeit der Bestrafung für die Straftat fort, für die die schwerste Strafdrohung besteht, so entfällt die Möglichkeit der Anwendung des § 73 und es bleibt dann bei der Bestrafung nach dem milderen Strafgesetz für die konkurrierende Straftat, für die jene Befreiungsgründe nicht vorliegen. A. M. Frank 230, **448**. Olshausen Anm. **24** zu § 73. Das Urt. des OLG. Naumburg in HRR. 1, 254 ist vielmehr zutreffend.

b) Es ergreift die Absorption nicht diejenigen Folgen der mehreren zusammentreffenden Delikte, die keine Strafen sind. Eine derartige Deliktsfolge, die, wie z. B. die Buße, RGSt. **53** 79, polizeiliche Maßnahmen (Polizeiaufsicht), RGSt. **17** 193, **19** 235, **32** 439, GA. **48** 336; 2 D 693/27 13. X. 27; 11. J. 121/26 2. II. 28, abweichend RGSt. **13** 76, Einziehung, die nur polizeilicher Natur ist, RGSt. **46** 136, **53** 206, JW. 1933, 1328, Unfähigkeit nach § 161 Abs. 1, RGSt. **60** 285 usw., für eine Straftat bestimmt ist, dessen Strafe milder ist als die Strafe des zusammentreffenden Delikts, bleibt daher unaufgezehrt bestehen, obwohl die Strafe lediglich aus der Strafdrohung des anderen Delikts zu entnehmen ist, RGSt. **12** 223, **46** 132, **53** 208. In PreistreibereiVO. 13. VII. 23 (RGBl. I S. 700) ist dies für die Einziehung ausdrücklich in § 27 ausgesprochen. Die Erklärung, unfähig zu sein als Zeuge oder Sachverständiger vernommen zu werden, ist nicht wie noch RGSt. **4** 377, **6** 416, **13** 76; Rechtspr. **10** 100 annehmen, eine Nebenstrafe, sondern eine vorbeugende Maßnahme; richtig jetzt RGSt. **60** 286. Vgl. auch **61** 366. Dagegen wieder RGSt. in JW. 1933, 1328, das darin keine reine Sicherungsmaßnahme erblickt.

c) Die Anwendung des Absorptionsprinzips setzt voraus, daß an sich überhaupt eine Verurteilung wegen der sämtlichen konkurrierenden Straftaten erfolgt, der Schuldspruch deshalb ergehen kann. Daher müssen zunächst überall die prozessualen Voraussetzungen gegeben sein. Fällt die Möglichkeit der Bestrafung auf Grund des schwereren Gesetzes aus irgend einem Grunde fort, so liegt der in § 73 vorgesehene Fall nicht vor, RGSt. **3** 210, 385, **6** 374, **18** 273, **26** 263, **33** 341, **46** 46, **47** 388.

d) Endlich setzt das Absorptionsprinzip voraus, daß verschiedene Strafrahmen vorhanden sind. Die Vorschrift ist nicht anwendbar, wenn mehrere Strafgesetze, die durch eine Handlung verletzt sind, den gleichen Strafrahmen haben. Feisenberger in ZStRW. **1916** 212. Dann findet das Verhältnis der Alternativität Anwendung; es ist gleichgültig, aus welchem Gesetz die Strafe entnommen wird. Das Kumulationsprinzip bleibt jedoch ausgeschlossen.

3. Die **schwerste Strafdrohung absorbiert die mildere Strafandrohung,** eine Mischung der verschiedenen Strafrahmen findet nicht statt, insbesondere wird auch die **Nebenstrafe des milderen Gesetzes ausgeschlossen,** RGSt. **5** 420, **53** 290. Da z. B. die Urteilsbekanntmachung in den Fällen der §§ 165, 200 des StGB. und § 16 des Nahrungsmittelgesetzes eine Nebenstrafe ist, RGSt. **6** 180, **16** 73, **46** 73, — **10** 206, **26** 406, so ist sie ausgeschlossen, wenn die Strafe aus einem ideell konkurrierenden härteren Gesetz zu entnehmen ist, das die Urteilsbekanntmachung nicht kennt, und zwar auch in bloßer Beschränkung auf das andere Delikt, 1 D 735/21 7. XI. 21, 1 D 95/23 23. II. 23. Ausnahmen hiervon in Nebengesetzen, z. B. RAbgO. § 418 Abs. 1 Satz 2, wonach eine nach dem Steuergesetz verwirkte Geldstrafe besonders verhängt wird 3 D 1321/32 2. II. 33. Ob Strafe absolut oder relativ ist, ist belanglos, was von RGSt. **49** 401 ohne Grund in Frage gestellt wird. Entscheidend ist lediglich der gesetzlich **angedrohte** Strafrahmen, nicht die im konkreten Fall ausgeworfene oder etwa auszuwerfende Strafe, RGSt. **3** 390, **16** 301, **18** 174, **24** 58, **30** 284, **42** 430, **53** 48, **54** 29, 170. Daher bleiben mildernde Umstände außer Betracht. Ist der Strafrahmen, wie bei Beihilfe und Versuch, nach §§ 43—45 herabgesetzt, so ist der entsprechend herabgesetzte Strafrahmen maßgebend, RGSt. **10** 158, **51** 327, **53** 48. Anders nach § 2 Abs. 2, wo gerade dies entscheidet, ob im einzelnen Fall die mildere Strafe stattfinden kann. Zu einem Vergleich zwischen letzteren kann es gar nicht kommen, da die Strafe aus dem Gesetz, das die mildere Strafe androht, überhaupt nicht zu bilden ist. Der Umstand, daß die Strafverfolgung bei dem einen Gesetz an leichtere oder keine Voraussetzungen geknüpft ist, als bei dem andern, macht es noch nicht zu einem mit härterer Strafe bedrohten Gesetz. Auch hier zeigt sich der Unterschied von § 2 Abs. 2. Frank 228. Dann fällt mit dem milderen Strafrahmen aber von selbst auch eine in diesem enthaltene Mindeststrafe fort, und es ist daher rein theoretisch diese Mindeststrafe des milderen Gesetzes selbst dann nicht für die Strafbemessung maßgebend oder gar bildet sie eine nach unten nicht überschreitbare Grenze, wenn das härtere allein maßgebende Strafgesetz eine geringere Mindeststrafe kennt. Es ist daher für rechtlich zulässig angesehen worden, unter diese Grenze bei der Strafbemessung zu gehen; Liszt-Schm. § 65; RGSt. **4** 218, **6** 180, **8** 84, **16** 301, **18** 174, 193, **39** 155, **61** 113; Rspr. **7** 382. A. M. ursprünglich RGSt. **3** 390 und Olshausen Anm. 35, Finger **1** 540, Wachenfeld 266, Eckstein GA. **60** 219, die mit Recht annehmen, daß die Konkurrenz eines andern Delikts nicht strafmildernd wirken könne. Diese allzu formale Folgerung beseitigt Entw. § 65 Abs. 1, wie sie für einen vernünftigen Richter überhaupt gar nicht praktisch werden sollte. Das Absorptionsprinzip, da es die andere Straftat und die Schuld insoweit nicht tilgt, hat nicht die Bedeutung, daß der Umstand, daß noch eine zweite Straftat verübt worden ist, unbeachtet bleiben müsse. Dieser ist daher angemessenerweise innerhalb des Strafrahmens des härtesten Gesetzes als Straferhöhungsgrund zu berücksichtigen, was allerdings im Gesetz nicht ausdrücklich geboten ist, RGSt. **22** 388, und es wird daher dem Willen und der Ansicht des Gesetzgebers von der Strafwidrigkeit der Handlung nicht entsprechen, wenn die Vorschrift des § 73 vom Richter dazu benutzt wird, eine Straftat mit geringerer Strafe zu belegen, als er selbst als geringstes Maß für angezeigt hält durch Festsetzung einer Mindeststrafe. Die Möglichkeit, die konkurrierende Straftat noch als Straferhöhungsgrund zu berücksichtigen, fällt freilich fort, wenn die härteste Strafe eine absolute Strafe ist, RGSt. **49** 401. — Das ganze Absorptionsprinzip ist eben verfehlt und innerlich unberechtigt.

4. Die **schwerste Strafe** ist bei **gleicher Strafart** der konkurrierenden Gesetze

I. sofern jedes Gesetz eine Hauptstrafe androht:

a) wenn die Strafen verschiedene Höchstgrenzen haben, diejenige, die die höchste Strafe bezeichnet, bei der also der Strafrahmen nach oben am weitesten ist, selbst wenn nach unten die Grenze verschieden ist oder das andere Gesetz eine Nebenstrafe enthält. A. M. Hälschner **1** 684. Bei Geldstrafe, die nach dem mehrfachen des Werts zu berechnen ist, gilt das zu § 1 Gesagte; § 107 a Abs. 2 droht gegenüber § 223 a die schwerere Strafe an, 2 D 268/28 26. III. 28;

b) wenn sie gleich hohe Höchstgrenzen haben, dasjenige, das außerdem eine Nebenstrafe zuläßt oder, wenn beide Nebenstrafen zulassen, das die härtere Nebenstrafe zuläßt, wobei die Frage, ob diese zwingend vorgeschrieben ist, erst in letzter Linie maßgebend ist, weil nicht die Strafe in concreto, sondern die Strafandrohung in Betracht kommt. Der Verlust der Fähigkeit zur Bekleidung öffentlicher Ämter in §§ 354, 358 gilt als geringere Nebenstrafe gegenüber dem Verlust der bürgerlichen Ehrenrechte nach §§ 242, 248. — Weiter kommt hier die verschiedene Höhe der Mindeststrafe in Betracht, ebenso die Zulassung mildernder Umstände, RGSt. **30** 284, **53** 47, **54** 30. Bei Geldstrafen von gleicher Höhe ist das härtere Strafgesetz dasjenige, das die für den Angeklagten ungünstigste Umwandlung in Freiheitsstrafe enthält;

II. sofern eines oder mehrere konkurrierende Gesetze wahlweise verschiedene Hauptstrafen androhen:

Maßgebend ist dasjenige, das wenn auch nur wahlweise, die schwerste Strafe androht. Hierüber vgl. unter 5.

5. Die **schwerste Strafe** bei **ungleicher Strafart** entscheidet sich nach der Hauptstrafe und ist die, die die **härtere Strafart** zuläßt. Nebenstrafe erst zu berücksichtigen, wenn die Vergleichung der Hauptstrafe allein zu keinem Ergebnis führt. RGSt. **13** 405.

a) Die Strafen sind nach ihrer Schwere in folgender Reihe geordnet: Tod, Zuchthaus, Gefängnis, Festung, Haft, Geld, Verweis, RGSt. **16** 301. Hiernach wird ohne Rücksicht auf das Strafmaß und etwaige Nebenstrafen das Gesetz, das die härteste Strafart androht, stets als das härtere angesehen, RGSt. **53** 48. Insbesondere ist die höchste Geldstrafe nach dem Willen des Gesetzes immer das mildere Strafgesetz gegenüber jeder Freiheitsstrafe, RGSt. **2** 205, **18** 174, **42** 427, **51** 327, **57** 193. Grundsätzlich ist daher auch 1 Tag Gefängnis schwerer als der Höchstbetrag der Festungsstrafe. Hälschner 1 § 685; Olshausen Anm. 27; Frank 229. A. M. Habermaas, Ideale Konkurrenz (1882) 34. Rspr. 7 276. Eine ganz verfehlte Regelung! Anders verhält es sich jedoch, wenn Freiheitsstrafe und Geldstrafe nebeneinander im Gesetz als eine — zusammengesetzte — Hauptstrafe angedroht sind, wie z. B. § 164. Dann sind die angedrohten Freiheitsstrafen nicht allein entscheidend, sondern es ist die Freiheitsstrafe und Geldstrafe als gesamte Strafandrohung des einen mit der gleichen gesamten Strafandrohung des anderen Gesetzes zu vergleichen. Und hierbei ist entscheidend, welche Geldstrafe bereits durch eine Freiheitsstrafe von gewissem Höchstbetrag (§ 29 Abs. 2) ersetzt wird. Hiernach ist eine Gefängnisstrafe von 2 Monaten und 12 000 M. Geldstrafe milder als 6 Wochen Gefängnis und 20 000 M. Geldstrafe. Denn im ersten Fall braucht der Angeklagte nur 12 000 M., im letzten muß er 20 000 M. aufwenden, um die Ersatzstrafe von 1 Jahr abzuwenden, letztere Aufwendung erscheint aber härter gegenüber der nur um 14 Tage kürzeren Freiheitsstrafe, RGSt. **46** 268, **53** 36. Ebenso ist der Strafrahmen beim Versuch unter Berücksichtigung der Geldstrafe zu finden. Ist z. B. die höchste Strafe für das vollendete Delikt 5 Jahre Gefängnis und 3000 M. Geldstrafe, so beläuft sich die höchste Strafe für den Versuch auf 5 Jahre Gefängnis und 2997 M.; RGSt. **53** 208.

b) Wenn das eine konkurrierende Gesetz wahlweise verschiedene Strafarten als Hauptstrafen androht, etwa Geld- oder Freiheitsstrafe, so kommt die härteste Strafart als maßgebende Vergleichsstrafe in Betracht.

c) Die Berücksichtigung mildernder Umstände spielt hier keine Rolle, weil diese Frage nur einheitlich für die Tat zu entscheiden ist, RGSt. **5** 155, **10** 158, **14** 8, **30** 284, **47** 175, **53** 48, **54** 29. Ebensowenig wird dadurch, daß für besonders schwere Fälle Zuchthaus angedroht ist, die Straftat zu einem Verbrechen auch dann, wenn kein besonders schwerer Fall vorliegt, RGSt. **60** 116. Aber für die Frage nach der schwersten Strafe kommt die für besonders schwere Fälle angedrohte Höchststrafe als maßgebend in Betracht, sie ist in Vergleich zu stellen, 2 D 205/25 30. IV. 25. A. M. RGSt. **58** 241.

d) Verschiedenartige Strafen sind auch die militärische Arreststrafe und die Freiheitsstrafen des StGB. Zeitschel, StRZ. **1918** 362. Die Gefängnisstrafe ist im Verhältnis zur Arreststrafe des MStGB. ihrer Art nach die schwerere RGSt. **58** 65, 70. Ebenso Mayer, Deutsch. Mil.-Strafr. I 157, Beling, ZStRW. **24** 254; Gerland, Krit. Viertelj.Schr. 3. F. **9** 453. Das RMG. sah freilich Gefängnis und Arrest als gleichwertige Strafen an, RMG. **3** 154; **12** 53 und mit ihm Solms, Strafr. u. Strafproz. Anm. 5 zu § 54 und die meisten Kommentatoren. Vgl. auch Rotermund ZStRW. 1925 S. 31 ff., Frank 244.

6. Ist ein eine Übertretung ahndender Strafbefehl rechtskräftig geworden, so steht zwar der Aburteilung derselben konkurrierenden Tat als Vergehen in einem späteren Strafverfahren nichts entgegen, RGSt. **52** 242, es ist aber die früher festgesetzte Strafe bei der neuerdings zu erkennenden Strafe in Abzug zu bringen.

7. Ist in Verkennung der Gesetzeskonkurrenz rechtsirrtümlich Idealkonkurrenz angenommen worden, z. B. zwischen Anstiftung und Beihilfe, so braucht in Revisionsinstanz Urteil nicht aufgehoben zu werden hinsichtlich der Strafzumessung, wenn ohnehin niedrigste zulässige Strafe erkannt ist, es genügt Aufhebung im Schuldspruch, RGSt. **53** 191. Nach RGSt. **60** 58; 1 D 446/26 4. VIII. 26 soll auch dies nicht nötig sein.

8. Bevor die Bestimmung des schwersten Strafgesetzes erfolgen kann, muß geprüft werden, nach welchem Strafgesetz der Sachverhalt im Hinblick auf einen etwaigen Wechsel der Gesetzgebung überhaupt zu beurteilen ist. Dafür ist § 2 Abs. 2 maßgebend und so kann das mildeste Gesetz des § 2 zugleich das für die Strafbemessung maßgebende schwerste nach § 73 werden, RGSt. **54** 170.

9. Auf eine einheitliche, im Fortsetzungszusammenhang begangene Handlung findet § 73 naturgemäß keine Anwendung, was häufig übersehen wird, 1 D 705/21 17. XI. 1921.

10. Wenn infolge besonderer Gestaltung des Verfahrens verschiedene Gerichte in getrennten Prozessen über die verschiedenen Straftaten urteilen, obwohl sie durch eine natürliche Handlung begangen sind, und deshalb eine unmittelbare Anwendung von § 73 nicht möglich ist, so muß doch auch in solchen Fällen womöglich der Grundgedanke des § 73 zur Anwendung gebracht werden. Das später über dieselbe Handlung urteilende Gericht muß prüfen, welche Strafe bei Berücksichtigung aller Umstände aus dem schwersten Gesetz zu verhängen ist. RGSt. **49** 272, **50** 237. Kommt die schwerste Strafdrohung erst bei der späteren Verurteilung zur Anwendung und wird eine höhere Strafe, als vorher erkannt, für angemessen erachtet, so ist daneben die Strafe aus dem früheren Urteil in Wegfall zu bringen, ein bereits verbüßter Teil anzurechnen, RGSt. **52** 183, **56** 167.

11. Ausnahmen von der Regel des § 73: VZGes. §§ 134, 158; RGSt. **16** 58, **42** 427; RAbgO. § 383; RGSt. **60** 41; auch StPO. § 276; RGSt. **37** 152; Für die StPO. bleibt der Satz ne bis in idem trotzdem in Geltung, RGSt. **56** 324, **60** 42. MilStGB. § 149; RGSt. **61** 113.

12. Bei Tateinheit nach § 73 ist die Beschränkung des Rechtsmittels auf nur eines der konkurrierenden Delikte wirkungslos. Die Nachprüfung des Urteils ist in vollem Umfange geboten, RGSt. **60** 171, 345.

§ 74. Gegen denjenigen, welcher durch mehrere selbständige Handlungen mehrere Verbrechen oder Vergehen, oder dasselbe Verbrechen oder Vergehen mehrmals begangen und dadurch mehrere zeitige Freiheitsstrafen verwirkt hat, ist auf eine Gesamtstrafe zu erkennen, welche in einer Erhöhung der verwirkten schwersten Strafe besteht.

Bei dem Zusammentreffen ungleichartiger Freiheitsstrafen tritt diese Erhöhung bei der ihrer Art nach schwersten Strafe ein.

Das Maß der Gesamtstrafe darf den Betrag der verwirkten Einzelstrafen nicht erreichen und fünfzehnjähriges Zuchthaus, zehnjähriges Gefängnis oder fünfzehnjährige Festungshaft nicht übersteigen.

Entw. § 65. Vgl. Einführung § 34 über das Wesen der Realkonkurrenz.

1. Die Vorschrift trifft nur einen besonderen Fall der Verwirkung mehrerer **zeitiger Freiheitsstrafen** für mehrere selbständige Handlungen und erweist sich somit als

Ausnahme von der Regel, daß für jede begangene selbständige Straftat auch eine besondere selbständige Strafe zu erkennen und zu verbüßen ist, **Kumulationsprinzip**, der Regel des tot crimina tot poenae. Über das Zusammentreffen **nichtzeitiger** Freiheitsstrafen miteinander oder mit einer zeitigen Freiheitsstrafe enthält das Gesetz keine besondere Vorschrift. Demgemäß muß es hier bei der Regel der Strafenhäufung verbleiben, auf die Strafen ist ihrem vollen Betrage nach zu erkennen, z. B. auf lebenslängliche Zuchthausstrafe und daneben auf 15 Jahre Zuchthaus, auf Todesstrafe und Zuchthaus usw. RGSt. **54** 290, 3 D 75/23 9. IV. 23, JW. **1924** 300[6]. Die Ausnahme des § 74 liegt nur dann vor, wenn

a) die Aburteilung der mehreren selbständigen Handlungen gleichzeitig in demselben Verfahren erfolgt. Das Verfahren ist „dasselbe" in diesem Sinn schon dann, wenn es vor demselben Gericht gleichzeitig stattfindet und zu einem einzigen Urteile führt, nicht kommt es auf die prozessuale Art des Verfahrens an, die verschieden sein kann. So ist z. B. § 74 auch anwendbar, wenn die Strafkammer in dem einen Verfahren als Berufungsgericht und gleichzeitig in einem anderen als erstinstanzliches Gericht judiziert, aber diese Verfahren zu einem einheitlichen verbunden sind und nicht eine gesonderte Aburteilung, sondern ein Urteil ergeht, JW. **1919** 112, RGSt. **53** 146. Diesem Fall wird der des § 79 gleichgeachtet, daß die Verurteilung wegen einer der mehreren Handlungen zwar erst später erfolgt, diese Handlungen aber vor der früheren Verurteilung begangen wurden und die Verurteilung wegen dieser noch nicht verbüßt, verjährt oder erlassen ist. Es muß also der Fall der sich aneinander reihenden Verbüßungsmöglichkeit sämtlicher verscheidener Strafen und damit die Möglichkeit einer einzigen aus der Summe der einzelnen Strafen bestehenden Gesamtstrafe vorliegen.

b) Die erkannten Strafen müssen zeitige Freiheitsstrafen sein. Liegen diese die Ausnahme begründenden Voraussetzungen nicht vor, verbleibt es bei der Verurteilung und Verbüßung jeder einzelnen für die selbständige Handlung erkannten Strafen.

2. Daher verbleibt es bei dem reinen Kumulationsprinzip einmal, wenn die Voraussetzungen des § 79 nicht gegeben sind, sodann wenn Todesstrafe, lebenslängliche Freiheitsstrafe und Geldstrafe mit anderen Strafen zu erkennen sind, 3 D 75/23 9. IV. 23 in JW. **1924** 300[6] oder mit sich selber zusammentreffen, und hinsichtlich der Haft, wenn sie mit anderen Freiheitsstrafen zusammentrifft. Auch Militärarreststrafe und Freiheitsstrafe nach StGB. sind verschiedenartige Strafen. Ein Umwandlungsmaßstab ist allerdings vom Gesetz nicht an die Hand gegeben, er kann aber vom Richter in entsprechender Anwendung vom § 21 gefunden werden oder ist frei zu bestimmen. Vgl. RGSt. **58** 65, 78. Anm. 5 zu § 73. Auch keine Gesamtfreiheitsstrafe im Falle des § 27[c]. RGSt. **59** 21.

3. In anderen Fällen wird das Kumulationsprinzip insofern gemildert, als die Strafen nicht über einen gewissen Betrag bei der Summierung hinausgehen dürfen, so in § 75 Abs. 3, wonach die Gesamtdauer der Strafe Festung und Gefängnis 15 Jahre nicht übersteigen darf, in § 77 Abs. 2, wonach die Gesamtdauer der Haft nicht 3 Monate übersteigen darf, in § 78 Abs. 2, wonach die aus Geldstrafe umgewandelte Gefängnis- oder Haftstrafe nicht 2 Jahre oder 3 Monate überschreiten darf.

4. Bei der Aberkennung der bürgerlichen Ehrenrechte und der Zulassung von Polizeiaufsicht entfällt das Kumulationsprinzip völlig, und es findet nur eine Aberkennung und Zulassung statt, auch wenn solche an sich neben mehreren Strafen auszusprechen wäre, RGSt. **4** 179. Die Gesamtstrafe gilt auch nicht für Nebenstrafen. LZ. **17 694** (OLG. Hamburg). Die Aberkennung der bürgerl. Ehrenrechte erfolgt neben der Gesamtstrafe, wenn sie neben irgendeiner Einzelstrafe zulässig ist, es braucht nicht gerade die Einsatzstrafe zu sein; RGSt. **38** 353. Die Zulässigkeit richtet sich nach der Einzelstrafe, die Dauer des Verlusts nach der Gesamtstrafe, RGSt. **36** 88. Keine Zulässigkeit, wenn keine Einzelstrafen ausgeworfen sind, RGSt. **65** 296.

5. In dem besonderen Fall des § 74 nun gilt das **Asperationsprinzip** als abgeschwächtes Kumulationsprinzip. Über den Grund vgl. M. E. Mayer S. 517.

Danach wird der Umstand berücksichtigt, daß bei aneinandergereihten Freiheitsstrafen das Leiden des Verurteilten progressiv und daher über das Maß der Schuld hinaus wächst. Die Berücksichtigung dieses Umstandes zeigt wieder, daß das StGB. die Strafe als Vergeltung auffaßt. Mit Recht weist aber Frank 235 noch darauf hin, daß es nicht möglich ist, längere zeitige Freiheitsstrafen in vollem Umfange nacheinander zu vollstrecken, ohne ihren Charakter zu ändern. Sie werden leicht zu lebenslänglicher Freiheitsstrafe. Zunächst bleibt es dabei, daß für jede selbständige Straftat eine besondere Strafe auszuwerfen ist, wie sich schon aus § 74 Abs. 3 ergibt, diese ist aus dem für sie anzuwendenden Strafrahmen zu finden, und bei ihr sind zunächst alle Vorschriften auch nach §§ 49, 44, 21 zu berücksichtigen. Sie sind nicht nur Rechnungsgrößen, RGSt. **2** 202, sondern haben selbständige rechtliche Bedeutung Olshausen A. 20; Frank 237; 2 D 841/20 12. X. 20, LZ. **1921** Sp. 24, RGSt. **25** 297 (Plenum), **52** 147, Rspr. **1** 102; 2 D 783/23 8. X. 23, JW. **1924** 1728[15], aber es wird dann nicht die Summe der erkannten Einzelstrafen als Gesamtstrafe gebildet und diese auf ein geringeres Maß herabgesetzt (wie oben zu 3 und nach RGSt. **15** 29 zulässig), sondern es wird die **tatsächlich verwirkte schwerste Strafe** von ihnen als **Einsatzstrafe** genommen und durch Erhöhung, also durch **Zuschlag einer Zusatzstrafe** mit ihr eine **Gesamtstrafe** gebildet, auf die dann auch allein im Tenor zu „erkennen" ist, RGSt. **25** 297, **44** 302. In Nebengesetzen vielfach Abweichungen. Dagegen ist nicht erforderlich, daß diese Zusatzstrafe im Urteil und den Gründen besonders zur Ausmessung gebracht wird. So RGSt. **44** 302. Infolgedessen ist allerdings meist nicht zu ersehen, ob richtig verfahren worden ist. Im Strafrechtsausschuß wurde durchaus mit Unrecht behauptet, daß es Übung der Gerichte sei, von vornherein erst die Gesamtstrafe auszuwerfen und dann erst die Einzelstrafen entsprechend zu finden. Wo dies vereinzelt vorkommen sollte, ist es zu mißbilligen. RGSt. **25** 303. Ist nach VZollges. § 158 auf mehrere Freiheitsstrafen, z. B. aus §§ 135, 146 VZollges. und aus § 359 RAbgO., zu erkennen, so finden trotz des tateinheitlichen Zusammentreffens sinngemäß die Vorschriften über Bildung einer Gesamtstrafe nach § 74 Anwendung. 2 D 521/26 16. XII. 26.

Mit der Verbüßung der Gesamtstrafe gelten die Einzelstrafen gleichfalls als verbüßt. Es tritt die Regel des ne bis in idem ein. Eine wirkliche Verbüßung findet jedoch nicht statt; ist daher die Gesamtstrafe nur zum Teil verbüßt, so bedeutet dieser Teil nicht etwa die volle Verbüßung für die der verbüßten Zeit gleichkommenden Einzelstrafen und Nichtverbüßung anderer über diese Zeit hinausragenden Einzelstrafen. Vollstreckbar und verbüßbar ist immer nur die Gesamtstrafe, daher kann auch nur diese einheitlich verjähren, Höpfner, Einh. u. Mehrh. d. Verbrechen **2** 225; Olshausen A. 7, Schwartz A. zu § 70. A. M. Frank 237; Gerland 289. Das bedeutet nicht, daß durch die Gesamtstrafe der erkannten Einzelstrafe jede Selbständigkeit schlechthin genommen wird. Vielmehr kommt diese wieder zur Geltung, wenn z. B. das Urteil in Hinblick auf eine real konkurrierende Tat aufgehoben und deshalb die Gesamtstrafe in Wegfall gebracht wird, die Bestrafung der anderen real konkurrierenden Taten aber rechtskräftig wird, RGSt. **4** 140, **24** 149, **25** 297. So kann es z. B. § 79 erforderlich machen, für die Gesamtstrafe die frühere Einzelstrafe wieder heranzuziehen. Hat das Schöffengericht wegen mehrerer nach § 74 zusammentreffender Straftaten eine Gesamtstrafe ausgesprochen, spricht dagegen das Berufungsgericht in allen Fällen bis auf einen frei, so darf es die für diesen einen Fall ausgeworfene Einzelstrafe nicht überschreiten, wenn nur der Angeklagte Berufung eingelegt hat. 2 D 131/25 19. III. 25. Hinsichtlich der Bedeutung der Vorschrift von StPO. § 358 Abs. 2, der nicht unterscheidet, ob es sich um eine Einzelstrafe oder eine Gesamtstrafe handelt, vgl. RGSt. **2** 202; nicht entgegen **25** 297.

6. Erhöht durch eine Zusatzstrafe wird die Strafe, die ihrer Art nach die höchste ist, auch wenn andere Strafen etwa durch Umwandlung in die schwere Art größer würden, RMG. 12. XII. 1918, Nr. 3 121 A, a. M. RMG. **3** 154. Vgl. M. E. Mayer Militärstrafr. **1** 157. Bei ungleichen Strafarten ist dann die leichtere in die schwerere umzurechnen und aus der umgerechneten der Zusatz zu bilden (Abs. 2). RGSt. **58** 70, Rspr. **6** 388. Im Falle des MStGB. § 54 ist Gefängnisstrafe im Verhältnis zur Arreststrafe des MStGB. die ihrer Art nach schwerere Strafe, RGSt. **58** 70; 4 D 712/23 12. II. 24. A. M. RMG. **3** 154, **12** 53.

7. (Abs. 3) die **Zusatzstrafe** darf **nicht so groß** sein, daß die mit ihr gebildete **Gesamtstrafe**

a) die Summe der verwirkten Einzelstrafen erreichen würde. Wenn daher die Gesamtstrafe aus zwei Einzelstrafen zu bilden ist, von denen die eine nur in 1 Tag Gefängnis besteht, so muß wegen § 19 Abs. 2, wonach Gefängnis nach vollen Tagen bemessen wird, von einer Erhöhung der verwirkten schwersten Einzelstrafen abgesehen werden, so daß nur auf eine Gesamtstrafe erkannt werden kann, die in ihrer Dauer der verwirkten schwersten Einzelstrafe entspricht, RGSt. **30** 141, 4 D 866/17 25. I. 18. Dieser Grundsatz bewirkt unter Umständen eine Durchbrechung der Vorschrift des § 19 Abs. 2, nämlich dann, wenn die Einsatzstrafe Zuchthaus ist, die andere umgewandelte Gefängnisstrafe aber keinen vollen Monat beträgt oder gerade einen vollen Monat. Dann darf die Gesamtstrafe nicht die Summe der Einsatzstrafe und 1 Monat betragen, sondern die Höchststrafe muß entgegen § 19 Abs. 2 nun weniger, also Tage, betragen. Wenn dagegen unter Beachtung des § 19 Abs. 2 eine Gesamtstrafe gebildet werden kann, die den Betrag der Einzelstrafen noch nicht erreicht, so muß es bei Beachtung der Vorschrift verbleiben, und die Zusatzstrafe von Zuchthaus muß dann auch immer 1 Monat betragen, RGSt. **4** 161, **8** 26;

b) mehr als 15 Jahr Zuchthaus und Festungshaft oder 10 Jahr Gefängnis beträgt. Wenn daher bereits die verwirkte Einzelstrafe für die realiter konkurrierende Straftat das Höchstmaß einer zeitigen Freiheitsstrafe, z. B. 15 Jahre Zuchthaus erreicht, so ist die Erhöhung dieser Strafe zur Bildung einer Gesamtstrafe nicht mehr möglich. Nach dem Zweck des Gesetzes muß die Vorschrift des § 74 Abs. 1 hinter der des Abs. 3 zurückstehen, RGSt. **16** 283, **63** 243. Demgemäß kann auch, nach Aufhebung des § 57 durch § 47 des JGerGes. die Höchststrafe von 10 Jahren Gefängnis bei Jugendlichen nicht mehr erhöht werden. RGSt. **63** 244. Die Regel gilt nicht für das Zusammentreffen einer Gefängnisstrafe mit einer nach § 28 in Gefängnis umgewandelten Geldstrafe, wobei es bei dem reinen Kumulationsprinzip verbleibt. Wird gegen einen eine Gefängnisstrafe als Einzelstrafe verbüßenden Angeklagten eine Gesamtzuchthausstrafe unter Einbeziehung der Einzelstrafe festgesetzt, so beginnt die Vollstreckung der Zuchthausstrafe mit dem Zeitpunkt der Rechtskraft der Gesamtstrafe, nicht erst mit der Einlieferung in die Strafanstalt. Die Umrechnung der Gefängnisstrafe nach § 21 hat daher nur bis zur Rechtskraft des Gesamtstrafurteiles zu erfolgen, RG. J 142/24 20. V. 26.

8. Ob die vom Tatrichter angenommene Realkonkurrenz dem Gesetz entspricht, hat das Revisionsgericht auch dann zu prüfen, wenn das Urteil nur hinsichtlich eines der als sachlich zusammentreffend angesehenen Delikte angefochten ist; 5 D 882/13 19. XII. 13.

9. Die Unterlassung der Auswerfung von Einzelstrafen begründet die Revision, RGSt. **52** 146; 1 D 1755/21 14. XI. 22; 5 D 882/13 19. XII. 13.

10. Erkennt der Tatrichter auf eine Gesamtstrafe und rechnet er auf diese einen bestimmten Teil der erlittenen Untersuchungshaft an ohne dabei erkennbar zum Ausdruck zu bringen, daß nach seinem Willen bei späterem Wegfall einer oder mehrerer der in der Gesamtstrafe enthaltenen Einzelstrafen nur ein Teil der angerechneten Untersuchungshaft auf den noch verbleibenden Rest der Strafe anzurechnen ist, so muß die angerechnete Untersuchungshaft in vollem Umfange auf die danach noch zu vollstreckende Strafe angerechnet werden. 1 D 882/24 30. I. 25. Die Fälle in RGSt. **41** 319, 5 D 760/04 26. VI. 05 in GA. **52** 398 lagen anders.

11. Ganz verfehlt und in Verkennung ihrer beabsichtigten praktischen Zweckmäßigkeit ist Entw. § 65, der Realkonkurrenz und Idealkonkurrenz gleichmäßig behandeln will und irrtümlich glaubt, damit um die Feststellung herumkommen zu können, ob diese oder jene vorliegt!

12. Besondere Bestimmungen trifft VO. des Reichspräs. zur Erhaltung des inneren Friedens vom 19. XII. 32 (RGBl. I 548) § 16: „Enthält eine Gesamtstrafe, die zur Zeit des Inkrafttretens dieser VO. noch nicht verbüßt ist, eine Einzelstrafe wegen einer Tat, die nach dem Inkrafttreten der VO. nicht mehr strafbar ist, oder mehrere derartige Einzelstrafen, so wird der Teil der Gesamtstrafe, der nach dem Verhältnis der verwirkten Einzelstrafe auf die genannte Zuwiderhandlung entfällt, von der Gesamtstrafe in Abzug gebracht." Eine Vorschrift, die deshalb schwer durchführbar ist, weil die Gesamtstrafe durch Erhöhung der schwersten Einzelstrafe gebildet wird. Die Vorschrift ist auch im Falle des § 17 anzuwenden.

§ 75. Trifft Festungshaft nur mit Gefängnis zusammen, so ist auf jede dieser Strafarten gesondert zu erkennen.

Ist Festungshaft oder Gefängnis mehrfach verwirkt, so ist hinsichtlich der mehreren Strafen gleicher Art so zu verfahren, als wenn dieselben allein verwirkt wären.

Die Gesamtdauer der Strafen darf in diesen Fällen fünfzehn Jahre nicht übersteigen.

1. Die Vorschrift gibt die Regel des Kumulationsprinzips wieder, als **Ausnahme** von § 74 aber nur für den Fall, daß **Festung** ausschließlich mit Gefängnisstrafe, nicht auch mit Zuchthaus zusammentrifft. Für Zusammentreffen von Geldstrafe und Nebenstrafen braucht es der besonderen Vorschrift nicht, da diese keine Freiheitsstrafen sind, § 74. Trifft Festungshaft mit Zuchthaus zusammen, bleibt es bei Anwendung von § 74.

2. Wenn mehrere selbständige Handlungen vorliegen, von denen mehrere Festungshaft, mehrere Gefängnis verwirkt haben, so ist die Gesamtfestungshaft und Gesamtgefängnisstrafe je für die eine und die andere nach § 74 zu bilden und es ist auf diese beiden Gesamtstrafen gesondert zu erkennen.

3. Sowohl im Falle zu 1 als zu 2 darf die Gesamtdauer der Strafen oder Gesamtstrafen insgesamt 15 Jahre nicht übersteigen. Macht sich eine solche Reduktion erforderlich, so ist sie gleichmäßig bei allen Strafen vorzunehmen, also sowohl bei Festung als bei Gefängnis, nicht darf die eine in voller Höhe bleiben und nur die andere gekürzt werden, Hälschner 1 690; Finger 1 546; Schwartz 2. A. M. Olshausen Anm. 4, der das Gericht nach freiem Ermessen entscheiden lassen will; Frank 244, der die Kürzung nur bei der Festungshaft eintreten läßt.

§ 76. Die Verurteilung zu einer Gesamtstrafe schließt die Aberkennung der bürgerlichen Ehrenrechte nicht aus, wenn diese auch nur neben einer der verwirkten Einzelstrafen zulässig oder geboten ist.

Ingleichen kann neben der Gesamtstrafe auf Zulässigkeit von Polizeiaufsicht erkannt werden, wenn dieses auch nur wegen einer der mehreren strafbaren Handlungen statthaft ist.

1. Die Vorschrift handelt ausdrücklich nur von Aberkennung der bürgerl. Ehrenrechte und Polizeiaufsicht, ihr Grundgedanke ist aber auf alle strafrechtlichen Nebenfolgen, insbesondere alle Nebenstrafen anwendbar, z. B. auf Publikationsbefugnis nach § 200. So auch Frank 245. Da die Gesamtstrafe einerseits eine Sühne für alle einzelnen Handlungen bilden soll, so müssen die über die Gesamtstrafe hinausragenden Straffolgen der Einzeltat bestehen bleiben. Da andererseits die Einzelstrafe selbst in der Gesamtstrafe aufgeht, können diese anderen Nebenfolgen nunmehr nicht mehr als Nebenfolgen der Einzelstrafe, sondern nur noch als Nebenfolgen der Gesamtstrafe erscheinen. Daher richtet sich die Zeitdauer des Verlustes der bürgerlichen Ehrenrechte nach dem Charakter der Gesamtstrafe, und ist nur einmal neben dieser zu erkennen, RGSt. **36** 88; auch genügt es, daß nur für eine der Einzeltaten diese Straffolge zulässig war, RGSt. **38** 353. Die Zulässigkeit muß aber nach der Einzeltat bemessen werden. Daher muß für Aberkennung der bürgerlichen Ehrenrechte die Einzelstrafe 3 Monate Gefängnis erreichen, Rspr. **1** 321. Höchstdauer 10 Jahre, Rspr. **4** 479. Wenn keine Einzelstrafen ausgeworfen sind, ist nicht ersichtlich, ob die Zuerkennung des Verlusts der Ehrenrechte gerechtfertigt ist, RGSt. **65** 297. Besonders wird in § 15 der VO. des Reichspräsidenten zur Erhaltung des inneren Friedens vom 19. XII. 32 (RGBl. I 548) angeordnet: „Ist jemand wegen einer Tat verurteilt worden, die nach dem Inkrafttreten dieser VO. nicht mehr strafbar ist, so darf die Strafe nicht vollstreckt werden. Dasselbe gilt für Nebenstrafen und Sicherungsmaßnahmen sowie für

rückständige Geldbußen, die in die Kasse des Reichs oder der Länder fließen". Diese Vorschrift ist auch bei Gesamtstrafen anzuwenden.

2. Wurde die Wiederaufnahme des Verfahrens gegen einen wegen mehrerer Straftaten verurteilten Angeklagten nur hinsichtlich eines dieser Delikte angeordnet, wodurch mit rechtlicher Notwendigkeit auch die in dem früheren Verfahren erkannte Gesamtstrafe ergriffen wurde, so ist in dem neuen Verfahren mit der Neubildung der Gesamtstrafe auch eine neue und selbständige Entscheidung über die bürgerlichen Ehrenrechte geboten, selbst wenn diese Ehrenstrafe in dem früheren Verfahren mit Rücksicht auf ein Delikt ausgesprochen worden war, wegen dessen die Wiederaufnahme des Verfahrens nicht angeordnet war, 2 D 548/02 8. IV. 02 in GA. **49** 262 und RGSt. I in GA. **53** 437.

3. Ist neben einer Einzelstrafe auch eine unzulässige Nebenstrafe der in § 76 bezeichneten Art erkannt, darf sie doch nach § 79 nicht in die Gesamtstrafe aufgenommen werden, weil § 76 die rechtliche Zulässigkeit der Nebenstrafen zur Voraussetzung hat. Die Rechtskraft des früheren Urteils steht nicht entgegen, da § 79 zu einem Eingriff in diese ermächtigt. 3 D 58/25 19. III. 25.

§ 77. Trifft Haft mit einer anderen Freiheitsstrafe zusammen, so ist auf die erstere gesondert zu erkennen.

Auf eine mehrfach verwirkte Haft ist ihrem Gesamtbetrage nach, jedoch nicht über die Dauer von drei Monaten zu erkennen.

1. Die Vorschrift bringt für den Fall des Zusammentreffens der Haft mit einer anderen Freiheitsstrafe ebenfalls die Regel des Kumulationsprinzips als Ausnahme von § 74 wieder zur Geltung, mildert dieses aber, und zwar in anderer Weise als es das Aspirationsprinzip tut. Bedeutung hat die Vorschrift nur für Verbrechen und Vergehen, da sich § 74 ohnedies nicht auf Übertretungen bezieht, nicht für MStGB. § 54 und andere Freiheitsstrafen RGSt. 58 65.

2. Die für die nicht beizutreibende Geldstrafe einzusetzende Haftstrafe ist in den Höchstbetrag von 3 Monaten nicht einzurechnen.

§ 78. Sind mehrere Geldstrafen verwirkt, so ist auf jede gesondert zu erkennen.

Das gleiche gilt von den Freiheitsstrafen, die an die Stelle uneinbringlicher Geldstrafen treten. Ihre Gesamtdauer darf zwei Jahre nicht übersteigen; die Gesamtdauer mehrerer zusammentreffender Haftstrafen darf drei Monate nicht übersteigen.

1. Die Fassung ist durch VO. über Vermögensstrafen und Bußen v. 6. II. 24 (RGBl. I 44) gegeben worden.

2. Für die **Geldstrafe** bewendet es bei dem **Kumulationsprinzip.** Der volle Betrag auf den zu erkennen ist, bildet danach die Summe der einzelnen erkannten Geldstrafen und ist keine Gesamtstrafe im Sinne von § 74. Während bisher nach der alten Fassung des StGB. § 78 aber lediglich auf die Summe im Tenor erkannt werden durfte, Rspr. 7 144, **9** 466, 1 D 395/17 15. XI. 17, muß jetzt auch im Tenor auf jede einzelne Geldstrafe gesondert erkannt werden, Hellwig 126. Verwirkt ist hier die tatsächlich erkannte Geldstrafe, also auch die, die an Stelle einer „an sich verwirkten" Freiheitsstrafe tritt. Bei der Anwendung des § 27 b ist im Ergebnis die Rechtslage keine andere, als wenn von vornherein nur die Geldstrafe erkannt und für den Fall der Uneinbringlichkeit Ersatzstrafen in der Höhe der an sich verwirkten Freiheitsstrafen bestimmt worden wären. Wie dort, so kann auch bei § 27 b von Bildung einer Gesamtstrafe keine Rede sein. RGSt. **59** 21.

3. Für **jede einzelne Geldstrafe** muß eine **besondere Ersatzfreiheitsstrafe** ausgeworfen werden, nicht darf für die Summe der erkannten Geldstrafe eine einzige Ersatzstrafe substituiert werden, RGSt. **4** 367, **5** 371, **21** 46; RGSt. **38** 1; Bayr. ObLG. **9** 126, **19** 83; Rspr. **7** 144, Abs. 2 spricht ungenau von einer an die Stelle mehrerer

Geldstrafen tretenden Freiheits- (Gefängnis-) strafe, statt Strafen. Auch auf diese Ersatzfreiheitsstrafe ist im Urteilstenor zu erkennen. Diese einzelnen substituierten Freiheitsstrafen sind nicht nach § 74 zu einer Gesamtstrafe unter sich zu vereinigen, auch nicht mit einer etwa nebenhergehenden Gesamtfreiheitsstrafe, vielmehr ist auch bei ihnen stets auf die Summe der einzelnen substituierten Freiheitsstrafen zu erkennen, die dann gegebenenfalls zur Hauptfreiheitsstrafe hinzutritt. RGSt. **59** 21, 3 D 882/24 22. XII. 24. Diese Summe darf jedoch arithmetisch die in Abs. 2 vorgeschriebenen Maße nicht überschreiten, da dieser Höchstbetrag bei Umwandlung mehrerer Geldstrafen als Höchstbetrag aller bestimmt ist. Daher ist jede Einzelersatzstrafe hier von vornherein so zu bemessen, daß sich ihre Summe in den Grenzen des Abs. 2 hält, RGSt. **21** 46. Für die Ersatzfreiheitsstrafe kommt sonach eine Milderung des Kumulationsprinzips zur Anwendung, die für die primäre Strafe nicht besteht. Unrichtig ist es, bloß die Summe bis zur Höhe der Höchstbeträge des § 78 umzuwandeln, RGSt. **51** 171, 176; 4 D 345/18 5. VII. 18.

4. Abs. 2 findet auch bei Umwandlung mehrerer wegen Vergehen erkannter Geldstrafen in Haft Anwendung, so daß auch hier das Höchstmaß 3 Monate Haft beträgt. Daß dieser Umwandlung in § 78 nicht gedacht ist, beruht auf einem Versehen, der Wille des Gesetzgebers ging dahin, alle an die Stelle von Geldstrafen tretenden Freiheitsstrafen im Höchstmaße zu beschränken, RGSt. **5** 373, **7** 368; Rspr. **4** 79, **5** 1.

5. Abs. 2 gilt trotz VZG. § 162 auch bei Konkurrenz von mehreren selbständigen Zolldefraudationen. Die dort vorgeschriebene Höchstersatzstrafe von 1 Jahr Gefängnis gilt nur für das Einzeldelikt, RGSt. **21** 44.

6. Das Höchstmaß von 2 Jahren bezieht sich auf die Summe der umzuwandelnden Freiheitsstrafen schlechthin, gleichviel ob diese Zuchthaus, Gefängnis, Festung oder Haft sind. Frank 246, Olshausen Anm. 3, Finger **1** 548, Goldschmidt Vergl. Darst. **4** 292, Höpfner 137, Hellwig 127. Auch beim Zusammentreffen mehrerer wegen mehrerer selbständiger Straftaten erkannter Geldstrafen darf die an Stelle einer Geldstrafe tretende Gefängnisstrafe nach § 29 nicht mehr als 1 Jahr betragen, 3 D 5286/03 17. III. 04. An diesen Maßen ist durch die VO. v. 6. II. 24 nichts geändert worden.

7. War die Geldstrafe neben Zuchthausstrafe erkannt, ist die Geldstrafe in Zuchthausstrafe umzuwandeln. Dagegen dürfen Geldstrafen, die neben Gefängnisstrafe erkannt sind, auch dann nicht in Zuchthausstrafe umgewandelt werden, wenn die primäre Gefängnisstrafe nach §§ 74—79 in Zuchthaus umzuwandeln ist. Vgl. zu § 29.

§ 79. Die Vorschriften der §§ 74 bis 78 finden auch Anwendung, wenn, bevor eine erkannte Strafe verbüßt, verjährt oder erlassen ist, die Verurteilung wegen einer strafbaren Handlung erfolgt, welche vor der früheren Verurteilung begangen war.

E. 19 § 36.

1. Voraussetzung für die Bildung einer Gesamtstrafe ist stets das Vorliegen mehrerer selbständiger Handlungen, von denen jede eine selbständige Freiheitsstrafe verwirkt hat. RGSt. **60** 383. Mit Rücksicht darauf, daß die bloße Kumulierung zeitlich ungetrennter Verbüßung eine Erschwerung darstellt, insofern die Schwere der Strafe mit ihrer Länge zunimmt, läßt der Gesetzgeber durch das Aspirationsprinzip nur die Verhängung einer Gesamtstrafe zu, die die Summe der Einzelstrafen nicht erreichen darf. Er will also diese Summierung der Einzelstrafen für die zeitlich aufeinanderfolgende Verbüßung vermieden wissen. Die Vorschrift, eine Gesamtstrafe zu bilden, ist ohne weiteres durchführbar bei gleichzeitiger und einheitlicher Aburteilung aller vor ihr liegenden einzelnen selbständigen Handlungen. Da diese Möglichkeit aber nicht immer besteht und von Zufälligkeiten abhängig ist, will § 79 die Durchführung dieses Grundgedankens auch für die Fälle sicherstellen, wo von den vor jenem Urteil liegenden mehreren strafbaren Handlungen nur eine oder einzelne herausgegriffen werden, obwohl sie an sich gleichzeitig schon das erste Mal mit zur Aburteilung hätten kommen können und dann ohne weiteres § 74 angewendet worden wäre, auch wenn das frühere Urteil nur aus äußeren Umständen sich auf die bereits verübte Tat nicht erstreckte, RGSt. **7** 298. Dem § 79 liegt der Gedanke zugrunde, auf dem Wege des **Nachtragerkenntnisses** dieselbe Wirkung zu erzielen, die eingetreten wäre, wenn schon bei der ersten Aburteilung der ganze Anklagestoff vorgelegen hätte, wenn die übrigen vor dem Urteil liegenden Handlungen aber, gleichviel ob sie vor oder nach dem Herausgegriffenen liegen, erst einer späteren Verurteilung unterstellt werden. Deshalb soll diese spätere Verurteilung jener konkurrierenden Straftaten aus den Strafen, die in einer früheren Verurteilung bereits für die vorbegangenen Straftaten verhängt wurden, nach den Regeln der §§ 74—78 eine **Gesamtstrafe ebenso bilden, wie es das frühere Urteil getan hätte,** wenn es jene Straftaten schon damals seiner Beurteilung mit unterzogen hätte, vorausgesetzt natürlich, daß die im vorausgegangenen Urteil verhängten Strafen noch nicht verbüßt, verjährt oder erlassen sind, also jetzt noch für das zweite Urteil Elemente für die Gesamtstrafe bilden können, und unbeschadet weiter des rechtskräftigen Bestands jener Strafen des früheren Urteils im übrigen, die an sich nicht mehr vom späteren Urteil abgeändert werden und nur noch zu Elementen für die Gesamtstrafe verwendet werden können. Das nach § 79 erkennende Gericht hat sich auf den Standpunkt des früher erkennenden Gerichts zu stellen, das, wenn ihm die später abzuurteilenden Straftaten bekannt gewesen wären, auf eine Gesamtstrafe hätte erkennen können, RGSt. **24** 185, **46** 179. Die Entscheidung ist eine Ergänzung derjenigen des früheren Gerichts. In der Umwandlung der Einzelstrafen in die einheitliche Gesamtstrafe liegt nur eine richterliche Entscheidung über die Modalität der Vollstreckung der Einzelstrafen, die im übrigen auch nach der Umwandlung an sich in Kraft bleiben und nur durch die Gesamtstrafe ersetzt werden, RGSt. **25** 308. Die Wirkung, die an sich die Rechtskraft der früheren Urteile äußert, bleibt durch § 79 unberührt, soweit es sich um den Schuldausspruch und die Einzelstrafen handelt, nur darüber hinaus für die Bildung der Gesamtstrafe wird durch das Gesetz dem Urteil die Rechtskraft entzogen, RGSt. **6** 283. Die Zusatzstrafe ist begrifflich nichts anderes als eine besondere Art der Gesamtstrafe, RGSt. **60** 206.

2. Auf **Straftaten,** die **nach** dem früheren Urteil begangen sind, findet daher die Vorschrift **nicht** statt, weil diese das frühere Urteil nicht hätte ergreifen können und das jetzige spätere Urteil tatsächlich nur dieses insoweit ergänzen und vervollständigen will, wie es selbst schon nach dem objektiven Stand der Verhältnisse hätte lauten können. RGSt. **53** 145, **60** 383, 385. Maßgebend ist also die Zeit der Verkündung des früheren auf Strafe lautenden Urteils, nicht dessen Rechtskraft, Rspr. **1** 761. Der Verkündung steht beim Strafbefehl dessen Zustellung gleich, StPO. § 35. In welcher Instanz zum erstenmal auf Strafe erkannt wird, ist dabei gleichgültig, RGSt. **3** 213, **6** 283, **7** 298, **15** 29, **18** 333, **24** 185; Rspr. **8** 253. Eine frühere Verurteilung ist nicht auch die Nachtragsverurteilung nach § 79. Eine vor dieser aber nach der ersten Verurteilung begangene Straftat führt also nicht nochmals zur Anwendung von § 79, RGSt. **18** 333. Wenn das erste auf Strafe lautende Urteil durch das Revisionsgericht jedoch aufgehoben ist und erst daraufhin ein weiteres verurteilendes Erkenntnis ergeht, so liegt erst mit diesem zweiten ein auf Strafe lautendes Urteil vor, da das erstere durch die Aufhebung beseitigt ist und deshalb rechtlich nicht mehr in Betracht kommt. Es ist daher lediglich dieses im neuen Verfahren ergehende auf Strafe lautende Urteil maßgebend und die vor diesem Urteil liegenden Straftaten, auch wenn sie nach dem (nicht mehr maßgebenden) aufgehobenen Urteil begangen sind, sind für Bildung einer Gesamtstrafe nach § 79 durch ein späteres Urteil zu berücksichtigen, RGSt. **4** 53, **18** 333, **32** 7, **33** 231, **53** 145; 1 D 421/26 22. X. 26; 2 D 617/28 27. IX. 28; Finger **1** 551, Schwartz 3, May GA. **57** 324; jetzt auch Olshausen 6. A. M. Binding Grdr. 295, Frank 247, Merkel, in HH. IV S. 235. Das Gleiche gilt jedoch nicht, wenn das erste Urteil nicht aufgehoben, sondern im Wiederaufnahmeverfahren die Sache einer neuen Prüfung unterzogen wird. Denn dadurch wird das erste Urteil rechtlich nicht aufgehoben und bleibt vollzugsreif und das neue Erkenntnis hält es aufrecht, sofern im neuen Verfahren wiederum die Schuld erwiesen wird. Maßgebend bleibt sonach immer dieses erste Urteil, Rspr. **8** 253.

3. Ist für den Zeitpunkt, zu dem die früheren Straftaten begangen sein müssen, zwar lediglich die Verkündung des ersten Urteils, das nur einige von ihnen ergreift, maßgebend, nicht der Zeitpunkt der Rechtskraft, so setzt doch die Anwendbarkeit des § 79 mit einem zweiten Urteil diese früheren Straftaten zu ergreifen und aus den für sie auszuwerfenden Strafen mit dem im ersten Urteil ausgeworfenen eine Gesamtstrafe zu bilden, immerhin die **Rechtskraft jenes ersten Urteils voraus.** RGSt. **32** 277; 2 D 617/28 27. IX. 28. Denn nur dann kann eine Verjährung, Verbüßung, Erlaß stattfinden, deren Fehlen § 79 voraussetzt, also an sich als möglich unterstellt, und ohne diese würde die Bildung einer Gesamtstrafe von der Ungewißheit des Bestands ihrer Elemente abhängen. Solchenfalls ist daher auf dem Weg der StPO. § 492 für später zu verweisen. Die Einrechnung noch nicht rechtskräftig erkannter Strafen führt deshalb zu unannehmbaren Ergebnissen, RMG. **12** 221, RGSt. **5** 1, **15** 31, **34** 267, **37** 169; Rspr. **3** 592, 3 D 209/17 25. VI. 17 in LZ. **1917** 1183 [10]; 1 D 421/23 1. VI. 23 JW. **1925** 27[1], namentlich dann, wenn das zweite Urteil, das die Gesamtstrafen ausspricht, rechtskräftig wird. A. M. RGSt. **32** 277; Rspr. **4** 102, 5 522, **9** 177 (dieses läßt aber zu, von Festsetzung einer Gesamtstrafe abzusehen); Merkel, HH. IV, 235, Meyer-Allfeld 363, Oppenh.-Del. Note 5; Doerr, in JW. **1925** 27[1].

4. Daß die im früheren Strafurteil erkannten Strafen noch nicht verbüßt, verjährt oder erlassen sind und also als Elemente für eine zu bildende Gesamtstrafe dienen können, ist ausdrücklich als Voraussetzung für die Anwendbarkeit des § 79 festzustellen.

5. Die Zuständigkeit des Gerichts, das nach § 79 die Bildung der Gesamtstrafe vornimmt, braucht für die früheren bereits abgeurteilten Straftaten nicht vorhanden zu sein. Auch wenn diese z. B. durch Kriegsgericht verhängt wurden, kann später bürgerliches Gericht Gesamtstrafe nach § 79 bilden, RGSt. **49** 91.

6. Liegen die Voraussetzungen für § 79 vor und ist die dort vorgesehene nachträgliche Bildung einer Gesamtstrafe möglich, so ist diese auch geboten, RGSt. **2** 198, 8 62, **34** 267, Rspr. **3** 602. Ob dies der Fall, bildet zugleich eine prozeßrechtliche Voraussetzung der Entscheidung, kann also, wenn auch eine Verfahrensrüge erhoben ist, vom RG. auf Grund der Akten nachgeprüft werden, RGSt. **37** 284, **49** 91. Nur wenn das Gericht keine sichere Grundlage für die Anwendung des § 79 findet, ist es berechtigt, anstatt die Hauptverhandlung zu ihrer Beschaffung auszusetzen, die Bildung einer Gesamtstrafe der in StPO. § 492 vorgesehenen Nachtragsentscheidung vorzubehalten. RGSt. **34** 267, **64** 413; 4 D 359/12 7. V. 12.

7. Bei der Bildung der neuen Gesamtstrafe, sei es nach § 79, sei es nach StPO. § 492, sind ebenso wie bei § 74 zunächst die Einzelstrafen festzustellen. Soweit diese in dem früheren Urteil rechtskräftig schon festgestellt sind, sind diese dabei zu übernehmen, nötigenfalls nach Auflösung einer früheren Gesamtstrafe, RGSt. **2** 198, **4** 53, 8 64, **15** 29, **25** 308, **44** 302, **48** 277; Rspr. **6** 652, 8 657; 1 D 421/23 1. VI. 23. Im übrigen sind dabei die Vorschriften nach §§ 74—77 voll anwendbar. Eine früher erkannte Gesamtstrafe ist durch die notwendig gewordene Auflösung in Einzelstrafen weggefallen und hat für den zweiten Richter bei Bildung der neuen Gesamtstrafe nach keiner Richtung hin irgendwelche Bedeutung mehr. A. M. RGSt. **46** 179, **48** 277, OLG. Dresden in SächsArch. 1 (1921) S. 224 und Olshausen, wonach die nach § 79 zu bildende Gesamtstrafe den Betrag der alten Gesamtstrafe zuzüglich der neuen Einzelstrafe nicht erreichen darf. Nach § 74 soll die Gesamtstrafe aber nur die Summe der Einzelstrafen nicht erreichen und eine zweimalige Reduktion findet auch nach § 79 nicht statt. Hierauf hat Angeklagter kein Recht. Umgekehrt braucht aber auch keine Erhöhung der früheren Gesamtstrafe einzutreten. Die neu zu bildende Gesamtstrafe braucht nicht größer als die frühere zu sein, sie kann es unter Umständen auch gar nicht. Nur die Beschränkung besteht, daß die neue Gesamtstrafe nicht unter die frühere Gesamtstrafe herabgehen darf. Dies muß als im Sinne der Vorschrift gelegen angenommen werden, die nicht dem zweiten Richter das Recht geben will, den ersten zu korrigieren, RGSt. **6** 283, vgl. auch **2** 198, 8 62, Rspr. **3** 602. A. M. Höpfner a. a. O. S. 146.

8. Hat bei Bildung der Gesamtstrafe nach § 79 bereits zum Teil eine Verbüßung der durch das erste rechtskräftige Urteil erkannten Strafe begonnen, so ist im Tenor am zweckmäßigsten auszusprechen, daß dieser Teil auf die Gesamtstrafe —

event. nach Umrechnung gemäß § 21 — in Anrechnung komme, RGSt. **2** 198, **8** 62, 385. RGSt. in LZ. **10** 693, Rspr. **8** 3. Über verschiedene Ansichten hierüber Köhler, GerS. **65** 33 und Kluhs GerS. **67** 324. Der Beginn der Strafzeit ist auf den Zeitpunkt der Rechtskraft des ersten Urteils zu verlegen, RGSt. **6** 283, **25** 297, **44** 306, **46** 180. Die gegenteilige frühere Ansicht hat BayObLG. i. Beschl. v. 8. II. 1919 (Ztschr. f. Rechtspfl. **1919** 213) aufgegeben. Nach dem Grundgedanken des § 79 muß der Einheitlichkeit der Strafe auch die Einheitlichkeit der Vollstreckung entsprechen, daher auch die begonnene Vollstreckung der Einzelstrafe in die Vollstreckung der Gesamtstrafe derart übergehen, daß der Beginn der Vollstreckung der Einzelstrafe als Beginn der Vollstreckung der Gesamtstrafe zu behandeln ist. RGSt. I BayZfR. **1905** 304. — Wenn die frühere Strafe in Gefängnis oder Festungshaft bestanden hat und die Gesamtstrafe auf Zuchthaus lautet, ist die bis zur Rechtskraft des die Gesamtstrafe aussprechenden Urteils verbüßte Strafe nach § 21 in Zuchthaus umzuwandeln und die so gewonnene Strafzeit von da ab zurückzurechnen, wo das auf Gesamtzuchthausstrafe lautende Urteil rechtskräftig geworden ist. Der sich ergebende Zeitpunkt ist der Beginn der zu verbüßenden Gesamtzuchthausstrafe, BayObLG. **19** 274.

9. Wird in einem späteren Urteile auf eine Gesamtstrafe unter Einbeziehung der in einem früheren Urteile rechtskräftig festgesetzten Freiheitsstrafe erkannt, so ist es nicht erforderlich aber zulässig, daß in der Urteilsformel die in dem früheren Urteile ausgesprochene **Anrechnung der Untersuchungshaft** wiederholt und die seit der Rechtskraft des früheren Urteils verbüßte Strafhaft in Abzug gebracht wird, 1 D 2513/04 6. VI. 04, RGSt. **8** 62, **46** 179. Die im früheren Urteil erfolgte Anrechnung der Untersuchungshaft bleibt bestehen und ist nunmehr auf die Gesamtstrafe zu bewirken. Dagegen darf nach § 60 eine lediglich im neuen Strafverfahren erlittene Untersuchungshaft, das gegenüber dem früheren abgeschlossenen völlig selbständig bleibt, RGSt. **30** 182, **31** 244, nur auf den der zweiten Verurteilung entsprechenden Teil der Gesamtstrafe angerechnet werden, es kann also nicht durch diese Untersuchungshaft etwa die ganze Gesamtstrafe, einschließlich der früher erkannten Einzelstrafe, für verbüßt erachtet werden, RGSt. **41** 318.

10. Wenn ein Teil der Tat, die sich aus einer Reihe von Einzelhandlungen zusammensetzt, vor, andere nach der ersten Verurteilung begangen sind, wie dies bei **Kollektivdelikten** und **fortgesetzter Straftat** stattfinden kann, ist eine nachträgliche Bildung einer Gesamtstrafe nicht zuzulassen, Jacoby, GA. f. Strfr. **62** 19 ff. Begangen im Sinne des § 79 ist die Tat erst, wenn der letzte Akt betätigt worden ist, RGSt. **59** 168, OLG. Darmstadt DJZ. **1899** 44; GA. **46** 230, OLG. Düsseldorf v. 10. XI. 13. — A. M. BayObLG. Strfs. **12** 134.

11. Soweit in einem Auslieferunsvertrag der Grundsatz der Spezialität anerkannt ist, ist dieser auch maßgebend, wenn gegen einen Ausgelieferten die Anwendung des § 79 wegen einer vor der Auslieferung erkannten Strafe in Frage kommt, 1 D 3508/01 23. IX. 01.

12. Ist in einem Falle des § 79 bereits bei der früheren Verurteilung auf den gesetzlichen Höchstbetrag einer Freiheitsstrafe erkannt worden, so kann die neue Gesamtstrafe nur wiederum auf denselben gesetzlichen Höchstbetrag festgesetzt werden. Einem Verstoß des ersten Urteils in dieser Beziehung kann in entsprechender Anwendung von StPO. § 354 Abs. 1 in der Revisionsinstanz abgeholfen werden, RGSt. IV in GA. **49** 262.

13. Wenn der Tatrichter in irriger Annahme der Rechtskraft einer — inzwischen infolge Berufung weggefallenen — Vorbestrafung auf eine Gesamtstrafe erkannt hat, so kann der klargelegte Irrtum vom Revisionsgerichte nur dann berücksichtigt werden, wenn der Verdacht besteht, daß die Feststellung der rechtskräftigen Vorbestrafung auf einem Rechtsirrtum beruht, z. B. wenn der Tatrichter bei Prüfung der Frage der Rechtskraft etwa davon ausgegangen wäre, sie sei an eine Vollstreckbarkeitsbescheinigung gebunden, 1 D 1325/06 17. XII. 06.

14. Sind in einem Urteile mehrere Straftaten zu einer Gesamtstrafe vereinigt und ist daneben für eine Straftat wegen ihrer späteren Verübung eine Einzelstrafe festgesetzt worden, so muß im Tenor je besonders auf die Gesamtstrafe und die Einzelstrafe erkannt werden, Zusammenrechnung ist unzulässig, 3 D 731/13 27. X. 13;

RGSt. **4** 53, **24** 185; Frank 248. — Falls in verschiedenen Urteilen auf Geldstrafen erkannt ist, deren Ersatzfreiheitsstrafen zusammengerechnet die Dauer von 2 Jahren übersteigen würden, so ist nicht die im früheren Urteil erkannte Geldstrafe in das zuletzt ergangene Urteil einzubeziehen, sondern es ist in diesem letzteren nur auszusprechen, daß die Ersatzstrafe 2 Jahre Gefängnis nicht überschreiten dürfe, in diesem Gesamtbetrage aber die in dem früheren Urteil ausgesprochene Ersatzfreiheitsstrafe einbegriffen sei; 1 D 295/17 15. IX. 17.

15. Eine Zusammenrechnung der mehreren erkannten Ehrenstrafen des § 76 ist zulässig, 3 D 408/16 12. X. 16.

Ist neben einer Einzelstrafe auf eine unzulässige Nebenstrafe der in § 76 bezeichneten Art erkannt, so darf sie trotz der Rechtskraft des früheren Urteils nicht in die nach § 79 zu bildende Gesamtstrafe aufgenommen werden. Denn § 76 hat die rechtliche Zulässigkeit der Nebenstrafe zur Voraussetzung, und das hat das später erkennende Gericht selbständig zu prüfen. § 79 ermächtigt insoweit zu einem Eingriff in die Rechtskraft des früheren Urteils. 3 D 58/25 19. III. 25.

Hat das Gericht § 79 nicht angewendet, weil es von der früheren Bestrafung keine Kenntnis hatte, so ist nach StPO. § 460, MStPO. § 461 die Nachholung gegeben. RGSt. **34** 267, **64** 413.

16. § 79 findet keine Anwendung, wenn die frühere Verurteilung von einem ausländischen Gericht ausgesprochen worden ist. 1 D 583/29 25. VI. 29.

Nachweis wichtiger Gesetzesausgaben

mit und ohne Erläuterungen, größerer und kleinerer Kommentare, Lehrbücher, Sammelwerke, Entscheidungssammlungen, Zeitschriften

Verlag Walter de Gruyter & Co., Berlin W 10 und Leipzig

Oktober 1932

Inhaltsverzeichnis

I. Allgemeines, Sammelwerke.

Handwörterbuch der Rechtswissenschaft (HdR). Unter Mitberatung von Reichsgerichtspräsident Dr. Dr. E. Bumke, Reichsgerichtsrat Dr. L. Busch, Oberreichsanwalt Prof. Dr. Dr. L. Ebermayer, Geh.-Rat Professor Dr. Dr. Fr. Endemann, Geh. Justizrat Professor Dr. Dr. E. Heymann, Senatspräsident am Reichsgericht Dr. O. Strecker, Präsident des Bayerischen Obersten Landesgerichts Staatsrat Dr. K. v. Unzner †, herausgegeben von Dr. jur. **Fritz Stier-Somlo**, o. Professor an der Universität Köln, und Dr. jur. **Alexander Elster**, Berlin. 6 Bände. 1926/29. 1 Ergänzungsband 1931. Lexikon-Oktav. . . . . In Halbleder geb. RM. 312.—

„Es zeigt sich doch jetzt immer mehr, daß Ihr Handwörterbuch ein ganz großer Wurf war. Wie ich höre, wird es auch in der Praxis in steigendem Maße benutzt."
Professor Dr. Nipperdey, Köln.

Die Reichsgerichtspraxis im deutschen Rechtsleben. Festgabe der juristischen Fakultäten zum 50jährigen Bestehen des Reichsgerichts (1. Oktober 1929), unter Mitwirkung der Professoren Gerhard Anschütz, Heidelberg, Ernst Heymann, Berlin, Theodor Kipp, Berlin, Wilhelm Kisch, München, Alfred Schultze, Leipzig, Heinrich Siber, Leipzig, herausgegeben von Otto Schreiber, weiland Professor in Königsberg i. Pr. Groß-Oktav. 1929.
Geh. RM. 110.—, in Halbfranz geb. RM. 134.—

I. Band: Öffentliches Recht. II. Band: Zivil- und Handelsrecht. III. Band: Zivil- und Handelsrecht (Fortsetzung). IV. Band: Handels- und Wirtschaftsrecht. V. Band: Strafrecht und Strafprozeß. VI. Band: Zivilprozeßrecht.

Die Bände werden einzeln abgegeben.

Mit dieser umfangreichen Festgabe wird eine große, systematisch geordnete Reihe hervorragender Monographien veröffentlicht, die durchweg besonders wichtige und schwierige Fragen aus allen Teilen des Rechts behandeln.

Fünfzig Jahre Reichsgericht am 1. Oktober 1929. Von Dr. **Adolf Lobe**, Senatspräsident am Reichsgericht i. R., M. d. R. unter Mitarbeit von Mitgliedern und Beamten des Reichsgerichts, der Reichsanwaltschaft und der Rechtsanwaltschaft am Reichsgericht. Mit 14 Porträts und 15 Abbildungen. Lexikon-Oktav. VI, 436 Seiten. 1929.
RM. 20.—, in Halbfranz RM. 24.—

Von den beiden Festschriften „Lobe, Fünfzig Jahre Reichsgericht" und der Festgabe der juristischen Fakultäten gibt die vorliegende ein Bild der organisatorischen Gestaltung des Reichsgerichts und seiner Einrichtungen, in deren Schutz sich seine Aufgaben und seine Arbeit gestalten. Ausführlicher Prospekt mit Inhaltsverzeichnis kostenlos.

Festschrift Herrn Rechtsanwalt und Notar Justizrat Dr. jur. h. c. **Albert Pinner** zu seinem 75. Geburtstag gewidmet von dem Deutschen Anwaltverein, dem Berliner Anwaltverein und dem Verlag Walter de Gruyter & Co.; herausgegeben von Felix Bondi, Rudolf Dix, Richard Graßhoff, Paul Marcuse, Ernst Wolff. Groß-Oktav. 680 Seiten. 1932.
RM. 15.—, geb. RM. 17.—

Die von den Exponenten der großen Anwaltsorganisationen herausgegebene Festschrift zerfällt in drei Teile, die sich den Interessengebieten Pinners anschließen. Der erste Teil enthält Beiträge zum anwaltlichen Standesrecht sowie Allgemeines, der zweite Teil behandelt Handels- und Wirtschaftsrecht, der dritte Teil das

Aktienrecht. Die Beiträge stehen durchweg auf derjenigen wissenschaftlichen Höhe, die schon durch den Namen der Verfasser gewährleistet ist.
Um besonderen Wünschen Rechnung zu tragen, werden neben dieser Gesamtausgabe die drei Teile auch einzeln erscheinen. Preis je Teil RM. 6.—.

Bürgerliches Rechtslexikon. (Nach dem Bürgerlichen Gesetzbuch, dem Handelsgesetzbuch und sonstigen Reichs- und Landesgesetzen.) Von **E. Christiani**, weil. Amtsgerichtsrat. Vierte, durchgearbeitete und verbesserte Auflage von Dr. **Alexander Elster**, Rechtsanwalt Dr. **Hugo Hoormann**, Amtsgerichtsrat **Georg Krause**, Lexikon-Oktav. IV, 474 Seiten. 1930 . . Geb. RM. 15.—

„Das ist ein Werk, nebenbei bemerkt in schlichter, vornehmer Aufmachung, wie ihm heute wohl kaum ein zweites in seiner gediegenen Fülle zur Seite steht.“
Der Rechtsanwalts- und Notariatsbeamte v. 1. IV. 1930.

Crisolli, Karl-August, **Verordnung des Reichspräsidenten über Maßnahmen auf dem Gebiete der Rechtspflege und Verwaltung vom 14. Juni 1932.** Textausgabe mit Einleitung, Vorbemerkungen und Sachregister. Taschenformat. 84 Seiten. 1932. (Guttentagsche Sammlung Deutscher Reichsgesetze Bd. 181.) RM. 2.15

Die Ausgabe enthält einen zuverlässigen Textabdruck, ferner eine Einleitung und eingehende Vorbemerkungen zu den einzelnen Abschnitten der neuen Verordnung. In Anbetracht der einschneidenden Bedeutung besonders der Bestimmungen über die Rechtspflege und bei der Verschiedenartigkeit der durch die neuen Vorschriften geregelten Gebiete wird die schnelle Ausgabe des neuen Guttentagbandes der Rechts- und Verwaltungspraxis willkommen sein.

Hedemann, J. W., **Einführung in die Rechtswissenschaft.** Zweite, erweiterte und umgestaltete Auflage. Oktav XXII, 566 Seiten. 1927. (Lehrbücher und Grundrisse der Rechtswissenschaft Bd. IX.)
RM. 12.60, geb. RM. 14.40

„. . . Die glänzende Darstellungsweise macht das Studium des Werkes zu einem Vergnügen. Beneidenswert der Student, der an der Hand dieses erlesenen Führers in das weite Gebiet unserer Wissenschaft eingeführt wird. Aber auch der Praktiker wird dieses Buch, das ihm einen Ausblick von hoher Warte bietet, nicht ohne Nutzen lesen.“ Juristische Blätter Nr. 13, v. 2. VII. 1927.

Wegner, Arthur, **Einführung in die Rechtswissenschaft.**
I. Band: Aufbau des Rechtes, geschichtlich und systematisch. Rechtswissenschaftliche Arbeitsweise. Bürgerliches Recht. Handelsrecht. Arbeitsrecht. 144 Seiten. 1931. (Sammlung Göschen Bd. 1047.) . . Geb. RM. 1.62
II. Band: Drei Bücher Öffentliches Recht: Staat, Völkergemeinschaft, Kirche. 140 Seiten. 1931. (Sammlung Göschen Bd. 1048.) Geb. RM. 1.62

Schröder, Richard, und **Künßberg**, F., **Lehrbuch der deutschen Rechtsgeschichte.** Siebente Auflage. Groß-Oktav. Um einen Literatur-Nachtrag vermehrter Abdruck der 6. Aufl. Mit einer Abbildung im Text und einem Bildnis. IV, 1083 Seiten. 1932 . . . . Geb. RM. 33.30

Dieses bekannte Lehrbuch hat sich seit langen Jahren bestens bewährt.

Fehr, Hans, **Deutsche Rechtsgeschichte.** Zweite, verbesserte und ergänzte Auflage. Oktav. 416 Seiten. 1925. (Lehrbücher und Grundrisse der Rechtswissenschaft Bd. X.) . . . . RM. 11.70, geb. RM. 13.—

Das Buch gibt eine plastische Darstellung der deutschen Rechtsgeschichte, die eine Anhäufung von Stoff ausdrücklich vermeidet, vielmehr das Schwergewicht auf eine mehr ideengeschichtliche Behandlung des Gegenstandes legt.

Schröder, Richard, und **Glitsch**, Heinrich, **Deutsche Rechtsgeschichte.** Zweite Auflage. Neudruck.
I. Bis zum Ende des Mittelalters. 160 Seiten. 1929. (Sammlung Göschen Bd. 621.) . . . . Geb. RM 1.62

II. Die Neuzeit. 90 Seiten. 1929. (Sammlung Göschen Bd. 664.) Geb. RM. 1.62

Eine gemeinverständliche kurze Darstellung der deutschen Rechtsgeschichte.

Giese, Friedrich, Preußische Rechtsgeschichte. Übersicht über die Rechtsentwicklung der preußischen Monarchie und ihrer Landesteile. Ein Lehrbuch für Studierende. Groß-Oktav. 256 Seiten. 1920. RM. 5.—, geb. RM. 6.50

von Mayr, Robert, Römische Rechtsgeschichte. I. Buch. Die Zeit des Volksrechtes. 1. Hälfte: Das öffentliche Recht. 150 Seiten. 1912. (Sammlung Göschen Bd. 577.) . . . . Geb. RM. 1.62

2. Hälfte: Das Privatrecht. 117 Seiten. 1912. (Sammlung Göschen Bd. 578.) . . . . Geb. RM. 1.62

II. Buch: Die Zeit des Amts- und Verkehrsrechtes. 1. Hälfte: Das öffentliche Recht. 158 Seiten. 1912. (Sammlung Göschen Bd. 645.) Geb. RM. 1.62

2. Hälfte: Das Privatrecht I. 122 Seiten. 1913. (Sammlung Göschen Bd. 646.) . . . . Geb. RM. 1.62

Das Privatrecht II. 150 Seiten. 1913. (Sammlung Göschen Bd. 647.) Geb. RM. 1.62

III. Buch. Die Zeit des Reichs- und Volksrechtes. 111 Seiten. 1913. (Sammlung Göschen Bd. 648.) . . . . Geb. RM. 1.62

IV. Buch. Die Zeit der Orientalisierung des römischen Rechtes. 155 Seiten 1913. (Sammlung Göschen Bd. 697.) . . . . Geb. RM. 1.62

Schott, Richard, Hilfsbüchlein für die Vorlesungen über Institutionen, Geschichte und Zivilprozeß des römischen Rechts. Oktav. 42 Seiten. 1931. RM. 1.60

„Ein Büchlein, das sehr brauchbares Material bietet. Kein Lehrbuch, kein Grundriß, sondern eine gut aufgebaute und juristisch klar durchgearbeitete Sammlung von Belegstellen und Quellen zur Erleichterung des Studiums des römischen Rechts. . ."
Der Referendar Nr. 8, v. 15. IX. 1931.

Endemann, Friedrich, Grundriß des römischen Privatrechts. Oktav. X, 256 und 30 Seiten. 1925. (Lehrbücher und Grundrisse der Rechtswissenschaft Bd. XII.) . . . . RM. 8.10, geb. RM. 9.50

„. . . Die Sprache ist einfach, klar, leicht und verständlich. Anmerkungen, die so oft in anderen Werken stören, sind ganz vermieden. . . So hat Endemann ein nach jeder Richtung hochstehendes Werk geschaffen."
Der junge Rechtsgelehrte Nr. 16, v. 1. VIII. 1925.

Stammler, Rudolf, Aufgaben aus dem römischen Recht. Der „Institutionenübungen für Anfänger" vierte Auflage. Oktav. IV, 92 Seiten. Mit Figuren im Text. 1919 . . . . Geb. RM. 5.—

Zum selbständigen Einarbeiten in das System des römischen Privatrechts.

Stammler, Rudolf, Lehrbuch der Rechtsphilosophie. Dritte, vermehrte Auflage. Groß-Oktav. XVI, 396 Seiten. 1928. RM. 13.—, geb. RM. 15.—

„. . . . kann das Buch wegen der Meisterschaft der Darstellung, wegen der Klarheit und Genauigkeit seiner Formulierungen und wegen des außerordentlich reichen literarischen Apparates auf das Wärmste empfohlen werden. Ein ausführliches Register erleichtert den Gebrauch."
Leipziger Ztsch. f. deutsches Recht Nr. 22, v. 15. XI. 1929.

Stammler, Rudolf, Rechts- und Staatstheorien der Neuzeit. Leitsätze zu Vorlesungen. Zweite, vermehrte und verbesserte Auflage. Oktav. IV, 116 Seiten. 1925 . . . . RM. 3.50, geb. RM. 4.50

Ein unentbehrlicher Führer durch die Rechts- und Staatstheorien der Neuzeit.

Stammler, Rudolf, Wirtschaft und Recht nach der materialistischen Geschichtsauffassung. Eine sozialphilosophische Untersuchung. Fünfte, durch einen Nachtrag ergänzte Auflage. Oktav. VIII, 704 Seiten. 1924.
RM. 14.—, geb. RM. 16.—

Friedrichs, Karl, Der Allgemeine Teil des Rechts. Eine Darstellung der gemeinsamen Lehren des öffentlichen und des privaten Rechts. Groß-Oktav. X, 306 Seiten. 1927 . . . . RM. 12.—, geb. RM. 13.50

„Eine solche Arbeit fehlte bisher in der juristischen Literatur, Friedrichs ist wie kein anderer berufen, eine grundlegende Arbeit über dieses Gebiet zu schreiben." Mitteilungen des Preuß. Richtervereins Nr. 4, v. 15. IV. 1927.

Maas, Georg, und Magnus, Julius, Abkürzungsverzeichnis der Rechtssprache. Abkürzungen der Bezeichnungen von Rechtsquellen, Behörden, Entscheidungen usw. des deutschen und österreichischen Rechts. Oktav. IV, 140 Seiten. 1929. . . . . RM. 4.—

„Bis jetzt fehlte eine Zusammenstellung, die in zuverlässiger Weise die gebräuchlichsten Abkürzungen wiedergab. Diese Lücke füllt das neue Buch in glücklicher Weise aus." Der junge Rechtsgelehrte Nr. 5, v. 1. III. 1929.

II. Bürgerliches Recht

1. Bürgerliches Gesetzbuch

Lehmann, Heinrich, Allgemeiner Teil des Bürgerlichen Gesetzbuches. Dritte, vermehrte und verbesserte Auflage (9. bis 12. Tausend). Oktav. XIV, 439 Seiten. 1928. (Lehrbücher und Grundrisse der Rechtswissenschaft Bd. I.)
RM. 10.80, geb. RM. 12.10

„. . . . Das Studium dieses gediegenen Buches kann dem vorgeschrittenen Anfänger, namentlich dem Referendar, nicht warm genug empfohlen werden. Aber auch dem Praktiker bietet es reichen Nutzen." Leipziger Ztsch. f. deutsches Recht Nr. 1, v. 1. I. 1929.

Leonhard, R., Der Allgemeine Teil des Bürgerlichen Gesetzbuches in seinem Einflusse auf die Fortentwicklung der Rechtswissenschaft. Groß-Oktav. XVI, 537 Seiten. 1900. (Recht des Bürgerlichen Gesetzbuches in Einzeldarstellungen Nr. X.) . . . . RM. 10.—

Die Sammlung „Recht des Bürgerlichen Gesetzbuches" umfaßt systematische Darstellungen des BGB. aus der Feder erster Juristen der Wissenschaft und Praxis.

Oertmann, Paul, Allgemeiner Teil des Bürgerlichen Gesetzbuches.
I. Einleitung. Lehre von den Personen und von den Sachen. Dritte, verbesserte Auflage. 136 Seiten. 1926. (Sammlung Göschen Bd. 477.)
Geb. RM. 1.62

II. Erwerb und Verlust, Geltenmachung und Schutz der Rechte. Dritte, verbesserte Auflage. 147 Seiten. 1928. (Sammlung Göschen Bd. 448.)
Geb. RM. 1.62

Nach der die Vorgeschichte des BGB. und einzelne für seine Bedeutung and Anwendung wichtige Hauptfragen behandelnden Einleitung bespricht der Verfasser die Lehre von den Personen und von den Sachen. Er verarbeitet den Inhalt der einzelnen Gesetzesparagraphen wissenschaftlich und erörtert dabei auch mehrfach Fragen, die im BGB. selbst nicht geregelt, höchstens gestreift werden.

Plancks Kommentar zum Bürgerlichen Gesetzbuch nebst Einführungsgesetz. Bisher herausgegeben von E. Strohal. Bearbeitet von E. Brodmann, L. Busch, J. Ebbecke, F. Flad, M. Greiff, K. Gunkel, P. Knoke, M. Landois, A. Lobe, Fr. Oegg, H. Siber, O. Strecker, K. von Unzner. Vierte, völlig neubearbeitete Auflage. Lexikon-Oktav. Bisher sind erschienen:
I. Band: Allgemeiner Teil. 606 Seiten. 1913. RM. 15.—, geb. RM. 17.—

II. Band, 1. Hälfte: Recht der Schuldverhältnisse. (Allgemeiner Teil.) 640 Seiten. 1914 . . . . RM. 15.—, geb. RM. 17.—
II. Band, 2. Hälfte: Recht der Schuldverhältnisse. (Besonderer Teil.) 1926 Seiten. 1928 . . . . RM. 49.—, geb. RM. 52.—
III. Band: Sachenrecht. 5. Auflage. 1. Lieferung: Einleitung und §§ 854 bis 902. 321 Seiten. 1931 . . . . RM. 14.—
IV. Band: Familienrecht. 1. Hälfte §§ 1297—1588. 701 Seiten. 1928. RM. 26.—, geb. RM. 28.—
V. Band: Erbrecht. Vierte, völlig neubearbeitete Auflage. Groß-Oktav. XII, 1136 Seiten. 1930 . . . . RM. 51.—, geb. RM. 54.—
Sonderprospekt kostenlos.

Das Bürgerliche Gesetzbuch mit besonderer Berücksichtigung der Rechtsprechung des Reichsgerichts. Erläutert von Dr. Busch, Erler, Dr. Lobe, Michaelis, Oegg, Sayn, Schliewen und Seyffarth, Reichsgerichtsräten und Senatspräsidenten am Reichsgericht. Siebente, unveränderte Auflage. 5 Bände §§ 1—2385. Lexikon-Oktav. 3182 Seiten. 1928.
In Halbleder geb. RM. 135.—
I. Band: Allgemeiner Teil. Recht der Schuldverhältnisse I. (Allgemeiner Teil.) — II. Band: Recht der Schuldverhältnisse II. (Einzelne Schuldverhältnisse.) — III. Band: Sachenrecht. — IV. Band: Familienrecht. — V. Band: Erbrecht. Alphabetisches Sachverzeichnis.
(Das Werk wird nur komplett abgegeben.)
„Die neue Auflage, die eine ganz wesentliche Erweiterung und Vertiefung des RGR.-Kommentars darstellt, ist damit abgeschlossen, und die Praxis um eines der wertvollsten juristischen Werke bereichert.“
Blätter f. Rechtspflege im Bezirk des Kammergerichts Nr. 6, 1928.

Achilles-Greiff, Bürgerliches Gesetzbuch nebst Einführungsgesetz. Mit Einleitung, Anmerkungen und Sachregister. Nach dem Tode des ersten Herausgebers Dr. A. Achilles in Verbindung mit J. Altstötter, Oberamtsrichter in Sonthofen, O. Meyer, Oberlandsgerichtspräsident in Celle, Dr. J. Kieckebusch, Land- und Amtsgerichtsrat in Kassel, Dr. O. Strecker, Senatspräsident am Reichsgericht i. R. in Leipzig, herausgegeben von Dr. M. Greiff, Wirkl. Geh. Oberjustizrat, Oberlandesgerichtspräsident i. R. in Berlin. Dreizehnte, vermehrte und verbesserte Auflage. Mit Erläuterungen der Verordnung über das Erbbaurecht, des Gesetzes über die religiöse Kindererziehung und des Gesetzes für Jugendwohlfahrt. Groß-Oktav. XXIII, 1304 Seiten. 1930. (Guttentagsche Sammlung Deutscher Reichsgesetze Bd. 38/39.) . . . . Geb. RM. 21.60
„Das angesehene Werk bedarf keines Wortes der Empfehlung. Es gehört zu denjenigen Handkommentaren, die sich in der juristischen Praxis unangefochtenes Bürgrecht erworben haben . . .“ *Berliner Tageblatt v. 22. VII. 1930.*

Bürgerliches Gesetzbuch nebst Einführungsgesetz. Vom 18. August 1896 mit Berücksichtigung der bis zum 1. Januar 1928 ergangenen Abänderungen. Textausgabe mit ausführlichem Sachregister. Sechzehnte Auflage (61. bis 66. Tausend). Taschenformat. 758 Seiten. 1928. (Guttentagsche Sammlung von Textausgaben ohne Anmerkungen mit Sachregister.)
Geb. RM. 2.50
Die vorliegende Ausgabe zeichnet sich durch Vollständigkeit und besondere Ausführlichkeit des Sachregisters aus.

Schulz, F. H., Bürgerliches Gesetzbuch und Einführungsgesetz. Taschenformat. Zweite, unveränderte Auflage. XI, 664 Seiten. 1931. Geb. RM. 5.— (Lehrausgaben Deutscher Gesetze Bd. I.)

Dieser Band bringt auch die Bezeichnung der entsprechenden römisch-rechtlichen bzw. gemeinrechtlichen Institute und verwirklicht damit einen Gedanken, der eigentlich wohl schon vor dreißig Jahren hätte ausgeführt werden sollen.

Lindemann, Otto, Ausführungsgesetz zum Bürgerlichen Gesetzbuche vom 20. September 1899 nebst einem Anhang: Verordnung zur Ausführung des Bürgerlichen Gesetzbuchs vom 16. November 1899. Nach dem Tode des früheren Herausgebers Kammergerichtsrat Dr. P. Siméon, erläutert von Geh. Oberjustizrat Otto Lindemann, Ministerialdirektor im Pr. Justizministerium. Vierte Auflage. Taschenformat. 208 Seiten 1930. (Guttentagsche Sammlung Preußischer Gesetze Bd. 23.) . . . . Geb. RM. 4.50

„. . . Der Praxis ist aber mit einer solchen Ausgabe besonders gedient . . . die sich Aufklärung über die Tragweite und die Bedeutung einer Vorschrift des Preuß. AGBGB. verschaffen wollen, finden in Lindemanns Ausführungen einen nie versagenden Führer." Der junge Rechtsgelehrte Nr. 10, v. 15. V. 1930.

Juristischer Anschauungsstoff. Herausgegeben von Helmut Rühl, o. Prof. d. Rechte a. d. Universität Göttingen.

Heft 1:

Rühl, H., Bürgerliches Recht und Arbeitsrecht. Groß-Oktav. VIII, 148 Seiten. 1931. . . . . RM. 4.—

In der Sammlung „Juristischer Anschauungsstoff" werden für den Gebrauch im akademischen Unterricht Urkunden aus der Rechtspraxis zusammengestellt. So bringt das erste Heft 110 typische Beispiele für fast jedes Rechtsinstitut des BGB. und des Arbeitsrechts (Registereintragungen, Geschäftsbedingungen, Tarifverträge, Satzungen usf.). Die Anordnung folgt dem Gang des Gesetzes. Die gewählten Beispiele sind für die Praxis kennzeichnend. Sie gewähren einen Einblick in das lebendige Recht und zeigen die Abwandlung des Gesetzes durch die Wirtschaft.

Schück, Richard, Zivilrechtspraktikum. Zum Selbststudium und zum Lehrgebrauch. Vierte, vermehrte Auflage. Herausgegeben von Gustav Schreiber. Groß-Oktav. 160 Seiten. 1930. . . . . . Geb. RM. 6.—

Das „Schücksche Zivilrechtspraktikum" bringt in einem billigen Band über 600 Fälle aus allen fünf Büchern des BGB. und dem Einführungsgesetz. Es hat sich seit seinem Erscheinen durch seine praktische Auswahl überall durchgesetzt und durch drei hohe Auflagen hindurch bewährt. Die vorliegende vierte Auflage weist eine Anzahl Ergänzungen auf, die aber durch die besondere Art ihrer Einordnung den Gebrauch mehrerer Auflagen nebeneinander nicht stören.

von der Mosel, Heinrich, Lösungen zu dem von Kammergerichtsrat Dr. Richard Schück herausgegebenen **Zivilrechtspraktikum.** Nach dem Bürgerlichen Gesetzbuch bearbeitet für Studierende und Referendare. Fünfte Auflage. Groß-Oktav. 227 Seiten. 1931 . . RM. 6.—, kart. RM. 6.50

Die Lösungen behandeln fast alle in dem Praktikum enthaltenen Fälle.

v. Schwerin, Cl., Frhr., Grundzüge des deutschen Privatrechts. Zweite Auflage. Oktav. XII, 342 Seiten. 1928. (Lehrbücher und Grundrisse der Rechtswissenschaft Bd. XIII.) . . . RM. 8.50, geb. RM. 9.90

„. . . bei seiner gedrängten, aber klaren Darstellung bringt das Buch trotz meisterhafter Beschränkung auf das Wesentliche eine erstaunliche Fülle des Inhaltes. Es kann jedem Rechtsbeflissenen, der es mit seiner wissenschaftlichen Ausbildung ernst meint, bestens empfohlen werden." Deutsche Richterzeitung v. 15. VI. 1928.

Melchior, Georg, Die Grundlagen des deutschen internationalen Privatrechts. Oktav. XXXII, 558 Seiten. 1932 . . . . RM. 24.—

Die bisher eingehendste Darstellung des allgemeinen Teils des deutschen internationalen Privatrechts auf positivrechtlicher Grundlage.

Wegner, Arthur, Jugendrecht. Ein Lehrbuch zur Einführung. Oktav. IV, 219 Seiten. 1929 . . . . RM. 5.40, geb. RM. 6.75

„... *Es will nur eine „Einführung" sein, bietet aber trotz der oft verhältnismäßig kurz behandelten Einzelgebiete, eine reiche Fülle des Stoffes, die durch eine umfangreiche Literatur ergänzt wird, bei der namentlich die Entwicklung des englischen Jugendrechts weitgehendste Berücksichtigung findet. Auch die Rechtsprechung der höchsten Gerichte ist häufig herangezogen..."*
Juristische Wochenschrift v. 29. VI. 1929.

Schuldverhältnisse insbesondere

Hedemann, Justus Wilh., Schuldrecht des Bürgerlichen Gesetzbuches. Zweite, vermehrte u. verbesserte Auflage. Oktav. XXIV, 503 Seiten. 1931. (Lehrbücher und Grundrisse der Rechtswissenschaft Bd. II.) RM. 13.—, geb. RM. 14.40

„Es ist sehr zu begrüßen, daß das ausgezeichnete und inhaltsreiche Werk des hervorragenden Rechtslehrers in der zweiten Auflage eine Umarbeitung erfahren hat. Alles in allem gesehen, ein außerordentlich wertvolles Werk, auf das insbesondere die Studierenden nicht genug hingewiesen werden können."
Der Referendar Nr. 4, v. 15. IV. 1932.

Oertmann, Paul, Schuldrecht. (BGB. II.)
I. Allgemeine Lehren. Dritte, verbesserte Auflage. 142 Seiten. 1927. (Sammlung Göschen Bd. 323.) . . . . Geb. RM. 1.62
II. Die einzelnen Schuldverhältnisse. Dritte, verbesserte Auflage. 159 Seiten. 1929. (Sammlung Göschen Bd. 324.) . . . . . Geb. RM. 1.62

„Aus vielbewährter Feder eine sehr knappe, aber lebhaft und anschaulich geschriebene, gut lesbare Darstellung der einzelnen Schuldverhältnisse. Der bekannten Sammlung Göschen zugehörig." *Juristische Rundschau Nr. 1, 1930.*

Meyer, Georg, Das Recht der Beschlagnahme von Lohn, Gehalt und Diensteinkommen. Auf Grund des Reichsgesetzes vom 21. Juni 1869, der Verordnung über Lohnpfändung vom 25. Juni 1919 nebst Abänderungen und der Zivilprozeßordnung dargestellt. Siebente, vermehrte Auflage. Taschenformat. 174 Seiten. 1930. (Guttentagsche Sammlung Deutscher Reichsgesetze Bd. 55.) . . . . Geb. RM. 4.—

„Überall steht das Buch, das als einziges über die Lohnbeschlagnahme immer wieder neue Auflagen erlebt, auf der Höhe wissenschaftlicher Durchdringung des behandelten Stoffes, und wir stehen nicht an, es geradezu als das führende Werk zu bezeichnen. *Ztsch. d. Bundes Dtsch. Justizamtmänner Nr. 1, v. 15. I. 1931.*

Seligsohn, Franz, Kommentar zum Haftpflichtgesetz. Zweite Auflage. Groß-Oktav. 360 Seiten. 1930 . . . . RM. 12.—, geb. RM. 13.50

„Ein Kommentar von erfreulicher Gründlichkeit und Gediegenheit, wertvoll durch klare rechtliche Durchdringung des Stoffes wie durch Sorgsamkeit in der Sammlung, namentlich auch der auf diesem Gebiet besonders ergiebigen und wichtigen Rechtsprechung. Den Erläuterungen der einzelnen Vorschriften sind vortreffliche Übersichten vorangestellt, die den Inhalt der gesetzlichen Regelung scharf und eindringlich disponieren. Das Werk ist für die praktische Rechtsanwendung bestens zu empfehlen. *Juristische Rundschau Nr. 22, v. 15. XI. 1931.*

Krieg, O., Mietrecht und Wohnungsmangelgesetzgebung im Reiche, in Preußen und in Berlin, einschließlich Hauszinssteuer, Kostenwesen und Rechtsentscheidungen des Kammergerichts und des Obersten Landesgerichts. Zusammengestellt und mit ausführlichem Schlagwortregister versehen. Vierte Auflage. Taschenformat. XII. 594 Seiten. 1928. (Guttentagsche Sammlung Deutscher Reichsgesetze Bd. 156.) . . . . Geb. RM. 9.—

„Das Werk ist ein zuverlässiger Führer nicht nur durch das zur Zeit geltende Mietnotrecht, sondern auch durch die häufig noch in Rechtsstreitigkeiten zur Anwendung kommenden älteren Bestimmungen. Es ist jedem Mietrechtler völlig unentbehrlich." *Juristische Rundschau v. 1. IV. 1930.*

Bloch, Arthur, Pulvermacher, Ralph, Wohnungswirtschaft. (Siehe „Die vierte Notverordnung" Seite 13.)

Stölzle, Hans, Viehkauf nach Bürgerlichem Gesetzbuch und ausländischem Recht. Verordnung, betreffend die Hauptmängel und Gewährfristen beim Viehhandel. Von Eugen Fröhner. Sechste, vermehrte und wesentlich verbesserte Auflage. Taschenformat. 699 Seiten. 1926. (Guttentagsche Sammlung Deutscher Reichsgesetze Bd. 50.) . . . . Geb. RM. 11.50

Crisolli, Karl-August, Das Reichsgesetz, betreffend die Abzahlungsgeschäfte vom 16. Mai 1894. Mit Einleitung, Anmerkungen und Sachregister, unter Mitwirkung von Julius Crisolli. Vierte, völlig umgearbeitete Auflage des Werkes von Hoffmann-Wilke. Taschenformat. 413 Seiten. 1931. (Guttentagsche Sammlung Deutscher Reichsgesetze Bd. 34.) . Geb. RM. 7.20

„. . . Man kann wohl sagen, daß alle Streit- und Zweifelsfragen erschöpfend erörtert sind, so daß jeder, der sich mit diesem zu ungeahnter Bedeutung gekommenen Gesetz zu befassen hat, einen kaum versagenden Führer in diesem ausgezeichneten Kommentar finden wird." Badische Rechtspraxis Nr. 12, v. 15. XII. 1931.

Göppert, H., Gesetz, betreffend die gemeinsamen Rechte der Besitzer von Schuldverschreibungen. Zweite Auflage, bearbeitet von E. Trendelenburg. Taschenformat. 156 Seiten. 1915. (Guttentagsche Sammlung Deutscher Reichsgesetze Bd. 52.) . . . . Geb. RM. 1.30

Kruse, Fr. Vinding, Das Eigentumsrecht. Aus dem Dänischen übersetzt von Knud Larsen. Groß-Oktav. XXIII, 881 Seiten. 1931 . Geb. RM. 25.—

„Das gewaltige Werk will eine allgemeine Rechtslehre und überhaupt Gesellschaftslehre unter Ausnützung des geltenden Rechts und der Rechtsgeschichte geben . . . Die glückliche Verbindung juristischer und ökonomischer Betrachtung, die Fülle des Tatsachenmaterials und Rechtsstoffes lassen das Buch als wertvolle Bereicherung der Literatur gelten. . ." Prager juristische Zeitschrift Nr. 2, Jan. 1932.

Beiträge zum ausländischen und internationalen Privatrecht, herausgegeben vom Institut für ausländisches und internationales Privatrecht.

Heft 1:
Nußbaum, Arthur, Vertraglicher Schutz gegen Schwankungen des Geldwertes. Goldklauseln und andere Abreden zur Minderung des Valutarisikos. Groß-Oktav. 95 Seiten. 1928 . . . . RM. 5.—

Heft 2:
Wolff, John, Die Haftung des Verkäufers einer fremden beweglichen Sache in den Vereinigten Staaten von Amerika in Vergleichung mit dem deutschen bürgerlichen Recht. Groß-Oktav. 84 Seiten. 1930. . . . . . RM. 4.—

Heft 3:
Friedmann, Wolfgang, Die Bereicherungshaftung im anglo-amerikanischen Rechtskreis in Vergleichung mit dem deutschen bürgerlichen Recht. Groß-Oktav. 148 Seiten. 1930 . . . . RM. 7.—

Heft 4:
Raiser, Ludwig, Die Wirkungen der Wechselerklärungen im internationalen Privatrecht. Groß-Oktav. 124 Seiten. 1931 . . . . RM. 9.—

Heft 5:
Rheinstein, Max, Die Struktur des vertraglichen Schuldverhältnisses im anglo-amerikanischen Recht. Groß-Oktav. 256 Seiten. 1932 . RM. 15.30

Heft 6:
Keßler, Friedrich, Die Fahrlässigkeit im nordamerikanischen Deliktsrecht unter vergleichender Berücksichtigung des englischen und des deutschen Rechts. Groß-Oktav. 187 Seiten. 1932 . . . . RM. 9.—

Sachenrecht insbesondere

Hedemann, Justus Wilh., Sachenrecht des Bürgerlichen Gesetzbuches. Oktav. XXXII, 507 Seiten. 1924. (Lehrbücher und Grundrisse der Rechtswissenschaft Bd. III.) . . . . RM. 10.80, geb. RM. 12.10

„Ein trotz seiner Kürze ausgezeichnetes und inhaltreiches Lehrbuch, nicht nur für den Studierenden, sondern auch für ältere Juristen. Die Arbeit ist wissenschaftlich tiefgründig und doch gemeinverständlich geschrieben."
Zeitschrift des Deutschen Notarvereins Nr. 6, 1924.

Kretzschmar, F., Sachenrecht.
I. Allgemeine Lehren. Besitz und Eigentum. Zweite, verbesserte Auflage. 142 Seiten. 1922. (Sammlung Göschen Bd. 480.) Geb. RM. 1.62
II. Begrenzte Rechte. 144 Seiten. 1923. (Sammlung Göschen Bd. 481.) Geb. RM. 1.62

Diese Bändchen bieten die Grundzüge des Sachenrechts in gedrängter und klarer Form.

Lenzen, Georg, Das Deutsche Pfandleihrecht. Kommentar zum preußischen Pfandleihgesetz unter Berücksichtigung der außerpreußischen Gesetze. Oktav. XXVI, 266 Seiten. 1929 . . . . Geb. RM. 20.—

„Diese zusammenfassende Darstellung ist die erste ihrer Art und sehr verdienstlich. Das Buch regt zu allerhand Fragen an."
Juristische Wochenschrift Nr. 11, 1929.

Günther, Hermann, Erbbaurecht. Taschenformat. 167 Seiten. 1919. (Guttentagsche Sammlung Deutscher Reichsgesetze Bd. 135.) . . Geb. RM. 1.80

„Günther ist ausführlich, ohne weitschweifig zu sein; ausgezeichnete Vorbemerkungen geben eine vorzügliche Übersicht und wahren den Zusammenhang. Überall ist der bisherige Rechtszustand, der ja für absehbare Zeit seine Bedeutung behält, mit in das Bereich der Betrachtungen gezogen. Der Praxis wird das Werk von hervorragendem Nutzen sein."
Beiträge zur Erläuterung des deutschen Rechts.

Arnheim, Hugo, Grundbuchordnung. Kommentar zur Grundbuchordnung für das Deutsche Reich nebst den für Preußen erlassenen Ausführungsbestimmungen. Zweite, völlig neubearbeitete Auflage. Lexikon-Oktav. 959 Seiten. 1913 . . . . RM. 15.—

„Der Band weist außerordentliche Gründlichkeit, Klarheit und Übersichtlichkeit auf. Man kann wohl sagen, daß kaum eine Frage auftauchen wird, die nicht wenigstens berührt wäre; die bisher zutage getretenen Fragen aber sind sämtlich in der eingehendsten Weise erörtert."
Zentralblatt für freiwillige Gerichtsbarkeit.

Fischer, Otto, und Fischer, Norbert, Grundbuchordnung für das Deutsche Reich nebst den preußischen Ausführungsbestimmungen. Neunte, durchgearbeitete und ergänzte Auflage. Taschenformat. 322 Seiten. 1927. (Guttentagsche Sammlung Deutscher Reichsgesetze Bd. 42.) . . . . . Geb. RM. 4.50

„Eine der vortrefflichen alteingeführten Handausgaben der Guttentagschen Sammlung, bei der schon die Auflagenziffer für die Brauchbarkeit in der Praxis spricht. Nach wie vor ist das Buch ein vortrefflicher Wegweiser und Berater."
Juristische Wochenschrift Nr. 44, v. 29. XI. 1927.

Ricks, Gerhard, Die Grundbuchpraxis. Ein Handbuch für den täglichen Gebrauch in Grundbuchsachen. Achte Auflage. Groß-Oktav. XII, 412 Seiten. 1929 . . . . RM. 12.—, geb. RM. 14.—

„Das Buch hat einen Anspruch darauf, in der Praxis geradezu verschlungen zu werden. Es ist aus der täglichen Praxis heraus für die Praxis lebensfrisch und unterhaltend geschrieben."
Mitteilg. a. d. Württemb. Notariats-Praxis Nr. 2, 1929.

Friedlaender, Martin, Hypothekenbeschaffung für Wohn- und Geschäftshäuser. Handbuch für die Praxis der Grundstückswirtschaft. Groß-Oktav. VIII, 151 Seiten. 1929 . . . . RM. 6.—, geb. RM. 7.50

„Das Buch gibt einen außerordentlich praktischen Überblick über alle Fragen der Hypothekenbeschaffung. Die anschauliche Art der Zergliederung und die gründliche Darlegung des Statuts sichern dem Buch eine weite Verbreitung."
Deutsche Sparkassen-Zeitung v. 5. I. 1929.

Familienrecht, Erbrecht

Lehmann, Heinrich, Familienrecht des Bürgerlichen Gesetzbuches einschließlich Jugendfürsorgerecht. Oktav. XII, 352 Seiten. 1926. (Lehrbücher und Grundrisse der Rechtswissenschaft Bd. IV.) . . RM. 9.90, geb. RM. 11.25

„Die Schilderung Lehmanns ist überall anregend und fesselnd. Das Werk kann allen Rechtsstudenten und Referendaren zur Anschaffung dringend empfohlen werden." *Der junge Rechtsgelehrte v. 1. X. 1927.*

Titze, Heinrich, Familienrecht. (BGB. IV.) 169 Seiten. Neudruck. 1924. (Sammlung Göschen Bd. 305.) . . . . Geb. RM. 1.62

Endemann, Fr., Erbrecht. Oktav. XII, 166 Seiten. 1923. (Lehrbücher und Grundrisse der Rechtswissenschaft Bd. V.) . . RM. 2.70, geb. RM. 4.—

„Dieser Leitfaden behandelt den spröden Stoff des schwierigen Erbrechts in meisterhafter, fesselnder Darstellung."
Zeitschrift des Bundes Deutscher Justizamtmänner v. 15. III. 1924.

v. Blume, Wilh., Erbrecht. (BGB. V.)
I. Einleitung. Die Grundlagen des Erbrechts. 75 Seiten. 1913. (Sammlung Göschen Bd. 659.) . . . . Geb. RM. 1.62
II. Die Nachlaßbeteiligten. Mit 23 Figuren. 131 Seiten. 1913. (Sammlung Göschen Bd. 660.) . . . . Geb. RM. 1.62

Plancks Kommentar zum Bürgerlichen Gesetzbuch nebst Einführungsgesetz. V. Band: Erbrecht. Vierte, völlig neubearbeitete Auflage. Groß-Oktav. XII, 1136 Seiten. 1930 . . . . RM. 51.—, geb. RM. 54.— (Siehe auch Seite 5.)

„. . . . Das Erbrecht war wohl stets der Teil des Planckschen Kommentars, in dem er, jedenfalls in der wissenschaftlichen Grundlegung der vertretenen Ansichten und in der systematischen Durchführung, wohl von keiner anderen Bearbeitung erreicht wurde; dieses gilt auch von der neuen Auflage."
Ztsch. f. Rechtspflege in Bayern Nr. 4, v. 15. II. 1930.

Riesenfeld, E., Die Erbenhaftung nach dem Bürgerlichen Gesetzbuch. Groß-Oktav. 2 Bände. 1916 . . . . RM. 15.—, geb. RM. 18.—
I. Band: Die Grundsätze der Haftung. XII, 461 Seiten.
II. Band: Das Inventar und die Mittel der Haftungsbeschränkung. VIII, 455 Seiten.

„Ein hervorragendes Werk, das in allen Teilen die vollständige Beherrschung des schwierigen Stoffes erkennen läßt und sich dabei durch klare und gemeinverständliche Darstellung auszeichnet." *Sächsisches Archiv für Rechtspflege.*

Aufwertung

Michaelis, Richard, Das Aufwertungsrecht nach den Aufwertungsgesetzen und nach allgemeinem bürgerlichen Rechte. Kommentar zu den Gesetzen vom 16. Juli 1925 über die Aufwertung von Hypotheken und anderen Ansprüchen und über die Ablösung öffentlicher Anleihen sowie systematische Darstellung des Aufwertungsrechts außerhalb dieser Gesetze. Zweite, gänzlich umgearbeitete Auflage des Kommentars zur Dritten Steuernotverordnung vom 14. Februar 1924 (Aufwertung). Mit einer Fristentabelle von H. Hoormann. Groß-Oktav. X, 516 Seiten. 1926. Mit Nachtrag 1927. (de Gruyterſche Sammlung Deutſcher Geſetze. Handkommentare.) Geb. RM. 14.40

„Michaelis gibt im Anschluß an seinen ausgezeichneten Kommentar zum Aufwertungsgesetz eine „übersichtlich und verständlich erläuterte", auch billige Handausgabe im Rahmen und Stil der bekannten verbreiteten und mit Recht so beliebten Guttentagschen Sammlung, die allen Anforderungen des täglichen Rechtslebens Genüge tut. Eine zusammengedrängte, klare und anschauliche Einleitung unterrichtet in vorzüglicher Weise über die Entwicklung der Aufwertungsgesetzgebung seit dem Aufwertungsgesetz." Juristische Wochenschrift Nr. 9 v. 28. II. 1931.

Michaelis, Richard, **Die beiden Aufwertungsnovellen** vom 18. Juli 1930. (Hypotheken-Fälligkeits- und Verzinſungsgeſetz; Grundbuchbereinigungsgeſetz.) Taſchenformat. VI, 202 Seiten. 1930. (Guttentagſche Sammlung Deutſcher Reichsgeſetze Bd. 178.) . . . . Geb. RM. 3.60

„. . . Ein Buch, welches das vorgesetzte Programm in restloser Vollendung erfüllt. Es ist unendlich viel, was damit versprochen wird; das Buch hat aber dieses Versprechen redlich eingelöst. Die beiden Aufwertungsgesetze werden eingehend und erschöpfend erläutert, auch das Schrifttum und die Rechtsprechung, soweit sie beim Abschluß der Bearbeitung (Ende November 1925) bereits verfügbar waren, verständig gewürdigt. Die Anhänge bieten eine besonders reichhaltige Zusammenstellung von Verordnungen und Urteilen." Juristische Wochenschrift v. 1. IV. 1926.

Berliner, Ludwig, und **Pfaffenberger**, Ernſt, **Aufwertung von Verſicherungsanſprüchen** mit Durchführungsbeſtimmungen.

I. Teil. Oktav. 235 Seiten. 1925. (Guttentagſche Sammlung Deutſcher Reichsgeſetze Bd. 164.) . . . . Geb. RM. 5.85

II. Teil: Sach- und Transportverſicherung; Unfall- und Haftpflichtverſicherung. Oktav. 112 Seiten. 1926. Mit Nachtrag. (Guttentagſche Sammlung Deutſcher Reichsgeſetze Bd. 164 a.) . . . . Geb. RM. 3.15

Eine ganz ausgezeichnete, wohldurchdachte Darstellung und Erläuterung des gesamten Versicherungswesens, eine unentbehrliche Ergänzung zu jedem Gesamtkommentar über das Aufwertungsgesetz.

2. Handelsrecht

v. Gierke, Jul., **Handelsrecht und Schiffahrtsrecht**. Vierte Auflage. Erſcheint im November 1932.

Lehmann, K., und **Hoeniger**, H., **Lehrbuch des Handelsrechts**. Dritte Auflage. Erſter Halbband, enthaltend die Lehre vom Handelsſtand und von den Handelsgeſellſchaften. Groß-Oktav. 432 Seiten. 1921. . . . RM. 10.—

Ein großangelegtes Lehrbuch des Handels- und Schiffahrtsrechts.

Lehmann, K., und **Hoeniger**, H., **Deutſches Handelsrecht**.

I. Einleitung. Der Kaufmann und ſeine Hilfsperſonen. Offene Handelsgeſellſchaft, Kommandit- und ſtille Geſellſchaft. 117 Seiten. 1921. (Sammlung Göſchen Bd. 457.) . . . . Geb. RM. 1.62

II. Aktiengeſellſchaften, Geſellſchaften mit beſchränkter Haftung, eingetragene Genoſſenſchaften. Handelsgeſchäft, 126 Seiten. 1924. (Sammlung Göſchen Bd. 458.) . . . . Geb. RM. 1.62

Eine gemeinverständliche Darstellung in gedrängter Form.

Die Vierte Notverordnung. (Vierte Notverordnung des Reichspräſidenten zur Sicherung von Wirtſchaft und Finanzen und zum Schutze des inneren Friedens. Vom 8. XII. 1931.) Erläuterte Textausgabe mit Durchführungsverordnungen, bearbeitet von Rechtsanwalt Dr. A. Bloch, Gerichtsaſſeſſor

Dr. K.-A. Crisolli, Gerichtsassessor Dr. W. Gallas, Rechtsanwalt Th. Heilborn, Rechtsanwalt Dr. A. Hollaender, Direktor im Reichsversicherungsamt Dr. K. Lippmann, Rechtsanwalt Dr. R. Pulvermacher, Amtsgerichtsrat Dr. Th. Rohlfing, herausgegeben von Dr. A. Elster. Taschenformat. XVI, 364 Seiten. 1932. **Mit Nachträgen enthaltend die Änderungen bis April 1932.** (Guttentagsche Sammlung Deutscher Reichsgesetze Nr. 180.)
Geb. RM. 5.40

„Das Buch kann berufen sein, zu dem Kommentar der NotVO. zu werden, wenn Verfasser und Herausgeber baldmöglichst die neuesten gesetzlichen Bestimmungen einarbeiten und zu den täglich neu auftauchenden Streitfragen, die gerade in den juristischen Zeitschriften bereits eingehend erörtert werden, noch mehr als bisher Stellung nehmen." Juristische Wochenschrift Nr. 5, 1932.
Die erwähnten Ergänzungen sind in den Nachträgen enthalten.

Hein, Joh., Die Zusammenhänge zwischen Steuerrecht und Handelsrecht und ihre Entwicklung, untersucht an dem Gewinn und an der Bewertung. Eine bilanzrechtliche und bilanzkritische Darstellung mit praktischen Beispielen. Groß-Oktav. X, 280 Seiten. 1928 . . . . RM. 10.—, geb. RM. 12.—

„Das Buch führt in klarer Gestaltung in die Probleme des Bilanzrechts ein. Eine übersichtliche Gliederung ermöglicht eine schnelle und doch gründliche Einführung. Darüber hinaus stellt das Buch eine wesentliche Förderung für die dringend notwendige wissenschaftliche Behandlung des Steuerbilanzrechts und seiner Zusammenhänge mit den verwandten Rechtsmaterien dar." Zeitschrift für Handelsrecht 1928 Bd. 93 Nr. 1/2.

Staubs Kommentar zum Handelsgesetzbuch. Vierzehnte Auflage. Bearbeitet von Albert Pinner, Felix Bondi, Wilhelm Gadow, Eduard Heinichen. Vier Bände. 1. Erster Band. §§ 1—177, bearbeitet von Felix Bondi und Albert Pinner. Lexikon-Oktav. XX, 972 Seiten. 1932 . . . . RM. 30.—, in Halbleder geb. RM. 34.—
Es folgen: Im November 1932 Band III, im Dezember 1932 Band IV und im Januar 1933 Band II. — Der Bezug des ersten Bandes verpflichtet zur Abnahme des Gesamtwerkes.

Die vollständig neubearbeitete 14. Auflage berücksichtigt alle eingetretenen Änderungen und Ergänzungen bis in die letzte Zeit. Die Umarbeitung erfolgte unter Berücksichtigung der durch die wirtschaftliche Neuordnung geänderten Lage. Um das Auffinden jeder Einzelfrage wesentlich zu erleichtern, wurden jetzt den Einzelbänden ausführliche Sachregister beigegeben.

v. Gierke, Jul., Handelsgesetzbuch nebst Wechselordnung und Scheckgesetz. Mit systematischen Paragraphenüberschriften und ausführlichem Sachregister. Oktav. VIII, 295 Seiten. 1931. (Lehrausgaben Deutscher Gesetze Bd. IV.)
Geb. RM. 5.—

„Nicht nur dem Lernenden, auch dem Kaufmann, der ohne ermüdende Durcharbeitung des ganzen Gesetzwerkes seine wesentlichen Bestimmungen schnell und sicher kennenlernen und von Fall zu Fall nachlesen will, wird die Lehrausgabe willkommen sein." Mecklbg. Ztsch. f. Rechtspflege Nr. 12, September 1931.

Mosse, Albert, und Heymann, Ernst, Handelsgesetzbuch (ohne Seerecht). Mit den ergänzenden Vorschriften des Bürgerlichen Gesetzbuchs und einem Anhang, enthaltend das Einführungsgesetz, das Depotgesetz, die Bestimmungen über Börsentermin- und Differenzgeschäfte u. a. Nebst Erläuterungen. Im Anschluß an die Textausgabe von F. Litthauer. Siebzehnte Auflage. Unter Mitwirkung von Karl-August Crisolli. Oktav. VIII, 693 Seiten. 1926. (Guttentagsche Sammlung Deutscher Reichsgesetze Bd. 4.)
Geb. RM. 12.60

Diese Ausgabe wurde durch Nachträge ergänzt.

„Der suchende Geschäftsmann und Jurist findet hier alles, was er in Handelsrechtsachen braucht. Diese Kommentierung ist in Wirklichkeit eine Fundgrube — das Gebotene ist vollkommen und vermöge der Autorität der Bearbeitung ganz zuverlässig." Ztsch. f. Aktiengesellschaften Nr. 3—4, 1927.

Handelsgesetzbuch nebst Einführungsgesetz vom 10. Mai 1897, unter Berücksichtigung der bis 15. Juni 1930 ergangenen Novellen. Textausgabe mit Sachregister. Zwölfte Auflage. 370 Seiten. 1930. (Guttentagsche Sammlung von Textausgaben ohne Anmerkungen mit Sachregister.) Geb. RM. 3.15

Diese Ausgabe wurde durch einen Nachtrag ergänzt.

Baum, G., Das vertragliche Wettbewerbsverbot (Konkurrenzklausel). Nebst Kommentar zum Gesetze vom 10. Juni 1914. Taschenformat. XII, 231 Seiten. 1914. (Guttentagsche Sammlung Deutscher Reichsgesetze Bd. 115.) Geb. RM. 2.70

Gesellschaften

Brodmann, Erich, Aktienrecht. Kommentar. Groß-Oktav. XII, 580 Seiten. 1928. (Gewerbe- und Industrie-Kommentar Bd. IV.) RM. 28.—, geb. RM. 30.—

„Mit unvergleichlichem Geschick hat der Verfasser Großartiges geleistet — Brodmann ist Trumpf!" Zeitschrift für Aktiengesellschaften Nr. 9/10, 1928.

Brodmann, Erich, Die Sanierung unseres Aktienwesens. Groß-Oktav. 46 Seiten. 1931 . . . . RM. 3.—

Entwurf eines Gesetzes über Aktiengesellschaften und Kommanditgesellschaften auf Aktien sowie Entwurf eines Einführungsgesetzes nebst erläuternden Bemerkungen. Veröffentlicht durch das **Reichsjustizministerium.** Lexikon-Oktav. 132 Seiten. 1930 . . . . RM. 3.—

Pinner, Albert, Aktiennovelle und Bankenaufsicht. Verordnung vom 19. 9. 1931. Textausgabe mit Einführung in die Aktiennovelle. Taschenformat. 101 Seiten. 1931. (Guttentagsche Sammlung Deutscher Reichsgesetze Bd. 179.) . . . . Geb. RM. 1.60

Das eindringliche und zuverlässige Orientierungsbuch über die Neuregelung des Aktienwesens führt schnell in die wichtigen Hauptfragen ein. Der Herausgeber ist als hervorragender Kenner des Aktienrechts und Mitarbeiter an Staubs berühmtem HGB.-Kommentar der Fachwelt bekannt.

Hachenburg, Max, Kommentar zum Gesetz, betr. die Gesellschaften mit beschränkter Haftung. (Früher Staub-Hachenburg.) Fünfte Auflage unter Mitarbeit von Fritz Bing und Walter Schmidt. 2 Bände. RM. 43.—, geb. RM. 47.—

I. Band: §§ 1—34. Groß-Oktav. VI, 527 Seiten. 1926.

II. Band: §§ 35—84. Groß-Oktav. II, 452 Seiten. 1927.

„Das Buch ist als Nachschlagewerk unübertrefflich. Es wird wenig Fälle geben, in denen es den Lesern nicht die gewünschte Belehrung geben wird; es wird aber auch die Grundlage bieten zur rechtlichen Beurteilung neuer Gestaltungen des stets sich ändernden Wirtschaftslebens." Deutsche Richterzeitung v. 15. II. 1927.

Brodmann, Erich, Gesetz, betr. die Gesellschaften mit beschränkter Haftung. Kommentar. 2. Auflage. Groß-Oktav. VIII, 304 Seiten. 1930. (Gewerbe- und Industrie-Kommentar Bd. I.) . . . . RM. 16.—, geb. RM. 18.—

„Die Ausführungen sind, wie man es bei diesem Autor gewohnt ist, tief durchdacht und lassen bei Bekämpfung gegenteiliger Ansichten erkennen, daß das Für und Wider an der Hand voll ausgeschöpfter Rechtsprechung und Literatur überall zu seinem Recht kommt." Leipziger Ztsch. f. dtsch. Recht v. 1. VI. 1931.

Parisius, Ludolf, und Crüger, Hans, Das Reichsgesetz, betr. die Gesellschaften mit beschränkter Haftung. Textausgabe mit Anmerkungen und Sachregister. Achtzehnte Auflage, bearbeitet von Adolf Crecelius und Fritz Citron. Taschenformat. 244 Seiten. 1929. (Guttentagsche Sammlung Deutscher Reichsgesetze Bd. 32.) . . . . Geb. RM. 3.15

„Wer kennt nicht die altbewährte Ausgabe des GmbH.-Gesetzes von Parisius-Crüger, die in immer verbesserter und erweiterter Auflage der Juristen- und Geschäftswelt nützt? Nicht wenige ziehen diese Ausgabe einer größeren Kommentierung dieses Gesetzes vor, wenn der tägliche Gebrauch in Frage steht. Und das mit Recht." Ztsch. f. Aktiengesellschaft Nr. 3, März 1929.

Starke, Arthur, Offene Handelsgesellschaften, Kommanditgesellschaften und stille Gesellschaften von der Errichtung bis zur Auflösung. Nebst Vertrags- und Anmeldeformularen und mit Berücksichtigung des Steuerrechts. Oktav. XIV, 167 Seiten. 1928 . . . . RM. 5.—

Eine systematische Darstellung für Studium und Praxis.

Wechselordnung und Scheckrecht

Staubs Kommentar zur Wechselordnung. Fortgesetzt von J. Stranz und M. Stranz. Zwölfte Auflage, bearbeitet von M. Stranz und Martin Stranz. Groß-Oktav. 432 Seiten. 1929. RM. 16.—, geb. RM. 18.—

„. . . Ein Urteil über die Güte des Werkes erübrigt sich, denn der Staubsche Kommentar ist und bleibt der Wechselkommentar." Bankwissenschaft v. 5. VII. 1929.

Stranz, J., und Stranz, M., Wechselordnung in der Fassung der Bekanntmachung vom 3. Juni 1908. Kommentar. Dreizehnte, der Neubearbeitung sechste Auflage. Taschenformat. 419 Seiten. 1930. (Guttentagsche Sammlung Deutscher Reichsgesetze Bd. 5.) . . . Geb. RM. 6.30

Diese Ausgabe enthält nicht etwa nur Hinweise und kurze Erläuterungen, sondern ist ihrer ganzen Anlage nach ein verkürzter Kommentar; außer der Wechselordnung bringt sie auch die bekannten Nebengesetze: sie umfaßt also das gesamte Wechselrecht.

Wechselordnung in der Fassung der Bekanntmachung vom 3. Juni 1908 (RGBl. S. 326 ff.). Mit einem Anhang, enthaltend den Wechselprozeß und Nebengesetze. Textausgabe mit Einleitung und Sachregister. Taschenformat. 102 Seiten. 1928. (Guttentagsche Sammlung von Textausgaben ohne Anmerkungen.) . . . . Geb. RM. 1.35

Michaelis, Wechselrecht. Kommentar auf der Grundlage der Deutschen Wechselordnung unter vergleichsweiser Heranziehung der hauptsächlichsten ausländischen Wechselgesetze und des künftigen einheitlichen Wechselrechts. Groß-Oktav. VIII, 553 und 29* Seiten. 1932. (Gewerbe- und Industrie-Kommentar Bd. VI.) . . . . RM. 36.—, geb. RM. 37.80

„. . . Die Herausgabe dieses Kommentars entspricht einem praktischen Bedürfnis. . . Es dürfte nicht zuviel gesagt sein, wenn man den Michaelisschen Kommentar als den Kommentar für die gesamte Materie des Wechselrechts bezeichnet." Mitteilungen d. Industrie- und Handelskammer, Berlin, Nr. 14, v. 25. VII. 1932.

Michaelis, Richard, Scheckgesetz mit allen einschlägigen Nebengesetzen, den ausländischen Gesetzen und dem Deutschen Postscheckgesetz mit Postscheckordnung. Kommentar. Groß-Oktav. VII, 339 Seiten. 1927. (Gewerbe- und Industrie-Kommentar Bd. II.) . . . . RM. 16.—, geb. RM. 18.—

„Wenn irgendein Buch, so entspricht dieses einem Bedürfnis." Berliner Tageblatt v. 21. III. 1927.

Der Eigentumsvorbehalt in Wirtschaft und Recht. Herausgegeben von der Industrie- und Handelskammer zu Berlin. Oktav. 280 Seiten. 1931. RM. 4.—, geb. RM. 5.—

„... Kurzum in jeder Beziehung eine umfassende Darstellung, das Handbuch des Eigentumsvorbehalts, gleich wertvoll für Wirtschaft, Rechtsprechung und Rechtslehre." *Juristische Rundschau Nr. 21, v. 1. XI. 1931.*

Schiffahrtsrecht

Schaps, Georg, **Das deutsche Seerecht.** Kommentar zum vierten Buche des Handelsgesetzbuches (als Ergänzung zu Staub's Kommentar) nebst Erläuterungen zu den seerechtlichen Nebengesetzen. Zweite, vollständig umgearbeitete Auflage herausgegeben von Max Mittelstein † und Julius Sebba.

I. Band. (Handelsgesetzbuch: Viertes Buch.) Groß-Oktav. VIII, 1041 Seiten. 1921 . . . . RM. 25.—, geb. RM. 28.—

II. Band. (Seerechtliche Nebengesetze mit Nachtrag zur Ergänzung des I. Bandes nach dem Stand von 1929.) Bearbeitet von J. Sebba. XVI, 1108 Seiten. 1929 . . . . RM. 52.—, geb. RM. 55.—

„Mit dem vorliegenden Band ist somit „Schaps' Seerecht" auf den neuesten Stand der Gesetzgebung und Rechtsprechung gebracht. Sebba hat es meisterhaft verstanden, den umfangreichen Stoff übersichtlich zu formen und ihn in allen seinen Einzelheiten zu zergliedern. Jeder Interessent, der nach den einschlägigen Gesetzen, Verordnungen, Bekanntmachungen usw. Umschau halten muß, wird seine Freude darüber haben, einen solchen Schatz seerechtlichen Wissens zu besitzen." *Verkehrsrechtliche Rundschau Nr. 11, 1929.*

Brandis, Otto, **Das deutsche Seerecht** (mit Ausschluß des Seeversicherungsrechts.) I. Allgem. Lehren: Personen und Sachen des Seerechts. 130 Seiten. 1908. II. Die einzelnen seerechtlichen Schuldverhältnisse: Verträge des Seerechts und außervertragliche Haftung. 156 Seiten. 1908. (Sammlung Göschen Bd. 386/87.) . . . . Geb. je RM. 1.62

Sebba, J., **Das öffentliche Seerecht.** Taschenformat. XVII, 597 Seiten. 1932. (Guttentagsche Sammlung Deutscher Reichsgesetze Bd. 19.) Geb. RM. 11.70

In dem vorliegenden Guttentagband bietet der Verfasser — Neubearbeiter des bekannten Kommentars „Schaps, Das deutsche Seerecht" — eine Zusammenstellung der öffentlich-rechtlichen Seegesetze. Die Ausgabe soll in dieser knappen Form zur ersten Orientierung dienen und darüber hinaus aber auch zur Ergänzung des großen Kommentars, soweit dieser durch die Gesetzgebung der letzten Zeit überholt ist.

Damit ist dem Praktiker ein Mittel zur Orientierung über den Bestand des öffentlichen Seerechts, und ein kleines Handbuch für den täglichen Gebrauch gegeben.

Sieveking, Gustav, **Das deutsche Seeversicherungsrecht.** Kommentar zum zehnten Abschnitt des vierten Buches des Handelsgesetzbuches. Lexikon-Oktav. 218 Seiten. 1912 . . . . RM. 5.—, geb. RM. 6.80

Allgemeine Deutsche Seeversicherungs-Bedingungen. Im Jahre 1919 herausgegeben von den deutschen Seeversicherern nach Beratung mit deutschen Handelskammern und Fachverbänden unter Vorsitz der Handelskammer Hamburg. 21.—23. Tausend. 56 Seiten. 1931 . . . . . RM. 2.—

General Rules of Marine. Insurance 1919 adopted by the German Underwriters. Authorised Translation by Dr. Alfred Sieveking, larger in Hamburg. 64 Seiten. 1920 . . . . RM. 3.—

Materialien zu den Allgemeinen Deutschen Seeversicherungs-Bedingungen. Im Auftrag der vereinigten Handelskammern herausgegeben von Prof. Dr. E. Bruck. Groß-Oktav. 2 Bände. 678 Seiten. 1920 . . RM. 10.—

v. Liebig, Eugen, Die Transportversicherung. Teil I: Die Seeversicherung. Systematische Darstellung des Seeversicherungswesens. Groß-Oktav. VIII, 226 Seiten. 1914 . . . . RM. 5.—

Bene, F., Der Begriff des Versicherungsfalles in der Seeversicherung. (Hamburger Rechtsstudien, herausgegeben von Mitgliedern der Rechts- und Staatswissenschaftlichen Fakultät der Hamburgischen Universität, Heft 1.) Groß-Oktav. 75 Seiten. 1928 . . . . RM. 4.50

Elkan, H. H., Die Bedeutung des Interesses für die Veräußerung der versicherten Sache. (Hamburger Rechtsstudien, herausgegeben von Mitgliedern der Rechts- und Staatswissenschaftlichen Fakultät der Hamburgischen Universität, Heft 2.) Oktav. 58 Seiten. 1928 . . . . RM. 4.—

Makower, H., Gesetze, betreffend die privatrechtlichen Verhältnisse der Binnenschiffahrt und der Flößerei. Nach den Materialien erläutert. Sechste, vermehrte Auflage, bearbeitet von E. Loewe. Taschenformat. 458 Seiten. 1923. (Guttentagsche Sammlung Deutscher Reichsgesetze Bd. 36.)
Geb. RM. 3.60

Sebba, Jul., Seewasserstraßenordnung. (Polizeiverordnung zur Regelung des Verkehrs auf den deutschen Seewasserstraßen vom 31. März 1927.) Mit Nachtrag, enthaltend die Änderungen vom 31. März 1928 und vom 20. März 1930. Taschenformat. 493 Seiten. 1928. (Guttentagsche Sammlung Deutscher Reichsgesetze Nr. 171.) . . . . . Geb. RM. 7.65

Die vorliegende Ausgabe ist für die an dem Gesetz interessierten beiden Fachgruppen, die der Nautiker and der Juristen, von gleich großer Bedeutung. Diese Verbindung zweier Kenntnisgebiete gibt dem vorliegenden Kommentar seine besondere Note und seinen großen Wert.

Genossenschaften

Parisius, Ludolf, Crüger, Hans, Crecelius, Adolf, und Citron, Fritz, Reichsgesetz, betreffend die Erwerbs- und Wirtschaftsgenossenschaften. Kommentar zum praktischen Gebrauch für Juristen und Genossenschaften und ihre Mitglieder. Zwölfte, neubearbeitete Auflage. 1932. Groß-Oktav.
RM. 25.20, geb. RM. 27.—

Der große Parisius-Crüger ist nach wie vor das unentbehrliche Nachschlagewerk für jeden auf dem Gebiete des Genossenschaftsrechtes tätigen Juristen und praktischen Genossenschaftsleiters.

Parisius, Ludolf, und Crüger, Hans, Das Reichsgesetz, betreffend die Erwerbs- und Wirtschaftsgenossenschaften. Textausgabe mit Anmerkungen und Sachregister. Zwanzigste, neubearbeitete und erweiterte Auflage von Hans Crüger, Adolf Crecelius und Fritz Citron. Taschenformat. 297 Seiten 1930. (Guttentagsche Sammlung Deutscher Reichsgesetze Bd. 29.) . . . . Geb. RM. 3.60

Die Handausgabe für den täglichen Gebrauch. Auch für die kleinste Genossenschaft unentbehrlich.

Verschiedenes

Schreiber, Otto, Handelsrechtliche Nebengesetze. Taschenformat. VIII, 1002 Seiten. 1926. (Guttentagsche Sammlung Deutscher Reichsgesetze Bd. 162.)
Geb. RM. 12.60

„Die Sammlung ist ein unentbehrliches Hilfsmittel für den Praktiker. Die Zusammenstellung ist sehr zuverlässig; auch das Sachregister von Kleffel verdient volle Anerkennung." Zentralblatt für Handelsrecht Nr. 5, Mai 1926.

Staffel, W., Verordnung gegen Mißbrauch wirtschaftlicher Machtstellungen vom 2. November 1923. Kommentar. Oktav. 108 Seiten. 1927. (Guttentagsche Sammlung Deutscher Reichsgesetze Bd. 167.) . . . Geb. RM. 3.15

„Die für das Wirtschaftsrecht so wichtige Kartellverordnung findet hier eine eingehende Kommentierung. Die Erläuterungen werden daher um so unentbehrlicher für die wirtschaftliche Praxis auf diesem Gebiete sein."
Industrie- und Handelszeitung Nr. 5, v. 8. I. 1927.

Lusensky, F., Gesetz über die Handelskammern. Taschenformat. (Guttentagsche Sammlung Preußischer Gesetze Bd. 21.) Neue Auflage in Vorbereitung.

„Das Buch ist ein vortrefflicher Berater aller derer, die in der Handelskammerorganisation sind, oder zu ihr in Beziehung stehen. Es kann warm empfohlen werden." *Zeitschrift für Polizei- und Verwaltungsbeamte.*

Göppert-Seydel, Hypothekenbankgesetz vom 13. Juli 1899 (mit den Änderungen durch die Gesetze vom 14. Juli 1923, vom 26. Januar 1926 und 21. Dezember 1927). Textausgabe mit Einleitung, Anmerkungen und Sachregister. Dritte Auflage, bearbeitet von Dr. **Martin Friedlaender.** Taschenformat. VIII, 202 Seiten. 1929. (Guttentagsche Sammlung Deutscher Reichsgesetze Nr. 51.) . . . . Geb. RM. 4.50

„. . . In seiner neuen Gestalt ist der Kommentar eine vollständige, bis ins einzelne gehende, auf den neuesten Stand geführte Bearbeitung und Erläuterung des Gesetzes, die über alle einschlägigen Fragen erschöpfende Auskunft gibt."
Berliner Tageblatt v. 8. XII. 1929.

Behlert, Heinz, Der Konnossement-Teilschein. Groß-Oktav. 79 Seiten. 1930. (Hamburger Rechtsstudien Heft 5.) . . . . RM. 5.—

Die Schrift löst die Frage, ob ein Konnossement-Teilschein dem Konnossement gleichzusetzen ist, unter Zugrundelegung der Hamburger Verhältnisse und unter Berücksichtigung der Rechtsprechung, der Lehre und des ausländischen Rechtes.

Lion, Robert, Reine Konnossemente gegen Revers. Groß-Oktav. 78 Seiten. 1930. (Hamburger Rechtsstudien Heft 7.) . . . . RM. 5.—

Die Abhandlung beginnt mit einer ausführlichen Darstellung der Entwicklung, Anwendung und Funktion des Konnossementsreverses. Es folgt eine Untersuchung der rechtlichen Probleme, die sich bemüht, die wirtschaftlichen Interessen aller Beteiligten gegeneinander abzuwägen; eine eingehende Übersicht über die Rechtsprechung ist mit ihr verbunden. Den Abschluß bildet eine Darstellung und Würdigung der zahlreichen Reformvorschläge. Wirtschaft und Recht des Auslandes sind in weitestgehendem Umfange berücksichtigt.

Bank und Börse

Koch, R., und Schacht, Hjalmar, Die Reichsgesetzgebung über das Münz- und Notenbankwesen. Textausgabe mit Anmerkungen und Sachregister. Siebente, völlig neubearbeitete Auflage. Taschenformat. XVIII, 617 Seiten. 1925. (Guttentagsche Sammlung Deutscher Reichsgesetze Bd. 26.) Geb. RM. 12.60

Hierzu erschien im August 1932 ein Ergänzungsband. Umfang 144 Seiten. RM. 3.—. (Guttentagsche Sammlung Deutscher Reichsgesetze Nr. 26a.)

Aus dem Inhalt: I. Die Gesetze zur Änderung des Bankgesetzes. Erläutert von Reichsbankdirektor Dr. Deumer, Vortragender Direktor beim Reichsbankdirektorium. II. Änderungen zu dem Gesetz über die Liquidierung des Umlaufs an Rentenbankscheinen. Erläutert von Fritz Dreyse, Vizepräsident des Reichsbankdirektoriums. III. Übersicht über die Münzgesetzgebung seit dem 1. Januar 1926. IV. Sachregister.

Nußbaum, Arthur, Bank- und Börsenrecht. Eine Sammlung von Gesetzen und Geschäftsbedingungen. Taschenformat. XII, 622 Seiten. 1927. (Guttentagsche Sammlung Deutscher Reichsgesetze Bd. 169.) . . Geb. RM. 9.90

Die vorliegende Sammlung der verstreuten bank- und börsenrechtlichen Vorschriften fehlte bisher in der kaufmännischen und juristischen Bankpraxis ebenso wie im handelsrechtlichen und betriebswirtschaftlichen Unterricht. Ihr Erscheinen wurde daher vielseitig begrüßt. Die Sammlung berücksichtigt auch die dem freien Verkehr entstammenden Rechtsbildungen.

Kommentar zum Börsengesetz. Im Auftrage des Centralverbandes des Deutschen Bank- und Bankiergewerbes (E. V.) bearbeitet von H. Rehm, H. Trumpler, Heinrich Dove, Ernst Neukamp, R. Schmidt-Ernsthausen, James Breit. Mit einem Vorwort von J. Rießer. Lexikon-Oktav. VIII, 464 Seiten. 1909. . . . . . RM. 12,—, geb. RM. 13.50

Hemptenmacher, Th., Börsengesetz. Dritte Auflage von O. Meyer. Taschenformat. XXIII, 373 Seiten. 1915. (Guttentagsche Sammlung Deutscher Reichsgesetze Bd. 41.) . . . . Geb. RM. 3.15

Das Bändchen bringt neben einem kurzen Überblick und einem vorteilhaft erweiterten Anhang das Börsengesetz nebst Ausführungsbestimmungen.

Lusensky, F., Gesetz, betreffend die Pflichten der Kaufleute bei Aufbewahrung fremder Wertpapiere (Depotgesetz). (Guttentagsche Sammlung Deutscher Reichsgesetze Bd. 40.) . . . . Neue Auflage in Bearbeitung.

„Die beste Bearbeitung des sogenannten Depotgesetzes."
Zeitschrift für Aktiengesellschaften.

Frohner, G. Aktiensonderdepot und Legitimationsübertragung. (Hamburger Rechtsstudien, herausgegeben von Mitgliedern der Rechts- und Staatswissenschaftlichen Fakultät der Hamburgischen Universität, Heft 3.) Groß-Oktav. VII, 114 Seiten. 1929 . . . . RM. 7.—

Schwerin, Frh. Cl von, Recht der Wertpapiere (einschließlich Wechsel- und Scheckverkehr). Oktav. X, 234 Seiten. 1924. (Lehrbücher und Grundrisse der Rechtswissenschaft Bd. 7.) . . . . RM. 6.30, geb. RM. 7.65

„Das Buch löst seine Aufgabe, den Studierenden eine Einführung in die Materie des Wertpapierrechts zu geben, ausgezeichnet, vor allem deshalb, weil es eine gute theoretische Fundierung mit einer dem Lehrzweck entsprechenden Darstellung des praktischen Rechts und der Rechtstatsachen verbindet."
Deutsche Juristenzeitung Nr. 4, 1925.

Hollaender, Adolf, Preis- und Zinssenkung. (Siehe „Die vierte Notverordnung" Seite 13.)

Zeitgemäße Bankrechtsfragen, Festgabe der Rechtsabteilung der Disconto-Gesellschaft zum 70. Geburtstage des Herrn Dr. jur. Arthur Salomonsohn. Quart. 126 Seiten. 1929 . . . . . RM. 8.—, geb. RM. 10.—

„Der Band enthält 8 vorzügliche Aufsätze. Die Verfasser befassen sich mit Problemen, die in der Rechtsabteilung einer Großbank oft zur Debatte stehen und deren endgültige Klärung ein praktisches Bedürfnis ist."
Wirtschaftl. Nachrichten v. 16. V. 1929.

Verhandlungen des VII. allgemeinen deutschen Bankiertages. Köln, 9.—11. September 1928, auf Grund stenographischer Berichte. Groß-Oktav. 436 Seiten. 1928 . . . . RM. 10.—

Schultze, Fritz, Devisennotrecht. Textausgabe mit Einleitung, Verweisungen und Sachregister sowie Literaturverzeichnis und systematischer Übersicht über die einschlägige Rechtsprechung. Taschenformat. XXX, 181 Seiten. 1932 (Guttentagsche Sammlung Deutscher Reichsgesetze Nr. 182.) Geb. RM. 5.40

Der Band gibt durch Zusammenfassung des gesamten Devisenrechts in der seit 23. Juni 1932 geltenden Fassung und durch Abdruck auch der alten Devisenbewirtschaftungsverordnung nebst Abänderungsverordnungen und den dazu erlassenen zwölf Durchführungsverordnungen eine erschöpfende Übersicht über die heutige Rechtslage. Durch Verweisung auf die bisherigen Fassungen wird der Zusammenhang zwischen altem und neuem Recht gezeigt und die Anwendung der Neufassung erleichtert. Die Literaturübersicht gibt vor allem auch einen Überblick über die in Zeitschriften erschienenen Arbeiten zum Devisennotrecht, die systematische Übersicht über die Rechtsprechung führt auch unveröffentlichte Entscheidungen an.

Bank-Archiv. Zeitschrift für Bank- und Börsenwesen. Begründet von Riesser. Unter Mitwirkung von hervorragenden Fachmännern herausgegeben von Dr. Georg Solmssen. Schriftleitung: Rechtsanwalt Otto Bernstein, geschäftsführendes Vorstandsmitglied des Zentralverbandes des Deutschen Bank- und Bankiergewerbes. Quart. Jährlich 24 Nummern. XXXI. Jahrgang. 1931/32 . . . . Pro Halbjahr RM. 12.—

III. Grenzgebiete des Bürgerlichen Rechts

1. Privat- und Sozialversicherung

Koenige, Heinrich, und **Petersen,** A., **Gesetz über die privaten Versicherungsunternehmungen** vom 12. Mai 1901. Textausgabe mit Anmerkungen und Sachregister. Dritte, umgearbeitete Auflage. Taschenformat. 856 Seiten. 1927. (Guttentagsche Sammlung Deutscher Reichsgesetze Bd. 62.)
Geb. RM. 18.—

Ein für Theorie und Praxis der Privatversicherung unentbehrliches Hilfsmittel.

Ergänzt durch:

Koenige, Heinrich, **Petersen,** A. und **Wirth,** K., **Gesetz über die Beaufsichtigung der privaten Versicherungsunternehmungen und Bausparkassen** vom 6. Juni 1931. Textausgabe, enthaltend den vollständigen, geltenden Gesetzestext sowie Erläuterungen zu den neuen, auf dem Gesetz vom 30. März 1931 beruhenden Vorschriften. Nachtrag zu Koenige-Petersen, Private Versicherungsunternehmungen, dritte Auflage (Bd. 62 der Sammlung). Taschenformat. 238 Seiten. 1931. (Guttentagsche Sammlung Deutscher Reichsgesetze Bd. 62a.) . . . . Geb. RM. 5.40

Die vorliegende Ausgabe enthält den vollständigen Gesetzestext, nicht nur die geänderten und zugefügten Paragraphen. Sie erläutert jedoch nur die in der Neuschöpfung des Gesetzes geänderten Bestimmungen, während hinsichtlich der unverändert gebliebenen gesetzlichen Vorschriften auf den Kommentar von Koenige-Petersen verwiesen wird.

Bruck, E., **Reichsgesetz über den Versicherungsvertrag** nebst dem zugehörigen Einführungsgesetz vom 30. Mai 1908. Siebente, neubearbeitete Auflage. Taschenformat VIII, 563 Seiten. 1932. (Guttentagsche Sammlung Deutlung Deutscher Reichsgesetze Bd. 83.) . . . . Geb. RM. 12.60

„Der vormals Hager-Brucksche Kommentar ist seit langem der führende Kommentar und wird sich in der Neufassung weiter steigender Beliebtheit erfreuen."
Deutsche Richterzeitung Nr. 11, v. 15. XI. 1930.

Moldenhauer, Paul, **Das Versicherungswesen.**

I. Allgemeine Versicherungslehre. Vierte Auflage. 152 Seiten. 1925. (Sammlung Göschen Bd. 262.) . . . . Geb. RM. 1.62

II. Die einzelnen Versicherungszweige. Zweite Auflage. 130 Seiten. 1923. (Sammlung Göschen Bd. 636.) . . . . Geb. RM. 1.62

„Das Buch ist für jeden, der sich mit dem Versicherungswesen und seinen Zweigen vertraut machen will, ein trefflicher Führer."
Versicherungsamt Nr. 17, v. 22. VII. 1924.

Veröffentlichungen des Reichs-Aufsichtsamts für Privatversicherung. Groß-Oktav. 30. Jahrgang. . . . . . . Pro Band RM. 40.— bis RM. 50.—

Gesamtregister zu den Veröffentlichungen des Reichs-Aufsichtsamts für Privatversicherung. 1912—1926. 184 Seiten. 1928 . . . . . . RM. 14.—

Versicherungsstatistik für 1902 über die unter Reichsaufsicht stehenden Unternehmungen. Herausgegeben vom Reichsaufsichtsamt für Privatversicherung. Lexikon-Oktav. LXXVII, 384 Seiten. 1905 . . . . RM. 10.—

— für 1903 bis 1917 . . . . Je Jahrgang RM. 10.—

— für 1928 bis 1929 . . . . RM. 24.—

— für 1930 . . . . RM. 13.—

v. Liebig, Eugen, **Das deutsche Feuerversicherungswesen.** Groß-Oktav. 211 Seiten. 1911 . . . . RM. 5.—

„In einer außerordentlich klaren Darstellung gibt der Verfasser einen geschichtlichen Überblick von den Gilden an bis zum gegenwärtigen Stand der Feuerversicherung in Deutschland. Das Buch ist in so flüssiger, schöner Sprache geschrieben, daß auch der Anfänger und selbst der Laie durch die fesselnde Darstellung leicht einen tiefen Einblick in das Wesen der Feuerversicherung gewinnen wird." Archiv für Versicherungswirtschaft.

Weygand, J., Die Grundzüge der Kundenversicherung. (Generalversicherung der Speditions- und Lagergüter.) Mit einer Einleitung über das Interesse als Element der Sachversicherung. Groß-Oktav 162 Seiten. 1914. RM. 4.—

Das interessante Werk bietet namentlich für Juristen wertvolle Hinweise zur Rechtsbehandlung der Kundenversicherungsfrage.

Berliner, Ludwig, und **Pfaffenberger,** Ernst, **Aufwertung von Versicherungsansprüchen** mit Durchführungsbestimmungen.

I. Teil. Oktav. 235 Seiten. 1926. Mit Nachtrag. (Guttentagsche Sammlung Deutscher Reichsgesetze Bd. 164.) . . . . Geb. RM. 5.85

II. Teil: Sach- und Transportversicherung; Unfall- und Haftpflichtversicherung. Oktav. 112 Seiten. 1926. (Guttentagsche Sammlung Deutscher Reichsgesetze Bd. 164a.) . . . . Geb. RM. 3.15

Ein bedeutsamer Kommentar, durch den die gesetzlichen Bestimmungen von der juristischen und versicherungstechnischen Seite aus eingehend erläutert werden. In seinem straffen, systematischen Aufbau, der Geschlossenheit der Darstellung ist das Buch ein unentbehrlicher Ratgeber für alle interessierten Kreise.

Tsirintanis, Alexander, **Die Order-Police.** Groß-Oktav. 95 Seiten. 1930 (Hamburger Rechtsstudien Heft 6.) . . . . RM. 6.—

Der Verfasser behandelt die Frage, inwieweit das Versicherungsrecht, um den heutigen Verkehrsbedürfnissen zu entsprechen, die Orderklausel und das Indossament verwerten kann. Nach einer Darstellung und kritischen Würdigung der Ergebnisse aus der Anorderstellung des Versicherungsscheins in anderen Ländern, insbesondere in Frankreich, versucht der Verfasser die rechtlichen und wirtschaftlichen Folgen aus der Ausstellung von Order-Polizen darzulegen. In einem besonderen Teil wird die Order-Police mit anderen, auf denselben wirtschaftlichen Erfolg gerichteten Rechtsinstituten, namentlich der Versicherung für Rechnung wen es angeht, verglichen und die vorhandenen Unterschiede gestreift.

Embden, Helmuth, **Versicherung für Rechnung wen es angeht.** Groß-Oktav. VIII, 39 Seiten. 1930. (Hamburger Rechtsstudien Heft 8.) RM. 3.—

Im ersten Teil wird der versicherungsrechtliche Interessenbegriff im streng individualistischen Sinne präzisiert. Im Hauptteil versucht dann der Verfasser, die universelle Vertragsform der Versicherung für Rechnung wen es angeht in Einklang mit einer so engen Auffassung des Interessenbegriffs zu bringen.

Lippmann, Karl, Die Reichsversicherungsordnung nebst dem Einführungsgesetze, den wichtigsten Ausführungsvorschriften, den ergänzenden Gesetzen und Verordnungen sowie den Verordnungen über das Verfahren. **Nach dem Stande vom 8. Dezember 1931.** Textausgabe mit Anmerkungen, Einleitung (Übersicht über den Inhalt der Reichsversicherungsordnung) und Sachregister. Taschenformat. XVI, 767 Seiten. 1932. (Guttentagsche Sammlung Deutscher Reichsgesetze Nr. 161.) . . . . Geb. RM. 16.20

Die Ausgabe wird durch Nachträge auf dem laufenden gehalten.

„Einer ziemlich eingehenden Übersicht über den Inhalt der Reichsversicherungsordnung folgt der Text in der jetzt gültigen Fassung. Ein gründlich bearbeitetes Sachregister erleichtert die Brauchbarkeit des Buches in der täglichen Praxis. Gleich ihrer Vorgängerin kann auch diese Auflage nur wärmstens empfohlen werden." Deutsche Invaliden-Versicherung Nr. 3, 1932.

Lippmann, Karl, Sozialversicherung und Fürsorge. (Siehe „Die vierte Notverordnung" Seite 13.)

Reuß, Max, und Hense, Fritz. Das Reichsknappschaftsgesetz vom 1. Juli 1926 nebst Einführungsgesetz. 2. Aufl. Taschenformat. XVI. 640 Seiten. 1926. (Guttentagsche Sammlung Deutscher Reichsgesetze Bd. 155.) Mit Nachtrag 1931. Geb. RM. 10.80

„Die Herausgabe des Gesetzes bedarf keiner besonderen Empfehlung. Das Buch kann allen, die auf dem Gebiete des Knappschaftswesens tätig sind, aufs wärmste empfohlen werden." Zeitschrift für Bergrecht.

Angestelltenversicherungsgesetz vom 28. Mai 1924. **Zweite Auflage.** Taschenformat. 143 Seiten. 1927. Mit Nachtrag. (Guttentagsche Sammlung Deutscher Reichsgesetze. Textausgaben ohne Anmerkungen.) . . Geb. RM. 2.25

Manes, Alfred, Sozialversicherung. 7., ergänzte Aufl. 1928. Kl.-Oktav. 139 Seiten. (Sammlung Göschen Bd. 267.) . . . . Geb. RM. 1.62

„Es gibt keine andere Darstellung der geltenden Sozialversicherung, die in solch erfreulicher Kürze und Sachlichkeit durch die annähernd 2400 Paragraphen führt." Hanseatische Rechts- und Gerichts-Zeitschrift Nr. 6, v. 15. III. 1927.

Schmeißer, Herbert, Das Gesetz über Arbeitsvermittlung und Arbeitslosenversicherung in der Fassung der Notverordnung vom 1. Dezember 1930. 2 Bände. Taschenformat.

Band I. XVI, 639 Seiten. 1931 . . . . Geb. RM. 13.50

Band II erscheint im Herbst 1932.

(Guttentagsche Sammlung Deutscher Reichsgesetze Bd. 165.)

Der auf diesem Gebiet besonders sachkundige Verfasser bringt mit diesem Werk einen Kommentar zum gesamten Arbeitsvermittlungs- und Arbeitslosenrecht, das im Laufe der Jahre umfangreichen Änderungen unterworfen war und so unübersichtlich geworden ist, daß eine straffe, übersichtliche und allgemeinverständliche Kommentierung für den Fach- und Nichtfachmann immer dringlicher wird. Der Verfasser berücksichtigt das gesamte einschlägige Material: Rechtsprechung der Arbeitsgerichte, der Spruchbehörden, der Arbeitslosenversicherung und der Beschluß- und Spruchbehörden der RVO. Die grundsätzlichen Entscheidungen des Spruchsenats für die Arbeitslosenversicherung sind bis Ende Januar 1931 verarbeitet, ferner die Begründung zu den Gesetzentwürfen und die Verhandlungen der gesetzgebenden Körperschaften. — Auch die vielen Ausführungsbestimmungen sind erläutert.

2. Arbeitsrecht

Depène, Hans, Das Arbeitsgerichtsgesetz. Taschenformat. (Guttentagsche Sammlung Deutscher Reichsgesetze Bd. 168.) 2. Auflage erscheint im November 1932 . . . . Geb. ca. RM. 15.—

Arbeitsrechtliche Spruchsammlung. Beiträge zum Deutschen Handwerksblatt. **Pro Quartal** RM. 0.90

Entscheidungen des Reichsarbeitsgerichts. Herausgegeben von den Mitgliedern des Reichsarbeitsgerichts. Oktav.

Band I. 1928. Band II. 1928/29. Band III. 1929. Band IV. 1929/30. Band V und VI. 1930. Band VII. 1931. Band VIII. 1931.

Je RM. 6.50, geb. RM. 8.—

Günther, Adolf, und **Schneider,** Richard, **Arbeiterschutz und Arbeitsrecht.** Zweite Auflage. Taschenformat.

I. Teil: **Arbeitszeitschutz.** Das Arbeitszeitnotgesetz und die übrige arbeitszeitrechtliche Gesetzgebung des Reichs seit dem 9. November 1918. 386 Seiten. 1927 . . . . Geb. RM. 6.75

„. . . Das Buch ist ein zuverlässiger Führer durch das weite und unübersichtliche Gebiet der arbeitszeitrechtlichen Gesetzgebung."
Württemberg. Ztschr. f. Rechtspflege, April 1928.

II. Teil: **Gesetz über die Beschäftigung Schwerbeschädigter** nebst den einschlägigen gesetzlichen Bestimmungen. 404 Seiten. 1928. (Guttentagsche Sammlung Deutscher Reichsgesetze Bd. 138a/138c.) . . Geb. RM. 7.20

„Das Buch stellt nicht nur beim Studium des Gesetzes ein wertvolles Hilfsmittel dar, sondern ist auch für den Handgebrauch des Arbeitsrechtspraktikers unentbehrlich." *Berliner Wohlfahrtsblatt v. 9. XII. 1928.*

IV. Teil: **Betriebsstillegungsverordnung.** 240 Seiten. 1929. (Guttentagsche Sammlung Deutscher Reichsgesetze Bd. 138d.) . . . . Geb. RM. 5.85

„Die Guttentagsche Sammlung ist durch das Buch um ein neues zuverlässiges Hilfsmittel für die Gesetzanwendung bereichert." *Reichsarbeitsblatt Nr. 30, 1929.*

Rohlfing, Theodor, **Arbeitsrechtliche Vorschriften.** (Siehe „Die vierte Notverordnung" Seite 13.)

Warneyer, Otto, **Betriebsrätegesetz** vom 4. Februar 1920 nebst der Wahlordnung zum Betriebsrätegesetz, dem Aufsichtsratsgesetz samt Wahlordnung und den Ausführungsverordnungen des Reichs und der Länder. Auf der Grundlage der Güntherschen Textausgabe mit Anmerkungen erläutert unter besonderer Berücksichtigung der Rechtsprechung des Reichsgerichts und des Reichsarbeitsgerichts. Zweite Auflage. Taschenformat. 235 Seiten. 1931. (Guttentagsche Sammlung Deutscher Reichsgesetze Bd. 138b.) . . . . Geb. RM. 4.50

Diese Handausgabe ist ihrer Anlage nach ein verkürzter Kommentar, der die Entwicklung des Gesetzes, der Rechtsprechung — vor allem des Reichsarbeitsgerichts! — und der einschlägigen Literatur bis Ende 1930 berücksichtigt. Die übersichtliche Anordnung sowie die Prägnanz und Leichtigkeit der Sprache ermöglichen allen Interessenten bequemste Auswertung.

v. Ungern-Sternberg, Die Auflösung und Fusion von Berufsvereinen und ihre arbeitsrechtliche Bedeutung. Oktav. IV, 52 Seiten. 1931. RM. 3.50

Für laufende Tarifverträge ebenso wie für Schlichtungsverfahren haben Auflösung und Fusion von Gewerkschaften bzw. Arbeitgeberverbänden erhebliche Bedeutung. Deshalb lohnt eine zusammenfassende Durchforschung und Darstellung der Materie wohl. An Hand von Literatur und Rechtsprechung werden alle Zweifelsfragen hier geklärt. Die Schrift bringt den Beteiligten wertvolle Unterlagen für die Praxis.

Tilly, Dr. Helmuth Tczerclas von, **Internationales Arbeitsrecht.** Unter besonderer Berücksichtigung der Internationalen Arbeitsorganisation. 120 Seiten. 1924. (Sammlung Göschen Bd. 882.) . . . . Geb. RM. 1.62

Es ist das erste Werk, das in klarer, kurzer und allen leicht verständlicher Weise das gesamte grundlegende Tatsachenmaterial — und zwar nur dieses — auf dem umfassenden Gebiete des internationalen Arbeiterschutzes von dessen ersten Anfängen bis in die neueste Zeit bietet.

3. Gewerberecht

Hiller, Fr., und Luppe, H., Gewerbeordnung für das Deutsche Reich nebst Kinderschutzgesetz und Hausarbeitsgesetz sowie den für das Reich und Preußen erlassenen Ausführungsbestimmungen. Einundzwanzigste, veränderte Auflage. (143. bis 148. Tausend.) Taschenformat. 931 Seiten. 1928. Mit Nachtrag vom 11. 2. 1929. (Guttentagsche Sammlung Deutscher Reichsgesetze Bd. 6.) . . . . Geb. RM. 9.90

„Man kann von dem Werke nur sagen, daß es in mustergültiger Weise wie bisher seinen Zweck erfüllt, ein kurzes knappes Buch „für die Praxis von unschätzbarem Werte zu sein...“ Juristische Rundschau Nr. 20, v. 5. X. 1928.

Gewerbeordnung für das Deutsche Reich nebst Gaststättengesetz, Kinderschutzgesetz und Hausarbeitsgesetz. Textausgabe mit Einleitung und Sachregister. Taschenformat. IV, 200 Seiten. 1932. (Guttentagsche Sammlung von Textausgaben ohne Anmerkungen mit Sachregister.) . . . . Geb. RM. 3.—

Wie alle in der Guttentagschen Sammlung von Textausgaben erschienenen Texte, ist auch die Gewerbeordnung nebst Gaststättengesetz, Kinderschutzgesetz und Hausarbeitsgesetz absolut zuverlässig und nach neuestem Stande wiedergegeben. Ein ausführliches Sachregister erschließt den Zugang zu den einzelnen Bestimmungen. Die Ausgabe soll der Praxis dienen, vor allem aber auch dem Studierenden ein Begleiter für die einschlägigen Vorlesungen sein und die Einarbeitung in das wichtige Gesetz erleichtern.

Brassert, H., Allgemeines Berggesetz für die preußischen Staaten mit Kommentar. Zweite Auflage, bearbeitet von Hans Gottschalk. Groß-Oktav. XXIX, 1291 Seiten. 1914. . . . . RM. 27.—, geb. RM. 30.—

Sonnenfeld, Hugo, Die reichsrechtlichen Bestimmungen, betreffend den Handel mit Drogen und Giften. Dritte, veränderte Auflage. Taschenformat. 435 Seiten. 1926. (Guttentagsche Sammlung Deutscher Reichsgesetze Bd. 64.) . . . . Geb. RM. 10.80

„Die Arbeit gehört einem Spezialgebiet an, mit dem nicht jeder Jurist zu tun hat. Wird er einmal genötigt, sich auf dieses Gebiet zu begeben, so ist er um so dankbarer für eine Arbeit, die sofort den Eindruck größter Sachkunde und vollständiger Materialsammlung macht, und deren Führung man sich unbedenklich anvertrauen kann.“ Vossische Zeitung.

Friedrichs, Karl, Gaststättengesetz vom 28. April 1930 mit den Durchführungs- und Ausführungsverordnungen des Reichs und Preußens. Taschenformat. VIII, 144 Seiten. 1930. (Guttentagsche Sammlung Deutscher Reichsgesetze Bd. 176.) . . . . Geb. RM. 3.15

Das Gaststättengesetz in seiner neuen Fassung mit ausführlichen Erläuterungen. Der Verfasser hat zur vollständigen und zuverlässigen Erläuterung alles herangezogen, was aus der bisherigen Rechtsprechung und den einschlägigen Reichstagsdrucksachen verwertbar ist; die Durch- und Ausführungsverordnungen für das Reich und Preußen sind wörtlich abgedruckt and, soweit notwendig, erläutert.

Lebbin, Georg, Nahrungsmittelgesetze mit Erläuterungen. Zweite, stark vermehrte Auflage in zwei Bänden.

I. Band: Das Lebensmittelgesetz vom 5. Juli 1927 mit Nebengesetzen (Margarine, Fleisch, Milch, Süßstoff, Essigsäure usw.). Erläutert von G. Lebbin und R. Gießner. Taschenformat. XVI, 419 Seiten. 1928. Geb. RM. 7.65

II. Band: Getränkegesetze und Getränkesteuergesetze (Wein, Bier, Branntwein, Mineralwasser). Unter Mitarbeit von Rechtsanwalt Dr. Kniebe. Taschenformat. XII, 400 Seiten. 1926. (Guttentagsche Sammlung Deutscher Reichsgesetze Bd. 54a u. b.) . . . . Geb. RM. 9.—

Das Werk ist für die ganze Fachwelt der Getränkeindustrie unentbehrlich, muß doch jedermann mit den einschlägigen Gesetzesbestimmungen sich soweit wie irgend möglich vertraut machen, wenn er nicht in Nachteile geraten will.

Voß, Werner, Die reichs- und landesrechtlichen Bestimmungen auf dem Gebiete des Gesundheitswesens. Taschenformat 608 Seiten. 1929. (Guttentagsche Sammlung Deutscher Reichsgesetze Bd. 172.) . . . Geb. RM. 9.90

„Das Buch wird seiner Aufgabe, fast den gesamten Gesetzesstoff in einem einzigen kleinen Bande in die Hand zu geben, gewiß gerecht und wird sich schnell als unentbehrliches Hilfsmittel für jeden erweisen, der öfter mit dem Gesundheitswesen zu tun hat." Reichsverwaltungsblatt Nr. 23, v. 8. VI. 1929.

4. Geistig-gewerblicher Rechtsschutz

Elster, Alexander, Urheber- und Erfinder-, Warenzeichen- und Wettbewerbsrecht. (Gewerblicher Rechtsschutz.) Zweite, stark erweiterte und völlig umgearbeitete Auflage. Mit Abdruck der Gesetzestexte. Oktav. XII, 611 Seiten 1928. Mit Nachtrag 1931. (Lehrbücher und Grundrisse der Rechtswissenschaft Bd. VIII.) . . . . RM. 16.20 geb. RM. 17.50

„Seit Kohler und Osterrieth endlich wieder das langentbehrte Lehrbuch. Hier unternimmt ein wahrhaft selbständiger und ideenreicher Kopf den Versuch, eine wirkliche Synthese zu schaffen." Juristische Rundschau Nr. 1, v. 1. 1. 1929.

Neuberg, J., Der internationale gewerbliche Rechtsschutz. 2. Auflage. 128 Seiten. 1923. (Sammlung Göschen Bd. 271.) . . . . Geb. RM. 1.62

Daude, Paul, Die Reichsgesetze über das Urheberrecht an Werken der Literatur und der Tonkunst und das Verlagsrecht vom 19. Juni 1901 in der Fassung des Gesetzes vom 22. Mai 1910 zur Ausführung der revidierten Berner Übereinkunft. Oktav. VIII, 293 Seiten. 1910. . . RM. 6.—

Lindemann, O., Gesetz, betr. das Urheberrecht an Werken der Literatur und der Tonkunst. Vierte Auflage. Taschenformat. 171 Seiten. 1921. (Guttentagsche Sammlung Deutscher Reichsgesetze Bd. 60.) . Geb. RM. 1.60

Fuld, Ludwig, Gesetz, betr. das Urheberrecht an Werken der bildenden Künste und der Photographie. Zweite Auflage. Taschenformat. 192 Seiten. 1925. (Guttentagsche Sammlung Deutscher Reichsgesetze Bd. 81.) Geb. RM. 5.40

Reininger, G., Der Schutz des Urheberrechts im deutschen Rundfunk. Oktav. 88 Seiten. 1929 . . . . RM. 4.—

„Eine interessante, zeitgemäße, namentlich auch für geistige Neuschöpfer wichtige Studie." Badische Rechtspraxis Nr. 3, 1929.

Andritzky, Christoph, Die Rechtsstellung des Drehbuchautors. Oktav. XI, 80 Seiten. 1931 . . . . RM. 3.50

Andritzky äußert sich zu den Streitfragen um die Urheberschaft am Film. Er trennt scharf zwischen künstlerischer Leistung and künstlerisch-urheberischer Schöpfung und kommt zu der These: Der Filmurheber ist der Urheber des kurbelfertigen Drehbuches. — Die Verhältnisse beim Tonfilm sind, soweit dies möglich erschien, berücksichtigt.

Giesecke, Hans, Die juristischen Probleme des Bildfunks. Oktav. 90 Seiten. 1932 . . . . RM. 3.60

Die interessanten urheberrechtlichen Fragen, die mit der neuen technischen Errungenschaft eines „Bildfunks" zusammenhängen und teilweise schon jetzt, insbesondere aber für die Zukunft sehr aktuell sind, werden in dieser Arbeit nach allen Seiten hin sorgfältig untersucht. Geschichte und Technik des Bildfunks sind einleitend berücksichtigt. Die urheberrechtlichen Darlegungen beruhen auf Kenntnis der Tatsachen und des Schrifttums.

Heinitz, Ernst, und Marwitz, Bruno, Das Reichsgesetz über das Verlagsrecht. Textausgabe mit Einleitung, Anmerkungen und Sachregister. Dritte Auflage. Taschenformat. 136 Seiten. 1922. (Guttentagsche Sammlung Deutscher Reichsgesetze Bd. 61.) . . . . Geb. RM. 1.45

Elster, A., Das deutsche Urheber- und Verlagsrecht. 128 Seiten. 1923. (Sammlung Göschen Bd. 863.) . . . . Geb. RM. 1.62

„Erstaunlich ist, wie Elster diese beiden so viel umstrittenen Gesetze auf so engem Raum in vortrefflicher Weise zur Darstellung gebracht hat."
Deutscher Journalistenspiegel Nr. 17, v. 5. VI. 1927.

Heymann, E., Die zeitliche Begrenzung des Urheberrechts. Oktav. 74 Seiten. 1927. (Sitzungsberichte der Preußischen Akademie der Wissenschaften zu Berlin.) . . . . RM. 5.—

Pietzcker, Eduard, Patentgesetz und Gebrauchsmusterschutzgesetz. Kommentar unter Berücksichtigung der vorgeschlagenen und weiter beantragten Abänderungen des Patentgesetzes. Erster Halbband: §§ 1—12 PatG. Groß-Oktav. 427 Seiten. 1929. (Gewerbe- und Industrie-Kommentar Bd. V, 1.) RM. 26.—, geb. RM. 28.—

„Die überall zutage tretende geistige Leistung macht Pietzckers Kommentar für jeden, der sich mit diesem Rechtsgebiet zu beschäftigen hat, zum unentbehrlichen Rüstzeug." *Markenschutz und Wettbewerb Nr. 4, April 1929.*

Seligsohn, Arnold, Patentgesetz und Gesetz, betr. den Schutz von Gebrauchsmustern. Siebente Auflage. Groß-Oktav. VIII, 622 Seiten. 1932. RM. 22.50, geb. RM. 24.30

Der Patentkommentar von Seligsohn ist seit seiner ersten Auflage als ein führendes Werk dieses schwierigen und wichtigen Rechtsgebietes bekannt. Die Neubearbeitung wertet die sehr umfangreiche Literatur der letzten zehn Jahre und die Rechtsprechung in vollem Umfange aus und berücksichtigt eingehend die heutige Praxis des Reichspatentamtes. Die sehr erheblichen Änderungen und viele neue grundlegende Ausführungen sind in gleicher Weise für den Patentanwalt, den Juristen und für die Industrie und ihre Berater bedeutsam.

Lutter, R., Patentgesetz. Nebst Ausführungsbestimmungen, völkerrechtlichen Verträgen und Patentanwaltsgesetz, unter eingehender Berücksichtigung der Rechtsprechung des Reichsgerichts und der Praxis des Reichspatentamts. Neunte Auflage. Taschenformat. XV, 467 Seiten. 1928. (Guttentagsche Sammlung Deutscher Reichsgesetze Bd. 22.) . . . . Geb. RM. 9.—

„Jedem, der eines kurzgefaßten zuverlässigen Kommentars für den Augenblicksgebrauche bedarf, sei diese vorzügliche Taschenausgabe des Patentgesetzes von Lutter dringend empfohlen. Jede neue Ausgabe verbessert das Buch. Es ist nicht leicht, kurz zu kommentieren. Möge dieses Buch, das bei aller Knappheit stets in Fühlung mit der Entwicklung des Rechtsgebiets bleibt, sich seine Kürze erhalten."
Markenschutz und Wettbewerb Nr. 14, November 1928.

Elster, A., Das deutsche Erfinderrecht. (Patent- und Musterschutzrecht.) 118 Seiten. 1924. (Sammlung Göschen Bd. 891.) . . . . . . Geb. RM. 1.62

Seligsohn, Jul., Geheimnis und Erfindungsbesitz. Groß-Oktav. 147 Seiten. 1921 . . . . RM. 3.—

Elster, Alexander, Gesetz gegen den unlauteren Wettbewerb vom 7. Juni 1909. In der Fassung vom 9. März 1932. Kurzer Kommentar für Praxis und Studium. Neunte, durchgearbeitete und wesentlich ergänzte Auflage der erläuterten Textausgabe von Justizrat Dr. Albert Pinner und Dr. Alexander Elster. Taschenformat. 392 Seiten. 1932. (Guttentagsche Sammlung Deutscher Reichsgesetze Bd. 37.) . . . . . Geb. RM. 6.75

„Der Umfang der erläuterten Textausgabe ist wieder sehr gestiegen, so daß sie nun mit Recht die Bezeichnung kurzer Kommentar führt. Obwohl für die Praxis bestimmt und im wesentlichen auf den Ergebnissen der Rechtsprechung fußend, zeigt das Werk — besonders in der Einleitung, aber auch in den einzelnen Ausführungen — die grundsätzliche Einstellung des Verfassers zu der Rechtsnatur des Wettbewerbsrechts. Für das Studium sowie als erstes Nachschlagewerk für die Praxis ist das Werk, auf das noch näher eingegangen werden soll, hervorragend geeignet." *Juristische Wochenschrift Nr. 18, v. 26. VI. 1932.*

Elster, Alexander, Zugaben-Verordnung. (Erster Teil der Verordnung des Reichspräsidenten zum Schutze der Wirtschaft vom 9. März 1932.) Taschenformat. 80 Seiten. 1932. (Guttentagsche Sammlung Deutscher Reichsgesetze Nr. 37a.) . . . . RM. 1.80

„In verblüffend kurzer Zeit nach Erlaß der VO. vom 9. März 1932 ist dieser ausführliche, auf engem Raum zusammengefaßte Kommentar erschienen. Nur ein Schriftsteller, der in Theorie und Praxis die einschlägigen Probleme erkannt hat, vermochte ein so vortreffliches Werk zu verfassen. Daß seine Anschaffung nachdrücklichst zu empfehlen ist, bedarf kaum der Betonung."
Zentralblatt für Handelsrecht Nr. 4, 1932.

Wassermann, Martin, Der unlautere Wettbewerb nach deutschem Recht. I. Generalklausel, Reklameauswüchse, Ausverkaufswesen, Angestelltenbestechung. 160 Seiten. 1911. II. Kreditschädigung, Firmen- und Namenmißbrauch, Verrat von Geheimnissen, Ausländerschutz. 151 Seiten. 1911. (Sammlung Göschen Bd. 339 u. 535.) . . . . Geb. je RM. 1.62

Wolff, F., und Crisolli, K.-A., Das Recht der Reklame. Lexikon-Oktav. 424 Seiten. 1929 . . . . RM. 18.—, geb. RM. 19.80

„. . . Mit großer Umsicht ist ein umfänglicher Stoff gesammelt und in gründlicher Arbeit juristisch durchdrungen und dargestellt. Das Buch ist wohl in erster Reihe für Juristen bestimmt, aber auch für wirtschaftliche Kreise und Reklamefachleute wertvoll und jedenfalls für die Beschäftigung mit diesem Sondergebiet ein zuverlässiges Hilfsmittel."
Flad i. d. „Juristischen Rundschau" Nr. 7, v. 1. IV. 1930.

Hagens, Alfred, Warenzeichenrecht. Kommentar. Groß-Oktav. VIII, 408 Seiten. 1927. (Gewerbe- und Industrie-Kommentar Bd. III.)
RM. 22.—, geb. RM. 24.—

„. . . Eine ausführliche Darstellung, die zeigt, daß der Verfasser das gesamte Fachschrifttum und die reichhaltige Rechtsprechung restlos beherrscht. Ich habe gefunden, daß nicht ein einziger Fall von Bedeutung fehlt."
Markenschutz und Wettbewerb Nr. 12, 1927.

Seligsohn, Arnold, Gesetz zum Schutz der Warenbezeichnungen. Dritte Auflage, bearbeitet in Gemeinschaft mit Martin Seligsohn in Berlin. Groß-Oktav. IV, 416 Seiten. 1925. . . . . . . RM. 15.—, geb. RM. 16.50

Freund, G. S., Magnus, Julius, und Jüngel, Friedrich, Das deutsche Warenzeichenrecht. Sechste, neubearbeitete Auflage. Teil I: Die internationalen Verträge. VI, 247 Seiten. Mit 4 Tafeln. 1924. (Guttentagsche Sammlung Deutscher Reichsgesetze Bd. 87a.) . . . . Geb. RM. 8.10
Teil II. Deutsches Recht. . . . . Im Druck

Born, A., Reichspreßgesetz vom 7. Mai 1874 in der jetzt geltenden Fassung nebst den einschlägigen Bestimmungen der Reichsverfassung, des Reichsstrafgesetzbuchs, der Gewerbeordnung usw. Mit Kommentar und Sachregister. Vierte, veränderte Auflage. Taschenformat. 234 Seiten. 1931. (Guttentagsche Sammlung Deutscher Reichsgesetze Bd. 53.) . . Geb. RM. 5.40

Dieser Band bringt eine sehr reichhaltige Kommentierung des Stoffes, die um so wertvoller ist, als den Entscheidungen der Wortlaut der Urteilsbegründungen beigefügt ist. Die einschlägigen Bestimmungen sind aufgeführt, eingehend besprochen und in Beziehung zueinander gebracht worden. Als Nachschlagewerk in Zweifelsfällen wird die nach dem neuesten Stande (Notverordnungen!) bearbeitete 4. Auflage von großem Nutzen sein.

IV. Zivilprozeß

Fischer, Otto, Lehrbuch des deutschen Zivilprozeß- und Konkursrechts. Groß-Oktav. XII, 488 Seiten. 1918 . . . . RM. 8.—, geb. RM. 10.—

Kisch, Wilh., Deutsches Zivilprozeßrecht.

I. Band. Vierte, verbesserte Auflage. 115 Seiten. 1929. (Sammlung Göschen Bd. 428.) . . . . Geb. RM. 1.62

II. Band. Vierte, verbesserte Auflage. 168 Seiten. 1929. (Sammlung Göschen Bd. 429.) . . . . Geb. RM. 1.62

III. Band. Vierte, verbesserte Auflage. 148 Seiten. 1929 (Sammlung Göschen Bd. 430.) . . . . Geb. RM. 1.62

Diese Auflage wird jedem, der sich auf gemeinverständliche Weise über unser geltendes Zivilgerichtswesen unterrichten will, gute Dienste leisten, und kann namentlich den Studierenden des Rechts als Einführung bestens empfohlen werden.

Sydow, R., Busch, L., und Krantz, W., Zivilprozeßordnung und Gerichtsverfassungsgesetz nebst Anhang, enthaltend Entlastungsgesetze und die Notverordnung vom 1. Dezember 1930. Handkommentar unter besonderer Berücksichtigung der Entscheidungen oberster Gerichte. Begonnen von Dr. R. Sydow. Fortgeführt von Dr. L. Busch, Reichsgerichtsrat i. R., demnächst mit Dr. W. Krantz, Landgerichtsdirektor. Neubearbeitete, zwanzigste Auflage. Zwei Bände. Groß-Oktav. VIII, VIII und 1540 Seiten. 1930. Mit Nachtrag 1932. (de Gruyterſche Sammlung Deutscher Gesetze, Handkommentare.) . . . . Geb. RM. 32.—

Einzeln, Nachtrag, enthaltend die durch den VI. Abschnitt der Dritten Verordnung des Reichspräsidenten vom 6. Oktober 1931 eingetretenen Änderungen und die Fortsetzung der Erläuterungen der ZPO. und des GVG. Groß-Oktav. 94 Seiten. 1932 . . . . RM. 2.25

„Auch innerlich ist der ausgezeichnete Handkommentar von Sydow-Busch-Krantz verändert. Es sind viele veraltete Entscheidungen ausgemerzt und dafür die Erläuterungen durch eingehendere Darlegungen zweckmäßig erweitert worden. An der Grundlage des Buches wurde nichts geändert, die Druckanordnung ist noch übersichtlicher als bisher. So wird das Buch seine alten Freunde behalten und ohne Zweifel viele neue hinzuerwerben."
Leipziger Zeitschrift für deutsches Recht Nr. 20, v. 15. X. 1930.

Rosenberg, L., Zivilprozeßgesetzgebung. Taschenformat. 580 Seiten. 1930. (Lehrausgaben Deutscher Gesetze Bd. II.) Geb. RM. 8.—

„Diese neuartige Ausgabe der ZPO. der ‚Lehrausgaben Deutscher Gesetze' ist ein Beispiel für die besondere Nützlichkeit einer solchen Ausgabe. Die Besonderheiten dieser handlichen und erschöpfenden Ausgabe der Zivilprozeßgesetzgebung bestehen in der sachlichen Ordnung des umfassenden Stoffes, in der Hervorhebung von besonders Wesentlichem durch Sperrdruck und vor allem aber darin, daß den einzelnen Paragraphen in systematischer Weise Oberschriften vorausgeschickt sind, die die hier besonders wichtige Aufgabe erfüllen, den Aufbau des Gesetzes und den Zusammenhang der einzelnen Vorschriften klar erkennen zu lassen."
Juristische Wochenschrift Nr. 47, v. 22. XI. 1930.

Zivilprozeßordnung mit Gerichtsverfassungsgesetz und Einführungsgesetzen in der Fassung der Bekanntmachung vom 13. Mai 1924 mit den bis 1. April 1929 ergangenen Abänderungen. Textausgabe mit Sachregister. Taschenformat. 440 Seiten. 1929. (Guttentagsche Sammlung von Textausgaben ohne Anmerkungen.) . . . . Geb. RM. 3.15

Die handliche Ausgabe enthält den genannten Gesetzestext mit einem das Zurechtfinden sehr erleichternden Sachregister.

Der neue Entwurf einer Zivilprozeßordnung. Veröffentlicht durch das Reichsjustizministerium. Lexikon-Oktav. 561 Seiten mit 2 Paragraphen-Verzeichnissen. 1931 . . . . RM. 10.—, geb. RM. 12.—

Sydow, R., Busch, L., und Krantz, W., Gerichtsverfassungsgesetz mit Einführungsgesetz. Unter besonderer Berücksichtigung der Entscheidungen des Reichsgerichts. Zehnte Auflage. Taschenformat. 347 Seiten. 1925. (Guttentagsche Sammlung Deutscher Reichsgesetze Bd. 14.) Geb. RM. 5.40

„Das Buch bedarf keiner Empfehlung, es empfiehlt sich selbst durch die Fülle dessen, was es bietet. Gesetzgebung und Rechtsprechung sind bis in die neueste Zeit berücksichtigt." Leipziger Zeitschrift für Deutsches Recht Nr. 14, v. 15. VII. 1926.

Rausnitz, Julius, Gebührenordnung für Notare vom 28. Oktober 1922 (GS. 404) nebst den einschlägigen Vorschriften des Preußischen Gerichtskostengesetzes vom 28. Oktober 1922 (GS. 363), beide in der Fassung der Gesetze vom 12. April 1923 (GS. 107), 18. Dezember 1923 (GS. 556) und der Verordnung vom 28. Juni 1924 (GS. 573). Sechste, umgearbeitete Auflage. Oktav. 158 Seiten. 1925. (Guttentagsche Sammlung Preußischer Gesetze Bd. 4.) . . . . Geb. RM. 6.30

Sydow, R., Busch, L., und Krieg, O., Die Deutsche Gebührenordnung für Rechtsanwälte, das Gesetz, betreffend die Erstattung von Rechtsanwaltsgebühren in Armensachen, und die Preußische Landesgebührenordnung mit Erläuterungen. Auf der Grundlage der Sydow-Busch'schen Textausgabe mit Anmerkungen in dreizehnter Auflage unter Mitaufnahme des Gesetzes über die Erstattung in Armensachen neubearbeitet. Taschenformat 496 Seiten. 1929. (Guttentagsche Sammlung Deutscher Reichsgesetze Bd. 17.)
Geb. RM. 8.10

„. . . Die Guttentagschen Handkommentare haben sich auf allen Gebieten einen so guten Namen erworben, daß eine Empfehlung nicht notwendig ist . . ." Juristische Wochenschrift Nr. 45/46, 1929.

Isaac, Martin, Leitfaden für Handelsrichter. Oktav. 132 Seiten. 1932.
RM. 3.60

Der Handelsrichter hat Rechte und Pflichten eines gelehrten Richters, ohne, wie es das Gesetz vorschreibt, geringste juristische Ausbildung. Die sich bei der Tätigkeit ergebenden Schwierigkeiten soll dieses Bändchen klären. Alles, was aus dem Prozeßrecht, vornehmlich aber der Prozeßtechnik von Interesse ist, wird in klarer Briefform dargestellt.

Sydow, R., Busch, L., und Krieg, O., Deutsches Gerichtskostengesetz nebst Gebührenordnung für Gerichtsvollzieher und für Zeugen und Sachverständige in den neuesten Fassungen. Auf der Grundlage der Sydow-Busch'schen Textausgabe mit Anmerkungen neubearbeitet in elfter Auflage. Taschenformat. XI, 433 Seiten. 1928. (Guttentagsche Sammlung Deutscher Reichsgesetze Bd. 15.) . . . . Geb. RM. 6.75

*„Die neue Auflage bietet unter gründlicher Berücksichtigung der gesamten einschlägigen Rechtsprechung eine zeitgemäße, übersichtliche und erschöpfende Erläuterung des Gesetzes. Für den täglichen Gebrauch in der Praxis erscheint diese Textausgabe mit Anmerkungen als unentbehrlich."
Dr. Natter in der „Württembergischen Zeitschrift für Rechtspflege" Nr. 10, Oktober 1928.*

Lindemann, Otto, Preußisches Gerichtskostengesetz (neueste Fassung). Nach dem Tode des früheren Herausgebers P. Siméon erläutert. Achte, völlig umgearbeitete Auflage. Taschenformat. 439 Seiten. 1928. (Guttentagsche Sammlung Preußischer Gesetze Bd. 17.) . . . . Geb. RM. 7.20

„Die achte Auflage dieser bekannten Ausgabe des Preußischen Gerichtskostengesetzes ist entsprechend den bedeutsamen Änderungen der letzten Jahre völlig umgearbeitet. Die gesamte Rechtsprechung wurde eingehend berücksichtigt, so daß hier eine Erläuterung vorliegt, die Zuverlässigkeit und Vollständigkeit in sich verbindet." Mitteilungen des Preußischen Richtervereins v. 15. VI. 1928.

Freiwillige Gerichtsbarkeit

Jastrow, Hermann, und Günther, Hermann, Die Gesetze des Reiches und Preußens über die freiwillige Gerichtsbarkeit. Textausgabe mit Einleitung, Anmerkungen und Sachregister. Siebente, vermehrte Auflage. Taschenformat. 548 Seiten. 1928. (Guttentagsche Sammlung Deutscher Reichsgesetze Bd. 46.) . . . . Geb. RM. 8.10

„Die Anmerkungen sind übersichtlich und bringen in treffender Kürze alles für die Praxis Wesentliche. Der Preis ist für das Gebotene mäßig.“ Ztschr. f. freiwillige Gerichtsbarkeit Nr. 2, 1929.

Die Gesetze des Reiches und Preußens über die freiwillige Gerichtsbarkeit. Textausgabe mit Sachregister. Taschenformat. 168 Seiten. 1930. (Guttentagsche Sammlung von Textausgaben ohne Anmerkungen mit Sachregister.) RM. 2.70

Das Buch enthält in der bekannten Art der Guttentagschen Gesetzesausgaben außer dem „Gesetz über die Angelegenheiten der freiwilligen Gerichtsbarkeit“ alle in dieses Gebiet fallenden sonstigen Gesetze, Ausführungsbestimmungen, Abkommen, Verordnungen usw. in absolut zuverlässigem Abdruck und ein das Zurechtfinden sehr erleichterndes Sachregister.

Szkolny, Felix, und Kober, Leopold, Das Notariatrecht, unter besonderer Berücksichtigung des materiellen Rechts und des Steuer- und Stempelrechts erläutert. Oktav. 236 Seiten. 1926. (Guttentagsche Sammlung Deutscher Reichsgesetze Bd. 163.) . . . . Geb. RM. 7.65

„Die Darlegung des materiellen Rechts, soweit es in der täglichen Anwendung den Notar hauptsächlich beschäftigt. Es wird die Beurkundung einzelner Rechtsgeschäfte und anderer Rechtsvorgänge behandelt. Die Ausführungen verwerten die neueste Lehre und Rechtsprechung eingehend, die Darstellung ist leicht faßlich und klar, einzelne Muster vervollkommnen das anschauliche Bild.“ Zeitschrift des Deutschen Notarvereins Nr. 2, 1926.

Szkolny, Felix, Die Belehrungspflicht des Notars. Oktav. 52 Seiten. 1927. RM. 2.—

„Ein trotz seines geringen Umfanges sehr nützliches Buch, für das wir dem Verfasser Dank wissen müssen.“ Zeitschrift des Deutschen Notarvereins, 1927.

Konkursordnung und Zwangsvollstreckung

Jaeger, Ernst, Kommentar zur Konkursordnung und den Einführungsgesetzen. Mit einem Anhang, enthaltend das Anfechtungsgesetz, die Vergleichsordnung, Auszüge aus den Kostengesetzen, Ausführungsgesetze und Geschäftsordnungen. Sechste und siebente, neubearbeitete Auflage. Groß-Oktav. Der Umfang des Gesamtwerkes umfaßt etwa 100 Bogen. Die Ausgabe erfolgt in Lieferungen.

Erster Band: §§ 1—46. XXVIII, 828 Seiten. 1928—1931. RM. 49.—, geb. RM. 54.—

Zweiter Band: Wird im Laufe des Jahres 1932 abgeschlossen vorliegen. (Der Kauf des ersten Bandes verpflichtet zum Bezug des zweiten Bandes.)

„. . . Kurz gesagt: das Buch ist das unübertreffliche Standardwerk, der Kommentar zur Konkursordnung.“ Deutsche Richterzeitung Nr. 1, v. 15. 1. 1929.

Jaeger, Ernst, Lehrbuch des Konkursrechts. Achte, erweiterte Auflage des Grundrisses zur Vorlesung über Konkursrecht. Groß-Oktav. 253 Seiten. 1932. Geb. RM. 13.50

Eine den heutigen Bedürfnissen entsprechende systematische Darstellung des Konkursrechts.

Sydow, R., Busch, L., und Krieg, O., Konkursordnung, Vergleichsordnung und Anfechtungsgesetz mit Erläuterungen. Auf der Grundlage der Sydow-Busch'schen Textausgabe mit Anmerkungen in sechzehnter Auflage. Taschenformat. V, 870 Seiten. 1932. (Guttentagsche Sammlung Deutscher Reichsgesetze Bd. 13.) . . . . Geb. RM. 10.80

„Die neue Auflage, die eine Berücksichtigung der Rspr. und des Schrifttums bis in die neueste Zeit enthält, erfüllt alle Erwartungen, die an ein Werk der beliebten und verbreiteten Sammlung man zu stellen gewöhnt ist."
Juristische Wochenschrift Nr. 45/46, 1929.

Fischer, K., und Schäfer, L., Die Gesetzgebung, betr. die Zwangsvollstreckung in das unbewegliche Vermögen im Reiche und in Preußen. Bearbeitet von J. Krech und O. Fischer. Zweite Auflage. Lexikon-Oktav. XVI, 728 Seiten. 1910 . . . . RM. 15.—, geb. RM. 18.—

Krech, J., und Fischer, O., Die Gesetzgebung, betr. die Zwangsvollstreckung in das unbewegliche Vermögen im Reiche und in Preußen. Textausgabe mit Einleitung, Anmerkungen und Sachregister. Zehnte Auflage, bearbeitet von O. Fischer. Taschenformat. 266 Seiten. 1929. (Guttentagsche Sammlung Deutscher Reichsgesetze Bd. 43.) . . . . Geb. RM. 4.50

„Die Ausgabe ist zu schneller Unterrichtung, vor allem zum Gebrauch im Termin ein vortreffliches Hilfsmittel. Ihre Anschaffung kann auch außerhalb Preußens nur empfohlen werden." *Archiv für Rechtspflege in Sachsen Nr. 4, 1929.*

Kretzschmar, F., Die Zwangsversteigerung und die Zwangsverwaltung. 110 Seiten. 1911. (Sammlung Göschen Bd. 523.) . . . . . Geb. RM. 1.62

Crisolli, Karl-August, Maßnahmen auf dem Gebiete der Zwangsvollstreckung. (Siehe „Die vierte Notverordnung" Seite 13.)

Hugle, W., Offenbarungseid und Haft im Zivilprozeß. Taschenformat. 1930. (Guttentagsche Sammlung Deutscher Reichsgesetze Bd. 177.) . . RM. 3.60

Dieser Band bietet eine ganz auf die Praxis zugeschnittene Erläuterung der das Offenbarungseidsverfahren betreffenden Paragraphen der ZPO. und gibt in einem allgemeinen Teil zuverlässig Auskunft über die sich aus diesem Gebiete ergebenden Streit- und Zweifelsfragen. Die Rechtsprechung der höheren Gerichte und die Literatur ist berücksichtigt worden.

V. Strafrecht und Strafprozeß

Strafgesetzbuch

Ebermayer, Ludwig, Lobe, Adolf und Rosenberg, Werner, Das Reichsstrafgesetzbuch, Leipziger Kommentar mit besonderer Berücksichtigung der Rechtsprechung des Reichsgerichts. Vierte, vermehrte und verbesserte Auflage. Lexikon-Oktav. X, 1282 Seiten. 1929.
RM. 56.—, in Halbleder geb. RM. 63.—

„. . . Auch die Strafgesetzentwürfe sind sorgfältig herangezogen. Das aus der Feder hervorragender Praktiker stammende bedeutende Werk wird in der neuen Auflage seine führende Stellung in der Praxis behaupten. . ."
Württemberg. Ztsch. f. Rechtspflege Nr. 8, 1929.

Kohlrausch, Eduard, Strafgesetzbuch für das Deutsche Reich mit Nebengesetzen, Anmerkungen und Sachregister. Früher von Dr. Fr. v. Liszt † u. Dr. E. Delaquis. Dreißigste Auflage. Taschenformat. XII, 520, 48 Seiten. 1932. (Guttentagsche Sammlung Deutscher Reichsgesetze Bd. 2.) Geb. RM. 7.20

In der Neuauflage, die nur anderthalb Jahr nach Erscheinen der letzten ausgegeben wurde, sind die Erläuterungen bis in die letzte Zeit ergänzt. Trotz aller Kürze und Prägnanz der Anmerkungen hat sich deren Umfang vergrößert. Die Reichsgerichtsentscheidungen wurden in Hinsicht auf die wachsende Bedeutung der Rechtsprechung für das geltende Strafrecht in erster Linie berücksichtigt. Auf den Entwurf eines neuen Strafgesetzes ist, soweit angängig, hingewiesen. Wie bisher enthält die Ausgabe im Anhang zahlreiche Texte strafrechtlicher Nebengesetze und Verordnungen.

Entwurf eines Allgemeinen Deutschen Strafgesetzbuchs nach den Beschlüssen des Deutschen Reichstagsausschusses und den Deutschen und Österreichischen Strafrechtskonferenzen. Ergänzung zu Kohlrausch, Strafgesetzbuch. 29. Auflage. Zweite Ausgabe. Taschenformat. 162 Seiten. 1930. RM. 1.60

Liszt, Fr. v., Lehrbuch des Deutschen Strafrechts. Sechsundzwanzigste, vollkommen neubearbeitete Auflage (49.—51. Tausend) von Dr. E. Schmidt, Professor der Rechte in Hamburg. Erster Band: Einleitung und Allgemeiner Teil. Oktav. 496 Seiten. 1932 . RM. 11.70, geb. RM. 13.50
Zweiter Band. Erscheint im Herbst 1932.

Die Neuauflage schließt sich mit Hinsicht auf die methodischen Gesichtspunkte an die 25. Auflage von 1927 an. Der ursprüngliche Text mußte also überall dort einer Neufassung weichen, wo Veränderungen der Gesetzgebung und der Rechtsauffassung eine Beibehaltung der alten Textform nicht mehr gestatteten. Nach wie vor wird die gesamte wissenschaftliche Diskussion über Strafrechtsprobleme verarbeitet und die Stellung des Lehrbuches im Streite der Meinungen deutlich gemacht. Die Zerlegung des Werkes in zwei Bände entspricht vielfachen Anregungen aus akademischen Kreisen, besonders auch aus dem Ausland. Dem kriminalpolitischen Grundgedanken, von dem die Lisztsche Strafrechtsauffassung ausgegangen ist, blieb auch die Neuauflage treu. Nach wie vor ist das Ziel einer die Interessen des Staates und der Gesellschaft befriedigenden individualisierenden Verbrecherbehandlung der Leitgedanke für die Lehre von der Strafe und den sichernden Maßnahmen.

Gerland, H. B., Deutsches Reichsstrafrecht. Ein Lehrbuch. Zweite, völlig umgearbeitete Auflage. Oktav. XX, 732 Seiten. 1932. (Lehrbücher und Grundrisse der Rechtswissenschaft Bd. XVI.) . . . . Ca. RM. 15.—

„Durch knappe, geradezu klassische Kürze zeigende Darstellung gelang es Gerland, auf engem Raume eine ungeheure Fülle des Stoffes zu bieten und auf jede Frage Antwort zu geben." Juristische Wochenschrift v. 11. X. 1925.

Gerland, H., Der Entwurf 1925. Allgemeiner Teil. Kritische Bemerkungen. Oktav. 96 Seiten. 1925 . . . . RM. 5.—

„Eine außerordentlich interessante Abhandlung. Die Schrift stellt ein fast unentbehrliches Hilfsmittel für jeden dar, der sich mit den einschlägigen Fragen zu beschäftigen hat." Mitteilungen des Preußischen Richtervereins v. 11. X. 1925.

Aschrott, P. F., u. Kohlrausch, Ed., Reform des Strafrechts. Kritische Besprechung des Amtlichen Entwurfs eines Allgemeinen Deutschen Strafgesetzbuchs. Auf Veranlassung der Deutschen Landesgruppe der Internationalen Kriminalistischen Vereinigung unter Mitwirkung erster Fachgenossen herausgegeben. Gr.-Oktav. V, 415 S. 1926. . . . . RM. 18.—

„Die gestellte Aufgabe ist glänzend gelöst. Kaum ein Punkt ist übersehen worden, der die Kritik herausfordert. — Niemand, der an der endgültigen Gestaltung unseres Strafrechts Anteil nimmt, darf an dieser Sammelkritik achtlos vorübergehen." Geh. Hofrat Prof. Dr. v. Lilienthal in der „Deutschen Juristen-Zeitung" Nr. 1, 1927.

Sammlung außerdeutscher Strafgesetzbücher in deutscher Übersetzung. Herausgegeben von den Schriftleitungen der Zeitschrift für die ges. Strafrechtswissenschaft u. d. Mitteilungen der Internationalen Kriminalistischen Vereinigung. Nr. 1—43. 1881—1914 . . . . Preise auf Anfrage.

Nr. 44:

Japanische Strafgesetze. I. Schwurgerichtsordnung vom 18. April 1923 und strafrechtliche Nebengesetze. Übersetzt von Hyoichiro Kusano, Reichsgerichtsrat in Tokio, Tadao Sugiura, Oberlandesgerichtsrat in Sapporo, und Dr. jur. Fritz Bartelt in Berlin.
II. Strafvollzugsgesetz vom 28. März 1908 nebst Ausführungsverordnung vom 16. Juni 1908. Übersetzt von Dr. jur. Toshita Tokiwa, Gerichtsassessor in Tokio, und Dr. jur. Werner Gentz, Justizrat beim Strafvollzugsamt in Kiel. Groß-Oktav. 55 Seiten. 1927 . . . . . RM. 3.—

Nr. 45:

Die Auslieferungsgesetze Norwegens, Schwedens und Finnlands. Mit einer systematischen Darstellung der Grundzüge des nordischen Auslieferungsrechts im Hinblick auf den Erlaß eines deutschen Auslieferungsgesetzes. Von Dr. jur. Ernst Wolgast, Privatdozent in Königsberg i. Pr. Groß-Oktav. VIII, 487 Seiten. 1928 . . . . RM. 20.—

Nr. 46:

Das Türkische Strafgesetzbuch vom 1. März 1926. Gesetz Nr. 765. (Türkisches Gesetzblatt Nr. 320 vom 13. März 1926.) Das Ausführungsgesetz zum Türkischen Strafgesetzbuch vom 26. April 1926. Deutsche Übersetzung von Dr. K. Ziemke. Groß-Oktav. 138 S. 1927 . . . . . . RM. 5.—

Nr. 47:

Entwurf eines griechischen Strafgesetzbuches. Übersetzt und eingeleitet von Demetrius G. Venturas, Rechtsanwalt in Korfu, Griechenland. Groß-Oktav. 123 Seiten. 1928 . . . . RM. 7.—

Nr. 48:

Italienischer Vorentwurf zu einem neuen Strafgesetzbuch. (Progetto di un nuovo codice penale.) In deutscher Übersetzung von Dr. K. Bunge, Landgerichtsrat in Berlin. Groß-Oktav. XXXII, 244 Seiten. 1928. RM. 10.—

Nr. 49:

Strafgesetzbuch (Ugolownyj Kodex) **der Russischen Sozialistischen Föderativen Sowjet-Republik** (R.S.F.S.R.) vom 22. November 1926, übersetzt von Dr. Wilhelm Gallas, Gerichtsassessor in Berlin. Groß-Oktav. 68 Seiten. 1930 . . . . RM. 4.—

Lindemann, Otto, **Sammlung der wichtigsten preußischen Strafgesetze.** Zweite Auflage. Taschenformat. 372 Seiten. 1912. (Guttentagsche Sammlung Preußischer Gesetze Bd. 34.) . . . . Geb. RM. 3.15

Fraustädter, Werner, **Deutsches Auslieferungsgesetz** vom 23. Dezember 1929 und andere neuere Vorschriften der Rechtshilfe in Strafsachen einschließlich der Auslieferung. Textausgabe mit Einleitung, Erläuterungen und Sachregister. Taschenformat. 143 Seiten. 1930. (Guttentagsche Sammlung Deutscher Reichsgesetze Bd. 86.) . . . . Geb. RM. 3.60

Das Auslieferungsgesetz hat durch die Neufassung vom 23. 12. 1929 eine starke Umgestaltung erfahren, die zur Herausgabe der vorliegenden Neubearbeitung geführt hat. Diese enthält eine ausführliche Erläuterung der neuen Bestimmungen sowie einen Abdruck der wichtigsten Verträge und Vorschriften und ermöglicht einen vollständigen Überblick über den gegenwärtigen Stand des deutschen Auslieferungsrechtes.

Lindemann, Otto, **Polizeiverordnungen in Preußen.** Zweite Auflage. Taschenformat. 189 Seiten. 1912. (Guttentagsche Sammlung Preußischer Gesetze Bd. 36.) . . . . Geb. RM. 2.25

Handwörterbuch der Kriminologie und der anderen strafrechtlichen Hilfswissenschaften. Unter Mitberatung von Justizrat Dr. Drucker, Leipzig, Professor Dr. Graf Gleispach, Wien, Generalstaatsanwalt Dr. Hafner, Karlsruhe, Oberverwaltungsgerichtsrat Dr. Hagemann, Berlin, Reichsgerichtsrat Dr. Hartung, Leipzig, Professor Dr. Kohlrausch, Berlin, Professor Dr. Müller-Heß, Berlin, herausgegeben von Dr. jur. Alexander **Elster** in Berlin und Oberstaatsanwalt Heinrich **Lingemann** in Essen. Lexikon-Oktav. Das „Handwörterbuch der Kriminologie" wird zwei Bände umfassen und erscheint in etwa 12—15 Lieferungen von je 7 Druckbogen zum Preise von je RM. 6.—. Es soll Ende 1933 abgeschlossen vorliegen. Bisher sind vier Lieferungen erschienen. Der Bezug der ersten Lieferung verpflichtet zur Abnahme des ganzen Werkes.

„Zu diesem Handwörterbuch der Kriminologie muß ich nach eingehender Durchsicht bekennen, daß mit der vorliegenden 1. Lieferung zweifellos der Anfang zu einem wohl beispiellosen Handbuch geschaffen ist. Durch die Einzelartikel namhafter Gelehrter, praktischer Kriminalisten und Juristen usw., wird dieses Buch dem Leser die einzelnen Probleme der Kriminalpraxis in ihrem ganzen Umfange vor Augen führen. In klarer Form unter reichster Literaturangabe verspricht die erste Lieferung ein vortreffliches Nachschlagewerk zu werden. Die Beschaffung dieses Buches kann wärmstens empfohlen werden."

Deutsches Polizei-Archiv Nr. 12, v. 25. VI. 1932.

Abhandlungen des Kriminalistischen Instituts an der Universität Berlin. Herausgegeben von Dr. **Franz von Liszt,** o. Professor der Rechte. Sonderverzeichnis kostenlos. Vierte Folge, I. Band.

Heft 1:

Dannenberg, Herbert, **Liberalismus und Strafrecht im 19. Jahrhundert** unter Zugrundelegung der Lehren Karl Georg von Waechters. Oktav. IV, 66 Seiten. 1925 . . . . RM. 3.—

Heft 2:

Tarnowski, Hans, **Die systematische Bedeutung der adäquaten Kausalitätstheorie für den Aufbau des Verbrechensbegriffs.** Oktav. X, 340 Seiten. 1927 . . . . RM. 18.—

Heft 3:

Ehrlich, Lore, **Der Verrat von Betriebsgeheimnissen nach englischem und nordamerikanischem Recht.** Oktav. VIII, 75 Seiten. 1930 . . RM. 4.—

Heft 4:

Kuttner, Stephan, **Die juristische Natur der falschen Beweisaussage.** Ein Beitrag zur Geschichte und Systematik der Eidesdelikte, zugleich zur Frage einer Beschränkung der Strafbarkeit auf erhebliche falsche Aussagen. Oktav. VI, 76 Seiten. 1931 . . . . RM. 6.—

Vierte Folge, II. Band.

Heft 1:

Gallas, Wilhelm, Kriminalpolitik und Strafrechtssystematik unter besonderer Berücksichtigung des sowjetrussischen Rechts. Oktav. VIII, 88 Seiten. 1931 . . . . RM. 5.—

Heft 2:

Goldschmidt, Werner, Das Bewußtsein der Rechtswidrigkeit entwickelt an der Lehre vom Hausfriedensbruch. Oktav XI, 51 Seiten. 1931. RM. 4.—

Heft 3:

Hoefer, Friedrich, Bewährungsfrist vor dem Urteil. Oktav. 90 Seiten. 1931. RM. 4.—

Heindl, Robert, System und Praxis der Daktyloskopie und der sonstigen technischen Methoden der Kriminalpolizei. Dritte, neubearbeitete und vermehrte Auflage. 900 Abbildungen im Text und 21 Bildertafeln. 780 Seiten. Groß-Oktav. 1927 . . . . RM. 36.—, geb. RM. 40.—

„. . . behandelt das ganze Gebiet in erschöpfender Ausführlichkeit, ist glänzend ausgestattet und mit einer überwältigenden Fülle von Abbildungsmaterial versehen. Heindls Darstellung der Daktyloskopie hat sich schon früher den Ruf des klassischen Lehrbuchs des Faches erworben und bedarf einer Empfehlung wohl nicht mehr. . .“ Juristische Wochenschrift Nr. 36, 1928.

Kleine kriminalistische Bücherei.

Band 1:

Schneickert, Hans, Die strafrechtlichen Aufgaben der Polizei. Für den Polizeiunterricht und Polizeipraxis. Taschenformat. 182 Seiten. 1921. RM. 2.—

Band 2:

Philipp, Lothar, Beobachtungs- und Ermittlungspraxis im Polizei- und Detektivdienst. Taschenformat. 180 Seiten. 1923 . . . . . RM. 2.—

Band 3:

Manteuffel, H. v., Falschspieler, Formen und Technik des Spielbetruges, nebst einem Anhange: Der Spielprofessor und sein angeblich sicheres System beim Spiele gegen eine öffentliche Roulettebank. Taschenformat. 90 Seiten. 1923 . . . . RM. 2.—

Band 4:

Schneickert, Hans, Kriminalistische Spurensicherung. Sammlung dienstlicher Anweisungen und sachverständiger Ratschläge für den Dienstgebrauch und für Polizeischulen. Zweite, vermehrte und verbesserte Auflage. Taschenformat. 96 Seiten. Mit 2 Abbildungen. 1925 . . . . Geb. RM. 3.—

„Alle Einzelheiten werden hervorgehoben und als möglicherweise wichtige Beweismomente in einem vielarmigen System zusammengefaßt. In der Durchführung seiner Aufgabe hat der Verfasser tatsächlich alles berücksichtigt, was für das Beweisverfahren von Bedeutung ist und sein könnte.“ Archiv für Kriminologie Nr. 4, 1926.

Band 5:

Rehfeld, P., Gerichtsärztliche Tatbestandsfeststellungen im Dienste der Polizei. Ein Leitfaden für Polizei- und Kriminalbeamte. Taschenformat. 133 Seiten. 1927 . . . . Geb. RM. 3.50

„Die Bearbeitung gibt eine geschlossene, einheitliche Behandlung des Stoffgebietes durch einen Arzt, wie sie anderweitig in der kriminalistischen Literatur nicht vorhanden ist.“ Deutsches Polizeiarchiv Nr. 8, 1927.

Gallas, Wilhelm, Schutz des inneren Friedens. (Siehe „Die vierte Notverordnung“ Seite 13.)

Strafprozeßordnung

Kohlrausch, Eduard, Strafprozeßordnung und Gerichtsverfassungsgesetz. Textausgabe mit Einleitung, Anmerkungen und Nebengesetzen. In Verbindung mit Dr. Hermann Mannheim, Landgerichtsrat und Professor in Berlin, bearbeitet von Dr. Eduard Kohlrausch, Professor der Rechte in Berlin. Zweiundzwanzigste Auflage (101. bis 104. Tausend). Taschenformat. XI, 510 Seiten. 1930. (Guttentagsche Sammlung Deutscher Reichsgesetze Bd. 12.) . . . . RM. 6.75

„Diese allgemein bekannte und verbreitete Textausgabe mit Anmerkungen hat nunmehr eine Auflageziffer von 100000 Exemplaren überschritten, sicherlich doch wohl der beste Beweis für die Beliebtheit, Wertschätzung und Anerkennung, deren sie sich in weitesten Kreisen erfreut. Die schon oft anerkannten Vorzüge dieser Erläuterungsausgabe lassen sie für jeden Juristen, mag er in der Praxis stehen oder sich erst noch im Studium oder in der Ausbildung befinden, von gleich großem Wert erscheinen.“ Mitteilungen d. Preuß. Richtervereins Nr. 6, v. 20. VI. 1930.

Feisenberger, Albert, Strafprozeßordnung und Gerichtsverfassungsgesetz. Handkommentar. Groß-Oktav. IX, 517 Seiten. 1926. Mit Nachtrag. 1927. (de Gruyter'sche Sammlung Deutscher Gesetze. Handkommentare.) Geb. RM. 15.30

„Eine glänzende Arbeit, die bald in der Hand jedes Strafrichters und Rechtsanwalts sein wird. Geradezu vorbildlich ist der Handkommentar für den Umfang der Heranziehung der Rechtsprechung. Alles Wesentliche ist berücksichtigt.“ Danziger Juristische Monatsschrift Nr. 6, v. 25. VI. 1926.

Beling, E., Deutsches Reichsstrafprozeßrecht mit Einschluß des Strafgerichtsverfassungsrechts. Oktav. XIV, 568 Seiten. 1928. (Lehrbücher und Grundrisse der Rechtswissenschaft Bd. XVII.) . RM. 13.50, geb. RM. 14.80

„... Der Doppelzweck, den B. verfolgte, ist in hervorragender Weise erfüllt. Es liegt vor uns ein nicht nur für den jungen Juristen wertvolles Lernbuch, sondern auch für den Praktiker ein gehaltvolles Lehrbuch, das mit seinen scharfsinnigen Erörterungen das Verständnis des Prozeßrechts vertieft und neue Anregungen in Fülle gibt.“ Leipziger Zeitschrift für deutsches Recht Nr. 24, v. 15. XII. 1928.

Rosenfeld, E. H., Deutsches Strafprozeßrecht. 2 Bände. 128 und 148 Seiten. 1926. (Sammlung Göschen Bd. 938/939.) . . . . . Geb. je RM. 1.62

„Eine wissenschaftlich hochstehende, auf einem knappen Raum zusammengedrängte, klar und originell geschriebene Einführung in den deutschen Strafprozeß.“ Schweizer. Zeitschrift für Strafrecht Nr. 3/4, 1926.

Löwe, F., und Rosenberg, Werner, Die Strafprozeßordnung für das Deutsche Reich vom 22. März 1924 nebst dem Gerichtsverfassungsgesetz. Kommentar. Achtzehnte, neubearbeitete Auflage. Lexikon-Oktav. 1332 Seiten. 1929. RM. 44.—, in Halbleder geb. RM. 50.—

„Der Löwe-Rosenberg ist der einzige große Kommentar zur StrPO. und die letzte Zuflucht des Strafjuristen, wenn andere Hilfsmittel ihn im Stich lassen.“ Deutsche Juristen-Zeitung Nr. 21, 1929.

Feisenberger, Albert, Strafprozeßordnung und Gerichtsverfassungsgesetz, in alter und neuer Fassung synoptisch gegenübergestellt. Mit ausführlichem Sachregister. Taschenformat. 265 Seiten. 1924. Mit Nachtrag. 1927. (Guttentagsche Sammlung Deutscher Reichsgesetze Bd. 158.) Geb. RM. 4.05

Aschrott, P. F., Die Reform des Strafprozesses. Kritische Besprechungen der von der Kommission für die Reform des Strafprozesses gemachten Vorschläge. Auf Veranlassung der Internationalen Kriminalistischen Vereinigung, Gruppe Deutsches Reich. Groß-Oktav. XII, 120 und 784 Seiten. 1906 . . . . RM. 12.—

Beiträge zur Reform des Strafprozesses. Herausgegeben von Dr. Franz **Adickes**, Dr. **P. F. Aschrott**, Dr. **K. von Lilienthal**, Dr. **Fr. von Liszt**. 2 Bände. Groß-Oktav.

I. Band, Heft 1—6. 1908 . . . . RM. 9.70

II. Band, Heft 1—5. 1909 . . . . RM. 15.10

Boehringer, Margrit, Die Eidesreform im Strafprozeß und Strafrecht. Oktav. 203 Seiten. 1931 . . . . RM. 10.—

In der vorliegenden Arbeit wird versucht, einen möglichst vollständigen Überblick über die Grundfragen und die komplizierten Einzelfragen der Reform des Strafprozesses im Beeidigungsverfahren und dem damit unmittelbar zusammenhängenden Teil der Eidesreform im Strafrecht zu geben.

Hierbei wurde ein wesentlicher Bestandteil der Aufgabe in der Systematisierung dieser meist so unübersichtlich und durcheinanderlaufend behandelten Probleme gesehen und weiter versucht, durch möglichst vollständige Literaturangabe und Behandlung ein sachliches Urteil zu ermöglichen.

Frede, L., u. Grünhut, M., Reform des Strafvollzuges. Kritische Beiträge zu dem Amtlichen Entwurf eines Strafvollzugsgesetzes. Oktav. VII, 264 Seiten. 1927 . . . . RM. 10.—

Die in dem vorliegenden Buch zusammengefaßten Beiträge üben nicht nur eine Einzelkritik an den Bestimmungen des Entwurfs, sondern dienen zugleich unter dem Gesichtspunkt der gegenwärtigen gesetzgeberischen Aufgabe der wissenschaftlichen Grundlegung des ganzen Strafvollzugsproblems.

VI. Öffentliches Recht

1. Staats- und Völkerrecht

Fischbach, O. G., Allgemeine Staatslehre. Zweite Auflage. 136 Seiten. 1928. (Sammlung Göschen Bd. 358.) . . . . Geb. RM. 1.62

„Das Buch darf einer breiten Öffentlichkeit als ausgezeichnete Einführung, den Fachgenossen aber, jung und alt, als Musterbeispiel wissenschaftlichen Bemühens um die denkbar beste Leistung anempfohlen werden, wie man ihm heute nicht allzuhäufig mehr begegnet.“ Reichsverwaltungsblatt v. 9. 11. 1929.

Fischbach, O. G., Allgemeines Staatsrecht.

I. Teil. 139 Seiten. 1923. (Sammlung Göschen Bd. 415.) Geb. RM. 1.62

II. Teil. 151 Seiten. 1923. (Sammlung Göschen Bd. 416.) Geb. RM. 1.62

Diese Bearbeitung bringt nicht bloß einen leicht faßlichen gemeinverständlichen Überblick über alle Zweige des Staatsrechtes, sondern auch in den einzelnen Partien viele gründliche wissenschaftliche Erörterungen der einschlagenden Probleme und kritischen Beleuchtung der verschiedenen Rechtsansichten.

Stier-Somlo, Fritz, Deutsches Reichs- und Landesstaatsrecht I. Oktav. XVI, 726 Seiten. 1924. (Lehrbücher und Grundrisse der Rechtswissenschaft Bd. XVIII.) . . . . RM. 14.80, geb. RM. 16.20

„. . . Von den zurzeit vorhandenen größeren Lehrbüchern des Reichsstaatsrechts das geeignetste.“ Juristische Wochenschrift Nr. 19, v. 2. X. 1926.

Stier-Somlo, Fritz, Reichsstaatsrecht. I. Grundbegriffe des Staatsrechts. Verfassungsgeschichte vom Ende des 18. Jahrhunderts bis zur Reichsverfassung vom 11. August 1919. 108 Seiten. 1927. (Sammlung Göschen Bd. 967.) Geb. RM. 1.62

II. Das geltende Reichsstaatsrecht. 114 Seiten. 1927. (Sammlung Göschen Bd. 968.) . . . . Geb. RM. 1.62

Stier-Somlo, Fritz, Preußisches Staatsrecht. Zweite Auflage. 136 Seiten. 1927. (Sammlung Göschen Bd. 298.) . . . . Geb. RM. 1.62

Die Verfassung des Deutschen Reichs vom 11. August 1919 **mit den wichtigsten Nebengesetzen.** Textausgabe mit Einleitung und Sachregister. Dritte Auflage. Taschenformat. 104 Seiten. 1931. (Guttentagsche Sammlung von Textausgaben ohne Anmerkungen mit Sachregister.) . . RM. 0.90

Die handliche Ausgabe enthält den genauen Gesetzestext mit einem das Zurechtfinden sehr erleichternden Sachregister. Soweit der Text nach der Veröffentlichung vom 14. August 1919 Änderungen oder Ergänzungen erfahren hat, ist dies berücksichtigt worden. Die Ausgabe entspricht dem letzten Stand. Anschließend an den Text der Reichsverfassung sind einige besonders wichtige Nebengesetze abgedruckt.

Bühler, Ottmar, Staatsrechtliche Gesetze des Reiches und Preußens nebst **Gewerbeordnung und Gaststättengesetz.** Textausgabe mit einführenden Bemerkungen, Paragraphenüberschriften und Sachregister. Taschenformat. XI, 748 Seiten. 1931. (Lehrausgaben Deutscher Gesetze, Bd. 3a.) Geb. RM. 9.—

„... Die sehr reichhaltige Sammlung wird beim akademischen Unterricht ausgezeichnete Dienste leisten."
Leipziger Ztsch. f. Deutsches Recht Nr. 11, v. 1. VI. 1932.

Arndt, Adolf, Die Verfassung des Deutschen Reiches. Dritte Auflage. Taschenformat. 1927. (Guttentagsche Sammlung Deutscher Reichsgesetze Bd. 137.) . . . . RM. 7.20

Für alle, die sich auf dem schwierigen Gebiet der Reichsverfassung orientieren wollen, liegt hier ein vorzügliches Nachschlagewerk von gediegener Wissenschaftlichkeit vor.

Stier-Somlo, Fritz, Kommentar zur Verfassung des Freistaates Preußen. Groß-Oktav. 319 Seiten. 1921 . . . . Geb. RM. 3.—

Arndt, Adolf, Die Verfassung des Freistaats Preußen vom 30. November 1920. Mit Einleitung, vollständigem Kommentar, Landeswahlgesetz und Sachregister. Taschenformat. 158 Seiten. 1921. (Guttentagsche Sammlung Preußischer Gesetze Bd. 1.) . . . . Geb. RM. 1.80

Die Einleitung ist eine vortreffliche staatsrechtliche Abhandlung, die unter Berücksichtigung und Verwertung der einschlägigen Literatur in die Entstehungsgeschichte und in die Bedeutung der Verfassungsurkunde einführt. Der Kommentar wird denjenigen, die sich mit den einzelnen Bestimmungen der Verfassung vertraut machen wollen, ein willkommener Ratgeber sein.

Veröffentlichungen der Vereinigung deutscher Staatsrechtslehrer.

Heft 1: Der deutsche Föderalismus. Oktav. 1924 . . . . RM. 5.—

Heft 2: Der Schutz des öffentlichen Rechts. Oktav. 1925 . . RM. 12.—

Heft 3: Die Gleichheit vor dem Gesetz. Der Einfluß des Steuerrechts auf die Begriffsbildung des öffentlichen Rechts. Oktav. 1927 . . RM. 7.—

Heft 4: Das Recht der freien Meinungsäußerung. — Der Begriff des Gesetzes in der Reichsverfassung. Oktav. 1928 . . . . . RM. 10.—

Heft 5: Wesen und Entwicklung der Staatsgerichtsbarkeit. — Überprüfung von Verwaltungsakten durch die ordentlichen Gerichte. Oktav. 1929. RM. 12.—

Heft 6: Bundesstaatliche und gliedstaatliche Rechtsordnung. Verwaltungsrecht der öffentlichen Anstalt. Berichte von Fritz Fleiner, Josef Lukas, Lutz Richter und Arnold Köttgen. Verhandlungen der Tagung der deutschen Staatsrechtslehrer zu Frankfurt a. M. am 25. und 26. April 1929. Mit einem Auszug aus der Aussprache. Oktav. IV, 166 Seiten. 1929.

RM. 9.—

Heft 7: Entwicklung und Reform des Beamtenrechts. — Die Reform des Wahlrechts. Berichte von Hans Gerber, Adolf Merkl, Heinrich Pohl und Gerhard Leibholz. Verhandlungen der Tagung der Deutschen Staatsrechtslehrer zu Halle am 28. und 29. Oktober 1931. Mit einem Auszug aus der Aussprache. Oktav. IV, 212 Seiten. 1932 . . . . RM. 10.80

Sehling, Emil, Kirchenrecht. Zweite Auflage.

I. Teil. Einleitung. Quellen, Verfassung und Verwaltung der katholischen Kirche. Anhang: Die griechisch-orthodoxe Kirche. 119 Seiten. 1922. (Sammlung Göschen Bd. 377.) . . . . Geb. RM. 1.62

II. Teil: Das evangelische Kirchenrecht. Die Stellung des Staates zur Kirche und das Verhältnis der Religionsgesellschaften zueinander. 87 Seiten. 1927. (Sammlung Göschen Bd. 954.) . . . . Geb. RM. 1.62

Edler v. Hoffmann, H., Deutsches Kolonialrecht. 150 Seiten. 1907. (Sammlung Göschen Bd. 318.) . . . . Geb. RM. 1.62

Wörterbuch des Völkerrechts und der Diplomatie. Begonnen von Professor Dr. Julius **Hatschek** †. Fortgesetzt und herausgegeben von Dr. Karl **Strupp**, Professor an der Universität Frankfurt a. M., Associé de l'institut de droit international, membre de l'Académie Diplomatique Internationale. Lexikon-Oktav.

Band I: Aachen—Lynchfall. VI, 860 Seiten. 1924.

RM. 35.—, in Halbleder geb. RM. 40.—

Band II: Maas—Utschiali. 779 Seiten. 1925.

RM. 35.—, in Halbleder geb. RM. 40.—

Band III (Schluß): Vasallenstaaten—Zwangsverschickung. Ferner Anhang: Abessinien—Weltgerichtshof; Sachverzeichnis und Mitarbeiterregister. II, 1316 Seiten. 1929 . . . RM. 62.—, in Halbleder geb. RM. 67.—

„Mit Stolz kann die deutsche Völkerrechtswissenschaft auf dieses Nachschlagewerk schauen. Die neuesten Probleme des Völkerrechts — und deren sind nicht wenige — die bedeutsamsten Rechtsvorgänge und Präjudizien, die Herausbildung ganz neuer Rechtsinstitute und die völkerrechtliche wie diplomatisch-politische Geschichte haben mit bis in die jüngste Zeit reichenden ausführlichen Literaturangaben im Struppschen Wörterbuch ihren Niederschlag gefunden."

Niemeyers Ztsch. f. internat. Recht Band 33, Heft 5—6, 1925.

Anzilotti, D., Lehrbuch des Völkerrechts. Übersetzt und herausgegeben vom Institut für ausländisches öffentliches Recht und Völkerrecht, Berlin. I. Band. Groß-Oktav. 444 Seiten. 1929 . . RM. 17.—, geb. RM. 18.—

Mit der Herausgabe der Übersetzung dieses Lehrbuches des berühmten Völkerrechtlers ist das Institut für ausländisches öffentliches Recht und Völkerrecht einem in Deutschland außerordentlich fühlbaren Bedürfnis entgegengekommen. Das Buch ist nicht schlechthin eine Übersetzung der italienischen Originalausgabe, sondern berücksichtigt auch die gesamte Rechtsprechung und Literatur der letzten Zeit und stellt somit das zurzeit modernste Lehrbuch des Völkerrechts überhaupt dar.

Niemeyer, Theodor, **Völkerrecht**. 168 Seiten. 1925. (Sammlung Göschen Bd. 865.) . . . . Geb. RM. 1.62

Dieses Bändchen gibt in gedrängter Form eine vollständige Übersicht über das Völkerrecht.

Beiträge zum ausländischen öffentlichen Recht und Völkerrecht. Herausgegeben im Auftrage des Instituts für ausländisches öffentliches Recht und Völkerrecht in Berlin in Gemeinschaft mit Friedrich Glum, Ludwig Kaas, Rudolf Smend, Heinrich Triepel von Viktor **Bruns**. Groß-Oktav.

Eine Sammlung einschlägiger wissenschaftlicher Abhandlungen, Materialsammlungen, Übersetzungen besonders wertvoller ausländischer Werke u. a.

Heft 1:
Triepel, H., **Staatsrecht und Politik**. Rede beim Antritt des Rektorats der Friedrich-Wilhelms-Universität zu Berlin am 15. Oktober 1926. 40 Seiten. 1927 . . . . RM. 2.—

Heft 2:
Schmitt, Carl, **Volksentscheid und Volksbegehren**. Ein Beitrag zur Auslegung der Weimarer Verfassung und zur Lehre von der unmittelbaren Demokratie. 54 Seiten. 1927 . . . . RM. 2.60

Heft 3:
Heck, K., **Der Aufbau des britischen Reiches**. (Der Verhandlungsbericht der Reichskonferenz von 1926.) 152 Seiten. 1927 . . . . . . RM. 6.—

Heft 4:
Heller, H., **Die Souveränität**. Ein Beitrag zur Theorie des Staats- und Völkerrechts. 177 Seiten. 1927 . . . . RM. 8.50

Heft 5:
Grentrup, Theodor, **Die Missionsfreiheit** nach den Bestimmungen des geltenden Völkerrechts. 112 Seiten. 1928 . . . . RM. 5.50

Heft 6:
Robinson, Jakob, **Das Minoritätenproblem** und seine Literatur. Kritische Einführung in die Quellen und die Literatur der europäischen Nationalitätenfrage der Nachkriegszeit, unter besonderer Berücksichtigung des völkerrechtlichen Minderheitenschutzes.

Allgemeiner Teil. 265 Seiten. 1928 . . . . RM. 9.—

Heft 7:
Bilfinger, Karl, **Der Reichssparkommissar**. 68 Seiten. 1928 . RM. 3.60

Heft 8:
Bumiller, J. M., **Die völkerrechtliche Stellung der fremden Truppen im Saargebiet**. 156 Seiten. 1928 . . . . RM. 9.—

Heft 9:
Das Recht des Ausnahmezustands im Auslande (Frankreich, Belgien, Niederlande, Italien, England, Irland). 296 Seiten. 1928 . RM. 14.—

Heft 10:
Gerland, B., **Die Beziehungen zwischen dem Parlament und den Gerichten in England**. Eine rechtsvergleichende Studie. 137 Seiten. 1928. RM. 8.—

Heft 11:
Leibholz, Gerhard, **Zu den Problemen des fascistischen Verfassungsrechts.** Akademische Antrittsvorlesung. 112 Seiten. 1928 . . . . RM. 5.—

Heft 12:
Glum, Friedrich, **Der deutsche und der französische Reichswirtschaftsrat.** Ein Beitrag zu dem Problem der Repräsentation der Wirtschaft im Staat. 188 Seiten. 1929 . . . . RM. 9.—

Heft 13:
Leibholz, Gerhard, **Das Wesen der Repräsentation** unter besonderer Berücksichtigung des Repräsentativsystems. Ein Beitrag zur allgemeinen Staats- und Verfassungslehre. Groß-Oktav. 214 Seiten. 1929 . . . RM. 14.—

Heft 14:
Schenk, Graf v. **Stauffenberg**, B., **Die Rechtsstellung der russischen Handelsvertretungen.** Oktav. 95 Seiten. 1930 . . . . RM. 6.—

Heft 15:
Hsü Dau-Lin, Die Verfassungswandlung. Oktav. 182 Seiten. 1932. RM. 5.40

Heft 16:
Menzel, Kurt, **Das deutsche Vorkriegsvermögen in Rußland und der deutsche Entschädigungsvorbehalt.** Eine Übersicht, zugleich über die Entschädigungsbemühungen der anderen Staaten. Oktav. IV, 236 Seiten. 1931. RM. 9.—

Heft 17:
Kaufmann, Erich, **Zur Problematik des Volkswillens.** Oktav. 19 Seiten. 1931 . . . . RM. 1.50

Heft 18:
Braunias, Karl, **Das parlamentarische Wahlrecht.** Ein Handbuch über die Bildung der gesetzgebenden Körperschaften in Europa. I. Band: Das Wahlrecht in den einzelnen Staaten. XVIII, 640 Seiten. 1932. RM. 22.50, geb. RM. 24.30

II. Band: Allgemeiner Teil. 1932. . . . . Im Druck.

Kraus, H., **Internationale Schiedssprechung.** Eine Sammlung der für das Deutsche Reich verbindlichen Verträge und Vertragsbestimmungen, die sich auf internationale Gerichtsbarkeit, Schiedsgerichtsbarkeit, sowie Vergleichsverfahren beziehen, nebst den dazugehörigen deutschen Regierungsdenkschriften. Taschenformat. XXXVI, 348 Seiten. 1929. (Guttentagsche Sammlung Deutscher Reichsgesetze Bd. 174.) . . . Geb. RM. 9.—

„Die vorliegende Dokumentensammlung füllt eine Lücke aus, da es bisher schwer war, alle schiedsrichterlichen Verpflichtungen des Deutschen Reiches auf einmal einzusehen." Friedenswarte, 1929.

Strupp, Karl, **Das Werk von Locarno.** Eine völkerrechtlich-politische Studie. Oktav. 180 Seiten. 1926 . . . . RM. 10.—

Sering, Max, **Deutschland unter dem Dawes-Plan.** Entstehung, Rechtsgrundlagen, wirtschaftliche Wirkungen der Reparationslasten. Oktav. VIII, 237 Seiten. 1928 . . . . RM. 10.—

„Nicht nur dem Juristen und Volkswirtschaftler, sondern auch dem Laien verständlich, gibt das Werk einem jeden wertvollen Einblick in Deutschlands wirtschaftspolitische Abhängigkeit, die sich bis in die kleinsten Betriebe hineinzieht, die jedes einzelne Glied des deutschen Volkes betrifft." Praktische Rundschau v. 25. III. 1929.

2. Verwaltungsrecht

a) Reichsrecht

Bühler, O., Verwaltungsgesetze des Reiches und Preußens. Taschenformat. XI, 682 Seiten. 1930. Mit Nachtrag 1931 . . . . . Geb. RM. 11.— (Lehrausgaben Deutscher Gesetze Bd. III.)

Außer den preußischen Verwaltungsgesetzen bringt der vorliegende Band als erster auch die immer wichtiger werdenden Verwaltungsgesetze des Reichs. Durch Weglassung aller für den Unterricht überflüssigen Gesetze, Weglassung auch unwichtigerer Bestimmungen in den oft sehr weitschweifigen Verwaltungsgesetzen (wobei aber der Inhalt weggelassener Bestimmungen jeweils kurz angedeutet ist) ist es ermöglicht worden, auch hier einen Band erstehen zu lassen, der nicht schon durch seinen Umfang abschreckt.

Fischbach, O. G., Das Reichsbeamtengesetz vom 31. März 1873 in der Fassung der Bekanntmachung vom 18. Mai 1907 mit allen Abänderungen und Ergänzungen. Taschenformat. 311 Seiten. 1930. (Guttentagsche Sammlung Deutscher Reichsgesetze Bd. 82.) . . . . . . Geb. RM. 5.40

Die vorliegende Erläuterung des Beamtengesetzes durch den bekannten Staatsrechtlehrer kommt einem besonderen Bedürfnis der Praxis entgegen, die z. Zt. eine den neuesten Fortschritten der Wissenschaft und Rechtsprechung entsprechende Handausgabe sehr entbehrt. Bemerkenswert ist, daß auch verwandte Gesetze und Verordnungen der einheitlichen Erläuterung unterzogen wurden, so daß dieses Buch für die Praxis ein der Sache wie der Erläuterungsart wichtiges Hilfsmittel darstellt.

Delius, H., Die Beamtenhaftpflichtgesetze des Reiches und der Länder. Vierte, vermehrte und vollkommen neubearbeitete Auflage. Taschenformat. 384 Seiten. 1929. (Guttentagsche Sammlung Deutscher Reichsgesetze Bd. 94.) Geb. RM. 9.—

„Mit der Neubearbeitung der Deliusschen Beamtenhaftpflichtgesetze, welche den neuesten Stand der Rechtsprechung und Gesetzgebung lückenlos wiedergibt, wird einem dringenden Bedürfnis abgeholfen. Das Buch wird überall mit Freuden begrüßt werden und jedem Ratsuchenden ein zuverlässiger Führer sein."
Juristische Wochenschrift Nr. 24/25, v. 15./22. VI. 1929.

Blume, E., und Weirauch, W., Die Eisenbahn-Verkehrsordnung vom 16. Mai 1928 mit Allgemeinen Ausführungsbestimmungen sowie dem Internationalen Übereinkommen über den Eisenbahnfrachtverkehr vom 30. Mai 1925 und dem Internationalen Übereinkommen über den Eisenbahn-Personen- und Gepäckverkehr vom 12. Juni 1925. Textausgabe mit Anmerkungen. Vierte Auflage. Taschenformat. X, 482 Seiten. 1928. (Guttentagsche Sammlung Deutscher Reichsgesetze Bd. 91.) . . . . Geb. RM. 8.10

„Das Werk von „Blume-Weirauch" ist zu bekannt und zu weit verbreitet, als daß noch etwas zu seiner Empfehlung gesagt zu werden brauchte. Schon in seinem Taschenformat bringt es den Zweck zum Ausdruck, auf den es abgestellt ist: dem praktischen Verkehr einen schnellen Überblick über die Zweifel zu ermöglichen, die im einzelnen Falle entstehen können, und durch Anmerkungen von deutlicher Kürze den Anhalt für die Lösung zu geben. Ohne also im wissenschaftlichen Werte irgendwie zurückzustehen, erscheint dies Werk doch seiner ganzen Art nach besonders für den Praktiker, Eisenbahner, Kaufmann usw. bestimmt und geeignet, und diesem wird es auch als Handhabe kaum entbehrlich sein."
Zentralblatt f. Handelsrecht Nr. 3, 1929.

Fischer, D., und Staedler, E., Die deutsche Post- und Telegraphengesetzgebung. Teil I: **Postrecht** (mit Ausschluß des internationalen Rechts). Siebente Auflage. 47*, 586 Seiten. 1929. (Guttentagsche Sammlung Deutscher Reichsgesetze Bd. 7.) . . . . Geb. RM. 13.50

„Die Texte sind mit großer Sorgfalt und mit dem Streben nach einschlägiger Vollständigkeit zusammengestellt. Eine Verbesserung gegenüber den früheren Auflagen bedeutet der der Sammlung neu vorangestellte systematische Abriß des geltenden Postrechts.“ Württembergische Industrie Nr. 33 v. 17. VIII. 1929.

Teil II: **Telegraphen- und Fernsprechrecht** (mit Ausschluß des internationalen Rechts). Taschenformat. 495 Seiten. 1930. (Guttentagsche Sammlung Deutscher Reichsgesetze Bd. 7a.) . . . . RM. 11.70

Wie im ersten Teil, so werden auch hier die Erläuterungen unter die folgenden Gesichtspunkte gestellt: 1. Die wechselseitige juristische und tatsächliche Berührung zwischen den sehr zersplitterten Rechtsquellen. 2. Die rechtsgeschichtlichen Zusammenhänge, die zur kritischen Beurteilung des Gegenstandes unerläßlich sind. 3. Die öffentlich-rechtliche Eigenschaft des gesamten Rechtsstoffes. Rechtsprechung und Literatur sind bis in die letzte Zeit berücksichtigt.

Sebba, Julius, **Seewasserstraßenordnung**. (Polizeiverordnung zur Regelung des Verkehrs auf den deutschen Seewasserstraßen vom 31. März 1927.) Taschenformat. 493 Seiten. 1928. (Guttentagsche Sammlung Deutscher Reichsgesetze Bd. 171.) . . . . Geb. RM. 7.65

Die vorliegende Ausgabe ist für die an dem Gesetz interessierten beiden Fachgruppen, die der Nautiker und der Juristen, von gleich großer Bedeutung. Diese Verbindung zweier Kenntnisgebiete gibt dem vorliegenden Kommentar seine besondere Note und seinen großen Wert.

Busse, Rudolf, **Luftrecht einschließlich Luftverkehrsgesetz und Pariser Luftverkehrsabkommen.** Taschenformat. XVIII, 448 Seiten. 1928. (Guttentagsche Sammlung Deutscher Reichsgesetze Bd. 170.) . . Geb. RM. 9.—

Das vorliegende Buch sucht in einem nationalen und internationalen Teil einen klaren Überblick über das gesamte Luftrecht zu geben; der neueste Stand der Rechtsprechung ist hierbei berücksichtigt. Den erläuterten Gesetzesabkommenstexten ist eine systematische Einführung in das gesamte Luftrecht mit seinen vielseitigen Rechtsdisziplinen vorausgeschickt.

Volkmann, Kurt, **Die Straßenverkehrsordnungen** nebst den einschlägigen Nebenbestimmungen. Taschenformat. 312 Seiten. 1929. (Guttentagsche Sammlung Deutscher Reichsgesetze Bd. 175.) . . . . . Geb. RM. 6.30

„Das übersichtliche Werkchen, das uns eine schnelle Information über auftauchende Rechtsfragen auf diesem besonderen Verkehrsgebiete verschafft, kann Polizeibeamten, Gerichten, Anwälten, Fuhrwerksbesitzern, Kraftfahrern und Radfahren zur Anschaffung empfohlen werden.“ Verkehrsrechtl. Rundschau Nr. 5, 1929.

Holzapfel, W., **Die Siedlungsgesetzgebung** im Reich und in Preußen. 347 Seiten. 1920. (Guttentagsche Sammlung Deutscher Reichsgesetze Bd. 140.) Geb. RM. 2.70

Behrend, Ernst, und **Stranz-Hurwitz**, Helene, **Sammlung von Wohlfahrtsgesetzen** des Deutschen Reichs und Preußens nebst den allgemeinen Wohlfahrtsgesetzen von Sachsen, Thüringen, Hamburg, Mecklenburg-Schwerin und -Strelitz, Oldenburg, Lippe und Lübeck.

Teil I: Taschenformat. 560 Seiten. 1923 . . . . . . Geb. RM. 4.50

Teil II: Nebst Ausführungsgesetzen sämtlicher Länder zum Reichsjugendwohlfahrtsgesetz. Taschenformat. XVI, 551 Seiten. 1925. (Guttentagsche Sammlung Deutscher Reichsgesetze Bd. 152 und 152a.) Geb. RM. 8.10

Teil I und II zus. RM. 10.80

„Die kurzen, alles Wesentliche zusammenfassenden Einleitungen zu den einzelnen Gesetzen sind mit außerordentlicher Sachkunde und Klarheit geschrieben; sie genügen zusammen mit den Literaturangaben völlig für den Praktiker, um die Gesetzestexte richtig handhaben zu können. Das Werk ist für alle in der Wohlfahrtspflege Arbeitenden unentbehrlich und sehr praktisch.“
Nachrichtendienst des Deutschen Vereins für öffentliche Fürsorge, Juli 1925.

Wegner, Arthur, **Jugendrecht.** Ein Lehrbuch zur Einführung. Oktav. IX, 219 Seiten. 1929 . . . . RM. 5.40, geb. RM. 6.75

Drewes, Paul, und **Sandrö,** Emil, **Das Reichsgesetz für Jugendwohlfahrt** vom 9. Juli 1922 und **Jugendgerichtsgesetz** vom 16. Februar 1923 nebst Nebengesetzen. Zweite Auflage. Taschenformat. XVI, 496 Seiten. 1928. (Guttentagsche Sammlung Deutscher Reichsgesetze Bd. 154.)
Geb. RM. 9.90

„Eine für die Praxis vorzüglich geeignete handliche Ausgabe mit reichem Inhalte, die einen Kommentar in der Regel ersetzen kann. Die reichlichen geschichtlichen Darlegungen vermögen ein gründliches Verständnis der vorgelegten Bestimmungen zu vermitteln."
Blätter für öffentliche Fürsorge Nr. 2, v. 15. 1. 1929.

Sandrö, Emil, **Verordnung über die Fürsorgepflicht.** Vom 14. Februar 1924. Mit Einschluß der für die Durchführung dieser Verordnung in Frage kommenden reichs- und landesgesetzlichen Bestimmungen. Taschenformat. 342 Seiten. 1925. (Guttentagsche Sammlung Deutscher Reichsgesetze Bd. 160.)
Geb. RM. 5.40

Szczesny, Viktor, **Das Lichtspielgesetz** vom 12. Mai 1920 mit der Ausführungsverordnung. Einleitung, Gebührenordnung und Sachregister. Taschenformat. 106 Seiten. 1920. (Guttentagsche Sammlung Deutscher Reichsgesetze. Bd. 147.) . . . . Geb. RM. 1.35

Wündisch, Ernst, **Das Gesetz über Schußwaffen und Munition** vom 12. April 1928 (RGBl. I S. 143) nebst der Ausführungsverordnung der Reichsregierung vom 13. Juli 1928 (RGBl. I S. 198) und dem Preußischen Erlaß zur Durchführung des Gesetzes vom 7. September 1928 (MBliV. S. 925). Taschenformat. 139 Seiten. 1928. (Guttentagsche Sammlung Deutscher Reichsgesetze Bd. 173.) . . . . Geb. RM. 4.50

Durch das Gesetz über Schußwaffen und Munition vom 12. April 1928 sind auf diesem für die Öffentlichkeit so wichtigen Gebiet neue Rechtsverhältnisse geschaffen worden, für die die Praxis exakte Erläuterungen wünscht. Eine solche Erläuterung stellt das vorliegende Buch dar, das, von einem auf diesem Gebiet besonders erfahrenen Sachkenner bearbeitet, eine absolut zuverlässige Darstellung der neuen Bestimmungen enthält. Außer dem Gesetzestext sind die für die Praxis wichtigen Ausführungsbestimmungen des Reiches und Preußens abgedruckt. Auf Übersichtlichkeit, Leichtverständlichkeit und Vollständigkeit der Erläuterungen, die die Hauptvorzüge der Guttentagschen Sammlung sind, wurde auch bei diesem Gesetze Wert gelegt.

Fraustädter, W., und **Kreutzberger,** M., **Das deutsche Ausländerrecht.** Die Bestimmungen des Reichsrechts und preußischen Landesrechts. Textausgabe mit Erläuterungen und Sachregister. Taschenformat. 396 Seiten. 1927. (Guttentagsche Sammlung Deutscher Reichsgesetze Bd. 166.) Geb. RM. 8.10

„Eine höchst begrüßenswerte Veranstaltung, aus dem Bedürfnis der Praxis hervorgegangen und mit vollendetem Sachverständnis unternommen. Sowohl die Vollständigkeit der mannigfach verstreuten gesetzlichen Bestimmungen als deren Anordnung, Registrierung und Erläuterung durch Ausführungsbestimmungen, Gerichtsentscheidungen, Verwaltungspraxis ist vortrefflich."
Niemeyers Zeitschrift für internationales Recht, Bd. 37, 1927.

Voß, Werner, **Die reichs- und landesrechtlichen Bestimmungen auf dem Gebiete des Gesundheitswesens.** Zusammengestellt und mit Anmerkungen versehen. Taschenformat. 608 Seiten. 1929. (Guttentagsche Sammlung Deutscher Reichsgesetze Bd. 172.) . . . . Geb. RM. 9.90

„Das Buch wird seiner Aufgabe, fast den gesamten Gesetzesstoff in einem einzigen kleinen Bande in die Hand zu geben, gewiß gerecht, und wird sich schnell als unentbehrliches Hilfsmittel für jeden erweisen, der öfter mit dem Gesundheitswesen zu tun hat.“

Reichsverwaltungsblatt Nr. 23, v. 8. VI. 1929.

Hippel, W. von, Reichsviehseuchengesetz vom 25. Juni 1909 nebst Ausführungsvorschriften und dem preußischen Ausführungsgesetz. Zweite Auflage. Taschenformat. 486 Seiten. 1913. (Guttentagsche Sammlung Deutscher Reichsgesetze Bd. 103.) . . . . Geb. RM. 3.60

Vorberger, L. von, Vogelschutzgesetz vom 30. Mai 1908 nebst den das Flugwild betreffenden Bestimmungen der Preußischen Jagdordnung. Taschenformat. 57 Seiten. 1909. (Guttentagsche Sammlung Deutscher Reichsgesetze Bd. 89.) . . . . Geb. RM. 0.90

b) Landesrecht

Bitter, von, Handwörterbuch der Preußischen Verwaltung. Dritte, vollständig umgearbeitete Auflage. Unter Mitwirkung zahlreicher hoher Reichs- und preußischer Staatsbeamten herausgegeben von Dr. Bill Drews, Staatsminister a. D., Präsident des Pr. Oberverwaltungsgerichts, und Dr. Franz Hoffmann, Wirklicher Geheimer Oberregierungsrat, Berlin. Lexikon-Oktav. 1928 . . . . RM. 120.—, in Halbleder geb. RM. 132.—

Erster Band, 1. Halbband: Abbaugerechtigkeiten—Fleisch- und Viehagenten. 552 Seiten.

2. Halbband: Fleischvergiftung—Kyffhäuserbund. Seite 553 bis 1134 und IX Seiten.

Zweiter Band: Lackfabriken—Zwischenkredit. VII, 1220 Seiten. (Im Verlage der Firmen: Walter de Gruyter & Co., Berlin; Carl Heymanns Verlag, Berlin; Roßberg'sche Verlagsbuchhandlung, Leipzig.)

Das zentrale Werk der Praxis des Verwaltungsrechts.

Reichelt, H., Verwaltungsgesetzbuch für Preußen. Systematische Zusammenstellung der wichtigsten Verwaltungsgesetze und Verordnungen für Praxis und Unterrichtszwecke. Lexikon-Oktav. VII, 1302 Seiten. 1914.
Geb. RM. 7.60

Das Buch ist sehr wertvoll, dem Praktiker unentbehrlich und leistet demjenigen, der sich auf eine Prüfung vorbereitet, vorzügliche Dienste. Allen Verwaltungsbehörden wird das Buch warm empfohlen.

Friedrichs, K., Die Gesetzgebung über die allgemeine Landesverwaltung und Zuständigkeit der Verwaltungs- und Verwaltungsgerichtsbehörden. Dritte, durchgesehene Auflage. Taschenformat. XXIII, 295 Seiten. 1927. (Guttentagsche Sammlung Preußischer Gesetze Bd. 42.) . . . Geb. RM. 4.50

„Soweit sich dies übersehen und beurteilen läßt, ist ihm die Lösung dieser sehr schwierigen, objektiven und kritischen Blick sowie peinlichste Aufmerksamkeit und Sorgfalt erfordernden Aufgabe in hervorragender Weise gelungen und damit ein Werk geschaffen worden, dessen Wert von allen, die dieses Recht täglich anwenden müssen, den Behörden, Beamten, Rechtsanwälten und auch den Parlamentariern, mit Dank anerkannt werden wird.“

Ztsch. f. Verwaltungsrecht, Bd. 62, Heft 1/3, 1928.

Pfafferoth, Carl, Preußische Beamtengesetzgebung. Fünfte Auflage. XIV, 280 Seiten. 1916. (Guttentagsche Sammlung Preußischer Gesetze Bd. 2.)
Geb. RM. 2.15

Dultzig, Eugen von, Das preußische Disziplinargesetz für die nichtrichterlichen Beamten. Taschenformat. XIV, 364 Seiten. 1914. (Guttentagsche Sammlung Preußischer Gesetze Bd. 51.) . . . . Geb. RM. 3.80

Der Verfasser kennt das Disziplinarrecht aus eigener Tätigkeit und aus langer Erfahrung. Diese hat er zu einem praktischen Nachschlagebuch für alle praktischen Fragen des Disziplinarrechts ausgestaltet. Bei tunlichster Kürze sind doch recht erschöpfende, klare und anschauliche Erläuterungen entstanden, die das Verständnis und die Anwendung des Disziplinarrechts in zweckmäßiger Weise erleichtern. Das Büchlein verdient volle Beachtung.

Hagemann, Rudolf, Hinterlegungsordnung vom 21. April 1913. Taschenformat. 175 Seiten. 1914. (Guttentagsche Sammlung Preußischer Gesetze Bd. 53.) . . . . Geb. RM. 2.—

Das in der vorteilhaft bekannten Guttentagschen Sammlung erschienene Buch darf als ein Hilfsmittel zu dem nicht immer ganz einfachen Verständnis der neuen Hinterlegungsvorschriften bestens empfohlen werden; es ist klar, übersichtlich und ausführlich.

Aschrott, P. F., Gesetz über die Fürsorgeerziehung Minderjähriger. Vom 2. Juli 1900. Nebst Ausführungsanweisungen. Dritte Auflage. Taschenformat. 374 Seiten. 1917. (Guttentagsche Sammlung Preußischer Gesetze Bd. 28.) . . . . Geb. RM. 2.50

Das Buch gewährt nicht nur einen klaren Einblick in die Gestaltung der Fürsorgeerziehung in Preußen, sondern es gibt auch über die Zweifelsfragen, welche bei der Auslegung des technisch ziemlich unvollkommenen Fürsorgeerziehungsgesetzes in besonders reicher Fülle auftauchen, durchweg eine erschöpfende und zutreffende Auskunft.

Marcks, A., Gesetz, betr. die Unterhaltung der öffentlichen Volksschulen. Taschenformat. 194 Seiten. 1906. (Guttentagsche Sammlung Preußischer Gesetze Bd. 39.) . . . . Geb. RM. 1.60

Das handliche Büchlein wird, von sachkundiger Seite herrührend und praktisch angelegt, Verwaltungsbeamten, Schulvorständen, Lehrern beim Gebrauch gute Dienste leisten.

Ledermann, W., und Brühl, L., Die Städteordnung für die sechs östlichen Provinzen Preußens. Zweite Auflage. Taschenformat. 593 Seiten. 1913. (Guttentagsche Sammlung Preußischer Gesetze Bd. 32.) . . Geb. RM. 5.40

Der Kommentar, eine hervorragende Arbeit, ist von der Kritik und der Praxis so einmütig günstig aufgenommen worden, daß er auch in seiner zweiten durch Gesetzgebung, Literatur und Rechtsprechung der letzten zehn Jahre bereicherten Ausgabe keiner weiteren Empfehlung bedarf.

Wölbling, P., Bildung der neuen Stadtgemeinde Berlin. Zweite Auflage. Taschenformat. 114 Seiten. 1920. (Guttentagsche Sammlung Preußischer Gesetze Bd. 59.) . . . . Geb. RM. 1.15

Die Ebenmäßigkeit mit den Kommentaren anderer Gesetze der Guttentagschen Sammlung erringt der Verfasser durch seine strenge Sachlichkeit. Damit muß seinem Werk die Beachtung bei der Durchführung des Gesetzes und bleibender Wert gesichert erscheinen.

Caro, H., Gesetz, betr. Austritt aus der Landeskirche, vom 14. Mai 1873. Taschenformat. 190 Seiten. 1911. (Guttentagsche Sammlung Preußischer Gesetze Bd. 46.) . . . . Geb. RM. 2.15

Ein sehr praktisches Buch, das in den Anmerkungen zum Wortlaut des Gesetzes eine reiche Fülle von Material bietet für alle möglichen Fragen, die mit Aus- und Übertritt zusammenhängen. Das genau gearbeitete Inhaltsverzeichnis ermöglicht bei gelegentlicher Benutzung ein leichtes Auffinden des Nötigen.

Meyer, O., Gesetz betr. die Anlegung und Veränderung von Straßen und Plätzen in Städten und ländlichen Ortschaften. Taschenformat. 211 Seiten. 1913. (Guttentagsche Sammlung Preußischer Gesetze Bd. 50.) . RM. 2.70

Strauß-Torney, Hugo von, und **Saß**, Carl, früher **Friedrichs**, R., **Gesetz, betr. Anlegung und Veränderung von Straßen und Plätzen** in Städten und ländlichen Ortschaften. (Straßen- und Baufluchtengesetz.) **Kommentar. Sechste Auflage.** Groß-Oktav. 211 Seiten. 1920. Mit Nachtrag, 1932.
RM. 9.—, geb. RM. 10.50

Das Werk zeigt eine Reichhaltigkeit und Vollständigkeit, die sonst wenigen Kommentaren eigen ist, und übertrifft hierin noch weit die früheren Auflagen. Besonders erwähnenswert ist die geschickte Anordnung der Erläuterungen und das praktische Inhaltsverzeichnis.

Saß, Enteignung auf dem Gebiete des Städtebaues nach der dritten Notverordnung Kapitel III (zweite Verordnung des Reichspräsidenten zur Sicherung von Wirtschaft und Finanzen) vom 5. Juni 1931. Nachtrag zum Straßen- und Baufluchtengesetz von v. Strauß und Torney und Saß, 6. Aufl. RM. —.90

Meyer, O., **Gesetz, betr. Enteignung von Grundeigentum.** Dritte Auflage. Taschenformat. 249 Seiten. 1927 . . . . Geb. RM. 5.50

Heine, H., **Die preußischen Baupolizeigesetze** nebst den sonstigen einschlägigen Reichs- und Landesgesetzen. Taschenformat. 404 Seiten. 1928. (Guttentagsche Sammlung Preußischer Gesetze Bd. 64.) . . . . Geb. RM. 7.20

Diesem Band ist die Aufgabe gestellt, die in erster Linie in Betracht kommenden Gesetze und sonstigen Vorschriften und die im Zusammenhang hiermit entstehenden Rechtsfragen in übersichtlicher Weise zusammenzufassen und zu erörtern. Die Rechtsprechung des Oberverwaltungsgerichts und anderer Gerichte ist hierbei berücksichtigt worden.

Goldschmidt, O., **Gesetze gegen die Verunstaltung landschaftlich hervorragender Gegenden** mit Ausführungsanweisungen. Taschenformat. 152 Seiten. 1912. (Guttentagsche Sammlung Preußischer Gesetze Bd. 49.) Geb. RM. 2.15

Der Kommentar bietet eine sachgemäße, sorgfältige und erschöpfende Erläuterung der einzelnen gesetzlichen Bestimmungen. Er wird als ein durch Vollständigkeit und Zuverlässigkeit ausgezeichnetes Hilfsmittel jedem Freunde des Heimatschutzes ein willkommener Ratgeber sein.

Stier-Somlo, Fritz, **Polizeiverwaltungsgesetz** vom 1. Juni 1931 und **Gesetz zur Aufhebung veralteter Polizei- und Strafgesetze** vom 23. Mai 1931. Mit den **Ausführungsbestimmungen** vom 1. Oktober 1931 und einschlägigen Gesetzen. Taschenformat. 447 Seiten. 1932. (Guttentagsche Sammlung Preußischer Gesetze, Nr. 65.) . . . . Geb. RM. 7.65

„. . . Diese Ausgabe ist bei weitem die beste und umfassendste von allen Kommentierungen des Gesetzes, und wir können sie dringend empfehlen."
Vierteljahrsschrift f. angew. Kriminalistik, Juni 1932.

Wulff, G., und **Herold**, F., **Wassergesetz** vom 7. April 1913. Mit Einleitung, Erläuterungen und Sachregister. Zweite, umgearbeitete Auflage von G. Wulff. Taschenformat. XVI, 665 Seiten. 1928. (Guttentagsche Sammlung Preußischer Gesetze Bd. 52.) . . . . Geb. RM. 10.80

„Gründlichkeit und treffsichere Kürze bilden einen besonderen Vorzug des Werkes." Ministerialblatt f. d. preuß. innere Verwaltung v. 22. V. 1929.

Holtgreven, A., und **Wolff**, Th., **Das Wildschadengesetz** vom 11. Juli 1891. Kommentar. Vierte, vermehrte und verbesserte Auflage. Oktav. VIII, 216 Seiten. 1902 . . . . RM. 4.—

Dieses Werkchen will einerseits die juristisch zweifelhaften Punkte des Wildschadengesetzes wissenschaftlich erörtern und klarstellen und andererseits allen denjenigen, welche bei der Handhabung dieses Gesetzes in irgendeiner Weise, sei es als Private, Beamte, Grundbesitzer oder als Jagdberechtigte, beteiligt sind, ein praktischer Berater sein.

Born, A., Das preußische Fischereigesetz vom 11. Mai 1916 in der geltenden Fassung. Taschenformat. 428 Seiten. 1928. (Guttentagsche Sammlung Preußischer Gesetze Nr. 62.) . . . . Geb. RM. 6.75

Die Ausgabe bietet eine bis jetzt fehlende neue Darstellung des Fischereigesetzes, in der vor allem die neue Rechtsprechung eingehend verwertet ist. Außer dem Fischereigesetz, das eine ausführliche Erläuterung gefunden hat, sind die wichtigen Ausführungsverordnungen und im Anhang die einschlägigen Bestimmungen anderer für die Anwendung des Fischereigesetzes in Frage kommenden Gesetze berücksichtigt.

Born, A., Die preußischen Jagdgesetze in ihrer geltenden Fassung. Mit Erläuterungen versehen. Taschenformat. 433 Seiten. 1928. (Guttentagsche Sammlung Preußischer Gesetze Nr. 63.) . . . . Geb. RM. 7.20

„Das Buch kann zur Belehrung und Handgebrauch den Gerichten, Landratsämtern, Gemeinden und Forstbehörden sowie allen jagdlich interessierten Personen warm empfohlen werden."

Leipziger Ztsch. f. dtsch. Recht v. 15. V. 1929.

Kunze, F., Das Jagdscheingesetz. Zweite Auflage. Taschenformat. 157 Seiten. 1899. (Guttentagsche Sammlung Preußischer Gesetze Bd. 19.) Geb. RM. 1.80

Holzapfel, W., Umlegungsordnung. Taschenformat. 144 Seiten. 1921. (Guttentagsche Sammlung Preußischer Gesetze Bd. 60.) . . . . . RM. 1.60

Holzapfel, der hervorragende Kenner der Auseinandersetzungsgesetze, erläutert die Vorschriften der Umlegungsordnung in seiner scharfsinnigen Art in durchaus erschöpfender Weise und gibt in diesen Erläuterungen ein außerordentlich anschauliches Bild von der Umlegung der Grundstücke. Das Buch ist auch für Laien leicht und gut verständlich und kann jedem, der für die Umlegung Interesse hat, zur Benutzung angelegentlich empfohlen werden.

Holzapfel, W., Gesetz über Landeskulturbehörden. Taschenformat. 176 Seiten. 1919. (Guttentagsche Sammlung Preußischer Gesetze Bd. 57.) Geb. RM. 1.80

Der Titel gibt den Inhalt des Werkchens vollständig an, hinzuzufügen ist aber, daß die Erläuterung, die umfangreich und eingehend ist und der praktischen Handhabung des Gesetzes Schritt für Schritt folgt, aus der Feder eines Mannes herrührt, der durch seine sachliche Qualifikation als gründlicher Kenner der Materie für eine zuverlässige Führung die größte Gewähr bietet.

Kollenscher, M., Rechtsverhältnisse der Juden in Preußen. Taschenformat. VIII, 199 Seiten. 1910. (Guttentagsche Sammlung Preußischer Gesetze Bd. 45.) . . . . RM. 2.15

Eine zusammenfassende, erschöpfende Darstellung der in den verschiedenen Quellen zerstreuten zahlreichen Judengesetze und Verordnungen. Jede Synagogengemeinde und jeder, der sich mit jüdischen Angelegenheiten beschäftigt, müßten dieses Buch besitzen.

3. Steuerrecht

Nieberl, A., Die Reichsabgabenordnung. Für die Praxis erläutert. Dritte, neubearbeitete Auflage. Taschenformat. 1932. (Guttentagsche Sammlung Deutscher Reichsgesetze Bd. 143.) . . . . . . Geb. ca. RM. 12.—

„Die Ausgabe von Nieberl ist eine notwendige, und durch eine Reihe von Hinweisen sehr brauchbare Erscheinung."

Zentralblatt für Handelsrecht Nr. 3, 1931.

Nieberl, A., Die Änderungen der Reichsabgabenordnung durch die Verordnung vom 1. Dezember 1930. Taschenformat. 127 Seiten. 1931. RM. 1.80

Heilborn, Theodor, **Sicherung der Haushalte.** (Siehe „Vierte Notverordnung" Seite 13.)

Hollaender, Adolf, **Einkommensteuergesetz und Körperschaftsteuergesetz** nebst den zugehörigen Aus- und Durchführungsbestimmungen, Verordnungen und Erlassen. Taschenformat. XXXIX, 697 Seiten. 1926. Mit Nachtrag 1928. (Guttentagsche Sammlung Deutscher Reichsgesetze Bd. 151.) Geb. RM. 21.60

Das auf die Bedürfnisse der Praxis abgestellte und ihnen gerecht werdende Buch wird jedem gute Dienste leisten, der sich handelnd oder leitend auf dem äußerst unsicheren, ohne Hilfsmittel überhaupt nicht begehbaren Boden der heutigen Einkommensteuer zurechtfinden muß.

Pick, Reichsbewertungsgesetz. Textausgabe mit Anmerkungen. In Bearbeitung.

Schachian, Herbert, **Erbschaftsteuergesetz**, Fassung vom 25. Juni 1931, mit Anmerkungen. Fünfte Auflage. Oktav. 77 Seiten. 1931 . . RM. 2.50

Eine vollständige Darstellung des Erbschaftssteuerrechts und der zugrunde liegenden bürgerlich-rechtlichen Vorschriften des Erbrechts.

Hoffmann, U., **Die preußischen Erbschaftsteuergesetze.** Taschenformat. 561 Seiten. 1905. (Guttentagsche Sammlung Preußischer Gesetze Bd. 20.) RM. 2.70

Lindemann, Otto, **Umsatzsteuergesetz** (neueste Fassung) mit Ausführungsbestimmungen. Vierte, vermehrte und verbesserte Auflage. Taschenformat. 518 Seiten. 1926. (Guttentagsche Sammlung Deutscher Reichsgesetze Bd. 132.) . . . . Geb. RM. 9.—

„Es handelt sich um einen ausführlichen, gediegenen und klar abgefaßten Kommentar, der den weiteren Vorzug besitzt, auf dem laufenden zu sein. Das Werk kann allen Interessenten nur warm empfohlen werden."

Industrie- und Handelszeitung 1926.

Lindemann, Otto, **Grunderwerbsteuergesetz** (neueste Fassung) mit den Ausführungsbestimmungen. Zweite, völlig umgearbeitete Auflage. Taschenformat. 186 Seiten. 1926. Mit Nachtrag 1927. (Guttentagsche Sammlung Deutscher Reichsgesetze Bd. 139.) . . . . Geb. RM. 3.60

Das Buch wird manchem in den mannigfachen Streitfragen des in der Praxis sehr einschneidenden Gesetzes ein willkommener Ratgeber sein. Die Erläuterungen zeichnen sich durch Klarheit und Gemeinverständlichkeit im besten Sinne aus.

Hagelberg, E., und **Krämer**, L., **Grunderwerbsteuergesetz** vom 12. September 1919 (RGBl. S. 1617) in der Fassung des Gesetzes vom 11. März 1927 (RGBl. I S. 72) nebst Einleitung, Sachregister und Ausführungsbestimmungen und der einschlägigen Vorschriften des Finanzausgleichs-Steuermilderungsgesetzes und Steuerstrafrechts. Für die Praxis erläutert. Zweite, völlig umgearbeitete und erweiterte Auflage. Groß-Oktav. 355 Seiten. 1928 . . . . Geb. RM. 15.—

„Der maßgebende Kommentar des Grunderwerbsteuergesetzes mit den Ausführungsbestimmungen und den einschlägigen Vorschriften des Finanzausgleichs-Steuermilderungsgesetzes und Steuerstrafrechts. . ."

Der Referendar Nr. 4, v. 15. IV. 1931.

Hagelberg, E., und **Krämer**, L., **Wertzuwachssteuerrecht.** Kommentar. Groß-Oktav. 256 Seiten. 1929 . . . . . . RM. 12.—, geb. RM. 13.50

Die Verfasser kommentieren die neue Wertzuwachssteuerordnung für Berlin und die preußische Mustersteuerordnung. Ihr Buch ist ein Leitfaden für die Steuerpflichtigen und ihre Rechtsberater und die mit der Wertzuwachssteuer befaßten Behörden. Es stellt die rechtliche und wirtschaftliche Bedeutung der Bestimmungen klar. Die Rechtsprechung des Preußischen Oberverwaltungsgerichts wurde erschöpfend berücksichtigt. Auch Spezialfragen wie die Aufwertung und das Schwarzkaufwesen wurden behandelt.

Hoepker, Heinrich, Die Industriebelastungsgesetze vom 30. August 1924 nebst den Durchführungsbestimmungen zum Gesetz über die Industriebelastung. Taschenformat. XV, 200 Seiten. 1925. Mit Nachträgen. (Guttentagsche Sammlung Deutscher Reichsgesetze Bd. 159.) . . . . . Geb. RM. 3.60

„Die Anmerkungen sind erschöpfend und führen den Leser mit Geschick in die schwierige und neue Materie ein. Rechtsanwälte sowie Kaufleute, für welche die Industriebelastung in Frage kommt, werden das mit einem guten Sachregister ausgestattete Werk mit gleichem Nutzen gebrauchen!"
Industrie- und Handels-Zeitung v. 21. 1. 1925.

von Lympius, W., und von Elbe, K., Das Kommunalabgabengesetz und das Kreis- und Provinzialabgabengesetz. Dargestellt in der Rechtsprechung des Oberverwaltungsgerichts. Groß-Oktav. X, 440 Seiten. 1930.
RM. 22.50, geb. RM. 24.—

„Man muß es als einen besonders glücklichen Gedanken bezeichnen, wenn die Verfasser die gesamte Rechtsprechung des OVG., ja auch die nichtveröffentlichten Entscheidungen auszugsweise in einer Form wiedergegeben haben, die in hohem Grade die Arbeit der Praxis wie auch der Wissenschaft erleichtert. Wenn dieses Werk in hervorragendem Maße geglückt ist, so ist es wohl in erster Linie darauf zurückzuführen, daß beide Verfasser als Mitglieder des OVG. zu den Berufensten in der Abfassung einer solchen Arbeit gehören."
Reichsverwaltungsblatt v. 3. 1. 1931.

Eissler, Kurt, Staatliche Verwaltungsgebühren. Gesetz über staatliche Verwaltungsgebühren vom 29. September 1923 nebst Gebührenordnungen und Ausführungsbestimmungen. Taschenformat. 192 Seiten. Mit Nachtrag. 1925. (Guttentagsche Sammlung Preußischer Gesetze Bd. 61.)
Geb. RM. 5.40

„Das Buch ist für alle preußischen staatlichen und kommunalen Behörden unentbehrlich." *Deutsches Beamtenarchiv Nr. 12, 1925.*

Lebbin, Georg, Nahrungsmittelgesetze mit Erläuterungen. Zweite, stark vermehrte Auflage in zwei Bänden.

Zweiter Band: **Getränkegesetze und Getränkesteuergesetze** (Wein, Bier, Branntwein, Mineralwasser). Unter Mitarbeit von Rechtsanwalt Dr. Kniebe. Taschenformat. XII, 400 Seiten. 1926. (Guttentagsche Sammlung Deutscher Reichsgesetze Bd. 51b.) . . . . Geb. RM. 9.—

Wündisch, Friedrich, Das Tabaksteuergesetz vom 12. September 1919 nebst den Ausführungsbestimmungen vom 26. Februar 1920. Taschenformat. 286 Seiten. 1920. Mit Nachtrag 1925. (Guttentagsche Sammlung Deutscher Reichsgesetze Bd. 146.) . . . . Geb. RM. 3.60

Die Ausgabe kommt den Wünschen der Praxis nach einer erschöpfenden Darstellung des neuen Gesetzes in umfassender Weise entgegen. Das Buch bildet eine ausgezeichnete Informationsquelle für alle Fragen, die in der Praxis vorkommen.

VII. Entscheidungs-Sammlungen und Zeitschriften

Entscheidungen des Reichsarbeitsgerichts. Herausgegeben von den Mitgliedern des Reichsarbeitsgerichts. Oktav.
Band I—X. Je RM. 6.50, geb. RM. 8.—

Entscheidungen des Reichsgerichts. Herausgegeben von den Mitgliedern des Gerichtshofes u. d. Reichsanwaltschaft. Oktav. (2 Sammlungen.)

1. **Entscheidungen in Zivilsachen.** (Werden in Heften im Umfange von etwa 5 bis 6 Bogen sowie in vollständigen Bänden, geheftet und gebunden, ausgegeben. Jährlich 4 Bände.) 1.—136. Band.

Je RM. 6.50, geb. RM. 8.—

Generalregister zum hundertelften bis hundertzwanzigsten Bande der von den Mitgliedern des Gerichtshofes und der Reichsanwaltschaft herausgegebenen **Entscheidungen des Reichsgerichts in Zivilsachen.** Bearbeitet von Hans **Triebel.** Oktav. XXIII, 509 Seiten. 1929.

RM. 15.—, in Halbleder RM. 18.—

Generalregister zum hunderteinundzwanzigsten bis hundertdreißigsten Band. Oktav. XXIV, 755 Seiten. 1932. . . . In Halbleder geb. RM. 22.—

2. **Entscheidungen in Strafsachen.** (Werden in Heften im Umfange von 5 bis 6 Bogen sowie in vollständigen Bänden, geheftet und gebunden, ausgegeben, jährlich 1 Band.) 1.—66. Band.

Generalregister zum sechsundfünfzigsten bis fünfundsechzigsten Bande der von den Mitgliedern des Reichsgerichts und der Reichsanwaltschaft herausgegebenen **Entscheidungen des Reichsgerichts in Strafsachen.** Bearbeitet von Hans **Gündel.** Oktav. 458 Seiten. 1932 . . . . In Halbleder geb. RM. 16.—

Schiedsgericht für Oberschlesien. Trybunal Rozjemczy dla Górnego Slaska. Amtliche Sammlung von Entscheidungen des Schiedsgerichts für Oberschlesien, veröffentlicht gemäß der Bestimmung des Art. 592 des Genfer Abkommens vom 15. Mai 1922. Zbiór urzedowy orzeczeń Trybunala Rozjemczego dla Górnego Slaska ogłoszony wedle postanowienia art. 592 Konwencji Genewskiej z dnia 15 maja 1922r. Oktav. Band I. Tom. I. Nr. 1/4. 129 Seiten. 1929 . . . . Pro Band RM. 12.—

Zeitschrift für die gesamte Strafrechtswissenschaft. Begründet von Fr. von Liszt und A. **Dochow.** Unter ständiger Mitarbeiterschaft hervorragender Fachmänner herausgegeben von Prof. Dr. **K. von Lilienthal,** Prof. Dr. Ed. **Kohlrausch** und Prof. Dr. **W. Gleispach.** Der Jahrgang besteht aus 8—9 Heften. Quart.

Bd. 1—43. 1881—1922. Je RM. 15.—. Bd. 44. 1922. RM. 25.—. Bd. 45. 1924. RM. 21.—. Bd. 46—49. 1925—1929. Je RM. 30.—. Bd. 50. 1929/30. Bd. 51. 1931. Je RM. 36.—. Bd. 52. 1932. RM. 32.—

Juristische Rundschau. Herausgegeben von **Otto Lindemann,** Ministerialdirektor, Geh. Oberjustizrat, Berlin, Dr. **Friedrich Flad,** Senatspräsident beim Reichsgericht, Leipzig, **Fritz Hartung,** Reichsgerichtsrat, Leipzig, **und**

Höchstrichterliche Rechtsprechung. Herausgegeben von Eugen **Friedrichs,** Senatspräsident, Breslau, Dr. Albert **Feisenberger,** Reichsanwalt, Leipzig. — Erscheint am 1. und 15. jeden Monats.

Jahrgang 1932. . . . Vierteljährlich RM. 7.50, Einzelheft RM. 1.50 Beilage „Höchstrichterliche Rechtsprechung" einzeln vierteljährlich RM. 5.—

Zeitschrift für ausländisches öffentliches Recht und Völkerrecht. Im Auftrage des Instituts für ausländisches öffentliches Recht und Völkerrecht herausgegeben von Dr. Viktor **Bruns,** Professor an der Universität Berlin, Leiter des Instituts. Lexikon-Oktav.

Band I, Teil 1: Abhandlungen. XXVIII, 657 Seiten. 1929. RM. 43.—
Band I, Teil 2: Urkunden. XVI, 858 Seiten. 1929 . . . RM. 54.—
Band II, Teil 1/2: Abhandlungen und Urkunden. 368 Seiten. 1930. RM. 45.—
Band II, Nr. 3/4. 822 Seiten. 1932 . . . . RM. 60.—
Band III, Nr. 1. 404 Seiten. 1932 . . . . RM. 30.—

Zeitschrift für ausländisches und internationales Privatrecht. Herausgegeben in Gemeinschaft mit Ernst **Heymann**, Heinrich **Titze**, Martin **Wolff**, ordentliche Professoren an der Universität Berlin, wissenschaftliche Berater des Instituts, Max **Pagenstecher**, o. Professor an der Universität Hamburg, Franz **Schlegelberger**, Ministerialdirektor im Reichsjustizministerium, Honorarprofessor an der Universität Berlin, von Ernst **Rabel**, o. Professor an der Universität Berlin, Direktor des Instituts. Jährlich 6 Hefte im Umfang von etwa 65 Bogen. Preis des fünften Jahrganges RM. 54.—
Sonderhefte: **Die deutsche Rechtsprechung auf dem Gebiete des internationalen Privatrechts in den Jahren 1926 und 1927.** 1928. RM. 8.—
do. **im Jahre 1928.** 1930 . . . . RM. 11.—
do. **im Jahre 1929.** 1931 . . . . RM. 12.50
do. **im Jahre 1930.** 1932 . . . . RM. 14.—
Sonderheft 1932.
Deutsche Landesreferate zum Internationalen Kongreß für Rechtsvergleichung im Haag 1932. Herausgegeben von Prof. Dr. Ernst Heymann, Berlin. 1932. . . . . RM. 14.—

Zeitschrift für Bergrecht. Bis zu seinem Tode herausgegeben von dem Wirkl. Geh. Rat, Berghauptmann a. D. Dr. jur. H. Brassert. Redigiert und herausgegeben von den rechtskundigen Ministerialräten der Bergabteilung des Preußischen Ministeriums für Handel und Gewerbe. Jährlich ein Band von mehreren Heften. Die Hefte erscheinen in zwangloser Folge. Jahrgang 72. 1931/32 . . . . RM. 21.—

Zeitschrift für Bergrecht. Register für Jahrgang 37—40 . . . RM. 14.—

Zeitschrift für das gesamte Luftrecht (ZLR.). Herausgegeben von weiland Dr. jur. Otto **Schreiber**. Erscheint in Bänden zu je vier Heften.
Band I. 1926/28 . . . . RM. 50.—, geb. RM. 55.—
Band II, Heft 1 . . . . RM. 10.—

Bank-Archiv. Zeitschrift für Bank- und Börsenwesen. Begründet von **Riesser**. Unter Mitwirkung von hervorragenden Fachmännern herausgegeben von Dr. Georg **Solmssen**. Schriftleitung: Rechtsanwalt Otto **Bernstein**, geschäftsführendes Vorstandsmitglied des Zentralverbandes des Deutschen Bank- und Bankiergewerbes. Quart. Jährlich 24 Nummern. XXXI. Jahrgang. 1931/32 . . . . Pro Halbjahr RM. 12.—

Veröffentlichungen des Reichs-Aufsichtsamts für Privatversicherung. Groß-Oktav. XXX. Jahrgang. Heft 1—4 . . . . RM. 25.50
Jahrgang 1—29 . . . . Preise auf Anfrage.

Kolibri 360 GmbH
Ferdinand-Jühlke-Straße 7
99095 Erfurt, Deutschland
produktsicherheit@kolibri360.de